볼프하르트 판넨베르크는 제2차 세계대전이 끝난 후, 위르겐 몰트만과 함께 20세기 후반 세계 신학계의 새로운 시대를 개척한 인물이다. 몰트만이 "희망의 신학"을 통해 하나님 나라의 미래를 향한 현실 변혁의 지평을 열었다면, 판넨베르크는 그의 "역사의 신학"을 통해 기독교 신앙 및 신학의 역사적 전망과 책임을 강조했던 현대 개신교 신학의 거장으로 인정받고 있다. 그는 구원사에서 특별계시의 역할을 배제하는 주관주의적 실존주의 신학은 물론, 일반계시의 역할을 축소하고 특별계시에만 의존하는 말씀의 신학에 대항하여 구원사를 세계사적 전망에서 바라보는 자신만의 신학을 구축하고 완성했다. 그의 생애 후기에 출간된 『조직신학』 전 3권은 20세기 신학을 이해하기 위해서는 반드시 넘어야만 하는 거대한 산과 같은 존재다. 이같이 중요한 책을 번역하여 출판하는 일은 한국 신학계에 중요한 기여라 말하지 않을 수 없다. 대작의 출간을 결심한 출판사는 물론, 번역을 위해 수고한 신준호, 안희철 박사께도 감사와 격려의 박수를 보낸다.

김균진
연세대학교 명예교수

몸에 근육을 만들려면 적당히 무게감 있는 아령으로 규칙적으로 운동해야 한다. 마찬가지로 신학적 사고 능력과 기술을 기르려면 어렵더라도 좋은 책으로 꾸준히 공부할 필요가 있다. 현대 개신교 신학의 거장 볼프하르트 판넨베르크의 대표작인 『조직신학』은 결코 쉬운 책이 아니다. 하지만 어렵기만 하고 별로 얻는 것이 없는 책과는 달리, 판넨베르크의 저서는 고생 끝에 소중한 것을 얻으리라는 독자의 희망을 절대 배반하지 않는다. 판넨베르크는 교회를 위한 학문으로만 머무르려 하던 세계대전 이후의 신학에 경종을 울리며, 공적 학문으로서 신학의 정체성과 사명을 과감하게 재천명한다. 이를 위해 그는 계시의 역사적 지평을 강조하고, 다양한 학문과의 대화에 적극적으로 뛰어들며, 신학적 사유의 결과물에 대한 과학적 검증을 시도하기도 한다. 이처럼 탁월한 신학 서적을 모국어로 공부할 수 있다는 것 자체가 이전 세대 한국 신학자나 목회자, 신학생이 누리지 못한 엄청난 특혜가 아닐 수 없다.

김진혁
횃불트리니티신학대학원대학교 조직신학 교수

판넨베르크의 『조직신학』은 20세기 신학을 결산하는 기념비적인 작품이라고 할 수 있다. 칼 바르트를 통과하지 않고는 현대신학을 제대로 파악할 수 없듯이, 바르트 이후 가장 탁월한 신학자로 인정받는 판넨베르크를 거치지 않고는 20세기 후반부에 전개되는 현대신학의 동향뿐 아니라 21세기 신학의 전망을 간파하기 어려울 것이다. 판넨베르크는 바르트가 대변하는 신정통주의 신학의 한계를 극복하고 신학의 지평을 종말론적이고 우주론적인 차원으로 확장하려는 야심 찬 기획을 수행하였다. 그는 계시와 보편적인 역사, 신앙과 이성, 신학과 철학의 불필요한 대립을 종말이라는 전포괄적인 관점에서 해소하는 통합신학의 가능성을 타진하였다. 이런 판넨베르크의 사상이 농축된 그의 조직신학에는 초대에서 현대까지를 아우르는 신학과 철학의 방대한 지식을 섭렵한 거장의 탁월함이 고스란히 녹아져 있다. 더불어 지금까지 논의되어온 조직신학의 모든 주제에 대한 그의 독창적인 시각과 예리한 통찰이 번득인다. 진보신학을 탐구하는 이들은 물론이고 그와 입장을 달리하는 나 같은 보수 신학도들도 필히 넘어야 할 신학적 고봉을 이룬 작품이다.

박영돈
고려신학대학원 교의학 교수

칼 바르트 이후로 기독교신학을 체계적으로 전개한 사람을 꼽으라면 위르겐 몰트만과 볼프하르트 판넨베르크를 지목하는 데 주저할 사람은 별로 없을 것이다. 판넨베르크는 기독교 전통에 대한 깊은 이해를 갖고 신학을 했다는 점에서 위르겐 몰트만과는 조금 다른 전망을 신학에 반영한다. 몰트만이 개혁신학의 전통에서 신학의 핵심 개념을 재빨리 파악한 후 현대적 상황에 적용하여 실천적인 변혁을 집요하게 모색한 신학자라면, 판넨베르크는 루터 신학의 전통을 벗어나지 않으면서 신학적 주제를 그 역사적 문맥에서 파악하는 일에 관심을 집중한 연후에 오늘의 역사적인 맥락과의 깊은 연관성을 붙잡고 집요하게 신학적인 의미를 찾아 나선 신학자다. 특히 판넨베르크는 바르트 이후의 신학을 전개하면서 계시와 역사 간의 관계성을 복원하거나 창의적으로 제안하려는 의식을 분명하게 가졌던 신학자다. 전반적으로 볼 때 이런 관심사가 집요하기에 신학의 전개 과정에서 계시를 역사의 범주로 함몰시키는 우를 범하기도 한다. 독자들이 이런 한계에서 비롯되는 다양한 파장에 대해 비판적인 시각을 잃지 않고 이 책을 읽어간다면, 신학적 사유의 전문적인 세계를 깊이 맛보는 경험을 할 수 있을 것이다.

유태화

백석대학교 신학대학원 조직신학 교수

20세기의 가장 탁월한 교의학 저술인 판넨베르크의 『조직신학』 한국어 번역판이 새물결플러스에서 출간된 것은 한국 신학계의 발전을 위한 새로운 지평을 여는 기념비적이고 역사적 사건이 아닐 수 없다. 판넨베르크의 신학 방법론과 체계는 21세기에 전 세계적으로 가장 큰 영향력을 발휘하는 규범적인 신학의 패러다임이 될 것이다. 독자들은 이 『조직신학』 전집을 통해 기독교 전통의 교의학이 형성된 역사적 맥락과 과정을 올바로 이해함으로써, 오늘의 역사적 상황 안에서 그 교의학 전통을 올바로 이해하고 새롭게 전유하고 창조적으로 재구성하는 길을 모색하고 탐구하도록 도전을 받게 될 것이다. 어려운 번역을 위해 심혈을 기울인 신준호, 안희철 박사의 노고를 치하하며, 어려운 여건 속에서도 기꺼이 이 책의 출판을 결정해준 새물결플러스에 진심으로 깊은 감사의 뜻을 표한다.

윤철호

장로회신학대학교 조직신학 교수

볼프하르트 판넨베르크는 위르겐 몰트만, 에버하르트 윙엘과 함께 20세기 중반기부터 오늘날에 이르는 신학의 역사에 심원한 영향력을 행사했던 개신교 신학의 삼대 거장 중 한명이었다. 판넨베르크는 자신의 신학 동료들과 함께 1961년에 『역사로서의 계시』(*Offenbarung als Geschichte*)라는 제목의 논문집을 출간함으로써 자신의 조국인 독일은 물론이거니와 전 세계 신학계의 이목을 집중시키며 화려하게 세계 신학계에 등장하였다. 그는 역사의 과정 속에서 발생하는 일련의 사건들을 하나님의 간접적 계시로 파악하는, 역사에 바탕을 둔 새로운 기조의 신학, 즉 "보편사적 신학"을 주창하여 하나님의 "구원의 역사"(*historia salutis*)를 인간의 주관적 실존으로 환원·축소·폐기시키는 루돌프 불트만과 프리드리히 고가르텐 유(流)의 "실존주의 신학"뿐만 아니라 하나님의 계시를 이해함에 있어서 "일반계시"를 철저히 배격하고 "특별계시"인 "말씀 계시"에만 의존함으로써 세계와 역사에 대한 전망을 상실한 칼 바르트의 극단적인 "말씀의 신학"에 대항하여 신학의 객관성을 옹립하는 동시에 하나님의 구원 역사의 세계사적 전망을 확립하고자 하였다. 이러한 노력의 총합적 결실이 바로 그의 『조직신학』인 것이다. 판넨베르크는 그의 『조직신학』에서 신학의 기독교적 정체성을 확립하기 위하여 자신의 신학을 "교부 신학"과 "신학사" 그리고 자기 당대의 "성경신학"의 토대 위에 정초시키기를 원했고, 기독교 진리의 객관성과 합리성 및 학문성을 변증하기 위하여 철학사의 수많은 거장들뿐만 아니라 자신의 당대의 자연과학과 끊임없이 대화하며 대결하고 있다. 그는 신학이 단지 신자들의 신앙고백의 토대 위에서만 정당성을 가지는 주관적인 학문이 아니라, 신자가 아닌 사람들에게도 엄밀하게 객관적이고 합리적인 학문이라는 사실을 자신의 조직신학을 통해 논증함으로써, 과학실증주의와 역사실증주의에 지나치게 경도된 오늘날의 현대인들에게 기독교 진리의 합리성과 학문성, 객관성과 불변성을 해명하기를 원했고, 이러한 노력을 통하여 교회의 선교와 전도에 봉사하기를 원했다.

이러한 특징에도 불구하고 그는 "천상의 신학자"가 아니라 "지상의 신학자"이며, "원형의 신학자"가 아니라 "모방의 신학자"이기에, 그의 신학 안에도 간과할 수 없는 여러 가지 신학적 약점들이 암영을 드리우고 있음은 주지의 사실이다. 일례로 게할더스 보스, 오스카 쿨만, 안토니 후크마, 헤르만 리델보스, 칼 라너와 같은 신학자들이 이미 정당하게 지적한 것처럼 "세계사"와 "구원사"를 분리(分離)해서는 안 되지만 구분(區分)은 해야만 하는데, 그럼에도 이 양자를 구분하지 않고 일원론적으로 파악하여 하나님의 구원의 계시를 역사로 환원시키는 그의 신학적 결함에 대하여 엄밀한 주의와 비판적 독법이 요청된다. 그러므로 네덜란드의 개혁신학자 헤르만 바빙크가 자신의 『개혁파 교의학』에서 "선별적 비평의 방법"으로 "철학사"와 "신학사"에 출몰했던 여러 거장들, 즉 칸트, 헤겔, 슐라이어마허, 리츨 등의 철학 사상과 신학 사상의 장점과 약점을 선별하여 장점을 선용하고 그 약점을 공정하게 비판하여 걸러냈던 것처럼, 독자들 또한 바빙크가 보여준 이러한 선별적 비평의 방식으로 판넨베르크의 『조직신학』을 읽음으로써 오늘날의 교회와 시대를 위하여 생산적이고 유익한 타산지석의 지혜를 얻기를 희망한다.

이동영
서울성경신학대학원대학교 조직신학 교수

20세기를 대표하는 신학자로서 빼놓을 수 없는 판넨베르크의 조직신학 전권이 번역, 출간되는 것을 다른 독자들과 함께 기뻐하며 환영한다. 그의 조직신학은 그의 신학적 절정기를 넘어 완숙기에 10년 이상의 연구와 숙고를 거쳐 완성된 것으로서 단번에 신학의 고전에까지 오른 작품이다. 그만큼 치밀하고도 깊이가 있으며, 원숙한 기량과 통찰력, 그리고 해박한 지식이 돋보인다. 그는 그리스도교의 전통적 교의를 그 자체로서 본래적인 맥락에서만 서술하지는 않는다. 오히려 원시 그리스도교회가 경험한, 예수 그리스도 안에 나타난 하나님의 계시의 증언을 토대로 하며, 동시에 역사적인 발전과 변천 과정을 세밀하게 더듬으며 내용을 전개한다. 그런 점에서 그 자신이 말했듯이 이 책은 역사적인 관찰과 조직적인 관찰의 결합이라고 할 수 있다. 또한 판넨베르크는 교의의 내용을 전개하는 것뿐만 아니라 그것의 진리성에 대해 질문하며 증명하려고 했다. 현 세계에서 그것을 어떻게 입증할 수 있을까? 그에 따르면 교의학적 진리성은 하나님이 결정한다. 그 결정은 이미 창조 안에 있는 종말론적 완성인 하나님 나라와 함께 내려지지만, 사람들을 이끌어가는 하나님의 특별한 영의 사역으로서 잠정적인 형태로 현재 그들의 마음속에 주어져 있다. 그런 시각들은 그가 현대신학자이면서 동시에 그리스도교 교의의 전통에 충실한 바탕을 두고 있음을 보여준다.

이오갑
케이씨대학교 조직신학 교수

판넨베르크 신학의 정수라 할 수 있는 『조직신학』 전집이 번역·출간되는 것을 매우 기쁘게 생각한다. 바르트, 틸리히, 윙엘, 몰트만과 더불어 현대 조직신학의 대가 반열에 속하는 판넨베르크의 신학적 성취는 후기세속화 시대라 명명할 수 있는 오늘의 사회문화 속에서 더욱 빛을 발하고 있다. 계시와 역사, 신앙과 이성, 신학과 철학, 교회와 사회라는 신학의 영속적 주제들이 어떻게 조화롭게 논의될 수 있는가를 그의 치열한 신학적 작업을 통해 살펴볼 수 있기 때문이다. 그는 신학이 초월과 내재의 긴장을 잃지 않으면서도 동어반복적 자기 한계를 극복하고, 보편적 진리를 모색하는 공공적 학문의 영역으로 진입할 수 있는 가능성을 보여주었다. 그의 『조직신학』은 이러한 신학적 기획의 근간으로서 그의 신학적 사유의 시작점이자 도착점이다. 아무쪼록, 판넨베르크의 신학이 이 시대 속에서 하나님의 뜻을 좇아 치열한 응답을 모색하는 한국의 신학자들과 신앙인들에게 새로운 지평을 열어줄 것을 기대하는 마음으로 일독을 권한다.

임성빈
장로회신학대학교 총장

종교개혁 500주년을 맞이하여 우리는 루터를 다시 읽어야 하겠지만 판넨베르크도 함께 읽어야 한다. 루터는 이성을 폄하하며 그것이 신앙의 경건에 위협을 준다고 여겼다. 하지만 판넨베르크는 자신이 이성을 가진 인간이기에 그리스도인이 될 수 있었다고 확신했다. 그는 신앙의 이름으로 이성을 희생시켜서는 안 되며, 신앙의 진리를 밝혀주는 교리가 자신이 일어난 본래의 역사적 장소와 분리될 수 없음을 확신했다. 신학이 위로부터의 계시에만 매달리면 자의성과 주관주의에 빠져 학문으로서 소외된다. "역사로서의 계시", "아래로부터의 그리스도"를 붙잡지 않으면 신학이라는 학문은 동어반복적인 자기 순환의 논리에 빠진다. 비기독교 집안에서 자라나 오직 지성적인 모색에 의해 기독교 신앙에 도달한 판넨베르크는 오늘날 틸리히와 함께 무신론적 세계에 사는 현대인들을 위한 지성적 사도가 될 것이다. 판넨베르크는 기독교 신앙이 미신이나 맹신에 빠지지 않으면서 참된 보편과 경건을 향하도록 우리를 이끈다. 종교개혁 500주년을 맞이하는 이 은총의 계절에 우리가 루터와 함께 읽어야 할 판넨베르크의 역작을 소개한 역자들의 노고와 출판사의 혜안에 큰 박수를 보낸다.

장윤재

이화여자대학교 기독교학부 조직신학 교수

새물결플러스 출판사가 21세기 한국 신학계와 목회 현장에 새로운 도전과 쇄신의 기회를 제공하는 귀한 책을 내놓았다. 뮌헨 대학교 개신교신학부에서 오랫동안 조직신학을 가르치던 볼프하르트 판넨베르크 교수의 대작인 『조직신학』 전집을 한국어로 이번에 번역·출간하는 것이다. 하이델베르크 대학교에서 박사학위를 받으신 두 분의 번역자는 독자들이 거의 원서를 독해하는 듯한 느낌을 받을 정도로 명확하게 이해할 수 있는 번역을 해주었다. 한국교회와 신학 교육을 위해 심도 있는 기독교신학 도서를 꾸준히 출간하는 새물결플러스 대표 김요한 목사님의 비전에 공감하며, 판넨베르크 『조직신학』을 환영하고 열광적으로 추천한다. 신학도와 목회자들이 이 책을 정독함으로 얻을 수 있는 수확이 상당할 것을 의심치 않는다.

전영호

미국 세인트폴 신학교 조직신학 교수

볼프하르트 판넨베르크는 신학, 철학, 자연과학의 대화를 통하여 현대신학의 새로운 시공간을 창출한 20세기의 탁월한 조직신학자다. 그의 사상과 이론의 정수인 『조직신학』 전집은 지난 20세기 교의학 역사를 체계적으로 종합한 걸작이며, 진리와 신을 갈망하는 21세기 지성인들에게 신학적 상상력의 강렬한 원천을 주었다. 그는 20세기말 무신론의 묵시적 공간에서 신, 진리, 성서, 계시, 자연, 역사, 철학, 과학의 유산으로 현대신학의 참신한 가능성을 섬세하고 과감하게 직조하였다. 그는 신앙과 지식의 보편성과 통일성을 끝까지 신뢰하고 관철하였다. 판넨베르크의 신학적 통찰이 여전히 우리의 영혼과 지성을 압도하는 증거가 바로 여기에 있다. 우리는 판넨베르크의 조직신학 전집을 읽으며 유구한 역사의 신학적 전통과 현대의 지성적이며 날카로운 도전이 어떻게 상호 창조적으로 만날 수 있는지를 구체적으로 목격할 수 있을 것이다. 특히 판넨베르크의 지적인 명료함과 원숙한 열정은 조직신학 전집에 종합적으로 응축되어 있다. 아시아 최초로 판넨베르크의 조직신학 전집이 한국에서 출간된다. 제1권은 진리론과 신론을 다룬다. 제2권은 창조론, 인간론, 그리스도론을 다룬다. 제3권은 성령론, 교회론, 종말론을 다룬다. 신의 지혜와 세계의 지식을 서로 방대하게 링크한 20세기 신학의 위대한 사색이다. 실로 판넨베르크는 신학, 철학, 과학의 지혜가 우리의 경험에서 어떻게 생생하게 상호 관통하고 있는지를 매력적으로 제시한다. 그는 이미 신학의 전설이 되었다. 신학이 흔들리는 메마른 시대일수록 오히려 신학의 새로운 가능성이 예견된다. 판넨베르크가 선사한 탁월한 신학적 전승의 방패와 21세기 우리 신학의 날카로운 창이 서로 만나 신학의 뜨거운 열정과 불꽃이 이 땅에서 더욱 발화되기를 소망한다

전철
한신대학교 조직신학 교수

판넨베르크는 언제나 최고의 성서학적 연구와 풍부한 신학적 전통, 근대 과학의 관심사를 하나로 통일한다. 신학적인 입장 차이를 넘어서서 모든 신학자들에게 도전을 주고 관심을 불러일으킬 걸작이다.

스탠리 그렌츠 Stanley Grenz

그의 신학에 동의하지 않는 자라 할지라도 그의 방대한 지식, 설득력 있는 건설적인 제안 그리고 전통에 대한 새로운 관심에 경의를 표하게 될 것이다.

미로슬라브 볼프 Miroslav Volf

Wolfhart Pannenberg

Systematische Theologie

II

Copyright © 2015 Vandenhoeck & Ruprecht GmbH & Co. KG,
Wolfhart Pannenberg: Systematische Theologie; Hg.: Gunther Wenz, Gottingen.
All Rights Reserved.

This Korean edition is translated and used by permission of Vandenhoeck & Ruprecht GmbH & Co. KG through rMaeng2, Seoul, Republic of Korea.

This Korean Edition Copyright © 2018 by Holy Wave Plus Publishing Company, Seoul, Republic of Korea.

이 한국어판의 저작권은 알맹2 에이전시를 통하여 독일 Vandenhoeck & Ruprecht GmbH & Co.와 독점 계약한 새물결플러스에 있습니다. 신 저작권법에 의하여 한국 내에서 보호받는 저작물이므로 무단 전재와 무단 복제를 금합니다.

판넨베르크 조직신학
II

볼프하르트 판넨베르크 지음 | 신준호·안희철 옮김

독일어 개정판 편집자 서문

1988-1993년 사이에 출판된 『판넨베르크 조직신학』 I, II, III의 개정판을 내게 된 것에 어떤 특별한 이유가 있지는 않다. 이 책들이 지나간 20세기의 가장 훌륭한 교의학적 작품으로 평가받고 있는 것에 대해서는 책의 내용이 스스로 입증할 것이다. 명백한 오탈자의 제거와 같은 몇 가지 형식적인 수정 외에 이 개정판에서 고려한 것은 저자 판넨베르크가 친필로 직접 교정해 준 것과 쪽지에 메모해서 전달해 준 것뿐이다. 그것들도 내용의 변경과는 전혀 무관하다. 원판의 쪽수가 그대로인 것처럼 원판의 권위도 그대로 보존되었다. 결코 적지 않은 기술적 어려움에도 불구하고 판넨베르크 교의학의 개정판을 실제로 출판할 수 있게 된 것에 대해 나는 반덴호에크 & 루프레히트(Vandenhoeck & Ruprecht) 출판사에게 감사한다. 책임 조력자인 이외르크 페르쉬(Jörg Persch) 군과 편집 도우미였던 모리츠 라이싱(Moritz Reissing) 군에게도 감사한다. 특별히 감사해야 할 곳은 출판 비용을 책임져 준 "판넨베르크 재단"(Hilke und Wolfhart Pannenberg-Stiftung)이다.

스페인어로 출판된 조직신학 제I권에 덧붙인 독일어 서문에서 판넨베르크가 썼던 문구를 아래에 인용하는 것으로 편집자 서문을 마친다.

많은 비평가들이 내게 이렇게 질문했습니다. "왜 신학 책이 이렇게 두껍습니까? 이런 책을 도대체 누구를 위해 쓴 것입니까?" 나는 이렇게 대답하고자 합니다. 나는 그리스도교 교리와 그것의 진리에 대한 질문을 가장 앞선 관심사로 삼는 사람들을 위해 이 책을 썼습니다. 이 책은 재미로 즐겁게 읽을 만한 것은 아닙니다. 하지만 하나님에 관한 그리스도교적인 믿음은 우리 시대에 심각한 도전에 직면하고 있습니다. 전통적인 언어를 현대적인 사고방식에 억지로 꿰어맞추는 것은 전혀 도움이 되지 않고 있습니다. 우리는 이 도전을 견디면서 그리스도교 믿음이 지성적으로 쓸모없는 것이 아니라는 사실을 보여주어야 합니다. 그렇다면 신학은 우리 시대에 만연한 편견과 맞설 수밖에 없습니다. 그리스도교 교리들의 풍성한 내용은 오늘날 그 교리들의 역사를 공부하는 사람들, 그 역사 안에서 발전하며 제기되어 온 문제들을 곰곰이 숙고하는 사람들에게는 여전히 매혹적일 것입니다. 그 중에서 골동품으로 버려져야 할 것은 아무것도 없습니다. 그렇기 때문에 이 책은 역사적인 관찰과 체계적(조직적)인 관찰을 결합시키고 있습니다. 그 관찰의 핵심에서 그리스도교 교리의 내용은 오늘 우리의 세속적인 문화 안에서 통용되는 지성적인 양식을 훨씬 능가하게 될 것입니다. 교회가 이와 같은 의식을 다시 회복하는 일이 중요합니다.

2014년의 여름, 뮌헨

군터 벤츠(Gunther Wenz)

차례

독일어 개정판 편집자 서문 12

머리말 18

제 7 장
세계의 창조   28

I. 하나님의 실행으로서의 창조   29

  1. 외부를 향한 하나님의 행위   29

  2. 창조 행위의 특성   42

  3. 창조 행위의 삼위일체적 근원   59

  4. 세계의 창조, 보존, 통치   83

    a) 보존과 창조
    b) 피조물의 활동에 대한 하나님의 협력
    c) 세계의 통치와 하나님 나라: 창조의 목적

II. 피조물의 세계   127

  1. 창조 안의 다양성과 통일성   130

  2. 하나님의 영과 자연사건의 역동성   155

    a) 성서적 출발점
    b) 힘, 장, 영
    c) 영의 사역을 드러내는 국면인 공간과 시간
    d) 영의 창조적 활동과 천사론
    e) 창조의 사역에서 일어나는 아들과 영의 협력

  3. 진화하는 일련의 형태들   220

III. 창조와 종말론 255

1. 창조 행위와 종말의 일치와 구분 255
2. 우주의 시작과 종말 270
3. 창조 신앙과 신정론 294

제 8 장

인간의 존엄성과 비참 314

1. 몸과 영혼의 인격적 통일성인 인간 325
2. 인간의 규정 359
   - a) 아담과 그리스도 안에 있는 하나님의 형상
   - b) 하나님의 형상과 인간의 원상태
   - c) 인간의 규정으로서의 하나님의 형상
3. 죄와 원죄 410
   - a) 원죄 주제에 접근하기 어려운 이유
   - b) 죄의 현상적 형태들과 그 뿌리에 대한 질문
   - c) 죄의 보편성과 죄의 책임(Schuld)의 문제
4. 죄, 죽음, 그리고 생명 467

제 9 장

인간론과 그리스도론 486

1. 그리스도론의 방법론 488
2. 예수 그리스도의 인격과 역사 속에 있는 "새로운 인간" 519

   a) "하늘로부터" 오는 새로운 인간
   b) 새로운 인류의 창시자
   c) 아들의 나타나심과 인간들의 공동체

제 10 장

예수 그리스도의 신성 562

1. 하나님과 예수가 하나임을 주장하기 위한 근거 564

   a) 공적 사역 속에서 결합되는 아버지와 예수의 관계
   b) 예수와 아버지의 하나 됨과 예수의 역사에 관한 쟁점
   c) 아버지께서 죽은 자들로부터의 부활에서 드러내신 예수의 칭의

2. 예수와 하나님의 하나 됨의 그리스도론적인 전개 625

   a) 예수의 하나님의 아들 되심과 하나님의 영원성 안에 있는 그 지위의 근원
   b) 하나님의 아들 되심의 내적 근거인 "아들의 아버지로부터의 자기 구분"
   c) 한 인격 안의 두 본성?

3. 세계 안에서 발생하는 하나님의 자기실현인 아들의 성육신 668

제 11 장
예수 그리스도를 통한 세상의 화해   680

1. 구원과 화해   681
2. 화해 개념과 화해론   690
3. 구원 사건의 형식으로서의 대리   712

   a) 예수의 죽음에 대한 원시 그리스도교의 해석과 대리의 사실성
   b) 대리적 형벌로서의 속죄
   c) 대리와 해방

4. 세상의 화해자이신 삼위일체 하나님   746

   a) 화해 사건에서 일어나는 아버지와 아들의 행동
   b) 그리스도의 화해 직무
   c) 영 안에서 완성되는 화해

5. 복음   772

인명 색인 790

머리말

나의 『조직신학』 전집은 그리스도교 교리를 체계적으로 서술하고자 한다. 앞선 제I권은 하나님에 관한 진술이 진리인지 묻는 진리성의 질문을 종교들의 영역 안에서 수행했다. 종교들은 서로 논쟁했던 과거의 역사에서만이 아니라 현재의 종교 다원주의적인 상황에서도, 여러 관점에서 대립하는 자신들만의 진리를 다양하게 주장하며 경합하고 있다. 물론 그리스도교는 유일무이한 신적 계시에 근거하지만, 그럼에도 불구하고 바로 그 점에서 세계, 인간, 하나님에 관한 궁극적 진리를 다루는 여러 종교들 가운데 하나이기도 하다.

    종교들 간에 벌어지는 분쟁은 서로 다른 다양한 문화권에서 살아가는 사람들에게는 분명한 사실로 경험되고 있다. 서구 산업사회 속에 위치하는 이른바 "종교다원주의 신학"(Theologie der Religionen, 종교신학)만이 이 사실에 대해 눈을 감고 있으며, 다수의 종교들이란 하나의 동일한 신에게 이르는 많은 길들, 곧 원칙적으로는 서로 갈등이 없는 길들이라고 손쉽게 묘사하곤 한다. 현대의 공공성 속에서 발전해온 세속주의는 종교들의 서로 다른 신앙고백들을 공공의 이익과는 무관한 사적(私的)인 문제로 다루는데, 이것은 여러 가지 종교적 진리주장에 대해 편견을 갖고 있음을 뜻한다. 이에 대해 종교다원주의 신학은 결과적으로는 바로 그 편견을 강화시키고 있다. 하지만 그런 이해는 현실을 간과한 것이다. 오늘날에도 여러 문화들을 서로 갈라놓는 가장 깊은 차이가 종교에 근거한다는 사실은 반복적으로 입증되고 있다. 이 사실을 쉽게 무시하는 현대 세속주의는 실제로는 그리스도교가 형성해온 문화적 전통이 붕괴하면서 생긴 결과물이다. 그렇기에 세속주의에 기초해서 다른 문화권의 종교적 전통들을 설득하고 그들의 진리주장이 무의미하다는 확신을 심어주려는 시도는 헛된 일이다. 물론 그리스도교의 입장에서는 자신이 토대로 삼고 있는 계시의 진리주장을 포기할 수 없다. 하지만 그 진리를 신뢰할 수 있는 것으로 주장하려면, 우선 다른 많은 진리주장들 및 그와 연관된 진리의 논쟁적 성격을 스스로 의식하고 직접 받아들일 수 있어야 한다. 그렇게 한다고 해서 그리스도교의 진리주장, 곧 예수 그리스도 안에서 나타난 하나님의 계시의 궁극적·절대적 진리주장이 상대화되는 것이 아니며, 오히려 우리는 적절한 진지함과 관용을 가지고 그 진리를 대변할 수 있게 된다.

인류의 유일한 하나님이시고 세계의 창조자이신 그분의 계시사건 속에서, 다시 말해 나사렛 예수의 인격과 역사 속에서 모든 인간에게 관계되는 유일무이한 진리를 주장하는 것은 그리스도교 세계선교의 출발점이자 원동력이었다. 그리스도교 신학은 바로 그와 같은 진리주장에 봉사하는 가운데 발전해왔다. 신학은 그 주장을 명확하게 드러내고 그와 관련된 그리스도교 교리를 서술함으로써 그 진리를 확증했으며, 동시에 그 진리의 타당성을 반복해서 검증했다. 신학은 그리스도교의 진리주장을 검증하는 작업에서, 그 주장을 가능한 한 공정하게 다룰 때만 자신의 과제를 바르게 수행할 수 있다. 그렇기에 신학은 그리스도교 계시의 진리를 처음부터 미리 확정된 것으로 전제해서는 안 된다. 그렇게 한다면 계시의 진리는 단순한 주관적 주장에 그칠 것이고—여러 측면에서 사랑받을 가치는 있지만 객관적으로는 허구에 불과한—우화처럼 되어버릴 것이다.

이 책이 시도하는 그리스도교 교리의 체계적인 서술은 그리스도교 진리주장이 정당한가 하는 문제를 열려 있는 질문으로서 다룰 것이다. 그 진리주장은 인간적 경험과 성찰의 역사 속에서 수행될 수 있는 여러 가지 검증에 대해 열려 있으며, 동시에 주장된 내용들을 집약해서 서술하는 형식과 관련된 잠정적인 검증에 대해서도 열려 있다. 이것은 결코 사소한 일이 아니다. 왜냐하면 오늘날 그리스도교 교리의 진리주장을 완전히 열려 있는 것으로 여기는 것은 당연하다고 생각되지 않기 때문이다. 세속주의적인 공공문화를 대변하는 많은 사람들은 오래 전부터 그런 개방성의 물음이 부정적으로 대답되는 쪽으로 이미 결정되어 있다고 생각한다. 그래서 종교들의 진리주장이—모든 세부 사항까지 그렇지는 않다고 해도—원칙적으로 진지하게 수용되어 토론할 가치가 있다는 사실을 자신과 주변 사람에게 분명히 밝힐 수 있으려면, 그런 개방성을 제시하는 보다 나은 설명이 필요하다. 나의 『조직신학』 제I권의 2장과 3장은 그런 개방성 문제에 대한 통찰로 이끄는 역할을 맡았다. 그다음에 제4장은 종교들이 서로 각축을 벌이는 영역에서 성서적인 진리주장, 곧 그리스도교적인 하나님 신앙의 특수한 진리주장이 어떻게 등장했는지를 서술했다. 이 진리주장은 자신의 총괄적·이론적 표현 형태를 가장 먼저 신약성서에서, 즉 나사렛 예수의 인격과 역사 안에 나타난 창조자 하나님의 종말론적 계시 주장 속에서 발견했다.

이어지는 모든 장들은 하나님, 세계와 인간, 이들의 화해와 구원에 대한 그리스도교 교리를 종합적으로 서술함으로써, 그 진리주장의 내용을 전개하게 된다. 이러한 진행과정에서 종교적 진리주장들의 다원주의적이고 논쟁적인 상황은 계속해서 시야에 머물러 있을 것이다. 종교들이 서로 힘을 겨루는 가운데, 관건은 대체로 신적이라고 생각되는 최종 현실성에 대한 어떤 하나의 종교의 특정한 이해로부터 세계와 인간의 실재를 파악하는 것이 그와 경쟁하는 다른 많은 종교적 관점들로부터 파악하는 것보다 더욱 적절하고 상세한 것인지 혹은 아닌지의 문제다.

그리스도교 교리의 체계적인 서술은 어떤 절대적·신적 현실성에 대한 각각의 이해를 관점으로 삼고 그것으로부터 세계와 인간적 삶의 주제에 대한 그리스도교의 해석과 다른 종교들의 해석들을 비교하고 상세히 검토하는 작업이 아니다. 이것은 종교철학의 과제일 것이다. 그리스도교 신학이 제시해야 하는 것은 그리스도교적인 믿음 그 자체를 요청하는 계시사건으로부터 하나님, 인간, 세계를 어떻게 복합적으로 해석하고 전개할 수 있는가 하는 것이다. 그렇게 제시된 해석은 세계와 인간적 삶에 대한 경험적 지식 혹은 철학적 성찰로 얻어진 지식과의 관계 속에서 충분한 근거를 갖춘 참된 진리로서 통용될 수 있어야 하며, 그렇기에 또한 다른 대안적인 종교적 혹은 비종교적 세계 해석들과의 관계 속에서도 참으로 주장될 수 있어야 한다. 이와 같이 세계 해석의 근본적인 진리주장들을 서로 비교하고 논의하며 판단을 내리는 작업은 거기서 비교되어야 하는 사상들(Konzeptionen)이 동일한 방식으로 서술되어 있어야 한다는 것을 반드시 전제하게 된다. 그러나 그런 서술들이 어느 정도 정리되어 있다고 해도 언제나 완전하지는 않을 것이며, 고려되어야 하는 모든 종교적 전통들이 임의로 사용할 수 있는 만족스런 형태를 갖춘 상태도 아닐 것이다. 이것은 종교철학적 과제에 부과되는 난점이자 한계이며, 이 영역에서 최종 판단을 내릴 수 있는 가능성에 대해 불가피한 유보조건을 형성한다. 여기서 그리스도교 신학은 하나님, 세계, 인간의 현실성에 대한 그리스도교적 해석을—그 해석을 위해 제기될 수 있는 진리주장의 정당한 근거를 고려하는 가운데—가능한 한 강하게 보여주는 선에서 만족할 수 있다. 이 작업에 필요한 것은 종교적인 진리주장들이 각축을 벌이는 세계 속에 위치한 그리스도교의 상황 자체를 다른 관점들을 바르게 고려하려는 관용을 통해 그리스도교적인 진리 의식 속으로 받아들이는 일이다. 그리스도교 교리의 특수성과 잠정성을 현실적으로 평가할 수 있는 능력, 그리고 이와 연관된 관용의 능력은 바로 그 자체가 그리스도교적인 진리주장의 정당성을 이해하기 위한 중요한 논증이 된다.

하나님, 세계, 인간에 대한 총괄적인 해석은 그리스도교 신앙이 근거하고 있는 계시 사건의 관점으로부터 실행되는데, 여기서 서로 다른 개별 주제들이 서로를 제약하게 된다. 세계와 인간적 삶의 주제를 그리스도교적인 하나님 이해로부터 파악하여 하나님 안에 근거하는 것으로 서술할 수 있다면, 거꾸로 그리스도교적인 하나님 이해를 세계와 인간에 대한 역사적으로 변화해온 경험의 관점으로부터, 그리고 그와 연관된 성찰의 관점으로부터 파악하여 새롭게 표현하는 것도 얼마든지 가능하다. 신론과 삼위일체론에 대한 제I권의 서술은 그 교리들이 각각의 역사적 기원들과 맺는 관계, 또한 각기 관련된 철학적 견해들과 함께 발전하게 한 요소들과 맺는 관계를 새롭게 규정하는 것이 그 교리들의 내용을 새롭게 표현하는 데 어느 정도까지 결정적인가 하는 것을 보여주었다. 제I권의 서술에서 물론 역사와 해석학에 대한 근대적인 이해들, 즉 인간 존재, 역사, 종교 사이의 관계에 대한 이해들이 이미 영향을 주었으며, 그와 함께 철학적 개념들 속에 포함된 세계 현실성에 대한 관계도 그 영향력에 동반되었다. 이제 전개될 이 책에서는 거꾸로 세계와 인간에 대한 경험적 지식이 그리스도교적인 하나님 이해의 관점으로부터 다루어질 것이다.

하나님 이해와 세계 이해 사이의 이와 같은 상호 제약성에도 불구하고, 다음의 사실은 확고하다. 하나님 개념을 묻는 중심 문제가 인간과 세계의 이해에 대해 우선권을 가지며, 그 역은 성립되지 않는다. 하나님에 관한 모든 진지한 진술은 인간과 세계의 현실성이 하나님에 의해 규정된 것으로, 그리고 그분을 통해 근거된 것으로 생각해야 한다는 요청을 내포한다. 바로 그 이유에서 거꾸로 인류와 역사를 포함한 세계 전체를 특정한 신 개념으로부터 총괄적으로 해석하는 가능성은 이미—비록 그런 세계 현실성의 해석이 많은 관점으로부터 지속적으로 논의될 수 있다고는 해도—바로 그 신 개념이 가능한 진리인지를 검증하는 시험대 위에 놓인다. 그러한 해석의 서술이 경험의 자료들과 성찰들을 통해 얻은 지식의 통찰들과 명확하게 일치하면 할수록, 그만큼 더 그 서술은 그에 해당하는 하나님 이해 및 연관된 진리주장을 잘 해명할 수 있게 될 것이다. 어쨌든 세계 현실성에 대한 서술은 신 개념과 이러저러하게 암묵적으로 연관되면서, 기능적으로 구성된 세계 개념이 다소간의 개별적인 요소들을 상세히 설명하게 된다는 것, 그리고 어떻게 그렇게 할 수 있는지를 사실상 증명하게 된다.

　이와 같은 의미에서 이 책이 가장 먼저 다루는 창조론에서는 그리스도교적인 하나님 이해의 해명과 입증이 중요하다. 이 중요성은 근대 신학에서 항상 가치 있는 것으로 평가되지는 않았다. 이 중요성을 적합하게 다루면서 창조론을 전개하는 일은 흔히 무시되었던 것이다. 그렇기에 이 책이 전개하는 창조론은 특별한 주목을 요청한다. 하나님 이해를 그에 상응하는 세계 이해의 발전에 비추어 입증하는 작업은 그리스도교적인 하나님 개념과 관련해서 창조론으로 종결되지는 않는다. 왜냐하면 특별히 인간들의 현실이 실제로는 그리스도교적인 하나님 이해와 일치하지 않으며, 혹은 적어도 아직까지는 일치하지 않고 있기 때문이다. 인간의 있는 그대로의 현실은 전능하신 사랑의 창조자를 도처에서 자신의 근원으로 분명히 입증하지 못하고 있다. 인간들도 신적 현실성의 주제와 관련하여 자신들의 현존에 대해 창조자께 감사하거나 그분의 신성을 찬미하는 방식으로 행동하지 않는다. 성서적 계시에 따른 하나님은—인간을 포함해 실제로 현존하는 세계의 근원자 및 완성자로서—세계가 창조자이신 그분과 화해한다는 조건 아래에서만 이해될 수 있다. 세상이 하나님과 화해된다는 것은 그리스도교 신앙에 따르면 예수의 죽음에 근거하며 이미 예기되고 있지만, 인류와 역사의 현실성을 내다볼 때 적어도 지금까지는 완전히 성취되지는 않았다고 말할 수 있다. 화해는 그리스도인들과 교회 공동체의 신앙의식 속에서만 확정적으로 실현되어 있으며, 그 의식 속에서조차도 신앙의 현실과 경험의 현실 사이의 긴장과 단절을 끊임없이 야기하고 있다.

제III권은 그리스도교 공동체와 개별 그리스도인들의 삶 속에서 화해가 최소한 부분적으로는 실현되어 있다는 사실을, 앞으로 화해되고 구원받아야 하는 전체 세계와 관련해서 다룰 것이다.

그리스도교의 하나님 이해를 세계와 인간의 현실성에 대한 관계에 비추어 입증하는 작업에서 창조와 화해는 밀접한 짝을 이룬다. 어떤 의미에서는 창조도 세계의 종말론적인 완성과 함께 비로소 종결에 도달한다고 말할 수 있다. 그렇기에 제III권의 마지막에 서술되는 15장 종말론은 그보다 앞서는 교회론과 개별 그리스도인의 신앙적 실존에 대한 논의의 지평선을 형성할 뿐만 아니라, 또한 제II권에서 창조론과 세계의 화해론으로 시작되는 서술 곧 그리스도교 신앙의 삼위일체론적 하나님 이해에 상응하는 세계 이해의 서술을 종결하게 될 것이다. 하나님의 통치, 그리고 그와 함께 하나님 자신의 진리가 현현하는 모든 역사적 형태들이 갖는 잠정성과 표징성에 대한 그리스도교적인 의식이 제III권에서 특별한 방식으로 다루어질 것이다. 세계의 구원과 우리의 개인적 구원의 완성이 아직 미래에 놓여 있다는 사실을 아는 그리스도교적인 지식은 오로지 하나님의 미래만이 그리스도-계시와 그리스도교적인 신앙의 진리에 대한 질문을 최종적으로 결정할 수 있다는 의식과 관련되어 있다. 물론 그 진리는 하나님 그리고 그리스도의 영이 불어오는 곳이라면 그 어느 곳에서나 이미 현재적이기는 해도 말이다. 그리스도-계시의 진리성에 대해 최종 결정을 내리고 그것의 공적인 인정을 관철시키는 것은 오로지 하나님 자신의 일이다. 그렇기에 그 결정과 인정은 여기서 진행되는 그리스도교 교리에 대한 조직신학적 서술의 마지막까지 계속해서 열려 있어야 한다. 세계사 속에서 하나님의 진리가 완성되기 이전인 이편으로부터 생각한다면, 지금 우리 곁에서 그 진리가 다만 잠정적으로 그리고 불완전하게 실현되어 있다는 의식은 바로 그리스도교적인 선포와 신학의 신뢰성을 제약하는 한 가지 조건이 된다.

이 책을 완성하는 작업에서 나는 여러 가지로 많은 도움을 받았는데, 이에 대해 감사의 말을 전한다. 나의 비서 가비 베르거(Gaby Berger)는 원고의 활자화에 도움을 주었고, 나의 조교들인 크리스티네 악스트-피스칼라 박사(Dr. Christine Axt-Piscalar), 발터 디츠(Walter Dietz), 프리데리케 뉘셀(Friederike Nüssel), 또한 마르크바르트 헤어초크(Markwart Herzog)와 올라프 라인무트(Olaf Reinmuth)도 본문 수정과 각주 검토 작업을 도와주었으며, 앞의 세 사람은 색인 작업에도 도움을 주었다. 그뿐 아니라 이들 모두는 누가복음 14:28f.이 말하는 것처럼 시작만 하고 능히 이루기는 어려울 것으로 보였던 이 책의 저술을 다시 한번 새로운 힘을 내어 진척시킬 수 있도록 내게 용기를 북돋아주었다.

1990년 11월, 뮌헨
볼프하르트 판넨베르크

제7장 세계의 창조

Die Schöpfung der Welt

I. 하나님의 실행으로서의 창조

1. 외부를 향한 하나님의 행위

창조론은 세계의 현존재를 그것의 근원이신 하나님께 소급시킨다. 이와 함께 창조론의 대상은 하나님의 현실성으로부터 세계의 현존재로 옮겨진다. 이 이동은 하나님의 행위(Handeln)라는 표상을 통해 발생하는데,[1] 오직 이렇게 해서 세계는 하나님으로부터 시작되는 근원과 관련되어 비로소 창조로 규정되는 것이다. 세계는 하나님의 행동(Tat)에 따른 결과다. 이 주장으로부터 세계가 하나님과 맺는 관계에 대한 중요한 진술이 나온다. 세계의 기원이 하나님의 자유로운 행동에 놓여 있다는 것은 세계가 필연적으로 신적 본질로부터 생겨난 것이 아니라는 사실을 의미한다. 세계는 하나님의 신성에 필연적으로 귀속되지는 않는다. 다시 말해 세계는 존재하지 않을 수도 있다. 그렇기에 세계의 현존재는 우연적(kontingent)이며, 하나님의 의지와 행위의 자유로운 실행(Akt)에서 비롯된 결과이자 표현이다. 세계는—하나님의 아들처럼—영원 안에서 아버지 하나님의 현존재와 짝을 이루는 상관존재(Korrelat)가 아닌 것이다.

그런데 하나님이 어떤 식으로든 행동하신다고 생각하려면, 하나님의 존재는 피조물의 세계를 필요로 한다거나 혹은 적어도 하나님의 존재가 이미 세계와의 관계 안에 있다고 생각되어야 하지 않을까? 하지만 그리스도교 교리는 이를 부인해왔다. 다시 말해 아버지, 아들, 영 사이의 삼위일

---

1 이에 대해 제I권(한글 번역서), 596ff., 623ff.의 설명들을 보라.

체적인 관계들을 이미 "활동들"(Tätigkeiten)로 묘사한 것이다. 이 활동들과 비교한다면 세계의 창조는 매우 다른 특성을 지닌 채 외부를 향해 일어나는 행동이라 할 수 있다.

그리스 교부학에서 활동(enérgeia)의 개념은 세 인격들이 외부를 향해, 다시 말해 피조물의 세계와 관련해서 행하는 공동행위에 대해서만 사용되었다. 아타나시오스는 삼위일체의 사역(Wirken)이 하나라는 사상을 신적 본성은 나뉠 수 없다는 것에 상응하여 표현했다. 이것은 세 분의 신적 인격들이 서로 다른 사역의 영역을 갖는다는 오리게네스의 가르침과는 대립되는 것이었다.[2] 카파도키아 교부들은 사역의 단일성이 아버지, 아들, 영의 본질적 단일성에 대한 증거라고 끊임없이 엄중히 가르쳤다.[3] 아우구스티누스도 이와 같은 의미에서 신적 사역이 나뉠 수 없음을 말했다(*De trin*. I,4 (7). "신적 활동들은 분리되지 않는다"(*inseparabiliter operentur*, CC 50, 1968, 24f., 비교. 같은 곳, IV,21 (30), 203 z.31f. 등등). 이것은 그 이전에 이미 암브로시우스가 말했던 것과 같다(*De fide* IV,8,90; CSEL 78,187f.). 그러나 아우구스티누스는 아직 출생(Zeugung)과 발현(Hauchung, 내쉼)의 내재적 삼위일체의 관계들을 활동들(*operationes*)이나 사역(*opera*)으로 묘사하지 않았고, 또한 신적 행위들(*actiones*)로 설명하지도 않았다. 이것은 라틴 스콜라 철학에 이르러 비로소 시작되었다. 그 출발점은 성 빅토르의 리샤르(Richard von St. Victor)의 삼

---

[2] 세라피온에게 보내는 아타나시오스의 첫 번째 편지(MPG 26,596 A). 오리게네스의 견해에 반대하는 진술에 대해 다음을 비교하라. D. Wendebourg, *Geist oder Energie. Zur Frage der innergöttlichen Verankerung des christlichen Lebens in der byzantinischen Theologie*, 1980, 173. 또한 제I권, 437을 보라.

[3] Basilius, *De Spir. S.* (MPG 29,101 CD u. 133 BC), Gregor Naz., *Or. Theol.* IV (PG 36,116 C u.ö.), Gregor Nyss. (*Ex comm. not* MPG 45,180). 또한 D. Wendebourg, 같은 곳, 222f., 또한 이미 201f., 214f. 그리고 시각장애인 디디무스(Didymus)에 관련된 187ff.를 보라.

위일체론이었던 것으로 보인다. 그 당시까지 특별히 영의 내쉼에 대한 표현으로 발현(processio) 개념이 사용되었는데, 성 빅토르의 리샤르는 이 개념을 삼위일체의 출현 전체에 대한 표현으로 확대했다.[4] 발현이라는 표현은 이제는 외부를 향한 하나님의 행위와도 관계될 수 있었다.[5] 이에 상응하여 라틴어 의미의 "행위"(actio, 실행) 개념이 지성과 의지를 통한 내적 행위의 의미에서 삼위일체적 관계들의 표현에도 사용되었다. 이에 대한 자료는 아우구스티누스의 심리학적인 삼위일체 유비론 안에서 제공되었다. 지성과 의지의 행동들로 이해되는 내적 행위의 표상이 내재적·신적 관계들에 대한 주장의 근거로서 제시되었다(Thomas S. theol. I,28,4 c). 이와 관련하여 토마스 아퀴나

---

4   F. Courth, *Trinität in der Scholastik* (Handbuch der Dogmengeschichte II/1b) 1985, 67은 이 개념의 그러한 일반화에 동의하지 않는다. 특히 비교. Richard v. St. Victor, *De Trin.* V6ff. (PL 196, 952ff.). *processio*(발현) 표현의 사용은 Petrus Lombardus *Sent*. I,13,1과 2에서도 발견된다. 여기서는 아들뿐만 아니라 영의 기원이신 아버지에 대해서도 다룬다. 이 구별에 대해 아우구스티누스도 언급한다. procedit a Patre non quo modo natus, sed quomodo datus vel Donum (참고. Augustin De trin.V,14,15; PL 42,920f.). 스콜라 철학이 *processiones*를 *operationes*나 actiones로 이해하는 데 전제가 되었던 서방의 *Processio* 개념에 대한 확대 해석에 대해, 동방교회는 비판했다. 그 예로 다음을 들 수 있다. P. Evdokimov, *L'esprit saint dans la tradition orthodoxe*, Paris 1969, 69. "유출과 발현을 두 번의 발현으로 보는 것은 자의적인 추상화이다. 왜냐하면 우리는 결코 그것들을 묶어 둘로 셀 수 없기 때문이다…" 이러한 일반화된 언어 사용이 삼위일체에 관한 아우구스티누스의 저작으로부터 유래한다고 볼 수는 없다. 그러나 그에 대한 사례들이 서방의 니케아 신조 이전의 신학에는 존재한다. 테르툴리아누스는 이렇게 말했다. 하나님의 아들은 말씀이시며, 그 말씀은 한 분 하나님으로부터 "출현했다"(adv. 2: processerit, 또한 c.7에서 여러 차례 등장한다. 이 내용에 대해 필자는 A. Ganoczy에게 감사한다). 라틴 스콜라 철학의 언어 사용이 아우구스티누스를 넘어 거기까지 소급되었는지, 아니면 스스로 발전했는지를 필자는 밝혀낼 수 없었다.

5   Thomas von Aquin, *Summa theol*. I,27,1 c: Sed cum omnis processio sit secundum aliquam actionem; sicut secundum actionem quae tendit in exteriorem materiam, est aliqua processio ad extra; ita secundum actionem quae manet in ipso agente, attenditur processio quaedam ad intra.

스는 행위(*actio*) 개념의 자리에 활동(*operatio*) 개념을 대신 사용했고(1,27,3 c), 하나님의 지성과 의지에 대한 논의 전체를 내적 행위의 의미에서 활동들(*operationes*)이라는 개념 아래에 두었다(1,14 introd.). 토마스 아퀴나스에 의하면 특별히 하나님의 생동성이 그 활동성 위에 근거하고 있다(1,18,2 c, 비교. 1 c).[6] 구(舊)개신교주의 교의학은 스콜라신학이 전개한 삼위일체론적 심리학에 대한 유보적인 관점에도 불구하고 그렇게 사용된 용어들 가운데 많은 부분을 수용했다. 그 신학에서 하나님의 행위라는 개념은 창조론의 출발점으로 논의되었고, 삼위일체론으로부터 창조 안에서 일어나는 경륜적인 신적 행위에 대한 묘사로 이끄는 역할을 맡았다. 1609년에 아만두스 폴라누스(Amandus Polanus)는 그 행위 개념을 하나님의 영원한 법령(작정)이라는 개혁주의 교리의 토대로서 자세히 다루었다.[7] 루터교 편에서 이에 상응하는 논의들은 우선 예나학파에 속한 요한 무제우스(Johann Musäus), 요한 빌헬름 바이어(Johann Wilhelm Baier),[8] 그리고 다비트 홀라츠(David Hollaz)[9]에게서 등장한다. 그러나 비텐베르크 신학은 보다 더 신중한 입장이었고, 하나님의 행위에 관한 서술을 외부를 향한 사역(*opera externa*)의 서술에 제한하려는 경향을 보였다.[10] 하지만 내재적 삼위일체의 관계들에 대한 그것의 적용가능

---

6   Augustin *De trin*. VI,10,11 그리고 XV,5,7을 보라.
7   A. Polanus, *Syntagma Theologiae Christianae*(1609), Hannover 1625, 236a ff.
8   J. W. Baier, *Compendium Theologiae Positivae*(1686) ed. tertia Jena 1694, c. 1 §37(151) 그리고 c.2 §1(156). J. Musäus, *De Deo Triuno Theses*, Jena 1647, 12ff. (Thesen 52ff.).
9   D. Hollaz, *Examen theologicum acroamaticum*, Stargard 1707, I 508ff. 홀라츠는 창조론의 도입부에서 행위들(actiones)에 관하여 설명하지만, 폴라누스 등은 그와 달리 사역들(opera)을 서술한다.
10 A. Colav, *Systema Locorum Theologicorum* III, Wittenberg 1659, 882ff. 이미 게르하르트(J. Gerhard)가 그와 비슷하게 표현했다(Loci Theologici 1610ff., ed. altera ed. F. Franz 1885 vol. II,1a).

성을 완전히 배제하지는 않았다.¹¹

이러한 논의와 관련해서 삼위일체 인격들이 서로에 대한 관계 속에서 행하는 행위들은 외부를 향한 공동의 행위와 날카롭게 구분되어야 한다. 그 구분에 다음의 규칙이 도움을 준다. "외부를 향해", 다시 말해 세계와의 관계 안에서 삼위일체 인격들이 행하는 행위들의 분리될 수 없는 일치는 아버지, 아들, 영의 인격적인 구분에 중요한 행위들의 분리성, 곧 서로에 대한 관계 안에서 "내부를 향해" 행해지는 행위들의 각각의 분리성과 대립한다는 규칙이다.¹²

삼위일체의 내부를 향한 사역은 구분되지만, 삼위일체의 외부를 향한 사역은 구분되지 않는다(Opera trinitatis ad intra sunt divisa, opera trinitatis ad extra sunt indivisa)는 문구는 자주 언급된다. 하지만 이 문구는 "아우구스티누스의 유사명제"가 아니다.¹³ 오히려 이것은 하나님의 행위에 관한 견해가 라틴 신학 안에서 채색되고 짜 맞추어져 발전된 결과다. 아우구스티누스는 단지 둘째 부분만 주장했다. 그것도 앞에서 언급했듯이 단순히 카파도키아 교부들의 가르침에 따른 것이었다. 1685년에 크벤슈테트는 삼위일체 인격들의 외부를 향한 사역의 비분리성이라는 관점에서 아우구스티누스의 유

---

11 J. A. Quenstedt, *Theologia didactico—polemica sive Systema Theologicum* I, Leipzig 1715, 589(10장의 시작은 이렇다. De actionibus Dei in Genere, et in specie de Creatione).
12 이에 대해 크벤슈테트(J. A. Quenstedt)는 삼위일체의 내부를 향한 사역들(*opera ad intra*)은 내재적 활동들(*operibus internis*)과 동일시되어서는 안 된다고 말했다. 왜냐하면 후자가 비록 주체의 내면성 안에 머무는 행위라고 해도, 그것은 (지성과 의지의 행위들처럼) 어떤 외적인 대상을 향하기 때문이다(같은 곳, 589f.).
13 C. H. Ratschow, *Lutherische Dogmatik zwischen Reformation und Aufklärung* II, Gütersloh 1966, 156, 비교. 158.

사명제(같은 곳, 328)를 언급했는데, 그 결과 마치 아우구스티누스 자신이 그 명제를 만든 것과 같은 인상을 주게 되었다. 하지만 그 법칙의 앞부분 즉 내재적·삼위일체적 관계들과 관련된 부분은 활동(*operatio*)과 행위(*actio*) 개념이 내재적 삼위일체의 사태들에 대해서도 적용되기 시작한 이후에야 비로소 언급될 수 있었다. 17세기 중반에 구(舊)개신교주의 신학 안에서 이 명제의 내재적·삼위일체적 관계들에 이르기까지 확장된 형태는 이미 통용되는 중이었다. 그 형태는 아브라함 칼로프(*Abraham Calov*)가 1659년에 내재적 삼위일체의 인격적 행위들(actiones personales)에 대해 말한 것에서 유래한다. "전승된 친숙한 규칙들에 관하여: 내부를 향한 사역들은 분리될 수 없다"(de quibus tradi solet Regula: Opera ad intra sunt divisa, Calov, 같은 곳, 882). 요한 무제우스(*De Deo Triuno*, Jena 1647)는 신학자들의 규칙(*regula Theologorum*)에 대해 말했다(These 94).

서구 신학이 발전시킨 것과 같이 하나님의 행위라는 표상을 아버지, 아들, 영의 내재적 삼위일체의 관계에 이르기까지 확장시켜 적용하는 것은 그리스 교부들의 가르침으로부터 벗어난 것처럼 보일 수 있다. 그리스 교부들은 하나님의 행위의 단일성에 보다 더 큰 중점을 두었는데, 이것은 단일성의 표상을 하나님의 "외부를 향한" 행위에 제한시켰음을 뜻한다. 서구 신학도 역시 외부를 향한 하나님의 행위에서 하나님의 분리될 수 없는 단일성을 확고하게 고수했다. 하지만 하나님의 행위의 단일성이라는 표상을 내재적 삼위일체의 관계들에 이르기까지 확장시켜 적용한다면, 창조자 하나님이 자신이 생성시킨 세계로부터 독립적인 것과 같은 방식으로 삼위일체 인격들이 서로에 대한 "행위들" 속에서 서로 독립적이라는 것을 의미할 수 없게 된다. 이 점에서, 서구 신학이 하나님의 행위의 표상을 확장한 것은 어려움에 봉착했다. 이 어려움은 다른 한편으로 신적 인격들의 실체적 독립성이 개별 주체가 앎과 의지 안에서 행하는 내적인 행위에 이르기까지 소급되어 적용되었다는 사실을 통해 가려져 있었다. 그렇다면 서로에 대한 관계 속에서 이루어지는 신적 인격들의 행위들은 세계의 창조라는 "밖을 향한" 공동의 행위보다 덜 자유롭다는 말인가? 아니면 그 자체의 자유에도 불구하고 창조 행위는 삼위일체 인격들 상호간의 분리되지 않는 결속에 참여하고 있는 것인가? 이런 난점에도 불구하고 하나님의 행위의 표상이 서구 신학 안에서 내재적 삼위일체의 행위에 이르기까지 확장된 것은 몇 가지 관점에서 신학적 통찰에 유익했다. 우선 하나님의 이해 자체에 대한 유익은 하나님이 자기 자신 안에서 활동적이라고 생각될 수 있었다는 사실이다. 이 이해의 장점은 신적 에너지에 관한 그레고리오스 팔라마스(palamitisch)의 교리와 비교할 때 분명해진다. 그 교리는 그런 어떤 신적 에너지들은 창조된 것은 아니지만 그럼에도 불구하고 신적 본질과 구분되어야 한다고 주장했다.[14] 이러한 창조되지 않은 신적 사역이라는 견해의 내적 모순은 서구 신학 안에서는 하나님의 영원한 활동성의 표상이 하나님 자신 안에 있는 삼위일체적 관계들과 연결되어 있다는 생각을 통해 회피되었다. 이로부터 무리 없이 얻어지는 결론은 하나님이 활동하시기 위해 세계를 필요로 하시는 것이 아니라는 사실이다. 하나님께서는 아버지, 아들, 영의 상호관계들을 통해 자기 자신 안에서 살아 계신다. 물론 세계의 창조는 그분의 새로운 방식의 활동이다. 행위 개념은 행위자가 자신의 자유로운 행동을 통해 자기 자신 밖으로 나간다는 의미를 포함한다. 이때 행위자는 그 자신과 다른 무언가를 만들어내며, 그것에 대해 작용하거나 혹은 그것의 반작용에 대응한다. 이것은 신적 삶의 통일성의 내부에서 일어나는 삼위일체 인격들의 서로에 대한 관계들에도 해당한다. 세계의 창조에서 공동으로 행동할 때, 삼위일체 인격들은 그들에게 공통된 것 즉 신적 본질로부터 벗어나 밖으로 나온다. 그렇기에 세계의 창조나 그와 연관된 경륜적인 신적 행위는 아버지, 아들, 영의 상호관계들 속에서

---

[14] 이에 대해 D. Wendebourg, *Geist oder Energie*, 1980, 39-43을 보라. .

살아 계신 하나님의 활동적인 존재와는 구분되는 것이다.

하나님의 행위의 표상을 내재적 삼위일체의 관계들에 이르기까지 확장시켜 적용한 것은 다른 한 가지 관점에서도 신학적·인식론적인 유익을 가져다주었다. 세 인격이 공동의 행위 안에서 분리되지 않고 일치한다는 교리는 일찍부터 항변에 봉착했다. 항변자들은 그 교리에 맞서 삼위일체 인격들 각각의 분리된 행위에 관해 숨김없이 말하는 성서 본문을 인용했다. 이미 암브로시우스와 아우구스티누스가 그런 항변에 직면했다.[15] 이에 대처할 수 있는 방안은 그 본문들 속에서 세 인격들의 공동 활동이 개별적인 행위 안에 "전유"(appropriiert)되어 있다는 주장이었다. 하지만 전유가 하나님 자신의 삼위일체적인 삶 속에 어떻게 근거되는지는 여전히 밝혀지지 않았고, 외부를 향한 하나님의 행위 전체의 분리될 수 없는 단일성을 말하면서도 어떻게 삼위일체 인격들이 구분된다는 인식에 도달할 수 있는지도 마찬가지로 희미했다. 내재적 삼위일체의 관계들을 피조세계의 창조자, 보존자, 화해자, 완성자이신 하나님의 행위 개념과 결합시키는 것이 위의 난점들을 해명할 수 있게 해주는데, 그 결합이 한 분 하나님―세계의 창조자, 화해자, 완성자이신 하나님―의 세계에 대한 관계가 삼위일체적으로 중재된 것으로 생각할 수 있게 해준다는 점에서 그렇다. 그렇게 생각될 때, 한 분 하나님의 피조물에 대한 관계와 피조물들의 그분에 대한 관계의 근거에는 항상 삼위일체 인격들의 상호행위가 놓여 있게 된다. 세계에 대한 관계 안에서 행하시는 한 분 하나님의 행위가 삼위일체적인 삶 속에서의 행위와 전혀 다른 것은 아니다. 오히려 그 행위 안에서 삼위일체적인 삶 자체가 밖으로 향하며, 자기 자신을 벗어나 외부로 나가서 창조자와 피조물 사이의 관계를 규정하는 근거가 된다.

---

15 Ambrosius, *De fide* IV,6,68 (CSEL 78,180 z. 32-35), Augustin, *De trin.* I,4,7: pater et filius et spiritus sanctus sicut inseparabiles sunt, ita inseparabiliter operentur (CC 50,36,22-24).

신학 전통 안에서 이러한 사태를 표현할 때, 삼위일체 인격들이 외부를 향한 사역 가운데 행하는 공동행위라는 근본명제에 다음의 문구가 추가되었다. "그러나 신적 인격들의 순서를 관찰하라!"(servato tamen personarum divinarum ordine, David Hollaz, *Examen*, 같은 곳, 510. 참고. Joh. Andreas Quenstedt, 같은 곳, 589). 여기서 관건은 전통적 교의학의 의미에서 아버지, 아들, 영 사이의 근원적 관계들 사이에 놓이는 질서다. 삼위일체 인격들은 외부를 향한 사역 속에서 그러한 관계에 상응하여 공동으로 활동한다. 즉 아버지는 출생되지 않은 기원으로서, 아들은 아버지에 의해 출생된 자로서, 영은 아버지로부터 나와서 아들에게 수용되는 자로서 활동한다. 이와 같은 근원적 질서에 기초한 개별적 특수성에 따라 창조는 아버지에게, 화해는 아들에게, 종말론적인 완성은 영에게 근거한다. 제I권의 설명(499ff.)에서 이 관점은 더욱 확장되었는데, 그것에 따르면 삼위일체 인격들의 외부를 향한 공동행위 속에서 그 인격들 사이에서 일어나는 상호 관계성도 표현된다.

외부를 향한 하나님의 행위가 삼위일체적으로 중재된다는 사실은 더 넓은 질문의 영역으로 건너간다. 거기서의 관건은 하나님의 행위를 통한 구원의 경륜들이 일으키는 다양한 국면의 통일성과 내적 일치성이다. 행위의 일치는—최종적으로는 행위 주체의 단일성에 근거함으로써—사건의 흐름 속에서 다수의 계기들을 일치된 과정으로 결합시키는데, 이 사실은 시간의 한계 속에서 존재하는 모든 행위의 특징이다. 이 경우에 **행위자 자신**이 시간 안에 자신의 장소를 점유하고 자기 행위의 목적을 통해 현재와 구분되는 미래를 향하게 되거나, 혹은 행위의 **대상**이 자신의 현존재를 시간 안에 가지면서 시간적 과정의 한계 아래서 자신의 형태를 취하게 된다. 하나님의 행위에 관해서는 오로지 후자의 의미에서 수단과 목적의 구분 및 상호귀속을 통해 구조화되는 존재만 주장될 수 있으며, 그것도 단지 제한적으로만 가능하다. 인간의 행위는 수단과 목적의 결합으로 분류될 수 있는 연속된 사건들을 발생시킨다. 이 사실은 인간들이 보통 자신의 목적을 유일한 행위를 통해 직접 실현시킬 수 없다는 점에서 한계를 갖는다. 하지만 인간들은 조직된 일군의 행위를 통해 목적을 실현할 수 있는데, 왜냐하면 그들의 행위는 추구하는 목적의 실현을 위해 다른 방식으로 주어진 조건들과 재료들을 수단으로 사용할 수 있기 때문이다. 이러한 의미에서 "목적-수단-구조"는 하나님의 행위의 표상에는 직접 적용될 수 없다. 그렇게 한다면 하나님이 결핍이 있거나 의존적인 존재로 이해될 수도 있기 때문이다.[16] 하지만 행위의 "목적-수단-구조"는 시간의 경과 속에서 주어진 다수의 요소들을 통일성을 향해 결합시키는 기능을 가지고 있으며, 이때 일련의 요소들의 통일성은 그것들의 종말로부터 근거된다. 종말로부터 오는 근거에 기초해서, 그와 같이 일련의 사건들을 통합시키는 기능적 관점에서 이제는 또한 하나님의 행위의 목적과 수단에 대해서도 말할 수 있게 된다. 하지만 이것이 마치 하나님이 자신의 목적을 오직 그것에 적절한 수단을 사용해서만 실현시킬 수 있다는 것처럼 잘못 이해되어서는 안 된다. 전능하신 하나님의 창조 행위는 그분 자신의 모든 목적을 직접 실현시킬 수 있다. 그 목적은 **기초적 행위들**(basic actions)[17]의 형태 속에서 순수한 의지행위들을 통해 실현된다. 하지만 하나님의 행위가 피조물 곧 유한하고 시간적 제약이 있고 그래서 또한 시간적 관계들을 통해 규정되는 피조물을 산출하는 것을 대상으로 삼는다면, 그때 유한한 사건들과 존재들은 시간적 연속의 맥락 안에서 창조될 수밖에 없을 것이며, 그 연속 속에서 그들의 현존재는 미래적 완성과 관계될 것이다. 그때 하나님의 행위의 수단과 목적에 관한 진술은 유한한 사건들과 존재들 사이의 관계를 오로지 하나님이 의도하신 것으로 표현하게 되는데, 그것들이 자신

---

16 이에 대해 제I권, 608f., 623f.를 보라.
17 T. Penelhum, *Survival and Disembodied Existence*, 1970, 107, 비교. 40. 이것은 다음의 논문과 관련이 있다. A. Danto, Basic Actions, in: *American Philosophical Quaterly* 2, 1965, 141-148.

의 유한성 속에서도 자신을 넘어서는 미래와 관계되어 있다는 관점 아래서 그렇게 표현된다. 이 내용은 나중에 보다 더 자세히 설명되고 그 근거가 제시될 것이다. 여기서 우선 확증하는 것은 피조적 사물들과 사건들의 존재를 포괄하는 시간질서가 하나님이 역사 과정 속에서 실행하시는 "계획"이라는 표상(사 5:19 등)을 통해 하나님의 행위에 대한 그것들의 관계를 표현해준다는 사실이다. 모든 피조적 사건과 현존재의 규정이 하나님 자신과의 연합을 향해 배열된다면, 위의 표상은 구원계획이라는 개념적 형태를 취하게 될 것이다. 이 지점에서 외부를 향한 하나님의 행위의 목적관계는 삼위일체적인 중재의 형태로 인도되는데, 이 점에서 피조물들과 창조자의 연합은 영을 통한 아버지와 아들의 연합에 참여하는 것으로 생각될 수 있다. 구원의 결의 혹은 구원계획(엡 2:9ff.)이 창조 안에서 진행되는 역사의 근저에 놓여 있고 모든 사건이 그 안에 배열되어 있었기에, 이제 그것은 예수 그리스도 안에서, 다시 말해 아버지의 파송에 대한 그분의 순종 속에서 완전히 공개되었다고 선포될 수 있다. 같은 틀에서 계속해서 이렇게 말할 수 있다. 자기 자신 안에서 독립적이신 하나님께서 창조의 행위와 함께, 그리고 피조적 역사의 진행 속에서, 아버지께 대한 예수의 관계를 통해 하나님의 아들이 출현하기 위한 피조적 조건들에 스스로 예속되셨다. 하지만 이것은 하나님께서 자신의 목적을 실현하기 위해 목적과 구분되는 어떤 수단에 의존하신 것처럼 잘못 생각되어서는 안 된다. 오히려 그 예속은 사실상 다양한 피조물들이 아버지와 아들의 연합에 속한 영원한 지복 안으로 편입되는 방식을 뜻한다. 하나님의 행위에 대해서는 어떤 피조물도 순수한 수단에 그치지 않는다. 피조물의 현존재가 아들의 현현의 때(Kairos)를 향해 배열됨으로써, 모든 각각의 피조물은 창조자의 구원의 목적에 참여하게 된다.

이와 같이 전개된 "외부를 향한" 하나님의 행위의 구조는 세계의 창조뿐만 아니라 통상적으로 그와 구분되는 화해, 구원, 완성의 주제 또한 포괄한다. 물론 창조 개념은 넓은 의미에서는 피조물의 완성도 포함할 수 있을 것이다. "창조"에 관한 논의의 전통적인 이해 곧 화해 및 완성과 구분되는 좁은 이해를 따른다고 해도, "외부를 향한" 하나님의 행위라는 개념은 세계 창조의 행위에만 국한되지 않는다. 그때도 창조 행위는 신적 행위의 경륜에 속하는 첫째 단계만을 형성한다. 이 경륜은 모든 측면에서 하나님과 세계의 관계를 포괄하고 표현한다.

그렇다면 다수의 신적 행위들이 있다고 말해야 할까? 아니면 한 분 하나님의 영원한 자기동일성이 다양한 행위들의 연속이라는 표상을 배제하며, 그래서 엄격히 말한다면 하나님의 행위는 영원부터 오직 하나뿐인 것일까? 신학 전통은 실제로 하나님의 단순성이라는 명제 아래서 하나님의 행위가 하나님 자신 안에서 오직 하나이며 그분의 본질과 동일하다고 주장했다.[18] 이와 달리 성서 본문들은 사태 자체에 따라 대단히 거리낌 없이 다양한 신적 행위들을 보고할 뿐만 아니라, 다수의 행위들을 명확하게 표현하기도 한다. 예를 들어 행위들(시 78:11, *aliloth*), 하나님이 자기 백성에게 "보여"주시고자 했던 기적들(참고. 시 77:12), 그분의 "위대한 행위들"(시 106:2, *geburoth*), 혹은 간단히 그분이 "행하신 것들"(시 111:6, *ma'asaw*) 등이 그것이다. 이 행위들은 또한 집합 복수형으로 정리될 수도 있었다. 여호수아서는 말하자면 출애굽과 광야 방랑의 역사 속에서 이스라엘에게 행하였던 "야웨의 모든 일"(כל מעשה יהוה, 수 24:31; 참고. 출 34:10; 삿 2:7.10)을 알고 있

---

18 Thomas v. Aquin *S. theol*. I, 30,2 ad 3: Sed in Deo secundum rem non est nisi una operatio, quae est sua essentia. 이 명제는 토마스에 따르면 심지어 삼위일체의 발출들(Prozessionen)에도 해당한다(I,27,4 ad 1). 왜냐하면 이것들은 행위에 근거하기 때문이다(I,27,1과 5). 구(舊)개신교주의 신학은 삼위일체와 관련해서 토마스와 마찬가지로 하나님의 내재적인 발출들 그리고 인격들 사이의 실재적인 구분을 주장했다. 하나님의 행위와 관련해서 칼로프(A. Calov)는 일반적으로 인정되어왔던 동일성, 곧 이른바 내적 본질의 행위들(*actiones essentiales internae*, 예를 들어 의지와 지성과 같은 행위들)이 신적 본질과 실재적으로 일치한다는 동일성을 이용하여 행위의 표상을 외적인 행위들(*actiones externae*)에 집중시킬 수 있었다(*Syst. Loc. Theol*. III, 1659, 883f.).

었던 이스라엘의 장로들에 대해 그렇게 말했다. 이러한 집합 복수형은 "역사" 전반을 나타내는 히브리 성서의 단어다(비교. 사 5:19; 28:21; 시 92:5f.). 이 점에서 하나님의 다수의 행위들은 다시 하나로 이해되었지만, 그것은 내적으로 단계화되고 나누어진 하나였다. 신적 행위의 단일성 안에 존재하는 실재적인 다수성이 단순한 가상도 아니고 피조적인 작용의 측면에만 속하는 것도 아니라 하나님 자신의 행위에 상응한다는 사실은 아무리 늦어도 그 단일성 안의 다수성을 하나님의 삶 속에 존재하는 삼위일체적 구분들과 연관된 것으로 입증하는 장소에서는 표현될 것이다. 그곳은 바로 아들의 성육신을 다루는 곳이다. 아들의 성육신과 함께 시작되는 하나님의 화해의 행동은 피조물들의 단순한 현존재의 근저에 놓인 토대에 대해서는 현실적으로 새로운 어떤 것이다. 물론 여기서 중요한 것은 피조물 그리고 창조 사역 자체의 완성이다. 이 사실로부터 매우 일반화하여 다음과 같이 말할 수 있다. 연속되는 하나님의 행위들 속에서—다수의 행위들 속에서—나타나는 모든 새로운 것은 신적인 삶의 삼위일체적인 다양성 안에 근거되어 있다. 그렇기에 하나님의 역사적 경륜 속에 있는 바로 그 하나님의 행위의 단일성은 창조와 함께 사건들의 다양성 위로 사라져버리는 것이 아니다. 이 점에 대해서는 이번 장의 끝에서 다시 한번 언급할 것이다.

먼저 하나님의 특별한 사역으로서의 창조가 다루어져야 한다. 여기서 첫째 과제는 하나님의 창조 행위를 하나님과 구분되는 현실성의 자유로운 기원으로 설명하는 것이다. 삼위일체 인격들의 행위는 서로에 대한 관계 속에서 완전히 자유롭지만, 이것이 아버지가 아들을 낳는 것을 중단할 수 있다거나 혹은 아들이 아버지의 의지를 거부할 수 있다거나 혹은 영이 아들 안의 아버지 그리고 아버지 안의 아들이 아닌 다른 누군가를 영화롭게 할 수 있다는 것을 의미하지는 않는다. 창조에 의해 생성된 세계의 기원이 하나님의 자유로운 행위에 놓여 있다는 것은 세계가 현존재로 불러내어지지 않았다고 해도 하나님의 신성에 부족한 것은 아무것도 없다는 사실을 의미한다. 이것은 물론 하나님에 대한 진술이라기보다는 세계 곧 그것의 현존재의 우연성에 관한 진술이다. 왜냐하면 하나님은 이미 영원 전에 그분 자신의 자유 안에서 피조세계의 창조자와 완성자가 되기로 스스로 결정하셨기 때문이다. 그러므로 하나님께서 세계를 창조하지 않으셨을 수도 있다는 생각은 하나님의 실제적인(faktischen) 자기규정을 추상화하는 것이다. 그러나 그 자기규정은 하나님의 본질의 영원성 안에 필연적으로 근거되어 있으며, 그렇기에 구체적인 신적 현실성에 대해서도 피상적이라고 생각될 수 없다. 그럼에도 불구하고 하나님 편에서 생각한다고 해도 마찬가지로 세계의 기원은 우연적인 것으로 생각되어야 한다. 왜냐하면 세계는 삼위일체의 삶 속에서 존재하시는 한 분 하나님의 자유로부터 발원하기 때문이다.

2. 창조 행위의 특성

이스라엘 안에서 발전한 창조사상은 역사 속에서 선택하고 행동하시는 계약의 하나님에 대한 구원의 신앙을 모든 사건의 시초까지 확장시켰다. "하나님의 역사의 시작은 마침내 창조에 이르기까지 앞당겨졌다."[19] 하지만 이러한 견해는 이스라엘이 이미 "고대 근동의 세계사상과 창조사상에 참여했고 그곳의 특별한 역사적 경험 및 하나님 경험을 그곳만의 지평 안에서 이해했다"는 논증을 통해 공격을 받았다.[20] 고대 근동의 종교들

---

19 G. v. Rad, *Theologie des Alten Testaments* I, 1957, 143.
20 H. H. Schmid, Schöpfung, Gerechtigkeit und Heil, "Schöpfungstheologie" als Gesamthorizont biblischer Theologie, in: *ZThK* 70, 1973, 1-19, 인용은 11f. 유사한 견해가 다음에서도 전개된다. R. P. Knierim, Cosmos and History in Israel's Theology, in: *Horizons in Biblical Theology* 3, 1981, 59-123.

이 만들어낸 우주론적인 혹은 우주생성론적인 표상들이 이스라엘의 조상들에게 낯선 것이었던 적은 단 한 번도 없었다는 사실은 주저하지 않고 인정되어야 할 것이다. 다시 말해 이스라엘 안에 있었던 세계질서의 신적 기원에 대한 표상들은 하나님의 역사적 행위의 경험이라든지 특별히 이집트로부터 인도되거나 홍해에서 구원받거나 혹은 약속한 땅이 주어지는 것과 같은 경험들의 외부에 위치하면서(Extrapolation) 생성된 것이 아니었다. 예를 들어 이스라엘의 초기시대에 지상적 세계의 신적 기원은 가나안의 하늘 신인 엘(El)에게 귀속되었던 것으로 보인다. 엘은 킬리키아의 카라테페(Karatepe) 비문에서 세계의 창조자로 증언되며, 이스라엘의 초기시대를 우가리트(Ugarit)와 연결한다.[21] 아브라함 전승에서 아브라함이 경외했던 하나님은 엘과 동일시된다.[22] 이것은 특별히 아브라함이 멜기세덱과 만나는 이야기에서 나오는데, 멜기세덱은 예루살렘에서 엘 엘리욘(El Eljon)의 제사장이었고 "하늘과 땅을 만든 엘 엘리욘"의 이름으로 아브라함을 축복한다(창 14:19). 후기 이스라엘에게 아브라함의 하나님은 야웨 즉 시내산 및

---

21 이에 대해 다음을 보라. W. H. Schmidt, *Königtum Gottes in Ugarit und Israel*, 2.Aufl. 1966, 23ff. 엘의 창조 기능에 대해서는 58ff., 카라테페 비문에 대해서는 다음을 참고하라. *Ancient Near Eastern Texts Relating to the Old Testament*, ed. J.B. Pritchard 2. ed. 1955, 499f., 특히 500b. 또한 Fritz Stolz, Strukturen und Figuren im Kult von Jerusalem, *BZAW* 118, 1970, 102-148. 또는 F. M. Cross, *Canaaite Myth and Hebrew Epic*, Cambridge, Mass. 1973, 1-75. 또한 동일 저자, El in *ThWAT* I, 1973, 259-279.

22 핵심에서는 또한 H. H. Schmid, Jahweglaube und altorientalisches Weltordnungsdenken, in: ders., *Altorientalische Welt in der alttestamentlichen Theologie*, 1974, 31-63, 특히 38ff.도 그렇게 말한다. 슈미트는 물론 다음 사실에 올바르게 주목했다. 중요한 것은 "자체 안에서 고립된 두 영역이 거리를 두고 혹은 성찰을 통해 동일시되는 것이 아니라 야웨 경배의 경험적 지평이 엘 혹은 바알 종교의 지평과 어느 정도 동화되어 있었다는 사실, 그리고 이로부터 유사한 혹은 심지어 동일한 표현방식들이 불가피하게 생겨나고 엘 전승들이 매우 자명하게도 마치 야웨 전승처럼 보였다는 사실이다"(46f., 각주 58).

출애굽의 하나님(출 3:6)과 동일시되었기에, 그는 또한 창조의 신 엘과 하나인 것으로 이해되었을 것이다. 야웨, 엘, 그리고 족장들의 하나님이 그와 같이 동일시된 것의 배후에는 틀림없이 복잡한 종교사적 과정이 있을 것이지만, 여기서 그 과정들을 설명할 필요는 없다.[23] 중요한 것은 어떻든 그 과정에서 야웨의 신성이 엘의 신성 혹은 족장 신들(이들이 어느 때 제의적 숭배의 대상이었다고 한다면)에 단순히 **동화**(Angleichung)된 것이 아닐 수 있다는 사실이다. 오히려 야웨가 족장 전통들이나 엘의 형태를—또한 예루살렘의 엘의 형태도—자기 것으로 **습득**(Aneignung)하는 일이 일어났다. 이 과정은 아마도 왕정 시대의 후기에 이르기까지 이어졌다. **습득**과 더불어 엘 형태의 **변형**(Umformung)이 일어났다는 것은 명확하다. 바알과 관련된 우주론적 기능들의 경우에 변형은 더욱 강하게 나타났는데, 이 점에 대해서는 성서적 창조 신앙이 야웨의 역사적 행위에 대한 이스라엘의 경험들 속

---

[23] J. van Seters, The Religion of the Patriarchs in Genesis (*Biblica* 61, 1980, 220-233). 시터스는 야웨와 구분되는 특수한 족장 신을 가정하면서 야웨와 아직 연결되지 않았던 엘-경배를 가정하는 것을 의심했다. 하지만 제사장문서(출 6:3)가 어쨌든 확정하는 사실은 족장들이 자신들이 경배하는 하나님 야웨의 정체성을 아직 알지 못했다는 것이며, 출애굽기 3장의 이야기도 그 사실과 일치한다. 제2이사야(사 43:5,10; 45:22; 46:9)에 나오는 "ēl epithets"의 어법은 시터스가 그에 상응하는 창세기 진술들을 후대의 기록으로 보는 증빙인데, 이것은 분명 제2이사야에서 "야웨를 유일한 보편적 신성, 곧 'ēl이라는 용어의 사용 속에 반영된 신성과 동일시하려는 노력이 증가되었음을 보여준다"(230). 하지만 그 용어 속에 "고대의" 기억들(비교. 221)이 포착되어 있다는 사실은 배제되지 않는다. 그러한 기억들은 전승을 보존했고 출애굽의 상황 속에서 새로운 활력을 얻었을 것이며, 제2이사야와 같은 저자들이 전통적인 언어를 논증하고 인용했을 때 정당성을 획득할 수 있었다. 출애굽기 6:3의 진술이나 출애굽기 3장의 이야기 혹은 주전 2세기와 1세기 초의 가나안의 증언들 안에서 엘이라는 하나님의 형태가 가졌던 확실한 의미와 관련해서 가장 설득력이 있어 보이는 것은 크로스(F. M. Cross)의 견해다. 그는 이스라엘의 족장들이 엘 혹은 특정 형태의 엘을 숭배하는 자들이라고 주장했는데, 여기서 알츠(A. Alts)의 명제가 제시하는 것처럼 근원적으로 독립적이며 유목적인 족장 신이 그 배후에 있는지의 여부는 열려 있는 문제다. 그러한 족장 신은 엘과 단지 부차적으로만 융합되었을 것이다.

에 그 기원을 두고 있다는 폰 라트의 명제가 아직도 여전히 진리의 핵심을 보유하고 있다. 세계질서와 세계생성의 표상들은 물론 새로 만들어진 것은 아니지만, 역사 속에서 일어난 하나님의 행위에 대한 이스라엘의 경험의 영향을 받아 그 특성은 새롭게 형성되었다. 이것은 신학적으로 매우 중요한 내용이다. 왜냐하면 세계생성에 관한 다른 구상개념들과 구분되는 하나님의 창조 행위에 대한 성서적 표상들의 특성이 그 사실과 관계가 있기 때문이다. 물론 다른 문화들의 관점에서도 세계생성이 신적 기원으로 소급되었다고 해도, 그 구분은 명확하다.

야웨가 엘 및 바알과 결합된 우주론적 기능들을 습득한 후 변형시키도록 만든 동기는 야웨의 거룩한 열망(Eiferheiligkeit) 즉 배타적 경배의 요구에서 찾을 수 있는데, 이 요구는 첫째 계명에서 표현된다(출 20:3; 특히 신 6:14f.).[24] 역사 속에서 선택하고 인도하는 시내산의 하나님과는 다른 창시자, 곧 세계 및 그 질서의 창시자를 가정하는 것은 그 배타적 요구와는 조화될 수 없었다. 우주 질서와 그 기원을 구속사의 하나님께로 소급시킴으로써, 그분의 역사적 행위 안에서 나타나는 무제약적인 권능이 묘사되었다. 그 과정에서 엘이 야웨와 동일시되었을 뿐만 아니라, 세계의 토대를 세우는 엘의 활동과는 달리 세계를 보존하고 갱신하는 성격이 강했던 바알의 창조 행위[25]가 혼돈(Chaos)의 용과 싸운다는 주제와 함께 야웨에게로 전이되었다.[26] 이제 우주는 자연과 역사 모두에서 야웨의 "행동영역"이다.[27]

---

24 이에 대해 다음을 보라. W. H. Schmidt, Die Frage nach der Einheit des Alten Testaments im Spanungsfeld von Religionsgeschichte und Theologie, in: *Jahrbuch f. bibl. Theologie* 2, 1987, 33-57, 특히 42ff.
25 참고. W. H. Schmidt, 1967, 61f.
26 같은 곳, 46ff. 이에 더하여 다음을 보라. J. Jeremias, *Das Königtum Gottes in den Psalmen. Israels Begegnung mit dem kanaanäischen Mythos in den Jahwe-Königs-Psalmen*, 1987. 특히 시편 29:3ff.에 대해서는 29-45.
27 J. Jeremias, 같은 곳, 44.

포로기의 탄원시에서 카오스에 맞서는 야웨의 투쟁은 새롭게 현실적으로 표현되었다(시 74:12ff.; 89:6ff.; 77:12ff.). 시 104:5ff.에서 땅은 단번에 영원한 기초가 놓이면서 혼돈의 물의 세력으로부터 벗어난 것으로 묘사되지만, 이제 야웨는 "태초의 권능을 사용하여 세계 전체를 다시 한번 카오스로부터 건져내야" 했기 때문이다.[28] 다른 한편으로 제2이사야서에서 창조 신앙은 역사 과정에 대해 자신의 권능을 새롭게 예시하시는 야웨의 새로운 구속행위를 기대하는 근거가 되었다.[29] 제2이사야서에서 창조에 관련된 야웨의 행위가 역사적으로 새로운 사건을 불러일으키는 일과 얼마나 밀접하게 결합되어 있는가 하는 것은 창조 개념이 하나님의 역사 행위에 대한 용어로 사용되는 것에서 볼 수 있다. 예를 들어 임박한 새로운 것이 "창조된다"고 표현된다(사 48:7; 참고, 43:19). 야웨는 빛을 짓고 어둠을 "창조"했던 것처럼, 또한 역사 안에서도 구원과 재앙을 일으키신다(45:7).[30] 이와 관련해서 신학적 질문이 제기되는데, 그것은 창조 개념을 세계의 시초에 한정해야 하는지, 아니면 더 나아가 세계사건 속에 일어나는 하나님 창조적 행위의 총괄개념으로 해석해야 하는지의 질문이다. 창조자 하나님에 대한 성서적 증언들은 이와 같은 두 가지 측면 사이의 긴장을 통해 특징적으로 표현된다.

포로기에 일어난 창조 신앙 및 창조신학의 르네상스와 관련해서 창세기 1장의 제사장문서(P)에 기록된 창조사건의 보고가 평가되어야 한다. 물론 창세기 1장에서—제2이사야와는 달리—세계의 기초를 놓는 하나님의 태초의 창조 행위는 역사적으로 새로운 어떤 사건이 현재 발생한다는 예

---

28 J. Jeremias, 29.49.
29 이에 대해 다음을 보라. R. Rendtorff, Die theologische Stellung des Schöpfungsglaubens bei Deuterojesaja, in: *ZThK* 51, 1954, 3-13, 특히 이사야 44:24ff.; 40:27-31; 40:12-17; 40:21-24에 대해 6f.를 참고하라. 이사야 54:4-6에 대해 8쪽의 해설을 보라.
30 참고. R. Rendtorff, 같은 곳, 11.

시나 보증에 그치지 않는다. 태초에 놓인 세계의 기초가 현재에 대해서도 중요한 까닭은 그것이 현재에 이르기까지도 흔들리지 않는 확고한 질서를 대상으로 갖기 때문이다. 이 점에서 제사장문서(P)의 보고는 우주생성론적 신화들, 그 가운데서도 바빌론의 서사시 에누마 엘리쉬에 어느 정도 부합한다. 에누마 엘리쉬는 창세기 1장의 배경이다. 하지만 그 외에 창세기의 본문이 묘사하는 하나님의 창조 행위는 신화의 묘사와는 깊은 차이를 보인다. 야웨의 창조 행위가 무제약적이라는 사실은 창조와 역사 안에서 일어나는 한 분 유일하신 하나님의 행위에 대한 시편 및 제2이사야의 진술과 일치한다. 제사장문서(P)의 창조 보고는 신적인 창조 행위의 무제약성과 관련해서 이후 시대를 위한 고전적인 표현을 제공한다. 이것은 피조물의 현존재의 유일한 근거인 하나님의 명령하시는 말씀에 집중한 결과다. 비록 창세기 1장의 본문에서 창조에 대한 후대의 사실적인 보고가 하나님의 명령의 말씀을 통해 단순히 배제되었던 것은 아니며,[31] 나아가 하나님의 명령과 그 실행에 대한 보고가 미리 앞서 서로 의존하고 있다는 주장[32]은 틀린 것이라고 해도, 어떻든 분명한 것은 세계 창조에 대한 제사장문서(P)의 관점에서 볼 때 혼돈의 권세와 투쟁한다는 이야기는 더 이상 필요하지 않다는 사실이다. 바빌론의 서사시라든지 혹은 시편들에서 공감을 이루며 야웨에 전이되었던 표상들, 곧 바알의 바다 싸움에 관한 우가리트-가나안 표상들과 같은 투쟁 이야기는 필요치 않다는 것이다. 단순한 창조명령이 끊기지 않고 계속되는 것은 창조자의 무제약적인 처분의 권능을 구

---

31 W. H. Schmidt, *Die Schöpfungsgeschichte der Priesterschrift*, 2.Aufl. 1967, 특히 169ff., 참고. 115ff.
32 O. H. Steck, *Der Schöpfungsbericht der Priesterschrift*, 1975, 14-26, 또한 246ff.

체적으로 보여준다.³³ 물론 이런 표상도 신화적 기원을 갖고 있다.³⁴ 그 표상은 역사를 일으켜내는 하나님의 말씀이라는 예언자적인 이해를 통해 이스라엘에게 친숙했을 것이다.³⁵ 만물이 마술처럼 작용하는 말씀을 통해, 혹은 하나님의 왕권적 명령의 말씀을 통해 발생했다는 표상은 고대 이집트에서 이미 기원전 3천 년대까지 소급되는 "멤피스 신학" 속에서 발견된다. 거기서 이 신학은 이집트 왕의 신(神)인 프타(Ptah)와 관련되어 있으며,³⁶ 조금 후대에는 아포피스 신화 속의 태양신인 레(Rē)에게도 귀속된다.³⁷ 또한 제사장문서(P)의 창조 기사와 그 이집트 문헌들 사이의 문학적 관계들이 증명될 수는 없지만,³⁸ 어떻든 신적인 말씀을 통한 창조의 표상이 이미 그 자체로 뚜렷이 구분되는 성서적 창조사상의 특징인 것은 아니다. 오히려 성서적 창조사상의 특성은 말씀의 창조를 통해 구체적으로 드러나는 자유 곧 창조 행위의 무제약적인 자유에 놓여 있으며, 이때 창조 행위는

---

33 이 사실은 예를 들어 93편, 29편, 104편 등의 시편 안에서 혼돈의 바다와 투쟁하는 상이 유지되고 있음에도 불구하고 다음과 같이 다른 방식으로 표현되었다. 야웨의 나라는 바알의 왕국과는 달리(그러나 엘의 왕국과 유사하게) "시작도 끝도 없이" 지속되는 것으로 묘사되지만, 그것이 카오스와의 투쟁을 통해 획득된 것으로 묘사되지는 않는다. 시편 93:1f.에 대해서는 J. Jeremias, 같은 곳, 27을, 시편 29:3.10에 대해서는 38f.를 보라(참고. 같은 곳 42f.).
34 그렇기에 우리는, 카오스와의 투쟁이라는 표상과 아무리 분명한 차이를 보인다고 해도, "하나님의 주권적 권능의 말씀을 통한 창조"가 "반(反)신화적"이라고 쉽게 말해서는 안 된다. 쉐프치크(L. Scheffczyk, *Einführung in die Schöpfungslehre*, 1982, 11)의 경우가 그러했다. 여기서 중심부는 창조 행위를 시편 29:3ff.에 나오는 야웨의 "음성"에 집중시키는 곳인데, 이 표상은 이미 바알 신화에서 중요한 역할을 담당했던 것이다. 참고. J. Jeremias, 같은 곳, 41f.
35 슈미트는 그와 같이 추정한다. W. H. Schmidt, 같은 곳, 41f.
36 *Ancient Near Eastern Texts Relating to the Old Testament*, ed. J. B. Pritchard 2. ed. 1955, 5 (n. 53ff.).
37 같은 곳, 6f.
38 W. H. Schmidt, 같은 곳(1967), 177f.

이스라엘 하나님의 역사적인 행위와 유사하다. 창조사상의 이러한 특성은 성서적 하나님의 유일무이성과 매우 밀접하게 연관되어 있다. 바로 이 특성이 고대 근동의 문화권에 속한 우주생성론의 유사한 표상들과 결정적으로 다른 점이다. 창조 행위의 그와 같은 무제약적 자유는 후대에 "무로부터의" 창조라는 형식으로 표현되었다(우선 마카베오하 7:28; 참고. 롬 4:17; 히 11:3).[39]

마카베오하에서 무로부터의 창조라는 표현은 미리 형성되어 주어진 물질 재료라는 표상을 배제한다는 의미를 가지고 있지 않았다. 오히려 그 개념은 단순히 세계가 "그 이전에는 존재하지 않았다"는 것만을 말한다.[40] 헬레니즘 유대교의 문헌에서 일반적으로 형태가 없는 근원 물질로부터 세계가 창조되었다는 표상이 발견되는데, 지혜서 11:17도 그렇게 말한다.[41] 그 표상은 또한 유스티누스(*Apol.* I,10,2)와 아테나고라스(suppl. 22,2)에게서도 발견된다.[42] 2세기의 그리스도교 변증가들 가운데 가장 먼저 타티아노스(Tatian)가 근원 물질 역시 하나님으로부터 생겨났어야 한다고 주장했다(or. 5,3). 왜냐하면 이미 유스티누스가 가르쳤던 것과 같이(*Dial.* 5,4-6) 하나님 곁에서 그 어떤 두 번째의 비생성 원리도 받아들일 수 없기 때문이다. 이 주제는 2세기에 마르키온(Markion)이 벌인 이원론과의 논쟁을 통해 활발하게 논의되었다.[43]

---

39 이에 대해 또한 바룩서 21:4; 48:8을 보라. 다른 자료들에 대해서는 U. Wilckens, *Der Brief an dei Römer* 1, 1978, 274, 각주 887.

40 G. May, *Schöpfung aus dem Nichts. Die Entstebung der Lehre von der creatio ex nihilo*, Berlin etc. 1978, 7. 마이(May)는 유사한 어법을 사용하는 크세노폰(Xenophon Mem. II,2,3)을 인용한다. 거기서 크세노폰은 부모가 아이들을 무로부터(ἐχ μέν οὐχ ὄντων) 낳는다고 말한다.

41 G. May, 같은 곳, 6ff. 또한 알렉산드리아의 필론에 대해 9ff.를 보라.

42 G. May, 122-142.

43 G. May, 153ff. 타티아노스 이전의 그리스도교 신학자들 가운데 영지주의자인 바실리데스(Basilides)가 이미 무로부터의 창조를 주장했다(71f.74ff.). 이에 대해 다음의 설

그리스도교 교부학 가운데 **무로부터의 창조**(creatio ex nihilo) 교리를 관철시키는 데 결정적인 역할을 한 사람은 안디옥의 테오필로스(Theophilus von Antiochien)와 리옹의 이레나이우스(Irenäus von Lyon)였다.[44] 특히 테오필로스는 신과 같은 어떤 비생성의 물질을 가정하는 플라톤적인 견해에 명확하게 반대했다(ad Aut. II,4). 하나님과 그분의 창조 행위의 특성은 그분은 자신이 원하는 것을 인간적 예술가처럼 미리 주어져 있는 물질 재료로부터가 아니라, 언제나 완전한 무로부터 창조하신다는 점에서 구체적으로 제시될 수 있다. 이레나이우스 또한 하나님이 자유로운 의지로부터 만물을 창조하셨으며(adv. haer.II,1,1), 재료가 된 물질도 마찬가지로 그렇게 창조하셨다고 주장했다. 바로 이러한 견해가 비슷한 시기에 유명한 의사였던 갈렌의 비판을 받았다. 창조에 관한 유대교 교리는 비이성적이라는 것이다. 3세기의 플라톤 철학자인 켈수스(Kelsos)도 그렇게 주장했다.[45]

무로부터의 창조(creatio ex nihilo)라는 표현의 근원적 의미가 단지 세계는 "그 이전에는 존재하지 않았다"는 것만을 의미했고 초기 교부학이 이 표현을 교의적으로 사용했던 핵심이 단순히 신적인 창조 행위와 대립되는 어떤 영원한 대상에 대한 이원론적인 표상을 배제하려는 것이었다면, 그와 같은 허무(Nichts)에게 바르트처럼 "무"(das Nichtige)라는 이름을 붙이고 어떤 고유한 종류의 "현실성"을 부여하는 것은 추천할 만한 일이 아니다(KD III/3, 327-425, 특히 402ff.). 설령 그것이 "모순과 반역" 곧 하나님께서 오로지 그것에 맞서 "하나님 자신을 주장하고 자신의 긍정적 의지를 끝내 관철시키

명을 보라. H. Chadwick, *Concilium* 19, 1983, 414-419, 특히 417.
44 Theophilus *ad Aut*. I,4와 8, 그리고 II,4,10과 13에 대해서는 May, 같은 곳, 159f., 이레나이우스에 대해서는 같은 곳, 167ff.를 보라.
45 이에 대해 다음을 보라. A. Dihle, *Die Vorstellung vom Willen in der Antike*, 1985, 9.12ff.16f. 이 비판의 동기에 대해서는 같은 곳, 21ff.를 비교하라. 딜레(Dihle)에 따르면 지적인 숙고와는 독립적인 의지 개념은 고대 후기에 이르러서야 성서적 직관의 영향 아래서 착안되었다(29f.).

시는"(405) 그런 "모순과 반역"(327)에 지나지 않는다고 해도 그렇다. 창세기 1:2을 인용하는 것(406)도 바르트의 그런 시도를 정당화할 수 없다. 왜냐하면 거기서 짧게 언급되는 "태초의 홍수"(*tehōm*)는 바빌론의 티아마트(Tiamat)를 오히려 비신화화하고 평가절하하기 때문이다. 하지만 바르트는 그와 반대로 그 혼돈을 "무" 그리고 "악"(407)으로 평가절상했다. 하나님의 창조 행위에 대한 "저항"은 제사장문서(P)의 창조 보고에서는 언급되지 않는다. 그런 식의 표상들은 하나님의 명령의 말씀의 무제약적 권능을 통해 곧바로 배제된다. 바르트의 견해와 완전히 다르며 유대교의 사변들과 연관된 해석, 곧 **무로부터의 창조**에서 무가 하나님이 자신 안에서 스스로 퇴각함으로써 피조물에게 허락한 공간이라는 위르겐 몰트만의 해석(Jürgen Moltmann, *Gott in der Schöpfung. Ökologische Schöpfungslehre*, 1985, 98-105, 특히 100f.)도 실제로는 마땅한 근거도 없이 무를 신비화하고 있다. 유대교 신비주의에서 하나님 곁에 존재하는 피조물의 현존재의 독립성을 설명하는 그런 견해—몰트만이 받아들였던 견해—의 기능은 그리스도교 창조론에서는 창조사상의 삼위일체론적인 설명으로 대체되어야 한다. "무로부터"(*ex nihilo*)라는 표현 형식의 논리적인 문제에 대해 다음을 참고하라. E. Wölfel, *Welt als Schöpfung. Zu den Fundamentalsätzen der christlichen Schöpfungslehre heute*, 1981, 26ff.

하나님의 창조 행위에 대한 성서적 표상의 고유한 특성은 세계생성의 그 어떤 **이원론적인** 견해도 모두 배제한다. 세계는 하나님 그리고 어떤 다른 원리의 합력작용으로 생긴 결과물이 아니다. 예를 들어 플라톤의 티마이오스에서 세계 탄생을 묘사할 때, 데미우르고스(Demiurg)가 형태 없는 물질로부터 만들어낸다고 설명되는 것과 같은 합력작용으로 생성된 것이 아니다. 그런 식의 이원론적 구상이 상당히 변형된 형태로 현대의 철학사상 속에서 다시 전개되었는데, 그것은 바로 화이트헤드(Alfred North Whitehead)의 과정철학이다.[46] 많은 신학자들도 고전적인 그리스도교 교리인 **무로부터의** 창조에 맞서 그런 이원론적인 구상을 옹호하고 있다. 화이트헤드의 사상이 플라톤적 학설과 다른 점은 우선 모든 유한한 존재와 사건의 창조적인 자기형성(Selbstgestaltung)이라는 견해에 놓여 있다. 화이트헤드도 물론 신을 형태를 부여하는 근원으로 생각하지만, 이것은 단지 신이 각각의 모든 사건에게 자기형성의 원초적 목적(initial aim)을 부여한다는 방식에서만 그렇게 생각된다. 화이트헤드의 신은 설득을 통해 활동하며, 어떤 권능에 찬 창조 행위를 매개로 활동하지 않는다. 이 점에서 화이트헤드의 신은 플라톤의 데미우르고스보다 오히려 성서의 창조자 하나님으로부터 더욱 깊이 구별된다. 하지만 하나님이 단순히 위력이 아닌 설

---

46 A. N. Whitehead, *Process and Reality*(1929), Harper TB ed. 1960, 529. "상반된 요소들이 서로에 대한 상반된 요구 속에서 서로 마주하고 있다.…신과 세계는 이와 같이 상반된 요구 속에서 서로 마주 대면하고 있는 것이다.…신과 세계, 둘 가운데 하나는 다른 하나를 위한 새로움의 도구다." 그렇기에 "신이 세계를 창조한다는 말은 세계가 신을 창조한다는 말과 마찬가지로 진실이다"(528). 더 나아가 526쪽은 이렇게 말한다. "신은 세계를 창조하는 것이 아니라 구원한다.…" 이에 대해 다음의 설명을 참고하라. J. Cobb, *A Christian Natural Theology. Based on the Thought of Alfred North Whitehead*, 1965, 203-205. 또한 화이트헤드의 신관을 신학에 적용하는 다양한 형태들에 대한 종합적 개괄을 다음의 책에서 참고하라. R. C. Neville, *Creativity and God. A Challenge to Process Theology*, 1980, 3-20. 네빌의 책은 그 외에도 화이트헤드의 신론에 대한, 그리고 그 추종자들이 그의 신관의 내적인 불일치성을 제거하기 위해 시도한 다양한 노력들에 대한 순수한 내재적 비판들을 정리했다. 신학적 측면에서는 템플(W. Temple)이 상세하게 비판했는데, 그것은 물론 인격적이고 목적 지향적으로 행동하는 신이라는 유신론적 표상의 관점으로부터 행해졌다. W. Temple, *Nature, Man and God*, London 1934, 4.Aufl. 1949, 257ff. 길키는 자신의 책(L. Gilkey, *Der Himmel und Erde gemacht hat. Die christliche Lehre von der Schöpfung und das Denken unserer Zeit* 1959, dt. München 1971, 44ff.)에서 신과 세계의 관계에 대한 화이트헤드의 견해를 플라톤의 영-물질-이원론의 현대적 버전으로 취급하는데, 이것은 그리스도교 창조론의 맥락 속에서 **무로부터의** 창조라는 개념적 형태를 통해 플라톤적인 견해에 대해 선을 긋는 것이다. J. Moltmann, 같은 곳, 91도 그와 비슷하다. 이후의 맥락에서 길키는 템플이 이미 신과 창조성(creativity) 사이의 구분을 비판했던 것과 비슷한 방식으로 서술했다. *Reaping the Whirlwind. A Christian Interpretation of History* (1976) 1981, 248f.414 n.34.

득을 통해 활동한다는 바로 이 표상은 화이트헤드의 신관을 매력적으로 만드는 데 크게 기여했다.[47] 바로 여기에 성서적 하나님께 특징적인 인내와 자비에 부합하는 특성이 존재한다. 이러한 특성은 피조물과의 관계 속에서 기꺼이 고난을 받는 사랑으로 길 잃은 피조물들을 책임지시는 성서의 하나님을 표현한다. 하지만 언제나 이러한 성서적 특성의 근거가 되는 것은 피조물의 존재 전체가 하나님의 전능하신 창조 행위의 은혜를 입고 있다는 사실이다. 피조물이 한번 현존재로 불러내어졌다면, 그다음에 성서의 하나님은 화이트헤드가 설명했던 것과 비슷한 방식으로 그것의 독립성을 존중하신다. 이 지점에서 하나님이 피조물들을 강제적 위압을 통해서가 아니라 설득(persuasion)을 통해 창조에 대한 그분 자신의 "목적"(특별히 피조물들 자체의 고유한 완성이라는 목적)으로 이끄신다는 사상이 정당성을 얻는다. 하지만 하나님이 피조물을 대할 때 보이시는 인내와 겸허한 사랑은 무능력에서 오는 것이 아니다. 오히려 그 사랑은 피조물의 독립적이고 자유로운 존재 상태를 원한다는 점에서 신적이며 창조자의 사랑을 표현한다. 과정신학자들은 **무로부터의 창조**의 교리에 대해 정당한 이의를 제기했다. 이 교리는 세계 안에 존재하는 악과 불행의 실재를 해명하는 데 어려움을 겪는다는 것이다. 그런데 이런 주장은 제한 없이 자유롭게 행동하는 창조자가 전능하심을 통해 악과 불행이 없는 세계를 창조할 수도 있었다고 말하는 것처럼 들린다. 창조 안에 악과 불행이 현존하고 있다는 사실은 전능하신 창조자이신 하나님이 동시에 그리스도인들이 선포하는 사랑의 하나님이라는 사실을 끊임없이 의심하도록 만들었다. 화이트헤드의

---

47 이에 대해 다음을 보라. L. S. Ford, *The Lure of God. A Biblical Background for Process Theism*, Philadelphia 1978, 특히 20ff. 이에 더하여 J. Cobb, *God and the World*, 1969, c.2: The One Who Calls(42-66, 특히 65), 또한 J. B. Cobb/D. R. Griffin, *Prozeßtheologie. Eine einführende Darstellung*(1976) dt. 1979, 62ff. 특히 **무로부터의 창조**에 대해 다음을 보라. L. S. Ford, An Alternative to *creatio ex nihilo*, in: *Religious Stud.* 19, 1983, 205-213.

과정철학의 신학적인 추종자들은 하나님의 능력이 제한적이라고 이해함으로써, 첫눈에는 악과 불행의 경험에 대해 그리스도교 창조론보다 더욱 통찰력 있는 답변을 제시하는 것처럼 보인다. 그러나 실제로 이 학설은 피조물이 하나님에게만이 아니라 다른 권세들에도 의존한다는 결론으로 이끌게 될 것이며, 그에 따라 세계 속의 악의 극복을 위해서는 하나님에게만 전적으로 의지해서는 안 된다는 잘못된 결론에 도달하게 될 것이다. 고대 이스라엘의 경건한 자들은 하나님에 대한 악의 독립적인 힘을 인정하기보다는, 악과 불행을 오로지 자신들의 하나님 탓으로 돌리려고 했다(렘 45:4f.; 사 45:7; 암 3:6). 다시 말해 사탄도 하나님의 종이다(욥 1:6). 그렇다면 고난당하는 자의 운명을 바꾸는 것은 오로지 하나님께만 달려 있게 되며, 세계가 지속되는 동안 그 세계 속에서 고난과 악의 통치가 허락되는 이유가 무엇인가라는 질문은 인간의 이해를 넘어선 곳에 머물게 된다.

신과 세계의 관계에 대한 화이트헤드의 규정을 성서적으로 정당화하려는 시도가 있었다. 그것은 **무로부터의 창조**라는 표현 형식이 성서가 편집된 이후에 등장했다는 사실을 지적하며 그에 맞서 계속적 창조 사상이 성서적으로 더 타당하다는 주장이었다.[48] 하지만 표현 형식과 관련해서 말하자면, **계속적 창조**(creatio continuata)라는 표현이 **무로부터의 창조**라는 표현보다 훨씬 더 후대인 서방 중세 시대에 속한다(아래 93ff.를 보라). **계속적 창조**의 표현은 **무로부터의 창조**라고 하는 엄격한 창조 개념을 이미 전제하고 있다. 그것이 하나님의 보존 활동을 창조의 연속으로 본다는 점에서 그렇다. 이미 이것만으로도 계속적 창조의 사상은 **무로부터의 창조**의 형식과 대립하지 않는다고 할 수 있다. 시편 104:14-30이나 147:8f., 그리고 139:13에 나오는 구약성서적인 창조 진술들은 하나님의 창조의 권능이 미리 주어진 물질 재료에

---

[48] 다음의 영향력 있는 책을 보라. I. G. Barbour, *Issues in Science and Religion* (1966), 1968, 383ff. 또한 다음 논문도 그 책에 관계된다. R. J. Russell, *Zygon* 23, 1988, 25.

속박되거나 제한된다고 주장하지 않으며, 오히려 창세기 1장의 말씀을 통한 창조 사상과 같이 신적 창조 행위의 무제약적인 자유를 내포하는데, 이것이 후에 **무로부터의 창조**라는 형식으로 개념화 되었다(참고. Ph. Hefner, in C. E. Braaten 외, *Christian Dogmatics* I, 1984, 309ff. 특히, 310). 이런 관점에서 본다면 위의 성서적 진술들은 창세기의 시작에 나오는 제사장문서(P)의 창조 보고와 긴장 관계에 있지 않다. 오히려 양자 사이의 긴장은 하나님의 창조 행위가 세계의 시초에 제한되어 있지 않다는 사실로부터 온다. 이 표상은 **무로부터의 창조**와 동일하지 않다. 후자는 교부들의 해석에서 하나님의 창조 행위를 하나님이 아닌 어떤 원리와의 상관관계 속에서 이해하려는 것에 대한 거부만을 표현한다. 이렇게 거부된 견해의 성서적 정당성은 시편과 제2이사야의 진술들로부터는 주어지지 않는다.

성서적인 창조 신앙은 제사장문서(P)의 창조 보고에서 고전적 형식을 보여주는데, 이 창조 신앙에서 이원론적인 우주생성론은 전혀 용인되지 않았다. 이와 동일한 이유들이 또한 세계 창조의 행위에서 하나님과 세계의 관계에 대한 반대 의견으로부터 그 창조 신앙을 구분한다. 세계 생성에 대한 모든 이원론적 표상은 전능한 사역을 행하시는 창조자의 자유를 제한하는데, 이와 마찬가지로 철학적 일원론의 체계 속에서는 하나님의 자유가 신적 근원으로부터 세계가 생성하도록 관장하는 엄격한 필연성에 굴복하여 희생된다. 여기서 하나님은 자신의 본성에서 흘러나오는 논리에 속박되는 것으로 보이며, 그 논리에 따르면 모든 것은 반드시 실제로 이미 발생한 것과 같이 발생해야만 한다.

하이마르메네(Heimarmene)에 대한 고대의 표상들 속에서 그런 일원론의 길이 예비되었다. 일원론은 하이마르메네가 신들을 지배하는 운명으로서만이 아니라 우주를 지배하는 신적 권능과 동일하다고 이해되었을 때, 강력하게 등장했다. 이런 이해는 예를 들어 그 이전의 스토아학파에서 크리시포스

(Chrysipp)가 주장했는데, 그는 하이마르메네를 세계를 지배하는 영, "제우스" 그리고 그의 섭리와 동일시할 수 있었다.⁴⁹ 물론 스토아의 일원론은 세계가 신적 근원으로부터 필연적으로 전개되었다고 생각하지 않았다. 왜냐하면 스토아는 가시적인 우주가 로고스의 몸이고, 이 몸은 디아코스메시스(Diakosmesis)가 지배하고 질서를 부여한다고 이해했기 때문이었다.⁵⁰ 성서적 창조 신앙과의 대립은 간과될 수 없지만, 그 이해가 유출설과 대립하는 것은 아니었다. 그런 이해의 사례로 신플라톤주의가 있다. 하지만 플로티노스의 철학은 이성(Nus)과 세계영혼이 일자(Eine, 一者)로부터 발생하거나 유출한다는 개념을 조심스럽고 매우 제한적으로 사용했으며,⁵¹ 나아가 보이는 세계의 현존재를 영혼의 "타락"으로 소급시킨다. 세계의 현존재는 세계영혼의 타락이며, 세계영혼은 "더 많이 가지려는 의지"로 인해 시간과 소멸할 세계를 발생시켰다는 것이다(Plotin, *Enn*. III,7,11). 여기서 보이는 세계는 일자 혹은 이성(Nus)의 본성으로부터 필연적으로 생성된 것이 아니다. 그러므로 플로티노스가 보이는 세계는 일자로부터 유출되었다고 가르쳤다고 하는 일반적으로 알려진 가정에 대해 올바르게도 이의가 제기되었다.⁵² 이미 프로클로스(Proklos)가 그 가정과 다르게 설명했다. 그는 세계영혼의 "타락"으로부터 시간이 기원한다는 플로티노스 명제의 "자유의 요소"를 포기했는데, 이것은 일자로부터 존재의 단계들이 계속적으로 발생할 수 있도록 하기 위함이었다.⁵³

---

49 M. Pohlenz, *Die Stoa. Geschichte einer geistigen Bewegung* I, 1959, 102ff.(참고. II,58ff.).
50 Pohlenz, I,78f.를 보라. 예증들에 대해서는 II,45f.
51 이에 대해 K. Kremer, Art. Emanation, in: *Hist. WB Philos.* 2, 1972, 445-448, 특히 446을 보라.
52 W. Beierwaltes, *Plotin über Ewigkeit und Zeit*(1967) 3. Aufl. 1981, 17ff. 바이어발테스는 유출의 표상과 관련된 플로티노스의 학설에 대한 해석이 일자로부터 비롯된 이성과 정신의 기원에 대한 실제 플로티노스의 상의 오해라고 보았는데, 왜냐하면 이 일자는 거기서 자기 자신 안에 그대로 머물러 있기 때문이다(또한 166f.를 보라).
53 프로클로스의 체계와 플로티노스의 차이에 대해 다음을 보라. W. Beierwaltes,

프로클로스의 사상은 위(僞)디오니시우스(Ps.-Dionysios Areopagita)와 **플라톤적 신학**(theologia platonica)을 통해 라틴 스콜라 철학의 논쟁 속으로 건너갔다.[54] 그 밖에도 일원론적 사상과 관련된 징후들이 또한 아랍의 아베로에스주의(Averroismus)에서도 등장했다. 양편의 위협에 맞서 스콜라의 그리스도교 신론은 하나님의 지성과 의지가 합력한다는 심리학을 형성했으며, 의지 쪽을 점점 더 강조해나갔다. 스피노자는 하나님의 지성과 의지의 표상들이 가진 신인동형론적인 특성을 비판했고,[55] 이 비판은 철학적 일원론을 개선하기 위한 그의 선결 조건이었다. 특별히 스피노자를 통해 근대 일원론은 세계와의 관계 속에 있는 그리스도교 하나님의 이해에 대한 도전이 되었다. 이 도전은 자신의 세분화된 형태, 즉 그리스도교적인 삼위일체론을 지양하고 그 해석을 통해 분명히 표현되는 형태를 헤겔 철학 속에서 획득했다. 헤겔 철학은 여기서 신적 단일성 안에 있는 "타자존재"(Anderssein, 他在)의 계기, 다시 말해 "구분(Verschiedenheit)의 정당성"은 절대자로부터 유한한 세계가 발생함으로써 비로소 완전한 정당성에 도달한다는 주제에 집중했다.[56] 헤

    Denken des Einen. Studien zur neuplatonischen Philosophie und ihrer Wirkungsgeschichte, 1985, 155-192. 특히 영혼의 "타락"으로부터 시간이 발생한다는 플로티노스의 관점에 대한 프로클로스의 비판에 대해 170f.를 보라.

54 마이엔도르프에 의하면 아레오파기타는 유출이론의 위험을 회피했다. J. Meyendorff, *Christ in Eastern Christian Thought*, 1969, 73f. 또한 다음을 보라. W. Beierwaltes, Andersheit. Grundriß einer neuplatonischen Begriffsgeschichte, in: *Archiv f. Begriffsgeschichte* 16, 1972, 166-197.

55 『판넨베르크 조직신학 I』, 608f.를 보라.

56 G. W. F. Hegel, *Vorlesungen über die Philosophie der Religion* II, Sämtl. Werke 16, 250. 이에 대해 다음 본문을 비교하라. G. Lasson, *PhB* 63, 85. 이에 더하여 다음을 보라. *Logik* II (PhB 57), 485. 이에 따르면 신적 이념의 영역에서 "구분은 아직 **타자존재**(Anderssein)가 아니며, 그 자신에게 완전히 투명한 상태로 지속된다." 헤겔은 절대의 "전개" 속에 있는 "필연성"을 자신의 종교철학 강의의 제1장에서 분명히 다룬다(PhB 59, 185f.). 또한 Sämtl. Werke 16, 51을 참고하라. 이와 관련하여 뮐러는 헤겔을 비판했는데(J. Müller, *Die christliche Lehre von der Sünde*, 1838, 3.Aufl.

겔의 이러한 일원론은 그리스도교 신학과의 유사성 때문에 특별히 신학적인 도전으로 간주되었고, 처음부터 그렇게 받아들여졌다. 근대 일원론의 유물론적 형태들의 경우[57]에 그리스도교 신앙에 대한 반대는 더욱 공공연히 표출되었다. 왜냐하면 그 형태들은 사실상 하나님의 현존을 처음부터 문제 삼았기 때문이다.

창조자로서의 활동에서 드러나는 하나님의 자유를 그리스도교적으로 이해할 때 본질적인 것은 하나님이 세계를 자신의 본성의 내적 필연성으로부터 반드시 창조해야 할 필요가 없었다는 사실이다. 만일 그렇지 않다면 하나님은 자신의 신적 본질에서 세계의 현존재에 의존하시는 셈이 될 것이다. 이것은 세계가 단지 하나님의 자기실현을 위한 소멸적 요소로서 생각되는 경우에도 마찬가지다. 세계는 단지 소멸적인 존재로서의 특성만 가질 뿐이라는 식의 세계 이해는 다른 측면에서도 그리스도교적인 창조 신앙의 세계 이해와 일치하지 않을 것이다. 이 불일치는 창조의 완성을 목표로 삼아 나아가는 신적 행위의 구원-경륜에서도 나타난다.[58] 한편으로 세계의 신적 근원이 자유롭다는 것과, 다른 한편으로 하나님이 창조를 확고히 붙드신다는 사실은 일치한다. 이 일치 관계의 중심적 특성은 세계의 근원을 하나님의 사랑으로 보는 사상을 통해 열린다. 하나님의 사랑과 자유는 물론 분리될 수 없이 결합되어 있지만, 그렇다고 해서 사랑의 자유를 어떤 자의적인 행위와 혼동해서는 안 된다. 다른 한편으로 하나님의 사랑은 모든 개인적인 자유를 제압해버리는 어떤 격정적인 권력으로 이해되어

1849, I, 552), 뮐러에 대한 나의 논평을 보라. *Gottesgedanke und menschliche Freiheit*(1972), 2.Aufl. 1978, 103f.

57   이에 대해 다음을 보라. Art. Monismus, *Hist. WB Philos.* 6, 1984, 132-136.
58   L. Gilkey, *Der Himmel und Erde gemacht hat*(1959) 1971, 54ff.도 이와 비슷하게 판단했다.

서도 안 된다. 이런 잘못된 두 가지 이해는 신적 사랑의 사상에 대한 삼위일체 신학적인 해석을 통해 회피될 수 있다. 그렇기에 성서적인 창조사상은 핵심에 도달하지 못하는 비판이나 곡해에 굴복하지 않기 위해, 삼위일체 신학적인 토대를 필요로 한다.

3. 창조 행위의 삼위일체적 근원

세계 전체와 모든 개별적 사건들, 사물들, 존재들의 우연성(Kontingenz)은 하나님의 창조의 전능하신 자유에 근거한다. 그것들의 근원에 놓인 그 자유를 통해 존재는 있고 무는 없다는 사실이 주어진다. 이 사실은 하나님의 사랑의 특성과 표현이다. 하나님께는 세계를 창조할 어떤 이유도—창조의 사실성 속에서 스스로 표명되는 것 말고는—없다. 하나님은 피조물들에게 현존재를 **선사하신다**. 그것은 하나님 자신의 신적 존재 곁에 있는 피조물 자체에 고유한 현존재이며, 하나님과 구분된다. 선사된 것 가운데는 피조적 현존재에 고유한 특성인 지속(Dauer)도 있다. 지속 속에서 피조적 현존재는 비로소 하나님과 구분되는 고유한 존재적 독립성을 획득하며, 바로 이 점에서 창조 행위와 분리될 수 없이 결합되어 있는 창조자의 의도, 즉 피조물들의 현존재를 목적으로 하는 신적 의도가 표명된다.

이상하게도 이러한 측면은, 하나님의 전능하신 자유가 세계의 근원이라는 그리스도교 사상에 대한 한스 블루멘베르크(Hans Blumenberg)의 비판에서 완전히 간과되고 있다. 블루멘베르크는 피조물의 우연성을 오로지 맹목적으로 작용하는 자의(Willkür)의 상대개념으로만 보았다(*Die Legetimität der Neuzeit*, 1966, 102-200). 하지만 어떤 변덕스런 사역이란 창조자 하나님의 영원성과는 일치하지 않는다. 세계 창조는 자유로운 행위라고 해도 하나님의 영원성과 관계되며, 영원하신 하나님의 행위로 생각되어야 한다. 변덕이라는 표상은 일시적인 것, 덧없는 것의 본질이다.

선행하거나 뒤따르는 모든 것이 이루는 맥락 속에 위치한 어떤 행위는 변덕일 수가 없다. 이러한 맥락은 하나님의 모든 행위에 대해, 특별히 새로운 것이 유도될 수 없는 방식으로 발생하는 곳에서도 마찬가지로 전제될 수 있다. 최소한 뒤돌아보는 가운데 지금까지의 모든 것과 관련된 우연적이지 않은 맥락이 인식될 수 있을 것이다. 이것은 하나님의 창조 행위와 내재적 삼위일체의 삶 사이의 관계에도 해당된다. 그렇기에 창조 행위는 단순한 변덕의 표현이 아니다. 덧붙여 말하자면 세계를 단순히 변덕스러움으로 창조한 어떤 신이 있다면, 그는 **지속적으로 보존되는** 세계의 창시자가 아닐 것이다. 세계의 근원을 신의 변덕으로 보는 것은 하나님이 자신의 창조 의지를 지속적으로 유지하시는 것과 일치하지 않는다. 이와 관련해서 우리는 성서의 하나님이 유한성과 함께 피조물들 각각에게 주어진 종말을 넘어 창조의 종말론적인 완성에 이르기까지 그것들을 굳게 붙드신다는 사실을 눈여겨보아야 한다. 지속되는 창조의 자유로운 근원은 창조자의 의도, 곧 그분의 영원성 속에 근거되어 있으면서 그분 자신과 구분되는 현실성을 지향하는 의도의 표현으로 생각되어야 한다.

그와 같이 영원성으로부터 지속되는 의도는 창조 행위의 자유와 어떻게 일치할 수 있는가? 몰트만(Jürgen Moltmann)은 이 문제의 해결을 신적 의지의 영원한 법령(Dekret, 약정)이라는 구(舊)개혁주의 교리에서 찾는다. 그 법령이 창조 행위보다 앞선다는 것이다(*Gott in der Schöpfung*, 1985, 92-98). "영원한 **법령**의 개념 속에 있는 본질과 의지의 일치"가 사실상 "모든 자의적인 하나님 표상"을 배제한다(94). 하지만 몰트만의 학설에서는 창조 행위의 자유라는 사상이 상실되지 않는가? 그에 따라 창조 행위는 또다시 하나님의 영원한 본질의 필연적 표현으로 보이지 않는가? 칼 바르트(Karl Barth)는 이 문제를 올바로 인식했고 바로 잡으려고 시도했다. 다시 말해 바르트는 영원한 법령의 교리를 그리스도론에 근거한 예정론으로 대체했다(*KD* II/2, 172ff.). 예정(선택)이라는 주제의 관점에서 그러한 대체를 비판적으로 다룰 수 있다고 해도(참고. 나의 논문, *RGG* II³, 1958, 614-621), 어떻든 바르트는 그런 방식으로 하나님과 세계 사이의 관계 영역 전체에 대한 삼위일체 신학적인 근거를 제공했다. 이 사실에 대해서는 바로 몰트만의 이해도 기대할 수 있는데, 그도 그리스도교적인 하나님 신앙의 삼위일체적 의미를 매우 활발하게 서술했기 때문이다. 하나님의 영원한 법령이라는 구(舊)개혁주의의 교리는 다른 교단들의 전통 속에 보이는 비슷한 교리들과 마찬가지로 비삼위일체적인 일신론의 표현이었으며, 이것을 몰트만은 바르게 비판했던 것이다. 하지만 그 비판도 마찬가지로 창조 행위의 자유를 지켜낼 수 없는 무능력한 것으로 그치고 말았다. 그 당시에 루터교도들이 영원한 법령이라는 개혁주의 교리가 일종의 운명론과 같은 결정론을 포함하고 있다고 논박했을 때, 개혁주의 신학자들의 선한 의도가 그 논박을 바르게 인지하지 못했던 것이 틀림없다. 하지만 여기서 **"영원한 법령의 개념 속에 있는 본질과 의지의 일치"**(Moltmann, 94)라는 표상이 불충분하다는 것은 (루터교의) 올바른 비판이 아니었는가? 그 개념은 유출사상과 너무나 가까워 보인다. 신학은 세계 창조가 하나님의 사랑의 표현이라는 사상(Moltmann, 88f.)을 삼위일체론을 통해 전개하고, 그 점에서 창조 행위의 자유에 대한 답을 구해야 할 것이다.

세계의 현존재는 그 자체로 이미 하나님의 선하심의 표현이다. 그리스도교 창조 신앙의 이와 같은 진술은 우선적으로 아버지의 인격과 관계된다. 하나님이 우연성 안에 있는 피조물들의 근원으로서 아버지가 되신다는 것은 그분이 피조물들에게 현존재를 선사하시고, 그것들의 지속성과 독립성을 가능케 하심으로써 그것들을 보호하고 돌보아주신다는 것을 뜻한다.

창조자는 아버지로서의 선하심을 통해 피조물들에게 현존재를 부여하고 지키시는데, 이러한 선하심은 영원 전부터 아들을 사랑하신 아버지의 사랑과 다르지 않다. 아들은 아버지의 사랑의 최초의 대상이다. 그분의 사랑이 향해지는 모든 피조물 안에서 아버지는 아들을 사랑하신다. 하지만 이 사실은 아버지의 사랑이 피조물 그 자체에게는—개별적으로 특수한 각각의 피조물에게는—유효하지 않는다는 것을 의미하는 것이 아니다. 오히려 아버지의 사랑은 아들을 향할 뿐만 아니라, 또한 모든 각각의 피조물에게도 주어진다. 하지만 모든 특수한 피조물들 각각에 대한 아버지의 사랑(Hinwendung)은 언제나 아들을 통해 중재된다. 피조물들에 대한 아버지의 사랑은 그분이 영원 전부터 아들을 사랑하신 그 사랑과 경쟁이 되지는 않는다. 오히려 피조물들은 아들을 향한 아버지의 영원한 사랑(Zuwendung) 안으로 포괄됨으로써, 아버지의 사랑의 대상이 된다. 다시 말해 피조물들 속에서 영원한 아들이 나타남으로써, 그것들은 아버지의 사랑의 대상이 된다.

아버지와 다른 모든 피조물의 근원, 즉 창조자와 마주하는 피조물들의 독립성의 근원도 아들 안에 놓여 있다. 이 명제는 아들(히 1:2) 혹은 신적 로고스(요 1:3)의 창조-중재성에 대한 신약성서의 진술을 핵심에 맞게 표현하려고 시도한 것이다. 그 명제의 근거로 생각해볼 수 있는 것은, 아버지의 영원한 아들에 대한 모든 진술은 하늘 아버지와 인간 예수의 관계에 대한 진술에서 시작된다는 사실이다. 아버지께 대한 예수의 구체적 관계 속에는 아들 관계의 내재적·신적 측면과 피조적 측면이 항상 결합되어 있다. 왜냐하면 그리스도교 교리는 그 관계의 역사성을 넘어 하나님이 예수를 통해 계시되신 것과 같이 **본질적으로** 바로 그렇게 존재하시며, 아들인 예수에 대한 관계는 결국 아버지의 영원한 신성에 속한 것이라고 주장하기 때문이다. 이에 대해 결정적으로 중요한 것은 "예수의 아버지로부터의 자기구분"(Selbstunterscheidung)이다. 자기구분을 통해 예수는 아버지이신 하나님을 자신과 대립시키며, 그분이 자신의 하나님이 되시도록 한다. 예수는 단순한 피조물로서의 자신을 아버지로부터 구분하며, 스스로 유일하신 한 분 하나님께 굴복하고, 자신의 삶이 그분을 통해 완전히 규정되도록 한다. 이것은 하나님의 통치의 미래에 대해 바른 관계를 가지라고 그의 메시지가 사람들에게 요청했던 것과 같다. 이 점에서 예수는 아버지를 유일하신 한 분 하나님으로 인정하며, 그와 동시에 아버지의 유일무이한 신성을 사람들에게 증언한다. "아들의 아버지로부터의 자기구분"이라는 사건은 예수의 지상의 현존재 안에서 발생하는 영원한 아들의 계시를 구성한다. 홀로 모든 영광을 받기에 합당하신 유일하신 하나님 곧 아버지로부터 자신을 구분하는 겸허를 통해, 예수는 자신을 아들로 입증한다. 그래서 예수의 아버지로부터의 자기구분 속에 예수의 영원한 아들로서의 존재에 대한 **인식론적 근거**가 놓여 있다. 그렇다면 이와 반대로 영원한 아들의 아버지로부터의 자기구분 속에 창조자로부터 구분되는 피조물의 현존재의 존재론적 근거가 놓여 있지는 않을까? 아들을 향한 아버지의 사랑에 부합하는 아들의 자기구분—이것은 오로지 한 분 하나님이신 아버지께만 영광을 돌린다—은 피조적 현존재의 다른 존재성과 독립성을 위한 출발점을 형성한다. 다시 말해 영원한 아들이 아버지로부터 자신을 구분하는 겸허 속에서 신성의 통일성을 벗어나—이때 아들은 오로지 아버지만이 홀로 하나님이 되시도록 한다—밖으로 나올 때, 바로 그때 아버지와 대립하는 가운데 피조물이 출현한다. 더 정확히 말하자면 그 피조물은 아버지이시고 창조자이신 하나님께 대한 관계가 주제가 되는 피조물, 바로 인간이다.[59] 그러나 인간과 더불어 세계의 현존재 또한 규정되었다. 왜냐하면

---

59 이와 같은 내용은 원칙적으로는 칼 라너의 다음의 서술과 비슷하다. Karl Rahner, *Zur Theologie der Menschwerdung*(1958), *Schriften zur Theologie* IV, 1960, 137-155(*Grundkurs des Glaubens*, 1976, 211-226). "하나님이 하나님이 아니려고 하실 때, 인간이 생겨난다…"(150=*Grundkurs*, 223). 그래서 라너는 성육신 사건 속에서 로고스가 인간 본성을 수용한 것이 로고스를 통한 예수의 인성의 창조라고 이해할 수 있었다. 이때 그는 아우구스티누스의 말을 인용했다. "그것은 바로 그 수용을 통해 창조되었다"(ipsa assumptione creatur, PL 42, 688, 인용은 Rahner, *LThK* 5, 1960, 956). 1년 후에 이러한 생각은 성육신 사건 속에서 일어난 로고스의 자기포기 사상과 결합되었고, 다음과 같이 묘사된다. "로고스의 성육신 안에서 로고스는 [인성을] 받아들임으로써 창조하며, **자기 자신을 비움**으로써 [인성을] 받아들인다…"(Schriften IV,151, 참고. *Grundkurs*, 224). 이 명제에 따르면 비운다는 것은

세계는 인간의 가능성을 위한 조건이기 때문이다.[60]

여기서 우리는 예수의 신성에 대한 신앙고백에 관련되는 사태와 마주하게 되는데, 다만 이번에는 반대 방향으로 진행된다. 예수가 아들의 순종 속에서 자신을 아버지의 영원한 아들로 입증할 때, 예수의 인간 존재와 영원한 하나님과의 차이는 제거되지 않는다. 왜냐하면 그 차이는 한 분 하나님께 대해 명확하게 인정되는 구분으로서 예수의 아들 되심에 대한 조건이기 때문이다. 예수가 그의 인성에 따라 영원하신 하나님으로부터—그래서 또한 영원한 아들로부터—지속적으로 구분되는 것은 내용적으로는 영원한 아들이 예수의 인간적 현존재보다 우선할 뿐만 아니라, 예수의 피조적 현존재의 근거이기도 하다는 사실을 의미한다. 다른 모든 피조물처럼 예수의 현존재도 그 근거를 세계의 창조자이신 하나님 안에 둔다. 예수

로고스의 본질 상실로 이해되어서는 안 되고 오히려 타자 안에서 즉 인간 창조의 행위 안에서 이루어지는 신적인 자기실현으로 이해되어야 한다. 어쨌든 여기서 중요한 것은 우선적으로 삼위일체의 두 번째 인격인 로고스의 행위다. 이 행위는 아버지의 행위 즉 아버지가 보내시는 **파송**과 일치한다. 그럼에도 불구하고 아들은 그 행위의 일차적인 주체로서 자신만을 위해 홀로 행하는 것이 아니라 영을 통한 아버지와의 연합 속에서 행한다.

60 중심 내용에서 이 명제는 칼 바르트가 창조를 계약의 외적 근거로 설명한 것(*KD* III/1, 1945, 103-258)에 상응한다. 바르트의 이 설명은 계약이 창조의 내적 근거라는 설명과 역방향 대칭을 이루고 있다(258-377). 하지만 바르트의 체계적인 서술은 아들의 자기구분으로부터 피조물(인간과 세계)의 현존재로 전개되는 대신에 아들의 선택(예정)으로부터 계약사상으로 전개되었기에, 전체 그림은 매우 달라졌다. 거기서는 여기서 시도된 나의 설명과는 달리 선택하는 하나님이신 아버지의 주관성에 관한 서술로부터 전체구도가 펼쳐지는 반면에, 위의 본문에서 라너는 아들의 아버지로부터의 자기구분에서 논증을 시작한다. 바르트는 선택(예정)하시는 하나님의 표상에 집중한 후에 계약(언약)의 개념으로 인도되는데, 계약 개념과는 달리 그의 창조 이해는 태초에 제한되었다(이 책의 90쪽을 보라). 이와 달리 라너는 성육신 신학의 논증을 통해 영원한 아들의 사상으로부터 인간 개념으로 건너갔고, 인간적 현존재를 위한 "외적 근거"로서의 세계에 대한 성찰은 단지 창조 **내부에** 존재하는 인간과 세계 사이의 관계에만 해당한다.

의 현존재가 하나님으로부터 구분될 때, 그리고 예수 자신이 스스로 그렇게 구분할 때, 그 구분은 영원한 아들의 아버지로부터의 자기구분 속에 근거한다. 이와 같이 영원한 아들은 예수의 인간적 현존재가 아버지 하나님께 대해 맺는 관계의 존재적 근거다. 아버지 하나님께서 영원으로부터, 또한 세계의 창조 속에서도 아들 없이 존재하지 않으신다면, 영원한 아들은 한 분 유일하신 하나님 곧 아버지로부터 스스로를 구분하는 예수의 현존재의 존재적 근거일 뿐만 아니라, 나아가 모든 피조적 현실성의 구분 및 독립적 현존의 근거이기도 하다.

이와 같은 표현의 조건 아래서 그것의 역방향의 표현도 가능하다. 즉 예수의 피조적 현존재 속에서 세계의 창조자이신 아버지의 영원한 아들이 현현할 수 있다. 예수의 피조적 현존재는 그의 삶의 실행 가운데 모든 피조적 현존재 일반의 본질적 구조와 본질 규정을 실현한다. 이 실현은 예수가―그 밖의 다른 창조 영역과는 달리―아버지 하나님과의 구분을 수용하여 자신을 철저하고 완전하게 하나님의 피조물로, 그리고 바로 그 점에서 하나님을 자신의 아버지와 창조자로 긍정하고 인정함으로써 이루어진다. 이것은 예수가 일반적인 피조물인 것만이 아니라, 인간이라는 사실을 전제한다. 말하자면 예수는 인간으로서 실제로 하나님과 구분될 뿐만 아니라, 또한 그러한 구분을 알고 있다. 영원하신 하나님과 달리 자신의 고유한 현존재가 지니고 있는 유한성을 아는 것이다. 종교를 갖는다는 것은 피조물들 가운데서 인간이 갖는 고유한 특성의 표현이고, 모든 유한한 것과 구분되는 신성에 대해 아는 인간의 지식은 자신을 구분하여 타자 곁에서 자기 자신으로서 존재할 수 있는 능력의 최고 표현이다.[61] 이와 더불어 인간에게 주제화되는 것은 모든 유한한 현존재에 대한 일반적 규정인데, 그것은 유한이란 무한한 것으로부터, 그렇기에 또한 다른 유한한 것

---

61 그 근거에 대해 나의 책을 보라. *Anthropologie in theologischer Perspektive*, 1983, 59ff., 63ff.

들로부터도 구분되어 존재한다는 규정이다. 하지만 이로부터 자신의 고유한 유한성을 받아들인다는 결과가 자동적으로 도출되지는 않는다. 오히려 인간들은 통상 자기의 유한성에 대해 저항하며 살아가고, 자신의 현존재를 무제한 확장하려고 시도한다. 그들은 하나님처럼 되려고 한다. 그러나 예수는 자신의 유한성을 받아들였고, 인간적인 유한성뿐만 아니라 하나님 앞에 선 피조적 존재 일반의 유한성도 함께 받아들였다. 하나님을 자신의 아버지로, 그리고 모든 피조물들의 아버지와 창조자로 경외함으로써 그렇게 했다. 하나님을 모든 피조물의 유일하신 하나님으로 경외하는 것은 다른 모든 인간(가장 먼저 하나님의 신성의 증언을 위해 선택된 하나님의 백성)으로 하여금 하나님의 신성을, 그리고 모든 인간의 삶에 대한 그분의 무제약적인 주권을 인정하도록 끌어들이지 않고는 가능하지 않다. 그래서 예수는 자신의 현존재를 하나님께 영광을 돌리는 일에 바쳤다. 나사렛 예수의 그와 같은 아들로서의 "순종" 속에서 피조적 현존재 일반의 구조와 규정이 실현되었다. 이 점에서 영원한 아들은 예수의 피조적 현존재의 존재론적인 근거인 동시에 다른 모든 피조적 현존재의 존재론적인 근거이기도 하다. 모든 피조적 현존재의 존재론적인 근거로서 영원한 아들은 아버지께 대한 예수의 역사적 관계 속에서 출현했다.

신약성서에서 창조의 중재자로서의 기능과 관련된 하나님의 아들의 표상은 선재하는 신적 지혜라는 유대교적 표상의 맥락(잠 8:22-31) 속에서 발전했고, 로고스 개념을 통해 명확하게 표현되었다(골 1:15-20; 히 1:2f.; 요 1:1ff.).[62] 나는 이 진술들을 신약성서에 나오는 다른 그리스도론적 진술들의 그룹, 곧 영원한 선택 내지는 새로운 인류의 머리가 되실 예수의 예정에 대한 진술들과 연결시켰다(*Grundzüge der Christologie*, 1964, §10,3). 히브리서 1:2도 같은 맥

---

62 이에 대해 다음을 보라. H. Hegermann, *Die Vorstellung vom Schöpfungsmittler im hellenistischen Judentum und Urchristentum*, 1961.

락에서 말한다. "[하나님은] 이 아들을 만유의 상속자로 세우시고 또 그로 말미암아 모든 세계를 지으셨느니라"(참고. 골 1:16,20; 엡 1:10). 여기서 아들을 창조의 중재자로 표현하는 진술은 우선 **목적격**으로 이해되어야 한다. 이 진술은 예수 그리스도 안에서 비로소 세계의 창조가 완성될 것이라는 사실을 가리킨다. 위에서 언급한 신약성서의 내용들로부터 얻어진 이러한 관점은 올바른 것이기는 해도, 창조의 중재자로서의 아들의 직분이 이 측면에만 제한될 수는 없다. 오히려 피조물들이 최종적으로 예수 그리스도의 나타나심을 향해 배열되어 있다는 것은 피조물들이 이미 그것들의 현존재와 본질의 근원을 아들 안에 두고 있다는 사실을 전제한다. 그렇지 않다면 만물이 아들 안에서 최종적으로 통일된다는 것(엡 1:10)은 사물들 자체에게 피상적인 일에 그치게 된다. 즉 그런 통일은 피조적 본질에 특유한 존재의 결정적인 완성이 아닐 것이다. 그러나 이와 반대로 피조물들이 그것들의 근원을 영원한 아들이나 로고스 안에 두는 경우라면, 그것들은 스스로를 **의식하는** 피조물로서 자기 자신에게서—로고스 안에서 자신의 고유한 본질적 법칙을 인지하고 수용하지 못한 만큼—소외될 것이다. 이러한 내용이 요한복음 서문에 등장한다. "세상은 그로 말미암아 지은 바 되었으되 세상이 그를 알지 못하였고"(요 1:10b). 이 내용은 성육신의 사건 속에 전제된 것이며, 뒤따르는 요한의 진술(요 1:11)의 근거가 된다. 로고스는 성육신을 통해 그의 "소유"(자기 땅) 안으로 들어왔다.

신학적 전통은 영원한 아들이 창조 행위에 관여했다는 것을 다음과 같은 표상을 통해 설명했다. 그것은 로고스 개념이 신적 지성에 상응하여 사물들의 원형(Urbilder) 곧 이념을 영원 전부터 자신 안에 포함하고 있다는 표상이다. 이 표상은 플라톤의 이데아설을 신적 이성(Nus)과 혹은—알렉산드리아의 필론의 경우에는—로고스와 결합시키는 중세기 플라톤 철학으로 소급된다.[63] 오리게네스는 그 표상을 그리스도교 교리의 체계적 서술 안으로 완전히 편입시켰다. 그에 따르면 하나님의 지혜의 위격인 아들 안에 모든 피조물의 기원, 이념, 본성이 놓여 있다.⁶⁴ 바로 그 이유에서 성서 (잠 8:22)가 말하는 지혜는 하나님의 길의 시작(*initium viarum Dei*)으로 지칭된다.⁶⁵ 이러한 사상은 후대의 교부학에서 더욱 상세히 분화되었다. 예를 들어 고백자 막시무스(Maximus Confessor)에 따르면 개별적 피조물들의 많은 로고스들이 하나의 로고스 안에 통합되고 응집되어 있다.⁶⁶

아우구스티누스도 아들을 하나님의 창조의 말씀으로 생각했고, 이 말씀을 통해 만물은 창조되기 이전에 이미 하나님을 향해 현존하고 있다고 말했다.⁶⁷ 그러나 중세 스콜라 철학은 하나님 안에 이념이 존재한다는 표상

---

63 크레머(H. J. Krämer, *Der Ursprung der Geistmetaphysik. Untersuchungen zur Geschichte des Platonismus zwischen Platon und Plotin*, 1967)에 따르면 알비노스(Albinos)의 디다스칼리코스(Didaskalikos) 9장과 10장에서 이에 해당하는 설명들(같은 책, 101ff., 111f.)은 크세노크라테스뿐만 아니라(121f.) 심지어 플라톤 자신에게까지 소급될 수 있다(218f.). 필론이 로고스를 이념들의 총괄개념으로 이해한 것에 대해서는 같은 책, 264-281, 특히 276을 참고하라. 또한 알렉산드리아의 클레멘스에 대한 해설은 282f., 나아가 H. Meinhardt im *Hist. WB Philos*. 4, 1976, 61f.(Idee n.2)를 보라.

64 Origenes, *Princ*. I,2,2: ...continens scilicet in semetipsa universae creaturae vel initiae, vel rationes vel species (ed. H. Görgemanns u. H. Karpp 1976, 126).

65 같은 곳, 또한 I.2.3을 참고하라. 중심적 내용에서 이념의 존재가 로고스 안에 보존되어 있다는 필론의 표상은 이미 타티아노스(Tatian *Or*. 5,1)에게서 수용된다. 하지만 여기서 그 표상은 *logike dynamis*(말씀 안에 있는 능력)와 관계되어 있고 이념을 분명히 언급하지는 않는다. 다음을 보라. M. Elze, *Tatian und seine Theologie*, 1960, 74f.

66 MPG 91, 1081 BC. 참고. L. Thunberg, *Microcosm and Mediator. The Theological Anthropology of Maximus the Confessor*, Lund 1965, 80f.

67 Augustin, *De gen. ad litt*. II,6,12: ...unigenitus Filius, in quo sunt omnia quae creantur, etiam antequam creantur...(PL 34,268). 요한복음 1:2의 주석에서 아우구스티누스는 이념이 예술가의 정신 속에서 실재하는 대상보다 앞서 존재한다고 분명히 말했다(in *Joann*. I,17, PL 35,1387). 참고. *De div. quaest*. 83 Lib. 1, q. 46,2 (PL 40,30f.).

을 신적 지식에 대한 교리를 통해 신적 본질과 결합시켰다. 이것은 특히 토마스 아퀴나스에 해당하는데, 그는 하나님 안에 존재하는 피조물들의 이념을 다양한 피조물들의 원형으로서의 하나님의 본질에 대한 인식이라고 생각했다.[68] 하나님의 창조 행위는 또한 토마스에 의해 아들의 인격과도 연결되었는데, 하나님이 자신의 말씀을 통해 모든 것을 창조했기 때문이었다. 하지만 토마스가 영과 마찬가지로 아들도 창조 행위에 관여한다고 이해했던 것은 이 두 인격의 발현이 신적인 앎과 의지라는 본질적 속성과 결합되어 있다는 점에 기초했다.[69] 근본적인 사고는 **외부를 향한 사역**(opus ad extra)으로서의 창조 행위가 주체이신 한 분 삼위일체 하나님께 귀속되기에, 개별적인 신적 인격들 각각의 고유한 기여에서는 어떤 구분도 없다는 것이다. 이것은 구(舊)개신교주의 교의학의 이해이기도 하다. 이 이해에 따르면 세 분의 신적 인격들은 세 가지 다른 원인들로서 공동으로 활동하는 것이 아니고, 그 결과 외부를 향한 공동의 사역이 도출되는 것도 아니며, 오히려 창조 행위는 분리될 수 없는 통일성 속에서 신적 본질의 분리될 수 없는 단일성에 상응한다.[70] 여기서 그리스도가 창조의 중재자가 되신다는 오랜 고백은 부인되지는 않았지만, 그 기능은 사라져버렸다. 아들이 이미 창조에 참여했다는 사실은 물

---

68 Thomas von Aquin S. theol. I,15,2. 중기 스콜라 철학에서 신적 관념의 표상에 대한 논쟁과 관련해서 다음의 상세한 설명을 참고하라. K. Bannach, *Die Lehre von der doppelten Macht Gottes bei Wilhelm von Ockham*, 1975, 111-248. 특히 하인리히 폰 겐트(Heinrich von Gent)에 대해서는 135ff., 둔스 스코투스(Duns Scotus)에 대해서는 154ff.를 보라. 나아가 크누센(Chr. Knudsen) 등의 설명을 보라. *Hist. WB Philos.* 4, 1976, 86-101.
69 *S. theol.* I,45,6. Et secundum hoc processiones personarum sunt rationes productionis creaturarum, inquantum includunt essentialia attributa, quae sunt scientia et voluntas. 참고. art. 6 ad 2.
70 이에 대해 홀라츠(D. Hollaz)의 글을 참고하는 것으로 충분할 것이다. Sicut una et indivisibilis est essentia divina: ita unus et indivisibilis actus creandi est(*Examen theol. acroamaticum*, Stargard 1707, 513).

론 확증되었다. 하지만 이것은 단지 삼위일체 교리의 결과로서 끌어다 놓은 것일 뿐이다. 그 참여의 속성에 대한 특별한 표상은 그 결과와 연관되지 않았다.

피조적 사물들이 다양한 이념들을 통해 신적인 영 안에서 미리 형성되어 있다는 전성(前城, Präformation)의 표상은 처음부터 일련의 사상적인 어려움을 동반했다. 신적 본질의 통일성에 대한 외적인 모순뿐만 아니라, 무엇보다도 하나님의 창조 의지가 영원 전부터 그분의 지성 속에 이미 준비된 세계모델에 속박된다는 것, 그래서 창조는 단지 그 모델에게 창조 행위를 통해 현존재를 부여하는 것에 그친다는 점이 문제로 드러났다. 토마스 아퀴나스의 해결책이 전자의 어려움에 출구를 마련하려는 시도였다면, 신적 이념들을 하나님의 본질 속에 고정시킨 것에 대한 오컴의 비판은 후자에 해당하는 것이었다. 오컴은 피조 현실성의 우연성, 그리고 하나님의 의지에 대한 그것의 직접성에 대한 관심을 가지고 그 문제와 마주했다.[71] 그 결과 아우구스티누스의 이념론에 대한 오컴의 해석은 그 문제를 해결하는 방향으로 나아갔다. 데카르트는 다른 곳에서와 마찬가지로 하나님과 창조의 이해에서도 포괄적으로 오컴의 해석을 따랐고, 그 결과는 다음과 같이 명확하게 표현되었다. 하나님은 사물들을 창조하실 때, 앞서 존재하는 이념들을 필요로 하지 않으신다.[72] 이와 달리 라이프니츠는 데카르트의 **영원한 진리**(veritates aeternae)

---

71 다음의 해석을 보라. K. Bannach, 같은 곳(위의 각주 68), 225-248. 오컴은 이념과 신적 본질성을 동일시하는 것을 전적으로 거부했다. *Ord*. Id35q5a3, *Opera theologica* IV, 1979, 488, 3-7. 참고. Bannach 226ff. 그 대신에 그는 이념을 피조물 및 그 생성과 결합시켰다(227ff.). ostendo quod ipsa creatura est idea. Primo, quia... ipsa est cognita ab intellectuali activo, et Deus ad ipsam aspicit ut rationaliter producat(*Opera* IV, 488, 15-18).

72 R. Descartes, *Meditationes*, Amsterdam 1685 mit sämtlichen Einwendungen und Erwiderungen, 580f. (Antwort auf die sechsten Einwände n 6). 데카르트의 『방법서설』 제5장의 시작부분에 대한 질송의 설명을 참고하라. E. Gilson, *Descartes, Discours de la Méthode, Texte et Commentaire* (1925) 5.éd. 1976, 342f.

를 또다시 하나님의 지성 안에서 신적 의지의 결정보다—그래서 또한 피조된 사물들보다—선행하는 이념들로 이해했으며,[73] 그 이해 위에 하나님의 지혜가 인식하는 최선의 세계 질서를 신적 의지와 연결하는 자신의 이론을 근거시켰다. 이러한 그의 관점은 후에 칸트가 꾸짖었던 견해에 근접했다. 그 견해에 따르면 세계 계획은 "신적 지혜가 자신 앞에 두는 필연적 대상이기는 하지만 그 계획 자체가 그 지혜의 파악될 수 없는 본질의 결과는 아니다." 이에 대해 칸트는 이렇게 말했다. "사람들은 사물들이 다른 사물에 의존한다는 비독립성을 그것들의 현존재에 제한시켰다. 이를 통해 저 최고 본성의 무한히 큰 완전성의 근거에 참여하는 지분의 대부분이 그 현존재로부터 제거되었는데, 나는 그 참여 지분들이 그다음에는 어떤 영원한 불합리성에 기초하게 되었는지 알지 못한다."[74]

신적 이념들을 사물들과 그 질서의 원형들이 하나님의 영 안에 다양하게 선재(先在)한다는 식으로 이해하는 역사 속에 제기되었던 곤란한 문제를 바르게 평가한다면, 오늘의 신학은 아들이 창조의 중재자가 되신다는 해석에서 그런 이해를 포기해야 할 것이다. 그런 이해는 하나님의 지성과 의지 사이에 너무 신인동형론적인 구분과 귀속성을 가정할 뿐만 아니라, 성서적인 창조 신앙에 특징적인 요소들 즉 하나님의 창조 행위로부터 발생하는 세계현실성의 우연성과 역사성이라는 요소들을 손상시킨다.

그렇다면 영원한 아들이 창조의 중재자가 되시는 것과 전체 창조에서 그가 로고스로서 행사하는 기능에 관한 진술들은 어떻게 이해될 수 있을까? 헤겔의 종교철학은 이 문제에 대한 사상적 단서를 발전시켰다. 그

---

73 G. W. Leibniz, *Monadologie*, §43과 §46, 또한 *Theodizée*, §§180-192.
74 I. Kant, *Der einzig mögliche Beweisgrund zu einer Demonstration des Daseyns Gottes*, 1976, 181f. 이에 대해 다음을 참고하라. H.-G. Redmann, *Gott und Welt. Die Schöpfungstheologie in der vorkritischen Periode Kants*, 1962, 99ff.105ff.

단서는 로고스 안에서 합치되어 존재한다는 신적 이념들에 대한 고대 학설의 중심적인 관심사—사유 속에서 신적 단일성으로부터 다수가 발생한다는 사실의 파악—를 새로운 방식으로 인지하는 것을 뜻한다. 여기서 헤겔 철학은 이념들로 구성된 이해 가능한(intelligibel) 우주의 정적(靜的)인 그림을 다양한 가지각색의 피조적 사물들을 발생시키는 원리의 표상을 통해 대체했고, 나아가 신적인 영 안에 존재하는 이념들에 대한 중세 중기와 후기의 이데아설과는 달리 사유의 그리스도론적인 성격을 갱신했다. 그것이 삼위일체 안에서 아들이 타자성(Andersheit)의 원리라고 말하는 헤겔의 사상이다. 이 원리는 신성에 대해 절대적 타자인 유한자가 생성되는 출발점이 된다.[75] 이 사상은 내재하는 신적 삶으로부터 유한자 전체의 현존재

---

75 이에 대해 위의 각주 56에서 인용된 예증들을 보라. 이 방향을 가리키는 단서는 이미 마이스터 에크하르트(Meister Eckhart)에 의해 발전되었다. 에크하르트는 페트루스 롬바르두스 이래로 주장되어왔던 창조론과 삼위일체론의 분리(L. Scheffczyk, *Schöpfung und Vorsehung*, 1963, 80f., 토마스에 대한 내용은 92.94f.를 참고하라)를 다시 검토했다. 그는 자신의 책(*Opus Tripartitum*)에서 하나님이 "태초에"(im Anfang) 하늘과 땅을 창조하셨다고 말하는 창세기 1:1의 내용을 요한복음 1:1과 연관시켰고, 연결된 의미로부터 말씀 내지 아들이 그 안에서 만물이 창조되었던 바로 그 "태초"(Anfang)로 이해될 수 있다는 결론을 내렸다(Expositio Libri Genesis, in: Die lat. Werke I, 1964, Hrsg. K. Weiß, 49f.). 욥기 33:14(Semel loquitur Deus, et secundo id ipsum non repetit)을 인용하면서 그는 아들의 출생과 세계의 창조가 하나의 동일한 행위 속에서 일어나는 사건이라고 설명했다(Duo hec, scilicet personarum emanationem et mundi creacionem, que tamen ipse semel loquitur, semel locutus est, 같은 곳 51,6-9). 하지만 이 문장은 1329년 교황 요한 22세에 의해 에크하르트의 26가지 정죄된 명제들에 포함되었다(DS 953). 왜냐하면 이 문장이 세계의 시간적 시작을 부인하는 것으로 보였기 때문이다. 하지만 그 판단이 고려하지 못한 것은 세계의 시간적 시작 역시 하나님의 영원성으로부터 발생한 것으로 생각될 수 있다는 사실이다(Scheffczyk, 같은 곳, 103). 무엇보다도 교회의 판단은 에크하르트가 창조론에서 삼위일체론적인 단초를 회복시킨 것을 정당하게 평가하지 못했다. 어쨌든 에크하르트는 아들이 창조의 중재자가 되시는 것이 하나님과의 관계 속에서 창조 안의 타자성의 기원이라고 가르치지는 않았다. 물론 요한복음 1:1b에 대

로 이행하는 과정을 묘사할 뿐만 아니라, 유한자의 다양성의 근거를 말해 준다. 이 점에서 모든 각각의 유한자는 타자에 대해 다른 하나의 타자로서 존재한다는 특성을 갖게 된다. 이에 따라 타자성은 피조적 현실성의 다양성을 발생시키는 원리로 이해될 수 있다. 정적(靜的) 이데아의 우주라는 전통적인 표상은 하나님의 영 속에 존재하는 신적 이념들을 창조의 원형으로 보는데, 이러한 이해의 자리에 한 가지 생산적인 원리가 대신 등장했다. 그것은 항상 새로운 구분들이 발생하고 그와 함께 언제나 반복해서 새로운 다른 유한한 현존재의 형태들이 생성되는 원리다.

유한이 "타자존재"(他在, Anderssein)의 원리인 아들로부터 나온다는 헤겔의 사상은 위에서(각주 56번) 비판되어야 한다고 지적되었다. 왜냐하면 헤겔은 유한성의 세계가 발생하기 위해서는 절대가 논리적·필연적으로 자신을 전개해야 한다는 주장을 그 사상과 연결시켰기 때문이다. 그 주장은 사실상 창조 신앙과 일치될 수 없다. 헤겔의 그러한 주장은 삼위일체가 자의식의 전형에 따라 사유된 절대적 주체의 자기전개로 서술된다는 사실에 기초한다. 이미 아들의 형태 속에 있는 타자가 절대 주체가 자기 자신과의 통일성 밖으로 벗어나 생성된 결과물로 생각된다면, 이 자기외화(外化, Selbstentäußrung)는 필연적 방식으로 유한의 발생을 향해 계속 나아가는 것이 타당해 보인다. 왜냐하면 그렇게 해야만 절대 주체가 타자성의 원리를 "진지하게" 여기는 셈이 되기 때문이다. 그러나 삼위일체의 삶을 삼위일체 인격들 사이의 상호관계로부터 생각한다면, 그런 식의 결과는 도출

한 그 자신의 로고스의 해석은 다음과 같이 말한다. …hoc ipso, quod quid procedit ab alio, distinguitur ab illo(Die lat. Werke III, hrsg. K. Christ und J. Koch, 7,1-2). 쿠자누스(Nicolaus von Kues)도 타자성(*alteritas*)을 신관이나 존재 개념에서 배지했다(*De visione Dei* 14, *Philos.-theol. Schriften*, hg. L. Gabriel III, 1967, 154). 진리 자체는 다른 모든 타자성의 부재이며(*carentia alteritatis: Complementum theol*. II, 같은 곳, 652), 하나님 나라 안에는 타자성이 없다(*Apologia Doctae Ignorantiae*, 같은 곳, I 536)는 것이다.

되지 않는다. 오히려 삼위일체 인격들 각각에게 자신과 다른 두 인격들로부터의 자기구분은, 각각의 개별적 인격의 자기구분이 지닌 서로 다른 형태에도 불구하고, 신적인 삶의 단일성 속에 존재하는 삼위의 공통성의 조건으로 입증된다. 이때 신적인 삶은 닫힌 원, 즉 자기 외부에 있는 다른 어떤 존재를 필요로 하지 않는 원으로 묘사된다. 아들 안에서 자기구분의 요소가 가장 뚜렷한 특징을 가진다고 해도, 아들은 그런 자기구분의 활동을 통해서도 여전히 신적인 삶의 통일성 안에 머문다. 왜냐하면 그 자기구분은 아버지와 하나가 되는 조건이기 때문이다. 그러나 성육신 사건 속에서, 즉 하늘 아버지에 대한 나사렛 예수의 관계 속에서, 아들은 신성의 통일성을 벗어나 밖으로 나왔다. 예수는 아버지로부터 자신을 구분하는 가운데 자기 자신을 **순수한 인간**으로, 피조물로 인식함으로써, 아버지를 자신을 **마주 대하고 있는** 한 분 하나님으로 인정했다. 그와 동시에 예수는 자기 곁에 다른 피조물들의 독립적인 현존재를 가능케 했다. 다음의 사실이 자신의 고유한 피조성을 인식하고 받아들이는 겸허에 속하고, 또한 그 겸허와 결합되어 있다. 모든 피조물의 한 분 하나님이신 아버지께 복종하는 것은 그 사람을 하나님의 신성의 증언을 위해 다른 인간들에게로 보내는 파송으로서 실현된다는 사실이다. 이와 같은 아버지로부터의 자기구분 속에서 예수는 자기 자신을 아들로서 입증한다. 여기서 아들은 하나님의 아버지 되심과 짝을 이루는 영원한 상관관계 안에 있는 존재다. 이 사실은 아버지께 대한 영원한 아들의 관계 속에 최소한 아들이 신적 삶의 통일성에서 벗어나 피조물의 현존재 형태 안으로 들어설 수 있는 **가능성**의 근거가 놓여 있어야 한다고 말한다. 하지만 여기서 신적 필연성이 말해질 수는 없을 것이다. 왜냐하면 영원한 아들은 바로 자기구분 속에서, 그리고 자기구분을 통해 이미 신적 삶의 통일성 안에서 아버지와 지속적으로 결합되어 있기 때문이다. 그렇기에 아들이 아버지만을 하나님으로 인정하며 아버지께서 한 분 하나님으로서 아들 자신과 구분되어 있음을 안다는 사실로부터 생각될 수 있는 것은 그의 아들로서의 존재가 저 다른 형태 속에서도, 즉 피조적 유한성 속에서 스스로를 받아들이고 그 점에서 아버지를 자신의 창조자로 경외하는 구분되는 피조물의 삶 속에서도 실현될 수 있다는 사실이다.

이와 같은 의미에서 아들이 창조의 중재자가 되신다는 것은 먼저 **구조적 원형**으로 (그리고 이 의미에서 로고스로) 이해될 수 있다. 이 이해는 모든 피조적 존재가 하나님으로부터의 구분을 받아들일 때, 그 존재가 하나님과 연합되도록 규정하는 원형이다. 나아가 아들의 "창조의 중재자 되심"은 피조적 현실성 전체의 **현존재**의 기원으로 이해될 수 있다. 여기서 전제되어야 하는 것은 아들이 다른 모든 관점에서와 마찬가지로 신적 삶의 통일성을 벗어나 밖으로 나올 때도 여전히 아버지께 순종한다는 사실이다. 아들이 홀로 세계의 창조자인 것은 아니다. 아들은 신성의 통일성을 벗어나 밖으로 나올 때, 그것을 아버지로부터 받은 파송의 실행으로서 실현시킨다. 그렇기에 그리스도교 교회는 아들이 아니라 아버지 하나님을 세계의 창조자로 고백한다. 왜냐하면 아들의 사역은 모든 곳에서 단 한 가지의 내용만을 갖기 때문인데, 그것은 아버지께 봉사하고 그의 나라를 이루는 것이다. 그렇기에 아버지는 아들을 통해 세계의 창조자로서 활동하신다. 그럼에도 불구하고 아들이 피조세계의 로고스가 되기 위해 신성을 벗어나 밖으로 나온다는 것은 아들 자신의 **자유로운 자기구분**의 표현으로 생각되어야 한다. 신적 로고스 개념을 하늘 아버지에 대한 예수의 아들 되심의 관계로부터 해석할 수 있다면, 사태 자체는 명백하게도 그렇게 생각된다.

이와 같은 내용은 창조의 삼위일체적 근원에 대한 칼 바르트의 서술에서는 충분히 평가되지 못했다. 물론 바르트도 "아버지 하나님만이 배타적으로 창조자"라는 표상을 거절했다(KD III/1, 52). 창조의 사역은 아버지의 인격에 **전유**(專有, appropriiert)되어 있다. 하지만 바르트의 이해에 따르면 아들이 창조에 관여한 것은 단지 아버지가 "그의 아들을 바라보시면서" 인간과 세계를 창조하셨다는 점에 한정된다(53f.). 여기서 성령 안에 있는 아버지와 아들의 사랑의 상호성은 확실히 말해지지만, 그럼에도 불구하고 아들의 고유한 주체성은 말해지지 않는다(59). 이 사실에는 창조와 계약의 관계에 대한 바르트의 설명 또한 상응한다. 계획과 이미 기획된 그 계획을 실행하는 것 사이의 행위논리(참고. III/3,3ff.) 속에서만 창조는 계약의 외적 근거이고, 계약은 창조의 내적 근거—말하자면 의도하는 목적—로 묘사된다. 하지만 이 모든 행위에 귀속되는 주체는 바르트에 의하면 아버지 하나님이다. 비록 바르트가 아버지 하나님이 태초부터 아들을 "바라보시면서"(im Blick auf) 행동하신다고 말한다고 해도, 사태는 그렇다.

아들의 아버지로부터의 자유로운 자기구분 속에 하나님으로부터 구분되는 창조의 독립적인 현존재가 근거되어 있다. 이런 의미에서 창조는 아버지만의 행위가 아니라 삼위일체 하나님의 자유로운 행위로 이해될 수 있다. 창조는 영원 전부터 아들을 향하고 있는 아버지의 사랑의 본질로부터 필연적으로 생성되어 나온 것이 아니다. 창조의 가능성의 근거는 "아들의 아버지로부터의 자유로운 자기구분"이며, 이 자기구분에서 아들은 신성의 통일성으로부터 벗어나 밖으로 나올 때도 여전히 자유 그 자체인 영(고후 3:17)을 통해 아버지와 하나로 결합되어 있다. 아버지의 파송은 아들에게 아버지의 사랑의 계명을 반드시 따라야 한다는 강요와 같이 아들에게 부과되는 것이 아니다. 그럴 경우 파송은 아들에게 외적으로 부과되는 강제력이 되어버릴 것이다. 이와 달리 그 자신이, 아들이, 아들 됨의 존재를 실현하는 자유로운 행위 속에서 신적 통일성을 벗어나 밖으로 나오며, 그렇게 하여 아버지만이 홀로 한 분 하나님이 되시도록 한다. 아들이 이와 같은 자유로운 행위 속에서 여전히 아버지의 의지와 하나로 결합되어 있다는 것은 오로지 세 번째 인격을 통해서만 이해될 수 있다. 다시 말해 그 결합은 양쪽을 하나로 만드는 영의 공동체성의 표현이다. 이와 같이 하나님의 자유로운 행위로서의 창조는 "아버지로부터의 자기구분" 속에 있는 아들의 자유의 표현이며, 또한 아들 안에서 아버지와 구분되는 창조의 가능성과 현존재를 긍정하시는 아버지의 선하심을 나타내는 자유의 표현이고, 이 둘을 자유로운 일치 속에서 결합하는 영의 자유의 표현이기도 하다.

이렇게 서술되는 이해 곧 하나님으로부터 유래하는 세계의 자유로운 근원에 대한 그리스도교적인 이해는 세계의 기원에 대한 신플라톤적인 이해나 헤겔의 파악과는 다르다. 플로티노스의 철학은 육체적 현존재와 보이는 세계를 세계영혼의 "타락"으로 소급시켰다(Enn. III,7,11). 이 점에서 플로티노스는 파이드로스(Phaidros)의 거대한 신화에서 육체적 현존재를 영혼의 타락의 결과로 묘사했던 플라톤을 뒤따르고 있다(248 cd). 플로티노스는 이런 사상을 세계영혼의 타락이라는 사상으로까지 확장시켰는데, 타락은 세계영혼이 이성(Nus)을 통한 일자(一者)와의 연합을 넘어서서 "보다 더 많은 것"을 조급하게 열망한 결과로 일어났다고 했다. 영혼의 타락을 육체적 현존재와 보이는 세계의 근원으로 이해하는 사상은 그리스도교 신학에서도 등장했다. 예를 들어 오리게네스(De princ. I,3,8 또는 4,1; 참고. Hieron. PL 23,368ff.) 혹은 그 이전에 이미 발렌티누스(Valentin)와 같은 영지주의자들에게서 나타났다(참고. P. Kübel, *Schuld und Schicksal bei Origenes, Gnostikern und Platonikern*, 1973, 95f.). 6세기의 교회는 이런 이해를 그것에 전제된 영혼선재설과 함께 배척했다(DS 403: 543년 유스티니아누스 칙령; DS 433: 553년 제5차 에큐메니칼 공의회를 통한 오리게네스의 교리의 유죄판결). 그 이해와 대립했던 그리스도교적인 믿음의 진리는 하나님이 보이는 세계를 타락한 피조물들에 대한 형벌의 공간으로 창조하신 것이 아니며, 보이는 세계는 그것의 근원적 본질과 규정에 따라 선하다고 생각했다.

헤겔의 철학적 일원론은 그리스도교 교리에 상당히 근접해 있다. 그것이 그리스도교 교리의 지평 위에서 그 진리에 대한 해석으로서 형성되었기 때문이다. 하지만 그리스도교 교리와의 대립은 위에서 언급한 것과 같이 세계 생성의 필연성이라는 사상 속에서 일어난다. 이 필연성은 "구분이 그 자체로서" 자신의 정당성을 확보해야 한다는 사실을 통해 주어진다(*Philosophie der Religion* III, PhB 63,85). 여기서 지배하는 필연성은 절대적 주체가 전개되는 필연성이다. 물론 헤겔은 이렇게 말한다. "구분이 그 자체의 정당성 곧 다름의 정당성을 확보한다는 것은 아들에게, 다시 말해 구분의 규정성에게 달려 있다"(94). 하지만 헤겔은 여기서 아들을 단지 구분의 논리적 계기로서 파악할 뿐이고, 자기구분의 자유로운 원리로서 인격적으로 파악하는 것은 아니다.

그리스도교는 창조를 하나님의 자유로운 행위로 이해할 수 있다. 왜냐하면 창조는 아버지로부터 일방적으로 시작되는 필연성에 따라 생성된 것도 아니고, 영의 [연합의] "실패"로부터 유래한 것도 아니기 때문이다. 오히려 창조는 아버지로부터의 자기구분의 행위 속에서도 여전히 유지되는 영을 통한 아버지와 아들의 자유로운 연합으로부터 일으켜지는데, 여기서 "건너감"이 발생한다. 건너감은 여전히 신성의 통일성 속에 머물러 있는 아들의 아버지와의 구분으로부터 한 분 하나님이신 아버지의 자기구분으로 건너감이며, 그와 더불어 피조적 현존재가 타자존재에게로 건너감이다. 피조적 현존재는 인간 예수 안에서 비로소 아들 자신의 현존재의 형태가 될 것이다. 여기서 아들이 피조적 현존재의 근원이 되는 것은 그가 구분과 자기구분의 원리라는 점에서 그러하며, 또한 그렇게 구분된 것의 결합을 통해 그러하다. 하나님의 내재적 삼위일체의 삶 속에서 아들의 아버지로부터의 자기구분이 영을 통한 아들의 아버지와의 합일에 대한 조건이듯이, 피조물들도 역시 하나님으로부터의 구분을 통해 자신들의 창조자이신 하나님과 관계되며, 이와 동시에 그것들 사이에서 서로에 대한 구분을 통해 서로에게 관계된다. 피조물들의 구분은 갈라섬과 갈등의 형태를 취할 필요가 없다. 물론 그런 일은 그 구분들이 하나님과의 연합으로부터 떨어져 나갔을 때 일어난다. 하지만 피조물들은 하나님의 영과 아들을 통해 그 연합 안에서 창조되었다. 영과의 결합 속에서 아들은 창조에서 피조물들의 구분 원리로서만이 아니라 창조 질서 안의 통일성의 원리로서 — 이 의미에서 또한 창조의 "로고스"로서 — 활동한다. 그는 피조물들을 질서 안으로 모아 배열하는데, 질서는 피조물들의 서로에 대한 구분과 관계들을 통해 주어진다. 그리고 아들은 피조물들을 아들 자신을 통해 총괄적으로 통합하여(엡 1:10) 아버지와 아들 자신의 연합에 참여시킨다. 다만 이 일은 오로지 영을 통해 일어난다. 아들의 창조 사역은 예외 없이 영의 사역과 결합되어 있기 때문이다.

성서의 증언들에 따르면 영은 이미 세계의 창조에서(창 1:2) 활동하며, 특별히 피조물들 가운데서 생명의 근원으로서 활동한다(창 2:7; 참고. 시 104:29f.). 영은 한편으로 초월적 하나님이 피조물들에게 임하시는 창조적 현재의 원리이고, 다른 한편으로 거꾸로 피조물들이 신적 생명에 — 그렇게 하여 생명 자체에 — 참여하는 것을 중재하는 수단이기도 하다. 여기서 영의 사역은 아들의 사역과 긴밀히 결합되지만, 동시에 그와 구분되는 특성도 나타낸다. 하나님께 대한 피조물들의 독립성과 하나님으로부터 구분되는 그것들의 존속이 아들의 아버지로부터의 자기구분으로 소급되는 반면에, 영은 하나님과 피조물들의 연합을 위한 요소이며, 피조물이 하나님으로부터 구분됨에도 불구하고 신적인 삶에 **참여**할 수 있게 해주는 가능적 요소이기도 하다. 아들의 경우에 아버지로부터의 자기구분과 아버지와 하나 됨은 서로 긴밀히 결합되어 있다. 왜냐하면 아버지로부터의 자기구분이 그분과의 연합을 이루기 위한 조건이기 때문이다. 바로 이 점에서 아들과 영 사이의 풀 수 없는 하나 됨이 나타난다. 아들은 영이 없이는 아들일 수 없다.

아들의 아버지로부터의 자기구분은 특수성의 원리인데, 이것은 아버지와 아들이 각각 상대편인 타자를 그것의 특수성 안에서 인정하는 것이다. 이제 이 원리는 피조물인 타자에게도 해당한다. 이 적용으로부터 피조세계의 **질서**가 피조물의 다양한 형태들의 서로에 대한 관계 속에서 자라난다 그런 형태들의 끈질긴 존속 속에서 피조적 현존재의 독립성은 하나님과 구분되는 가운데 목적에 도달하게 된다. 자신의 고유한 존속이 없다면, 피조적 현실성이란 하나님의 영원성에 비추어볼 때 잠시 빛나다가 꺼지는 소멸의 불빛에 불과할 것이다. 그러므로 피조물의 보존은 특별히 아들의 일, 즉 신적 지혜에 귀속된다. 물론 아들은 피조물들을 창조하고 보존할 때도 아버지께 순종한다. 아버지로부터 발생하는 세계 창조 속에서 아들은 아버지를 피조물들의 세계의 아버지로서, 다시 말해 바로 그 세계의 창조자로서 경외한다. 아들 자신은 아버지의 말씀이며, 아버지는 바로 그와 같은 아버지 자신의 말씀을 통해 피조물들을 현존재 안으로 불러내신다.

피조물의 발생은 그것의 독립적인 존속(Bestehen) 속에서 완성에 도달한다. 하나님의 창조 행위는 그 완성으로 향한다. 이와 같은 피조물의 존속 그 자체는 오로지 하나님께 참여함으로써만 가능하다. 왜냐하면 하나님만이 제한 없이 지속적이시기 때문이다. 모든 제한된 존속은 그분으로부터 유래한다. 피조물들이 그렇게 하나님께 참여하게 되는 것은 단순히 하나님과 구분되는 피조적 현존재를 통해서가 아니라, 오히려 피조물들의 생명(Leben)의 운동 속에서 일어나는데, 이때 생명은 피조물이 자신에게 고유한 유한성을 넘어서는 가운데 성취된다. 이와 같은 피조물의 생명, 곧 자신의 고유한 유한성을 초월하여 하나님께 참여하는 생명은 창조 안에서 일어나는 영의 특별한 사역이며, 이 사역은 아들의 사역과 가장 긴밀히 결합되어 있다. 이 사역은 개별적인 피조물에 해당할 뿐만 아니라, 피조물들의 상호작용 속에서 구체화되는 창조의 역동성(Dynamik) 전체 곧 "자연의 역사"(C. F. v. Weizäcker)에 해당한다.

창조의 생명에 내재하는 역동성은 더 정확히 말하자면, 피조물들의 **자기초월**이 점증적으로 **내면화**하는 과정이라고 표현될 수 있다. 유기적 생명은 그렇게 내면화된 자기초월이 완전히 형성된 근본 형태이고, 생명 진화의 단계들은 그 형태들이 점증적으로 복잡해지고 강해지는(Intensität) 단계들이며, 그렇기에 또한 피조물들이 하나님께 점점 더 많이 참여하는 단계들로 이해될 수 있다. 이것은 일종의 탈아적인(ekstatisch) 참여로서, 생명이 자신의 외부에 있는 존재를 매개로 할 때만 하나님과 피조물의 구분을 훼손하지 않은 채 가능해지는 참여다. 이 점에 대해서는 이번 제7장의 제2부(§7. II)에서 자세히 설명할 것이다. 하지만 창조 안에서 일어나는 하나님의 영의 활동에 대해 여기서 미리 설명할 수 있는 내용은 다음과 같다. 자연에서 일어나는 기초적 사건들에서 그 사건들의 연속은 단순히 외적인 것으로만 보이고, 무기적 자연의 지속적인 생산물들에 대해서도 그것들의 환경과 그것들에게 일어나는 변화들이란 단순히 표면적인 것에 그치는 것처럼 보이는 반면에, 살아 있는 것이 두드러지게 표현되는 것은 그것이 그것 자체를 변화시키는 미래 및 공간적 주변 환경에 대한 내적인 관계를 갖고 있기 때문이다. 식물들의 성장의 충동과 동물들의 본능적인 삶이 그 사실을 보여준다. 이러한 맥락에서 최소한 자기보존의 유비적인 의미에서는 그렇게 말할 수 있다. 물론 자의식이 형성되지 않았다면 완전히 성장된 자기보존의 구조에 전제되는 명확한 자기관계도 없을 것이기는 해도 그렇다.[76]

자신에게 고유한 존재상태(Sosein)를 변형시키는 미래에 대한 관계를 그와 같이 내면화하는 것은 고유한 유한성의 저편에 놓인 존재를 포괄하고 있으며, 그런 자기초월의 운동, 그중에서도 특별히 그것의 내면화는 피조물들이 자신들을 살아 있게 해주는 영에 참여하는 것이라고 설명될 수 있다.[77] 이 점에서 생명의 진화가 베르그송(Henri Bergson)과 샤르댕(Teilhard de Chardin)이 말한 바와 같이 점점 더 복잡해지고 그와 더불어 점점 내면

---

76 다음을 보라. D. Henrich, Die Grundstruktur der modernen Philosophie, in Subjektivität und Selbsterhaltung, hg. von H. Ebeling, 1976, 97ff., 특히 103ff.

77 여기서 틸리히의 『조직신학』이 설명하는 매우 중요한 통찰들 가운데 하나가 핵심이 된다. Paul Tillich, Systematische Theologie III, 1966, Teil 4. Das Leben und der Geist. 하지만 틸리히는 생명의 탈아성(Ekstatik)을 충분히 근본적으로 파악하지는 않았고, 그래서 존재론적으로 피조적 생명 자체에 속하는 영을 하나님의 영과 구분했다. 이에 대해 다음의 나의 논문을 참고하라. Der Geist des Lebens, in: Glaube und Wirklichkeit, 1975, 31-56, 특히 41ff., 51ff.

화 되어가는 생명 형태들의 발생과정으로 표현될 수 있다면, 생명 형태들의 연속은 피조물들이 신적인 생명의 영에 참여하는 강도가 점점 더 커지는 것의 표현으로 이해해도 좋을 것이다. 물론 영에 대한 참여도가 점차 증가한다고 해도 그 어떤 수준에서도 피조물과 하나님과의 구분이 제거되지는 않는다. 왜냐하면 피조물들은 자신의 고유한 유한성을 넘어서는 운동 속에서만 영의 생명에 참여할 수 있기 때문이다. 오히려 신적 생명에 참여하는 것은, 하나님으로부터의 자기구분이 (다시 말해 아들이) 피조물들 속에서 얼마나 구체화된 형태를 취하는가에 따라 그만큼의 몫으로서 피조물들에게 주어지게 된다. 이와 같이 창조 안에서 일어나는 **영의 활동은 아들의 성육신을 향해 수렴한다.** 성육신은 성서적 증언에 따르면 영의 특별한 방식의 활동이며, 성육신 속에서 창조는 인간 안에서 하나님의 형상이 완전히 모습을 드러낸 것을 통해 완성된다.

창조사상을 삼위일체론적으로 전개하는 것은 창조의 진술을 시간으로 펼쳐진 전체 세계와 관계시키는 것을 가능하게 해준다. 창조의 진술은 단순히 세계의 시작에만 관련되는 것이 아니다. 창조론을 세계의 시작에 한정시키는 것은 구약성서의 창조 보고들을 구성하는 일면적인 표현 형식에서 비롯된 것이다. 이러한 일면적인 표현 형식은 대체로 그것의 기초를 이루는 태고의 시간에 대한 신화적 사고를 향해 있다.[78] 물론 창세기의 처음에 등장하는 두 가지 보고는 태초의 사건을 서술하는 형식으로서 이어지는 모든 세대에 대해 기준이 되고 지속적인 영향력을 행사하는 토대 곧 피조적 현실성의 토대를 말해주려고 한다. 여기서 피조물들이 현존재 속에

---

78 이러한 신화 개념에 대해 나의 논문을 참고하라. "Christentum und Mythos"(1972), in: *Grundfragen syst. Theologie* 2, 1980, 13-65, 특히 14ff.29ff., 성서적 증빙의 적용에 대해서는 31ff. 이에 더하여 나의 강의록을 참고하라. "Die weltgründende Funktion des Mythos und der christlichen Offenbarungsglaube," in: *Mythos und Rationalität*, hg. H. H. Schmid 1988, 108-122, 특히 111f.

서 보존되는 것 또한 창조에 속한다. 다른 한편으로 보존은 태초에 근거가 놓인 피조적 현존재의 형태들을 불변적으로 고정시키는 것으로만 이해될 수는 없다. 오히려 그것은 살아 있는 사건으로서, 계속적 창조로서, 그리고 동시에 태초에 결정된 현존재를 넘어서서 언제나 새롭게 창조되는 새로운 형성으로서 이해되어야 한다. 이와 같이 세계의 창조, 보존, 통치는 하나인데, 이 일치된 구조의 관계는 곧 더 자세히 규정될 것이다. 세계의 창조, 보존, 통치는 삼위일체론을 통해 세계 속에서 일어나는 신적 행위의 구속적 경륜과 관계된다. 이와 함께 하나님의 행위는 세계 과정 전체를 감싸 안는 유일한 행위로 설명되며, 이 행위는 동시에 수많은 개별 행위들과 국면들을 포괄하고 그것들을 통해 다수의 피조물에게 공간을 허락한다. 거꾸로 또한 가능해지는 것은 각자의 유한성을 표현하는 다수의 피조물들이 각기 자신의 자리에서 신성에 참여하게 되는 것인데, 그것들은 창조 전체를 관통하는 신적 행위의 운동에, 하나님의 말씀이 형태화 되는 일에, 그리고 그분의 영의 탄식에 참여하게 된다.

4. 세계의 창조, 보존, 통치

a) 보존과 창조

현존재 내에 있는 존재자를 보존한다는 것은 이미 그것의 현존재를 전제한다. 이미 존재하는 것만이 현존재 내에서 보존될 수 있다. 이에 더하여 보존 사상은 보존되어야 하는 것이 자신의 현존재를 절대적으로 자기 자신에게 힘입고 있는 것이 아니라는 사실을 함축한다. 왜냐하면 자신의 존재의 원인이 자기 자신 안에 있다면, 보존은 필요하지 않을 것이기 때문이다. 하나님의 창조 행위가 피조물들의 현존재의 근거라는 점에서, 피조물들의 현존재의 보존에서 그것들은 최우선적으로 하나님께 의존해 있어야 한다.

성서의 많은 본문들은 하나님께서 그분이 창조하신 세계를 또한 보존하려 하신다고 증언한다. 여기서 관건은 창조를 하나님이 창조하신 질서들 속에서 보존하는 것이다. 이러한 보존은 노아의 계약에 나오는 특별한 주제다(창 9:8-17). 하지만 창조의 보존에서 중요한 것은 전 세계가 확고하게 존속되는 것(시 96:10; 참고. 사 45:18), 그리고 낮과 밤이 바뀌고 계절이 바뀔 때도 자연질서가 깨지지 말아야 한다는 것(시 74:16f.; 136:8f.)만이 아니다. 각각의 개별적인 피조물에게 베푸는 하나님의 돌보심이 또한 중요한 것이다. 그분은 물과 음식을 적절한 시기에 가져다주시는 분이다(신 11:12-15; 렘 5:24; 시 104:13ff.27; 145:15f.). 하늘의 새들과 들판의 백합들에 대해 예수께서 말씀하신 내용(마 6:25f.27ff.; 눅 12:24ff.; 참고. 12:6f.) 곧 하나님께서 피조물들을 돌보아주신다는 내용은 각각의 피조물이 특별히 필요로 하는 것들에 대해 하나님께서 귀를 기울여주신다는 것을 알려주는 매우 집약적인 표현이다.

보존과 돌봄 사이의 긴밀한 관계 때문에 신학은 흔히 보존 개념을 하나님의 섭리론(Vorsehung) 안에 배치했다. 물론 신의 섭리라는 신약성서의 헬레니즘적인 개념은 아직은 창조에 대한 하나님의 관계에 적용되지는 않았다.[79] 하지만 몇몇 구절들은 세계의 보존에 대해 분명하게 말하는데, 이것은 특별히 아들을 통한 세계 창조와의 관계 안에서 진술된다(골 1:17; 히 1:13c). 그 이후 클레멘스 제1서신에서 하나님의 섭리가 분명히 언급된다(1 Klem., 23:5). 변증가들 가운데서 특별히 안디옥의 테오필로스(Theophilos von Antiochien)가 하나님의 섭리를 자세히 다루었는데, 그는 섭리 활동으로부터 하나님의 신성이 인식되어야 한다고 말했다(ad Autol. I,5f.). 알렉산드리아의 클레멘스와 오리게네스에 이르러 섭리 사상은 신적 양육으로서의 인류의 구속사를 해

---

[79] 이에 대해 R. Bultmann, *Theologie des Neuen Testaments*, 1953, 72을 보라.

석하기 위한 체계적인 의미를 획득했다.[80] 여기서 오리게네스는 창조의 보존을 전적으로 섭리를 통한 하나님의 세계 통치의 관점 아래 두었다(*princ.*, II,1 등). 그 이후에 다마스쿠스의 요한네스(Johannes von Damaskus, *fid. orth.*, II,29)도 보존을 그와 동일하게 다루었다. 반면에 클레멘스는 이미 창조된 질서의 불변하는 보존을 따로 상세하게 서술했다. 그는 보존이 창조의 제7일의 하나님의 안식을 표현한다고 해석했다(*Strom.*, VI,16,142,1).[81] 아우구스티누스는 이러한 사상을 받아들였고, 그것을 그리스도의 말씀인 요한복음 5:17과 연관시켜 발전시켰다. "내 아버지께서 이제까지 일하시니 나도 일한다." 그에 따르면 창조의 제7일에 하나님이 취하신 안식은 하나님이 더 이상 활동하지 않으신다는 뜻이 아니다. 다만 하나님께서 어떤 새로운 종류의 피조물을 더 이상 생산하지 않으신다는 것을 의미한다. 그러나 피조물들이 하나님의 보존(continet)과 통치(administrat)에 의존하고 있는 한, 하나님의 사역은 지속적(continuatio)으로 필요하다. 하나님의 보존과 통치의 행위가 없다면, 피조물들은 무로 돌아가야 할 것이다. 무는 그들의 창조의 근원이다.[82]

피조물들이 창조자에 의존하여 현존재 안에서 보존된다는 아우구스티누

80　이와 같은 관점을 가진 사람들 가운데 특별히 코흐가 알렉산드리아 초기신학을 그렇게 설명했다. H. Koch, *Pronoia und Paideusis. Studien über Origenes und sein Verhältnis zum Platonismus*, Berlin 1932.

81　클레멘스의 이 사상과 관련해서 보존을 계속적 창조(*creatio continua*)로 이해하는 표현이라고 해석한다면, 그것은 완전히 옳은 것으로 보이지는 않는다(L. Scheffczyk, *Schöpfung und Vorsehung*, 1963, 49). 왜냐하면 클레멘스도 피조물들의 생성은 창조의 여섯째 날로 끝났다고 보기 때문이다. 이러한 설명에 따라 현재의 그리스도교적인 관점도 창조는 이미 아득한 과거에 끝난 사건으로 본다.

82　Augustin *De gen. ad litt.* IV,12,22f.: Proinde et quod Dominus ait, Pater meus usque nunc operatur, continuationem quamdam operis eius, qua universam creaturam continet atque administrat, ostendit (PL 34, 304). 물론 아우구스티누스는 이와 함께 창조의 제7일에 대한 유형론적인 해석을 알고 있었다. 그것은 제7일을 예수 그리스도로, 특별히 예수께서 무덤에 누우셨던 안식일로 해석하는 것이다(같은 곳, c.11,21).

스의 사상은 직간접적으로 교황 그레고리우스 1세(Gregor der Große)를 넘어 중세기의 라틴 스콜라 철학의 신학사상에까지 영향을 미쳤다. 이 사상은 또한 토마스 아퀴나스와도 만났는데, 그는 이렇게 말했다. 태양이 더 이상 빛나지 않으면 곧바로 낮의 빛이 꺼져버리듯, 하나님이 더 이상 피조물들을 존재 안에서 계속 보존하지 않으신다면 그것들은 사멸할 수밖에 없다.[83] 이러한 사상은 윌리엄 오컴(Wilhelm von Ockham)과 같은 비판적 정신의 소유자에게도 매우 명백해서, 그는 보존을 통해 하나님의 존재가 이미 증명된 것으로 믿었다.[84]

토마스 아퀴나스는 자신의 『신학대전』에서 아우구스티누스의 창세기 해석과 유사하게 피조물들의 보존을 하나님의 세계 통치의 부분에 배열했다 (S. theol. I,103-105). 이와 달리 『대이교도대전』의 내용에서 그는 세계 통치와 함께 보존을 하나님의 섭리적 지배의 부분적 측면으로 묘사했다(S.c.G. III,64-67, 특히 65). 구(舊)개신교주의 교의학이 이 부분에서 그를 뒤따른다.[85]

---

[83] Thomas von Aquin, S. theol. I,104,1. non autem remanet aer illuminatus nec ad momentum, cessante actione solis...Sic autem se habet omnis creatura ad Deum, sicut aer ad solem illuminantem. 이것은 그 이전에 이미 다음과 같이 근본적으로 말해진다. Dependet enim esse cuiuslibet creaturae a Deo, ita quod nec ad momentum subsistere possent, sed in nihilum redigerentur, nisi operatione divinae virtutis conservarentur in esse sicut Gregorius [Moral. XVI, 37] dicit. 마찬가지로 다음에서도 유사한 내용이 나온다. Summa c. Gentiles, III, 65. Nulla igitur res remanere potest in esse cessante opratione divina...tandiu igitur sunt quandiu Deus eas esse vult.

[84] 이에 대해 제I권, 157을 보라.

[85] 홀라츠(David Hollaz)가 보존 개념을 그렇게 정의했다. Conservatio est Actus providentiae divinae, quo DEUS res omnes a se creatas sustentat, ut in natura sua, proprietatibus insitis et viribus in creatione acceptis persistere possint (*Examen theol. acroamaticum*, Stargard 1707,645). 칼로프는 섭리(Providenz)를 보존을 포괄하는 **피조물들의 통치**(*rerum creatarum gubernatio*)와 동일시했다 (*Syst. Loc. theol.* t.3, Wittenberg 1659, 1127).

여기서 섭리론은 아브라함 칼로프(Abraham Calov) 이래로 세분화되는데, 그 결과 섭리론은 피조물들의 **보존**(Erhaltung)에 이어 두 번째로 그것들의 활동들에 대한 하나님의 **협력**(Mitwirkung)을, 세 번째로 하나님의 **세계 통치**(Weltregierung)를 포괄하게 되었다. 피조물의 활동에 대한 하나님의 협력(*concursus divinus*)은 현존재 속에서 그것이 보존되는 것과는 다르다. 왜냐하면 어떤 사물의 현존재는 그것의 활동의 근본이기 때문이다. 현존재는 존재하기 위해 반드시 활동적일 필요가 없다. 하지만 활동할 수 있기 위해서는 어떤 경우에도 현존해야 하며, 그것도 지속적으로 현존해야 한다. 현존재 속에서 피조물을 보존하는 것은 그것의 활동에 이미 전제되어 있다. 피조물들이 자신의 활동을 위해 하나님의 협력에 의존한다는 사실은 그것들이 지속적으로 현존하기 위해 하나님을 통한 지속적인 보존을 필요로 한다는 사실에서 비롯된다.[86] 다른 측면에서 피조물의 활동에 대한 하나님의 협력은 피조물의 활동 원리인 그것의 독립성을 폐기하지 않아야 한다. 피조물들이 스스로 활동하도록 해주는 특별한 의도들은 모든 개별자를 전체와 연결하는 신적인 세계 통치의 의도와 다를 수 있다.[87] 그렇기에 피조물의 활동에 동반되는 신적 협력은 그 활동이 신적 섭리의 의도들과 다른 경우에 대해서는 책임질 필요가 없다. 다른 한편으로 피조물들의 행위 가운데 존재하는 죄와 악도 또한 신적 섭리의 목적에 반드시 봉사하게 된다.[88]

---

[86] Thomas von Aquin, *S.c.G.* III,67: Sicut autem Deus non solum dedit esse rebus cum primo esse incoeperunt, sed quandiu sunt, esse in eis causat, res in esse conservans, … ita non solum cum primo res conditae sunt, eis virtutes operativas dedit, sed semper eas in rebus causat. Unde, cessante influentia divina, omnis operatio cessaret. Vgl. *S. theol.* I,105,5.

[87] 토마스는 피조적인 제2원인들의 활동과 이것을 통해 활동하는 신적인 능력(*virtus divina*)의 차이를 행위가 지닌 의도들의 차이로 소급시키지 않는다. 오히려 그는 그 차이가 신적 활동에 "수단"(Instrument)으로 사용되는 피조물들의 측면에 존재하는 결함으로부터 유래한다고 본다(*S.c.G.* III,71).

[88] Thomas von Aquin, *S.c.G.* III,140.

세계의 보존과 통치에 관한 모든 진술은 창조를 전제한다. 창조에서 제 7일의 하나님의 안식에 대한 알렉산드리아의 클레멘스나 아우구스티누스의 성찰(위를 보라)도 하나님의 계속되는 사역이라는 관점과 연결하려는 시도였는데, 이들은 제사장문서(P)인 창세기 1장의 창조 기사가 묘사하는 것처럼 세계의 창조가 6일 동안의 사역을 통해 완전히 종결되었다고 여긴다. 그 이후에 이어지는 하나님의 사역은 창조와는 다른 종류의 활동이며, 그 자체로서 이미 창조된 것들을 보존하고 통치하는 활동이라는 것이다. 그러나 창조와 보존 사이의 이런 엄격한 구분에 대해 초기 그리스도교 신학은 풀리지 않는 긴장 속에서 한 가지 다른 대립되는 관점을 취하고 있었다. 그것은 창조 행위가 영원하신 하나님의 행위로서 그 자체도 영원한 것이어야 한다는 관점이었다. 영원하신 하나님의 영원한 행위로서 창조는 세계의 시작에 국한될 수 없고, 오히려 모든 피조적 시간에 대해 동시적이어야 한다는 것이다. 왜냐하면 창조 행위는 영원한 행위로서 시간 안에서 발생한 행위가 아니기 때문이다. 오히려 시간 자체가 피조물들의 발생과 함께 생겨난 것이다.

초기 그리스도교 신학은 그와 같은 사상을 이미 필론의 글(*Leg. all.* I,2)에서 발견할 수 있었다. 필론에 뒤이어 알렉산드리아의 클레멘스도 창조 행위가 시간 안에서 발생했다는 것을 명확하게 부인했다. 왜냐하면 오히려 "시간이 존재자와 더불어 동시에 창조되었기" 때문이었다(*Strom.*, VI,16,142,4). 창조된 모든 것은 신적 로고스와 동시에 만들어졌으며, 이에 대해 창조는 단 한 번의 행위로 이루어진다는 것이다. 클레멘스는 이런 생각을 다음의 사실로부터 추정했다. 즉 제사장문서(P)의 창조 기사는 시작과 동시에 가장 먼저 "태초에" 하늘과 땅 전체가 만들어졌다고 보고하고(창 1:1), 그다음에 비로소 개별적인 창조 활동들을 다룬다(*Strom.*, 같은 곳, 142,2). 바실리오스(Basilius von Caesarea)는 세계 창조가 진행되는 6일 동안의 사역을 해석하면서 그 사상을 더욱 정확하게 규정했다. 다시 말해 그는 창조를 통해 설정된 시초도 피조세계에 속한 것으로 보는 반면에, 하나님의 창조 행위 그 자체는 모든 시간의 무시간적 기원으로 묘사했다(Hex. I6, MPG 29,16 CD; 참고. c.3, 같은 곳, 9 AB). 아우구스티누스를 통해 이 사상은 라틴 중세 시대의 창조론으로 전해졌다. 하나님의 말씀이 영원 안에서 말해지듯이, 또한 만물도 그와 같이 생성되어 말해진 것이다. 왜냐하면 하나님이 말하시는(Sprechen) 영원한 말씀(Wort)은 언젠가 끝이 나서 그 후에 다른 어떤 것이 말해질 수 있는 것이 아니며, 오히려 하나님이 말씀하시는 모든 것은 동시에 그리고 영원히 말해지기 때문이다. Verbum Deum...sempiterne dicitur, et eo sempiterne dicuntur omnia. neque enim finitur quod dicebatur, et dicitur aliud quodpossint dici omnia, sed simul ac sempiterne dicis omnia quae dicis...(하나님의 말씀은 영원히 말해졌으며, 그리고 그 말씀을 통해 만물도 영원히 말해졌습니다. 한번 말해진 말씀은 그칠 수 없으며, 그 후에 다른 어떤 것이 말해질 수 없습니다. 오히려 당신이 말씀하시는 모든 것은 동시에 그리고 영원히 말해집니다. Conf., XI,7,9).[89] 시간은 피조물과 더불어 생성되었다. 즉 시간은 피조물들의 운동, 생성, 소멸의 조건이다(De civ. Dei XI,6).

모든 피조물의 현존재는 그것이 생성되는 창조의 행위 안에서 각각의 시작을 갖는다. 이 점에서 창조는 피조물들의 시작과 관계된다. 그러나 그

---

[89] 이 내용은 하나님이 만물을 동시에 창조하셨지만, 그럼에도 불구하고 만물은 어떻게 시간의 연속 속에서 창조되었는가 하는 것에 관한 아우구스티누스의 설명들(De genesi ad litteram, V,23)과 비교할 수 있다(PL 34,337f.). 또한 다음을 보라. I,10,18, 같은 곳, 253, 그리고 IV,35, 같은 곳, 320. Dies ergo ille quem Deus primitus facit...praesentatus est omnibus operibus Dei hoc ordine praesentiae, quo ordine scientiae, qua et in Verbo Dei facienda praenosceret, et in creatura facta cognosceret, non per intervallorum temporalium moras, sed prius et posterius habens in connexione creaturarum, in efficacia vero Creatoris omnia simul.

렇다고 해서 하나님의 창조 행위가 세계가 시작되는 시간에 속한다거나 혹은 시간의 시작점에 제한된다는 결과가 되는 것은 아니다. 그렇게 된다면 하나님의 창조 행위는 시간 안에서 일어난 행위가 되고, 하나님의 영원한 행위일 수 없다. 그때 시간은 피조물의 현존재와 함께 시작된 것이 아닌 셈이 되고, 영원으로부터 시간으로 건너감은 신적 본질의 내재로부터 창조 행위로 나아가는 사건 안에 이미 존재한다고 잘못 생각될 것이다. 창조 행위 자체가 이미 시간 안에서 일어난 행위라고 하면, 그 행위보다 우선하는 시간에 대한 질문이 불가피해질 것이다. 또한 이런 생각은 창조로 건너가는 사건에서 하나님 안에 어떤 변화가 일어난다는 상상과 연결될 것이다. 이런 이유로 아우구스티누스는 창조를 시간 안에서 일어나는 행위로 이해하는 것을 거부했다. 왜냐하면 영원 안에는 어떤 변화도 없기 때문이다(in aeternitate autem nulla mutatio est: *De civ. Dei* XI,6). 그래서 아우구스티누스는 세계가 시간 안에서 창조된 것이 아니라 시간과 함께 창조되었다(non est mundus factus in tempore, sed cum tempore)는 자신의 명제를 확립했다.

칼 바르트는 아우구스티누스의 명제에 반대하며 **시간 안에서** 일어난 창조, 즉 시간의 시초에 일어난 창조를 강조했다(*KD* III/1, 72ff.75f.). 바르트는 시간이 피조세계에 속하며 영원과 달리 창조 행위를 통해 비로소 현존하게 되었다는 아우구스티누스의 견해에는 동의했다. 그러나 바르트는 아우구스티누스(*Conf.* XI,30)[*KD* III/1, 40]가 "창조 **이전**의 시간뿐만 아니라 창조 **자체**의 시간성도 부정한다"(*KD* III/1, 75)는 점에 대해서는 "우려"를 표명했다. 바르트의 판단에 의하면 아우구스티누스는 자신의 의도와 달리 하나님의 창조에 "피조물의 생성과 시간의 시작보다 앞서는 시간적 우선성"을 부여했다(*KD*, 같은 곳). 하지만 이것은 아우구스티누스가 실제로 생각했던 것이 아니었다. 아우구스티누스는 결코 바르트가 추정했던 것처럼 "하나님이 **먼저** 창조했고, **그다음에** 피조물이 생성되었으며 이와 동시에 시간이 시작되었다"(같은 곳)는 의미로 말하지 않았다. 오히려 아우구스티누스에게 중요했던 것은 신적 영원성과 영원하신 하나님의 창조 행위가 한편으로 피조물보다 우선하면서도, 다른 한편으로는 피조물과 동시적이기도 하다는 사실이었다. 물론 바르트도 피조물의 현존재에 대한 창조 행위의 동시성을 배제하려고 했던 것은 아니다(참고. 76). 하지만 그는 창조가 "하나님의 활동 가운데 가장 **우선적인** 것"으로서(45) "만물의 **시작**"이며(13), 그래서 **"무시간적인 진리가 아니다"**(64)라는 점을 강조했다. 영원이 "단순히 시간의 부정이 아니라" "시간의 원천"이며, 과거, 현재, 미래의 통일성이라는 주장(72)은 올바른 것이었다. 이 점에서 아우구스티누스의 영원 개념에 대한 바르트의 비판은 타당한 요소를 갖는다.[90] 하지만 아우구스티누스에 반대하며 창조 행위가 시간 안에서 일어났고(76) "하나님의 창조가 **시간 안에서** 벌어진 역사로서 발생했다"(74)고 주장했을 때, 바르트는 아우구스티누스가 그런 내용의 모순에 대해 행했던 비판을 피할 수 없었다. 이 모순성은 창조 **이전**의 시간이라는 표상을 불가피하게 포괄하게 된다(*De civ. Dei* XI,6: Quod enim fit in tempore et post aliquod fit, et ante aliquod tempus; post id quod praeteritum est, ante id quod futurum est). 바르트는 창조 이전의 시간이란 표상을 받아들이지 않는다고 단언했지만(같은 곳, 75, 참고. 83), 그렇다면 시간 "안에서" 일어난 창조 행위를 말할 수는 없다.[91] 바르트의 이런 방식의 진술의 근저에는 다음과 같

---

90 이에 대해 제I권, 653ff.를 보라.
91 이 관점이 지닌 문제점을 로테(Rothe)가 상세히 설명했다. R. Rothe, *Theologische Ethik* I, 2.Aufl. Wittenberg 1867, 193ff.(§52에 대한 각주). 그 문제에 대한 비판은 또한 아우구스티누스에 대한 루터의 비판에서도 나온다. "하나님은 순간 안에서가 아니라 시간 안에서 창조하셨다"(deus in tempore creavit, non in momento, WA 12,245,38). 하지만 루터에게 중요했던 것은 창조 행위를 태초에 제한하는 것이 아니라, 하나님이 끊임없이 새로운 것을 창조하고 계신다는 사실이었다(WA 1, 563, 7ff.). 참고. D. Löfgren, *Die Theologie der Schöpfung bei Luther*, 1960, 37ff. 루터의 관심사는 **계속적 창조**(*continuata creatio*)였다(같은 곳). 이에 대해 계속해서 논의할 것이다.

은 생각이 놓여 있다. 이미 창조 행위 안에서 하나님께서는 자신을 피조물에게로 "내려와 낮추시며 피조물의 현존재의 형태에 개입하시고…자신의 말씀을 시간 안에서 알리시며, 자신의 사역이 시간 안에서 일어나게 하신다"(74). 하지만 창조에서는 성육신에서와는 달리 우선적으로 피조적 현실성 전체의 "지평"을 발생시키는 것이 중요하다. 그 이후에 아들이 그 지평의 "실존적 형태" 속으로 성육신을 통해 개입하게 될 것이다. 이 사실은 바르트와 함께 창조 개념을 시작의 국면 아래에서만 전개한다면, 더욱 타당하게 된다.

세계가 시간 안에서가 아니라 시간과 함께 창조되었다는 아우구스티누스의 명제는 아직도 여전히 중요하다. 하지만 지금 그 중요성은 아우구스티누스가 본래 의도했던 하나님의 불변성의 변호에 있지 않다. 아우구스티누스는 영원을 무시간적으로 이해했고, 시간과는 단지 대립만 하는 것으로 보았다. 이런 관점의 의도 속에서 사람들은 하나님의 창조 행위 안에 시간 자체의 기원이 있다는 아우구스티누스의 가르침은 단지 허무한 것으로 느껴질 것이다. 그러나 이 명제가 여전히 지니고 있는 유익은 다음 두 가지에 있다. 우선 세계의 기원이 마치 신의 자의적인 결정에 근거한다는 가상이 회피될 수 있다. 물론 창조 행위의 이해에서 창조가 하나님의 자유로운 행위라는 사실은 매우 중요하다. 하지만 이것은 창조가 우연적인(Zufall), 말하자면 하나님의 내적인 삶 속에 어떠한 근거도 가지고 있지 않은 자의적인 기분에 따른 산물이라는 뜻이 아니다. 두 번째로 창조 행위의 영원성에 대한 명제가 여전히 중요한 것은 이 명제가 하나님의 창조 행위를 세계의 시작에 제한하는 것에 반대하기 때문이다. 창조 행위의 영원성은 하나님의 보존 행위를 계속되는 창조 행위, 즉 **계속되고 있는 창조**(creatio continuata) 혹은 **계속적 창조**(creatio continua)로 이해하기 위한 전제조건이 된다.

이미 토마스 아퀴나스가 보존을 계속된 창조로 표현하고 그렇게 주장했다.

여기서 중요한 것은 창조와 다른 어떤 하나님의 새로운 행위가 아니라, 하나님께서 피조물들에게 존재를 보증해주는 근거인 바로 그 창조 행위가 계속된다는 것이다(conservatio rerum a Deo non est per aliquam novam actionem, sed per continuationem actionis qua dat esse; quae quidem actio est sine motu et tempore; sicut etiam conservatio luminis in aere est per continuatum influxum a sole, S. theol. I,104,1 ad 4). 이 사상은 윌리엄 오컴에게서 새롭고 급진적인 의미를 획득했는데, 그것은 모든 개별 사건이 하나님께 직접 의존한 결과 각각의 사건도 우연성 안에 있다는 이해를 통해서였다.[92] 데카르트도 이 견해를 따랐다. 그에 의하면 피조물의 현존재는 모든 순간에 하나님의 창조 행위에 의존하고 있다. 왜냐하면 이전의 시점에 위치한 그것의 실존으로부터 다음 시점의 현존재가 자동적으로 뒤따라오지는 않기 때문이다(ex eo quod paulo ante fuerim, non sequitur me nunc debere esse, nisi aliqua causa me rursus creet ad hoc momentum, hoc est me conservet). 이처럼 피조물은 자신의 현존의 매 순간마다 새롭게 하나님의 창조 행위에 의존하고 있기에, 보존 개념을 창조 개념으로부터 구분하는 것은 단지 하나님이 이전에 이미 각각의 피조물에게 현존재를 수여하셨다는 사실관계뿐이다(adeo ut conservationem sola ratione a creatione differe, Med. III,36; Adam/Tannery VII, 1964, 49,2-10). 구(舊)개신교주의 교의학자들도 그와 비슷하게 말했다. 물론 시간을 순간들의 우연적 연속으로 이해한 데카르트의 원자론적 관점의 특별한 요점은 빠져 있었다. 요한 안드레아스 크벤슈테트(Johann Andreas Quenstedt)는 피조물의 보존을 그것의 지속적인 생성으로 정의했는데, 여기

---

[92] 이 점에서 바나흐(Bannach)는 바르게 판단했다. 오컴 이전의 어떤 신학자도 "오컴처럼 창조된 것의 피조성을 그렇게 급진적으로 해석하지" 못했다. K. Bannach, *Die Lehre von der doppelten Macht Gottes bei Wilhelm von Ockham*, 1975, 300. 물론 창조와 보존의 신적 행위가 일치한다는 오컴의 말은 그 자체로는 토마스가 말한 것을 거의 넘어서지 않는다. 참고. *Sent*. II, q11, H와 q3과 4, L에 대해서는 같은 곳, 213.

서 생성을 창조 개념과 구분하는 것은 단지 외적 명칭뿐이라고 했다.[93] 또한 홀라츠도 보존은 계속되는 창조 행위와 다르지 않다고 보았다. 보존 행위는 그 행위의 결과물이 이전에 이미 존재했다는 함축적인 의미를 통해서만 창조와 구분된다는 것이다.[94]

보존을 계속적 창조로 보는 견해를 비판하는 사람들은 그 견해에서 피조물과 그것들의 행위의 독립성[95] 혹은 적어도 그것들의 정체성(Identität)과 연속성[96]이 의문시된다고 항의했다. 하지만 하나님께서 자신의 창조 행위 속에서 그분 자신에게 신실하시다면, 그런 두 가지 염려는 불필요하다.

---

[93] J. A. Quenstedt, *Theologia did.-pol. sive Systema Theol.*, tom. I (1685) Leipzig 1715: Conservatio enim rei proprie nihil est alius, quam continuata eius productio, nec differunt, nisi per extrinsecam quandam denominationem (760).

[94] D. Hollaz, *Examen theol. acroam.* I, Stargard 1707, 647f. conservatio quippe est continuata creatio, seu creativae Actionis continuatio. Neque enim alia ratione DEUS craturam conservare dicitur, nisi quantenus actionem, qua creaturam produxerat, porro positive continuat...Distinguuntur autem diversis connotatis. Nam creatio connotat rem ante non fuisse, conservatio rem ante fuisse supponit.

[95] J. F. Buddeus, *Institutiones theologiae dogmaticae*, Leipzig 1724, 1.2 c. 2 §47, 1(C. H. Ratschow, *Lutherische Dogmatik zwischen Reformation und Aufklärung* II, 1966, 244에서 인용됨): Praeterea, si conservatio est creatio quaedam, sequetur, deum singulis momentis non tantum ipsam rerum essentiam, sed omnem motum, omniaque adeo libere agentium dicta, facta, atque cogitata producere. adeoque, quidquid mali ab hominibus dicitur, aut peragitur, id ipsum deum facere. 또한 다음을 참고하라. J. Müller, *Die christliche Lehre von der Sünde* I, 3.Aufl. 1849, 302. R. Rothe, *Theologische Ethik* I, 2.Aufl. 1867, 217 (§54). F. A. B. Nitzsch/H. Stephan, *Lehrbuch der evang. Dogmatik*, 3.Aufl. Tübingen 1912, 413.

[96] K. Barth, *KD* III/3, 1950, 79.

하나님의 신실하심은 피조적 현실성 안에서 실존형태가 지속적으로 생성되고 존속하는 것, 그리고 그것들이 시간을 건너 통과하는 정체성과 독립성을 소유하는 것을 가능하게 하고 보증해준다. 하지만 다른 타당한 비판이 또 있다. 성서의 증언에 따르면 창조가 종결되었다는 주장이다(창 2:1).[97] 하지만 이것은 사실상 제사장문서(P)의 창조 기사만의 표상이다. 이것은 다른 성서적 진술들과 충돌하며, 특히 요한복음의 그리스도의 말씀에 대해 그렇다. "내 아버지께서 이제까지 일하시니 나도 일한다"(요 5:17). 이 구절은 교부 신학이 이미 다루었던 말씀이다(참고. 위의 각주 82). 이 본문은 이미 창조된 것의 보존에 제한되는가, 아니면 새로운 것의 생성을 포괄하는가? 어쨌든 후자가 바울의 말씀, 곧 아브라함에게 주어진 아들의 약속을 죽은 자들의 부활 그리고 "없는 것을 있는 것으로 부르시는"(롬 4:17) 하나님의 창조 행위와 비교하여 배치하는 말씀에 해당한다. 매우 늦게 태어날 아들의 약속에 대한 아브라함의 신뢰는 하나님의 창조 능력과 마주 대비되는데, 창조 능력은 세계의 기초의 근거일 뿐만 아니라 그것 없이는 통고된 사건의 실현이 가능하지 않게 되는 능력이다. 비슷한 의미에서 이미 제2이사야도 신적 창조(*bārā'*)의 개념을 새로운 것의 역사적인 발생에 대해 사용했는데, 새로운 것은 평안의 사건뿐만 아니라 환난의 사건도 포함했다(사 45:7f.; 다른 동사를 사용한 경우인 43:12, 19; 48:6f.; 또한 민 16:30을 비교하라). 하나님이 야곱(사 43:1)과 이스라엘(43:15)을 "창조하셨다"고 말해질 때, 우리는 거기서 하나님의 역사적인 선택의 행위를 떠올려야 할 것이다. 선택의 행위는 하나님의 백성의 존재적 근거다. 또한 자연사건 속에서 새롭게

---

97 부데우스(J. F. Buddeus, 같은 곳)는 계속적 창조(*creatio continua*)에 반대하는 첫 번째 논증으로서 성서의 증언에서 하나님이 창조를 끝내셨다는 사실을 내세운다(deum ab opere creationis cessasse, *Gen.* 2,1 dicitur). 바르트의 묘사도 실질적으로 이 내용에 부합한다(K. Barth, 같은 곳, 78). "[하나님이] 피조물을 **창조하시기를 계속하신다고 말할 수 없다.** 그런 식으로 창조가 계속될 필요가 없는 것은 창조가 끝났기 때문이며, 그것도 선하게 창조되었기 때문이다."

발생한 것도 용어상으로는 하나님의 창조 행위로 표현된다(사 41:20; 비교. 시 104:30).[98] 마지막으로 이에 상응하는 것은 새 하늘과 새 땅의 창조를 향한 종말론적 기대다(사 65:17f.). 이 모든 사역들—피조물들의 보존과 통치를 위한 것이지만 또한 새로운 것을 발생케 하고 그분 자신이 창조하신 세계를 화해시키고 완성하는 하나님의 사역들—은 창조 행위로서의 그분의 행위의 특성에 참여하고 있다.

하나님의 창조 행위는 영원한 행위로서 세계 과정 전체를 포괄하며, 역사 속에서 그분 자신의 행위의 경륜에 해당하는 모든 단계를 관통한다.

> 슐라이어마허(Friedrich Schleiermacher)는 이와 같은 내용을 그리스도의 성육신과 그를 통해 새로운 "전체로서의 삶"(Gesamtleben)이 수립된다는 관점에서 아름다운 문장으로 표현했다. 이 사건은 "인간적 본성을 최종적으로 완성하는 창조로 볼 수 있다"(*Der christliche Glaube* §89)는 것이다. 그런데 슐라이어마허는 다른 한편에서는 세계에 대한 신적 행위의 통일성을 우선적으로 보존 사상으로 표현했고, 단지 부차적으로만 창조 사상으로 표현한다(§36ff.). "우리는 우리 자신이 오로지 지속되는 존속 속에 있음을 발견한다. 우리의 현존재는 항상 진행 중이다"(§36,1). 그렇기에 하나님께 의존하는 "근본 감정"은 그것의 긍정적 내용 속에서 보존의 교리를 통해 설명될 수 있다(§39). 반면에 창조의 진술은 단지 "무제약적으로 모든 것을 포괄하는 의존성을 표현하기 위한 보존 개념을 보충하는 말"이다(§36,1). "하나님에 의해 발생된 것 가운데 그 무엇도 배제되어서는" 안 된다(§40). 하지만 신적 창조 행위의 자유에 대한 신학적 관심사는 이 관점에서는 정당한 평가를 받지 못한다. 보존 교리에 대한 슐라이어마허의 상세한 해설 속에서 하나님의 자유라는 요소와 그에 상응하는 피조적 현실성의 우연성은 모든 개별자의 "자연적 맥락"이라

---

[98] 이에 대한 더 많은 예증이 다음에서 언급된다. W. Kern, *Mysterium Salutis* II, 1967, 533.

는 분류의 배후로 물러난다(§46). 그래서 세계의 창조, 보존, 통치 속에서 일어나는 하나님의 행위의 포괄적 통일성의 사상은 **계속되고 있는 창조**(creatio continuata)라는 관점 아래서 더 잘 보존된 것으로 여겨진다.

슐라이어마허도 세계와 관련된 신적 행위 전체를 창조로 생각할 수 있는 가능성을 고려했다("die Schöpfung der Welt als Einen göttlichen Act, und mit diesem den ganzen Naturzusammenhang," *Der christliche Glaube* §38,2). "일련의 행위들의 각각의 시작에서, 혹은 주체로부터 시작되는 작용들에서 이전에 그 동일한 개체존재 안에 설정된 적이 없는 새로운 것이 등장한다면, 그것은 새로운 생성이며 일종의 창조라고 볼 수 있다…"(§38,1). 우리는 창조 행위가 단순히 "중단되었다"고 생각해서는 안 된다(§38,2). 그럼에도 불구하고 슐라이어마허가 앞에서 말한 통일된 하나의 신적 행위를 말하기보다 보존 개념을 선호했다는 사실이 그의 의존 감정의 시초에서 토대를 이루고 있다(위를 보라). 하지만 그의 더욱 강한 관심은 신적 행위 전체를 하나로 생각하는 데 있었다. 율리우스 뮐러(Julius Müller)의 비판은 바로 그 논제를 향한다(*Die christliche Lehre von der Sünde* I, 3. Aufl. 1849, 300ff.). 뮐러는 "모든 새로운 것"과 관계되는(303) **계속적 창조**에 대해 말하는 것을(304) 전혀 주저하지 않았다. 다만 그는 하나님의 보존 행위가 그것과 구분될 수 있다고 주장했다(304). 보존 행위는 "행위의 모든 순간에 피조된 능력들을 동반하지만…그 행위 자체가 피조물의 능력들의 작용에 어떤 특별한 규정을 주지는 않는다"는 것이다(317). 하나님의 보존의 사역과 창조 사역의 구분은 뮐러에게는 피조물 특히 그 행위의 독립성의 기초를 이루며, 죄 개념의 전제가 된다. 그래서 그는 로테(Richard Rothe, *Theologische Ethik* I, 2.Aufl. 1867, 215ff.)가 주장했던 보존과 세계 통치의 동일시를 거부했다(각주 316).

하나님의 영원한 본질과 행위의 일치는 그 영원한 일치 속에 집약되어 있는 신적 행위들의 다수성과 다양성에 대한 진술을 배제하지 않는다(위의 각주 18을 보라). 역사 속에서 피조물에 대해 행해지는 신적 행위의 관계들이 창조자의 본질에 피상적인 것이 아니라면, 시간과 역사 속에서 일어나는 하나님의 행위들도 그렇다고 말할 수 있을 것이다. 하나님의 영원성은 모든 시간을 포괄하기 때문이다. 그러나 세계 창조가 역사 속에서 일어나는 하나님의 많은 행위들 가운데 하나라고 말할 수는 없다. 왜냐하면 세계 창조는 비록 시작과 관련된 것이기는 해도 단순히 시간과 역사 안에서 일어난 행위가 아니기 때문이다. 오히려 세계 창조는 모든 피조적 현실성과 더불어 시간 그 자체를 비로소 구성하는 하나님의 행위다. 세계 창조의 행위는 피조적 현존재의 시간적 시작의 근거가 될 뿐만 아니라, 그 현존재가 완전히 확장되어 전개될 가능성의 근거도 된다. 하나님이 현존재의 이와 같은 근원이 되신다는 사실은 특별히 현존재의 시작이 하나님께로 소급된다는 것을 통해 잘 설명된다. 이 점에 대해서는 시간이 피조물들로 하여금 현존재를 갖도록 해준다는 전망이 이미 전제되어 있다. 이 전망 속에서 피조물의 입장에서 본다면, 창조와 보존의 표상은 서로 분리된다. 그럼에도 불구하고 창조 사상은 세계의 시작에 대한 내용을 넘어서는 그 이상을 포함한다. 모든 각각의 피조물, 모든 새로운 사건, 모든 순간은 하나님의 창조 안에서 각자의 "시작"을 갖는다.

보존 개념은 창조 개념과 달리 이미 그 자체로 시간적 구분을 내포하고 있는데, 그것은 "피조물의 **시작**과 **지속** 사이의 구분"이다.[99] 하나님의 보존 행위는 창조와는 달리 언제나 이미 시간 **안에서** 일어나는 하나님의 행위다. 그러나 보존에서 중요한 것은 아브라함의 부르심이나 성육신 사건과 같은 개별적이고 특정한 행위가 아니라, 피조물에 대한 신적 행위가 지닌 일반적인 특성의 표현이다. 이 의미에서 다음과 같은 규칙이 타당

---

[99] R. Rothe, *Theol. Ethik* I, 2.Aufl. 1967, 216, 참고. 203 (§52). "하나님의 창조적 기능"으로서의 창조 행위의 개념과 "그것이 **시작**을 가지고 있다는 사실은 아주 먼 별개의 것이 아니다." 그러나 바로 그 이유에서 보존 개념은 창조 개념과 구분되며, 로테의 시도(216)와는 달리 이 둘은 서로 일치하지 않는다.

하다. "우리 하나님이 창조하신 것, 그것을 그분은 또한 보존하려고 하실 것이다."[100] 이 점에서 하나님의 신실하심이 그분의 창조 행위 속에서 표현된다. 물론 피조물들의 보존이 창조를 유지하려는 하나님의 신실하심이 나타나는 유일한 형태인 것은 아니다. 하나님의 신실하심은 피조물들의 정화, 구원, 화해, 완성을 통해서도 표현된다. 하지만 이 모든 행위도 어쨌든 피조물의 보존을 부분적 요소로서 포괄하고 있다. 다른 측면에서 그 행위들도 피조물의 현존재를—그래서 그것들의 창조를—이미 전제하는데, 이것은 보존의 행위와 마찬가지다. 그렇기에 창조 사상은 특별히 피조물들의 시작에 관련된 것으로 분류된다. 하나님의 창조 행위가 피조물의 보존과 통치를 통해서도 나타나지만, 피조물들의 시작은 **오로지** 하나님의 창조로 소급되며, 그것들의 현존재를 보존하고 통치하는 행위로 소급되지 않는다. 이와 비슷한 것이 피조물의 삶이나 세계사건 속에서 일어나는 모든 새로운 것과 우연적인 것에도 해당한다. 새로움과 우연 안에서도 창조적이고 새로운 시작을 설정하는 신적 행위의 근본적 특성이 나타난다. 서로 맞물리는 이런 측면들은 마르텐젠(Hans Lassen Martensen)에게서 멋지게 표현되었다. "창조는 보존으로 넘어간다. 창조의 의지가 **법칙**의 형태를 부여한다는 점에서 건너가며, 그 의지가 자연적·정신적 세계의 형식 아래 있는 모든 발전 단계에서 **질서**를 불러일으키고, 세계 법칙들과 세계 세력들 안에서 그것들과 함께 그것들을 통해 작용한다는 점에서 건너간다. 하지만 보존의 활동으로부터 재차 창조 행위가 등장한다…." 마르텐젠은 여기서 다음과 같이 추가했다. 세계사건 속에서 창조의 근거가 출현하는 사건은 "이전 것이 단순히 반복되는 것이 아니라 그것의 현존재 속에서 새로운 것, 근원적인 것이 계시되는" 모든 사건 속에서 일어난다.[101] 그렇기에 이

---

100 J. J. Schütz 1675(개신교회 찬송가 233번).
101 H. L. Martensen, *Die christliche Dogmatik*, dt. Berlin 1856, 117f. 로테(R. Rothe) 도 이와 비슷하게 세계에 대한 모든 신적 작용이 "본질적으로 **창조하는** 작용 그 자-

것은 올바르게도 기적 개념과 연결되었다.

창조 사상이 세계와 모든 유한한 현존재의 시작을 하나님의 자유로 소급시키듯이, 기적 현상은 이미 존속하고 있는 세계질서의 틀 안에서 하나님의 창조적 자유를 표현한다.[102] 사물의 본성에 모순되는(*contra naturam*) 것처럼 보이는 어떤 현상들은 우리에게는 이상하다. 하지만 이미 아우구스티누스는 우리가 기적이라 부르는 비일상적인 사건들이 사물의 본성에 반하는 것이 아니라, 단지 자연의 경로에 대한 우리의 제한적 인식에 반하여 일어나는 것이라고 강조했다.[103] 토마스 아퀴나스도 같은 내용을 확고히 말했다(*S.c.G* III, 100; *S. theol*. I,105,6). 하지만 토마스는 아우구스티누스와 달리 하나님이 그분 자신이 창조한 자연질서에 따라서만이 아니라 그 질서의 외부로부터도 (*praeter naturam*) 객관적으로 행동하실 수 있다고 가르쳤다. 기적이라고 부를 수 있는 것은 통상적인 길에서 벗어난 특별한 종류의 사건만이 아니라,

---

체"라고 말했다. 이러한 작용은 물론 "특정한 측면에 의하면, 즉 그 작용이 이미 현존하고 있는 세계에 관계하는 측면에 의하면, 보존이 아닌 통치"다. 왜냐하면 여기서는 세계의 단순한 존속이 아니라, 세계가 "스스로 발전하는 것"이 핵심이기 때문이다. R. Rothe, *Theologische Ethik* I, 2.Aufl. 1967, 217, 참고. 216.

102 이 주제에 대해 프리스(H. Fries)의 논문(*Handbuch theologischer Grundbegriffe* II, 1963, 886-896)을 참고하라. 특별히 G. Ewald, B. Klappert u.a., *Das Ungewöhnliche*, 1969, 나아가 Th. Löbsack, *Wunder, Wahn und Wirklichkeit*, 1976을 보라. 기적 개념의 역사에 대한 충분하지 않은 파악이지만 풍부한 내용을 담고 있는 개관, 곧 20세기 신학에서 이 주제와 관련하여 표명된 입장들을 유형적으로 정리한 개관을 브론(Bron)이 제공한다. B. Bron, *Das Wunder. Das theologische Wunderverständnis im Horizont des neuzeitlichen Natur- und Geschichtsbegriffs* (1975), 2.Aufl. 1979.

103 Augustin, *De gen. ad litt*. VI, 13, 24. Nec ista cum fiunt, contra naturam fiunt, nisi nobis quibus aliter naturae cursus innotuit, non autem Deo cui hoc est natura quod fecerit (PL 34, 349). 참고. *De civ. Dei* XXI, 5,3, 또한 로마서 11:17.24에 대해서는 8,5.

자연질서 전체로부터 벗어나 발생한 사건일 수도 있다는 것이다.[104] 이런 관점은 결과적으로 신학이 자연과학의 법칙 개념과 충돌하도록 이끌었던 발전 과정의 출발점이 되었다. 우선 자연질서의 "외부에서" 발생한 사건과 그 질서에 저촉되면서 발생한 사건(contra naturam)의 구분이 날카로운 명료성을 상실했다. 왜냐하면 사람들이 자연 개념을 더 이상 자연질서의 창시자이신 하나님의 의지와 관계시키지 않았고, 오로지 경험될 수 있는 자연사건의 과정에만 결부시켰기 때문이다. 이 점에서 오컴은 이미 제2원인인 피조적 원인을 통해 일반적인 방식으로 발생한 사건도 하나님을 통해서만 일으켜지며, "자연의 통상적인 과정에 반하여" 하나님이 개입하신 것이라고 설명했다.[105] 이러한 명제가 17세기에 등장한 근대 자연과학의 법칙 개념에 적용되었을 때,[106] 거기서 분쟁이 일어났다. 왜냐하면 그 개념을 잠정적으로 보류

---

104 S. theol. I,110,4. ...aliquid dicitur esse miraculum, quod fit praeter ordinem totius naturae creatae. 참고. I,105,7 ad 1. 이 내용에 따르면 세계의 창조와 하나님 없는 자의 칭의는 그런 의미에서 기적이라고 부를 수 없다. 또한 본성에 반하는 (contra naturam) 신적 기적의 가능성도 특정한 의미에서 허락된다. Quaestiones Disputatae de pot. 6,1 ad 1. 참고. 6,2 ad 2.
105 Wilhelm von Ockham, Opera theol. VI, 173-178 (III. Sent. 6 a 2 O). contra communem cursum naturae. 블루멘베르크(Blumenberg)는 이러한 기적 개념을 그의 체계적 중요성과 관련하여 "자연의 구속력의 범례적인(paradigmatisch) 환원"으로 특징지었다. H. Blumenberg, Die Legitimität der Neuzeit, 1966, 155. 하지만 블루멘베르크가 생각했던 것처럼 그 개념과 연관된 것은 가능태와 현실태의 타당한 비교만이 아니라, 오히려 또한 현실세계에서 일어나는 하나님의 창조 행위의 직접성에 대한 관심이었다. 참고. K. Bannach, 같은 곳, 305ff.
106 부데우스는 기적들의 경우에 자연질서는 지양된다고 직설적으로 말했다(Per miracula enim ordo naturae tollitur). J. F. Buddeus, Compendium Institutionum theol dogmaticae, Leipzig 1724, 149. 이러한 기적 개념은 날카로운 비판의 표적이 될 수밖에 없었는데, 흄이 곧바로 비판했다. "기적은 자연법칙의 위배다. 고정되고 불변하는 경험이 그 법칙을 만들어냈을 때, 사실의 본성으로부터 오는 기적에 반대되는 증거는 경험에서 도출되는 어떤 논증이 가능한 한, 완전하다고 상상될 수 있는 것만큼 완전하다. D. Hume, An Inquiry Concerning Human Understanding, 1748, 10, 1.

하려는 입장이 그 법칙의 개념 자체를 지양해버렸기 때문이다. 스피노자는 기적의 가능성을 비판하면서 그 근거를 자연질서의 불변성이 하나님의 불변성의 필연적인 표현이라는 데 두었고, 그것을 후대에 모범이 되는 방식으로 제시했다.[107] 스피노자는 하나님이 자기의지의 방향을 맞추기 위해 자연의 진행 과정에 외부로부터 개입해야 한다면, 이것은 창조자의 불완전성을 보여주는 것이라고 말했다. 라이프니츠는 하나님과 창조의 관계에 관하여 뉴턴(Newton) 및 클라크(Samuel Clarke)와 논쟁하는 중에 스피노자의 그러한 견해를 옹호했다. 이에 대해 클라크는 하나님이 완벽한 시계공이라서 그분이 만드신 것은 직접적인 개입 없이도 잘 작동할 것이라고 보았던 18세기의 도발적인 표상에 반대했다. 그런 관점은 세계로부터 신적 섭리와 통치의 작용을 배제시키고, 세계를 유물론적 운명론으로 이끈다는 것이었다. 하나님의 세계 계획은 물론 실제로 불변적이기는 하지만, 그러나 그것은 처음부터 존재해온 사물들의 질서 속에서 그리고 그 질서의 기계적인 기능을 통해 실현되는 것이 아니라, 시간의 과정 속에서 붕괴, 혼란, 갱신의 국면들을 통해 전개된다는 것이다. 그렇기에 인간들이 특정한 시간에 만든 자연법칙들("현재의 운동법칙들")은 신의 세계질서와 동일하지 않으며, 하나님이 사용하시는 실재하는 자연질서에 대한 근사치의 공식들일 뿐이다.[108] 따라서 클라크에 따르면 인간이 만든 법칙들의 형태와 실제로 차이가 나타난다고 해서 그것이 하나님의 완전성과 대립하는 것은 아니다.

기적 개념에 대한 스피노자의 비판의 근거가 된 자연질서의 표상을 거부하면서, 클라크는 사실상 중기 스콜라 철학의 그리스도교적인 아리스토텔레

---

107 B. de Spinoza, *Theologisch-politischer Traktat*, 1670, Kap. 6(dt. PhB 93, 110-132, 특히 112ff.). 참고. L. Strauss, *Die Religionskritik Spinozas als Grundlage seiner Bibelwissenschaft*, 1930, Nachdruck 1981, 106ff.
108 라이프니츠에 대한 클라크의 첫 번째와 두 번째 반론을 다음 글에서 보라. G. W. Leibniz, *Die philosophischen Schriften* hg. G. J. Gerhardt VII, 347-442, 이곳에서 354과 361(n.8). 라이프니츠의 견해는 같은 곳, 357f.에 있다.

스주의의 배후에 놓인 아우구스티누스의 기적 개념을 붙들었다. 이 개념은 객관적인 신적 세계질서에 대한 외적 개입을 주장하지 않았으며, 오히려 그 질서에 대한 인간의 제한적 인식과 결부되었다. 비일상적인 사건들의 발생을 통해 자연법칙들이 파괴된 것이 아니라, 지금까지 은폐되어왔던 매개변수(Parameter)의 작용이 나타난 것이다.[109] 무엇보다도 어떤 사건이 일상적인 과정과 다르다고 해서 무조건 기적으로 볼 수는 없다. 아우구스티누스는 세계와 인간의 현존재야말로 비일상적이고 놀라게 하는 그 어떤 요란한 사건들보다 훨씬 더 큰 기적이라고 말했다. 인간의 감각은 너무 무뎌서 친숙한 일상 속에서 창조의 기적을 도무지 인지하지 못할 뿐이다.[110] 창조 전체의 우연성은 모든 각각의 개별 사건들 속에서도 표현되고 있다. 모든 순간, 모든 개별 사건은 우연적이기에 궁극적으로는 연역하는 것이 불가능하며, 그래서 그것의 실제적인 등장은 기적이다. 슐라이어마허는 다음과 같이 바르게 말했다. "기적은 이미 일어난 사건에 붙인 종교적인 이름에 불과하다. 가장 자연적이고 가장 친숙한 일이라고 해도", 말하자면 직접적으로 "무한에, 우주에" 관계되자마자, 그것은 기적인 것이다.[111] 슐라이어마허는 다음과 같은 통찰을 통해 아우구스티누스의 생각에 근접했다. 인간 세계의 일상적인 관계들은 습관의 영향으로 무뎌진 반응과 현실에 대한 공리주의적 입장 때문에 현상들의 깊은 의미를 바르게 인지하지 못하며, 그 의미를 우주의 현시로서가 아니라 단지 가깝고 친숙한 맥락 속에서만 파악한다는 것이다. 반면에 종

---

109 이와 마찬가지로 오늘날 로마 가톨릭 신학자들도 기적을 "자연법칙들의 파괴"로 이해하는 것을 거부했다. 예를 들어 H. Fries, Fundamentaltheologie, 1985, 291ff., 또한 동일저자, *Handbuch theologischer Grundbegriffe* II, 1962, 889와 895. 이곳에 인용된 또 다른 작품인 L. Monden, *Theologie des Wunders*, 1961, 50을 보라. 또한 참고. 54f.334ff.
110 Augustinus, *Tract. Io. Ev.* 24,1 (PL 35, 1592f.). 참고. De civ. Dei X,12.
111 F. Schleiermacher, *Über die Religion*, 1799, 117f.(2.Rede, Text nach O. Braun, Schleiermachers Werke IV, 281).

교적 인지는 일상적인 사건들 속에서 깊은 본질을 파악하는데, 왜냐하면 그 사건들을 기적으로, 말하자면 하나님의 섭리의 표현으로 경험하기 때문이다. 이것은 물론, 슐라이어마허가 생각했던 것과 같이, 종교적 인지가 개별 사건들 전체를 우주의 표현으로 파악한다는 사실에 기초한 설명은 아니다. "우주"가 세계를 완전히 지배하는 운명으로 생각되는 곳에서 개별 사건들은 기적으로 보이지 않는다. 여기서 생각해야 할 것은 세계사건 전체의 우연성뿐만 아니라 각각의 개별 사건들의 우연성도 전제되어 있다는 사실이다. 이것은 성서의 하나님을 세계의 창조자로 고백하는 믿음의 지평 안에서 일어나는 경우다. 이 경우에는 예측될 수 없는 일과 각각의 우연한 개별 사건들이 창조자의 자유를 표현한다는 추론이 등장한다. 이 사실로부터 슐라이어마허는—이미 아우구스티누스도—자연질서, 자연법칙, 자연의 지속되는 형태들의 사실성을 매우 놀라운 것으로 이해했다. 모든 개별 사건의 특수한 우연성은 사건들의 연속이 저절로 질서의 윤곽을 형성할 것이라고 기대할 수 없음을 의미한다. 거꾸로 개별 사건들은 어떤 일이 어쨌든 일어나고 있고 또 아무 일도 일어나지 않는 것은 아니라는 기초적인 우연성의 사실관계 때문에, 모든 종류의 질서와 형태를 형성하기 위한 조건과 토대가 된다. 그러므로 사건의 우연성을 통해 개별 사건들은 만물의 신적 기원과 직접적인 관계를 맺게 된다. 이것이 일어난 일에 관여되어 있는 피조적인 "제2원인들"을 해치는 것은 아니다. 어떤 일이 발생한다는 것 자체가 도무지 자명하지 않기에, 피조적 형태들과 상태들의 생성뿐만 아니라 그것의 존속도 매순간마다 기적과 같이 놀라운 일이다.

b) 피조물의 활동에 대한 하나님의 협력

피조물을 보존하기 위해 창조자가 피조물 곁에 지속적으로 현재해야 한다면, 그러한 하나님의 활동은 피조물들의 시초의 상태를 단순히 지속시키는 것에 제한될 수 없다. 창조자의 그런 현재는 피조물의 변화와 그것들 자체의 활동에 영향을 미치기까지 확장되어야 한다. 특별히 피조물들의 활동과 관련된 신적 협력(concursus)이라는 간략한 교리가 위에서(87쪽) 설명되었다.

협력(concursus)과 **보존**(conservatio)의 구별은 우선 아리스토텔레스적 스콜라 철학의 존재론에서 피조물의 존재(actus primus)가 언제나 그것들의 활동(actus secundus)의 근거를 이루고 있어야 한다는 사실, 반면에 피조물들은 자신의 활동이 멈출 때도 여전히 존재한다는 사실에 기초한다.[112] 하지만 근대 신학에서 이런 구별의 의미는 의심을 받았다. 예를 들어 요한 크리스토프 되딜라인(Johann Christoph Döderlein)은 피조물의 힘들의 보존, 곧 지그문트 야콥 바움가르텐(Siegmund Jakob Baumgarten)이 하나님의 협력과 관련시켰던 보존이 이미 하나님의 보편적 보존행위 속에 포괄되어 있다고 말했다.[113] 물론 구(舊)개신교주의 교의학은 피조물들의 활동에 대한 하나님의 협력을 그것들이 행동하기 위한 힘을 보존하는 것에 제한하지 않았고, 오히려 신적 협력은 그것을 넘어 피조적 활동 자체에 대한 하나님의 적극적인 영향력의 행사라고 주장했다.[114] 이 점에 대해 루터교와

---

[112] S. J. Baumgarten, *Evangelische Glaubenslehre*, hg. von J. S. Semler I, Halle (1759) 2.Aufl. 1764, 807ff. 위의 각주 86번에서 언급된 토마스 아퀴나스의 표현을 참고하라. 첫째 행위(*actus primus*)와 둘째 행위(*actus secundus*)의 관계에 대해 다음을 보라. *S. theol.* I,48,5c와 75,c(Non enim est operarinisi entis in actu). 또한 신적 협력(concursus)이라는 주제의 적용에 대해서는 같은 곳, 105,5c를 보라(forma, quae est actus primus, est propter suam operationem quae est actus secundus; et sic operatio est finis rei creatae).

[113] J. C. Deoderlein, *Institutio theologi christiani* I, Nürnberg 1780, 586ff. 참고. S.J. Baumgarten, 같은 곳 I, 808. 도르너는 또한 신적 협력의 교리를 "자기보존의 힘"과 관계시켰고(I. A. Dorner, *System der christlichen Glaubenslehre* I, 1879, 2.Aufl. 1886, 487), 이어서 그 교리를 보존의 일반적 개념 곁에 배열했다.

[114] 예를 들어 B. A. Calov, *Systema locorum theologicorum* III, 1659,6,2,2, p.1204f. 와 J. A. Quenstedt, *theologia did.-pol. sive Systema Theol.*, I, 1685 c.13(Leipzig 1715, 779), 그리고 D. Hollaz, *Examen theol. acroam.* I, Stargard 1707, 648: DEUS creaturis non solum dat vires agendi, datasque perennere iubet, sed

개혁교도 사이에 논쟁이 있었다. 그것은 하나님과 피조물의 협력이 루터교도들이 가르쳤던 것과 같이 **동시적**(simultan)이라고 생각되어야 하는지, 아니면 협력은 피조물의 행위보다 앞서는 하나님의 창조적 운동이라는 의미(concursus praevius)에서 파악되어야 하는지의 물음이었다.[115] 슐라이어마허는 그런 모든 종류의 구별을 비판하면서 그런 구별들은 하나님이 자기 자신 안에서 행하시는 단일한 행위에 대해서만이 아니라 피조적 현실성에 관련해서도 일종의 "추상"(Abstraction)에 근거하고 있다고 말했다. "왜냐하면 스스로를 규정할 수 있는 존재는 오직 힘이 있는 곳에서만 현존할 수 있기 때문인데, 이것은 힘이 오직 활동 속에서만 존재할 수 있는 것과

---

et immediate in actionem et effectum creaturarum influit, ita ut ille effectus nec a solo Deo, nec a sola creatura, sed una eademque efficientia totali simul a Deo et creatu ra producatur. 또한 다음의 논평을 참고하라. J. Köstlin, PRE 4, 3.Aufl. 1898, 262-267, 특히 263f.

[115] 구(舊)루터교와 구(舊)개혁주의의 신적 협력(concursus divinus)에 대한 교리적 대립을 칼 바르트는 "하나님의 동행"(K. Barth, KD III/3, 1950, 102-175)에 관한 폭넓은 해설 속에서 자세히 묘사하고 논의했다(특히 107-120, 130ff.151f.164f.). 여기서 바르트는 개혁주의적 입장이 가진 결정론적인 경향을 비판하면서도(130f.), 자신의 해결책은 선행적 협력(concursus praevius)이라는 개혁주의의 명제와 연결시키며 찾아 나갔다(134f.). 하지만 이 시도는 신적 행위와 피조물의 행위 사이의 동시성의 사상을 수용하는 가운데 진행되었다(149f.164f.). 인과율의 형식주의에 대한 비판(117ff.)과 "텅 빈 것이 아니라 그리스도교적으로 **채워진** 개념들로부터 시작"하겠다는 확신(132)은 바르트 자신도 결국 형식주의의 속박 안에 머물게 되는 것을 막아주지 못했다. "하나님의 무제한적이고 저항할 수 없는 주권이…각각의 특성과 다양성 안에서 일어나는 피조적 활동의 자유가 기초하고 있는 근거"를 의미한다는 바르트의 해결책(165)은 이미 구(舊)개혁주의 교의학자들이 말했던 것이다(비교. H. Heppe/E. Bizer, Die Dogmatik der evangelisch-reformierten Kirche, 1958, 203., 218ff.). 피조물들의 행위 곁에서 일어나는 하나님의 협력에 대해 피조물의 **죄도 함께** 하나님의 창조적 운동으로 소급되어서는 **안 된다**(그런 의도가 아니었다고 변명해도 소용없다)고 생각했던 구(舊)루터교의 교리를 바르트는 정당하게 평가하지 못했다. 이 점에 대해 위의 각주 87번을 참고하라.

같다. 보존이라는 말은 유한한 존재의 모든 활동이 하나님께 대한 절대적인 의존 아래 놓여 있다는 사실을 동시에 자신 안에 포함한다. 그렇지 않은 어떤 보존이란 보존 없는 창조라는 말과 마찬가지로 공허할 뿐이다."[116] 아리스토텔레스주의의 존재론적 전승을 더 이상 따르지 않으려는 사람은 슐라이어마허의 논증을 벗어나기가 어려울 것이다. 하지만 그런 추상적인 측면들의 구별이 어떤 특정한 의미를 갖고 있는 것은 아닌지의 물음이 아직 남아 있다. 현실에서는 구분되지 않은 것이 추상적인 관점에 따른 인식론적인 목적에 의해 구분되는 일이 드물지 않게 있었다. 이에 대한 가장 유명한 사례는 중세 시대를 깊은 곳에서 움직였던 보편자 논쟁이다. 보편과 특수는 구체적인 현실 속에서는 서로 일치하지만, 그럼에도 불구하고 두 가지 측면들을 구체적인 개별자를 인식하려는 목적에 따라 구별하는 것은 무의미한 일이 아니다. 피조물과의 관계 속에서 일어나는 하나님의 보존과 협력 사이의 추상적인 구별도 그와 비슷하다고 말할 수 있을까?

피조물의 활동을 돕는 하나님의 협력에 관한 교리는 한편으로 피조물들이 자신들의 활동 속에서 그저 자기 자신에게 내맡겨진 것이 아니라는 사실을 분명히 밝혀야 한다. 다른 한편으로 피조물들 안에서 일어나는 하나님의 활동은 피조물의 독립성을 배제하고 그것들이 그들에 대한 하나님의 의도로부터 벗어날 수 있는 가능성을 차단하는 일방적 효력(Alleinwirksamkeit)으로 생각되어서도 안 된다.[117] 피조물이 창조를 향한 하

---

[116] F. Schleiermacher, *Der christliche Glaube* (1821) 1830, §46 부록.
[117] 토마스 아퀴나스는 피조물들 가운데서 일어나는 하나님의 활동에 대한 그런 식의 이해에 반대했다. 그런 이해는 하나님의 창조 행위를 부인할 수 있다는 것이다(... quia sic subtraheretur ordo causae et causati a rebus creatis; quod pertinet ad impotentiam creantis. Ex virtute enim agentis est quod suo effectui det virtutem agendi, *S. theol.* I, 105, 5c). 이와 같은 이의제기는 의심할 바 없이 루터에게도 적중한다. Luther, *De servo arbitrio* (1525) Wa 18,753,28-31(Hoc enim nos asserimus et contendimus, quod Deus...omnia in omnibus, etiam in

나님의 의도에 부합하지 못하고 그것으로부터 더 많이 벗어날수록, 그러한 벗어남은 위험요소가 되어 피조물에 부여된 독립성과 결합될 수밖에 없다. 하지만 하나님의 창조 행위는 피조물의 독립성이 없다면 그분 자신의 작품 속에서 완성될 수 없다.

피조물의 활동에 대해 하나님이 협력하실 때, 그 과정에서 피조물의 독립성은 전혀 침해되지 않는다. 그래서 죄는 행위 주체인 피조물에게 속하고 하나님께 부가되지 않는다. 이와 같이 설명하는 것이 피조물의 활동 가운데 일어나는 신적 협력에 대한 옛 교리의 가장 중요한 기능이었다. 그 설명은 구(舊)루터교 교의학이 17세기 중반까지 협력의 교리에 대한 논의에서 강조했던 주요 관심사였다. 그러나 17세기 말에 이 강조점은 변경되었다.[118] 이때부터 중요한 것은 피조물의 독립성의 보존이 아니라, 피조세계가 자립할 수 있는 상황에 놓여 있지 않다는 사실이었다. 이렇게 이해하

---

impiis, operatur, Dum omnia quae condidit solus, solus quoque movet, agit et rapit omnipotentiae suae motu). 하나님은 창조자로서 만물 안에서 모든 것을 행하시지만, 그와 동시에 피조물의 독립성을 근거를 놓으시며 그것들에게서 독립성을 빼앗지 않으신다. 토마스 아퀴나스가 하나님의 독단적인 행동이라는 사고에 이의를 제기할 때, 칼 바르트는 그것에 동의한다(*KD* III/3, 164). 하지만 바르트는 그런 사고 논리의 근거에 창조자의 **자기제한**(Selbstbeschränkung)이 놓여 있다는 점을 고려하지 못했다. 자기제한은 피조물의 자유에 대한 하나님의 활동에 설득과 "동화"(Akkommodation)의 형식을 부여한다. 크벤슈테트가 설득과 동화를 강조한 내용을 바르트는 충분히 이해하지 못했다(같은 곳).

118 이에 대해 다음을 보라. C. H. Ratschow, *Lutherische Dogmatik zwischen Reformation und Aufklärung* II, 1966, 228ff., 특히 230f. 또한 다음의 비판을 참고하라. K. G. Bretschneider, *Handbuch der Dogmatik* I,1822, 3.Aufl. Leipzig 1828, 607f. 브레트슈나이더는 지금까지 신적 협력의 교리적 문제가 "근대 교의학자들에게서 부당하게도 간과되어왔다"고 지적했다. 그것은 말하자면 "보존이 언제나 계속되는 신적 의지의 직접적인 행동인지, 아니면 하나님이 창조된 사물들에게 스스로 존속할 수 있는 힘을 부여하셨는지, 그래서 창조자가 직접적으로는 그 무엇도 더 이상 행하실 필요가 없고 세계는 오로지 자신의 힘을 통해 존속하고 있는지"라는 질문이다.

려는 경향은 갈릴레이와 데카르트 이래로 등장한 기계론적 물리학 및 자연철학과 관련이 있었다.

데카르트는 하나님이 창조 행위 이후에는 사건들의 진행 과정에 더 이상 개입하지 않으시며, 세계 내에서 일어나는 모든 변화들은 창조 시에 사물들에게 주어진 각각의 운동 상태의 상호작용으로 소급된다는 명제를 발전시켰다.[119] 물론 데카르트도 모든 피조된 사물은 하나님의 지속적인 보존을 필요로 한다고 생각했고, 나아가 그 보존을 모든 순간마다 일어나는 계속적 창조와 동일시했다(*Medit*. III,36). 그러나 데카르트는 하나님의 불변성에 근거하여, 이미 창조된 세계 안에서 일어나는 변화들을 하나님께 소급시키는 것은 배제해야 한다고 여겼다. 이 변화들은 피조물들의 내적인 역동성으로부터 오는 것도 아니다. 왜냐하면 각 피조물은 자신이 창조되었을 때 부여된 운동 상태와 정지 상태 속에서 하나님에 의해 불변적으로 유지되고 있기 때문이다(*Princ*. II,37f. 데카르트의 관성 법칙). 그러므로 변화들은 서로 다른 피조물들과 이들의 운동이 서로에게 외적이고 기계적인 영향을 끼칠 때만 생성될 수 있다(*Princ*. II,40).[120] 하지만 요한 프란츠 부데우스(Johann Franz Buddeus)는 그러한 이해가 하나님을 부정하고 있다고 보았다.[121] 부데우스

---

119 이미 1630년 무렵에 아직 출간되지 않았던 글(Le Monde) 속에 그런 내용이 있다(Adam/Tannery XI, 1967, 34f.). 이 명제가 1644년에 거의 비슷한 형식으로 재차 진술되었다(*Principia philosophiae* II,36).
120 이 생각은 위의 책(*Le Monde*) 제7장에서 더욱 자세히 표현된다. 창조 시에 여러 부분들에게 부여된 운동 상태 속에 있는 어떤 물질을 보존하려고 할 때, 다음의 사실이 필연적으로 뒤따른다. "여러 부분들에는 다수의 변화가 있음이 분명하다. 내가 보기에 이런 다수의 변화들은 하나님의 행위에 기인할 수 없다. 왜냐하면 하나님의 행위는 불변하기 때문이다. 그래서 나는 그 변화들이 자연에 기인한다고 본다. 그리고 나는 그 변화들을 만들어내는 규칙을 자연의 법칙이라고 명명한다." Adam/Tannery XI, 1967,37,8-14[원문 불어].
121 J. F. Buddeus, *Compendium Institutionum Theologiae Dogmaticae*, Leipzig

의 판단은 다른 누구도 아닌 뉴턴의 의견과 일치한다. 뉴턴 역시 데카르트적인 물리학의 기초는 반드시 무신론적인 결론에 도달하게 될 것이라고 염려했다.[122] 뉴턴은 자신의 "자연철학의 원리"가 그런 오류를 예방했다고 생각했다. 왜냐하면 그는 절대적 공간 그리고 물체의 접촉을 통해 작용하는 것이 아닌 중력과 같은 힘들을, 하나님이 창조 안에 계속 현재하시고 작용하신다는 표현으로 파악했기 때문이다.[123] 그 외에도 뉴턴은 데카르트에 반대하며 모든 운동의 추진력은 시간의 경과에 따라 줄어들고(*Opticks* 1704, Buch III, p.259,23ff.), 그래서 우주적 운동들의 보존과 갱신을 위해서는 활동적인 원리들이 필요한데, 그 원리들은 물질적 특성을 갖지 않고 공간적 거리를 넘어서 작용하는 것이라고 생각했다(Koyré 109). 그럼에도 불구하고 뉴턴이 자신의 책 『자연철학의 수학적 원리』(*Principia mathematica philosophiae naturalis*)를 통해 순수한 기계론적 세계상의 아버지로서 역사 속에 등장했다는 사실은 아이러니와도 같다(이에 대한 근거로 참고. McMullin, 111ff.).

뉴턴이 **내재하는 힘**(*vis insita*)이라고 이해했던 관성의 법칙은 뉴턴의 의도와는 달리 움직이게 하는 힘들을 물체에 귀속시키는 관점과 결합됨으로써 18세기 자연과학의 기계론적 세계상을, 하나님의 행위를 통한 세계의 창조와 보존에 대한 신학적 교리와 관련된 모든 것으로부터 해방시키는 일에 의

1724, 286(…qui ita exlicant, quod Deus in prima creatione rebus eiusmodi vim operandi concesserit, revera eum negant).

122 이에 대해 다음을 보라. A. Koyré, *Newtonian Studies*, 1965, 93f. 또한 E. McMullin, *Newton on Matter and Activity*, 1978, 55f. 맥멀린은 피조물들이 하나님의 전능하신 활동에 의존하는 것에 대한 신학적 관심은 뉴턴의 힘 개념의 뿌리에 속한다는 사실을 보여주었는데, 뉴턴의 힘은 관성적 물질과는 구분되는 원리(Prinzip)다(참고. 32ff.).

123 이에 대해 다음을 보라. G. B. Deason, Reformation Theology and the Mechanistic Conception of Nature, in: *God and Nature. Historical Essays on the Encounter between Christianity and Science* ed. D. C. Lindberg/R. L. Numbers 1986, 167-191, 특히 181-185.

미 깊은 표준이 되었다. 오늘날 이런 과정은 단지 역사적인 의미만을 갖게 되었다. 18세기의 힘 개념은 근대 물리학의 장(場, Feld)이론을 거쳐 20세기의 "양자장 이론"에 이르기까지 발전했으며, 그 이후에 이와 관련하여 특별히 에른스트 마흐(Ernst Mach)와 알베르트 아인슈타인(Albert Einstein)은 물체의 관성을 우주적 중력장의 표현으로 해석했다.[124] 어떻든 이 과정은 그 당시에 자연과학적 세계상과 신학이 결별하는 데 결정적으로 기여했다. 이 결별이 지속적으로 극복되어야 한다면, 그 과정은 오늘의 자연과학자들과 신학자들 사이의 대화 속에서 보다 진전된 마무리 작업을 필요로 한다.[125]

하나님이 계속해서 행사하시는 영향력에 예속된다는 생각에 반대하여 피조세계의 자립성을 주장했던 근대적 사고는 물리적 관성의 원리를 자기보존의 사상을 통해 해석했던 스피노자에게서 첫 번째 정점에 도달

---

[124] 이에 대해 다음의 설명이 도움이 될 것이다. R. J. Russell, Contingency in Physics and Cosmology. A Critique of the Theology of Wolfhart Pannenberg, in: *Zygon* 23, 1988, 23-43, 31ff.

[125] 이러한 이유에서 나는 자연과학과 신학의 대화에서 관성의 법칙의 이해가 중요하다는 것을 여러 번 강조했고, 특히 "자연과학자들에 대한 신학적 질문들"(Theological Questions to Scientists)이라는 강연에서 그렇게 말했다. *The Sciences and Theology in the Twentieth Century*, ed. A. R. Peacocke 1981, 3-16, 특히 5f. 맥멀린은 자신의 논문(E. McMullin, 같은 책, 17-57에 이어지는 논문 "우주론은 신학과 어떻게 관련되어야 하는가?"[How should Cosmology relate to Theology?]의 끝 부분)에서 나의 설명들이 관성의 법칙 그 자체에 대한 비판으로 이해되어야 하는지, 아니면 단지 그 법칙의 해석에만 해당하는지를 물었다(50f.). 신학은 "과학 이론의 판단에 영향을 줄 수 있는 논리적 함축의 자율적인 원천"으로 볼 수 없으며, 단지 "보다 넓은 세계관을 구성하기 위한 하나의 요소"로 여겨져야 한다는 것이다(51). 이 의견에 대해 나는, 신학과 자연과학의 대화가 자연과학적인 이론 형성에 대한 철학적 성찰의 지평에서 진행되는 것이고 이론 형성 자체의 지평에서 진행되는 것이 아니라는 한에서, 동의할 수 있다. 어쨌든 학문의 역사는, 예를 들어 관성의 법칙에 대한 여러 가지 표현형식들을 통해, 그러한 성찰이 이미 "과학 이론의 판단" 과정에 영향을 주었다는 사실을 보여준다.

했다.[126] 블루멘베르크(Hans Blumenberg)는 이 생각을 스피노자의 것으로만이 아니라, 훨씬 더 나아가 대안적인 신학적 표상으로 이해했다. 그것은 모든 피조물이 "낯선 보존"(Fremderhaltung), 즉 피조물이 하나님의 보존에 의존하고 있다는 신학적 표상에 대한 대안이라는 것이다.[127] 여기서 블루멘베르크는 데카르트의 계속적 창조(creatio continua)에 전제되었던 그리스도교적인 사상 곧 모든 개별적인 사건들의 우연성이라는 사상과, 모든 유한한 존재가 ("타자를 움직이는") 낯선 보존에 의존하고 있다는 사상 사이의 관계를 바르게 인식했다. 하지만 그가 간과했던 것은 자기보존 사상이 자체의 문제성을 결코 벗어나지 못했고 오히려 그 문제를 미리 전제하고 있다는 사실, 그래서 그 사상은 모든 유한한 존재가 자신의 창조자를 통한 현존재의 보존에 의존하고 있다는 신학적 교리의 대안이 될 수 없다는 사실이었다. 자기보존은 단지 고유한 현존재의 우연성과 관련해서만 필요하다. 왜냐하면 존속의 불안전성 때문에 현존재는 자신의 안전을 위한 특별한 노력을 필요로 하기 때문이다. 자기보존의 과제는 구체적으로 변화라는 사실성과 직면할 때 일어난다. 자기보존의 대상은 **변화 속의 동일성**(Identität im Wechsel)이다. 만약 어떤 상태들이나 현존의 조건들의 변경이나 변화가 없다면, 외부로부터의 보존과 마찬가지로 자기보존도 필요하지 않을 것이다. 그 이유에서 자기보존은 물리적 관성과 구분된다. 왜냐하면 데카르트나 뉴턴의 의미에서 관성 사상은 모든 변화를 추상화하기 때문이다. 지속(Beharren)이라는 사상이 이미 순수한 관성 그 이상의 것을 표현한다. 왜냐하면 지속 속에는 스스로 변화하는 현존재의 조건들과 관

---

126 B. de Spinoza, *Ethica more geometrico demonstrata* III prop. 7(unaquaeque res in suo esse perseverare conatur).

127 H. Blumenberg, Selbsterhaltung und Beharrung. Zur Konstitution der neuzeitlichen Rationalität, in: H. Ebeling, Hg., *Subjektivität und Selbsterhaltung. Beiträge zur Diagnose der Moderne*, 1976, 144-207, 특히 144ff.185ff.

련된 활동적 원리―스피노자의 의미에서는 경향(conatus)―가 이미 숨겨져 있기 때문이다. "자기보존"은 이것을 넘어서서 또 다른 요소 즉 자기관계(Selbstverhältnis)를 전제한다.[128] 자기관계는 자의식이 완전히 전개된 형태일 수도 있고, 혹은 모든 생명체에 고유한 미성숙하고 불명확한 자기친밀성(스토아 철학에서는 οἰκείωσις)일 수도 있다. 완전한 명확성의 단계에서 자기관계는 자신의 고유한 현존재의 우연성과 위험성을 아는 지식을 함유하며, 그 앎을 통해 비로소 자기보존의 과제가 생긴다. "스스로를 보존해야 하는 존재가 반드시 알아야 하는 것은 그것이 자신의 존재의 근거를 그 어느 순간에도 배타적으로 자신 안에 갖고 있지 않다는 사실이다."[129] 그렇기에 자기보존은 결코 자신의 고유한 현존재와 존재상태의 지속을 스스로 보증할 수 없으며, 오히려 항상 외부로부터 오는 보존에 의존해 있다. 특히 자기보존의 조건들을 유지하는 것이 외부로부터 오는 자기보존에 달려 있다. 이것은 환경적 요인들의 측면에서뿐만 아니라, 스스로를 보존하는 존재의 자기활동이라는 측면에서도 그렇다. 여기서 보존되어야 하는 자기(Selbst)는 처음부터 보존의 준비를 갖추고 현존하는 것이 아니다. 인간의 경우 자기는 개별적인 삶의 과정 속에서 비로소 인격적 동일성으로서 형성되며, 자의식의 매순간 속에서는 단지 예기적(antizipativ)으로만 현재한다.[130] 이와 비슷하게 단순한 지속도 시작의 상태를 넘어서는 계기를 이미 포함하고 있다. 스스로를 지속적인 것으로 입증하는 존재는 단지 자신의 초기 상태와의 동일성 속에서, 그리고 그 상태의 힘을 통해 지속되는 것이 아니다. 지속되는 존재의 동일성이 지속의 과정 속에서 비로소 형성

---

128 이에 대해 D. Henrich, Die Grundstruktur der modernen Philosophie, in E. Ebeling, Hg., *Subjektivität und Selbsterhaltung*, 1976, 97-121, 특히 103ff.를 보라.
129 D. Henrich, 같은 곳, 111.
130 이에 대한 자세한 내용을 나의 책에서 보라. *Anthropologie in theologischer Perspektive*, 1983, 507ff.

되는 것이다. 물리학의 관성의 법칙은 현존재의 모든 지속성이 마치 이러한 사실로부터 이해되고 있는 것과 같은 인상을 준다. 하지만 그것은 일차적이고 피상적인 외관에 불과하다. 그런 가상에 빠지면 그 법칙 곧 **변화하는 조건들 아래서는** 그 어떤 지속도 내포하지 않는다는 법칙의 추상적인 성격을 잊게 된다. 구체적으로 현존하는 것의 지속은 항상 자신의 고유한 현존재와 그것의 변화하는 조건들의 우연성에 직면해서 실현되는 것이다.

하나님의 보존 활동은 유한한 사물들의 지속 및 자기보존과 충돌하지 않는다. 오히려 하나님의 보존 활동은 최우선적으로 피조물의 독립성을 가능하게 해주는데, 독립성은 자기보존의 능력과 그것의 실현 속에서 표현된다. 하나님은 오로지 계속해서 존속하고 독립적으로 실존하는 피조물들의 생성을 통해 창조 행위의 목적에 도달하신다. 이 점에서 창조 행위는 그 본성에 따라 창조자와 구분되어 독립적으로 존속하는 어떤 것의 발생을 대상으로 한다. 하나님의 보존 활동은 피조물의 그러한 독립적인 존속을 위해 봉사하며, 또한 하나님의 협력 활동도 피조물들의 행위에서 이루어지는 독립성을 위해, 그리고 그 행위의 실현을 위해 봉사한다.[131] 하나님의 세계 통치에 대해서도 같은 내용이 적용될 수 있을까? 이 질문이 가까이 놓여 있다.

---

[131] 이것은 하나님의 협력에 대한 루터교적인 서술의 의미다. 예를 들어 홀라츠(D. Hollaz)가 그렇게 서술했다. Concurrit DEUS ad actiones et effecta creaturarum non consursupraevio, sed simultaneo, non praedeterminante, sed suaviter disponente(*Examen theol. acroam*. I, Stargard 1707, 654). 칼로프(Calov)가 이미 칼뱅주의자들과 토마스주의자들에 대해 스토아적인 숙명론에 빠졌다는 비판을 제기했었다. A. Calov, *Systema loc. theol*. III, Wittenberg 1659, 1210ff., 또한 토마스의 글(*S. theo*l. I, 105, 1과 I-II, 109,1) 가운데 물리적으로 앞선 운동(*praemotio physica*)의 교리에 대해서는 1205f.를 참고하라.

c) 세계의 통치와 하나님 나라: 창조의 목적

하나님의 세계 통치는 피조 현실성의 변화들 속에서 나타나는 하나님의 신실하심(Treue)의 표현이다. 하나님의 신실하심이라는 관점은 피조세계의 보존과 통치를 서로 결합시키지만, 그러나 동시에 하나님의 창조 행위의 우연적인 자유와도 결합된다.[132] 피조물들의 보존은 데카르트가 생각했던 것처럼 단순히 하나님의 경직된 불변성에 근거하는 것이 아니라, 창조자의 신실하심에 근거한다. 신실하심을 통해 하나님의 행위들의 우연적인 연속 안에서도 하나님의 동일성이 나타나는 것이다. 아버지께 대한 아들의 신뢰와 아들에 대한 아버지의 신뢰라는 상호 신뢰로부터 생성되는 하나님의 신실하심은 부단히 변화하는 세계 속의 불의와 저항에도 불구하고 피조물들의 동일성과 지속성을 보증하는 근거가 된다. 여기서 우연성의 계기, 즉 각각 새로운 삶의 순간 속에서 일어나는 창조적 새로움의 계기는 피조물의 보존 개념 속에 이미 포함되어 있다. 이와 비교할 때 형태들의 형성과정이나 피조물의 역사 속에서, 또는 그것들의 서로에 대한 관계 속에서 일어나는 변화의 국면은 하나님의 세계 통치 개념에 속한다.[133] 하지만 여기서 하나님의 세계 통치의 고유한 대상은 아직 언급되지 않았다. 말하자면 그 대상은 특별히 피조물들의 서로에 대한 관계이며, 피조물들 사이에서 자기주장과 자기확장의 열망과 관련해서 생기는 대립과 충돌의 관계다. 여기서 하나님의 세계 통치는 세계 전체를 돌본다. 그렇기에 세계 통치는 필연적으로 세계 내 부분들이 서로에 대해 맺는 관계들에 관

---

[132] 칼 바르트는 하나님의 신실하심이 세계 통치라는 신학적 개념에 대해, 그리고 무엇보다 피조물의 측면에서 일어나는 모든 불의와 저항에 대해 갖는 근본적인 의미를 바르게 강조했다. K. Barth, *KD* III/3, 211, 참고. 47,203.

[133] 라인하르트(Reinhard)가 하나님의 세계 통치 개념을 그와 같이 정의했다(*actio* qua rerum omnium mutationes consiliis suis convenienter moderatur). Franz Volkmar Reinhard, *Vorlesungen über die Dogmatik*, 1801, §62, 221.

여하게 된다.¹³⁴ 세계 통치는 하나의 개별 존재만의 안녕을 목표로 하는 섭리의 상으로는 충분히 그려질 수 없다. 각각의 개별 피조물을 돌보시는 하나님에 대한 예수의 말씀들(마 10:29f.; 6:26ff.)은 개별 피조물이 세계 통치라는 더 높은 목적을 이루기 위한 수단에 불과하다는 식으로 하나님께 대해 단순히 종속적인 의미만을 갖는다는 주장을 배제한다.¹³⁵ 모든 피조물은

---

134 브레트슈나이더(Karl Gottlieb Bretschneider, *Handbuch der Dogmatik der evang.-luth. Kirche* I (1814) 3. Aufl. 1828, §93)는 다음과 같이 말한다. 하나님의 세계 통치는 세계 전체와 관련되고 그래서 또한 세계의 부분들의 서로에 대한 관계들에도 관여한다. "부분들의 총합이 세계이니까, 세계 통치는 부분들의 통치와 다르지 않다"(614). 그 당시에 하나님의 보존과 세계 통치 사이의 구분이 논쟁이 되었는데, 슐라이어마허는 보존 사상을 각각의 개별 피조물의 독자적 존재 ("Fürsichgesetzsein")와 관련짓고, 그와 달리 통치 사상은 각 피조물과 "그것 외의 다른 모든 것" 그리고 그것으로부터 생성되는 모든 것과의 "공존"(Zusammensein)과 관련시키는 것이 가장 좋은 생각이라고 판단했다(*Der christliche Glaube*, §46, 부록). 물론 슐라이어마허는 창조와 보존 사이의 구분과 마찬가지로 또한 그 구분에서도 "우리의 경건한 자의식에 대해 의미를 갖지 못하는 추상성"만을 보았다(같은 곳). 그 이전의 구(舊)개신교주의 신학에서 신적 통치가 피조세계 전체에 대해 갖는 관계—이미 토마스 아퀴나스(*S. theol.* I, 103, 3과 5)가 강조했던 그 관계—는 루터교보다는 개혁주의의 측면에서 더욱 강조되었다. 칼 바르트가 규정하는 그 개념(K. Barth, *KD* III/3, 192f.)도 토마스의 이해를 따르고 있으며, 그와 관련된 유보적 내용들도 그대로 포함한다(특히 194ff.).

135 이에 대해 칼 바르트는 반대했는데(K. Barth, *KD* III/3, 195ff.), 그것은 올바른 것이었다. 어떤 개별 피조물도 단지 다른 피조물을 위한 수단에 불과할 수 없으며, 오히려 "각각은 **자기 자신만을 위한** 의미, 중요성, 가치, 존엄성을 갖는다"(197)는 것이다. 바르트의 이런 통찰이 특별히 토마스 아퀴나스가 서술했던 옛 섭리론이 지닌 목적지향적 구조의 형태에 대한 더욱 급진적인 비판으로 전개되었더라면 좋았을 것이다. 토마스에 따르면 목적이 수단 아래에 종속되어야 하는 것처럼, 하나님의 세계 통치는 개별적인 선(*bonum particulare*)을 보편적인 선(*bonum universale*) 아래로 굴복시킨다. *S. theol.* I,103 a 3—finis gubernationis mundi sit quod est essentialiter bonum[세계 전체의 선이 더욱 본질적인 것입니다]—그리고 a 2에서 다루어지는 같은 논지를 비교하라. 이와 같이 하나님 자신이 자기 행위의 최종 목적이시다. *S.c.G.* III, 64. 참고. *QD de pot.* 9,9. 이렇게 규정할 때 생기는 문제점은 토마스의 다음의 서

하나님의 창조 행위에 대해서도, 또한 그분의 세계 통치에 대해서도, 그 자체로서 목적이다. 하지만 하나님께서 어떤 개별 피조물의 행복을 바라보시는 방식, 말하자면 그 밖의 다른 피조물들도 돌보시는 가운데 그 피조물의 행복을 염두에 두시는 방식은 개별 피조물이 자기 자신의 행복을 추구하는 것과는 매우 다르다.

이 지점에서 온갖 탄원과 항의가 생겨난다. 세계의 실제적인 상태와 역사 과정 안에서 사랑과 자비의 하나님 혹은 정의의 하나님이 세계를 통치한다는 사실은 거의 인식되지 않는다는 것이다.[136] 겉으로 보기에 무의미한 고통들과 부조리, 또한 악과 무신성의 승리와 행운이 예로부터 믿는 자들이 부딪쳐야 하는 시련에 속한다. 파울 게르하르트(Paul Gerhardt)의 다음과 같은 노래를 들을 때, 우리 모두가 그를 따라야 하는 것은 아니다.

"당신이 나를 아프게 하고/ 분노를 삼키게 만드시며/

술을 통해 완화된다. 우주 질서의 목적으로 지칭되는 하나님의 선하심(*bonitas*)은 모든 개별자를 각각의 고유한 목적들로 이끄신다. S.c.G. III, 64. 참고. *S. theol.* I,44,4c... primo agenti...non convenit agere propter acquisitionem alicuius finis; sed intendit solum communicare suam perfectionem, quae est eius bonitas. 그럼에도 불구하고 피조물들이 아니라 하나님 자신이 세계 통치의 최종 목적이라는 표상은 어느 정도 잘못된 부분을 포함하고 있으며, 세계 통치가 마치 억압의 특성을 지니는 것과 같은 인상을 불러일으킨다.

[136] 고대 이래로 하나님의 세계 통치를 의심하게 만드는 동기를 제공했던 이와 같은 현실을 특별히 라쵸브가 타당하게 서술했다. C. H. Ratschow, Das Heilshandeln und das Welthandeln Gottes. Gedanken zur Lehrgestaltung des Providentia-Glaubens in der evangelischen Dogmatik, in: *NZsyTheol.* 1, 1959, 25-80, 특히 76ff. 이 생각은 또한 바르트에 대한 라쵸브의 비판의 배후에도 놓여 있다(57f, 61f.). 거기서 라쵸브는 섭리 개념뿐만 아니라 보존 개념까지도 포기할 것을 요구했지만(80), 이것은 성급한 것으로 판단되어야 한다. 보존과 세계 통치 개념이 없다면 하나님을 창조자로 사고할 수가 없다. 하나님의 세계 통치 교리와 하나님의 통치에 대한 성서적 사고(아래를 보라) 사이의 관계는 라쵸브에게서 논의되지 않았다.

나는 다만 근심에 가득차서/ 살아갈 수밖에 없다고 해도/
그래요, 당신이 원하시는 대로 하세요./
내 몸 전체에/ 결국 무엇이 좋고 유익한지/
무엇이 해가 되고 무가치한지/ 오로지 당신만이 아시니까요."

가장 견디기 어려운 것은 아마도 게르하르트가 마지막에 다른 이들의 고통 앞에서 무력한 자신을 고백하는 부분일 것이다. "당신은 결코 어느 누구도 너무 지나칠 정도로 슬프게 만들지는 않으셨습니다." 그러나 바로 이러한 내용이 그리스도교의 섭리 신앙이다. 섭리 신앙은 하나님의 일상적 돌보심 그리고 실생활에서 일어나는 도움과 인도하심을 신뢰하는 것으로 끝나는 것이 아니다. 오히려 섭리 신앙은 고통과 죄의 불합리성에 직면해서 입증된다. 물론 세계를 공개적으로 지배하는 죽음에 직면해서 믿음이 그렇게 할 수 있는 것은 오로지 하나님의 미래, 즉 새 창조의 통치를 기대할 때뿐이다. 죽음은 새 창조에 대해 아무런 한계도 설정하지 못하기 때문이다.[137]

칼 바르트는 하나님께서 세계를 다스리시는 것이 실질적으로 구약성서가 증언하는 이스라엘의 하나님의 왕권 통치와 동일하며(*KD* III/3, 200ff.), 예수가 가까이 다가오고 있으며 자신 안에서 이미 시작되었다고 선포했던 하나님의 통치와도 동일하다고 바르게 강조했다. 이런 맥락을 염두에 둔다면, 하나님의 세계 통치는 단순히 확정되어 있는 사태가 아니라는 점이 명확해진다. 바르트가 말했던 것처럼 그것이 피조물들의 이해를 벗어나 세계 속에서 단지 성서, 교회, 이스라엘 민족의 현존재를 통해 표징으로

---

[137] 파울 게르하르트의 노래(EKG 346)도 죽음을 넘어서는 종말론적인 완성을 내용으로 하는 마지막 소절로서 끝을 맺는다. 빌헬름 뤼트게르트(Wilhelm Lütgert, *Schöpfung und Offenbarung. Eine Theologie des ersten Artikels*, 1934)는 이러한 내용을 칼 바르트보다 더욱 자세히 관찰했다(368f.).

만 나타난다고 해도 그렇다. 그러나 다음의 사실도 간과되어서는 안 된다. 이 주제에 대한 구약성서의 진술들은 영원 전부터 확정되어 있는 하나님의 왕권 통치와 역사 속에서 앞으로 실현되어야 하고 역사의 완성의 미래로서 기대될 수 있는 하나님의 왕권 통치 사이의 긴장으로 가득 차 있으며, 또한 예수의 메시지도 그 왕권 통치의 미래가 가까이 다가왔다는 통고를 출발점으로 삼고 있다. 오직 그 미래만이 모든 눈들 앞에서 성서의 하나님이 창조자이실 뿐만 아니라 온 세상의 왕이라는 사실, 그리고 그분의 창조의 통치권은 결코 빼앗기지 않으며 오히려 그분은 그 통치권을 역사의 과정 속에서 언제나 변함없이 수행해 오셨다는 사실을 밝히 드러낼 것이다.

세계에 대한 하나님의 왕권 통치의 현재적 은폐성과 미래적 완성 사이의 긴장 관계에 대한 질문 외에 다른 하나의 질문이 있다. 어떤 목적 지향성, 다시 말해 어떤 목적을 지닌 행위구조가 하나님의 세계 통치에 부합하는지, 그리고 어떤 의미에서 그러한지의 질문이다.[138] 창조 안에서 이루어지는 하나님의 통치와 하나님 나라는—그것의 미래가 세상 안에서 효력을 나타내는 곳에서 이미 시작되었다고는 해도—미래에 이르러 즉 하나님의 종말론적 미래와 그 도래를 통해서만 완성된다면, 세계에 대한 하나님의 모든 통치 행위 곧 종말론적 완성보다 앞서는 모든 통치 행위는 그 미래와 관계된 것처럼 보일 것이다. 하지만 어떤 의미에서 그러한가? 종말론적 완성이 모든 피조 현실성의 내적인 목적을 형성한다(참고. 롬 8:19ff.)는 것은 확실하다. 그러나 그 완성이 또한 신적 행위의 목적인가?

중세의 아리스토텔레스적 스콜라 철학의 섭리론에서는, 그러나 이미

---

[138] 이에 대해 제I권, 625ff.를 보라. J. Ringleben, Gottes Sein, Handeln und Werden. Ein Beitrag zum Gespräch mit Wolfhart Pannenberg, in: J. Rohls u. G. Wenz, Hg., *Vernunft des Glaubens* (Festschrift W. Pannenberg), 1988, 457-487을 참고하라.

창조의 표상 속에서도, 하나님 자신이 신적 행위의 최종목적이다.[139] 이에 대해 토마스 아퀴나스는 자신의 『신학대전』에서 잠언 16:4을 인용했고, 구(舊)개신교주의 교의학도 그와 같이 인용했다.[140] 이 구절은 어쨌든 불가타 라틴어 역에서 신적 창조 행위에 대해 그런 목적 관계를 명확하게 주장하는 유일한 본문이다. 반면에 같은 의도로 인용되었던 다른 구절들의 경우에 그런 목적 관계는 개별 사건들과 결합되거나(예를 들어 요 11:4), 아니면 그 구절들은 하나님의 영광이 그분의 높으심을 선포하는 창조의 작품들 속에 명확하게 나타난다고 말하든지(예를 들어 시 9:2의 하늘과 같이) 혹은 인간은 그분께 감사해야 하고 그분의 신성을 찬양해야 한다고 말한다(롬 1:21; 참고. 눅 17:18). 불가타 역에서 잠언의 그 구절은 다음과 같다. Universa propter semetipsum operatus est Dominus(여호와께서 온갖 것을 그 쓰임에 적당하게 지으셨나니…). 하지만 이 불가타 번역은 원문과 맞지 않는다. 원문은 각각의 피조물이 지닌 저마다의 특별한 목적을 말하고 있다.[141]

구(舊)개신교주의 교의학에서 하나님 자신이 자기 행위의 최종 목적

---

139 위의 각주 134를 참고하라. Thomas von Aquin, *S.c.G.* III, 17f.와 *QD de pot.* 9,9(volendo bonitatem suam, vult omnia quae vult) 그리고 같은 곳(…ex eo quod Deus amat seipsum, omnia ordine quodam in se convertit)을 비교하라. 이러한 주장은 그곳에서 삼위일체론의 심리학으로부터 유도된다. 하나님이 자기 자신을 인식함으로써 모든 것을 인식하시는 것처럼, 마찬가지로 또한 자기 자신을 의지(will)함으로써 하고자 하시는 모든 것을 의지하신다. 물론 토마스는 하나님이 그런 방식으로 자기 행위의 목적인 것은 아니며, 그 방식을 통해 아직 갖고 있지 않은 어떤 것을 얻으려는 것은 아니라고 말한다(quia non est in potentia ut aliquid acquirere possit, sed solum in actu perfecto, ex quo potest aliquid elargiri, *S.c.G.* III,18).
140 칼로프는 잠언 16:4을 이 논제를 위한 성서적 증빙의 정점에 세운다. A. Calov, *Systema locorum theol.* III, Wittenberg 1659, 900f. 또한 참고. J.A. Quenstedt, *Theologia did.-pol. sive Systema theol.* I, Leipzig 1715, 595(cap. 10, th. 16).
141 예를 들어 플뢰거의 주석을 보라. O. Plöger, *Bibl. Komm.* AT XVII, 1984, 186ff. 플뢰거는 "야웨가 모든 것을 각각의 목적에 맞게 창조하셨다"(186)라고 번역하고, 이에 대해 "특정한 목적에 맞게"라는 주석을 덧붙였다(190).

이라는 표상, 곧 신적 행위의 직접적 자기관계성의 표상은 다음과 같은 주장으로 받아들여졌다. 하나님의 영광 그리고 피조물이 그 영광을 인식하고 찬양하는 것이 창조의 목적을 형성한다는 것이다.[142] 여기서 신적 창조 행위 그 자체의 목적 관계가 말해진 것인지, 아니면 그 행위로부터 생성되는 피조적 현실성이 의도되는 것인지는 불명확하다. 성서적 증언에 따르면 하나님을 높이고 찬양하며 그분의 영광을 기리는 것이 피조물의 규정에 속한다는 사실에는 의심의 여지가 없다.[143] 그렇게 할 때 피조물, 특히 인간의 현존재는 완성에 도달한다(계 19:1ff.). 왜냐하면 그렇게 할 때 피조물과 인간은 아들을 통해 영화롭게 된 아버지의 영광에 참여하기 때문이다(비교. 요 17:4). 그 점에서 자신의 삶을 통해 하나님께 영광을 돌리는 것이 인간의 규정 곧 그의 현존재의 "목적"이며, 인간의 죄는 창조자 하나님께 마땅히 돌려드려야 하는 영광을 숨기는 데 있다(롬 1:21). 그러나 이와 완전히 다른 주장이 있을 수 있다. 그것은 하나님 자신이 세계의 창조를

---

142 D. Hollaz, *Examen theol. acroam*. I,3 q 14. Finis creationis ultimus est gloria bonitatis, potentiae et sapientiae divinae a creaturis agnoscenda et depraedicanda (Stargard 1707, 524). 칼로프는 이렇게 말한다. Finis creationis ultimus est DEI gloria, ut bonitas, Sapientia, et potentia eius a creaturis rationalibus celebraretur, in creaturis universis agnosceretur (A. Calov, *Systema loc. theol.*, Wittenberg 1659, 900, 신적 섭리의 목적으로서의 하나님의 영광[DEI gloria]에 대해서는 1141을 참고하라). 게르하르트도 비슷하게 말했다. J. Gerhard, *Loci theol. ed. altera* II, Leipzig 1885, 15 n. 85. 그보다 먼저 개혁교회 측에서는 폴라누스가 있었다. Summus finis creationis, est gloria Deu seu celebratio Dei in omnem aeternitatem(A. Polanus, *Syntagma theol. christianae*, 1610, Hannover 1625, 265b). 이를 위해 인용되었던 성서 구절들(시 8:1; 롬 11:36; 계 4:10f.; 5:13)은 하나님의 창조의 작품들이 그분에게 바치는 영광을 생각하는 것에 가깝다. 개혁주의 교의학의 더 많은 증빙에 대해 다음을 참고하라. Heppe/Bizer, *Die Dogmatik der evangelisch-reformierten Kirche*, 1958, 156, n. 13.14.

143 홀라츠(D. Hollaz, 같은 곳)는 이 내용에 대해 특별히 시편 19:2을 인용한다.

결정하신 근거가 자기 스스로를 영화롭게 하시려는 것이라고 주장한다.[144] 분명 하나님이 창조하신 작품들은 그분께 영광을 돌려 드린다. 어쨌든 세계의 종말론적 완성의 빛에서, 그리고 신정론(Theodizee)에 대한 모든 의심을 해소시킬 하나님의 미래의 신앙적 선취 속에서, 그것은 분명히 말해질 수 있다. 그렇기에 모든 피조물은 이 세상이 하나님의 영광을 위해 창조되었다고 고백해야 한다.[145] 하지만 피조물은 하나님이 그것들로부터 영광을 받으시기 위해 창조된 것이 아니다. 하나님은 피조물을 필요로 하지 않으신다. 왜냐하면 그분은 이미 그분 자신 안에서 영원 전부터 하나님이시기 때문이다. 하나님께서는 자신이 찬양을 받으시는 일을 자신의 행위를 통해 이루실 필요가 없고, 피조물들의 찬양을 거울로 보며 자신의 신성을 확인하실 필요는 더욱 없다. 자신의 행위 안에서 처음부터 끝까지 자신 자신

---

144 바로 이 점에서 하나님 자신이 창조 행위의 목적이라고 주장하는 스콜라 철학의 교리에 대해 안톤 귄터(Anton Günther)와 게오르크 헤르메스(Georg Hermes)가 비판했던 요점이 진리의 요소를 갖는다. 이 교리와 관련된 가톨릭 교의학의 오랜 논쟁에 대해 다음을 참고하라. M. J. Scheeben, *Handbuch der katholischen Dogmatik* III, 3. Aufl. 1961, 40(n. 92).

145 이 명제에 대해 제기된 이의는 제1차 바티칸 공의회에서 파문되었다. si quis... mundum ad Dei gloriam conditum esse negaverit: an. s. (DS 3025). 쉐벤(M. J. Scheeben, 같은 곳, 35)에 따르면 이 문장에서 중요한 것은 (피조물이라는) **작품의 목적**(finis operis)이지, **만드는 자의 목적**(finis operantis)이 아니다. 물론 쉐벤 자신은 잠언 16:4을 인용하면서 신적 창조 행위의 목적점이 하나님 자신에게 향한다고 가르쳤다(같은 곳, II, 222, §96, n. 513f.). 슈마우스도 비슷하게 서술했다. M. Schmaus, *Katholische Dogmatik* II/ 1, 6. Aufl. 1962, 118f. "하나님의 창조 행위가 작동하는 근거는 하나님의 자기 자신에 대한 사랑이다"(118). 하지만 케른은 그와 다른 주장을 펼쳤다(W. Kern, *Mysterium Salutis* II, 1967, 449f.). "하나님을 찬양하라는 피조물의 '내적 목적'은, 마치 하나님이 세계를 창조하면서 자기 자신의 영광을 구하는 것처럼 잘못 생각하는…창조자의 '외적 목적'과 혼동되어서는 안 된다. 하나님의 영광은 만들어진 창조의 '절실한 내적'(inständig) 목적, 곧 창조를 일으켜 세우고 그 존재를 시작케 하며, 최종적으로 그 본질을 완성하려는 목적이며, 만드는 창조자가 '회수해야 하는 어떤 외적인'(ausständig) 목적이 아니다."

만의 영광을 찾는 어떤 신은 인간이 자기애(amor sui)를 통해 죄의 악행을 저지르는 태도의 원형일지도 모른다.[146] 하나님의 창조 행위는 자유로운 사랑의 확증과 표현으로서 전적으로 피조물을 향해 있다. 피조물들 전체가 그분에게는 창조의 대상과 목적이다. 창조자로서의 영광, 곧 아들과 영을 통해 피조물들 가운데서 영화롭게 되는 아버지의 영광은 바로 그 점에 놓여 있다.

하나님의 창조 행위의 관점에서, 하나님이 피조물에게 현존재를 주셨고 또 주심으로써 우선적으로 그분 자신의 영광을 구하신다고 말하는 것은 타당하지 않다. 이에 상응하는 것이 또한 세계 통치의 행위에도 해당한다. 세계 통치의 행위 역시 하나님의 사랑의 표현이며, 창조와 피조물들의 완성 속에서 내용과 대상을 갖는다. 물론 피조물들이 그것들의 현존재의 완성에 도달하게 되는 것은 오로지 그것들이 하나님을 자신들의 창조자로 찬양하고 경외할 때다. 피조물들은 그렇게 함으로써 성령 안에서 아들을 통해 아버지를 영화롭게 하는 일에 참여하게 된다. 하나님이 세계 속에서 그분의 나라를 세우실 때 피조물들을 적대시하면서 그 일을 관철시키시는 것이 아니라, 바로 그것들 곧 그분의 창조를 구원하고 완성하기 위해 그렇게 하시는 것이다.

하나님의 사랑을 향한 관점에서도, 하나님의 행위를 다음과 같은 목적에 굴복시키는 목적론적 언어는 적절하지 않다. 그것은 하나님의 전능하신 의지(Willen)에 대해 지금은 아직 실현되지 않은 채로 있고 수단들을 개입시키고 나서야 그 의지가 비로소 실현될 수 있다는 식의 어떤 목적을 뜻한다. 행위의 목적과 행위 주체 사이에 설정되는 그런 거리의 표상은 하나님의 영원한 자기동일성과는 어울리지 않는다. 다만 그 거리가 하나님께서 피조물의 삶에 참여한 결과일 경우는 예외가 될 것이다. 하나님의 의지

---

146 이에 대해 나의 책을 보라. *Anthropologie in theol. Perspektive*, 1983, 83ff.

의 대상인 것은 그것이 무엇이든지 이미 실현된 것으로 생각되어야 한다. 다만 하나님이 그것의 실현에 피조물의 삶과 행위의 조건을 설정하신 경우는 예외가 될 것이다. 삼위일체 하나님이 피조물의 삶에 참여하신다는 조건 아래서만, 그리고 피조물의 삶을 특징짓는 시작과 종말의 시간적 구분에 참여하신다는 조건 아래서만, 신적 행위 안에서 일어나는 주체, 목적, 대상의 분리가 말해질 수 있다.

이로써 하나님이 행하시는 세계의 창조, 보존, 통치의 구별에 대해 새로운 빛이 비쳐진다. **창조**는—이와 같이 제시되었다—시간 안에서 일어난 행위가 아니라, 피조물의 현존재의 형식인 시간과 더불어 피조물의 유한한 현실성을 구성하는 것이라고 생각하는 것이 적절하다. 반면에 **보존** 개념은 피조물들의 현존재 그리고 그것을 창조하는 행위를 이전에 일어난 것으로 전제하며, 그렇기에 시간적인 구조를 갖는다. 시간과의 연관성 안에 있는 **세계 통치** 혹은 섭리의 개념에 대해서도 같은 내용이 해당된다. 하나님이 행하시는 피조물의 보존과 세계 통치가 창조 행위와 구분되는 것은, 보존과 세계 통치는 이미 **피조물의 삶과 그것의 시간구조에 하나님이 참여하셨다**는 표현이기 때문이다. 그리고 보존과 세계 통치가 서로 구분되는 것은, 보존이 하나님의 창조 행위 안에 있는 피조물들의 근원에 뒤돌아 관계되는 반면에, 섭리 혹은 세계 통치는 그와 달리 피조물들의 미래적 완성과 앞으로 관계되기 때문이다. 피조물들의 삶에 대한 하나님의 그와 같은 참여, 곧 피조물들의 보존과 통치로서 작용하는 참여는 궁극적으로는 삼위일체적인 삶 속에서 일어나는 하나님의 자기구분에 근거하고 있다. 이것은 "아들의 아버지로부터의 자기구분"을 뜻하는데, 여기서 아들은 자기구분을 통해 신적 생명의 통일성을 벗어나 밖으로 나옴으로써 피조물의 독립적인 현존재를 가능하게 하는 조건이 된다. 이렇게 하여 아들은 하나님과 구분된 피조적 독립성 속에서 만물을 "붙드신다"(히 1:3). 동시에 아들은 하나님의 세계 통치의 목적 규정을 형성하신다. 이것은 "시간들의 과정을 그것의 완성을 향해" 배열함으로써 "하늘에 있는 것이나 땅에 있는 것이나 다 그리스도 안에서 통일되게"(엡 1:10) 하는 것을 뜻한다. 즉 모든 피조된 것이 아버지께 대한 예수 그리스도의 아들 관계에 참여하는 것, 아버지로부터의 자기구분을 통해 매개되는 그분과의 연합에 참여하는 것을 뜻한다.

구(舊)개신교주의 교의학은 한편으로 하나님의 창조 행위의 개념과 다른 한편으로 보존 및 세계 통치의 개념 사이의 구조적인 차이를 중세 스콜라 철학만큼 강조하지 않았다. 하지만 그 교의학은 보존, 협력, 세계 통치 사이의 차이들을 피조물의 독립성 오용 및 창조자와의 관계와 연결시켰다는 점에서, 그 구조적 차이를 고려했다고는 말할 수 있다.[147] 피조물들의 보존이 피조물의 독립성에 대한 일반적인 조건을 대상으로 하는 반면에, 피조물의 활동들에 대한 하나님의 부수적 협력은 그것들의 독립적인 삶의 실현에 대한 하나님의 참여를 중요하게 다룬다. 이 점은 피조물들의 행위가 지닌 의도가 아버지께 대한 아들의 관계라는 규범을 벗어나는 경우에도 여전히 중요하다. 그러나 세계 통치의 경우에 중요한 것은 피조물들의 독립적인 행위의 실제 결과들, 즉 그것들의 비행과 그 결과로 비롯된 악을 세계에 대한 하나님의 "의도들"과 함께 배열하여 다루는 것이다.[148] 하나님의 세계 통치의 중심 주제는 피조물들의 독립성의 오용을 압도하는 하나님의 우월하심이다. 바로 이 점에서 하나님의 세계 통치의 표상은 하나님의 창조, 보존, 협력 개념들이 포함하고 있는 것을 가장 명확하게 넘어선다. 세계 속에 존재하는 악과 해악이 스스로 창조자 하나님의 의지에 대항하는 권세라는 주장은 의문스러운 것이 된다. 하나님의 세계 통치 사상

---

[147] 이에 대해 나의 논문을 보라. *Anthropologie in theol. Perspektive*, 1983, 83ff.
[148] 하나님의 세계 통치 개념에 대해 다음을 참고하라. J. A. Quenstedt, *Theologia dia.-pol. sive Systema Theol.* I, Leipzig 1715, 763ff. 크벤슈테트는 세계 통치를 실행하는 행위들을 다음과 같이 세분화한다. *permissio, impeditio, directio, determinatio*(허락, 방해, 인도, 결정).

의 가장 깊은 핵심은 피조물들이 창조자를 외면하고 거부하여 나타나는 결과들조차도 최종적으로는 창조를 향한 하나님의 "의도들"에 봉사할 수밖에 없다는 사실이다. 하나님의 통치 기술은 그 통치가 끊임없이 계속해서 악으로부터 선을 발생시킨다는 사실을 통해 확증된다.[149] 물론 그 통치 기술의 최종적인 의로움은 세계가 하나님 나라로 종말론적으로 변형되고 완성될 때 비로소 입증될 것이다.

---

[149] 알렉산드리아의 클레멘스가 이것을 "하나님의 섭리의 가장 위대한 행위"라고 말했다 (Klemens von Alexandrien, *Stromata* I,17,86). 아우구스티누스도 비슷하게 그것이 하나님이 악과 해악을 허락하신 이유라고 말했다. 하나님은 악을 통해서도 선을 만들어내신다는 것이다. *Enchir. ad Laurentium* 11, ut bene faceret etiam de malo, MPL 40, 236.

II. 피조물의 세계

지금까지 우리는 창조 행위가 어떻게 신론으로부터 설명되는지, 그리고 그 행위가 하나님께 속하는 보존 및 세계 통치 행위와 어떻게 관련되는지에 대해 논의했다. 이제 창조론은 세계 자체로 향할 것이며, 세계를 삼위일체 하나님의 창조로 해석할 것이다. 여기서 그리스도교 신앙의 진리에 대해 대단히 큰 의미를 갖는 한 가지 주제가 나타난다. 오로지 이 세계가 성서적 하나님의 창조로 이해되고 하나님 자신이 이 세계의 창조자로 이해될 수 있을 때만, 그분의 유일무이한 신성에 대한 믿음은 스스로 근본적인 진리임을 주장할 수 있다는 주제다. 오로지 이러한 전제 아래서 예수 그리스도의 역사는 한 분 참 하나님에 의한 세계의 화해로 해석될 수 있으며, 오로지 그때 그리스도교 교회의 선포와 파송이 한 분 참 하나님에 대한 순종 속에서 발생할 수 있다. 오로지 그 한 분 참 하나님 안에 그리스도교 희망의 미래가 근거할 수 있다. 그래서 루터는 대교리문답에서 믿음이 성서의 하나님 곧 예수 그리스도의 아버지를 참 하나님으로 진술하는 근거로서 "하늘과 땅을 창조하신 분은 바로 그분이시며, 그 외에 다른 누구도 아니다"라는 고백을 제시했다(사도신경의 첫째 조항에 관하여, WA 30/1, 483). 우리는 이 고백의 깊은 의미를 생각해야 한다. 그것은 세계의 근원을 물을 때, 다른 어떤 대안적인 정보도 그 근원을 충분히 설명하지 못한다는 사실이다. 피조세계의 현실성이 하나님께 대해 갖는 근본적인 관계가 간과되는 곳에서는, 아마도 그 현실성에 대한 단지 추상적인 접근만이 가능할 것이다. 물론 신학은 세계를 하나님의 창조로 이해하는 것과 관련해서도, 그리스도교의 진리주장의 정당성이 최후의 심판의 날에 이르기 전에는 보편적 동의를 얻을 수 없다는 사실을 고려해야 한다. 신학적 진술들은 바로 그 이해의 영역 안에서도 계속해서 논란의 대상이 될 것이다. 그럼에도 불구하고 신학은 자연세계와 인간적 역사의 세계를 하나님의 창조로 서술하는 일을 포기할 수 없다. 나아가 신학은 바로 그 서술을 통해 비로소 이 세계의 고유한 본질을 통찰할 수 있게 된다고 주장해야 한다. 신학은 이 주장을 학문들과의 대화 속에서도 관철해나가야 한다. 여기서 신학은 상처를 입을 수 있으며, 신학의 과제는 흔히 불충분한 것처럼 보일 수 있다. 하지만 이것은 신학의 과제가 전적으로 등한시되는 것보다는 나은 일이다.[150] 일반 학문들이 설명하는 세계를 하나님의 세계로 주장하기를 단념하는 것은 성서적 하나님의 신성을 고백하기 위한 사상적 해명 작업을 중단하는 것을 의미한다. 그러한 해명은 창조 신앙을 주관성에 집중시킴을 통해, 예를 들어 의존 감정을 표현하는 것으로 대체될 수 없다.[151] 그럴 경우 신앙

---

[150] 20세기의 자연과학과 신학에 대한 여러 가지 관계규정을 살펴보면서 바버(I. G. Barbour, *Issues in Science and Religion* [1966] 1968, 115ff.)는 그 규정이 세 가지로 변주된 전형적인 유형을 제시했다. 첫째는 과학과 신학 사이의 대립을 일방적으로 강조하는 것으로서 칼 바르트로부터 유래하는 "신정통주의" 신학이며, 둘째는 실존론에 의해 각인된 신학이며, 셋째는 실존신학과 마찬가지로 종교적인 주장들을 주관성으로 환원시키는 언어분석이다. 슐링크(E. Schlink, *Ökumenische Dogmatik*, 1983, 86)는 "오늘날 우리가 인식한 세계"를 창조자 하나님 아래 굴복시키는 일을 소홀히 하는 것을 "창조론 안에서 일어나는 가현설"이라고 올바르게 지칭했다(참고. 75f.). 다음을 보라. A.R. Peacocke, *Creation and the World of Science*, Oxford 1979, 46f., 그리고 W. H. Austin, *The Relevance of Natural Science to Theology*, 1976 1ff. 또한 그 주제에 대한 나의 논문 The Doctrine of Creation and Modern Science, *Zygon* 23, 1988, 3ff.

[151] 슐라이어마허에 기초한 창조 신앙의 이와 같은 해석학적 전통 속에 고가르텐도 속해 있었다. F. Gogarten, *Der Mensch Gott und Welt*, 1952, 317-350. 고가르텐이 세계로부터 그것의 원인인 하나님에게로 이르는 인과적 추론에 반대하여 "세계로부터 창조자 하나님을 인식할 수 있는 길은 없다"라고 강조한 것은 바른 주장이다(324). 하지만 여기서 창조 신앙과 나아가 세계를 하나님의 창조로 사고해야 하는 신학적 성찰의 필연성에 반대되는 것은 아무 것도 말해지지 않았다. 고가르텐이 "창조 신앙은 세계에 대한 세계관적인 해석이 아니다"라는 진술을 통해 그러한 필연성의 과제를 해결할 수 있다고 생각했을 때(325), 그는 종교개혁을 포함한 오랜 신학적 전통에 반대했을 뿐만 아니라 창조 신앙의 공허화를 촉진시킨 셈이 되었다. 에벨링은 더 세분화하여 설명했다. G. Ebeling, *Dogmatik des christlichen Glaubens* I, 1979, 302ff. 264ff.

의 자기이해는 세계의식과의 대립으로 빠져들며, 대립을 통해 신앙은 쉽게 부정직한 것으로 전락한다. 창조자 하나님께 대한 고백은 결국 공허한 형식에 불과하게 될 것이다. 이 모든 것은 세계의 창조자이자 보존자이신 하나님께 대한 신앙으로부터 18세기 자연과학이 해방되었을 때, 근대 그리스도교 신앙이 직면해야만 했던 숙명일 수 있다. 하지만 이런 곤경에 처한 신학이 자연과학적 세계상에 대해 그저 고상한 태도를 취하는 것만을 미덕으로 삼고 있을 수는 없다. 신학은 자연과학의 세계서술에 대해 전혀 신경을 쓰지 않고 자기 길을 갈 수만은 없는 것이다. 여기에 놓인 시급한 과제들을 지금 당장 일거에 해결하는 것은 어려울 것이다. 이제 우리가 진행하게 될 창조론은—비록 교의학의 다른 영역들보다 세부적인 내용에서 더 많은 문제가 야기될 수 있다고 해도—그 과제의 해결을 위해 최소한 하나의 길을 내는 데는 도움이 될 수 있을 것이다. 우리의 서술은 창조 행위의 대상 즉 피조세계에 대한 전통적인 취급방식과는 달리 피조물의 다양한 형태들을 즉시 다루지 않고 우선 창조에서 일어나는 아들의 활동을, 그다음에는 영의 활동을 다룰 것이다. 이때 아들과 영의 사역은 우주적 질서와 역동성의 원리들로서 나타나

물론 그는 고가르텐의 견해에 근접하여 창조 신앙과 자연과학 사이의 긍정적인 관계를, 세계의 피조성에 대한 진술이 "세계에 대한 연구 활동의 자유"에 근거하고 있다는 사실을 통해 보았다. 반면에 에벨링은 "창조 신앙에 대한 자연과학적 문제제기의 특수한 경우"(203f.)를—이 주제가 2세기 이상 다루어졌던 논쟁들이었음에도 불구하고—너무 가볍게 취급했다. 에벨링이 창조 신앙에 대해 "그 확실성이 자연과학으로부터 주어지지는 않는다"고 말했을 때(304), 물론 이것은 반론의 여지없이 맞는 말이기는 해도, 그 확실성의 진리의식이 조건, 곧 자연과학적 세계이해가 세계를 하나님의 창조로 보는 그리스도교적인 이해 속으로 통합될 수 있는 조건과 결합되어 있다는 사실에 관련해서는 아무 것도 변경시키지 못한다. 플레프너(Ph. Flefner)는 이 사실을 하나님에 대한 그리스도교 신앙이 정합성을 가지는 조건으로 바르게 보았다. C. E. Braaten 외, *Christian Dogmatics* 1, 1984, 298. "창조론이란 우리가 우리의 하나님 이해로 하여금 우리의 생각 속으로 침투하게 하고 우리 생각을 지배하도록 허락할 때, 우리가 세계를 어떻게 이해하게 되는지에 관한 상세한 서술이다"(ebd).

는 양쪽의 세계 내재적 활동이라는 관점 아래서 다루어진다. 이를 통해 한편으로 창조론의 삼위일체론적인 서술이 구체화되고, 다른 한편으로 자연과학적인 세계 서술들의 근본적인 측면에 대한 관계가 설명될 것이다.

1. 창조 안의 다양성과 통일성

하나님과 구분되는 현실성, 곧 하나님께서 영원히 긍정하시고 그 결과 하나님과의 연합에 참여하게 되어 있는 현실성의 창조는 오직 피조물들로 구성된 하나의 **세계**의 발생으로만 생각될 수 있다. 하나님의 무한성과 비교한다면 개별 피조물은 그 자체로서는 단지 소멸해가는 하나의 요소에 불과할 것이며, 유한한 존재로서 독립성을 갖지 못할 것이다. **타자를 통해 제한된다는 것**, 즉 무한을 통해서만이 아니라 다른 유한한 것들을 통해서도 제한된다는 것은 사물의 **유한성**에 속한다. 다른 유한한 것과 대비될 때 비로소 유한한 존재는 자신의 개별적 속성을 소유하게 된다. 오로지 다른 것과의 구분 속에서 그것은 어떤 것으로서 있다. 그렇기에 유한한 것은 유한한 것들의 다양성으로서 존재한다.

피조적 현실성은 그와 같이 직접적으로 피조물들의 다양성으로 묘사되며, 그 피조물들의 총합은 세계다. 그러한 다양성이 직접 주어져 있다는 것은 그것이 유한의 개념을 통해 주어져 있다는 점에서 우선 논리적이다. 이것은 창조가 시간적으로도 언제나 많은 피조물을 통해 존재한다는 식으로 해석될 필요는 없다. 유한한 시간에 앞서 시작된 우주를 설명하는 상대주의적 우주론[152]은 "빅뱅"(Urknall)을 통해 다수의 유한한 현상들이 현존재

---

[152] 물리학적 우주론의 틀 안에서 그런 표상이 부딪치는 곤란한 점들이 다음 글에서 바르게 강조되었다. E. McMulin, How Should Cosmology Relate to Theology? in: A. R. Peacocke ed., *The Sciences and Theology in the Twentieth Century*, Notre

로서 등장했으며, 다양한 물질의 구조들과 형태들의 우주가 팽창하는 가운데 생성되었다고 이해한다. 그렇다면 그것은 로고스가 피조물의 타자성(혹은 다양성)의 산출 원리로서 작용하는 형식일 수 있다. 어떻든 우주의 팽창이라는 우주생성론의 표상에서 분명히 볼 수 있는 것은 피조물의 다양성을 위해서는 다른 것과의 거리를 취할 수 있는 공간이 필요하다는 사실이다. 시간의 진행 방향을 따르는 우주 공간의 팽창은 형태들이 지속적으로 생성되기 위한 근본 조건이다.[153]

점증하는 다양한 현상들은 자신의 내적인 통일성 즉 정체성을 그것들 자체의 개별적 특수성 속에서 직접 갖는 것이 아니라, 세계의 통일성에 대한 그것들의 관계들 속에서 소유하게 된다. 정확하게 말하여 그 관계들은 다양한 현상들을 세계의 통일성과 연결해주는 **질서**를 뜻한다. 신학적으로 본다면 세계의 질서는 하나님의 지혜의 표현이며, 로고스와 동일하다. 로고스가 "아들의 아버지로부터의 영원한 자기구분"에 근거한 산출의 원리, 곧 타자에 대해 스스로를 또한 타자로 묘사하는 모든 유한한 실재성의 원리라고 한다면, 지금까지 존재했던 모든 것과는 다른 타자의 새로운 형식들이 언제나 또다시 등장하는 가운데 유한한 현상들 사이의 체계적인 관계 구조가 형성되며, 그와 동시에 하나님의 무한성 속에 있는 그 현상들의 근원과 그것들 자체 사이의 관계 구조도 형성된다. 타자성을 생산하는 원

Dame 1981, 17-57, 특히 34ff. "빅뱅이 시간 혹은 우주의 시작이라고 자동적으로 추정되는 것은 아니다⋯"(35). "그러나 누구나 선뜻 말할 수 있는 것은, 만일 우주가 어떤 창조자의 행위를 통해 시간 안에서 시작되었다면, 우리의 유리한 지점에서 볼 때 그 시작은 우주론자들이 지금 말하고 있는 빅뱅과 같은 것으로 보일 것이라는 사실이다"(39). 이에 대해 다음을 보라. P. Davies, *God and the New Physics*, 1983, 9ff., 25ff.

[153] 이 점에서 미래의 개방성이 표명된다. 현상들이 인지 가능한 군집의 형태를 갖게 되는 것과 우주 팽창 사이의 상관성에 대해 바이체커는 다음과 같이 말한다. "공간의 확장은 이런 의미에서 미래의 개방성이다." C. F. v. Weizsäcker, *Die Einheit der Natur*, 1971, 365.

리로서의 로고스는 각각의 특수성을 지닌 개별 피조물들의 근원이며, 또한 그 피조물들 사이의 관계적 질서들의 근원이기도 하다. 여기서 피조물들의 세계 속에서는 많은 피조물들과 그것들의 발원지인 하나의 로고스가 서로 분리되어 나타난다. 하지만 로고스는 피조물들을 초월해 있을 뿐만 아니라 또한 그것들 안에서도 영향을 미치는데, 그들의 개별적인 현존재 안에 각각의 정체성(Identität)을 구성한다는 점에서 그렇다. 질서와 통일성은 피조물들에게 그저 피상적인 것에 머물지 않는다. 피조물의 독립성이 커질수록 개별 피조물이 갖는 각각의 특수한 구조는 더욱 명확해지고, 이 구조를 통해 각 피조물은 다른 모든 것과 구분되는 자신만의 전체를 형성한다. 피조물들과의 관계 속에서 일어나는 로고스의 초월성과 내재성의 일치는 교부 신학이 개별 피조물들의 **로고스들**(logoi)이 다양하며, 그 로고스들은 하나의 로고스(logos) 안에 통합되어 있다고 말했을 때 이미 예고되었다(위의 각주 64를 보라). **로고스들** 자체는 여기서 플라톤의 이데아설의 의미에서 피조물들을 초월한 것으로 여겨졌다. 반면에 오늘날 로고스들은 세계 과정의 열린 맥락 속에서 피조물들의 생성과 발전의 과정을 통해 구조적인 특성들을 지닌 피조 형태들을 빚어내는 형성 과정으로 말해진다.

세계를 통일시키는 질서가 사건들과 사물들의 다양성에 대하여 그것들을 발생시키는 조건들의 보편적 형식의 기능을 갖는다는 점에서, 그 질서는 현상들의 **자연법칙적인 질서**다. 자연법칙적인 질서는 시간의 과정 속에서 현상들이 등장하기 위한 규칙들의 총괄개념이기는 하지만, 그럼에도 불구하고 그 질서는 그런 규칙들의 총괄개념으로서 추상적이며, 구체적 실재 속에 있는 피조물들의 다양성으로부터 분리되어 있다. 다양한 피조물들은 자연법칙의 질서로부터 볼 때 **교환 가능한** 것처럼 보이며, 이 점에서 법칙의 유효성에 대해서는 무관심한 사례들인 것처럼 보인다. 여기서 개별(einzeln) 사건의 개체적인(individuell) 특수성은 불가피하게 간과될 수밖에 없다. 그러한 개체적 특수성이 어디에 근거하는지에 대해서는 더욱 자세히 설명되어야 한다. 우선 중요한 것은 개체적 특수성과의 관계에서 드러나는 법칙의 추상성, 그리고 사건의 자연법칙적 질서에 대한 모든 이론의 추상성을 명확히 사고하는 것이다.[154]

이 지점에서 세계 현실성을 자연법칙으로 묘사하는 것은 신적 로고스가 창조의 다양성 안에서 통일성이 되는 방식과 구분된다. **로고스는 세계의 추상적 질서가 아니고 구체적 질서다.** 그것이 구체적인 이유는 신적 로고스의 개념 속에서 일어나는 자기구분의 영원한 역동성(logos asarkos)이 예수 그리스도 안에서 일어나는 자기구분의 실현(logos ensarkos)과 구분될 수 없기 때문이다. 보편적 로고스가 세계 속에서 활동할 때, 그 활동은 각각 특수한 피조물의 개별적(partikular) 로고스를 반드시 발생시키게 된다. 물론 우주적 로고스는 나사렛 예수의 인격 안에서 비로소 완전한 의미로 하나의 특수한 피조적 형태의 개별적 로고스, 즉 바로 그 개인의 "육체"와 하나가 된다. 이에 대한 근거들은 삼위일체론의 전개(제1권, 425ff., 501f.)에서 이미 설명했으며, 이에 더하여 그리스도론의 틀에서 보다 더 상세히 논의되고 해명될 것이다. 여기 창조론에서는 이미 예수의 하나님과의 관계를 영원한 아들에 대한 진술로 이끌었던 삼위일체 신학의 근거설정의 과정이 역전되었다(위의 62ff., 71ff.를 보라). 다시 말해 영원한 아들의 자기구분이 하나님과 구분되는 피조물의 발생의 근거가 되었다. 이렇게 진행된 길은 인간 나사렛 예수 안에서 비로소 완성되었기에 이제는 영원한 아들과 인간 예수의 일치가 말해져야 하는데, 이것은 피조물들의 세계 속에서 창조적 로고스로서의 기능을 행사하는 영원한 아들, 그리고 아버지에 대한 관계 및 피조물들과의 관계 속에 있는 인간 예수와의 해소될 수 없는 하나

---

[154] 여기서 지적되는 추상성은 에벨링이 제기했던 추상성 즉 자연과학이 "삶에 대한 직접적 관계로부터" 추상화되어 있다는 것과 동일하지 않다(G. Ebeling, *Dogmatik des christlichen Glaubens* 1, 1979, 299.302). 여기서 중요한 것은 "객관화"라고 묘사되는 사태이다. 그렇기에 법칙 개념이 인간의 경험적 주관성에 대하여 갖는 관계가 아니라 자연 현실성 그 자체에 대하여 갖는 관계가 중요하다. 법칙 개념의 추상성에 대해서는 후에 더 자세히 설명할 것이다.

됨을 가리킨다. 이 인간 안에서 창조세계를 전적으로 지배하는 로고스가 완전히 현현했다. 그래서 이렇게 말해진다. "하늘과 땅에 있는 모든 것들이 그리스도 안에서 통일을 이루었다"(엡 1:1). 그렇기에 세계에 대한 창조 질서의 원칙인 로고스는—자연법칙이나 자연법칙적 질서의 모든 이론체계처럼—무시간적·일반적 구조가 아니다. 오히려 로고스는 구체적·역사적으로 전개된 세계질서의 원칙이며, 그 역사의 통일성의 원칙이다. 이와 같은 맥락에서 창조 안에서 일어나는 로고스의 활동에는 특수한 피조적 현실성에 대한 그것의 개입이 속한다. 이 개입은 로고스의 내재, 혹은 더 나은 표현으로는 성육신에서 가장 극단적인 구체성을 획득했던 내적 침투(Intravenienz)라고 말할 수 있다. 로고스는 다른 모든 것과 구분되는 하나의 개별 피조물들과 바로 그렇게 결합되어 그것과 결정적으로 하나가 되었다.

보편적 로고스와 개별 피조물이 그렇게 하나가 되기 위한 조건이 있다. 그것은 해당된 그 피조물이 개별적인 동시에 보편적이어야 하며, 거꾸로 로고스는 보편적인 동시에 구체적이어야 한다는 조건이다. 이 조건은 그 어떤 임의의 피조물에게서도 성취되지 않는다. 기초 사건들과 물질의 기초적 구성요소들은 그것들의 구조적 단순성 때문에 고도로 일반적이다. 그 구조는 무수한 표본들 속에서 똑같이 반복되며, 원자들의 생성으로부터 시작하여 그 원자들이 고도로 분화된 모든 형태들을 조립하는 "벽돌"이 되기까지 그렇게 반복된다. 하지만 그 사건들과 물질적 구성요소들은 개별 사건으로서의 일회적 특수성을 갖기 때문에 그와 동시적으로 보편적이지는 않다. 개별 현상의 특수성을 통해 매개되는 보편성, 즉 그 개별자에게 고유하고 차별화된 특수성을 구성하는 것의 역사적인 영향력과 중요성이 담긴 보편성이라는 의미에서 볼 때, 보편성의 본질적 중요성은 고도의 복잡성의 수준에 이르러서야 가능하다. 왜냐하면 그 단계—특별히 인간적 생명의 단계—에 이르렀을 때 비로소 개성(Individualität)이 완전히 형성되기 때문이다. 창조자에 대한 피조물의 보편적 관계는 인간적 생명 형태의 수준에서 피조물에게 명확히 주제화되며, 이 주제의 실현은 재차 예수의 개인적인 특수성을 형성한다. 이와 같이 로고스는 인간을 통해, 즉 "새로운 인간"으로서 인류를 하나로 통합하는 **한 인간**을 통해 다양한 피조물들과 구체적으로 결합된다. 그러므로 성육신은 로고스 개념에게 낯선 것이 아니다. 성육신은 로고스의 기능에 속하는데, 여기서 로고스는 추상적으로 묘사된 개념이 아니라 구체적인 원칙 곧 세계의 통일성의 구체적인 창조 원칙이다. 성육신은 세계의 역사적 질서—로고스 안에 근거되어 있는 질서—가 통합되는 중심이다. 이 질서의 완성된 형태는 창조 속에서 세계가 완성되고 하나님 나라로 변화하는 종말론적 미래에 비로소 나타날 것이다. 이것이 맞다면, 성육신은 창조에 그저 외적으로 덧붙여진 추가물일 수 없고, 아담의 타락에 창조자가 반응한 결과에 그치는 것이 아니다. 오히려 성육신은 처음부터 신적인 세계 질서를 결정짓는 마침돌을 형성한다. 즉 성육신은 창조 안에서 활동하는 로고스의 현재의 가장 극단적인 구체화이다.[155]

신적 로고스의 창조와 표현으로서 각각의 개별 피조물은 다른 모든 피조물과 구분되는 자신의 특수성을 통해 아버지와 관계된다. 이것은 자신의 피조적 현존을 통해 자신의 창조자이신 아버지께 영광을 돌리기 위함이다. 피조물들의 규정은 아버지께 대한 영원한 아들의 관계에 상응하며, 아들이 아버지를 영화롭게 하는 것과도 부합한다. 아들이 아버지로부터 자신을 구분하는 동시에 바로 그 구분 속에서 아버지께 완전히 의존하고 근거를 둠으로써 아버지를 영화롭게 하듯이, 모든 피조물도 피조적 특수성 속에서 아버지를 자신의 창조자로서 찬미해야 한다는 것이 피조물

---

[155] Maximus Confessor, *PG* 91, 1217 A. 이에 대해 L. Thunberg, *Microcosm and Mediator. The Theological Anthropology of Maximus the Confessor*, Lund 1965, 90ff.를 보라. 둔스 스코투스(Duns Scotus, *Ord*. Ill d 7 q 3)에 대해서는 다음의 해설을 보라. W. Dettloff, *TRE* 9, 1982, 223-227.

의 규정에 속한다. 바로 이 점에서 모든 피조물은 아버지께 대한 로고스의 아들 관계에 각각 참여한다. 하지만 이때 중요한 것은 피조물 전체를 적용대상으로 파악하는 추상적·일반적인 사태가 아니다. 오히려 아들은 타자성의 산출 원리로서 모든 개별 피조물이 지닌 특수성의 창조적 근원이며, 동시에 그것들의 수많은 현상들의 구체적인 총괄개념이다. 이 둘은 창조의 로고스로서의 영원한 아들의 기능에 속한다. 그 외에도 신적 로고스에 대한 피조물들의 관계는 구체적인 사건들을 통해 추상적인 보편자를 예시하는 것과는 다르다. 다른 이유는 하나님을 창조자와 아버지로서 인정하고 영광을 돌려드림으로써 하나님과의 연합에 참여하게 되는 피조물의 규정이 그것들의 구체적인 현존재 속에서 직접 실현되지 않았기 때문이다. 여기서 하나님께 대항하여 피조물들이 스스로를 독립시키는 경향과 이로부터 귀결되는 다른 피조물들과의 대립을 극복할 수 있는 어떤 역사가 필요하다는 사실이 분명히 드러날 것이다.

피조물들의 세계에서 영원한 아들이 로고스로서 행사하는 기능이 개념적으로 그렇게 명료하게 설명되고 표현될 때, 신적 로고스를 통한 세계의 창조와 보존이라는 그리스도교 사상이 우주 질서의 자연법칙적인 묘사에 대해 갖는 관계도 그와 함께 명확성을 획득한다. 현실을 자연법칙으로 묘사하는 것은 이미 언급했던 것처럼 추상성의 특징을 갖는다. 물론 그때의 표현들이 시간 안에서 일어나는 현상들의 운동 및 변화, 또한 생성 및 소멸과 관계되어 있다고 해도 그렇다. 자연과학의 가설적인 법칙들은 임의로 재생산될 수 있는 혹은 언제나 반복해서 관찰될 수 있는 과정들을 묘사하며, 그렇기에 반복될 수 있는 실험들의 지지를 받을 수 있다.[156] 가설

---

[156] 자연과학과 신학적 진술의 차이에 대해 다음을 보라. A. R. Peacocke, *Science and the Christian Experiment*, London 1971, 21f. 또한 다음을 보라. A.M.K. Müller, *Die präparierte Zeit*, 1972, 264f. 이에 더하여 되링의 저서(W. Döring, *Universitas* 14, 1959, 974)에서 인용된 나의 책 66쪽 및 그곳의 각주 59번(80쪽)을 참고하라.

법칙들은 특정 사건의 구체적 질서를 동일 형태로 반복해서 진행되는 형식들(동일형식성)의 국면으로 묘사한다. 그런 동일한 형식의 엄청난 중요성은 인간이 자연과정들을 기술적으로 지배할 때만이 아니라, 자연사건 그 자체에 관련해서도 전혀 의심을 받지 않는다. 그 법칙들의 흔들리지 않는 확고함은 보다 더 높은 수준의 복잡성(Komplexitiät)의 형태들을 생성하기 위한 근본조건이다. 하지만 사건 자체는 그것의 진행과정의 동일형식성에 국한되지 않는다. 이 사실은 어쨌든 미래를 향한 시간적 흐름, 즉 이전에서 이후로 향하는 방향이 구체적인 자연과정들 속에서 비가역적이라는 점에서 그렇다. 시간의 비가역성은 모든 개별 사건들이 그 자체로서 유일회적이라는 결론으로 이끌며, 이것은 각각의 개별 사건이 다른 사건들과 동일형식적으로 인식된다고 해도 마찬가지다. 보편 명제인 "A라면 B다"라는 법칙 공식의 대상을 형성하는 동일형식적인 과정들은 어떤 다른 것으로, 즉 연속된 일련의 우연적 사건들로 나타난다.[157] 슈뢰딩거(Erwin Schrödinger)는 이미 1922년에 이렇게 확정했다. "현상들 가운데 최소한 그 진행과정들의 법칙성과 지속성이 보편적 인과성의 명제를 세우도록 이끄는 압도적 다수에 있어서, 관찰되는 엄격한 적법성의 공통근거는 다름 아닌 **우연**(Zufall)"이다.[158] 사건들의 우발성(Kontingenz)은 자연과학의 가설 법칙들 안에서 그 사건들 자체로부터 지속적으로 추상화되는 방식으로 이미 전제되어 있다. 개별 사건이 자신보다 앞선 이전 단계의 사건에 대한 관계 속에서 갖는 우발성은 그 자체로는 주제화되지 않는다. 주제화되는 것은

---

[157] 자세한 것은 나의 책 속의 설명을 보라. "Kontingenz und Naturgesetz" in: A. M. K. Müller/W. Pannenberg, *Erwägungen zu einer Theologie der Natur*, 1970, 34-80, 특히 65ff.

[158] E. Schrödinger, *Was ist ein Naturgesetz? Beiträge zum naturwissenschaftlichen Weltbild*, 1962, 10. 슈뢰딩거의 주장은 모든 거시물리학적 법칙성에 대해 미시적 과정들 속에서 진행되는 통계적 적법성의 근본 의미에 근거하고 있으며, 또한 시간 방향의 비가역성(13)을 전제하고 있다.

다만 그런 사건들의 순서가 갖는 동일형식성뿐이며, 이것은 법칙의 형태로 표현된다. 이것은 결정론적인 형태일 수도 있고 혹은 단순한 통계 법칙의 형태일 수도 있다. 하지만 이러한 동일형식성들은 스스로 홀로 나타나는 것이 아니라, 그 형식성 속에서 생기지 않는 **어떤 것**에 의해,[159] 다시 말해 일련의 우연적 사건들의 결과에 의해 존속한다.

이와 같은 사태를 마주 대하는 성찰의 결과는 우선 이렇게 말해질 수 있다. 자연과학적 공식들을 자연사건에 **적용**하는 것은 초기조건과 한계조건의 전제를 요청한다. 이 조건들은 관련된 공식으로부터 유도될 수 없기에, 이 공식과의 관계에서 우연적이다. 하지만 방정식들에 들어 있는 상수들 역시—비록 "확정적으로" 주어진 수치로서 방정식에 포함되어 있기는 해도—우연적이다.[160] 이 모든 것으로 미루어볼 때 알려지는 것은 자연과학의 가설 법칙들은 자연사건의 소재를 우발적으로 주어져 있는 것으로 전제한다는 사실이다.[161] 이 가설 법칙들은 사건들의 연속 속에 등장하는 동일형식성을 표

---

159 또한 바이체커도 "현실적인 것은 개별적 구조의 인식을 통해서는 완전히 이해될 수 없다"고 말했다. C. F. v. Weizsäcker, Kontinuität und Möglichkeit, in: *Zum Weltbild der Physik*, 6.Aufl. 1954, 211-239, 227.

160 러셀(Russell)은 우연성 개념의 다양한 측면들을 매우 자세히 분석했다. 만약 자연 상수들의 등장을 목적론적으로 해석하는 "인간원리"에 적용하는 경우, 자연 상수들의 우연성은 지구적(global) 관점으로부터 관측되는 우주에 대해서는 다시 사라진다. R. J. Russell, Contingency in Physics and Cosmology. A Critique of the Theology of Wolfhart Pannenberg, in: *Zygon* 23, 1988, 23-43,33. 이것은 의심할 바 없이 맞는 말이다. 하지만 자연 상수들의 이론적인(nomologisch) 우연성에 관련된 나의 논증의 핵심은 그 상수들을 포함하는 법칙-공식들과 우연성 사이의 관계를 다루는 것이지, 러셀이 말한 것과 같이 자연 상수들의 우연성과 소위 "지구적" 관점에서 본 우주 전체의 우연성 사이의 관계를 포괄적으로 질문하는 것이 아니었다. "인간원리"에 대해서는 아래의 각주 177과 이어지는 각주들을 보라.

161 이렇게 확정되는 내용에서 우선 중요한 것은 러셀(Russell, 같은 곳)이 말한 소위 "이론적"(nomologisch) 우연성이다. 이 우연성은 실제 사건들의 연속 속에 있는 발생 사

건의 우연성(Ereigniskontingenz)과 관련되어 있고, 러셀이 우주의 "지구적 관점에서의 우연성"(27ff.)과 구분하여 "지역적(local) 우연성"(24,30ff.)으로 다루었던 것과 같다. 일반적으로 말해서 우연성(Kontingenz) 개념이 가리키는 것은 존재하지만 필연적으로 존재하는 것은 아니며, 그래서 그것의 자리에 다른 어떤 것이 존재할 수도 있는 것이다(회링이 오늘날 우연성의 의미로 사용되는 세 가지 용어 가운데 첫 번째로 지적한 것, 즉 존재론적이지 않고 오직 "명제들의 속성"으로만 파악한 것을 참고하라. W. Hoering, *Hist. WB Philos.* 4, 1976, 1034-1038, 1035. 존재론적인 형식에 따른 우연성의 개념 규정은 둔스 스코투스에게로 소급된다. Duns Scotus, *Ord.* I d 2 p 1 q 1-2, ed. vat. 2, 1950, 178n.86). 이론적 우연성은 항상 법칙-공식들과 관계되며, 그 공식들에 대한 관계 속에서 사태 자체는 우연적이다(예를 들어 초기조건으로서). 이론적 우연성은 같은 사건이 다른 법칙에 근거해서 필연적인 것으로 묘사되는 것을 배제하지 않는다. 그러나 사건 우연성은 법칙-공식들과 관련되는 것이 아니라, 시간과 관련된다. 사건 우연성은 **과거의 것으로부터** 필연적으로 존재하는 것이 아닌 것을 가리키며, 이와 함께 미래 개방성을 전제한다. 사건 우연성은 양자물리학이나 열역학의 영역에서는 개별 사건의 "불확정성"(Unbestimmtheit)이라는 부정성으로서 출현한다. 참고. I. G. Barbour, *Issues in Science and Religion*, 1966, 273-316, 특히 298, 303ff. 여기서 우연성이란 용어는 사용되지 않고 있다. 하지만 사건 우연성 개념 안에 자연법칙적 설명에 따라 "불확정성"으로 머무는 사건뿐만 아니라 모든 사건을 포함시킨다면, 우연성을 필연적이 아닌 것으로 규정하는 것은 충분하지 않다. 이런 구별은 우연성을 법칙-공식을 통해 규칙화되지 않는 것에 제한하는 것을 의미할 뿐이다. 모든 사건이 사건 우연성의 의미에서 우연적이며, 법칙의 의미에서 필연적이라는 것이 우연적 사건에서 등장하는 동일형식성의 측면만을 묘사할 뿐이라면, 필연성과의 관계 안에 있는 우연성의 개념 규정은 보다 더 확장될 필요가 있다. 우연성은 그때 필연적으로 존재하면 **안 되는** 것이 아닌 모든 것(즉 가능한 것), 그래서 실제로 등장하여 존재하는 모든 것을 지칭한다(참고. 위의 각주 157에서 언급된 나의 책, 75, 각주 11). 후자의 관점에서 볼 때 모든 사건은 사건 우연성의 의미에서 우연적인 것으로 생각될 수 있으며, 비록 그 등장 방식이 법칙들을 통해 규정된다고 해도 그러하다. 이 지점에서 러셀의 "지역적" 우연성 혹은 "지구적 관점에서의" 우연성과 구분되는 "보편적(general) 우연성"이 말해질 수 있을 것이다. 왜냐하면 중요한 것은 **각각의** 사건 특유의 특성이지, 세계 전체의 우연성이 아니기 때문이다. 모든 사건을 우연적으로 이해하기 위한 근본적이면서도 충분한 조건은 비가역적 시간의 흐름 속에 있는 미래 개방성이라고 할 수 있다. 왜냐하면 시간의 비가역성으로부터 귀결되는 것은 **각각의** 사건이 궁극적으로 유일회적이고 반복 불가능하다는 사실, 그렇기에 각각의 사건은 그것을 충족시키는 규칙현한다. 동일형식성은 각각의 개별 사건의 우연성을 해치지 않고서도 그 사건들의 연속에서 발견된다. 법칙의 표현들이 서로 겹치고 맞물려 있기에 자연 법칙적인 서술은 연속된 복잡한 사건들을 점점 더 정확하게 재구성할 수 있다. 왜냐하면 특정 법칙의 적용가능성에 대한 초기 조건과 한계 조건들은 이미 적법한 다른 법칙들의 결과이기 때문이다. 그렇기에 우리에게 알려진 우주의 생성과 역사와 같은 포괄적 과정들의 경우 혹은 생명체의 생성과 진화의 경우에 구체적으로 연속되는 사건들을 법칙들이 서로 겹치고 맞물리는 결과로서 재구성하는 것은 가능하다. 하지만 그러한 재구성들은 실제로 발생한 사건 과정에 대한 근사치일 뿐이다. 이 사실은 시간 방향의 비가역성 때문에 세계과정 전체와 각각의 개별사건이 최종적으로 유일회적이라는 점으로부터 귀결된다.

구체적 과정들 속에서 일어나는 사건들의 맥락을 묘사하는 것은 일반적 규칙들과 그것들의 상호 맞물림을 예시하는 관점이 아닌 다른 형식으로도 가능하다. 역사적인 서술에서 우연성은 연속되는 사건들을 구성하는 요소 사건이 등장하면서 사라져버리는 것이 아니고, 오히려 그 사건들의 맥락이 사건들의 우연적인 연속성을 통해 구성된다.[162] 물론 연속되는 사건들에 대한 역사적인 설명은 추상적인 것이 되는데, 왜냐하면 그것은 선별적으로 진행되기 때문이다. 어떤 진행 과정을 묘사하려고 할 때, 그 진행에 관여한 모든 사건이 고려되는 것이 아니라 그 진행과정의 특성을 나타내면서 그것의 결과에 중요한 것들만 고려된다. 하지만 이러한 선별이 사건들의 연속성 속에 있는 우연성을 도외시하는 것은 아니다. 그러므로 연속 사건을 이루는 역사적 맥락은 그것의 전체 과정 속에서 개별 사건들이

들을 통해서 완전히 설명될 수 없다는 사실이다.
[162] 이에 대한 상세한 내용을 나의 책에서 보라. *Wissenschaftstheorie und Theologie*, 1973, 60ff.

등장하는 것과 마찬가지로 비가역적이며 반복될 수 없다. 개별 사건들은 자신에게 특유한 역사적 의미를 갖게 되는데, 이것은 그 사건의 등장이 일반 법칙들이 적용되는 경우로서 묘사된다는 사실을 통해서가 아니라(실제로 그런 경우일 수도 있지만), 유일회적인 사건 진행의 순서 속에서 그것이 갖는 위치와 기능을 통해 그렇게 된다. 이 사실은 역사적 과정 전체와 관련되어 있고, 이 역사 과정의 고유한 형태는 오직 그것의 종말로부터만 인식될 수 있다.

이와 비슷한 의미에서 고대 이스라엘은 인간과 인간 세계의 현실성을 역사로, 다시 말해 각각 새로운 사건들이 비가역적인 순서로 등장하는 연속성으로 이해했다. 자신의 역사신학적인 기원으로부터 스스로를 해방시켰던 근대의 인간중심적인 역사 이해와는 달리,[163] 구약성서에서 사건들의 우연성 속에서 일어나는 하나님의 행위는 연속되는 사건들의 맥락과 의미를 구성하는 중요한 요소였다. 그 역사 속에는 인간들의 행동과 의도 역시 자리를 잡고 있기는 하지만, 역사 과정은 최종적으로 인간이 아니라 하나님에 의해 주도된다.[164] 근대 서구적인 사고 안에서와 달리 고대 이스라엘에서 그 주도권은 자연과 역사의 대립으로 나타나지 않았다. 두 영역 모두에 대해 "하나님의 실제적인 활동(Aktualität)"은 근본적인 것으로 간주되었다.[165] 자연 세계의 질서들도 하나님이 설정하신 것으로 이해되었고, 그것들의 확고함은 역사 속의 사건으로 소급되었다(창 8:22). 이러한 사고는

---

[163] 이 과정에 대한 고전적 설명을 다음에서 보라. K. Löwith, *Weltgeschichte und Heilsgeschehen*, 1953. 또한 "역사 사건의 독립성과 세속화"에 대한 해설을 다음에서 보라. G. A. Benrath, in: *TRE* 12, 1984, 633ff.

[164] 이에 대한 근본적 내용을 다음에서 보라. G. v. Rad, *Theologie des Alten Testaments* II, 1960, 112-132. 또한 참고. K. Koch, in: *TRE* 12, 1984, 572f.

[165] G. v. Rad, Aspekte alttestamentlichen Weltverständnisses, in: *Ev. Theol.* 24, 1964, 57-98, 65. 폰 라트에 따르면 구약성서의 자연이해는 역사이해와 마찬가지로 동일한 관점에서 근대적 이해와 대립된다(64).

이미 솔로몬 시대에 친숙했던 것으로 보인다.[166] 수백 년 후에 제사장문서 (P)는 세계와 그 질서들의 창조를 다시 한번 이스라엘을 향한 하나님의 구속사 및 계약사의 서술 안에 편입시켰다. 그럼에도 불구하고 이스라엘의 사고 안에서도 사건의 법칙성 속에서 계시되는 하나님의 세계 행위와 그분의 역사적 행위 사이에 일으켜지는 "긴장"이 점점 더 뚜렷해졌다. 이 긴장은 지혜문학에서 가장 명확해졌고,[167] 이미 포로기 이전 시대에서도 나타났다. 하지만 6세기의 왕국의 종말과 유대 민족의 국가적 독립성의 상실을 통해 하나님이 옛날에 역사적인 구원을 설정하셨다는 사실에 대한 신뢰가 흔들렸을 때, 그 긴장은 더욱 첨예화되었다. 유대적 사고 안에서 많은 중재의 시도가 있었음에도 불구하고[168] 한편으로 창조 질서 속의 하나님의 행동과 다른 한편으로 이스라엘의 선택의 역사 속의 하나님의 행동 사이의 긴장은 하나님의 지혜와 동일시되는 로고스가 나사렛 예수 안에서 성육신했다는 그리스도교 교리를 통해 결정적으로 해소되었다. 그 결과 지혜의 주제는 재차 구속사적 사고의 맥락 안으로 결합되었고, 이 사고는 세

---

166 이 견해에 전제되는 것은 창세기 8:22이 모세 오경의 J문서에 속하며 시간적으로 기원전 9세기에 덧붙여졌다는 사실이다.
167 G. v. Rad, in: *Ev. Theol.* 24, 1964, 65ff. 또한 동일저자, *Weisheit in Israel*, 1970, 227f., 357ff., 359. 폰 라트는 자신의 지혜서에서 이전보다 더욱 힘주어 이렇게 주장했다. 이스라엘은 "고대 근동에서는 유일무이하게도 모든 역사적인 것의 우연성을 인정함으로써" 점점 더 "한 가지 새로운 질문"과 마주하게 되었는데, "그것은 역사 속에서 불변하는 상수에 대한 질문"이었다(368). 하지만 슈미트(H. H. Schmid, *Altorientalisch-alttestamentliche Weisheit und ihr Verhältnis zur Geschichte*, 1972)는 그에 반대하여 다음과 같이 서술했다. 지혜문학의 사고가 이스라엘 안에서 이미 처음부터 "역사적 경험들에 대한 이해의 지평을 제시했다"는 것이다. H. H. Schmid, *Altorientalische Welt in der alttestamentlichen Theologie*, 1974, 64-90.
168 집회서(Sirach 24:8, 11)에서 이미 이렇게 말해진다. 신적 지혜는 역사적으로 이스라엘 속에서 "지속적으로 머물 장소"를 찾았고, 거기에 "거주"했다는 것이다. 이와 같이 제시되는 특징적인 노선 위에서 알렉산드리아의 필론은 하나님이 시내산에서 모세에게 율법을 계시하신 것이 만물을 통치하는 로고스의 계시라고 해석했다.

계의 드라마로 확대되었다. 이와 함께 그리스도교 신학에는 한 가지 과제가 주어졌는데, 그것은 하나님이 설정하신 자연질서에 대한 지혜문학적인 질문의 관심사를 창조의 중재자로서의 로고스에 대한 교리 속에서 보존해야 하는 과제였다.

신학의 전통 속에서 그와 같은 사고는 하나님의 지성 속에 축약된 이데아들을 피조적 사물들과 그 관계성의 원형으로 여기는 표상이 가진 여러 기능들 가운데 하나였다(위의 66ff.를 보라). 오늘날의 신학이 그런 표상 대신에 피조적 현상들의 현존재와 질서를 "아들의 아버지로부터의 자기구분"에 의해, 그리고 아들의 산출하는 활동에 의해 설명하려고 한다면, 그때 신학은 자연사건의 이해 속에서 자연법칙의 질서가 그것에 적합한 장소와 등급을 가질 수 있도록 공간을 마련해주어야 한다. 만약 그리스도교 신학이 자연법칙의 설명과 단지 대립만 하면서 자신을 역사의 개방적 과정 속에서 만나는 인격적 경험의 장으로만 여기고 현실성 전체에 대한 다른 이해를 내어놓기만 한다면, 그것은 충분치 않다.[169] 그것은 무력한 시도에 지나지 않는다. 왜냐하면 모든 사건을 관통하는 "필연적 법칙 관계의 세계상"에 대한 단순히 주관적 항의일 뿐이기 때문이다. 법칙 공식들의 추상성을 지적하는 것도, 그 공식들이 **무엇을** 추상화하고 있는지, 자연법칙적인 사건 묘사가 또한 무엇에 의존하고 있는지를 성찰하지 못한다면, 다시 말해 **모든** 사건의 근본적 특성으로서의 사건 우연성을 고려하지 못한다면, 그 자체만으로는 아무것도 바꿀 수 없다. "우연성"이 신학적으로 하나님의 창조 행위로 평가되어야 하는 것

---

[169] P. Althaus, *Die christliche Wahrheit*, 3. Aufl. 1952, 319-323. 본문에서 이어지는 인용은 322. 알트하우스는 법칙성과 역사의 대립을 통해 자연과학과 신학의 관찰방식에 대한 관계규정의 문제를 적절히 규명했지만, 그럼에도 불구하고 양자를 단순히 대립시킨다는 점에서는 근본적으로 칼 바르트와 차이가 없다. 칼 바르트도 같은 이유에서 자신의 창조론을 자연과학적인 세계서술과는 전혀 관련 없이 전개했다(참고. *KD* III/1, 1945, 서문).

에 대한 철학적 표현일 뿐이라는 주장이 참이라면,[170] 그 우연성은 **모든 개별 사건에 대해서만이 아니라 또한 그 때문에** 세계 전체[171]에 대해서도 말해져야 한다. 오직 그렇게 할 때 하나님은 만물을 지으신 이, 곧 세계 전체의 창조자로 생각될 수 있다. 이것은 다음과 같은 불가결의 조건을 갖는다. 그것은 법칙-공식들의 대상이 될 수 있는 규칙성들, 곧 동일형식성 안에 진행되는 형태들의 등장도 자연사건의 개방적 과정성(Prozeßhaftigkeit)[172]의 지평

---

[170] E. Brunner, Die christliche Lehre von der Schöpfung und Erlösung (*Dogmatik* 2), 1950, 14. "우연성의 사상 그 자체는 그리스도교적인 창조 사상의 철학적인 표현에 지나지 않는다"(=3.Aufl. 1974, 22).

[171] 모든 사건의 **일반적** 특징으로 여겨지는 개별 사건의 "지역적" 우연성은 러셀(R. J. Russell, 위의 각주 160f.)이 말한 우주의 "지구적 관점"에서의 우연성에 대해 근본적이다(같은 곳, 27ff.). 후자는 시간의 시작이라는 전제와 필연적으로 결합되어 있지는 않다. 그렇기에 이미 중세 신학은 이성적으로 증명될 수 있다고 보았던 세계의 피조성과 그것의 시간적 시작에 대한 물음을 구분했다. 우주의 우연성의 사고는 내 생각으로는 러셀이 가정했던(28f.) 이른바 "인간원리"를 필요로 하지 않으며, 인간원리도 우주의 우연성에 대해 논란이 될 수 없는 근거를 마련해주지는 못한다. 물론 우주가 인간을 향해 설정되어 있다는 표상은 우주의 우연성을 목적을 가지고 행동하는 의지의 창조라는 의미에 근접하게 할 수도 있다. 그러나 이런 추론이 필연적인 것은 아니다. 이미 아리스토텔레스의 형이상학이 우연성 없이도 목적을 지닌 우주론의 사례를 제공했다. 지구적 관점에서 본 우주의 우연성은 토랜스(T.F. Torrance)가 "신적 질서와 우연적 질서"로 설명한 내용의 주제다. 이에 대해 다음을 보라. A.R. Peacocke ed., *The Sciences and Theology in the Twentieth Century*, 1981, 81-97.

[172] "자연의 현실성 속에서 관찰되는 **체계들은 항상 열려 있다. 왜냐하면 그것들은 현실에서 근본적으로 시간적인 체계들이기 때문이다.** 다시 말해 그 체계들 안에서는 시간적 변화 과정들이 전개된다"(H. Wehrt, Über Irreversibilität, Naturprozesse und Zeitstruktur, in E. v. Weizsäcker, *Offene Systeme* I, 1974, 114-199, 인용은 140). 알트너(G. Altner)가 엮었고 프리고진(I. Prigogine)과의 대화에 헌정했던 책(*Die Welt als offenes System*, 1986)에서 뒤르(H.-P. Dürr, Über die Notwendigkeit, in offenen Systemen zu denken—Der Teil und das Ganze, 9-31)는 다음과 같은 추정을 정당화한다. 열역학이 다루는 열린 체계들의 현상은 (닫힌 체계와는 달리) "최종적으로는 양자물리학에 원칙적으로 기초하고 있는 미래의 개방성을 통해 야기된 것이다"(31). "열린" 체계들의 개념에 대한 다양한 이해를 아래의 각주 277에서 비교하라.

속에서는 그 자체로서는 우연적인 사태로 파악된다는 조건이다.[173] 오직 그렇게 해서 하나님은 우리가 아는 자연세계의 법칙 질서들 속에서도 그 세계의 창조자로 생각될 수 있다. 거꾸로 이것은 자연사건에 대해 단지 외적일 뿐인 신학적 주장으로 머물러서는 안 된다. 자연사건에 대한 자연과학적인 서술 속에서도—우연적 여건들과 법칙들의 진술들 사이의 관련성이 불분명해진다고 해도—자연 현실성을 하나님의 우연적 행위의 표현과 결과로 이해하는 신학적 해석의 관점들이 반드시 제시될 수 있어야 한다. 여기서 물론 자연과학적 진술과 신학적 진술의 방법론적 토대에서 오는 차이가 지워져서는 안 된다. 물리학은 법칙을 질문해야 하며, 하나님의 행위에 대해 말해서는 안 된다. 물리적 우주론을 내다보며 "자연의 역사"를 말한다는 것 자체가 이미 물리학의 진술이 아니라 우주론적 이론 형성에 관한 철학적 성찰의 표현이다. 우연성 개념은 자연과학적 진술들의 논리 속에서는 먼 가장자리에서만 나타난다. 그것은 단지 법칙성의 상관개념이지, 전체 사건들의 일반 지수(Index)가 아니다. 사건 우연성은 오로지 불확정성으로서만 나타난다. 그럼에도 불구하고 이 사실은 시간의 비가역성과 결합되면서, 시간적으로 열

---

[173] 러셀(R. J. Russell)의 용어에서 중요한 것은 "절대적인 이론적 우연성"이다(같은 곳, 35f.). 이 우연성은 시간의 비가역성이라는 전제 아래서 자연사건 속에 법칙-공식들을 통해 설명될 수 있는 모든 동일형식성들은 "생성된 것"(geworden)으로 이해될 수 있다는 명제와 깊이 연관되어 있다. 다시 말해 그것들은 과거 어느 때 최초로 한 번 등장했고(first instantiation, 참고. 같은 곳, 36ff.), 그다음에 "촉발되었음"(eingeklinkt)이 틀림없다(참고. Kontingenz und Naturgesetz 65f.57ff., 또한 *Wissenschaftstheorie und Theologie*, 1973, 65ff., 67f.). 이것은 현대 우주론이 가르치는 것과 같이, 대부분의 자연법칙들의 적용 범위들(예를 들어 고전적 기계역학의 법칙들)이 우주 팽창이 상당히 진행된 단계에서 생성되었다는 사실을 통해 확증된다. 적용 범위 없이 어떤 자연법칙에 대해 말하는 것은 의미가 없다. 최초의 일회성에 대한 정보이론적인 측면에 대해 다음을 보라. E. v. Weizsäcker, Erstmaligkeit und Bestätigung als Komponenten der pragmatischen Information, in: *Offene Systeme* I, 200-221.

려 있는 자연의 역사과정이라는 맥락 속에서 자연과학적인 세계 서술에 대한 철학적 성찰의 출발점이 되는데, 이 성찰은 자연과학적 세계 서술을 사건의 우연성의 주제로, 그러나 또한 법칙으로 규정되는 진행과정들의 주제로 이끌게 된다. 여기서 신학은—세계 전체와 관련해서든 혹은 개별적으로든—사건의 우연성을 역사적으로 행동하는 성서의 하나님의 창조적 활동과 동일시하기 위해 자연과학적인 세계서술에 대한 그와 같은 철학적 성찰을 이용할 수 있다. 법칙-공식들을 통해 묘사될 수 있는 형태들 곧 동일형식성으로 진행되는 형태들의 등장도 신학적으로는 창조자의 우연적 설정으로 묘사될 수 있다. 이 과정에서 신학은 시간의 비가역성을 통해 표현되는 우주적 과정 속에서 그렇게 동일형식성으로 진행되는 사건들이 학문적인 관찰의 과정에서 확인되는 것과 같이 과거에 최초로 한 번 발생했고 그다음에 그와 동시에 "촉발"되었음("first instantiation")이 틀림없다는 사실을 증빙으로 내세울 수 있다. 하지만 이런 방식으로 창조자의 현존재가 자연과학적으로 증명될 수는 없다. 왜냐하면 거기서의 관건은 철학적이고 신학적인 성찰의 지평에서 수행되는 논증이기 때문이다. 창조 신앙의 진리주장이 확증되는 것은 신학이 자연과학적 법칙들의 진술을 세계를 하나님의 창조로 묘사하는 정합성의 틀 안으로 원칙적으로 편입시킬 수 있을 때 가능하다. 사상적 통합, 즉 자연사건의 동일형식성들을 "세계를 하나님의 창조로 파악하여 전체적으로 우연성과 역사성의 특성을 갖는 이해 안으로" 편입시키는 것을 허용하는 사상적 "통합"(Synthese)이 없다면,[174] 자연의 법칙성은 창조 신앙의 진리에 대항

---

[174] 알트하우스(P. Althaus 같은 곳, 320f.)는 역사적 관찰 방식과 자연법칙적 관찰 방식의 "통합"에 대해 두 가지 이유에서 이의를 제기했다 첫째, 신앙은 양자물리학적 의미의 개별 사건이 지닌 불확정성이라는 "물리학 안에서 일어난 특정한 학문적 상황을 자신에게 유리하게 이용"해서는 안 된다(320f.). 둘째, 알트하우스는 그 결과 신학이 자연법칙적으로 설명되지 않는 "틈새 혹은 예외"만을 주장하면서 "그 밖의 모든 법칙적인 사건들은, 예를 들어 기적과 같은 직접적이고 살아 있는 신적 행위가 아니라는" 결론을 내리게 될 것에 대해 염려했다(321). 두 가지 관점은 서로 연결되어 있으며 매우

하는 법정으로서 중요하게 다루어져야 할 것이다. 이 사실은 또한 근대 시대가 경과하는 가운데 널리 인식되었다. 그래서 양자물리학적인 그리고 열역학적인 사건 우연성은 그 밖에 통용되는 모든 사건의 법칙 규정성 가운데 예외로, 다시 말해 자연과학적인 설명의 "틈새"로 간주될 수 있었고, 온갖 역사적 경험에 대한 연구를 통해 끊임없이 그렇게 추론되었다. 그런 추론에 근거한 진술 곧 자연사건 안에서 일어난 하나님의 행위에 대한 진술은 변증적 논증 안에 숙명적으로 감금되었다. 이 논증은 하나님이 그러한 예외적인 "틈새" 속에서 활동하신다고 보는데, 그렇다면 자연에 대한 인식의 모든 진보는 신학에게는 퇴보가 되고 만다. 하지만 자연법칙들을 통해 설명되는 진행과정들을 포함한 **모든** 사건이 원칙적으로 우연적이라고 관찰된다면, 사태는 전혀 다르게 설명될 수 있다. 이것은 시간의 비가역성을 통해 이미 암시된 것과 같다. 이 경우에 관건은 더 이상 틈새가 아니고 자연과학의 근본 진술들까지도 포괄하는 세계 현실성의 총체적 이해다. 이 이해의 틀 안에서 사건의 자연법칙적 질서라는 사실성은 다양한 관점에서 의미 있는 특별한 자리를 갖게 된다.

중요하다. 비슷한 숙고가 폴킹혼(J. Polkinghorne, *One World. The Interaction of Science and Theology*, 1986, 71f.)이 폴라드(W. Pollard, *Chance and Providence*, 1958)에 대해 언급한 내용의 배후에 놓여 있는 것으로 보인다. 자연법칙의 우연성이라는 관점이 반대 의견, 곧 신학이 자연사건 속에 하나님의 행위가 존재한다고 말하기 위해 자연법칙적 설명의 틈새를 요구한다는 의견으로부터 자신을 방어하려면 다음 두 가지가 충족되어야 한다. 첫째, 그 우연성이 자연법칙의 개념 자체에 본질적이라는 사실이 제시될 수 있어야 하며, 둘째, 사건 우연성이 법칙-공식들을 통해 규정되지 않는 개별 사건에 대해서만이 아니라 모든 자연사건에 대해 일반적으로 주장될 수 있어야 한다. 후자는 일반적으로 각각의 개별적인 발생사건의 사건 우연성이 시간의 비가역성으로부터 도출된 결과라고 주장되는 경우다. 이 논증이 근거가 있는 것이라면, 일반적으로 알려진 사건 우연성의 주제는 오직 시간의 비가역성에 대한 논쟁을 통해서만 반박될 수 있다.

기초 과정들 속에서 일어나는 사건의 규칙성은 그것을 통해 가능하게 된 질서상태를 넘어서서 지속되는 형태들(Gestalten)을 생성시키는 근본적인 전제를 형성한다. 지속되지 않는 독립적인 현존재란 없다. 그러므로 자연법칙적으로 규칙화된 사건의 동일형식성은 모든 피조적 독립성의 조건이다. 창조자가 독립적으로 존재하는 피조물들을 만들려고 한다면, 이를 위해 가장 먼저 기초 과정들의 동일형식성이 필요할 것이다. 그러므로 자연법칙의 질서는 피조 형태들을 만드시는 하나님의 우연적인 사역과 반대되지 않으며, 오히려 그 사역의 가장 중요한 수단이다. 자연사건의 동일형식성은 한편으로는 창조자와 보존자로서 활동하시는 하나님의 신실하심과 불변하심의 표현이며, 다른 한편으로는 피조물의 세계 속에서 언제나 보다 더 새롭고 복잡한 형태들이 생성되기 위한 불가결한 토대를 형성한다. 기초 과정들의 동일형식성이라는 전제 아래서만 정지 상태들의 열역학적인 요동은 새로움의 원천이 될 수 있고, 특히 생명과 생명 형태들이 생성되고 발전하는 경우에 그렇다.

복잡하고 다양한 피조물의 형태들이 갖는 독립성은 근대 초기에 생각했던 것처럼 그것들이 자연법칙들의 작용에 따라 생성된다는 사실에 의해 침해되지 않는다. 이런 잘못된 표상은 기계주의적인 자연관찰의 시대에는 자명했다. 그러나 자연과정들은 닫히고 고립된 결정론적인 체계들 속에서 진행되는 것이 아니기에(위의 각주 172를 보라), 모든 새로운 형태들의 출현과 더불어 "전체성을 이룬 새로운 유기체"(Ganzheit)가 현존하게 된다. 이 유기체는 규칙을 만들어 자신의 현존재의 조건들에 대해 역작용하고,[175]

---

[175] 바버(I. A. Barbour, *Issues in Science and Religion*, 1966)는 파울리(Wolfgang Pauli, 295f.)의 배제원리(Ausschließungsprinzip)의 영향력에 대해 그렇게 서술한다. 이 원리에 대해 또한 다음을 보라. J. D. Barrow und F. J. Tipler, *The Anthropic Cosmological Principle*, 1986, 302ff. 바버의 책에 대한 평론에서 그리핀(D. R. Griffin)은 자신의 "관계적 창발론"(relational emergentism)이, 화이트헤드를 중심으로 하는 과정철학에서 가능했듯이, 유기체를 이룬 전체성의 개체들

주변 세계와의 관계 속에 스스로 새로운 요소로서 출현한다. 하지만 주변 세계의 고정된(Konstanz) 조건들은 바로 그렇게 출현한 형태들의 지속성은 물론 소멸성까지도 규칙으로 규정한다. 주변 환경에 대한 관계를 통해 스스로를 보존하는 생명 형태들의 경우에, 주변 환경의 안정성은 자신의 생존기간을 결정하는 조건이 된다. 인간에게 이 조건은 자연에 대한 주권을 끊임없이 확장해 나가는 전제조건이 되었다.

하나님의 창조 행위를 그 행위의 근저에 놓인 자연법칙들에 예속시키는 것은 하나님과의 관계 속에서 새로운 피조적 형태가 직접 출현하는 것과 같은 창조적 새로움을 배제한다. 그러나 여기서 간접성과 직접성의 결합이 불가능한 것은 아니다.[176] 하나님이 자연법칙들을 파괴할 때만 새로

("compound individuals")과 단순한 집단들("nonindividuated wholes") 사이를 구분할 수 없다고 드러내어 말했다(*Zygon* 23, 1988, 57-81,62). 하지만 이것은 파울리의 원칙에 대한 바버의 해석에서 볼 때, 옳지 않아 보인다. 그런 인상은 과정철학의 관점에서 온 것으로 보인다. 왜냐하면 여기서 창발하는 전체성으로서의 개체에 대해 고유한 존재론적 지위가 인정되지 않기 때문이다(Whitehead의 사건원자론의 이러한 결과에 대한 나의 논쟁을 다음에서 참고하라. *Metaphysik und Gottesgedanke*, 1988, 88ff.). 그러나 그런 설명을 통해서도 복잡한 형태들에 대한 존재론적으로 적합한 과정철학적 서술이 제대로 작동하지 못하는 것은, 과정철학이 그 형태들이 갖는 통일성을 최종적으로는 어떤 부차적인 것으로 판단하기 때문이다(Griffin에 따르면 "복합적인"[compound] 것으로 판단된다). 바버는 올바른 이유에서 그 문제에 관여하지 않았다.

176 구(舊)개신교주의 교의학은 후터(L. Hutter, 1618) 이래로 **직접적 창조**(*creatio immediata*)와 **매개적 창조**(*creatio mediata*)를 구분했다(*Loci communes theologici* III, q 2). 왜냐하면 제사장문서(P)의 창조 보고에 따르면 첫째 날의 창조만이 피조물의 관여 없이 하나님에 의해 발생했고, 반면에 이어지는 5일 동안의 창조는 이전에 만들어진 것들을 전제하고 있기 때문이다. J. A. Quenstedt, *Theologia did.-pol.sive Systema Theol.* I (1685) Leipzig 1715. Omnia itaque ex nihilo creata sunt, alia tamen immediate, sc. opera priminempe opera sequentium quinque dierum, 594 th. 13. 개혁주의 신학자들도 이 구분을 받아들였지만, 이와 관련해서 크벤슈테트나 다른 루터주의자들이 덧붙인 표상은 거부했다. 그것은 직접적 창조는

운 것과 진기한 것을 창조하실 수 있다는 생각은, 자연의 과정들이 그 법칙성을 해치지 않고서도 폐쇄적(혹은 더 정확히 말하자면, 고립된) 체계의 특성을 갖지 않을 수 있다는 통찰에 의해 시대적으로 추월되었다. 다른 한편으로 모든 생성과 소멸이 자연법칙들의 효력을 통해 중재된다는 것은 피조적 형태들이 또한 하나님께 대해서도 자신의 독립성, 곧 창조자로부터 구분되는 피조물이라는 표상에 놓여 있는 독립성을 획득할 수 있기 위한 조건이 된다. 오직 이러한 전제조건 아래서만 피조물들은 하나님께 대해 독립적으로 행동할 수 있고, 이것은 재차 피조물들이 아버지께 대한 아들의 관계 속으로 편입될 수 있는 조건, 그렇게 해서 하나님과의 연합에 도달하게 되는 조건이 된다. 그러므로 자연법칙들은 창조의 삼위일체적인 역사 속에서 없어서는 안 되는 직무의 기능을 행사한다.

피조물들이 아버지와 아들의 삼위일체적 연합에 참여하는 것은 그리스도교 신학의 관점에서 볼 때 창조의 목적이다. 나사렛 예수 안에서 일어난 신적 로고스의 성육신 안에서 그 사실이 계시된다. 왜냐하면 성육신 사건은 "만물이…그로 말미암아 자기와 화해[화목]"되는 것을 목적으로 하기 때문이다(골 1:20; 참고. 엡 1:10). 바로 이 인간의 단계에서 그 목적은 실현되는데, 여기서 그것은 직접적으로가 아니라 역사의 결과로서, 즉 하나님께 대한 인간의 외면이나 그에 따른 결말을 극복한 역사의 결과로서 실현

오직 형태가 없는 물질 재료 곧 무형식적인 혼돈만을 창조했고, 이 혼돈으로부터 다른 모든 것이 창조되었다는 표상이었다. 다음에 제시된 증빙을 참고하라. H. Heppe/E. Bizer, *Die Dogmatik der evangelisch-reformierten Kirche*, 1958, 157f. 직접적 창조와 매개적 창조의 차이는 부데우스에게서 만나게 되는 설명을 통해 상대화되었다. 부데우스는 피조물의 중재를 통해 지어진 피조물들 역시 하나님이 무로부터(*ex nihilo*) 창조하신 것이라고 말했다. F. Buddeus, *Compendium institutionum theol. dogmaticae* II, 3, Leipzig 1724, 212f., omnes quidem ex nihilo factae sunt, sed hae mediate, illae immediate. 그 점에서 모든 피조물은 하나님과의 직접적인 관계 안에 있다. 그래서 부데우스는 하나님이 자신의 창조의 권능을 창조를 중재하는 피조물에게 어느 정도 넘겨주었다는 표상에 격렬하게 반대했다. 같은 곳, §8, 216.

된다. 바울 사도의 말씀에 따르면 여기서의 핵심은 창조 전체에 대한 규정이다(롬 8:19ff.). 창조 전체가 인류 가운데 하나님의 아들 됨이 계시될 것을 기다리고 있다. 왜냐하면 그 계시를 통해 모든 인간에게 고통을 주는 소멸성(Vergänglichkeit)이 극복되기 때문이다. 인간 이외의 피조물들이 갖는 하나님과의 직접적 관계에 대해서도 언제나 말할 수 있는 것은 그 직접적인 관계가 소멸성의 고통이라는 이면을 갖고 있다는 사실이다. 그러므로 소멸성의 고통이 인간이 아버지께 대한 예수의 아들 관계 속으로 받아들여짐으로써 극복될 수 있다면, 또한 여기서도 관건은 인간 이외의 피조물들이 하나님께 대해 맺는 관계의 완성이다.

그렇다면 인간이 창조의 목적인가? 그리스도교의 성육신 교리는 분명 그런 견해를 함축하고 있으며, 그 견해는 또한 구약성서의 창조 보고에서도 언급된다. 성육신 신앙의 빛 속에서 당연히 인간이 창조의 목적이라고 말해질 수 있는 것은 오직 그 안에서—정확하게 말해서 바로 그 한 인간 나사렛 예수 안에서—하나님의 아들이 인간의 형상으로 현현하심으로써, 창조자와 피조물의 연합이 실현되기 때문이다. 그럼에도 불구하고 변치 않는 사실은 이와 같은 관점 아래서도 우주 전체의 역사는 여전히 바로 그 인간의 현현을 위한 전(前)역사로 묘사된다는 점이다. 이러한 전망은 근대 자연과학과는 이미 오래 전부터 일치될 수 없는 것으로 보였다. 코페르니쿠스 이래로 지구가 더 이상 우주의 중심으로 생각될 수 없었기에, 인간 역시 우주의 주변 현상쯤으로 보였다. 다른 태양계들과 은하계들 속에도 생명이 발생할 수 있고 지적인 존재가 살아갈 수 있는 행성들이 있지 않을까? 지구 자체 위에서도 생명의 진화는 인간과 함께 종말을 맞게 되지 않을까? 20세기가 되어서야 비로소 자연과학적인 우주론은 우주의 나이와 발전의 맥락에서 일련의 우주론적인 근본 상수들이 생명체가 탄생하고 그와 함께 인간이 이 세계 위에 생성되기 위해 필수 불가결한 조건으로 결정되어 있다는 사실을 관찰하기에 이르렀다.

그런 사실에 속하는 것으로 광속, 중력상수, 기본전하가 있다.[177] 이에 더하여 우주 안에 있는 광자와 양자의 숫자 사이의 관계, 핵력과 전자기력의 상대적인 크기 관계도 극도로 미세한 변화만 생각해도 지구 위에서 생명의 발생이 불가능해지는 방식으로 조성되어 있다.[178] 또한 오늘날 150억 년 혹은 170억 년으로 측정되는 우리 우주의 나이도 은하계들의 탄생이나 화학적 원소들의 생성과 결합을 위해 필수적이었다고 관찰되는데, 탄소화합물에 기초한 유기적 생명체는 그런 과정이 없었다면 생길 수 없었을 것이다. 이와 같은 맥락의 관찰에 근거해서 오늘날 많은 자연과학자들은 "인간원리"(das anthropische Prinzip)를 타당하다고 여기는데, 다른 일부의 과학자들에게 그것은 논란거리가 되고 있다. "인간원리"가 말하는 것은, 1961년 디케(Robert H. Dicke)의 "약한" 인간원리의 관점에서 본다면, 우주가 생명과 지적 존재의 발생을 허락하는 특성들을 소유해야만 한다는 것이다. "강한" 인간원리는 1973년 영국의 물리학자 브랜든 카터(Brandon Carter)가 주장한 것으로서 우주가 지적 존재의 발생(그와 함께 또한 물리학의 발생)을 단순히 허락만 하는 것이 아니라, 우주의 조성 상태에는 조만간에 그것을 **필연적으로** 발생시키는 특성이 포함되어 있다는 것이다.[179] 이 두 가지 버전이 인간원리를 수용

---

177 R. Breuer, *Das anthropische Prinzip. Der Mensch im Fadenkreuz der Naturgesetze*, 1981, 25.
178 J. D. Barrow und F. J. Tipler, *The Anthropic Cosmological Principle*, 1986, 5, 125.175.
179 R. Breuer, 같은 곳, 24. 참고. Barrow und Tipler, 같은 곳, 16ff. 이곳에서 관찰 대상이 관찰 기구들의 특성뿐만 아니라 관찰자의 특성에도 의존한다는 주장을 인간원리와 연결하는 것은 오히려 혼란을 야기하는 것처럼 보인다(15ff., 23, 또한 557). 양자물리학에 대한 논의 이후로 흔히 주장되어 온 그런 비교에는 원칙적으로 문제가 있다고 보인다. 기구들과 달리 인간은 본성적으로 특정한 관찰 방식에 고정되지 않으며, 자신의 인지적 도달영역에 제한되지도 않는다. 왜냐하면 그는 기구들을 통해 그 영역을 확장할 수 있기 때문이다. 인간은 자신의 현존재가 단지 부차적 역할에 불과한 것으로 드러내는 주어진 여건들을 냉정하게 인지할 수 있다. 수백 년 동안 코페르니쿠스의 세계관

하게 된 매력은 분명, 그렇지 않다면 전혀 설명될 수 없는 위에서 언급된 자연 상수들의 실제 사실을 인간원리가 의미 있게 나타내준다는 점일 것이다. 이에 대해 다음과 같은 정당한 비판이 제기되었다. "인간원리"는 물리학적인 의미에서는 아무런 해명도 제공하지 못한다.[180] 어쨌든 다음의 사실은 여전히 유효하다. 인간원리는 "우주의 거시적 규모의 구조와 미시적 규모의 구조 사이의 친밀한 관계를 나타낸다."[181] 이 사실은 특별히 "약한" 인간원리에 해당한다. 왜냐하면 "강한" 인간원리는 우주가 생명과 지성을 필연적으로 발생시킨다고 주장한다는 점에서 그 선을 상당히 넘어서기 때문이다. 강한 인간원리는 이 점에서 논쟁의 대상이 되었고, 배로우(Barrow)와 티플러(Tipler)에 의해 "사변적"이라는 평가를 받았다(23). 이런 비판은 "목적론적 인간원리"라는 고유의 버전에 훨씬 더 강하게 적용된다. 이 원리에 따르면 우주 안에 한 번 지성이 발생했을 때 그 지성은 더 이상 사멸될 수 없고, 오히려 모든 물질 과정들에 대한 통치권을 획득하게 되며, 마침내 스스로 불사의 존재가 될 것이라고 한다.[182]

과 초기 진화론이 그런 결과를 실제로 불러일으켰다.
180 E. McMullin, How should Cosmology relate to Theology?, in: A. R. Peacocke, ed., *The Sciences and Theology in the Twentieth Century*, 1981, 17-57, 43. "인간원리는, 이 우주가 인간을 포함한 우주라는 것을 우리가 알게 된 이후에, 우리로 하여금 우주의 그러한 물리적 특징들을 기대하도록 만든다. 하지만 인간의 현존을 전제하고 나서 그런 특성들을 기대하는 것은 왜 그런 특성들이 처음부터 나타났는지를 설명하는 것과는 다르다." 이 부분에서 맥멀린은 1973년에 특별히 콜린스(Collins)와 호킹(Hawking)이 설명했던 우주 등방성(Isopropie, *방향에 따라 물질의 물리적 성질이 달라지지 않는 것)의 인간적 중요성과 관련되어 있는데, 하지만 최근 배로우(Barrow)와 티플러(Tipler)는 그 등방성의 의미를 비판적으로 제한했다. 같은 곳, 419-430, 특히 428f. 맥멀린의 이의제기는 다른 모든 내용과 또한 자연상수들에도 적용된다. 인간원리는 특별히 그 자연상수의 "설명"을 위해 요청되었다.
181 Barrow und Tipler, 같은 곳, 4.
182 같은 곳, 23, 참고. 659ff. 많은 점에서 샤르댕(Teilhard de Chardin)을 생각하게 하는 종말론적 버전으로 이끄는 이와 같은 논증의 단계들은 할베르크(F. W. Hallberg,

최근에 다시 진지하게 다루어진 표상, 즉 우주와 그것을 구성하는 표준적인 세부요소들이 인간 생명의 발생을 최종 목표로 삼고 있다는 표상은 다름 아니라 우주 공간의 더 깊은 탐구 과정에서 외계 생명체가 발견될 수도 있다는 전망에 부딪쳐서 여러 가지로 거부당하고 있다. 지적 생명체의 외계 형태가 발견되는 경우에 그리스도교의 구원론이 봉착하게 될 어려움은 이미 예견되었다.[183] 그렇다면 성육신과 결합되어 있는 구원은 단지 지구상의 인류에게만 관련되는 것일까? 다른 은하계들의 지적 존재들도 구원을 필요로 하지 않는가? 아니면 다른 세계에 있는 그들을 위해 다른 특별한 구원의 준비 작업이 전제되어야 하지 않을까? 이에 대해 우선 말할 수 있는 것은 몇몇 저술가들이 주장하는 외계 생명과 외계 지성의 형태가 존재할 개연성이 주목할 만한 이유에서 다른 연구자들에 의해 거부되고 있다는 사실이다.[184] 두 번째로 말할 수 있는 것은 전통적인 그리스도교 교리는 이미 인간 밖에 있는 지적인 존재, 즉 천사를 알고 있다는 사실이다. 천사는 한편으로 구원을 필요로 하지 않으며, 다른 한편으로는 이들이 하나님을 대적했을 때는 어떤 구원도 가능하지 않다고 간주되었다. 그

Zygon 23, 1988, 139-157)의 논평을 통해 정리되었고 비판적으로 논의되었다(특히 148ff.151ff.). 그럼에도 불구하고 그 사이에 티플러는 인간원리의 표징 속에서 시작된 물리적 우주론을 오메가 포인트 이론(Omega Point Theory)으로 발전시켰다. 이 이론은 인간의 등장을 더 이상 최종 목적으로 여기지 않고, 종말론적 완성의 상태를 우주적 과정 전체의 구체적 진행에 대한 척도로 삼는다. Frank Tipler, The Omega Point as Eschaton. Answers to Pannenberg's Questions for Scientists, Zygon 24, 1989, 217-253.

183 R. Pucetti, *Persons. A Study of Possible Moral Agents in the Universe*, 1969, 125f. 또한 E. McMullin, Persons in the Universe, Zygon 15, 1980, 69-89, 특히 86ff.

184 Barrow und Tipler, 같은 곳, 576-612. 지적 생명체 생성의 진화론적 비개연성에 대해서는 132f.를, 이와 관련하여 행성의 존속 주기에 요청되는 조건들에 대해서는 558을 참고하라. 후자의 질문에 관련된 슈테그뮐러의 다음 설명들도 참고하라. W. Stegmüller, *Hauptströmungen der Gegenwartsphilosophie* II, 6.Aufl. 1979, 693-702. 여기서 그는 현재 물리학적 우주론의 문제와 결과들을 탁월하게 요약해준다.

러므로 전통적인 그리스도교 교리는 인간과 다르고 인간보다 훨씬 우월한 지적 존재들이 있다는 가정을 해치지 않은 채, 성육신과 결합된 주제 곧 우주 안에서 인간이 중심적 지위를 갖는다는 주제를 발전시켰다. 그렇다면 외계의 지적 존재들의 발견이 그리스도교 교리를 뒤흔들어 놓는 결과를 초래할 것이라는 주장은 말이 되지 않는다. 언젠가 그런 외계인이 발견된다고 가정한다면, 그때는 그런 존재들이 나사렛 예수 안에서 성육신하신 로고스와 맺게 되는 관계, 그리고 또한 그것들의 인간에 대한 관계를 신학적으로 규명해야 할 과제가 주어질 것이다. 외계의 지적 존재가 정말로 존재할 가능성은 지금까지 논박되어왔고 그저 막연할 뿐이다. 그렇기에 그 가능성은 그리스도교 교리의 신앙적 가치를 훼손할 수 없다. 그리스도교 교리에 따르면 우주 전체를 관통하여 작용하는 로고스가 나사렛 예수 안에서 인간이 되었으며, 이를 통해 창조 전체를 통일하고 조화롭게 규정할 핵심적인 기능이 인류와 그 역사에 주어져 있다.

2. 하나님의 영과 자연사건의 역동성

a) 성서적 출발점

피조물들이 하나님과 구분될 뿐만 아니라 서로에 대해서도 구분되는 가운데 창조의 로고스이자 창조 질서의 원리인 아들의 사역으로 이해될 때, 그리고 그 질서를 통해 각각의 구분 속에 존재하는 모든 현상들이 서로 관련될 때, 성서의 증언에 따르면 거기서 하나님의 영은 생명을 주는 원리이고 모든 피조물의 생명, 운동, 활동은 그 원리에 힘입고 있다. 이 사실은 특별히 동물들과 식물들에게 해당하며, 그와 함께 인간에게도 적용된다. 이들 모두에 대해 시편은 이렇게 노래한다. "주의 영을 보내어 그들을 창조하사 지면을 새롭게 하시나이다"(104:30). 이에 상응하여 그보다 훨씬 이전의 야웨문서(J)의 인간 창조의 보고에 따르면 하나님은 자신의 형상에 따라 흙으로 빚은 인간에게 코로 숨을 불어넣어 그 인간을 살아 있는 존재가 되게 하셨다(창 2:7; 참고. 욥 33:4).[185] 반대로 하나님이 당신의 영을 거두실 때, 모든 생명은 생기를 잃고 죽는다(시 104:29; 욥 34:14f.). 이와 같이 "모든 살아 있는 영혼과 모든 인간의 호흡"이 사실상 그분의 손 안에 있다 (욥 12:10).

생명에 대한 이와 같은 성서적 관점은 첫눈에는 현대적인 관점들과 조화되기 어려워 보인다. 현대 생물학에 따르면 생명은 살아 있는 세포들의 기능 혹은 자신을 보존하고 (특히 먹이고) 재생산할 수 있는 체계로서의 생명체의 기능이며,[186] 생명체를 초월하여 그것을 살아 있게 만드는 어떤 힘의 작용이 아니다.[187] 결국 여기에 속하는 성서의 표상들은 우리에게 낡고 진부한 세계 이해라는 판단이 가정될 것이다. 사실 자연 현상들에 대한 많은 성서적 견해들도 사정은 비슷하다. 이 문제가 좀 더 논의되어야 한다. 피조물들에게 불어넣어진 하나님의 숨이라는 표상의 직접적 비유의 성격은 생명의 생성에 대한 설명이라기보다는 시적 은유로서 오늘날의 인간과 여전히 만나고 있다. 여기서 질문되어야 할 것은 그런 은유의 사용 안에 보다 더 깊은 의미가 숨겨져 있는 것은 아닌가 하는 것인데, 그런 숨겨진 의미는 자연의 진행에 대한 현대적 이해를 보다 더 명확하게 조명할 수

---

185 이 구절에서 하나님의 영과 인간의 영이 서로 어떻게 관계되는지에 대해서는 다음 장 (제8장)인 인간론에서 자세히 설명할 것이다.

186 예를 들어 L. v. Bertalanffy, *Theoretische Biologie* 2, 2.Aufl., 1951, 49ff.(세포의 "보존 행위"에 대해 62ff.)를 보라. 또한 참고. M. Hartmann, *Allgemeine Biologie*, 1953, 17. 그리고 J. Monod, *Zufall und Notwendigkeit. Philosophische Fragen der modernen Biologie* (1970) dt. 1971, 17ff., 21f.

187 특별한 생명력을 가정하는 활력설도 그 생명력을 유기체 자체에 속하는 힘으로 생각했다. 이것은 18세기와 19세기에 널리 알려져 있던 견해, 즉 무기적 힘들을 물리적 물체들의 기능으로 파악했던 견해와 유사하다. 이에 대해 다음에서 설명되는 생명의 힘 (Lebenskraft) 항목을 참고하라. E.-M. Engels im *Hist. WB Philos.* 5, 1980, 122-128.

도 있을 것이다.[188] 그런 의미의 흔적을 찾아낼 수 있다면, 그것은 분명 가치가 있는 일일 것이다. 그때 신학에게는 거부할 수 없는 과제가 주어진다. 왜냐하면 죽은 자들의 부활이라는 새 생명을 하나님의 영의 활동이라고 말하는 바울의 진술들(롬 8:11; 비교. 1:4; 고전 15:44ff.)이 이미 하나님의 영과 생명의 관계에 대한 구약성서적·유대교적 이해를 전제하기 때문이다(참고. 겔 37:5ff.).

이 주제의 복잡성이 더욱 높아지는 것은 제사장문서(P)의 창조 보고어서 하나님의 영의 창조적인 기능이 식물과 동물들을 소생시키는 것을 넘어서 창조의 사역 전체로 확장되기 때문이다(창 1:2). 초기 상태의 혼돈에 대한 묘사는 다음의 표현을 통해 종결된다. "하나님의 영은 수면 위에 운행하시니라[하나님의 영의 바람(Geistwind)이 수면 위에 운행하신다]." 여기서 "하나님의 영의 바람"이라고 번역된[189] 히브리어 단어인 루아흐 엘로힘(rūaḥ elohim)의 의미는 오늘날까지도 주석적으로 논쟁이 되고 있다. 물론 논쟁은 단 한 번 나오는 이 표현이 구약성서 안에서 복합적인 단어결합을 통해 자주 사용되는 구절들의 의미에 관한 것이다.[190] 대부분의 다른 구절들에서는 그 표현의 글자 그대로의 어법처럼 "하나님의 영"으로 번역되어 있다. 왜 여기서는 다르게 이해되어야 하는가? 창세기 1:2이 최상급의 대폭풍이라는 의미에서 하나님의 영과 날카롭게 구분되는 "하나님의 폭풍"을 가리킨다는 주장[191]은, 엘로힘(elohim)이 "최고 수준의 성찰을 통

---

188 이에 대해 나의 논문을 참고하라. Der Geist des Lebens(1972), in: ders., *Glaube und Wirklichkeit*, 1975, 31–56.

189 K. Koch, Wort und Einheit des Schöpfergottes in Memphis und Jerusalem, in: *ZThK* 62, 1965, 251–293, 275f.

190 다음 구절들을 참고하라. 출애굽기 32:3; 35:31; 민수기 24:2; 사무엘상 10:10; 11:6; 19:20; 역대하 15:1; 24:20; 욥기 30:4(ruah el). 야웨의 이름과 결합되어 사용되는 경우가 압도적으로 많다.

191 G. v. Rad, *Das erste Buch Mose* Kap. 1-12,9 (ATD 2), 1949, 37. 또한 C.

해 표현된 본문"과 관계해서는 항상 하나님의 이름으로 사용된다는 관점에서, 올바르게도 "기괴한(groteske) 이해"라고 말해졌다.[192] 여기서 하나님의 영에 대해 앞서 제시된 신학적 이해의 결과가 정말로 중요한 것인지가 의심스럽게 된다. 그 이해는 명백하게 관련되어 있는 바람의 물리적 운동과 일치될 수 없는 것으로 보이고,[193] 이에 더하여 원문은 루아흐(rūaḥ)를 "운행(흔들림)" 혹은 "진동"이라고 묘사하기 때문이다. "영"과 "바람"의 의미가 왜 양자택일의 문제가 되어야 하는가? 이 단어가 하나님을 표현하는 단어인 엘로힘(elohim)과 결합된다는 것은 에스겔 37:9f.(참고. 5절)에서와 같이 여기서도 하나님의 영 자체가 바람의 표상으로 표현되고 있음을 암시한다. 이 이해는 자주 인용되었던 표상 즉 생기를 불어넣는 하나님의 숨이라는 표상에 가깝다. 왜냐하면 바람처럼 숨도 (정지해 있는 것이 아니라) 움직이는 공기를 의미하기 때문이다. 이 표상은 아에르(aer, 공기)와 구분되는 그리스어 단어 프뉴마(pneuma)의 근원적 의미라고 할 수 있다.[194] 창세

Westermann, *Genesis* I, 1974, 148f.

192 O. H. Steck, *Der Schöpfungsbericht der Priesterschrift*, 1975, 235. 또한 참고. K. Koch, 같은 곳, 281 n.92. 또한 B. S. Childs, *Myth and Reality in the Old Testament*(Studies in Biblical Theology 27) 1968, 35f.(슈테크의 책에서 인용됨).

193 클라우스 베스터만(C. Westermann, 같은 곳, 149)은 실제로 루아흐(rūaḥ)를 "바람으로 이해하는 것은 elohim(אלהים)과의 결합으로 인해 곤란해진다"고 주장한다. 같은 이유에서 차일즈(B. S. Childs)는 루아흐(rūaḥ)를 그 동사가 표현하는 물리적 운동의 의미에도 불구하고 이 구절에서는 "혼돈"에 맞서 "창조하시는 하나님의 영"으로 파악했다. 결국 하나님의 어떤 표상이 전제되어 있는지, 혹은 가능하다고 여겨지는지가 중요하다. 왜냐하면 루아흐 엘로힘(rūaḥ elohim)과 결합된 운동형의 동사는, 베스터만에 따르면 여기서 표현된 주어를 "하나님"이라는 단어로 번역하지 않는 그 밖의 모든 곳과는 다르게 이해해야 한다는 유일한 결정적 근거이기 때문이다.

194 그리스 초기에 있었던 이 두 가지 표상들의 구분에 대해, 특히 후기 스토아 사상과 대립되는 아낙시메네스(Anaximenes)와 엠페도클레스(Empedokles)의 사상에 대해 다음을 참고하라. J. Kerschenstein, *Kosmos. Quellenkritische Untersuchungen zu den Vorsokratikern*, 1962, 79f.

기 1:2의 관점에서 바람과 숨은 분리될 수 없다. 여기서 언급되는 하나님의 영은 곧바로 뒤따라오는 하나님의 창조의 말씀하심(Sprechen)과의 연관성 안에서 보아야 한다는 사실이 분명해진다. 이것은 "말씀하심과 언어적인 유사성 안에 있는 하나님의 숨"이 의도적으로 언급되었음을 뜻한다.[195] 이어지는 구절들이 하나님의 말씀하심을 언급할 뿐이고, 창조 행위의 주체로서의 하나님의 영에 대해서는 더 이상 말하지 않는다는 것도 그 사실을 암시한다. 그렇다면 그 사실로부터 하나님의 숨 혹은 호흡이 다른 구약성서적인 표상들과는 달리 "이미 그 자체로서 소생시키며 작용하고 있다"는 결론을 내릴 수 있을까?[196] 어쨌든 영의 바람에게는 혼돈의 물을 휘젓는 기능이 주어진다. 중요한 것은 이것이 하나님의 내면에서 일어나는 진행과정이 아니라는 사실이다. 하나님이 호흡하시는 것은 거칠게 휘몰아치는 폭풍을 일으키며, 그러한 역동성으로부터 창조의 "말씀"(Sprechen)이 선포된다.

하나님의 영은 먼저 생명의 창조적 원리이고 그다음에 운동의 원리인 것이 아니라, 생명의 원리인 동시에 이미 운동의 원리다. 구약성서는 피조

---

195 O. H. Steck, 같은 곳, 236. 슈테크는 시편 33:6과의 밀접한 관계를 제시한다. "[야웨의] 말씀으로 하늘이 지음이 되었으며 그 만상을 그의 입 기운[호흡, Hauch]으로 이루었도다."

196 같은 곳, 235. 슈테크는 이 사실에 대한 근거를 다음과 같이 설명했다. 그 어법은 창세기 1:2 전체에서 제시되는 창조 시작 이전의 상태에 대한 묘사에 속한다는 것이다. 하지만 창조 이전과 이후를 그렇게 날카롭게 구분해야 하는가? 오히려 우리는 여기서 창조의 사역으로 건너가는 **이행**을 다루어야 하지 않는가? 어쨌든 슈테크는 매우 긴 각주(236 n. 971)를 통해 다음과 같이 질문한다. "창조의 사역과 관련된 하나님의 가능케 하시는 능력의 의미에서" 이 진술 또한 "긍정적으로 이해되어야 하지 않을까?" 이를 통해 하나님의 영이 생명을 불어넣는 창조적 역동성에 대해 말하는 구약성서의 그 밖의 다른 부분들과의 차이는 사라지는 듯이 보인다. 물론 제사장문서(P)의 특성은 그대로 남아있다. 그것은 영의 역동성이 하나님의 말씀하심과 (시편 33:6의 의미에서는 하나님의 말씀과) 깊이 결합되어 있다는 특성이다.

물의 다양한 운동과 활동들에 대한 포괄적 표현으로서 우주적 운동의 어떤 일반적인 개념을 발전시키지 않았다. 하지만 하나님의 영의 창조적 역동성의 표상 속에 그 개념의 단서가 놓여 있다. 그 개념을 통해 생명의 기원으로서의 하나님의 영에 대한 진술들이 과연 현대적 이해에 맞게 표현될 수 있을까?

b) 힘, 장, 영

움직이는 형태들 그리고 운동하게 만드는 힘에 대한 설명은 근대 물리학의 중심 주제였다. 운동과 변화를 서술하기 위해 물리학은 물체들에 작용하여 운동을 일으키는 힘 혹은 에너지 개념을 발전시켰다.[197] 이 과정에서 고전역학은 힘 개념을 물체 개념과 운동 추진력의 개념으로 소급시키려고 애썼는데, 그렇게 해서 물리학 전체를 물체 개념과 물체들 사이의 관계에 근거시키려고 했다. 이미 데카르트가 그렇게 시도하여 물체들 상호간의 기계적 작용을 하나의 물체가 다른 물체에게 운동을 전달하는 것으로 설명했다.[198] 반면에 뉴턴은 관성을 물체 자체에 속한 힘(*vis insista*)으로 해석했고, 물체들에 작용하는 힘(*vis impresso*)을 다른 물체들을 통한 운동의 전달에 제한하지 않았으며, 그 결과 물체와 구분되는 힘 개념을 구상했다.[199] 뉴턴은 힘에 비례하는 운동의 변화에 대한 자신의 명제와 함께 힘을 측정하는 방법이라는 과제에 매달렸고, 그 결과 힘 그 자체의 본성을

---

[197] C. F. v. Weizsäcker, Die Einheit der bisherigen Physik (1962), in: ders., *Die Einheit der Natur*, 1971, 133-171.

[198] R. Descartes, *Le Monde* (1664, geschrieben 1633) c.7, 2. Regel (Adam/Tannery XI,41f.). 여기서 힘 개념은 다만 피상적으로 언급된다(42,14).

[199] I. Newton, *Philosophiae naturalis principia mathematica* I, 3.ed. 1726, Neudruck Cambridge 1972, Def. 3 und 4. 참고. E. McMullin, *Newton on Matter and Activity*, 1978, 43ff., 52f., 80ff.

전체적으로 이해하기 어려운 것으로 판단했다.[200] 그 과정에서 그는 데카르트와는 달리 비물질적인 힘, 즉 물체의 운동과 비슷하게 영혼을 통해 작용하는 힘도 고려했다. 뉴턴은 중력을 그러한 비물질적인 힘이라고 생각했는데, 그에게 중력은 하나님이 공간을 매개로 하여 발생시키는 우주의 운동의 표현으로 보였다.[201] 물질이 변화하는 원인으로서의 비물질적인 힘에 대한 바로 그와 같은 뉴턴의 이해 안에는 신학적 의미들이 함축되어 있었고, 이 점이 18세기 프랑스 물리학자들로부터 에른스트 마흐(Ernst Mach)와 하인리히 헤르츠(Heinrich Hertz)에 이르기까지 뉴턴의 힘 개념에 대한 비판을 초래했다. 이 물리학자들은 뉴턴과는 달리 힘을 물체나 그것의 "질량"(Hertz)으로 환원시키려고 했다. 모든 힘이 물체로부터 (혹은 질량들로부터) 나온다면, 그때(혹은 그때야 비로소) 자연사건의 이해는 결정적으로 신 개념과의 관계로부터 벗어나게 된다. 왜냐하면 하나님은 어떠한 경우에도 물체로 생각될 수 없기 때문이다.[202] 그때 하나님이 세계사건에 영향을 미친다는 신학적 표현은 틀림없이 이해할 수 없는 것이 될 것이다.[203]

힘 개념을 물체와 그 물체가 가진 질량으로 환원시키려는 반종교적 논

---

200 M. Jammer, in: *Hist. WB Philos*. 4, 1976, 1178f., 특히 Opticks III, q31에 대해서는 1179을 참고하라.

201 A. Koyre, *Newtonian Studies*, 1965, 109, 참고. 91. 또한 다음을 보라. E. McMullin, 같은 곳, 55ff., 중력에 대해서는 57ff.

202 이에 대해 오리게네스가 제시했던 논점들을 생각해 보는 것으로 충분할 것이다. 그 논점은 Bd. 1, 403에 정리되어 있다. 또한 Thomas von Aquin, *S. theol.* I,3,1을 참고하라.

203 18세기 초의 신학논쟁은 신적 협력(*concursus*)의 교리를 피조물이 스스로 운동할 수 있기 위한(*facultas se movendi*) 필수조건으로 보았지만, 위에서 서술된 상황에서는 아무런 성과도 거둘 수 없었다. 참고. J. F. Buddeus, *Compendium institutionum theologiae dogmaticae* 1724, II/2 §48. 힘 개념과 그 역사에 대해 다음을 보라. M. Jammer, *Concepts of Force*, 1957, 또는 M. B. Hesse, *Forces and Fields. The Concept of Action at a Distance in The History of Physics*, 1961, 그리고 이어지는 각주에서 인용된 벅슨(W. Berkson)의 책을 참고하라.

리의 의미는 곧바로 힘과 물체 사이의 역전된 관계가 갖는 신학적 중요성을 장 이론으로부터, 곧 최소한 패러데이(Michael Faraday) 이래로 현대물리학에서 암묵적으로 중요성이 증대한 장 이론의 결과에 비추어 평가하도록 만들었다. 패러데이는 물체를 힘이 현상하는 형식으로 보았고, 힘은 더 이상 물체의 속성을 갖지 않으며, 오히려 물체 현상보다 앞서 주어지는 독립적인 실재로 파악되었다. 이 이해는 오늘날에는 공간을 가득 채우는 장들의 표상으로 발전했다. 이것은 먼 거리를 넘어서까지 작용하는 힘을 설명하려고 할 때 따라오는 어려움을 회피하기 위함이었다. 패러데이는 모든 힘의 장들(Kraftfelder)이 최종적으로는 하나의 포괄적인 힘의 장으로 소급될 수 있기를 희망했다.[204]

이미 라이프니츠가 이쪽 방향을 향하도록 자극했다. 그는 단자들(Monaden)을 점의 형태로 나타나는 힘으로 생각했고, 물질 및 그 질량의 비투과성을 힘의 개념 즉 힘에서 시작되는 **반발력**으로 소급시켰다.[205] 반면에 라이프니츠의 추종자들은 자연현상들의 연속성이 그와 반대되는 **인력**(Attraktion) 때문이라고 보았다.[206] 그러나 여기서 힘 혹은 그 힘의 현상이 더 이상 물체가 아

---

[204] W. Berkson, *Fields of Force*, 1974, 31과 58-60. 여기서 패러데이의 형이상학적 입장들이 그의 실험들을 주도해나갔다는 사실이 제시된다.
[205] W. Berkson, 같은 곳, 24.
[206] 후에 칸트가 이 두 가지 힘을 자세히 다룬다. I. Kant, *Kritik der reinen Vernunft* B 321. 그의 두 번째 작품을 참고하라. *Metaphysische Anfangsgründe der Naturwissenschaft* 1786. 셸링은 이 견해로부터 출발하여 점점 더 전기현상들로 향하는 표상을 구상했는데, 이것은 "모든 형태화의 조건"으로서 긴장에 가득 찬 양극 이원성의 표상이다. Schelling, *Einleitung zu seinem Entwurf eines Systems der Naturphilosophie*, 1799, Sämtl. Werke III, 299. 셸링의 이러한 사유의 전개 과정을 모이조(Moiso)가 서술했다. F. Moiso, Schellings Elektrizitätslehre 1797-1799, in: R. Heckmann/H. Krings/R.W. Meyer (Hgg.), *Natur und Subjektivität. Zur Auseinandersetzung mit der Naturphilosophie des jungen Schelling*, 1985, 59-

닌 공간적인 **점**들에 매여 있다고 생각되었던 것과 달리, 패러데이는 힘 개념을 하나 혹은 많은 물체들 전체를 둘러싸는 장과 연관시켰다. 질량은 ("힘에 반응하는 비율" 즉 관성으로서) 패러데이의 관점에서는 각각 공간적인 점에 집약된 힘의 농도에 달려 있다. 따라서 질량은 점의 형태로 나타난다. 그렇기에 물질 입자는 힘의 노선들이 하나로 수렴된 점으로 간주되거나, 혹은 힘의 노선들이 일정 기간 동안 지속되는 "덩어리"(cluster)로 간주된다.[207] 힘을 장으로 생각할 때, 힘 개념은 공간 혹은 시공간의 "측량이 가능한 장"(metrisch-Feld)과 연결된다. 그래서 알베르트 아인슈타인(Albert Einstein)은 자신의 일반 상대성이론(1916년)에서 힘 개념을 비유클리드 시공간의 측량 장으로 환원시키려는 시도를 감행할 수 있었다.[208] 거꾸로 시공간의 "측량이 가능한 장"을 힘 개념으로 환원시키는 것도 생각해볼 수 있다.[209] 그러나 어쨌든 장 이론의 틀 안에서는 힘과 시공간이 깊은 곳에서 서로 일치하는 소여성(Gegebenheit * 사실이나 대상으로 나타나기 이전에 주어진 경험의 내용 범주)으로 이해될 수 있다.

현대물리학이 장 이론을 통한 자연사건의 이해를 점점 더 확장시켜가는 경향을 보인 것에 대해, 이것이 암묵적으로 신학적 중요성을 가진다는 주장은 장 개념의 형이상학적 유래로부터 암시된다. 힘의 장의 표상은 스

97, 특히 92ff. 셸링이 전개한 사유는 자연사건의 근본모델인 장의 표상으로 수렴되었다(Moiso, 94).

[207] W. Berkson, 같은 곳, 52ff.
[208] M. Jammer, in *Hist. WB Philos.* 2, 1972, 925. 참고. W. Berkson, 같은 곳, 318.
[209] 벅슨(W. Berkson, 같은 곳, 324f.)은 패러데이에게로 소급되는 힘의 장으로서의 우주적 장이라는 개념이 이론적인 일관성을 지닌다는 점에서 우선성을 갖는다고 인정한다. 왜냐하면 아인슈타인의 장이론 역시 중력을 포함한 모든 힘을 굽어진 형태의 공간으로 소급시켜서 순수하게 기하학적으로만 서술할 수가 없고, 오히려 장 안에 차등적인 에너지 준위가 발생한다는 사실을 받아들여야 하기 때문이다.

토아 철학을 넘어 소크라테스 이전의 철학까지 소급될 수 있다. 즉 아낙시메네스(Anaximenes)는 공기를 **아르케**(*arche*)라고 가르치며 모든 것이 공기의 농축에 의해 생성된다고 말했다. 그러나 현대적인 장 개념의 직접적인 선구자는 막스 야머(Max Jammer)다. 그는 신적 프뉴마(*Pneuma*)에 대한 스토아 학설을 설명하면서 프뉴마는 가장 고운 재료이며 모든 것을 관통하고 장력(τόνος)을 통해 만물을 우주 안에 응집시키고 만물의 다양한 운동과 성질을 발생시킨다고 보았다.[210] 프뉴마라는 스토아 학설은 필로스의 사상뿐만 아니라, 창조 안에서 활동했던 신적 영에 대한 초기 그리스도교의 신학 사상에도 영향을 미쳤다.[211]

그 이후의 교부학에서 스토아적인 프뉴마 학설과의 접촉은 어쨌든 줄어들었다. 특히 오리게네스가 프뉴마의 물질적 본성이라는 스토아사상을 비판한 이후로 그러했다(참고. 제I권, 603.620). 현대적인 장 개념의 관점에서 말하자면 에테르(Äther)를 장의 기초 물질로 가정했던 구상에서 벗어나게 된 이래로, 그런 어려움들은 해소되었다. 하지만 장 개념이 고대의 프뉴마 교리와 상통한다는 점에서, 현대물리학의 장 이론을 창조 안에서 신적 프뉴마가 역동적으로 활동한다는 그리스도교 교리와 연관시키는 것은 정도를 벗어난 것이 아니고, 오히려 개념사 및 정신사적인 맥락에서 올바른 것에 가깝다고 할 수 있다.

신학적으로 볼 때 신적 프뉴마의 교리와 현대물리학의 장 이론 사이에는 중세기의 아리스토텔레스의 운동론에 따라 주어졌던 관계보다 훨씬 더 밀접한

---

210 M. Jammer, "Feld" in: *Hist. WB Philos.* 2, 1972, 923. 이에 대해 다음을 참고하라. M. Pohlenz, *Die Stoa. Geschichte einer geistigen Bewegung* I (1959) 1978, 74f., 83. 또한 다음 책에서 언급되는 증빙을 보라. Bd. II, 42ff.

211 테오필로스(Theophilus)에 대해 Th. Rüsch, *Die Entstehung der Lehre vom Heiligen Geist bei Ignatius von Antiochia, Theophilus von Antiochia und Irenäus von Lyon*, 1952, 80ff., 특히 82. 이레나이우스에 대해서는 103ff.를 보라.

관계가 있다. 중세기 그리스도교에서 아리스토텔레스주의의 운동론은 기계론적인 자연서술의 경우처럼 자율운동과 타율운동 모두에서 물체를 운동의 출발점으로 보았다. 하나님께 대한 자연사건의 관계를 묻는 질문은 모든 운동의 제1원인 즉 물체들의 운동을 위한 비물체적 원인으로 소급될 수 있는 가능성과 필연성에, 혹은 제2원인에 의한 모든 활동과 작용의 경우에는 영속적인 영향력의 필연성에 집중되어야 했다. 자연의 물체들은 다른 어떤 원인도 필요치 않은 운동력의 담지자로 이해될 수 있었기 때문에, 자연사건에 하나님이 영향을 미친다는 생각은 불필요할 뿐만 아니라 심지어 이해할 수 없는 것이 되었다(위를 보라). 이와 달리 뉴턴이 이미 길을 예비했고 라이프니츠가 갱신했던 힘의 우위성의 사상, 그리고 패러데이 이래로 발전했던 물리학적인 장 이론들은 세계의 창조에서 활동했던 신적인 영의 기능을 다시 물리학적인 자연서술과 관계시키는 것을 가능하게 해주었다.[212] 이 사실은 특히 모든 물질주의적인 견해 곧 물체와 관련된 현상들을 힘의 장의 현시로 보는 견해에 해당되며, 최종적으로는 패러데이가 희미하게 구상했던 우주적 힘의 유일한 장의 현시로 보는 관점에 해당된다.[213] 이에 대해 아인슈타인의 형이상학적인 관심은 법칙의 불변성과 장의 기하학적 질서에 있었다.[214] 사람들은 양자물리학의 비결정론에 대한 아인슈타인의 회의적 언급을 기억할 것

---

[212] 토랜스(Torrance)는 가장 먼저 이 맥락을 지적해서 장 개념의 신학적 수용을 이끌어내는 데 공헌했다. "…우리가 주목하고 있는 장은 물론 창조-성육신의 축으로부터 이해될 수 있는 역사와 하나님의 상호작용이다.…이 장에 대한 우리의 이해는 그것을 구성하는 힘 혹은 에너지에 의해 규정될 것인데, 그것은 바로 하나님의 거룩한 창조의 영이다." Th. F. Torrance, *Space, Time and Incarnation*, 1969, 71.

[213] 쥐스만(G. Süßmann)에 따르면 압력과 충돌의 기계론적 운동 모델과는 달리, 또는 자연사건에 대한 넓은 의미에서 "기계론적인" 모든 서술과는 달리 현대물리학의 장 이론들은 자연의 현실에 대한 "영적인" 이해를 가능케 한다. G. Süßmann, Geist und Materie, in H. Dietzfelbinger und L. Mohaupt, Hgg., *Gott-Geist-Materie*, 1980, 특히 18ff.

[214] 참고. W. Berkson, 같은 곳, 317f.

이다. "신은 주사위 놀이를 하지 않는다."[215] 한편으로 아인슈타인과 그의 스피노자적인 경향에, 다른 한편으로는 패러데이에게로 소급되는 힘의 장 개념에—또한 현재의 양자물리학적인 비결정론에게도—아마도 현실성에 대한 다양한 신학적·형이상학적인 총괄적 이해가 배경으로 놓여 있을 수 있다.

세계 현실성을 서술할 때 드러나는 물리학적 관찰방식과 신학적 관찰방식 사이의 원칙적인 차이는 물리학적인 장 이론들을 직접 신학적으로 해석하는 것을 금한다. 장 이론들은 자연과학적 관찰방식의 고유한 특성에 따른 것으로서 현실성에 근접해가는 것으로 파악될 수 있고, 그 현실성은 또한 창조에 대한 신학적 진술의 대상이기도 하다. 여기서 동일한 현실성에 관계된다는 것은 **한편으로** 하나님의 영이 창조 안에서 활동하신다는 신학적 진술이 개념사적으로, 즉 수학 공식을 통해 물리학적 장 이론들의 기원이 되기도 했던 동일한 철학적 뿌리로 소급된다는 사실에서 인식된다. 이때 형성되는 여러 가지 물리 이론들은 그것의 토대를 이루는 형이상학적 직관에 대한 다양한 강조점들 또한 인식되도록 한다. 그러나 **다른 한편으로** (자연과학적인 개념형성과 달리) 신학적인 개념 형성은 다른 종류의 성격을 지닌 서술 형태(경험적으로 확증될 수 있는 물리학적인 설명과 같은 서술 형태)에 대한 자신의 고유한 성찰에서 세계 현실성에 대한 고유한 진술들

---

215 아인슈타인이 1926년 12월 4일에 막스 보른(Max Born)에게 보낸 편지(*Albert Einstein, Hedwig und Max Born, Briefwechsel* 1916-1955, kommentiert von Max Born, München 1969, 129f.), 또한 1944년 9월 7일에 아인슈타인이 보른에게 보낸 편지를 참고하라. 같은 곳, 204. 아인슈타인의 "통계 이론들"에 대한 논문에 나오는, 이에 대한 보른의 논평을 보라. P. A. Shilpp, ed., *Albert Einstein, Philosopher—Scientist*, 1951, 163-177, 176f. 1929년 4월 25일의 뉴욕타임즈에서 아인슈타인 자신이 스피노자주의를 인정하는 내용은 힌쇼(Hinshaw)의 책에서 다루어진다. V.G. Hinshaw, *Einstein's Social Philosophy*, 694-661, 659f. 참고. I. Paul, *Science, Theology and Einstein*, 1982, 56f., 122ff.

의 정합성이 확증될 수 있도록 공간을 허락해주어야 한다. 이때 단순히 외적으로 형성되는 관계만이 중요한 것이 아니다. 그것은 나쁜 변증론일 것이다. 장 개념과 같은 자연과학적 근본 개념을 물리학 이전에 철학적으로 각인된 의미로 소급시켜서 신학을 위해 사용하는 것에는 신학 고유의 중심적 주제로부터 비롯되는 이유가 있어야 한다. 오직 그때만 신학은 그런 개념들을 자연과학적 언어사용과 독립적으로 마주 대하면서 자신의 주제에 적합한 방식으로 발전시킬 수 있는 정당성을 갖게 된다. 장 개념을 신학 안으로 도입해야 하는 이유는 실제로는 신론의 틀 안에서, 즉 영이신 하나님에 대한 전승된 진술의 해석의 결과로부터 주어졌다. 하나님의 영성을 이성적 주체성(Nus)으로 이해했던 전통적인 견해에 대한 비판은 다음과 같은 통찰로 인도되었다(제I권, 603-622). 즉 하나님의 영 혹은 영으로서의 하나님에 대한 성서적 진술들을 삼위일체적 구조를 갖는 역동적인 장으로 이해할 때 그 진술이 본래 의미하는 것에 더 잘 부합한다는 통찰이다. 여기서 성령의 **인격**은 한 분 하나님의 본질이 영으로서 인격적으로 구체화한 것으로 파악되어야 하며, 아버지 그리고 아들과 대비되는 가운데 이해되어야 한다. 그러므로 성령의 **인격** 그 자체가 장인 것이 아니라, 신적 본질이 단번에 하나의 장으로서 현시된 것으로 이해되어야 한다. 그러나 성령의 인격적 본질은 아들(그리고 아버지)과 대비되는 가운데서만 나타나기 때문에, 창조 안에서의 영의 활동은 오히려 역동적인 장의 활동의 특성을 갖는다. 창조 안에서 일어나는 아들의 중재 사역에서도 아버지께 대한 인격적 관계는 성육신 안에서 비로소, 다시 말해 인간 예수가 아버지와 대면하는 가운데서 비로소 완전히 뚜렷이 나타난다. 물론 하나님과 동료 피조물들에 대한 모든 피조적 타자성은 "아들의 아버지로부터의 자기 구분"으로부터, 그리고 그 구분의 계시를 향해 이해되어야 한다. 이에 상응하는 것이 창조 안에서 일어나는 성령의 사역에도 해당한다. 성령의 사역은 아들의 창조 중재 사역 혹은 각각의 특정한 피조물의 구별성과 타자성에 대한 그 중재 사역의 의미와는 달리 관계존재(Bezogensein)에 귀속되며,

그래서 또한 피조물들을 서로 연결하고 하나님과도 결합하게 해주는 운동에도 귀속될 수 있다. 이 점에서 창조 안에서 일어나는 영의 활동은 단순히 신적 본질의 장이 지닌 특성으로는 다 설명되지 않는다. 분명 그 활동은 아들과 구분되면서 성령의 인격만이 가지는 특수성과 관련되어 있으며, 이 사실이 그 활동을 삼위일체의 세 번째 인격에 귀속시키는 것을 정당화하는 것으로 보인다. 물론 여러 피조물의 서로에 대한 타자성과 하나님께 대한 타자성은 그렇게 구분된 것의 관계존재가 없이는 전혀 생각될 수 없다. 하지만 그 타자성은 이미 아버지께 대한 아들 자신의 관계로부터 성립된 것이다. 즉 아들의 아버지와의 연합도 언제나 이미 영을 통해 중재된 것이다. 아들은 영의 최초의 수용자다(제I권, 511f.). 그렇기에 구분된 자의 연합이라는 의미에서 긍정적인 관계존재, 그리고 이와 연관된 역동성은 하나님의 삼위일체적 삶 안에서와 마찬가지로 창조 안에서도 삼위일체의 세 번째 인격에게 귀속된다. 물론 피조적 맥락 안에 존재하는 시간의 조건들 아래서 일어나는 영의 사역의 역동성은 삼위일체의 영원한 연합 안에서 일어나는 것과는 다르게 나타난다. 영의 역동성은 피조적 현존재의 자립을 통해 발생하는 분리들을 극복해야 한다. 이 극복은 창조 안에서 나타나는 역동적 관계들의 특징이라 할 수 있는 대립과 충돌을 통과할 때만 가능하다.

창조에 관여하는 성령의 사역에 대한 신학적 서술에서 장 개념을 통해 삼위일체적인 근거를 마련하고 구조화하는 일은 그 개념의 신학적 사용이 자연과학적인 어법과 갖는 공통점뿐만 아니라 그것과 구분되는 다른 특징도 보여줄 것으로 기대된다. 양쪽 모두는 장의 표상이 공간과 시간의 개념들에 대해 갖는 관계들을 통해 설명될 수 있다.

c) 영의 사역을 드러내는 국면인 공간과 시간

제사장문서(P)의 창조 기사는 하나님의 영이 "태초의 홍수"(수면) 위에 폭풍과 같이 "운행"한다고 보고한다(창 1:2). 이때 영의 휘젓는 힘에 대한 표상은 시간과 공간 없이는 가능하지 않을 것이다. 폭풍은 오직 공간 안에서만 자신의 역동성을 펼칠 수 있고, 그렇게 세차게 나아가기 위해서는 시간이 필요하다. 동일한 것이—아마도 보다 더 부드러운 방식으로—시편 104:30에서 땅 위의 생명을 새롭게 하는 신적 호흡이 "내어보내지는" 것에도 해당된다. 이러한 표현은 분명 비유적인 것으로 보일 수 있다. 하지만 그것의 중심 내용은 영적 해석의 방법 안에서 그러한 구상적인 표현 형태로부터 분리될 수 없다.

그 외에도 우리는 공간적 표상들을 창조와 하나님의 관계에 대한 성서 본문들 속에서 만날 수 있다. 성서는 하늘에 있는 하나님의 거처에 대해, 그분의 권능이나 혹은 그분 자신이 땅 위에 현현한다고 말한다(제I권, 664ff.). 하나님의 초월성에 대한 표상은 공간적인 직관 없이는 가능하지 않다. 공간적 직관이 없다면 그 표상은 모든 유한으로부터 무한을 구분하는 논리적 형식으로 환원되어버릴 것이다. 그와 반대로 하나님과 구분되는 피조적 현존의 영역 안으로 하나님께서 개입하신다는 성육신 사상은 시간의 과정 속에서 극복되는 공간적 차이를 내포한다.[216] 하나님 자신이 공간 안에 위치하셔서 한 곳의 위치에 한정되어 계신다거나 다른 부분적인 공간들과 구분되신다는 생각은 적절하지 않다. 하지만 공간의 표상이 피조물과 하나님 사이의 관계에 제한된다는 주장으로 위의 사실을 피할 수 있는 것도 아니다.[217] 그 관계 속에 놓여 있는 것과 관계 그 자체와의 구별은 공간적 표상에 힘입은 것이고, 그 표상의 한계 안에 갇혀 있다. 세

---

216 Th. F. Torrance, *Space, Time and Incarnation*, 1969, 67. "성육신은…하나님이 우리와 관계를 맺으시는 실제성 속에서 하나님을 위한 공간과 시간의 실재를 주장한다."
217 Torrance, 같은 곳, 그리고 23f. 또한 하임(Heim)도 자신이 명제로 내세운 "초극적(überpolar) 공간"을 "하나님이 우리를 위해 현재하시는 공간"으로 보고 "하나님 자신의 현실성"과는 구분했다. 이 공간은 단지 "하나님만이 홀로…우리를 위해…출입할 수 있는, 우리를 향한 측면"이라는 것이다. K. Heim, *Der christliche Gottesglaube und die Naturwissenschaft* I, 1949, 183f.

계에 대한 하나님의 관계는—마치 하나님의 본질이 다른 것들과의 관계들과는 무관한 것처럼—하나님의 본질의 표상과 대립한다고 생각될 수 없다. "본질" 자체가 관계 개념이라는 사실이 이미 제시되었다(제I권, 582ff., 592ff.). 하지만 피조물들에 대한 하나님의 관계는 그분의 본질에 속한 자유의 표현이라고 생각될 수 있다. 그 관계들은 하나님의 본질 안에 근거되어 있다고 설명되어야 하는 것이다.

기원후 1세기 이후의 유대교 사상에서 "공간"(makôm)이라는 단어는 자주 하나님의 이름으로 다루어졌다. 이것은 출애굽기 33:21("보라, 내 곁에 공간이 있다"), 출애굽기 24:10(LXX), 시편 139:5ff. 또는 90:1과 연관되어 있다.[218] 이러한 견해는 초기 그리스도교 신학뿐만 아니라(아래의 각주 224번을 보라) 르네상스 철학에까지 영향을 주었다. 캄파넬라(Thomas Campanella)의 경우 그 견해는 텔레지오스(Bemhardino Telesios)나 파트리치스(Francesco Patrizzis)의 기하학적 공간 개념과 연결되었고, 수학적 공간의 무한성을 증빙으로 제시하면서 다루어졌다.[219] 가상디(Pierre Gassendi)나 모어(Henry More)와 같은 17세기의 또 다른 사상가들을 통해, 공간을 채우는 물질 개념보다 공간 개념이 우선한다고 보는 반(反)아리스토텔레스 사상은 특별히 절대공간의 가정과 관련된 뉴턴 물리학을 예비하는 데 중요한 역할을 담당했다. 데카르트에 반대하여 모든 물질로부터 독립적인 공간 곧 영적 공간의 이해를 주장했던 모어는 하나님과 공간을 동일시하는 것에 주저하지 않았다.[220] 이 것은 기하학적 공간 개념과 결합되는 가운데 라이프니츠가 클라크(Samuel Clarke)와의 편지교환을 통해 논쟁했던 견해다. 라이프니츠는 그 견해가 공

---

218 M. Jammer, *Das Problem des Raumes*, 1953 dt. 1960, 28ff.
219 같은 곳, 34ff., 91ff., 96ff. 야머(Jammer)는 전통적 노선의 영향력이 스피노자까지 이어졌다고 추정했다(50).
220 이에 대한 증빙은 Jammer, 같은 곳, 48f.

간을 **하나님의 감각기관**(sensorium Dei)으로 추정하는 뉴턴의 언급의 배후에 놓여 있다고 생각해서 그와 논쟁했다.[221] 하나님은 공간처럼 부분을 가질 수 없으며, 부분들로 구성될 수 없다. 이에 대해 클라크는 반대했다. 무한한 공간은 그 자체가 나누어질 수 없는 것이고 모든 나누어진 부분적 공간들의 전제라는 것이다. 왜냐하면 부분 공간들과 그것들의 분리 과정은 오직 무제한의 공간을 전제할 때만 가능하기 때문이다.[222] 클라크는 이러한 무경계의 공간을 하나님의 무한 광대하심(immensitas Dei)과 동일하다고 보았다. 그러므로 하나님은 무한히 나뉠 수 있는 기하학적 공간과 같지 않다. 이를 통해 무한한 공간을 사물들을 수용하기 위한(receptaculum rerum) 빈 저장소로 이해했던 르네상스 철학의 표상 또한 원칙적으로는 극복되었다.[223]

---

[221] 이에 대한 더욱 상세한 설명을 나의 책에서 보라. Gott und die Natur, in: *Theologie und Philosohphie* 58, 1983, 481-500, 특히 493ff. 또한 참고. 제I권, 668f. 감각기관(Sensorium)의 개념에 대해 M. Jammer, 같은 곳, 122ff.를 보라. 무엇보다 중요한 것은 클라크가 라이프니츠에 대한 두 번째 답변에서 **감각기관**이라는 표현이 생체기관(Organ)이 아니라 인지 장소를 가리킨다고 말한 것이다. G.W.F. Leibniz, *Die philosophischen Schriften* hg. G.J. Gerhardt VII, 360.

[222] S. Clarke, 같은 곳(G. W. F. Leibniz, *Die philos. Schriften* hg. Gerhardt VII), 368. "…**무한한 공간은 하나이며, 절대적·본질적으로 나누어질 수 없다. 공간이 나뉘어** 있다고 가정하는 것은 **모순된 용어**다. 왜냐하면 **칸막이 사이에 공간이 존재해야** 하기 때문이다." 비슷한 내용이 1781년에 칸트가 순수이성비판에서 공간 개념을 설명할 때 등장한다. 공간 안에 여러 장소들이 있다는 가정의 근거에는 "공간의 표상이 이미 놓여 있어야 한다"(A 23). 그렇기에 "오로지 하나의 공간만을 생각할 수 있으며" 공간들의 다수성은 "오로지 **그 하나의 공간 안에서** 생각될 수 있을 뿐"이다(A 25).

[223] 이러한 견해와 관련하여 다음을 보라. M. Jammer, 같은 곳, 91f.(Telesios)와 83f.(Hasdai Crescas). 그 표상은 뉴턴의 절대 공간에 대한 진술에서 발견된다(Jammer 121f.). 물론 뉴턴은 이 관점에서 매우 소극적으로 말할 뿐이고 공간을 하나님의 현재의 **작용**으로 특징짓는 것을 더욱 선호했다. 공간을 **사물들의 수용장소**(receptaculum rerum)로 이해하는 관점을 극복하기 위한 출발점은 무한한 공간의 본질적 비분리성에 대한 클라크의 논평에서 비로소 인식될 수 있다(위의 각주를 보라).

하나님은 창조하심으로써, 피조물에게 하나님 자신과 마주할 수 있는 공간을 주신다. 하지만 이 마주함은 하나님의 현재에 의해 지속적으로 포괄되어 있다. 초기 교부학이 말했던 것처럼 하나님은 만물을 포괄하시지만, 그분 자신은 그 무엇에 의해서도, 그 누구에 의해서도 포괄되지 않으신다.[224] 하나님 자신의 측정 불가능성 속에서 피조적 현존재의 유한성에 속하는 구별이 설정되어 자리를 잡는다. 이것이 공간의 표상에 대해 의미하는 것은 피조물들의 창조와 더불어 비로소 공간들의 다양성과 서로 분리된 부분 공간들이 생성된다는 사실이다. 물론 이 다양성에 대해서는 하나님 자신 안에 있는 다양성 곧 삼위일체적 삶의 다양성이 전제된다. 여기서 서로에 대한 관계 속에 있는 세 인격의 영원한 동시성은 하나님 자신 안에 있는 공간적 구분과 관계들에 대한 표상을 불러일으킬 것이다. 하지만 삼위일체적인 구별은 분리되는 것과 같은 식의 확고히 구분된 존재를 말하는 것이 아니다. 자기구분의 행위 속에서 삼위일체의 인격들 각각은 그 구분과 동시에 구분되는 대상과 하나로 묶인다. 그렇기에 피조물들은 신적인 자기구분의 **대상**으로서 발생했다고 생각될 수 없다. 피조물들은 단지 간접적으로만 "아들의 아버지로부터의 자기구분"으로부터 발생한다. 또한 마찬가지로 간접적으로 아들로부터 자신을 구분하시는 아버지께서 그 구분 속에서 아들을 긍정하시듯이, 피조물들도 마찬가지로 아들

---

224 *Der Hirt des Hermas Mand.* I,25,1. 또한 Aristides *Apol.* I,4, Theophilus, *ad Autol.* I,5, II,10. 비교. Irenaus, *adv. haer.* II,1,2, 또한 II,30,9. 이런 진술방식은 후에 교부들이 플라톤적인 순수한 "영적" 이해로 경도되었기에 뒷전으로 밀려났을까? 토랜스(Th.F. Torrance, *Space, Time and Incarnation*, 1969, 10ff.)는 이런 진술의 유형에서 공간을 "저장소"로 보는 이해에 대한 대안을 예견한다. 그런 점에서 그런 진술방식은 공간적인 "포괄"이 교부들의 진술에서는 물론 그 이전에 이미 스토아학파에서처럼 역동적으로 표현되었다는 점(Torrance 11)에서 매우 유익하다. 하지만 그것은 공간을 관계들의 체계로 이해하는 것이 아니다. 비록 토랜스가 이어지는 서술에서 그 이해가 아타나시오스의 견해 혹은 상호침투(Perichorese) 사상 안에서 발견될 수 있다고 주장했어도(14ff.) 그렇지 않다.

로부터의 자기구분 속에서 아버지에 의해—아버지가 아들을 사랑하는 흘러넘치는 신적 사랑의 표현으로서—아들과 함께 긍정되며, 원함의 대상이 된다. 피조세계 안의 구별들은 나누어지고 구분되는 현존재의 형식을 취하며, 그런 한도에서 피조물들은 공간 안에서 나란히(nebeneinander) 존재한다. 비록 나누어진 것들이 서로에게(aufeinander) 관계되어 있다고 하더라도 그렇다. 피조물들의 공간은 그것들이 자신들의 유한성을 통해—서로를(voneinander) 제한하여 거리를 두는 가운데—동시에 서로에게 관계됨으로써, 형성된다. 이런 관점 아래서 공간은 부분 공간들 사이의 관계들의 총괄로 묘사되며, 공간의 점들 사이에 놓이는 관계들의 총괄로 관념화된다.

공간을 관계들의 총괄로서 이해하는 것은 특별히 라이프니츠에 의해 발전되었고, 이것은 절대적 공간의 표상과 대립되었다.[225] 중세 아라비아 철학은 이 점에서 앞서 나갔다.[226] 그런 이해를 주도했던 신학적 관심사, 곧 공간도 시간과 마찬가지로 피조물들의 창조와 함께 비로소 발생할 수 있다는 관심사는 이미 그리스도교 신학 안에서 누구도 아닌 바로 아우구스티누스에게서 발견된다. 아우구스티누스는 우리의 세계 밖에 있다는 무한한 공간들(*infinita spatia locorum*)이라는 가정을 세계 창조 이전의 시간이라는 개념과 마찬가지로 거부했다. 전자(공간)를 거부한 것은 에피쿠로스 학자들처럼 성서의 하나님이 창조하신 하나의 세계 곁에 다른 수많은 세계들을 받아들여야 할지도 모르기 때문이며(*De civ. Dei* XI,5), 후자(시간)를 거부한 것은 하나님의 불변성이 위협당할 수도 있기 때문이다(위의 88f.를 보라). 이에 대한 그의 논증은 다음과 같다. 변화하는 운동(*mutabilibus motibus*)의 피조물

---

225 G. W. F. Leibniz, *Die philos. Schriften* hg. Gerhardt VII, 389-420(클라크에게 보낸 다섯 번째 서신).
226 이에 대해 M. Jammer, 같은 곳, 52ff.

이 없는 곳에는 시간이 없고(XII, 15,2), 피조물들의 지금의 세계 밖에는 공간이 존재하지 않는다(cum locus nullus sit praeter mundum: XI,5). 라이프니츠가 공간을 관계들의 총괄로 이해한 것은 다만 범주적인 정확성에서만 이 논증을 능가한다고 말할 수 있다. 라이프니츠가 확정하는 바에 따르면 공간은 무한한 실체(하나님 곁에 존재하든지 아니면 하나님과 동일하든지 관계없이)로 생각될 수 없고, 또한 어떤 속성으로도 생각될 수 없다(사물들이 계속 자신의 위치를 바꾸기 때문에 그들이 차지한 위치가 그것들의 속성에 속할 수는 없다). 그 결과 남는 것은 공간에서 중요한 것이 사물들 사이의 관계들의 총괄이라는 사실이다. 이 관계들이 하나님께 대한 것인지 피조물들에 대한 것인지는 관계가 없다. 이러한 이해는 절대공간을 사물들을 수용하는 장소(*receptaculum rerum*)로서 이해하는 뉴턴의 사상에 반대했던 아인슈타인의 일반 상대성이론을 통해 확증되었다. 그 이전에 이미 리만(B. Riemann)은 공간의 측량구조가 공간 속에 흩어져 있는 물질의 배치에 예속되어 있을 수 있다고 추측했다. 상대성이론은 이러한 사상을 중력에 대한 기하학적 해석을 통해 도출해냈고, 이를 통해 관성(좌표체계와 무관하게 "직선으로" 움직이는 운동)을 정의하기 위한 조건으로서의 절대공간의 기능은 사라지게 되었다.[227] 상대성이론의 영향을 받은 토랜스(Thomas F. Torrance)는 신학이 이와 마찬가지로 공간을 공간 개념의 관계 규정으로 소급시켜서 "그릇"(수용체)이나 "용기"(컨테이너)로 생각하는 것에 반대했다.[228] 물론 상대성이론으로 특징지어지는 현대

---

[227] M. Jammer, 178f., 183ff., 192f. 또한 야머의 책(XIV f.)의 머리말에 나오는 아인슈타인의 진술을 참고하라. 야머는 거기서 상대성이론이 절대공간의 가설에 반대하면서 라이프니츠와 하위헌스(Huygens)에게 "정당성을 부여했다"고 확증했다.

[228] T. F. Torrance, *Space, Time and Incarnation*, 1969, 11ff., 22ff.(참고. 4f.), 60ff. 토랜스에게서 피조적 영역 안에 있는 "관계 연속체"로서의 공간과 시간(61)이 어떻게 하나님과 피조세계 **사이**의 "관계"(relation)와 대응되는지는 분명하지 않다. 한편으로 공간과 시간은 하나님과 피조세계 사이의 관계를 이해하기 위한 "매개"를 형성한다고 말해지지만(같은 책, 참고. 68), 다른 한편으로 그 관계 자체는 공간적 혹은 시

적인 토론 상황에서도 부분 공간들 혹은 장소들의 관계에 대한 모든 표상이 항상 공간의 단일성을 전제한다는 주장은 어쨌든 여전히 존재한다. 이에 상응하는 것은 클라크가 주장하고 칸트가 수용했던 논증, 즉 모든 분할 그리고 부분 공간들 사이의 모든 관계는 이미 "무한히 **주어져 있는**(gegebene) 규모"(Kant. Kr.r.V. B 39)로서의 하나의 공간을 전제한다는 논증이다. 이 공간은 점, 선, 면, 입체를 통해 나뉠 수 있다고 생각되는 어떤 기하학적 공간이 아니다. 오히려 클라크의 의미에서 거기서 중요한 것은 하나님의 무한 광대하심(immensitas Dei)이다. 이것은 그 자체가 나뉠 수는 없는 것이지만, 분할과 질서를 가진 공간의 모든 표상들에 대한 전제조건이며, 다시 말해 무한의 직관 속에서 모든 인간적 표상과 인식들의 최상위 조건으로서 토대가 되고 있다.

역사적으로 영향력이 있었던 공간에 대한 두 가지 이해, 즉 공간을 **한편으로** 물체들 내지는 부분공간과 위치들의 관계들의 총괄로 보는 것, **다**

간적으로 규정되어 있지 않다고 말해진다(23 등등). 그렇다면 "우리와 관계를 맺으시는 하나님을 위한 공간과 시간의 실재"(24)는 어떻게 이해될 수 있을까? 하임(K. Heim)이 생각나게 하는 표현 방식, 즉 하나님을 향한 관계라는 시공간의 "수직적 차원"을 영을 통해 확장한다는 표현방식(72)은 이 질문에 대한 충분한 대답이 되기는 어렵다. 영의 역동성과 시공간의 관계는 보다 더 명확한 규정을 필요로 한다. 토랜스는 이 지점에서 신학에 주어지는 과제를 보았고, 그것을 설명했다. [덧붙여 말하자면 루터교의 그리스도론과 성찬론을 "수용적인 공간 개념"에 귀속시키는 것(30f.)은 확신을 주지 못한다. 왜냐하면 하늘로 높여지신 그리스도께서 하나님의 편재(Ubiquität)에 참여하신다는 루터의 교리는 하나님의 우편에 앉으심을 지역적으로 제한하는 이해("circumscriptive")에 반대하는 것이었고, 츠빙글리도 그것을 옹호했다. 참고. H. Graß, *Die Abendmahlslehre bei Luther und Calvin*, 1940, 53ff., 또한 J. Rohls in Garijo-Guembe/Rohls/Wenz, *Mahl des Herrn*, 1988, 159ff., 그리스도의 승천과 편재에 대해서는 166, 특히 164f. 루터신학은 "하늘에 계신 그리스도의 몸을 용기(컨테이너) 안에 국한되어 있다는 의미로만 읽을 수 있었다"라는 토랜스의 문장(32)은 구(舊)루터교 교리가 실제로 말했던 것과 반대된다.]

른 한편으로 모든 분할보다 그리고 나뉜 것들의 모든 관계보다 먼저 주어진 것으로 보는 것은 서로를 배척할 필요가 없다. 이것들은 다음과 같이 결합될 수 있다. 첫째 관점은 피조세계의 공간을 묘사하고, 둘째 관점은 그 공간을 구성하는 하나님의 무한 광대하심을 묘사한다.[229] 이때 르네상스 철학이 그렇게 했던 것처럼, 기하학적 공간의 무한성을 하나님의 무한 광대하심과 동일시해서는 안 된다. 만일 그렇게 한다면 스피노자의 범신론에 이르거나 혹은 이제 막 처음으로 창조될 사물들을 위한 수용체로서 그 자체는 비어 있는 어떤 절대공간의 표상에 도달하게 될 것이다. 기하학의 공간 구상은 제한이 없고 무제한의 확장 능력이라는 의미에서 잠

---

[229] 몰트만도 그런 결합을 시도했다. J. Moltmann, *Gott in der Schöpfung*, 1985, 166. 그는 창조 개념이 그 결합의 근거가 될 수 있다고 보았다. "창조 개념이 처음으로 **하나님의 공간과 피조세계의 공간을 구분한다**"(같은 곳). 이것은 위에서 상술한 내용에 상응한다. 물론 나는 "**창조의 공간**은 창조 그리고 창조에서 **만들어진 공간들**보다 우선하며" 하나님의 편재와 피조물의 세계 사이에서 제3의 것을 형성한다는 몰트만의 명제를 따르지는 않는다. 몰트만은 침춤(*Zimzum*)이라는 유대교 교리의 의미에서 이렇게 말했다. 빈 공간은 하나님이 자신의 현재(*Gegenwart*)를 자신의 고유한 본질 안으로 다시 거두어들이심으로써 생겨났다는 것이다. 참고. Jammer, 같은 곳, 50.37. 우선 이 명제에 반대되는 것은 하나님이 피조물들의 공간 안에도 편재하신다는 사실이다. 그 외에도 이 명제는 토랜스가 제기하는 이의제기, 즉 빈 공간을 **사물들의 수용체**(*receptaculum rerum*)로 이해한 것에 반대했던 모든 이의제기를 감당해야 한다. 하나님이 현재하시는 절대공간과 피조물의 현존재의 창조와 함께 생성되는 구체적인 관계성의 공간 **사이에 있다**는 빈 공간의 표상은 상대성이론을 통해 이미 제거된 추상적 공간 표상들의 실체화에 속할 것이다. 창조의 공간은 피조물들의 세계로부터 현실적으로 구분되지 않는다. 피조세계는 무한하신 하나님이 피조물들 곁에 현재하심을 통해 형성되는 관계들의 총괄로 구성되며, 그 점에서 자신의 통일성을 입증한다. 이렇게 될 때 비로소 몰트만의 올바른 명제, 즉 "피조세계의 공간"이 창조 개념을 통해 하나님의 편재의 공간에 관계된다는 명제는 구체적으로 해명될 수 있다. 즉 창조 사상은 다음의 사실을 포함한다. 피조물은 자신의 현존재를 구성하시면서 자신의 곁에 현재하시는 창조자로부터 분리된 상태에서는 적절히 이해될 수 없다는 사실이다.

재적으로는 무한하지만, 실제로 무한한 것은 아니다.[230] 기하학적 공간들의 잠재적인 무한성은 인간 정신 속에 남아 있는 신적 무한성의 부서진 반영일 뿐이다. 하나님은 자신의 편재를 통해 창조의 공간을 구성하시기 위해 무한성 안에서 모든 사물에 현재하실 뿐만 아니라, 그분의 무한성은 사물들이 서로 구분되면서 또한 서로 결합되는 공간적 관계에 대한 모든 인간적 파악의 전제이기도 하다. 칸트에 의하면 공간의 관조(Anschuung)는 시간의 관조와 함께 모든 인간적 경험의 바탕을 이루는데, 여기서 공간의 관조는 무한을 직관(Intuition)하는 한 가지 방식이다. 직관은 데카르트에 의하면 모든 인식내용과 표상을 다양하게 규정할 때 최고의 전제조건이 된다.[231] 공간과 시간은 "관조 형식들"로서 무한성을 직관과 함께 공유하며, 오직 그렇게 해서 이들은 모든 유한한 경험의 내용들보다 우선한다. 공간에 대해 기하학이 그리는 모든 특정한 표상은 관조의 공간이 특징적으로 보여주는 무한한 전체로서의 소여성의 방식과는 이미 다르다. 기하학적인 특정 표상은 공간의 관조를 표상화하거나 혹은 순수한 사변으로 재구성한다.[232]

---

230 야머(M. Jammer, 같은 곳, 168)는 한계가 없는 것과 무한 사이의 구별을 기하학에 도입해야 한다고 말하며, 리만을 인용한다. G. F. B. Riemann, *Über die Hypothesen, welche der Geometrie zu Grunde liegen*, 1854.
231 더 정확한 설명을 나의 책에서 참고하라. *Metaphysik und Gottesgedanke*, 1988, 25-28.
232 하나님의 무한 광대하심(*immensitas Dei*)이 피조물의 공간에 필수적이라는 명제 그리고 이와 관련된 신학적 해석, 즉 관조적 공간의 무한한 소여성 전체를 모든 공간적 구분과 질서의 조건으로 보는 칸트의 설명에 대한 해석은 다른 논쟁의 형태에서 하임(Heim)이 하나님이 창조에 현재하는 방식을 묘사하며 "초극적"(überpolar) 공간이라고 불렀던 것을 받아들인다. K. Heim, *Der christliche Gottesglaube und die Naturwissenschaft*, I, 1949, 179ff., 특히 183ff. 하임이 자신의 명제를 강조했던 형식은 그가—다차원 공간에 대한 그 당시의 논의와 비슷하게—저 "초극적" 공간에 추가적 "차원"을 도입해서 도달하려 했다는 사실 때문에 부담이 되었다. 선에서 면으로, 면에서 심원한 공간으로 건너갈 때 추가적 차원이 도입된다. 오스틴(Austin)은 하임

공간을 시간으로부터 구분한다는 것 자체가 이미 공간 안에 나란히 배열된 현상들을 시간적 연속의 순서로부터 떼어내는 성찰의 작업이다. 그러나 여기서 시간 개념은 근본적인 것으로 입증된다. 왜냐하면 시간 개념은 공간 개념의 구성에 본질적이기 때문이다. 공간 개념은 말하자면 다양한 사물들의 동시성을 통해 구성된다. 공간은 동시적으로 현재하는 모든 것을 포괄한다. 피히트(Georg Picht)는 다소 과장해서 이렇게 말했다. 사실 "공간이 시간이다."[233] 이와 같이 공간을 시간으로 환원하는 진술은 하나님

이 추가적 차원을 도입한 것에 대한 상세하고 비판적인 설명에서 그 도입의 "반쯤-은유적인" 성격에 이의를 제기했다(W. H. Austin, *The Relevance of Natural Science to Theology*, 1976, 59-72, 참고. 64f.). 하지만 하임의 논증의 합리적인 핵심, 곧 특정한 공간의 기초에서 역설들이 등장하는 것을 새로운 차원을 도입해서 그 공간을 확장하기 위한 논증으로 이용하려는 절차도 비판을 피하지 못한다. "하임의 예시들은 역설이 새로운 공간의 존재를 위한 필요조건 혹은 충분조건이라는 사실을 규명하지 못한다(혹은 높은 확률을 부여하지도 못한다)"(69). 그 외에도 "초극적" 공간에 대한 하임의 설명은 "스타일상 설교조이며 내용상 이해하기 힘든 것"이고(71), 그래서 도대체 여기서 정말로 어떤 공간이 말해지고 있는 것인지 알 수가 없다(72). 하임의 논증과 달리 여기서 서술된 내용은 추가적 차원의 도입을 통한 기하학적 공간의 구성 과정을 지지하지 않고 오히려 칸트와 함께 일반적인 공간 표상들에 대한 조건들을 성찰하는데, 이 조건들은 그와 동시에 공간에 대한 인간적인 관조들에 필수적인 공간 관계들에도 적용되어야 하는 것들이다. 이것은 칸트가 공간을 관조하는 주체성에 자신을 제한했던 사실이 칸트 자신이 받아들이지 않았던 형이상학적 논증 배경으로 소급됨으로써 해결되었기 때문이다. 그 적용을 위한 정당성은 인식하는 주체 자체의 표상이—다른 모든 유한한 대상의 표상과 마찬가지로—무한에 대한 직관의 제약을 통해 비로소 형성된다는 사실(Descartes, *Med*. III, 28)로부터 온다.

233 G. Picht, Die Zeit und die Modalitäten, in: H. P. Dürr, Hg., *Quanten und Felder* (Festschrift W. Heisenberg) 1971, 67-76, 피히트가 모은 논문집에서 인용된 것으로 Hier und Jetzt 1980, 362-374, 372. (채워진) 공간의 표상이 물체의 표상과 연결되어 있다는 사실도 그와 동일한 방향을 가리킨다. 참고. A. Einstein, Die Grundlage der allgemeinen Relativitätstheorie, in: O. Blumenthal, Hg., *Das Relativitätsprinzip*, 1913, 6.Aufl. 1958, 81. 물체란 말하자면 "그것이 지속될 때만 어떤 것으로서 존재한다." G. Schwarz, *Raum und Zeit als naturphilosophisches*

이 공간 안에 현재하시는 것을 신적인 영의 역동적 활동으로 보는 신학적 해석의 조건이다. 이런 이유에서 이번 단락(II.2.c)의 설명은 공간 개념에 집중해야만 했다. 이렇게 시작된 서술은 이제 창조 사역 안에서 하나님의 영이 활동하는 장의 시간적 구조에 대한 설명으로 넘어간다. 동시성의 해석이 그 설명을 위한 출발점을 형성한다.

공간 개념에 대한 동시성의 구성적 의미는 4차원 시공간 연속체의 표상을 위한 공간과 시간의 통합을 철학적으로 타당하게 만든다. 그러나 절대적 동시성의 사고는 상대성이론의 관점에서 볼 때 중대한 의구심에 노출되어 있다. 상대성이론에 따르면 서로 다른 속도로 움직이는 좌표체계 안에 있는 서로 다른 관찰자들에게 엄격한 동시성은 있을 수 없다. 왜냐하면 시간의 규정은 광속에 의존하기 때문이다. 하지만 이 사실을 통해 동시성이 완전히 제거되는 것은 아니다. 다만 동시성은 관찰자의 위치에 따라 상대적이며, 이와 더불어 공간적 거리의 측정도 상대화된다. 이와 같은 상대적 동시성은 언제나 그 자체로는 비동시적인 것들의 동시성이다. 인간적인 시간 의식의 경우 동시성은 시간을 건너 연결하는(zeitüberbrücken) 현재의 현상을 통해 가능해진다. 이 현상은 아우구스티누스가 처음으로 설명했다.

시간에 관한 아우구스티누스의 유명한 논문은 『고백록』 11번째 책에 나온다. 그는 거기서 언어 진술의 이해라든지 멜로디를 듣는 것과 같은 사례를 들면서 설명한다. 현재에 대한 인간의 경험은, 우리의 인지 속에서 항상 지나가 버린 순간인 지금(Jetzt)이라는 보이지 않는 점을 넘어 **기억**(*memoria*)을 통해 이제 막 지나간 것을, 그리고 **기대**(*expectatio*)를 통해 임박한 것을

Problem, 1972, 152. 이는 또한 기하학적 물체들에도 해당하는데, 왜냐하면 기하학적인 공간 표상들의 근저에는 관념적 동시성이 놓여 있기 때문이다. 이 동시성이 기하학적 표상 속에서 물체들의 무제한적인 지속을 가능케 한다.

현재적으로 유지함으로써 가능하게 된다(*Conf.* XI,28,38). 이것은 집중된 **주의력**(*attentio*)을 통해 일어난다. 그때 순간적인 지금을 넘어서는 "영혼의 확장"(*distentio animi*, XI,26,33)에 도달하는 것이다.[234] 물론 실제로 유일한 현재적 순간으로 경험될 수 있는 짧은 시간과, 우리가 기억이나 기대를 통해 시간적 거리를 의식해서 현재와 결합시키는 과거 혹은 미래 사건들은 정확하게 구분되어야 한다. 엄격한 의미에서 현재로 경험될 수 있는 짧은 시간은—이것은 이미 연속된 사건들을 통합하고 있다—수초 이내로 제한되어 있다.[235] 하지만 지나간 것으로 기억되고 미래로 기대되는 사건 역시 현재 의식 안으로 개입하는데, 그 내용들이 현재 지속되고 있는 현실성의 형태들 가운데 하나에 속하는 것으로 경험될 때 그렇게 된다. 지속의 경험은 현재를 덮는 가장 포괄적이고 복잡한 형태다.[236]

하나님을 향한 피조적 사건의 현재 역시 시간의 간격을 넘어 연결하는 것으로 생각되어야 한다. 하나님 앞에서 현재하는 것들은 그 자신의 피조적 현실성의 지반 위에서 다양한 시간들에 속해 있다. 그것들은 하나님 앞에 있으며, 지속해서 현재적으로 존재한다. 여기서 하나님의 영원은 기억이나 기대를 필요로 하지 않는다. 왜냐하면 영원은 그 자체로 모든 사건에 동시적이기 때문이다. 하나님은 정보의 매개체로서의 빛이나 광속을 전혀

---

[234] 이에 대한 상세한 내용을 나의 책에서 참고하라. *Metaphysik und Gottesgedanke*, 1988, 58f. 또한 K. H. Manzke, *Zeitlichkeit und Ewigkeit. Aspekte für eine theologische Deutung der Zeit*, Diss. München 1989, 259-360.

[235] 푀펠은 2초에서 4초까지의 짧은 순간을 상정한다. E. Pöppel, Erlebte Zeit und Zeit überhaupt, in: *Die Zeit. Schriften der Carl-Friedrich-von-Siemens-Stiftung* 6, 1983, 369-382, 372.

[236] E. Pöppel, 같은 곳, 373f. "지속의 경험을 위해서는 사건들을 '인지되는-형태들'로 확인하고 통합하는 것이 필수적이다." 이것은 기억(Gedächtnis)과 결합되어 일어난다 (374).

필요로 하지 않으신다. 왜냐하면 그분은 자신의 편재의 권능을 통해 모든 피조물 각각의 자리에 현재하기 때문이다.[237]

영원은 전체성 속에서 나뉘지 않는 생명(Leben)의 현재다(제1권, 651ff.). 영원은 한편으로 과거와 구분되고 다른 한편으로 미래와 구분되는 현재 속에서는 생각될 수 없으며, 오히려 시간을 덮어 포괄하는 현재 즉 인간의 시간 경험과 구분되고 자신의 외부에 어떤 미래를 가지지 않는 현재로 생각되어야 한다. 자신의 외부에 미래가 있는 어떤 현재는 그러한 사실에 의해 제한된다. 자신의 미래와 구분되며 그 무엇도 과거로 함몰되지 않는 현재만이 영원일 수 있다.[238]

---

[237] 비동시적인 것들의 동시성으로 이해되는 신적인 앎의 시간을 덮는 특성은 키에르케고르(Søren Kierkegaard)가 예수 그리스도에 대한 신앙을 해명하기 위해 사용했던 동시성 개념도 이해될 수 있게 만든다. 예수 그리스도와의 동시성은 단순한 역사적 기억과는 달리 영의 은사(Gabe)를 통해, 다시 말해 영원의 현재를 통해 중재되기 때문이다. 믿는 자에게는 과거의 구속 사건이 영원한 하나님과 함께, 그리고 그분을 통해 현재적이 된다. 다음 글의 시작에 나오는 키에르케고르의 서술을 참고하라. "*Einübung im Christentum*"(1848), SV XII,1 (=dt. Werk ausgabe von E. Hirsch Abt. 26,5). 더 자세한 내용은 XII,59-63 (Hirsch 61-66)을 보라.

[238] 피히트(G. Picht)는 시간 이해에서 미래의 우선성을 선택하기 위해, 영원한 현재라는 "그리스" 사상에 대해 비판적인 거리를 두었다(각주 233번에서 인용된 논문). 이러한 입장은 시간을 지속적인 현재로 파악하는 사상을 전제하는데, 이 사상은 세 가지의 시간 양식 가운데 하나—즉 현재—를 다른 두 가지 시간 양식과의 관계로부터 고립시킨다. 그러나 영원한 현재를 "시간을 덮어 포괄하는 현재"라는 의미로 이해하는 것은 과거와 미래를 배제하지 않고 오히려 포괄하는데, 그 이해는 벗어날 수 없는 미래(혹은 그 미래의 예기)의 전망으로부터만 가능하다. 시간을 덮어 포괄하는 현재의 현상은 "교차된 시간양식들"(A. M. K. Müller)의 도식주의("매트릭스"[Matrix]라고도 말해진다)와, 혹은 (Moltmann이 옹호하는) "교차된 시간들"의 도식주의(J. Moltmann, *Gott in der Schöpfung. Ökologische Schöpfungslehre*, 1985, 135-150, 특히 139)와 혼동되어서는 안 된다. 뮐러는 "매트릭스"를 자신의 기고문(A. M. K. Müller, "Naturgesetz, Wirklichkeit, Zeitlichkeit", in: *Offene Systeme* I, hg. E. v. Weizsäcker, 1974, 303-358)에서 시간의 세 가지 양식을 가능성, 현실성, 필연성이라는 세 가지 양태와 관련시키는 피히트의 견해(같은 곳, 339f.)에 기초해서 발전시켰다. 세 가지 양태 모두를 덮

영원은 시간의 총괄개념으로 생각될 수 없다. 오히려 시간이 미래, 현재, 과거라는 양식들이 사건의 연속에 따라 각각 등장함에 따라 영원으로부터 발생하고 영원에 의해 지속적으로 포괄되는 것으로 생각되어야 한다.[239] 영원은 최소한 시간의 경험 및 개념의 구성에 본질적이다. 왜냐하

어 포괄하는 인식은 시간의 통일성과 관련된다는 것이다. 그러나 이때 시간 양식의 일반적인 사용과 관련해서는 단지 성찰의 더 높은 단계가 중요할 뿐이지만, 반면에 시간을 덮어 포괄하는 현재의 현상은 시간의식 그 자체에 속한다. 아우구스티누스도 이 현상에 대해 말했다(*Conf*. XI,20,26). 하지만 그에게 중요했던 것은 지나간 현재, 지나간 과거, 지나간 미래 등과 같이 행렬로 펼쳐진 시간 양식들의 조합이 아니었다. 이것은 뮐러(A. M. K. Müller)가 물리학의 단선적인 시간 이해의 특성을 비판적으로 조명하려는 목적으로 발전시켰던 것이다. 참고. "Zeit und Evolution," in: G. Altner, Hg., *Die Welt als offenes System*, 1986, 124-160. 이 목적을 위해서라면 그런 조합이 유용할 수도 있을 것이며, 특히 그것이 시간 경험의 역사성에 대한 성찰의 계기로서 도움이 된다면 더욱 그렇다. 그러나 이를 통해 시간의 본질에 대한 통찰에 더 가까이 접근하는지 여부는 여전히 의심스럽다. 교차된 시간 양식들에 대한 진술, 아니 이보다 더 불분명한 것으로서 교차된 시간들에 대한 진술에서 정말로 근본적인 것은 시간의식의 상대성 곁에 놓인 "시간을 덮어 포괄하는 현재"의 현상인데, 이것은 그러한 성찰들의 토대를 이루고 있으나 그 성찰들에 의해서는 설명되지 않는 현상이다. 시간 경험에서 지속이 갖는 의미에 대해 다음 책을 참고하라. A. M. K. Müller, *Die präparierte Zeit*, 1972, 206ff.

239 시간 개념에 대한 오늘날의 논의 속에서 플로티노스(Plotin, *Enn*. III,7)의 이와 같은 이해에 가까운 것은 데이비드 보옴(David Bohm)의 견해다. 그는 우주의 암재계(暗在界, implicate order, 파동우주 – 역자 주)에 대해 말하면서 이것이 자연과정들 속에서 명확하게 등장하는 명재계(明在界, explicate order, **물질우주**) 현상들의 근원이라고 설명한다. 특별히 참고. Time, the Implicate Order, and Pre-Space, in: D. R. Griffin, ed., *Physics and the Ultimate Significance of Time*. Bohm, *Prigogine and Process Philosophy*, 1986, 177-208, 특히 192f. "…일정 수준에서 펼쳐지는 계는 어떤 분리도 없는 '무시간'적 근거로부터 출현한다"(196). 물론 이러한 긴장 속에 보옴의 견해, 즉 시간이 운동의 추상화로 이해되어야 한다는 견해가 서 있다(177, 189). 시간 개념을 자연과정들에 대한 모든 물리학적인 서술의 전제로 다루지 않고, 그것을 물리적인 소여성들로부터 도출하려는 시도에 대한 비판을 위의 책에 나오는 그리핀의 설명을 통해 보라. D. R. Griffin, 1-48, 특히 프리고진(I. Prigogine) 등에 대해

면 시간의 진행 속에서 분리된 것들의 결합관계는, 오로지 시간이 통일성으로서—다시 말해 영원으로서—이미 근저에 놓여 있는 경우에만, 이해될 수 있기 때문이다.

그래서 플로티노스는 영혼이 시간의 기원이라고 생각했다. 왜냐하면 영혼은 다양한 사물들에 연루되어 있음에도 불구하고 일자(一者)에 참여하고 있고, 시간 안에서 순서대로 연속되는 순간들이 하나의 결합된 전체(*synecheia hen*)를 이루기 때문이다(*Enn.* III,7,11). 시간 개념의 근거를 영원의 사고에서 찾는 이러한 설명을 플로티노스는 스토아학파와 에피쿠러스 학파의 시간 이론만이 아니라 아리스토텔레스의 명제와도 대립시켰다. 그것은 시간을 "운동의 수량"으로 정의하는 명제다(*Phys.* 219 b 1f.). 이때 운동 자체의 측정단위 또한 하나의 운동이다. 플로티노스에 따르면 여기서 시간은 언제나 이미 전제되어 있으며, 그래서 시간의 본질과 구성은 그러한 서술 속에서는 설명되지 않은 채 남아 있다.[240] 또한 이 비판은 현대 물리학의 시간 규정에도 적중하는데, 왜냐하면 현대물리학은 시간을 시간측정의 절차로부터 규정하고, 그때 측정을 위해 사용되는 운동의 단위—상대성이론에서는 광속—가 근저에 놓여 있다는 점에서, 결국 아리스토텔레스적인 시간 이해의 전통을 따르기 때문이다.[241] 시간의 측정에 집중하는 것과 시간의 단면들이 동일

서는 19ff. 보옴의 사상 속에 분명 존재하는 역설들(이에 대해 R. J. Russell, 위의 책, 216)은 시간과 그것의 근거인 영원이 지닌 물리학 이전의 특성이 고려될 때만 해결될 수 있을 것이다.

[240] *Enn.* III,7,9. 이에 대해 다음의 해설을 보라. W. Beierwaltes, *Plotin über Ewigkeit und Zeit* (1967) 3.Aufl. 1981, 228ff., 특히 233ff.

[241] G. Schwarz, *Raum und Zeit als naturphilosophisches Problem*, 1972, 183ff., 특히 186ff. 이와 같은 시간 이해의 아리스토텔레스적인 근원에 대해 168ff.를 참고하라. 슈바르츠(Schwarz)는 192f.에서 아인슈타인이 명확하게 강조했던 것, 즉 광속을 통해 정의되는 시공간의 절대성을 지시한다. 이 절대성은 상대성이론의 세계상 안에서는 시간을 구성하는 영원의 절대성과 같은 위치에 있다.

한 형태라는 명제는 서로 연관되어 있으며, 시간의 본질에 대한 이해에서 미래, 현재, 과거라는 시간의 양식들이 등한시되는 점[242]도 마찬가지로 관련되어 있다. 그 모든 것은 계측을 통해 일하는 자연과학에는 실용적으로 적절할 수 있으나, 시간의 일상적 경험에 대해서는, 마찬가지로 또한 시간의 본질을 묻는 철학적 질문 곧 플로티노스가 영원을 통해 시간의 토대의 통찰로 이끌었던 질문에 대해서는 다만 배후에 머물 뿐이다. 플로티노스의 이와 같은 논증은 칸트의 시간론 속에서 주목할 만한 일치점을 발견했다. 이것은 완전히 다르게, 즉 인간중심적으로 정향된 칸트의 의도가 일으키는 긴장 때문에 주목할 만하다. 칸트에 따르면 공간과 유비를 이루면서 시간에 있어서도, 다양한 시간 표상들에게는 이미 시간의 통일성이 전제되어 있다.[243] "제한이 없

---

[242] 이것은 뮐러(Müller)가 말하는 "조작된" 혹은 "제조된" 시간이다. A. M. K. Müller, *Die präparierte Zeit*, 1972, 특히 189-223, 228ff., 264f., 275f. 등. 뮐러의 우선적인 근거는 피히트(G. Picht)인데, 피히트는 특히 고전물리학의 시간개념 안에서 시간의 양식들이 서서히 약화되어 없어진 것에 대해 비난했다(각주 233에서 인용된 논문의 366ff.를 보라). 각각 특정한 규정 안에 있는 시간의 양식들은 틀림없이 시간 안에서 방향을 갖는 의식 그리고 그것의 위치와 관계되어 있다. 각각의 위치에서는 미래, 현재, 과거의 구분이 재차 나타나며, 이것은 주체의 현재와 관련된다. 이러한 사태는 비에리(P. Bieri)가 맥태거트(J. E. McTaggart), 라이헨바흐(H. Reichenbach), 그륀바움(A. Grünbaum), 위드로우(G. J. Withrow) 등의 분석적으로 설명된 시간 이해들(*Zeit und Zeiterfahrung, Exposition eines Problembereich*, 1972)과 세부적으로 논쟁하는 가운데 다음과 같이 해석되었다. 과거, 현재, 미래의 양식들이 아니라 단순히 이전과 이후의 구분만이 (비가역성의 전제 아래서) 물리학적으로 객관적이고 주관적인 시간 경험에 본질적인 실제 시간으로 여겨진다(142ff., 165ff., 203ff.). 하지만 시간 양식들의 구분, 특별히 이미 실제인 것과 대비되는 미래적인 것의 구분을 "객관화"하기 위한 전제조건들이 주어져 있지 않다는 명제(165ff.)는 라이헨바흐가 실제인 것의 시간규정과 미래의 비규정성의 시간규정을 구분하는 것으로부터 설명하는 근거들 가운데서 논의될 뿐이고(155ff., 166ff.), 그 근거들의 상세한 내용 곧 미래와 가능성 개념의 연결하는 피히트(G. Picht)와 바이체커(C. F. v. Weizsäcker)가 표현하는 내용에서는 논의되지 않는다.

[243] I. Kant, *Kritik der reinen Vernunft* A 31f. "다양한 시간들은 다만 동일한 시간의 부

는" 그래서 무한한 "통일성"으로서의 "**시간이라는 근원적 표상**"(A 32)은 핵심에서는 다름이 아니라 영원의 사고와 같다. 칸트는 이 점을 깊이 숙고하지 않은 것처럼 보인다. 왜냐하면 그에게는 영원과 시간에 대한 플로티노스적인 (혹은 보에티우스적인) 관계규정이 더 이상 시야에 머물러 있지 않았고, 영원은 단지 무시간적이라고 간주되었기 때문이다(참고. B 71f.). 어쨌든 그는 공간의 통일성과 마찬가지로 시간의 통일성도 인간의 주체성에 근거시키려고 시도했다.[244] 그러나 유한한 규모로서의 주체는 실제적인 무한, 즉 (칸트도 그렇게 말했던 것처럼) 무한히 주어져 있는 전체성의 근거가 될 수 없다.[245] 유한한 주체는 기껏해야 끝없는 지속의 원리, 즉 잠재적 무한성의 원리일 수는 있을 것이다. 이러한 사태도, 자아의 사고를 포함한 의식의 모든 유한한 내용들에 대한 조건인 무한의 직관을 통해 주체가 구성될 때 비로소 이해될 수 있다. 후기 피히테(Fichte)는 데카르트의 이와 같은 통찰로 회귀했는데, 그것은 그가 자아의 설정으로부터 자의식을 구성하려는 노력 끝에 일어난 일이었다.[246]

분들일 뿐이며, 시간의 모든 특정한 크기는 그것의 근거를 이루는 유일무이한 시간의 제약을 통해 가능하다."

244 이 시도는 시간이 "내적 의미"로서 주체의 "자기애착"을 통해 설명된다는 명제에 근거한다(*Kritik der reinen Vernunft* B 67ff., 참고. A 33). 이에 대해 다음을 보라. K. H. Manzke, *Zeitlichkeit und Ewigkeit. Aspekte für eine theologische Deutung der Zeit*, Diss. München 1989, 118-145, 또한 111f., 152f. 피히트(G. Picht)는 그럼에도 불구하고 "영원의 고정된 현재"가 칸트에게 시간의 통일성의 근거로 남아 있었다고 보았다. 왜냐하면 칸트는 시간 그 자체를 시간 안에서 발생하는 변화들과는 달리 불변하는 것으로 간주했기 때문이다. "모든 현상들의 변화는 시간 안에서 생각될 수 있지만, 시간 그 자체는 그대로 머물러 있고 변하지 않는다"(B 224f.). 참고. G. Picht, 같은 곳 366. 이와 같이 칸트가 현상들의 변화 속에서 정지해 있는 시간을 실체(Substanz)의 범주에 근본적이라고 보았다는 점에서, 실체 개념은 사실상 그에게 시간의식에 근거되어 있었다고 말할 수 있다. 다른 한편으로 시간의 불변성이라는 주체의 토대는 주체의 무시간적인 동일성이다. B 132, 참고. A 123.
245 나의 책을 참고하라. *Metaphysik und Gottesgedanke*, 1988, 60f.
246 피히테의 사고의 발전 과정에 대해 다음을 보라. D. Henrich, *Fichtes ursprüngliche*

이와 같은 맥락에서 우리는 칸트가 시간을 구성하는 근거로서의 영원을 주체성으로 대체한 것이, 초기 하이데거(M. Heidegger)가 이러한 사고를 계속 발전시킨 것과 함께, 문제의 완전한 해결이라고 판단해서는 안 될 것이다.

비록 영원이 시간의 결합에, 그리고 분리된 것들이 시간 안의 순간들의 순서를 통해 결합되는 것에 본질적이기는 해도, 시간은 영원의 개념으로부터 도출될 수 없다. 시간의 근원을 표상화하려는 모든 시도는 언제나 이미 시간을 전제해야만 하기 때문이다. 그래서 플로티노스는 영원으로부터 시간으로 건너가는 것을 도약으로 바르게 파악했다. 물론 그는 이 도약을 플라톤의 파이드로스(*Phaidros*, 248 c 8)와 연결해서 신화적 언어인 "타락"으로 묘사했다.[247] 이러한 사상은 그리스도교적인 영지주의 안에서도 부분적인 역할을 수행했다. 다만 창조사상을 굳게 붙든 그리스도교 신학은 그 사상을 따를 수는 없었다. 세계가 모든 피조물과 함께 하나님께서 긍정적으로 의도하신 대상이라면, 그것들의 현존재의 시간적 형식도 그 대상에 포함될 것이다. 이 점에서 아우구스티누스는 하나님께서 시간을 피조물들과 함께 창조하셨다고 바르게 가르쳤다.[248]

그렇다면 시간 역시 피조물의 유한성과 결합되어 있는 것인가? 시간의 연속 속에서 이전과 이후 사이의 구분이 이제 막 현재이던 것이 끊임없이 과거로 사라진다는 사실의 결과로 이해된다면, 그러한 종류의 시간이 무제한으로 진행된다는 표상에 다음의 사실이 신학적으로 대립한다. 곧 그

Einsicht, 1967.

247 *Enn*. III,7,11. 이에 대해 W. Beierwaltes, 같은 곳, 244-246을 보라. 또한 *Enn*. II,9,4를 비교하라. 여기서 플로티노스는 보이는 세계를 영혼의 타락으로부터 도출하려는 영지주의의 시도에 반대하여, 세계영혼은 보이는 우주를 상위 세계에 대한 기억 속에서 발생시키고 있으며 지속적으로 상위 세계와 결합된 상태에 있어야 한다고 주장했다.

248 *De civ. Dei* XI,6. 참고. XII,15,2. 또한 참고. 위의 88ff.

리스도인들의 종말론적 기대가 이 세상의 시간(*aion*)의 종말을 향하고 있으며(마 13:39f.; 비교. 24:3; 28:20) 죽은 자들의 부활을 열망한다는 사실이다. 이와 결부된 문제들은 종말론을 다루는 장에서 더 상세히 설명될 것이다. 여기서 말해두어야 할 것은 다음과 같다. 이 세대(Äon)의 종말은 이 세상 시간의 흐름이 계속되는 가운데 다음 시대로 건너가는 문턱이 아니다. 오히려 하나님의 역사 계획이 하나님 나라 안에서 완성되면서 시간도 역사 일종의 종말에 도달하게 될 것이다(참고. 계 10:6f.). 이것은 과거가 현재 및 하나님의 미래로부터 분리되는 것, 그리고 현재적인 것이 과거의 것 및 미래적인 것으로부터 분리되는 모든 일이 극복되는 것을 의미하는데, 이 분리는 지금의 우주적 시간에 영원과 구분되는 특성을 부여한다. 종말론적인 완성의 때에서, 지금의 우주적 시간 안에 등장한 구분들이 소멸할 것으로 기대되지는 않지만, 시간들의 구분 자체는 무력해진다. 그래야 창조가 하나님의 영원에 참여하는 몫을 지니게 될 것이기 때문이다. 그렇기에 생명의 계기들이 시간의 연속 안에서 각각 등장하는 것은 유한성 일반의 조건에 속할 수 없다. 왜냐하면 피조물의 유한성 즉 하나님으로부터 그리고 서로에게서 각각 구분되는 것은 종말의 완성 속에서도 존속할 것이기 때문이다. 그럼에도 불구하고 시간 안에서 생명의 계기들이 각각 등장하는 것은 피조적 현존재의 유한성과 어느 정도 관계가 있다. 그것들은 완성을 향한 도상에서 단지 지나가는 계기로서 등장하는 것이다.

연속되는 시간 안에서 순서를 이루며 존재하는 것은 분명 피조물들이 유한한 본질로서 **독립성**(Selbständigkeit), 곧 서로에 대한 관계에서만이 아니라 창조자와의 관계에서 독립성을 획득할 수 있는 조건이다. 오직 시간의 과정 속에서 유한한 존재는 활동할 수 있고, 그 결과 자신의 고유한 활동의 중심으로서 현현할 수 있다. 유한한 존재가 한 번 독립성을 획득한 다음에, 그 독립성은 하나님의 영원에 참여하는 가운데 보존되거나 갱신될 가능성이 있다. 이 문제는 여기서는 아직 더 설명될 수 없다. 어쨌든 독립성을 획득하고 그것의 고유한 특성을 형성하는 것은 오직 시간 안에서 일어나는 생성(Werden)과 소멸(Vergehen)이라는 조건 아래서만 가능하다. 이와 관련하여 지금의 우주적 시간이 어떤 의미에서 하나님의 창조 행위의 대상으로 이해될 수 있는지는 앞에서 이미 말했다. 창조자의 행위는 유한한 존재인 피조물들의 독립적인 현존재를 목표로 하기 때문에, 그것들의 현존재의 형식인 시간도 창조자가 원하신 것이라고 말할 수 있다.

피조물들의 독립적인 현존재는 "시간을 덮어 포괄하는 현재"라는 지속의 형식을 지니며, 이 형식을 통해 피조물들은 타자들과 동시에 존재하며 관계를 맺는데—이것은 공간의 상호배제(Außereinander) 속에서 일어난다. 피조물들은 자신의 현존재를 자기 자신으로부터 갖는 것이 아니기 때문에, 이들의 현재는 과거인 그것들의 기원과는 구분된다. 다른 한편으로 피조물들은 자신들의 기원을 형성하는 영원에 대해서는 동시에 다른 어떤 관계를 갖는다. 피조물들은 지속적인 현존을 위해 영원에 의지한다. 영원은 피조물들에게 지속과 동일성을 보증해주는 선한 미래를 뜻한다. 하지만 피조물들이 자신의 독립성을 통해 영원으로부터 유래하는 자신의 기원과 구분되는 것처럼, 또한 그것들은 자기 미래를 자기 밖에 둔다. 비록 그것들이 자신의 현존재의 지속 속에서 항상 미래에 놓인 자신들의 전체존재(Ganzsein)에 대한 예기로서 실존한다고 해도 그렇다.[249]

피조 형태들은 현존재의 지속 속에서 미래를 향해 나아가는데, 미래는 이들에게 이중의 얼굴을 보여준다. 한편으로 피조물들은 자신의 본질을 보존하고 형성하고 완성하기 위해 미래에 의존하며, 이들은 미래에 전혀 관여하지 못하거나 혹은 단지 부분적으로만 영향력을 행사한다. 다른 한편으로 유한한 존재들인 피조물들은 미래로부터 자신들의 독립적인 형태의 종말과 해체를 위협받는다. 이때 피조적 독립성 속에는—그 독립성과

---

[249] 예기 개념에 대한 더 자세한 해설을 나의 책에서 보라. *Metaphysik und Gottesgedanke*, 1988, 66-79, 특히 76f. 또한 G. Picht, *Hier und Jetzt* I, 1980, 375-389. "…모든 살아 있는 것의 잠재력은 암묵적인 예기다."

결합되어 있는 분리 곧 그들의 창조적 근원으로부터의 분리로 인하여—
피조물들이 자신들의 형태의 해체라는 운명에 넘겨져 있다는 사실이 근거
되어 있다.

오리게네스는 창조가 피조물의 뜻과는 무관하게 무(Nichtigkeit)에 굴복하도
록 되어있다는 바울의 모호한 진술(롬 8:20)[250]을 영혼이 몸에 속박되어 있
는 것과 관련시켰다. 그 속박 때문에 영혼이 허무의 운명에 넘겨져 있다는 것
이다(*De princ.* I,7,5). 그는 영혼 그 자체가 허무에 넘겨져 있다고 여기지는 않
았다. 그러나 오리게네스와 달리 모든 영혼의 현상들의 근원적인 뿌리가 돌
질적인 전개와 형태들 속에서 취해질 수 있다고 가정하면, 바울의 진술이 지
닌 급진성은 그때 완전히 명확해질 것이다. 허무의 권세 아래 굴복하는 것은
하나님 자신의 창조 의지로 소급된다. 이런 사태의 표현은 오늘날 모든 자연
과정들에 예외 없이 적용되는 엔트로피의 증가라는 열역학 제2법칙 속에서
찾아볼 수 있다. 이 법칙은 한 가지 열에너지 형태가 다른 열에너지 형태로
변형되는 비가역적인 진행 과정을 가리키며, 차별화된 형태들의 해체로 나
아가는 우주적 과정 전체를 관통하는 경향에 대해서도 같은 의미를 갖는다.
이 법칙은 우주적 과정들에 대해 중요하며, 사람들은 시간의 비가역성도 이
법칙으로부터 온다고 단정하기도 했다.[251] 하지만 그와 반대로 시간 흐름의

---

250 빌켄스(U. Wilckens, *Der Brief an die Römer* 2, 1980, 154)는 이에 대해 어떻든 하
나님 자신은 창조를 소멸의 권세에(8:21) 내어맡기신 자로 이해되어야 한다고 확증
했다. 여기서 에덴동산 이야기의 끝(창 3:15ff.)에 내려진 하나님의 창조질서의 명령들
이 생각되어야 하는지는 열려 있고 의심스럽다. 왜냐하면 바울에 따르면 그 명령의 핵
심은 하나님이 **내리셨다**는 것뿐만 아니라 하나님을 위해—아담을 위해서가 아니라—
내려졌다는 것이 핵심이기 때문이다. 즉 그것은 "하나님의 자녀들의 자유"를 통해 소멸
성이 극복된다는 전망을 가리키고 있다(롬 8:21; 참고. 8:19).
251 P. Davies, *God and the New Physics*, 1983, 125. "모든 물리학자들은 열역학 제2법
칙의 작용에 따라 과거-미래의 불균형이 우주 안에서 일으켜진다는 사실을 인지하고
있다."

비가역성이 현상하는 형식들 가운데 하나가 엔트로피의 증가 속에서 인식될 수 있다고 말해야 할 것이다.[252] 시간 흐름의 방향성을 엔트로피의 증가로 소급시키는 것보다, 엔트로피의 증가를 로마서 8:20의 의미에서 세계 안에 존재하는 악의 신학적 문제에 귀속시키는 것이 더욱 분명하다. 물론 여기서 그런 물리적인 악은 창조자 그리고 그분의 세계 통치의 손 안에 놓이면서 새로운 형태들을 탄생시키기 위한 수단이 된다.[253] 이와 같이 자연과정들을 지배하는 엔트로피 법칙의 작용은 양면적이다. 이 법칙이 악에 귀속되는 경우라

---

252 바이체커(C. F. v. Weizsäcker)는 이미 1939년에 자신의 논문 "Der zweite Hauptsatz und der Unterschied von Vergangenheit und Zukunft" in: *Die Einheit der Natur*, 1971, 172-182에서 자연사건 속에서 미래를 향하는 시간 흐름의 비가역성을 시간 구조 속에 있는 과거와 미래 사이의 구분으로 소급시켰다. 이 구분은 과거의 확정된 사실과 미래의 불확정성 사이의 차이를 뜻한다(180ff.). 그다음에 그는 자신의 책 *"Geschichte der Natur"*(1948)에서 이렇게 강조했다. 시간의 비가역성은 열역학 제2법칙의 "전제"인 것이지, 그 법칙에 근거한 것이 아니라는 것이다(2.Aufl. 1954, 41). 베르트(Werth)가 이 문제를 더욱 상세하게 논의한다. H. Werth, Über Irreversibilität, Naturprozesse und Zeitstruktur, in: E. v. Weizsäcker (Hg.), *Offene Systeme* I, 1974, 114-199, 특히 127f., 186ff. 또한 다음을 보라. K. Pohl, Geschichte der Natur und geschichtliche Erfahrung, in: G. Altner, Hg., *Die Welt als offenes System*, 1986, 104-123, 106f., 더하여 D. R. Griffin, 같은 곳(위의 각주 239), 18ff.를 보라. 비에리(P. Bieri, *Zeit und Zeiterfahrung*, 1972, 136ff.)는 물리학 이전의 시간의식 속에 근거하는 "이전-이후"의 구분을 물리학 안으로 도입하는 것과, 그 구분의 "객관화" 즉 모든 인간적 관찰과는 독립적으로 자연과정들 자체에 고유한 성향으로서의 열역학 제2법칙의 명제를 통한 객관화를 구별할 것을 명확히 해명하며 요청했다(155, 참고. 148).
253 이에 대해 R. J. Russell, Entrophy and Evil, in: *Zygon* 19, 1984, 449-468, 특히 465을 보라. "…악이 자연 속에서 실재한다면, 엔트로피는 물리적 과정들의 수준에서 발견될 것으로 기대되는 악이라고 할 수 있다." 하지만 프리고진(Ilya Prigogine)의 분기이론(Bifurcationstheorie)을 참고하며 (이것에 대해 곧 더 논의 될 것이다) 러셀은 또한 이렇게 강조했다. 자연과정들 속에서 엔트로피 법칙이 지배하는 것은 "혼돈으로부터의 질서"를 생성시키는 "이레나이우스적" 관점에 대한 제약조건을 개방시킨다(466).

고 해도, 그것은 인간의 죄에 따른 결과로 보아서는 안 된다. 오히려 엔트로피 법칙은 우주적 과정 전체를 규정하는 자연법칙적 질서의 틀 안에서 독립적인 피조 형태들이 생성되기 위해 치러야 하는 일정 부분의 대가를 떠맡고 있는 것이다.

미래의 다른 긍정적인 측면은 더욱 의미가 깊다. 미래는 가능성의 영역[254]이며, 그렇기에 더 높은 완성을 향한 창조의 개방성의 근거이기도 하고, 새로움의 원천 즉 각각의 새로운 사건 안에 놓인 우연성의 원천이기도 하다. 이러한 사실은 엔트로피 명제가 적용되는 영역과 관련해서도 근본적이다. 사건들 없이는, 그리고 그 사건들로부터 발생하는 형태들 없이는 엔트로피도 없다. 엔트로피는 그것들과의 관계 속에서 기생한다.[255] 그러나 가능성의 장으로서의 미래가 갖는 창조적 권능 속에서, 창조 안에서 일으켜지는 하나님의 영의 역동성이 밖으로 표현된다.

마지막 문장은 첫눈에는 자연과학적으로든 신학적으로든 근거가 없다고 말할 수는 없지만 매우 모험적인 진술처럼 보인다. 하지만 자세히 들여다보면 다른 그림이 그려진다. 우선 신학적 전제들과 관련해서 신약성서는 예수 그리스도와 믿는 자들에게 영이 현재하는 것을 종말론적 완성이 시작되는 결정적인 징조로 증언한다. 이것은 이미 예수 전승에도 해당

---

[254] A. M. K. Müller, *Die präparierte Zeit*, 1972, 287f. 피히트(G. Picht, 같은 곳, 383)는 가능성을 "미래의 간접적 현재"라고 말한다. 이에 대해 다음을 참고하라. C. F. v. Weizsäcker, Kontinuität und Möglichkeit(1951), in: ders., *Zum Weltbild der Physik*, 6.Aufl. 1954, 224f. 또한 제I권, 679에서 인용된 윙엘의 변론을 보라. 윙엘은 현실성에 대한 신학적 이해 속에서 가능성(그와 더불어 미래성)의 우선성을 변론한다. E. Jüngel, Die Welt als Möglichkeit und Wirklichkeit, in: *Unterwegs zur Sache. Theologische Bemerkungen*, München 1972, 206-233.
[255] 러셀(R. J. Russell, 같은 곳, 458)은 이 사실에서 악을 선의 부재로 설명하는 아우구스티누스적 견해에 대한 유비를 본다. 참고. 같은 곳, 455f.

한다. 예수의 인격 안에 하나님의 영이 권능과 함께 현재하는 것은 그가 하나님의 종말론적 계시자임을 증명한다. 계시자를 통해 오고 있는 하나님 나라가 이미 현재하기 시작하는 것이다. 이 내용은 바울 신학에도 해당한다. 믿는 자들에게 부어진 영은 이들이 미래의 완성에 참여하는 것을 보증한다(롬 8:23; 고후 1:22; 5:5; 비교. 엡 1:13f.). 보증의 근거는 영이 죽은 자들의 부활로부터 오는 새로운 생명의 창조적 근원이라는 사실이다(롬 8:11). 이와 함께 하나님의 영을 모든 생명의 기원으로 보는 유대교의 전통적인 견해 또한 새로운 전망을 제시한다. 그것은 종말론적인 미래에 대한 전망이다. 모든 생명의 근원으로서의 영의 기능은 종말론적인 새로운 생명의 생성 속에서 자신의 활동을 완성하기 위한 준비로 보인다(고전 15:45ff.). 이러한 상황에서 신학은 창조 안에서 이미 모든 피조물들에게로 향해진 영의 사역, 곧 생명을 살리는 사역을 영의 종말론적 현실성을 앞서 전개하는 활동으로 이해하려고 시도해야 하지 않을까? 그때 창조 안에서 일어나는 영의 역동성은 이미 그 자체 안에서 완성의 길을 시작하는 관점 아래서, 다시 말해 미래적 권능의 외적인 표현으로서 가치를 평가받게 될 것이다.[256] 이 사실은 궁극적·종말론적 미래의 맥락이 걸림돌 없이 명확하지 않은 곳에도 해당된다. 피조물의 생명과 관련해서도 이러한 맥락은 일상적 관찰과 과학적 서술 속에 숨겨져 있다.

하지만 이 맥락은 사물들을 그렇게 바라보는 관점에 대한 자연과학적 해명의 가능성과는 어떤 관계에 있을까? 그 관점은 자연사건에 대한 서술, 곧 오늘의 인식론에 따라 보편타당성을 주장하는 서술과 의미 있는 관계를 맺을 수 있을까? 그 관점은 오늘날의 자연인식의 근본적인 사태에 상응

---

256 이 내용에 대한 첫 번째 도안을 나는 1967년에 "Eschatologie, Gott und Schöpfung"의 제목으로 제시했다(독일어판 "*Theologie und Reich Gottes*" 1971, 9-29, 특히 18ff.). 블로흐(E. Bloch, "*Der Gott der Hoffnung*," 1965)와 나의 논쟁을 참고하라. *Grundfragen systematischer Theologie* I, 387-398.

하는 통합적 해석으로 증명될 수 있을까?

양자론의 근저에 놓인 현상들에 대한 적절한 철학적 해석을 얻으려는 부단한 노력 끝에[257] 한스-페터 뒤르(Hans-Peter Dürr)는 양자장 이론의 시각과 관련된 몇 가지 의견을 제시했는데, 그 의견들은 이어지는 관찰들에 대한 출발점을 제공한다.

뒤르는 우선 양자물리학적인 불확정성을 가능성 개념과 연관시킨 다음, 가능성 개념을 피히트(G. Picht)나 뮐러(A. M. K. Müller)의 시도와 유사하게 다시 사건의 미래적 국면과 연관시켰다. 그 결과 미래가 "가능성의 나라"로서 "사실성의 나라"인 과거와 마주 대면하게 되었고, 반면에 현재는 "가능성이 사실성(Faktizität)으로 새어나와 응고되는" 시점을 묘사한다.[258] 이러한 설명은 미래로부터 현재로 움직이며, 그 안에서 "새어나와" 과거 속으로 응고되는 운동의 인상을 일깨운다. 그러나 뒤르의 후기 서술들은 그런 앞선 묘사와 일치하지 않는다. 후기 서술에 따르면 현재 사건은 "미래를 향해 가능성의 장(場)을 확정하는데, 장은 공간 전체를 특정한 확률의 농도로 뒤덮으며 그 농도는 '입자'의 재출현을 가능하게 한다"(같은 곳, 20). 이전에 뒤르는 사실적인 것에 맞서 더 큰 "권한"을 미래에 두었는데, 그 미래로부터 역동성이 시작되는 것일까(17), 아니면 미래는 현재적으로 "새어나와 응고되는" 사실성을 통

---

257 이에 대해 다음의 개요를 보라. M. Jammer, *The Philosophy of Quantum Mechanics. The Interpretations of Quantum Mechanics in Historical Perspective*, 1974. 또한 R. J. Russell, Quantum Physics in Philosophical and Theological Perspective, in: R. J. Russell u.a. Hg., *Physics, Philosophy and Theology. A Common Quest for Understanding*, 1988, 343-374.

258 H.-P. Dürr, Über die Notwendigkeit, in offenen Systemen zu denken—Der Teil und das Ganze, in: G. Altner, Hg., *Die Welt als offenes System. Eine Kontroverse um das Werk von Ilya Prigogine*, 1986, 9-31, 인용은 17. 또한 다음을 보라. I. G Barbour, *Issues in Science and Religion* (1966) 1968, 273-395, 특히 273f., 278f. 297f., 304f.

해 확정되는 것일까? 아마도 각각 현재적으로 등장한 사건을 통해 "가능성의 나라"의 "권한"이 구체화되어간다고 말하는 편이 나을 것이다. 이것이 뒤르가 분명하게 표명했던 의도에 상응할 것이다. 이것은 사실로 주어진 것으로부터 미래의 결정을 바라보는 "고전적인" 질문 방향을, 사실성에 맞서 더 큰 "권한"을 갖는다는 의미에서 미래의 우선권을 인정하는 관찰방식으로 **전환시키는 것**을 뜻한다. "미래 사건들의 가능성의 장"(28)에 그러한 우선성을 부여한다면, 그 장은 사건에 대한 철학적 해석을 위한 출발점이 될 수 있지 않을까?[259] 어떤 경우든 그 사실로부터 다음 두 가지 주장의 의미 있는 관계가 제시된다. 하나는 현재에 근거한 "미래의 추정(extrapolation)은 불가능하다"(17)는 것이고 다른 하나는 "이 세계는 어떤 점에서 매순간 새롭게 발생하고 있다"(21)는 것이다. 물리학자의 관심은 이 주장들을 해치지 않고서 이미 일어난 사건들을 토대로 하여 미래에 대해 예측하려는 데 있을 것이다. 하지만 이제 예측할 수 있는 능력은 가능성들 혹은 통계적 확률로 환원된다. 철학적 성찰은 그럼에도 불구하고 예측할 수 있는 능력에 대한 관심이 뒤르가 암시했던 사태의 근본 맥락의 **역전**을 의미하지 않는지를 끈질기게 물어야 한다. 그렇다면 그런 역전시키는 방향전환의 가능성과 성공적인 적용을 위한 실질적인 토대가 필요하게 된다. 하지만 자연과학의 설명이 사실적인 것으로부터 미래를 규정하는 인과적 맥락을 묘사할 때, 그 설명은 여전히 자연사건에 대한 실재적인 추론의 **전도**(Inversion)된 관계에 기초한다. 물론 닫힌 결정계라는 한계상황의 경우에만(28) 미래로부터 시작하는 추론 관계의 역전은 완전해질 것이다. 이에 대해 "매" 순간마다 사건들의 우연적 등장(21)이

---

[259] 이때 철학적 해석은 무엇보다도 양자물리학적인 소여성들에 독특한 "전일적(全一的, holistisch)" 특성을 우선 고려해야 할 것이다. 참고, R. J. Russell, 같은 곳(각주 257), 350ff. 보옴(D. Bohm)은 전일적 특성을 "암재계의 질서"로 부르며 고전적인 장 개념과 구분하지만, 그럼에도 불구하고 넓은 의미에서 그 개념은 장의 속성들을 소유하고 있다. 위의 각주 239에서 인용된 보옴의 설명을 비교하고 "진공상태"에 대해서는 특별히 186ff.를 참고하라.

오히려 근본적이다. 또한 피조물들에게 세계에 대한 신뢰성을 부여해주는 질서는 거시 물리학적인 영역 안에 있는 사건의 자연법칙적 질서인데, 이 질서도 역전된 시간방향 속에서 결과로 나타나는 사건 구성 곧 미래의 가능성의 장으로부터 구성되는 사건들의 순서에 근거한다.260

각각의 현재적 순간에 미시 사건들이 출현하는 것이 ("미래 사건들의 가능성의 장"으로부터 생성되는) 미래의 현시로 이해될 수 있다면, 그것은 상당히 자연철학적이고 신학적이기도 한 결론을 갖게 된다. 그 이해는 또한 미시 사건에 대한 한 가지 해석을 암시하는데, 그것은 양자물리학의 측정 결과들에 대한 "객관적인," 단순히 "인식론적인," 혹은 통계적인 해석의 대안을 넘어서는 해석을 뜻한다. 미래의 우선성이라는 관점 아래서 행해지는 자연사건의 존재론적 해석261은 고전 물리학의 의미에서 의심할 바 없이 더 이상 "객관주의적"이지 않다. 그와 같은 존재론적 관점에서 "미래 사건들의 가능성의 장"은 사실상 힘의 장(Kraftfeld)으로, 그것도 특수한 시간 구조를 가진 장으로 이해될 수 있다. 이것이 힘의 장으로 이해될 수 있는 것은

---

260 에버렛(H. Everett)의 "양자적 다중 세계" 안에서, 혹은 호킹(S. W. Hawking, *Eine kurze Geschichte der Zeit. Die Suche nach der Urkraft des Universum*, 1988, 170ff.)이 동의하는 파인만(R. Feynman)의 "통합된 경로 표기 방법" 안에서 "가능성들을 합산"하는 경우에, 다수의 가능성들을 실제로 실현된 다양성의 의미에서 직접 존재론화 하는 것은 오히려 그와 반대로 양자물리학적 현상들의 전일론(全一論, Holismus) 속에서 결정되어 있는 존재론적인 문제를 회피하고 있다는 사실을 나타내는지도 모른다. 참고. R. J. Russell, 같은 곳, 359.
261 "미래의 힘"에 근거한 "종말론적 존재론"을 나는 각주 256번에서 언급한 논문에서 명제로 표현하고 윤곽을 그렸다. 이 개념의 철학적 근거설정을 위한 몇 가지 요소들은 나의 책, *Metaphysik und Gottesgedanke*, 1988에서 제시되었으며, 무엇보다도 존재와 시간의 관계(52ff.)나 예기의 범주에 대한 설명(66ff.) 안에 있다. 창조론과 특히 영의 활동이 갖는 장의 특성에 대한 설명들은 그러한 단서에 대한 신학적 실행으로 이해될 수 있다.

우연적으로 출현하는 사건들이 각각 그 장으로부터 발생하기 때문이다. 이때 실제로 출현한 사건들을 통해 가능성의 장 자체도 각각의 현재와 관련되는 가운데서 윤곽이 그려지는데, 하지만 이를 통해 뒤따르는 사건들의 우연성이 침해되지는 않는다. 기초적 사건들의 그런 식의 구성은 고전적 의미에서 자연법칙에 따라 진행되는 거시사건에 대한 토대를 형성했고, 이것은 뒤르(Dürr)의 예측에서 보는 바와 같이[262] 열역학적인 요동의 출현과 같은 특정한 경우에 거시사건에 영향을 미칠 것이다. 여기서 미래적 가능성이 이루는 힘의 장은 다음의 사실에 대해 책임이 있을지 모른다. 그것은, 대체로 엔트로피의 증가를 통해 형태들과 구조들이 해체되는 경향을 보이는 자연과정들이 또한 새로운 구조들의 생성을 위한 공간, 나아가 생명 진화에서 발생했던 것과 같은 점점 더 분화되는 다양성과 복잡성을 향해 전개되기 위한 공간을 제공한다는 사실이다.

이와 함께 장 개념은 분명 물리학의 장 이론들과는 다른 새로운 어법을 갖게 된다. 이것은 어쨌든 지금까지 물리학에서 사용된 관점에 대해 유효하다. 미래적 가능성이 이루는 힘의 장을 모든 사건의 근원으로 말하는 것은 물리학적인 장 개념의 맥락 안에 있기는 하지만, 그러나 그것을 확장한다. 이 사실은 단순히 현재의 것과 과거의 것에 대한 미래의 우선성에 해당할 뿐만 아니라, 그 우선성의 근거에 놓인 사고, 즉 장 안에서 출현하는 현상들과 관계들 속에서 일어나는 장 자체의 **창조적** 역동성의 사고에도 해당한다. 위켄(Jeffrey S. Wicken)은 물리학적인 관찰 속에서 힘의 장이 그 안에 출현하는 물질적 원소들과 그 운동들을 통해 구성되며, 반대로 장은 그에 속하는 이 원소들을 통제한다는 두 가지 사실에 대해 반대했다. 오로지 이 두 가지가 합쳐질 때 물리적 설명이 관계하고 있는 전체가 형성된다는 것이다(Theology and

---

[262] 같은 곳, 29ff.

Science in the Evolving Cosmos, in: *Zygon* 23, 1988, 45-55, 52). 이것은, 비록 패러데이의 형이상학적 직관이 물체에 대한 힘의 장의 우선성 사상과 함께 그 두 가지 사실을 넘어섰다고 하더라도(위의 163f.를 보라), 그 직관은 힘이 물체에 귀속된다는 순서의 역전을 목표로 한 것이었고, 물체 자체를 힘의 장의 현시로 이해하려고 노력했다. 위켄이 의미하는 물리적인 장들에서 (예를 들어 중력장에서 그런 것처럼) 물체들과 장 사이의 상호관계가 존재할 때, 이 사실은 장의 창조적 기능으로부터 유도되는 것으로 이해할 수 있다. 다시 말해 장 안에서 물질적 "원소들"이 등장하자마자 그 원소들은 장에 되돌아 반작용한다. 이것은 뒤르의 설명 안에서 각각 출현하는 미시사건의 관점으로부터 가능성의 장을 재구성하는 것과 비슷하다. 모든 종류의 물질의 현시에 대한 장의 우선성이 물리학적으로 설명될 수 있는지 아닌지는 물리학의 향후 발전에 맡겨져 있다. 거꾸로 하나님의 영의 창조적 활동은 본성상 틀림없이 그로부터 발생한 피조적 현상들을 통해 제한된다고 생각될 수 없다. 하지만 영의 사역은 피조물을 위해 자신의 현존재와 활동의 제약에 기꺼이 적응할 수 있으며, 또한 피조물들에게 영의 사역이 이루는 장의 구조에 대해 영향을 미칠 수 있는 공간을 부여한다.

이와 같은 숙고들은, 미래의 권능으로서 모든 사건 안에서 창조적으로 활동하는 역동성, 즉 신학적으로 근거된 하나님의 영의 역동성에 대한 표상이 결코 자연철학적으로 잘못된 것이라고 판단할 필요가 없다는 사실을 보여준다. 그 표상은 자연과학의 근본적 조건들에 대한 관계에서 증명될 수 있는 위치에 있다. 나아가 그 표상은 자연과학의 서술들을 새로운 빛 속으로 옮겨놓을 수도 있다. 왜냐하면 바로 그 표상은 다른 논증에 근거하고 있기 때문이다. 이 논증은 자연과학적으로만 가능한 진술들과 혼동되는 것을 배제하지만, 철학적 성찰 안에서 동일한 내용으로 수렴되는 것을 배제하지는 않는다.

하나님의 영의 창조적 역동성 안에서 현시하는 미래의 권능은 개별 사건의 우연성의 근원으로 이해되는 것에 그치지 않는다. 미래의 권능은 또한 자연사건의 진행 속에서 지속적인 형태들 그리고 그것들을 가능하게 해주는 영속적 질서와 신뢰성의 근원으로 간주되어야 한다. 하나님의 영의 역동성에 관계되는 미래는 하나님의 영원성이 시간 안으로 진입하는 것을 뜻한다. 시간적 계기들의 연속되는 순서 안에서 단지 부분적으로만 현상으로 출현하는 생명의 통일성—생명은 오직 영원 속에서만 동시성 안에 있는 전체로서 실현될 수 있다—은 시간의 과정 속에서 오직 그것을 전체로서 완성시켜주는 미래로부터 획득될 수 있다.[263] 더 정확히 말하자면 생명의 통일성은 오직 시간 안에서 우선은 각각 우연적으로—각자 독립적으로 분리되어—등장하는 순간들과 사건들의 통합으로서만 실현될 수 있다. 미래의 가능성의 장으로부터 우연적인 개별 사건이 출현하는 것은 단지 영의 창조적 역동성 속에 있는 기초적 국면, 그리고 그 역동성의 전개의 시작을 형성한다. 영의 역동성은 형태의 통일성을 위해 사건들 및 생명의 계기들을 통합하는 것에서 정점에 도달한다. 시간을 연결하는 현재로서 지속되는 형태들 가운데서 영의 역동성은 세계 시간의 틀 안에서 현현한다. 피조 형태들의 지속 안에서—이 지속과 함께 그 형태들의 공동 존재가 공간 안에서 형성된다—영원에 대한 예감과 같은 어떤 것이 시작된다. 영의 역동성은 영원을 목표로 삼는다. 그 역동성은 피조 형태들을 영원에 참여시킴으로써 그것들에게 지속성을 보증하고, 피조물들의 자립의 결과로서 뒤따라오는 해체적 경향에 대항하여 그것들을 지키는 것이다.

이와 같이 하나님의 영의 역동성은 시간 및 공간과 연결된 작용력의 장으로 생각될 수 있다. 피조물들에게 고유한 현재와 지속을 부여해주는 미래의 권능을 통해 시간과 관련되며, 지속 속에 가능한 피조물들의 동시

---

[263] 이에 대해 제I권, 651ff.의 설명을 참고하라. 이것은 플로티노스가 보는 영원과 미래의 결합과 그리스도교 사상 속에서 요청되었던 그 사상의 수정에 대한 내용이다(특히 656ff.).

성을 통해 공간과 관련된다. 이때 피조물의 입장에서 보면 영의 미래에서 비롯되는 자신의 기원을 과거로 묘사하게 된다. 하지만 영 자체의 활동은 매순간 피조물과 그 피조물의 미래로서 만난다. 여기서 미래는 그 피조물의 근원과 완성을 포괄한다.

d) 영의 창조적 활동과 천사론

하나님의 영을 장 곧 창조적 활동 속에서 시간적·공간적으로 스스로 현현하는 장으로 설명하는 것은 천사론이라는 옛 교의학적 교리로 들어가는 새로운 문을 열어준다. 초기 교부학 이래로 성서의 천사들은 고대에 널리 퍼져 있었던 표상들과 비슷하게 영적인 존재와 권능으로 이해되었다. 천사들은 자신들의 사역을 자연세계에서만이 아니라 역사 속에서도 행한다. 그것은 하나님이 맡기신 사명일 수도 있고 하나님께 대항하는 악마적 독립성 속에서 시도되는 것일 수도 있다. 우선 중요한 존재들은 우주적인 권세들, 곧 일곱 행성의 신들과 같이 과거에 신성을 가진 존재였다가 성서적 전통이 말하는 것처럼 한 분 하나님의 피조물들이 되었고 요한계시록 안에서 일곱 영들, 빛들, 횃불들, 별들—혹은 천사들—로서 만날 수 있는 것들이다(계 1:4, 12ff.; 4:5). 요한계시록 7:1에 나오는 네 명의 바람의 천사들도 이에 속한다(참고. 히 1:7에 인용된 시 104:4). 숫자 4는 하늘의 네 방향과 함께 확장된 우주의 총괄개념을 명확하게 규정한다. 넷 혹은 일곱 천사장과 같은 유대 숫자들[264]도 비슷한 배경을 갖고 있다. 한편으로 별들의 표상 곧 최종적으로는 바빌론의 점성술로 소급되는 표상들이 있는데, 개인과 민족에 대한 수호천사의 기능이 그 표상과 연관되어 있을 수 있다. 다른 한편으로 불의 천사, 물의 천사, 공기의 천사들로 분류되는 자연의 힘

---

[264] 다음의 논문에 나오는 증빙들을 참고하라. K. E. Grözinger, *TRE* 9, 1982, 586-396, 특히 588. 천사들의 우주적 기능들에 대해 같은 곳, 587.

들 혹은 원소들의 표상도 있다.²⁶⁵

칼 바르트의 천사론(KD III/3, 1950, §51, 426-623)은 근대 신학에서 이 주제에 대한 가장 의미 깊은 논의라고 할 수 있다. 바르트는 천사의 기능들에 관한 성서적 진술들을 매우 상세히 설명했지만, 위의 사실들은 다루지 않았다. 전통과 구별되면서, 특히 토마스 아퀴나스의 천사론(S. theol. I,50-64, 그리고 106-114, 이에 대해 Barth, 452-466)과 달리 바르트는 천사의 "본성"에 대한 물음을 전적으로 거부했다. 바르트는 그런 물음에서 "천사 철학"의 탈선, 즉 천사론을 충분히 많은 성서적 진술들에 결정적으로 향하지 못하도록 하는 잘못된 길을 보았다(479). 성서는 "많이 언급되는" 천사들의 본성에 대해서는 우리에게 "아무 소식도" 전해주지 않으며(477), 본문은 오직 천사들의 기능과 봉사에 집중한다는 것이다(536ff.; 참고. 600). 바르트는 이러한 봉사를 총괄하여 하나님과 그 나라에 대한 "**증언**의 봉사"로 규정했다(538ff., 581ff.). 성서가 천사들의 행위라고 말하는 것에 대해 바르트가 침묵하는 것은 아니지만(600f.), 그러나 그것들도 증언의 봉사라는 관점에 귀속된다. 왜냐하면 하나님께서 행동하실 때 천사들에게 의존하시는 것이 아니기 때문이다(참고. 580f.). 이로부터 다음의 사실이 이해된다. 바르트에게서 천사들의 우주적 기능들은 배후에 머물러 있고, 기껏해야 부차적으로 가볍게만 다루어졌다(546f., 581). 성서에서 천사들의 행위에 대한 진술들은 물론 근본적으로는 증언하는 봉사에 대해 말하는 것이지만, 다른 한편으로 바로 그 행위들은 구속사 안에서 그것들의 토대를 우주적 기능에 두고 있는 듯이 보인다. 이 점에서는 성서가 천사들의 "본성"에 관련해서 우리에게 아무런 소식도 전해주지 않는다고 말하는 것은 적절하지 않다. 오히려 신약성서는 천사들을 명확하게 "영들"(*pneumata*)이라고 지칭한다(히 1:14; 12:9; 행 23:8f.; 계 1:4 등). 바

---

265 이 "자연의 천사들과 원소의 천사들"을 뵈셔(O. Böcher, *TRE* 9, 1982, 596-599)는 "자연의 인격화된 힘들"이라고 표현하고 있다(597).

르트도 천사들을 특별히 "봉사하는 영들"로 지칭하는 것(히 1:14; λειτουργικὰ πνεύματα)을 "천사들의 본질에 대해 정의를 내리는 것과 비슷한 규정"으로 인정했다(528). 이때 그 강조의 무게가 봉사에 놓여 있다는 사실에 대해 바르트(같은 곳)와 논쟁할 수는 없을 것이다. 하지만 그 때문에 천사를 "영적 존재"로 규정하는 것이 간과되거나 억압되어서는 안 된다. 만일 천사의 "본성"이 전혀 규정될 수 없다면, 이들의 현존재와 기능에 대한 모든 진술은 공중에 뜨게 될 것이다. 이것이 아마도 이 주제에 대한 바르트의 심도 있는 노력이 신학 전반에 걸쳐 천사의 표상을 새롭게 이해하는 데까지는 이끌지 못했던 이유일 것이다.

천사들을 "영들"(pneumata)로 표현할 때, 그것들과 하나님의 영 곧 배타적으로 유일무이한 영과의 관계를 질문하게 된다.[266] 이 질문은 천사들과 하나님의 전반적인 활동에 대한 관계의 질문으로 확대된다. 천사들이 하나님 자신과 구분되는 하나의 피조물에 불과하다는 사실은 유대 사상의 맥락 안에서 자명했고, 신약성서의 도처에도 전제되어 있다. 이 사실은 적어도 한 번은 명시적으로 언급되며(골 1:16), 속사도 시대에는 더욱 명확하게 진술되었다(*1 Klem.* 59,3; 참고. 히 12:9). 하지만 성서에서 천사들이 피조물로서 갖는 신분은 다음과 같은 점에서 사실상 이해하기가 무척 어렵다. 하나님의 도구 혹은 전령인 그들 속에서 하나님이 직접 현현하시며, 그 결과 그들이 등장하는 개별 사건이 하나님 자신에게 관계되는지 혹은 하나님과 구분되는 어떤 형태에 관계되는지는 의심스럽다(창 18:2ff.; 21:17ff.; 31:11ff.;

---

266 바르트는 천사들과 성령의 관계가 특별히 요한계시록의 본문들에서 암시되는 것으로 보았다(*KD* III/3, 543, 참고. 605). 하지만 원시 그리스도교 안에서는 영은 오로지 성령뿐이라는 배타적 성령론을 가르치면서 천사의 표상들을 억압했던 징조도 있었다. Böcher, *TRE* 9, 598.

출 3:2ff.; 삿 13:21f.).²⁶⁷

바르트는 자신의 천사론의 근거를 이렇게 제시했다. 천사들은—지상의 피조물들과 달리—결코 "독립성"을 갖지 않는다(562, 참고. 577). "그들은 결코 독립적으로 혹은 스스로 존재하거나 행동하지 않는다"(562). 그들은 독립적으로 존재하지 않는다고? 그렇다면—바르트도 그렇게 말하는 것처럼(488, 601)—어떻게 그들이 피조물일 수 있는가? 천사들의 독립성을 단호히 부정했음에도 불구하고 여기서 바르트는 교의학적 천사론에서 거의 인식되지 못했던 한 가지 사실을 보았다. 어쨌든 "하늘의 서열"에 대한 위(僞)디오니시우스(Ps.-Dionysios Areopagita)의 작품과 관련해서 바르트는 권위적 위계서열의 표상에 대해서는 큰 거리를 두면서도 다음과 같은 사실은 크게 공감하며 묘사했는데(*KD* III/3, 445-449), 이것은 그가 이 내용을 토마스에게서 발견했을 때 공감을 표했던 것보다 더 큰 것이었다. 천사들은 "뚜렷이 구별되는 피조물"이기는 하지만(526), 땅 위의 개체들처럼 서로 완전히 구분되지는 않는다(532). 오히려 그들은 하늘의 "군대"를 이루며(522ff.) "각자의 개별 형태들"은 오직 "특별한 임무를 띠고 지상의 구속사와의 특별한 관계 속에서 특별히 투입되며, 일련의 많은 다른 형태들로부터 구분되어 **나타나고**…그다음에는 많은 형태들 사이에서 흔적도 없이 사라진다"(532). 이것은 바르트가 디오니시우스의 유명한 천사계의 구상, 즉 "역동적으로 움직이는 체계"(448)를 구속사의 언어로 옮겨놓은 것이다. 하나님으로부터 흘러나오는 빛을 위에서 아래로 반사하는 천사들의 서열의 자리에 바르트는 "하늘나라"(486-558)를 위치시킨다. 하늘나라는 "하나님으로부터 **출발하여** 피조물을 **목표로 하고** 그들에게 도달하는 **운동**"이며(499), 이 운동은 그 자체로서 다양한 통일성을 이룬다(521f.). 개개의 천사들은 그곳의 통일성을 이루는 운동에 속하면서 다

---

267 이 내용에 대한 인상적인 설명을 K. Barth, 같은 곳, 571ff.에서 보라.

소간에 일시적인 현현으로서 현상한다. 이를 통해 사태 자체로는 하늘나라가 그것이 도래하는 운동과 함께 천사들 사이에서 특별한 방식으로 현현하는 역동적 장으로 묘사되고 있지 않은가? 통일성을 이루는 장의 내부에서 특정한 중심들이 장 전체에 속하는 부분들로서 형성될 수 있듯이, 우주와 역사에 대한 하나님의 통치가 각각의 경우에 특별히 현현하는 것이 천사의 형태 속에서 파악될 수 있을지도 모른다. 여기서 하나님의 통치의 장 전체에서 특정한 중력장들이 출현하는 것과 어떤 임의의 피조적 독립성은 서로 관계되어 있을 것이다. 이 독립성이 없다면 "천사들"은 전혀 피조물로 식별될 수 없을 것이다. 이 독립성이 이제 자세히 논의되어야 한다.

천사들을 "영들"(*pneumata*)로 지칭한 것이 지금까지 영을 장으로 설명한 것과의 유비 안에서 이해될 수 있다면, 여기서 의도된 것은 우선적으로 어떤 인격적 형태가 아니라 "권능"(Macht)으로 생각되어야 한다. 이에 따라 신약성서 안에서 천사들, 힘들, 권세들과 같은 표현들은 서로 연관되어 있다(벧전 3:22; 참고. 고전 15:24; 엡 1:21; 또한 롬 8:38). 이런 분류는 그 모든 힘과 권세들이 높여지신 그리스도의 통치에 굴복한다는 핵심과 철저히 마주치게 된다. 아마도 그 굴복은 자명하지 않을 수도 있다. 창조에 대한 하나님의 통치에 봉사하는 힘의 장들은 분명히 자신을 고유한 권세의 중심으로 삼아 스스로 독립할 수도 있다. 그 중심이 일으키는 소용돌이는 믿는 자들에게는 위협적으로 경험될 것이다(롬 8:38f.).[268]

---

[268] 칼 바르트는 그런 독립을 통해 주어지는 "힘들과 권세들"의 이중성이 하나님의 천사들에 대한 표상에 해당한다고 생각하지 않았다. 그러나 그렇게 주장하는 성서의 구절들이 있다. 베드로전서 3:22과 관련된 맥락뿐만 아니라 천사들의 불순종을 암시하는 창세기 6:1-4도 있으며, 이 내용은 그다음에 유대교 묵시문학 안에서 타락한 천사에 대한 표상으로 확대되었고 어쩌면 베드로전서 3:19에 반영되었을 수도 있다(참고. L. Goppelt, *Der Erste Petrusbrief*, 1978, 247ff. 250쪽에 따르면 고펠트 자신은 그 구절을 사망한 인간들의 영혼으로 해석하는 쪽을 따른다). 천사들의 그와 같은 불순종

바로 그런 종류의 경험들이 20세기의 신학 안에서 많은 관찰자들을 놀라게 하면서 천사론과 마귀론을 새롭게 부흥시켰다. 파울 틸리히(Paul Tillich)는 그 교리를 심층심리학의 원형(Archetyp) 그리고 악마의 초인적 힘에 대한 새로운 문학적 인식의 맥락 속에서 보았다.[269] 게르하르트 에벨링(Gerhard Ebeling)은 그 교리를 "우리에게 숨겨져 있으나 그럼에도 불구하고 조금도 약화되지 않은 채 우리에게 영향을 주는 힘들이 우리와 하나님과의 관계 및 세계와의 관계에 개입하고 있다"는 경험과 관련시켰다.[270] 이미 파울 알트하우스(Paul Althaus)도 천사들의 현실성이 믿음의 문제를 넘어 경험의 문제라고 표현했고,[271] 프리체(Hans-Georg Fritzsche)는 그러한 경험의 묘사를 위해 "힘의 장" 개념을 사용했는데, 다만 표현방식에서 자연과학적인 장 개념과의 관계를 명료하게 밝히지는 못했다. 인간은 "자아를 포괄하는 힘의 장" 속에 있으며, 천사와 악마라는 말은 그 장과 관계되어 있다는 것이다.[272]

은 신약성서에 나오는 그들의 파멸에 대한 암시들 속에서도 전제되어 있다. 다음의 인용들을 보라. O. Böcher, *TRE* 9, 1982, 592. 그 배후에 있는 유대적 표상들에 대해서는 591f.를 보라. 또한 그뢰칭어(K.E. Grözinger)의 진술들과 뵈셔(O. Böcher, Art. Dämonen IV, in: *TRE* 8, 1981, 279-286, 특히 279f.)의 글을 참고하라. 칼 바르트가 확신을 가지고 이렇게 말한 것은 맞다. "**참되고 바른(ordentlich) 천사는 그렇게 하지 않는다**"(*KD* III/3, 562, 참고. 623). 하지만 바르트 자신이 신학적 전통의 고전적인 천사론보다 더욱 엄격하게 충실하고자 했던 성서적 증언에 따르면 모든 천사들이 항상 "바른" 천사처럼 보이지는 않으며, 그래서 모든 현실성이 상실되지도 않는다. 일부 천사들이 불순종했다는 유대인의 (그리고 그리스도교적인) 교리는 세계 내의 악마적인 사실들에 직면해서 이원론을 회피하기 위한 수단이었는데, 이원론은 무와 악에 대한 바르트의 가르침 속에서 다시 나타났던 것이다. 모든 권세자들은—악마적 힘들까지도—하나님의 피조물에 불과하다. 비록 이들 가운데 몇몇은 불순종했다고 해도 여전히 그렇다.

269 P. Tillich, *Systematische Theologie* I, deutsch 1958, 6.Aufl. 1980, 300.
270 G. Ebeling, *Dogmatik des christlichen Glaubens* I, 1979, 333.
271 P. Althaus, *Die christliche Wahrheit*, 3.Aufl. 1952, 317.
272 H. G. Fritzsche, *Lehrbuch der Dogmatik* II, 1967, §12,9(인용, 352).

그리스도교의 전통적 천사론에서 가장 곤란한 문제는 천사를 인격성을 지닌 영적 존재로서 주체들로, 곧 하나님께 봉사하거나 혹은—마귀의 경우에는—하나님께 등을 돌린 주체들로 보는 표상에 놓여 있다. 여기서 인격적 술어의 적용이, 그 기원을 완전히 간파할 수 없는 힘들의 작용과 마주쳤던 경험, 즉 특정한 방향으로 작용했고 그 점에서 "의지"로서 나타났던 힘의 작용에 대한 "경험"에 놓여 있다는 사실을 명확하게 바라본다면,[273] 그 표상은 결코 극복하지 못할 난제들을 제공하지는 않을 것이다. 아무튼 인격적 술어의 문제는 힘의 작용력에 대한 경험과 비교할 때 부차적이다.

슈트라우스(David Friedrich Strauß)는 "천사들이 세계에 미친 효력"과 관련해서 그것이 "근대의 자연관과 모순"된다고 말했다. 왜냐하면 근대 자연관은 "천둥과 번개, 지진, 흑사병, 그리고 이와 비슷한 자연현상들"을 "하나님의 특별한 행적"으로 보지 않았고 오히려 "자연의 맥락 내부의 원인들'로 소급시켰기 때문이다.[274] 하지만 이러한 이의제기는 천사들의 활동과 마찬가지로 자연사건 속에서 일어나는 하나님 자신의 특별한 사역에도 해당하며, 자연의 맥락을 닫힌 체계로 이해하는 것을 전제한다(이것은 물론 기계적인 세계상에 따른 것이다). 또한 그런 이의제기는 세계사건 안에서 혹은 어쨌든 자연의 개별사건 안에서 일어나는 하나님의 사역과 천사들의 활동에 대한 신학적 진술들과 관련해서 단지 자연의 진행과정에 대한 설명들만을 인식했는데, 그 설명들은 자연과학적인 서술 및 그것을 통해 타당하다고 인정된 요소들과 경합하는 것이었다. 그러나 자연과학적 설명이 개별사건에 대한 충분한 설명이라고 당연시할 수 없고, 그 설명의 깊은 곳에 놓인 인과율이 각각의 개별사건에 고유한 우연성을 지양하는 것이 아니라

---

[273] 참고. 제I권, 617f.
[274] D. F. Strauß, *Die christliche Glaubenslehre in ihrer geschichtlichen Entwicklung und im Kampfe mit der modernen Wissenschaft dargestellt* I, 1840, 671.

오히려 전제한다는 사실을 깊이 생각한다면, 나아가 자연의 맥락 자체를 우연성들을 향해 열린 체계 곧 폐쇄되지 않은 체계로 이해하게 된다면, 그 때 자연과학적 진술들과 신학적 진술 사이의 대립은 사라질 것이다. 양쪽의 진술은 매우 수준 높게 동일한 사건에 관계될 수 있다. 성서 전승들 안에 있는 천사의 표상들은 이들의 근본적인 존재 상태에서는 자연의 힘들이라고 불리며, 그래서 다른 관찰방식에 따라서는 자연과학적 서술의 대상이기도 하다. 바람, 불, 천체와 같은 힘들이 하나님의 천사로 지칭될 때, 이들은 창조자 하나님과의 관계 속에서 주제화되는 것이며, 하나님의 봉사자로서 혹은 하나님의 의지를 거역하는 악마적인 힘들로서 자신들 때문에 경악하는 인간들의 경험과 관련된다. 그렇다면 왜 자연의 힘들은 현대 인류가 알고 있는 형식들 속에서 하나님의 봉사자와 메신저로서—그래서 "천사"로서—이해될 수 없는 것일까?

성서의 증언들은 천사들을 하나님이 거하시는 하늘에 귀속시켰다. 하늘로부터 하나님께서는 창조된 땅에 현재하시고 권능을 행사하신다(제I권, 664ff.). 천사들은 하나님이 창조하신 하늘의 "무리"를 이룬다(시 33:6; 참고. 창 2:1; 사 45:12; 렘 33:22; 느 9:6 등). 하늘은 인간이 처치할 수 있는 능력을 벗어난 창조의 공간이다. 하늘은 "땅과 달리 보이지 않는 피조 현실성이며, 보이지 않기에 파악될 수 없고 접근할 수 없고 처치할 수도 없다."[275] 그렇다면 자연의 힘들의 세계는 그와 반대로 인간의 학문을 통해 완전히 접근할 수 있는 영역이라는 말인가? 그럼에도 불구하고 학문이 연구하는 우주적 힘들은 배타적으로 땅에만 귀속되어 있지는 않다. 이미 성서의 진술들 안에서도 하늘의 파악 불가능성은 지나치게 강조되지는 않는다. 물론 파악

---

275 K. Barth, *KD* III/3, 494. 여기서 칼 바르트는 이 내용을 니케아 신조의 첫째 조항에서 수용된 골로새서 1:16과 연관시킨다. 이 진술은 하늘과 땅의 구분을 보이는 것과 보이지 않는 것의 대비를 통해 설명한다. 또한 비교. M. Welker, *Universalität Gottes und Relativität der Welt*, 1981, 203ff.

불가능성의 개념은 하나님의 길과 생각이 인간보다 우월하다는 것을 가리키지만(사 55:8f.), 그럼에도 불구하고 그 길과 생각은 인간에게 열려 있으며, 특별히 그것들의 계시에 직면하여(롬 11:25ff.) 바울은 하나님의 길의 불가해성을 찬양한다(11:33). 마찬가지로 천체의 진행 경로에서 읽을 수 있는 시간의 질서(창 1:14)도 하늘의 질서이지만, 인간이 완전히 인식할 수 있는 것이다. 물론 이 질서는 모든 인간적 인식을 넘어서는 깊이와 높이에 대한 인간의 인식에게만 접근이 가능한 것이다. 하늘은 바로 그것의 명확성 속에서 불가해하다. 이 사실은 근대 최고의 자연 연구자들의 증언에 따르면 자연 현실성에 대한 현대 자연과학의 관계에도 해당된다. 인식의 진보 속에서 항상 자연의 새로운 수수께끼와 비밀들이 드러난다는 것이다.

위르겐 몰트만은 그런 관점에서 창조의 고유한 속성에 속하는 "**근본적 불확정성**"을 특별히 세계의 **미래성**과 관련시켰다.[276] 이 내용은 예수의 "하늘나라"에 대한 소식의 고유한 특성에 상응한다. 그 나라는 가까이 임박한 미래적 현실성, 즉 이미 현재에 영향력을 미치고 있는 나라다. 이때 "**하나님을 향해 열린 창조의 개방적인 측면**"이 하늘과 땅의 밀접한 관계를 형성하며, 하늘은 "하나님의 창조적 가능성들의 나라"다. 이런 의미에서 몰트만은 자연사건의 열역학적인 구조에 대한 논의로부터 시작된 우주 이해를 미래를 향해 "열린 체계"의 이해로서 수용한다.[277] 수용의 근거는 열역학적

---

[276] J. Moltmann, *Gott in der Schöpfung. Ökologische Schöpfungslehre*, 1985, 166-192, 인용은 168.
[277] 같은 곳, 172. 참고. 63f. 여기서 몰트만은 "열린 체계들"이라는 제목으로 출판(1974와 1981)된 두 권의 책을 인용한다. "닫힌" 체계와 구분되는 "열린" 체계의 열역학적인 개념에 대해 첫 권(hg. E. v. Weizsäcker, 1974)에 있는 베르트의 글(H. Wehrt 114-199, 특히 135ff.)을 참고하라. 나아가 위의 각주 252에서 인용된 알트너의 책을 보라. G. Altner, hg., *Die Welt als offenes System*, 1986. 다른 의미의 용어들도 미국의 논쟁에서 사용되고 있다. J. F. Wicken, *Evolution, Thermodynamics and Information. Extending the Darwinian Program*, 1987. 위켄(Wicken)은 두 가지가 아니라 세 가지의 체계형식, 즉 고립된 체계, 닫힌 체계, 열린 체계로 구분한다(34). 그 가운데 고

인 의미에서 열려 있는 미래를 **"하나님의 창조적 가능성들과 힘들의 영역"**으로 보는 신학적 해석인데, 이것은 몰트만에 따르면 오늘날의 인식에 대해 표준이 되는 "하늘" 개념의 해석이다.[278] 이 해석은 자연사건을 규정하는 힘의 장들과 이 장들의 작용방식들이 시간 구조를 갖는다는 사실, 나아가 그 구조는 미래로부터 규정된다는 사실을 전제한다. 이것은, 위에서 (192ff.) 제시한 숙고들이 맞다면, 미시사건의 지평에 사실상 해당되는 경우일지도 모른다. 물론 미시적 지평에서 이미 시간 방향의 역전은 각각 현재적으로 출현하는 사건들이 가능성의 장을 제약한다는 의미에서 타당하다. 부분적이기는 해도, 고전적 기계론과 전기역학의 영역에서 거의 완벽한 결정성에 접근하는 확정, 즉 과거의 것과 현재의 것으로부터 미래의 것을 확정하는 것은 사건구조의 시간적 전도(轉倒, Inversion)로서, 미시사건 안에 놓인 그 구조의 토대와 비교할 때 신학적으로 단지 부정적으로만 판단될 수는 없다. 왜냐하면 그 확정은 자연사건의 연속성의 조건이며, 독립적인 피조 형태들을 발생시키려는 창조자의 의지 속에 담긴 그분의 신실하심의 표현이기 때문이다. 하지만 자연적 힘들의 시간적 구조와 작용방식의 그와 같은 전도(轉倒)는 그 힘들을 발생시키는 원천인 하나님의 영의 창조적 역동성과의 관계 속에서 나타나는 피조물의 독립성의 징후로 평가될

립된 체계는 베르트(Wehrt)가 설명하는 의미에서 닫힌 체계에 상응한다. 반면에 위퀸은 주변 환경과 에너지는 교환하지만 물질은 교환하지 못하는 체계들을 "닫혀 있다"고 부른다. 이와 또 다른 의미에서 열린 체계와 닫힌 체계의 구분은 물리적 우주론 즉 우주가 팽창 우주인지 혹은 수축 우주인지의 질문에 사용되고 있다. **팽창 우주**는 우주의 팽창이 무한히 진행되어 물질이 공간 안에서 소실되거나 혹은 "평평한"(균일한 밀도의) 우주의 존재 상태가 무제한 지속되는 것을 뜻하며, **수축 우주**는 우주의 팽창이 우주의 재수축을 통해 해소되고 중력이 팽창력보다 우세해져서 결국 빅뱅의 초기 특이점에 상응하는 "대 압착"(Big Crash)으로 끝나는 것을 뜻한다. 후자의 우주모델은 시간이 비가역적으로 간주됨에도 불구하고 "닫힌 체계"로 지칭된다. F. Tipler, The Omega Point as Eschaton, in: *Zygon* 24, 1989, 217-253.

278 Moltmann, 같은 곳, 190.

수 있다.

자연적 힘들의 구조와 작용방식 안에서 일어나는 시간의 전도(轉倒)는, 그 힘들이 하나님의 미래 즉 가능성들의 나라에 대해 스스로를 폐쇄시키는 경우에, 다시 말해 "닫힌 체계들"이 되는 경우에, 하나님을 거역하는 악마적인 힘들이 된다. 세계사건들이 최소한 부분적으로는 그러한 힘들이 구성하는 세력의 영향력 아래 있다는 사실은 배척될 수 없다. 신약성서의 증언에 따르면 심지어 세계 전체가 하나님을 거역하는 힘, 즉 "이 세상의 임금"의 폭정에 빠져 있으나, 그 권세는 예수 그리스도를 통해 꺾인다(요 12:31; 14:30; 16:11; 참고. 엡 2:2). 죄와 죽음의 관계 곧 창조 전체를 소멸성 속에 사로잡아 가두는 그 관계(롬 8:20, 22)는 그 파멸의 권세가 통치한다는 사실을 고려해볼 수 있는 단서를 제공한다. 만약 세계과정 속에서 엔트로피가 반드시 증가한다는 원칙이 그런 파멸의 권세 혹은 그것의 작용방식의 한 가지 측면을 인식하게 해준다는 사실이 옳다면(위의 각주 253을 보라), 마찬가지로 또한 여기서 그 파멸의 권세가 하나님의 봉사자(욥 1:6) 혹은 그분의 창조 의지의 봉사자로 이해될 수 있다는 사실도 구체적으로 드러난다. 비록 그 힘이 인간과 만날 때 하나님의 대적자로서 경험될 수 있다고 해도 그렇다. 어쨌든 파멸의 권세는 그것이 통치하는 피조 현실성에 대한 충분한 규정과 근거일 수는 없다. 오히려 다른 모든 권세와 힘의 장들을 꿰뚫는 하나님의 영의 활동이 피조물들 가운데서 생명의 기원으로서 현현한다.

신적 로고스의 활동과 마찬가지로 영의 활동에서도 하나님 나라 안에서 이루어지는 창조의 미래적 완성이 우선성을 가지며, 창조 안에서 일어나는 하나님의 영의 역동성에 대한 신학적 진술은 그 우선성을 통해 자연과학적 법칙의 공식들을 통해 연구된 물리학적 장이론들로부터 구분된다. 그러나 이 구분에서 나타나는 문제는 자연과학적인 이론 논쟁의 틀 안에서도 다음과 같은 질문을 제기한다. 장이론은 생명 진화에게는 어떻게 보일 것인가? 그리고 그 이론은 또한 물리적 우주론의 새로운 형식을 요청하는가? 대답을 위한 단서들은 생명의 생성과 진화를 위한 열역학적 조건을 설명하려는 노력 속에서 발견된다.

e) 창조의 사역에서 일어나는 아들과 영의 협력

이 단락(II.1)의 시작에서 창조를 중재하는 아들의 역할을 논의했다. 아들의 사역에 속하는 것은 각각의 피조 형태들이 다른 피조물들과 창조자 하나님으로부터 구분되면서 갖게 되는 특수성이었다. 그런 근거를 갖는 구분과 관계의 총괄개념으로서 아들은 창조의 로고스이며, 창조질서의 근원과 총괄개념이다. 여기서 세계과정의 구체적 질서는 로고스의 성육신과 관계된 것으로 나타나며, 역사적 과정으로 묘사된다. 역사는 하나님과 동료 피조물로부터 스스로를 구분하는 자기구분의 장소라고 할 수 있는 피조물의 독립성을 목적으로 삼는다. 그다음에 창조의 사역에서 행해지는 영의 기능이 논의되었다. 그것은 영이 일으키는 장의 작용들이 또한 시간적으로도 구성된다는 사실이었고, 그 점에서 각각의 새로운 사건들은 하나님의 미래로부터 발생하며, 미래로부터 모든 피조 형태들이 자신의 기원을 취하고 또한 자신의 완성을 추구한다. 이레나이우스가 말했던 것처럼 아들과 영은 아버지의 "두 손"이며, 이들을 통해 아버지는 만물을 창조하셨다.[279] 이제 남은 질문은 양자가 창조의 사역 속에서 어떻게 협력하는가 하는 것이다. 성서 안에는 그 협력에 관한 분명한 구절이 거의 없다. 물론 시편 33:6에서 하나님의 말씀과 영은 하나님의 창조 활동의 기관으로서 나란히 언급되기는 한다. 가장 중요한 힌트는 창세기 1:2f.일 것인데, 여기서 하나님의 창조적인 말씀하심은 그분의 영의 힘 속에서, 다시 말해

---

[279] Irenäus, *adv. haer.* IV,20,1. 물론 이레나이우스는 영의 활동에서 하나님의 지혜를 생각했는데, 그는 그 지혜를 로고스 개념에는 귀속시키지 않았다. 참고. IV.20.3. 비교. 제1권, 435f. 특히 각주 40에 아들과 영을 하나님의 "손들"로 보는 표상을 위한 더 많은 증빙들이 제시되어 있다.

그분의 강력한 내쉼을 통해 일어난다(위의 156ff.를 보라). 이것은 다른 맥락에서 아들이 영의 수용자와 담지자라는 사실과도 일치한다(제I권, 511ff.를 보라). 창세기 1:2f.는 창조의 사역에서도 협력 관계가 성립된다는 사실을 정당화해준다. 그렇다면 창조에 대한 아들의 중재 역할은 다음과 같이 실현된다. 즉 영의 능력을 통해 아들은 각각의 고유한 특수성 속에서 존재하는 다양한 피조물들의 근원이 된다. 이에 대해 영의 창조적 활동의 고유한 특성을 사건들의 우연한 발생의 원천이 되는 힘의 장 곧 신적 미래의 장으로 보는 맥락에서 자연철학적인 타당성도 찾을 수 있을까?

하나님의 영의 창조적 활동은 그의 작용 영역이 구성하는 힘의 장으로서 시간과 공간의 특성과 결합되어 있다. 공간과 시간에 대한 설명들은, 하나님의 창조의 미래성으로부터 피조적 현존재가 공간의 관계성 안에서 다른 것과 공존하는 자신의 고유한 지속성을 지니고 발생할 때, 신적 현실성과 피조적 현실성이 거기서 어떻게 서로 갈라지는지에 대한 표상을 전달해야 한다. 그러나 여기서 창조적이고 생동케 하는 역동성의 표상은 영의 활동으로부터 발생하는 피조적 현존재의 특수성을 다른 존재에 대한 각각의 구분과 관계 속에서 이해될 수 있도록 만들기에 충분하지 못하다. 이 이해를 위해서는 분리의 원리가 필요한데, 이것은 신적 로고스인 아들의 아버지로부터의 자기구분 속에서 발견된다. 창조 사건 속에서 일어나는 창조적 역동성이 영에게 속하는 반면에, 로고스는 피조물의 구분된 형태 혹은 형식의 구분되는 원리를 형성하는데, 이 원리는 각각의 현존재의 전체성 안에서, 그러나 또한 자연질서 안에 있는 피조물들 서로 간의 구분과 관계의 앙상블 속에서 형성된다. 여기서 하나의 존재는 다른 존재와 분리되지 않는다. 창조적 역동성과 각각의 피조물의 외적인 특정한 형태는 창조 행위 안에서 서로 일치한다. 제사장문서(P)의 창조 보고 안에서 그 일치는 말씀하심의 표상, 곧 하나님의 영의 역동성이 매번 특수한 피조 현실성의 근원이 되도록 하는 하나님의 창조적인 말씀하심의 표상 속에서 표현된다. 자연과학의 장 개념들 안에서도 동일한 사태가 장의 역동성이 규정된 자연법칙에 따라 작용한다는 사실 속에서 표현된다. 이때 자연법칙으로 서술되는 일반적 규칙들은 구체적 사건을 각각의 유일회성 속에서 설명하는 것에 단지 근접할 뿐인 근사치에 그친다. 영의 창조적 역동성도 그 자체로서는 불확정성의 계기를 포함한다. 그 역동성 안에서 다른 것들과 구분되는 형태는 그 역동성으로부터 발생하면서도 동시에 그것에게 숨겨져 있는데, 이것은 그 역동성이 피조물 자체 안에서 구체적인 형태를 얻기 전까지 그렇다. 그럼에도 불구하고 로고스의 관계성에 따라 영의 역동성으로부터 구별되고 독립적이며 자기중심적인 피조 활동의 형태가 생성된다. **정보**(Information)의 사건이 그쪽으로 건너감을 발생시킨다.

정보 개념은 한편으로는 고대 수사학으로,[280] 다른 한편으로는 스콜라 철학의 그리스도교적 아리스토텔레스주의로 소급된다. 여기에 정보 개념의 존재론적이고 자연철학적인 용어 사용의 뿌리가 놓여 있다.[281] 정보(Information)는 그리스도교적 아리스토텔레스주의 속에서는 앞서 주어진 물질의 형성(Formation)을 가리켰다. 토마스 아퀴나스는 이러한 사태를 창조 행

---

[280] 이에 대해 다음 논문을 보라. H. Schnelle im *Hist. WB Philos.* 4, 1976, 356f. 이 주장에 대한 초기 증빙들은 키케로(Cicero, *De orat.* 2, 358 외 다수)와 함께 디모데전서 1:16의 불가타 번역에서도 발견된다. 여기서 말씀은 단지 언어적 전달과 가르침의 의미만을 갖는다.
[281] 물론 이와 관련해서 신플라톤주의(특히 프로클로스)까지 거슬러 올라가는 복잡한 전역사가 있다. 알베르투스 마그누스(Albert der Große)는 그의 형이상학 주석에서 *ens*(**존재**)와 *unum*(**하나**)의 초월적 동일성을 다른 존재자와 구분되는 **임의의** 특정한 존재자의 표상과 구분했다. 후자의 경우 그 일치의 규정은 **정보**(*informatio*)인데, 이것은 존재 개념에 덧붙여진다(*Opera Omnia* XVI/2, 1964, 397,1ff.). 그는 이러한 구별과 관련하여 *Liber de Causis*(Bardenhewer 판 180,5의 §17을 참고하라)를 인용한다. 그리스도교 교부학에서도 찾아볼 수 있는 형성(*formatio*)이라는 표상의 배후에 숨겨진 의미에 대해 다음을 참고하라. W. Beierwaltes, *Denken des Einen*, 1985, 359, 각주 65. 플로티노스에 대해서는 같은 곳, 52ff.

위와 날카롭게 구분했는데, 창조에서는 물체와 그것을 구성하는 재료 전체 (tota substantia rei)가, 다시 말해 외형만이 아니라 물질 자체가 창조자에 의해 생성된 것이다.[282] 근대 자연과학에서 정보 개념은 아리스토텔레스와 관계된 개념과는 다르게 변화했다. 왜냐하면 정보 개념과 결합되어 있는 근대의 에너지 개념이 아리스토텔레스의 **에네르게이아**(energeia)와 깊이 갈라져 구분되었기 때문이다. 에너지는 더 이상 존재의 정적인 완성이 아니며(Arist. Met. 1048 a 31), 오히려 생성을 주도하는 역동성의 변화다. 여기서 에너지 개념은 언제나 우선적으로 물질의 반대 개념을 뜻하였다. 헬름홀츠(Hermann v. Helmholtz)가 1847년에 에너지를 저항의 극복을 통해 일을 수행하는 정도를 측정하는 단위로 정의했을 때,[283] 에너지와 물질의 이원론은 여전히 전제되어 있었다. 알베르트 아인슈타인의 상대성이론이 비로소 그런 이원론을 극복했고, 질량(물질)을 에너지의 현시로 이해했다.[284] 에너지에 대한 이와 같은 독립적인 개념을 바이체커(Carl Friedrich v. Weizsäcker)는 정보 개념과 결합시켰다. 이때 정보는 에너지를 통해 일으켜질 수 있거나 혹은 이미 일으켜진 사건이 갖는 이전과 다른 특성, 즉 있을 법하지 않은 일이 일어난 정도의 측정단위를 가리킨다.[285] 일으켜져야 하는 사건의 정보량과 특수성, 혹은─

---

282 Thomas von Aquin, *S. theol.* I, 45,2 c 와 ad 2.
283 H. L. F. v. Helmholtz, *Über die Erhaltung der Kraft*, 1847. 이에 대해 M. Jammer, in: *Hist. WB Philos.* 2, 1972, 494-499, 특히 496f.를 보라.
284 야머가 이 통찰을 발전시키고 마무리했다. M. Jammer, *Der Begriff der Masse in der Physik*(1961) dt. 1964, 185-205, 특히 190f., 202ff., 또한 비교. 240f.
285 C. F. v. Weizsäcker, Materie, Energie, Information, in: ders., *Die Einheit der Natur*, 1971, 342-366, 347f. 이 설명은 특별히 형태(Form) 개념의 철학적 배경을 근대 자연과학의 정보 이론과 연결하기 때문에 주목할 가치가 있다. 여기에 전제되는 정보와 엔트로피의 구별(내지는 대립)은 위켄(J. S. Wicken, *Evolution, Thermodynamics and Information*, 1987)에 의해 설득력 있는 근거로써 변호되었다(17-28, 특히 26ff.). 여기서 위켄은 샤논(C. E. Shannon)이 주장한 정보와 엔트로피의 결합에 반대했다. 바이체커가 이 주제에 대한 자신의 초기 설명을 스스로 수정

시간적으로 표현하자면—새로움의 가치에 대한 기대가 더 높을수록 투입되어야 하는 에너지량은 그만큼 더 커야 한다. 확률 개념을 통해 에너지 개념은 열역학과 양자론의 우연성 문제와 결합되었을 뿐만 아니라, 미래 개방성과도 연결되었다. 이와 관련된 정보 개념은 위에서 서술했던 하나님의 영이 일으키는 장의 작용들, 곧 하나님의 미래로부터 우연히 출현하는 사건들의 근원으로 설명되는 장의 작용들과 접목된다.[286] 정보(Information)가 이미 물질(Formation)에 앞서 존재한다는 이유에서 토마스 아퀴나스와 알베르투스 마그누스로 하여금 창조와 정보를 구분하도록 자극했던 동기들은 물질 자체가 에너지의 현현 방식이라는 설명을 통해 의미를 잃게 되었다.

정보 개념에 대한 확률이론적인 규정은 오늘날 신학이 정보를 창조된 새로움을 측정하는 단위로 이해하도록 허락해준다. 새로움은 하나님의 창조의 권능이 영을 통해 일으키는 새로운 사건 안에서 발생한다. 정보 개념은 하나님의 영의 창조 작용의 측정 단위로서 로고스에 속한다. 사건들에 담긴 정보의 다양한 함량은 각각의 사건의 특수성을 구성하며, 이 특수성을 통해 사건들은 로고스의 창조적 활동의 표현이 된다.

한 것(C. F. v. Weizsäcker, Evolution und Entropiewachstum, in: E.v. Weizsäcker, Hg., *Offene Systeme* I, 1974, 200-221, 특히 203ff.)은 그런 점에서 이미 해결된 것으로 간주될 수 있다. 바이체커가 인용한 개념 규정은 위켄이 정보 개념의 기능적 규정이라고 묘사하는 것과 상응한다(같은 곳, 40ff., 48).

286 바이체커는 바로 앞의 각주에서 언급된 자신의 논문의 결론에서 하나님을 모든 객관화로부터 벗어나는 "형상(Form)의 근거"라고 설명했다(C. F. v. Weizsäcker, 같은 곳, 366). 이와 동시에 그는 하나님을 "형상들의 총괄개념"으로 보는 이해를 거절한다. "하나님은 형상들의 총괄개념이 아니라 형상의 근거이시다." 고대 교회의 로고스 신학의 관점에서 보면 그러한 대립에는 틀림없이 문제가 있어 보인다. 하나님은 로고스가 없이 존재하지 않으시며, 로고스는 피조적인 로고스들의 근거이자 총괄개념(위의 66f.를 보라)이기 때문이다. 여기서 중요한 것은 그것이 신적 본질의 무한성 속에 있는 초월과 내재의 일치성이 적용된 사례라는 점이다.

피조물의 관점으로부터 볼 때, 하나님의 미래의 권능으로부터 발생하는 계속되는 창조사건은 과거로부터 미래로 진행되는 과정과 달리 시간적 전도(轉倒)의 방식 안에서 나타난다. 시간의 과정은 피조물의 관점에서는 한편으로는 점증하는 엔트로피와 다른 한편으로는 점점 더 높은 단계로 구조화되어가는 과정 사이의 긴장을 통해 특징지어진다. 피조물의 자립 속에서 모든 피조 현실성은 한편으로 붕괴 즉 엔트로피 법칙에 따른 해체의 운명에 처해 있다. 다른 한편으로 피조물은 "미래 사건에 대한 '과정-구조들'의 개방성"[287] 때문에 새로운 구조 형태의 출현에 도달할 수도 있다. 왜냐하면 실재의 과정들은 닫힌 체계가 아니라 열린 체계들 속에서 진행되기 때문이다.[288]

그러한 구조가 형성되기 시작하는 것은 드물고 사소한 일이지만, 이어지는 자연사건의 진행은 그 시작을 통해 결정적으로 규정된다. 이 사실에 대한 한 가지 증거의 사례가 있다. 초기 우주의 국면에서 전자, 양성자, 중성자가 만들어질 때 이것들은 대칭이 되는 반물질보다 1:1,000,000,000이라는 극미의 양만큼 더 많았다. 우주 초기에 엄청난 열 속에서 광자(光子, Photon)들은 계속 서로 충돌해서 입자와 반입자로 나뉘는 광자 붕괴를 일으키고, 생성된 입자와 반입자는 서로 만나 소멸되면서 다시 광자를 만들어냈다. 이 과정에서

---

[287] H. Wehrt, Über Irreversibilität, Naturprozesse und Zeitstruktur, in: E. v. Weizsäcker, Hg., *Offene Systeme* I, 1974, 114-199, 174.
[288] H. Wehrt, 같은 곳, 140. 또한 참고. E. Lüscher, in: A. Preisl und A. Mohler, Hgg., *Die Zeit*, 1983, 367. 위켄(J. S. Wicken, 같은 곳, 68)은 높고 낮은 열역학적 에너지의 흐름을 이용하려는 경쟁이 야기하는 자기조직화를 그 경쟁을 통해 주어진 상황에 대한 응답("response")으로, 그와 동시에(64) 열역학적 에너지의 교환을 가속시키는 수단으로 설명했다. 이 사실에 기초해서 그는 이렇게 썼다. "우주가 열역학적 잠재력의 고갈이라는 의미에서는 끊임없는 하강곡선을 그리는 반면에, 구조를 형성한다는 의미에서는 점점 더 상승하고 있다. 이 두 가지는 열역학 제2법칙을 통해 연결된다"(72).

10억분의 1만큼의 극소량의 전자, 양성자, 중성자가 과잉 생성되었고, 이것들이 우주가 서서히 냉각되면서 원자와 분자를 결합시키는 물질의 전체 상태를 이루게 되었다.[289] 이와 비슷하게 지구의 역사 속에서 유기체 생명이 생성되는 것, 그리고 진화의 과정 속에서 계속해서 생명 형태들이 높은 수준의 구조를 갖게 되는 것도 처음에는 예외적 현상으로서 출현했다가 조금씩 지구의 외모를 바꾸어나갔던 일련의 사건들로 묘사된다. 그렇게 해서 지구는 푸른 식물로 덮였고, 연체동물과 갑각류로 넘쳐났으며, 우선 파충류가 지배하다가 그다음에는 포유류가, 그리고 그들 가운데 제일 마지막으로 인간이 지배하게 되었다. 신학자들이 점점 더 높은 수준으로 구조화되는 형태들의 형성이 이와 같은 계속되는 역사를 관찰할 때, 그들에게는 하나님의 선택(예정)의 역사에 대한 유비의 생각이 떠오를 것이다. 저쪽과 마찬가지로 이쪽에서도 대단히 낮은 확률의 예외적인 것이 새로운 규범, 즉 창조의 새로운 단계를 통고한다. "그러나 하나님께서는…세상의 약한 것들을 택하사 강한 것들을 부끄럽게 하려 하시며…"(고전 1:27). 이 사실은 본질적 특성에 따라 인간의 구속사만이 아니라 또한 창조의 역사에도 속하지 않는가?

원자와 별들로부터 인간에 이르기까지 형태들이 형성되는 과정 속에, 특별히 생명 진화의 진행 과정 속에 더 높은 단계로 향하는 구조화의 사슬이 존재한다는 사실은 근대 열역학이 시작된 이래로 자주 다음과 같은 인상이 생겨나도록 했다. 여기서 관건은 자연과정들 속에서 일어나는 엔트로피의 증가에 맞서 엔트로피의 감소 쪽으로 향하는 일종의 반대 방향의 운동이다. 엔트로피 증가의 결과로 형태의 구별이 점점 더 크게 붕괴하고 파멸하는데, 생명 진화에서 자신의 유기체 조직을 점점 더 높고 복잡한 형태로 이끌어가는 "위를 향한" 운동은 전자와 대립하는 것처럼 보였다.[290] 그러나 여기서 중

---

289 St. Weinberg, *The First Three Minutes*, 1977, 89ff., 참고. 97f.
290 H. Bergson, *L'évolution créatrice* (1970) Paris 1948, 243ff., 특히 246f., 참고. 368f. 또한 샤르댕(Chardin)도 이와 같은 역방향 운동을 눈앞에 그리고 있었다. 비록 그는

요한 것은 엔트로피 증가의 법칙이 아무런 의미도 없다는 식의 판단이 아니다. 오히려 새로운 구조들의 국부적인 생성이 전체 체계 안에서 증가한 엔트로피에 상응하여 균형을 이룬다는 사실이다.[291] 그뿐 아니라 점점 더 높은 수준으로 향해가는 구조화 과정 자체는 철저하게 보편적인 엔트로피 증가의 틀 안에서 이해된다. 복잡성이 증가한다는 의미에서 높은 수준의 구조를 갖게 되는 것은 그 틀에서 보면 일종의 열려 있는 가능성이다.[292] 그 가능성의 실제적인 출현은 물론 그런 구조화를 통해서는 아직 결정되지 않는다. 왜냐하면 열역학은 단지 가능성 및 확률과 관계가 있기 때문이다.[293] 이렇게 볼 때 자신의 법칙성의 틀 안에서 진행되는 우주의 역사는 "비결정론적인 체계"이며, 이 체계에서는 "우연성이 지배한다."[294] 그러나 우주 안에서는 우연성과 법칙성의 합동 유희가 벌어진다. 그 유희는 지구 상 생명의 생성과 발전에

모든 구조의 형성이 자연이 운영하는 전체 엔트로피의 양적 증가라는 대가를 치른다고 보았음에도 불구하고(Teilhard de Chardin, *Der Mensch im Kosmos*, 1947, dt. 1959, 25f.), 생명의 상향 발전이 "오메가 포인트로 돌아가는 회귀운동을 통해 엔트로피부터 벗어나는 것"으로 여겼다(266).

[291] H. Wehrt, 같은 곳, 158ff., 161. 또한 다음을 보라. A. Peacocke, *God and the New Biology*, 1986, 140ff., 또한 위의 각주 288에 나오는 위켄(J. S. Wicken)의 인용을 보라.

[292] 이에 대해 위켄(J. S. Wicken) 외에 특히 바이체커의 설명을 보라. C. F. v. Weizsäcker, Evolution und Entropiewachstum, in: *Offene Systeme* I, 1974, 200-221, 203f. 더 정확한 설명을 향해 프리고진(Prigogine)의 열역학 논문들이 선구적 역할을 했다. 그는 고도의 복잡성을 가진 국소적 질서 상태들의 생성이 비평형 체계의 상태 속에서 일으켜진 미세한 요동으로부터 비롯된다는 사실을 밝혔는데, 그 상태는 "분기점"을 넘어 높은 안정성을 가진 새로운 "무산(霧散)구조"(dissipative structure)에 도달한다. I. Prigogine, *From Being to Becoming, Time and Complexity in the Physical Sciences*, 1980, 특히 77-154.

[293] A. Peacocke, 158f.

[294] 슈테크뮐러의 저서 중 "Die Evolution des Kosmos" 부분을 보라. W. Stegmüller, *Hauptströmungen der Gegenwartsphilosophie* II, 6.Aufl. 1979, 495-617, 583ff.

"전일론적인(全一, holistisch) 불가피성"을 부여한다.[295] 이 불가피성 속에서 그리스도인은 신적 로고스의 사역을 인식하게 될 것이다.[296]

각각 특수한 피조적 형상들의 출현 속에서 우리는 로고스 곧 신적 창조의 말씀이 피조 현실성 안으로 직접 작용하고 표현되는 것을 신학적으로 인식할 수 있다. 그와 같은 각각 특수한 형상들의 출현이 각기 완전히 형성된 형태를 처음으로 발견하게 되는 것은 **자기구분** 속에서인데, 자기구분을 통해 개별 피조물은 각각 특수성을 지닌 다른 모든 것에 대해 자신만의 고유한 특수성을 주장할 수 있다. 오직 그렇게 해서 피조물은 모든 피조물과의 구분 속에 계신 하나님을 모든 유한한 것의 근원으로 주장할 수 있으며, 그분께 신성의 영광을 돌려드리게 된다. 그러므로 로고스는 아직은 개별 현상들의 고립된 특수성 속에서는 완전히 현현하지 못하며, 오히려 개별자가 나머지의 다른 모든 것들과 맺는 관계 속에서, 즉 무리를 이루어 그들의 창조자를 찬미하는 **우주적 질서** 속에서 현현한다. 이와 같이 만물은 로고스를 통해 각자에게 귀속될 형태와 자리를 창조질서 안에서 수용한다. 여기서 창조 안에서 일어나는 로고스의 활동은 영을 통해 매개되는데, 이것은 성육신 사건에서와 마찬가지다. 성육신은 신학적으로 볼 때 창조의 최고의 사건이며, 로고스가 개별적인 피조 형태의 특수성 속에서 완전히 실현된 것이다. 여기서 이 개별 형태는 실제로 다른 것들로부터 구분될 뿐만 아니라 다른 것들이 자신의 곁에 있도록 인정하며, 무엇보다도 하나님과 그분의 창조 전체를 인정하고, 그로부터 자신의 고유한 유한성이 가진 한계를 다른 피조물들을 통해 받아들인다. 이와 같은 방식으로 창조 안에 계신 하나님이 완전한 영광을 받으신다는 사실은 개별 피조물

---

295 같은 곳, 694. 참고. A. Peacocke, *Creation and the World of Science*, 1979, 103f., 또한 69ff.

296 A. Peacocke, 같은 곳, 105, 참고. 205ff.

안에서 일어난 로고스의 성육신에 분리될 수 없이 귀속된다. 이로써 창조의 넓은 영역에서 일어나는 로고스의 활동이 성육신 사건 속에서 비로소 자신의 완성을 발견한다는 사실이 이해될 수 있다.

이렇게 볼 때 창조 안에서 일어나는 로고스의 활동은 피조물 속에 존재하는 로고스로서의 특성이 점차 내면화한다는 의미에서 시간적 구조를 갖는다. 여기서 창조의 역사는 로고스의 표현으로서의 피조물에게 적절한 관계, 즉 아버지 하나님께 대한 관계를 실현하는 길로서 서술된다. 하지만 모든 피조물이 자신의 고유한 특수성 속에서 아버지께 대한 아들의 관계의 완전한 구조를 실현시킬 수 있는 것은 아니다. 그 실현은 창조 안에 있는 인간의 특수한 규정이며, 이 규정이 한 인간 나사렛 예수 속에서 성취되었다. 이에 대해 다른 인간들에게 해당하는 것은 그들이 오로지 예수와의 연합을 통해 그분 안에서 이미 실현된 인간 규정의 완성에 참여할 수 있다는 사실이다. 하나님과의 연합을 목표로 하는 창조 규정은 인간 안에서 결정적인 형태를 발견하기에, 거꾸로 말하자면 창조 질서는 시간 안에서 인간을 가능케 하는 길의 형식을 취한다.

이것은 우주의 역사 안에서 "인간원리"의 의미가 진리라고 주장하는 내용이다(위 각주 278ff.를 보라). 인간원리의 명제는 특수한 물리학적인 설명을 제시할 수는 없지만, 그럼에도 불구하고 우주가 **사실상**(de facto) 지적 존재의 발생을 위한 까다로운 조건들을 충분히 만족시키는 방식으로 존재하고 있다는 사실을 뚜렷이 보여준다. 신학적 해석은 이 주장을 발판으로 삼아 다음의 진술로 건너가도 좋을 것이다. 즉 그 내용 속에서 한 인간에게서 일어난 신적 로고스의 성육신과 관계된 하나님의 창조 사역의 경륜이 선포되고 있다.

인간을 목표로 하는 창조의 길은—신적 창조 행위의 시간적 전도(顚倒)라는 피조적 관점에서 보면—구체적으로는 형태들이 연속되는 단계로서 설명된다. 이들 가운데 각각의 형태는 독립적 피조물로서의 현존재로 불러내어진다. 물론 그것들 가운데 그 어느 것도 단지 인간의 현존을 위한 수단에 그치는 것은 아니다. 연속적 단계 속에 존재하는 모든 노선이 인간을 목표로 향하는 것은 아니다. 하지만 그 단계는 총체적으로 인간의 발생을 위한 토대를 구성한다. 다양한 형태들 속에서 소진될 수 없는 하나님의 창조력의 풍성함이 표현된다. 그러한 풍성함을 표현하는 창조세계가 이미 자신의 순수한 현존을 통해 창조자를 찬양하고 나아가 창조 전체가 행하는 하나님 찬양 안으로 화음을 맞추어 들어가지 않는다면, 인간은 자신이 본래 규정되어 있는 바로 그 존재로서 존재할 수 없을 것이다. 그 규정은 창조가 하나님과의 연합을 이루기 위한 장소와 중재자가 되는 것이다.

3. 진화하는 일련의 형태들

피조물들은 서로 밀어내거나 서로 의존함으로써 함께 연결되어 있다. 각각의 개별 피조물은 한편으로 다른 것들 앞에서 그리고 그것들의 곁에서 그것들에 의존해서 살아가며, 다른 한편으로 자신의 현존재의 정당성을 자신에게 의존하여 살아가는 다른 피조물들을 위해 봉사하는 것에서 찾는다. 물론 우주의 역사 속에서 자연의 사건들과 형태들의 공간적 결집은 처음부터 갈등의 형식이며, 그것들의 시간적인 순서들은 파괴와 새로운 형성의 형식을 취한다. 그러나 높은 수준의 조직 구조를 지닌 모든 형태들의 형성에 근본적인 것은 기초적 형식들을 반복하는 것과 그것들의 지속 가능한 결합으로 건너가는 것이다. 기초적 형식들의 지속성과 그것들의 셀 수 없이 무수한 산출이라는 토대 위에서 비로소, 안정된 상태들의 내부에서 일으켜지는 요동을 넘어서는 새로운 수준의 안정이 출현하며, 그 결과 형태들의 수준별 연속이 이루어진다. 이 형태들 가운데 보다 더 복잡한(혹은 "더 높은 수준의") 것들이 더 단순한(혹은 "더 낮은 수준의") 것들보다 스스로를 높이게 된다. 여기서 피조물들의 관계는 온갖 갈등들에도 불구하고 서로에 대한 의존성을 통해 규정된다. 인간도 마찬가지로 더 낮은 수준의 피조물들에 **의존해서** 살아갈 뿐만 아니라, 인간 자신의 생존의 토대인 그것들을 **위해서** 살아간다. 인간은 하나님이 창조하신 세계 속에서 하나님의 창조 의지를 대리하는 자여야 한다. 그래서 성서의 가장 오랜 창조 기사도 인간을 세계라는 정원으로 두고 그가 "그것을 경작하며 지키게" 한다(창 2:15). 물론 인간은 그 어느 시대에도 이 과제를 완전히 올바르게 수행한 것으로 보이지는 않으며, 신약성서에 따르면 그리스도의 영이 비로소 인간에게 그러한 규정을 성취할 수 있는 능력을 부여할 것이다.

피조세계를 형태들의 연속된 단계들로서 건설하는 것은 이미 성서의 초기의 창조 보고 속에 묘사되어 있다. 창조의 날들의 순서에 따라 낮과 밤, 물과 궁창, 그다음에 땅, 식물, 천체, 이어서 바다생물들과 새들, 마지막으로 땅의 동물들과 마침내 인간이 나란히 생성된다. 오늘날의 자연 지식의 관점에서 본다면 형태들이 이루는 이와 같은 단계적 순서는 여러 면에서 다르게 보일지도 모른다.[297] 하지만 그런 단계적인 순서와 관련해서 일치점이 존재한다는 것이 아마도 그보다 더욱 놀라운 사실일 것이다. 제사장문서(P)의 보고는 기원전 제1천년기 시대에 고대 근동에 퍼져 있었던 자연 이해의 특성을 표현한다. 그 견해는 오늘날의 자연 지식의 관점이 가정하는 것보다 사실상 매우 다른 것이었다고 추정될 수 있다.

오늘의 인류에게는 시대에 뒤처진 것으로 보이는 인식, 곧 그 시대에 제약된 자연 인식의 특별히 구체적인 예는 "원시바다"(Urflut)의 물들을 "증모양의 하늘"인 창공을 삽입하여 구분하는 표상이다(창 1:6f.).[298] 이런 종 모

---

[297] 이에 대해 다음의 간략한 개요를 보라. I. Asimov, *In the Beginning*, dt. *Genesis. Schöpfungsbericht und Urzeit im Widerstreit von Wissenschaft und Offenbarung*, 1981, 25-71, 특히 41f.

[298] G. v. Rad, *Das erste Buch Mose*, Kap. 1-12, 9, 2.Aufl. 1950, 41.

양의 창공은 그 아래에 있으면서 땅을 뒤덮은 물들이 물러나 한곳에 모이며 단단한 지반이 드러나게 하는 것을 기계론적으로 이해할 수 있게 해 준다. 왜냐하면 더 이상 위로부터, 즉 하늘의 둥근 천장을 통해 가로막힌 물 덩어리들로부터 추가적 물이 내려오지 않기 때문이다(창 1:6과 9f.). 이와 달리 하늘의 둥근 천장의 "창들"이 열려 다시 닫히지 않았을 때 일어난 일(창 7:11)은 대홍수 이야기에서 구체적으로 제시된다.

창공의 표상을 통해 표현되는 우주론은 우주 질서를 인간의 공학 지식의 유비에 따라 합리적으로 설명했던 선사시대 자연과학의 매우 인상 깊은 증언이다. 그렇기에 오늘날 어떤 사람이 그 표상을 문자적 의미로 확정하려고 시도한다면, 그것은 그 시대 사람들의 정신과는 완전히 상반된 일이 될 것이다. 신학적 창조론은 오직 다음과 같은 경우에 성서의 안내를 따르게 된다. 그것은 그 당시의 시대가 하나님의 창조 사역의 서술을 위해 불가피하게 요청했던 세계 인식을 각각 자신이 처한 시대의 세계 인식의 실제 상태를 수단으로 해서 실감 있게 체험하는 경우다. 신학은 자신의 고유한 현재를 위해 세계 지식을 반복해서 신학적으로 습득해야 한다. 그렇게 하는 대신에 성서의 창조 보고 작업에 동반된 표상 곧 그 시대에 제약된 표상을 그대로 보존하려고 하는 경우에, 그런 신학은 권위 있는 성서적 증언을 적절하게 표현하지 못할지도 모른다.[299]

제사장문서(P)의 창조 보고에서 개별 진술들이 지닌 시대적 제약성에 대한 다른 예는 천체들을 상대적으로 늦은 시기인 네 번째 창조의 날에 배치한 것을 들 수 있다(창 1:14ff.). 여기서 현대 독자들이 보기에는 시대에 뒤떨어진 우주론적 표상이 이차적 노선에서 다루어지고 있다. 여기서 이제는 지나가버린 논쟁이 된 상황이 표현된다. 그것은, 창공의 생성과 관련하여 별들의 창조를 다루었던 바빌론의 창조 서사시와 반대로 제사장문서

---

299 E. Schlink, *Ökumenische Dogmatik*, 1983, 75f.

(P)가 보고하는 천체의 창조에는 땅과 바다의 구분(창 1:10) 및 식물의 창조(1:11f.)가 전제되어 있다는 사실이다. 여기서 한편으로 창세기가 창공의 기계론적인 기능을 묘사하는 정확한 결과가 인식될 수 있다. 종 모양의 하늘을 건설하는 것은 그 **결과**로 아래쪽의 물을 모이게 하여 다른 쪽에서는 마른 땅이 드러나게 한다(창 1:9).[300] 마찬가지로 이와 밀접하게 관련되는 것은 식물이 자라나는 것인데, 왜냐하면 식물은 땅으로부터 산출되기 때문이다(창 1:11f.).[301] 다른 한편으로 천체들의 창조를 눈에 띄게 늦은 순번에 둔 것[302]은 이스라엘의 주변 세계의 종교들 속에서, 특별히 바빌론에서 천체들에게 부여했던 신적인 지위를 고려할 때 일종의 강등의 표현인 것이다. 성서는 천체들의 기능을 "조명"에, 그리고 시간을 분할할 때 필요한 표식에 제한한다.[303] 천체들의 신성 혹은 피조성에 대한 논쟁은 이러한

---

[300] 땅 그 자체의 창조에 대하여는 창세기 1:1의 "표제" 외에는 단지 물과 땅이 분리되는 형태로 말해질 뿐이다. 마찬가지로 이 둘보다 우선하는 창조의 사역도 각각 二 분리와 결합되어 있었다. 참고. W. H. Schmidt, *Die Schöpfungsgeschichte der Priesterschrift*, 1964, 25f., 또한, C. Westermann, *Genesis 1-11*, 1974, 168.166, 그리고 "선별(Sonderung)과 분리(Scheidung)"로서의 창조에 대해서는 46ff. 베스터만(166)에 따르면 처음 3일의 창조 사역들 속에서 실현된 분리들 가운데 빛과 어둠의 분리는 시간을 구성하며, 궁창의 위와 아래 그리고 땅의 여기와 저기의 분리는 공간을 구성한다.

[301] W. H. Schmidt, 같은 곳, 108, 각주 4. "창세기 1장에서 식물들이 별들보다 먼저 창조되었다면, 그것의…중심적인…이유는 식물들이 특별히 땅에 밀접하게 속해 있다는 사실 때문이다." 슈미트(Schmidt, 같은 곳)가 창세기 1장의 전통적 배경에 대한 증빙이라고 말하는 순서, 곧 시편 10편에 나오는 유사한 창조 사역의 순서를 보라(같은 곳, 44).

[302] H. Gunkel, *Genesis*, 3. Aufl. 1910, 127: "천체는 히브리 민족에게서보다 바빌론에서 훨씬 더 빠른 순서로 창조된 것으로 기술된다"(참고, 108f.).

[303] 같은 곳, 109. 창세기 1:14-19의 논쟁적 의미는 특별히 폰 라트에 의해 강조되었다. G. v. Rad, *Das erste Buch Mose*, Kap. 1-12, 9, 2.Aufl. 1950, 42f. 참고. W. H. Schmidt, 같은 곳, 119f. 베스터만(C. Westermann)은 별들을 "조명체"로 묘사한 것이 아직 그것들의 지위의 "강등"은 아니라고 말했는데, 이것은 올바르다(같은 곳, 179). 하지만 그 역시 별들을 그 기능으로 축소시킨 것은 그것들의 피조성을 표현한다고 판단

배열에서 표현되어 있기는 하지만, 현대적 사고에서는 더 이상 중요하지 않다. 6일 동안 진행되는 창조 사역의 순서에 담긴 내적인 관계에 대해 제사장문서(P)의 보고가 가졌던 관심을 현대적인 창조세계의 서술로 자연스럽게 표현한다면, 지구의 생성은 천체들과 은하들의 생성 이후에 놓일 것이고, 우리 은하계 안에서는 태양계가 형성된 이후에 지구가 나타났다고 말해질 것이다.

하지만 현대 자연과학에 근거한 피조물의 형태들의 순서에 대한 이해와 기원전 6세기 제사장문서(P)의 설명 사이의 차이보다 더욱 놀라운 것은 다루어진 내용의 공통된 범위다. 처음에 빛이 나오고 인간은 순서상 가장 끝에 오는 것, 나중에 생긴 천체들과 대비되는 빛의 근원성, 땅을 통해 식물이 산출되는 것과 식물의 기능이 동물들의 생명에 대한 전제가 되는 것,[304] 여섯 째 날의 창조에서 인간이 "땅의 동물들" 즉 제5일의 창조에서 만들어진 수중의 동물들 및 새들과는 구분되는 땅의 동물들과 깊은 연관성을 갖는 것[305] 등이 그 예이다. 그러나 그런 개별 사항들의 공통점보다 더욱 주목할 만한 것은 피조 형태들의 생성이 그리는 단계적인 순서의 기본 표상에서 나타나는 통일성이다. 물론 연속적인 단계들의 세부사항들이 오늘날의 자연인식에게는 제사장문서(P)가 보고하는 것과는 매우 다르게 나타날 수 있다. 하지만 연속적인 단계들 그 자체는 현대과학의 작업으로부터 나오는 세계이해 속에서도 마찬가지로 중요한 것이다.

형태들이 생성되는 순서에 대한 현대적 관점 및 제사장문서(P)의 창조 보고의 묘사 사이의 차이를 에드문트 슐링크(Edmund Schlink)는 무엇보다

한다(같은 곳).

304 하지만 신약성서에서 식물은 아직 동물과 연합된 생명체로서 고려되지 않는다. 창세기 1:29에 대해 W. H. Schmidt, 같은 곳. 150ff.를 참고하라.

305 창세기 1:24f.에서 동물들의 분류는 물론 현대적 분류처럼 포유동물과 땅에 사는 다른 동물들 사이를 구분하지는 않고, 다만 한편으로 야생동물들과 다른 한편으로 가축들을 그 밖의 "지면의 군집"으로부터 구분한다. 참고. W. H. Schmidt, 같은 곳, 124ff.

도 다음의 사실에서 찾았다. "성서의 이해에 따르면 피조물들의 고유한 활동(Eigenwirken)은 처음부터 그들보다 앞서 주어진 구체적 질서들 속에서 실행되지만, 반면에 근대의 연구는 점점 더 구체적 질서들이 이미 현존하는 것들의 고유한 활동으로부터 발생한 것이라는 가정으로 옮겨갔다."[306] 제사장문서(P)의 보고도 물론 하나님의 창조활동, 즉 땅을 통한 식물들의 산출뿐만 아니라(창 1:11f.) 지면에 사는 동물들을 발생시키는 하나님의 창조활동(창 1:24)[307]에 자기결정권을 가진 피조물이 참여한다는 사상을 이미 알고 있었다. 그럼에도 불구하고 피조 현실성의 다양한 형태들이 자신의 이전 단계로부터 발생한다는 통상적인 발전의 사상은 위의 창조의 서술에 대해서는 전적으로 낯선 것이다. 이것은 하나님의 창조 행위의 표상이 자기결정권을 가진 피조물의 참여를 배제하기 때문이 아니다. 오히려 땅이 식물들과 땅의 동물들의 창조에 참여하는 것은 그와 정반대의 사실을 증명한다. 피조 현실성의 형태들의 진화 사상과 본문 사이의 거리는 다음의 사실을 통해 설명된다. 제사장문서(P)의 관점에서 볼 때 태초의 창조를 통해 모든 시대에 유효한 질서의 토대가 놓이고, 그 결과 각각의 날의 창조 사역들은 이어지는 모든 시대에 지속되도록 실행되었다는 사실이다.[308] 다양한 피조 형태들—다시 말해 생물의 종들—은 이미 태초의 창조 행위를 통해 모든 미래에 지속되는 현존재의 형태를 수용했다는 어떤 관심사

---

306 E. Schlink, *Ökumenische Dogmatik*, 1983, 93.
307 창세기 1:24f.에 나오는 명령과 실행 사이의 긴장에 대해 슈미트(W. H. Schmidt, 같은 곳, 126)는 이렇게 말했다. 하나님의 명령은 땅을 향해 내려지는 반면에, 실행은 하나님 자신의 직접적인 창조 행위로 묘사된다(참고. O. H. Steck, *Der Schöpfungsbericht der Priesterschrift*, 1975, 118ff.).
308 슈테크(Steck)는 제사장문서(P)의 창조 보고에서 이 주제가 지닌 의미를 특별히 강조했다(O. H. Steck, 같은 곳, 68ff. 비교. 94, 110, 121f., 126f.). 그 내용으로부터 특별히 설명되는 것은 생물의 창조에서 지속적인 번식과 관련된 특별한 축복의 행위가 그 창조 행위에 추가된다는 사실이다(창 1:22, 참고. 28). 왜냐하면 생물은 자신의 종의 존속을 위해서는 번식에 의존해야 하기 때문이다(같은 곳, 82f.).

와 관련해서 제사장문서(P)의 창조 보고는 하나님의 창조 행위에 대한 다른 성서적 이해들과 정면으로 대립한다. 제사장문서는 하나님의 창조 행위를 태초에 제한하지 않고 오히려 지속적으로 현재하는, 특별히 하나님의 역사적 행위 속에서 표현되는 신적 활동으로 이해한다(위의 94ff.를 보라). 교의학적 창조론이 성서 전체의 증언에 적합한 것이 되려면, 제사장문서(P)의 창조 보고에서 표현되는 관심사, 즉 과거에 하나님이 설정하신 질서의 지속성에 대한 관심사를 계속적 창조 사상과 결합시켜야 하는 과제를 갖게 된다. 하나님이 설정하신 자연질서의 지속성이라는 관점은 현대의 자연 이해의 틀 안에서 하나님이 과거에 창조하신 각각의 피조물의 종류와 체형에 따른 형태들이 변하지 않는다는 전제를 더 이상 필요로 하지 않는다. 그런 지속성의 관점은 제사장문서(P)에서는 아직 독립적으로 주제화되지 않은 사상 곧 자연법칙들 및 이들의 단절되지 않는 타당성의 사상을 통해 충분히 보호된다.[309] 하지만 하나님이 창조하신 세계 속에서 계속되는 하나님의 창조적 활동을, 단순히 과거에 설정된 질서를 보존하는 것이 아니라 끊임없이 새로운 것을 창조하는 것으로 이해할 수 있게 된 기회는 진화론을 통해 신학에 주어졌다.

그리스도교 교회와 신학자들은 유감스럽게도 19세기 후반과 20세기 전반

---

[309] 홍수 이야기의 끝에서도 제사장문서(P)는 모든 살아 있는 것과 관련해서 창조의 지속을 위한 창조자의 의지가 계속되고 있다는 사실만을 다시 한번 강조하며(창 9:11), 반면에 야웨문서(J)에서 표현된 자연법칙적 질서의 사상 곧 파종과 수확, 여름과 겨울, 추위와 더위, 낮과 밤의 운율(창 8:22)로 표현된 질서의 사상은 제사장문서에서는 나타나지 않는다. 제사장문서(P)에서 그러한 운율들은 아마도 이미 해와 달이 낮과 밤을 "다스린다는 것"(창 1:16)에 근거되어 있고 일 년의 주기 인식을 위한 그것들의 기능(1:14) 속에서 설명되기에, 홍수 이야기 끝에서 그 운율들에 대한 언급은 아마도 불필요했을 것이다. 그렇다면 천체들의 기능과는 구분되는 자연법칙의 사상은 제사장문서(P)보다는 야웨문서(J)에 더 가깝다고 할 수 있다.

기에 이르기까지 계속해서 현대 자연과학과의 관계 속에서 진화론이 신학에 제공했던 중요한 기회를 인식하지 못했다. 다윈주의에 반대하는 투쟁은 신학과 자연과학의 관계 속에서 일어난 가장 심각한 오류에 속한다.[310] 이 사실은 일정 부분에서는 독일 개신교 신학에도 해당된다. 하지만 이들이 다윈주의를 거부한 것은 어느 정도까지는 주도적인 생물학자들의 일방적 해석에 대한 반작용이었던 것으로 보인다. 개신교측과 생물학자들 모두는 다윈의 이론 안에서, 귄터 알트너(Günter Altner)가 제시했던 것처럼, "고전 물리학과는 대립되는 자연의 역사성"이라는 의미에서 자연에 대한 새로운 이해로 나아가는 돌파구를 인지했어야 했지만, 실제로는 그렇게 하지 못했다. 그 대신에 에른스트 헤켈(Ernst Haeckel)과 같은 생물학자들은 오히려 진화론 속에서 "고전 물리학을 기계론적으로 설명하기 위한 근거"의 승리를 보았으며, 신학자들은 "다윈에 대한 논박과 거부로써 반발했다." 왜냐하면 신학은 "(모든 종[種]이 세계의 시작 이래로 변하지 않았다는) 불변이론의 세계관적 전제에 갇혀 있었고 인간에 대한 관념론적 과대평가를 통해 눈이 흐릿해져" 있었기 때문이다.[311] 무엇보다도 신학에 경고음을 울렸던 것은 다윈의 종의 기원설이 일

---

[310] 이러한 확정은 현재까지 주장되는 진화론의 가설적 성격에 직면해서도 회피될 수 없다. 진화를 통한 종들의 생성에 대한 경험적인 증명의 수행이 마주하는 어려움에 대해 다음을 참고하라. A. Hayward, *Creation and Evolution. The Facts and the Fallacies*, 1985, 21ff. 또한 참고. A. Peacocke, *God and the New Biology*, 1986, 44ff. 위켄(J. S. Wicken, 같은 곳, 209)은 다음의 자료를 참고한다. E. Mayr *Principles of Systematic Zoology*, 1969. 그리고 동일저자, *The Growth of Biological Thought*, 1982. 하지만 신학자들이 진화론을 거부했던 이유는 진화론의 경험적 확증이 가진 내적인 어려움들과는 그다지 관련이 없었다.

[311] G. Altner, Wer ist's, der dies alles zusammenhält? Das Gespräch zwischen Theologie und Naturwissenschaften im Lichte von Prigogines "Dialog mit der Natur" in: G. Altner Hg., *Die Welt als offenes System* (1984) 1986, 161-171, 164f. 본문에서 뒤이어 인용되는 구문들은 이 문제에 대한 알트너의 탁월한 짧은 요약에서 온 것이다. 또한 그의 책을 보라. G. Altner, *Schöpfungsglaube und Entwicklungsgedanke in der protestantischen Theologie zwischen Ernst*

으킨 의문, 곧 창조 속에서 인간이 갖는 특별한 지위에 대한 의문이었고, 여기서 사람들은 대립의 본래적인 핵심을 "대체"에서, 곧 신적인 목적 설정의 빛에서 바라보는 목적론적인 자연관이 "유전과 자연선택의 상호작용 속에서 일어나는 많은 사건들의 우연성에 대한 강조"로 대체된 것에서 찾았다. 후자는 사실 바르게 본 것이다. 이미 다윈 자신도 자연선택의 기계론에 대한 통찰을 통해 목적론적인 자연관으로부터 전향했었다. 기계론은 한때 다윈도 연구하고 찬미했던 윌리엄 페일리(William Paley)의 **자연신학**(Natural Theology, 1802)이 전개한 **설계 논증**(argument of design)을 통해 신 존재 증명의 토대를 형성했었다.[312] 유전과 자연선택의 상호작용은 유기체적 생명의 출현이 갖는 목적적합성을 설명해주었다. 목적적합성의 설명은 목적론적 신 존재 증명에 따르면 오로지 계획하는 이성을 가정할 때만 가능하다고 여겨졌다. 그렇기에 자연선택설은 친구들과 적들 모두에게 유신론적 하나님 표상에 대한 반박으로 보였다. 양측 모두에게 진화의 자연선택설은 종들의 생성에 대해 원칙적으로 단지 기계론적인 설명만을 제공하는 것으로 보였다. 알트너가 지적했던 것처럼 여기서는 다음의 중요한 사실이 간과되었다. "진화의 새로운 세계상은 창조 사건의 역동성을 시간 안에서 열려 있는 과정으로 성찰해볼 수 있는 기회를 제공했다."

Haeckel und Teilhard de Chardin, 1965.

[312] R. H. Overman, *Evolution and the Christian Doctrine of Creation. A Whiteheadian Interpretation*, 1967, 57-68, 페일리에 대해서는 58을 보라. 이어지는 장들(69-116)에서 오버맨(Overman)은 진화론과 신학의 관계에 관련하여 다윈의 작품에 뒤따라 등장한 논쟁들에 대하여 풍부한 내용의 개요를 제공했다. 이에 대해 또한 다음의 글들을 보라. J. Dillenberger, *Protestant Thought and Natural Science*, 1960, 217-253. I. G. Barbour, *Issues in Science and Religion*, 1966, 80-114. E. Benz, *Schöpfungsglaube und Endzeiterwartung. Antwort auf Teilhard de Chardins Theologie der Evolution*, 1965, 157-183. J. Hübner, *Theologie und biologische Entwicklungslehre*, 1966. 더 많은 참고문헌들을 S. M. Daecke, Entwicklung, in: *TRE* 9, 1982, 705-716, 특히 714f.에서 보라.

이 사실은 주로 독일 신학에 해당되었는데, 에어랑엔(Erlangen) 출신의 카를 베트(Karl Beth)는 몇 명 안 되는 예외 가운데 한 사람이었다.[313] 영국 신학에서는 이미 이른 시기에 그리스도교 교리를 진화론의 관점과 연결시키려는 시도가 있었다. 거기서 구속사는 진화의 계속과 완성으로 생각되었고, 진화는 새로운 인간이신 예수 그리스도에게서 정점에 이른다고 보았다. 목적을 설정하고 계획하는 이성으로서의 하나님이라는 유신론적인 표상이 개별 형상들의 목적적합성 대신에 그러한 과정 전체와 관계를 맺게 되었다.

이러한 관찰 방식을 향해 길을 열어준 것은 1889년 찰스 고어(Charles Gore)가 발행한 모음집 『땅의 빛』(*Lux Mundi*)이었다. 여기서 진화론은 바로 기계론적인 자연관으로부터의 해방으로서 환영을 받았다. 기계론적인 자연관은 하나님을 기껏해야 이신론적으로 보아 과거 한때의 자연질서의 창시자로 받아들이도록 했고, 자연사건 과정 속에서 계속 창조적으로 활동하시는 분으로 생각하지 않았다.[314] 『땅의 빛』에 기초한 진화 신학의 영국적 전통은 20세기에 이르러 가장 중요한 선구자로서 윌리엄 템플(William Temple)과 찰스 레이븐(Charles Raven)을, 그리고 현재는 아서 피콕(Arthur R. Peacocke)을 발견했다.[315] 물론 그와 동시에 영국에서만이 아니라 특히 북미에서 소위 "창조론자들"(Creationists)의 저항이 계속되었다. 이들은 진화론의 모든 형태를 문자적인 성서 신앙과 일치되지 않는다는 이유로 거절했다. 헨리 모리스(Henry M. Morris)와 존 휘트콤(John C. Witcomb)이 1961년에 지질학적이고 고생물학적인 발견들을 성서의 홍수 이야기(창 6:13-8:22)에 근거해서 해석하려고 시도한 이후로(*The Genesis Flood*, 1961), 지질학적 및 생물학적 진화

---

[313] K. Beth, *Der Entwicklungsgedanke und das Christentum*, 1909.
[314] R. H. Overman, 같은 곳, 78f.
[315] W. Temple, *Nature, Man and God*, 1934. Ch. Raven, *Natural Religion and Christian Theology* I, 1953. A. R. Peacocke, *Science and the Christian Experiment*, 1971. 동일저자, *Creation and the World of Science*, 1979.

론에 대한 소위 "창조론자들"의 학문적 경쟁이 일어났다.[316] 그들과의 신학적인 논쟁은 우선 그들이 기초로 삼고 있는 이해 곧 성서적 권위와 성서 본문에 대한 근본주의적인 이해에 맞추어져야 할 것이다. 역사 안에서 일어나는 하나님의 구원 행위에 대한 신앙에는 또한 성서의 역사성을 인정하는 것과 성서가 기록되었던 시대를 지배했던 이해들의 역사적 제약성을 인정한다는 것도 포함된다.

테이야르 드 샤르댕(Teilhard de Chardin)의 작품은 여러 관점에서 영국과 미국의 진화 신학과 비교될 수 있다.[317] 물론 테이야르는 하나님을 진화의 오메가로 보는 표상을 세계의 미래와 결합시켰다. 진화의 역동성은 스스로 (자신의 "방사적" 에너지를 통해) 그 미래를 지향하며, 진화의 효력은 생명의 형태들 속에서는 점증하는 복잡성과 내면성을 통해 나타나고, 무엇보다도 인간의 단계에서는 증강된 공동체화를 통해 나타나게 된다는 것이다. 그 당시까지 로마 가톨릭교회와 신학은 진화론을 거부했지만,[318] 그 입장은 처음에는 힘들었고 금지령으로 방해받았던 논쟁 곧 테이야르의 사상에 대한 논쟁을 통해 전환되었다. 헤르만 폴크(Hermann Volk)는 1959년에 창조와 진화의 관계를 여전히 다음과 같이 규정했다. 창조는 시작과만 관계될 뿐이고 생성과는 관계되지 않으며, 거꾸로 발전은 이미 설정된 시작점을 전제한다

---

316 이에 대한 비판적인 시각을 보라. A. Hayward, 같은 곳, 69-157. 그리고 R. L. Numbers, The Creationists, in: *Zygon* 22, 1987, 133-164, 특히 153ff. (참고. 『창조론자들』 새물결플러스, 2016).
317 우선 그의 중심 저작을 들 수 있다. *Der Mensch im Kosmos* (1955) dt. 1959. 이와 관련된 방대한 자료들은 다음을 보라. S. M. Daecke, *Teilhard de Chardin und die evangelische Theologie*, 1967. 또한, A. Gosztonyi, *Der Mensch und die Evolution. Teilhard de Chardins philosophische Anthropologie*, 1968.
318 거부의 입장은 1950년의 교황의 교서(Humani Generis)에도 표현되었다. 참고. DS 3877f. 또한 다음을 보라. Z. Alszeghy, Die Entwicklung in den Lehrformulierungen der Kirche über die Evolutionstheorie, in: *Concilium* 3, 1967, 442-445.

는 것이다.[319] 그러나 불과 10년 후에 요제프 라칭어(Joseph Ratzinger)는 다음과 같은 의견을 피력했다. "창조는, 세계에 대한 우리의 이해로부터 관찰할 때, 멀리 떨어져 있는 시작점이 아니며 여러 단계로 나누어진 시작도 아니다. 오히려 창조는 시간적이고 생성되어가는 존재에 관계된다. 시간적 존재는 하나님의 창조 행위에 의해 완전히 둘러싸여 있고, 하나님은 분할되어 있는 그 존재에 통일성을 선사하시는데, 그 존재의 의미는 그 통일성 안에 놓여 있다."[320] 그 사이에 사물들에 대한 이러한 관점은 가톨릭 신학 안에서도 타당한 것으로 널리 인정받게 되었다.[321] 여기서 "현실적이고 형태적인 새로움의 생성"이 **계속적 창조**(*creatio continua*)라는 옛 개념의 적용과 확장을 통해 진화 속에서 강조된다.[322] 하지만 영국의 진화 신학과는 달리 쉐프치크(Leo Scheffczyk)는 계속적 창조의 개념을 태초의 창조 행위와 구분되는 피조

---

[319] H. Volk, *Entwicklung*, *LThK* 3, 2.Aufl. 1959, 906-908, 907.
[320] J. Ratzinger, Schöpfungsglaube und Evolutionstheorie, in: H.J. Schultz, Hg., *Wer ist das eigentlich — Gott?*, 1969, 232-245, 242. 라칭어에 따르면 창조의 진행과정에 대한 대립되는 상들이 "성서 안에서 이미 신앙과 세계상이 동일하지 않다"는 사실을 노여준다(239). "다윈 이전에 지배했던 고정된 종들이라는 사상"은 분명 "오늘날에는 지지할 수 없는 것"이라고 말해진다(233, 참고. 235).
[321] 여기서 특히 라너(Rahner)가 앞장을 섰다. K. Rahner, Evolution/Evolutionismus (2.) in: *Sacramentum Mundi* 1, 1967, 1251-1262. 이보다 앞서 1960년 이래로 교의학의 개별 주제들을 위한 진화 사상의 의미를 연구한 일련의 논문들이 있다. 특히 Die Christologie innerhalb einer evolutiven Weltanschauung, in: *Schriften zur Theologie* V, 1962, 183-221. 나아가 다음을 보라. L. Scheffczyk, *Einführung in die Schöpfungslehre* (1975) 2.Aufl. 1982, 59ff. S. N. Bosshard, Evolution und Schöpfung, in: *Christlicher Glaube in moderner Gesellschaft* 3, 1981, 87-127. 또한 동일저자, *Erschafft die Welt sich selbst? Die Selbstorganisation von Natur und Mensch aus naturwissenschaftlicher, philosophischer und theologischer Sicht*, 1985. 그리고 A. Ganoczy, *Schöpfungslehre*, 1983, 143ff., 특히 150f.(참고. 2.Aufl. 1987, 196-258).
[322] L. Scheffczyk, 같은 곳, 61. 비교. A. Ganoczy, 같은 곳 (1983), 154ff 그리고 (1987) 213f.

된 존재의 보존 행위에만 관련시켰다.[323]

창조 사상을 진화에 적용하는 것은 구약성서를, 무엇보다도 제2이사야에서 볼 수 있는 진술 곧 역사 안에서 일어나는 하나님의 행위의 창조적 특성에 대한 진술들을, 증거로 제시할 수 있다. 이 적용에 대한 전제는 진화 과정에서 이전에 이미 현존했던 것으로 환원될 수 없는 순수한 새로움이 점차 발생한다는 사실이다. 바로 이 전제는 진화를 "창발적 진화"(emergent evolution)로[324] 묘사함으로써 성취된다. 이 전제의 핵심은 진화의 환원주의적 이해를 거부하는 데 있다. 자크 모노(Jacques Monod)가 진

---

[323] L. Scheffczyk, 같은 곳, 61에서 그는 올바르게도 이렇게 주장했다. **계속적 창조**(creatio continua) 개념에 대한 그런 진화적(evolutive) 해석은 "어떤 의미에서는 신학적인 갱신"을 뜻하는데, 여기서 그 개념이 "역동적인 요소를 풍부하게" 갖는 경우에 그렇게 된다. 영국과 미국의 진화 신학은 때때로 **계속적 창조** 개념을 **무로부터의 창조**(creatio ex nihilo) 개념의 대안으로 다룸으로써, 때때로 쉐프치크보다 더 앞서 나아가기도 했다. I.G. Barbour, *Issues in Science and Religion*, 1966, 384f. 이에 대해 위의 49쪽과 93ff.를 참고하라. 이에 대해 **계속적 창조**의 개념이 **무로부터의 창조** 개념을 언제나 이미 전제하고 있다는 점을 확정한다고 해도, 이 사실로부터 계속적 창조의 개념이 태초의 창조와 구분되는 보존의 행위에 제한되는 것은 아니다. 오히려 라칭어의 의미에서 **무로부터의 창조**(J. Ratzinger, 위의 각주 320을 보라)는 피조된 존재가 시간적으로 펼쳐진 모든 연장과 관계되며, 그래서 **계속적 창조**는 **무로부터의 창조**의 상세 규정으로 이해될 수 있다. 이와 같은 의미에서 바버(Barbour)는 우주의 역사 전체를 "진화와 창조"라는 제목 아래에 둘 수 있었다. I. Barbour, 같은 곳, 365-418, 특히 383ff.414ff., 또한 456ff.

[324] C. L. Morgan, *Emergent Evolution*, 1923. 또한 참고. E. C. Rust, *Evolutionary Philosophies and Contemporary Theology*, 1969, 77ff. 진화 단계들의 우연성에 관련해서 도브찬스키(Dobzhansky)는 진화를 곧바로 "새로움의 원천"이라고 표현했다. A. Dobzhansky, *The Biology of Ultimate Concern*, 1967, 2.ed. 1969, 33. 결과적으로 아이겐(Eigen)의 진화의 게임 이론이 그것과 일치한다. M. Eigen, Evolution und Zeitlichkeit, in: *Die Zeit*, hg. A. Preisl und A. Mohler, 1983, 35-57, 특히 52.

화의 목적론적 해석에 반대하여 매우 강하게 강조했던 우연적 요인[325]이야말로 진화의 단계들을 계속되는 하나님의 창조 행위의 표현으로 이해하는 신학적 해석을 위해 중요한 요소다. 거기서 진화적 과정들의 통상적인 법칙, 그리고 진화의 사슬 속에서 자신보다 앞선 생명의 형태들로부터 각각 새로운 형태들이 발생하는 것은 어떤 방해도 하지 않는다. 하나님의 창조 행위가 피조적 독립체를 통해 매개되는 것은 제사장문서(P)의 창조 보고가 이미 알고 있는 것이다. 진화의 단계들을 하나님의 창조적인 역사 행위의 의미에서 신학적으로 해석하기 위한 가능성에 대해 결정적으로 중요한 것은 진화의 "후성설적"(epigenetisch) 특성, 곧 유도될 수 없는 새로움의 합류를 통해 각각의 모든 단계에 주어지는 특성이다.

자연사건에 대한 현대적 이해와 제사장문서(P)의 창조 보고의 이해 사이의 가장 깊은 차이는 현대 자연과학이 자연세계의 모든 형태를 기초적 과정들과 구성요소들로 환원시킨다는 데 있을 것이다. 이런 관찰 방식은 데모크리토스(Demokrit)의 고전적인 원자설에 뿌리를 두고 있다. 원자설은 자연의 모든 형상들이 동일한 극소의 요소들로 조립되어 있다고 이해했고, 그래서 형상들의 차이는 그 요소들이 결합되는 다양한 방식으로 설명될 수 있다고 보았다. 이와 같이 기초적 구성요소들로부터 모든 복잡한 형상들이 건립되었다는 관점은 현대 자연과학의 관찰방식에 결정적인 영향을 주었다. 이 관점이 없었다면 피조 형태들이 발전하는 연속적인 단계들은 오늘날 더 이상 생각될 수 없었을 것이다.

연속적인 단계는 기초적 현상들, 즉 가장 낮은 정도의 복잡성을 지닌

---

325 J. Monod, *Zufall und Notwendigkeit. Philosophische Fragen der modernen Biologie* (1970) dt. 1971, 특히 120ff.141ff., 참고. 177f. 이에 대해 다음의 해설을 참고하라. A. R. Peacocke, *Creation and the World of Science*, 1979, 92-111, 특히 95ff. 이 부분은 폴라드(W. G. Pollard) 그리고 또한 보스하르트(S. N. Bosshard, *Erschafft die Welt sich selbst?*, 1985, 94ff.)에 대해 언급한다.

현상들과 함께 시작한다. 다른 모든 형태들은 이 현상들에 근거하고 있다. 그러나 화학적인 "기초요소들"도, 그것들의 근저에 놓인 "원자들"도 최종적 구성 원소에 대한 질문에 결정적인 답변을 제공하지 못했다. 현대 자연과학은 오랫동안 원자들 속에서 더 이상 해체될 수 없고 더 이상 분리될 수도 없는 근원적인 "기초요소들"과 물질의 단위들을 찾아왔다. 하지만 원자라고 부르는 것들은 훨씬 더 작은 다수의 소립자들로 구성되어 있음이 밝혀졌으며, 소립자들은 다시금 "쿼크"와 "끈"으로 분할될 수 있다. 이것들은 분할될 뿐만 아니라 서로 질적으로 다른 종류이기에, 극소의 동질적 물질 구성요소들을 요구하는 데모크리토스 원자론에 부합하지 않는다. 구성요소들의 조합은 서로 뚜렷이 구분되는 다양한 소립자들로 소급되는 것이다.

최종적인 기초 요소 그 자체는 공간 안에서 지속되는(beharren) 형태로서 가장 작은 물체, 입자(Korpuskel)라고 생각될 수 있을까? 아니면 그것은 명확하게 공간을 차지하는 지속성 없이 순간적 사건의 형식만을 가지는가? 많은 사람들은 모든 입자적인 물질이 장의 규모에서 출현하는 기초 사건들로부터 유래한 것이라는 주장에 찬성한다.

양자물리학의 물리학적 혁명으로부터 자연철학의 최종적 결론을 이끌어낸 것은 화이트헤드(Alfred North Whitehead)의 공헌이다. 나타났다 사라지는 순간적 사건들과 사건의 연속들이 공간과 시간 속에서 지속되는 물체들의 모든 형성보다 우선한다는 것이다.[326] 그에 따르면 특정 형식의 사건들이 끊

---

[326] A. N. Whitehead, *Science and the Modern World*, 1925, dt. 1949. 또한 동일저자, *Process and Reality*, 1929, dt. 1979. 이에 대해 또한 다음을 보라. M. Welker, *Universalität Gottes und Relativität der Welt*, 1981, 특히 35-137. 또한 화이트헤드의 책(*Adventures of Ideas*, 1933, 독일어판 1971)에 있는 빌(R. Wiehl)의 서문을 보라.

임없이 반복되는 것이 그다음에 물체들의 지속되는(beharren) 형태를 산출한다. 이에 대해 베르그송(Henri Bergson)은 끊임없는 "지속"(Dauer)을 모든 살아 있는 현실성의 근본 현상으로 보았고, 영화 상영에서와 같이 속사 사진들이 충분히 빠른 속도로 연속될 때 마치 지속적으로 존속하는 것과 같은 환영을 보여주는데, 현실성이란 그런 연속적인 속사 사진들로 해체되는 것에 대해 분할하는 지성(Verstand, 사고력)을 통한 시간의 공간화에 따른 산물일 뿐이라고 비판했다. 그런 공간화의 조건 아래서라면, 유명한 제논(Zenon von Elea)의 역설에서 아킬레스가 거북이를 따라잡을 수 없는 것처럼, 현실적인 운동도 재구성될 수 없다는 것이다.[327] 반면에 화이트헤드는 "영화 상영 기술"의 기계론이 결코 논지에서 벗어난 것이 아니며, 현상들이 연속되는 상태에 도달하는 것, 무엇보다도 물체들이 지속적인 존속의 상태에 도달하는 것에 대한 매우 적절하고 구체적인 예시로 여겼다.[328]

나타났다가 사라지는 순간적 사건들과 사건의 연속들이 시간 안에서 지속되는(beharren) 공간적 형태들의 출현보다 우선한다는 화이트헤드의 주제는 그 사이에 널리 인정을 받게 되었다. 하지만 그의 입장의 문제점은 그 관점을 교조적인 사건원자론으로 고립시킨 데 있다. 사건원자론은 오로지 순간적으로 눈에 띄지 않게 출현하는 사건들만을 최종적으로 유일한 현실로 간주한다.[329] 시공간의 외연적인 연속체(Kontinuum)는 출현하는 사건들을 토대로 삼고 있지만,[330] 반면에 그 연속체는 또한 그 사건들의 출현에 대한 조건으로 이해될 수도 있다. 사건들이 생성되어 나오는 장소인 가능성의 장

---

327 H. Bergson, *L'évolution créatrice*, 1907, 304ff., 308ff.
328 *Process and Reality. An Essay in Cosmology*, HTB 1033, 1960, 53.
329 같은 곳, 27, 참고. 53, 또한 95. "연속성은 잠재적인 것과 관련되어 있다. 반면 실제는 절대로 변경될 수 없이 원자적이다."
330 같은 곳, 103. 외연적 연속체는 기초 사건들의 "실제 세계"로부터 유래한다(derived)는 점에서만 "현실적"이다. 외연적 연속체의 특별한 형식으로서의 장 개념에 대해 123f.의 설명을 보라.

은 화이트헤드에게는 그 사건들의 창조적 근원이 아니며, 오히려 사건들 자체가 창조적이라고 생각되었다. 유한에 대한 무한의 우선성과 더불어 사건에 대한 장의 존재론적인 우선성이, 그리고 지속적인 형태들의 출현에서 부분들로부터 전체가 유래할 수 없다는 것이 화이트헤드가 묘사하는 우주론 속에서 오인되었다.[331]

자연의 모든 형상들이 극소의 요소들에 의해 구성되어 있다는 사실과는 관계없이 최종적인 구성요소들은 언제나 이미 전체성의 지평에 속해 있다. 이 지평으로부터 보다 더 크고 복잡한 자연의 형태들이 발생하며, 그 형태들은 각각 전체들로서 결코 간단하게 부분들로 환원되지 않는다. 이와 같은 사태의 관점에서 신학적으로는 하나님의 창조 행위를 통해 피조적 형태들이 발생한다고 말할 수 있는데, 이것은 그 발생 조건들에 대한 자연과학적 해명과 경쟁 관계에 빠지는 것이 아니며 자연과학적 설명의 원칙적인 결함을 전제하지도 않는다. 개별 형태들로 이루어진 피조 현실성에 대한 신학적 진술들은 자연과학적으로 묘사된 사실들과 단순히 외적으로만 관련되어 있지 않으며, 오히려 피조 형태들을 창조 전체와 결합시키는 구조적 맥락을 준비한다. 이렇게 할 때 신학은 다름이 아니라 자연의 현실성에 대한 자연과학적 설명은 반드시 계속해서 진보해야만 한다는 필연성에 대한 의식이 열려 있도록 도울 수 있다.

모든 물질 형성체들이 원자들 그리고 그 원자를 구성하는 소립자들과 과정들로 구성되어 있음에도 불구하고, 현재로서는 특정한 사건들의 경우에 서로 침투하는(또는 "붕괴되는") 기초 소립자들이 모든 점에서 명확하게 그리고

---

[331] 이에 대해 나의 논문을 참고하라. Atom, Duration, Form. Difficulties with Process Philosophy, in: *Process Studies* 14, 1984, 21-30(독일어판 *Metaphysik und Gottesgedanke*, 1988, 80-91).

지속적으로 분리되는 물질적 "구성요소"로 관찰된다고 주장할 수는 없으며, 더 복잡한 모든 형성체들이 그런 구성요소들로 조립되어 있다고 말할 수도 없다.[332] 오히려 아원자적 과정과 상태에 대해 전일론(全一論, holistisch)적인 특성이 인정되어야 한다.[333] 그러한 (특정할 수 없는) 전체성은 개별 현상들 속에서 표현되기는 하지만, 그것들로 이루어져 있지는 않다. 게다가 이 전체성은 그것의 외화된 형태와 마찬가지로 정확한 장소에 고정되지 않는다.[334] 그래서 오히려 소립자들을 전체 공간을 채우는 장의 국소적 자극으로 이해할 것이 권고된다.[335]

여기서 미시물리학과 물리학적인 거시 우주론 사이의 관계가 긴급한 문제가 된다. 극소의 공간에 밀집된 "초기 우주"는 극단적으로 높은 온도의 상태 속에 있을 수밖에 없었고, 그곳의 기초 과정들로부터는 그 어떤 지속적이고 복잡한 형태들도 생성될 수 없었다.[336] 초기 우주는 그런 상태에서 자연 전체의 지평을 형성한다. 팽창에 따른 냉각이 비로소 원자와 분자를 생성시켰고 중력 작용을 통해 은하들과 천체들이 둥글게 결집되도록 해주었다.[337] 이때 우주의 전체 상태는 다시 형태들의 출현을 위한 전체성의 조건으로 간

---

[332] W. Stegmüller, Die Evolution des Kosmos, in: ders., *Hauptströmungen der Gegenwartsphilosophie* II, 6. Aufl. 1979, 599ff., 참고. 586-604.
[333] R. J. Russell, 같은 곳, 350f. I. G. Barbour, *Issues in Science and Religion* (1966), 1968, 295ff.도 비슷한 내용이다.
[334] R. J. Russell, 같은 곳, 351ff. 이 내용은 벨(J. S. Bell) 등과 관련되어 있다.
[335] W. Stegmüller, 같은 곳, 603. 참고. R. J. Russell, 같은 곳, 356f.
[336] St. Weinberg, *The First Three Minutes. A Modern View of the Origin of the Universe* (1977), 1978, 14ff.
[337] St. Hawking, *Eine kurze Geschichte der Zeit. Die Suche nach der Urkraft des Universums*, 1988, 149ff. 이 책에 따르면 중수소와 헬륨의 핵의 최초 생성은 이미 "빅뱅" 이후 2분 이내에 일어났지만, 전자와 핵이 원자로 결합되기까지는 수백만 년이 걸렸다(151). 별들과 은하들의 생성에 대해서는 다음의 명확한 설명을 참고하라. W. Stegmüller, 같은 곳, 526-574.

주될 수 있다.

이 사실은 또한 지구 위에서 생명 권역의 생성을 가능케 했던 외부 조건에도 해당된다. 먼저 지표면이 태양풍을 통해 쏟아지는 우주 방사능을 막아주며 달의 영향력 아래 있는 지구 자기장을 통해 태양풍의 영향력이 점차 약화되는 것,[338] 그리고 자외선의 작용 아래서 거대분자들이 형성되고, 빛에 의해 물 분자가 분해된 결과로 나타난 산소를 통해 지구 대기권이 풍부해짐으로써 자외선이 여과되며,[339] 마지막으로 식물들의 광합성에 따라 대기의 산소 함량이 계속 증가하는 것은 모든 고등 동물들이 살아가기 위한 조건이 된다.[340]

생명 현상은 이러한 특별한 조건 아래서 높은 곳에서 낮은 곳으로 흐르는 열역학 에너지의 수준차를 이용해서 형성되었다. 이 흐름은 우주 팽창의 과정에서 나타나서 이미 은하와 별들의 생성을 가능케 했다.[341] 생명체가 다른 물질 형성체들보다 뛰어난 것은 자기조직화를 통해 자신의 형태를 능동적으로 만들어낸 결과물이기 때문이다.[342] 생명체의 생성은 (열역학 체계 안의) 미세한 요동 속에서 예비적 형태를 취한다. 이것은 액체의 흐름 속에 어떤 형태가 나타나서 얼마 동안 자신의 고유한 운동 형태를 주변의 흐름에 맞서 유지하는 것과 비슷하다. 특별히 불꽃이 모양을 이루며 나타나는 것이 올바르게도 생명 현상들에 대한 비유로 파악되었다. "불꽃은 말하자면 에너지와 원료의 교환을 보여주며, 연료를 태워 소진하고 적당한 상태에서 자신과 같은 것을 발생시킴으로써 증식한다."[343] 그렇기에 촛불은 "무산(霧散, dissipative, 새

---

[338] W. Stegmüller, 같은 곳, 693ff., 특히 700.
[339] W. Stegmüller, 같은 곳, 606f.
[340] 같은 곳, 715.
[341] J. S. Wicken, *Evolution, Thermodynamics and Information. Extending the Darwinian Program*, 1987, 72.
[342] 같은 곳, 31f.
[343] G. Süßmann, Geist und Materie, in: *Gott-Geist-Materie. Theologie und*

로움을 출현시키는 잠재적 불확실성을 내포한 열린 체계)구조"로서 생명에 대한 비유이다. 무산구조는 에너지의 사용을 통해 (더 정확히 말하자면 잠재적 에너지가 열로 전환되는 촉매의 중재를 통해) 가능케 되고, 그렇게 해서 안정을 이루는 구조다.[344] 그러나 유기체들은 그보다 훨씬 더 복잡한 구조를 지니며, 자신들의 형태와 상태를 정보 및 저장된 에너지 자체의 가공을 통해 발생시킨다(위의 각주 342를 보라).

우주와 그것이 팽창한 전체 상태를 통해 생명의 형태들과 인간이 등장하기 위한 제약조건은 앞에서 여러 번 언급한 "인간원리"(위의 151ff.를 보라)를 통해 그 핵심이 제시되었다. 비록 인간원리가 기초적인 자연 상수들을 생명과 지성의 생성을 위한 조건과 일치하게 만드는 인과적 설명을 제시하지는 못한다고 해도, 어쨌든 이 원리는 우주가 그 안에서 출현한 모든 현상과 형태들에 대한 포괄적 조건이 되는 전체성을 형성하고 있다는 사실을 표현한다. 물론 이 사실이 우주론적·목적론적 신 존재 증명의 의미에서 우주가 자신의 역동적인 질서를 통해 어떤 지성을 지닌 최초의 존재를 수용하도록 강제했다는 것을 의미하지는 않는다. 하지만 그 일치는 우주가 칸트가 의미한 것처럼 "자연목적"(Naturzweck)으로 관찰될 수 있음을 말해준다. 칸트에 따르면 부분과 전체는 서로를 제약하기에,[345] 생명과 인간의 등장은 우주의 개념

Naturwissenschaft im Gespräch, hg. H. Dietzfelbinger und L. Mohaupt 1980, 14-31, 23. 또한 참고. J. S. Wicken, 같은 곳, 115f.

[344] J. S. Wicken, 같은 곳, 116. "운동하는 무산(霧散, dissipate) 구조의 안정성은 열역학적 잠재력을 집약시켜 소멸시키는 능력의 함수이다." 무산구조의 개념에 대해 다음을 참고하라. I. Prigogine, *From Being to Becoming: Time and Complexity in the Physical Sciences*, 1980, 90ff.

[345] I. Kant, *Kritik der Urteilskraft*, 1790, §64f. (A 280ff.). 칸트의 잠정적인 정의에 따르면 "물체는, 그것이 **그 자체로부터** (비록 이중적 의미라고 해도) **원인이자 결과이기에,** 자연목적으로서 존재한다"(A 282, 2판과 3판 이후 약간 더 확장된 판형에서는 1793 및 1799, 286). 하지만 다음 단락에서는 이 정의가 수정된다. "부분들은 (그것의 현존재와 형태에 따라) 오직 전체에 대한 관계를 통해서만 가능하다"(A 286). 즉 "부분들은

에 없어도 되는 우연으로 판단될 수 없다. 우주가 존재하는 최종 근거가 무엇이든지 간에, 그 근거는 반드시 전체로서 그리고 그 안의 모든 부분들로서 진행되는 우주적 과정의 근거로서 생각되어야 한다. 여기서 유기체들은, 이미 자신들이 특별한 방식으로 "자연목적"이라는 점에서, 중심적 의미를 가지는 것이다.[346] 그러므로 생명, 특별히 인간의 생명을 "소우주"라고 본 고대의 표상[347]은, 비록 우주적 현실성의 모든 층에 인간이 참여한다는 의미라기보다는 생명체로서의 인간적 구조와 관련되어 있기는 해도, 참된 핵심을 지니고 있다고 할 수 있다. 하지만 이것은 단지 자연목적의 개념을 통해 표현되는 구조의 발전이라는 방식 안에서만 그렇게 말할 수 있다. 왜냐하면 생명은 자기조직화를 뜻하는데, 우주 전체에 대해서는 자기조직화를 말할 수 없기 때문이다.

우주의 팽창은 신학적으로는 피조 현실성의 독립적 형태들을 발생시키려는 창조자의 수단으로 평가할 수 있다. 이것은 단지 우주의 팽창이 피조물들의 숫자가 늘어날 수 있는 기회를 준다는 의미에서 타당한 것이 아니다. 오히려 형태들의 형성 그 자체가 팽창과 결합된 냉각을 조건으로

    서로 복합적으로 자신들의 형태의 원인과 결과인 것이다"(A 287). 칸트는 물론 자연사건에 대한 그 당시의 기계론적 이해 때문에, 자연목적의 개념을 "자연 전체"에 적용하는 것을 오직 반성적 판단력에 대해서만 인정했다(§75, A 330f.). 이 지점에서 "인간원리"의 공식 아래서 논의되는 증빙들은 자연사건 자체에 대한 본질적 의미와 관련해서도 더 많은 진술들을 정당화할 수 있을 것이다.

346 위켄(J. S. Wicken, 같은 곳, 31)은 생명체를 자연목적으로 이해하는 칸트의 견해가 오늘날의 연구 상황의 조건 아래서도 "극히 유용한 정의"라고 판단했다. 그는 생명체를 "정보를 지닌 자기촉매적 체계"라고 표현했는데, 이 체계는 "자연의 무산(霧散)적 흐름에 참여"함으로써 형성되고 유지된다. 이것은 칸트의 형식적 규정의 계속 및 구체화라고 할 수 있다.

347 이에 대해 다음의 논문을 보라. Makrokosmos/Mikrokosmos von M. Gatzenmeier und H. Holtzhey im *Hist WB Philos* 5, 1980, 640-649.

한다. 나타났다가 사라지는 기본 소립자들의 순간적인 존재와는 다른 지속가능한 형태는 독립적으로 존속하는 근본 형태를 갖는다. 그것은 원자나 분자와 같이 통합된 체계의 방식일 수도 있고, 부분적인 제거를 통해 줄어들 수는 있으나 파괴되지는 않은 별들, 산들, 바다와 같은 단순한 집합의 방식일 수도 있다. 피조적 현존재가 갖는 독립성의 높은 단계는 유기체들을 통해서만 도달된다. 유기체의 생명은 촉매 과정을 포함하는 자기조직화의 형태 속에서 출현한다.

유기체 생명이 난류 속에 나타나는 어떤 형태와 비슷하다는 점은 앞에서 이미 강조되었다. 유기체들은 촉매제들, 즉 흐름의 과정 속에서 어떤 형태를 형성해내는 "도화선"이다. 하지만 도화선 자체는 우주적 에너지가 유기체의 생성을 위해 높은 곳에서 낮은 곳으로 향하며 변환되는 흐름을 전제한다. 유기체들은 자기촉매적 체계라고 말해지는데, 왜냐하면 그것들은 자신 스스로를 생성하고 재생산하기 때문이다.[348] 이것은 정보가 유도하는 구조 형성과 그 자체의 고유한 활동을 통해 일어난다.[349] 위켄(Jeffrey S. Wicken)에 따르면 유전자 안에 저장된 DNA의 이중나선 정보가 사용되었다는 것은 그것이 이미 촉매 과정을 통해 발현되었음을 뜻한다.[350] 생명 과정들은 단지 유전 정보에

---

[348] M. Eigen, Selforganization of Matter and the Evolution of Biological Macromolecules, in: *Die Naturwissenschaften* 58/10, 1971, 465-523.

[349] M. Eigen. 같은 곳. 502ff. 위켄(J. S. Wicken, 같은 곳, 41)은 그 사실로부터 조직화를 "기능적 활동을 위한 정보적 통제"로 규정한다.

[350] "정보는 오직 사용되는 맥락 속에서만 진화한다"(J. S. Wicken, 같은 곳, 104, 참고. 105f.). 이로써 위켄(Wicken)은 아이겐(M. Eigen)의 극한순환이론을 반대한다. 아이겐은 자기촉매 체계의 형성을 재구성하는 자신의 작업에서 너무 일방적으로 DNA에서 RNA를 지나 단백질로 이어지는 정보의 전달에만 의존했다(98-107). 이 모델은 기생적 과정에 적합하며, 이 과정에서 RNA 가닥들이 자신의 재생산을 위해 낯선 단백질들을 착취한다고 주장하는데(102f.), 이것은 바이러스 감염의 사태에 잘 부합한다. 이 사태의 연구는 현대 유전학의 출발점을 형성했다. 참고. W. Stegmüller, 같은 곳,

담긴 촉발자의 복제만으로는 이해될 수 없다. 이미 생명의 기원에서도 RNA와 단백질들의 다양한 기능을 발전 단계에서 결합시키는 "전체"에 대한 관련성이 요청된다.[351] 마찬가지로 생명 진화의 모든 단계에서 부분들은 각각의 전체에 의존하고 있으며, 전체에 기능적으로 관련되어 있다.[352]

자기조직화를 통해 형태를 형성하는 생명 과정의 자발성(Spontaneität)은 생명체의 다양성과 명확하게 일치한다. 생명체는 흘러넘치는 충만함 가운데서 생성되며 주변 환경이 가진 에너지의 수준차를 이용하려고 경쟁한다. 자연선택의 기계론은 이런 국면에 집중한다.[353] 다윈의 진화론에서 자연선택은, 주변 환경의 자연적 자원과 증식의 기회를 얻기 위한 경쟁의 결과로서 생명 형태들이 발생하도록 만든다. 하지만 생명의 다양한 형

620ff. 위켄에 따르면 DNA/RNA 정보 프로그램이 유기체의 다양한 단백질 기능으로 확장되는 경로는 그 연구에 의해 아직 해명되지 않았고, RNA와 단백질들이 생명체의 조직 속에서 결합되는 것도 마찬가지로 밝혀지지 않았다. 위켄은 그 연구를 위한 출발점이 차라리 단백질들에서 찾아져야 한다고 추정한다(110ff.).

351 위켄(J. S. Wicken)은 "촉매 작용의 미시적 영역(microspheres)"에 대해 말한다(같은 곳, 106). 이 영역은 생명이 발생할 때 최종적으로 막을 통해 주변 환경과 단절되는 세포들이 형성됨으로써 교체된다(125). 또한 H. Kuhn, Entstehung des Lebens, Bildung von Molekülgesellschaften, in: *Forschung* 74, 1973, 78-104을 보라. 하지만 쿤은 우선 핵산 체계에 대해서만 생각했다.

352 "유기체 전체는 부분적인 분자들로부터 조금씩 형성될 수 없다. 전체는 규칙과 맥락들을 제공하는데, 그 안에서 부분들이 모습을 드러내며 기능적 의미를 습득한다." J. S. Wicken, 같은 곳, 130, 참고. 136.166ff.207. "통합된 전체" 개념과 체계 개념 사이의 관계는 보스하르트가 자세히 설명했다. S. N. Bosshard, *Erschafft die Welt sich selbst?*, 1985, 110ff.117ff. 그는 생기설(Vitalismus)이 전체의 관점에서 이용했던 활용의 목적론적 경향과는 거리를 두었다. 생물학 안에서 "전일적"(holistic) 경향과 "환원주의적" 경향의 대립에 대해 A. Peacocke, *God and the New Biology*, 1986, 32ff., 57ff.를 보라.

353 위켄(J. S. Wicken)에 따르면 자연선택의 원리는 이미 복제 능력의 발생 이전에 작동했다(같은 곳, 109).

태들의 원천은 그와 다른 것 즉 생명의 자발적 생산성이다. 생명 형태들의 넘쳐나는 다양성은 본래부터 주변 환경에 적응하려는 충동을 통해 특성화된 것이 아니다.[354] 오히려 그 풍부함은 생명 형태들이 점점 더 복잡해지려는 경향과 연결되면서 다음과 같은 특성을 추가로 갖는다. 즉 생명 형태들이 외관상 손쉽게 스스로를 위해, 자기목적적인 현존재로서 등장하려는 고유한 가치를 지닌다는 특성이다. 이것이 자신만의 고유한 아름다움을 소유하려는 가장 중요한 계기다. 생명 형태들의 충만함은 환경에 대한 적응의 기능으로 환원될 수 없다. 적응의 기능이 자연선택의 과정에서 아무리 중대하다고 해도 그렇다. 차라리 그 반대가 타당하다. 즉 새로운 생명 형태들의 풍부함은 말하자면 그것의 부산물로서 삶의 조건들을 이용할 수 있는 새로운 가능성들을 열어주는 것이다.

성서적 창조 신앙에서 다양한 형태들을 지닌 생명의 풍부함은 중요한 역할을 수행한다. 시편 104편에서 동물세계의 풍부한 종들이 특별히 상세하게 묘사되는 것은 창조자를 찬양하려는 동기로 보인다(시 104:11ff.). 욥기에서 하나님이 말씀하시는 큰 부분은 한탄하는 욥으로 하여금 개별 피조물들의 모든 부분적인 요구들보다 앞서는 창조주의 우월성을 인정하고 찬양하도록 이끄는데,[355] 이어서 동물 세계의 다양성을 통해 하나님의 창조가 보여주는 기적들이 열거되고(욥 38:39-39:30), 놀랄 만큼 웅대한 하마와 악어를 재차 묘사하면서(40:10-41:25) 정점에 이른다. 예수의 메시지 속에서

---

354 J. S. Wicken, 같은 곳, 179. "복잡성을 향한 충동은 적합성의 제약을 받지만, 그러나 적합성 그 자체를 목표로 삼아 움직이지는 않는다.…중요한 점은 조직의 복잡성 속에서 일어나는 진화의 실험들이 새로운 적응 영역들에 대한 **접근법**을 제공한다는 사실이다."

355 렌토르프(R. Rendtorff)는 욥을 향해 하나님이 말씀하시는 부분을 이렇게 해석했다. "내가 하늘을 세웠을 때, 너는 어디 있었는가?" R. Rendtorff, Schöpfung und Heilsgeschichte, in: G. Rau u.a. Hgg, *Frieden in der Schöpfung. Das Naturverständnis protestantischer Theologie*, 1987, 35-57, 특히 49ff.

도 동물들과 식물들에게서 구체적으로 보이는 창조자의 풍성한 선하심과 부성적인 배려는 인간의 염려하는 성향과 대립된다(눅 12:24-28; 마 6:26-30).

생명 형태들의 다양함과 화려함을 통해 묘사되는 성서적 경건의 매력을 생각할 때, 제사장문서(P)의 창조 보고 역시 식물과 동물의 다양한 종과 유형의 창조를 상세히 다룬다는 사실은 놀랍지 않다. 제사장문서는 동물들에 대해서만 "생명의 숨"을 소유하고 있다고 말하지만(창 1:30), 식물과 동물 모두는 "각기 종류대로" 창조되었다는 점에서 다른 모든 피조물들로부터 뚜렷이 구분된다. 그와 함께 창조의 영역 안에서 피조 형태들의 다양성 그 자체가 특별히 언급된다. 다양성이 발생할 때 기준이 되는 분류의 관점은 그와 같은 다양한 형태들의 특성이 하나님의 창조의 총체성 안에 있다는 관심을 표현해준다.[356] 물론 그 다양성은 현대 자연과학의 관찰 방식에서처럼 생명의 자기조직화와 진화의 산물이라고 파악되지 않고, 처음부터 주어진 것으로 이해된다. 제사장문서 역시 식물과 동물들이 단순히 한번 부여받은 형태로 이후의 모든 시대 동안 지속되는 것이 아니라, 씨를 통해(창 1:12) 혹은 동물들의 경우 그들에게 주어진 다산의 축복을 통해(창 1:22) 번식하고 증대한다는 점을 고려했다. 하지만 바로 그 사실을 통해 생명의 계속적인 갱신과 새로운 형태화의 경험은 태초에 시작된 구조와 연관되고,[357] 동시에 처음 창조된 종들의 범위로 제한된다. 이에 대해서는 앞에서 이미 언급되었다. 제사장문서의 보고가 지닌 이런 특징은 그 보고가 현재 존속하는 모든 것이 태초의 근원적인 시간으로 소급된다는 시대적으로 제약된 신화적 관찰 방식에 의존한다는 사실의 표현이다(225f.를

---

[356] 베스터만(C. Westermann, *Genesis* I, 1974, 171ff., 186ff., 195ff.)은 분류 계통학을 위한 단서들 속에서, 식물들뿐만 아니라(172) 또한 동물들(197)의 발생까지도 "학문적으로 설명할 수 있는 길"을 향해 진전된 한걸음을 보고 있다. 여기서 이미 전제되어 있는 피조물들의 다양한 형태들에 대한 관심은 주석에서는 보통은 특별히 강조되지 않는다.

[357] O. H. Steck, *Der Schöpfungsbericht der Priesterschrift*, 1975, 65ff., 또한 94f.121ff.

보라). 이것은, 성서의 다른 본문들에서 나타나는 하나님의 계속적 창조 행위의 사상에 대한 긴장을 고려할 때, 성서적 창조 신앙의 핵심에 속한다고 말할 수는 없다. 그보다 더 중요한 사실은 생명 형태들의 다양성에 대한 관심, 그리고 그 형태들을 전체성 안에서 파악하려는 노력 곧 번식을 통해 생명이 갱신되고 확장되는 능력을 고려하는 가운데 파악하려는 노력이다. 현대적 관찰방식은 이 모든 계기들을 진화 속에서 생명체가 자기조직화를 수행한다는 관점 아래서 통합한다. 그 관찰방식은 그렇게 하는 중에 살아 있는 것(동물적 생명체)에게 하나님의 축복을 통해 다산의 능력이 주어졌다는 제사장문서의 사상과도 일맥상통한다.[358] 다만 하나님의 이와 같은 창조 행위의 사상은 살아 있는 피조물들 자체에 부여된 창조적 생명력을 통해 현대적 이해 안에서는 일반화되었고, 그 결과 그 사상은 생명 형태들 자체의 다양한 발생을 포함하고 있다.

종의 새로운 변형이 발전해가는 과정에서 생명의 생산성이 갖는 중요한 의미가 현대적 관점에서 번식과 증대를 위한 형태인 유성생식의 생성에 부여된다. 두 개체의 유전형질의 결합을 통해, 그리고 퇴행적 분리를 통해 유전적 변이 가능성이 상당히 높아지며 개체의 유전형질은 종의 공동성과 결합된다.[359] 하나의 종의 내부에서 개체들의 성적 결합들의 자연선택을 통해 생명의 번식은 역사적 차원을 획득하며, 생태학적인 공간을 창

---

[358] C. Westermann, 같은 곳, 187f. 슈테크(O. H. Steck, 같은 곳, 121f.126ff.)에 따르면 땅의 동물들에게 다산을 축복하는 자리에는 땅을 향해 주어지는 사명이 놓여 있다(창 1:24). 이것은 "땅의 동물들이 존속하는 데 결정적인 [번식의] 능력"이다(121). 홍수 이후에야 비로소 P에서 주어지는 다산의 축복이 모든 동물로 확대된다(창 8:17).

[359] 기젤린(M. Ghiselin, *The Economy of Nature and the Evolution of Sex*, 1974, 57)의 견해를 수용하면서 위켄(J. S. Wicken, 같은 곳, 218)은 성(Sexualität)을 "유전적 다양성을 활성화시키기 위한 수단"으로 특징 짓는다. 이때 개체들의 변이가 종 전체를 풍요롭게 만든다는 것이다("성은 진화적 새로움을 공공 자산으로 만든다" 213).

조적으로 열고 생명은 그 공간 속으로 스스로 퍼져 나간다.[360] 여기서 생명은 제사장문서에서 다산의 축복을 통해 인정되었던 기능을 넘어서 더 멀리 나아간다. 제사장문서에서는 무엇보다도 세계의 시초에 하나님이 각기 종류대로 창조하신 생명이 그 종을 그대로 유지하며 지속시키는 것이 중요했다. 생명은 특별한 방식으로 행해지는 하나님의 창조력의 작용이다. 제사장문서는 "창조하다"라는 용어인 *bārā*(창 1:21)를 다시 수용함으로써 그 사실을 강조한다. 이에 따르면 생명의 재생산(Wiedergabe)은 특별한 신적 축복을 필요로 한다. 생명체들이 스스로를 재생산할 때 하나님의 창조와 보존의 사역에 참여하기 때문이다.[361] 현대 진화론의 관점에서 볼 때 하나님께서 창조 활동에 그렇게 참여하시는 것은 새롭고 아직까지 현존한 적이 없는 생명의 변종과 형태들의 발생으로 이어진다. 이러한 확장은 생명의 재생산을 통해 현존재로서 등장하는 각 개체의 유일회성에 대한 그리스도교적인 관심을 많이 고려한 것이고, 하나님의 창조 행위에 대한 피조물의 협력을 이미 현존하는 생명 형태들의 단순한 복제(Reproduktion)에 제한하는 것과는 다르다.

하나님으로부터 오는 창조력에 그와 같이 참여하는 것은 물론 피조물이 자신이 수용한 은사를 좋지 않은 방식으로 사용하는 것 혹은 심지어 악마적으로 왜곡된 형태로 사용하는 것도 배제하지 않는다. 새로운 것이라고 해서 항상 더 좋은 것은 아니다. 하나님의 창조 사역에 대한 피조물들의 참여가 필연적으로 하나님 및 그분의 의지와의 결합으로 끝나는 것은 아니다. 그렇기에 인간에게 수여되어 그들에게 독립적인 책임성까지 추가

---

360 Wicken, 218f.
361 참고, G. v. Rad, *Das erste Buch Mose*, Kap. 1-12, 9, 2.Aufl. 1950, 43. 창세기 1:24f.에 의하면 땅의 동물들의 경우에 하나님에게서 시작된 생명력에 참여하는 것은 땅을 통해 매개된다. O. H. Steck, 같은 곳, 126ff.를 비교하라. 참고, C. Westermann, 같은 곳, 192ff. 축복을 이미 창조된 것의 보존에 제한하는 것에 반대하는 내용을 특별히 221f.에서 보라.

하는 다산의 축복(창 1:28)이 조심스럽게 하나님의 형상(Gottebenbildlichkeit) 이라는 인간의 규정으로 부각되고 그 규정에 종속된다는 점은 놀랍지 않다.[362] 하나님의 형상과 함께 주어진 하나님과의 유사성은 인간이 위치해야 하는 자리의 근거를 오로지 창조 사역의 관계 속에 두는데, 그 자리는 창조 사역의 종결이자 왕관으로서 또한 다른 피조물들에 대한 관계도 규정한다. 그 관계는 생명체들의 나라(창 1:26)나 나아가 땅에 대한(1:28) 통치권이 인간에게 위임되는 것에서 표현된다. 이 사명은 하나님의 창조 의지와 결합되어 있으며, 그것으로부터 분리될 수 없다.

인간의 하나님 형상성에 대해서는 다음 장(§8)에서 자세히 다룰 것이다. 또한 하나님의 형상에 근거하여 인간에게 주어진 통치의 사명도 현재의 맥락에서는 인간 이외의 다른 창조세계와의 관계 속에 있는 피조물로서의 인간에게서 인식될 수 있는 독립성의 관점에서만 말할 수 있다. 여기서 강조되어야 할 사실은 그 사명이 제사장문서에서는 다른 생명체나 땅 자체를 마음대로 이용할 수 있는 권리가 인간들에게 양도되어 있다는 식의 의미를 갖지 않는다는 점이다. 그런 권리는 창세기 1:29에서 본래 동물이 아닌 식물만이 인간에게 양식으로 규정되었다는 사실을 통해 이미 배제되어 있다. 제사장문서에 따르면 홍수 이후에야 비로소 인간에게 육식이 허락되었다(창 9:3). 그러므로 인간에게 주어진 통치의 사명은 폭력적인 지배와는 관계가 없다. 오히려 그 사명은 가축의 양육에서 볼 수 있는 그런 관계를 뜻한다. 떼를 지어 사는 가축의 경우에는 동물계 전체의 보존을 위한 돌봄도 포함되는데, 이 돌봄은 예를 들어 방주 건설 때 노아와 맺은 계약에서 표현되었다(창 6:19f.).[363]

---

362 창세기 1:27f.에 대해서는 G. v. Rad, 같은 곳, 47. 이 내용은 축복의 말씀이 인간에게 말 건넴의 형식으로 전달되었다고 말하는 슈테크(O. H. Steck, 같은 곳, 142f.)에 동의하여 창세기 1:22을 넘어서는 인간의 전권 위임을 받아들이는 경우에도 타당하다.
363 O. H. Steck, 같은 곳, 145 n. 584, 참고. 143f. n. 579, 또한 151ff.

땅에 대한 통치와 관련해서는 우선 땅의 경작이 떠오르지만,[364] 광업 역시 생각될 수 있을 것이다. 땅의 지하자원에 대한 인간의 기술적인 관계는 제사장문서의 통치 사명 속에 근본적으로 포함되어 있다. 인간의 문화 활동의 이와 같은 모든 현상 속에서 땅과 동물계에 대한 인간의 통치권이 표명된다. 하지만 서구의 근세 시대가 성서적 하나님에 대한 속박으로부터 해방된 이후에 인간이 창조 안에서 창조자의 주권을 대리하도록 규정되어 있다는 성서적 사고는 인간이 자연을 무제한 착취할 권리를 갖고 있다는 표상을 통해 추방되었다. 그렇기에 성서의 인간상이 현대 인류가 행한 자연에 대한 제한 없는 착취에 대해 책임을 져야 한다는 주장은 정당하지 않다.[365] 인간은 땅과 모든 살아 있는 것들의 통치를 위해 부르심을 받은 자이지만, 그 자신이 또한 하나님의 창조의 일부이며 자신의 통치권의 수행 속에서 창조질서를 보존해야 하는 책임이 있다.[366] 제사장문서와 달리 이러한 책임은 세계의 시초에 근거된 질서와 결합된 것으로 해석되기보다는 세계의 창조적 전개 속에서 바로 그 창조를 규정하기 위한 책임으로서 이해되어야 한다. 그런 형태 속에서 비로소 인간의 책임은 하나님의 창조 의지와 바르게 연결되는데, 이때 창조 의지는 창조의 화해와 구원을 향해 있다.

인간은 최고로 발전된 생명체다. 이 사실은 순수하게 생물학적 관찰이라는 관점에서 다른 동물적 생명의 종들과의 비교 가운데 도출된 결

---

364 O. H. Steck, 같은 곳, 156.
365 Lynn White, The Historical Roots of Our Ecological Crisis, in: *The Environmental Handbook* 1970, 독일 쪽에서는 특별히 C. Amery, *Das Ende der Vorsehung. Die gnadenlosen Folgen des Christentums*, 1972. 이에 대한 비판으로는 많은 사람 가운데 G. Altner, *Schöpfung am Abgrund*, 1974, 58ff., 81f.
366 이를 위한 인간론적 기초에 대해 나의 책 *Anthropologie in theologischer Perspektive*, 1983, 40-76, 특히 74ff.를 보라.

과다.[367] 하지만 그 사실로부터 인간이 생명 진화의 목적이라든지, 더 나아가 우주 전체의 목적이라는 결론이 도출되는 것은 아직 아니다. 진화가 인간을 넘어 다른 어떤 지적 생명체의 형태로 나아갈 수 있다는 사실은 배제될 수 없다. 물론 이를 위한 경험적 근거는 없다. 그렇지만 그런 가능성이 생물학적 진화론의 토대 위에서 이론적으로는 단순히 거부될 수 없다. 표준적인 자연 상수들이 그렇게 결정되어 있고 그 값이 생명과 지성의 탄생을 가능케 한다는 확실한 사실도—그것에 근거된 물리학적 우주론의 "인간원리"에도 불구하고—세계가 인간을 위해 혹은 인간을 향해 창조되었다는 결론을 강제하지 못한다. 그 사실은 단지 유기체적 생명 혹은 인간 생명의 형태가 우리 우주 안에서 탄생하는 것이 가능했다는 것만을 말해주며, 우주의 특성이 본질적으로 바로 그 탄생의 가능성을 통해 특성화되어 있다는 점만을 보여준다. 이 점에서 생명 그리고 인간적 생명 형태의 탄생은, 이전에 사람들이 흔히 우주의 광활함과 관련지어 추론했던 것처럼, 자연의 무의미하고 우연한 사건이 아니다. 땅 위의 생명체 그리고 인간적 생명 형태들의 탄생이 우리 우주 전체의 고유한 특성을 나타낸다는 사실은 그 자체로 왜 그것이 그러한지에 대한 해명을 요구하고 있다.

그 해명은 우리가 우주 전체의 근원을 알 수 있게 될 때, 그리고 생명과 인류의 탄생이 그 근원과 어떤 관계에 있는지 규정할 수 있을 때 비로소 가능할 것이다. 성서의 창조 신앙에게는 그런 두 가지 전제가 주어져 있으며, 예수 그리스도의 신성과 그의 창조적 중재에 대한 그리스도교 신앙의

---

[367] A. R. Peacocke, *Creation and the World of Science*, 1979, 157. 피콕(Peacocke)이 이렇게 확정된 주장을 할 때 특별히 관계했던 진화 연구자 심프슨(G.G. Simpson, *The Meaning of Evolution*, 1971, 236)은, 인간을 다른 동물들로부터 구분하는 "기초적 진단의 특성들"의 총합이 인간을 모든 비교할 만한 종들과 날카롭게 구분할 뿐만 아니라, 또한 그 구분은 "정도에 따른 상대적 차이를 넘어 종류에 따른 절대적 차이"로부터 나온 결과라고 판단했다. 참고. A.R. Peacocke, *God and the New Biology*, 1986, 51f..

빛에서 볼 때 유대교 전통은 창조 전체에서 인간이 차지하는 지위와 관련해서 다시 한번 특별하고 첨예한 윤곽을 획득한다. 그래서 그리스도교 신학은 생명의 탄생 및 발전과 인간의 출현이 피조 현실성 전체의 의미를 이제야 비로소 완전히 밝혔다는 주장으로 한 걸음 더 나아가게 된다.

제사장문서의 창조 보고에서 창조 전체와 관계를 이루는 인간을 주목한다면, 피조물의 현존재의 의미는 피조물이 하나님의 창조 의지와 이루는 조화 속에서 찾아져야 한다는 사실이 암시된다. 그 조화 속에서 인간에게 위탁된 창조 통치권이 표준을 취하기 때문이다. 그러나 하나님의 창조 의지는 어디에 놓여 있는가? 비록 이 질문의 대상이 개별사건들의 구체성과 다양성 속에서 인간적 지성의 이해력을 넘어선다고 해도, 어쨌든 분명한 것이 있다. 그것은 하나님의 창조 의지가 모든 경우에 피조물이 존재하는 방향으로 향한다는 사실이다. 다르게 말하자면 그 의지는 피조물의 독립적 존속을 향해 있다. 왜냐하면 피조물은 오직 독립적으로 존속할 수 있는 정도에 따라 창조자 및 다른 피조물들과 구분되는 자신의 고유한 현실성을 갖기 때문이다.

이제 이렇게 말할 수 있다. 현존재의 모든 위태로움과 무력함에도 불구하고 생명체 특히 동물의 탄생은 원자, 분자, 천체, 강, 바다, 혹은 산과 비교할 때 훨씬 높은 독립성의 단계와 연결되어 있다. 물론 더 긴 지속성의 의미에서 그런 것은 아니다. 단순한 지속성에서는 저 다른 창조 형태들이 생명체들보다 훨씬 더 앞선다. 그러나 생명체에 이르러 독립된 현존재의 새로운 단계가 성취된다. 그것은 고유한 현존재 형태의 자기조직화로서의 독립성이다. 그 독립성과 함께 처음으로 자기 행위의 활동성에 도달하는데, 이것은 단지 외부로부터 오는 작용의 결과에 그치는 것이 아니다. 하지만 이러한 활동적인 자기 행위도 언제나 타자 즉 주변 환경을 향하게 되며, 생명체는 주변 환경 안에서 그것을 토대로 삼아 살아갈 수밖에 없다.[368] 식물의 경우에 행위의 독립성은 현재 위치에 속박된 까닭에 제한적일 수밖에 없다. 반면에 동물은 공간 속에서 자유롭게 움직인다. 공간 속에서 동물은 자신의 환경과 관계함으로써 스스로 행동하며, 그와 동시에 자신의 삶의 미래적 실현과 관계함으로써 자기 자신에 대해서도 행동한다. 이것은 예를 들어 먹이를 찾는 것에서 직접적·구체적으로 드러난다. 주변의 현실성과 자기지속의 제약조건들은 동물들에게 단순히 외적인 것만은 아니다. 물론 인간적 생명 형태의 단계 이전에는 아직 명확한 자기 관계는 없는 것으로 보인다. 아마도 침팬지는 예외라고 할 수 있지만,[369] 그도 대상이 되는 현실의 타자성을 아직은 구분하지 못하거나 혹은 다른 것처럼 보인다는 징후로서만 구분한다. 또한 미래를 미래로서 자신의 고유한 현재로부터 구분하지도 못한다.

이 사실과 다음의 맥락이 비교될 수 있다. 인간만이 신적 현실성을 그것의 타자성 안에서 모든 유한한 것들로부터 구분할 수 있게 되었다. 인간만이—그렇게 보인다—종교를 가지고 있다. 그러나 동물들의 생명 운동도 마찬가지로 하나님과 관계되어 있다. 젊은 사자들이 먹잇감을 찾아 부르짖을 때, "그들의 먹이를 하나님께" 구한다(시 104:21). 주변 환경에 대한 관계 그리고 자신의 삶의 미래적 실현에 대한 관계를 내면화하는 것은 창조자와 생명을 주시는 그분의 영에 대한 관계의 내면화에 근거한다. 동물들도, 그것들이 숨을 쉬는 한, 그 자체 안에 "생명의 영"을 가지고 있다(창 1:30).

---

[368] J. S. Wicken, 같은 곳, 129. "자기촉매적 유기체 조직의 출현과 함께 '기능'이 자연의 일부가 되었다. AOs[=자기촉매적 유기체 조직, autocatalytic organization]의 출현에 동반된 것은 환경에 대한 반응으로부터 환경의 변형으로 나아가는 점진적 이동인데, 이것은 생명체 이전의 진화의 국면을 지배했던 응답 곧 상당한 양의 에너지 변화에 대한 결정론적인 응답으로부터 진화의 생물학적인 국면을 특징짓는 변형 곧 환경에 대한 약탈적 변형들로 나아간 이동을 뜻한다."

[369] 이에 대해 다음을 보라. D. R. Griffin, *The Question of Animal Awareness*, 1976, 30-33. 더 자세한 설명으로는 J. C. Eccles, Animal consciousness and human selfconciousness, in: *Experientia* 38, 1982, 1384-1391, 특히 1386ff.

생명체에 이르러 도달된 피조적 현존재의 독립성의 단계는 지속적으로 존속할 수 있는 기초 형태들, 즉 원자와 분자들을 이미 전제한다. 더욱이 생명체의 자기조직화의 자발성은 무기물의 사건들을 관장하는 통상적인 힘과 법칙의 작용에 근거하고 있다. 피조적 현존재의 독립성은 하나님의 직접적 창조의 결과가 아니다. 그 독립성은 우주의 팽창과 냉각, 원자, 분자, 천체의 형성, 그리고 지구 행성의 탄생이라는 우회로를 거쳐 온 것이며, 지구 대기의 특별한 조건들에 힘입은 것이다. 그 독립성은 식물과 동물의 생명을 통해, 그리고 마침내 인간을 통해 형태를 획득했다.

그러므로 창조 행위가 피조적 현존재의 독립성을 목표로 한다면, 팽창하는 우주의 규모를 풍부한 구성물과 함께 유기체 생명을 탄생시키기 위한 수단으로 볼 수 있다는 주장이 특정한 의미에서 정당해진다. 무기물로 이루어진 자연세계의 구성체들이 자체 안에 아름다움과 의미를 가지고 있지 않다는 말이 아니다. 그것들도 이미 자신들의 단순한 현존재를 통해 하나님을 창조자로 찬양하고 있다. 하지만 피조물의 완전한 독립성은 생명체를 통해서만 도달되며, 그것들 가운데 특별히 인간의 탄생을 통해 도달된다.

하지만 진화의 사실은 인간에게도 해당한다. 생명 진화로부터 유래한 인간의 기원은 피조물로서 자신의 현존재의 독립성을 갖기 위한 조건이다. 그러므로 진화론에 반대하여 투쟁하는 것은 신학적으로 볼 때 매우 모순된 것으로 보인다. 인류가 생명 진화로부터 유래했다는 사실은 인간과 하나님 사이의 직접적인 관계를 배제하지 않는다. 동물들조차도 자신의 삶의 실현 속에서 하나님 및 그분의 영과 관계되어 있다면, 인간 역시 그러하다는 것은 당연하다. 하지만 인간에게는 하나님에 대한 관계가 자신의 고유한 피조적 현존재와 존재상태의 조건으로서 명시적으로 주제화된다는 사실이 덧붙여진다. 이와 함께 인간에게 주제화되는 것은 실질적으로 모든 피조물의 현존재에 해당하는 것, 곧 모든 피조물이 자신의 현존재를 하나님의 끊임없는 창조 행위에 빚지고 있다는 사실이다. 모든 피조물이 인간과 마찬가지로 하나님과의 결합 그리고 그분의 영의 활동에 의존하고 있다. 그렇기에 인간은, 하나님 앞에서 자신을 피조물로 알고 인정함으로써, 또한 하나님 앞에서 자신 이외의 모든 피조물의 현존재를 주제화하게 된다. 이것은 인간이 자신을 하나님의 다른 모든 피조물과 묶어 포괄시킴으로써 발생하며, 인간 자신을 하나님의 피조물로 인식함으로써 이른바 다른 모든 피조물의 대변자가 되는 것을 뜻한다. 그러므로 인간은 창조 가운데 다른 모든 피조물에 대하여 하나님의 통치권을 대리하는 자로 부르심을 받았다.

피조적 독립성은[370] 하나님 없이 혹은 하나님께 대적하면서 지속될 수는 없다. 독립성은 하나님께 저항해서 획득하려 할 필요가 없다. 왜냐하면 그것은 창조 행위의 목적이기 때문이다.[371] 하나님과 분리되어 있는 피조물은 자신의 본질인 소멸성에 의해 엄습을 당할 수밖에 없다. 존속 상태를 유지하기 위해 피조물은 영원하신 하나님과의 연합을 필요로 한다. 이 주제는 물론 피조물이 자기 자신과 모든 피조적인 것들을 유한성 속에서 영원한 하나님과 구분할 수 있는 곳에서만 나타난다. 이것은 오직 인간의 단계에만 해당되는 경우다. 만약 인간이 자신과 모든 피조물을 하나님으로부터 구분하여 그 결과 자신을 모든 피조물과 더불어 창조자 하나님께 종속시키고, 그렇게 하여 하나님의 신성에 영광을 돌려 드린다면, 바로 그 인

---

370 독립성을 통해 피조물은 개별자가 된다. D. Henrich, Ding an sich. Ein Prolegomenon zur Metaphysik des Endlichen, in: J. Rohls/G. Wenz, *Vernunft des Glaubens. Wissenschaftliche Theologie und kirchliche Lehre*, 1988, 42-92, 특히 55ff., 83ff.
371 메소포타미아의 창조 서사시인 에누마 엘리쉬에 따르면 이와 전혀 다르게 인간은 신들의 노예로 창조되었다. 인간들에게서 경작 노동을 얻기 위해서라는 것이다(Tafel VI, 6-10과 33f., *Ancient Near Eastern Texts relating to the Old Testament*, ed. J. B. Pritchard, 2.ed. 1955, 68). 고대 메소포타미아의 종교관이 이해하는 인간과 신들의 관계에 대해 또한 다음의 해설을 참고하라. Th. Jacobsen, in: Frankfort/Wilson/Jacobsen: *Frühlicht des Geistes* (1946) dt. 1954, 164f.

간 안에서 영원한 아들의 아버지로부터의 자기구분이 창조자에 대한 피조물의 관계로서 형태를 취하게 된다. 그러므로 인간을 피조물로 규정하는 것은 피조물 안에서 일어나는 아들의 성육신을 향할 뿐만 아니라, 아버지와 함께하는 아들의 영원한 연합에 피조물도 참여하는 것을 목표로 하고 있다. 여기서 인간 이외의 창조에 대한 규정도 중요하다. 인간이 피조물로서 자신을 하나님으로부터 구분하는 것 속에서 다른 모든 피조물이 인간과 함께 묶여 포괄되기 때문이다. 그 결과 피조물은 인간과 함께 하나님으로부터 구분되고, 동시에 그 구분을 통해 창조자 하나님과 관계된다.

하나님께 대한 인간의 관계 속에서 일어난 아들의 성육신의 관점에서 바라볼 때 비로소 창조가 인간 안에서 완성되고 전 우주가 인간을 목적으로 하여 창조되었다는 주장이 신학적으로 설명될 수 있다. 이러한 규정은 물론—그 이유는 나중에 논의될 것이다—인간 안에서 직접 실현되어 있지는 않다. 그렇기에 그 규정은 인류 역사의 주제가 되며, 전체 인류의 관점에서 종말론적 희망의 대상이 된다. 인간의 삶이 실현되는 현재의 현실은 그 규정과 아직 일치하지 않는다.

이러한 내용은 이미 인간론을 넘어 그리스도론과 종말론에까지 앞서 도달하고 있다. 예수 그리스도 안에서 나타난 하나님의 계시에 대한 상세한 설명으로 나아가는 다음 단계로서 먼저 인간론이 다루어질 것인데, 그 이전에 창조론이 다시 한번 우주 역사의 전체 과정의 관점에서 논의되어야 한다. 이번에는 연속된 피조물의 형태 속에서 피조세계를 바라보는 관점을 취할 것이다. 그 과정에서 최종적으로 창조자께서 행하신 세계 전체의 구성이 다시 한번 다루어질 것이다.

III. 창조와 종말론

1. 창조 행위와 종말의 일치와 구분

인간뿐만 아니라 창조 전체가 하나님의 생명에 참여하도록 규정되어 있다. 그렇다면 왜 그들은 사멸성의 짐을 지고 탄식하는가?(롬 8:21f.) 이 탄식은 인간의 경우와 마찬가지로 인간 이외의 존재에게도(롬 8:26) 생명을 주시는 하나님의 영이 피조물들 가운데 현재하신다는 표현으로 이해되어야 한다. 하나님의 영은 창조 전체에서 생명을 주시는 창조적 활동을 하면서 피조물의 사멸성에 직면해서는 괴로워하며 현재하고 계신다. 이것은 아들이 인간 속에서—**한 사람 안에서**—스스로 피조물의 형태를 취하기에 이를 때까지, 피조 형태들이 출현하는 과정을 통해 창조적으로 활동하시는 것과 같다. 바울에 의하면 오직 인간을 통해 다른 피조물들은 하나님의 자녀들의 자유에 참여할 지분을 얻는다(롬 8:19.21). 이 자유는 예수 그리스도 안에서 이미 시작된 죽은 자들의 부활이라는 종말론적 미래 속에서 얻어지며, 그리스도인들은 다른 모든 사람과 함께 그 미래를 향해 나아간다.[372]

바울에 의하면 "하나님이 창조자로서 창조 안에 현재하신다는 것, 그래서 피조물의 존재상태(Sosein)와 하나님이 설정하신 목적 사이의 모순으로 인해 피조물과 함께 '신음하고' '고통을 느끼신다'는 것은 믿음의 지식"에 속하며,

---

[372] 참고. U. Wilckens, *Der Brief an die Römer* II, 1980, 152ff., 특히 155f.

하나님께서 그러한 모순을 때가 되면 지양시키실 것이라는 기대와 희망을 피조물이 갖는다는 것 또한 그 지식에 속한다.[373] 창조론에 속하지만 또한 종말론적 완성으로 재촉하는 하나님의 현재, 즉 피조세계와 그 형태들에 "내재"하시는 현재는 최근에 그리스도교 안에서 자연의 "성례적인"(sakramental) 이해를 논의하게 하는 계기가 되었다.[374] 성례전의 물질 재료와 같이 물질 우주 또한 보이지 않는 은총에 대한 (그 은총 안에서 일어나는 하나님의 현재에 대한) 외적이고 가시적인 표식일 뿐만 아니라, 나아가 그 은총을 전달하는 수단이기도 하다는 것이다.[375] 이와 관련된 비판, 곧 자연과 자연의 형성물 속에 나타나는 하나님의 창조적 활동을 추상화하고 자연을 단순히 도구로만 이해[376]하려는 것에 반대하는 비판은 분명 정당한 것이다. 그 비판은 인간에게 주어진 하나님의 통치의 사명(창 1:28)이 세속주의적으로 곡해되는 것에 반대하는 그리스도교 창조 신앙에 상응하는데, 그 곡해란 자연이 인간의 자의적인 처분과 착취에 넘겨져 있다는 의미로 이해하는 것이다(위의 246f.를 보라). 그

---

373 U. Wilckens, 같은 곳, 156. 참고. K. Koch, The Old Testament View of Nature, in: *Anticipation* 25, Genf, 1979.

374 이에 대해 우선 W. Temple, *Nature, Man and God*, 1934, 473-495, 특히 482ff.을 보라. 또한 A. R. Peacocke, *Science and the Christian Experiment*, 1971, 178-188, 그리고 S. M. Daecke, Profane and Sacramental Views of Nature, in: A. R. Peacocke, ed., *The Sciences and Theology in the Twentieth Century*, 1981, 127-140, 특히 134ff.를 참고하라.

375 W. Temple, 같은 곳, 482ff. 다음도 비슷하다. A. R. Peacocke, *Creation and the World of Science*, 1979, 290. "…하나님과의 관계 안에 있는 물질세계는 그분의 마음을 표현하는 상징적 기능 그리고 그분의 목적을 이루기 위한 수단이 되는 도구적 기능을 모두 가지고 있다."

376 S. M. Daecke, 같은 곳, 131. 이것은 1977년 취리히에서 있었던 인간, 자연, 신에 대한 에큐메니칼 자문회의와 관계가 있다. 또한 대케(Daecke)의 글을 참고하라. "Anthrozentrik oder Eigenwert der Natur?" in: G. Altner, Hg., *Ökologische Theologie. Perspektiven zur Orientierung*, 1989, 277-299.

럼에도 불구하고, 때때로 이와 관련해서 종교적 자연숭배[377]로 회귀하는 것은 차치하더라도 "성례전적"이라는 표현을 이러한 사태에 적용하는 것은 유리하지 않다. 왜냐하면 성례전 개념은 보이지 않는 영적인 것들에 대한 보이는 물질의 보편적 상징성만을 내포하는 것이 아니기 때문이다. 또한 보이지 않는 것을 보이는 것을 통해 효과적으로 전달한다는 의미에서도 여전히 유리하지 않다. 성례전 개념이 보다 더 독특한 내용을 가진다는 사실은 성례전의 표징을 특별히 지시하는 말씀에서 드러난다. "성례적인 우주"의 경우에 이 점에는 상응하지 않는다. 지시하는 말씀은 특정한 물질 요소와 행위들을 그 밖의 다른 물질 현실성의 맥락으로부터 분리시킨다. 이것은 특정한 기능을 위해서인데, 즉 세계에 관하여 예수 그리스도 안에 계시된 하나님의 세계 구원의 결의에 대한 표징 그리고 그 안에 포함된 수단이 되려는 것이다. 그 안에 포함된 종말론적 관계성은 로마서 8:19ff.의 자연 이해에 대해서도 결정적이지만, 자연의 성례전적 의미에 대해 일반화하여 말할 때는 대체로 상실되어버린다. 그 종말론적 관계성을 강조한다고 해도, 그것이 "성례전적"이라는 표현을 아직은 정당화해주지 못한다. 자연세계 안의 형성물들은 하나님의 피조물들로서 그보다 부족할 수도 있고, 그 이상일 수도 있다. 부족하다는 것은 예수 그리스도 안에 있는 종말론적 미래의 구원이 현재하는 것과 관련된 특별한 규정, 곧 성례전의 지시와 관련된 규정이 빠져 있기 때문이다. 그 이상이라는 것은 자연의 형성물들 자체가 하나님의 창조 의지의 대상이며, 자신의 의미를 다른 것에 대한 지시규정 속에서 갖는 것이 아니기 때문이다. 그러므로 보편적인 피조 현실성의 성례전적 실재를 말하는 것은 명확하게 세분화되지 않은 이해 때문에 거부되어야 한다. 이에 반하여 샤르댕이 강조했던 관점은 긍정적으로 평가될 수 있다. 샤르댕은 거꾸로 새로운 계약의 성례전 속에서, 무엇보다도 빵과 포도주를 구성요소로 하는 성만찬에서 창조

---

[377] 폴 버기스는 그런 이해를 여러 곳에서 다룬다. 예를 들어 Paul Verghese, *The Human Presence. An Orthodox View of Nature*, Genf 1978.

전체가 하나님께 감사의 말씀을 드리는 성례전적 사건 안으로 포괄된다고 말했다.

영원한 아들이 영을 통해 아버지와의 연합에 참여한다는 의미에서 창조가 하나님과의 연합으로 규정되어 있다는 사실은 각각의 개별 피조물의 현존재 안에서 즉각 실현되지는 않는다. 즉각적인 실현은 이미 다음의 사실을 통해 배제된다. 피조적 형태들의 연속되는 순서 안에서 인간을 통해 도달되는 단계에 이르러 비로소 하나님과 모든 피조 현실성 사이의 구분이 명확해지며, 그 구분이 없다면 "아들의 아버지로부터의 자기구분"에 피조물이 참여할 수 없다는 사실이다. 바울에 의하면(롬 8:21f.) 창조 전체는 하나님의 아들들이 인간들에게 나타나는 것(비교. 롬 8:14)을 고대하는데, 그 나타남을 통해 인간들 자신이 "아들들"(8:19)이 된다(참고. 갈 4:5f.). 하지만 피조물들의 연속 속에서 인간이 출현한 것을 통해서도 아버지와 아들의 연합에 대한 피조물의 참여는 아직 이루어지지 않았다. "첫째 아담"이 아니라, 오로지 예수 그리스도 안에서 나타난 최종적이고 종말론적인 인간만이 홀로 영을 통해 아버지와 아들의 연합 안으로 받아들여진다(참고. 고전 15:45f.).

피조 형태들의 연속된 순서에서 인간이 마지막 구성원으로서 **생성**(Entstehung)된 것과 인간을 완성시키는 **규정**(Bestimmung) 사이에 존재하는 긴장은 피조물인 인간이 독립적 실체로서 존재하도록 규정되어 있다는 사실과 연관되어 있다. 물론 이 사실은 보편적으로 본다면 모든 개별 피조물에도 해당한다. 하지만 바로 이 점에서 인간은 피조 형태들이 단계적으로 연속되는 순서에서 정점에 위치한다. 피조물이 하나님께 대한 독립적인 대상으로서 아버지께 대한 아들의 관계 안으로 진입할 수 있기 위해서는 피조 형태들의 연속 속에서 점증하는 독립성의 전역사를 필요로 하는데, 그 연속의 마지막 순서에서 인간이 현존재로서 등장한다. 현존재 속에서 얻어지는 인간의 독립성은 아버지께 대한 아들의 관계가 그 안에 현현해야 한다면, 재차 특별한 배움을 필요로 한다. 예수의 말씀에 따르면 "하나님 나라를 어린아이처럼 받아들이지 않는 자"는 그리로 들어가지 못할 것이다(막 10:15). 하지만 이 말씀이 향해지는 대상은 제자들 즉 성인들이다. 독립성을 추구하는 피조물로서의 인간은 모든 것을 아버지로부터 기대하며 수용하는 아이처럼 하나님께 대해 행동해야 한다는 것이다. 이것은 적어도 인간이 하나님을 다른 모든 것, 즉 피조 현실성의 영역 전체로부터 구분하는 법을 배웠다는 사실을 전제한다. 이 점에서 이미 일반적인 구분 능력의 훈련이 전제된다. 그것은 사물들의 서로에 대한 관계 속에서, 그리고 고유한 자아와의 관계 속에서 각각의 사물들의 타자성을 구분하는 능력이다. 자아를 포함한 유한성 전체를 영원하신 하나님으로부터 구분하는 능력이 바로 그 사실에 기초한다.

창조와 종말이 서로 일치하는 것은 종말론적인 완성 속에서 비로소 피조물들, 특히 인간의 규정(Bestimmung)이 최종적으로 실현될 것이기 때문이다. 그러나 창조와 종말은 직접 동일하지는 않으며, 어쨌든 피조물의 관점에서는 분명히 그렇지 않다. 피조물에게는 그의 기원은 과거다. 피조물은 자신의 현존재의 뿌리를 과거 속에 갖는다. 그래서 피조물은 과거로 향하는 경향이 있다. 이것은 인간 의식의 역사에서 초기에 해당하며, 주로 신화적 의식의 형태 속에서 나타난다. 반면에 미래는 피조물에게 열려 있고 불확실하다. 그러나 독립적인 행위를 할 수 있도록 깨워진 피조물들 곧 생명체들은 자신의 현존재의 내용과 완성을 획득할 수 있게 해주는 미래의 차원을 향해 열려 있다. 그러나 기원과 완성은 피조물의 경험에서는 일치하지 않는다. 양자는 우선 하나님의 창조 행위의 관점에서 볼 때 하나로 일치한다. 하지만 그 관점에서도 창조와 종말이 하나가 되는 구조는 더 자세한 설명을 필요로 한다.

이 주제는 "하나님의 실행으로서의 창조"(§7.I)를 설명할 때 이미 훑어보았던 것이다(위의 82와 88ff.를 보라). 세계의 창조, 보존, 통치는 유일한 행위, 곧 삼위일체의 세 인격들이 공동으로 하나님과 구별되는 피조세계의 현실성을 발생시키는 유일한 신적 행위의 서로 일치하는 부분적 측면들처럼 보인다. 여기서 창조 개념은 하나님의 행위의 포괄적 일치와 관계된 것으로 입증되며, 반면에 보존 사상은 피조물들의 현존재를 그것들의 기원으로 소급시키고, 하나님의 세계 통치는 세계의 미래적인 완성을 향한다(123f.). 하나님의 세계 통치의 관점에서 본다면, 창조는 종말론적 완성에서 비로소 종말에 도달한다. 이 사실은 신적 창조 행위 그 자체의 구조에 대해, 그리고 그로부터 생성된 피조세계에 대해 무엇을 말하는가?

이 질문은, 피조물들의 세계를 그것들의 보편적 구조 그리고 그것들의 형태들의 연속과 관련하여 논의한 이후에 해명될 수 있다. 왜냐하면 하나님의 보존과 통치 행위에서 중요한 것은 하나님께서 피조물들의 현존재의 형태에 개입하시는 방식이기 때문이다. 먼저 피조적 현실성을 연구하고 그것을 뒤돌아볼 때 비로소 그것으로부터 창조와 종말의 관계, 즉 어떻게 그 관계가 창조 행위의 유일성(Einheit) 속에 근거되어 있는지, 그리고 피조세계의 역사 속에서 전개되어 있는지가 발견될 수 있고 더 정확하게 규명될 수 있다.

영원하신 하나님의 창조 행위의 유일성은 시간뿐만 아니라 논리적인 "이전"이라는 의미에서 시간의 시작과 종말의 구분보다도 "우선"한다. 그래서 하나님은 처음과 나중이시라고 말해진다(사 44:6; 48:12; 행 1:8; 비교. 21:6; 22:13). 하나님께서는 처음이라는 사실에 제한되지 않으시며, 또한 나중으로서 세계 과정의 결과에 그치시는 것도 아니다. 그분은 둘 다이시고, 시작과 종말의 양자택일 너머에 계시며, 시작뿐만 아니라 종말도 지배하신다. 하지만 여기서 하나님의 행위 속에 있는, 그리고 세계 과정과 관련되어 있는 시작과 종말의 관계는 어떻게 이해될 수 있을까? 어떻게 영원하신 하나님이 피조세계의 시작과 종말을 포괄하시는가? 어떻게 하나님은 창조의 현존재 형식으로서의 시간을 만드셨을 뿐만 아니라 또한 보존하고 통치하는 행위 속에서 시간과 관여하시는가?

신학적 전통 안에서 이런 질문들이 제기되었을 때, 사람들은 창조의 미래가 그것의 시초에 근거되어 있었다고 대답하거나 혹은 그 질문을 하나님의 예지(豫知)라는 교리의 맥락에서 논의했다. 이미 아우구스티누스에게서 두 가지 대답은 서로 결합되었다. 그 두 가지는 다음과 같이 서로 구분된다. 처음 대답은 피조 현실성 자체 속에 미래에 대한 관계를 고정시키지만, 두 번째 대답은 반대로 미래 관계를 단지 미래 사건에 대한 예지라는 신적인 앎의 표상에만 할당한다.

아우구스티누스는 창세기 해석에서 세계 전체 즉 세계의 시작뿐만 아니라 시간적인 전개를 말하는 창조 보고에 계속 몰두했다. 마니교도들은 제사장 문서의 창조 보고에 대해 세계의 시작이라는 설정이 창조를 어떤 신의 자의적인 행위의 결과로 만들며 그 결과 하나님의 영원성 자체를 부정하는 것같이 보인다고 비판했는데, 아우구스티누스는 다음의 명제를 통해 반박했다. 시간 자체가 피조물과 함께 만들어졌다는 것이다(*De gen. contra Manich* I,2,3; MPL 34, 174f., 비교. 위의 88f.). 여기서 아우구스티누스는 세계 창조의 제6일에 대한 암브로시우스(*Hexaem*. I,6,20; MPL 14,132)와 바실리오스(*Hexaem*. I,5; MPG 29,13)의 해석을 따르고 있다. 그는 창세기 1장의 7일 간의 창조와 달리, 2장(창 2:4; 불가타)은 세계가 창조되었던 바로 그날 하루에 대해서만 말하고 있다는 사실에 주목했다(같은 곳, II,3,4; MPL 34,197f.). 아우구스티누스가 그 당시에 이 내용을 특별히 시간의 창조와 관계시켰고, 이와 마찬가지로 그는 이전에 이미 바실리오스와 암브로시우스가 그렇게 했듯이 창세기에 대한 마지막 논평에서 하나님의 영원성 안에서 일어난 창조 행위의 일회성(Einheit)과 연관시켰다. 그는 집회서 18:1을 인용한다. "영원히 살아 계신 분이 또한 동시에 만물을 창조하셨다"(Qui vivit in auternum creavit omnia simul, *De gen. ad litt*. IV,33-35, MPL 34,317-320, 참고. 같은 곳, 222f.). 그는 피조물인 시간의 연속을 하나님의 창조의 하루와 동시적인 것으로 보았다(IV,35; MPL 34,320, 참고. 위의 각주 89). 그러나 이러한 진술은 집회서 18:1과 같이 창조가 하루에 이루어졌다고 말하는 창세기 2:4의 내용에 비추어볼 때 첫째 창조 보고인 6일 간의 창조 사역과만 관련이 있다. 세계 과정이 진행된다는 점에서 아우구스티누스는 창조 사역이 제6일에 종료되었다는 성서의 확정(창 2:1f.)을 받아들인다. 그래서 그는 그 이후로는 피조물의 그 어떤 새로운 종도 생성되지 않았다고 설명했다. 물론 하나님이 계속해서 종들의 표본들로서 새로운 개체들을 발생시켰다는 것은 인정했다(De gen. ad litt. V,20, 같은 곳, 325f., 참고. V,28. 같은 곳, 337f.). 6일 간의 세계 창조의 사역 이후에 시간적으로 이어지는 모든 사건은 한편으로 하나님의 예지 속에 근거되어 있으며(V,18,334와 21ff., 336ff., 또한 VI,17,350f.), 다른 한편으로 사물들이 창조될 때 함께 주어졌던 미래의 씨앗과 원인들 속에 숨겨져 있다(VI,8, 같은 곳, 344와 10f., 같은 곳, 346).[378]

이러한 두 가지 생각은 영원한 행위로서의 창조 사역이 시간의 과정과 함께 일어났다는 동시성의 사고를, 세계 역사의 시작점에서 6일 간의 세계 창조가 종결되었다는 제사장문서의 창조 보고의 이해와 결합시킨다. 하지만 그 결과 모든 이어지는 사건은 회피될 수 없는 필연성에 예속된다. 자연적인 원인의 관점에서는 아니라고 해도, 신적 예지의 관점에서는 그렇게 된다.[379] 피조물들의 모든 행위가 과거로부터 확정된다면, 사건의 진행

---

378 아우구스티누스의 씨앗 원리(rationes seminales, 참고. De Gen. ad litt. IX, 17,32, MPL 34, 406)에 대해 질송의 설명을 보라. E. Gilson, *Introduction à l'étude de Saint Augustin*, 1929, 261ff. 특히 종들 자체의 진화에 관한 현대적 이론에 반대하는 그의 진술을 보라(263). 그러한 사상은 아우구스티누스에게는 6일 간의 창조 사역이 종결되었다는 그의 확신 때문에 가능하지 않았다. 또한 다음을 보라. A. Mitterer, *Die Entwicklungslehre Augustins. Im Vergleich mit dem Weltbild des hl. Thomas von Aquin und dem der Gegenwart*, 1956.

379 Augustin, *De Gen. ad litt*. VI, 17,28. Hoc enim necessario futurum est quod ille

속에는 그 어떤 진정한 우연성도, 진정한 피조적 자유도 없을 것이다. 그런 결과들을 받아들일 필요가 없는 것은, 근본적으로 아우구스티누스가 그런 경우였던 것처럼, 신적인 앎이 영원성 안에서 모든 시간에 대해 동시적인 것으로 생각되는 때다. 하지만 신적인 앎이 모든 것을 규정하는 예지로서 세계 시간의 시초에 종결된 창조라는 사상과 연관된다면, 그런 결과들은 회피될 수 없을 것이다.[380] 그렇게 된다면 이미 태초의 시간에 미래에 일어날 모든 것이 확정되어 있다는 셈이다. 중세기 라틴 신학은 끊임없이 재도전하며 날카로운 통찰력을 사용해서 다음의 질문에 대답하려고 시도했다. 그것은 선행하는 피조적 원인들과의 관계 속에서 우연적인 미래가 신적 예지를 통해 그의 우연성을 빼앗기게 되는지, 그래서 필연성 안에서 등장하게 되는지의 물음이었다.[381] 이런 결과를 막기 위해서는 하나님이 미래의 우연한 것이 우연적으로 등장할 것을 예견하신다는 식의 설명도 충분치 않았고, 또한 하나님의 영원성은 모든 피조적인 것에 동시적이라서 신적 예지가 결정론적으로 앞선 것이라는 의미로 생각되어서는 안 된다는 논증도 충분치 않았다. 6일 간의 세계 창조 이래로 창조가 종결되었다는 관점과 신적 예지의 표상을 연결한 것은 결정론적인 귀결을 피할 수 없게 만들었던 것이 틀림없다. 모든 피조적인 현재와 하나님의 창조 행위 사이의 직접성이 창조와 보존의 차이를 지양하는 가운데, 그리고 신적 행위를

---

vult, et ea vere futura sunt quae ille praescivit (MPL 34, 350).
380 이것이 쉐프치크가 지적한 것과 같이 아우구스티누스의 창조론에서 하나님의 구속의 경륜이라는 관점이 후퇴한 이유일 것이다. L. Scheffczyk, *Schöpfung und Vorsehung*, HDG II/2a, 1963, 64f.
381 이에 대해 나의 박사학위 논문을 보라. *Die Prädestinationslehre des Duns Scotus*, 1954, 특히 17ff. 예정론의 주제에 적용하는 문제에 대해서는 90ff.116ff. 나아가 J. Bannach, *Die Lehre von der doppelten Macht Gottes bei Wilhelm von Ockham. Problemgeschichtliche Voraussetzungen und Bedeutung*, 1975, 182ff.와 249-275을 보라.

한번 결정되고 실현된 세계 질서에 예속시키는 것을 거부하는 가운데 강조되었을 때,[382] 신적 행위의 단일성에 대한 질문이 제기될 수밖에 없었고, 또한 그 행위의 개별적인 실행들도 전적으로 자의적인 것으로 보여서는 안 되었다.

창조 행위 안에 근거된 세계의 통일성에 대한 질문, 그리고 이를 통해 주어지는 그 근거의 구조에 대한 질문은 처음 창조의 표상이 계속적 창조(creatio continua)의 표상을 통해 보충된다는 점을 통해 아직 완전히 답변된 것은 아니다. 또한 이 사실은 제사장문서의 창조 보고와 달리 세계의 시작이 전적으로 계속적 창조 행위의 시작으로 이해될 때도 마찬가지로 타당하다. 제사장문서의 창조 보고가 갖는 기능은 태초의 창조를 묘사하는 동시에 피조세계의 통일성을 위한 근거를 제공하는 것이었다. 이 관점에서 본다면 세계의 통일성은 태초에 근거된 질서를 통해 주어져 있다. 물론 이 표상은 이스라엘의 전승들 속에 증언되는 하나님의 행위의 또 다른 측면과 일찍부터 긴장 관계에 있었다. 하지만 그 다른 측면의 증언이 그 자체로만 보자면 세계 현실성의 통일성에 관한 닫힌 이해를 불러온 것은 아니었다.

하나님의 창조 행위에 관한 다른 한 가지 관점의 출발점은 역사 속에서 일어나는 하나님의 구원 행위에 관한 이스라엘의 전승들 안에, 그리고 하나님의 계속되는 역사적 행위에 대한 예언자적인 사상 안에 놓여 있었다. 백성의 삶의 근거를 이루는 하나님의 구원의 행위 및 인도하심의 역사는 팔레스타인 땅에서 족장들의 약속들과 다윗 왕국에서 종결된 이스라엘 민족의 생성이 서로 상응한다는 사상을 통해 하나로 이해되었다. 하지만 이어지는 왕정시대의 기간 동안에 그런 도식적인 설명은 예언자들의 고전적인 메시지로부터 자라난 심판 사상을 통해 이미 대체되었다. 이

---

382 K. Bannach, 같은 곳, 255ff. Wilhelm Ockham에 대해 221.를 보라. 오컴은 213f.에서 하나님의 행위 그 자체와 관련해서 창조와 보존 사이의 구별을 논증했다.

것은 근본적인 약속들과 어울리지 않게 왕정 시대가 파국의 결말을 맞게 된 것이 하나님의 법을 계속해서 위반한 결과임을 이해시키기 위한 것이었다. 그 밖에도 아브라함의 선택보다 앞서는 원역사에 대한 지식은 약속과 성취의 상응을 통해 근거된 역사의 통일성 안으로 간단히 편입될 수 없었다. 순서대로 나타나는 지상왕국들에 대한 묵시적인 교리(단 2:36-45)가 비로소 제사장문서의 거시적인 보편성과 보편적으로 비교될 수 있는 관점, 즉 열방의 민족들을 포괄하는 역사적 통일성의 사상을 가능케 했다.

하지만 제사장문서의 창조 보고는 제사장문서가 구상하는 전체적인 맥락에서는 그 안에서 묘사되는 이스라엘 역사와 관련되어 있었다. 여기서 관건은 시내산에서 제정된 제의 규정들 속에서, 그리고 특히 거기서 주어진 안식일 규정 속에서 정점에 도달했던 바로 그 역사관이었다(출 31:15-17).[383]

한편으로는 비교할 만하지만 다른 한편으로는 다른 구조를 지닌 방식으로 칼 바르트는 『교회교의학』 안에서 종결되었다고 이해된 창조를 계약(창조와 관련된 신적인 구원의지의 총괄개념)의 사고와 관계시켰다. 여기서 계약은 창조 질서의 복제 혹은 제7일의 하나님의 안식 속에서 종결된 창조가 아니라, 오히려 거꾸로 창조의 목적 규정으로 이해되었다. 이 과정에서 바르트는 창조와 계약의 관계를 서로에게 근거가 되는 관계로 설명했다. 계약은 창조의 내적 근거이며, 창조는 계약의 외적 근거다.[384] 계약은 창조의 목적 규정으로서 창조의 내적 근거이다. 하나님의 계획 속에서 하나님의 선택(예정)의 결의 곧

---

[383] 이에 대해 다음을 보라. O. H. Steck, *Der Schöpfungsbericht der Priesterschrift*, 1975, 253. 출애굽기 31:17에서 안식일을 일곱 번째 창조의 날과 연관시켜 제정하는 원형적 사상은 P 안에서는 이 땅에서의 제의 장소가 출애굽기 25:9에 근거하는 하늘의 성전 모델과 관련된다는 점과 비교된다.

[384] K. Barth, *KD* III/1, 1945, 103ff., 258ff., 참고. 82. 바르트가 강제로 첫 번째 창조 보고를 계약의 외적 근거로서의 창조에 귀속시키고, 두 번째 창조 보고를 창조의 내적 근거로서의 계약에 귀속시킨 것의 주석적인 문제점은 여기서는 다루지 않을 것이다.

계약은 세계의 창조보다 우선한다. 반면에 그 계획의 실행 속에서 세계의 창조는 계약의 실현을 가능하게 한다. 여기서 바르트는 창조와 계약의 귀속 관계를 이스라엘의 계약사를 넘어 예수 그리스도를 통해 근거되는 새로운 계약으로 확장했다. 예수 그리스도 안에서 실현된 하나님과 인간의 연합을 위해 아득한 과거에 세계와 인간의 창조가 일어났던 것이다. 거꾸로 창조는 예수 그리스도를 향하여 진행되는 하나님의 계약사의 출발점을 형성한다.

이러한 밀접한 결속 관계에도 불구하고 창조와 계약은 바르트에게서 구분된다. 왜냐하면 창조는 세계의 시작에 제한되어 있으며, 그렇기에 그 시작에 뒤따르는 계약사의 "외적 근거"만을 이룰 수 있기 때문이다. 창조가 세계의 시초에서 종결되었다는 것은 아우구스티누스의 경우와 비슷하게 하나님의 세계 관계가 시초의 관점으로부터, 아니 더 나아가 세계의 시작보다 우선하는 신적 예지의 관점으로부터 생각되어야 한다는 사실을 뜻한다. 이를 통해 예지와 예정이라는 표상은 문자적 표상을 획득한다. 즉 하나님이 세계의 시초보다 우선하는 시점에서 세계 과정과 인간 역사의 과정을 미리 내다보신다는 것이다. 역사의 모든 우연적인 것들 "이전에" 하나님의 영원 속에 있는 구원의 근원을 위한 표현으로서 그런 표상을 사용하는 것이 좋은 의미를 가질 수 있다고 해도(마 25:34; 엡 1:4; 벧전 1:20), 그 표상을 신 개념에 대해 문자적으로 적용하는 것은 신인동형론적인 하나님 표상이라는 부적절한 사고로 이끌게 된다. 그것은 마치 하나님이 세계가 시작하기 "이전의" 어떤 시점에 그와 다른 미래를 미리 내다보시는 셈이 되는데, 이것은 하나님의 영원성 및 무한성과 일치될 수 없는 표상이다.

이에 못지않은 또 한 가지 문제는 바르트에게서 창조와 계약의 구분이 창조는 아니고 계약만을 하나님의 사랑의 직접적인 표현으로 이해하도록 만들었다는 사실이다(*KD* III/1, 106f.). 예수의 메시지에서 선인과 악인에게 빛을 비추어주시는 창조자 및 보존자로서의 하나님의 사역이 사랑의 계명의 원형과 근거로서 인용되고 있다면(마 5:44ff.), 세계의 창조는 이미 하나님의 사랑의 표현으로 평가되어야 할 것이다. 하나님이 아들을 보내심으로써 보여주신 세상에 대한 사랑(요 3:16)은 피조물에 대한 창조자의 부성적인 선하심과 질적으로 다르지 않으며, 나아가 아들의 보내심 속에서 피조물에 대한 창조자 하나님의 사랑의 극단적인 결단이 드러난다. 그렇기에 하나님의 계약사를 창조로부터 분리시키는 대신에, 아들의 보내심 즉 성육신으로부터 그의 부활, 높여지심, 영광스런 재림에 이르는 과정 자체가 하나님의 창조 행위의 완성으로 이해되어야 한다. 이 이해는 물론 세계의 시초에 제한되지 않는 창조 개념을 요청한다.

창조 사상을 세계사 전체로 확장하는 작업은 제사장문서의 창조 보고에서 7일을 한 주간으로 이해하는 유대교적 해석에서 이미 시작되었다. 에녹서의 10주에 대한 묵시(에녹서 93:1-10; 91:11-17)에서 세계 창조의 7일-1주 단위는 세계사의 과정을 1년을 1주로 보는 10주 과정으로 나눔으로써, 연대기를 서술하는 열쇠가 되었다.[385] 여기서 한편으로 제사장문서의 창조 보고가 말하는 7일 도식이 토대가 되어 창조의 한 주가 세계사의 원형으로 여겨질 수 있었다. 그러나 다른 한편으로 올람('ōlam)이라는 세계 시간 전체는 창조자의 의지로부터 생긴 공간과 시간의 통일성으로 묘사되었다. "이 통일성 속에서 인간의 삶이 연출된다"는 것이다.[386] 여기서 안식일 규정을 통해 주어지는 시간의 분할은 서술의 원칙인 것처럼 보이며, 제사장문서가 서술하는 세계 창조에서 그 분할이 행한 역할은 단지 특별한 한 가지의 적용 사례가 되었다는 것뿐이다.

묵시적 기대의 몇몇 형태들은 종말론적인 세계 완성을 창조의 여덟 번

---

[385] 이에 대해 다음을 보라. K. Koch, *Sabbatstruktur der Geschichte. Die sogenannte Zehn-Wochen-Apokalypse*(1. Hen 93,1-10; 91,11-17). 그리고 후기 이스라엘의 시기에 구약성서적인 연대기를 확정하려는 노력에 대해서는 ZAW 95, 1983, 403-430. 참고. 다니엘 9:24-27.

[386] K. Koch, 같은 곳, 427.

째 날이라는 표상과 결합시켰다. 그날은 새로운 한 주의 첫 번째 날로서 새로운 시작의 기능을 가진 첫 번째 창조의 날에 상응한다(4. Esra 7,31).[387] 다른 묵시록에 따르면 최종 완성은 하나님이 안식하시는 일곱 번째 날의 표상 속에 있을 것이다. 이에 속하는 것으로 구원의 완성에 대한 히브리서의 설명이 있다. 구원의 완성은 하나님의 안식 안으로 들어간다는 표상 안에서 그리스도교의 희망이 대망하는 것이다(히 4:3-10).[388] 에녹서의 한 구절은 이보다 더 나아간다. 여기서는 제7일의 창조의 완성이 종말론적인 세계 완성과 관련될 뿐만 아니라, 세계 완성은 또한 "평화"의 원천으로, 즉 세계가 시작한 이래로 세계 속에 있는 모든 것이 완성되는 근원으로 묘사된다. 다가올 영원한 시대(Äon)로부터 "세계가 창조된 이후 처음으로 평화가 나타난다"(에녹서 71:15). 알렉산드리아의 클레멘스(Klemens von Alexandrien)도 비슷한 결과에 도달한다. 그는 첫 번째 창조의 날 즉 빛이 창조된 날에 상응하는 여덟 번째 날을 새로운 창조의 날로서 하나님께서 안식하시는 날과 동일시했다(Strom. VI,16,138f., MPG 9,364f.). 클레멘스는 그날을 이렇게 표현했다. "모든 탄생의 근원적 시초이고 빛이 창조된 날의 진리 속에 있었던 날이며, 이 빛을 통해 모든 것이 보이게 되고 모든 것을 상속으로 얻을 수 있다"(138,1). 이 표현은 종말을 세계 과정의 창조적 원천으로 생각하려는 시도에 가깝다.

---

[387] 이에 대해 다음을 보라. E. Lohse, *ThWBNT* VII, 19f. 그러한 표상들은 메시아의 천년왕국에 대해 말하는 요한계시록(20:2f.7)의 배경에서도 나타난다. 요한계시록 21:1ff.에 따르면 천년왕국 이후에 새 창조가 일어난다. 참고. E. Lohse, *Die Offenbarung des Johannes* (NTD 11), 1960, 96.

[388] 참고. 다니엘 9:24-27에 대한 이레나이우스와 히폴리투스(Hippolyt)의 이해에서 1년을 1주로 보는 70주에 대한 그리스도교의 해석을 다음의 상세한 설명에서 확인하라. K.-H. Schwarte, TRE 3, 1978, 269f. 또한 동일저자, *Die Vorgeschichte der augustinischen Weltalterlehre*, 1966. 중세 시대에 미친 영향에 대해서는 J. Ratzinger, *Die Geschichtstheologie des Heiligen Bonaventura*, 1959, 16ff.

그러한 시도는 예수의 하나님 선포와 상응하는데, 그 선포 속에서 하나님의 종말론적 오심이 모든 현재적인 것과 전승된 것을 새롭게 평가하는 시작점이 된다는 점에서 그렇다. 종말론은 예수의 선포 속에서 더 이상 과거의 구원사건에 근거한 전승이 그 전승의 권위를 전제로 하여 행하는 외삽법(Extrapolation 外揷法, 관련된 함수-변수 영역의 바깥에서 함수값을 추정하는 방법)이 아니고, 오히려 다가오는 하나님의 통치와 그 미래에 대해 인간이 맺는 관계를 핵심 내용으로 삼으며, 모든 전승된 것을 비판적으로 식별하고 변형시키는 기준이 된다. 창조 역시 예수에게는 종말론적 미래의 빛 속에 있고, 하나님 나라의 비유가 된다.[389] 예수가 창조를 직접 다가오시는 하나님의 사역이라고 말한 것은 아니지만, 그러한 관점은 세계의 과거와 현재에 대한 하나님의 미래의 특징적인 우위라는 그의 메시지의 노선에서 벗어나지 않을 것이다.

이와 함께 우주와 그 역사는 제사장문서의 창조 보고와 마주하는 새로운 빛 속으로 옮겨진다. 그 문서에서도 중요한 것은 단순히 세계의 시작만이 아니라 세계 사건 전체였다. 하지만 세계 전체가 그것의 시작 안에 근거되어 있다고 묘사되었다. 이러한 관찰 방식은 신화적 세계 이해의 특징인데, 이 이해는 현재의 표준적인 세계질서를 근원적인 원시간(Urzeit)으로 환원시킨다. 원시간은 이후에 오는 모든 것의 시작이자 원형이다.[390] 분명 성서의 창조 보고는 엄격한 의미에서 신화적 본문은 아니다. 하지만 그 보고들은 특별히 시간 이해에서 신화적으로 파악된 세계 이해를 공유하고 있다. 성서적 창조 보고는 신화적 세계 이해를 통해 제약된 원역사의 종결

---

[389] 이에 대한 빌켄스(U. Wilckens)의 논평을 다음 책에서 보라. W. Pannenberg, Hg., *Offenbarung als Geschichte*, 1961, 55f., 각주 35. 이것은 "한편으로 창조-섭리-일상이라는 순환적인 주제, 그리고 다른 한편으로 예수에게서 가까이 다가온 하나님의 통치"(56) 사이의 내적 관계에 대한 것이다.
[390] 성서적 전승들의 시간 이해 속에서 이런 의미의 신화적 견해가 미친 영향에 대해 위의 각주 78에서 인용된 나의 책을 참고하라. *Christentum und Mythos*, 31ff.29f.

성과 함께 이스라엘의 선택의 역사적 의식과는 긴장 관계 속에 있다. 그 의식은 역사 속에서 일어나는 하나님의 행위들로부터 세계의 시작 곧 이스라엘 하나님의 첫 역사적 행위의 시작을 돌이켜본다. 이 시선은 예언서와 묵시문학에서는 역사의 의미를 결정하시는 하나님의 행동을 넘어서 미래를 향해 옮겨진다. 그것은 하나님의 의가 하나님의 백성만이 아니라 세계를 위해 궁극적으로 계시될 미래를 뜻한다. 이제 하나님 나라의 도래 속에서 나타나는 하나님의 종말론적 미래가 세계 전체의 이해를 위한 관점을 규정한다면, 세계의 시작에 대한 이해도 그와 무관할 수 없다. 그렇다면 세계의 시작은 세계과정 전체에 대해 변함없이 타당한 통일성의 기초가 된다는 기능을 잃게 될 것이다. 그 기초는 오로지 종말에 이르러서야 완전한 형태와 참된 모습으로 나타나게 될 것의 시작일 뿐이다. 세계의 종말론적인 완성의 빛 속에서 비로소 세계의 시작이 갖는 참된 의미가 이해될 수 있다. 이 사실은 원시 그리스도교의 선포 속에서 예수 그리스도가 종말론적인 구원을 가져오는 자인 동시에 세계 창조의 중재자로서 신앙의 대상이 되었다는 사실을 통해 표현되었으며, 레긴 프렌터(Regin Prenter)가 바르게 강조했던 것이다.[391] 그렇기에 그의 지상에서의 등장보다 우선했던 모든 것은 그리스도교의 모형론의 관점에서 본다면 그와 더불어 드러나게 될 진리를 미리 희미하게 묘사하는 것이다. 하지만 종말과 창조의 관계에 대한 그러한 전망은 우주에 대한 자연과학적인 설명과 일치할 수 있을까?

2. 우주의 시작과 종말

창조와 종말의 관계에 대한 신학적인 논의는 세계의 시작과 끝에 관하

---

[391] R. Prenter, *Schöpfung und Erlösung. Dogmatik Band* 1, Prolegomena. Die Lehre von der Schöpfung, 1958, 184ff., 특히 185.

여 말하는 것이 어떤 뜻으로든 의미가 있다는 사실을 전제한다. 하지만 이 전제는 자명한 것은 아니다. 이미 교부시대에 그리스도교 신학은 세계가 시작이 없고 무한히 지속된다고 주장했던 견해에 반대해야만 했다.

그 논증은 세계이해로부터, 그러나 또한 신관으로부터 전개되었다. 아리스토텔레스는 자신의 물리학(VIII,1)에서 시간과 운동에는 시작이 없다는 특성과 그것들의 불멸성을 주장하기 위한 근거들을 제시했다. 여기서 그는 자신보다 앞선 대부분의 선행자들에 동의했으나,[392] 플라톤과는 첨예하게 대립했다. 플라톤은 바로 시간의 생성에 대해 가르쳤던 유일한 사람이었다(*Phys.* 251b 17f., 참고. *Tim.* 37d). 아리스토텔레스에게 결정적이었던 주장은 시간의 흐름 속에 있는 모든 순간이 이전 및 이후와 관련되어 있다는 것이었다(*Phys* 251b 20ff.). 다만 시간은 운동량이기에 시간의 영원성은 운동의 영원성으로 귀결된다고 하였다(ib. 251b 13, 참고. 27f.).

이와 똑같은 결과에 도달했던 것은 플라톤의 전제들로부터 출발하는 숙고들, 즉 하나님의 불변성과 영원성에 대한 숙고들이었다. 그리스도교 신학의 내부에서는 오리게네스가 세계의 시작이 없다는 가정을, 하나님이 세계의 시초와 함께 시작된 시간에 제약되지 않는 전능하신 자로 말해질 수 있기 위한 필수불가결한 조건으로 보았다(*Princ.* I,2,10; 참고. 4,5). 플로티노스는 세계의 영원성을, 영원으로부터 유래하는 시간의 원천이 무시간적이라고 생각되어야 하는 반면에(*Enn.* III,7,6) 모든 시간적인 것들은 시간 속에서 자신보다 앞선 것을 갖고 있다는 사실로부터 오는 결과로 보았다. 프로클로스(Proklos)도 수용했던[393] 이러한 견해 속에서 신플라톤주의적인 논증과 아리

---

[392] W. Wieland, Die Ewigkeit der Welt, in: *Die Gegenwart der Griechen im neueren Denken* (FS H.-G. Gadamer) 1960, 291-316, 특히 297f.

[393] 다음을 보라. W. Beierwaltes, *Denken des Einen. Studien zur neuplatonischen Philosophie und ihrer Wirkungsgeschichte*, 1985, 169. 여기서 플로티노스에 대

스토텔레스적인 논증이 수렴한다.

교부 신학은 오리게네스의 의견에 반대하며 하나님이 자신의 신적 속성들과 관련해서 세계에 의존하신다고 생각하는 것은 하나님 개념 자체의 폐기라고 논증했다.[394] 그 외에도 교부 신학은 하나님이 무시간적 행위 속에서 시간을 창조하셨다고 논증하면서[395] 플라톤이 주장한 시간의 피조성에 대한 아리스토텔레스의 비판과 맞섰지만, 성서의 창조 기사에 함축되어 있다고 보았던 시간의 시작(그리고 창조 전체의 시작)을 증명할 수는 없었다.[396] 신플라톤주의자들은 시간의 근원이 무시간성이라는 점으로부터 곧바로 시간의 시작이 없다고 추론했다. 반면에 성서에 대해서는 하나님이 "태초에" 하늘과 땅을 창조하셨다는 주장(창 1:1)을 그리스도론적으로 창조의 "시작"으로서의 로

해 이렇게 말한다. "세계는 시간과 함께 '생성되었다면' 그리고 시간의 **시작**이 **무시간적 사건**으로 이해된다면, 세계는 시간의 시작을 가질 수 없을 것이다." 또한 참고. W. Beierwaltes, *Plotin über Ewigkeit und Zeit* (*Enneade* III,7), 1967, 213f.

[394] Methodius von Olympos, *Liber de creatis*, Fragment II (MPG 18,336B). 참고. Fg. V (340 B). 하나님의 불변성과 창조의 시간적 시작이 서로 모순된다는 주장은 요한네스 필로포노스(Johannes Philoponos)의 529년의 논증(De aeternitate mundi contra Proclum)을 통해 무력화되었다. 그의 논점은 본질의 특성이 그와 연관된 행위의 실행에 예속되지 않는다는 것이었다. 필로포노스의 논증에 대해 다음을 참고하라. E. Behler, *Die Ewigkeit der Welt. Problemgeschichtliche Untersuchungen zu den Kontroversten um Weltanfang und Weltenendlichkeit in der arabischen und jüdischen Philosophie des Mittelalters*, 1965, 128-137, 특히 134f.

[395] Klemens von Alexandria, *Strom.* 6,16, 142,2.4 (MPG 9, 369 C, 372 A). 클레멘스의 주장은 다음의 선례를 따른 것이다. Philo Leg. all. I,2.

[396] 바실리오스는 천체의 원형 운동의 형태가 시작과 끝이 없는 상태의 표현이라는 주장에 반대했다. 그 형태는 우리에게 원형으로 표현되는 것이며 그 원형들은 생성되었다는 것이다. Basilios, *Hexaem* I,3, MPG 9 A-C; 참고. Ambrosius, *Hexaem*. I,3,10, MPL 14, 127 BC. 하지만 그 반대는 시간의 시작이 없다는 철학적인 논증들을 합리적으로 반박하기에 충분하지 않았고, 또한 세계의 부분들의 소멸성으로부터 세계 전체를 추론하는 것도 막을 수 없었다. Ambrosius, ib. I,3,11, MPL 14, 127 CD. Basilios, 같은 곳, 11 A.

고스에 적용하여(요 1:1) 해석했고, 그렇게 해서 난제에서 벗어났다.[397] 아우구스티누스는 자신의 창세기 주석에서 사실상 시간의 창조를 (그 단어의 좁은 의미에서) 네 번째 창조의 날에만, 즉 천체의 창조와만 관련시켰다.[398] 반면에 바실리우스와 암브로시우스는 시간의 창조가 이미 하늘과 땅의 창조(창 1:1)와 함께 발생했다고 주장했다.[399] 보다 넓은 의미, 즉 시간의 측정단위로서의 천체들의 운동에 매이지 않는 시간 개념과 관련해서 아우구스티누스도 천사의 창조를 예로 들며 천사들이 하늘과 땅이 창조되기 이전에 이미 창조되었다고 확정했다. 왜냐하면 아우구스티누스에 따르면 영적 피조물들의 경우에 변화와 운동은 있지만 그것이 물질적인 형태는 아니기 때문이다.[400] 아우구스티누스는 신국(神國)에 관한 저서에서 천사들이 "항상" 존재함을 인정했다. 다만 천사들이 하나님과 같은 의미로 영원히 존재한다는 주장에 대해서는 마땅히 이의를 제기했다. 천사들이 항상 존재한다고 해도 그들은 창조주처럼 영원하지 않다. 왜냐하면 시간의 가변성은 변화할 수 없는 영원성과 같지 않기 때문이다.[401] 아우구스티누스에 의하면 그 밖의 다른 모든 것은 시

---

[397] Augustin, *De gen. ad litt*. I,2,6; 참고. 4,9, 또한 9,15ff.
[398] 같은 곳, II, 14,28f.
[399] Ambrosius, *Hexaem*. I,6,20. In principio itaque temporis coelum et terram Deus fecit. Tempus enim ab hoc mundo, non ante mundum: dies autem temporis portio est, non principium (MPL 14, 132 A). 참고. Bisilios, *Hexaem*. I,5 (MPG 29,13 C). 이러한 견해는 마니교도들에 반대했던 아우구스티누스의 창세기 주석과 일치하는 것이었다(1,2,3, MPL 34, 174f.).
[400] *De gen. ad litt*. librum imperf. 3,8 (MPL 34, 222f.).
[401] *De civ. Dei* XII, 16. Ubi enim nulla creatura est, cuius mutabilibus motibus tempora peragantur, tempora omnino esse non possunt. Ac per hoc et si semper fuerunt, creati sunt; nec si semper fuerunt, ideo Creatori coaeterni sunt. Ille enim semper fuit aeternitate immutabili: isti autem facti sunt; sed ideo semper fuisse dicuntur, quia omni tempore fuerunt, sine quibus tempora nullo modo esse potuerunt: tempus autem, quoniam mutabilitate transcurrt, aeternitati immutabili non potest esse coaeternum (CC 48,372). Cf. XI,6. ...

간 안에서 시작을 갖는다. 시간 자체도 피조물이기에(비록 시간이라는 의미는 아닐지라도), 시작이 없는 것은 아니다.[402]

세계의 시작이 없다는 주제는 중세 시대뿐만 아니라 이미 11세기와 12세기의 아랍과 유대의 철학 및 신학에서 매우 격렬하게 논의되었다.[403] 또한 그리스도교적인 스콜라 철학도 세계의 시간적 시작의 명제에 반대하는 아리스토텔레스주의 및 신플라톤주의적 주장과 새롭게 집중해서 논쟁해야 했다. 대다수의 신학자들이 1215년 제4차 라테라노 공의회가 선언한 세계의 시간적 시작에 대한 교리[404]가 합리적이고 증명 가능하다고 보았던 반면에, 토마스 아퀴나스는 그 교리를 위해 사용된 논증들이 불충분하다고 판단했고, 세계의 시작이 없다는 논증들을 반박한 이후에 세계의 시간적 시작에 대한 믿음의 **가능성**을 주장하는 것으로 만족했다.[405]

---

tempora non fuissent, nisi creatura fieret, quae aliquid aliqua motione mutaret (CC 48,326).

[402] De gen. ad litt. lib. imperf. 3,8. ...illud certe accipiendum est in fide, etiamsi modum nostrae cogitationis excedit, omnem creaturam habere initium; tempusque ipsum creaturam esse, acper hoc ipsum habere initium, nec coaeternum esse Creatori (MPL 34,223).

[403] 논쟁들의 정점에 선 사람들은 아리스토텔레스의 논증에서 나타나는 모순을 지적한 알 가잘리(Al-Gazāli), 가잘리의 비판에 대해 아리스토텔레스를 변론했던 철학자 아베로에스(Averroes), 그리고 아리스토텔레스의 가르침의 한계와 세계 전체를 신의 의지에 따른 우연한 결과로 이해하는 창조론의 우월한 설명력을 입증했던 모세스 마이모니데스(Moses Maimonides) 등이다. 참고. E. Behler, *Die Ewigkeit der Welt*, 1965, 특히 149ff., 212ff., 262ff.

[404] DS 800. ...creator...qui sua omnipotenti virtute simul ab initio temporis utramque de nihilo condidit creaturam, spiritualem et corporalem, angelicam videlicet et mundanam. 참고. DS 3002.

[405] Thomas von Aquin, *S.c.G* II,31-38. Cf. *Sent.* II d. 1 q. 1 a5. 아퀴나스(*De pot.* 3,17)는 이 문제를 해결하기 위해 마이모니데스(Maimonides)를 명시적으로 인용한다.

세계의 시작이 없다는 것은 그 문제에서 중요한 것이 하나님의 의지의 실행이라면, 세계 자체의 신적 근원의 영원성과 불변성으로부터 필연적으로 귀결되지 않는다.[406] 물론 그 의지의 실행의 내용과 결과는 우연적(kontingent)이다. 같은 이유에서 하나님께서—만약 원하신다면—세계를 시간적 시작 없이 창조하실 수도 있었을 것이다. 세계의 피조성, 곧 제1원인으로서의 하나님께 대한 세계의 의존성은 합리적으로 증명될 수 있지만, 세계의 시간적 시작은 그렇지 않다.[407] 시간의 문제는 오직 경험적 사실로서, 그리고 시간의 시작은 태초에 그 누구도 존재하지 않았기에 오로지 믿음의 문제로서만 다루어질 수 있다.

토마스 아퀴나스의 이와 같은 견해는 후대에도 지속되었다.[408] 그의 견해는 존재하는 세계질서가 하나님의 창조 의지에 의존하고 있다는 의식을 날카롭게 강화시키는 데 기여했고, 그와 함께 중세 후기의 주의주의(主意主義, Voluntarismus, 관념철학의 세계관으로서 의지라는 정신적 작용이 세계의 근본적인 원리이며 이것으로 세계가 만들어지고 온갖 것이 나타난다는 견해)를 예비했는데 이 사상은 초기 프란치스코파를 통해, 그러나 또한 둔스 스코투스와 윌리엄 오

---

[406] *S. theol*. I,46,1. Non est ergo necessarium Deum velle quod mundus fuerit semper. Sed eatenus mundus est, quantenus Deus vult illum esse, cum esse mundi ex voluntate Dei dependeat, sicut ex sua causa. Non est igitur necessarium mundum semper esse.

[407] 같은 곳, I,46,2. Cf. *Quodl*. 12,6,1, 그리고 또한 *Quodl*. 12,2,2는 하나님께서는 (모든 관점이 아니라) 어떤 하나의 관점에서 무한한 것을 창조하실 수 있다고 논증한다. 참고. *De pot*. 3,14c.

[408] 이와 관련해서 특별히 둔스 스코투스의 다른 내용의 주제가 유익하다. Duns Scotus, *Ord*. II d. 1 q.3: ed. Vat. VII, 1973, 50-91. 그는 무엇보다도 하나님과는 다르지만 시간적으로 제한이 없는 실재의 창조라는 가정이 모순을 내포하고 있다는 이의제기를 거부했다(77f. n.154f.).

컴을 통해 아퀴나스의 견해를 넘어 발전되었다고 할 수 있다.[409] 다른 한편으로 운동과 시간의 시작이 없다는 아리스토텔레스 물리학의 더욱 경험적이고 현상학적인 논증들은 신 개념으로부터 시작되는 논증들과 동일한 논리를 통해서도 무력화되지 않았다. 이 사실은 특히 시간논증에 해당된다(*Phys.* 251b 20ff.에 대해 위의 내용을 보라). 운동의 연속성으로부터 운동의 시작이 없다는 사상을 추론했던 다른 논증들(*Phys.* 251b 28-252a5)에 반대하면서 토마스는 하나님의 창조 의지가 다른 어떤 것도 우선할 수 없는 최초의 운동을 창조할 수 있다고 말했다.[410] 하지만 시간 논증은 앞선 순간에 뒤따라오지 않는 어떤 지금 이 순간이라는 시간 개념은 생각할 수 없다는 점도 말한다. 그리스도교 스콜라주의는 그 사실에서 단지 운동 논증에 의존하는 보조 논증만 인식했을 뿐이었다. 왜냐하면 시간의 이전(Vorher)과 이후(Nachher)가 운동에 의존한다고 간주했기 때문이다.[411] 그럼에도 불구하고 아리스토텔레스의 물리학에서 운동 등의 "시작이 없음"은 바로 시간 논증을 통해 근거되었다. 그로부터 제1운동의 창조라는 표상이 그 자체로 모순을 포함한 것은 아닌지에 대한 질문이 생긴다. 왜냐하면 시간 안의 모든 "지금"에는 이전과 이후가 있으므로, 시간 안에 있는 처음이라는 말은 시간의 본성과 모순되는 것으로 보이기 때문이다.

아리스토텔레스의 시간 논증은 또한 칸트의 "첫 번째 우주론적 이율배

---

409 그 때문에 프리드리히 슐레겔(Friedrich Schlegel)을 따르면서 귄터(A. Günther)와 프로샤머(J. Frohschammer)가 토마스 아퀴나스에 반대하며 제기한 의문들은 잘못된 것이다. 두 사람은 토마스가 세계의 시간적 시작에 대한 합리적 증명을 포기함으로써 그리스도교적인 창조 신앙으로부터 형이상학적 토대를 제거했고, 창조 교리가 지닌 의도만이 아니라 그것의 신학사적인 기능 역시 제거했다고 주장했다. 참고. E. Behler, 같은 곳, 22ff.

410 S.c.G. II,34, 참고. *S. theol.* 46,1 ad 5.

411 Thomas von Aquin, *S. theol.* 46,1 ad 7. 이와 비슷하게 Duns Scotus, *Ord.* II d. 1 q.3 ad 2 (ed. Vat. VII, 88 n. 174)는 시간의 이전이라는 말이 상상에 불과하다고 말한다.

반"(Antinomie)의 반명제 속에 있는 세계 시작의 명제에 대한 논쟁의 출발점이 되었다.⁴¹² 여기서 논쟁은 그 명제로부터 나타난 표상 곧 세계의 시작보다 앞선 비어 있는 시간이라는 표상에 반대하는 쪽으로 향했다. 또한 칸트에게도 비어 있는 시간이라는 표상은 상상에 불과했다. 왜냐하면 그런 시간 안에는 시작의 생성을 가능케 할 그 무엇도 없기 때문이다.⁴¹³ 시간적으로 앞선 것은 일련의 원인들 속에서 뒤에 놓이는 것과 분리될 수 없다.⁴¹⁴ 이러한 연결은 이후에 시간 안에서 일어난 세계의 시작을 포함하는 세계-표상이 불충분하다는 칸트의 논평에도 전제되었다. 그런 표상은 "필연적·경험적 소급 속에 있는 지성(Verstand) 개념에 대해서는 **너무 작다**. 왜냐하면 시작은 항상 선행하는 시간을 전제하기에, 무조건적이지 않기 때문이다. 그리고 지성의 경험적 사용의 법칙(Gesetz)은 더 높은 수준의 시간적 조건을 질문하게 한다"(B 514f.). 칸트의 논증은 어쨌든 이러

---

412 I. Kant, *Kritik der reinen Vernunft* B 455. "시작은 하나의 현존재로서 사물이 존재하지 않는 시간이 그보다 우선하기에, 세계가 존재하지 않는 시간 즉 비어 있는 시간이 우선적으로 존재했어야 한다."
413 "그러나 비어 있는 시간 속에서는 그 어떤 사물의 발생도 가능하지 않다. 왜냐하면 그런 시간의 어떤 부분도 다른 존재보다 앞서는 것으로 구분되는 어떤 현존재의 조건 곧 비존재보다 앞서는 조건을 갖지 않기 때문이다"(같은 곳).
414 이 사실로부터 헤겔은 칸트의 "첫 번째 이율배반"에 나오는 반명제에 대한 논증이 이미 전제된 다음의 명제에 근거하고 있다고 언급했다. "어떠한 무제한의 현존재도 절대적인 한계도 없으며, 세계의 현존재는 항상 **선행 조건**을 요청한다." *Wissenschaft der Logik* I, hg. G. Lasson, *PhB* 56, 1967, 235. 하지만 명제와 반명제가 공동으로 말하는 것은 "**한계**가 존재하지만, 그러나 그 한계도 마찬가지로 단지 **지양된 존재**이며, 한계는 그것의 저편(Jenseits)을 가지고 있고 그에 대한 **관계** 속에 존재한다"(같은 곳)는 사실이다. 헤겔에 따르면 이러한 모순은 유한성의 본질에 속한다. *Encyclopädie der philos. Wissenschaften im Grundrisse*, 3. Ausg. 1830, hg. von F. Nicolin u. O. Pöggeler PhB 33, 1959, 209f. §258. 그는 칸트가 이러한 모순을 단지 이성에 떠넘겨서 그 본성을 이 모순으로부터 자유롭게 만들려 한다고 비판했다(*Logik* I, 같은 곳, 236).

한 지성의 "법칙"이 칸트적 주관성 내지는 그의 철학을 통한 주관성의 서술로 되돌아간다는 사실을 배제할 수 없었다. 만약 헤겔과 함께 시작과 끝이라는 한계와 또한 그 한계의 지양이 유한성의 본질에 속한다면(위의 각주 414를 보라), 그리고 어떤 유한한 존재자에게 그것의 지양이 외부에 머물고 있다는 점에서 그것이 시간적이고 소멸적이라면,[415] 여기서 다음과 같은 새로운 질문이 반드시 제기되어야 한다. 시간의 시작은 모든 경우에 유한자의 본질에 속하지 않는가라는 질문이다. 또한 이 질문이 세계 전체에 해당되는가 하는 것은 세계 전체가 유한한가 혹은 무한한가의 질문에 달려 있다. 이것은 고대의 논쟁들로부터 현대 물리학적 우주론의 대안 모델들에 이르기까지 세계의 시작의 유무에 대한 논쟁에서 배경이 되었던 핵심 질문이다.

세계의 무한성에 대한 근대의 믿음은 코페르니쿠스적인 세계상의 혁명을 현대 자연과학의 기하학적 공간 이해와 결합시킴으로써 형성되었다.[416] 연장(延長)에서 경계가 없는 유클리드 공간을 브루노(Giordano

---

[415] 헤겔에 따르면 "유한은 소멸적이고 **시간적**이다. 왜냐하면 그 개념처럼 유한은 그 자체가 총체적 부정성인 것이 아니고, 이 부정성을 자신의 보편적 본질로서 자신 안에 지니고는 있으나 그 본질에 부합하지 못하고 **일면적으로** 존재하기 때문이다. 그래서 유한은 총체적 부정성에 대해 마치 자신에 대한 **권세**를 대하듯이 처신한다"(*Encyclopädie*, 같은 곳, §258).

[416] 이 과정의 역사에 대해 다음을 보라. A. Koyré, *Von der geschlossenen Welt zum unendlichen Universum* (1957) dt. 1969. 데카르트 이래로 자주 표현된 전제, 즉 쿠자누스(Nikolaus von Kues)가 이미 무한한 세계의 표상을 주장했다는 전제에 반대하여(참고. C. F. v. Weizsäcker, Die Unendlichkeit der Welt, in 동일저자, *Zum Weltbild der Physik*, 10. Aufl. 1963, 118-157, 129f.), 코이레(Koyré)는 쿠자누스가 우주를 단지 경계가 없는 것(*interminatum*)으로 표현함으로써 그 문제를 의식적으로 회피하였다는 사실을 제시했다(17f., 참고. 31). 무한한 세계의 표상으로 나아가는 걸음은 코페르니쿠스의 우주론의 영향을 받으면서, 그러나 케플러와는 대립(같은 곳, 63ff.)하면서 진행되었다. 그 걸음을 행한 사람은 디기스(Thomas Digges, 1576), 그리고 그 이전의 브루노(G. Bruno)였는데(같은 곳, 42ff.), 브루노는 우주의 공간을 기

Bruno)의 견해처럼 셀 수 없는 태양계들로 채워진 자연공간으로 생각한다면, 공간적 우주의 무한성에 대한 표상은 가능해질 것이다. 하지만 이러한 표상을 시간에 적용하는 것은 공간과 비교할 때 부차적인 것이었고, 단지 주저하며 조심스럽게 진행되었다.[417] 비판서 출간 이전의 칸트는 세계(물론 끝이 없는 세계)의 시작을 고려했다.[418] 그는 행성계를 기계적 과정의 결과로 생각했으며, 뉴턴처럼 어떤 지성적인 창조자를 통해 직접 생성되었다고 이해하지 않았다.

세계의 무한성 표상이 벌인 승리의 행진은 처음에는 전통적인 구분, 곧 한편으로 무제한으로 진행할 수 있는 공간 및 시간의 일련의 규정들과 다른 한편으로 집중적이고 완전히 단순하고 나누어지지 않는 하나님의 무한성 사이의 구분을 통해 저지되었다. 브루노와 데카르트도 여전히 아우구스티누스의 이런 구분을 굳게 붙들었다.[419] 하나님과 세계 사이의 이런 구

하학적 공간으로 생각했던 첫 사람이다(52f.). 14세기의 "무한주의자들"(Infinitisten)이 무한한 세계의 **가능성**만이 하나님의 무한한 창조 능력의 표현이라고 주장했던 반면에(A. Maier, *Die Vorläufer Galileis im 14. Jahrhundert*, 1949, 155-215), 브루노는 실제로 일어난 하나님의 창조 행위가 그분의 능력의 크기에 필연적으로 상응한다고 주장했다(Koyré 48f.).

417 이 적용은 브루노가 공적으로 말했던 것은 아니다. 어쨌든 블루멘베르크(H. Blumenberg, *Die Legitimität der Neuzeit*, 1966, 551f.)가 브루노의 글(De la causa, principio e uno III: Dialoghi italiani ed. G. Gentile 3. ed., 1958, 280f.)로부터 인용한 구절들에는 나오지 않는다(그곳은 오히려 세계가 펼침과 접음의 도식 속에서 하나님께 상응한다는 사실이 다루어진다. 참고. 281f.).

418 I. Kant, *Allgemeine Naturgeschichte und Theorie des Himmels* (1755), 114. "창조는 결코 완성되어 있지 않다. 창조는 언젠가 시작했으나 결코 멈추지 않을 것이다." 창조의 시작이라는 한계는 칸트의 다음과 같은 주장을 읽을 때 더욱 주목하게 된다. "신적 속성들이 계시되는 장이 그 속성들과 마찬가지로 무한하다"(106).

419 브루노(G. Bruno, *De Immenso et Innumerabilibus*, Opera lat. I,1,286f., cf. 291)에 대해서는 A. Koyré 56f., 데카르트(R. Descartes, *Principia philos*. II §22, 참고 I §26)에 대해서는 101ff., 111ff.를 보라. 아우구스티누스에 대해서는 위의 각주 400f.를 참고하라.

분은 헨리 모어(Henry More)가 무한한 기하학적 공간을 하나님의 측정 불가능성 및 편재성과 동일시하고 아이작 뉴턴(Isaac Newton)이 공간과 시간의 절대성을 자신의 물리학의 토대로 삼았을 때, 사라졌다. 모어 혹은 유명한 스피노자가 하나님의 정신적인 연장과 물체가 차지하는 공간의 연장(Ausdehnung) 사이를 구분했지만,[420] 힘 그리고 특별히 중력에 대한 뉴턴의 영적인 해석으로부터 돌아선 결과로서 18세기 물리학이 절대공간과 절대시간의 표상을 신 개념으로부터 분리시킨 것에 힘입어[421] 시간적으로 그리고 공간적으로 경계가 없다고 생각될 수 있는 우주의 표상이 생기게 되었다. 칸트의 이율배반론은 세계의 무한성의 표상을 다시 한번 시간 및 공간이 무제한으로 연장 가능하다는 생각으로 소급시키면서[422] 하나님의 완전성과 그 표상을 구분했지만, 그 과정에서 헨리 모어가 이미 데카르트에게 물었던 질문은 대답되지 않았다. 그것은 공간 및 시간의 규정성의 무제한적 진행이 우주 안에는 시작이 없고 우주적 공간에는 경계가 없다는 사실을 전제하고 있지 않은지에 대한 질문이다.[423] 그 구분은 물론 칸트의 입장처럼 전체로서의 세계에 대한 표상이 포기될 수 없는 경우에만 성립되는 경우다.[424]

---

420 A. Koyré 143.144.

421 위의 160f.를 보라. 또한 N. J. Buckley, The Newtonian Settlement and the Origins of Atheism, in: R. J. Russell u.a. Hgg., *Physics, Philosophy, and Theology. A Common Quest for Understanding*, 1988, 81-99를 보라.

422 I. Kant, *Kritik der reinen Vernunft* B 460f. 안트바일러(A. Antweiler, *Die Anfangslosigkeit der Welt nach Thomas von Aquin und Kant*, 1961, 113)는 여기서 칸트가 안셀무스의 신 존재 증명의 의미(id quo maius cogitari nequit)에서 암묵적으로 무한의 이해로부터 멀어졌다고 바르게 지적했다.

423 1648년 12월 11일에 모어가 데카르트에게 쓴 편지는 Descartes, *Euvres* ed. Adam-Tannery V, 235ff.에 실려 있다. 데카르트(242)의 입장에 대해서는 A. Koyré, 같은 곳, 109를 보라.

424 Kant, 같은 곳, B 550f., 참고. B 532f. "…세계는 무제한적인 **전체**가 아니고, 그런 전체

세계의 무한성에 대한 믿음을 관철시킨 역사에 속하는 마지막 것으로 베른하르트 볼차노(Bernhard Bolzano)에게서 시작되어 기초가 놓인 수학적 집합론(Mengenlehre)을 들 수 있다. 이 집합론은 우주론과 직접 관련되지는 않지만, 하나님의 무한성 개념을 세계에 전가하는 정점이자 종결로 판단될 수 있다. 왜냐하면 이 집합론은 실제적인(aktual) 무한의 사고를 수학적으로 규정하고 이를 통해 그 사고를 물리학적으로 적용하는 것을 허락하는 듯이 보였기 때문이다. 볼차노는 실제적인 무한을 무한히 많은 부분들로 구성된 다수의 "총괄"(Inbegriff) 혹은 "집합"으로 이해했다.[425] 이런 이해를 통해, 아리스토텔레스에게서 유래하는 전통에 반대해서 우주가 단순히 잠재적으로가 아니라 실제로 무한하다고 생각하는 것이 처음으로 가능한 것처럼 보였다.[426] 게다가 우주는 집합론의 관찰에 따르면 유일한 무한 집

로서 존재하지도 않는다. 세계는 무한한 것도 아니고 유한한 것도 아니다"(B 533).

[425] B. Bolzano, *Paradoxien des Unendlichen* (1851), 1964, 15f. (§14). 데카르트와 달리(*Medit*. III,28) 볼차노는 무한 개념이 유한 개념에서 도출된 것으로 보았고, 유한한 단일자들의 집합 내지 다수를 지칭한다고 보았다(§2, 참고. §10f.). 무한을 어떤 유한한 것의 파악을 위한 조건으로 이해하는 철학적 무한 개념은 볼차노에게 수용되지 않았다.

[426] 그래서 볼차노는 "**또한 현실성 자체의 영역**"에서 무한에 대해 말했다(같은 곳, 36, §25). 이것은 우선 하나님과 관련된 것이지만(같은 곳), 그러나 그분의 능력과 의지의 무한성 때문에 또한 피조물들에게서도 "많은 무한한 것들이 입증될 수 있다.…왜냐하면 유한한 존재들의 **집합**은 무한한 것이어야 하기 때문이다. **상태들**의 집합도 마찬가지다. 유한한 존재들에 속한 각각의 개체가 매우 짧은 시간 동안에 경험하는 그 상태는…무한히 크다고 말할 수밖에 없다"(같은 곳, 36). 공간과 시간에 대해 38(§27)과 77f.(§39)를 참고하라. 또한 칸트도 이렇게 말했다. 무한하고 무제한적인 세계는 "경험으로 가능한 모든 개념에 대해 **너무 크다**"(*Kritik der reinen Vernunft* B 515). 그럼에도 불구하고 게오르그 칸토어(Georg Cantor)는 수학적 집합론에 대한 볼차노의 생각을 확장했으며, 칸트의 이율배반론에 대해 바로 실제 속의 무한과 관련된 "무한 개념의 **무분별한** 사용"을 비판했다. Brief an G. Eneström vom 4.11, 1885, in: G. Cantor, *Zur Lehre vom Transfiniten*. Gesammelte Abhandlungen aus der Zeitschrift für Philosophie und philosophische Kritik 1, Halle 1890. H. Meschkowski,

합이 아니다. 이로써 세계의 무한성에 대한 표상은 사상적 특이성을 상실했다.

그러나 무한 집합을 실제로 무한한 것으로 보는 견해는 다음과 같은 항의를 불러온다. 그런 견해는 그 집합을 구성하는 유한한 부분들과 같은 요소들에 대한 표상을 언제나 이미 근거로 삼고 있다는 것이다. 이를 통해 무한 집합의 이른바 실제적인 무한은 재차 유한한 부분들을 통합하는 잠재적 무한성 혹은 반대로 무제한 뻗어나가는 분할가능성의 잠재적 무한성으로 되돌아간다. 이것은 무한 집합이 실제적인 무한이라는 주장에 대한 직관론적 비판이다. 직관론적 수학은 무한 집합의 표상에서 나타나는 모순과 역설의 예시를 넘어[427] 실제로 무한한 전체성은 존재할 수 없다고 주장했다. 왜냐하면 그러한 전체성은 요소들로부터 구성될 수 없기 때문이다. "…사람들은 이미 구성한 것보다 더 큰 것을 구성할 수는 있지만, 그것은 항상 유한의 반복일 뿐이다."[428] 그 결과 실질적으로 무한 집합의 개

Das Problem des Unendlichen. Mathematische und philosophische Texte von Bolzano, Gutberiet, Cantor, Dedekind, 1974, 116ff., 각주 122에서 인용됨. 칸토어는 잠재적 무한을 실제적 무한과 구분하여 "전자는 **변화하고 유한하며 모든 유한한 한계들을 넘어 자라나는** 것으로, 후자는 **그 자체로 확고하고 불변하지만** 그럼에도 불구하고 모든 유한한 것들 너머에서 존재하는 것으로 묘사했다"(121). 실제적 무한 대신에 칸토어는 습관적으로 "유한을 초월하는 무한"(Transfinit)을 말하면서, 그것을 실제적 무한과 명시적으로 동일시하기도 했다(같은 곳, 118ff.). 이 과정에서 그는 다른 여러 요소들을 추가해도 늘지 않는 비증가성을 절대자의 표식으로 간주했을 뿐이고, 그것을 잠재적 무한과 구분되는 실제적 무한자의 표식으로 여기지는 않았다(121f.).

427 이에 대해 H. G. Steiner, Mengenlehre, in: *HistWBPhilos* 5, 1980, 1044-1059, 1053f.가 짧게 다룬다.

428 바이체커는 직관론적 논증을 그와 같이 요약한다. C. F. v. Weizsäcker, 같은 곳, 150. 위의 각주 416을 보라. 이에 대해 M. Dummett, *Elements of Intuitionism*, Oxford 1977, 55-65를 비교하라. 집합론의 무한이 실제적인 무한이라는 주장은 화이트헤드(A. N. Whitehead)와 러셀(B. Russell)의 유형 이론(*Principia Mathematica* 1913, 재인쇄 1961, 37ff.)에서는 나타나지 않는다. 또한 참고. D. Hilbert, Über das

념은 재차 유한한 단계들의 무제한적 진행 가능성이라는 의미를 지닌 잠 재적 무한성의 유형으로 환원된다.

무한 집합의 사고와 연관된 역설들에 대한 통찰은 오늘날 물리학적 우 주론이 무한한 우주의 표상을 외면하게 만드는 서곡처럼 보인다. 이러한 전환은 상대성이론을 통해 야기되었다. 상대성이론은 공간과 시간이 질량 과 속도에 의존한다고 가르쳤고, 세계는 공간적으로 경계가 없으나 그럼 에도 불구하고 유한하다는 생각을 가능케 했다.[429] 이에 더하여 허블(Edwin Hubble)을 통한 우주의 팽창 운동의 발견과, 이를 통해 추론한 그 팽창 운 동의 출발점 곧 길지만 유한한 시간 이전에 우주 전체의 물질이 극소 공 간 안에 압축되어 있었던 처음 순간의 발견이 뒤따라왔다. 우주 팽창의 시 작인 "빅뱅"(Urknall)은 처음에는 50억 년 전으로, 이후의 계산에 따르면 약 150억 년 전으로 추정되었는데, 이와 같은 빅뱅 이론은 20세기 중반 이후 에는 물리적 우주론의 "표준모델"(Standardmodell)이 되었다.[430] 바로 이 현 대 우주론은 최초로 우주 전체를 공간적 연장 및 시간적 연장 속에서 경 험적 연구의 대상으로 만들었다.[431] 이와 함께 세계 전체에 대한 철학적 질

Unendliche (1925), in: *Hilbertiana. Fünf Aufsätze*, 1964, 79-108, 특히 82f.108.

[429] 리만(Riemann)의 공간 개념들을 우주론에 적용해서 그와 같은 이해를 가능하게 만든 것에 대해 W. Stegmüller, 같은 곳, 501f.를 보라. 또한 다음의 간략한 설명들을 보라. B. Kanitscheider, *Kosmologie. Geschichte und Systematik in philosophischer Perspektive*, 1984, 156.

[430] 1922년에 프리드만(A. Friedmann)이 처음으로 예시한 이래로 빅뱅 모델의 역사 는 호킹(Hawking)이 제시한 중요한 모델을 통해 일목요연하게 묘사되었다. St. W. Hawking, *Eine kurze Geschichte der Zeit. Die Suche nach der Urkraft des Universums*, 1988, 53-74. 그 외에도 J. S. Trefil, *Im Augenblick der Schöpfung* (1983) dt. 1984를 참고하라. 무엇보다도 또한 고전적으로 말해지는 다음 책을 참고 하라. St. Weinberg, *The First Three Minutes*, 1977.

[431] W. Stegmüller, 같은 곳, 505. 또한 카니트샤이더(B. Kanitscheider, 같은 곳, 148)가 인용한 스키아마(D. W. Sciama, 1979)에 대한 평가를 보라. D. W. Schiama, *Modern Cosmology*, 1971를 비교하라.

문에 대해 새로운 상황이 등장했다. 칸트는 그 표상이 경험적으로 무의미하다고 거부했고, 이것이 그의 우주론적 이율배반을 해결하는 토대가 되었다(위의 각주 424를 보라). 세계의 통일성이란 그에게는 단지 경험들을 계속해서 연결해주는 주도적인 관념일 뿐이었다. 그에 반대해서 그 당시에 주장할 수 있었던 최선의 것은 이성적 사고가 세계 전체에 대한 보다 더 확고한 표상들을 포기할 수 없다는 것이었다. 그러나 현대 물리학적 우주론은 세계 전체에 대한 그러한 표상이 결코 경험적 지식의 한계를 벗어나 근거 없는 속임수에 빠지는 것이 아니며, 나아가 경험적으로 필수불가결한 동시에 가능한 표상임을 증명했다.

팽창우주의 표준모델과 세계의 시간적 시작이라는 가정은 연결될 수 있을까? 첫눈에는 우선 명확하게 가능해 보인다. 그렇다면 이 세계에게는 대략 150억 년이라는 "나이"가 부여된다. 1951년 11월 22일 큰 반향을 일으켰던 교황 피우스 12세(Pius XII)의 선언은 새로운 물리학적 우주론이 그리스도교 창조 신앙을 확고히 다지는 것으로 보았고 "유한한 시간 이전"에 우주가 시작했다는 생각을 인정했으며, 나아가 그 생각을 새로운 신 존재 증명의 기초로 삼았다.[432] 하지만 이 선언은 많은 비판에 부딪쳤다.[433] 실제

---

[432] Acta Apostolicae Sedis 44, 1952, 31-43, dt. in Herderkorrespondenz 6, 1951/52 H.4 (Januar 1952) 165-170. "현대 자연과학의 빛에서 본 신 존재 증명." 특히 C단원의 우주와 그 발전(168), 그리고 "추론들"(169)을 참고하라. "시간 안에서의 창조, 그렇기에 어떤 창조자, 그 결과 어떤 하나님—이런 내용은 비록 자명하거나 완결된 것은 아니지만 우리가 학문에 대해 요구해 왔고 오늘날 인류가 학문으로부터 기대하는 바로 그 소식이다." 교황 요한 바오로 2세는 이보다는 매우 소극적으로 표현했다. 그는 뉴턴의 『프린키피아』의 출판 3백주년을 기념하여 1988년 7월 1일에 바티칸 관측소의 소장(Rev. Georg V. Coyng)에게 보낸 서신(R. J. Russell u.a. Hgg., *Physics, Philosophy, and Theology. A Common Quest for Understanding*, 1988, M 11f.)에서 신학자들과 자연과학자들의 대화가 "'빅뱅'과 같은 최근 우주론의 이론을 변증의 목적으로 무비판적이고 서투르게 사용하는 것을 막아줄 것"이라는 기대를 표명했다.

[433] 호킹이 제시한 사례들에 대해 St. Hawking, 같은 곳, 67ff.를 보라. 거기서 제시된 의

로 시간의 시작이라는 가정은 그다지 명확한 것도 아니고 첫눈에 그렇게 보이는 것처럼 전혀 회피될 수 없는 것도 아니다. 나아가 우주가 시간의 시작점을 갖는다고 가정해도, 그것이 간단하게 신 존재 증명의 기초가 되는 것도 아니다. 그러한 사태에 대한 다양한 해석이 가능한 것이다.

시간의 시작에 대한 질문에 담긴 난점들은 시간의 진행이 물질 과정들과 무관하지 않다는 사실에 기인한다. 이미 상대성이론에 따라 시간의 길이가 상대적이라고 일반적으로 생각되듯이,[434] 초기 우주의 시간에 그곳에서 일어난 기초 과정들을 통해 시간의 흐름을 이해하려고 하면 특별한 문제들이 생긴다. 팽창하는 우주라는 표준모델에 따르면 우주가 연장되는 곡선은—시간을 뒤로 가는 방향으로 추적할 경우—물질의 무한한 밀도와 시공간의 무한한 압축이 포개지는 한 점에 도달한다. 하지만 초기 우주 역사의 재구성은 단지 그 지점에 근접하는 곳까지 소급되는 것이지, $t=0$인 지점까지 도달하는 것은 아니다. 왜냐하면 시작점은 "어떤 물리학적인 상태로 정의될 수 없기" 때문이다.[435] "주관적 시간"이 시작점에 근접한 지점에서 그 근접 지점의 크기에 상응하여 연장되어 있다고 생각하는 것은 가능하다. 이것은 블랙홀의 "사건 지평선"에 근접한 지점에서 일어나는 일과 유사하다.[436] 이렇게 볼 때 최초의 절대적인 사건에 대한 질문은—무의미

견들은 여러 자연과학자들이 성급하게 대안을 찾으려 했다는 인상을 준다. 그들은 자연과학의 최종 결과물이 교회의 교리와 함께 수렴되는 일은 있을 수 없다고 생각했기 때문이다. 그런 반작용에 대해 다음을 보라. S. L. Jaki, *Science and Creation. From eternal cycles to an oscillating universe*, 1974, 336ff., 특히 346ff.

[434] 호킹(St. Hawking, 51)은 다소 부정확하게 다음과 같이 말한다. 상대성이론은 "절대적 시간이라는 관념을 인정했다." 앞부분에 설명된 내용으로 미루어보면 광속에 대한 의존성 때문에 상대적인 것은 각각의 시간의 길이 내지는 시간적 지속이다. 그러한 사건들의 시간적 순서는 광속과 무관하다.

[435] B. Kanitscheider, 같은 곳, 309. 또한 참고. St. Weinberg, 같은 곳, 133, 149, 특히 148f.

[436] 블랙홀 근처에서 일어나는 시간문제에 대해 St. Hawking, 같은 곳, 117ff.를 보라. 양자 과정들에 대해 호킹은 시간을 허수로 계산할 것을 제안했고(171), 그 시간을 다소 불

한 것은 차치하더라도—어쨌든 대답될 수 없는 것으로서 남아 있다.

그럼에도 불구하고 시간 안에 있는 모든 유한한 과정에는 시작이 있다. 우주 전체를 유한한 과정으로 생각할 수 있다면, 바로 그 점에서 우주 그 자체에 대해—시간의 크기와 흐름의 상대성을 해치지 않고서도—시간적인 시작점을 수용할 수 있다. 공간과 시간 안에서 한계가 없는(한 방향이 아니라 모든 방향으로 무제한적인) 우주에 대한 근대적 표상은 세계의 부분들이 유한하다고 생각했지만 세계 전체를 유한한 과정으로 가정하지는 않았다. 그와 달리 현대 물리학의 우주론은 팽창 우주의 표준모델에서 최소한 그 우주의 시작에 관련해서는 유한성의 전제를 암시한다. 또한 현재의 팽창 우주를 팽창과 수축을 반복하는 전체 운동 과정 속에 있는 부분적 과정으로 이해할 수 있게 해주는 어떤 경험적 단서도 없다. 그런 운동의 진행에서

명확하게 "허수의 시간"이라고 불렀다(같은 곳). 이 기초 위에서 재구성된 우주론은 우주를 "경계선이나 가장자리가 없는 유한한 규모"의 시공간으로 묘사한다(173). 그 우주 안에는 시작과 끝이라는 특이점(Singularitäten)이 없다(176). 이러한 견해가 갖는 물리학적 및 신학적 중요성을 논의한 사람은 아이샴이다. C. I. Isham, Creation of the Universe as a Quantum Process, in: R. J. Russell u.a. Hgg., *Physics, Philosophy, and Theology. A Common Quest for Understanding*, 1988, 374-408, 특히 397ff. "최초의 사건"이라는 가정이 갖는 문제들에 대해서는 R. Torretti, Kosmologie als ein Zweig der Physik, in: B. Kanitscheider, Hg., *Moderne Naturphilosophie*, 1984, 183-200, 특히 197을 참고하라. 닫힌 우주 모델에서 세계의 종말에 관련된 비슷한 문제들에 대해 다음을 보라. F. J. Tipler, The Omega Point as Eschaton. Answers to Pannenberg's Questions for Scientists, in: *Zygon* 24, 1989, 217-253, 227. "…닫힌 우주들은 무한한 밀도를 지닌 최종 특이점에서 끝나며, 온도는 그 최종 특이점에 도달해갈 때 무한으로 치솟는다. 이것은 끊임없이 증가하는 에너지의 양이 최종 특이점 근처에 이르기까지 요구됨을 의미한다." 특이점에 근접해가는 지점에서는 너무도 많은 자유로운 에너지가 이용될 수 있다. 이 에너지는 "닫힌 우주 속에서 현재와 시간의 끝 사이의 무한한 양의 정보 처리를 위해 충분하다. 그러므로 비록 닫힌 우주가 유한한 시간 동안만 적절하게 존재한다고 해도, 그럼에도 불구하고 그 우주는 무한한 주관적 시간 동안 존재할 수도 있다. 이 시간은 살아 있는 존재에 대해서는 매우 큰 의미가 있는 시간 단위이다."

는 팽창과 수축의 국면들이 교대로 일어나며, 마지막 수축 이후에 새로운 팽창이 뒤따른다고 생각된다. 무엇보다도 순환운동 안에서 새로 시작되는 시간 과정들이 이전의 것과 동일하다는 방식으로 순환모델이 시간의 흐름에 적용되기는 어렵다. 시간 안에 있는 세계과정의 유한성은 시간의 흐름의 비가역성에 직면하는 가운데 시작과 종말의 구분을 포함하고 있다.

물론 그 시작은 물리학적으로 정확하게 규정될 수 없을지도 모른다. 그러므로 시간적 시작의 주장은 직접 물리학적인 증빙들이나 추론에 근거할 수 없다. 또한 그 주장은 순수하게 개념적으로 유한의 본질로부터 도출될 수도 없다. 왜냐하면 그 주장은 유한 개념을 세계 전체에 적용하는 데 달려 있기 때문이다. 그러나 또한 시작이 있다는 주장은 관찰될 수 있고 재구성될 수 있는 자연사건의 외부에 있는 계시의 진리로서 정당화될 수도 없다. 그 주장은 경험적 근거를 필요로 한다. 그런 근거는 현대 우주론이 실제로 제공한다. (칸트와 달리) 우주의 전체 과정을 하나의 전체성으로 생각하는 것이 의미 있고 필연적이라면, 나아가 그 전체 과정이 시공간적인 형태로서 유한하다면, 그 과정은 시간적인 시작을 갖고 있을 것이다. 이것은 시간 "안에서의" 시작—이것은 그 시작에 앞선 빈 시간이 있다고 가정한다—이 아니라 시간 그 자체의 시작이다. 이것은 이미 시간적으로 규정되는 시간, 즉 시간적 순간들의 연속이 시작되는 것을 의미한다. 이러한 견해는 그와 같은 시작의 국면에서 시간 자체가 사건의 연속이자 측정 가능한 과정으로서 최초의 형태를 취한다는 사실을 암시해준다. 이때 주관적인 "허수의" 시간이 시작점에 근접한 곳에서 무제한으로 연장될 수 있다. 그러나 시작과 더불어 우주의 전체 과정에 대해 한 가지 한계가 객관적으로, 다시 말해 상대적으로 설정되는데, 이것은 세계 시간을 그보다 우선하는 시간으로부터가 아니라 영원으로부터 구분하는 경계선을 뜻한다.[437]

---

[437] 카니트샤이더(B. Kanitscheider)는 칸트의 첫째 이율배반에 나오는 반명제 논증을 비판한다(위의 각주 412f.). 왜냐하면 그 논증은 세계의 시작보다 우선하는 빈 시간을 상

비슷한 문제들이 세계의 종말에 대한 표상과 관련되어 있다. 성서적 전승은 늦어도 묵시록이 등장한 시기 이래로 세계의 종말론적 표상을 알고 있었으며, 그 표상을 하나님 나라의 미래에 대한 희망과 연결시켰다. 그런 표상들을 통해 규정된 기대, 곧 그리스도의 재림에 대한 신앙과 융합되어 있는 기대는 그리스도교 신학에 대하여 근본적으로 중요한 의미를 가지고 있다. 비록 종말의 때까지 펼쳐지게 될 시간적 간격에 대한 이해들 사이에 큰 차이가 있다고 해도 그렇다. 이 문제에 대한 더 상세한 설명은 종말론 장에서 다루어질 것이다. 여기서는 단지 특별한 관점에서 다음의 사실만을 고려하려고 한다. 전체로서의 세계가 시간적으로 구성되어 있는 한, 세계의 종말 역시 세계의 유한성에 속한다는 사실이다.

근대적 사고에서 이러한 표상은 세계의 시작이라는 생각보다 훨씬 더 낯선 것으로 보였다. 한 가지 이유는 17세기 자연과학의 기계론적인 세계 이해 그리고 특히 자연세계 전체에 대한 기계론적인 이해 속에서 목적론적인 관점이 퇴행한 것이다. 그래서 데카르트는 세계를 "태초에" 하나님이 창조하신 것으로 이해하기는 했지만, 하나님의 불변성 때문에 그 밖의 모든 변화에 대한 설명을 피조된 사물들과 그것들의 기계적 상호작용으로 소급시켜야 했다.[438] 그는 하나님의 불변성으로부터 변화하지 않고 지속적으로 유효한 자연법칙들의 표상이 뒤따라온다고 보았다.[439] 칸트도

정해야 한다는 주장을 통해 "최초의 사건과 함께 시공간 자체가 발생했을 수 있다"는 아우구스티누스적 대안을 간과했기 때문이다(같은 곳, 440). 이 비판을 위해 그는 다음 두 사람을 인용한다. G. J. Whitrow, The Age of the Universe, in: *The British Journal for the Philosophy of Science* V,19, 1954, 215-225. 그리고 B. Ellis, Has the Universe a Beginning in Time?, in: *The Australian Journal of Philosophy* 33, 1955, 32-37. 또한 참고. St. Weinberg, 같은 곳, 149. "…시작이 **있었다**는 것, 그리고 그 순간 이전에 시간 그 자체는 아무런 의미도 갖지 않는다는 것은 최소한 논리적으로는 가능하다."

438 R. Descartes, *Principia philosophiae* II §36f.
439 같은 곳, §37.

1755년의 논문인 "보편적 자연사"에서 창조의 시작에 대해 매우 자명하게 말했지만, 창조가 결코 그치지 않을 것이라고 즉시 덧붙였다(위의 각주 418). 열역학 제2법칙이 등장하고 나서야 비로소 물리학은 세계의 종말에 대한 표상을 다시 시야에 두게 되었다. 그러나 그 종말은 우선적으로 열역학적 평형의 최종 상태, 즉 이른바 "열의 죽음"이라는 의미에서 이해되었다.[440] 그다음 팽창 우주에 대한 여러 종류의 모델 가운데 한 가지는 본질적으로 급진적인 세계 종말의 표상으로 이끌었고, 그와 함께 엄청나게 먼 미래를 내다보았다. 다음과 같은 질문이 제기되었다. 팽창 운동이 겉으로 보기에 느려지더라도, 모든 미래에 영원히 진행될 것인가? 혹은 팽창은 중력의 작용을 통해 느려지다가 완전한 정지 상태에 도달한 다음 수축 국면으로 넘어갈 것인가? 후자의 경우에 우주는 결국 초기 우주에 해당하는 특이점에서, 즉 무제한의 밀도와 시공간의 압축 속에서 끝나게 될 것이다. 우주에 대해 그런 종류의 미래를 연출하는 과정들의 사례는 우주 안에서 이른바 블랙홀들이 발견되고 연구된 이래로 제시되어왔다.[441] 두 가지 종말의 가능성, 곧 우주의 팽창이 시공간적으로 무제한의 크기까지 계속될 가능성과 그와 반대로 우주의 역사를 끝내며 모든 물질이 압착되는 수축 운동으로 되돌아설 가능성 사이에서 중간 해법이 특별한 관심을 불러일으켰다. 그것은 팽창하는 힘과 중력이 균형을 이루는 무한히 안정된 국면으로 넘어가서 팽창곡선이 "평평하게" 끝나갈 것이라는 가능성이다.[442] 이러한 세

---

440 C. F. v. Weizsäcker, *Die Geschichte der Natur* (1948) 2.Aufl. 1954, 37f. 참고. K. Heim, *Weltschöpfung und Weltende* (1952), 2.Aufl. 1958, 114ff., 121ff. 하임은 세계의 종말에 대한 열역학적인 진단 속에서 뒤부아-레이몽(Dubois-Reymond)의 말을 인용하여 "자연과학적 종말론"이라는 표현을 사용했다.

441 St. W. Hawking und R. Penrose, The singularities of gravitational collapse and cosmology, in: *Proceedings of the Royal Society of London* (A) 314, 1969/70, 529-548. 참고. St. W. Hawking, *Eine kurze Geschichte der Zeit*, 1988, 111-128.

442 우주 팽창의 곡선이 열리거나, 닫히거나, 혹은 "평평하게" 되는 세 가지 가능성에 대해

가지 모델 사이에서 결정을 내리는 것은 아직 충분히 해명되지 않은 문제, 즉 우주 전체의 질량이나 물질적 밀도에 대한 질문에 달려 있다. 지금까지의 물리학적 우주론이 "평평한" 우주의 가정 쪽으로 기울어지는 경향이 있었던 반면에, 새로운 견해는 지금까지 추측했던 것보다 더 큰 물질적 밀도를 가정하고 중력의 작용이 팽창 운동을 수축 운동으로 되돌려 놓을 수 있을 것이라는 추론을 지지하고 있다.

이와 같은 숙고들은 세계의 종말에 대한 신학적 질문과 어떤 연관성을 갖는가? 이미 우주의 "열의 죽음"에 대한 논의가 바르게 제시했던 것처럼, 그런 사건은 인류의 역사적인 미래보다 훨씬 더 먼 거리의 저편에 놓여 있는데, 왜냐하면 유기적 생명체를 위한 조건들은 그보다 훨씬 더 이른 시기에 끝날 것이기 때문이다. 반면에 성서적 기대 안에 있는 세계의 종말은 인류의 역사적 종말과 밀접하게 결합되어 있고, 나아가 그것은 다소간에 집중된 임박한 미래에 대한 기대였다. 우리의 세계가 "닫힌" 우주, 즉 수축 국면이 진행된 후에 시작과 유사한 최종 특이점으로 붕괴하는 우주 모델과 일치한다면, 그런 종말은 유기적 생명 및 인간 생명을 위한 모든 조건이 끝나는 시점 이후에도 수십 억 년이 흐른 다음에 일어날 것이다. 물론 배로우(Barrow)와 티플러(Tipler)가 논의하는 "인간원리"의 맥락에서 다음과 같은 생각이 전개되기는 했다. 지적 존재의 등장은, 우주 전체가 그 등장으로 조율되어 있다면, 그저 지나가는 현상에 그칠 수 없고, 탄소 화합물에 기초한 유기적 생명체의 토대로부터 분리되면서 우주 전체를 정신적으로 지배하기에 이르기까지 계속 존속해 나간다는 것이다.[443] 하지만 그

St. W. Hawking, *Eine kurze Geschichte der Zeit*, 1988, 62ff.를 참고하라. 호킹 자신은 열린 우주나 평평한 우주를 택했는데(66), 왜냐하면 그가 그 책을 저술할 때 사용 가능했던 정보들에 따르면 우주의 물질적 밀도가 수축 국면으로 넘어가기에 충분치 않아 보였기 때문이다.

443 J. D. Barrow und F. J. Tipler, *The Anthropic Cosmological Principle*, 1986, 266ff.

지배자가 여전히 인간적 현존재의 형태일까? "인간원리"의 모델을 더욱 발전시킨 자신의 버전 안에서 티플러는 정신이 우주를 완전히 통치하는 최종 시점을 고도로 발전된 인간의 지성 대신에 신 개념과 연결시켰다.[444] 티플러에 따르면 우주 안에서 인간과 함께 등장한 지성은 우주의 오메가(Omega)에서 완결되는 하나님의 현실성에 참여할 수 있게 되는데, 지성이 하나님의 종말의 현실성에 대해 갖는 그 관계는 티플러의 논증에 대해 중요한 파급효과를 갖게 된다. 그러한 참여는 지적 생명체가 우주의 마지막까지 계속해서 지속된다는 가정 없이도 생각될 수 있는 것이다. 왜냐하면 신적 현실성은 (티플러 자신도 수용하는 것처럼) 오메가(Omega)에서 생겨나는 것이 아니라, 마지막에 완성되는 현실성으로서 어떤 시간적 제약에도 예속되지 않고, 그래서 그 현실성의 종말론적 미래로부터 이미 세계 과정의 모든 국면에 현재적이며, 이미 그 여정의 시작점에서 우주의 창조적 원천으로서 존재한다고 생각될 수 있기 때문이다.

그러나 다른 관점에서는 우주 속에서 인간적 생명이 지속된다는 가정이 필수적이다. (티플러와 배로우도 받아들였던) 전제, 곧 인간적 (혹은 지적) 생명체의 등장이 우주의 진화 과정에서 단순히 일시적인 것이 아니라 그 과정 전체에 대해 본질적인 의미를 가지고 있다는 전제 아래서 그렇다. 그렇다면 인간 생명체는 세계 과정 전체를 포괄하고 규정할 수 있어야 한다. 이 조건은 예수 그리스도의 새로운 인간으로서의 부활과 높여지심에 대한 그리스도교 신앙의 토대 위에서 성취되고 있다.[445] 그렇기에 그 조건의 성취를 위해 세계 과정에서 인간과 함께 등장하는 어떤 지성을 가정할 필요는

---

444 F. J. Tipler, The Omega Point as Eschaton. Answer to Pannenberg's Questions for Scientists, in: *Zygon* 24, 1989, 217-253, 특히 200ff.229f. 티플러의 사상적 발전 과정의 중간 단계에 대해 그의 논문을 보라. The Omega Point Theory. A Model of an Evolving God, in: R. J. Russell u.a. Hgg., *Physics, Philosophy, and Theology: A Common Quest for Understanding*, 1988, 313-331.
445 이에 대한 나의 해설을 보라. *Zygon* 27, 1989, 255-271, 특히 267f.

없게 되는데, 다시 말해 탄소에 기초한 유기적 생명체의 형태가 아닌 다른 어떤 토대로부터 생겨난 지성의 미래적 발전 형태를 더 이상 가정할 필요가 없는 것이다.

  이 문제에 대한 세부적인 논의는 종말론으로 미뤄야 할 것이다. 여기서 분명히 말해야 하는 것은 다음과 같다. 시간적 시작에 상응하는 우주의 시간적 종말이 물리학적으로도 생각될 수 있으며, 또한 진행 과정 전체를 포함한 우주가 유한하다는 가정도 가능하다. 나아가 우주의 시간적 시작이 아니라 우주의 미래가 바로 세계의 과정 전체가 처음부터 근거하고 있는 "장소"임이 명백해진다. 지적 생명체의 출현이 우주 전체의 본질적인 특성임을 볼 수 있게 해주는 "인간원리"의 관점은 우주의 근본 구조에 대한 이해로 인도하는데, 그 구조는 전체 우주를 위한 중요한 기능을 종말론에 부여한다. 왜냐하면 우주 과정의 오메가(Omega)에 이르러서야 비로소 세계를 통치하는 저 정신의 완성된 형태가 생각될 수 있기 때문이다. 정신의 통치는 인간 안에서 시작하는 형태로서 출현했고, 인간 안에서 등장한 그 형태가 실제로 우주 전체에 대해 의미를 가지려면 다른 형태로, 즉 완전하게 확장된 우주를 규정할 수 있는 형태로 실현되어야만 할 것이다. 우주 과정의 오메가(종말)에 이르러야 전체 과정에 대한 정신의 통치가 생각될 수 있다. 그때 그 통치는 우주의 시작의 근거도 될 것이다. 왜냐하면 그 통치는 시간의 조건들로부터 벗어나기 때문이다. 혹자는 우주에 법칙들과 현존재를 부여한 어떤 하나님의 표상이 그 시작과 직접 결합될 수 있다는 사실에 대해 아니라고 말할 수도 있을 것이다. 사실 티플러의 오메가 포인트 이론은 결과적으로 그런 표상으로 이끌고 있다. 하지만 그 이론은 인간원리를 해결의 실마리로 삼아 최종적으로는 그런 결과로 이끌게 되는 추론의 과정을 발전시킨다는 장점을 갖고 있다. 종말론을 넘어서는 길에 서지 못하면, 우주 질서에 대한 목적론적 신 존재 증명으로부터 지성을 지닌 우주의 창시자에 대한 가정으로 건너가는 사고의 비약을 일으키거나, 신인동형론의 유비적 추론에 빠질 수 있다. 이런 전통적인 사고유형과는 달리 티플러가 제시한 논증에 대해 인정해야 할 것은 그 논증이 단순한 유비론적 추론에 봉사하는 것도 아니고, 신인동형론적인 하나님 표상으로 이끌지도 않는다는 사실이다. 아무튼 중요한 것은 그것이 다른 우주론적 모델들에 대한 대안으로 사용이 가능한 이론이며, 그렇기에 전통적 의미에서의 신 존재 증명이 아니라는 사실이다.

신학이 그러한 모델을 받아들인다는 것은 물론 논의될 수 없다. 그 논증은 신학이 아닌 다른 어떤 지평 위에서 움직인다. 하지만 그 모델로부터 파급되는 근본사상이 거기서 전개된 신학적 논증과 함께 수렴된다는 사실에는 오인의 여지가 없다. 그렇기에 신학은 그러한 우주론적 숙고들의 가능성을 우주의 창조적 근원으로서의 하나님의 미래를 주제로 하는 설명과 관련시킬 수 있고, 그 숙고들의 실재에 대한 관계를 논의할 수는 있다. 하나님이 우주의 종말로부터 우주적 과정의 전개 속에 있는 자신의 피조물들에게 어떻게 창조적으로 현재하시는가 하는 방법과 특성은 어쨌든 티플러의 모델에서는 포괄적인 해명이 필요하다. 하지만 지금까지 이에 대해 어떤 제안이 있지는 않았다. 그 해명은 아마도 하나님의 영의 창조적 활동이라는 관점으로부터 장 개념으로 추정하고 표현했던 방향(위의 192ff.를 보라) 안에서 찾아질 수 있을 것이다.[446]

---

[446] 우주적 장의 재해석(Tipler, 1989, 229)은 오메가가 우주의 장 구조에 대해 갖는 본질적 중요성의 의미에서 양자물리학의 우연성 문제에 대한 해석을 제공할 수도 있다. 그 해석은 티플러가 에버렛(Hugh Everett, 1957)의 "다중 세계 해석"을 수용한 것(같은 곳, 235f.)을 불필요하게 만들며, 개별적 사건들의 일시적 우연성(우주적 파동 기능과 관련해서가 아니라 그것에 앞선 것들과의 관계 속에서의 우연성)에게 티플러(같은 곳, 236)가 인정했던 것보다 더 큰 중요성을 부여하게 될 것이다. 에버렛의 가설어 대한 비판으로는 다음 논문을 참고하라. Mary B. Hesse, Physics, Philosophy and Myth, in: R. J. Russell u.a. Hgg., *Physics, Philosophy, and Theology. A Common Quest for Understanding*, 1988, 185-202, 특히 192ff. 그런 방향을 가리키는 생각들은 아마도 양자적 사건들의 동일성이 과거로 효력을 미치는 결정에 관한 휠러(J. A. Wheeler)의 설명과 연결될 수 있을 것이다. 다만 그 결정이 일차적으로는 오메

3. 창조 신앙과 신정론

세계는, 인간의 경험과 인식에게 드러나는 것과 같이, 합당한 이유에서 성서적 하나님의 창조로 이해될 수 있고 그렇게 주장될 수도 있다. 신학의 창조론은 세계를 하나님의 창조로 묘사할 때, 그 사실에 대한 증거를 제시해야 한다. 그렇게 할 때 창조론은 지성적으로 책임을 지면서 하나님에 대해 말할 수 있는 가능성이 열려 있다는 사실에 대해 결코 과소평가할 수 없는 기여를 하게 된다. 신학이 창조론의 과제를 거부하는 곳에서 "하나님"이라는 단어는 입증될 수 있는 의미를 잃는 위험에 처한다. 하지만 그 과제를 성공적으로 수행하는 경우에도 신학적 창조론은 시편 19편이 말하는 것처럼 자연의 작품들로부터 하나님을 찬양하는 것을, 자연인식의 그때마다의 상태로부터 오해의 여지없이 명확하게 추론될 수 있다는 의미로 증명할 수는 없다. 비록 바울에 따르면 창조의 작품들에서 모든 사람이 이성을 통해 하나님의 영원하신 능력과 신성을 알 수 있게 된다고 해도(롬 1:20), 자연적 현실성을 (또한 인간의 역사를) 하나님의 창조로서 분명하게 인식하는 일은 실제로는 논란의 여지를 남긴다. 이와 관련된 많은 이유가 있다. 바울에 의하면 감사하지 않음과 불의가 그들로 하여금 세계의 창

가와 연관되어야 하고, 인간이 창조 안에서 자신이 가진 하나님 형상으로서 통치한다는 성서적 표상에 따라 자연세계와의 관계 속에서 그 결정에 참여하는 것은 부차적인 것에 그치는 경우에, 휠러와의 그런 연결은 가능해진다. 참고. J. A. Wheeler, Die Experimente der verzögerten Entscheidung und der Dialog zwischen Bohr und Einstein, in: B. Kanitscheider Hg., *Moderne Naturphilosophie*, 1984, 203-222, 특히 214ff.. 또한 동일저자, World as System Self-Synthesized by Quantum-Networking, in: *IBM Journal Res. Develop*. 32, 1988, 4-15. 여기서 휠러는 연속된 시공간의 표상에 반대하지만(13f.), 시간 없이는 생각될 수 없는 사건들에 대해 계속 설명한다(13). 그 결과 시간 개념에 대한 그의 비판은 오히려 시간적 순간들의 불연속적인 순서를 이룬다는 의미에서 그 개념을 수정할 것, 그리고 우리의 시간 개념 안에서 우연성을 고려할 것을 요구한다고 이해될 수 있다.

조자께 신성의 영예를 돌려드리지 못하게 막는다(롬 1:18, 21). 이러한 최종 판결이 내려지기 전에 그 앞뜰에서 이미, 세계 해석의 대립들은 해석자들의 다양한 입장을 통해 제약되어 있다는 사실이 주장된다. 하지만 창조의 작품들로부터 창조자를 인식하는 것을 방해하는 이유들 가운데 사태 그 자체에 놓여 있는 이유들도 있다. 그러한 몇 가지는 피조 형태 및 과정들의 독립성과 관계가 있고, 그 독립성의 이해를 위해 창조자 하나님에게까지 소급할 필요는 없다는 인상을 깨운다. 다른 한편으로는 피조물들의 무의미해 보이는 고통, 그리고 창조 안에서 악이 등장하는 것과 최소한 잠시 동안이라도 성공하는 것이 전능하고 선하신 창조자의 수용을 방해한다. 그 결과 창조 신앙에 없어서는 안 될 확신, 곧 하나님의 창조 의지에 상응하여 창조의 작품들이 선하다고 믿는 확신은 의심에 처해진다. 이러한 두 번째의 문제 영역이 첫 번째의 것과 관계되어 있다는 사실이 앞으로 제시될 것이다. 이 관계는 우선 창조 신앙에 대한 도전이 창조의 선한 작품에 대한 의심을 통해 보다 더 정확히 규정될 때, 해명될 수 있다.

제사장문서의 창조 보고는 각각의 창조 사역 이후에 그 사역의 실행이 하나님의 의도와 일치한다는 점을 분명히 드러내며, 만들어진 작품에 대해 "좋다"라고 인정을 덧붙인다.[447] 보고의 마지막에는 인간의 창조에 이어 이번 작품만을 특별히 인정하는 대신 창조 전체에 대한 "총괄적 인정"으로서 "매우 좋다"라고 말해진다(창 1:31). 여기에 인간은 물론 함께 포함되어 있고, 나아가 이러한 방식으로 창조의 사역 전체의 완성(창2:2)에 대한 인간 창조의 특별한 의미가 강조된다.[448] 창조 전체의 "좋음"은 분명 인간의 좋음에, 즉 인간이 신적 창조 의지에 상응한다는 점에 달려 있다.

---

[447] 창세기 1:4, 마찬가지로 또한 10, 12, 18, 21, 25, 31. 참고. W. H. Schmidt, *Die Schöpfungsgeschichte der Priesterschrift*, 1964, 59ff.
[448] O. H. Steck, *Der Schöpfungsbericht der Priesterschrift*, 1975, 183, 참고. 131, 각주 521.

물론 제사장문서에서도 인간이 역사 속에서 경험하고 형성해나가는 세계로부터 의심할 바 없이 좋음, 곧 창조자가 세계에 대해 내린 판단인 좋음을 인지할 수 있다는 점은 은폐되어 있지 않다. 홍수 이야기의 시작에 다음과 같이 말해진다. "하나님이 보신즉 땅이 부패하였으니 이는 땅에서 모든 혈육 있는 자의 행위가 부패함이었더라"(창 6:12). 여기서 고려되고 있는 것은 단지 인간만이 아니라 모든 살아 있는 것들인 것으로 보인다.[449] 모든 살아 있는 것이 홍수를 통한 하나님의 심판을 초래하는 죄과와 관련되어 있다. 세계는 하나님에 의해 선하게 창조되었으나 피조물들에 의해, 특별히 창조의 선함을 완성시키는 데 봉사해야 할 인간들에 의해 부패되었다는 결과가 된다. 제사장문서가 처음에는 창조가 완전하다고 서술했기에, 그것은 세계 안에 현존하는 악을 단지 나중에 틈을 비집고 들어온 것으로 묘사해야 했다. 그런 세계의 부패성과는 반대로 제사장문서는 하나님의 율법 준수, 특히 안식일 규정의 준수(참고. 출 20:11)를 창조의 근원적 질서를 보존하는 것으로 이해했을 수 있다. 하지만 그리스도교는 그 점을 넘어서서 예수 그리스도 안에서 출현한 종말론적인 새 인간을 창조의 완성으로 파악한다(고전 15:46f.). 그가 창조 안에 등장한 모든 부패를 극복할 것이다. 그래서 그리스도교 창조 신앙은 처음의 완전한 상태라는 가정에 매여 있을 필요가 없게 되었다. 창조 신앙은 창조가 선하다는 성서적 창조 보고의 권위를 통해 이러한 방향으로—비록 완전히 다른 방향을 가리키는 바울의 글이 있기는 해도(고전 15:45ff.) — 향할 수밖에 없었다.

창조 안에 틈을 비집고 들어온 악 때문에 창조자 자신을 비난하는 것은 이스라엘 및 원시 그리스도교의 신앙과는 거리가 먼 일이었다. 이런 일은 배제되었는데, 주목할 만한 이유는 다음과 같다. 사람들은 악이 피조물들, 특별히 인간의 책임이며, 나아가 피조물에게는 하나님의 창조 행위에

---

[449] W. H. Schmidt, 같은 곳, 63, 각주 1. 슈미트는 창세기 6:17을 참고했다. 그에 의하면 바로 이 점에서 야훼문서의 언어 사용과의 차이가 존재한다.

대해 감히 심판자 행세를 할 수 있는 권리가 박탈되어 있다고 여겼기 때문이다. "질그릇 조각 중 한 조각 같은 자가 자기를 지으신 이와 더불어 다툴진대 화 있을진저, 진흙이 토기장이에게 너는 무엇을 만드느냐? 또는 네가 만든 것이 그는 손이 없다 말할 수 있겠느냐?"(사 45:9; 참고. 렘 18:6; 롬 9:20). "하나님이 빼앗으시면 누가 막을 수 있으며, 무엇을 하시나이까 하고 누가 물을 수 있으랴?"(욥 9:12). 창조자 하나님께 대한 신앙의 지반 위에서, 하나님이 창조하신 세계에 대해 그분의 공의를 요청하는 신정론의 문제는 진지하게 말해서 전혀 제기될 수 없다.[450] 물론 이것은 그 질문이 믿는 자들에게서 일으켜질 수 있다는 사실을 배제하지는 못한다. 그 질문은 말하자면 신앙의 시련으로서, 또한 불신앙의 사실성(또는 가능성)으로서 신앙과 그림자처럼 동행하고 있는 것이다. 창조자 하나님께 대한 신앙을 공공연히 거부하는 일이 있으며, 그런 불신앙이 세계 안에 존재하는 악의 사실성을 증거로 끌어대는 것에 이유가 없지는 않다. 불신앙은 모든 균형을 폭파하는 무죄한 피조물의 고통, 특히 삶이 아직 펼쳐지지도 못한 어린 피조물의 고통을 기억하기 때문이다. 어린이들의 처참한 고통과 죽음은 바로 지혜롭고 선한 세계 창조자에 대한 신앙에 가장 깊은 타격을 주는 항변으로 남아 있다.[451]

---

[450] 그런 이유로 칼 바르트는 피조적 현존재의 의로움을 묻는 신정론 주제를 창조의 사실성으로 바꾸었다(*KD* III/1, 1945, 418-476). 창조자 하나님은 자신을 외면하는 피조물들에 대해 "어떠한 의"도 갖추실 필요가 없다(304).

[451] 하나님 신앙에 반대하는 이런 항변의 고전적인 표현은 도스토예프스키(F.M. Dostojewski)의 소설 "카라마조프 형제들"에서 이반 카라마조프(Iwan Karamasow)와 알료샤(Aljoscha)가 나누는 대화 안에서 잘 나타난다(5. Buch, Kap. 4: 격분). 알베르 카뮈의 페스트(Die Pest)에는 그 격분의 잔향만이 남아 있다(IV,3과 4). 왜냐하면 의사 리외(Rieux)는 이미 하나님 신앙을 뒤로 던져 버렸고, 고통당하는 사람들에게 스스로 도움을 주려 했기 때문이다(II,6). 하지만 이미 이반 카라마조프의 말에서 하나님의 자리에 들어서서 인간들의 행복을 위해 전력투구하는 "인간-신"(Menschgott)이 신앙의 거부에 대한 상대개념을 형성하는데, 이것은 바로 이어 등장하는 대재판관

이것은 논증과 해석을 통해 해결될 수 있는 단순히 이론적인 항변이 아니다. 그렇게도 많은 피조물의 무의미해 보이는 고통은 전능하시고 선하시고 지혜로우신 창조자에 대한 신앙에 매우 현실적으로 반대하며 마주 서 있다. 이 갈등을 어떻게든 해결할 수 있으려면, 악과 고통이 현실적으로 극복되는 것이 필요하다. 극복은 그리스도교 종말론이 죽은 자들의 부활에 대한 믿음 안에서 기대하는 것이다. 단순히 이론적인 모든 신정론은 칼 바르트가 18세기에 라이프니츠와 그 추종자들에게 가했던 비판 아래 놓이게 된다. 그런 신정론은 이 세계의 현실성이 지닌 그림자의 측면을 무시하고 그 현실성을 다만 **곡해**한다는 비판이다.[452] 고통, 죄과, 눈물은 악의 현실적인 극복을 향해 외치고 있다. 그렇기에 종말론의 지평 속에서 창조와 구원이 일치할 때만 신정론 곧 하나님의 활동의 공의에 대한 질문에 견고한 대답이 주어질 수 있다.[453] 더 정확히 말하자면 오로지 하나님 자신만이 그 질문에 대해 진정으로 자유롭게 답하실 수 있으며, 그분은 세계 안에서 행하시는 역사를 통해, 특히 창조 안에서 세워진 그분의 나라의 완성을 통해 대답하실 것이다. 세계가 한편으로 불완전하고 구원받지 못한 현재의 관점에서, 다른 한편으로 창조자의 손으로부터 만들어진 처음 창조의 관점에서 고립되어 있는 것으로 보이는 한, 악과 불행은 창조 안에서 출구 없는 수수께끼와 걸림돌로 남게 된다. 신정론 문제에 대한 전통적인 접근들 가운데 특히 라이프니츠가 제시한 고전적인 형태가 지닌 심각한 결함은 하나님의 사역의 공의를 입증하는 것이 오로지 하나님의 태초의 창조 행위로부터 오는 세계의 기원과 질서로부터만 가능하다는 주

의 전설로부터도 엿볼 수 있다. 참고. W. Rehm, *Jean Paul-Dostojewski. Eine Studie zur dichterischen Gestaltung der Unglaubens*, 1962, 62ff.

[452] K. Barth, KD III/1, 1945, 446f.
[453] W. Trillhaas, *Dogmatik* 3. Aufl. 1972, 172ff.

장이다.[454] 그렇게 하는 대신에 하나님의 구원 행위의 역사와 예수 그리스도 안에서 이미 동터온 구원의 종말론적 완성을 함께 묶어 바라보았어야 했다.[455]

어쨌든 화해와 종말론적인 완성의 관점 아래서도 왜 전능하신 창조자께서 처음부터 고통과 죄과가 없는 세상을 창조하지 않으셨는가? 하는 질문은 열려 있다. 이 점에서 신정론의 질문은 다시 한번 세계의 기원과 연결된다. 이렇게 볼 때 신정론이 우선 세계의 기원의 측면에서 그리스도교 신학에게 질문되었던 것은 쉽게 이해된다.

이미 알렉산드리아의 클레멘스(Klemens von Alexandrien)는 어떻게 악과 불행이 하나님이 선하게 지으신 세계 속으로 들어올 수 있었는지를 질문하기 시작했다(Strom. I,17,82ff.). 이에 대해 그는 후에 자주 반복해서 대답했다. 이 세상의 악과 고통은 죄의 결과라는 것이다. 피조물들 사이에 죄와 악이 등장한 책임은 창조자에게 있지 않고 악한 행위를 한 행위자에게 있다. 왜냐하면 영혼들은 그런 결정을 내리는 데 자유롭기 때문이다(83,5). 하지만 이러한 대답에서 두 가지 요소가 불충분하다. 고통과 아픔은 이미 인간 이전의 생명체

---

454 하나님의 사역 속에서 그분의 공의를 추적하려는 시도 자체에 대해 이의가 제기되어야 하는 것은 아니다. 그런 시도를 한다고 해서 피조물이 자신에게 설정된 한계들을 벗어나는 것도 아니다. 피조물들은—그 가운데 특별히 인간들은—사실상 하나님의 작품들 속에 들어 있는 지혜, 선, 정의를 증언하도록 부르심을 받고 있다. 그러므로 그것을 탐구하려는 것은 책망될 일이 아니다. 이의가 제기되어야 하는 것은 단지 신정론의 전통적인 논의에 뒤따라온 편파적인 절차다. 이것은 마치 하나님이 이성적인 근거에서 그분 자신의 작품들의 결함에 대해 사과하셔야만 한다는 것과 같은 잘못된 인상을 들러일으킬 수 있었다. 그렇게 하는 대신 오히려 이성은 하나님께서 하나님 자신의 신성을 정당화하기 위해 나아가신 길을 뒤따랐어야 했다.
455 이 문제는 칼 바르트에게 "그의 저서 전체에서" 제시되는 그리스도교적인 창조 낙관주의에 반대하는 최종적·결정적 이의제기였던 것으로 보인다. 어쨌든 바르트는 그러한 창조 낙관주의를 상당히 긍정적으로 평가했다(KD III/1, 474ff.).

세계에도 퍼져 있었고, 그래서 그것은 일반적으로 인간의 죄의 결과라고 설명될 수 없다.[456]

만약 악이 철저히 피조물이 자유로운 결정에 따라 창조자를 외면한 결과로 이해되려면, 천사의 타락이나 이 세상에 대한(혹은 타락한 창조의 세대에 대한) 그들의 지배를 거론해야 한다.[457] 하지만 악한 행위를 행위자의 책임에 제한하는 것도, 다른 사람이 그 행위자를 보호하여 그런 숙명적인 행위로부

---

[456] 힉(J. Hick)은 그의 대표 저서(*Evil and the God of Love*, 1966)에서 특별히 흄이 영향력 있게 제시한 비판과 반대되는 옛 그리스도교적인 입장을 변호하려고 시도했다. David Hume, *Dialogues concerning Natural Religion*, 1779, ed. H. D. Aiken London 1948, 1977, part XI, 73ff. 그는 모든 생명체 가운데서 특별히 척추동물에게 널리 퍼져 있는 아픔의 감각(pain)과 고통(suffering)을 구분했고(328ff., 354ff.), 후자의 고통을 환경에 의존하여 움직이는 존재의 생존에 필수적이며 일시적으로 관계되는 아픔과 구분하여 특수하게 인간적인 것으로(355), 그리고 인간의 죄의 결과로 파악했다. 그러나 이런 논증은 설득력을 얻기 어렵다. 힉이 1966년에 시도했던 것처럼 아픔과 고통을 그렇게 정확하게 구분할 수 있을지는 의심스럽다. 어쨌든 그런 구분에 대한 신학적 근거는 없다. 나아가 바울은 인간 이외의 피조물들이 겪는 고통도 고려했고(롬 8:22), 그것들도 인간의 구원에 참여해야 한다고 말했다(8:21). 다른 한편으로 인간의 모든 고통이 자신의 고유한 유한성을 받아들이려 하지 않는 죄성의 결과인 자기중심성(Ichzentriertheit)의 표현인 것은 아니다. 힉 자신은 자신의 후기 저서(*Death and Eternal Life*, 1976)에서 현재의 삶에서 단절된 것을 보상하려는 관점이 종말론적 기대의 근본 동기라고 주장했다(152ff., 참고. 390f.). 이것은 예수가 전하는 메시지의 근본적 표상이기도 하다(예를 들어 마 5:3ff.). 하지만 죄의 결과로 해석될 수 없는 고통, 즉 진정한 의미와 품격의 상실로 인한 현재 삶의 고통을 인정하기 위한 자리도 남겨져 있다. 쥐스만(G. Süßmann)은 자신의 논문("Materie und Vergänglichkeit. Über das Böse als kosmisch-geistige Realität" in: W. Böhme Hg, *Das Übel in der Evolution und die Güte Gottes*, 1983, 26-43)에서 누가복음 13:1-5에서 예수께서 죄에 대해 하신 말씀이나 혹은 요한복음 9:1ff.에서 시각 장애로 태어난 사람의 고통의 기원이 죄인지 묻는 질문을 예수께서 거부하셨던 사실을 바르게 제시했다. 그 말씀은 인간의 고통을 죄로 직접 소급하는 것을 허락하지 않는다(43, 각주 15).

[457] 힉(J. Hick, *Evil and the God of Love*, 367ff.)은 루이스(C. S. Lewis), 하지슨(L. Hodgson), 매스컬(E. L. Mascall) 등과 달리 이러한 표상을 거부했다. 아픔과 고통에 대한 힉의 구분을 받아들이는 사람은 사실상 이런 표상을 필요로 하지 않는다.

터 막아줄 수 있는 경우에는 설득력을 잃는다. 이 사실은 특히 창조자에게 해당한다. 창조자는 자신의 피조물들과 무관한 자로서 대립하는 것이 아니라, 오히려 그들을 지으셨다. 이 사실이 행위자의 자유로운 결정의 결과라면, 자유 그 자체는 창조자의 작품이며 자유의 실제적인 행사는 창조자의 협력 없이는 생각될 수 없다. 그렇다면 왜 하나님은 세계를 만드실 때 그분의 피조물들이 죄와 악으로부터 보호받도록 하지 않으셨는가?

악이 피조물의 결정과 행위의 자유로부터 유래한다는 주장은 창조자로부터 이와 같이 창조한 책임을 면제할 수 없다. 피조물이 언제 어떻게 자유롭든지 간에, 바로 그 자유 속에서 피조물은 여전히 하나님의 피조물인 것이다. 창조자께 책임을 물으려는 시도는 그리스도교 신정론의 잘못된 길이었다. 이 길은 사상적으로도 그다지 성공적이지 않았고, 하나님 자신이 아들의 십자가 죽음을 통해 자신이 창조하신 세상에 대한 책임을 떠맡으셨다는 신약성서의 증언에 부합하지도 않는다.

그럼에도 불구하고 피조물의 자유에 대한 언급은 다른 관점에서는 중요한 진리의 계기가 된다. 그것은 창조자의 책임을 없애려는 잘못된 노력과 날카롭게 구분되면서 자유의 완전한 의미가 인식되도록 하는 계기다. 창조자께서 자신으로부터 독립적이고 자유로운 피조물을 원하셨다면, 다시 말해 신성 안에 계신 창조자를 피조물 자신의 자발성(Spontaneität)으로부터 인정하고 예수 안에서 실현된 "아들의 아버지와의 연합"에 부합할 수 있는 피조물을 원하셨다면, 그때 창조에 대한 결정 속에는 그러한 피조물의 자유가 오용될 수 있는 위험도 포함되어 있는 것이다.[458] 그러한 종류의

---

458 이 문제는 50년과 60년대에 영국의 종교철학에서 J. L. Mackie, A. Flew, N. Smart 등에 의해 자세히 논의되었다. 다음을 보라. J. L. Mackie, Evil and Omnipotence, in: B. Mitchell ed., *The Philosophy of Religion*, 1971, 92-104, 특히 106ff.. 그리고 A. Plantinga, *The Free Will Defense*, 같은 곳, 105-120, 또한 J. Hick, 같은 곳, 301ff.,

논쟁들은 화해론의 영역으로 인도하는 관찰방식, 곧 창조자께서 하나님과 피조물의 자유로운 연합이라는 목적을 실현하기 위한 조건으로서 죄와 악의 위험을 감수하신다는 사상을 포함한다. 악과 불행 그 자체는 하나님께서 의도하신 것이 아니다. 다시 말해 그것들은 하나님이 기뻐하시는 대상이 될 수 없고 그분의 의지의 목적일 수 없다. 하지만 그것들은 사실상 부수적인 현상들로서, 즉 하나님의 의도를 피조세계에서 실현하기 위한 조건들로서[459] 악조차도 선으로 만드실 수 있는 하나님의 세계 통치의 관점 아래서 창조와 함께 받아들여진다. 여기서 그것들은 예수 그리스도를 통한 세상의 화해와 구원을 향해 있다.

하나님의 세계 통치의 사상은 우선 오리게네스에 의해 그리스도교적인 신정론의 논의로 인도되었다. 어떤 의미에서 스토아적인 화해론이 이미 그 논의를 선행했다고 할 수도 있다.[460] 하지만 그리스도교적인 창조 신앙의 지평에 이르러서야 그 문제는 완전한 날카로움을 획득했다. 욥기 1:13의 인용을 통해 오리게네스는 하나님이 그의 창조 안에서 악하고 대적하는 권세들(*malignas et contrarias virtutes*)의 작용을 단순히 막지 않으시는 것이 아니라 오히려 허락하셨다(non solum non prohibet deus, sed et permittit facere haeq, *De princ*. III,2,7)고 설명했다. 이와 같은 악의 허용은 하나님의 섭리

특히 308ff. 또한 참고. A. Plantinga, *God, Freedom and Evil*, 1975, 29ff. 27쪽 이하에서 플랜팅가(Plantinga)는 자유의지론(Free Will Defense) 논쟁의 제한적인 목적을 신정론의 포괄적인 목적과 구분한다.

459 하나님이 악과 불행을 허락하신다는 특징을 표현하는 **조건**으로서의 기능은 특별히 1710년에 라이프니츠(G. W. Leibniz)의 신정론(Theodizee)에서 강조되었다. 라이프니츠는 이렇게 말한다. "하나님이 허락하신 악은 목적도 수단도 아니고 단지 유일한 조건으로서 그분의 의지의 대상이었다"(n. 336, 비교. 119, 209, 또한 *Causa Dei* 36).

460 크리시포스(Chrysipp SVF 2, 1177)에 대한 쇼트랜더(R. Schottlaender)의 설명을 참고하라. *HistWBPhilos* 5, 1980, 664 (Art. Malum).

를 통한 인간들의 시험에 속하며(참고. ib. 2,3), 죄인들로 하여금 자신의 연약함을 깨닫고 선하신 구원의 행위를 인식하도록 이끄시는 하나님의 인내와 같다(III,1,12). 오리게네스는 악의 허가나 "허락"(Zulassung)의 사상을 어쨌든 악의 생성에 대한 질문에 이르기까지 적용하지는 않았다. 문제의 중심에서 니사의 그레고리오스(Gregor von Nyssa)가 그렇게 적용했다. 그레고리오스는 인간 창조에 대한 하나님의 섭리를 통해 악이 허용되었다는 관점을 하나님의 예견에도 불구하고 인간이 타락했다는 데까지 확장했고(Große Katechese 8,3, MPG 45, 37 BC), 그렇게 해서 선하신 하나님의 인간 창조에 대한 마니교의 논박에 대처하려고 했다(참고. 같은 곳, 7,1 MPG 45,29f.). 그다음에 아우구스티누스가 하나님의 섭리를 통한 타락 사건의 허용에 대해 명확하게 말했다(De civ. Dei XIV, 27). 여기서 그는 허가 혹은 허용 개념을 창조 안에서 악이 생기는 것에 대해 하나님이 책임이 없다는 관점과 연관시키려 하지 않았다.[461] 오히려 그는 허용 개념을 하나님의 섭리의 목적, 즉 구체적으로는 그리스도를 통해 획득될 수 있는 사탄에 대한 승리의 예견과 관련시켰다.[462] 하지만 다른 곳에서 아우구스티누스가 우리에게 나쁘게 나타나는 것을 우주의 다채로운 완전성에 속하는 것으로 정당화한 것(De civ. Dei XII,4), 심지어 죄와 악의 사실을 그와 같은 "미학적" 관찰방식 안에 편입시켜

---

[461] 블루멘베르크는 아우구스티누스의 견해를 그렇게, 즉 "인간의 책임에 대한" 하나님의 정당화로 해석했다. H. Blumenberg, *Die Legitimität der Neuzeit*, 1966, 85f. 여기서 인용된 아우구스티누스의 명제들(*De libero arbitrio*와 *Confessiones*)은 인간이 자기의지로 긍정한 것에 대해서는 그에게 책임이 있다고 말한다. 하지만 이것과 창조에 대해 하나님의 책임을 지우려는 경향이 연관될 필요는 없다. 이어지는 각주에서 인용된 문구들(*De civ. Dei*)이 그 사실을 분명히 제시한다.

[462] Augustin, *De civ. Dei* XIV, 27: Cum igitur huius futuri casus humani Deus non esset ignarus, cur eum non sineret invidi angeli malignitate temptari? Nullo modo quidem quod vinceretur incertus, sed nihilominus praescius quod ab eius semine adiuto sua gratia idem ipse diabolus fuerat sanctorum gloria maiore vincendus. 또한 참고. XXII,1.

그림의 색상들을 더욱 빛나게 만드는 어두운 얼룩에 비교한 것(ib. XI,23,1)은 유감스럽게도 논쟁의 여지를 남긴다. 그런 진술들은 피조물들에게서 시작된 악을 감수하시는 하나님의 섭리의 목적에 대한 논의와는 전혀 다른 표상의 영역에 속한다. 하지만 선한 창조의 정당화를 목적으로 하는 그런 숙고들은 악을 허락하는 구속사적인 목적 규정으로부터 분리되어 고립된 상태로 아우구스티누스 섭리론의 특징으로 관찰되어서는 안 된다.[463] 주목할 만하게도 아우구스티누스는 배척된 자들의 실존과 그 죄가 우주의 완전성에 대해 필연적이라고까지는 말하지 않았다.[464] 중세의 아우구스티누스주의가 후자의 걸음, 즉 창조자 하나님의 사랑이라는 사상을 위협하며 어둡게 만드는 걸음을 행하였다.[465] 그럼에도 불구하고 미학적 조화를 지닌 우주 질서의 관점이 독립적인 것이 되는 것과, 악과 불행을 그 질서 안에 배치시킴으로써 생기는 양자의 무해한 관계는 이미 아우구스티누스의 관점에서도 올바르게도 이

---

[463] 힉(J. Hick, 같은 곳, 88-95)은 이러한 위험을 피하지 못했다. 왜냐하면 구속사로 흐르는 섭리론과의 관계가 너무 적게 고려되었기 때문이다. 섭리론은 힉의 설명에서 예정이라는 특별한 주제로 환원되며(70-75), 그 밖의 다른 모든 관점에 대한 근본 틀의 주제로서 기능을 행사하지 못한다. 아우구스티누스 섭리론의 구속사적 구조를 소홀히 한 것은 힉이 아우구스티누스 신론의 유형을 이레나이우스의 유형과 대립시키고 비교하는 작업을 쉽게 해주었다(217ff.). 그 과정에서 힉 자신은 이레나이우스에게서는 분명하고 상세한 신정론을 아직은 말할 수 없다는 사실을 인정했다(216,211). 이에 대한 단서들은 위에서 언급한 바와 같이 알렉산드리아의 클레멘스에게서 이미 찾아볼 수 있다. 신정론의 논증 가운데 이레나이우스적인 유형의 명제는 이레나이우스보다는 오히려 슐라이어마허의 영감을 받은 힉의 구성물이다(225-241). 힉이 본 것처럼 인류의 불완전한 시작에 대한 이레나이우스적인 이해가 아우구스티누스의 원상태론보다 더 큰 장점을 가질 수도 있다. 그렇다고 해서 이레나이우스가 신정론의 질문에 어떤 공헌을 했다고 말할 수는 없다.

[464] 그 사실을 힉도 역시 강조한다. J. Hick, 같은 곳, 94.

[465] 많은 사례들 가운데 하나로서 Thomas von Aquin, *S. theol.* I, 23,5 ad 3을 참고하라. 이에 대해 우주의 완전성 안에 악을 배치시키려는 "미학적" 동기의 역할에 대한 힉(Hick, 같은 곳, 101-104)의 설명을 참고하라.

의가 제기되었던 내용이다. 아우구스티누스가 그렇게 생각하게 된 것은 창조의 선함을 제사장문서의 창조 보고에서 확정할 수 있었기 때문이다(*De civ. Dei* XI,23). 더 나아가 그리스도교 신학은 창조에 대한 하나님의 그런 선하신 판단을 아들을 통한 화해와 구원 이후에서의 종말론적 완성에 대한 예기로 이해했다. 그렇게 이해할 때 창조가 선하다는 판단은 창조의 현재 상태에도 불구하고 설득력을 갖게 된다.

신학적 전통은 악을 존재론적으로 공허한 것이라고 묘사했다. 왜냐하면 그것은 하나님이 원하신 작품이 아니고 하나님의 선하신 뜻이 대상으로서 의도한 것일 수 없기 때문이다. 악과 불행이 창조 안에서 하나님의 아심과 허락을 통해 등장했다고 해도, 그것들은 창조의 선하신 뜻이라는 의미에서 그분의 의지의 대상이 아닌 것이다. 아우구스티누스 이후의 서방의 그리스도교 신학이—이미 동방에서도 마찬가지로[466]—이 문제를 신플라톤주의의 존재론을 수단으로 해서 서술했다는 사실은 악의 존재론적인 무성(無性, Nichtigkeit)의 명제를 거부할 수 있는 충분한 근거는 아니다. 어쨌든 이 사실이 유효하게 되는 것은 창조 안에서 악이 등장한 책임이 하나님께 있지 않다고 확정하려는 시도와 연관되어 있지 않은 경우, 그리고 피조물들에 대한 악과 불행의 실재성이 그 점을 통해 경시되지 않는 경우다.[467] 창조 안에서 악의 등장에 대한 책임은—물론 피조물의 행위가 직접적인 원인을 형성하기는 해도—미리 아시고 허락하시는 하나님께로 불가피하게 소급된다. 하나님께서는 이 책임을 회피하시는 것이 아니라, 오

---

466 Gregor von Nyssa, *Oratio Catech. magna* 6,2. 참고. 7,2.
467 이미 니사의 그레고리오스(Gregor von Nyssa 같은 곳)가 전자의 위험을 피하지 못했다. 악의 존재론적인 무성을 주장하며 악의 무해성으로 향하는 경향에 대처하기 위해 칼 바르트는 이 주제에 대한 자신의 저작에서(*KD* III/3, 1950, 327-425, §50) 무를—비록 하나님에 의해 부정되었지만 그럼에도 불구하고—실재적인 권세로 평가했다. 이에 대한 비판은 J. Hick, 같은 곳, 132-150, 특히 141ff.에서 보라.

히려 아들을 십자가로 보내어 희생하게 하심으로써 스스로 그 책임을 취하셨다. 이와 같이 하나님께서는 창조자로서 자신이 만든 세상에 대한 책임을 지신다. 이때 악은 피조물들에 대해서만이 아니라 하나님 자신에 대해서도 현실적으로 대가를 치르도록 만든다. 이 사실은 아들의 십자가 죽음에서 드러난다. 하나님의 창조 의지 앞에서 악의 파괴적 무성은 화해 사건과 창조의 종말론적 완성 안에서 그 본성이 극복된 이후에야 비로소 봉인된다.

이러한 모든 사실로써도 하나님께서 악과 불행을 허락하신 이유를 묻는 질문은 아직 완전히 대답되지 않았다. 지금까지 타당하게 설명되었다고 할 수 있는 것은 악과 불행이라는 두 가지가 하나님의 창조 의지의 긍정적인 대상일 수 없지만 그럼에도 불구하고 하나님께서는 그것들을 "미리 내다보고" 허락하셨다는 것, 그래서 그것들의 등장에 대한 책임을 지며 그 책임을 위해 아들의 십자가 죽음을 수용하신다는 사실이다. 그런데 하나님께서는 왜 그것들을 허락하셨을까?

신학적 전통은 이 질문에 대해 피조 현실성의 존재론적 상태를 언급했다. 변화한다는 것은 창조자와 구분되는 피조물의 개념에 속한다.[468] 하나님의 영원한 지복(Selbigkeit)에 비추어볼 때 피조물의 가변성(Veränderlichkeit)은 존재적인 약점 곧 존재의 힘이 부족하다는 표현이다. 이 사실은 특별히 인간적 의지에 해당한다. 인간은 본성적으로[469] 자신의 의지의 고유한 대상인 선함을 추구하는 반면에, 그럼에도 불구하고 그가 실제로는 악한 것을 향할 가능성이 있다는 것은 그 자신의 존재론적인 결함의 증거로 보일 수 있다. 선으로부터 멀어져 있는 것은 언젠가 한번은 실제로 그

---

468 예를 들어 Augustin, *De civ. Dei* XIV, 13이 그렇게 말한다. 이 주제에 대해 J. Hick, 같은 곳, 44-64, 특히 52ff.를 참고하라.
469 인간 현존재의 본성적 조건들 안에 있는 죄의 의지적 특성과 그 뿌리에 대해 나의 책 *Anthropologie in theologischer Perspektive*, 1983, 101ff.를 참고하라.

렇게 행할 수 있음을 뜻한다.[470]

라이프니츠는 이와 같은 사상에 대해 보다 더 일반적인 다른 형태를 제시했다. 죄의 가능성에 대한 심층적인 근거 즉 창조 안에서 온갖 결과들을 몰고 오면서 악이 등장하는 이유는 "**피조물 안에 근원적인 불완전성이 존재한다는 사실에 놓여 있다. 왜냐하면 피조물은 본질상 제한되어 있고 모든 것을 알지 못하며 나아가 속을 수 있고 실수를 행할 수도 있기 때문이다.**" 또한 라이프니츠는 이런 불완전성을 육체적 혹은 도덕적인 악과는 다른 형이상학적인 악으로 표현했다.[471] 여기서 관건은 피조물의 개념에 속하는 제한성인데, 이것이 피조물을 하나님과 그분의 완전성으로부터 구분한다. 이 제한성은 모든 피조물의 현존재와 필연적으로 결합되어 있다. "왜냐하면 하나님은 피조물 자체를 신으로 만들려고 하지 않고서는, 그에게 모든 것을 줄 수 없기 때문이다."[472] 이 사실로부터 라이프니츠는 일반적 의미에서의 피조적 존재의 제한성을 유도했고, 피조물들의 불일치와 다수성을 다양한 제한적 형태들의 표현으로 추론했다. 라이프니츠는 이와 더불어 피조물들의 불완전성을 무로부터의 창조의 결과로 보는 신플라톤적 해석으로부터 벗어났다. 악과 불행의 가능성을 내포하고 있는 것은 더 이상 비존재의 약함이 아니라, 피조적인 현존재 형태로서의 유한성이다. 비록 그 유한성이 죄 및 불행과 동일한 것은 아니라고 해도 말이다.

존 힉은 라이프니츠의 견해에 이의를 제기했다. 라이프니츠가 형이상학적인 악을 모든 피조적 존재들의 제약성 곧 신적 지성의 가능적인 앎 속에 벗어

---

470 Thomas von Aquin, *S. theol.* I,48,2c. ...perfectio universi requirit ut sint quaedam quae a bonitate deficere possint; ad quod sequitur ea interdum deficere.
471 G. W. Leibniz, *Theodizee* 20f., 비교. 156,288.
472 Leibniz, 같은 곳 31. 비교. *Causa Dei* 69.

날 수 없게 이미 근거되어 있다는 제약성으로 소급시킴으로써, 결국 하나님의 무한한 권능을 사실상 부정했다는 것이다.[473] 하지만 이런 항변은 라이프니츠에게 적절하지 않다. 왜냐하면 그는 하나님의 권능이 "모순을 내포하지 않는 모든 것 위로" 펼쳐져 있다고 말하기 때문이다(*Theodizee*, 227). 하나님의 권능을 신적 지성의 가능적인 앎에 결부시키는 것, 그리고 피조적 현존재 속에서 모순 없이 일치될 수 있는 것과 연결하는 것은 라이프니츠에게서 하나님이 어떤 모순적인 것도 행하지 않으신다는 사실에 대한 긍정적 표현을 형성한다. 하지만 이것은 힉 자신도 인정하는 것이다(같은 곳, 301f.). 이와 함께 힉의 비판이 라이프니츠에게로 향한다. 라이프니츠의 견해에 대해 이렇게 항의할 수 있다. 지성이 의지보다 우선하기 때문에 관념들이 신적 의지의 행위를 통해 발생했다고 말할 수는 없다(*Theodizee*, 335). 하지만 이런 주장은 하나님 안에서 지성과 의지가 실재적으로 구분되어 관찰될 수 없다는 점을 간과하고 있다. 라이프니츠에 반대하여 하나님에게는 지성과 의지가 일치한다는 것—이것은 지성과 의지의 신적 본질과의 실재적인 동일성을 통해 요청된다—을 보다 소극적으로 주장한다고 해도, 하나님이 어떤 모순적인 것도 행하지 않는다는 사실은 여전히 마찬가지로 추론된다. 그러나 하나님이 피조물을 피조적 제약성 없이 창조하셨어야 했을 것이라는 요청은 그 자체로 모순적인 것을 요구하는 셈이 된다.

그 밖에도 힉은 라이프니츠의 논증이 낙관주의적이라고 말할 수 없다는 사실을 매우 적절하게 인지한다(같은 곳, 172). 이 주제에 대한 피상적인 이해 곧 현재의 세계가 가능한 최상의 세계라는 명제의 이해만이 그런 오해를 야기할 수 있다. 라이프니츠의 명제의 참된 의미는 피조적 불완전성의 제약된

---

[473] J. Hick, 같은 곳, 176f. 이에 대해 라이프니츠의 논지와 유사한 플란팅가의 설명을 보라. A. Plantinga, *God, Freedom and Evil*, 1975, 34ff. 그런데 이상하게도 플란팅가는 하나님이 자신의 전능성을 통해 가능한 모든 세계를 창조할 수도 있었을 것이라는 견해를 라이프니츠에게 귀속시켰다(33).

한계들 아래서 언제나 상대적으로 최상인 세계가 중요하다는 것이다. 그러므로 그보다 더 나은 것을 요구하는 것은 어리석은 일이다. 이러한 이해는 낙관주의적인 것이 아니라, 오히려 그리스도교적인 현실주의(Realismus)의 표현이라고 평가되어야 한다. 물론 신적 지혜의 무한한 가능성들에 직면하여, 가능한 세계들 가운데 어떤 하나를 절대적으로 가장 좋은 것으로 간주할 수 있는지는 의심할 수 있다. 그러나 하나님은 항상 최선의 것을 하실 수 있기에, 우주를 결코 창조하지 않으실 수도 있었다는 라이프니츠의 이의제기는 (*Theodizee*, 196) 잘못된 것이 아니다. 이 지점에서 오히려 신학적 주의주의 (主意主義, Voluntarismus)의 원리가 정당성을 갖는다. 이 원리에 따르면 하나님의 의지는 하나님 밖의 모든 존재의 우연성의 근원으로서 스스로 피조 현실성을 위한 선함의 규율이 된다. 무한한 가능성에 직면하여 하나님의 창조 의지는 그 자체로 피조적 현존재에게 유익한 모든 것의 근거다. 세계가 수많은 어두운 측면들에도 불구하고 선한 것은 그것이 하나님께서 창조하셨고 긍정하신 것이기 **때문이다**. 이것은 최근에 칼 바르트가 바르게 주장했던 내용이다. 이 원칙은 하나님의 의지에 대해 어떤 추상적 자유, 곧 더 나은 것으로 인식된 것에 반대하여 행동하거나 혹은 모순적인 것을 발생시키는 자유를 귀속시킬 수 없다는 점에서만 한계를 갖는다. 이것은 유명론적인 기원을 가진 급진적 주의주의(主意主義)를 비판했던 라이프니츠의 주장 안에 담긴 진리의 계기다.

죄로 인한 도덕적인 황폐화를 포함하는 악의 가능성을 피조성과 결합된 현존재의 조건들로 소급시키는 것은 어느 정도 참된 측면을 갖고 있다. 그렇지만 피조물의 한계성이 발생한다는 것은 악의 가능성의 근거로서는 아직 충분치 않다. 유한성의 한계는, 라이프니츠도 이미 알고 있었던 것처럼, 아직은 악이 아니다. 악이 유한성으로부터 생겨나온다면, 그때 악의 본질은 하나님으로부터의 타락이 아니라 단순한 오류로 규정되어야 했을 것이다. 이 관점에서 보면 라이프니츠 역시 악을 결핍으로 이해했던 신플라톤주의의 견해에 붙들려 있었다. 악의 뿌리는 오히려 유한성의 한계에 대해 저항하는 것에서 찾아져야 한다. 그것은 자신의 유한성을 받아들이기를 거부하는 것이며, 그와 결부되어 결국 하나님처럼 되려는 환상(참고. 창 3:5)으로 이어진다. 그렇기에 피조성 자체의 본질 속에 악과 불행의 가능성이 근거되어 있다고 보는 관점은 변경되어야 한다. 제한성이 아니라 독립성, 곧 피조물의 창조의 목적인 독립성이 악의 가능성의 근거가 된다. 이 점에서 피조성과 악의 관계는 라이프니츠의 경우보다 더욱 날카롭게 조명된다. 피조물의 독립성은 한편으로 피조물로서의 완전성의 표현이다. 기본적으로 완전성은 고유한 현존재를 소유함으로써 규정된다. 그러나 그 완전성은 창조자로부터 벗어나려는 위험과 결합되어 있다. 피조물의 독립성은 고유한 현존재의 자기주장 속에서 스스로를 절대적 존재로 주장하려는 유혹을 안고 있다.

하나님에 의해 주어지는 독립성으로부터 독단적인 자립성(Verselbständigung)으로 이행하는 것 안에 피조물의 고통과 악의 원천이 놓여 있으며, 그 결과로서 피조물들이 자신의 유한성의 기준을 넘어 서로에게 가하는 고통의 원천도 그곳으로부터 유래한다.

이른바 육체적인 악 그리고 그에 따른 고통과 관련해서 엔트로피와 악의 관계가 앞에서 논의되었다(위의 189f.를 보라). 이제 여기서 말할 수 있는 것은 피조물들이 자신의 독단적인 자립성으로 인해 엔트로피의 숙명에 넘겨진다는 사실이다. 새로운 에너지를 스스로 수용하지 못하는 자, 그렇게 하여 스스로를 넘어서지 못하는 자는 모든 차이를 지워버리려는 엔트로피의 작용 아래 놓인다. 자연의 과정 속에서 에너지의 수준 차이를 통해 타자의 에너지를 약탈하는 것에 특화되어 있고 그렇게 하여 스스로를 양육하는 생명체들에게 그와 연관된 자기주장은 최종적으로 노화와 죽음을 통해 생명 체계의 경직에 이르게 하는 이른바 독단적 자립성을 동반한다. 피조 형태들의 연속된 단계 속에서 지속성(Beharren)이 현존재 안으로 내재화되면 될수록, 사멸성(Verhänglichkeit)과 무상의 경험은 그것들에게 그만큼 더 큰 고통이 된다. 이 고통은 일시적인 아픔의 느낌에 그치는 것이 아니라 삶의 느낌 전체를 변화시키게 된다.[474]

이러한 사태는 서로에 대한 피조물들의 의존성이 피조적 현존재의 유한성에 속한다는 사실을 통해 첨예화된다. 모든 피조물은 다른 피조물들에 의해, 그리고 다른 피조물들을 위해 살아가고, 다른 피조물의 현존재 위에서 자기 존재를 지으며, 또한 다른 피조물을 위한 밑바탕이 되어준다. 유기체의 영역에서는 생명의 원천에 접근하려는 생명체들 사이의 투쟁이 일어나고 양식과 욕망을 쟁취하려는 경쟁이 있으며, 그 과정에서 다른 피조물을 희생시켜서라도 자기 존재를 주장하게 되고, 심지어 다른 피조물을 죽이거나 먹어버리기도 한다. 모든 살아 있는 것들 위에 놓여 있는 사멸성의 고통은 때로는 삶의 기쁨 그 자체의 배경을 이루기도 하지만, 다른 피조물들이 가해오는 고통 속에서 정점에 도달한다.

고통과 아픔처럼 악의 가능성도 피조적 현존재의 유한성에 속하며, 특히 독립성 속에서 스스로를 주장하여 급진적인 자립성으로 가는 경향이 있는 생명 형태들의 유한성에 속한다. 바로 그 경향 안에 고통과 악의 기원이 놓여 있다.

피조물들의 서로에 대한 독단적 자립과 창조자로부터의 독단적 자립은 결합되어 있다. 이와 같은 독단적 자립은 생명 형태들이 상승하는 노선 위에서 시작되며, 인간의 죄 안에서 정점에 도달한다. 왜냐하면 바로 인간에게서 하나님과의 관계가 주제화되기 때문이다. 독단적으로 자립한 피조물은 자신의 독립성을 통해 하나님께 대한 의존성을 은폐시켜버리며, 마

---

474 이것은 힉이 아픔(Schmerz)을 일시적 감정으로 제한했던 것과 반대된다(위의 각주 456을 보라). 우리는 아픔이 삶의 느낌을 규정한다는 점에서 그것이 지속적인 효력을 갖는 요소임을 인정하든지, 아니면 고통(suffering) 개념을 인간에게만 속하는 반성적 자기관계에 제한하는 대신에 그 아픔과 연관시키든지 해야 한다. 기치와 루이스(C. S. Lewis)의 논쟁을 참고하라. P. Geach, *Providence and Evil*, 1977, 67ff.

찬가지로 자연사건의 관찰자들 안에서는 자연과정과 형태들의 자율성이 하나님 안에 있는 그것들의 근원을 왜곡시킨다. 다른 한편으로 고통과 악의 형태로 일어나는 피조물의 독단적인 자립의 결과는 이 세상의 선하신 창조자에 대한 신앙을 부정하는 것처럼 보인다. 이것은 하나의 동일한 사태의 두 가지 국면이다.

창조자가 유한한 피조물들의 세계를 만들려고 하셨고 또한 피조물들의 독립성을 원하셨다면, 그분은 분명 사멸성과 그로 인한 고통, 그리고 독자적 자립의 결과인 악의 가능성을 대가로 감수하셔야 했을 것이다. 그와 함께 그분은 창조 안에서 자신의 고유한 신성이 숨겨지는 것, 피조물들의 독립성을 통해 신성이 은폐되고 의문시되는 것을 받아들이셔야만 했을 것이다.

인간적 현존재의 단계에서 타자를 자신으로부터, 그리고 자신을 타자로부터 구분하는 능력, 나아가 자신의 고유한 유한성을 무한하신 하나님으로부터 구분하여 자각하는 능력을 통해 인간이 자신의 유한성과 함께 또한 사멸성과 고통도 영원하신 하나님 앞에서 겸허하게 수용하고 감수할 수 있는 가능성이 열린다. 하지만 이 세계를 창조하셨다는 사실에 대해 하나님을 찬양하는 것은 그런 감수의 상태에서 인간 존재가 끝나는 것이 아니라는 점을 전제한다. 그래서 볼프강 트릴하스(Wolfgang Trillhaas)는 "종말론 없는 신정론이란 없다"라고 말했다.[475] 유한성과 결부되어 있는 악과 불행의 실재성이 종말론적으로 극복될 것이라는 희망이 약해진 창조 신앙은 신정론의 질문 앞에서 최종적으로 침묵할 수밖에 없을 것이다. 창조가 세계의 화해와 구원이라는 하나님의 사역과 일치할 때, 그 대답은 가능해질 것이다. 창조 자체가 세상의 화해와 구원을 통해 비로소 완성된다면, 창조자는 세상 안에서 악의 극복과 고통을 완화하고 치유하려는 투쟁 속에서

---

[475] W. Trillhaas, *Dogmatik*, 3. Aufl. 1972, 166.

인간과 연계되어 있다. 오직 세계의 종말론적인 완성이 창조 행위 안에 담긴 하나님의 공의를, 그리고 그와 더불어 그분의 신성을 명확하게 입증할 것이다.

창조의 하나님에 대한 찬양은—시편에서 말하는 것과 같이—언제나 종말론적 완성을 예견하는 가운데서 행해진다. 창조는 이미 자신의 빛 속에서 자신의 현재의 유한한 현실성의 **존속**(Bestehen)을 통해 하나님을 찬양한다. 왜냐하면 피조물들은 하나님이 원하셨던 바로 그대로 존재하기 때문이다. 피조물들은 자신의 소멸성 속에서도 하나님을 찬양한다. 왜냐하면 소멸성은 그들의 유한성에 속하기 때문이다. 피조물들은 자신에게 주어진 유한한 현존재를 긍정함으로써, 자신의 현존재를 그 자체 안에 근거된 것이 아니라 감사해야 하는 것으로 여기며 살아간다. 아직 소멸성 안에 머물고 있으면서도 자신의 현존재에 대해 하나님께 감사할 때, 피조물은 자신의 유한성을 넘어 하나님의 영원한 창조 의지와 결합되며 하나님의 불멸의 영광에 참여하게 된다.

제8장 인간의 존엄성과 비참

Würde und Elend des Menschen

진화는 생명의 생산성을 통해 추진되며, 그 생산성은 언제나 새로운 생명 형태들의 출현으로 표현된다. 하지만 이 사실만으로는 일련의 생명 형태들이 연속되는 가운데 전체에 속한 어느 하나가 능가될 수 없는 정점을 형성할 수 있다는 사실이 암시되지는 않는다. 인간은 틀림없이 최고로 진화된 생명체다. 인간은 다양한 현존의 조건들에 지적으로 적응함으로써 자연세계에 대한 자신의 지배권을 계속해서 확장했고, 그 결과 지구상 유기체 생명의 진화에서 정점을 차지하고 있다. 그렇기에 인간이라는 하나의 종을 멸절시키는 재앙 — 이것은 동시에 모든 유기체 생명을 없애게 될 것이다 — 을 생각하지 않고서는 인간의 단계를 원칙적으로 넘어서는 진화의 진보를 상상하기란 어려울 것이다. 하지만 종교적 의식, 특별히 성서에 근거하는 의식은 우주의 창시자이신 하나님과 인간의 연합이라는 인간적 규정을 생각하는데, 이 규정은 창조 전체가 인간에서 정점에 도달한다는 주장의 근거가 된다. 이 주장을 위해서는 말하자면 다음과 같은 세 가지가 요청된다. 그것은 **첫째**, 자연의 역사가 아직 완결되지 않았음에도 불구하고 세계 전체를 전망할 수 있는 가능성, **둘째**, 인간은 우주의 기원에 대해 다른 피조물들보다 탁월하게 앞선 관계를 맺고 있다는 사실, **셋째**, 인간 안에 유한한 현존재 일반의 의미가 집합되고 완성되어 있다는 사실이다.

첫째 조건은 하나님을 세계의 창조자로 인식함으로써 충족된다. 둘째와 셋째 조건은 서로 밀접하게 연결되어 있는데, 다른 피조물들 가운데 인간이 차지하는 특별한 위치가 셋째 조건 안에 근거를 두며, 이것은 피조물들 자체가 창조자와 맺는 적절한 관계가 인간과 하나님의 관계 속에서 결정적으로 실현되는 것을 의미한다.

피조물이 창조자와 맺는 관계가 인간 안에서 가장 높이 궁극적으로 실현된다는 사실은 물론 영원한 아들이 인간의 형상으로 성육신하셨다는 관점에서 주장될 수 있다. 아버지께 대한 아들의 관계는 하나님 관계에 속한 다른 어떤 형태를 통해서도 능가될 수 없다. 영원한 아들이 한 인간 안에서 형태를 취하심으로써, 그리고 그 인간을 통해 다른 모든 인간이 아들 됨의 지위를 받아들일 수 있게 만드심으로써, 창조자께 대한 피조물의 관계는 생각될 수 있는 최고의 완성을 원칙적으로 발견했다.

자연적으로 성장해온 인류의 상태에 대한 이와 같은 특징적인 진술은 오로지 영원한 아들이 형상을 취한 저 한 인간과 인류 전체가 종으로서 동질적이기 때문에 가능하다. 다른 한편으로 성육신 사건은 인간의 존재적 본질에 외적인 것이 아니다. 그 사건 안에서 인간의 개인적 규정과 종으로서의 규정이 공개된다. 아들의 성육신 속에서 결정적으로 실현된 규정 곧 인간의 하나님과의 연합(Gemeinschaft)이라는 규정을 통해 인간성 그 자체 그리고 모든 개인은 이미 자연세계를 넘어서며, 또한 특정한 의미에서 그의 환경을 구성하는 사회적 생명 세계의 강제적인 맥락도 넘어선다. 하나님과의 연합이라는 규정은 각각의 개인의 인격 속에 있는 인간적 생명을 불가침의 것으로 만든다.[1] 그 규정은 모든 인간적 인격에게 상실될 수 없이 고유하게 귀속되는 존엄성의 근거가 된다.

존엄(dignitas)이라는 개념은 물론 직무와 권위를 통해 구별되는 뛰어난 개인에게만 속한 것이 아니라, 이미 그리스도교 이전의 기원을 가진 이성적 존재로서의 일반적 인간과 관련된 것이다. 키케로(Cicero, *De officiis* I,30,106)는 그 개념을 이성이라는 재능이 가진 장점에 근거시켰는데, 이 재능이 인간

---

1 창세기 9:6에 나오는 살인 금지령의 법률적인 근거는 인간이 하나님의 형상(Ebenbild)으로 창조되었다는 것과 연관되어 있다. 이 점에서 그 근거는 위의 본문에서 서술된 그리스도론적인 근거보다 더욱 보편적인 특징을 갖는다. 그러나 고린도후서 4:4에 따르면 하나님의 형상은 예수 그리스도 안에서 비로소 인간의 형태로 나타났고, 어쨌든 바로 이 점에서 하나님과의 연합이라는 인간적 규정은 인간이 지닌 하나님 형상성(Gottebenbildlichkeit)의 의미로 읽을 수 있다. 위의 본문은 이와 같은 하나님 형상성이 인간적 인격의 불가침성과 인간의 존엄성을 위한 타당한 근거라고 주장한다.

으로 하여금 이성적 삶을 살아가야 하는 의무를 부여한다는 것이다. 하지만 이로써 키케로가 현대적 언어의 의미로 모든 개인 안에 있는 인간적 생명의 불가침성의 사상과 연관되는 것은 아니다. 불가침 사상은 인간이 최고 법정(Instanz)에 속해 있다는 사실을 통해 비로소 주어진다. 이 법정은 인간으로 하여금 다른 권세들에 의한, 특별히 다른 인간들과 사회에 의한 모든 최종적 강제처분으로부터 벗어날 수 있게 해준다. 그래서 그리스도교 전통은 올바르게도 인간이 하나님의 형상으로 창조되었다는 사실 속에서 인간의 인격적 존엄성의 근거를 찾았다.[2] 하나님과의 연합이라는 인간적 규정은 인간의 존엄성이 가장 높은 법조항의 내용으로서, 그리고 그 법에 대한 현대적 선언들 속에 존재하는 개인적 인권의 기초로서 기능을 수행하기 위한 필수 불가결한 전제다.[3] 이와 같이 명확하게 확정된 내용은 1949년 독일 연방공화국의

---

2   Theophilus von Antiochien, *ad Autol.* II,18. 이후에 예를 들어 니사의 그레고리오스(Gregor von Nyssa)가 인간의 창조에 대해 쓴 부분(MPG 44, 123-236) 또는 암브로시우스(Ambrosius)가 인간의 존엄성에 관하여(*De dignitate conditionis humanae*, MPL 17, 1105-1108) 쓴 소책자를 참고하라. 하나님의 형상에 기초한 인간 본성의 존엄성(dignitas)라는 관점은 후에 또한 레오 대제(Leo dem Großen, sermo 24,2; MPL 54,205 A; 참고. 27,6 ib. 220B)에게서, 또한 교황 그레고리우스 1세(Gregor dem Großen, Moralia 9,49; MPL 75,900)에게서 발견된다. 스콜라 신학에서 그 관점은 특별히 보나벤투라(Bonaventura)에 의해 강조되었다(*I. Sent.* 25,2,1 opp.2, Opera ed. Quaracchi 1, 442). 토마스 아퀴나스에게서 존엄성의 사상은 하나님 인식과 하나님 사랑이라는 인간 규정의 목적과 결합되어 나타나고(*S.c.G.* III,111) 또한 지성적 본성(*natura intellectualis*)이라는 인격적 특성으로 표현되기도 하지만(De pot. 8,4와 9,3 등), 인간의 하나님 형상성의 교리에서는 별다른 역할을 하지 않는다.

3   1945년 6월 26일 UN 헌장은 "인간의 존엄성과 가치"에 대한 믿음이 인간의 기본권에 대한 믿음과 직접 관련되어 있다고 말한다. F. Hartung, *Die Entwicklung der Menschen- und Bürgerrechte von 1776 bis zur Gegenwart*, 4. Aufl. 1972, 130. 1948년 12월 10일의 인권선언 전문(前文)은 인류의 모든 지체의 "고유한 존엄성"을 인정하는 것이 모든 개인의 "평등하고 양도할 수 없는 권리"의 주장보다 앞서 언급된다(같은 곳, 144, 이와 관련된 이후의 언급에 대해 265와 283을 참고하라). 1949년 독일

기본법과 같은 현대 국가들의 헌법에서는 기피되었다. 이에 대해 인간의 존엄성의 사상이 그리스도교적인 것이 아닌 다른 뿌리를 가지고 있다는 점을 지적할 수 있었는데, 이것은 바른 지적이었다. 예를 들어 키케로의 사상, 즉 인간의 이성으로부터 나와서 인간에게 이성적 행위의 의무를 지우는 존엄성의 사상은 특별히 윤리적 근거를 이성의 자율성에 둔다는 점에서 사무엘 푸펜도르프(Samuel Pufendorf)와 임마누엘 칸트(Immanuel Kant)에 의해 받아들여졌고 재형성되었다.[4] 그러나 모든 개인이 단순히 수단으로서가 아니라 항상 그 자체의 목적으로 다루어져야 한다는 칸트의 요청[5]은 인간의 이성적 본성으로부터는 도출되기 어렵다. 그 요청은 칸트에게 실제로 그리스도교 정신의 부분적 유산이었다. 칸트는 그 유산의 순수하고 합리적인 근거를 마련하기 위해 노력했으며, 그 결과 미심쩍은 성공을 거두었다. 인간의 존엄성이 법 전체의 최상위 척도라는 현대적인 이해도 그와 비슷하다. 이러한 사상과 모든 개인적 인격의 불가침성의 표상과의 연관성은 성서적 근원으로부터 분리될 수 없다. 어쨌든 생산적인 근거가 결여되지 않으려면 그렇다. 그 불가침성은 인간의 존엄성을 결정하는 법정의 절대성을 통해 이성적 존재로서의 인간의 평등성이라는 자연법사상을 넘어서고, 나아가 (황금률 속에서) 호혜성에 대한 자연법적 요청도 넘어선다. 이성은 그런 절대성을 양도해줄 것을 청구하지만, 넘겨받지는 못한다. 이성의 자기입법성 곧 칸트가 모든 개인의 불가침적 존엄성에 대한 표상의 근거로 삼으려 했던 자기입법성은 이미 오래전에 개인적 자의성에 따른 자기규정 안으로, 그리고 그것으로부터 생기는

기본법은 그 선언을 넘어선다. 1:1에서 선언되는 인간의 존엄성의 불가침성이 1:2에서 명확하게("그렇기 때문에") 인권을 구속할 수 있는 출발점이 된다는 점에서 그렇다.

4 인권의 근거를 인간의 존엄성 사상 위에 두었던 푸펜도르프의 사고에 대해 H. Welzer, John Wise und Samuel Pufendorf(*Rechtsprobleme und Staat und Kirche*. Festschrift R. Smend, 1952, 387-411, 392f.)를 참고하라. 칸트에 대해서는 그의 기초적인 해설을 보라. *Metaphysik der Sitte*, 1985, Akademieausgabe 4, 434ff.

5 I. Kant, 같은 곳, 428f.

다원주의(Pluralismus) 안으로 와해되고 말았다. 하지만 현대 법치국가가 모든 인간에게 부여된 인격성의 법을 존중하고 있다는 점에서는 인간이 자유로울 권리에 대한 종교적인 근원이 어느 정도의 영향력을 계속해서 행사하고 있다고 할 수 있다.

하나님과의 연합이라는 규정이 인간에게 부여하는 존엄성은 각 개인에게 닥쳐올 수 있는 사실상의 굴욕을 통해서도 없어지지 않는다는 점에서 특징적이다. 굴욕당한 자, 권리를 박탈당한 자, 고통을 겪는 자들의 용모는 특별한 방식으로 – 왜냐하면 그 밖의 모든 외모는 그들이 거부하기 때문에 – 저 존엄성의 후광을 통해 품격이 높아질 수 있는데, 여기서 존엄성은 어떤 사람도 자신의 공로로 얻지 못하며 다른 사람들로부터 받을 수도 없고, 그래서 어떤 사람도 그것의 소유자에게서 빼앗을 수 없는 것이다.

인간들이 자신의 신적 규정을 존중하지 않고, 그 규정을 무가치하게 여기면서 행동하는 곳에서는 사정이 그와 다르다. 그럴 때 인간의 형상은 삶의 외적인 상황이 억압되고 오용되고 비참하게 되는 경우보다 더욱 심하게 왜곡된다. 삶의 외적인 상황은 한 인간에게 얼마든지 무가치하고 불의하고 굴욕적인 것이 될 수 있다. 물론 이러한 비참은 인간의 신적 규정과 반대된다. 그렇다고 해서 인간이 그 규정으로부터 소외되는 것은 아니다. 소외는 오로지 인간이 자신의 삶을 자신의 규정과 모순되는 쪽으로 이끄는 곳에서만 일어난다. 물론 인간은 그렇게 해도 자신의 존엄성을 간단히 자기 밖으로 던져버릴 수는 없다. 그러나 인간에게 주어진 규정의 존엄성은 그런 무가치한 행위에 대한 심판이 된다. 바로 이 점에 인간적 상황의 가장 깊은 비참함이 놓여 있다. 결핍이나 압제가 아니라, 삶의 무력함이나 소멸성이 아니라, 오직 인간이 자신의 규정과의 관계 속에서 행하는 모순이 사도 바울로 하여금 이렇게 외치게 만든다. "오호라, 나는 곤고한 사람이로다. 이 사망의 몸에서 누가 나를 건져내랴!"(롬 7:24). 죽음에 빠져 있다는 것은 모든 인간 생명이 – 다양한 삶의 조건들과는 무관하게 – 굴복하고 있는 비참을 표현한다. 비참의 뿌리는 하나님과의 연합이라는 우리 생명의 규정에 대립하는 저항 속에 놓여 있다.[6]

아우구스티누스에 의하면 원하는 것과 사랑하는 것을 가질 수 없는 사람이 비참하다(*Enn. in Ps* 26,II,7: miser quisque dicitur quando illi subtrahitur quod amat, CC 38,157). 하지만 많은 사람은 진정으로 사랑할 만한 가치가 없는 것을 얻으려고 애쓰기에, 이미 그 점에서 비참하다. 그래서 그들은 자신들이 열망하는 좋은 것을 소유할 때도 여전히 다른 이들보다 더욱 불행하고 불쌍해진다. 왜냐하면 그들에게는 진정으로 좋은 것이 너무 결여되어 있어서 그들 자신은 단 한 번도 그 결여를 알아차리지 못하기 때문이다(같은 곳, 그리고 *De civ. Dei* XII,8. qui perverse amat cuiuslibet naturae bonum, etiamsi adipiscatur, ipse fit in bono malus, et miser meliore privatus). 이렇게 볼 때 삶이 죽음의 위협을 받고 있는 한, 사람들은 불가피하게 비참할 수밖에 없다고 말하는 아우구스티누스의 견해는 이해될 만하다(*De civ. Dei* IX, 15,1). 왜냐하면 그들에게는 — 그들이 알든지 모르든지 관계없이 — 결코 죽음으로 끝나지 않는 특정한 삶이 결여되어 있기 때문이다. 이러한 비참의 근거는 하나님을 외면하는 죄다(*De civ. Dei* XXII,24,3). 왜냐하면 하나님께 헌신하지 않는 자는 바로 그런 태도로 인해 하나님과 연합하는 가능성을 박탈당했기에, 이미 비참한 자인 것이다(*De civ. Dei* X,3,2: Si ergo non colit Deum, misera est, quia Deo privatur).

인간적 삶의 규정의 목적인 하나님과의 연합의 가능성을 빼앗긴 인간은 비참하다. 이 규정은 인간이 그 가능성으로부터 소외될 때도 폐기되

---

[6] 비교. *2 Klem*. 11:1. 이 편지는 하나님께 헌신하지 않는 자들이 빠져 있는 불행과 함께, 일반적인 의미에서의 비참 곧 무신론자와 경건한 자 모두가 굴복하고 있는 비참도 알고 있다(9:4).

지 않는다. 바로 그 규정이 존속한다는 것이 인간들이 비참해지는 이유가 된다. 왜냐하면 하나님으로부터 멀어짐(Gottesferne)으로써, 인간은 자신의 정체성을 박탈당하기 때문이다. 그렇기에 아우구스티누스의 날카로운 분석에 따르면 인간들은 자신의 비참에 대해 아무 것도 모를 때, 가장 비참하다. 다시 말해 불행과 질병과 죽음의 곤경 속에 있을 때가 아니라 이 세상의 좋은 것들 때문에 하나님을 잊어버리고 그로 인해 부유함과 호화로움의 한가운데서 불행해질 때, 가장 비참하다. 왜냐하면 그들은 자신들의 삶을 공허하고 무의미한 것으로 경험하게 되기 때문이다.

인간의 **비참**(Elend)이라는 말은 **죄**(Sünde)에 대한 고전적 교리보다도 더 포괄적으로 하나님으로부터 멀어져 있는 인간의 타락한 상태를 서술한다. 비참이라는 개념 속에는 인간이 하나님으로부터 분리되고 자립하려는 성향이 그로부터 발생하는 결과들과 함께 집약되어 있다. 이를 통해 죄와 죄의 결과들 사이의 내적인 관계는 죄 자체의 개념에서 밝혀지는 것보다 더욱 명확해진다. 이와 달리 비참의 개념과 비슷한 의미 영역을 갖는 것은 바로 소외(Entfremdung)의 개념이다.[7] 후자의 경우 심지어 활동적이거나 혹은 정태적인 양면의 길이 인식될 수 있다. 사람은 누군가로부터 소원(疎遠)해질 수 있지만, 또한 소외의 상태에 놓인 자신을 발견하기도 한다. 독일어 단어의 비참(Elend)은 이미 어원에서 소외의 표상과 가깝다. 그것은 외국에 있는 이방인이라는 표상에 가까우며, 고향으로부터 멀리 떨어져 지낸다는 생각을 함축하고 있다. 하나님으로부터 소외된 사람은 하나님과의 분리라는 비참 속에서 자기동일성의 고향으로부터 멀리 떨어진 곳에서 살아가는 것이다.

소외는 신약성서에서 이교도들의 상황을 묘사한다. 그들은 "이방인들로서

---

7 이에 대해 나의 책 *Anthropologie in theologischer Perspektive*, 1983, 258-278에 있는 "소외와 죄"의 단락을 보라.

하나님의 생명으로부터 배제되어 있는 자들"이다(ἀπηλλοτριωμένοι τῆς ζωῆς τοῦ θεοῦ). 왜냐하면 그들에게는 참된 하나님 인식이 없고 그들의 마음은 완고하기 때문이다(엡 4:18; 참고. 엡 2:12; 골1:21). 이와 비슷하게도 소외 개념은 그리스도교 교부학에서 하나님과의 관계(Gottesverhältnis)와 관련되어 있었다. 그래서 파울 틸리히는 죄론의 논의를 위해 소외 개념을 신학에 도입할 때, 헤겔이 소외 개념의 주창자라고 언급하지 말았어야 했다.[8] 물론 중세 신비주의 이래로 소외 개념 속에 함축되어 있었던 자기관계(Selbstverhältnis)가 헤겔에 의해 (그후에 마르크스에 의해) 특별한 방식으로 주제화된 것은 사실이다.[9] 거기서 헤겔은 물론 마르크스도 "자기소외" 개념 안에 있는 인간의 행위가 소외 상태의 근원이라고 강조했다. 다만 거기서 제시된 신학적 죄론과의 유비는 자기소외와 단념(Entäußerung, 외화)의 관계를 통해 제한되었다. 이때 소외 사상의 그와 다른 고대적인 뿌리의 영향이 작용했다. 즉 처분(Veräußerung)이라는 관점인데, 이것은 처분된 것의 원래 소유를 전제하고 있다. 이와 비슷하게 헤겔과 마르크스에게서도 인간의 근원적인 자기동일성이 전제되는데, 인간이 자기단념과 자기소외를 통하여 그 자기동일성을 처분했다는 것이다. 이런 사고에는 아마도 원상태와 타락에 대한 그리스도교적인 표상이 영향을 미친 것 같다. 그러나 그리스도교의 관점에서 인간이 직접 자기 스스로 자기동일성을 소유한 적은 없다. 인간은 오로지 자기 자신 혹은 모든 유한한 것과 구분되시는 하나님께 대한 관계를 통해 자기동일성에 참여하게 된다.

비참과 자기소외의 경험은 현대적 의식에게도 세상 안에 있는 인간적 상황의 특성을 나타낸다. 특히 현대문학과 예술 속에는 그런 경험들을 통해 드러나는 현존재의 상태가 강렬하게 표출되었다. 신학은 죄에 관한 교

---

8 P. Tillich, *Systematische Theologie* II, 1957, dt. 1958, 53.
9 관련된 증빙들은 *Anthropologie in theologischer Perspektive*, 1983, 261에 있다.

리에서 인간의 이런 상태의 근원을 하나님께 대한 인간의 관계 속에서 다룬다. 거기서 하나님과의 연합이라는 인간적 규정에 대한 표상은 항상 전제되어 있다. 그리스도교 신학은 이 표상을 하나님의 형상에 따른 인간 창조를 그리는 성서적 표현(창 1:26f.)에 맞추어 발전시켰다.

요약하자면 인간이 하나님의 형상으로 창조되었다는 것과 인간의 죄라는 두 가지에 관한 그리스도교 신학의 인간론적인 근본 진술은 예수 그리스도를 통한 인간의 구원이라는 메시지를 위한 전제가 된다. 왜냐하면 인간은 자신의 비참의 뿌리 곧 하나님과 자신의 고유한 자아로부터 멀어지는 소외의 뿌리를 형성하는 죄 때문에 하나님의 구원을 필요로 하기 때문이다. 다른 한편으로 구원은 구원받은 자들에게 자유를 선사해주는 사건을 기대할 수 있을 때만 말해질 수 있다. 예수 그리스도를 통해 전달되는 하나님과의 연합은 오직 인간이 그 연합을 통해 자유롭게 된다는 조건 아래서만 구원이라고 부를 수 있다. 이것은 하나님과의 연합이 인간으로 하여금 자기 자신과의 동일성을 이루도록 도와주는 것을 뜻하며, 인간이 이미 본성적으로 하나님과의 연합을 향해 규정되어 있다는 사실을 전제한다.

인간이 하나님과의 연합으로 규정되어 있다는 것은 인간이 하나님의 형상으로 창조되었다는 인간론의 주제다. 그러나 이 주제를 전개하려면, 보다 더 일반적인 인간학적 근거가 설정되어야 한다. 이 근거는 한편으로 신학적 인간론과 창조론의 관계를, 다른 한편으로 인간론과 그리스도론의 관계를 제공해줄 것이다. 이러한 기능은 교부학 이래의 신학적 전통 안에서는 인간의 육체-정신적 본성에 대한 교리를 통해서만이 아니라, 영적 본성에 관한 교리를 통해서도 성취되었다. 그 교리는 인간의 하나님의 형상성에 대한 성서 본문들을 해석하기 위한 틀을 형성한다. 그렇기에 인간론의 서술은 그 지점에서 시작될 것이며, 인간의 생명과 하나님의 생명의 영과의 구체적인 관계가 그리스도론으로 넘어가는 길목을 예비하도록 이 장의 마지막에서 언급될 것이다.

그러므로 그리스도교 교리를 서술하는 이 장은 완전한 인간론을 전개하는 과제를 갖지 않는다. 오히려 주로 서술되어야 할 것은 다만 인간의 규정과 그 규정으로부터 벗어난 인간의 소외의 상황이다. 완전한 신학적 인간론은 인간의 규정이 실현되는 과정을 포괄해야 할 것이며, 하나님의 구원의 행위, 구원의 수여(Zueignung), 그리고 인간이 구원을 수용하는 것 (Aneignung)을 대상으로 다루면서 구원의 종말론적 완성과 함께 비로소 마지막 목표에 도달하게 될 것이다.[10] 다른 한편으로 완전한 인간론은 인간적 생명 형태, 그것의 특성, 그리고 세계 내에서의 그것의 위치에 대한 생물학적인 토대 외에 인간의 삶을 실현시키는 사회적 관계들도 다루어야 할 것인데, 이 관계들은 개인의 사회화 과정 속에서 그의 정체성에 대한 제약조건이 된다.[11] 이곳의 체계적 서술에서 그러한 측면은 반복해서 다루어질 것이다. 그 측면은 교회 개념과 관련해서도 주제화되어야 한다.[12] 하지만 인간의 사회적 본성은 그 자체로 논의의 대상이 되지는 않을 것이다. 인간의 역사성이라는 주제나 인간적 삶의 구체적 실현의 매개체가 되었던

---

10 이 점에서 페쉬(O. H. Pesch)는 올바르게도 죄와 은총의 주제를 신학적 인간론의 중심으로 삼았다(*Frei sein aus Gnade. Theologische Anthropologie*, 1983). 물론 거기서 그리스도론과 종말론 역시 인간론의 주제영역으로 – 전자는 은총 안에 있는 존재의 근거로서, 후자는 그 존재의 완성으로서 – 편입되었다면 좋았을 것이다. 교회론도 공동체적 삶을 묘사하는 것으로서 누락되어서는 안 된다. 그 삶의 테두리 안에서 은총 가운데 살아가는 존재가 구체적으로 실현되기 때문이다.

11 이에 대해 나의 책을 보라. *Anthropologie in theologischer Perspektive*, 1983, 3장. Die gemeinsame Welt (305-517). 특히 문화의 토대와 공동세계의 제도적 질서에 관한 7장과 8장을 보라.

12 그 관계는 창조질서 및 보존질서에 관한 교리의 관점에 속하는 것이 아니다. 인간의 공동체적 삶의 사회적 및 국가적 질서는 교회와 마찬가지로 신학적으로는 하나님 나라의 기준 아래에 있으며, 그 나라와의 관계 속에서 논의되어야 한다. 마찬가지로 양성의 평등관계(Zueinander)와 동반관계(Miteinander)는 혼인(Ehe)의 교리 속에 신학적인 자리를 갖는다. 이 문제는 별개로 쳐도 그 관계는 이미 창조에서 주어진 사실로서 생명의 생산성이라는 인간 이전의 원리에 속한다(이 책의 7장 244f.를 보라).

인류의 역사에 대한 관계들은 그리스도교 교리의 서술을 위해 아직 남아 있는 모든 장들이 다룰 내용이다. 거기서도 물론 이 주제는 독립적인 논의 대상이 되지는 않는다.

1. 몸과 영혼의 인격적 통일성인 인간

인간의 현실성에 대한 모든 해석은 인간이 자신의 삶을 의식적으로 실현하고 영위한다는 사실성을 고려해야 한다. 사람들은 모든 의식적인 체험을 말할 때, 그것을 급진적 행동주의(Behaviorismus)처럼[13] 외적으로 관찰될 수 있는 행동으로 환원시킬 수도 있고, 뇌기능의 부수적 현상(Epiphänomen)으로 설명하려 하거나, 혹은 육체와 원칙적으로 구분되는 영혼이 작용하는 표현으로 설명할 수도 있다.[14] 어쨌든 의식이라는 사실성은 인간의 삶에 주어진 근본적 여건이며, 모든 인간론은 그 사실성의 적절한 해석을 위해 이런저런 방법으로 노력해야 한다. 다른 한편으로 의식적인 그리고 자기 자신을 의식하는 생명이 우리에게 단지 육체적인 생명으로만 알려져 있다는 것도 반박될 수 없다. 게다가 오늘날의 지식수준에 따르면 영혼의 모든 체험은 몸의 기능을 통해 제약된다. 이것은 자의식에도 해당한다. 물론 인간성의 이러한 실상이 항상 명확했던 것은 아니다. 많은 전근

---

13 철학적 입장으로서의 급진적 행동주의는 라일(G. Ryle)의 언어 분석적인 기초 위에서 주장되었는데(*The Concept of Mind*, 1949), 인간을 "기계 속의 정신"으로 생각했던 데카르트적 이원론과 논쟁을 벌이며 반대했다. 왓슨(J. B. Watson)으로부터 스키너(B. F. Skinner)에 이르는 심리학적으로 근거된 행동주의, 그리고 이에 기초한 명제들에 대한 비판과 관련하여 나의 책을 참고하라. *Anthropologie in theologischer Perspektive*, 1983, 26-29.

14 J. Seifert, *Das Leib-Seele-Problem in der gegenwärtigen philosophischen Diskussion. Eine kritische Analyse*, 1979, 79ff.

대적 문화들은 스스로를 의식하는 인간 영혼에게 몸과의 관계에서 고도의 독립성을 부여했는데, 그것은 몸의 사건과 영혼의 사건이 서로 긴밀하게 상호작용하는 관계를 인식하게 된 현대 학문들이 허용하는 것보다 더 높은 수준이었다. 그런 얽힌 관계에 대한 계속 진보하고 세분화된 인식들은 근대적 사유의 역사 속에서 영혼의 전통적인 표상, 곧 영혼을 몸과 근본적으로 구분되고 죽음에서 몸과의 결합으로부터 분리될 수 있는 어떤 실체(Substanz)[15]로 보는 표상을 믿을 수 없는 것으로 만들었다. 모든 세부적인 움직임에서 육체적 과정과 기관들을 통해 제약되어 있는 영혼의 생명이 어떻게 몸으로부터 분리될 수 있으며, 몸 없이 계속 존속할 수 있겠는가? 영혼과 몸은 현대의 표준적인 인간론 안에서는 서로에 대해 본질적이고 상호 귀속적이며, 서로에게로 환원될 수 없는 국면 즉 인간 생명의 통일성으로서의 국면으로 간주된다. 영혼과 의식은 인간의 육체성 속에 깊이 뿌리를 내리고 있으며, 거꾸로 인간의 몸(Leib)은 죽어 있는 신체(Körper)가 아니라, 생명의 모든 발현 속에서 영혼의 호흡이 불어넣어진 것이다.[16]

---

15 J. Seifert, 같은 곳, 126f. 자이페르트는 육체와 영혼을 두 개의 서로 다른 실체로 이해했던 사람들로서 플라톤, 플로티노스, 데카르트와 함께 아우구스티누스를 바르게 지명했고 또한 토마스 아퀴나스도 거론했는데, 토마스의 교리는 영혼을 육체의 본질적 형식으로 보았다.

16 이러한 관찰방식에서 베르그송이 획기적이었다. H. Bergson, *Matière et Memoire. Essay sur la Relation du Corps á l'Esprit*, 1896. 그 관찰방식은 많은 관점에서 제임스의 심리학과 유사하다(1890). 제임스의 명제에 따르면 몸은 우리가 우리 자신을 의식하는 자아의 "핵"(nucleus)를 형성한다. W. James, *The Principles of Psychology*, Neudruck 1981, 400ff., 참고. 341. 제임스와 베르그송의 관계에 대해 H. Ey, *La conscience* (1963), dt. *Das Bewußtsein*, 1967, 37을 참고하라. 아이(Ey)의 저서는 베르그송으로부터 시작된 방향에 속한다. 다른 방식에서 또한 다음의 저서도 그 방향에 해당한다. M. Merleau-Ponty, *Phänomenologie der Wahrnehmung* (1945) dt. 1965. 또한 독일에서는 셸러가 기초를 놓은 철학적 인간론의 방향도 이에 속한다. Scheler, *Wesen und Formen der Sympathie*, 1913. 동일저자, *Die Stellung des Menschen im Kosmos*, 1928.

이와 같은 현대적 관점은 초기 그리스도교 인간론의 출발점에서 건축 기준선을 규정했던 의도들에서도 볼 수 있다. 초기 교부학은 말하자면 2세기 중반 이래로 고대 후기를 주도했던 플라톤주의에 반대하며 인간의 몸-영혼-통일성을 그리스도교 인간론의 근본 명제로 삼고 변호했다. 초기 교부학은 어쨌든 영혼을 독립적 개체(Entität)로 보는 견해를 받아들였고, 영혼을 몸과 마찬가지로 인간이라는 현실성의 부분 원리로 보는 잘못에 대해서만 수정했다. 몸과 영혼이 함께 인간을 구성한다는 것이다. 인간의 몸-영혼의 통일성에 대한 강조에도 불구하고 몸과 영혼의 이원론 또한 그리스도교적인 인간 상(像) 안으로 들어가는 출구를 발견했다. 하지만 여기서 알아야 할 것은 초기 그리스도교 사상이 그 당시에는 자명한 것으로 여겨졌던 헬레니즘 사상에 참여하고 있다는 사실이다. 다시 말해 이원론이 그리스도교적인 인간 상의 본질적 내용에 속했던 것은 아니었다.

이미 테르툴리아누스가 몸과 영혼을 둘로 구분되나 서로 결합된 "실체들"이라고 말했다(Tertullian, *De an*. 27,1f.; CCL 2, 1954, 822f.). 여기서 그는 몸과 영혼의 관계를 그보다 앞선 타티아노스(Tatian)[17]와 비슷하게 스토아적 방식으로 생각했다. 영혼은 생명의 숨이자 호흡이며, 몸속에서 현현의 형태를 취한다는 것이다(참고. 창2:7). 물론 테르툴리아누스는 이레나이우스(Irenäus, *adv. baer*. II,34)와 마찬가지로 영혼은 불멸이라고 보았으며(*De an*. 22,2; CCL 2,814), 이것은 영혼이 사멸적이라고 보았던 타티아노스의 명제와 대립된다(Tatian, *ad Gr*. 13,1). 이레나이우스는 이러한 이해를 위해 비참해진 남자와 부유해진 나사로의 이야기(눅 16:19-31)를 인용했는데, 이들의 사후 운명은 영혼 불멸을 전제하고 있다는 것이다.

인간 생명의 통일성 속에서 몸과 영혼이 상호 귀속되는 것은 초기 그리스

---

17 타티아노스의 인간론에 대해 M. Elze, *Tatian und seine Theologie*, 1960, 88ff를 보라.

도교 신학자들에게서 특별히 그리스도교의 부활의 희망을 위한 변증적 논쟁의 맥락에서 강조되었다. 아테나고라스에 따르면 영원한 생명을 향한 인간의 규정은 창조자의 의도 안에서 모든 인간에게 유효하다. 그렇기에 몸의 부활이 필요하다는 것이다. 왜냐하면 영혼만 홀로 있다면, 그것은 그 자체로 전인(全人)이 아니기 때문이다(de res. 15).

이와 같은 인간의 영육 일원성의 이해를 통해 그리스도교 신학은 일련의 관점에서 플라톤주의에 반대해야만 했다. 하지만 그리스도교 신학은 신론에서는 플라톤주의와 가까웠다.[18] **첫째**, 그리스도교 신학은 – 영지주의적 노선들은 간과하고 – 플라톤으로부터 넘겨받은 오르페우스적(orphisch)인 교리를 따를 수 없었다. 그 교리에 따르면 육체는 영혼의 감옥 혹은 무덤으로 관찰되며(Gorg. 493 a, Crat. 400bf.), 죽음은 그 감옥으로부터 영혼이 자유롭게 되는 것으로 여겨진다(Phaid. 64 e, Gorg. 524b). 이에 반대하여 그리스도교 교리는 몸이 인간의 영혼과 마찬가지로 하나님의 선한 창조물이며, 그렇기에 둘의 결합은 창조자의 의지의 표현이라고 주장했다.

둘째, 영혼은 플라톤의 견해와 같이(Staat 611e) 신적인 어떤 것이 아니라, 몸과 마찬가지로 인간의 피조적 본성의 구성요소다. 이미 트리폰(Tryphon)과 유스티누스(Justin)의 대화록에서 나오듯이, 에베소의 해변에서 한 노인은 영혼이란 하나님 외의 모든 것처럼 창조된 것이며 그렇기에 사멸적인 것이라고 강조했다(Dial. 5). 영혼은 몸을 살아 있게 하는 원리이기는 하지만, 스스로 살아 있는 것은 아니며, 스스로의 힘으로 움직이는 것도 아니다(Dial. 6). 이것은 플라톤의 견해와 완전히 대립되는 것이다(Phaidr. 245e). 이후의 그리스도교 신학자들은 영혼 불멸의 사상은 받아들였지만 그것은 창조자의 의지에 예속된 것으로 보았고, 그로 인해 영혼의 신성이라는 가정과는 거리를 두었다. 영혼이 하나님과 비슷해지고 그 결과 하나님의 불멸의 생명에 참

---

18   이에 대해 나의 책을 참고하라. Christentum und Platonismus, in: ZKG 96, 1985, 147-161, 특히 150ff.

여하는 곳에 이르기 위해서는 하나님의 영을 통한 은혜로운 조명과 고양이 필요하다는 것이다.[19]

그리스도교 인간론과 플라톤적 인간론 사이에 논쟁이 되는 세 번째 지점은 앞선 두 가지와 깊이 연관되어 있다. 그것은 영혼의 선재에 대한 표상, 그리고 이와 연관된 플라톤적인 영혼의 이주(Seelenwanderung) 혹은 환생(Wiederverkörperung)이라는 가르침에 대한 거부(cf. Phaid. 76e-77d, 또한 80cff.)다. 이미 이레나이우스가 이 문제에서 플라톤에 분명히 반대했고, 영혼이 출생 이전의 삶을 기억한다는 이유로 영의 선재성을 주장하는 것을 논박했다(adv. haer. II,33,1와 5). 그러나 오리게네스는 선재성의 표상을 받아들였고, 영혼이 몸에 속박되는 것(Phaidr. 248 cf.)을 플라톤적인 의미에서 출생 이전의 잘못들의 결과라고 이해했다(De princ. II,9,6f.와 I,7,4f.).[20] 그는 즉각 반대에 부딪쳤고, 6세기에 그 견해는 교회로부터 파문되었다.[21] 교회의 교리는 그것에 반대하여 인간의 영혼이 몸과 함께 창조되었다고 주장했다. 하지만 그 교리에 대해서는 두 가지 신학적 해석이 가능하다. 개인의 영혼이 몸과 함께 성적 결합을 매개로 하여 생겨난 것인지(테르툴리아누스의 "영혼유전설" Traduzianismus), 아니면 각각의 영혼이 하나님께서 직접 만드신 것인지의 해석이다. 알렉산드리아의 클레멘스에게서 시작되어 락탄티우스(Laktanz)가 후자의 해법(이른바 영혼창조설[Kreatianismus])을 결정적으로 주장[22]했던 반

---

19 이에 대한 증빙을 각주 18번에 인용된 논문의 151f.에서 보라.
20 이와 같은 해석에 대해 다음의 책을 보라. P. Kübel, *Schuld und Schicksal bei Origenes, Gnostikern und Platonikern*, 1973, 88ff. 95.
21 543년 콘스탄티노플 공의회(DS 403과 410). 참고. F. P. Fiorenza und J. B. Metz, Der Mensch als Einheit von Leib und Seele, in: *Mysterium Salutis* II, 1967, 584-636, 여기서는 615.
22 H. Karpp, *Probleme altchristlicher Anthropologie. Biblische Anthropologie und philosophische Psychologie bei den Kirchenvätern des dritten Jahrhunderts*, 1950, 92-171, 특히 클레멘스에 대해 96f., 락탄티우스에 대해 135f., 143ff., 테르툴리아누스에 대해 49ff.를 보라. 테르툴리아누스의 영혼유전설에 대해서는 59f.(*De an*.에

면에, 아우구스티누스는 이 문제에 대해 끝까지 결정을 내리지 않았다.[23]

인간의 영육 일원성에 대한 성서적 관점은 헬레니즘적인, 특히 플라톤적인 인간상을 깊이 수정했음에도 불구하고 교부학이 서술한 인간론 안에서 완전히 성취되지는 못했다. 그것은 두 실체를 결합하는 모델에서 제기되는 한계 때문이었다. 고대 철학의 출발점들 가운데 오직 아리스토텔레스의 견해만이 이 문제를 계속 진행시킬 수 있었다. 그 견해는 중기 스콜라 철학의 그리스도교적인 아리스토텔레스주의에서 영혼을 육체 그리고 인간의 본질적 형식으로 보는 토마스 아퀴나스의 이해를 통해 계속되었다.[24] 토마스의 견해는 1312년 비엔나 공의회를 통해 교회의 교리로 확증되었다(DS 902). 이에 따르면 영혼은 인간을 구성하는 부분적 원리에 그치는 것이 아니라, 인간을 그의 몸에 따른 현실성 속에서 인간이 되도록 만드는 것이다. 반대로 몸은 그 안에서 인간의 인간적 존재 곧 영혼이 자신의 적절한 표현을 발견하게 되는 구체적 형태다.[25]

인간의 육체적 현실성에 대한 성서적 관점에 근접해 있음에도 불구하

관하여는 27)를 비교하라.

23   H. Karpp, 같은 곳, 243ff. 418년에 오프타투스(Optatus)에게 보낸 아우구스티누스의 편지에서 그가 영혼창조설의 수용을 주저했던 본질적인 이유는 그의 죄의 유전 교리에서 찾을 수 있을 것이다(같은 곳, 246). 영혼유전설로 기울어지는 경향이 아우구스티누스의 후계자들에게서 발견되며, 비슷한 이유에서 후대의 루터에게서도 발견된다. G. Ebeling, *Lutherstudien* II, Disputatio De Homine 2, 1982, 46-59.

24   토마스(Thomas von Aquin, *S. theol.* I,76,1)는 "정신-영혼"(anima intellectiva)이 인간 육체의 본질적 형식이라고 주장한다(*humani corporis forma*). 같은 문제를 다루는 제4장에서는 이에 추가하여 영혼이 인간의 유일한 본질적 형식이라고 말한다. 이에 대해 다음의 설명을 참고하라. F. P. Fiorenza und J. B. Metz, in: *Mysterium Salutis* II, 610ff. 또한 K. Rahner, *Geist in Welt. Zur Metaphysik der endlichen Erkenntnis bei Thomas von Aquin*, 2.Aufl. 1957, 325ff., 특히 329.

25   이에 대해 토마스 아퀴나스의 견해를 수용하는 라너의 글을 참고하라. K. Rahner, Zur Theologie des Symbols, *Schriften zur Theologie* IV, 1960, 275-311, 특히 304ff.

고 토마스는 "강조점을 이동"시켰다. 이동된 것은 그 현실성 전체가 영혼 개념을 통해 파악된다는 것 때문만은 아니다.[26] 이미 야훼문서(J)의 창조 기사 안에서 인간의 전체 현실성은 "살아 있는 영혼"(nephesh hajja)으로 묘사되고 있다(창 2:7). 이와 같은 성서적 인간 이해와의 차이는 토마스의 경우에 오히려 영혼 혹은 특별히 영혼의 정신성(anima intellectiva)의 이해에서 드러났다. 물론 영혼에 대한 성서적 표상이 영(정신)과 관련되어 있기는 하지만, 그것은 전혀 다른 의미에서 이해된다.

창세기 2:7에 따르면 영혼은 단순히 육체적 생명의 원리일 뿐만 아니라, 나아가 생기가 불어넣어진 육체 즉 전체로서의 생명체다. 이때 영혼은 아리스토텔레스-토마스적인 실체 개념이 표현하는 독립성을 소유하지 않는다. 인간을 **네페쉬 하야**(nephesh hajja, 생령)로 표현하는 것은 그가 결핍의 존재, 그래서 욕구를 지닌 존재라는 특성을 나타낸다. 그의 삶 자체가 결핍과 욕구의 형태를 갖고 있다. 후두, 목구멍, 혹은 식도라는 의미의 단어인 **네페쉬**의 구체적인 근본 의미는 말라버린 목구멍과 굶주린 식도를 눈앞에 그리고 있다. "먼 땅에서 오는 좋은 기별은 (마치) 목마른 사람(nephesh)에게 냉수와 같으니라"(잠 25:25). "배부른 자(nephesh)는 꿀이라도 싫어하고 주린 자에게는 쓴 것이라도 다니라"(잠 27:7). **네페쉬**로서의 인간은 욕구의 존재이며, 자신의 욕구를 충족시켜주는 모든 것에 예속되어 그것을 추구하는 자이다. 그렇기에 생기가 불어넣어진 생명은 자기 스스로 살아 있는 것이 아니라, 숨을 불어넣어 그것을 살아 있게 만드시는 하나님의 영을 통해 살아 있는 것이다.

생명을 결핍과 욕구로 해석하는 것은 여러 가지 관점에서 아리스토텔레스 철학의 목적론적인 생명 이해와 비교될 수 있다. 물론 여기서 생명체의 유기

---

26 F. P. Fiorenza und J. B. Metz, 같은 곳, 613.

체적 발전의 표상을 엔텔레케이아(Entelechie, 영적 완성작용) 개념으로 이해하는 아리스토텔레스적인 표상을 떠올려서는 안 된다. 토마스 아퀴나스와 그리스도교적인 아리스토텔레스주의와의 접촉점은 영혼의 생명을 만드신 하나님만이 그 욕구를 충족시킬 수 있는 분이라는 사실에 있다(시 107:9; 참고. 시 42:2f.). 하지만 하나님을 필요로 한다는 것은 성서적 관점에서 본다면 피조적 생명의 본성이다. 신적 현실성이 창조력을 통해 살아 있는 것들을 향해 다가올 때, 그 현실성은 땅의 생명체를 넘어서는 초월적이고 도달될 수 없는 곳에 머문다. 그럼에도 불구하고 하나님께 대한 욕구는 피조적 생명의 본성이다.

성서적 의미에서 영은 지성을 뜻하지 않는다. 오히려 영은 창조적인 생명력이며, 그 본성은 바람과 같다.[27] 이 사실로부터 창세기 2:7의 진술은 구체적인 자명성을 갖는다. 하나님은 인간에게 생명의 숨을 불어넣어 그분 자신이 형성한 형상을 살아 있게 만드신다(욥 33:4). "창조자가 불어 일으키신 호흡이 그를…생명체로, 살아 있는 인격으로, 살아 있는 개인으로 만든다."[28] 피조물은 계속해서 영의 바람 혹은 하나님의 호흡을 필요로 한다. 그의 불어옴에 관여할 수는 없지만, 그것이 멈추면 피조물은 즉각 죽음을 맞는다. 만약 하나님이 "뜻을 정하시고 그의 영과 목숨(rūaḥ)을 거두실진대, 모든 육체가 다 함께 죽으며 사람은 흙으로 돌아가리라"(욥 34:14f.). 이것은 인간이 죽을 때 실제로 일어나는 일이다. "흙은 여전히 땅으로 돌아가고 영(rūaḥ)은 그것을 주신 하나님께로 돌아가기 전에 기억하라…"(전 12:7).

마지막에 인용된 구절은 창세기 2:7이 말하는 생명의 호흡(nishmat bajjim)이 영(rūaḥ)과 분리될 수 없고, 나아가 두 가지 표현이 같은 실재를

27　이에 대해 『조직신학 I』, 604f.를 보라.
28　H. W. Wolff, *Anthropologie des Alten Testaments*, 1973, 43.

가리킨다는 사실을 알려준다(참고. 창 6:17). 인간의 생명이 죽을 운명이 된 것은 하나님의 영이 그 안에서 항상 작용하지 않음으로써 초래된 결과다 (창 6:3). 그래서 "육체"로서의 인간은 모든 다른 생명체처럼 사멸적이다. 거꾸로 보면 그 사실은 인간의 생명이 지속되는 한, 그 생명은 하나님의 영으로부터 시작된 생명의 호흡의 지속적인 작용력의 은혜를 입고 있다는 사실을 말해준다.

생명체들 안에서 활동하신다고 해서, 하나님의 영이 피조물의 구성요소가 되시는 것은 아니다. 오히려 그 활동을 통해 피조 생명의 탈자아적(exzentrische) 성격이 말해져야 한다. 피조물은 그 자신의 외부로부터 행사되는 영의 신적인 힘에 의존하고 있다. 피조물들은 생명의 호흡을 자신 안에 갖고 있으나, 그들은 그것에 관여할 능력이 없다. 그래서 하나님은 피조 생명의 주님으로서 머무신다.

고대 후기의 스페인 교회는 여러 번 프리스킬리아누스(Priscillian)의 견해를 거부했다. 그것은 인간의 영혼이 하나님 혹은 신적인 실체의 한 부분이라고 주장했다(Dei portionem vel Dei esse substantiam, DS 201, 참고. 190 혹은 455). 이 거부는 초기 그리스도교 신학이 이미 영혼의 신성에 대한 플라톤적 교리를 거부했던 것에 상응한다. 플라톤의 교리는 영혼의 피조성의 주장과 일치할 수 없을 듯이 보였다. 하지만 그 거부를 통해 피조적 생명의 실현 속에서 인간을 초월하는 원칙으로서 하나님의 영이 갖는 소생의 효력으로서의 표상이 퇴출된 것은 아니었다. 영은 영혼의 효력으로 이해될 수 없으며, 오히려 육체와 함께하는 영혼의 생명을 발생시키고 보존하며, 그 안에서 활동하시는 하나님의 힘으로 이해되어야 한다.

일련의 구약성서적 진술들은 특정한 인간들에게 일어나는 하나님의 영의 활동 가운데 몇몇 특수한 경우를 그들에게 부여된 카리스마(Charisma)라고 설명한다. 카리스마는 하나님의 영의 초월성과 비교되는 어느 정도의 독립성을 갖는다.[29] 이 독립성은 하나님이 사울 왕에게 보낸 "악한 영(rūaḥ)"과 같이 이른바 부정적인 카리스마의 표상에서 특별히 두드러져 보인다(삼상 16:14; 참고. 왕상 22:20ff.; 사 19:14). 마지막으로 더욱 폭넓게 일반화하여 본다면, 인간 안에서 제한된 시간 동안 작용하는 생명의 영이 그 인간 자신에게 "그의" 영으로서 속해 있다고 말할 수도 있었다.[30] 하지만 구약성서 안에는 어떤 독립적인 피조적 영(rūaḥ)을 신적인 영(rūaḥ)으로부터 근본적으로 구분해서 생명체의 본질적 요소로 취급하는 구절은 없다. 생명의 과정들을 인간과 그 영혼의 본질적 구성요소들의 기능으로 이해하는 것은 헬레니즘을 통해 유대교적 사고 안으로 스며들었다. 이때 인간 안에서 작용하는 영(Pneuma)은 피조적 본질의 상태에 속하는 요소로 이해되거나, 혹은 피조적 영혼이 지닌 신적인 "본질-구성요소"로 이해되었다.

이와 같은 두 가지 견해 가운데 첫 번째는 랍비의 문서들[31]에서, 그리고 또한 사도 바울에게서 발견된다. 바울은 인간을 요약하여 영, 혼, 몸으로 서술했으며(살전 5:23), 하나님의 영은 인간의 영과 마주하거나(롬 8:16f.), 나아가 대립하는 것(고전 2:10f.)으로 보았다.[32] 그러나 바울은 후자에서 "하나님이 주신 영(πνεῦμα), 그래서 최종적으로 인간에게 낯선 어떤 것"을 보고 있지 않은가?[33] 그는 말로 표현하지는 않았지만 자명하게 여겼던 전제,

---

29 H. W. Wolff, 같은 곳, 62f.
30 H. W. Wolff, 같은 곳, 64ff.
31 이에 대해 다음의 해설을 보라. E. Sjöberg in *ThWBNT* 6, 1959, 374ff. 특히 이와 관련된 표상 곧 하나님이 직접 창조하셔서 선재하는 정신-영혼(Geistseele)의 표상에 대해서는 376ff. 참고하라.
32 더 많은 증빙들을 R. Bultmann, *Theologie des Neuen Testaments*, 1953, 202f.에서 보라.
33 불트만에 반대하는 그와 같은 견해를 E. Schweizer, in *ThWNT* 6, 1959, 433에서 보라.

곧 피조물들 안에서 활동하는 모든 영(*Pneuma*)은 하나님의 창조적 영으로 소급된다는 전제 아래서 그렇게 기술하였는가? 그렇다고 하면 그 전제는 적어도 고린도전서 15:45이 인용하는 창세기 2:7과의 관계 속에서 분명히 말해지고 있다고 평가해야 할 것이다. 하지만 고린도전서의 구절은 그런 경우가 아니다. "살아 있는 영혼"이 첫째 아담에게 하나님의 영을 통해 불어넣어졌다고 말해지지 않는다. "생명을 창조하는 영"(πνεῦμα ζωοποιοῦν)은 첫째 인간의 창조에서가 아니라, 단지 종말론적 인간의 고유한 특성으로서만 언급된다. 다른 한편으로 첫째 아담의 유형에 속하는 자연적 인간이 어떻게 이미 영(*Pneuma*)으로 존재한다거나 영을 소유한다고 말할 수 있을까?(고전 2:11) 자연적 인간이 종말론적 인간에게 유보되어 있는 영 없이 단지 "살아 있는 영혼"으로 창조되었다고 해도, 그렇게 말할 수 있을까? 여기서 사도 바울이 직접 표현한 진술들을 넘어서는 해석이 불가피해진다. 그렇게 할 때 그 진술들의 본질적인 통일성이 재구성될 수 있는 것이다.

바울이 사용한 영 개념의 본질적인 통일성은 물론 위에서 말한 두 번째 해석 가능성의 방향, 곧 영(*Pneuma*)을 인간이나 인간적 영혼의 본질적 구성요소로 이해하는 방향에서는 찾을 수 없다. 이런 해석은 헬레니즘적 유대교에서 발전된 창세기 2:7의 이해다. 그것은 하나님이 불어넣어주신 생명의 숨을 인간에게 전달된 신적인 영으로 이해했다.[34] 이 해석에 특징적인 것은 영의 전달과 하나님 인식 사이의 결합인데, 이것은 이미 쿰란 문헌들에서 발견된다.[35] 지혜를 카리스마로 이해하는 관점이 그 배경에 있다. 이때 카리스마는 하나님의 영을 통해 인간에게 전달된다. 연륜이 많

---

34 이하의 내용에 대해, 특히 필론에 대해 다음 책을 보라. W.-D. Hauschild, *Gottes Geist und der Mensch. Studien zur frühchristlichen Pneumatologie*, 1972, 256ff.
35 I QH Frg. 3,14 (J. Maier, *Die Texte vom Toten Meer* I, 1960, 120). 참고. Hauschild, 같은 곳, 257.

은 자가 지혜를 가르치는 것이 아니라 영이 인간을 깨우치며 "전능자의 숨결이 사람에게 깨달음을 주시나니…"(욥 32:8; 참고. 신 34:9). 솔로몬의 지혜(Sapientia Salomonis)에서 지혜는 영(Pneuma)과 곧바로 동일시된다.[36] 그래서 창세기 2:7에 따라 생명의 숨을 받은 인간은 우상들을 숭배하지 않고 하나님을 인식하게 된다(지혜서 15,11). 영과 지혜의 결합은 헬레니즘적 해석에서 인간의 이성이 창조 때에 그에게 불어넣어진 신적인 영(Pneuma)으로 이해되었음을 암시한다. 이런 중요한 효과를 갖는 결합은 알렉산드리아의 필론(Philo von Alexandrien)에게서, 혹은 이미 그보다 앞서 실현된 것이다.[37]

창세기 2:7을 "창조자를 통한 이성의 전달"로 해석함으로써 (인간의) 영과 이성을 동일시할 수 있는 근거가 마련되었고, 그 근거는 그리스도교 신학 안에서 영혼의 고차원적인 부분 곧 인간의 "정신-영혼"(Geistseele)의 이해에 계속해서 영향을 주었다. 물론 그리스도교 신학은 "정신-영혼"에 신성을 부여하는 입장과는 거리를 두었다. 이 부분에서는 다름이 아니라 그리스도교적 영지주의가 중요한 중재 역할을 했을 수도 있었을 것 같다.

영지주의자들은 창세기 2:7의 창조의 때에 인간에게 전달된 영(Pneuma)이 본래의 신적인 영일 수 없었다고 보았는데, 왜냐하면 그들은 창조가 구원자 하나님이 아니라 데미우르고스(기계주의적인 신)의 일이었다고 간주했기 때문이다. 다만 부차적으로, 데미우르고스가 알아채지 못하게, 진정한 신적인

---

[36] 이에 대한 증빙은 다음의 설명에 있다. W. Bieder, in: *ThWBNT* 6, 1959, 369. 또한 집회서 24,3을 보라. 여기서 지혜는 하나님의 입으로부터 발생한 숨으로 묘사된다.
[37] Hauschild, 같은 곳, 258ff. Bieder, 같은 곳, 371f.는 주제에서 약간 벗어난 *Opif. Mundi* 135의 견해를 수용한다. 비더(Bieder)에 따르면 필론은 다른 곳에서(*Rer. Div. Her.* 55) 영혼을 인도하는 능력(*Hegemonikon*)으로서의 이성(*Nous*)의 기능을 신적인 영(*Pneuma*)과 동일시했다.

영이 함께 흘러들어왔을 수는 있다.[38] 알렉산드리아의 클레멘스도 마찬가지로 창세기 2:7의 생명의 호흡을 하나님의 영의 전달로부터 분리시켰고, 생명의 호흡은 필론처럼 이성이 숨처럼 불어넣어진 것으로 이해되었으나 하나님의 구원의 영의 전달만큼은 유보했다.[39] 마찬가지로 테르툴리아누스도 영혼에 관한 그의 글에서 한편으로는 헤르모게네스(Hermogenes, 영혼의 인도하는 능력)에 반대하여 창세기 2:7에 따라 영혼이 하나님의 숨으로부터 유래한다고 주장했으나,[40] 다른 한편으로 영(spiritus)과 숨(flatus)을 원인과 결과처럼 구분했고, 그 과정에서 숨을 영혼과 동일시했다.[41] 후에 아우구스티누스도 그와 비슷하게 말했다(De civ. Dei XIII, 24,2ff.). 반면에 오리게네스는 창세기 2:7이 인간론에 대한 어떤 표준적 의미도 갖지 않는다고 보았다. 왜냐하면 그는 이성적인 "정신-영혼"의 선재를 가르쳤기 때문이다.[42] 그 대신에 그는 인간의 정신성을 창세기 1:26f.에 따른 하나님의 형상으로의 창조에 근거시켰고, 후대의 신학은 그의 논점을 뒤따랐다. 예를 들어 니사의 그레고리오스가 그러한데, 하지만 그는 영혼의 선재성 명제는 거부했다.[43]

---

38 Hauschild, 같은 곳, 263ff.
39 Hauschild, 같은 곳, 268f. *Strom*. V,94,3 등에 대해서는 18ff., 영의 구원의 역할에 대해서는 28ff.를 보라.
40 Tertullian, *De an*. 1,1 (CCL 2,781).
41 Tertullian, *De an*. 11,3 (CCL 2,797). 또한 4,1(786)을 보라. 여기서 테르툴리아누스는 플라톤에 반대하여 영혼의 피조성을 강조한다. 영혼의 **주도적 힘**(*Hegemonikon*)을 테르툴리아누스(*De an*. 15,1ff., 801)는 성서적 직관 곧 마음을 생각과 열망의 자리로 보는 직관과 연결시켜 설명했다. 테르툴리아누스 심리학이 스토아 철학에 의존하고 있는 점에 대해 H. Karpp, *Probleme altchristlicher Anthropologie*, 1950, 71ff.를 참고하라.
42 Hauschild, 같은 곳, 269, 참고. 86ff., 특히 91ff.
43 오리게네스에 의하면 영혼의 정신적 부분만이 하나님의 형상에 따라 창조되었다(*de princ*. II,10,7; 참고. III,1,13). 니사의 그레고리오스는 인간의 이성적인 본성(*logos*와 *dianoia*)을 신적 이성과 로고스의 복제(Abbild)로 보았다(*De hominis opificio* 5, MPG 44, 137 BC). 영혼이 선재한다는 가정을 거부한 것에 대해, 같은 곳, 28, MPG

또한 라틴 스콜라 철학도 아우구스티누스의 권위적인 영향 아래 창세기 2:7을 하나님의 영의 전달이라는 의미로 이해하는 것을 거절했다(Thomas v. Aquin, S. theol. I,91,4 ad 3). 왜냐하면 사도 바울은 창세기 2:7c에서 창조자가 숨을 불어넣은 결과로 표현된 "생령"을 영에 의해 침투된 새로운 아담의 삶(고전 15:45)과 대립시켰기 때문이다(참고. Augustin, De civ. Dei XIII, 24,4 n.6). 창세기 2:7이 서술하는 것과 같이 생명의 영이 불어넣어지는 것에서 하나님의 영 자체를 다시 인식할 수 있기 위해서는 그 구절의 히브리어 원어를 참고할 필요가 있고, 루터의 선입견 없는 주석도 필요할 것이다. 어쨌든 인간의 창조에서 활동했던 하나님의 영이 새로운 아담의 생명 속에서 나타난 종말론적인 활동과는 구분되어야 하는 것은 맞다. 하지만 루터도 생명을 창조하는 하나님의 영의 작용이 창조에서 모든 생명체들 위로 펼쳐졌다는 사실을 통찰하지 못했다.[44]

영(정신, Geist)과 영혼의 관계에 대한 성서적 이해와 교부 신학 안에서 형성된 인간의 "정신-영혼"이라는 표상 사이에는 깊은 차이가 있고, 그 차이는 다음의 사실에서 인식될 수 있다. 창세기 2:7에서 인간을 "생령"으로 말하는 것도, 혹은 살아 있는 영혼을 신적 생명의 호흡 작용으로 이해하는 것도 다른 생명체와 구별되는 인간만의 특수성을 말해주지는 않는다는 사실이다.[45] 동물들도 **네페쉬 하야**(nephesh hajja, 생령)로 간주되며(창 2:19), 자신 속에 생명의 영을 갖고 있다(창 1:30; 비교. 6:17; 7:22). 이 관점에서 인간은

44, 229ff.를 보라.

44   1535/45년 창세기 강연(특히 WA 42, 63ff.)에서 나타난 루터의 창세기 2:7의 해석과 관련하여 에벨링이 루터의 글(Disputatio De homine)에 대해 논평한 것을 참고하라. Lutherstudien II/2, 1982, 34-46.

45   H. W. Wolff, Anthropologie des Alten Testaments, 1973, 43f. 생명의 호흡에 참여하는 것으로 나타나는 모든 살아 있는 것들의 공통점을 몰트만도 강조한다. J. Moltmann, Gott in der Schöpfung. Ökologische Schöpfungslehre, 1975, 195.

모든 생명체가 자신 외의 다른 피조물들로부터 구분되는 특성을 갖는다는 바로 그것만을 공유한다. 인간을 동물들과 구분하는 특수성은 제사장문서(P)의 이해에 따르면 "하나님 형상성"에, 그리고 그 형상에 따라 지상에서 다른 피조물들을 다스려야 하는 사명에 놓여 있다. 비슷한 생각이 시편 8:7ff.에도 나온다. 이에 상응하는 것으로서 그보다 오래된 창조 보고 안에서 다른 피조물들의 이름을 짓는 인간의 특권(창 2:19)을 들 수 있다.[46] 이 구절에서 언어의 능력과 (이와 관련된) 인식 능력이 인간의 특수성으로서 시야에 펼쳐진다. 그 밖에도 인간의 삶에서 인식하고 계획을 세우는 이성의 의미가 구약성서에 없는 것은 아니다. 이성을 머리가 아니라 마음에 위치시킨다면 그렇게 말할 수 있다.[47] 하지만 무엇이 인간을 다른 피조물보다 우선하게 하는지의 질문에 대해서는 그의 지적 능력이 강조되지 않으며, 오히려 하나님과의 연합이라는 인간적 규정이나 하나님과 가까운 관계에 근거한 지위 곧 여타 피조물과 관계를 맺으며 그것들을 다스리는 지위가 강조된다. 후자는 물론 실제적으로는 우리가 이해하는 이성의 확증과 관련되어 있다. 창세기 2:19에서 최소한 그런 암시를 발견할 수 있다. 그러나 거기서 이성의 자율성을 말할 수는 없다. 이성의 확증은 다른 모든 생명의 표현들처럼 하나님의 영의 살리시는 활동에 의존한다. 사려(思慮)를 특별한 가치를 지닌 영적 은사로 이해했던 지혜문학(참고. 욥 32:8; 33:4; 잠2:6; 그리고 솔로몬의 지혜서)에서도 이성은 인간의 지적 능력과 동일시되지 않았고, 오히려 타고난 것이 아니라 인간에게 주어지는 은사로 간주되었다.

    이와 같은 성서적 증빙에 따라 영과 이성은 구분되어야 한다. 물론 이 구분을 마무리하여 완성하기에는 성서적 근거들이 부족하다. 비록 인간의 마음(심장)에 대한 성서의 구절들이 인간적 인식능력과 판단능력에 대해서도 알고 있다고 표명하지만, 이러한 내용의 해명은 비교도 안 될 만큼 높

---

46 G. v. Rad, *Das erste Buch Mose, Genesis*, 1950, 66f.
47 H. W. Wolff, 같은 곳, 68-95, 특히 77ff.

은 수준에서 그리스 사상의 관심사로서 다루어졌다. 그렇기에 교부 신학은 올바르게도 이성과 그것의 인간학적인 중요성에 대한 그리스적인 이해들이 자신들의 인간 이해에 고도로 중요하다는 사실을 인정했다. 그 과정에서 인식 능력은 인간에게만 특별한 영혼 개념과 연결되었다. 이를 위한 자료들은 바울이 이성 개념을 적용하는 곳에서 발견될 수 있었다(롬 7:23; 참고. 1:20; 12:2 등). 다른 한편으로 요한의 로고스론은 로고스와 이성이 일치한다는 그리스적 직관의 의미에서 인간적 이성이 로고스에 참여하고 있다고 이해할 것을 제안했다. 로고스의 성육신을 통해 그 참여가 인간 안에서 완성되었다는 것이다. 그런 이해 속에서 인간의 하나님 형상성을 인간적 이성이 로고스에 참여하고 있다는 표현으로 해석하는 것은 타당하게 보였을 수 있다. 하지만 이성과 영의 동일시만큼은 반드시 회피되었어야만 했다. 인간 안에서 일어나는 하나님의 영의 살리는 활동은 인간의 이성과 동일하지 않다. 오히려 이성은 생명의 다른 모든 기능들처럼 하나님의 창조적 영을 통한 활성화를 필요로 한다.[48] 하지만 이 사실이 이성이란 본성상 그러한 활성화에 의존해 있고, 인간 영혼을 인도하는 기능인 이성이 전인(全人)을 영과 관계를 맺게 하는 결정적 역할을 한다는 점을 배제하지 않는다.

두 가지 사실 가운데 전자는 중심 내용에서, 비록 창세기 2:7과 연결시키지 않고 그래서 영과 이성을 구분하지 않는다고 해도, 이성이 신적 진리의 빛을 통한 각성에 의존한다는 아우구스티누스의 학설에서 이미 표현되었다.[49] 아

---

48 칼 바르트는 영과 하나님의 동일성, 그리고 영과 피조적 현실성 사이의 구분성을 바르게 주장했다. 그래서 그는 영을 인간의 (영혼과 몸의 곁에 있는) 한 부분으로 혹은 영혼의 한 부분으로 이해하는 이른바 삼분설을 반박했다(KD III/2, 426ff.).

49 아우구스티누스의 깨달음의 학설과 은총론의 유비적 관계를 로렌츠가 분석했다. R. Lorenz, Gnade und Erkenntnis bei Augustinus, ZKG 75, 1964, 21-78.

우구스티누스는 이로써 플라톤의 각성사상(Erleuchtungsgedanken)으로부터 성서적 이해(참고. 요1:9)와 대체로 유사한 개념을 발전시켰다. 이 개념은 인간적 이성에 대한 신학적 해석으로서 계속해서 그리스도교 아리스토텔레스주의의 인식론보다 우월한 위치에 있었다. 이 인식론은 라틴 중기 스콜라 철학의 기초였다. 그 신학적 해석에서 이성은 자율적인 것으로 다루어졌다. 물론 이성은 자율성을 넘어서는 두 번째 단계에서는 초자연적 목적인 하나님과 관계되었다. 다른 한편으로 알베르투스 마그누스와 토마스 아퀴나스는 아리스토텔레스가 불멸적이라고 보는 활동적 지성을[50] 인간 영혼의 한 부분이라고 생각했고, "밖으로부터" 영혼 안으로 영향을 미치는 초자연적인 힘으로 간주하지 않았다. 그 결과 두 사람은 인식 행위 가운데 있는 인간의 주관적 자유의 이해를 위한 근거를 마련했는데, 이것은 그 나름의 방식으로는 마찬가지로 그리스도교적인 영감 안에 있는 자유였고,[51] 인식을 사물들의 주어진 진리를 여러 방식으로 수용하는 것으로 이해했던 고대의 인식론과는 다르다.[52] 사유의 인식 과정에서 행하는 이성의 활동성은 그 이후에는 쿠자누스(Nikloaus von Kues)에게서 하나님의 영의 창조적 자유에 대한 유비적인 상응 속에서 일어나는 즉흥적인 생산성보다 훨씬 더 날카롭게 강조되었다.[53] 쿠자누스가 발전시킨 구상적 개념, 즉 창조된 사물들의 현실성에 대한 추정

---

50 Aristoteles, *De an*. III,5,430 a 23.
51 Albertus Magnus, *Metaphysica* XI tr 1 c 9 (Opera Omnia XVI/2, 1964, ed. B. Geyer, 472, 69f.). Thomas von Aquin, *S.c.Gent*. II,76과 78, 또한 *S. theol*. I, 79,4. 특히 알베르투스에게 이 질문의 결정은 개인들의 불멸성의 명제와 깊이 연결되어 있었다. 왜냐하면 아리스토텔레스에 따르면(바로 위의 각주를 보라) 오직 활동적 지성만이 불멸적이기 때문이다.
52 나의 책을 참고하라. "Rezeptive Vernunft, Die antike Deutung der Erkenntnis als Hinnahme vorgegebener Wahrheit" in: H. Nagl-Docekal, Hg., *Überlieferung und Aufgabe. Festschrift für Erich Heintel zum 70. Geburtstag*, 1982, Bd. 1, 265-301.
53 Nikolaus von Kues, *De Beryllo 6*, 참고. *Idiota de mente* 7.

(Konjekturen)을 통해 하나님의 창조 사상의 근사치를 뒤따라 성취하는 인간 이성의 인식론적 자유의 개념[54]은 앞서 주어진 선험적 사고형식들을 지성을 통해 의미의 소재에 단순히 적용하는 모델보다 우선한다. 그래서 그 개념은 이성의 활동의 생산적 자유와 역사성을 보다 더 잘 고려할 수 있다. 그와 함께 환상(Phantasie)은 인간의 영적 활동의 본래적인 창조 원리가 되는 반면에, 지성(Verstand)은 단지 환상의 착상들을 자신의 논리적 규칙들에 예속시킨다. 그러나 환상의 활동은 높은 수준의 수용성(Rezeptivität)의 형식에 기초하며,[55] 그 의미를 통해 수용된 인상들에 대한 감응성(Empfänglichkeit)에 근거하지 않고 또한 기억의 내용들의 자유로운 재조합을 통한 재생산에 근거하는 것도 아니다. 오히려 환상의 활동은 주관성의 무한한 근거를 의식의 유한한 소여성(所與性, 사실이나 대상으로 나타나기 이전에 주어지는 경험 내용의 범주)과 관계시키는 개방성에 근거한다.[56] 이러한 내용은 아우구스티누스의 각

---

[54] M. de Gandillac, *Nikolaus von Kues. Studien zu seiner Philosophie und philosophischen Weltanschauung*, 1953, 153ff., 164. 거기서 또한 쿠자누스의 글 *De coniecturis*를 참고하라.

[55] H. Kunz, *Die anthropologische Bedeutung der Phantasie* I, 1946. 이에 대해 나의 책 *Anthropologie in theologischer Perspektive*, 1983, 365f.를 참고하라.

[56] 피히테(Fichte)는 1794년 학문이론에 대한 저서의 초판에서 상상력을 "규정과 비규정 사이, 유한과 무한 사이의 중간에서 떠도는 능력"으로 보았다. J. G. Fichte, *Werke* I hg. I. H. Fichte 1845/46, 216. 그는 이 능력을 물론 자아가 "무한으로 진입하는 활동"(같은 곳)에 귀속시켰고, 반면에 상상력의 현상학(위 각주를 보라) 속에서 수용성의 계기는 오히려 (피히테의 용어에서) 상상력이 감정(I, 289ff.)에 귀속된다는 사실을 옹호하는 것이었다. 참고. I, 314ff., 여기서 피히테는 환상의 삶 속에 있는 수용성의 계기를 마찬가지로 고려하지 않고 있다. 이런 맥락에서 피히테가 후기에 논한 감정 개념을 관련시키는 것은 유익한 일이다. *Wissenschaftslehre* 1797/98 hg. P. Baumanns *PhB* 239, 70f., 또한 1801/02년 학문이론의 해설, hg. R. Lauth, *PhB* 302,75ff와 179f.를 보라. 중심 내용에 대해 또한 나의 책을 참고하라. *Anthropologie in theologischer Perspektive*, 1983, 237ff. 이곳은 감정 개념에 대한 것이며 환상에 대해서는 365ff.를 참고하라.

성론의 신학적 의도에 상응하는 것으로 이해될 수 있다.

수용성과 자유를 하나로 묶는 환상의 삶의 수용성이 지성과 이성의 활동에 대해 필수 불가결하다는 것은 이성이 인간의 주관적 자유의 근거인 영(정신)의 활동에 예속된다는 사실을 명료하게 드러내기에 적합하다. 그러나 더 정확한 이해를 위해서는 영(정신)과 의식의 전체 기능들 사이의 관계가 어느 정도 명확히 규명될 필요가 있다.

의식이 삶의 무한한 근거에 대해 갖는 근본적인 관계는 삶의 감정 속에 주어진다. 감정은 성인의 체험 속에서 자신과 세계의 구분에 관여하지만, 반면에 어린이의 공생적 삶의 영역 속에서 세계관계의 객관적 측면과 주관적 측면은 완전히 분리되지 않는다.[57] 하지만 감정이 갖는 욕망과 불만의 특성을 통해 처음부터 이미 암묵적인 자기관계가 존재하고, 이것은 세계의식과 구분되는 자기의식이 그 후에 형성되기 위한 시작점이다.[58] 감

---

[57] 느낌의 현상들의 특징인 주관-객관-구분의 극복에 대해 나의 책 *Anthropologie in theologischer Perspektive*, 1983, 243f.를 참고하라. 또한 그 극복에 근거한 주변 환경과의 공생적 결합성에 대해서는 같은 곳, 219ff와 254f.를 보라.

[58] 슐라이어마허는 자신의 신앙론(Schleiermacher, *Glaubenslehre*, 2. Ausg. 1830, §5,4)에서 욕망과 불만의 차이가 "육감적(sinnlich) 자의식"이 대상과 맺는 관계를 통해 비로소 감정과 결합된다고 생각했다. 다른 한편으로 그는 이미 §3에서 감정 그 자체를 "직접적인 자의식"으로 파악했다. 이러한 두 가지 관점 모두는 감정에 대한 근대적 서술의 빛에서 비판된다. 감정은 세계의식과 구분되는 자의식이 아니다. 자아와 세계는 감정 안에서 아직 구분되어 있지 않다. 자의식 속에서 분명해지는 자기관계는 그것이 대상 이전의 정황성에 속하는 욕망과 불만의 특성을 통해 규정되어 있다는 점에서 감정에 맞닿아 있다(참고. 나의 책, *Anthropologie in theologischer Perspektive*, 1983, 240ff.). 슐라이어마허는 신앙론 §5,1에서 우리가 감정 속에서 "어떤 개별자와도 대립하고" 있지 않다는 사실에 대한 관심을 보여주지만, 그는 그 사실을 단지, 그의 설명에 따르면(§4) 직접적 자의식 속에 이미 포함되어 있는 의존성의 계기와 관련시킨다. 반면에 슐라이어마허 자신도 인식하고 있듯이(주체와 다른 주체와의 "상호작용") §4.2의 논증에서는 이미 자아와 대상의 분리가 "육감적" 의식 속에 전제되어 있다.

정 안에 주어진 그와 같은 암묵적인 자기친밀성[59]은 인간이 다른 동물들의 삶과, 더 나아가 아마도 모든 생명체와 공유하는 것이다. 왜냐하면 모든 생명체는 자가촉매제로서 자기조직화의 과정, 곧 각각에게 고유한 현존재 전체에 대한 관계를 통해 특징지어지는 과정이기 때문이다.[60] 이에 대해 명시적인 자의식은 충동의 무게를 지닌 대상의식의 객관성과 결합됨으로써 비로소 형성되는 것으로 보인다. 이 객관성은 인간에게 특징적이며, 아이들의 놀이행위에서 훈련된다.[61] 타자 곁에서 또 하나의 타자로서 서로 함께하는 존재는 다양한 대상들 사이의 구분과 관계만이 아니라, 그것들과 자기 자신과의 구별도 가능케 한다. 이 구별은 자신의 고유의 이름을 통한 구별, 후에는 "나"라는 색인 단어의 사용으로 확인되는 몸을 통한 구별을 뜻한다.[62] 몸은 또한 사물들의 세계 안에 놓인 위치로 확인되기도 한다. 인지 의식을 통해 매개되는 존재, 즉 타자로서 타자와 함께하는 존재[63]는 대

"자아-대상-차이"의 우선성은 슐라이어마허가 감정 개념에서 설명한 것보다 더욱 급진적으로 정초되어야 한다. 감정 개념은 아직은 자의식으로 설명될 수 없으며, 단지 욕망과 불만의 감정적 특성을 통해 자의식을 형성하기 위한 단초를 제공한다. 참고. *Anthropologie in theologischer Perspektive* 243f. 슐라이어마허가 종교적 의식을 설명할 때 열쇠 역할을 하는 의존 의식은 결코 감정의 근원적 계기를 형성하지 않으며, 오히려 자아와 대상의 구분을 전제한다.

59 이러한 자기친밀성은 **친근함**(*oikeiosis*)에 대한 스토아적인 가르침에 따르면 동물들의 자기보존의 추구 속에서 이미 작용한다. 참고. M. Pohlenz, *Die Stoa. Geschichte einer geistigen Bewegung*, 1959, 57f.114f. 제임스가 자기감정의 "온기"라고 언급하는 것은 폴렌츠의 견해 위에 근거하고 있다. W. James, *The Principles of Psychology*, (1980) Neudruck 1981, 316f.
60 위의 제7장, 238f., 240-241을 보라.
61 이에 대해 나의 책을 보라. *Anthropologie in theologischer Perspektive*, 1983, 59ff., 또한 313ff.347f.
62 자세한 것은 같은 곳, 213ff.
63 같은 곳, 59. "타자 그 자체"를 이해하는 인간의 능력을 칼 바르트(K. Barth, *KD* III/2, 1948, 478ff.)는 "**하나님**과의…만남 사건 속에 전제된" 인간의 이성적 본성과 동일시했다(482). 여기서 전제되는 인간의 이성적 본성에 대한 최종 원인은 그와 반대로 인

상들 사이를 구분하고 그것들을 고유한 몸인 자신으로부터 구분함으로써 의식의 영역을 여는 것으로 보이는데, 이 영역 속에서 인간적 자아와 세계 사이의 근본 관계가 그 윤곽을 획득한다. 그러므로 주관-객관-구분보다 우선하며 그것을 덮고 넘어서는 현존(Präsenz) 곧 아직 특정하게 규정되지 않은 삶 전체의 현존으로 표현되는 영의 현재로서의 삶의 감정이 의식의 영역이 형성되는 근저에 놓여 있고, 이 영역 안에서 서로 구분되는 다양한 내용들에 대한 조망이 가능하게 된다.[64] 이 의식세계는 타자들에게 대상이 되는 경험 속에서 고유한 자아에 귀속되며, 타자들이 볼 때 그들의 세계와 구분되는 그의 세계로서의 "나"로 상대화된다. 의식 세계의 자아관련성(Ichrelativität)과 이것의 "실재" 세계와의 차이는 대상의식에 대해 그 자체로 이미 본질적인 것이 아니라, 상호주관성(Intersubjektivität)과 결합된 다양한 세계관들의 경험으로부터 주제화되는 것이다. 삶의 감정 속에서 나타나는 삶의 무한한 근거 곧 영의 현존은 주체들의 차이를 덮고 넘어서지만, 이것은 단지 고유한 자아를 "위한" 것이 아니다. 왜냐하면 오히려 고유한 자아의식이 경험의 과정 속에서 생명의 느낌의 통일성으로부터 나오는 분화된 산출물로서 존재하기 때문이다.[65]

상호주관성의 영역에서 비로소, 그리고 고유한 의식세계의 자아관련성 의식의 결과로서 몸과 영혼의 구분이 시작된다. 영혼은 의식의 내면세계

간이 하나님을 인지하도록 규정되어 있다는 사실이다(478f.). 물론 바르트는 위에서 전개된 이해와는 달리 자의식을 인지행위를 위한 기초로 파악했다. 왜냐하면 인지행위는 "타자 그 자체를 자신의 자의식 안으로 받아들이는 것"으로 묘사되기 때문이다(479). 이와 달리 여기서 대상의식은 자의식보다 우선하는 것으로 생각된다.

64 다음의 숙고들도 비슷한 방향으로 진행된다. Th. Nagel, *The View from Nowhere*, 1986, 특히 13-27.
65 이클스(J. C. Eccles)와의 대화 속에서 나오는 칼 포퍼의 논증(K. R. Popper, *The Self and its Brain. An Argument for Interactionism*, 1977)에 대해 나의 책을 참고하라. Bewußtsein und Geist, *ZThK* 80, 1983, 332-351.

로서 자신의 몸과 마주하며, 몸은 세계의 사물들과 마찬가지로 – 그러나 나의 의식의 내면세계와는 달리 – 나만이 아니라 다른 사람들을 위해서도 현존한다. 이로부터 분명히 드러나는 사실은 몸과 달리 의식 속의 영혼의 내면세계는 인간의 고유한 자아로서 이해될 수 있다는 것이다. 그러나 이때 영혼 개념과 자아 개념이 모두 부절적한 방식으로 협소화된다. 색인 단어(Indexwort)인 "나"는 각각의 화자(話者)를 지시하기에 언제나 이미 육체적인 개인성을 가리키고 있으며,[66] 그래서 살아 있는 몸에 생기가 불어넣어졌고 그 점에서 몸이 살아 있다고 이해된다면, 그때 영혼 개념은 단순히 의식의 내면세계로 이해되는 것보다 더욱 포괄적일 수밖에 없다. 그때 영혼에는 그것의 고유한 육체성 및 그 역사와 연관된 "잠재의식"(Unbewußte)도 속한다. 바로 여기서 의식의 내면세계에 대한 경험에 집중된 영혼 개념을 몸의 생명의 원리로서의 영혼 개념과 결합시키는 것이 가능해진다. 다만 영혼이 몸에 대해 어느 정도 독립적인 것처럼 보이는 외양은 의식의 내면세계가 자아와 결합된 가운데 취하는 자립성으로 소급될 수 있을 것이다.

의식의 내면세계는 자아에게 속하고 자아의 소유로 여겨진다. 칸트의 초월성의 철학의 전통에서 자아는 ("나는 생각한다"는 활동 속에서) 말하자면 사유 활동의 통일성의 근거로서 경험의 통일성의 근거다. 정말로 그런가? 의식의 세계는 자신의 통일성을 어떤 의미에서는 이미 자기 자신 속에, 즉 자신의 내용들과 자신이 전달하는 사상들 속에서 갖고 있지 않을까? 그 내용과 사상을 사유하는 자아의식은 아마도 그 내용들에 대한 의식적 이해의 지반이며, 그래서 그 이해 방법이 대상의 진리에서 벗어나는 데 대한 책임을 져야 하지 않는가? 구분 속에는 사실상 언제나 구분된 것의 통일성이 내포되어 있다. 통일성은 의식의 "통합적" 기능의 외적인 추가물이 아

---

[66] W. James, *The Principles of Psychology* (1890), Neudruck 1981, 323, 또한 378.

니다. 이 통일성을 알아채는 것은 물론 저절로 되지 않는다. 그 알아챔을 위해서는 초기 헤겔과 함께 "관조"(Anschauung), 그것도 각각의 경우에 특정한 관조들에 대해 말할 필요가 있다.[67] 이 관조들은 감정의 무한성으로부터 나와 환상(Phantasie)을 통해 의식에게 주어지며, 환상은 피히테에 따르면 저 무한성 그리고 의식의 행위를 통해 구분된 유한한 소여성들 사이에서 움직인다. 이때 환상 속에서 생성된 관조들은 헤겔이 강조했던 것과 같이 성찰의 구별하는 행위에 대한 관계를 통한 규율화(Disziplinieren)를 필요로 한다. 그렇게 했을 때 비로소 관조들은 구별된 것들의 통일성으로 넉넉하게 파악될 수 있게 된다. 구분된 것 자체의 정확한 규정이 그것들을 결합하는 통일성의 의식에 의존하기 때문에, 환상의 관조들은 특수성 안에 있는 다양한 지체들과는 물론, 온갖 차이에도 불구하고 그것들을 결합시키는 통일성과도 관련되어야 한다. 그래서 구분된 것의 통일성은 다시 한번 구분된 것과는 다른 것이 된다. 그 점에서 구분 안에 있는 통일성을 파악하는 것은 타자성의 의식 속에서 거리를 두는 능력의 기능이기도 하다. 따라서 구분된 것의 통일성 자체는 의식과는 다른 어떤 것이다. 그 통일성은 자아의 통일성에 근거하지는 않는다. 자아의 통일성은 모든 경험의 지반으로서, 즉 경험적 내용들의 통일성을 주관적 경험 속에 근거시키고 그 내용들을 개인적인 삶의 성취 속에서 하나로 통합하는 지반으로서, 대상으로 구분된 것을 통일성 속에서 파악하는 객관적 통일성 "개념"의 상관개념(Korrelat)으로 생성된다. 그 과정에서 다른 것과 구분되는 특수한 모든 것에 대한 통일성의 의식이 생겨나온다. 그것은 모든 유한한 것 혹은 제한된 것의 총괄개념인 "세계" 의식인데, 무한한 것은 그 유한하고 제한된 것에 대해 타자로서 이해될 수 있다. 이때 계속되는 성찰은 다음의 통찰로 인도한다. 무한이 유한(즉 타자와 대립하고 있는 "어떤 것")으로부터 구분

---

[67] G. W. F. Hegel, *Differenz des Fichte'schen und Schelling'schen Systems der Philosophie* (1801), PhB 62a, 31ff.

될 수 있는 것은 오직 다음과 같은 조건, 즉 무한이 단지 유한에 대한 타자에 그치는 것이 아니라(그렇다면 무한 그 자체가 유한하다는 셈이 될 것이다) 오히려 모든 유한을 자기 자신을 통해 포괄한다는 조건 아래서만 가능하다. 이와 같은 무한한 일자(一者)의 사상 속에서 주제화되는 것은 무규정적인 무한으로서 언제나 이미 의식에 현재하며 정신적인 공간을 형성하는 것인데, 이 공간 안에서 타자로부터 거리를 취하는 것 그리고 타자성과 관계성의 모든 규정이 움직이고, 그 공간 자체가 그런 운동을 통해 의식을 향해 열리게 된다.

자아-법정(Ichinstanz)은 대상의식의 각각의 모든 형태에 대한 전제조건으로 이해되기 어렵다. 자아-법정은 대상에 대한 경험의 과정 속에서, 그리고 모든 타자들로부터의 구별을 통해 비로소 형성된다. 또한 삶의 사회적 맥락도 각 개인의 경험 속에서 색인 단어(Indexwort)인 "나"의 사용보다 우선한다. 물론 이것이 삶의 느낌 속에서 주어져 있는 것과 같은 암묵적 자기관계가 그 단어의 사용법을 학습하기 위한 조건이 될 것이다. "나"라는 단어를 통해 그 자기관계는 개인에게 명시적으로 주제화될 수 있고, 그와 함께 부차적으로 자아를 의식의 모든 내용의 지반으로 삼을 수 있다. 그러나 그보다 우선하여 세계의 다양성이 그것과 구분되어 파악되는 개인적 삶의 현실성과 마찬가지로 그 개인의 의식을 향해 열리는데, 의식 속에서 객관과 주관의 구별보다 우선하며 그렇기에 모든 삶의 상황 속에서 그 구별을 넘어서는 삶의 느낌의 무한성을 통해 그렇게 열리게 된다. 이러한 관점으로부터 아마도 영과 의식의 관계가 새롭게 규정될 수 있을 것이다. 물론 삶의 느낌을 생명체 안에서 생명을 살리는 창조자의 영이 현재하고 있다는 표현으로 이해할 때, 그렇게 될 수 있다. 자아가 아니라 하나님의 영이 의식 속에서 구분된 것의 일치를 위한 최종 근거이며, 자아와 그 세계의 사물들과의 일치, 특별히 자아와 그와 비슷한 살아 있는 존재들과의 일치를 위한 최종 근거다.

모든 유한과 구분되는 무한이 갖는 의식의 토대는 인간이 이미 "탈

자아적으로"(ekstatisch) 타자 곁에 있을 때만 자기 자신이라는 사실에 놓여 있다. 인간은 타자를 그 자체로서 인지해야 하며, 그를 단순히 자신에게 고유한 충동적 행위의 상관대상으로만 인식해서는 안 된다. 그때 인간은 자신의 특수성 속에서 각각 자신을 타자로부터 구별하는 것을 배우게 되며, 마침내 타자와의 대립을 통해 각각 규정되고 제한되는 유한의 전체 영역과 마주하여 무한의 사상을 형성하게 된다. 하지만 유한의 파악 속에는 언제나 이미 — 유한에 대한 타자로서 — 주제화되지 않은 무한의 의식이 함께 포함되어 있다. 그것을 인간은 유한한 현상들 속에 일으켜지는 신적인 힘에 대한 종교적 의식 속에서 알아채게 된다. 세계에 대한 모든 인식 속에는 언제나 이미 하나님의 영원한 권능과 신성이 그분의 작품들을 통해 "이성적으로 직관된다"(롬 1:20). 이 사실은 인간이 하나님을 인정하지 않아서 "하나님께 영광을 돌리지 않고 그분에게 감사하지 않을 때"도, 오히려 종교적 표상들 속에서 어리석음과 비이성에 빠져 있을 때도, 여전히 참이다(롬 1:21). 그들은 즉 하나님의 무한한 현실성을 그것을 매개하는 피조적 존재 상태들 — 이것들의 표면 위에서 하나님의 현실성이 빛나고 있다 — 과 전혀 구분하지 못하거나 단지 불충분하게 구분한다. 그들은 그런 피조 존재의 유한성을 하나의 현존재로, 곧 유한한 현상들의 세계 전체와 함께 한 분 무한하신 하나님께 전적으로 의존하고 있는 현존재로 알아채지 못한다.

그럼에도 불구하고 각각의 유한한 타자와의 이성적인 구분 속에서, 그리고 고유한 자아를 포함한 모든 유한의 무한과의 이성적인 구분 속에서 신적인 로고스는 활동한다. 로고스는 모든 피조적 현존재를 각각의 특수성 속에서 생성시키고 관리한다. 죄의 결과로서 등장한 온갖 왜곡 — 이것에 대해서는 후에 논의할 것이다 — 에도 불구하고 인간의 지성(Intelligenz)은 타자의 타자성을 인식하는 가운데 영원한 아들의 아버지로부터의 자기 구분에 참여한다. 이 구분을 통해 아들은 아버지와 하나가 될 뿐만 아니라 자신의 특수성 속에서 모든 피조적 현존재의 원칙이 된다. 물론 인간의 이성은 사유(Gedanken)만을 불러일으킬 뿐이고, 유한한 사물들의 현실성을 발생시키지는 못한다. 그러나 사유는 타자로부터 구분되는 유한한 대상들을 대리할 뿐만 아니라, 나아가 인간의 기술적 제작을 위한 토대가 될 수 있다.

아들이 아버지와의 자기구분 속에서도 영을 통해 아버지와 하나가 되어 신적 생명의 통일성 속에 있듯이, 그리고 창조 활동의 과정에서도 영의 능력을 통해 구분된 것들을 하나로 합치듯이, 인간 이성의 구분하는 활동도 또한 영을 필요로 하는데, 여기서 영은 이성으로 하여금 환상의 중재를 통해 모든 소여성을 그것의 특수성 속에서 명명할 수 있게 하고 구분된 것들 안에서도 통일성 곧 그 구분된 것들을 결속시키는 통일성을 인지할 수 있게 해준다. 이 과정에서 인간의 이성은 자기 자신을 통해 영으로 충만할 수는 없다. 이성은 자신의 피조성 속에서 다른 모든 생명의 기능들처럼 살리는 영의 생명력을 필요로 하며, 그와 함께 자신의 활동을 위해서는 영의 충만(Begeisterung)을 필요로 한다. 영의 충만은 이성을 그것의 유한성 너머로 고양시키고, 유한성의 모든 제약성 안에서도 개별자 안에 현재하는 진리와 전체성을 확신할 수 있게 해준다.

하나님의 영을 모든 살아 있는 것들 – 이것들이 "생기가 불어넣어져" 있는 한 생명을 자신 속에 지닌다는 점에서 – 의 창조 원리로 보는 성서적 이해는 또한 의식의 다양성과 이성의 활동성과 관련하여, 즉 그리스 철학의 특별한 주목을 받았고 오늘의 지성에 대해서도 깨어 있는 영혼의 삶의 중심 영역을 형성하는 영혼의 차원과 관련하여 설명될 수 있다. 여기서 영혼을 몸의 생명 원리로 이해하는 것은 생명 일반에 대한 의식의 기능에 대한 질문을 요청한다. 이 질문에 가장 잘 근접할 수 있는 것은 모든 생명 현상들이 환경과 연계되어 있다는 사실을 기억할 때다. 주변 세계의 현실성은 생명체의 인지적 의식 속에서 그 생명체에게 주제화된다. 그와 반대로 주변 환경을 내면화하는 인지를 통해 생명의 탈아(Ekstatik)는 자기실현에 도달한다. 의식의 생명이 더욱 크게 발전할수록, 그만큼 더 생명체는 자기의식 속에서 자신의 외부에 존재하게 되며, 동시에 그의 세계관계는 그에게 더욱 내면화되고 그 자신 안에 현재한다. 이에 상응하는 것이 개인들의 사회적 관계에도 해당한다. 인간의 자의식은 우리의 앎의 과정에서 탈아와 내면화가 뒤섞여 공존하는 최고 단계를 형성한다. 대상관계의 객관성이 우리가 세계로부터 우리 자신을 이 세계의 일부로서 대상화할 수 있게 하는 조건이라면, 그렇게 된다.

의식의 탈아는 증강된 생명 곧 생명의 내면화이며, 그 결과 모든 생명의 창조적 근원인 영에 더욱 강렬하게 참여하는 것이다. 이와 같은 영에 대한 참여가 반드시 세계로부터 멀어지는 것을 의미할 필요는 없다. 그렇게 멀어지는 것은 세계 안에 있는 모든 유한과 대립하는 무한의 의식 속에서 극단적인 경우로서 일어날 수 있을 것이다. 오히려 영에 대한 참여는 영혼을 세계 경험을 통해 확장하며 영은 영혼을 창조적으로 관리하는데, 특별히 세계의 무한한 근거에 직면하는 인간 공동체의 체험을 통해 그렇게 한다. 삶은 다른 인간들 안에서만 일어난다. 그것은 인간적 생명의 느낌 속에 있는 삶 혹은 세계의 무한한 근거에 대한 이러저러한 지식이 침투되어 있는 삶이며, 그 지식에 근거한 생명의 전체성 즉 개인적인 혹은 동시에 모두에게 공통적인 생명의 전체성의 약속이 또한 침투되어 있는 삶이다. 이러한 차원의 현재는 모든 이웃 인간들 사이의 만남을 뚜렷이 드러낸다. 그 만남이 그들의 영성의 잠재력을 위축시키거나 곡해하는 부정적 방식이라고 해도 그렇다. 이러한 만남은 가족관계들로부터 시작되는 모든 사회적 관계들을 관통한다. 그 만남은 무엇보다도 이성 간의 만남에서 그들의 인격적 깊이를 더해준다.

인간 안에서 활동하는 하나님의 영이 없다면, 그 인간에게는 깊은 의미로는 어떤 인격성도 인정될 수 없을 것이다. 왜냐하면 인격성은 현존재의 순간에 개인적 삶의 진리성 및 전체성이 모습을 드러내는 것과 관계가 있기 때문이다. 인간이 인격일 수 있는 것은 그가 자의식을 소유하고 자아를 다른 모든 것과 구분하여 확고히 붙들 수 있기 때문이 아니다.[68] 그런 동일성이 자의식 속에 더 이상 존속하지 않는 곳에서도 그는 인격이기를 그치지 않으며, 그 동일성이 아직 존재하지 않을 때도 그에게 인격성이 없는 것은 아니다.[69] 인격성은 인간의 규정 속에 근거되어 있으며, 그 규정은 인간이 경험하는 현실을 항상 능가한다. 인격성은 우선적으로 다른 사람들에게서, 즉 너에게서 자기-안의-존재(Insichsein)의 비밀로서 경험된다. 이 비밀은 다른 사람들로부터 외적으로 인지할 수 있는 모든 것 속에서 열리는 것은 아니며, 그렇기에 타자는 자기 자신으로부터만이 아니라 최종적으로는 모든 외적인 주시로부터 벗어난 자신의 현존재의 근거로부터 활동하는 어떤 존재로서의 나와 항상 마주하는 것은 아니다.[70] 심리학의 지식은 다른 사람의 행동에서 나타나는 많은 것을 이해할 수 있게 해주지만, 그럼에도 불구하고 그 사람의 자유의 최종적인 근원에는 심리학적인 방식으로는 도달할 수 없다. 나를 그곳에서 대면하는 그것은 나를 인격적 현실성으로서 접촉한다.[71] 그러나 또한 다음의 사실도 거기에 속한다. 타자 속에서 내가 관여할 수 없는 곳으로 벗어난 현존재의 전체성이 육감적으로

---

68 이 사실은 칸트와 대립된다. I. Kant, *Anthropologie in pragmatischer Hinsicht*, 1798, §1.
69 나의 글을 참고하라. Der Mensch als Person, in: H. Heimann und H. J. Gaertner, *Das Verhältnis der Psychiatrie zu ihren Nachbardisziplinen*, 1986, 3-9, 특히 4f. 또한 나의 논문을 비교하라. "Die Theologie und die neue Frage nach der Subjektivität", in: *Stimmen der Zeit* 202 (1984), 805-816, 특히 815f.
70 자기-안의-존재라는 개념과 본질에 대해 다음 논의를 참고하라. D. Henrich, Ding an sich. Ein Prolegemenon zur Metaphysik des Endlichen, in: J. Rohls u. G. Wenz, *Vernunft des Glaubens, Wissenschaftliche Theologie und kirchliche Lehre*, 1988, 42-92, 특히 69와 70ff., 또한 89ff.
71 이러한 관점은 나의 논문에서 하나님의 인격성의 경험과 관련해서 강조되었다. "Person" in: *RGG* V 3.Aufl. 1961, 230-235, 특히 232. 인간론에 대한 적용과 관련해서 나의 책을 참고하라. *Anthropologie in theologischer Perspektive*, 1983, 228, 또한 J. Zizioulas, Human Capacity and Incapacity. A Theological Exploration of Personhood, in: *Scottish Journal of Theology* 28, 1975, 401-447.

현재하는 외적 측면을 통해 나와 마주 대면할 때, 그와 동시에 나에게는 나 자신의 삶 전체가 요구된다. 이 사실은 타자의 인격 속에서 또한 나 자신의 고유한 현존재의 근거가 나와 마주 대면하게 된다는 전제 아래서만 이해될 수 있다.[72] 그렇다면 너와의 만남은 한편으로 자신의 인격성을 자각하게 하는 동인이 될 수 있으며, 다른 한편으로는 모든 상호주관적인 의존성들에 대해 비판적 독립성의 동기를 부여할 수도 있다.[73]

개인적으로 구체화된 모든 인간적인 삶이 인격적이기는 해도, 인격 개념은 늦은 시기에 가서야 인간론의 근본적인 성찰의 주제가 되었다. 이것은 서구 문화사 속에서 다음의 사실과 관계가 있을 것이다. 성서적 신앙의 영향권 안에서야 비로소 개별적 인간 그 자체 — 다시 말해 모든 각각의 개인 — 가 하나님의 영원한 호의의 대상으로 주제화되었다는 사실이다. 구체적으로 이것은 인간의 "하나님 형상성"의 결과다. 이 문제는 이미 이스라엘의 신앙이 인간이 지닌 하나님 형상성 때문에 각 개인의 삶을 불가침의 것으로 선언했다는 사실을 통해 표현되었다(창 9:6). 하지만 이것이 각 개인의 삶이 바로 하나님 앞에서의 **특수성** 속에서 무한한 중요성을 갖는다는 사상에 도달한 것은 아직 아니다. 그러한 통찰에 이르기까지 뚫고 나아간 것은 예수의 메시지, 곧 하나님께서 영원한 사랑을 통해 그분 자신의 모든 개별적 피조물들을 뒤따르고 돌보신다는 메시지다. 이것은 길을 잃은 자들과 타락한 자들에 대한 하나님의 사랑 안에서 핵심적으로 표현된다.[74] 그리스도교 사상 속에서 비로소 개인적인 삶의 특성이 인격 개념

---

72 고가르텐은 1929년에 타자의 요구 속에서 하나님으로서의 너(Du)와 마주하게 된다는 명제를 발전시켰다. Friedrich Gogarten, *Zwischen den Zeiten* 7, 1929, 493, 511(신학적 인간론의 문제). 또한 다음을 보라. E. Levinas, *Ethik und Unendliches. Gespräche mit Philoppo Nemo* (1982) dt. 1986, 64ff.. 동일저자, *Totalité et Infini* (1961), dt. 1987.
73 나의 책을 참고하라. *Anthropologie in theologischer Perspektive*, 1983, 234.
74 이에 대해 나의 책을 보라. *Die Bestimmung des Menschen*, 1978, 7ff.

과 결합되었다. 역사적으로 보면 그리스도론이 그 결합을 향한 출발점을 형성했는데, 그것은 예수와 신적 로고스의 인격적 합일의 주장이었다.[75]

그리스도교 이전 시기의 언어사용에 대한 연구는 그리스어 *prosopon*과 라틴어 *persona*라는 인격 개념이 "역할"이라는 표상과 결합된 의미임을 밝혀 주었다. 역할은 개인이 무대에서 혹은 사회적인 삶 속에서 구체화하는 것을 뜻한다. 고대 후기의 수사학적이고 법률인 용어 안에서 각 개별자들을 배타적으로 지칭하는 보편화된 용어로 본다면 이 개념은 내용을 잃고 공허하게 되는데, 왜냐하면 그때 사회적 역할들의 매우 다양한 내용이 간과되기 때문이다.[76] 또한 이 사실은 인격을 이성적 개인으로 정의하는 보에티우스(Boethius)의 견해에도 해당한다.[77] 이 정의는 합리적 동물(*animal rationale*)이라는 인간에 대한 일반적인 개념에, 혹은 합리적 본성(*natura rationalis*)이라는 더욱 일반화된 개념에 개인성이라는 추상적 규정을 추가했다. 이 규정에 따르면 인격 개념은 많은 차이에 반하여 개인들에게 동등하게 적용된다. 하지만 그리스도론적인 사용을 통해 인격 개념은 그와 달리 예수의 인간적 현존재에 본질적인 하나님 관계의 표식이 되었고, 이 사실은 인간론적으로 일반화되었다. 다시 말해 각 인간은 하나님께 대한 특별한 관계를 통해 인격으로 존재한다. 인간은 (예수와 같이) 공개된 하나님과의 연합 속에서, 아니면 바로 그런 자신의 규정을 거부하는 폐쇄성 속에서 인격으로 존

---

75 451년 칼케돈 공의회의 양식(DS 302)이 야기한 논쟁에 대해 다음을 보라. St. Otto, *Person und Subsistenz. Die philosophische Anthropologie des Leontios von Byzanz. Ein Beitrag zur spätantiken Geistesgeschichte*, 1968.

76 M. Fuhrmann, Persona, ein römischer Rollenbegriff, in: O. Marquard und K. Stierle, *Identität* (Poetik und Hermeneutik VIII), 1979, 83-106, 수사학적이고 법률적인 언어 사용에 대해서는 94ff.

77 Boethius, *De persona et duabus naturis* 3, Persona est naturae rationalis individua substantia (MPL 64, 1343C).

재한다.[78] 이와 같은 인간론적인 확장 속에서 인격 개념에 대한 삼위일체적인 해설도 작용했으며, 이것은 각각의 개인적 인격의 특수성을 타자와의 관계들로부터 규정했다.[79] 예수의 인격적인 존재가 아버지와의 관계 속에 있는 영원한 아들의 인격 존재라면, 각 인간은 자신의 현존재 전체의 근거인 하나님과의 관계를 통해 인격이 된다. 그 관계는 아버지께 대한 예수의 아들 관계에 참여하는 것일 수도 있고 혹은 그것으로부터 벗어난 것일 수도 있다. 왜냐하면 하나님을 외면하는 가운데서도, 다시 말해 소외의 방식이나 자신의 규정을 상실한 삶의 방식 속에서도 인간은 하나님과의 연합이라는 자신의 규정에 사로잡혀 있기 때문이다.

각 인간은 자신의 몸-영혼의 전체성 속에서 인격이다. 전체성은 그의 현존재의 현재적인 매순간마다 현상한다. 전체성과의 관계는 인격성과 결합되어 있다. 왜냐하면 인격은 이 단어의 현대적 이해 속에서는 치환될 수 있는 역할이 아니라 그 인간 자체를 의미하기 때문이다. 자기 존재(Selbstsein)의 경우에 중요한 것은 자신의 고유한 삶 전체 안에서의 동일성이다. 이 사실은 그 존재가 시간적으로 펼쳐지는 것에도 해당된다. 그렇기에 우리의 자기 존재는 우리 삶의 역사 속에서 아직은 최종적으로 종결되어 나타난 것이 아니다. 우리가 본질적으로 누구인지는 아직 드러나지 않았지만, 그럼에도 우리는 이미 인격으로서 실존하고 있다.[80] 이 실존은 우리의 삶의 느낌을 통해 매개되면서 영 안에서 우리에게 현재하는 우리의 현존재의 궁극적 진리를 선취하는 가운데서만 가능하다.

---

78 H. Mühlen, *Sein und Person nach Johannes Duns Scotus. Beitrag zur Grundlegung einer Metaphysik der Person*, 1954, 특히 106ff.
79 Richard von St. Victor, *De trin*. IV, 12ff. (MPL 196,937f.)의 견해다. 또한 (아타나시오스에 대해) 다음을 보라. 『조직신학 I』, 447f. 그리고 중심 내용에 대해서는 517ff.
80 상세한 설명을 나의 책에서 보라. *Anthropologie in theologischer Perspektive*, 1983, 233. 또한 그 근거에 대해 228ff.

각자의 삶의 전체성은 매순간 나타나는 그것의 단편적인 형태에도 불구하고 창조자에 대한 관계 속에서만 접근이 가능하다. 하지만 삶의 특수성은 타인들과의 대면 속에서 획득된다. 이와 같은 두 가지 관계의 특성은 이러저러하게 개인의 인격 존재(Personsein)에 대해 본질적이다. 각자는 자신의 바꿀 수 없는 특수성 속에서 구체적 인격이다. 그 특수성은 남자 혹은 여자, 아버지, 어머니, 자녀, 혹은 친구나 적, 배우는 자와 가르치는 자, 명령하거나 복종하는 자로서의 존재, 그리고 직업 속에, 부유함 혹은 궁핍 속에 있는 존재의 특수성이다. 그러나 인격 존재는 모든 특수성과 삶의 환경들의 변화들을 넘어선다. 왜냐하면 인격 존재는 최종적으로 완전한 통합의 원천이신 하나님과의 관계로부터 양육되기 때문이다. 그렇기에 인격 존재는 모든 개인적인 구체성 속에서도 인간 존재와 일치할 수 있다. 그때 타자와의 만남은 자신의 현존재의 고유한 특수성을 수용하는 가운데 스스로 인격이 되라는 외침이 될 수 있다. 삶의 특수한 정황들 그리고 타자와의 특별한 관계들은 그때 더 이상 단지 외적으로 혹은 자의적으로 치환될 수 있는 역할이 아니며, 오히려 그것들 안에 담긴 하나님으로부터 근거되는 자기 존재의 궁극성이 자신의 특수한 형태들 속에서 명백히 밖으로 나타나게 된다.

이와 같이 각자의 삶의 계기들이 확실한 자기 존재의 동일성으로 통합되는 일이 인격의 현재 속에서 성취된다. 이때 이성적 의식에게 그 통합을 인도하는 역할이 주어진다. 왜냐하면 이성적 의식은 기억과 기대를 통해 각자의 고유한 삶의 계기들을 현재적으로 유지시키고 그것들의 결합가능성을 성찰할 수 있기 때문이다. 그렇게 해서 근거되는 역할, 곧 이성적 의식이 삶을 인도하는 역할은 철학적·신학적 전통 속에서 몸에 대한 영혼의 지배라는 관점 아래서 논의되었다.[81] 모든 지배권이 억압으로 변질될 수

---

81 이 관점은 교부학의 인간론에서 지성을 영혼의 지배(*Hegemonikon*)로 보았던 고대적인 견해(참고. Platon, *Phaidr*. 246 a f.)와 유사하다. 참고. Tertullian, *De an*. XV,1

있는 것처럼, 이 경우의 지배도 압제적인 자아를 통해 몸과 그것의 결핍에 대한 억압으로 변질된다.[82] 그러나 이 사실만으로는 그렇지 않았더라면 서로 갈등을 일으키며 투쟁했을 삶의 계기들을 통합하는 것으로 이해되는 지배의 필연성이 부정되지는 않는다. 자기 지배가 없다면, 삶의 통일성과 완결성도 있을 수 없다.[83]

그러나 삶의 인격적 통일성은 자기절제의 산물이 아니다. 오히려 그 통일성은 지속적으로 존재하면서 행위주체로서 등장할 수 있는 "나"의 동일

(CCL 2,801), 또한 비교. XII,1, 797f. 그리고 Klemens von Alexandrien, *Strom*. VI, 134,2; 135,4; 136,4. 이러한 표상과 관련해서 키케로를 인용했던 아우구스티누스에 의하면 몸에 대한 영혼의 지배는 낙원의 상태에서는 쉬웠으나, 지금 상태에서는 영혼의 수치에 대한 육체의 저항을 통해 힘들어졌다(*De civ. Dei* XIV,23,2).

82 그래서 몰트만은 몸에 대한 영혼의 지배라는 표상을 거부했고(J. Moltmann, *Gott in der Schöpfung. Ökologische Schöpfungslehre*, 1985, 248ff.), 그 과정에서 특별히 칼 바르트의 이해와 논쟁을 벌였다(255ff.). 몰트만은 바르트의 설명(*KD* III/2, §46, 특히 502ff.)을 비판적으로 보며, 그것을 "다스리는 아버지와 순종하는 아들의 내재적 삼위일체의 질서"(258)와 유비를 이루는 "신학적 주권론"으로 특징지었다. 몰트만은 바르트가 "오용되는 육체가 저항할 수 있는 권리, 이성적 영혼의 결정들에 감정들이 참여할 수 있는 공동결정권, 그리고 몸과 이것을 지배하는 영혼의 바람직한 조화"(257)에 대해 그 어디서도 숙고하지 않았다고 바르게 비판했다. 하지만 몰트만 자신의 생각 곧 "서로 영향을 주는 파트너들의 공동체적 관계에 대한 표상"(261)은 아무 문제도 없는 조화와 일치라는 너무 지나치게 이상적인 표상에 의존하고 있다. 그런 조화가 전혀 자명하지 않은 출발점의 상황에 직면해서 정당한 지배권의 목적은 바로 그 조화를 이끌어내는 것이기 때문이다. 그 밖에도 또한 삼위일체적 관계들과 관련해서 기초적인 신약성서적 진술들과 무엇보다도 하나님 나라의 근본 개념을 버리지 않고서는, 아들이 순종을 통해 예속되는 아버지의 주권 사상을 간단히 거부할 수 없을 것이다. 여기서 가장 중요한 것은 아버지의 군주성이 아들의 자유로운 복종을 통해 매개된다는 점이다 (참고. 『조직신학 I』, 524ff.).

83 이 내용은 1901년에 나온 빌헬름 헤르만(Wilhelm Herrmann)의 『윤리학』 초판을 상기시킨다. 이 책의 주요 사상은 살아 있는 자의 자기 주장이 이성적 존재로서의 인간에게 점점 발전되는 "자기지배"를 요청한다는 것이었다(§5, Neudruck der 5. Aufl. 1921, 19ff.).

성을 구성하기 위해, 자기 존재의 통일성을 필요로 한다. 모든 행위는 행위자의 동일성을 이미 전제하며, 이 전제는 최소한 행위자의 동일성이 그 행위의 의도와 실행 사이의 시간적 간격을 넘어서 지속될 수 있는 정도까지 요청된다.[84] 행위 과정이 더 넓게 펼쳐질수록, 행위자가 목적에 도달하기 위한 그의 동일성은 더욱 지속적이어야 한다. 수년 후 혹은 전 생애가 지나서야 이행될 수 있는 약속을 하는 자는 수년이 지난 후에도 혹은 인생 전체를 보내고 나서도 그의 약속을 지키기 위해 자신의 동일성을 계속 유지해야 한다. 행위들의 통일성이 유지되려면 행위 주체의 동일성이 긴 시간을 지나서도 유지되어야 한다. 그렇기에 행위 주체의 동일성은 행위가 발생할 수 있으려면 이미 구성되어 있어야 한다. 그러나 인격의 동일성은 그의 삶의 역사를 통해 생성되는 과정 중에 있을 뿐이다. 여기서 행위 개념이 차지하는 인간학적인 자리의 값이 공정하게 평가되어야 한다. 행위 개념은, 자신의 삶과 타자의 삶을 행위를 통해 지배하려는 모든 인간적인 성향에도 불구하고, 인간학적인 근본 개념은 아니다.[85] 행위와 성취의 가능성들은 많은 면에서 제한되어 있다. 잠언의 지혜의 말씀은 인간이 계획한 것의 성취가 얼마나 많이 하나님의 섭리적 지배에 의존하고 있는지를 보

---

84 이에 대해 나의 책을 보라. *Anthropologie in theologischer Perspektive*, 1983, 355f.
85 앞의 각주에서 인용된 책의 여러 곳(예를 들어 356쪽)에서 나는 오늘날의 인문학이 행위 개념을 과대평가하는 지배적 경향에 대해 반대했다. 그런 경향은 겔렌(Arnold Gehlen)의 인간론에서 인간이 행동하는 존재라는 명제를 통해 고전적으로 표현되었다. *Der Mensch. Seine Natur und seine Stellung in der Welt*, 1940, 6.Aufl. 1958, 33f., 비교. 19f., 또한 42ff., 65ff., 130, 200f. 등. 이 문제와 관련해서 내가 겔렌의 견해를 무비판적으로 수용했다고 지적하는 것은 완전히 잘못된 것이다. 프라이가 나를 그렇게 비판했다. Chr. Frey, *Arbeitsbuch Anthropologie. Christliche Lehre vom Menschen und humanwissenschaftliche Forschung*, 1979, 81. 이 문제를 두고 생긴 겔렌과의 대립은 이미 나의 다음 논문에서 헤르더(Herder)와 비교하는 가운데 분명히 강조되었다 Das christologische Fundament christlicher Anthropologie, in: *Concilium* 6, 1973, 425-434, 헤르더에 대해서는 428.

여주는 내용으로 가득하다. 이 사실은, 현대과학과 기술이 인간적 행위의 활동영역을 아무리 넓게 확장했다고 해도, 현대인들에게 근본적으로 다르지 않다. 삶의 통일성과 통합적 완결성은 모든 행위보다 앞서 놓여 있는 다른 어떤 영역에서 구성되는 것이다.

2. 인간의 규정

각 개인의 인격성에 본질적인 것은 하나님과의 연합이라는 인간의 규정이다. 이 연합이 하나님의 피조물인 모든 인간의 규정이라는 사실은 물론 신약성서의 그리스도의 메시지로부터 완전히 분명하다. 그 메시지는 죄와 죽음을 극복하기 위해 하나님의 아들이 육체 안에서 나타나신 것을 인간 생명의 목적에 대한 질문과 결합시키기 때문이다. 구약성서는 하나님과 가깝다는 것에 대해 보다 더 조심스럽게 말한다. 하나님과 가깝다는 것은 피조물인 인간을 뛰어난 존재로 만들며, 그 밖의 다른 피조물들 가운데서 인간이 차지하는 특별한 지위의 근거가 된다.

a) 아담과 그리스도 안에 있는 하나님의 형상

시편 8편은 인간에 대해 이렇게 말한다. 인간을 "하나님(혹은 신적 존재, 천사)보다 조금 못하게 하시고 영화와 존귀로 관을 씌우셨나이다. 주의 손으로 만드신 것을 다스리게 하시고 만물을 그의 발 아래 두셨으니…"(시 8:5f.) 다른 피조물들 사이에서 갖는 인간의 통치권은 하나님과의 가까움의 표현이다. 인간은 창조에 대한 하나님의 통치권에 참여하고 그 권리를 수행하도록 부르심을 받았다는 것이다. 물론 이것이 시편 8편에 명확하게 표현되어 있는 것은 아니다. 하지만 제사장문서의 창조 보고에서 인간에게 주어진 통치의 사명은 인간이 창조를 다스리시는 하나님 자신의 통치권의 대리자라는 사실로 소급된다. 이것은 인간이 "하나님의 형상과 모양에 따라" 창조되었고, 이 기능 속에서 (지상의) 다른 피조물들을 다스리도록 부르심을 받았다는 진술을 통해 표현된다(창 1:26f.; 비슷한 내용으로 집회서 17:3f.). 여기서 인간이 실행하는 통치권이 피조물에 대한 하나님 자신의 통치권과 결합되고 있다. 인간은 "하나님의 형상"으로서 세계 속에서 하나님의 통치권의 대리자 그리고 개척자여야 한다.

창세기 1:26f.에서 사용된 형상(zelem) 개념은 특별히 신들의 형상, 즉 신의 조각상을 가리킨다(비교. 왕하 11:18; 암 5:26). 이와 관련된 다른 표현인 *d'mut*는 추상명사의 복수형으로서 "유사함"을 의미한다. 주석학의 연구는 두 개념의 관계에 대해 양자의 의미 차이가 인식될 수 없다는 의견으로 기울었다.[86] 차이가 있다면 *d'mut*가 형상과 — 형상을 통해 현재하는 — 형상의 본래 주체 사이의 상응을 단순한 유사성에 한정시킨다는 정도일 것이다.[87]

형상의 기능은 그 형상이 대리하는 본래 주체를 묘사하는 것이다. 이러한 형상의 기능을 수행하는 모델은 왕의 통치 영역 속에 세워진 왕의 형상이었으나, 슈미트(Werner H. Schmidt)에 따르면 이집트에서는 파라오가 "땅 위에서 살아 있는 신의 모양"으로서 아문-레(Amun-Re)의 신권을 구현한다는 점에서 파라오의 왕권을 나타내기도 했다.[88] 제사장문서가 말하는 창조 안에서의 인간의 위치에 이 사상을 적용한다면 다음과 같은 의미가 될 것이다. "오직 왕에게만 귀속되는 것이 여기서 모든 인간에게 전가된다."[89]

하나님의 형상의 기능이 창조 안에서 하나님의 통치권을 대리하는 것

---

86 이에 대해 W. H. Schmidt, *Die Schöpfungsgeschichte der Priesterschrift*, 1964, 127-149, 특히 133과 143을 보라.
87 H. W. Wolff, *Anthropologie des Alten Testaments*, 1973, 236.
88 W. H. Schmidt, 같은 곳, 137. 또한 O. H. Steck, *Der Schöpfungsbericht der Priesterschrift*, 1975, 150을 보라. 슈테크는 K. Westermann, *Genesis* I, 1974, 214ff. 그리고 동일저자, *Genesis 1-11, Erträge der Forschung* 7, 1972, 24ff.에 반대한다.
89 W. H. Schmidt, 같은 곳, 139.

이라고 해도, 형상과 통치 기능이 단순히 동일시될 수는 없다.[90] 형상의 사고가 인간에게 주어진 통치 사명에 대한 근거(동시에 그것의 한계)를 포함한다면, 통치 기능은 오히려 인간의 "하나님 형상성"의 **결과**로 규정될 수 있다.[91] 하나님 형상성이 어디에 근거하고 있는지는 창세기 1:26f.에서 말해지지 않으며, 말할 필요도 없다. 왜냐하면 본문의 의도는 인간의 통치자로서의 지위를 설명하는 쪽으로 향해 있기 때문이다. 어쨌든 다음의 사실은 생각해볼 필요가 있다. "유사성" 개념을 덧붙이는 것이 본문의 의도로부터 설명될 수 있는가? 설명될 수 있다면 창조에 대한 인간의 통치는 창조자 자신의 통치와 "유사"하다고 이해될 수 있다.

이러한 주석에 직면해서 성서적 인간상에 대한 다음과 같은 비판은 잘못된 것으로 거부되어야 한다. 그것은 현대적 기술과 산업사회를 통해 자연세계를 제한 없이 착취하여 생태학적 위기를 초래한 것에 대해 성서가 인간에게 창조세계를 다스리라고 부여한 통치의 사명(창 1:28)에 책임이 있다는 비판이다.[92] 현대 산업사회의 기초는 근대의 세속문화 속에 놓여

---

90 현대의 해석에서는 H. W. Wolff, 같은 곳, 235이 그렇게 말한다. "바로 지배자로서 그는 하나님의 형상이다." 유사한 견해가 소키누스주의자들의 성서 해석에서 나났고(참고. Faustus Sozinus, *De statu primi hominis ante lapsum disputatio*, Racoviae 1610, 93), 이미 종교개혁 시기에 중요한 역할을 했던 것으로 보인다. 이미 칼뱅이 그러한 해석에 대해 거리를 둘 필요가 있다고 보았다(*Inst. chr. rel.* 1559 I,15,4). 왜냐하면 하나님 형상성은 인간 자신 안(*penes ipsum, non extra*)에 있는 어떤 것을 반드시 포함해야 하기 때문이었다. 하나님 형상성이 통치적 사명의 근거가 되는 기능이 이 두 가지 사이의 구분을 전제한다는 사실은 오늘날 틸리케(H. Thielicke)의 신학 등에서 오인되었다(H. Thielicke, *Theologische Ethik* I, 1951, 268과 781).
91 W. H. Schmidt, 같은 곳, 142f., O. H. Steck, 같은 곳, 151.
92 이런 비난을 처음으로 제기한 사람은 린 화이트였다. Lynn White, The Historical Roots of Our Ecological Crisis, in: *The Environmental Handbook*, New York 1970. 독일어권에서 이 논쟁은 누구보다도 아메리를 통해 알려졌다. Carl Amery, *Das Ende der Vorsehung. Die gnadenlosen Folgen des Christentums*, 1972. 그

있다. 이 세속문화는 16세기와 17세기의 종교전쟁 이후에 그리스도교 안에 놓여 있었던 자신의 역사적인 뿌리들의 속박으로부터 벗어났다. 종교적 동기들과 속박, 그리고 그에 기초한 사회적 삶의 주변조건들로부터의 해방은 근대 경제의 자율적인 발전을 위한 조건들 가운데 하나였다. 근대 세속주의는 종교적 속박들로부터 해방된 것을 자랑하는 동시에, 현세적인 소유의 열망을 절대화한 결과에 대한 책임을 종교적 근원들에게 물을 수 없다. 세속주의는 이 근원들로부터 이제 막 벗어난 상태다. 물론 한 분이시고 초월적인 성서의 하나님께 대한 신앙이 실제로 자연세계를 비신격화하고 그것을 인간의 통치 영역으로 인정한 것은 사실이다.[93] 하지만 여기서도 자연세계는 여전히 창조자의 소유이며, 하나님의 창조 의지는 하나님의 형상으로 창조된 인간에게 주어진 통치권의 척도로서 머문다. 그러므로 이 통치권은 자의적인 처치나 착취의 권리를 포함하지 않는다.[94] 그 통치권은 오히려 정원 관리에 비교될 수 있는데, 정원 관리는 오래된 창조보고(창 2:15)에서 에덴동산의 인간에게 주어졌던 일이었다. 자연세계는, 인간에게 주어진 창조에 대한 전권에도 불구하고, 여전히 하나님의 창조

러한 비판에 대한 사려 깊은 논쟁의 사례를 다음에서 보라. G. Altner, *Schöpfung am Abgrund*, 1974, 58ff., 81f. 또한 나의 책을 참고하라. *Anthropologie in theologischer Perspektive*, 1983, 71-76.

[93] 이것은 고가르텐의 중심적 명제였다. Friedrich Gogarten, *Verhängnis und Hoffnung der Neuzeit. Die Säkularisierung als theologisches Problem*, 1953. 고가르텐이 자연과학과 기술을 통해 각인된 현대인의 세계이해를 성서적인 하나님 신앙의 적법한 결과로 정당화했을 뿐만 아니라, 다른 한편으로 근대인이 하나님을 외면한 결과로서 일어난 전복 곧 세속화가 세속주의로 전복된 것에 반대했다는 사실(비교. 특히 12.Aufl. 1958, 134ff.)은 많은 경우에 간과되었다. 참고. 동일저자, *Der Mensch zwischen Gott und Welt*, 1952, 175ff. 고가르텐의 결론으로부터는 벗어나지만 그의 중심적인 관심사를 수용하는 관점, 곧 세속화 및 세속주의의 뿌리에 대한 관점에 관해 나의 책, *Christentum in einer säkularisierten Welt*, 1988, 9-31을 보라.

[94] 이에 대해 다음을 보라. O. H. Steck, *Welt und Umwelt*, 1978, 146ff.

로서 남아 있기에, 하나님께서 주신 통치의 사명을 인간이 독단적으로 오용하는 것은 인간 자신에게로 되돌아와 그를 공격하고 파괴시킬 것이다. 이렇게 볼 때 해방운동을 부르짖던 근세 후기에 일어난 생태학적 위기는 다음의 사실을 기억하라는 의미로 이해될 수 있다. 성서의 하나님께서 이전과 마찬가지로 여전히 창조의 주님이시며, 인간이 자의적으로 창조에 개입하는 것은 무한정 확장될 수 없고, 그 결과로 치러야 하는 대가가 없는 것도 아니다.

인간의 "하나님 형상성"이 창조를 통치하는 인간 규정에 대한 척도가 되고 그에 따라 그 규정보다 앞서 주어져 있다고 할 때, 하나님의 형상성 자체는 무엇에 근거하는가? 신학이 이 지점에서 제사장문서의 창조 보고가 침묵하고 있는 것과 타협하려고 하지 않고, 그럼에도 불구하고 질문의 대답을 허용해줄 단서를 찾으려 했던 것은 이해될 만한 사실이다. 하지만 그런 시도들 가운데 어떤 것도 충분한 설득력을 지닌 결과를 제시하지 못했다.

그러한 시도는 최근에는 디트리히 본회퍼(Dietrich Bonhoeffer, *Schöpfung und Fall*, 3.Aufl. 1955, 39f.)와 칼 바르트에 의해 시작되었다. 바르트는 창세기 1:26의 하나님의 독백이 복수형인 것("우리가 사람을 만들자…")을 27절로 이어지는 남자와 여자로서의 인간 창조에 대한 진술과 연결하고, 이 내용으로부터 인간이 이웃 인간인 상대편과 이루는 복수성(Pluralität) 속에서, 즉 남자와 여자의 구분 및 관계라는 근본 형식 속에서 하나님의 형상이라고 추론했다(*KD* III/1, 205-221, 특히 219f., III/2, 390f.). 이에 대해 바르트는 여기저기서 공감을 얻기는 했다.[95] 하지만 주석적으로 그의 견해는 정당화될 수

---

95 트리블(Ph. Trible, *God and the Rhethoric of Sexuality*, 1978, 19)은 바르트에 동의했던 몰트만(J. Moltmann, *Gott in der Schöpfung. Ökologische Schöpfungslehre*, 1985, 228f.)을 따른다. 이에 대한 버드의 비판을 보라. Ph. A. Bird, "Male and

없다.[96] 인간이 남자와 여자로서 창조되었다는 언급은 하나님의 형상으로 창조되었다는 진술에 부가되어 이어진다.[97] 연속되는 두 구절의 순서로부터 알 수 있는 것은 남자와 여자가 동등하게 하나님의 형상이며, 하나님 형상성이 남자와 여자 사이의 관계에 놓여 있는 것이 아니라는 사실이다. 바르트와 같이 남자와 여자의 관계를 아버지와 아들의 삼위일체적 관계의 모사(模寫, Abbild)적 상응관계로 파악한다면, 바르트가 실제로 그렇게 한 것과 같이 아버지께 대한 아들의 종속 속에서 여자는 남자에게 복종해야 하는 이유를 발견할 수밖에 없을 것이다. 그와 달리 제사장문서(P)의 진술은 이 점에서 오히려 남자와 여자의 원칙적 평등을 함축하고 있다. 하나님 형상성은 성별의 구별 없이 인간에게, 즉 남자와 여자 모두에게 동등하게 관계된다는 것이다.

그리스도교 신학에서 인간의 하나님 형상성에 대해 가장 이른 시기의 고전으로 언급될 만한 해석은 그 내용을 인간의 "영-영혼"(Geistseele)에 제한한다. 이미 솔로몬의 지혜서(9,2)에서 지혜의 은사가 하나님 형상성을 대신하

Female He Created Them": Gen 1:27b in the Context of the Priestly Account of Creation, *Harvard Theological Review* 74/2, 1981, 129-159, 특히 136ff.145ff.

[96] 슈미트(W. H. Schmidt, 같은 곳, 146, 각주 4)는 창세기 1:27의 어법이 글자 그대로 다시 사용된 창세기 5:1을 제외하고 하나님 형상성과 인간의 두 가지 성별이 나란히 언급된 곳은 없다고 강조했다. 창세기 1:26; 9:6; 집회서 17:3f.는 하나님의 형상성을 그 자체로서 언급하거나, 혹은 (집회서의 경우) 통치의 사명과 연관지어 언급한다. 하나님의 독백 혹은 행동의 통고에서 주어가 복수인 것에 대한 논쟁과 관련해서(Schmidt, 129f.) 말해질 수 있는 것은 인간이 하나님의 형상으로 창조된 것에 이어 곧바로 인간이 남성과 여성임을 확증하는 내용이 뒤따르는 창세기 1:27에서는 복수형이 빠져 있다는 사실이다. 버드(Ph. A. Bird, 같은 곳, 150)는 남자와 여자로서의 인간 창조에 대한 진술이 하나님 형상성에 대한 앞선 진술에 대한 추가라는 사실을 강조한다.

[97] 여기에 동물들의 창조에 추가되는 진술인 "그 종류대로"(창 1:21, 24)와의 유사성이 존재한다. 참고. W. H. Schmidt, 같은 곳, 146. 또한 O. H. Steck, *Der Schöpfungsbericht der Priesterschrift*, 1975, 154. 그리고 앞의 각주에서 인용된 버드(Ph. A. Bird)의 비판을 보라. 어쨌든 인간의 성적인 구별이 실제로 동물들의 종의 구별에 상응한다는 사실은 이 맥락으로부터는 거의 나올 수 없다.

고, 이것과 등가라는 의미에서 그 은사는 하나님이 다른 피조물에 대한 통치권을 인간에게 주신 것으로도 언급된다(참고. 지혜서 2,23; 8,13; 8,17, 여기서 인간의 불멸성의 규정이 지혜의 은사와 결합되어 있다). 지혜가 선재한다는 표상(지혜서 9,9)으로, 그리고 인간에게 수여된 은사로 이해하는 이중적 의미에 상응하여 알렉산드리아의 필론은 하나님 형상성의 사상을 한편으로는 선재하는 로고스와, 다른 한편으로는 그것의 모사로서의 인간적 이성(Nus)과 관계시켰다.[98] 필론을 따르면서 알렉산드리아의 그리스도교 신학은 인간의 하나님 형상성을 인간적 이성에 제한했다(Klemens Strom. V,94,5; Origenes princ. I,1,7,24). 니사의 그레고리오스(De hom. opif. 5, MPG 44,137 C)와 아우구스티누스를 통해 그러한 이해는 서방과 동방 모두에서 표준이 되었다.[99] 이 이해는 인간의 "영-영혼"의 내적 구별 속에 있는 삼위일체 하나님의 모사(模寫)라는 교부들의 사상을 통해[100] 특별히 서방 신학의 아우구스티누스주의의 특징이 된 결과를 낳았다. 인간이 오로지 혹은 우선적으로 자신의 "영-영혼" 안에서 하나님의 형상이라는 사실은 라틴 스콜라 철학에서 매우 강조되었고[101] 종교개혁 신학과 그 이후의 신학[102]은 그것을 자명한 것으로 전제했다. 하나

---

[98] Philo, De opif. mundi 69. 필론의 이러한 견해에 대한 사상적 배경을 J. Jervell, Bild Gottes I, in: TRE 6, 1980, 491-498, 특히 493f.에서 참고하라. 또한 필론의 견해에 관한 상세한 설명을 다음에서 비교하라. J. Jervell, Imago Dei. Gen 1,26f. im Spätjudentum, in der Gnosis und in den paulinischen Briefen, 1960, 52-70.

[99] Augustin, De civ. Dei XIII, 24,2. Sed intelligendum est, secundum quid dicatur homo ad imaginent Dei…Illud enim secundum animam rationalem dicitur… 참고. XII, 24, 또한 In Ioann. tr. 3,4 (MPL 35, 1398).

[100] Ambrosius, De dign. hom. 2 (MPL 17, 1105-1108), Augustin, De trin. IX, 4ff. 와 XII,6,6 등. 참고. P. Hadot, L'image de la Trinité dans l'âme chez Victorinus et chez St. Augustin, in: Studia Patristica 6, 1962, 409-442.

[101] 이에 대한 사례로는 Thomas von Aquin, S. theol. I,93,6. 또한 비교. I,93,3 ad 2.

[102] 오시안더(Osiander)에 반대하여 칼뱅은 다음과 같이 썼다(Calvin, Inst. chr. rel. I,15,3). Quamvis enim in homine externo refulgeat Dei gloria, propriam tamen imaginis sedem in anima esse dubium non est (CR 30, 136). 종교개혁 신학은 하

님의 형상에 대한 전통적인 견해 - 아직도 재고되고 있지만 - 를 종교개혁 신학이 수정한 것은 이와 같은 근본적인 이해의 테두리 안에서 움직인다. 하지만 그 내용은 제사장문서(P)인 창세기 1:26f.에 부합하지 않는다. 창세기의 본문은 전인(全人)과 관련된다. 몸과 영혼을 구분하지 않고, 영혼 안에 하나님의 형상의 (우선적인) 위치를 두는 것도 아니다.

하나님의 형상 사상의 입체적 구체성은 오히려 통치권을 갖는 인간 규정을 눈으로 볼 수 있게 표현해주는 인간의 직립보행의 형태 속에서 하나님 형상을 인식하자는 제안에서 찾아질 수 있다.[103] 에버하르트 윙엘은 최근에 이러한 사상을 부각시키며, 그것이 교부학에 이미 나온다는 사실을 제시했다.[104] 아우구스티누스도 인간의 직립보행 형태를 인간 영혼을 특징짓는

나님의 형상성의 고유한 본질을 인간의 하나님과의 실제적인 연합 속에서 보았지만 (위를 보라), 후기 루터주의자들은 인간 영혼의 정신성이 그 단어의 좁은 의미에서 하나님의 형상성의 근거로서 놓여 있거나(D. Hollaz, *Examen theol. acroamaticum* I, Stargard 1707, pars 11,3) 혹은 하나님 형상성이 놓인 자리를 묘사한다는 점을 용인했다(ib. p. 18 q. 13). 비교. J. F. Buddeus, *Compendium Institutionum Theologiae Dogmaticae*, Leipzig 1724, 365f.

103 L. Köhler, *Theologie des Alten Testaments*, 4. Aufl. 1966, 135. 궁켈(Gunkel)은 이미 형상 사상을 인간의 육체적 형태와 관계시켰다. H. Gunkel, *Genesis übersetzt und erklärt*, 3.Aufl. 1910, 112.

104 E. Jüngel, Der Gott entsprechende Mensch. Bemerkungen zur Gottebenbildlichkeit des Menschen als Grundfigur theologischer Anthropologie, in: H. G. Gadamer und P. Vogler, Hgg, *Neue Anthropologie* 6, 1975, 342-372, 354ff. 윙엘은 락탄티우스를 가리킨다. Laktanz, *Vom Zorne Gottes* 7, 4f.,355. 이 책의 7,5는 다음과 같이 말한다. Homo autem, recto statu, ore sublimi ad contemplationem mundi exicatus, confert cum deo vultum, et rationem ratio cognoscit (Sources chrétiennes 289, 1982, 112). 인간의 하나님 형상성의 이와 같은 측면은 18세기 이래로 다시 주목을 받았다. 이미 바움가르텐이 타락 이후에도 인간 안에 계속해서 존속하는 하나님의 형상의 특징들을 생각했는데, 이성적이고 자유로운 영혼과 더불어 또한 "동물들과는 달리 곧게 서서 하늘을 향해 앞으로 가는 인간의 형태"를 고려했다. S. J. Baumgarten, *Evangelische Glaubenslehre*, hg. J. S. Semler II, 1765, 442. 암몬

하나님의 형상의 보이는 표현으로 간주했다(*De gen. ad lit.* VI,12; CSEL 28/1, 187). 물론 그것은 지상의 창조물을 다스리는 통치의 사명과 관련되었다기보다는 하늘을 바라본다는 의미에서 그렇게 간주되었다. 인간의 직립보행 형태에 대한 언급은 사실상 성서의 진술들에 대해 멋지고 깊은 인상을 주는 설명이라 할 수 있다. 하지만 제사장문서가 인간의 하나님 형상성에 대한 진술에서 정말로 인간의 직립보행의 형태와 곧은 태도를 생각했는지에 대해서는 어떤 확실성도 존재하지 않는다.

하나님의 형상의 육체적인 차원은 이레나이우스의 신학에서 확증되었다. 그는 발렌티누스주의자들이 서로 대립시킨 두 측면, 즉 몸-영혼의 측면과 영(*Pneuma*)의 측면을 결합시키려고 노력했다. 이를 위해 이레나이우스는 창세기 1:26에서 형상과 모양의 이중성으로 되돌아간다. 발렌티누스주의자들은 이 두 가지 개념을 서로 구분되는 사태의 특징적인 국면으로 이해했는데(*adv. haer.* I,5,5), 그리스어 번역(εἰχών과 ὁμοίωσις)이 암시하는 플라톤적인 의미에서 그렇게 이해되었다. 이 이해에 따르면 *homoiosis*(모양, "모습대로")에 따른 윤리적인 노력은 형상 개념에 포함되어 있는 원형과의 거리를 극복한다(*Staat* 613a 4ff., *Theaitet* 176a 5). 여기서 이레나이우스는 발렌티누스주의자들처럼 모양을 영(Geist)과 관련시켰지만, 영이 (살전 5:23에 따라) 영혼 및 몸과 함께 피조물로서의 인간의 완전성에 속한다는 문구를 덧붙였다. "영혼에 영이 없다면, 그러한 인간은 단지 혼에 속한 존재일 것이다. 그가 육체로 남아 있다면, 그는 불완전할 것이다. 그는 하나님의 형상을 자신의 육체 안에 지니고는 있으나, 하나님과 닮은 모양을 영을 통해 취하지 않는다"(*adv. haer.* V,6,1). 이와 같은 견해는 이후의 시대에 알렉산드리아의 클레멘스

은 이러한 내용을 인간의 하나님 형상성에 대한 서술에서 첫 부분에 위치시켰다. Chr. Friedrich Ammon, *Summa Theologiae Christiannae*, Göttingen 1803, 109. 또한 헤르더도 빠뜨릴 수 없다. J.G. Herder, *Älteste Urkunde des Menschengeschlechts* (1774), Herders Sämtliche Werke, hg. B. Suphan, VI, 249, 참고. 316.

(Strom. II,131,6)와 오리게네스(princ. III,6,1)에 의해 수용되었지만, 그것은 창세기 1:26의 제사장문서와 의심할 바 없이 일치하지 않는다. homoiosis(모양, 닮음)를 형상과의 관계를 넘어 하나님과의 "가까움"으로 해석할 때도, 혹은 삼분설적 인간론과 연결시킬 때도 일치하지 않는다. 그럼에도 불구하고 그 견해는 체계적인 공헌을 했는데, 그것은 인간의 창조에 대한 구약성서의 내용들을 하나님의 형상으로서의 예수 그리스도, 그리고 그의 형상으로의 변화라는 인간 규정에 관한 신약성서의 내용들과 연결시킨 공헌이다. 이러한 형상 신학은 이레나이우스의 구속사 신학의 인간론적인 토대다. 물론 여기서는 성서의 모든 진술이 체계적인 가르침의 통일성을 이루고 있다는 전제 아래서 제사장문서의 형상 이해와 바울-그리스도론적인 형상 이해의 차이가, 호모이오시스(Homoiosis, 모양)를 형상 관계를 능가하는 것으로 보는 비성서적 해석을 통해 은폐되었다. 그 결과 형상 사상 자체의 변화와 심화는 고려되지 못했다.

그리스도교 신학은 인간의 하나님 형상성에 대한 제사장문서의 구절을 바울과 그 이후의 신약성서적 말씀의 빛 속에서 읽어야 한다. 거기서는 예수 그리스도가 하나님의 형상이고(고후 4:4; 골 1:15; 비교. 히 1:3), 믿는 자들이 그 형상으로 변화한다고 말해진다(롬 8:29; 고전 15:49; 고후 3:18). 이러한 신약성서적 진술들은 일반적 인간 그 자체의 이해를 위한 예수 그리스도의 역사의 중요성을 명시적으로 주제화하지는 않는다. 예수 그리스도에 대해 말해진 하나님의 형상에 참여하는 것은 믿는 자들에게만 해당한다. 하지만 다른 한편으로 그 참여는, 형상 사상이 창조사 안에 뿌리를 두고 있는 것에 상응하여, 인간 개념과 철저히 결합되는데, 예수 그리스도 안에서 나타난 종말론적 인간 혹은 "두 번째" 인간에 대한 말씀을 통해 그렇게 된다(고전 15:45ff.).[105] 이 점에서 믿는 자들이 영을 통해 (고후3:18) 참여해야 하는 하나님의 형상으로 그려지는 예수 그리스도의 표상은 보편적·인간학적 영역을 함축한다. 이 영역은 신약성서 안에서는 전개되지 않았다. 이

것이 주제화된다면 다음의 질문이 불가피하게 제기된다. 그것은 고린도전서 15:45f.에서 다루어지는 하나님의 형상 곧 예수 그리스도를 특징짓고 그를 통해 중재되는 하나님의 형상이 창세기 1:26f.에서 모든 인간을 창조로부터 특징짓는 하나님의 형상과 어떤 관계에 있는지 묻는 질문이다. 원시 그리스도교의 문서들이 이 질문에 대한 기억(고전 11:7; 약 3:9; 롬 1:23)에 속박되지 않은 채 하나님 형상성에 대한 그리스도론적이고 화해론적인 표상을 다루었던 반면에, 그리스도교 신학은 여기서 양자의 결합 관계를 제시해야 했다. 인간의 창조와 구원의 일치성을 확정하려면 그렇게 해야만 했다.

이레나이우스의 신학은 이 과제를 영지주의와의 논쟁 속에서 훌륭하게 성취했다. 그 신학은 한편으로 형상 개념에서 원형으로서의 그리스도와 모사(摹寫 Abbild)로서의 아담 사이를 구분하고,[106] 다른 한편으로 "모양"을 *homoiosis*(닮음)로 해석함으로써 원형과 모사를 결합시켰다. 모사인 아담을 원형과 관련지음으로써 피조물의 하나님 형상에게는 원형을 목표로 하는 규정이라는 의미가 주어진다. 이 규정은 원형을 향한 "동화"(同化 Angleichung)의 도상에서 도덕적 문제를 위해 투쟁하는 인간적 삶의 과정으로 실행되어야 하는데, 첫 번째 인간에게서는 실패했으나 원형 자체의 성육신이신 예수 그리스도 안에서 목적에 도달했다.

인간 안에 있는 하나님의 형상과 관련된 원형과 모사를 구분하는 작업은 이미 창세기 1:26f.에 대한 유대교적 해석을 통해 준비되었다. 이 해석은 지혜와 관련되었으며, 한편으로는 잠언 8:22ff.에서 선재한다고 생각되는 지혜(지혜서 9:9)와, 다른 한편으로는 지혜의 은사(9:2 등) 혹은 이성(*nous*, 위를

---

105 U. Wilckens, Christus, der "letzte Adam", und der Menschensohn, in: R. Pesch u.a. Hgg, *Jesus und der Menschensohn. Für Anton Vögtle*, 1975, 387-403, 특히 402.
106 골로새서 3:9f.와의 관계는 Irenäus, *adv. haer.* V,12,4, 또한 V,15,4와 V,16,2.

보라)을 통해 선재하는 지혜와 결합되는 인간의 참여와 관련되었다. 특별히 그리스도교적인 것은 선재하는 하나님의 형상이 한 인간 안에서 성육신하는 명제였는데, 이것은 바로 그 성육신을 통해서만 비로소 인간이 모든 피조물 가운데 인간을 특징짓는 규정에 도달하게 된다고 주장한다. 이러한 의미에서 이레나이우스는 하나님의 형상이신 예수 그리스도에 대한 바울 서신들과 바울 위서들의 진술들을 선재하는 로고스가 아니라 인간이 되신 로고스에 우선적으로 관계시켰다(adv. haer. V,16,2).[107] 반면에 오리게네스와 그를 뒤따랐던 아타나시오스는 그 진술들을 육체 없는 영원한 로고스(logos asarkos) 그 자체로 해석했다.[108] 오리게네스의 경우에 영원하신 하나님의 형상(Bild)으로서의 예수 그리스도에 대한 그리스도론적인 진술은 더 이상 배타적으로 인간의 하나님 형상의 이해로부터 오지 않았다. 그렇다면 그리스도론과 인간론은 적어도 이 지점에서는 서로 다른 길로 나아갈 수밖에 없었다. 물론 다른 한편으로는 (인간 또한 로고스의 본질로서 참여하는) 로고스의 개념을 통한 양자의 결합관계가 여전히 존속하고 있음에도 불구하고 그럴 수밖에 없었다. 그 결과 후기 교부학과 특히 아우구스티누스의 경우처럼[109] 인간의 하

---

107 이에 대해 다음을 보라. P. Schwanz, *Imago Dei als christologisch-anthropologisches Problem in der Geschichte der Alten Kirche von Paulus bis Clemens von Alexandrien*, 1970, 131f.

108 Origenes *De princ*. I,2,6; Athanasios *De inc*. XIII,7. 비교. J. Roldanus, *Le Christ et rhomme dans la theologie d'Athanase d'Alexandrie*, Leiden 1968, 40ff.

109 Augustin, *De genesi ad litt*, imperf. liber c 16. ...non ad solius patris aut solius filii vel solius spiritus sancti, sed ad ipsius trinitatis imaginem factus est homo... non enim ait filio loquens: faciamus hominem ad imaginem tuam, aut ad imaginem meam, sed pluraliter ait: ad imginem et silitudinem nostram: a qua pluralitate spiritum sanctum separare quis audeat? (CSEL 28/1, 502. 참고. De gen. ad lit. III,19, 같은 곳, 85). 초기 그리스도교 신학은 반(Barn 5,5와 6,12) 이래로 창세기 1:26의 복수형("우리가 사람을 만들자")을 아버지가 아들에게 (그리고 영에게) 건네시는 말씀으로 해석했다. 비교. Justin, *dial*. 62, Theophilus, *ad Autol*. II,18; Irenäus adv. haer. IV praef. 그리고 IV,20,1; V,1,3. 여기서 이레나이우스는 인간의 창

나님 형상성은 신적 본질 혹은 삼위일체 전체와 관련되었고, 인간 이성의 이해는 그리스도교 아리스토텔레스주의의 지평에서 그랬던 것처럼 신적 로고스의 표상과 큰 거리를 두고 멀어지게 되었다. 그래서 인간의 하나님 형상은 아버지와의 관계 안에 있는 로고스의 신적 형상과 본질적으로 구분되는 주제로서 파악될 수 있었다.[110] 이때 로고스의 성육신은 인간론의 기능을 포함하고 있었지만, 그것은 다만 아담의 타락을 통해 상실된 은총의 조건을 다시 회복시켜서 형상(imago)을 완성하기 위한 **수단**으로서의 기능일 뿐이었다. 그리스도의 구원 사역을 통해 상실된 모양(similitudo), 즉 하나님을 닮아가는 것을 통한 하나님과의 연합 그리고 — 이와 결합되어 있는 — 신적 불멸성이 하나님의 은혜로서 다시 획득되며, 교회의 성례전을 통해 인간에게 전달된다. 하지만 이것을 통해서는 타락 사건을 통해 파괴된 인간의 피조적 규정이 우회적으로 실현될 뿐이고, 그 규정을 넘어서는 완성에 도달하는 것은 아니다.

아담의 원상태의 완전성을 그저 회복한다는 사상은 이레나이우스의 신학에서 타당하게 전개되었다. 왜냐하면 이레나이우스는 창세기 1:26f.에 따라 첫 인간이 이미 형상(eikon)을 넘어 모양(homoiosis, 닮음)을 소유했다는 가정

조 때에 아들에게 건네시는 말씀(V,15,4)을 인간이 아들의 형상에 따라 창조되었다는 것으로 해석했다(V,16,1f.). Tertullian, *de resurr. camis* 6 (MPL 2,802)도 그와 비슷하다. 이에 대해 다음을 보라. A. Struker, *Die Gottebenbildlichkeit des Menschen in der christlichen Literatur der ersten zwei Jahrhunderte*, 1913, 81ff. 후기 교부학은 창조에서 주어진 인간의 하나님 형상을 하나님의 본질과 관련시켰고, 아들됨에 참여하는 것을 구원의 질서에 속하는 것으로서 인정했다. 참고. W. J. Burghardt, *The Image of God in Man according to Cyril of Alexandria*, 1957, 120ff.

110 이에 대한 토마스의 설명들이 의미가 있다. Thomas von Aquin, *S. theol.* I,93,1 ad 2. 그는 두 주제를 분할해서 한편으로 삼위일체론과, 다른 한편으로 인간론과 관련시켜 다루었다. 구(舊)개신교주의 교의학도 이와 비슷하게 생각했다. 참고. D. Hollaz, *Examen theol. acroam.* I, Stargard 1707, II c 1 q9 (p.11-15).

에서 출발했기 때문이다.[111] 리옹의 주교가 행한 개괄적 설명에서 그 사상은 단순한 회복만이 아니라, 어린아이의 약함을 지닌 아담의 원상태를 넘어서는 완성을 의미하기도 한다.[112] 그럼에도 불구하고 인류 역사의 초기에 현존했으나 그 이후에는 상실되었다고 하는 아담의 원상태의 완전성에 대한 표상은 이레나이우스가 구상했던 인간론의 전개에서 불명확해졌다.[113] 그 불명확성은 인간의 구원과 창조 사이의 유형론적인 상응에 대한 관심 때문에 그 자신에게는 은폐되어 있었다. 하지만 다음 시대의 신학은 이레나이우스가 길을 분명하게 안내하지 못하고 있다고 보았다. 그 신학은 이레나이우스에게서 회복을 통한 구원의 사상도 보았고, 회복이 아담의 시초의 상태를 능가한다는 의미로 이해되어 묘사되는 것도 발견할 수 있었다. 거기서 하나님의 형상에 대한 구약성서의 이해와 신약성서적·그리스도론적인 이해 사이의 긴장은 아직 명확하게 해소되지 않았다.

b) 하나님의 형상과 인간의 원상태

인간의 하나님 형상에 관한 그리스도교 교리는 그리스도를 하나님의 형상—다른 모든 인간은 이 형상으로 변형되어야 한다—으로 말하는 바울의 진술들을 철저히 하나님의 형상으로 향해진 인간적 규정에 대한 설명으로 받아들여야 한다. 다만 그리스도교 교리는 한편으로 인간의 하나님 형상이 예수 그리스도 안에서 그리고 그를 통해 완성된다는 것과, 다른 한편으로 아담의 하나님 형상에 대한 구약성서적 진술들 사이의 차이를

---

111 P. Schwanz, 같은 곳, 124f., 133f. 참고. Irenäus *adv. haer.* III,18,1, 또한 IV,10,1.
112 P. Schwanz, 같은 곳, 134는 다음과 같이 명확하게 관찰한다. 모양(*Homoiosis*)은 이레나이우스에 따르면 "생성 중이며 처음에는 완전하지 않았다." 모양의 그와 같은 과정성은 플라톤의 사상과 잘 어울린다. 인간에게 필연적인 성장의 표상에 대해 특히 *adv. haer.* IV,38,1-4의 특징적인 설명을 참고하라.
113 이 점에서 슈반츠(P. Schwanz 같은 곳 141)는 "이레나이우스가 전개한 하나님의 유사성(모양) 교리가 균열된 것"을 본다.

지워서는 안 된다. 그렇게 하면 예수 그리스도를 통해 피조물로서의 인간적 규정이 비로소 완성된다는 사실을 오해하게 될 수 있다.[114]

인간의 하나님 형상에 대한 종교개혁의 교리도 이 위험을 피해가지 못했다. 그 교리는 그리스도를 하나님의 형상으로 이해한 바울의 진술들에 근거해서[115] 라틴 스콜라 철학에 반대하고 이레나이우스에게 동의했다. 다른 한편으로 종교개혁 신학은 **형상**(imago)과 **모양**(similitudo)의 구분을 거부했는데, 이 구분은 스콜라 철학이 다마스쿠스의 요한네스(Johannes Damaszenus, de fide orth. II, 12)로부터 수용한 이후에 원상태의 은총에 관한 아우구스티누스의 교리와 결합된 것이었다. 창세기 1:26f.에 나오는 "형상"과 "모양"이라는 두 가지 표현은 종교개혁의 주석에서는 동일한 의미로 판단되었다. 그 결과 종교개혁자들은 한편으로 이레나이우스와 다른 교부학적 해석의 전통을 따랐으며,[116] 다른 한편으로 이 질문에 대한 현대적 주석의 판단에 근접하게 되었다. 하지만 형상과 모양을 동일하게 보는 명제는 제사장문서의 창조 보고인 창세기 1:26f. 전체를, 골로새서가 "창조자의 형상에 따른" 하나님 인식 속에서 믿는 자가 새롭게 되는 것을 말하는 것(골 3:10) 그리고 에베소서가 "하나님이 인간을 참된 공의와 거룩함으로 창조하셨다"는 말로써 새로운 인간

---

114 이런 이유에서 알브레히트 리츨은 첫 인간의 원상태의 완전성을 거부했다. "그리스도교 안에서만 인간에게 가능한 도덕적 상태를 이미 인간 역사의 시초로 옮겨놓고 그것을 인간 본질의 자연적인 상태로 설명하는 신학은 그리스도의 인격을 인간의 역사 안에서 적절하지 못하게 나타난 것으로 이해해야 한다는 곤경을 초래한다. 왜냐하면 그리스도는 그런 자연적인 이해의 토대 위에서는 단지 죄에 대한 신적인 반작용의 수행자로서만 이해되기 때문이다." Albrecht Ritschl, *Die christliche Lehre von der Rechtfertigung und Versöhnung* III, 2.Aufl. 1883, 307, 또한 4f.
115 1523년 루터의 설교가 그러했다. WA 14,110f.
116 이레나이우스가 행한 구분을 클레멘스와 오리게네스는 수용했으나 후기 알렉산드리아 신학자들과 카파도키아의 세 교부들은 받아들이지 않았다. 참고. W. J. Burghardt, *The Image of God in Man According to Cyril of Alexandria*, 1957, 2-11.

을 묘사하는 것(엡 4:24; 참고. 5:9)과 동일시하도록 만들었다.[117] 그로부터 다음의 두 가지 사실이 추론되었다. 첫 인간의 하나님 형상이 "원상태의 의로움"이라는 표상을 포괄한다는 사실, 그리고 인간이 새로워지는 것은 예수 그리스도를 통해 그러한 근원적인 하나님 관계가 회복되기 때문인 것으로 이해할 수 있다는 사실이다. 그러나 성육신 사상을 아담의 초기 상태의 연약함을 넘어서는 인간의 완성으로 이해했던 이레나이우스의 그와 다른 사상적 노선은 퇴각했다. 아담의 원상태의 완전성이 더 강하게 강조될수록[118] 그의 죄를 통해, 그리고 처음 범죄의 결과로서 그 완전성으로부터 타락한 것은 그만큼 더 심각한 것이 되어야 했다.[119] 종교개혁 이후의 신학은 그러한 표상들과 함께 아우구스티누스와 라틴 스콜라 철학의 노선 위에서 움직였다. 다만 형상(*imago*)과 모양(*similitudo*)을 동일시한 것 때문에, 인간에게 은혜로 주어지는 하나님과의 유사성만이 아니라 하나님 형상의 상실도 모두 타락

---

117 Ph. Melanchthon, *Apologie zur CA* II, 18-22. 여기서 이레나이우스와 암브로시우스가 인용된다. 비교. M. Luther, WA 42,46, 또한 Calvin, *Inst. chr. rel.* 1559 I,15,3f. 이와 마찬가지로 구(舊)개신교주의 교의학도 첫 인간의 하나님 형상을 후기 바울 서신들(Deutero Paul)로부터, 특히 에베소서 4:24로부터 서술했다. Joh. Gerhard, *Loci Theologici* (ed. altera Leipzig 1885) t.II,110 n. 23, 112 n. 30. A. Calov, *Systema locorum theologicorum* t.IV (Wittenberg 1659) 569ff. 또한 D. Hollaz, *Examen theol. acroam*. I, Stargard 1707 p.II, c.l q6 (p.5).

118 구(舊)개신교주의 교의학에서 원상태의 완전성의 표상을 이상화하는 묘사를 보라. K. G. Bretschneider, *Systematische Entwicklung aller in der Dogmatik vorkommenden Begriffe nach den symbolischen Schriften der evangelisch-lutherischen Kirche und den wichtigsten dogmatischen Lehrbüchern ihrer Theologen* (1805) 3.Aufl. 1825, 513ff. 이 주제에 대한 상세한 설명으로는 D. Hollaz, *Examen* I p. II c 1 q 15-24 (pp.19-51)가 특징적이다.

119 "이 술어가 더 높게 평가될수록, 하나님이 고지하신 금지령을 위반해서 그들과 그들의 후손이 도달하게 된 죄의 상태는 그만큼 더 광범위한 것으로 보인다." A. Ritschl, *Die christliche Lehre von der Rechtfertigung und Versöhnung* III, 2.Aufl. 1883, 307.

사건의 결과라고 주장되어야만 했다.[120] 그 상실이 인간의 피조적 본성 안의 어떤 변화와 연관되지 않고, 오히려 인간은 — 플라카이우스(Flacius)와 반대로 — 죄인인 인간으로서 남아 있어야 하기에,[121] 구(舊)개신교주의 교의학은 하나님의 형상을 죄성과 마찬가지로 인간적 본성에 필연적이지는 않은 **우발적**(akzidentell) 규정으로 설명해야 했다.[122] 그런 설명은 물론 창세기 1:26f. 의 의미와도 부합하지 않고, 예수 그리스도 안에 나타난 하나님의 형상에 따른 인간의 갱신에 대한 신약성서의 진술들과도 일치할 수 없었다. 두 가지 경우 모두에서 중요한 것은 인간의 특수한 본질과 그것의 실현이다. 이 주제에 대한 루터의 해석도 전혀 다른 방향으로 전개되었다.[123] 종교개혁 이후의 루

---

120 Formula Concordiae (1580) SD I, 2f. (BSELK 848). 아우구스티누스는 때때로 그렇게 주장했는데, 왜냐하면 그는 **형상**과 **모양**을 구분하지 않았기 때문이다. *De genes, ad lit.* VI,27; CSEL 28/1, 199. 구(舊)개신교주의 교의학은 하나님의 형상의 상실이 그것을 새롭게 하는 것에 대한 신약성서적 진술 속에 전제되어 있는 것으로 보았다. Imago DEI est renovanda Eph. IV,24. Col. III,10. Ergo est amissa. Quod enim amissum non est, ejusdem restitutioninullus esse potest locus. D. Hollaz, 같은 곳, q.25 (p.51).

121 참고. W. Spam, Begründung und Verwirklichung. Zur anthropologischen Thematik der lutherischen Bekenntnisse, in: M. Brecht und R. Schwarz, *Bekenntnis und Einheit der Kirche. Studien zum Konkordienbuch*, 1980, 129-153, 특히 143f.

122 A. Calov, *Systema locorum theologicorum* IV, Wittenberg 1659, 56. D. Hollaz, *Examen* etc. II c 1 q 4 (p.2). 인간의 하나님 형상의 우발적 특성(Akzidentalität)에 대한 증거는 홀라츠(Hollaz) 등에 따르면 로마서 3:23이 증언하는 상실성에서 발견될 수 있다. 이미 요한 게르하르트가 인간의 하나님 형상이 인간의 실체에 속하지 않는다는 주제의 전개에 한 장(章)을 할애했다. Johann Gerhard, *Loci Theologici*, ed. altera 1885, II, 126f.

123 Disputado de Homine, 1536에서 루터는 현재 이 세상에서 살아가는 인간이 물질에 불과하다고 묘사했다. 하나님께서는 물질로부터 미래의 종말론적 인간의 영광의 형태를 발생시키실 것이다. WA 39/1, 177, 3-12. 비교. G. Ebeling, Das Leben — Fagment und Vollendung. Luthers Auffassung vom Menschen im Verhältnis zu Scholastik und Renaissance, *ZThK* 72, 1975, 310-334, 특히 316f., 326ff. 또한 동

터교 교의학은 이 문제에서 이레나이우스가 이미 도달했던 신학적 통찰의 수준 이하로 후퇴했다. 슐라이어마허만이 그의 통찰에 다시 도달하여 적절한 형식으로 표현할 수 있었다. 그리스도의 나타나심은 "인간 본성을 이제야 비로소 완성하는 창조로 볼 수" 있다는 것이다.[124]

특별히 구(舊)개신교주의 교의학자들이 주장했던 표상, 곧 타락 사건 이전에 처음 인간들이 지녔던 원상태의 의로움(iustitia originalis)에 따른 인간의 삶이 낙원과 같은 완전성과 통합성을 가졌다는 표상에는 성서적 근거가 없다.[125] 에덴의 역사 속의 인간들에게 계명 위반의 결과로 부과된(창 3:16-19) 생명의 약화[126]는 그 부담으로부터 자유로웠던 어떤 상태를 전제하고 있지만, 그러나 그 상태가 타락 사건 이전의 첫 인간의 완전한 인식 능력이나 거룩함을 포함하지는 않으며, 그들의 불멸성을 뜻하지도 않는다. 생명나무의 열매들(창 2:9)은 인간에게 금지되지 않았지만, 성서 화자가 전하는 의미에서 보면 그 열매들은 죄인들에게 금지되기 이전에는 그들에게 아직 명확하게 발견되지도 않았다(3:22).[127] 물론 솔로몬의 지혜서는 하나님이 인간을 "불멸의 존재로 창조하셨다"라고 말하고, 이 사실은 하나님의 형상과 긴밀히 연

일저자, *Lutherstudien* II: Disputado de Homine 3. Teil, 1989, 98-105. 물론 루터는 인간 안에서 하나님의 형상이 "회복"될 것이라고 말하기는 했다. 하지만 그는 이레나이우스의 사상을 수용하면서 그것이 또한 완성될 것이라고 덧붙였다.

124 D. F. Schleiermacher, *Der christliche Glaube*, 2.Ausg. 1830, §89.
125 이에 대해 다음을 보라. A. Ritschl, *Die christliche Lehre von der Rechtfertigung und Versöhnung* III, Aufl. 1883, 307f. 그 이전의 진술로는 J. Müller, *Die christliche Lehre von der Sünde* (1838) Aufl. II, 483-488.
126 O. H. Steck, *Die Paradieserzählung. Eine Auslegung von Gen 2,4b-3,24*, 1970, 59f., 118ff.
127 O. H. Steck, 같은 곳, 117은 이에 대해 의미 깊은 진술을 한다. 불멸성이란 "자율적이고 자기규정적인 인간만이 열망하는" 것이기에, 죄인들이 생명나무에 접근할 수 없게 된 것은 "에덴동산 이야기 전체에서 중립적으로 전제되고 저주의 장에서 자세히 언급되는 생명의 한계를 결정적이고 건널 수 없는 것"으로 만든다는 것이다. 생명나무의 동기에 대해 슈테크의 상세한 설명을 참고하라. O. H. Steck, 같은 곳, 47f.61ff.

결된다(지혜서 2:23). 하지만 야웨문서(J)의 낙원 이야기는 첫 인간이 불멸성을 소유했다는 가정을 허락하지 않으며, 기껏해야 미래에 인간이 그것에 도달하게 될 것이라는 인간적 규정의 표상을 말한다. 금지된 열매를 먹어서 생긴 결과인 죽음의 위협으로부터도 첫 인간들이 그런 과오만 없었다면 불멸의 존재였을 것이라고 추론될 수는 없다. "…그 위협은 그들이 **사멸적인 존재가 될 것**이라고 말하는 것이 아니라, 그들이 범죄하는 그날에 **죽는다**라고 말한다. 이것은 죽음이 본래 죽을 날보다 일찍 찾아옴으로써 징벌을 받게 된다는 것을 뜻한다."[128]

포로기 후기의 이스라엘의 지혜문학과 묵시문학 속에서 아담이 타락 이전에 불멸성을 소유했다는 견해가 처음으로 등장했다. 에녹서 69:11은 인간들이 근원적으로 "바로 천사와 같이 창조되었고" 죄를 짓지 않았다면 죽음이 그들을 침해하지 못했을 것이라고 말한다. 솔로몬의 지혜서(1:13)에 따르면 하나님은 죽음을 창조하지 않으셨다. 인간이 불멸의 존재로 창조되었다는 위에서 인용한 구절(2:23)은 이러한 헬레니즘 문헌의 의미에서는 인간이 불멸성으로 규정되어 있을 뿐만 아니라, 그가 이미 — 낙원 이야기와는 반대로 — 불멸성을 처음부터 소유했다는 사실을 말한다. 왜냐하면 죽음은 "악마의 질투를 통해 세상 안으로 들어왔기" 때문이다(2:24). 이에 대해 특기할 만한 사실은 바울이 비록 죽음을 죄의 결과로 이해했고(롬 6:23) 죽음이 아담 자신의 운명에 의해 시작되었다고 말하기는 해도(롬 5:12),[129] 아담의 원초적

---

[128] K. G. Bretschneider, *Handbuch der Dogmatik der evangelisch-lutherischen Kirche* I, Aufl. 1828, 747. 비교. G. v. Rad, *Das erste Buch Mose Kap. 1-12/9* (ATD 2) 2.Aufl. 1950, 77. 창세기 2:17의 죽음의 위협이 의미하는 것은 "'바로 그날에 너희들이 죽는다'는 것이 아니라 '너희들이 장차 죽게 될 것'이라는 사실이다." 여기서 폰 라트는 화자의 관심사를 다음의 사실에서 알 수 있다고 강조한다. "하나님은 그 끔찍한 위협을 즉시 실행하지 않으시고 오히려 은총이 지배하게 하셨다." 왜냐하면 죽음은 곧바로 등장하지 않았기 때문이다. 참고. Steck, 같은 곳, 110.

[129] 로마서 5:12에 대해 다음을 보라. U. Wilckens, *Der Brief an die Römer* 1, 1978,

불멸성에 대해서는 말하지 않았다는 점이다. 오히려 바울은 창세기 2:7과 함께 첫 아담에 대해 그가 땅에 속한 자였다(고전 15:47)고 말하는데, 이것은 바울이 논쟁하는 의미 속에서도 사멸성을 포함한다. 바울은 오로지 두 번째의 종말론적 인간에게만 불멸성을 귀속시킨다(고전 15:52ff.). 두 번째 인간은 예수의 부활 속에서 나타났고, 그의 생명은 창조적인 생명의 영에 의해 침투되었다. 유감스럽게도 그리스도교 교부학은 대부분 이 점에서 바울을 따르지 않았고, 아담의 원초적인 — 예수 그리스도 없는 혹은 그리스도보다 앞선 — 불멸성의 표상으로 기울어졌다. 그 결과 최소한 아담은 로고스에 참여함으로써 불멸성의 기초를 소유했고, 그가 하나님 인식을 놓치지 않고 붙들기만 했더라면 불멸성에 참여했을 것이라고 보았다.[130]

첫 인간들의 완전한 인식 능력과 거룩함도 구(舊)개신교주의 교의학자들이 인용했던 글들로부터는 추론될 수 없는 것이다. 인식 능력과 관련해서 원상태 교리에 대한 성서적 근거를 지닌 비판은 올바르게도 낙원 이야기가 금지된 열매를 먹는 것을 인식과 연관시킨다는 점을 지적했다(창 3:5).[131] 하지만 독자들은 그 이야기에서 아담의 원상태의 의로움에 대해서도 아무것도 읽을 수가 없다. 첫 인간들의 죄에 대한 이야기는 그들의 범죄가 하나님의 의

316, 이 주제의 전통사에 대해서는 310ff.를 보라.

130 Athanasios, *De inc*. 3. 비교. Tatian, *or*. 13,1과 7,1 (M. Elze, *Tatian und seine Theologie*, 1960, 90f.), Justin, *Dial*. 5f., Irenaus, *adv. haer*. III, 20,1f. 이레나이우스(*adv. haer*. 3,20,2)는 물론 첫 인간들이 본성적으로 불멸성을 소유했다고 주장하지는 않았고, 그런 견해는 III,23,6에 함축되어 있지도 않다. A. Struker, *Die Gottebenbildlichkeit des Menschen in der christlichen Literatur der ersten zwei Jahrhunderte. Ein Beitrag zur Geschichte der Exegese von Gen 1:26*, 1913, 121. Epid. I,15에 따르면 첫 인간들에게는 단지 계명에 순종하는 경우에만 불멸성이 주어졌다고 생각되었다. 그와 달리 이레나이우스는 **영혼**이 불멸적이라고 생각했는데, 하나님으로부터 유래하는 생명에 참여할 때 그렇게 된다고 보았다(*adv. haer*. II,34).

131 K. G. Bretschneider, *Handbuch der Dogmatik der evangelisch-lutherischen Kirche* 1 (1814) 3.Aufl. 1828, 747.

지와의 정서적 합일이 결여된 결과로 묘사한다. 하나님의 의지로부터 벗어나려는 성향이 뱀에 의해 분명히 드러나게 되었다(창 3:5f.).[132] 신약성서가 증언하는 인간의 새로워짐을 원상태로 소급시킬 수 있고, 그와 함께 새로워진 인간의 하나님 인식에 대한 진술들(골 3:10)과 그의 공의와 거룩함에 대한 진술들(엡 4:24)을 아담의 원상태에 대한 서술을 위해 주장할 수 있다는 논증[133]은 아무 증거도 없이 하나님의 형상에 대한 신약성서의 진술들을 창세기의 원역사의 지평 위에서 보아도 된다고 전제하는 것이다. 이미 1800년경에 보수적인 신학자인 프란츠 폴크마 라인하르트(Franz Volkmar Reinhard)도 그런 전제를 미심쩍게 여겼다. 왜냐하면 "신약의 본문들이 첫 인간과 그의 완전성을 뒤돌아보고 있는지는 불명확하기" 때문이었다.[134] 또한 구약성서 자체도, 예를 들어 전도서 7:30에서 하나님은 사람들을 "정직하게 창조하셨으나 사람이 많은 꾀를 내었다"라고 말하지 않는가? 분명 이 말씀은 하나님의 창조 행위에 대립하는 인간적 행위를 매우 일반적인 형식으로 말하고 있다. 그것은 그런 숙명적인 대립의 성향이 생성되기 이전의 인간이 위치했던 어떤 상태를 표현하지는 않는다.

그러므로 아담의 완전한 원상태라는 전통적·교의학적 표상들은 성서신학적 검증의 빛에서 보면 거의 남아 있을 수가 없다. 그런 표상들은 18세기 이래로 개신교 신학 안에서 일어난 "성서신학"적인 요청과 관련해서[135] 이

---

132 이것을 슐라이어마허는 "처음 인간들 속에서 이미 현존하는 정욕 없이 죄의 시작을 설명하려는" 모든 시도를 비판함으로써, 인상적으로 설명했다. Schleiermacher, *Der christliche Glaube* 2. Ausg. 1830, §72,2.

133 그렇게 주장한 사람은 예를 들어 A. Calov, *Syst. Theol.* IV, 598, 또한 D. Hollaz, *Examen* etc. II, c 1 q6 (p.5), 그리고 q7 (p.6과 8)이다.

134 F. V. Reinhard, *Vorlesungen über die Dogmatik*, hg. J. G. I. Berger 1801, 261. 비슷한 내용을 성서신학자로서도 손색이 없는 율리우스 뮐러가 수십 년 후에 발표했다. Julius Müller, *Die christliche Lehre von der Sünde* (1838) 3.Aufl. 1849, I, 485ff.

135 나의 책을 참고하라. *Wissenschaftstheorie und Theologie*, 1973, 358ff. 또한 G. Ebeling, Was heißt "Biblische Theologie"?, in: ders., *Wort und Glaube* I, 1960,

미 해체되었다. 다시 말해 역사비평학의 원리들이 성서적 원역사의 본문에 적용되었을 때 비로소 그것의 희생양이 된 것이 아니다. 아이히호른(Johann Gottfried Eichhorn)과 가블러(Johann Philipp Gabler) 이래로[136] 성서의 낙원 이야기를 사가(Sage)나 신화로 이해하는 방식이 발전한 것은 그 해체과정에 한 가지 요소를 더 추가했을 뿐이다. 이 사실은 또한 인간의 하나님 형상성이 원죄를 통해 상실된다는 표상에 대한 비판에도 해당한다.

성서 안에서 인간이 하나님의 형상을 상실했다는 표상은 찾을 수 없거나 혹은 (논란의 여지가 있는 바울의 두 가지 본문과 관련해서) 명확하지 않은 것으로 발견된다. 창세기 5:1ff.에서 아담으로부터 노아까지 연속되는 세대들에 대한 제사장문서의 연대기는 인간이 하나님의 형상으로 창조되었다는 창세기 1:26의 진술을 다시 수용함으로써(창 5:1), 인간의 이런 특성이 다른 모든 피조물들보다 앞서는 아담의 후손에게 해당한다는 사실을 함축한다. 아담의 아들 셋에 대해 아담이 "자기의 모양 곧 자기의 형상과 같은" 아들을 낳았다고 말할 때(창 5:3), 아담과의 유사성이 하나님의 형상을 분명히 포함한다고 말할 수는 없다. 또한 이 진술은 아담의 하나님 형상이 그와 셋 사이의 유사성으로부터 유추될 수도 있다는 사실에 대한 어떤 제약을 내포하고 있지도 않다. 그렇기에 목록의 시작에서 아담의 하나님 형상을 분명히 언급하는 의미는 그 형상이 아담의 후손들에게도 속한다는 사실에 있을 것이다.[137] 이 사실로부터 창세기 9:6의 제사장문서에서와 같이 인간 곧 각 개인의 하나님

69-89.

136 J. Ph. Gabler, *J.G. Eichhorns Urgeschichte*, 1790-1793.

137 G. v. Rad, *Das erste Buch Mose Kap. 1-12,9*, 2.Aufl. 1950, 56. 여기서 폰 라트는 칼 바르트(K. Barth *KD* III/1, 223f.)의 비판에 맞서 바르게 설명했다. 또한 참고. W. H. Schmidt, *Die Schöpfungsgeschichte der Priesterschrift*, 1964, 143f. 어쨌든 바르트도 또한 자신의 창조론에서는 과거에 옹호했던(*KD* I/1, 251f., 254와 I/2, 336) 죄인을 통한 하나님의 형상의 상실이라는 종교개혁적 명제를 포기했다. 참고. A. Peters, in: *TRE* 6, 1980, 512f.(Bild Gottes IV).

형상을 살인금지령의 근거로 삼으려는 시도가 설명된다. 마찬가지로 바울도 인간의 하나님 형상을 현존하는 인류에게 자명하고 유효한 사실로서 말한다(고전 11:7). 물론 바울은 오늘의 감각으로 본다면 창세기 1:26f.의 해석으로 받아들여질 수는 없고 스캔들이 될 법하게도 그 형상을 남자에게만 한정시키기는 했다. 여자는 단지 남자의 중재를 통해서만(고전 11:7b.) 하나님의 형상에 참여한다는 표상[138]은 창세기 1:26f.를 아담의 갈비뼈로부터 여자를 창조한다는 보고와 결합하면서 생겼을 것이다(비교. 고전 11:8). 그 표상은 남자와 여자로서의 인간 창조를 인간의 하나님 형상에 대한 진술과 직접 연결시키는 창세기 1:27의 분명한 본문과 마주칠 때, 어떤 경우에도 유지될 수 없다. 남자와 여자가 동등하게 하나님의 형상으로 창조되었다는 사실은 이미 아우구스티누스에 의해, 또한 아우구스티누스를 수용했던 중세 신학과 구(舊)개신교주의 신학에 의해 강조되었다.[139] 하나님의 형상이 내용적으로 남자와 여자의 관계 속에서 실현되는 것이 아니라면, 그것은 남자와 여자라는 성별 차이와는 관계없이 각각에게 동등한 효력을 갖는다. 창세기 1:26f.의 이런 의도를 왜곡함에도 불구하고 고린도전서 11:7은 바울이 창조 안에 근거된 인간의 하나님 형상을 자명한 것으로 여겼다는 사실에 대한 증빙이다. 믿는 자들이 하나님의 영을 통해 하나님의 형상인 그리스도의 형상으로 변화하는 것에 대한 바울의 진술들(고후 4:4; 참고. 3:18 등)은 단순히 인간의 하나님 형상성을 회복하는 것만이 아니라, 창조를 통해 근거된 형상을 넘어서는 하나님께 대한 가까움을 시야에 두고 있음이 틀림없다. 이 사실은 고린도

---

[138] 이에 대해 다음을 보라. J. Jervell, *TRE* 6, 1980, 497f. (Bild Gottes I). 제4에스라서 6:54와 지혜서 10:1은 아담의 창조만 하나님의 형상과 관련지어 말한다.
[139] 아우구스티누스는 그리스도 안에서 남자와 여자 사이에 어떤 구분도 없다는 진술을 인용한다(갈 3:28). Augustin, *de genesi ad lit.* III,22 (CSEL 28/1, 89). 구(舊)개신교주의 신학자들 가운데 A. Calov, 같은 곳, IV a 2 c.2 q 10 (An Eva fuerit ad imaginem Dei condita?), 또한 J. Gerhard, *Loci theologici* 1.8. c.6 (t.II, 688-691)를 비교하라.

전서 15:45ff.를 통해 확증된다. 또한 로마서 1:23이나 3:23[140]도 그 사실에 반대하지 않는다. 두 구절은 구(舊)개신교주의 교의학이 하나님 형상을 상실한 아담을 설명할 때 이미 인용했던 것이다.[141] 인간들의 죄를 통해, 특히 우상숭배를 통해 하나님의 영광이 곡해되었다는 것은 피조물로서의 인간이 하나님의 형상이라는 규정을 특징적으로 소유하고 있다는 사실을 전혀 변경시키지 못한다.

하나님의 형상이라는 사상 속에서 표현되는 귀속 관계 곧 인간이 특별히 하나님께 속한다는 관계에 대한 성서 전체의 증언들이 다층적인 측면

---

140 다른 견해로는 J. Jervell, *Imago Dei. Gen 1,26f. im Spätjudentum, in der Gnosis und in den paulinischen Briefen*, 1960, 320-331. 빌켄스도 예르펠(Jervell)과 같은 의견이다. U. Wilckens, *Der Brief an die Römer* 1, 1978, 107f. 그와 달리 슈반츠(P. Schwanz, 같은 곳, 55; 위의 각주 107을 보라)는 로마서 1:23에서 *doxa* 라는 단어를 하나님 자신의 영광과 관련시키고, 그것이 로마서 3:23처럼 인간에게 전달된 영광을 가리키지는 않는다는 점을 바르게 제시했다. 그러나 그곳에서 바울이 확정하는 것은 "모든 인간에게 하나님의 영광(에 대한 참여)이 결여되어 있다는 것인데, 왜냐하면 그들이 죄를 지었기 때문"이다. 그러므로 바울은 그들이 그 영광을 상실했다고 말하는 것이 아니다(57). 다른 견해로는 U. Wilckens, 같은 곳, 188. 빌켄스는 바울의 표현을 모세의 묵시록(Apk. Mos. 20f.)과 같은 유대교 표상들 속에서 이해한다. 그렇다면 고린도전서 15:45ff.와의 대립은 두드러져 보일 것인데, 이 구절에서 죄보다 앞서 상실된 어떤 하나님의 형상이라는 표상은 회피되고 있다.

141 D. Hollaz, *Examen* etc. II c 1 q7 prob.2 (p.6)와 q 25 prob.2 (p.52). 이와 더불어 하나님의 형상의 상실이라는 가정에 대한 구(舊)개신교주의의 성서적 증빙은 창세기 5:3에 근거했고(이에 대해서는 위의 380쪽을 참고하라), 또한 골로새서 3:10에서 하나님의 형상에 따른 인간의 "새로워짐"에 대한 언급으로부터 역추론한 것에도 근거했다(참고. 엡 4:24). 이러한 논증은 이미 아우구스티누스(*de gen. ad. lit.* III,20)에게서 발견된다. sicut enim post lapsum peccatihomo in agnitione dei renovatur secundum imaginem eius, qui creavit eum, ita in ipsa agnitione creatus est (CSEL 28/1, 87). 덧붙여 말하자면 아우구스티누스에게서 하나님의 형상의 상실이라는 주제가 이미 발견된다(*de gen. ad lit.* VI, 27 CSEL 28/1, 199).

에서 적절히 고려되어야 한다면, 인간이 하나님의 형상으로 창조되었다는 사실의 지속적인 현실성은 바울의 명제에 대한 해석과 아무런 제한 없이 연관되어야 한다. 그것은 인간 그 자체가 아니라 예수 그리스도만이 하나님의 형상이며, 다른 모든 인간은 그 형상에 따라 하나님께 대한 자신의 관계를 새롭게 해야 한다는 명제다. 어떻게 전자가 후자와 합치될 수 있을까? 이를 위한 출발점으로서, 이레나이우스가 이미 보았던 것처럼, 창세기 1:26f.에서(또한 창 5:1과 9:6에서도) 인간은 단순히 "하나님의 형상"이라고 표현되는 것이 아니라 하나님의 형상에 "따라" 혹은 그에 "상응하여"(=) 창조되었다고 말해진다. 여기에 원형(Urbild)과 모사(Abbild, 摹寫) 사이의 차이가 함축되어 있다. 인간은 하나님의 모사이다. 원형에 관한 한, 이 진술은 약간 애매하다. 왜냐하면 "우리의 형상대로"라는 복수형이 인격 안에 계신 창조자를 의도하는 것인지, 아니면 (시 8:6처럼) 신성의 보편적 특성을 의미하는지가 최종적으로 명확하게 결정되지 않기 때문이다. 이러한 불명료성 때문에 신적 원형에 대한 상세한 규정은 여지를 남기며 열려 있게 된다. 유대교의 지혜문학(지혜서 7:26) 안에서, 그리고 필론과 바울(고후 4:4)에게서 그러한 상세 규정은 실제로 다양한 방식으로 이루어지는데, 전자는 선재하는 지혜 내지는 로고스의 표상을 통해, 후자는 높여지신 그리스도와의 관계를 통해 실행된다.

그러나 인간이 지닌 "모사"는 하나님의 "원형"과 어떻게 관계되는가? 이 질문을 숙고할 때 주의해야 할 점은 형상이 모사의 대상인 것(원형)을 **묘사**(darstellen)해야 한다는 사실이다. 이것은 모사가 원형과 유사할 때만 가능하다. 형상의 유사성을 통해 모사 안에 원형이 현재한다. 이때 유사성은 클 수도 있고 작을 수도 있다. 유사성이 클수록 형상은 더 명확해지고 그 안의 원형의 현재도 그만큼 더 집중적이다.

이레나이우스의 신학은 바르게도 유사성 개념이 집중의 다양한 강도에 대해 열려 있다는 가능성에 근거를 두었다. 그의 신학은 첫 아담에게 어느 정도까지는 하나님과의 유사성을 부여했지만, 유사성의 완성은 오로지 예수 그리스도에게 귀속시켰다. 예수 안에서 원형 자체가 완전히 현현했다는 것이다. 하지만 이레나이우스의 구상은 다음의 사실을 통해 문제시되기 시작했다. 그 구상이 크고 작은 유사성을 구분했을 뿐만 아니라 형상과 유사성(모양) 사이를 범주적으로 구분했고, 그 결과 아담의 범죄 이후 유사성(모양)은 상실되었지만 하나님의 형상 자체는 그대로 남아 있다는 주장이 가능하게 되었다는 사실이다. 그러나 이 주장은 주석적으로도 논리적으로도 유지될 수 없다. 주석적으로는 창세기 1:26f.에서 "형상"과 "모양"(유사성)의 표현이 서로 평행하기 때문이며, 논리적으로는 형상이 모사된 대상(원형)과 유사성을 전혀 갖지 않는다면, 그것은 형상이기를 중단해야 하기 때문이다.[142] 형상과 모사 대상인 원형 사이의 유사성이 낮은 수준인 나쁜 형상들도 있다. 모든 유사성의 전적인 상실은 형상 자체의 몰락을 의미한다.[143] 반대로 유사성이 강화될 때 형상은 더욱 명확하게 각인된다. 모사된 대상(원형)은 형상 속에서 더욱 명확하게 나타난다. 이 경우에 형상은 원형을 높은 수준으로 묘사한다. 그 결과 그것은 높은 수준의 형상이 된다. 왜냐하면 묘사(Darstellung)는 형상의 본질이기 때문이다.

인간이 하나님의 형상으로서 하나님을 묘사한다는 것에 적용해보면, 그것은 다음의 사실을 의미한다. 인간은 항상 하나님의 형상이기는 하지만, 언제나 같은 정도로 그런 것은 아니다. 유사성은 인류 초기에는 아직 불완전했고, 죄를 통해 그러한 초기 상태가 각각의 개별 인간들 속에서 점

---

142 토마스 아퀴나스는 이 질문에 대한 논의에서 모양(유사성)을 두 가지로 구분했다. 하나는 형상의 관계에 해당하는 보다 더 일반적인 유사성이며, 다른 하나는 형상이 그것이 묘사하는 것(원형)에 다소간에 비슷하다는 점에서(S. theol. I,93,9) 형상 사상에 덧붙여지는 유사성이다(ut subsequent ad imaginem). 하지만 이러한 양자택일에서 고려되지 않은 것은 유사성이 어느 수준에서 형상의 본질을 구성하게 된다는 사실이다.

143 Augustin, de gen. ad lit. lib. imperf. c. 16. omnis imago est similis ei, cuius imago est (CSEL 28/1, 497f.). si enim omnino similis non est, procul dubio nec imago est (303).

점 더 왜곡되었을 수 있다. 그리스도교 인간론이 바라보는 것처럼, 예수의 형상 속에서 하나님의 형상은 완전한 명료성과 함께 현현했다.

그러므로 인류의 역사 속에서 하나님의 형상은 처음부터 완전히 실현된 것이 아니다. 그것의 각인 과정은 아직 진행되고 있다. 이것은 유사성만이 아니라 형상 자체와도 관계된다. 유사성이 형상에게 필수적이기 때문에, 인간이 하나님의 형상으로 창조된 것은 암묵적으로 형상-유사성의 완전한 형태와 관련되어 있다. 이 형태의 완전한 실현이 예수 그리스도를 통해 역사적으로 시작된 인간의 **규정**이며, 다른 모든 인간은 그리스도의 형상으로 변화함으로써 그 규정에 참여해야 한다.

인간 존재를 규정하는 형상의 미완결성은 내용적으로는 이미 이레나이우스에게서, 그리고 형상과 모양의 이해에서 그를 뒤따랐던 역사 속에서 표현되었다. 그것은 특별히 르네상스 사상가들이 강조했다. 피코(Pico della Mirandola)는 인간이 "비결정적인 형태의 존재"(*indiscretae opus imaginis*)로 창조되었다고 말했다.[144] 이 사상의 핵심은 인간이 자신의 본성을 자유로운 재량에 따라 스스로 규정하도록 창조되었다는 것이다. 그런 자기실현이 잘 성공한 형태는 물론 피코에 따르면 하나님과 닮는 것이며, 그래서 그는 인간의 하나님 형상의 유일하고 완전한 실현은 예수 그리스도 안에서만 성취될 수 있다고 생각했다.[145] 다른 방식으로 거의 3백년 후에 헤르더(Johann

---

[144] G. Pico della Mirandola, *De dignitate hominis* (1486), lat. u. dt. hg. von E. Garin 1968, 28.

[145] Ch. Trinkaus, *In Our Image and Likeness. Humanity and Divinity in Italian Humanist Thought*, II, 1970, 505ff., 516ff., 734. 카시러는 이와 같은 그리스도 중심적인 인문주의를 쿠자누스의 사상으로 소급시켰다. E. Cassirer, *Individuum und Kosmos in der Philosophie der Renaissance* (1927) 3.Aufl. 1963, 40ff. 실제로 쿠자누스(Nikolaus von Kues)는 "모든 창조에서 처음 나신 자"의 개념을 신적 로고스뿐만 아니라 이레나이우스처럼 신인(神人)이신 그리스도와도 명시적으로 관련시켰다.

Gottfried Herder)는 아직 확정되지 않은 존재라는 인간 표상을 발전시켰고, 자기규정의 관점을 인간이 하나님의 섭리적 활동에 의존하는 것에 제한했다. "동물들에게 당신은 본능을 주시고, 인간에게는 당신의 형상, 종교, 인간 됨을 영혼에 새기십니다. 입상의 윤곽은 어둠 속에, 깊은 대리석 안에 현존합니다. 다만 그것은 스스로 자신을 조각하거나 만들어낼 수 없습니다. 하지만 전통과 교리, 이성과 경험은 그것을 행해야 하며, 당신은 인간에게 그것을 위한 수단이 부족하지 않게 하십니다."[146] 헤르더도 인간이 하나님의 형상으로 변화하는 것을 형상-모양의 완성이신 예수 그리스도의 현현과 연관시켰다. 이 관계의 자리에 헤르더는 하나님의 섭리가 인간의 역사를 조종해서 인문주의의 목표로 향하게 한다는 보다 더 일반적인 사상을 위치시켰으며, 그 역사는 불멸성을 향해 나아간다.

c) 인간의 규정으로서의 하나님의 형상

인간이 지닌 하나님의 형상이 역사의 과정 속에서 아직 진행 중이라는 관점을 통해 그 주제는 "인간의 규정"의 사상과 특별한 방식으로 결합

왜냐하면 그분 안에서 인간과 모든 피조물의 창조된 목적이 실현되었기 때문이다. 참고. R. Haubst, *Die Christologie des Nikolaus von Kues*, 1956, 169f.

146 J. G. Herder, *Ideen zur Philosophie der Geschichte der Menschheit* (1784) IX,5 (ed. H. Stolpe 1965, Bd. 1, 377f.). 이미 그의 글("Älteste Urkunde des Menschengeschlechts", 1774)에서 헤르더는 하나님께서 창세 전에 인간에 대해 내리신 결정이 "모든 것이 자신 안에서 이미 전개된 상태로 존재하는 것이 아니"라는 사실을 인식했다. 오히려 "하나님의 형상은 새 잡는 끈끈이 덫 속에서 발견된다. 결국 여기서 말하려는 것은 다음과 같다. 그러한 하나님의 결정에 따라 우리가 장래에 영원히 누리게 될 그 존재는 아직 나타나지 않았다." Herder, *Sämmtliche Werke* hg. B. Suphan VI, 1883, 253f. 나의 글을 참고하라. Gottebenbildlichkeit als Bestimmung des Menschen in der neueren Theologiegeschichte SBAW 1979/8, 3f., 또한 *Anthropologie in theologischer Perspektive*, 1983, 40ff., 49ff.

된다.[147] **하나님의 형상**이 피조물로서의 인간에게 근원적으로 주어져 있는 상태와 관계되는 반면에 인간의 **규정**의 사상은 최종적인 미래 곧 인간 창조의 목적 및 의미와 연관된다면, 그 결합관계는 저절로 이해되지는 않는다. 하나님의 형상이 이미 아담의 원상태 속에서 완전히 실현되었다고 간주하는 한, 그 형상은 역사의 과정 속에 있는 인간의 목적 규정으로 생각될 수 없었다.

이러한 사태에 대해 토마스 아퀴나스가 이 주제를 다루었던 방식이 특별히 유익하다. 토마스는 자신만의 방식으로 하나님의 형상과 인간의 규정을 결합시키려고 시도했고, 하나님의 형상 교리를 인간 창조의 목적에 대한 대답으로 서술했다.[148] 여기서 하나님의 형상이 아담의 근원적인 상태에 귀속되어 있다는 점이 전제되기에, 그 형상은 인간 안에 존재하는 그 형상의 초기 실현이 하나님께서 인간을 창조하신 목적이라는 의미에서만 인간의 규정으로 생각된다. 그렇다면 인간의 역사 과정 속에서 탁월하게 노력해서 성취되는 목적 규정은 중요하지 않다. 이 주장이 더욱 주의를 끌게 되었던 것은 토마스의 그 관점이 신학적으로 타당하다고 여겨질 즈음에 그의 신학총론의 두 번째 부분 전체가 하나님을 향한 인간의 열망과 매진이라는 주제 아래 놓였기 때문이다. 총론의 두 번째 부분의 머리말에서 그러한 열망과 매진은 사실상 인간의 하나님 형상성과 연결되지만, 그것은 하나님을 향해 애쓰는 인간의 출발점에 그치고 목적을 형성하지는 않는다. 여기서 토마스 자신은 부차적으로 하나님의 형상의 다양한 형태들에 대한 전통적인 구별을 구속사적으로 연속되는 단계들로 해석했는데, 하나님의 형상은 미래의 지복의 상태

---

147 인간의 성별 "규정"의 개념은 헤르더의 1769년(*Werke* VI, 28)과 1774년(VI, 2153)의 글에서 이미 하나님의 형상과 관계되어 서술된다. 참고. *Ideen* XI, 1 (같은 곳, I,339f.).
148 Thomas von Aquin, *S. theol.* I,93 (제목과 서론).

안에서 비로소 완성된다고 말했다.[149] 피조물인 인간의 하나님 형상성에 대한 교리를 서술할 때, 그 관점은 명백하게도 관철될 수 없었다. 그 교리가 원상태의 표상과 결합되어 있었기 때문이다.

인간의 규정에 관한 사상이 인간이 하나님의 형상으로 창조되었다는 것과 결합된다면, 그 규정은 다른 피조물들에 대한 인간의 통치권과 관계될 뿐만 아니라 우선적으로는 인간의 하나님과의 연합에 관계될 것이다. 이것은 틀림없이 제사장문서인 창1:26f.의 진술을 넘어서는 것이다. 제사장문서에서 하나님과의 연합은 아브라함과의 계약을 통해 처음으로 근거를 갖게 되었으며, 모든 인간이 아니라 오로지 아브라함의 후손들에게만 해당한다(창 17:7). 노아 계약은 세상 질서들이 계속해서 유지될 것만을 보

---

149 토마스(S. theol. I,93,4)는 영광스런 닮음(similitudo gloriae)을 단순히 자연적인 속성(aptitudo naturalis)이나 은혜의 적합성(conformitas gratiae)을 넘어 하나님의 형상이라는 최고 단계로 묘사했다. 이것은 창조의 형상, 부활의 형상, 닮음의 형상(imago creationis, imago recreationis, imago similitudinis)의 구분과 관련된다. Glossa Ordinaria Anselms von Laon zu Ps 4,7 (MPL 113, 849 D). 그러나 여기서 삼중적인 형상-형태들은 구속사적인 순서로 파악되지 않았다. 이성(ratio) 안에 존재하는 창조의 형상(imago creationis)과 대비되면서 부활의 형상(imago recreationis)만이 은혜(gratia)와 동일시되고, 닮음의 형상(imago similitudinis)은 미래의 영광이 아니라 아우구스티누스의 의미에서 인간의 영혼 속에 존재하는 삼위일체의 모사와 관계된다. 롬바르두스도 비슷하게 말한다. Petrus Lombardus, Commentarium in psalmos Davidicos. 그는 닮음의 형상(imago similitudinis)에 대해 이렇게 말한다. adquam factus est homo, qui factus est ad imaginem et similitudinem non Patris tantum, vel Filii, sed totius Trinitatis (MPL 191, 88B). 13세기 중반 알렉산더(Alexander von Hales)가 언급하는 총론에서는 닮음의 형상(imago similitudinis)은 영원한 아들과 관련되었고 단지 간접적으로만 인간과 관련이 있다. imago similitudinis est ipsa Sapientia quae est ipse Filius Dei, ad quam imaginem homo conditus est (Alexander Halensis, Summa Theologiae t.IV, 1948, n. 632 p. 999). 그러므로 세 가지의 형상-형태들을 구속사적인 연속의 의미로 파악하는 것은 스콜라 철학 안에서 전혀 자명한 것이 아니었다.

장하는 반면에(창 9:8ff.), 하나님께서는 아브라함과 그의 후손들에게 "그들의 하나님"이 되실 것을 확약하신다. 이 약속은 하나님 그리고 그분과의 계약을 수용한 자들 사이의 특별한 연합 관계의 근거가 되는데, 이것에 대해 후대에 시편 저자는 이렇게 말할 수 있었다. "하나님은 내 마음의 반석이시요 영원한 분깃이시라"(시 73:26). 유대교의 지혜문학이 처음으로 하나님께 대한 이러한 특별한 귀속성을 일반 인간에게로 확장했을 때, 그 출발점은 인간이 하나님의 형상으로 창조되었다는 것이었다. 실제로 하나님의 형상의 표상은 원형과 모사를 결합하는 유사성이 도대체 어디에 놓여 있는가라는 제사장문서의 열린 질문을 재촉했다. 이 질문에 대한 대답으로서 인간의 직립 보행의 형태만을 언급하는 것은 충분할 수 없다. 하나님의 형상의 표상은 창조 전반에 대한 통치의 사명을 상징적으로 나타낼 수 있고, 또한 모든 피조 현실성 너머를 바라보려고 시도하는 관점을 표현할 수도 있다. 그러나 보이지 않는 하나님과 유사하다는 주장은 그런 것만으로는 정당화될 수 없다. 인간을 하나님의 형상으로 말하는 근거는 하나님의 영원한 본질과의 유사성이어야 한다. 오직 그때 그 진술은 생산력이 있는 기초에 근거하게 된다. 이스라엘의 지혜문학이 — 어쨌든 그것에 속하는 "솔로몬의 지혜서"가 제시하는 후기 국면에서 — 인간의 하나님 형상성을 하나님의 영광[150]과 불멸성에 참여하는 것(지혜서 2:23)으로 이해하였다는 사실은 그와 동일한 노선에 놓여 있다. "솔로몬의 지혜서"는 불멸성에 대한 참여를 하나님께서 인간을 창조하실 때 그를 "지혜로 장식해주셨다"는 사실과 연관시켰다(9:2).[151] 왜냐하면 지혜에 대해 이렇게 말해지기 때

---

150 참고. J. Jervell, *Imago Dei. Gen 1,26f. im Spätjudentum, in der Gnosis und in den paulinischen Briefen*, 1960, 45ff., 랍비적인 해석에 대해서는 110ff.
151 지혜서 9:2에서 지혜 개념은 창세기 1:26에 나오는 인간의 하나님 형상성을 대변하고 설명하는데, 예를 들어 하나님의 형상은 지혜서 9:2b가 언급하는 다른 피조물들에 대한 통치라는 목적 관계로부터 도출된다.

문이다. "지혜로 인해 나는 불멸을 얻을 것이다"(8:13). 마찬가지로 공의도 지혜와 결합되며, 그래서 공의도 "불멸이다"(1:15). 그러므로 하나님의 형상은 하나님의 지혜와 공의에 참여하는 것, 그리고 그와 함께 하나님의 불멸의 본질과 연합을 이루는 것을 의미한다.

유대교적 해석의 맥락에서 이러한 진술들은 죄와 죽음이 세상 안으로 침입하기 이전에 아담이 가졌던 영광과 관계된다(참고. 지혜서 2:24; 1:13). 이와 달리 바울의 그리스도 메시지는 하나님의 형상 사상과 관련된 그와 같은 내용들을 예수 그리스도 안에서 하나님의 형상이 현현한 것(고후 4:4)과 연관시켰다. 그 단서는 그리스도의 부활에 관한 메시지를 통해 주어졌을 것이다. 왜냐하면 예수의 부활을 통해 불멸의 새로운 생명이 나타났기 때문이다. 모든 사람이 장차 소유하게 될 두 번째 아담의 "형상"(고전 15:49)은 창세기 1:26f.의 의미로 이해되는 창조자의 형상이다. 인간은 지금 여기서 그 형상을 향해 "새로워지고" 새 형태로 지어져야 한다(골 3:10). 이러한 갱신은 또한—지혜서 1:15에 상응하여—공의를 포함한다(엡 4:24). 하지만 그 토대는 불멸의 새로운 생명이 예수의 부활 속에서 현현한 것에 있다. 이 생명에 참여하게 된다는 희망을 믿는 자들에게 보증하는 것은 그들이 지금 이미 영의 능력을 통해 "새로운 인간을 덧입는다는" 사실이다(참고. 고전 15:53f.; 갈 3:27). 다시 말해 믿는 자들은 공의와 참된 정결, 자비, 선, 온유, 관용을 통해, 그리고 또한 예수 그리스도께서 가르치고 실천하신 사랑을 통해 새 사람을 덧입는다(골 3:12f.). 여기서 유대교의 지혜문학이 타락 이전에 처음 인간이 지녔던 하나님 형상성 및 유사성의 깊은 의미로 강조했던 "하나님과의 연합"이 예수 그리스도 안에서 이미 현현한 인간의 궁극적인 규정으로 그 의미가 변화했는데, 이것은 종말론적인 변화였다. 믿는 자들은 그러한 최종 규정에 영의 능력을 통해 이미 현재적으로 참여한다. 영은 "새로운 인간"의 종말론적 현실성이 지금 이미 그들 가운데 작용하게 하신다.

이와 함께 신약성서에 속한 한 가지 맥락이 시야에 들어온다. 모양(similitudo)에 대한 고대 교회의 해석과 인간의 하나님 형상성에 대한 종교개혁과 종교개혁 이후의 해석은 주로 그런 맥락의 구절들을 향한 것이었다(특히 골 3:9ff.와 엡 4:24). 그 이해에 결정적인 것은 종말론적인 근거설정이며, 이것은 예수 그리스도의 부활에 대한 종말론적인 희망 안에서 동터오는 불멸의 생명으로부터 시작된다. 골로새서 3장과 에베소서 4장의 윤리적 진술들이 이러한 종말론적·그리스도론적 근거설정으로부터 설명된다면, 이 진술들은 (새로운 인간에 대한 바울의 의도를 전도시키면서) 아담의 원상태적인 하나님 형상성의 서술과 관계될 수 있을 뿐만 아니라, 인간의 규정에 대한 순수한 도덕적 해석을 도와줄 수도 있다. 이것은 근대 개신교 신학에서 전개되었던 것과 같다(아래를 보라).

이와 달리 교부 신학은 올바르게도 하나님 형상성과 불멸성의 관계를 고수했다. 하지만 유감스럽게도 이 두 가지는 인간의 창조와 관련해서 예수 그리스도 안에서 처음으로 – 우선 단지 예기적으로 – 실현된 종말론적 규정으로 묘사되지는 않았다. 고대 교회의 교부들에게서 반복해서 나타나는 생각, 즉 아담이 하나님의 계명을 범하지만 않았더라면 이미 원상태에서 (말하자면 예수 그리스도 없이, 어쨌든 성육신과 부활 사건은 없이) 불멸성에 도달했을 것이라는 생각은 낙원 이야기에 나오는 생명나무에 대한 진술로부터 사변적으로 엮어낸 근거에도 불구하고[152] 교회의 그리스도론적 신앙과 잘 일치되지 않는다. 영혼이 그 본성에 따라 불멸이라고 보는 플라톤적인 견해에 대해 불멸성을 인간의 태도에 달린 하나님의 은혜의 선물로 보고 피조적 본성으로부터 구분했던 것은 사실상 통렬한 수정이었음이 틀림없다.[153] 이런 방식으

---

152 창세기 2:9과 3:22. 참고. 위의 각주 127.
153 유스티누스(Justin, *Dial*. 3), 타티아노스(Tatian, *or. ad Graecos* 13,1), 이레나이우스(Irenäus, *adv. haer.* III,20,1) 사이에서 벌어진 영혼의 자연적인 불멸성에 대한 논쟁을 참고하라(불멸성은 하나님의 은혜의 선물이지 자연적인 소유물이 아니다: III,20,2).

로 초기 그리스도교 신학자들도 (영혼뿐만 아니라 전인에 속한다고 생각되었던) 불멸성과 비소멸성이 영원한 하나님과의 연합이라는 인간 **규정**의 부분적인 요소라고 표현했다. 그러나 그들은 (위의 367f.에서 언급된 이레나이우스의 사상적 노선을 간과하며) 그러한 인간 규정을 처음부터 영원한 하나님의 아들이 미래에 육체 안에서 현현한다는 사실과 연관시켜 묘사하지는 않았다. 그 이유는 – 무엇보다 우선적으로 – 아담의 원상태의 영광을 과도하게 채색한 것에서 찾아져야 할 것이다.

인류 역사의 초기에 하나님의 형상이 이미 완전히 실현되었다는 생각의 결과로서, 인간이 불멸로 규정되었다는 주제가 인간이 하나님의 형상으로 창조되었다는 교리로부터 분리되었다. 이 사실이 반드시 이해되어야 한다. 이것은 어쨌든 다음과 같은 생각을 나타낸다. 하나님의 영원한 생명과의 연합으로서의 불멸성이 타락 사건을 통해 그리스도에 의해 다시 가능하게 되고 현재는 도달할 수 없는 희망의 목적이 된 반면에, 하나님이 원초적으로 설정하신 하나님의 형상은 타락 사건 이후에도 계속해서 지속되었다는 것이다. 이 문제는 더욱 복잡해졌다. 3세기 이래로 영혼이 본성적으로 불멸이라는 사상이 플라톤주의의 영향으로 신학 안에도 퍼졌고, 특히 동방에서는 니사의 그레고리오스, 서방에서는 아우구스티누스를 통해 그 사상이 표준으로 여겨졌기 때문이다. 물론 영혼이 본성적으로 불멸이라는 것이 하나

또한 클레멘스(Klemens von Alexandrien)에 의하면 인간의 영혼은 하나님 인식을 통해서만 불멸성에 도달할 수 있다(*Strom*. VI,68,3). 반면에 테르툴리아누스는 영혼이 본성에 따라 불멸이라고 간주했던 전자들에게 속한다. 그는 영혼이 분리될 수 없기에 불멸이라고 간주했다(*De an*. 51,5). 그는 죽음을 영혼이 육체로부터 분리되는 것으로 보았고(51,1과 52,1), 이때 영혼은 생명이라고 부르기 어려운 쇠약한 상태가 된다(43,4f.). 오리게네스나 아우구스티누스와 같은 후대의 신학자들은 영혼 불멸이라는 플라톤의 교리를 받아들이기는 했으나, 영혼들의 생명이 하나님께 의존한다는 것을 그들의 피조성을 확정하는 결과로서 확고히 붙들었다(*De civ. Dei* X,31).

님의 영원한 생명에 대한 참여나 그에 따른 지복을 보장하지는 못한다.[154] 그러므로 인간의 규정 곧 인간이 영원한 생명과 지복으로 규정되어 있다는 것은 지복과 관련해서 애매모호한 본성적 영혼 불멸의 사상과는 구분되어야 한다.[155] 다른 한편으로 인간이 최고의 지복으로 규정되어 있다는 것은 인간 영혼의 불멸성에 대한 근거라고 말할 수 있다.[156] 보나벤투라의 이런 가르침은 구(舊)개신교주의 교의학자들에 의해 자주 인용되었다. 그것은 불멸성과 마찬가지로 하나님의 형상 역시 인간의 본성에 속하며 그 본성에 대한 초자연적인 보충으로 이해될 수 없다는 주장에 대한 논증이었다.[157] 인간의 규정, 곧 인간 창조의 목표는 이 세상의 삶을 넘어 하나님의 영원한 생명에 참여하

---

154 Augustin, *De civ. Dei* XIII,24,6.
155 중세의 서구 교회는 1513년의 제5차 라테라노 공의회에서 영혼의 불멸성을 교의로 격상시켰지만(DS 1440), 오늘날 가톨릭 교의학자들의 판단에 따르면 그것은 영혼의 본성적이고 고유한 불멸성에 대한 철학적 학설을 정의하려고 했던 것이 아니라, 죽음을 넘어 지속되는 개인의 삶과 영원한 하나님과의 관계성을 고수하려고 했던 것이다. 참고. J. Ratzinger, *Eschatologie—Tod und ewiges Leben*, 1977, 127ff. 거기서 라칭어는 창조에 적합한 "규정"으로서의 인간의 불멸 규정만을 말한다(129ff.). 또한 다음을 비교하라. Metz und F. P. Fiorenza in *Mysterium Salutis* 2, 1967, 615ff., 또한 H. Mayr, in: *LThK* 10, 1965, 527f.
156 Bonaventura, *Sent*. II, d 19 a 1 q 1 (Opera Omnia II, 457ff., 특히 460). ...certum, quod anima rationalis facta sit ad participandam summam beatitudinem. Hoc enim adeo certum est exclamore omnis appetitus naturalis, quod nullus de eo dubitat, nisi cuius ratio est omnino subversa. 보나벤투라에 의하면 영혼 불멸의 최종 근거가 지복으로의 규정 속에서 인식될 수 있는 반면에, 인간의 하나님 형상성은 형식적인 근거를 형성한다. 이와 같은 방식으로 보나벤투라는 하나님의 형상과 인간의 규정을 서로 구분하면서도 양자의 관계를 확고히 했다.
157 A. Calov, *Systema locorum theologicorum* IV, Wittenberg 1659, 444. 또한 D. Hollaz, *Examen theol. acroam*. I p,II c 1 q 20 (Stargard 1707, 34 n.3). 인간의 영원한 지복을 신학의 형식적 결말(*finis formalis*)로 보는 홀라츠의 앞선 설명들을 비교하라(I p I c 7, 664ff.). 이 설명은 이른바 신학의 분석적 방법을 따른 것이다(『조직신학 I』, 27f 참고하라).

는 미래적 지복을 가리키는데, 이 사실은 18세기까지 매우 일반적인 신념이 었다.

하나님의 영원한 생명에 참여한다는 인간의 종말론적인 규정이 단지 올바른 삶을 살아가는 미덕 속에서만 발견되고 더 이상 하나님의 형상에 대해 본질적인 것으로 이해되지 않는다면, 거꾸로 그렇게 이해된 하나님의 형상이 오히려 인간 규정의 이해를 위한 토대를 이루고 있지 않은가라는 질문도 제기될 수 있다. 그렇다면 이 질문은 정확하게는 인간의 규정이 우선적으로 피안의 삶을 향하는 것인지, 아니면 일차적으로 이 세상 안에서의 도덕적 삶에 대한 규정으로 이해될 수 있는지의 문제가 된다. 이 질문에 대해 18세기에 논쟁이 벌어졌다.[158] 이 논쟁의 역사는 아직 문서화되지 않았고, 특히 칸트와 피히테의 영향 아래서 인간의 도덕적 규정이 우선한다는 명제가 관철되었다.[159] 이와 같은 논쟁 과정이 인간의 하나님 형상성의 주제와 관련해서 관심을 끈 것은 근대 개신교 신학에서 인간 규정의 사상을 통해 하나님 형상의 사상을 해석하는 것이 부분적으로는 인간의

---

158 이에 대한 문헌들의 개요를 다음에서 보라. K. G. Bretschneider, *Systematische Entwicklung aller in der Dogmatik vorkommenden Begriffe* etc., 3.Aufl. 1825, 504f. 우선적으로 도덕적인 인간 규정의 표상으로 건너가는 것에 큰 영향을 준 것으로서 슈팔딩의 저작이 중요하다. J. J. Spalding, *Die Bestimmung des Menschen* (1748), 1769. 나의 글을 비교하라. Gottebenbildlichkeit als Bestimmung des Menschen in der neueren Theologiegeschichte, *SBAW* 1979, Heft 8, 16f.
159 인간을 도덕적으로 규정하는 형식화된 문구는 칸트에게서 상당히 자주 나타난다. 예를 들어 *Kritik der praktischen Vernunft*, 1788, 168; *Kritik der Urteilskraft*, 1790, 168; 무엇보다도 *Religion innerhalb der Grenzen der bloßen Vernunft* (1793) 2.Aufl. 1794, 59., 74., 227 등. 비교. *Anthropologie in pragmatischer Hinsicht*, 1798, 2. Theil E III (VII, 325f.). 내용 중에서 칸트는 지복을 향해 이 세계를 넘어서는 규정보다 앞서는 인간의 도덕적 규정의 우선성의 근거를 마련했다. 하지만 그는 전자(초월 규정)가 또한 후자(이 세상적 규정)로부터 오는 결과라고 확정했다. 피히테에 대해서는 J. G. Fichte, *Die Bestimmung des Menschen*, 1800.

도덕적 규정에 관련된 명제적 의미에서 수행되었기 때문이다.

헤르더는 인간의 규정으로 해석된 하나님의 형상을 우선 "종교와 휴머니티"라는 표제어를 통해 서술했다.[160] 물론 그도 그것을 넘어서 영원한 생명이라는 목적을 철저히 시야에 두고 있었다. 이후 시대에 몇몇 신학자들은 인간의 천상적 규정과 구분되는 (그러나 어떻게든 그 규정과 관계되는) 이 세상적인 규정에 대해 말했다. 예를 들어 브레트슈나이더(Karl Gottlieb Bretschneider)는 "인간의 근원적 **규정**"이 "그에게 주어진 몸과 정신의 능력과 재능을 진, 선, 미의 법에 따라 발전시키고 실행할 수 있게 된다"는 사실에 놓여 있다고 보았다.[161] 인간에 대해 주로 윤리적으로 이해될 수 있는 이 세상적 규정을 천상적 규정으로부터 구분하는 것은 니취(Carl Immanuel Nitzsch)에게서도 발견된다.[162] 내용 자체로는 베크(Johann Tobias Beck)도 창조된 인간의 하나님 형상성을 우선적으로 이 세상적 규정의 표징 속에서 보았다. 거기서 베크는 인간이 가진 하나님의 형상으로서의 "재능"을 "그리스도의 신적 원형"과 관계시키려고 시도했고, 하나님의 형상은 "**인격적 특성 혹은 미덕**(*virtus*)"으로 전개되어야 하며, 이 전개는 "그것에 상응하는 **자기활동**의 결과로서, 즉 도덕적인 길 위에서 일어난다"고 주장했다.[163] 또한 도르너(Isaak August Dorner)에 따르면 인간은 "잠재적으로, 다시 말해 윤리적 규정

---

160 *Ideen* IX,5 (hg. H. Stolpe 1, 377f. 비교. 370f.).
161 K. G. Bretschneider, *Handbuch der Dogmatik der evangelisch-lutherischen Kirche* 1, 3.Aufl. 1828, 752, 비교. 748 이런 설명은 인간의 "이 세상적"인 규정을 영원한 규정과 결합시킨다. 참고. 동일저자, *Systematische Entwicklung aller in der Dogmatik vorkommenden Begriffe*, 3. Aufl. 1825, 504. 그것은 칸트가 그랬듯이 이 세상적인 규정의 성취가 영원한 규정을 위한 가치의 근거가 되는 방식을 통해 서로 결합되었다.
162 C. I. Nitzsch, *System der christlichen Lehre* (1829) 3.Aufl. 1837, 182f.
163 J. T. Beck, *Vorlesungen über Christliche Glaubenslehre*, hg. I. Lindenmeyer Bd. 2, 1887, 328f.331.

에 따라 하나님의 형상이며"¹⁶⁴ 이 형상은 윤리적인 자기활동으로 표현되어야 한다. 도르너는 이렇게 말한다. "이와 같은 규정으로서의 형상 속에…정점으로서 종교적 관계가 포함되어 있는데, 그 관계로부터 인간의 개별 측면들을 합치고 완성시키는 능력이 나온다." 이 사실에 근거하여 도르너는 다시 한번 하나님의 형상을 향한 인간 규정을 불멸성으로의 인간 규정에 대한 깊은 관계 속에서 관찰할 수 있었다.¹⁶⁵ 이 세상적 또는 도덕적 인간 규정을 분리시켜서 관찰하려는 경향은 이미 완성되어 주어져 있다고 여겨지는, 널리 퍼져 있는 인격성의 이해와 관계가 있다. 이런 의미에서 제베르크(Reinhold Seeberg)처럼 인간의 하나님 형상과 인격성을 동일시한다면, 인간의 목적인 하나님과의 관계는, 오로지 인간이 "종교적·도덕적 성향"을 정신성으로서 자신 안에 갖고 있다는 점에서 주어진다는 말이 된다.¹⁶⁶ 20세기에 이르러 알트하우스(Paul Althaus)는 인간의 하나님 형상을 인간의 "인격성" 속에서 인식해야 한다고 말했다. 이에 더하여 그는 인격성 안에서 "인간의 **존재상태**"(Verfassung)를 보았는데, 그 상태 안에서 인간은 "예수 그리스도 안에서

---

164 I. A. Dorner, *System der christlichen Glaubenslehre* 1 (1879) 2.Aufl. 1886, 518. 어쨌든 도르너는 인간의 자유로운 행위들이 "하나님과의 관계 속에서는 생산적이지 않지만" 그래도 그것들은 "수용자의 행위들"로서 실행되거나 혹은 "중단"될 수 있다고 확언했다.
165 같은 곳, 521.522ff.
166 R. Seeberg, *Christliche Dogmatik* 1, 1924, 483ff., 499, 인용은 501. 인간의 하나님 형상과 "인격적 존재"로서의 특성을 동일시하는 것은 니취와 밀러에게서도 이미 발견된다. C. I. Nitzsch, *System der christlichen Lehre* (1829) 3.Aufl. 1837, 180f. J. Müller, *Die christliche Lehre von der Sünde* 2 (1884) 3.Aufl. 1849, 188과 489. 하나님의 형상을 인격성으로 해석하는 것은 가톨릭의 튀빙엔 학파에 속한 슈타우덴마이어(F. A. Staudenmaier)에게서 수용되었다. 그러나 그는 다른 한편으로 개신교 신학 안에서 전개된 해석 곧 인간 규정으로서의 하나님 형상이라는 해석을 바우어(F. C. Bauer)와의 논쟁 속에서 거부했다. A. Buerkhardt, *Der Mensch—Gottes Ebenbild und Gleichnis. Ein Beitrag zur dogmatischen Anthropologie F. A. Staudenmaiers*, 1962, 133ff., 155ff.

성취된 하나님과의 연합으로 **규정**되어 있다"고 파악했다.¹⁶⁷ 이것은 인간적 현실성의 인격적인 상태가 완성된 채로 주어져 있는 것이 아니라, 오히려 미래의 규정으로부터 구성되는 것으로 이해되어야 함을 뜻한다. 그런데 알트하우스(Althaus)에게서는 거꾸로 인격적 상태가 미래 규정의 전제와 토대라고 생각되었다. 에밀 브룬너(Emil Brunner)도 인간의 하나님 형상성을 완성되어 주어져 있다는 의미에서 "주관적 존재 혹은 인격 존재"로 이해했고, 여기서 인격 존재는 칸트의 의미에서 "책임적 존재"로 서술되었다.¹⁶⁸ 물론 그는 덧붙여 자기인식과 자기규정의 인간 존재는 일차적 존재가 아니라 이차적 존재라고 강조했다. 그 존재는 하나님과의 관계보다 후위에 놓인다는 것이다. 하지만 하나님과의 관계가 하나님과의 연합으로 향하는 미래 규정에 대한 인간의 관련성으로부터 설명된다는 의미는 아니었다.¹⁶⁹

---

167 P. Althaus, *Die christliche Wahrheit. Lehrbuch der Dogmatik* (1947) 3.Aufl. 1952, 336f.

168 E. Brunner, *Natur und Gnade. Zum Gespräch mit Karl Barth*, 1934, 40. 동일저자, *Der Mensch im Widerspruch* (1937) 3.Aufl. 1941, 87, 91. 또한 *Dogmatik* II (Die christliche Lehre von der Schöpfung und Erlösung), 1950, 65ff.

169 E. Brunner, *Der Mensch im Widerspruch*, 93 등. 브룬너는 하나님의 형상을 인간 규정으로 해석하지 않았다. 왜냐하면 그는 아주 느린 속도로 원상태의 교리로부터 벗어날 수 있었기 때문이었다(비교. 같은 곳, 102). 그래서 그는 타락 사건 때문에 상실되어갔던 "내용적"인 하나님 형상과 인간의 인격성 안에 여전히 보존되어왔던 "형식적"인 하나님 형상 사이의 잘못된 구분을 계속 발전시켰다(같은 곳, 166). 형식적인 하나님 형상의 표상은 구(舊)개신교주의가 타락 사건 이후에도 그대로 남아 있는 형상의 "나머지"에 대해 논의하는 자리에서 등장했다(*Natur und Gnade*, 40.27ff.). 원상태 교리를 포기한 후에도 브룬너는 형식적인 하나님 형상과 내용적인 하나님 형상 사이의 구분 (*Dogmatik* II, 1950, 55-60, 특히 59f.)을 고수했다(67f., 70ff.). 이러한 구분은 인간의 규정에서 재능과 그 실현 사이를 구분했던 것과 비교한다면, 불운한 것이다. 왜냐하면 형식이 내용을 규정하는 어떤 것으로서 그렇게 계속된다는 것은 옛 사람이 새 사람으로 변형된다는 바울의 생각과는 맞지 않기 때문이다(빌 3:21; 참고. 고전 15:51ff.; 롬 8:29). 그래서 칼 바르트는 인간의 하나님 형상성과 관련하여 형식과 내용의 구분을 올바르게도 반대했다. Karl Barth, *Nein! Antwort an Emil Brunner*, 1934, 26f.,

인간의 규정이 하나님의 형상으로 창조될 때 주어진 것이라면, 그래서 그 규정에 대한 설명은 하나님께 대한 인간의 형상-관계에 함축되어 있는 의미를 향할 수밖에 없다면, 인간은 근원으로부터 하나님의 피조물로서 하나님과의 연합으로, 즉 "하나님과 함께하는 삶으로 규정"되어 있는 것이다.[170] 하나님과의 유사성(닮음)이라는 의미는 그분과 결합되는 것이다. 바로 이와 같은 미래적 규정으로부터 오늘날 인간의 현존재가, 특히 그의 인격성이 이해되어야 한다. 인간의 인격성은 인간의 미래 규정이 현재적으로 표현되는 방식이다. 다른 모든 관점은 이보다 하위에 놓인다. 하나님의 형상의 사고를 불멸성과 연결시키는 것은 하나님께 대한 형상-관계의 내적인 목적(Telos)이 하나님과의 연합이라는 사실에 기초하고 있다. 또한 공의에 대한 인간의 의무, 즉 인간의 도덕적 규정이라고 부르는 것도 하나님께서 허락해주시는 그분과의 연합에 대한 희망 안에 머무르기 위한 조건들로서 중요하다는 사실에 기초해 있다. 이 조건들은 인간이 하나님과 맺는 관계뿐만 아니라 이웃 인간들과 맺는 관계에도 해당한다. 왜냐하면 하나님과의 연합을 향해 창조된 것은 단순히 이러저러한 개인들만이 아니라 인류 전체이기 때문이다. 하나님과의 연합을 향한 인간 규정은 고립된 개인만이 아니라, 하나님 나라 안에서 형성되는 인간 공동체를 목표로 한다. 그 과정에서 하나님과의 연합이라는 공동 규정은 인간들 사이의 관계들보다 우선하며 그 관계들의 토대가 된다. 오로지 하나님께 대한 관계 속에서, 그렇기에 인간 규정의 종말론적인 미래로부터만, 인간의 도덕적인 자기규정 곧 윤리적 자율성은 확고하고 생산력 있는 토대를 발견하게 된다. 이 관계가 역전된다면 — 칸트에게서 그런 일이 일어나 광범위한 영향력을 행사했다 — 윤리적 규범들은 개인에게 의무를 지울 능력을 상실한다. 그때 윤리적 이성의 자율성은 최종적으로 역사의 과정 속에서 개인

참고. *KD* III/2, 1948, 153ff., 특히 155.
[170] Karl Barth, *KD* III/2, 242(요약된 서언).

적 자기규정의 자의성으로 대체된다.[171] 하나님과의 연합을 향한 인간 규정은 그런 해결의 경향에 저항하는 도덕성의 이해를 위한 굳건한 토대를 형성한다. 이를 위한 전제조건은 **첫째**, 종교적 주제가 인간적 현실성을 적절히 이해하기 위해 불가결하다는 것, 즉 그것이 구시대의 유물이 아니라 인간 존재에 본질적이라는 사실이며,[172] **둘째**, 성서의 하나님을, 그렇지 않았더라면 세계와 인간의 삶의 심원한 수수께끼 속에 계속 숨겨져 있었을 하나님의 현실성 가운데 몇 가지를 결정적으로 드러내어준 명확한 계시 형태로 생각하는 것이 그런 도덕성의 이해를 위한 좋은 이유들을 제공해준다는 사실이다.[173]

인간이 하나님의 형상으로 창조되었다는 것이 영원하신 하나님과의 연합이라는 그의 규정을 내포하고 있다면, 나사렛 예수 안에서 일어난 하나님의 성육신은 그 규정의 성취로 이해되어야 한다. 한 인간의 삶 속에서 일어난 하나님과 인류의 하나 됨은 명백히 하나님과 인간의 연합의 다

---

[171] 이 사실은 칸트 이래로 일어난 자율성 개념의 변화를 통해 연구될 수 있다. 그 결과 사르트르(J.-P. Sartre)의 실존주의 안에서 철학적으로 성찰된 형태가 발견되었다. 인간의 규정이라는 표제어에 대해 다음을 참고하라. Ch. Grawe, in: *Hist WB Philos* 1, 1971, 856-859.

[172] 이에 대해 내가 편집한 책을 참고하라. *Sind wir von Natur aus religiös?* Schriften der Katholischen Akademie, in Bayern 120, 1986. 또한 나의 책 *Anthropologie in theologischer Perspektive*, 1983을 보라. 인간적 현실성의 매우 다양한 측면들에 대해 종교적 주제가 본질적인 중요성을 갖는다는 사실을 – 함축적이든 혹은 명시적으로 드러나든 – 예시하는 것이 이 책의 중심 목표다.

[173] 이에 대해 『조직신학 I』, 제4장(하나님의 계시)을 보라. 그 내용은 서로 충돌하는 종교들의 진리주장에 대한 앞선 논의의 맥락 안에 있으며, 또한 5장과 6장의 신론을 통한 계시 사상의 설명과도 관계된다. 그리스도교 교리에서 성서적 하나님의 신성과 관련된 진리주장의 신뢰성은 신론의 서술을 통해서는 아직은 충분히 입증되지 않았고, 하나님을 인간 세상의 창시자이자 완성자로 이해할 수 있는 가능성도 마찬가지로 아직 확인되지 않았다. 이 이해는 창조로부터 시작하여 종말론에 이르는 하나님의 구속적 경륜에 대한 그리스도교 교리의 서술 대상이기도 하다.

른 어떤 형태를 통해 능가될 수 없다. 예수 그리스도의 인격 안에서 일어난 하나님과 인간의 합일에 대한 그리스도교 교리의 정당성은 물론 여기 인간론에서는 아직 전제될 수 없다. 그리스도론에 앞서 말할 수 있는 것은 다음과 같다. 성육신 교리가 참이라면, 그와 함께 하나님의 형상이라는 인간 규정 그 자체의 성취도 이미 결정되어 있다. 이에 따라 신약성서의 바울 서신들과 제2 바울 서신들이 예수 그리스도를 유일한 하나님의 형상으로 말할 수 있었다는 사실도 이해된다. 물론 그 서신들은 예수의 신성에 대한 후대의 교리들을 전제해서가 아니라, 십자가에 못 박히신 자의 부활에 대한 복음의 선포라는 맥락에서 그렇게 말했다. 복음은 예수의 영원한 하나님의 아들 되심(Gottessohnschaft)의 교리를 향한 출발점을 형성했다.

하나님의 형상으로 창조될 때 주어진 인간 규정이 그 성취—인류라는 종의 그 밖의 다른 지체들을 내다보는 예기적인 성취—를 예수 그리스도 안에서 일어난 하나님과 인간의 연합을 통해 발견했다면, 그와 함께 또한 다음의 사실도 말할 수 있다. 인간이 하나님의 형상으로 창조되었다는 것은 나사렛 예수의 역사 속에서 등장 내지는 돌입했던 그 형상의 성취와 처음부터 관계되어 있었다.[174] 그런데 그 관계는 어떻게 더 정확하게 이해될 수 있을까? 그 관계는 단순히 **하나님의 의도 속에서** 이미 인간의 창조가 아들의 성육신 속에서 실현될 하나님과 인간의 연합과 관련되어 있었다는 사실만을 의미하는가? 아니면 그것은 인간의 피조적 현실성 자체가 처음부터 하나님 그리고 예수 그리스도 안에서 실현된 하나님과의 연합으로 지시된 존재라는 사실을 의미하는가?

칼 바르트는 피조물로서의 인간이 하나님과의 연합, 곧 하나님이 이스라엘

---

[174] 이 문장으로 아직은 어느 정도 애매하게 묘사되는 사태는 다음 장(§9)에서 상세히 논의될 것이다.

과 맺으신 계약을 통해 시작되고 예수 그리스도 안에서 성취에 도달하는 인간의 하나님과의 연합에 대해 갖는 관계를 인간에 대한 하나님의 외적인 의도라고 서술했는데, 그 의도는 피조적 인간의 본질적 특성에 대해서는 외적인 것으로 머문다는 것이다.[175] 이와 같은 이해를 배경으로 해서 바르트는 초기(KD I/1, 251)에 그가 공유했던 종교개혁 및 종교개혁 이후의 견해, 곧 타락 사건을 통해 아담이 지닌 하나님의 형상이 상실되었다는 견해를 포기했다. "인간은 자신이 소유하지 않은 것을 상속해줄 수 없고 잃어버릴 수도 없다. 다른 한편으로 그와 마찬가지로 인간 창조에 따른 하나님의 의도와 그와 함께 제기된 약속과 확언은 상실될 수 없으며, 전체적 혹은 부분적 파멸에 굴복한 적도 없다"(III/1, 225). 인간의 하나님 형상을 "육체적인 혈통"의 계승에 단지 동반되는 하나님의 "약속과 확언"으로 이해하는 것은 창세기 5:1-3에 대한 타당한 주석적 이해를 바르트가 거절했던 것에 그 근거를 두고 있다. 그 주석에 따르면 하나님의 형상은 혈통 계승 속에서 계속 주어진다(위의 380f.를 보라). 물론 바르트는 자신의 입장에서 인간의 "피조적 특성"이 그의 "신적 규정"에 상응한다는 사실을 확정하려고 했다(III/2, 244). 바르트는 그러한 상응을, 남자와 여자 사이의 동등한 동반관계에서 나타나는 인간성(Humanität)이 **"타자와의 만남 속에 있는 존재"**라는(296) 사실에서 인식했다(344-391). 이 인식은 하나님의 형상을 남자와 여자 사이의 관계로 해석하는 것을 전제하는데, 이것은 위에서(363f.) 이미 살펴본 대로 주석적으로 견지될 수 없는 것으로 판단되어야 한다. 창조에 근거하는 남자와 여자의 연합은 에베소서(5:31f.)에서 그리스도와 교회 사이의 관계에 적용되지만(Barth, III/2, 377ff.), 이것은 하나님의 형상 그리고 그것에 근거하는 인간 규정과는 단지 간접적으로만 관련된다. 말하자면 인간에 대한 그와 같은 근본적 진술이 다수의 구성원을 가진 인류 전체에 관련될 수 있을 때만, 그 적용은 가능한 것이다(위

---

175 틸리케도 그렇게 말한다. H. Thielicke, *Theologische Ethik* I, 1951, 276,278f.

의 380f.를 보라). 이 사실은 후에 다른 맥락에서 설명될 것이다. 우선 여기서의 관심은 다음의 사실이다. 바르트에 의하면 이웃인간성(Mitmenschlichkeit)이라는 사태는 하나님과의 연합이라는 인간 규정의 유비이기는 하지만, 그러나 그 자체로부터 스스로 인식될 수 있는 유비는 아니다. 오히려 그것은 "현실성인데, 곧 하나님과 함께하는 존재라는 인간 규정의 공표를 포함하기는 하지만 그저 포함할 뿐이어서, 공표하는 것이나 침묵하는 것이 마찬가지인 현실성이고, 그래서 그 공표가 실행되는 것은 오로지 하나님의 은혜와 계시를 통해서이며, 그것을 통해 깨워진 믿음의 인식 속에서 말로 표현될 때 뿐이다"(III/2, 387f.). 그러므로 신적 의도가 표현될 때 그것은 인간의 피조적인 삶의 현실성에 대해 외적인 관계로 머문다. 피조적 삶의 현실성은 하나님의 의도라는 의미에서 스스로 하나님 그리고 하나님과 함께하는 존재로 향하는 것이 아니다. 하나님과의 연합이라는 규정을 인간의 피조적 본질의 특성 속에서 비유로 묘사하는 것은 바르트에 의하면 곧장 인간적 삶의 종교적 주제로 발생하는 것이 아니라, 오히려 그 주제에 대해 중립적인 이웃 인간성의 영역에서, 다시 말해 남자와 여자 사이의 관계에 집중되어 발생한다. 이로써 이웃 인간성이 바로 인간의 종교적 규정의 자리에 들어서게 되는데, 이것은 사실상 세속화된 문화적 세계 안에서 인간들의 행위에 전반적으로 적용될 수 있는 것이다. 그러나 문제는 그 과정에서 인간의 규정이 하나님 인식으로 뒤바뀌는 역전이 일어난다는 것이다. 하지만 하나님 인식은 모든 피조적인 것으로부터 하나님의 현실성을 구분함으로써 성취되어야 한다. 인간들이 하나님을 피조 현실성의 형태들로부터 구분하지 않고, 그래서 "하나님을 영화롭게도 아니하며 감사하지도" 않는 것은 바울에 따르면 (롬 1:21ff.) 죄와 어리석음의 표현이자 특징이다. 여기서 다음의 사실이 전제된다. 인간들은 하나님의 피조물로서 하나님을 — 모든 피조적인 것으로부터 구분하여 — 하나님으로서 경배하고 그에게 감사하도록 부르심을 받았다는 사실이다. 이것은 바르트가 자신의 신학적 인간론에서 주목할 만하게도 의미 깊게 다룬 이후에 묵살했던 인간적 삶의 종교적 주제다. 바울이, 그리고 바울보다 앞선 예언자들의 종교비판이 폭로했던 그와 같은 역전(逆轉) 속에서 종교적 주제는 피조물로서의 인간 규정에 대한 내용으로 인식될 수 있다.

인간이 하나님의 형상으로 창조됨으로써 하나님을 찾고 하나님을 하나님으로, 즉 창조자와 만유의 주님으로 인정하고 경외하도록, 그리고 모든 생명과 모든 좋은 은사의 근원이신 그분께 감사하도록 규정되어 있다면, 모든 인간의 삶 속에는 그렇게 행할 수 있는 성향이 존재한다고 가정해야 한다. 비록 그 성향이 개별적인 경우에는 파묻혀 드러나지 않을 수 있다고 해도 그렇다. 하나님의 형상으로 창조되었다는 사실에 근거하는 규정, 곧 하나님과의 연합이라는 인간 규정은 인간들이 수행하는 현실적 삶에 대해 외적인 것일 수 없다. 그 규정은 인간의 피조적 특성의 외부에 머무는 창조자의 의도에 놓여 있지 않다. 그런 의도는 예수 그리스도께서 인간적 삶의 현실성이라는 지평 위에 현현하실 때 비로소 인식될 수 있을 것이다. 만일 이것이 맞다고 하면, 창조자는 자신의 의도를 자기 작품 속에서 형태로 나타내거나 자기 작품을 적어도 그것에 규정되어 있는 목적을 향해 움직이도록 할 수 없을 것이다. **창조자의 의도는 그렇게 무력하게 단지 외적으로만 자신의 피조물과 마주할 수 없다. 피조물의 삶의 실현은 오히려 하나님의 규정에 의해 내적으로 움직이는 것으로 생각되어야 한다.** 그 규정의 실현이 – 나중에 설명이 필요한 이유에서 – 인간 역사의 시초에서 종결된 것이 아니라 오히려 바로 지금 역사의 목표와 완성으로서 도달되어야 하는 것이라면, 더욱 그렇다. 태초에 그 성향은 바로 그 목적을 향해 있었음이 틀림없다.

하나님의 형상을 인간 규정으로 해석하기 시작한 이래로 근대 개신교 신학사에서 이 규정의 목적을 향한 인간 본성의 성향(Anlage)이 논의되었다. 예를 들어 니취(Carl Immanuel Nitzsch)는 인간의 하나님 형상성이 인간적 성향과 규정으로 이해될 수 있다고 말했다.[176] 비슷한 의미에서 도르너(Isaak August Dorner)도 인간의 하나님 형상성을 인간 규정의 대상으로 보았지만, 또한 "근원적인 은사"로도 생각했다.[177] 알트하우스(Paul Althaus)는 "인간의 **존재상태**(Verfassung)"를 말했는데 "그 상태 속에서 인간은 하나님과의 연합으로 규정되어 있다."[178] 다만 여기서 질문은 그 성향으로부터 어떻게 그것을 전개하고 실현하는 길이 생각될 수 있는가 하는 것이다. 적지 않은 근대 신학자들은 전자와 후자의 결합을 인간이 자신에게 주어진 그 성향을 스스로 확증하는 활동 속에서 찾았다. "…단순히 그 성향의 전개를 통해서만이 아니라, 오히려 그것의 자유로운 확증을 통해 그 규정에 도달한다."[179] 도르너는 또한 "중재"에 관해서도 말했는데 "중재를 통해 윤리적으로 필연적인 것과 인간의 본질에 속한 것이 인간의 의지 안에서 **현실**이 된다"는 것이다.[180] 켈러(Martin Kähler)는 더 나아가 인간의 하나님 형상성을 하나의 "성향, 즉 성취해야 하는 과제를 내포한 성향"으로 서술했다. 말하자면 인간은 인격으로서 "하나님과의 관계 안으로 들어설 수 있는 능력을 소유하고 있다."[181] 물론 이러한 신학자들은 모두 인간이 창조자께 의존한다는 것을 전제했다. 그럼에도 불구하고 마르텐젠(Hans Lassen Martensen)은 인간이 자기활동을 통해 하나님의 형상을 실현한다는 이와 같은 견해들을 "펠라기우스 신학"으로 소급시켰는데, 이것은 완전히 틀린 것은 아니었다. 그래서 마르텐젠 자신은 "성향"보다

---

176 C. I. Nitzsch, *System der christlichen Lehre* (1829) 3.Aufl. 1837, 181.
177 I. A. Dorner, *System der christlichen Glaubenslehre* 1 (1879) 2.Aufl. 1886, 515.
178 P. Althaus, *Die christliche Wahrheit. Lehrbuch der Dogmatik* (1947) 3.Aufl. 1952, 337. 또한 "근원과 규정"으로서의 하나님의 형상에 대한 다음의 설명을 참고하라. E. Schlink, *Ökumenische Dogmatik*, 1983, 117f.
179 Th. Haering, *Der christliche Glaube*, 1906, 248.
180 I. A. Dorner, *System der christlichen Glaubenslehre* 1 (1879) 2.Aufl. 1886, 515.
181 M. Kähler, *Die Wissenschaft der christlichen Lehre* (1883) 2.Aufl. 1893, §300f. (p.262).

는 오히려 인류의 시초에 일어난 "참된 하나님 관계의 살아 있는 **시작**"에 대해 말하려고 했다.[182] 용어의 결정과는 별개로 어쨌든 중요한 것은 다음과 같은 통찰이다. 인간적 성향을 하나님의 형상으로 실현하는 것은 단순히 인간적 자기활동의 과제로 생각될 수 없고, 그것은 오히려 하나님의 일이며 인간과 함께하시는 하나님의 행위다. 물론 그 과정에서 인간이 그분의 고유한 역사 과정에 행위를 통해 참여하는 것이 배제될 수는 없다고 해도 그렇다. 오로지 하나님만이 인간 안에 있는 하나님 자신의 형상을 빛나게 하실 수 있다. 그렇기에 신학이 명심해야 할 한 가지 경고가 헤르더(Herder)의 진술 속에 나온다. 인간은 자신 안에 설정되어 있는 하나님의 형상을 스스로 조각하거나 형태화할 수 없으며(위의 각주 146을 보라), 전통과 교리, 이성과 경험을 통한 하나님의 섭리 활동에 의존해야 한다는 것이다. 인간이 하나님과의 연합이라는 자신의 규정을 독단적으로 취할 때, 그는 이미 죄인인 것이며 이미 그 목적으로부터 벗어난 것이다.

하나님과의 연합이라는 규정으로 향하는 인간의 성향은 인간이 그것을 스스로 전개하도록 그 자신에게 맡겨져 있지 않다. 자신의 규정을 향한 도상에서, 그리고 그 규정과의 관계 속에서 인간은 결코 이미 완성된 주체가 아니며, 오히려 역사의 주제(Thema)다. 역사 속에서 인간은 자신이 이미 존재하는 그것으로 되어가는 중이다.[183] 그 목표는 우선 그에게

---

182 H. L. Martensen, *Die christliche Dogmatik* (dt. 1856) 1870, 139.
183 이에 대한 깊은 의미를 니취(C. I. Nitzsch)가 설명했다. 그는 인간의 "참된 형상 혹은 인격성"을 "성향과 규정으로 동시에" 생각해야 한다고 요청했다. "인간 즉 영적인 영혼은 본래 자신의 **존재**인 그것으로 **되어가야** 한다…"(같은 곳, 181f.). 물론 결정적인 것은 이러한 자기 동일성의 되어감이 자기 자신을 산출하는 행위를 통해 실현되는 것이 아니라, 주체(Subjekt)가 형성되어가는 역사로서 실현된다는 사실이다. 나의 책의 설명을 참고하라. *Anthropologie in theologischer Perspektive*, 1983, 488-501, 동일성의 형성에 대해서는 185-235.

는 불명확하게 현재하는데, 목표로서가 아니라 세계경험과 다수주체성(Intersubjektivität)의 지평을 열어젖히는 불명확한 신뢰 속에서,[184] 또는 다른 한편으로 각각의 유한한 여건들의 월권에 대한 불안정한 충동 속에서 현재한다. 이러한 불안과 그와 결합된 불만족의 감정은 분명 인간의 연약함의 표현일 수 있다. 그것은 자기 삶의 가능성들이 지닌 유한한 상황에 겸손하게 만족한다는 무능력의 표현, 나아가 삶의 가능성을 놓쳐버리는 위험의 표현일 수 있다.[185] 그럼에도 불구하고 이 사실 속에서 한 가지 지식이 공표된다. 삶의 모든 여건들이 가진 참된 의미가 드러나는 최종 지평은 유한성의 전체 영역을 넘어선다는 사실에 대한 지식이다. 사람들은 인간적 삶의 형식이 지닌 고유한 특성, 곧 다른 사물들과 다른 존재들 곁에서 이들의 유한성을 뛰어넘는 지평에 대한 지식 속에서 탈자아적으로 존재할 수 있고[186] 그 결과 언제나 또다시 새로운 경험들 속으로 진군할 수 있는 능력을 세계개방성(Weltoffenheit)이라고 표현했다.[187] 더 정확하게 말하자면 모든 유한성을 넘어서는 개방성이 논의되어야 하는데, 그 개방성은 세계의 지평 자체를 넘어서는 것이다. 왜냐하면 무한의 자각 속에서 비로소 세계를 모든 유한성의 총괄개념으로 보는 사상이 형성될 수 있기 때문이다. 우리가 유한한 존재나 대상에 대해 언급할 때, 그것은 그 모든 대상을 훨씬 넘어서는 영역에 대한 비주제화된 의식을 통해 이미 매개되고 있는 것이며, 무한의 빛 속에서 그 대상에게 되돌아가게 된다.[188] 오로지

---

184 나의 책을 참고하라. *Anthropologie in theologischer Perspektive*, 1983, 219-227.
185 이 문장을 통해, 주어진 유한한 여건들의 월권으로서 인간의 세계개방성에 대한 나의 저서인 *Was ist der Mensch? Die Anthropologie der Gegenwart im Lichte der Theologie*, 1962, 9ff.의 일면적인 설명은 수정된다.
186 *Anthropologie in theologischer Perspektive*, 1983, 58ff.
187 이에 대한 자세한 내용은 같은 곳, 33ff. 그리고 세계개방성을 인간 행위를 나타내는 용어로 무차별적으로 사용했다는 플레스너(H. Plessner)의 비판에 대해서는 60ff.
188 이에 대해 라너(Karl Rahner)가 감각적 대상에 대한 인식의 **과잉**(*excessus*)을 그 대

그렇게 해서, 그 운동의 상승된 의식 속에서, 유한한 사물과 존재들의 아름다움이 인식될 수 있다.

인간 의식의 삶이 영의 무한성과 그 활동에 대해 원칙적으로 개방되어 있다는 사실은 다음의 사실과 대립되지 않는다. 인간들은 자신의 고유한 삶을 실현할 때 많은 제약들에 굴복할 뿐만 아니라, **스스로를 폐쇄하기까지** 경직화된 제약성의 여러 형태들에 희생될 수도 있다. 이와 같이 인간이 겪는 제약성의 현상은 인간의 원칙적 개방성의 배경에서만 이해될 수 있다. 이 사실은 또한 이와 연관되어 함축적인 "하나님을 향한 개방성"(Gottoffenheit)에도 해당한다.[189] 이 개방성은 앞에서 **타고난 하나님 지식**(notitia Dei insita)으로 논의되었다.[190] 이 지식은 **하나님께** 관계된 존재로서 처음부터 현재하는 것이 아니라, 역사적·구체적인 하나님 경험으로부터 회고할 때만 확인될 수 있다. 그렇게 할 때 그 지식은 명시적 종교성의 다양한 형태들의 근거가 될 뿐만 아니라, 하나님께 저항하는 불신앙과 실존적 폐쇄성을 가능하게 만드는 조건이 되기도 한다.

인간의 원칙적 개방성이 어디를 향하는가의 문제를 종교적으로 주제화하는 것은 — 다른 인간적 삶의 형태들과 마찬가지로 — 매우 모호한 현상이다.[191] 그 주제화는 스스로를 공표하는 신적 현실성에 근거한다고 알

상을 파악하기 위한 조건으로 설명한 것을 참고하라. *Geist in Welt. Zur Metaphysik der endlichen Erkenntnis bei Thomas von Aquin* (1957) 3.Aufl. 1964, 153-172. 또한 그가 *Grundkurs des Glaubens. Einführung in der Begriff des Christentums*, 1976, 42ff.에서 인간을 **"무한한** 지평의 존재"로 설명한 것을 비교하라 (42). 라너가 이 지평 위에서 일어나는 "선취"(Vorgriff)를 말한 것은 선취하는 주체가 이미 전제되어 있는 듯이 보인다는 점에서 오해를 불러일으킬 수 있다. 반면에 라너는 "무한한 존재지평이 바로 자기 자신으로부터 열리면서"(45) 인간적 주체성을 처음으로 구성한다고 보았다.

189 비교. 나의 책, *Anthropologie in theologischer Perspektive*, 1983, 166f.
190 『조직신학 I』, 188-204.
191 이에 대해 『조직신학 I』, 286-309.

려져 있으나, 인간들이 신적인 생명에 도달하기 위해 하나님과의 연합이라는 자신의 규정을 실행해야 한다는 의미에서 자신만의 어떤 특별한 점을 갖는다. "하나님과-같은-존재"(Sein-wie-Gott)는 인간의 규정이기는 하지만, 바로 그 점에서 또한 인간에 대한 유혹이기도 하다(창 3:5). 인간이 "전리품처럼" 하나님과 동등됨(Gottgleichheit)을 취할 때(빌 2:6) — 종교적 제의의 방식으로 혹은 그와 반대로 모든 종교적인 구속으로부터 해방됨으로써 — 이미 인간의 규정은 그르치게 된다. 이것이 바로 인간의 규정이 인간의 행위를 통해 직접 획득될 수 없는 이유다. 그 규정은 오로지 인간이 하나님으로부터 자신을 구분할 줄 알고, 자신의 유한성 속에서 하나님과 마주하여 자신을 그분의 피조물로서 받아들이는 곳에서만 실현된다. 인간은 하나님을 모든 유한한 것들로부터 구분함으로써, 하나님의 신성에 영광을 돌리게 된다.

이것은 매우 단순한 것처럼 들린다. 하지만 그 진술은 유한한 존재의 자기 주장과 쉽게 일치될 수 없다. 비록 하나님과 다른 자신의 고유한 구분성을 받아들이는 것이 피조물의 독립성, 곧 자신의 고유한 유한성에 대한 지식 안에서 일어나는 활동적 독립성을 전제한다고 해도, 그럴 수 없다. 바로 피조물로서의 인간은 그러한 독립성으로 자유롭게 방출되어 있다. 자기초월의 능력 그리고 모든 유한한 여건들을 극복할 수 있는 능력을 통해 인간은 자신의 선택에 따른 행위를 스스로 규정하도록 부르심을 받은 존재다. 하지만 이 사실은 일련의 고유한 자기주장들 속에 존재하는 모든 한계들을 넘어서는 것과 결합되어 있다. 그렇기에 자신을 하나님으로부터 구분하는 것은 인간들이 하나님의 영을 통해 이미 자기 자신 너머로 고양되면서 자신의 고유한 유한성을 받아들일 수 있게 된 곳에서만 실현될 수 있다.

하나님과 다르다는 의식 속에서 자신의 유한성을 수용하는 가운데 하나님과 인간 자신을 구분한다는 조건 아래서만, 피조물은 하나님의 창조 의지에 상응할 수 있다. 하나님은 특수성 그리고 유한성 속에 있는 피조물에게 그것을 원하셨다. 오로지 그렇게 해서 피조물은 하나님께 합당한 영광을 돌리게 되며, 이것은 피조물 자신의 모든 소유와 존재에 대한 감사와 관련된다. 오직 자신의 유한성을 하나님께서 주신 것으로 받아들일 때 인간은 하나님과의 연합에 도달한다. 이 연합은 하나님과의 유사성(Gottähnlichkeit)을 향한 인간의 규정 속에 함축되어 있다. 다르게 표현하자면, 인간들은 아들의 형상, 즉 아버지로부터의 **자기구분**(Selbstunterscheidung)의 형태와 동일하게 지어져야 한다. 그렇게 해서 인간들은 아버지와 아들의 **연합**에도 참여하게 될 것이다.

아들 안에서 하나님의 형상이 완전한 유사성의 의미로서 실현된 것은 아들이 하나님과 똑같거나 유사하게 만들어졌기 때문이 아니라, 오히려 그가 자신을 아버지로부터, 그리고 아버지를 자신으로부터 구분하여 아버지를 한 분 하나님으로 계시했기 때문이다. 이로써 아들은 하나님의 아버지 되심(Vatersein)에 너무도 잘 부합했으며, 그 결과 오로지 그와의 관계 속에서 아버지는 영원한 아버지 하나님이 되신다. 아들의 아버지로부터의 자기구분이 인간과 하나님의 대면 속에서 인간적 형태를 취할 때, 오로지 그때만 "하나님께 상응하는 인간"[192]이 출현한다. 이 인간은 하나님의 형상

---

[192] 참고. E. Jüngel, "Bemerkungen zur Gottebenbildlichkeit des Menschen als Grundfigur theologischer Anthropologie" in: H.G. Gadamer/P. Vogler, *Neue Anthropologie*, Bd. 6, 1975, 342-372, 특히 343ff. 윙엘은 "인간이 하나님의 성육신을 통해 하나님을 향해 열려 있는 존재로 정의되어 있다"라고 말한다(349). 여기서 성육신이 인간 규정의 실현으로 이해될 수 있다는 것, 그렇기에 성육신으로부터 그 규정의 의미가 명확하게 표현될 수 있다는 것은 옳다. 그러나 인간은 이미 창조의 때부터 인간이며, 그것도 하나님과의 연합으로 규정되어 있다는 의미에서 그렇다. 이에 상응하여 또한 윙엘도 하나님께 대한 인간의 개방성은 인간의 세계개방성을 포함한다(349)고 말한다. 윙엘은 인간 예수와 하나님을 동일시하는 것이 하나님과 인간 사이의 구분을 "무엇보다도 날카롭게 드러낸다"고 지적하는데(350), 거기서 강조되는 자기구분의 동기는 하나 됨의 조건인 것처럼 들린다. 물론 **인간**의 관점에서 보는 하나님으로부터의 자기구분은 분명하게 나타나지 않는다(위의 374f.을 참고하라).

으로서 그분과의 연합으로 규정되어 있다.

인간이 하나님의 형상으로 규정되어 있는 것은 아들이, 결정적으로 성육신 사건에서 일어났던 것과 같이, 자신의 삶에서 인간의 형태를 취하는 사건으로 규정되어 있음을 뜻한다. 아들의 성육신은 "초자연적" 사건이 아니며, 그런 의미에서 성육신은 피조물, 특히 인간의 본성과 아무 관련도 없거나 단지 피상적으로만 관련되는 것이 아니다. 오히려 아들의 성육신 안에서 피조물의 현존재는 하나님과의 구분 속에서, 그러나 또한 하나님 자신의 신적 존재와의 연합이라는 규정 속에서 — 예기적으로 — 완성될 것이다. 이에 대해서는 후에 더 기술될 것이다.

여기서 다른 피조물들을 통치해야 하는 인간의 사명은 다시 한번 새로운 국면을 맞는다. 인간이 창조 안에서 하나님의 통치를 인지하고 대리하는 사명에 바른 방식으로 접근할 수 있게 되는 것은, 오직 그가 자신의 유한성을 수용함으로써 하나님의 영원한 생명과의 연합에 도달할 때만 가능하다. 그때 소멸성의 고통 속에 있는 모든 피조물도 그 연합을 통해 자신들의 창조자와 화해될 수 있다(참고. 롬 8:19ff.). 자신의 고유한 유한성을 받아들이는 것은 유한성의 한계들 속에 존재하는 모든 다른 피조물에게 마땅히 제시되어야 하는 합당한 존중을 포함해야 한다. 이로써 피조물의 다양성이 하나의 질서로서 나타나는데, 그 질서 속에서 각자는 자신의 자리를 갖는다. 오로지 그렇게 할 때 인간은 창조자께 드리는 찬양 속에서 창조 전체를 통합할 수 있으며, 자신의 현존재에 대한 감사와 함께 모든 피조물을 위한 감사를 창조자께 드릴 수 있다.

3. 죄와 원죄

a) 원죄 주제에 접근하기 어려운 이유

그리스도교 인간론 안에서 죄 혹은 이에 대한 접근만큼 현대적 의식에 대해 깊이 감추어져 있는 주제는 없을 것이다. 이것은 원죄론이라는 교회 안의 교리에게만 부담을 주는 문제가 아니다. 18세기 개신교주의 신학과 그 후 20세기 가톨릭 신학도 강조점을 변경시킨 국면에서 이 문제의 해결을 위해 노력했다.[193] 원죄론을 다루지 않았기에, 개혁주의 신학과 개신교 경건주의가 구원의 확신의 조건으로서 죄의 인식에 중점을 두었던 것이 처음으로 문제가 되었다. 이 문제는 이후에 강제적 특성을 띠게 되었는데, 특히 각성적 경건주의 안에서 그랬다. 경건주의는 근대적 발전이라는 제약조건 아래서도 다시 한번 그리스도교의 구원의 신앙에 대한 전제로서 죄의 문제에 집중했고, 그 문제를 개인적인 자기경험의 기초 위에서 새롭게 전개하려고 했다.[194] 경건주의의 이러한 유형은 셀 수 없이 많은 사람들의 영혼이 억압되는 고통스런 역사로 인도했던 것으로 보인다. 그 가운데 몇 사람은 그러한 강요로부터 해방을 지향하는 영혼의 잠재력을 축적했다. 그 해방은 물론 각성적 경건주의를 순수하지 못한 죄책 감정의 원천으로 보고 거부하는 것에 그친 것이 아니라, 많은 경우에 그리스도교 자체를 외면하도록 만들었다. 완전한 본보기로서 공적으로 가장 폭넓은 영향력을 행사한 사람은 바로 목사의 아들이었던 프리드리히 니체(Friedrich Nietzsche)였다.[195] 개신교회 자체 안에서 이러한 경종은 오랫동안 와 닿지 않았고 오늘날까지도 깊은 의미에서는 거의 이해되지 못했다. 그래서 각성적 경건주의와 결부되었던 문제는 개신교 안의 많은 사람들이 교회를 떠나고 남아 있는 자들은 불안을 느끼는 원인이 되었으며, 그들로 하여금

---

193 가톨릭 신학 안의 발전 과정에 대해 다음을 보라. H. M. Kösters, *Urstand, Fall und Erbsünde in der katholischen Theologie unseres Jahrhunderts*, 1983.
194 이에 대해 나의 글을 보라. Protestantische Bußfrömmigkeit, in: *Christliche Spiritualität. Theologische Aspekte*, 1986, 5-25. 비교. J. Werbick, *Schulderfahrung und Bußsakrament*, 1985, 7ff.
195 무신론을 향한 니체의 도덕적 비판의 중요성에 대해 다음을 보라. B. Lauret, *Schulderfahrung und Gottesfrage bei Nietzsche und Freud*, 1977, 특히 129-190.

깊은 수준에서는 극복되지 않는 갖가지 약점들을 경험하게 만들었다. 이런 사태를 직시할 때, 그리스도교적으로 각인된 문화들로부터 발생한 세속사회의 공적 의식 속에서 왜 죄의 주제가 감정적으로 지배되어 금기가 되어버렸는지 이해할 수 있게 된다.

하지만 전통적인 죄론 혹은 특별히 원죄의 표상이 해체된 것은 개신교 안에서 각성적 경건주의보다 앞섰고, 오히려 그 경건주의의 전제에 속한다. 원죄론은 부분적으로는 이미 16세기에 특히 소키누스주의자들에 의해 비성서적인 것으로, 그리고 인간의 도덕적 의식에 거치는 것으로서 거부되었다.[196] 아담의 후손들이 어떤 나쁜 행위를 저지르기도 전에 하나님이 아담의 죄에 대한 책임을 그들에게 부과했다는 것은 도덕적 감수성을 불쾌하게 하는 것으로 여겨졌기 때문이었다. 이러한 표상은, 겉으로도 그렇게 보이는 것처럼, 각 개인이 그 자신 혹은 자신의 동의로 일어난 행위에 대해서만 책임이 있고, 다른 사람의 행위에 대해서, 특히 조상의 행위에 대해 결코 영향을 미칠 수 없는 후손들에게는 조상의 행위에 대한 책임이 없다는 원칙을 깨뜨리는 것이다. 그런데도 하나님이 아담의 자손들에게 그들의 조상의 죄를 떠넘겨 하나님 스스로가 근본 원리와 상반되게 행하신다는 표상은 하나님의 공의 혹은 용서의 사랑에 대한 믿음과는 조화될 수 없는 것처럼 보였다. 루터교와 개혁주의로 각인된 18세기의 개신교 신학도 이 논증의 무게로부터 더 이상 벗어날 수 없었다. 이것은 그러한 표상의 성서적 토대가, 무엇보다도 로마서 5:12의 바울의 말씀에 대한 해석[197]이 이제 의심스럽게 되었다는 사실과 관계가 있다. 왜냐하면 개신

---

196 이에 대한 근본적인 내용은 Faustus Socinus, *Praelectiones Theologicae*, Racov 1609, c.4 (An sit et quale sit peccatum originis) p. 10-14, 특히 13f.에서 제시된다. 소키누스에 의하면 시편 51:7은 비유로 이해될 수 있는 반면에, 로마서 5:12의 ἐφ ᾧ는 *eo quod* 혹은 *quatenus*로 이해되었다(14).

197 퇼너(J. G. Töllner)는 이 말씀에 대한 상세하고 중요한 논문을 제공했다. *Theologische Untersuchungen* 1.Bd. 2.Stück, 1773, 56-105(롬 5:12-19에 대하여). 퇼너는 오늘

교 신학은 이제 근본적으로 가톨릭교회의 교리뿐만 아니라 개신교주의 자체의 교리들을 성서적 증언에 비추어 비판적으로 평가하고, 그에 따라 성서 말씀의 의미를 선입견 없이 탐구하려는 준비가 되어 있었기 때문이다. 원죄론에 대한 충분한 생산력을 갖춘 기초가 성서로부터 점점 더 적게 제공될수록, 이 교리에 대한 객관적인 비판은 그만큼 더 중요해질 수밖에 없었다.[198] 인간 내면의 감각적인 투쟁이 이성보다 우월하다는 한 가지 증빙이 마지막으로 남기는 했는데, 이것은 성서로부터, 특히 로마서 7:7ff.와 7:14ff.에서 취해지고 경험을 통해 확증된다고 여겨지는 내용이었다.[199] 이와 같은 불균형, 즉 감각과 이성의 잘못된 관계의 불균형이 칸트의 실천철학에서도 받아들여졌다는 것은 충분히 이해할 수 있는 일이었다.[200] 다만 질문은 그런 불균형의 유산이 죄라고 말해질 수 있는가 하는 것이었다. 죄의 책임은 오로지 의지의 자유로운 결정에 근거해서만 행위자에게 귀속될

날 많은 주석가들처럼 그 본문을 이렇게 번역했다. 죽음이 모든 사람에게 닥친 것은 "그들 모두가 죄를 범하였기 때문"(62)이다.

198 이 방향에서 퇼너의 "원죄" 연구는 획기적이다(같은 곳, 105-159). 특히 153f.를 참고하라. 중심 내용에서 예루살렘은 퇼너의 견해의 중요한 요점들을 선취했다. J. F. W. Jerusalem, *Betrachtung über die vornehmsten Wahrheiten der Religion*, 2.Theil, 2. Bd., 4. Abschnitt: Lehre von der moralischen Regierung Gottes über die Welt oder Geschichte vom Falle, Braunschweig 1779, 465-559, 특히 513ff.531ff.

199 J. G. Töllner, 같은 곳, 116.122ff.

200 라인하르트(F. V. Reinhard, *Vorlesungen über die Dogmatik*, hg. J. G. I. Berger, 1801)는 인간 안에 감각과 이성의 불균형을 "조상으로부터 우리에게 유전된 도덕적 질병"으로 보았다(196, 참고. 301ff.). 이 질병은 첫 인간이 낙원에 있는 나무의 해로운 열매를 먹음으로써 야기되었다는 것이다(287f., 참고. 276). 여기서 그는 아담의 죄를 그의 후손들에게 죄책으로 부과하는 것에 대해 강하게 반대했고(288ff., §81), 이를 위해 미하엘리스를 인용했다. J. D. Michaelis, *Gedanken über die Lehre der heiligen Schrift von Sünde und Genugthuung als eine Vernunft gemäße Lehre*, 1799 (2.Ausg.) §§40-43 (384ff.). 이 주제에 대해 퇼너도 특별히 날카롭게 진술했다(같은 곳, 154).

수 있다면, 그 유산이 죄의 책임(Schuld)으로서 죄 개념에 속한다고 말할 수 있는 것일까?[201]

이 질문은 19세기 신학사에서 오랫동안 도무지 잠잠해지지 않았다. 브레트슈나이더(Karl Gottlieb Bretschneider)는 그것을 부정했고,[202] 후에 로테(Richard Rothe)도 마찬가지였다.[203] 이와 달리 데 베테(M. Leberecht De Wette)는 우리의 양심이 선천적인 약점을 우리 자신의 고유한 선택과 죄과로서 우리에게 부과한다고 주장했다.[204] 뮐러(Julius Müller)는 죄과에 대해 개별 행위자의 자유로운 결정이라는 악의 근원이 전제된다고 주장했고, 그에 따라 인간이라는 종의 "연대채무"(Gesamtschuld)를 말한 슐라이어마허를 비판했으며, 연대채무는 1844년에 키에르케고르(Sören Kierkegaard)의 "두려움 개념"에도 잔향을 남겼다. 뮐러는 그 대신에 선재하는 영혼을 악에 대한 개인의 원결정의 자리로 가정했는데, 이것은 악으로 향하는 타고난 성향을 죄책(Schuld)으로, 나아가 죄 자체(Sünde)로 이해하기 위해서였다.[205] 이와 함께

---

201 그래서 튈너는 "상속" 사상을 오히려 "**유전적 악**이나 유전의 결함 혹은 상속되는 정욕"과 관계된 것으로 보았다(같은 곳, 125). 라인하르트와 같은 다른 신학자들은 바울이 로마서 7장에서 "우리가 원죄라고 말했던 감각에 대해"(같은 곳, 303) "죄"라는 단어를 사용함으로써, 그가 그런 감각의 사태를 죄로 확정하게 되었다고 느꼈다. 이 질문에 대한 다양한 입장들에 대한 개요를 다음에서 보라. K. G. Bretschneider, *Systematische Entwicklung aller in der Dogmatik vorkommenden Begriffe* etc., 3.Aufl. 1825, 544f.

202 K. G. Bretschneider, *Handbuch der Dogmatik der evangelisch-lutherischen Kirche* 2, 3.Aufl. 1828, 87f. "이것은 전가나 형벌이 아니라 오로지 악으로 (인간에게는 주관적으로) 간주될 수 있을 뿐이다…"

203 R. Rothe, *Theologische Ethik* III, 2.Aufl. 1870, 44, 또한 158ff.

204 W. M. L. De Wette, *Christliche Sittenlehre* 1, 1819, 104ff., 119ff.

205 J. Müller, *Die christliche Lehre von der Sünde*, 3.Aufl. Bd.II, 1849, 485ff., 참고. 533ff. 슐라이어마허의 원죄 해석에 대해서는 432ff. 또한 비교. Schleiermacher, *der christliche Glaube*, 2.Ausg. 1830, §71. 또한 S. Kierkegaard, *Der Begriff Angst*,

전체 세대를 특징지은 경향, 곧 원죄를 개인적인 행위의 죄로 환원시키는 경향이 깊은 인상을 주며 나타났다. 리츨(Albrecht Ritschl)은 대부분의 신학자들이 환상에 불과한 무용한 것으로 거부했던 전제 곧 개별 인격들의 선재라는 전제 없이도 그 경향을 활성화시켰으며, 개인의 자기애적인 성향의 발생과 사회적인 복합작용을 통한 죄의 전달을 모두 행위-죄들의 결과적 현상으로 이해했다.[206] 리츨에 따르면 사회적인 복합작용 때문에 개별 인간은 타자들의 행위에 대해서도 공동의 죄책이 있다고 느낄 수 있다. 그는 그리스도교가 그런 점에 대해 충분히 준비가 되어 있다고 보았다.[207] 하지만 리츨은 죄책의식을 그렇게 확장해야 할 필연성을 개인적인 행위-죄와의 연관성 때문에 더 이상 주장할 수 없었고, 그래서 그의 서술은 적절한 규모를 훨씬 넘어서는 죄책의 감정들이 그리스도교 경건주의 안에서 생산되었다는 인상을 남긴다.

원죄론의 몰락은 변화를 초래했고, 결국 죄 개념이 행위-죄로 환원되도록 만들었다. 이 사실은 특히 자신의 행위에 제한되는 개인의 책임성의 토대 위에 죄의 보편적 차원을 정초시키려는 신학적 시도가 실패했던 곳에서 강하게 나타난다.

---

dt. E. Hirsch (Ges. Werke 11./12. Abt. 1952) 25. 인간은 개인으로서 "그 자신인 동시에 종 전체다"(SV IV,300), 비교. 100(SV IV, 368). 뮐러의 견해에 대한 비판으로 다음을 보라. G. Wenz, Vom Unwesen der Sünde. Subjektivitätstheoretische Grundprobleme neuzeitlicher Hamartiologie dargestellt unter besonderer Berücksichtigung der Sündenlehre von Julius Müller, *KuD* 30, 1984, 298-329, 특히 305의 각주 13번. 여기서 로테(R. Rothe)의 반대의견에 대해 다룬다.

206 A. Ritschl, *Die christliche Lehre von der Rechtfertigung und Versöhnung* III 2.Aufl. 1883, 324f.
207 같은 곳, 337, 비교. 331. 그 기초는 물론 개별적인 행위-죄다. 이로부터 "형벌에 대한 **비인격적인** 책임"이라고만 알려져 있었던 리츨의 원죄론 비판이 이해될 수 있다. 같은 곳, Bd. 1, 407, 또한 436f., 슐라이어마허에 대한 비판은 502ff.

그 결과 도덕주의(Moralismus)와 결합된 막연한 보편성의 잘못된 죄의식이 발생하였다. 죄 개념이 행위-죄로 이동한 결과로 생긴 도덕주의는 그리스도교적인 "바리새주의"에 대한 비판의 희생양이 되었다. 바리새주의는 다른 사람의 잘못된 행위를 그 원인에 대한 심리적 혹은 사회적인 이해 없이 판단한다. 그런 비판의 대상이 되는 동시에, 도덕주의는 단순한 관습 이상으로 구속해오는 도덕적 규범들 그 자체를 수용해야만 하는지에 대한 의심이 점점 더 증가함으로써, 자신의 토대를 빼앗겼다. 그 결과 그리스도교적인 도덕주의는 생존에 적대적인 옹고집으로 보였고, 확장된 죄책의 감정들은 단지 신경증적인 현상으로만 간주되었다. 이 과정에서 특별히 프리드리히 니체(Friedrich Nietzsche)와 지그문트 프로이트(Sigmund Freud)의 도덕 비판이 영향을 미쳤는데, 두 사람의 비판적 논증은 서로 다르지만 그러나 함께 수렴하는 점이 있었다. 도덕적 규범의식의 해체는 무엇보다도 성적 행위의 영역에서 전통적 규범의 표상들을 붕괴시켰다. 그리스도교적인 죄의식이 지닌 신경증적 특성을 폭로한 것은 많은 사람들에게는 그리스도교적인 하나님 신앙 전체의 억압적인 본질이 입증된 것을 의미했다.[208]

그리스도교적인 죄의식이 몰락한 역사를 주의 깊게 살펴보아야 오늘날 "죄"라는 단어가 어떻게 쓰이고 있는지 이해할 수 있게 된다. 오늘날 일상 언어에서 죄의식이라는 단어는 주변적인 것이 되었다. 그뿐 아니라 그 단어가 교회 밖의 언어에서 쓰일 때는 어쨌든 개인적인 법률 위반처럼 다소간에 표면화되기는 하지만 그다지 중요치 않으며("교통 법규 위반의 죄"처럼), 혹은 그 단어는 근거 없는 금지령들을 타파하려는 자극적인 신호를 보냄으로써 의미의 전도를 경험하기도 한다. 전자의 경우에는 도덕적 규범

---

[208] 이에 대한 모범적 사례는 니체(이에 대해 각주 195번에서 인용한 라우레트[B. Lauret]의 논문을 참고하라)와 동시대인이며 후배인 모제르의 책을 들 수 있다. T. Moser, *Gottesvergiftung*, 1976.

을 사회적인 교통규칙의 수준으로 환원시키는 것처럼 죄 개념을 도덕화한 결과로 이해될 수 있고, 후자는 전통적 도덕과 관계된 욕망 금지령들로부터 해방된 표현으로 이해될 수 있다.

그리스도교 신학은 이와 같은 언어적인 파멸 현상을 결코 가볍게 다루어서는 안 된다. 예를 들어 그 현상을 신앙의 진리가 세상에 접근하지 못했다는 확증쯤으로 여겨서는 안 된다. 그렇게 하면 그러한 언어적 파멸이 죄에 대해 말하는 그리스도교의 전통적인 진술에 대한 신뢰성이 침식된 결과라는 사실이 간과될 수 있다.[209] 이미 이 이유만으로 신학의 비의(秘義, esoterisch)적인 자기폐쇄는 적절한 대답일 수 없다. 죄라는 단어의 언어적 파멸과 의미 상실을 한탄하는 것으로는 분명 충분치 않다. 오히려 신학은 그것으로부터 자기비판적인 결과들을 이끌어내야 한다. 그 결과들은 신학적 죄론의 전통과 그 본질적 내용의 새로운 서술로 나아가야 할 뿐만 아니라, (그와 함께) 그리스도교의 참회-경건주의에서 비판이 필요한 형태들, 그리고 교회의 예배적 삶에서 그 형태들이 미치는 영향들에 대한 전제로 전개되어야 한다.

죄의 문제와 관련된 전통적·그리스도교적 언어의 핵심을 존속시키기 위해 새로운 신뢰성을 획득하는 일은 지금까지 이 주제를 설명했던 많은 신학적 진술들이 의도했던 것보다 더 어려울지도 모른다. 죄의 사실성을,

---

209 이것은 그러한 언어적 파멸 사태를 "죄에 대한 진술이 세상에게 필연적이지 않다는 사실에 대한 암시"로 받아들일 때, 일어나는 경우일 것이다. 참고. G. Schneider-Flume, *Die Identität des Sünders. Eine Auseinandersetzung theologischer Anthropologie mit dem Konzept der psychosozialen Identität Erik H. Eriksons*, 1985, 13. 여기서 저자는 인간의 자기실현이라는 지배적 진술(16ff.) 외에 "죄에 대한 도덕적·법률적 오해"(18ff.)를 신학적으로 잘못 전개한 것이 또한 죄에 대한 적절한 신학적 진술을 방해했다고 본다. 이 두 가지에는 동의할 수 있다. 하지만 죄의 주제를 도덕주의적-법률적으로 다루는 경향에 근거하는 현대에 이르러 원죄론이 소멸되고 있는 것은 전혀 다루지 않는다.

일반적인 경험에 도달될 수 있는 인간적 현실성의 근거를 필요로 하지 않는 순수한 신앙적 인식으로 설명하는 사람[210]은 그리스도에 대한 믿음이 죄의 사실을 창조하는 것이 아니라 전제한다는 것을 오인하고 있다.[211] 물론 죄의 깊이는 예수 그리스도를 통해 중재되는 하나님 인식의 빛에서 비로소 의식 속으로 알려진다고 해도 그렇다. 예수 그리스도에 대한 믿음에 도달하지 못한 인간도 그 때문에 죄로부터 자유로울 수는 없다. 다시 말해 죄라는 단어가 가리키는 그의 행위 구조 속에서 일어나는 저 곡해에 대한 책임으로부터 자유로울 수 없다. 죄의 사태가 신앙의 인식과 무관하지 않다면, 그리고 불신앙과 하나님 멸시라는 죄의 본질이 신앙의 인식이라는 관점 안에서 비로소 드러날 수 있다면, 그때 죄에 대한 그리스도교적인 진술은 죄에 의해 생명이 모욕을 당하고 있다는 니체와 그의 추종자들의 비판 아래로 떨어질 수밖에 없다. 그리스도교가 인간을 죄인이라고 말하는 것이 현실적으로 올바를 수 있는 것은 오직 그 말이 다음과 같은 사태와 관계될 때다. 그것은 인간적 삶의 현상적인 상(Bild) 전체의 특성을 거부할 수 없이 드러내어주는 사태, 그리고 비록 그 본래적인 의미는 계시를

---

210 최근에 G. Schneider-Flume, 같은 곳, 27ff.가 그렇게 주장했다. 아래의 각주 258f.를 참고하라.

211 신학의 그리스도 중심적인 계시 이해를 위해 이러한 사태에 길을 양보하려 할 때, 주석에서도 특이한 강제성이 나타나게 된다. 프로인트는 바울의 로마서 5:12ff.의 해석을 다음과 같이 이해해야 한다고 말한다. "그리스도의 죽음을 통해 죄(Sünde)의 현실성은 **소멸해가는** 현실성으로 확정되었고" 그 결과 그리스도의 죽음을 통해 "죄책(Schuld)이 아담 안에서 시작되며 나타나서 유전될 수 있다." G. Freund, *Sünde im Erbe. Erfahrungsinhalt und Sinn der Erbsündenlehre*, 1979, 187. 그리스도의 죽음을 통해 혹은 심지어 십자가에 못 박히고 죽으신 그리스도의 부활을 통해(롬 5:10; "그의 생명을 통해") 죄가 하나님에 의해 극복되고 소멸로 규정된 것은 확실히 참이다. 하지만 이를 통해 아담과의 관계가 설정된다는 것은 바울의 사상이 아니었다. 오히려 바울은 이렇게 말한다. "…죄는 율법이 있기도 전에도 [이미] 세상 속에 있었다"(롬 5:13). 참고. U. Wilckens, *Der Brief an die Römer* I, 1978, 319f.

통해서만 발견될 수 있다고 해도 하나님의 계시의 전제 없이 그 자체로서 인식될 수 있는 사태다.

다음의 사실이 바르게 강조되었다. 현대적 의식 속에서 죄 개념이 의미를 상실한 것은 현대인이 악의 실재를 더 이상 인식하지 못한다는 것을 의미하지는 않는다.[212] 오히려 그와 반대다. 흔히 불명료하고 부분적 측면들로서만 이해된다고 해도, 악은 현대 인류에게 중심적인 문제가 되고 있다. 더 정확히 말하자면 관건은 파괴적 영향력을 행사하는 악의 사실성을 끝장낼 수 없는 인간의 무능력이다. 이 문제는 하나님을 외면할 때 더욱 격심해질 뿐이다. 왜냐하면 그때 세계 안의 악에 대한, 그리고 그 악의 극복에 늘 실패하는 것에 대한 책임이 더 이상 창조자에게 있지 않고 인간 자신에게 있기 때문이다.[213] 하지만 악의 실재로 인한 모든 당혹스런 일들 가운데 다음의 사실이 매우 특징적이다. 악은 보통 사회체계의 익명적 구조와 강제성을 선호하면서 타자에게, 곧 다소간에 특정한 타자들에게 부담으로 전가된다. 그 선호는 어느 정도까지는 이해될 수 있다. 왜냐하면 현대적 세속사회의 체계는 항상 개인들에게 다양한 관점들을 요구하지만, 그 요구는 더 이상 개인의 삶에 의미를 부여하지는 못하고 오히려 그 체계 자체를 의미를 부여하는 권위로서 주장하고 정당화하기 때문이다. 그러므로 사회의 측면에서 제기되는 요구들은 개인에게는 낯설고 차갑게 느껴지며, 심지어 개인적인 자기개발을 억압하는 것으로 다가온다. 따라서 사회체계와 이것의 대변자들은 매우 쉽게 악한 존재로 보일 수 있다. 아마도 그들이 개인의 삶에서 일어나는 모든 좌절에 대해 책임이 있는 것으로 보이기 때문이다. 이것은 어떤 정신적 성향(Mentalität)을 뜻하는데, 이 성향은 다른

---

212 Chr. Gestrich, *Die Wiederkehr des Glanzes in der Welt. Die christliche Lehre von der Sünde und ihrer Vergebung in gegenwärtiger Verantwortung*, 1989, 40f.
213 Chr. Gestrich, 같은 곳, 41.

인간들과 그룹들에서 악을 국지화했을 때 그렇듯이 쉽게 강제적인 폭발로 이어진다. 이와 같이 타자들에게서 악을 찾고 이를 통해 자신의 인격(혹은 자신이 속한 그룹)을 그 부담으로부터 벗어나게 하려는 성향, 곧 인간의 내면에 깊이 뿌리박힌 성향은 성서적이고 특히 그리스도교적인 죄로서의 악의 주제와는 구분된다. 이 주제는 악의 뿌리를 인간 자신 안에서, 즉 타자 안에서만이 아니라 원칙적으로 모든 인간 안에서 찾기 때문이다.

물론 악이 그것의 파괴적 권세가 지닌 모든 힘을 다 보여주면서 나타나는 일은 매우 드물다.[214] 그 때문에 사람들은 악이 자신들이 살아가는 세상에서 단지 주변적인 현상일 뿐이라고 쉽게 오해한다. 정말로 그렇다면 악의 행위자들을 분리하여 고립시키거나 파멸시킴으로써 악을 배제할 수 있을 것이다. 하지만 이런 일이 급진적으로 일어날수록 악은 자칭 선의 측면에서 더욱 쉽게 등장할 것이며, 특히 악의 저지를 위해 설립된 기관의 측면에서 더욱 그러할 것이다. 그렇기에 그보다 훨씬 더 큰 잠재해 있는 기만(Bosheit)의 크기를 고려하는 것이 현실적이다. 이 일이 그리스도교적인 죄론에서 일어난다. 죄의 개념은 드러나 있는 악의 현상적 형태들보다 훨씬 넓은 영역을 포괄한다. 그 때문에 죄는 피상적 관점에서는 선의 형태로 보이기 쉽다. 예를 들어 인간적 인격성의 자유로운 전개에 속하는 것처럼 보이거나, 혹은 적어도 가치중립적으로 보이기도 한다. 하지만 이런 인상은 죄의 결과들과 함께 숙고할 때 사라진다. 죄의 결과들은 항상 완전히 실행되어 밖으로 드러나는 것은 아니지만, 이미 죄 안에 놓여 있다. 이스라엘의 고전적인 예언으로부터 시작되어 그리스도교 이전의 유대교의 몇 가지 노선에서 형성된 후 바울에게서 정점에 이른 견해, 곧 인간들 사이에서 죄가 보편적으로 퍼져 있다는 견해는 악이 파괴적 행태의 완전한 규모로

---

214 Chr. Gestrich, 같은 곳, 190. 게슈트리히는 절대 악의 개념을 "알려질 수 있는 그 어떤 근거도 없이 영혼을 포함한 인간의 생명을 파멸시키고 훼손하는 것"으로 규정하는데, 이것은 쇼아(Shoa; 홀로코스트) 사건에서 표현된 것과 같다(186).

서는 잘 나타나지 않는다는 사실이 놀라운 것으로 보이게 만든다. 성서는 이 사실을 하나님이 자신의 피조물을 그것의 죄에도 불구하고 그 행위의 극단적 결과들로부터 언제나 반복해서 보호하신다는 사실로 소급시킨다. 낙원 이야기에서도 이미 금지된 열매를 먹은 결과로서 즉각적인 죽음의 위협은 실행되지 않았다. 죽음의 등장은 연기되었고, 그래서 인간에게는 제한된 수명이 남게 된다. 마찬가지로 가인이 형제를 살해한 후에 그의 생명은 상실되었음에도 불구하고, 살인자는 계속 보호된다(창 4:15). 성서의 역사는 하나님이 자기 백성의 죄의 파괴적인 결과들을 제한하시는 일련의 사례들을 제시한다. 죄의 보편성과 관련하여 악이 보일 수 있게 폭발하는 경우가 드물다는 것은 당연한 일이 전혀 아니다. 오히려 그것은 은혜로우신 보전과 보호의 결과이며, 그래서 ─ 인간들이 자신들에게 수여된 선을 당연한 것으로 여기면서 ─ 그것에 대해 감사하지 않는 것은 이미 죄의 표현인 것이다.

죄의 보편성은 악의 파괴적 권세의 도구가 되었던 사람들과 자신과의 연대(Solidarität)를 거부하는 도덕주의를 금지한다. 죄의 보편성을 직시할 때, 그런 도덕적 행동은 위선으로 벌거벗겨져 드러난다. 바로 그리스도교적인 죄의 보편성의 교리가 가진 기능은, 현실적으로 드러난 악과 그 결과들을 격리시켜야 하는 온갖 필연성에도 불구하고, 악을 행한 자들과의 연대를 보존하는 일에 기여하기 때문이다. 그런 행위자들의 실행 속에서 잠재적으로 작용하던 모든 악이 공개적으로 드러나게 된다. 죄의 보편성에 대한 교리의 이와 같은 반(反)도덕주의적 기능은 종종 과소평가되었다. 근대에 그 기능은 원죄론의 해체와 연관되어 희생양이 되었다. 물론 그 해체된 자리에서 죄의 보편성에 대한 다른 어떤 견해가 개인들의 모든 행위보다 앞서 나아가지도 못했다. 그런 견해들이 행위-죄 사상에 근거되어 있었기에, 도덕주의는 단지 부분적으로만, 그것도 더욱 커진 자기 죄책감을 대가로 치르고서만 억눌러질 수 있었다. 모든 개인적 행위보다 우선하는 죄의 보편성에 관한 확신이 퇴색한 것은 도덕주의에게 길을 내어주었다.

도덕주의는 단지 타자들에게서만 악을 찾거나, 아니면 내면을 향한 공격을 통해 자기파괴적인 죄책의 감정들을 생산해낸다.

명백하게 드러난 악보다 더 보편적이면서 또한 악의 뿌리를 지니고 있는 죄는 도대체 어디에 놓여 있는가?

b) 죄의 현상적 형태들과 그 뿌리에 대한 질문

그리스어 구약성서와 신약성서 전체가 다양한 종류의 과오들을 "죄"(*hamartia*)라는 단어로 요약하는 반면에, 히브리어는 죄와 관련하여 다양한 사태들을 서로 구별하는 다채로운 용어들을 제공한다.[215] 과녁을 벗어난다는 의미의 "*hamartia*"(죄)와 가장 가까운 히브리어 단어는 *chattat*이다. 이것도 어쨌든 과녁의 벗어남을 의미하지만 '*awon*과 달리 경솔한 잘못을 가리킨다. 이와 달리 '*awon*은 지식과 관계된, 그래서 특수한 의미에서 죄의 책임이 있는 잘못을 표현한다. 하지만 두 단어는 모두 개별 행위들과 관련되어 있다는 점이 공통적이다. 그 점을 통해 또한 양자의 차이도 결정된다. 어쨌든 죄책(Schuld)의 사상은 개별 행위의 배후로 돌아가서, 행위자의 의향(意向) 속에 있는 그 뿌리를 가리킨다. 이에 따라 행위의 무게가 구분된다. 하나님 앞에서 고의적이지 않은 위반은 희생제물을 통해 속죄될 수 있는 반면에, 죄의 책임을 져야 하는 행위자는 자신의 죄과 속에 고정된다.[216] 첨예한 기준으로 본다면, 그것은 행위가 규범 자체 내지는 규범의 배후에 있는 권위를 거역하는 경우의 특성을 뜻한다. 이런 경우에 히브리어는 *paescha*(거역, 반역)라고 말한다. 이사야 1:2에 따르면 하나님

---

215 이러한 내용을 적절히 정리해주는 쾰러의 설명을 보라. L. Köhler, *Theologie des Alten Testaments* (1936) 2.Aufl. 1947, 157ff. 비교. G. v. Rad, *Theologie des Alten Testaments* I, 1957, 261f.

216 이에 대해 다음을 보라. R. Rendtorff, *Studien zur Geschichte des Opfers im Alten Israel*, 1967, 200ff., 특히 202f.

의 백성 전체가 그들의 하나님께 대한 배교와 거역의 상태에 있다(비교. 렘 2:29; 호 8:1; 암 4:4).

이러한 다양한 표상들은 모두 행위규범의 위반과 관계가 있다. 그래서 구약성서가 죄에 대해 말할 때, 그것이 종류별로 펼쳐지는 가운데 법을 위반하는 사태가 가장 중요하다고 말할 수 있다.[217] 이것은 위법 속에서 표현되는 악한 의향이 인간들 사이에 보편적으로 퍼져 있다고 묘사하는 진술들에도 해당한다(창 6:5; 8:21). 확실히 "마음"의 악에 대한 사상은 개별적인 행위의 배후로 돌아가 그 행위를 넘어서는 곳을 가리키는데, 이것은 죄책과 거역의 관점에서도 이미 말했던 것이다. 그래서 시편 저자는 정결한 마음을 간구했고(시 51:12), 예레미야(32:39)와 에스겔(11:19; 36:26)은 다가오는 구원의 시대를 기대하면서 하나님께서 인간들에게 더 이상 하나님의 계명들을 거역할 수 없게 될 새로운 마음(심장)을 줄 것으로 생각했다. "유대인은 자신의 행위만이 아니라 그 행위들의 뿌리까지 후회하게 될 것이다."[218] 그럼에도 불구하고 악을 꾀하는 마음과 하나님의 의지와 공명하게 될 새로운 마음에 대한 표상들도 여전히 하나님의 계명에 대한 인간의 관계와 결부되어 있다. 그것이 다만 규범을 위반하는 양식인가, 아니면 준수하는 양식인가 하는 것만 문제가 될 뿐이다. 바울에 이르러서야 비로소 죄는 모든 계명보다 우선하는 사태로 이해되었던 것처럼 보인다. 이 사태는 율법을 통해 "소생하고" 폭로되지만, 율법 이전에 이미 존재했던 것이다(롬 7:7-11). 이와 같은 이해가 위법들의 뿌리인 마음의 불합리성에 대한 구약성서의 표상을 통해 준비되었음에도 불구하고, 죄의 개념은 법 개념으로부

---

217 크벨은 구약성서의 죄에 대한 개념들을 요약해서 "규범에 저촉되는 행위들"의 표현으로 특징지었다. G. Quell, Theol., *WBNT* I, 1933, 278. 쾰러(L. Köhler, 같은 곳, 158)는 *paescha*가 드물게 사용된 것이 개별적인 죄들에 집중되었기 때문이라고 설명했다. 물론 그는 그 배후에서 철저히 "하나님의 의지에 대한 인간적 의지의 거역"을 보았다.
218 P. Ricœur, *Symbolik des Bösen* (1960) dt. 1971, 274.

터 분리되었다. 이 분리는 사실상 죄에 대한 새로운 이해를 향해 한 걸음을 내딛었는데, 그것은 죄를 인간학적인 정황으로 이해하는 것이었다. 물론 이 정황의 특성은 율법을 통해서만 드러날 것이다. 율법의 모든 금지령을 요약하는 "너는 탐내지 말라"는 문장은 죄의 악한 행위를 (그릇된) 욕망으로 폭로한다(롬 7:7). 더 정확히 말하자면 죄는 하나님의 계명들을 거역하고, 나아가 명령하시는 하나님 자신을 거역하는 탐욕 속에서 **외화**(外化)한다.[219] 즉 죄는 율법을 통해 자극되어 내 안에 있는 욕망(탐심)을 **흥분시킨다**(7:8). 그 결과 (하나님의 계명을 거역하는) 욕망들 속에서 이미 잠재되어 있었던 죄가 공공연히 드러나게 되는 것이다. 물론 여기서 욕망이 죄가 아니라고 추론할 수는 없다. 그와 반대로 욕망은 죄가 현시된 형태다.

바울의 이러한 명제는 그리스도교 죄론에 대한 길잡이가 되었다. 물론 대부분의 교부들은 욕망(*epitymia*[욕구], *cupiditas*[탐욕], 혹은 *concupiscentia*[정욕])을 아담이 법을 어긴 결과, 즉 징벌로 보았다. 왜냐하면 아담의 타락 이후에 격정적인 욕구들에 대한 (하나님의 은혜의 인도하심 아래에 있었던) 인간 자신의 통치력이 손상을 입었거나 상실되었기 때문이다.[220] 이에 관한 내용

---

219 로마서 7:7과 욕망(탐심)을 표현하는 바울의 표상에 대해 U. Wilckens, *Der Brief an die Römer* 2, 1980, 81f.를 보라. 욕망을 죄로 표현한 것에 대해 로마서 7:17, 20을 보라. 거기서 말하는 죄는 내 안에 거주하는 것으로서 의심의 여지없이 7:7f.에서 묘사된 내용과 동일하다.

220 이에 대해 다음을 보라. J. Groß, *Entstehungsgeschichte des Erbsündendogmas, von der Bibel bis Augustinus* (Geschichte des Erbsündendogmas 1) 1960, 110f.(Methodius von Olympos), 137(Didymus der Blinde), 142f.(Basilios), 145(Gregor von Nazianz). 이와 달리 아타나시오스는 욕망을 단지 비본래적인 의미에서만 죄라고 보았다. 왜냐하면 욕망은 아직 죄책을 만들어내지는 않았기 때문이다(132f.). 메토디오스(Methodius)에 대해서는 다음을 비교하라. L. Scheffcyzk, *Urstand, Fall und Erbsünde. Von der Schrift bis Augustinus* (HDG II,3a, 1. Teil) 1981, 85f. 네메시우스(Nemesius von Emesa)와 같은 후대의 교부들은 정욕과 욕망에 대해 자연적인 것과 비자연적인 것, 선한 것과 악한 것을 구분했다. 다마스쿠스의 요한네스(Johannes von Damaskus)의 정욕에 대한 네메시우스의 설명은 정통주

은 바울에게는 없다. 오히려 로마서 7:7에 따르면 욕망 그 자체가 죄의 외적인 표현이다.

이 주제는 16세기 종교개혁 교회와 로마 가톨릭교회 사이에서 서로 상대의 교리를 정죄하는 대상이었다. 바울과 아우구스티누스를 지향했던 종교개혁의 이해, 즉 자기애적인 "정욕"(Konkupiszenz)이 이미 죄라는 이해는, 비록 유전죄가 더 이상 죄로 여겨지지 않는다고 해도, 그것이 세례 받은 자 안에 여전히 남아 있다고 주장했다.[221] 로마 교회는 그런 이해를 통해 세례의 효력에 대한 신앙이 위협을 받는다고 보았다. 그래서 그에 상응하는 루터의 진술들에 대해 이미 1520년의 파문장에서 유죄판결이 내려졌다(DS 1452와 1453). 트리엔트 공의회는 "정욕"과 죄 사이의 관계에 대한 질문을 세례의 은혜가 지닌 효력이라는 관점 아래서 다루었고, 그렇게 해서 욕망을 죄로 묘사하는 바울적인 표현 방식에도 불구하고 세례 받은 자 안에 여전히 남아 있는 욕망을 본래적인 의미의 죄로 이해하지 않고, 오히려 죄의 "점화제"(fomes)로 보는 최종결정에 도달했다. 이 점화제는 죄로부터 나오며 죄로 향하는 성향을 지닌다(quia ex peccato est et ad peccatum inclinat, DS 1515). 하지만 루터의 종교개혁은 아우구스티누스뿐만 아니라 바울의 언어 사용을 고수했는데, 이 언어사용은 아우크스부르크 신조(CA) 2의 변증론에서 인용되었다(Apol. 2, 40; BSELK 155, 11-15). 그래서 루터교 교회일치신조(Konkordienformel)도 "악한 정욕은 죄가 아니다"라는 상대편 교리를 유죄로 판결했다(FC Epit.

의 신앙 안으로 수용되었다(II,13).

221 예를 들어 아우구스티누스의 글(*De nuptiis et concup.* I, 25 [MPL 44, 430])을 인용하는 멜란히톤의 진술을 보라. Melanchthon, *Apologie II*, 35f. (*BSELK* 154). 루터에 대해서는 G. Ebeling, *Disputatio de Homine* 3. Teil: Die theologische Definition des Menschen (*Lutherstudien* II, 3. Teil), 1989, 287f.를 보라. 또한 다음을 비교하라. P. Althaus, *Die Theologie Martin Luthers*, 1962, 138f. 아우구스티누스의 유죄 사상에 대해서는 J. Groß, 같은 곳, 330f.를 보라.

I, 11-12, 참고. SD 1, 17-18, BSELK 772f.와 850, 12-14. 19-22). 현재 이 주제에 대해 내리는 판단은 로마 가톨릭의 관점이 세례의 은혜가 갖는 효력에 대한 관심을 통해 규정되었다는 점을 고려해야 할 것이다. 개신교의 입장은 그 효력을 부정하거나 없애려는 것이 아니라, 단지 다르게 묘사하려 했던 것이었다.[222] 정욕(Konkupiszenz)과 죄의 관계에 대해 개신교는 정욕의 개념이 죄의 본질을 충분히 설명해내지 못한다는 사실을 인정해야 할 것이다. 아우크스부르크 신조(CA) 2에 따르면 죄 개념은 하나님과의 관계로부터 규정되어야 하며, 하나님 경외와 하나님께 대한 신뢰가 부족한 것을 말한다(sine metu Dei, sine fiducia erga Deum). 이와 관련해서 비로소 정욕에 대한(et cum concupiscentia) 언급이 뒤따른다. 그러므로 정욕의 개념은 그 자체로 죄 개념을 완전히 규정하지 못한다. 그럼에도 불구하고 자기애적인 정욕은 이미 죄이며, 죄의 현상적 형태다. 물론 이 점에서 죄의 본질이나 폭력적 행패(Unwesen)의 핵심은 여전히 은폐되어 있게 된다. 정욕을 죄의 현상적 형태로 표현하는 것은 중기 스콜라 철학이 죄의 질료적 측면과 형상적 측면을 구분한 것보다는 더욱 적절한 표현방식이다. 중기 스콜라 철학에서 정욕은 **질료**(*Materiale*)로서, 하나님께 빚지고 있는 공의의 부족은 죄의 **형태**(*Formale*)로 묘사되었다.[223] 이러한 설명은 정욕 그 자체는 죄가 아닐지도 모른다는 잘

---

[222] 참고. G. Wenz, Damnamus? Die Verwerfungssätze in den Bekenntnisschriften der evangelisch-lutherischen Kirche als Problem des ökumenischen Dialogs zwischen der evangelisch-lutherischen und der römisch-katholischen Kirche, in: K. Lehmann, Hg, *Lehrverurteilungen–kirchentrennend?* II: Materialien zu den Lehrverurteilungen und zur Theologie der Rechtfertigung, 1989, 68-127, 특히 88ff.

[223] 이러한 구별은 13세기에 일련의 스콜라 신학자들 사이에서, 예를 들어 Thomas von Aquin, *S. theol*. II/1 q 82 a 3에서 발견된다. 토마스의 설명 즉 죄 개념이 그것의 원인인 하나님과의 관계의 손상으로부터 규정될 수 있는 반면에 정욕은 그 손상의 결과라는 설명은 그 외에도 아우크스부르크 신조(CA) 2의 루터교 신앙고백과도 부합한다.

못된 결과로 이끌 수 있다. 그것은 무엇보다도 로마서 7장의 바울의 진술과는 상반된다. 왜냐하면 하나의 사물을 존재하는 것으로 만드는 것은 오로지 형태(Form)이기 때문이다. 그와 달리 죄의 폭력적 행패(Unwesen)의 핵심과 뿌리가 여전히 은폐되어 있음에도 불구하고, 죄의 현상적 형태인 정욕은 실제로 죄다.

그리스도교 죄론에 대한 아우구스티누스의 고전적인 의의는, 그가 바울이 제시한 죄와 욕망의 관계를 그때까지 그리스도교 신학이 해냈던 것보다 더 깊이 이해하고 분석했다는 데 있다. 아우구스티누스의 죄론 가운데 많은 측면들에 대해 비판이 필요하다고 해서, 그의 그러한 비범한 업적이 드러나는 것을 막아서는 안 된다. 비판이 필요한 측면들은 구체적으로 다음과 같다. 그것은 세대가 이어지는 가운데 아담의 죄가 유전된다는 사상 그리고 이와 함께 제약되는 아우구스티누스적인 경향, 즉 욕망의 죄성을 일면적으로 성욕을 통해 예시하려는 경향으로부터, 죄 개념에 불가결한 의지적 결정이 져야 하는 책임성의 표상에 대한 지나치게 개괄적인 설명에 이르는 측면들이다. 이러한 불충분한 설명은 아우구스티누스로 하여금 때때로 자신의 언어 사용의 일관성을 희생시키면서까지, 욕망으로부터 발생한 행위만이 아니라 이미 욕망 자체가 죄라고 말하는 것을 거부하도록 만들었다. 여기서 신학은 마땅히 비판에 처했던 아우구스티누스 죄론의 그런 측면들의 배후에 남아 있는 의미심장한 근본 사상을 파악해야 하며, 그 사상을 다른 측면들과는 독립적으로 타당하게 드러낼 수 있어야 한다.[224] 그러한 노력은 오늘날에도 여전히 그리스도교 죄론의 주제를 적

---

[224] 이에 속한 한 가지 시도는 나의 책 *Anthropologie in theologischer Perspektive*, 1983, 83ff.에서 이미 시도되었다. 앞으로 아우구스티누스의 교리와 그 특성을 그와 같이 해석하는 이유들이 더욱 상세히 연구되어야 한다. 또한 다음을 비교하라. H. Häring, *Die Macht des Bösen. Das Erbe Augustins*, 1979, 153-161.

절하게 규정하는 데 꼭 필요하다. 죄론을 대상으로 하는 최근의 많은 논문들은 정확한 목적을 상실하고 있는데, 왜냐하면 그것들은 처음부터 너무 성급하게 아우구스티누스의 교리에 대한 연구를 불필요한 것으로 간주했기 때문이다.

387년에 세례를 받은 직후 자유의지에 대해 저술한 이후로 아우구스티누스는 자신이 종종 욕망 그 자체(*libido* 혹은 *cupiditas*)와 동일시했던 온건하지 못한(!) 욕망을 인간의 죄의 근본적 형태로 보았다.[225] 그러나 무절제한 욕망에서 죄가 문제되는 것인지, 아니면 죄의 원인이나 결과만이 중요한 것인지에 대해 그의 진술들이 항상 일치하는 것은 아니다.[226] 왜냐하면 죄의 책임적 특성을 의지의 자유로운 결정으로부터 행해지는 행위와 결합시킬 때, 모든 책임적 의지결정 이전 단계에 속한 유아의 경우에 욕망을 본래적 의미의 죄로 해석하는 것에는 많은 어려움이 있었기 때문이었다. 그럼에도 불구하고 아우구스티누스의 경향은 전체적으로 정욕과 죄를 동일시하는 쪽으로 나아갔다.[227] 그와 달리 정욕에 대한 그의 표상은 단순히 성욕과 동일시되어서는

---

[225] Augustin, *De lib. arb.* I, 3f., III, 17-19. I,4에서 아우구스티누스는 선(예를 들어 두려움 없이 사는 것)을 욕망하는 것은 책망해서는 안 될 일이라고 명확하게 강조했다(…ista cupiditas culpanda non est, alioquin omnes culpabimus amatores boni). 그다음에 III,17에서 온건하지 못한 욕망(*cupiditas*)이 잘못된 의지의 표현으로 지칭된다. 아우구스티누스가 규정한 죄와 정욕 사이의 관계에 대한 보다 일반적인 내용과 그 질문에 대한 논쟁에 대해 다음을 보라. J. Groß, *Entstehungsgeschichte des Erbsündendogmas*, 1960, 322-333. 쉐프치크는 아우구스티누스가 "정욕의 악(*malum*)을 과장해서 묘사했다"(218)고 말한다. L. Scheffczyk, *Urstand, Fall und Erbsünde. Von der Schrift bis Augustinus* (HDG II,3 a 1. Teil) 1981, 218ff. 하지만 쉐프치크는 아우구스티누스의 그러한 견해를 지나치게 초기 교부학의 관점에서만 다루었고, 교만이라는 죄와의 내적인 관계 속에서 평가하지는 않았다.

[226] 참고. J. Groß, 같은 곳, 325ff.

[227] 이 사실은 율리아누스(Julian)에 반대했던 아우구스티누스의 후기 저술에도 해당한다. 여기서 그는 유전죄를 정욕(*concupiscentia*)으로 규정했는데, 이것이 결과적

안 된다. 이런 일은 거의 일어나지 않았다.[228] 비록 아우구스티누스가 비정상적인 정욕의 본질을 성적 욕망의 사례를 통해 명확히 밝히는 것을 선호했지만, 정욕을 의지의 구조적 왜곡으로 표현하는 비교적 드문 진술들은 그의 사상적 체계의 근본으로 판단되어야 한다.[229]

죄악에 대한 욕망의 불합리성(Verkehrtheit)은 아우구스티누스에 의하면 의지의 불합리성 속에 근거되어 있다. 그 불합리성은 의지가 높은 서열의 선(신)을 (세상적인) 낮은 서열의 선을 위해 후진시키고[230] 심지어 전자를 후자의 획득을 위한 수단으로 이용한다는 점에 놓여 있다. 죄를 짓는 의지의 무절제함이 그 점에 놓여 있다는 것이다.[231] 왜냐하면 거기서 자연의 질서가 거꾸로 뒤집히기(verkehrt) 때문이다. 아우구스티누스는 자연의 질서

으로 죄책의 상태(reatus)를 초래한다는 것이다(c. Julian op. imperf. I,71; CSEL VIII/4, 1974, 84). 정욕은 신-스콜라 철학적인 가톨릭 교의학 안에서는 다음과 같이 해석되었다. 그리스도인들에게서는 세례를 통해 제거된 죄책의 상태(reatus)만이 욕망을 죄로 만든다는 것이다. F. Diekamp, *Katholische Dogmatik nach den Grundsätzen des heiligen Thomas* II, 6. Aufl. 1930, 156. 토마스 자신은 이에 반대했고(*S. theol*. II/1, 82,3), 아우구스티누스의 글(*Retractationen* I,15) 가운데 비슷한 표현을 정욕을 유전죄로 이해하기 위한 권위적 증빙으로 사용했다. 여기서와 마찬가지로 율리아누스에 반대했던 저술에서도 죄책의 상태는 욕망과 외적으로만 연결될 뿐만 아니라, 오히려 욕망의 고유한 본질 속에 근거되었다. 이 내용은 그로스(J. Groß, 같은 곳, 330)에게서 오인되었지만, 어쨌든 죄의 전가라는 주제에 대한 그의 설명은 한 번 더 언급될 만하다.

228 J. Groß, 같은 곳, 324ff. 이와 달리 *libido*란 표현의 매우 일반적 의미에 대해서는 *De civ. Dei* XIV, 15, 2을 참고하라.
229 나의 책 *Anthropologie in theologischer Perspektive*, 1983, 84f.의 설명은 이 사실을 전제한다. 그로스(J. Groß, 같은 곳, 324)는 그런 방향으로 나아가는 몇 가지 진술들을 제시하지만, 낮은 빈도 때문에 그 진술들이 아우구스티누스의 죄 이해에는 거의 중요하지 않다는 식의 잘못된 결론에 도달했다.
230 Augustin, *De div. quaest.* q.35,1; MPL 40,23 z.2f. 참고. *De civ. Dei* XII,8.
231 Augustin, *Conf*. II,5.

를 여러 단계의 가치로 구분되는 계단식 우주의 의미로 이해해서, 낮은 단계를 각각 더 높은 단계에 귀속시켰다. 이와 같이 플라톤적 의미에서 세계를 계단식 우주로 이해하는 것은 오늘날에는 설득력을 상실하였기에, 죄를 짓는 욕망으로 인해 이 질서가 뒤집힌다는 아우구스티누스의 주장도 진부해진 것으로 보인다. 하지만 아우구스티누스는 자신의 분석을 첨예한 사상으로 발전시켰고, 이것은 플라톤의 계단식 우주의 세계상에 의존하지 않아서 그 상이 붕괴된 이후에도 살아남을 수 있었다. 아우구스티누스에 의하면 자연의 질서를 무시하는 가운데 의지의 독단성이 표명된다. 독단은 자신의 자아를 중심에 위치시키고 다른 모든 사물을 단순히 자신의 자아를 위한 수단으로 이용한다. 이것은 교만, 곧 자신의 자아를 모든 사물의 원리로 삼고 스스로 하나님의 자리에 앉는 교만이다.[232] 교만은 아우구스티누스에 의하면 모든 불합리한 욕망의 핵심이다.[233] 왜냐하면 모든 욕망된 것은 욕망하는 자를 "위하여" 추구되는 것이기에, 욕망하는 자는 암묵적으로 자신의 욕망의 최종 목적으로서 기능을 행사하기 때문이다. **정욕**(concupiscentia)이라는 단어에서 표현되는 이와 같은 자기관계, 곧 욕망

---

[232] Augustin, *De civ. Dei* XIV,13.
[233] Augustin, *De trin.* XII,9,14. V.S. Goldstein, The Human Situation. A Feminine View (*The Journal of Religion* 40, 1960, 100-112). 그리고 최근의 논문으로 S. N. Dunfee, The Sin of Hiding. A Feminist Critique of Reinhold Niebuhr's Account of the Sin of Pride (*Soundings* 65, 1982, 316-327, 특히 321ff.). 이 두 사람은 교만의 죄가 남성 특유의 욕망이고, 이에 비해 여성의 경우 교만의 죄는 자신의 고유한 자아의 미진한 발전 혹은 자아 거부의 형태로 나타난다고 주장했다. 하지만 이러한 견해는 아우구스티누스가 의미하는 교만(superbia)의 경우에 중요한 것은 다른 형태들 가운데 있는 죄의 어떤 특수한 한 가지 형태가 아니라, 오히려 죄의 모든 형태들의 근저에 놓인 보편적인 구조라는 사실을 오해했다. 이 구조는 또한 위의 두 사람이 언급했던 그 죄의 근저에도 놓인다. 그것은 키에르케고르가 말한 것과 같이 "자기 자신으로서 존재하려고 의지(意志)함에서 절망하지 않는 것"이라고 생각될 수 있다(아래의 439쪽을 보라).

의 구조 안에 있는 자기관계는, 비록 형식적으로 판단하자면 욕망된 것의 목적관계가 다른 내용(말하자면 최고선으로서의 하나님)을 가질 수 있음에도 불구하고, 아우구스티누스가 이 단어를 사용할 때는 대체로 위에서 말한 의미를 암묵적으로 암시하는 듯이 보인다. 그러나 욕망 속에 있는 교만의 과도한 자기긍정이 대체로 암묵적으로만 현재하고 작용하기 때문에, 외부 사물들을 욕망하는 가운데 활동하는 인간의 죄 있는 의지는 처음부터 도처에서 이미 그 의지의 매우 깊은 급진성과 극단적인 결과에 도달하지는 않는다. 말하자면 하나님의 자리에 앉으려는 교만의 결과로서 즉시 하나님에 대한 증오에 도달하지는 않는 것이다. 하지만 교만은 이런 시도에서 반드시 실패할 수밖에 없다. 이 점에서 죄인으로서의 인간의 상황은 아우구스티누스에 의하면 타락한 천사의 상황과는 다르다. 타락한 천사는 정욕이라는 우회로를 통하지 않고 (순수한 영적 본질로서) 직접 교만을 통해 죄를 짓는다.[234] 그러나 최종 결과에서 죄는 인간을 하나님에 대한 증오로 몰고 간다. 이와 같이 세상 나라에서는 자기애가 하나님에 대한 증오에 이르기까지 지배하지만, 하나님 나라에서는 하나님 사랑이 자신의 고유한 자아를 한 걸음 뒤로 물러서도록 인도한다.[235]

인간이 하나님처럼 되려 하는 것, 즉 최종 결과로서 하나님에 대한 증오를 내포하는 **자기애**(amor sui)가 왜곡된 욕망의 구조적 원칙이라는 사상은 죄를 욕망으로 이해하는 바울의 개념에 대한 아우구스티누스의 분석에

---

[234] 참고. Augustin, *De genes, ad lit*. XI, 14 u. 16 (CSEL 28/1, 1894, 346.348f.).

[235] Augustin, *De civ. Dei* XIV, 28. Fecerunt itaque civitates duae amores duo, terrenam scilicet amor sui insque ad contemptum Dei, caelestem vero amor Dei usque ad contemptum sui. 홀테는 아우구스티누스의 자기애(amor sui) 개념의 스토아적 배경을 제시했다. R. Holte, *Béatitude et Sagesse. Saint Augustin et le probléme de la fin de l'homme dans la philosophie ancienne*, 1962. 그 개념은 원래는 "자기보존"이라는 의미만 가지고 있었는데(239, 비교. 33f.) 의지가 비정상이 됨에 따라 교만(*superbia*)이 된다는 것이다(248ff.).

서 정점에 도달한다. 유감스럽게도 자기애(*amor sui* 혹은 *superbia*)와 정욕(*concupiscentia*)의 일치성이 인간의 죄에 대한 아우구스티누스의 이해 속에서는 항상 주의 깊게 관찰되지는 않는다.[236] 그 일치성 속에서 비로소 표현될 수 있는 죄 개념의 구조적 통일성만이 욕망을 죄로 보는 바울적 규정에 대한 아우구스티누스의 해석의 가치를 바르게 평가할 수 있게 한다. 아우구스티누스의 욕망 이해는 말하자면 중요한 점에서 사도 바울의 이해와 구분되지만, 바로 그 때문에 바울 사상의 깊은 의미를 드러내어 주는 동시에 보다 더 큰 보편성과 보편적·심리학적 타당성을 갖게 한다.

---

[236] 라틴적 중세 시대에 아우구스티누스의 입장에서 유전죄의 교리를 논의하는 맥락에서 정욕(Konkupiszenz)의 개념을 통해 유전죄를 규정하는 것이 가장 앞서 있었다. Petrus Lombardus *Sent*. II d.30 c.8, MPL 192, 722. 이러한 방향에 대해 H. Köster, *Urstand, Fall und Erbsünde. In der Scholastik* (HDG II 3 b) 1979, 125ff. 토마스(Thomas von Aquin)도 정욕을 유전죄와 관련시켰으나 그것을 유전죄의 질료(*materiale*, *S. theol*. II/1,82,3)로서만 다루었고, 정욕이 **영혼의 힘의 무질서**(*inordinatio virium animae*) 속에 있다고 보았다. 이때 하나님에 대한 증오(*odium dei*)를 내포하는 극단적 자기애(*amor sui*)는 (*superbia*의 의미에서) 언급되지는 않는다. 만약 아우구스티누스에게 교만이 정욕의 핵심이라고 한다면, 정욕은 죄의 단순한 질료로서 나타날 수 없을 것이며 그 자체가 죄로 간주되어야 할 것이다. 토마스는 다른 맥락에서 죄 개념을 설명할 때는 **자기애의 무질서**(*amor sui inordinatus*)를 정욕의 고유한 원리로 묘사하는데, 부적절한 자기애로부터 시간적 선함에 대한 부적절한 열망이 발생한다는 점에서 그렇게 보았다(*S. theol*. II/1,77,4c와 ad 2). 여기서 토마스는 정욕(Konkupiszenz)과 자기애(*amor sui*)의 관계를 완전히 아우구스티누스의 의미에서 파악했지만, 반면에 유전죄를 설명할 때는 정욕을 오히려 아우구스티누스 이전의 교부들의 의미에서 영혼의 힘의 무질서로 이해했다. 근대 신학에서 정욕과 자기애의 일치에 관한 부족한 이해는 죄의 본질에 대한 뮐러(Julius Müller)와 로테(Richard Rothe)의 대립되는 이해를 통해 확인될 수 있다. 뮐러에게 이기심이 죄의 원리인 반면에(*Die christliche Lehre von der Sünde* I, 1839, 3.Aufl. 1849, 177ff.), 로테는 모든 죄를 "육감적"인 죄로 소급시켰다(*Theologische Ethik* III, 2.Aufl. 1870, 2ff.). 인간의 죄에 대한 아우구스티누스적 개념 가운데 이러한 두 가지 요소는 서로 갈라져 대립했다. 이에 대한 상세한 설명을 나의 책에서 보라. *Anthropologie in theologischer Perspektive*, 1983, 86f.

바울에게 욕망은 하나님의 율법과 관련해서, 정확히 말하자면 율법의 요청을 거역함으로써, 죄와 동일시된다. 이에 대해 정욕에 관한 아우구스티누스의 진술들은 매우 일반적인 욕망과 관련되며, 그것은 인간학적인 현상이다. 로마서 7:7ff.의 바울에게도 틀림없이 그런 인간적 상황이 중요했다. 하지만 그 서술은 신화적으로 들리는 이야기 형태 속에서 성서의 원역사나 율법의 계시를 회상하는 가운데 진행된다. 정욕과 과도한 자기애(*amor sui, superbia*) 사이의 관계에 대한 아우구스티누스의 진술들은 그와 달리 현상의 구조에 대한 철학적 분석의 형태를 갖는다. 여기서 아우구스티누스는 욕망의 보편적인 본질구조 속에서 하나님을 거역하는 것을 발견하기에 이른다. 그 거역은 바울에게는 율법에 저항하는 욕망들의 투쟁으로 나타난다. 아우구스티누스는 그 발견으로부터 우선적으로 사물들의 뒤집어진 질서를 최고선이신 하나님을 향해 배열해야 한다는 생각에 도달했다. 아우구스티누스는 그런 역전의 근원이 욕망하는 자아가 스스로를 과대평가하는 것이라고 보았다. 왜곡된 정욕 속에서 암묵적으로 작용하던 교만(*superbia*)은 이제는 사물의 단계적 질서를 거쳐 우회하지 않고 오로지 하나님께만 속하는 지위를 직접 요구하는 것으로 이해될 수 있었다. 하나님의 율법의 좋은 계명들에 반대하는 거역으로부터 그분의 피조물, 곧 인간과의 관계 속에서 창조자 하나님께 귀속되는 지위에 대한 저항이 나타났다. 이와 같은 방식으로 아우구스티누스는 바울의 진술의 핵심내용을 로마서 7:7ff.의 이야기체 표현법으로부터 사상적인 보편성의 형식으로, 즉 하나님의 현실성과의 관계 속에 있는 인간 행위의 일반적 형식에 대한 구조적 진술로 옮겼다. 죄의 보편적인 확산, 즉 바울이 죄의 결과로서의 죽음의 보편성을 직시했을 때 주장할 수 있었던 보편적 확산(롬 5:12)은 아우구스티누스에게서는 이미 죄 자체의 인간학적인 구조 분석의 결과로서 도출되었다.

이 사상의 영향력은 그리스도교 신학사 안에서 아우구스티누스와 연관된 죄의 유전에 대한 표상과 그 안에 포함된 문제들의 극복을 위한 투쟁 때문에 은폐되어 있었다. 인류 안에 확산된 죄의 보편성은 세대들이 연결되는 가운데 죄가 넘겨지고 있다는 가정에 의존한다고 생각되었다. 여기서 간과된 사실은 아우구스티누스가 자기애(amor sui)와 정욕 사이의 관계를 드러낸 것이 이미 그 자체로 모든 개인에게 공통된 인간적 행위의 구조에 대한 서술로 읽힐 수 있다는 점이다. 이를 위해 실제로 어떤 추가적인 유전 이론이 필요하지는 않았다. 왜냐하면 인간 행위의 보편적인 구조가 세대들이 연결되는 가운데 모든 개인 안에서 재생산되는 본질적 특성에 속한다는 사실은 그 자체로 자명했기 때문이다. 유전죄 교리와 결합되어 있는 경향, 즉 죄의 보편적 확산을 모든 인간이 아담에게서 유래한다는 사실로부터 도출하는 경향은 보편적으로 적용되는 행위구조의 표현이라는 죄의 실제적 보편성의 의미를 은폐시키고 말았다. 계몽주의의 비판이 유전죄 교리를 해체시킨 이후에야 비로소 죄의 구조적인 보편성은 유전의 표상과는 무관한 주제로서 다시 시야에 들어오게 되었다. 이에 대해 특별히 임마누엘 칸트의 "급진적 악"에 대한 학설이 표준으로 자리를 잡게 되었다.

칸트는 급진적 악을 통해 인간은 "본성적으로 악하다"라고 말하며, 급진적 악을 이렇게 규정했다. 그것은 행위를 추진하는 원동력이 순위상 역전된 것, 다시 말해 실제로 우위를 차지해야 할 도덕법을 자기애 내지는 행복 추구에 요청되는 "감각적인 동력"과 일치하는 제약조건 아래 두는 것이다.[237] 이런 설명은 악에 대한 아우구스티누스의 개념과 구조적으로 비슷하다. 칸트에게서 악은 악한 의지를 통해 선의 우선순위가 역전되는 것에 놓여 있고, 내용적으로는 아우구스티누스의 정욕 개념과 마찬가지로 자기애 속에 뿌리를 두는 "육감적" 열망의 지배에 놓여 있다. 칸트의 설명은 다음과 같은 점에서 아우구스티누스와 구분된다. 원동력의 순위질서

---

237 I. Kant, *Die Religion innerhalb der Grenzen der bloßen Vernunft*, 2.Aufl. 1794, 26ff., 특히 33f.

가 뒤집어진 것은 단지 인간의 주관성 속에서만 일어난 것이지, 아우구스티누스와 같이 선의 단계적 질서 안에서 스스로를 현시하는 우주 질서의 역전으로 볼 수는 없다는 것이다. 이 차이에서 드러나는 것은 플라톤의 단계적 존재로서의 우주는 칸트의 우주론에게는 더 이상 선택의 대상이 아니라는 사실뿐만 아니라, 더욱 근본적으로는 근대 사상이 인간의 주관성에 집중하고 있다는 사실이다. 주관성 속에서 인간은 자신의 세계와 자유롭게 마주 대면한다. 신학은 이러한 근대적 주제, 그리고 이와 관련해서 신론의 질문이 인간론으로 옮겨진 것을 미리 앞서 잘못된 전개로 판단해서는 안 된다.[238] 오히려 신학은 그 사실 안에서 세계에 대한 인간의 관계를 규정하는 가운데 성서적 동기들이 확장되어 형성되고 있음을 원칙적으로 인정해야 한다. 죄의 구조에 대한 설명에서 일어난 진보는 죄가 주관성-이론에 따라 자기과실로 주제화되었다는 사실이다. 칸트의 "급진적 악"의 명제는 이에 대한 출발점을 마련했다. 물론 "급진적 악"에는 죄에 대한 아우구스티누스의 서술과 비교할 때 중요한 한 가지 결함이 있다. 그것은 칸트에게서 죄 개념에 본질적인 것은 피조물로서의 인간에게 적절한 하나님 관계의 왜곡이 더 이상 아니라는 사실이다. 비록 아우구스티누스가 그 왜곡을 정욕의 현상 속에서 표현된 것으로 보았다고 해도 그렇다. 칸트에 의하면 하나님께 대한 관계의 자리에 인간 내면에서 들려오는 도덕법의 목소리에 대한 관계가 등장한다. 종교와 도덕성, 하나님과 도덕법칙 사이에서 서열이 바뀐 것 — 칸트는 종교를 도덕성 위에 새롭게 정초하려 했다 — 은 그리스도교 신학이 도무지 감내할 수 없는 것이다.[239] 하지만 그러한 결

---

[238] 나는 이 사실을 게슈트리히의 글과 관련시켜 숙고했다. Chr. Gestrich, *Die Wiederkehr des Glanzes in der Welt. Die christliche Lehre von der Sünde und ihrer Vergebung in gegenwärtiger Verantwortung*, 1989, 136f.

[239] 이 점에서 나는 게슈트리히(Chr. Gestrich, 같은 곳)의 생각에 동의한다. 나의 책 (*Anthropologie in theologischer Perspektive*, 1983, 83ff.)에서 나는 칸트의 서술이 신학적인 죄 개념과 비교될 때 지게 되는 부담인 그러한 결함을 다루지는 않았다. 왜냐

함 때문에 신학이 칸트의 다음과 같은 업적을 인정하지 않는 일은 없어야 한다. 칸트는 유전죄 교리의 몰락으로부터 인간의 행위 속에 있는 악의 보편적 구조에 대한 질문을, 개인들의 개별적인 과실을 넘어, 인간 자신 속에 있는 주관성의 역전에 대한 질문으로서 다시 정립했다.

헤겔은 악의 서술을 위한 주관성-이론의 출발점을, 한편으로 자의식의 보편적 본성에 대한 성찰을 통해, 다른 한편으로 절대에 대한 유한한 자의식의 관계의 성찰을 통해, 더욱 발전시키고 확장했다.[240] 헤겔과 관련해서, 칸트의 급진적 악의 학설에 대해 그렇게 했던 것처럼 악 혹은 죄가 여기서 인간과 하나님의 관계를 간과한 채 규정되어 있다고 비판할 수 없다. 헤겔도 인간의 주관성으로부터 출발하지만, 그러나 더 이상 도덕적 의식으로부터가 아니라 자기 자신을 의식하는 존재로서의 인간으로부터 출발한다. 자의식은 헤겔에 따르면 대상의식의 내용 전체를 통일시키는 바탕을 이룬다. 이와 함께 자의식은 모든 특수한 내용들을 동시에 넘어선다. 이에 상응하는 것이 욕망의 형태 속에 존재하는 자의식의 실천적 실현에도 해당한다.[241] 욕망은 자연적 의지를 가진 인간의 표현이다. 하지만 욕망에서 인간은 아직 그가 마땅히 존재해야 하는 그 존재가 아니다. 왜냐하면

하면 거기서 중요한 것은 신학적인 판단이 아니라, 신학적 죄론에 대해 철학과 인문학적 연구들 속에 나타나는 구조적인 유사성들이었기 때문이다.

240 이 사실은 아마도 헤겔의 법철학(*Rechtphilosophie* §139)에 가장 명료하게 정리되어 있을 것이다. 비교. *Vorlesungen über die Philosophie der Religion*, Hegels Sämtliche Werke 16, 257-277, 특히 267f. 또한 헤겔의 사상에 대한 다음의 인상적인 설명을 참고하라. J. Ringleben, *Hegels Theorie der Sünde. Die subjektivitätslogische Konstruktion eines theologischen Begriffs*, 1977, 특히 65-105. 죄와 하나님 개념 사이의 관계에 대해서는 116-153.

241 G. W. F. Hegel, *Encyclopädie der philosophischen Wissenschaften im Grundrisse*, hg. F. Nicolin, PhB 33, §§ 426ff. 비교. *Phänomenologie des Geistes* hg. J. Hoffmeister, PhB 114, 139f. 욕망을 극복 가능한 자연적 의지로 표현한 것에 대해서는 Werke 16, 262의 종교철학 강연을 참고하라.

그는 그 자신과 다른 모든 특수성을 넘어서는 곳으로 자기 자신을 고양시키며, 즉자 그리고 대자적(an und für sich) 보편성의 사고, 곧 참된 무한성과 절대성의 사고에 도달해야 하기 때문인데, 이 점에서 그는 자신의 고유한 자아의 내용까지도 포함하는 모든 유한한 의식의 내용으로부터 구분되는 것이다. 다른 한편으로 자아는 a) 다른 것들 곁에서 또한 절대성을 자신의 의식의 특수한 내용으로 다루는 가능성, b) 모든 특수한 내용들을 넘어서는 무한한 자의식의 통일성 곧 본래적 무한성에 대한 자의식의 통일성을 취하는 가능성, 그와 함께 또한 c) 진실로 "보편자에 대한 **고유한 특수성**을 원칙으로 삼기 위해 그 특수성을 행위를 통해 실현할 수 있는 가능성 – 즉 악의 가능성"을 갖게 된다.[242]

욕망에 대한 헤겔의 설명은 아우구스티누스의 설명을 추가적으로 세분화해서 이해하게 만든다. 이것은 자의식의 외적 형태로서의 인간적 욕망에 무한을 향하는 특성을 부여하는 것을 뜻한다. 이 특성은 어떻게 자아 자체가 스스로 참된 무한과 절대의 자리에 앉을 수 있는지를 분명히 이해할 수 있게 해준다. 여기서 욕망 그 자체가 이미 악한 것이 아니라, 오히려 의지 곧 욕망을 – 이것과 함께 자신의 고유한 이기심을 – 넘어서는 대신에 오히려 그것과 자신을 동일시하는 의지가 악할 뿐이다. 그쪽으로 향하는 한 가지 동기는 이론적 의식에 의해 전개된 절대의 사상을 통해 주어질 수도 있을 것이다. 하지만 절대의 사상으로의 고양은 언제나 그 기초로서의 유한한 주관성과 결합되어 있지 않은가?

이것은 키에르케고르가 죄에 대한 헤겔의 설명을 계속 끌고 나가 심

---

[242] G. W. F. Hegel, *Grundlinien der Philosophie des Rechts* hg. J. Hoffmeister, *PhB* 124 a, 124 (§ 139). 이와 같은 악한 의지의 가능성을 실제로 갖는, 그 의지의 책임져야 하는 죄과에 대한 강조를 종교철학강의에서 보라. Hegel, *Vorlesungen über die Philosophie der Religion* III, hg. G. Lasson, *PhB* 63, 104 (Hegels MS).

화시켰던 요점이다.[243] 1849년 자신의 책 『죽음에 이르는 병』의 도입부에서 키에르케고르는 인간의 주관성을 "자기가 자기 자신에 대해 맺는 관계"로 표현한다. 인간은 자신의 자아의 유한성이 무한과 영원에 대해 맺는 관계다. 인간은 자의식을 가짐으로써, 자신의 존재인 바 그 관계에 대한 하나의 관계를 소유한다. 다만 그는 "스스로 균형과 쉼에 도달할 수" 없다. 왜냐하면 그는 자신의 통일성을 자신의 자의식 위에 근거시킬 수 없기 때문이다. 오히려 인간의 현존재는 자기 자신에 대한 관계인 영원을 통해 설정된다. 인간이 자기 자신의 통일성을 스스로 실현하려고 시도할 때, 그것은 언제나 본래적인 유한성의 토대 위에서 발생한다. 이로써 키에르케고르는 (헤겔과 마찬가지로) 죄를 피조물인 인간 존재의 구조적인 역전으로 이해했던 아우구스티누스의 사상을 반복했는데, 그것은 새로운 형태로 반복되었다. 즉 자신의 유한성의 토대 위에서 일어나는 인간의 자기실현이란 기초를 닦는 맥락의 뒤집힌 표현이다. 이 맥락은 본래 무한과 영원으로부터 출발하여 인간의 현존재를 그 자신에 대한 관계로 구성해주는 것이다. 뒤집힌 맥락의 결과로, 인간이 자신의 유한한 현존재의 토대 위에서 자기실현을 위해 행하는 모든 노력의 절망적인 특성이 드러난다. 그 모든 시도들은 바로 여기 있는 현존재의 구성 상태에 저항하는 형태로서 움직이는데, 현존재는 영원과 그의 무한으로부터 출발하여 구성된다. 자기실현을 향한 그의 노력 속에서 인간은 타락한다. 즉 자신의 현존재의 근거가 영원으로부터 설정된다는 것에 저항하여, 말하자면 자신의 본래적인 유한성의 토대 위에서 스스로 그 자신이 되려고 하기 때문에 절망하거나, 혹은 그는 영원

---

[243] 『죽음에 이르는 병』(*Krankheit zum Tode*, 1849)에 나오는 키에르케고르의 죄 개념이 온갖 비판에도 불구하고 헤겔과 밀접하게 결합되는 맥락은 링레벤에 의해 바르게 강조되었다. J. Ringleben, *Hegels Theorie der Sünde*, 1977, 245-260, 특히 248f., 비교. 112ff. 이어지는 내용들에 대해 나의 책 *Anthropologie in theologischer Perspektive*, 1983, 94ff.를 비교하라.

성을 자신의 규정으로 받아들여 자신의 본래적인 유한성과 대립시킴으로써 스스로 자기 자신이 되지 않으려고 절망적으로 노력하게 되는데, 여기서 자기 자신이 되지 않으려는 것은 그 과정에서 그가 단지 유한한 존재일 수밖에 없기 때문이며, 절망적으로 노력한다는 것은 그가 그렇게 할 때 유한성으로부터 벗어나지도 못하고 영원성에 도달할 수도 없기 때문이다. 키에르케고르는 이런 상황에서 벗어나는 것이 자아(Selbst)가 스스로를 "투명하게 하나님 안에 근거시킬 때" 가능해진다고 보았다.[244] 하지만 본래적 유한성의 토대 위에 "스스로를" 근거시킨다는 믿음의 가능성이 스스로의 힘으로 자아에 도달할 수 있을까? 키에르케고르는 유한한 주관성이 자기실현을 열망할 때 본래적 유한성에 매인 속박을 결코 회피할 수 없다는 사실을 이미 제시하지 않았는가?

하나님으로부터 자아가 구성된다고 보면서 키에르케고르는 인간 자신의 정체성(Identität)의 실현을 위한 노력이 절망에 빠지는 상황을 설명했다. 그런데 이 설명은 주관성이론의 지반 위에서 노예의지(servum arbitrium)[245]에 인간이 사로잡혀 있다는 루터의 명제를 갱신한 셈이 되었다. 비록 선택할 수 있는 형식적 능력을 갖고 있다고 해도, 그럼에도 불구하고 인간은 자신의 유한한 주관성의 지평 위에서, 그리고 자신의 고유한 행위를 통해 하나님 앞에 있는 자신의 상황을 정당화할 수 없으며, 키에르케고르가 말한 것 같이 자신의 정체성을 스스로 실현하지도 못한다.

키에르케고르는 인간이 자기 자신이 되려고 노력하는(Selbstseinwollen) 다양한 형식들 속에서 발생하는 절망을 드러내어 보여주었는데, 이것은 자신의 존재(Selbstsein)가 지닌 수행능력을 믿는 모든 믿음에 대한 급진적인 비판을 포함한다. 이 비판은 근대의 정체성 심리학이 등장해서 정체성

---

[244] *Die Krankheit zum Tode*, dt. von E. Hirsch, Gesammelte Werke 24, Abt., 1954, 81(SV XI, 194), 비교. 이미 10(XI, 129).
[245] M. Luther, *De servo arbitrio* (1525).

의 형성과정과 그에 대한 임상적 평가를 활용하기 훨씬 전에 행해진 것이다. 물론 그런 형성과정들에 대한 설명도, 그에 기초한 임상적 도움들도 본래적 정체성의 양육이 해당된 인격이 행하는 성과로 이해되어야 한다는 사실을 의미할 필요는 없다.[246] 나아가 자신의 고유한 정체성에 과도하게 집중하는 것은 인간 생명에 대한 주제의 왜곡으로 보일 수 있다. 왜냐하면 자신의 고유한 정체성이 아니라 생명이 헌정하는 선한 일과 과제들이 제일 앞선 위치에 있어야 하기 때문이다. 이것들로부터, 최종적으로는 최고선이신 하나님으로부터, 인격적 생명은 정체성을 획득할 수 있으며, 자신의 정체성에 대한 염려에 의해 떠밀려 다니는 인간은 그 정체성에 도달할 수 없는 것이다. 이 점에서 행복이나 쾌락을 추구하는 열망보다 선의 이념이 우선한다는 고대의 주제가 반복되고 있다.[247] 자기 자신을 위해 행복을 추구하는 것은 자기중심적이며, 오류로 이끈다. 선 그 자체를 위해 선을 추구하는 자만이 그렇게 하여 행복과 자신의 정체성을 발견하게 된다.[248] "누구든지 제 목숨을 구원하고자 하면 잃을 것이요, 누구든지 나를 위하여 제 목숨을 잃으면 찾으리라"(마 16:25).

---

[246] 슈나이더-플루메는 아쉽게도 에릭슨(Erikson)의 정체성 심리학을 그것과 거리를 둔다는 의미에서만 다루고 있으며, 그 심리학이 제시하는 설명들을 신학적 인간론과 통합하려는 시도를 하지 않는다. G. Schneider-Flume, *Die Identität des Sünders. Eine Auseinandersetzung theologischer Anthropologie mit dem Konzept der psychosozialen Identität Erik H. Eriksons*, 1985. 그렇게 하는 이유는 슈나이더-플루메가 정체성의 발견이 인격이 행하는 성과라는 해석을 확정했기 때문일 것이다 (73f., 79f., 110ff.). 그렇다면 이 신학자가 그러한 구상을 거절하는 것은 이미 프로그램 속에 들어 있는 것이라고 할 수 있다.

[247] 소크라테스와 칼리클레스(Kallikles)의 대화를 참고하라. Platon, *Gorgias* 491b ff., 특히 506 c 7ff., 또한 470 e 9f. "정직하고 선한 자는 또한 복되다."

[248] 게슈트리히(Chr. Gestrich, 같은 곳, 78)가 말한 것처럼 다음과 같은 사실이 이에 부합한다. "참된 믿음은 하나님 *자신*에게만 관심을 둘 뿐이고, 성숙, 자유, 행복, 믿는 인간의 정체성에는 관심을 두지 않는다."

한편으로 선을 추구하려는 열망과 다른 한편으로 자신의 정체성과 행복에 관심을 갖는 것 사이에서 서열이 뒤바뀌는 것은 불안(Angst)의 현상에 근거를 두고 있는데, 키에르케고르는 이 현상을 무죄와 죄 사이의 심리학적 중간규정으로 묘사하려고 했다.[249] 하지만 자신의 유한성과 강하게 결합되어 있는 죄는 키에르케고르가 생각했던 것처럼 불안으로부터 생기는 것이 아니라, 오히려 불안 그 자체의 본질을 구성한다. 본질적 불안은 자신의 존재 가능성에 대한 불안이다. 불안은 자아에 고착되어 있다. 이것은 불안으로부터 비롯되는 염려, 즉 예수께서 비판하셨던 염려와 유사하다(마 6:25-27; 눅 12:22-26). 예수께서는 염려에 맞서 다음과 같이 말씀하셨다. "그런즉 너희는 먼저 그의 나라와 그의 의를 구하라. 그리하면 이 모든 것을 너희에게 더하시리라"(마 6:33; 눅 12:31).

구조가 뒤집어진 것 즉 죄의 본질적 특성에 대한 주관성이론의 서술 안에서 불안은 근본적인 중요성을 갖게 되는데, 이것은 아우구스티누스의 서술 속에서 정욕이 중요한 것과 비슷하다. 정욕이 탐욕, 질투, 증오와 같은 구체적 악덕의 뿌리를 형성하듯이, 불안은 절망과 염려의 근원일 뿐만 아니라 또한 공격성의 근원이 된다.[250] 주관성 이론의 분석들이 죄에 대한 아우구스티누스적인 심리학을 심화시킨 것으로 이해될 수 있기에, 불안은 (과도한 자기애의 표현으로서) 또한 그것으로부터 정욕이 발생하는 동기로 추정될 수 있다. 자연적 존재로서의 인간은 이미 결핍과 그에 따른 욕망으로 특징지어진다. 하지만 죄를 발생시키는 과도한 욕망으로 나아가는 단계는 자신의 존재 가능성에 대한 불안에 근거하고 있을 것이다. 불안 속에서 인

---

[249] S. Kierkegaard, *Der Begriff Angst*, 1844 (dt. von E. Hirsch in Gesammelte Werke 11./12.Abt., 1952). 더 자세한 내용에 대해 나의 책을 참고하라. *Anthropologie in theologischer Perspektive*, 1983, 93f., 98ff.

[250] 이에 대해 나의 책의 설명을 보라. *Anthropologie in theologischer Perspektive*, 1983, 139-150.

간은 자신의 고유한 존재가 욕망하는 대상을 소유함으로써, 확실성을 얻으려고 할 것이다.

불안 그리고 그와 관련된 자아 고착은 타자를 통해 확증을 받으려는 중독적 욕망의 근저에도 놓여 있다. 이러한 욕망은 죄가 드러나는 현상의 중요한 형태로서 최근 바르게도 많이 강조되며 언급되었다.[251] 인간은 아직 종결되지 않은 역사 과정 속에서 개방되어 있는 자신의 정체성 때문에 타자를 통해 인정받는 것에 의지하고 있다. 그 인정이 위선적이지 않고 애정이 넘치는 존중의 표현으로 경험되는 곳에서는 아무런 악한 것도 없다.[252] 하지만 타인들의 인정이 마치 자신의 정체성을 보증해주는 것처럼 그것을 추구할 때, 그런 열망은 자신의 고유한 존재에 대한 불안으로부터 오는 것이다. 불안은 자신의 존재의 확실성을 추구하려는 시도와 함께 자신의 고유한 자아에 고착되는데, 이것은 아우구스티누스가 자기애(*amor sui*)의 의미로 이미 표현했었다. 타인들의 인정을 받음으로써 자아를 확증하려는 열망은 비슷한 주제인 "자기칭의"(Selbstrechtfertigung)의 추구와 구분되어야 한다.[253] 전자의 열망은 후자의 자기칭의보다 더욱 근본적인데, 왜냐하면 후자는 기소하고 (경우에 따라) 판결도 내리는 법정에 가서야 비로소 정당화되기 때문이다. 인정을 받으려는 열망의 깊은 곳에서는 타자들의 사랑이 매우 중요하다. 비록 어떤 호의의 외적인 표현으로 종종 만족해야 하지만 말이다. "주변 환경을 통해 자신의 고유한 선함을 확증하려는" 욕망은 말하자면 모든 악이 발생하는 뿌리는 아니다.[254] 비록 인정받으려

---

251 Chr. Gestrich, Die Wiederkehr des Glanzes in der Welt. *Die christliche Lehre von der Sünde und ihrer Vergebung in gegenwärtiger Verantwortung*, 1989, 199-203.
252 Chr. Gestrich, 같은 곳, 201.
253 이 구분은 게슈트리히의 글에서는 나오지 않는다. Chr. Gestrich, 같은 곳, 202., 203ff.
254 게슈트리히(Chr. Gestrich, 같은 곳, 203)의 설명은 이런 의미에서 오해의 소지가 있다. 게슈트리히가 실제로 인정에 대한 욕구가 죄의 근본적 현상의 형태라고 주장하

는 열망이 좌절되는 많은 경우에 실제로 파괴적 악이 – 죄의 다른 모든 현상적 형태들로부터도 그런 것처럼 – 발생한다고 해도 그렇다. 인정받으려는 열망은 죄가 스스로를 나타내는 많은 형태들 가운데 하나이며 아마도 정욕의 특수한 형태일 것인데, 물론 스스로를 의식하는 존재인 인간의 정체성이라는 주제와 관련되어 있다. 어쨌든 자신의 고유한 존재 가능성에 대한 불안은 과도한 자기애의 표현이자 동기로서 여기서도 이미 전제되어 있다.

스스로 자아에 고착되는 것은 불안으로 소급되지 않는다. 왜냐하면 그것은 이미 불안 안에 내포되어 있기 때문이다.[255] 하지만 시간성의 상황 속에서 불안을 통해 일으켜지는 자기 고착화는 계속 재생산된다. 거꾸로 미래의 불확실성과 고유한 정체성의 비완결성은 불안을 키운다. 그래서 인간은 불안을 통해 편집증에 사로잡힌다.[256] 이에 대한 대안은 미래를 신뢰

려 했다면, 그 주장은 정욕, 자기욕망, 불안에 대한 전통의 경쟁적인 주장들에 맞서는 상세한 논증을 필요로 한다. 자기욕망과 불안이 확증을 추구하는 과정에서 보통 서로 관여한다는 것은 다음의 사실을 오히려 옹호한다. 그것은 자아 현시증이 다른 많은 현상적 형태들 곁에서 그에 속한 하나인 반면에, 정욕 등의 그러한 동기들은 죄의 구조에 대해 근본적이라는 사실이다.

[255] 그 밖에도 불안에 가득 찬 자기고착화의 형태 곁에 또한 타인을 개의치 않고 자기를 높이는 자기고착화의 형태도 존재한다. 이런 형태는 이미 고대에 자기애(*Hybris*)나 교만(*superbia*)으로 표현되었다.

[256] 이러한 사태가 신경증에 따른 넓은 스펙트럼의 행동방식에 미치는 영향이 최근 드레베만의 세 권의 저서에서 설명되었다. E. Drewermann, *Strukturen des Bösen. Die jahwistische Urgeschichte in exegetischer, psychoanalytischer und philosophischer Sicht*, 1977ff. 여기서 드레베만은 다음과 같이 바르게 강조했다. 이 문제의 근원으로 나아가는 해법은 하나님께로 돌이키는 것을 필요로 한다. 물론 이 점을 인정하는 것이 융(C. G. Jung) 심리학의 기초 위에서 드레베만이 반(反)합리주의적 입장을 취한 것과 성서 및 신화적 소재를 혼합시킨 것을 뒤따르자는 것은 아니다. 죄의 근본 형태로서 불안이 갖는 근본적인 중요성은 이미 아우구스티누스에게서도 통찰되었다. 물론 그는 아직은 두려움(*timor*)과 불안을 다른 용어로 구분하지는 않았다.

하는 것이며, 그 신뢰로부터 현재를 살아가는 것이다. 이 신뢰가 인간에게 항상 반복해서 새롭게 선사되지 않는다면, 그는 살아갈 수 없을지도 모른다. 그럼에도 불구하고 인간은 계속하여 자기 자신에 대한 불안 속에 자신을 폐쇄시킨다.

이 점에서 종교개혁 신학은 불신앙이 죄의 뿌리라고 바르게 지적했다.[257] 자신에 대한 불안 속에서, 인간은 자신의 삶을 선물로 받아들이고 감사하며 신뢰 안에서 미래로 나아가기를 거부하거나 그럴 수 없게 된다. 물론 이러한 일반적인 의미에서의 신뢰는 아직은 성서의 하나님을 향한다는 의미의 믿음이 아니다. 그런 믿음의 표현은 하나님의 역사적 계시의 근거 위에서 가능하다.

인간학적으로 일반화된 사태로서의 불신앙이 죄를 인간에게 보편적으로 퍼져 있는 사실성으로 묘사하는 신학 안으로 들어온다면, 그때 일차적으로는 신뢰의 대상과 근거의 불명확성이, 다른 한편으로는 신뢰할 능력이 없다는 불명확성이 인정될 수밖에 없다. 성서의 하나님은 모든 인간에게 항상 구체적인 대상으로서 그들의 눈앞에 계시지 않는다. 그럼에도 불구하고 성서의 창조 신앙은 모든 피조물에게 그것들의 창조자이신 성서의 하나님과 관계되어 있음을 고려하라고 요청한다. 비록 피조물들이 자신들의 생명이 하나님으로부터 유래하고, 자신들의 삶은 하나님께로 나아가고

---

[257] 루터는 불신앙 속에서 제1계명에 저항하는 죄를 보았고, 신앙 속에서 그 계명이 성취된다고 생각했다. 이에 대한 증빙으로 다음을 보라. P. Althaus, *Die Theologie Martin Luthers*, 1962, 131f. 그리고 무엇보다도 G. Ebeling, *Lutherstudien* II: Disputatio De Homine 3. Teil, 1989, 114ff., 동일저자, Der Mensch als Sünder. Die Erbsünde in Luthers Menschenbild, *Lutherstudien* III, 1985, 74-107. 칼뱅도 비슷하다. J. Calvin, *Inst. chr. rel.* II,1,3. 칼뱅을 수용하면서 칼 바르트는 교만으로서의 죄에 대한 근본 진술들(*KD* IV/1, 1953, 458-531)을 불신앙의 개념을 통해 해석했다(459-462). 페쉬도 뒤따라 죄를 불신앙으로 해석했다. O. H. Pesch, *Frei sein aus Gnade. Theologische Anthropologie*, 1983, 166ff.

있다는 것을 모른다고 해도, 그것을 고려해야 한다는 것이다. 마찬가지로 불명확한 방식 안에서 피조물은 신앙 혹은 불신앙의 입장에 설 수 있으며, 한편으로 생명과 신뢰할 수 있는 미래 개방성을 감사히 받아들이며 살아가거나, 아니면 자신의 고유한 존재가능성에 대한 불안과 함께 살아갈 수 있다.

신학이 죄로 지칭할 수 있는 상황, 즉 인간 규정의 보편적 오류의 상황 속에서 불신앙은 그런 상황의 근거로서 항상 주제화되는 것은 아니다. 이 주제화는 역사적 계시의 하나님을 마주 대할 때 비로소 가능하다.[258] 마찬가지로 범죄의 구체적 출발점이 하나님처럼-되려-함이라는 인간의 노골적인 오만(Hybris) 속에 있지는 않다. 이러한 오만은 자기 삶에 대한 욕망과 불안 속에서 암묵적으로만 광범위한 영향력을 행사한다. 만약 그 오만이 밖으로 드러난다면, 그것은 물론 파괴적이고 살인적인 결과를 초래할 수 있다. 그러나 죄의 일상적인 현상 형태 속에서 그것의 고유한 본질과 그에 속한 악의 깊이는 대체로 은폐되어 있다.[259] 그렇지 않으면 어떻게 죄가 인

---

[258] 나의 책을 참고하라. *Anthropologie in theologischer Perspektive*, 1983, 88ff., 132ff. 이 문제에서 키에르케고르와 헤겔의 관계에 대한 링레벤의 설명을 보라. J. Ringleben, *Hegels Theorie der Sünde. Die subjektivitätslogische Konstruktion eines theologischen Begriffs*, 1977, 252ff. 키에르케고르에 대해서는 특히 *Die Krankheit zum Tode* (dt. von E. Hirsch) 94. 칼 바르트는 이미 종교개혁과 종교개혁 이후의 신학에 대해, 그리고 최고로 발전한 근대 개신교주의 신학에 대해서도(M. Kähler 한 사람은 예외로 하고서) 죄 인식의 근거를 결정적·배타적으로 그리스도에게 충분히 두지 않았다는 점을 비판했다(*KD* IV/1, 1953, 395-458). 그러나 바르트는 죄 인식을 자신의 고유한 방식대로 그리스도론적으로 근거시킬 때(기본명제의 서술, 같은 곳, 430), 그리스도의 계시의 빛에서 발생하는 죄의 폭로가 그보다 훨씬 더 보편적인 본성으로서 그리스도의 계시보다 역사적으로 앞서는 한 가지 사태와 관련되어 있다는 사실을 고려하지 않았다. 이것이 고려되지 않았을 때 죄의 사실성으로부터 나타나는 것은 그리스도 신앙의 단순한 가설뿐이다. 참고. Chr. Gestrich, 같은 곳, 85f.

[259] 루터도 마찬가지로 죄의 이러한 현상 형태들은 보편적으로 인식될 수 있다고 보았다. 물론 현혹된 이성은 그것을 쉽게 간과할 것이다. Posset tamen peccatum

간을 유혹할 수 있겠는가? 물론 인간들은 불안 속에 있고 억제되지 않는 욕망과 공격성 속에 있는 삶의 결과들로 인해 고통을 겪는다. 하지만 우리가 역사적 계시의 하나님과 마주할 때, 우리는 그런 방식의 삶의 기괴함을 바로 그 하나님께 대한 죄로 명명할 수 있게 되고, 나아가 그것의 뿌리가 불신앙임을 확인할 수 있게 된다.

c) 죄의 보편성과 죄의 책임(Schuld)의 문제

욕망과 이기심의 관계를 통해 죄의 구조적 보편성을 입증하는 것은 죄의 책임성의 문제를 날카롭게 드러낸다. 그리스도교의 죄론은 근대의 논의에 이르기까지 언제나 이 문제에 몰두해왔다. 죄에 관해 말하는 것은 죄의 책임을 부과할 수 있는 어떤 행위에 관계될 때만 의미가 있어 보인다. 그렇지 못할 때 사람들은 단지 질병이나 비참한 상황에 대해서만 말하게 될 것이다. 그러나 책임은 자유의지에 대한 아우구스티누스의 초기 저작에 따르면 단지 의도적으로 실행된 행동에 대해서만 존재한다. 이러한 이해는 고대 교부학의 전통과 일치한다. 오로지 행위자에게만, 정확하게 말해 죄를 짓는 의지에게만 정당한 방식으로 죄가 귀속된다. 왜냐하면 피할 수 없는 어떤 일로써 누가 죄를 범할 수 있겠는가?[260] 아우구스티누스에게 반대했던 펠라기우스주의자들은 나중에 다음과 같은 비슷한 종류의 진술을 제시했다. 그러한 근본명제에 직면할 때, 인격적인 참여 없이, 나아가 이미 출생 때부터 위치하게 된 어떤 상태에 대해 어떻게 유죄의 책임이 있을 수 있을까? 이에 대해 아우구스티누스는 또한 무심결에 행한 잘못들,

---

ab effectibus suis cognosci utcunque, Nisi ratio etiam hic esset nimium caecutiens et obiectorum facile oblivisceretur (WA 39/1,85). 참고. G. Ebeling, *Lutherstudien* III, 1985, 275f.와 295-300.

260 Augustin, *De lib. arb.* III, 18. Quis enim peccat in eo, quod nullo modo caveri potest? 초기 아우구스티누스가 말한 결정의 자유와 책임의 관계에 대해 H. Häring, *Die Macht des Bösen. Das Erbe Augustins*, 1979, 139-148, 150ff.를 보라.

나아가 인간이 피하려 했지만 피할 수 없었던 과오들도 벌을 받아야 한다고 선언하는 성서의 말씀을 인용했다(롬 7:15).[261] 하지만 그것으로도 유죄 책임과 죄과가 행위자의 의지에서 결합된다는 논쟁의 핵심에는 답이 주어지지 않았다. 여기서 출구는 타락 사건 이전에 아담이 가졌던 결정의 자유를 성찰할 때 주어진다. 그 자유는 바울의 것으로 추정되는 생각과 관계되어 있는데, 그것은 아담의 모든 후손이 아담 안에서 현존했고 죄를 향한 아담의 자유로운 결정에 참여했으며, "그 안에서" 함께 죄를 지었다는 생각이다(롬 5:12, 불가타).[262] 죄가 지배하는 현재의 상태에 대한 책임을 묻는 것은 결국 아담으로 소급하기 위한 동기, 그리고 그렇게 하여 아담의 후손들이 그의 죄에 참여하고 있다는 표상을 위한 가장 큰 동기였다.

물론 아우구스티누스가 유전죄 교리를 인간의 현재 상태에 대한 개인적인 책임 문제를 해결하기 위해 전개했던 것은 아니다. 자유의지에 대한 저작을 완성한 이래로 그는 이미 교부 신학 속에 일반적으로 퍼져 있었던 이해, 즉 아담의 타락에 놓인 죽음의 운명의 근원에 대한 이해에 동의했을 뿐만 아

---

261 Augustin, *Retract.* I,9. 죄과와 책임의 문제에 대한 후기 아우구스티누스의 발전된 입장에 대해 H. Häring, 같은 곳, 189-218을 참고하라.
262 Augustin, *De civ. Dei* XIII, 14. Omnes enim fuimus in illo uno, quando omnes fuimus ille unus…Nondum erat nobis singillatim creata et distributa forma, in qua singuli viveremus; sed iam erat natura seminalis, ex qua propagaremur. 더 많은 증빙은 J. Groß, *Entstehungsgeschichte des Erbsündendogmas*, 1960, 319ff.를 보라. 그로스는 이러한 생각을 "일련의 두 번째 표상"과 바르게 구분했는데, "그 표상에 따르면 유전죄는 다름이 아니라 아담으로부터 유전된 욕망의 성향이다"(322). 하지만 그는 양자의 관계가 보충적이라기보다는 모순된다고 판단했다(327f.). 왜냐하면 그는 정욕 속에 숨겨진 교만의 동기(위를 보라)를 주의 깊게 관찰하지 않았기 때문이다. 첫 인간의 죄는 이미 교만의 죄였고, 전도서 10:15에 따르면 그 교만을 통해 모든 죄가 시작된다(*De civ. Dei* XIV, 13,1). 교만은 과도하게 왜곡된 욕망(*perversae celsitudinis appetitus*)이며, 이것은 자신의 자아를 위해 적당한 정도보다 더욱 크게 열망하여(같은 곳) 정욕의 핵심을 형성한다.

니라, 테르툴리아누스가 자신의 (영혼이 세대들이 연속되는 가운데 전승된다는) 영혼유전설과 관련해서 내어놓은 표상, 즉 죄를 통해 부패한 본성의 유전이라는 표상도 공유했다.[263] 그러나 아우구스티누스는 펠라기우스 논쟁에서 아담의 죄에 대한 참여 역시 정욕의 유전과 직접 관계되어 있다는 사실을 더욱 강하게 주장했다.[264] 이 점에서 그의 유전죄 교리는 죄에 대한 유죄 책임에 대한 질문의 압박 아래서 완전히 전개된 셈이 되었다. 이런 관점에 설 때만 유전 사상은 아우구스티누스 교리의 체계에 대해 중요한 의미를 갖는다. 정욕 속에 내포된 의지의 역전이 보편적으로 확산되어 있다는 설명을 위해 유전 사상이 필요했던 것이 아니다. 죄의 보편성은 아담에게로 소급하지 않고서도 이미 확고했다.

그러나 유전죄의 개념에 대한 중세기의 논의는 죄에 대한 책임의 문제가 타락 이전에 아담이 가졌던 결정의 자유를 가리킨다고 해서 해결되는 것이 아니라는 사실을 제시했다. 아담의 모든 후손들이 그의 숙명적인 행위를 자유롭게 공동 수행한다는 의미에서 그 조상의 존재 속에 현존한다는 표상은 사실상 영혼들의 선재 사상을 요청하게 될 것이다. 아담 안에 후손들이 씨앗처럼 현재한다는 아우구스티누스의 사상은 영혼들이 세대들이 연속하는 가운데 전달된다는 영혼유전설의 전제 아래서만 어느 정도

---

263 *De lib. arb.* III,20. 이에 대해 J. Groß, 같은 곳, 266ff.를 참고하라. 비교. Tertullian, *De an.* 40,1f. (CCL II, 843). 이와 같은 맥락 안에서 테르툴리아누스에게서는 바울의 죄 많은 몸(*caro peccatrix*)의 표상은…영을 거스르는 정욕(*concupiscens adversus spiritum*)으로 나타나지만(참고. 38,2f.; 841), 반면에 아우구스티누스에게서는 여기서 전문용어로서의 리비도(*libido*) 개념이 전면에 나서거나(III,18) 혹은 그것에 근거하고 무지(*ignorantia*)와도 관련된 어려움(같은 곳) 즉 하나님의 의지에 순종하지 못하는 어려움이 강조된다.

264 J. Groß, 같은 곳, 268f., 273., 301ff., 특히 이 주제에 대해 아우구스티누스의 로마서 5:12의 주석이 갖는 의미를 305ff.에서 보라.

의 타당성을 가질 수 있었는데, 여기서도 물론 후손의 영혼의 씨앗이 아담의 결정에 참여할 수 있다는 생각은 여전히 기괴하다. 그와 달리 영혼 창조설(Kreatianismus)의 전제 아래서는 각각 새로운 개인을 위해 하나님이 새롭게 창조하신 영혼이 그럼에도 불구하고 아담의 죄에 사로잡혀 있다는 사실에 대한 전적으로 새로운 설명이 필요했다. 안셀무스(Anselm von Canterbury)는 그 설명이 아우구스티누스 신학이 길을 닦을 때 다음과 같은 명제를 통해 이미 주어졌다고 생각했다. 즉 새롭게 창조된 각 영혼이 종으로서의 인류에게 선사되었으나, 아담의 타락을 통해 상실된 근원적 의를 하나님께 빚지고 있다는 것이다.265 후대의 신학자들은 이 명제를 점점 더 자기 것으로 만들어갔다. 그 과정에서 결함, 곧 아담의 모든 후손이 하나님께 빚지고 있는 공의와 관련된 결함은 세대들의 연속을 통해 유전된다는 정욕과 어느 정도 밀접하게 연결되었다.266 또한 구(舊)개신교주의 신학도 이 노선을 뒤따랐고, 그 결과 죄의 그러한 두 측면의 상호 보완성을 특별히 강조했다.267 그러나 인간에게 근원적으로 주어졌던 요소가 결여되어 있다는 유전죄가 유죄라는 사상 역시 죄에 대한 개인적인 책임성의 문제

---

265 Anselm von Canterbury, *De conceptu virginali et de originali peccato* 2-6 (Opera Omnia ed. F. S. Schmitt II, 1940, 141ff.), 참고. 27 (II,170).
266 H. Köster, *Urstand, Fall und Erbsünde*. In der Scholastik (HDG II,3 b) 1979, 129ff.
267 크벤슈테트는 유전죄에 대해 그렇게 말했다. I.A. Quenstedt, *Theol. didactico-polemica sive systema theol.*, Leipzig 1715, 918 (th.34). Forma est habitualis Iustitiae Originalis privatio…cum forma contraria, totius nempe naturae profundissima corruptione, coniuncta. 정욕 또한 이곳의 설명 가운데 언급되는 부패(*corruptio*)에 속하는 것으로 고려된다(참고. th. 35,919). 크벤슈테트는 이 문제와 관련해서 자신의 고유한 질문에 몰두했다. "원죄는 오로지 근원적인 의의 결여에 놓여 있는가, 아니면 그 의에 관한 어떤 긍정적인 부분을 여전히 지니고 있는가?" An peccatum Originis consistat in nuda privatione et carentia iustitiae Originalis, an vero simul importat positivam quamdam qualitatem contrariam? (qu. 11,1029-1035).

를 해결할 수 없는데, 이 사태는 유전죄 교리에 대한 소키누스주의자의 비판 이래로 해결점을 찾지 못하다가 결국 해결에 도달했던 논쟁들 안에서 제시되었다(위를 보라). 그러나 이를 통해서도 개인의 책임성과 죄의 보편성의 결합 가능성에 대한 분투는 끝나지 않았다. 개인적 책임성의 문제는 오히려 전통적인 유전죄와 상속죄의 표상이 해체된 이후에 개인의 행위보다 우선하는 보편적인 죄성을 믿을 만한 것으로 만들려는 근대의 모든 시도들 안에서 제기되었다.

근대 신학 안에서 죄론의 역사가 최종적으로 죄 개념을 행위-죄로 환원시키는 쪽으로 나아간 것에 대한 심층적인 이유가 여기에 있다(위의 414를 보라). 이미 아우구스티누스의 설명에서 유전죄는 결국 행위-죄로, 즉 아담의 행위-죄로 소급되었다. 근대 신학은 유전 도식을 버린 이래로 그와 같은 사상을 모든 개인에게 적용했다. 즉 죄는 각 개인의 행위다. 하지만 동시에 그 행위는 그의 삶 전체를 규정하는 "삶의 행위"다.[268] 하지만 삶 전체가 하나의 행위인가? 삶은 역사, 곧 개인의 행위만이 아니라 우연히 닥쳐오는 사건들과 숙명으로 각인된 역사가 아닌가?[269] 그렇다면 율리우스 뮐러(Julius Müller)가 시도한 해결책은 아직도 여전히 유익하다고 할 수 있다. 왜냐하면 뮐러는 거기서 죄에 대한 책임성과 더불어 죄의 보편성과 총체성을 확정할 수 있다고 믿었기 때문이다. 그래서 그는 각 개인의 출생 이전의 결정을 그의 삶 전체에 걸친 죄성의 근원으로 가정할 수 있었다(위의 414쪽의 각주 205를 보라).

---

[268] K. Barth, *KD* IV/1, 1953, 566ff., 참고. 488ff. 삶의 행위라는 개념이 유전죄의 자리를 대신하는데, 유전죄는 바르트에 따르면 "너무도 잘못 이해되기 쉽기 때문에 가장 불운한 개념이다"(557).

[269] 나의 책을 참고하라. *Anthropologie in theologischer Perspektive*, 1983, 488ff.

유전죄 교리를 대체하는 근대의 영향력이 큰 대안들은 죄성의 초개인적 측면들을 사회적 삶의 관계 속에 있는 개인의 주어진 상황성(Situiertheit)과 결합시키는 것에 근거한다. 연속되는 세대를 통해 죄가 자연적으로 전달된다는 생각의 자리를 개인들 사이의 사회적 관계를 통해 죄가 매개된다는 표상이 차지한다. 그 결과로서 형성된 사회적 삶의 관계는 구조적으로 왜곡된 것으로 파악된다. 사회적으로 매개된다는 점에서 그 왜곡은 피할 수 없다.[270] 인간의 개인적 삶과 사회적 삶이 나누어질 수 없고 오히려 개인적 삶은 언제나 사회적 관계들을 통해 구성되는데, 사회적 관계들 안에서 개인적 삶은 형태를 갖추고 전개된다. 이 과정에서 죄 역시 사회적 삶의 형태들에 영향을 미치게 된다. 다만 문제는 이렇다. 거기서 각 개인의 삶 속에 뿌리를 두고 있는 어떤 개인적 사태의 영향력이 중요한가, 아니면 거꾸로 사회가 악의 고유한 자리인가? 이 지점에서 죄 개념의 적용 가능성에 대한 기준으로서의 개인적 책임성의 질문이 피할 수 없이 제기된다. 개인이 의지적으로 동의할 때만 사회의 잘못된 영향은 개인의 죄가 된다. 개인이 근본적으로 그러한 영향으로부터 벗어날 수 있다면, 펠라기우스의 이해와의 차이는 사라진다. 펠라기우스도 사회적 삶의 관계 속에서 나쁜 사례들의 전염성 있는 영향력을 통해 죄가 전이되는 것을 알고 있었고, 그 전이를 유전죄에 대한 아우구스티누스의 교리와 대립시켰다.[271]

---

[270] 이 점을 게슈트리히(Chr. Gestrich 같은 곳 88f.)는 죄 개념의 해방신학적 해석들과 관련시키면서 바르게 강조했다. 비교. M. Sievernich, *Schuld und Sünde in der Theologie der Gegenwart*, 1982, 249ff., 256ff., 비판에 대해서는 265ff. 사회적 삶의 관계 안에 있는 인간의 "주어진 상황에 처한 존재"(Situiertsein)라는 개념 – 이것은 아래서 계속 논의될 것이다 – 의 토대 위에서 유전죄를 "정치적"으로 해석한 사례로는 다음을 보라. W. Eichinger, *Erbsündentheologie. Rekonstruktionen neuer Modelle und eine politisch orientierte Skizze*, 1980, 187-228.

[271] G. Greshake, *Gnade als konkrete Freiheit. Eine Untersuchung zur Gnadenlehre des Pelagius*, 1972, 81ff.

하지만 개인이 사회적인 영향력으로부터 벗어날 수 없는 경우에도, 그는 여전히 그 영향을 낯선 힘으로 여기고 그것과 내적으로 거리를 둘 수는 있다. 이때 그는 그 자신이 본성적으로 악하지는 않다고 알고 있다. 악은 개인의 외부에 놓인 "구조적인 죄"로 간주된다. 이것이 죄에 대한 성서적 진술의 의미와 조화되지 않는다는 사실에 대해 번거로운 증명은 필요하지 않다. 성서의 표상들은 세부적으로는 서로 많이 다르지만, 요점은 다음과 같다. 인간은 죄로부터 멀어질 수 없고 죄의 악을 자신의 고유한 악으로 인식해야 하는데, 그것이 자신의 고유한 행위인지 혹은 그 자신 안에 "거주하는" 힘(롬 7:17)인지는 관계가 없다는 것이다. 죄의 근원은 개인의 "마음" 속에 있다. 이 사태는 사회적 삶의 관계를 통해 죄의 확산을 설명하는 것에 의해서는 통찰되지 않는다. 비록 이 사태가 각 개인 안에 존속하는 성향이라는 의미에서 이미 주어진 것으로 전제된다고 해도 그렇다.

이런 내용은 칸트의 경우에 해당한다. 칸트는 "악의 왕국"[272] 안에 있는 악의 원리가 사회적으로 실현된다는 생각을 통해, 그에 상응하는 신학적 교리들을 형성하는 데 가장 중요한 선구자가 되었다. 왕의 왕국, 곧 미덕의 법칙들을 추구하는 윤리적 공동 존재로서 도덕적인 하나님 나라의 수립을 통해 극복되어야 하는 그 왕국의 생성과 확장은 칸트에 의하면 언제나 행위-원동력의 바른 질서를 역전시키는 각 개인들의 "성향"(Hang)에 근거하고 있다.[273] 슐라이어마허에 의하면 비슷한 방식으로 각 개인에게서 감각적 자의식을 통해 하나님 의식이 "방해"(Hemmung)받는 것이 죄의 공동성과 짝이 되는 상대개념을 형성하는데, 그런 공동적인 죄는 개인들의 상호작용으로부터 발생

---

[272] I. Kant, *Die Religion innerhalb der Grenzen der bloßen Vernunft* (1793) 2.Aufl. 1794, 107f.
[273] I. Kant, 같은 곳, 23ff. 하나님 나라를 미덕의 법칙들을 추구하는 윤리적인 공동 존재로 보는 칸트의 개념에 대해서는 137ff.

하며 죄성의 "총체적 삶"이라고 표현된다.[274] 이 삶으로부터 각 개인이 자유로워질 수 있는 것은 오로지 구원자에게서 비롯되는 또 다른 총체적 삶 속으로 편입될 때뿐이다. 칸트와 달리 슐라이어마허는 공동체의 측면을 강조하며 "개인의 모든 행위보다 앞서 그 개인 안에 존재하고 그의 현존재 너머에 근거하는 죄성"(§70)을 "인류라는 종의 총체적 행위이자 총체적 죄과"로 파악했다(§71). 하지만 죄는 또한 개인 속에도 현존한다.[275] 알브레히트 리츨은 슐라이어마허의 사상을 더욱 단호하게 개인들의 사회적인 상호작용으로 소급시켰다. "개인을 다른 모든 이들에 대한 측량할 수 없이 많은 상호작용 안에 위치시키는 각 개인의 이기적인 행위가…그 개인을 공동 악과 결합되도록 이끈다"는 것이다.[276] 이를 통해 생겨난 "얽힌 관계"(Verflechtung)를 리츨은 "죄의 왕국"으로 묘사했다.[277] 여기서 유전죄 교리에 대한 거리가 명확하게 예시되었고, 그 거리는 사례와 모방을 통해 죄가 확장된다는 펠라기우스의 이해에 대한 차이보다 더욱 분명하다.[278]

칸트에게서 시작된 해석 곧 죄에 대한 그리스도교 사상을 개인들의 복잡한 사회적 관계를 통해 초개인적인 측면으로 해석하는 것은 19세기에는 개신교 신학에 국한되었다. 최근 가톨릭 신학에서 이와 대비되는 부분이 나타났는데, 특별히 "세계의 죄"에 대한 쇼넨베르크(Piet Schoonenberg)의 많이 주

---

274 F. Schleiermacher, *Der christliche Glaube* 2.Aufg. 1830, §71,1f. 비교. §69,3. "총체적 삶" 개념에 대해서는 §82,3.
275 슐라이어마허는 물론 개인이 종의 죄성에 참여하는 것이 유죄라고 여기지는 않았다(§71,2). 원죄가 "개인의 의지 작용 없이 그 사람 안에서 계속되고 그를 통해 생성되었을 수도 있다"는 한에서, 그것은 "바로 각자의 죄과"라고 부를 수 있다(§71,1). 본문에서 이어지는 내용들도 마찬가지로 슐라이어마허의 신앙론과 관계된다.
276 A. Ritschl, *Die christliche Lehre von der Rechtfertigung und Versöhnung* III, 2.Aufl. 1883, 311.
277 같은 곳, 314f.
278 이러한 측면에 대해 거리를 두려는 리츨의 노력(같은 곳, 312)은 단지 그가 계속해서 사회적 상호작용의 관점으로부터 서술해 나간다는 결과만을 낳는다.

목받은 명제를 들 수 있다. 모든 개인은 사회적 삶의 관계 속에 놓인 그의 "상황에 처한 존재"(Situiert-Sein)를 통해 세계의 죄와 연루된다는 것이다.[279] 이에 대한 쇼넨베르크의 설명은 리츨의 사상과 놀랍게도 유사하다. 다만 리츨은 자신의 견해를 유전죄 교리에 대한 해석이 아니라 대안으로 제시했다. 비록 우리가 칼 라너와 함께 트리엔트 공의회(DS 1513)가 교의학적으로 구속력이 있는 유전죄의 정의의 본질적인 내용을 단순한 모방을 통한 죄의 전이를 거부하는 것에 제한시켰다는 사실을 고려한다고 해도,[280] 원죄를 "상황에 처한 존재"(Situiert-Sein)로 해석하는 것이 그렇게 거부된 견해를 정말로 배제하는지는 여전히 의심스럽다. 단순한 모방을 통해 죄가 확산된다는 것에 대한 거부는 말하자면 죄가 모든 각 개인에게 내적으로 본래적이라고 생각된다는 사실을 확증하는 셈이 된다.[281] 정확하게 바로 이 지점에 죄를 "상황에 처한 존재"(Situiert-Sein)로 해석하는 것의 문제가 놓여 있다. 물론 쇼넨베르크는 "그런 상황적 존재를 **내적 규정**으로 이해"하려고 했다.[282] 하지만 개인적 삶의 자기실현과 그 안에서 작용하는 성향 곧 "상황에 처한 존재"에 부합하는 개인의 성향이 개입하지 않고도 쇼넨베르크의 그런 이해가 사상적으로 입증될 수 있는지는 의심해봐야 한다. 펠라기우스주의에 반대하는 아우구스티누스의 입장이 갖는 진리의 핵심은 죄 안에 놓인 **"왜곡된 삶의 자연적인 구조의 근본상태"**가 개인에게도 인정되는 경우에만 주장될 수 있다. 오로

---

279 P. Schoonenberg, Der Mensch in der Sünde, in: J. Feiner/M. Löhrer, Hgg, *Mysterium Salutis* II, 1967, 845-941, 특히 866ff., 890f., 또한 928f. 비교. K.-H. Weger, *Theologie der Erbsünde*, 1970.

280 K. Rahner, Theologisches zum Monogenismus (1954), in: *Schriften zur Theologie* I, 1964, 253-322, 270, 295f.

281 공의회는 원죄(*peccatum originale*)를 다음과 같이 묘사한다. Adae peccatum, quod origine unum est et propagatione, non imitatione transfusum omnibus inest unicuique proprium (DS 1513).

282 P. Schoonenberg, 같은 곳, 924, 비교. 891.

지 그 경우를 통해서만 개인은 그 자신에 속한 죄와 동일시되도록 내몰리는데, 왜냐하면 고유한 육체적 현존재가 각 개인이 죄와 동일시될 때 자아의 근본형태 곧 자신의 존재의 다른 모든 측면을 세워나가는 근본형태이기 때문이다.[283] 하지만 이로써도 자신의 고유한 존재상태(Sosein)에 대한 개인의 책임이 어떻게 가능한지에 대한 대답은 아직 주어지지 않았다. 하지만 그 질문이 의미 깊게 제기될 수 있기 위한 필수적인 전제는 확증되었다.

죄로 지칭되는 사태가 어떤 의미에서 책임져야 하는 유죄로 이해될 수 있는가 하는 질문에 대해 분명히 새로운 노력이 필요하다. 이 문제는 계속해서 어떤 의미에서 죄와 책임성이 행위의 자유에 의존하는지, 혹은 그 자유 안에 근거되어 있는지의 질문으로 이어진다. 오직 이 질문에 대한 논의의 틀 안에서만, 죄와 책임성에 관하여 행위와는 다른 어떤 관점으로부터 설명될 수 있는지가 판단될 수 있다.

율리우스 뮐러는 행위의 책임성과 책임질 수 있는 능력에 대해 "형식적" 자유가 전제될 필요가 있다고 생각했다. 이 자유는 두 가지 사이에서 선택하는 선택권을 넘어서는 것으로서 "**악과 마찬가지로 선도** 스스로 발생시킬 수 있는" 능력이 그 자유에 속한다는 것이다.[284] 이에 대해 선택하는 자가 그 선택 이전에 선택의 가능성들과 중립적으로 마주해야 한다는 점이 요청되지도 않는다. 그러나 불가피한 것은 그가 이러한 가능성들과 마주하여 다른 어떤 것을 선택할 수도 있으며,[285] 이러한 다른 선택의 가능성은 선의 규범에 직면해서 악의 가능성을 포함한다는 사실이다.[286] 뮐러는 선의 규범과 마주하여 그 밖의 다른 것을 선택할 수도 있는 의지가 사

---

283 이에 대해 나의 책을 보라. *Anthropologie in theologischer Perspektive*, 1983, 198ff.
284 J. Müller, *Die christliche Lehre von der Sünde* II, 3.Aufl. 1849, 15, 비교. 17f.
285 J. Müller, 같은 곳, 32ff., 비교. 41.
286 J. Müller, 같은 곳, 35.

실상 이미 선한 의지가 아니라는 점을 분명히 밝히지 않았다. 이 의지는 단순히 선 안에 확고히 고정되어 있지 않기 때문에 약한 것이 아니다.[287] 주어진 선의 규범과 마주해서도 다르게 선택할 수 있다는 점에서, 그 의지는 이미 죄가 있는데, 왜냐하면 그것은 선의 구속으로부터 자립해 있기 때문이다.[288] 우리는 죄를 철저히 인간의 규정과 관련된 인간적 허약함의 표현으로 이해할 수 있다.[289] 죄를 악과 노골적으로 동일시할 수 없다는 것은 앞에서 이미 말했다. 하지만 선을 향한 의지의 허약함이 선과 악의 대립에 대해 중립적이라고 설정할 수는 없다.[290] 선에 직면해서 그와 다른 선택을 할 수 있는 의지는 그 점에서 언제나 이미 악과 연루되어 있다. 그렇기에 죄의 근원이나 그에 대한 책임성을 설명하기 위해 자유로운 선택의 행위로 소급하는 일은 전혀 도움이 되지 않는다.[291] 그렇게 할 때 어떤 행위

---

[287] 교부학 속에 널리 퍼져 있었던 이러한 표상은 예를 들어 아타나시오스(Athanasius, *De inc.* 3f.)나 아우구스티누스(Augustin, *Ench.* 28 (105) CCL 46, 106)에게서 발견된다. 아우구스티누스는 결코 죄를 지을 수 없는 의지가 죄를 지을 수도 있고 짓지 않을 수도 있는 의지보다 훨씬 더 자유롭다고 바르게 생각했다.

[288] 율리우스 뮐러의 형식적 자유의 개념을 비판하는 벤츠의 논문에서 결론의 논평을 보라. G. Wenz, Vom Unwesen der Sünde, *KuD* 30, 1984, 298-329, 307.

[289] Irenäus, *adv. haer.* IV,38,1f.와 4.

[290] K. Barth, *KD* III/2, 234f. "인간의 자유는 하나님 앞에서 자신의 책임을 포기하는 자유가 결코 아니다. 그것은 죄를 지을 수 있는 자유가 아닌 것이다"(235). 물론 바르트가 그럼에도 불구하고 그런 선택을 죄의 근원으로 보는 모델로부터 벗어나지 못했던 것은 당혹스럽다. 바르트는 그 선택을 "자신의 유일무이한 한 가지 가능성과 자신의 고유한 불가능성 사이"에 있는 인간의 선택으로 묘사했다(같은 곳). 유감스럽게 크뢰트케는 여기에 존재하는 바르트의 자유의 표상 문제를 다루지 않았다. W. Krötke, *Sünde und Nichtiges bei Karl Barth* (1970) 2.Aufl. 1983, 66ff.

[291] 여기서 제시된 논증과 달리 칼 바르트는 율리우스가 죄의 가능성에 대한 질문에 답하려고 시도하지 않았다는 점을 이미 비판했다. *Die protestantische Theologie im 19.Jahrhundert. Ihre Vorgeschichte und ihre Geschichte*, 2.Aufl. 1952, 541f. 하지만 그리스도교 창조 신앙은 이 질문과 관련된 내용을 회피할 수 없다. 이미 영지주의와의 논쟁 속에서 그리스도교 신학은 그러한 대답을 위해 노력했다. 다만 그 당시에 주

속에서 표현되는 의향(Gesinnung)에 대한 책임이 개별 행위에 대한 책임과 혼동된다. 이 문제는 현재의 인간들에게와 마찬가지로 아담에게도 해당된다. 이 통찰은 광범위한 영향력을 갖는다. 그것은 율리우스 뮐러나 죄렌 키에르케고르뿐만 아니라, 이미 아우구스티누스와 그보다 앞선 반영지주의 교부들의 논증에도 해당된다. 그 통찰은 말하자면 죄에 대한 책임을 선과 악 사이에서 내려지는 의지의 선택으로 소급시키는 것을 배제한다.

물론 그 사실이 두 가지 사이에서 선택할 수 있는 의지의 능력을 문제 삼는 것은 아니다. 이 능력과 그것의 실행은 사실상 인간의 행위의 두드러지는 특성에 속한다. 그 능력은 인지의 객체들에 대해서만이 아니라, 표상된(vorgestellt) 대상들과 그 대상들에 대해 표현되는 고유한 행동방식들에 대해서도 거리를 유지할 수 있는 능력에 뿌리를 두고 있다. 그러나 선택의 가능성은 어떤 것이 어떻게든 의식의 대상이 된다는 사실과 연관된다. 그럴 때만 주체는 그 대상에 대해 이렇게 혹은 저렇게 행동할 수 있다.[292] 하지만 인간은 모든 것을 자신의 의식 속으로 불러내서 자신의 선택의 대상으로 삼을 수는 없다. 이것은 이미 행함과 행하지 않음의 영역에 해당된다. 본래적인 의미에서 어떤 선택이 (가능성들을 검토해서 행한 결정을 통해) 발생하지 않은 채, 많은 것이 우리를 통해 일어나거나 아니면 행해지지 않을 수 있다. 이런 경우들 가운데 상당수에서 근본적으로 숙고와 선택이 가능할 것이다. 다만 이것들을 행하지 않는 것은 그것에 필요한 에너지들을 정말로 중요한 다른 경우에 집중하기 위해서다. 다른 일들은 그 본성에 따라 완전한 자립화로부터 벗어나며 그래서 또한 선택에서도 벗어난다. 이 경

어졌던 대답이 얼마나 영향력이 있는지는 물어볼 수 있을 것이다. 율리우스 뮐러 역시 그 당시의 대답의 지반 위에 머물러 있었다.

[292] W. James, *The Principles of Psychology*, Neudruck 1983, 277. 이 주제에 대해 또한 나의 논문을 보라. Sünde, Freiheit, Identität. Eine Antwort an Thomas Pröpper, in: *Theologische Quartalschrift* 170, 1990, 289-298, 특히 294f.

우는 특별히 선택하는 주체의 상태에 해당한다. 사람들은 행위들과 그 행위들의 대상들 사이에서 선택할 수 있지만, 그들 자신이 굴복하고 있는 기분과 감정 사이에서는 거의 선택하지 못한다. 세계에 대한 우리의 입장들 역시 선택의 결정을 통해 거의 영향을 받지 않거나 혹은 간접적으로만 받는다. 이에 상응하는 것이 세계 속에 있는 우리의 "상황에 처한 존재"에도 해당한다. 거기서 우리는 다양한 방식으로 행동할 수 있고 세부적으로는 상황을 변화시킬 수도 있지만, 그러나 항상 어느 정도의 한계 안에서 그렇게 할 수밖에 없다.

또한 우리의 하나님 관계도, 하나님이 세계와 우리 생명의 근원이 되시는 한, 우선적으로 하나님을 우리 편에서 선택한다는 입장 표명을 통해 규정되는 것이 아니다. 우리 삶의 모든 측면을 둘러싸고 이끌어가는 신적 비밀이신 하나님께서는 우리의 의식 혹은 태도의 대상이 되지 않으시며, 혹은 매우 불명료한 방식으로만 대상이 되신다. 신적 현실성이 종교적 의식의 분명한 형식으로 파악되는 한에서, 그 현실성은 또한 선택하는 태도의 대상이 될 수 있다. 하지만 여기서 신적 현실성은 그에 대한 모든 표상들을 뛰어넘는다는 사실이 종교적 의식에 속하며, 그렇기에 그 현실성에 대한 입장표명의 가능성 역시 제한되어 있다. 왜냐하면 신적 현실성은 우리의 모든 입장표명들을 넘어서 우리의 삶을 불가해하게 포괄하고 그 안으로 침투하기 때문이다. 계시된 신성의 형태 곧 하나님의 의지 표명으로부터 인간들은 외면할 수 있는데, 그런 외면의 가능성을 진지하게 숙고했을 때 그들은 이미 외면한 것이다. 우리 삶 속의 가장 깊은 곳에 현재하는 신적 비밀에 대해서 우리는 그와 같이 직접적인 방식으로 외면할 수는 없다. 그럼에도 불구하고 우리가 죄라고 부르는, 하나님으로부터의 외면이 일어난다. 하지만 이 외면은 간접적으로 발생한다. "자기 자신이 되려 하는 의지"(Sichselberwollen)의 함축성으로서, 다시 말해 인간이 그 외면을 통해 자신의 자아로서 본래 하나님에게 속하는 자리를 차지하려는 시도로서 발생한다.

"자기 자신이 되려 하는 의지"도 인간이 말하자면 자기 자신에 대한 의지 자체를 전적으로 포기할 수 있다는 식의 선택 방식에 놓여 있지 않다. 자신에 대한 혐오 속에서도 인간은 여전히 자신의 존재 형태를 실현하고 있다. 그것이 비록 절망의 방식이라고 해도 그렇다. 자살자마저도 자신의 행위를 통해 어쩔 수 없이 자신의 고유한 현존재를 특성화한 것이 된다. 오로지 우리가 우리 자신이려고 의도한 **그대로**, 우리는 전념하는 대상들과 행동들에 대해 최소한 한계 속에서 대체로 간접적으로 선택할 수 있게 된다. 하지만 그 대상들과 행동들은 환상으로 뒤섞인다. 왜냐하면 우리는 우리 자신을 언제나 단지 부분적으로만 대상으로서 눈앞에 두기 때문이다. 그래서 우리는 그런 거울에 비치는 모습 그대로이며, 언제나 그래왔고 아직도 여전히 그렇다.

그와 같이 인간인 자기 자신이려고 하는 의지는 단지 죄일 뿐인가? 오히려 그것은 중심을 자기 자신 안에 두는 삶의 표현이 아닐까? 이러한 중심성은 동물의 삶의 진화 속에서, 그리고 무엇보다도 척추동물에게서 점점 더 높은 단계로 실현되지 않았으며, 최종적으로 인간에게서 자의식의 형태로 실현되지 않았는가? 자의식은 항상 자신과의 동일성을 포괄하고 있기에, 그것은 바로 자기 자신이려고 하는 것이 아닌가? 자의식은 그 밖의 모든 것을 중심에 놓인 자아와 관계시키지 않는가? 인간은 바로 이러한 삶의 중심성의 존재로, 그것도 특별히 높은 단계에서 자신의 환경에 대한 자립성과 통치권을 갖는 존재로 창조되지 않았는가? 그렇다면, 그리고 그렇기 때문에, 다음의 사실에는 의심의 여지가 없다. 삶의 중심성이 자신에 놓이는 것이 그 자체로 죄라고 설명되어서는 안 된다.[293] 삶의 자기중심성

---

293 이미 도르너가 그렇게 바르게 말했다. I. A. Dorner, *System der christlichen Glaubenslehre* II/1, 2.Aufl. 1886, 86. 나는 인간론(*Was ist der mensch? Die Anthropologie der Gegenwart im Lichte der Theologie*, 1962)을 처음 출판한 이래로, 인간 행위의 자기중심성(Ichbezogenheit)을 죄의 주제와 연관시켜왔다(40-49).

은 인간의 "자기 밖에 중심을 두는"(exzentrische) 규정, 곧 인간 자신의 고유의 유한성을 포함한 모든 유한성 너머로 인간을 고양시키는 탈자아적 규정에 단순히 반대되는 것이 아니다. 왜냐하면 자기중심적인 생명의 운동은 자아 자체에 본질적이기 때문이다.[294] 그럼에도 불구하고 여기서 자아의 유한성 그리고 무한성과 절대성 사이의 관계의 역전 가능성이 가까이 있어서 — 유한성 속에 있는 자아가 스스로를 하나님으로부터 완전히 구분하는 경우를 제외하고는 — 자아 자체가 항상 모든 대상들의 무한한 지반과 연결점이 되며, 그 결과 하나님의 자리를 차지하게 된다.[295] 이런 일은 통상적으로 볼 때 종교적인 신에 대한 명시적인 반역의 형태로 일어나지는 않고, 오히려 자아가 자기 자신에 대한 불안 속에, 그리고 자신의 욕망의 무절제성 속에 있을 때 일어난다. 이것은 여기서 작용하는 암묵적인 형태 즉 절대적으로 자기 자신이려고 하는 형태이고, 이 형태는 인간을 하나님으로부터 소외시킨다. 소외는 그가 자신의 고유한 자아를 통해 오로지 하나님께만 귀속되는 자리를 차지함으로써 일어나는데, 거기서 하나님께 대한 관계는 전혀 결정의 대상이 되지 않는다.

인간이 자기 자신이려고 하는 것이 하나님으로부터 자신을 구분하는 실존적 자기구분 안에서 실현되지 않는 곳에서는 그 어디서나 사실상 무제한의 자기긍정의 형태를 취하게 된다. 비록 그것이 자기 자신의 생명에 대한 한없는 불안 혹은 염려의 형태에 불과하다고 해도 그렇다. 그 점에서 죄는 인간적 현존재의 자연적인 조건들과 매우 긴밀히 얽혀 있다.[296] 이때

하지만 자아성(Ichhaftigkeit) 자체를 죄와 동일시했던 것은 아니었고(44), "자기 자신 안에 그리고 자신의 세계 소유 안에 폐쇄된 자아성"을 죄로 보았다(146). 또한 나의 책도 참고하라. *Anthropologie in theologischer Perspektive*, 1983, 102ff.

294 이에 대해 나의 책을 보라. *Anthropologie in theologischer Perspektive*, 1983, 102f., 또한 233ff.

295 위의 437쪽을 보라.

296 나의 책의 설명을 참고하라. *Anthropologie in theologischer Perspektive*, 1983,

죄에 대한 인간의 책임은 어떻게 존재할 수 있는가?

책임과 유죄(Schuld)에 대해 말할 때[297] 일차적으로 중요한 것은 행함과 행하지 않음이며, 그 점에서 또한 선택과 결정에 대한 관계다. 행함과 행하지 않음의 관점에서도 선택의 가능성이 전제된다. 예를 들어 형사재판에서 행해진 행위에 대해 행해지지 않은 대안들의 기대가능성을 추가적으로 고려하는 것이 한 가지 역할을 할 수 있다. 책임과 유죄에 대해 익히 알고 있는 말들을 행동들과 관련시킴으로써 이미 얻게 되는 결과는, 그 관계를 죄의 주제에 직접적으로 적용할 수 있는 것이 오로지 죄 개념이 행함이나 행하지 않음, 즉 어떤 규범의 위반에 관계될 때뿐이라는 사실이다. 이와 같은 전제는 구약성서가 사용하는 언어들에서는 널리 실현되어 있고[298] 낙원 이야기에서도 마찬가지다. 다만 그 전제는 개별적 행위들의 배경으로서 악한 마음 혹은 하나님께 대한 반역의 상태에 간단하게 해당되는 것은 아니다. 그리고 죄를 인간을 지배하고 인간 안에 내주하는 권세로 이해하는 바울의 죄 개념에 대해 그러한 관찰 방식은 전혀 적용될 수 없다.

그렇다면 특정한 행위에 대한 책임성의 배후에는 어떤 조건들이 놓여 있는데, 그 조건들 없이는 범행의 순수한 사실성으로부터 어떠한 유죄 책임도 제기되지 못한다. 행위들에 관련된 역사적인 삶의 — 그리고 심

104ff. 또한 Chr. Gestrich, *Die Wiederkehr des Glanzes in der Welt*, 1989, 75ff.

[297] 이하의 내용에 대해 죄의 책임과 죄의식에 대한 단락을 참고하라. *Anthropologie in theologischer Perspektive* 278-285, 비교. 280ff.

[298] 여기서 나는 구약성서의 본문들이 여전히 결과에 대한 책임이라는 관점에 의해 강하게 각인되어 있다는 사실은 도외시한다. 이 관점에 따르면 행위자는 행위의 결과에 대해 행위를 피할 수 있는 능력과 무관하게 책임을 져야 한다. 그 행위를 피할 수 있는 능력에 근거하는 죄의 책임의 원칙은 후대에 이르러서야 비로소 행위자에 대한 공정한 판결이라는 의미에서 결과에 대한 책임 사상으로부터 분리되었다. 이에 대해 다음을 보라. *Anthropologie in theologischer Perspektive* 282ff., 또한 281의 각주 125에 인용된 아간의 도둑질 이야기를 보라(수 7:16ff.). 이 주제에 대해 다음 내용이 근본적으로 중요하다. P. Fauconnet, *La Responsabilité. Étude de Sociologie*, Paris 1920.

리학적이고 사회적인 – 정황들에 대해 성찰하는 것은 언제나 어떤 행동을 정황들에 속한 많은 요소들의 복합작용의 결과로 보게 하여 행위자의 책임을 경감시키기에 적합하다. 이때 책임과 유죄는 오로지 행위가 마땅히 따라야 하거나 혹은 따랐어야만 했던 그 규범의 타당성으로부터 비롯된다. 형사재판에서는 그 혹은 그녀가 규범에 따라 행동해야 하며 또 그렇게 할 수 있다는 사실이 사회와 사회적 법의 이름으로 행위자에게 요구된다. 그렇게 해서 객관적인 죄의 책임이 부과된다. 규범이 도덕적 의식이나 양심 속에서 내면화된다면, 행위자는 그러한 요구를 스스로 받아들일 것이다. 오직 그런 경우에만 그는 주관적으로도 죄과를 받아들일 수 있다. 죄의식, 양심, 유죄 책임은 결국 자아의 당위개념(Sollbegriff)으로서의 자신의 정체성 의식을 자신의 고유한 행위에 대한 특정한 규범들 및 그로부터 발생한 결과들과 결합시키는 것과 관계될 수밖에 없다.[299]

바로 그곳으로부터 죄로 묘사되는 사태 그리고 책임과 유죄에 대한 주제영역 사이의 관계가 주어진다. 하나님을 아는 지식과 이를 통해 하나님과의 연합으로 향하는 인간의 규정을 아는 지식은 죄 안에서 하나님과 대립하고 하나님으로부터 분리된 상태를 그 자체로 드러내는데, 그것은 존재하지 말아야 하거나 극복되어야 하는 상태다.[300] 이 사실로부터 죄에 대

---

299 이에 대한 보충으로 *Anthropologie in theologischer Perspektive* 109f.를 보라. 양심에 대한 설명들은 286-303. 또한 비교. G. Condrau/F. Böckle, Schuld und Sünde, in: *Christlicher Glaube in moderner Gesellschaft* 12, 1981, 91-135, 특히 127-130.

300 게슈트리히(Chr. Gestrich, 같은 곳, 162f.)는 악의 도덕화가 갖는 위험성을 바르게 지적했다. 도덕화는 근대 신학 속에서 악이 더 이상 선한 상태로부터의 타락이 아니라 "인간의 영적 소명과 역사적인 목적 규정의 배후에 **뒤쳐져 있는 것**"으로 이해되었다는 사실과 관계가 있다. 이런 위험을 피하기 위해서는 다음의 사실이 중요하다. 인간의 규정에 대한 사상은 윤리적으로가 아니라 종말론적으로, 그리고 그 규정의 실현과 관련해서 구속사적으로 성찰되어야 한다. 이러한 성찰은 윤리적 구속력이 뒤따라오는 것을 배제하지는 않는다.

한 징벌(Schuldvorwurf)은 우선적으로 관련된 행동에 대한 외적인 유죄 선고의 의미로 설명될 수 있는데, 이것은 바울의 로마서 1:18-32의 의미와 같다. 이러한 근본 상황은 인간이 하나님의 요청을 주관적으로 긍정한다는 관점 아래서도 성공적으로 서술될 수 있으며, 이때 로마서 7:15ff.에서 주어지는 인간의 파괴적인 내적 갈등의 묘사 형식을 취한다. 여기서 인간은 하나님의 규범에 동의함에도 불구하고 행동에서는 죄의 길을 따르는 것이다.

죄는 로마서 7:7ff.에 따르면 개별적인 법규 위반으로 구성되지 않는다. 죄는 그러한 개별적인 행위로 소급되지도 않는다. 죄는 인간 안에 거하면서 인간을 압도하는 어떤 고유한 주관성 같은 것을 소유하는 힘으로서, 인간의 모든 행위보다 우선한다. 그것은 하나님으로부터 소외된 상태다. 하지만 하나님으로부터의 소외는 인간의 관여 없이는, 혹은 그 관여를 통해 주어진 – 비록 갈등 속에서 행한 것이라고 해도 – 동의 없이는 인간에게 일어나지 않는다. 바울은 인간이 다르게 행동할 수도 있었는가 하는 점에 대해서는 고려하지 않는다. 오히려 그에게 오로지 중요한 것은 인간이 하나님의 율법에 대해 동의했음에도 불구하고 스스로 죄의 길을 따른다는 사실이었다. 왜 인간은 그렇게 행동할까? 왜냐하면 죄가 그에게 생명을 약속하는 듯이 보이기 때문이다. 하지만 여기서 죄는 인간을 속이고 있다(롬 7:11). 왜냐하면 실제로 죄는 그에게 죽음을 가져다주기 때문이다.[301]

인간이 죄에 스스로 관여한다는 사실은 분명 그러한 기만 속에 근거한다. 이러한 의지적 사실은 그에게 죄의 책임을 묻기에 충분하다. 이에 대해 과거 한때에 일어났던 원역사적인 타락 사건이 필요하지는 않다. 그것은 아담이 과거에 – 죄와 연루된 모든 것 너머에서 – 범했던 것이다. 물론 바울은 낙원 이야기와 관련지어 이렇게 말한다. "한 범죄로 많은 사람이

---

301 더 정확한 내용을 위의 각주 292에서 인용된 나의 논문 292f.에서 보라.

정죄에 이른 것 같이…"(롬 5:18). 하지만 이것은 모든 인간이 아담이 죄를 범했듯이 또한 죄를 짓고 있기 때문이다(롬 5:12). 아담은 단지 첫 번째 죄인일 뿐이다. 그에게서 죄의 권세를 통한 유혹이 시작된다. 이 힘은 오늘날에 이르기까지 모든 인간에게 유효하다. 모든 사람이 죄를 짓는데, 그들은 그런 방식으로 참되고 완전한 생명을 얻는다고 생각하기 때문이다. 이런 의미에서 아담의 역사는 종 전체의 역사다. 그것은 모든 개별 인간에게서 반복되고 있다. 여기서 모든 후손들과는 달리 아담에게 먼저 주어졌던 무죄한 상태에 대해서는 고려되지 않는다. 그런 가정은 로마서 7:7ff.의 의도처럼 아담의 역사와 모든 각 개인의 삶의 역사를 비교하는 것을 방해할지도 모른다. 아담은 처음 시작하는 자로서 각 사람 안에 있는 죄를 지은 자의 모든 원형이기도 하다.

이 사실은 또한 창세기의 낙원 이야기의 의도와도 부합한다. 낙원 이야기가 원인론적(ätiologisch)으로 읽혀야 한다는 점에서 보면, 그 이야기에서 중요한 것은 죄의 기원이 아니라 죽음의 근원에 대한 설명이며, 또한 노동과 새로운 생명의 출산에서 겪는 수고에 대한 설명이다. 죄는 그러한 설명의 근거로서 기능을 행한다. 죄 자체가 설명의 대상은 아니다. 비록 어떻게 (언제나 또다시 그리고 모든 인간에게서) 죄를 범하게 되는가 하는 것에 대한 설명이 매우 모범적인 방식으로 묘사되고 있기는 해도 그렇다. 그래서 낙원 이야기의 보고 가운데 과거 한때 있었던 인류의 한 번의 타락 사건이 정말로 중요한 것인지가 당연히 논란이 되었다.[302] 교의학도 다음의 사실에 주의해야 할 필요

---

[302] 쾰러(L. Köhler, *Theologie des Alten Testaments*, 2.Aufl. 1947, 163-166)가 제일 먼저 그렇게 주장했고, 베스터만과 하아크가 뒤따랐다. C. Westermann, *Genesis*, 2.Aufl. 1976, 376, 그리고 동일저자, *Theologie des Alten Testaments in Grundzügen*, 1978, 81f. 참고. H. Haag, *Biblische Schöpfungslehre und kirchliche Erbsündenlehre*, 1966, 44ff., 55ff. 또한 구약성서 주석의 분야에서 그 주제의 논쟁에 대해서는 H. Häring, *Die Macht des Bösen*, 1979, 221.

가 있다. 창세기의 서술에 따르면 죄가 하나의 개별 사건을 통해 인류를 지배하게 되는 것이 아니며, 연속되는 사건들 속에서 점차 증대되어간다. 그 연속에서 첫 최저점은 가인이 아벨을 죽이는 형제 살인이고(창 4:7ff.), 최종적으로는 홍수 사건에서 정점에 도달한다. 창세기 3장을 고립시켜 관찰하는 것, 특별히 그곳으로부터 도출될 수 있는 유일회적인 타락 사건의 표상과 함께 관찰하는 것은 성서적 원역사의 본문에 적절하지 않다. 적절한 관찰은 인류 안에서 죄가 증대되어가는 과정의 서술에 유의하는 것, 그리고 인간들의 행위가 초래하는 파멸적인 결과들로부터 그들을 보호하기 위해 죄의 창궐에 맞서시는 하나님의 반작용을 주목하여 보는 것이다.

그리스도교 신학의 역사 속에서 죄의 기원이 피조물의 자유의지 그리고 특별히 아담에 의한 그 의지의 오용 속에 놓여 있다는 표상은 다른 한 가지 목적에도 기여했다. 그것은 말하자면 선한 창조 한가운데서 발생한 악과 악의 결과에 대한 책임을 창조자에게는 지우지 않으려는 목적이다.[303] 타락 이전의 아담이 가졌던 선택의 자유에 대한 언급은 그러한 기능을 적절하게 수행할 수 없었다. 왜냐하면 하나님의 전지(全知)는 인간의 창조 이전에 이미 타락을 예견했어야만 하기 때문이다. 아우구스티누스는 어떤 평계를 가지고 이 사태와 마주하려 하지 않았다. 오히려 그는 용감하게 창조 안에서 일들이 그렇게 전개된 것에 대한 창조자의 책임을 강조했다. 그래서 그는 이렇게 덧붙였다. 하나님의 전지적 능력은 아담의 타락을 넘어 역사의 광범위한 진행을 이미 내다보고 있었으며, 심지어 아담의 후손이 하나님의 은혜에 힘입어 사탄에게 승리할 것도 예견하고 있었다고 했다.[304] 이와 함께 아우구스티누스는 죄의 등장으로 인해 창조

---

[303] 위의 299쪽에서 다루어진 클레멘스의 설명들을 참고하라. Klemens von Alexandrien, *Strom*. I, 82-84.
[304] Augustin, *De civ. Dei* XIV, 27, 참고. XIV, 11,1.

자의 능력과 선하심을 의심하는 알려진 회의와 마주치는데, 그것은 클레멘스(Klemens von Alexandrien)가 행했던 것보다 더욱 설득력 있는 방식이었다. 그의 주장은 하나님의 구원의 신비 즉 예수 그리스도 안에서 하나님의 역사 계획이 완성된다는 바울 신학과 조화를 이루고 있다. 그 계획 속에서 하나님이 "모든 사람을 순종하지 아니하는 가운데 가두어 두심은 모든 사람에게 긍휼을 베풀려 하심"이다(롬 11:32). 여기서 아우구스티누스는 하나님이 인간에게 죄를 짓도록 강요한 것이 아니라는 점을 강조했다. 그렇다면 그것은 더 이상 인간의 고유한 죄가 아닐 것이며, 그때 죄의 개념 자체가 지양될 것이다. 하지만 아우구스티누스의 생각은 명확했다. 하나님이 이미 창조 시에 예견하신 인간의 죄를 그의 미래의 구원과 완성을 내다보고 값을 치르고 감수하셨다는 것이다. 19세기에 슐라이어마허가 과감하게 이와 비슷한 방향으로 생각했다.[305] 여기서 그러한 사고에 대한 결정론적인 곡해의 위험과 그로부터 비롯되는 온갖 불합리성을 자세히 바라본다면,[306] 그런 생각 안에서 인식할 수 있는 전능하신 창조자 하나님에 대한 신앙의 표현보다 더욱 가치 있는 표현을 다음과 같은 이해 안에서 인식할 수 있을 것이다. 즉 창조 안에 죄와 악이 등장한 것은 창조자를 놀라게 한 것, 그렇기에 하나님께 대한 신앙으로부터는 이해될 수 없는 것으로서 하나님의 편에서 불가능하다고 특징지어지는 사건이며, 이 사건에서 설명되는 무(Nichtigkeit)는 피조물들의 경험에 비추어볼 때 하나님의 권능에 대항하는 매우 현실적인 저항력으로 입증된다. 하지만 이러한 이원론을 신봉하는 대신에, 그리스도교 신학은 죄의 허용이 피조물들의 독립성에 대한 대가를 치르는 것임을 인식해야만 했다. 하나님의 창조 행위는 바로 그 독

---

[305] F. Schleiermacher, *Der christliche Glaube*, 2.Ausg. 1830, §79ff.
[306] 이 위험은 시간의 시작으로부터 미래의 진행을 확정하는 계획에 대한 신인동형론적인 표상을 통해 생길 수 있다. 이에 대해 『조직신학 I』, 625f., 그리고 위의 38f.를 참고하라.

립성을 목표로 하고 있는 것이다.³⁰⁷ 인간은 완전한 독립성에 도달해야 하는 피조물로서 스스로 자신의 본래적 존재와 당위적 존재로 되어가야 하며, 그 존재를 이루어야 한다. 이 과정에서 다음의 사태가 너무도 가까이 놓여 있다. 그 일이 독단적 자립의 형태로 일어날 수 있고, 그 속에서 인간 자신이 하나님의 자리에, 그리고 창조에 대한 통치권의 자리에 앉게 되는 사태다. 하지만 피조물의 독립성이 없다면 아버지에 대한 아들의 관계는 피조적 현존재의 매개성 속에서 현현할 수 없다.

4. 죄, 죽음, 그리고 생명

인간에 대한 죄의 권세는 인간에게 완전하고 풍요로운 생명을 약속하는 것에 근거한다. 이것은 앞에서 말한 것처럼 죄의 "기만"이다(롬 7:11).³⁰⁸ 오로지 이 사실로부터 죄가 인간을 지배하기 위해 하나님의 계명을 "핑계"로 삼을 수 있다는 바울의 진술은 설명될 수 있다. 하지만 하나님의 계명은 생명을 위해 인간에게 주어진 것이다. 계명을 지키는 것은 하나님이 주신 인간의 생명이 보존되도록 도울 것이다(신 32:47; 레 18:5). 그러나 금지된 것을 향하는 욕망은 생명에 도움이 되는 것이 무엇인지 자기가 더 잘 안다고 믿는다. 욕망은 계명에게 생명에 적대적인 경향이 있다는 혐의를 씌우고, 계명을 따르는 것이 생명의 풍요로움을 포기하게 만든다는 식으로 인간을 호도할 것이다(참고. 이미 창 3:4ff.). 바울에 따르면 율법은 그런 식으로

---

307 위의 301ff.를 보라.
308 이에 대해 죄, 율법, 죽음에 대한 보른캄의 바울 연구를 보라. G. Bornkamm, Das Ende des Gesetzes, in: *Paulusstudien*, Bd 1, 1952, 51-69, 특히 54ff. 또한 U. Wilckens, *Der Brief an die Römer* 2, 1980, 81ff. 빌켄스에 따르면 바울의 설명의 배경에는 낙원 이야기가 있으며, 이것은 죄의 "기만"에 대한 신약성서의 비슷한 진술들의 경우도 마찬가지다(엡 4:22; 살후 2:10; 히 3:13).

죄의 지배를 위한 도구가 된다. 율법은 인간에게 생명을 눈앞에 제시하고 그와 동시에 욕망을 생명으로 향하게 하는 계기를 만드는데, 그렇게 해서 죄는 율법을 옆으로 밀쳐버린다. 여기서 전통적인 도덕 질서만 아니라 이성의 계명도 마찬가지로 밀려난다(참고. 제4에스라서 7:62-72). 그 결과 인간은 자신의 삶의 탐욕의 충동 속에서 외부를 향한 자기전개를 제한하는 율법과 모순을 이루며, 또한 자신의 고유한 이성과 갈등에 빠진다. 여기서 이성은 바울이 말한 대로 하나님의 율법에 동의하지만(롬 7:22) 생명의 성취를 향한 눈 먼 충동에 희망 없이 굴복한다.

　이와 같은 설명은 2천 년이 지난 후에도 그대로 살아 있는 것 같아서, 추가적인 주해를 거의 필요로 하지 않는다. 욕망의 행위의 여러 형태들은 삶의 성취를 향한 충동이 어떻게 중독적 욕망(Sucht)으로 흐르는지에 대한 가장 강렬한 사례를 제공한다. 하지만 욕망은 결국 생명을 위축시킬 것이며, 실제적 결정의 자유가 행사될 수 있는 공간을 좁히고, 드물지 않게 죽음으로 끝난다. 여기서 관찰될 수 있는 차이에도 불구하고 ─ 그 차이의 의미에 대해서는 후에 더 논의될 것이다 ─ 바울에 따르면 궁극적으로는 모든 인간이 여러 방식으로 삶의 욕망에 빠져들며, 모든 경우에 그것은 죽음으로 끝난다. "죄의 삯은 사망"이다(롬 6:23; 비교. 7:11).

　바울이 주장했던 것처럼[309] 죄와 죽음의 관계에 대한 내적 논리는 모든 생명이 하나님으로부터 온다는 전제로부터 도출된다. 죄는 하나님을 외면하는 것이기에, 죄인은 하나님의 명령하시는 의지로부터, 그와 동시에 자신의 고유한 생명의 원천으로부터 분리된다. 그러므로 죽음은 낯선 권세

---

309 유사한 견해들이 이미 유대교의 지혜 속에서(지혜서 2:24; 참고. 집회서 25:24), 혹은 묵시문학 속에서(제4에스라 3:7; 7:118ff.와 11ff., 그리고 바룩서 23:4) 발견된다. 물론 이것들은 창세기 2:17이나 3:3f.에서와 같이 앞당겨진 죽음이라는 의미를 갖는다. 이에 대해 다음을 비교하라. E. Brandenburger, *Adam und Christus, Exegetisch-religionsgeschichtliche Untersuchung zu Röm 5,12-21 (1.Kor 15)*, 1962, 49ff., 랍비문학에 대해서는 58ff.를 보라.

를 통해 죄인에게 외적으로 부과되는 형벌이 아니다. 오히려 죽음은 죄의 본성 자체 안에 죄의 본질적 결과로서 놓여 있다.[310] 여기서 바울은 의심할 바 없이 인간의 육체적인 죽음을 생각하고 있다. 물론 죄의 결과로서 등장한 죽음은 자연적 과정이 아니라, 하나님으로부터의 분리라는 날카로운 측면을 갖고 있다. 이것은 이미 죽음이 하나님으로부터의 분리라는 구약성서의 이해와 부합한다(시 88:6; 비교. 6:6; 115:17; 또한 사 38:18). 죽음을 죄의 결과로 해석하는 것은 그런 분리로서의 이해에 대한 근거만을 제공한다. 그 해석은 육체적 죽음이라는 다른 사건과는 관련되어 있지 않다. 물론 그 해석은 인간의 "자연적"인 사멸성이 이러한 특수한 의미에서의 죽음과 아무런 관계가 없다고 말하는 것은 결코 아니다.[311] 오히려 죽음 가운데서 하나님으로부터 분리되는 사건에서 중요한 것은 바로 신체적 죽음의 보다 더 깊은 본질인데, 이것은 하나님으로부터의 분리라는 죄의 본질 속에 이미 잠재되어 있다.[312] 이러한 전제 아래서 바울은 로마서 5:12에서 보편적인 죽음의 운명을 죄가 인간 가운데서 보편적으로 확산된 증거로 말할 수 있었다.

이에 대해 후대의 신학은 한편으로 육체적인 죽음과 영적인 죽음을, 다른 한편으로 인간의 시간적 죽음과 (최후의 심판에서 받을 형벌인) 영원한 죽음을 구

---

310 이에 대해 나의 책을 보라. Tod und Auferstehung in der Sicht christliche Dogmatik, in: ders., *Grundfragen systematischer Theologie* 2, 1980, 146-159, 149ff., 또한 *Anthropologie in theologischer Perspektive*, 1983, 136f.
311 누구보다도 불트만이 그와 같이 구분한다. R. Bultmann, art. thanatos in: *ThWBNT* 3, 1938, 14f. 하지만 그도 바울이 그런 구분을 "그 어디서도 말하지 않았다"는 사실을 시인한다(15).
312 그래서 비유의 의미에서 말한다면 죄인은 생시에 이미 죽어 있는 것이다(딤전 5:6; 비교. 요일 3:14; 또한 눅 9:60/마 8:22).

분했다.³¹³ 후자의 구분은 이미 요한계시록에서 나타난다. "둘째 죽음"의 표상(계 2:11; 비교. 20:14; 21:8)은 최후의 심판을 향한 죽은 자들의 보편적인 부활을 전제한다. 심판에서 저주받은 자들에게는 한 번 더 있을 부활의 전망이 없는 "둘째" 죽음이 선고된다. 이에 대해 육체적인 죽음과 영적인 죽음의 구분은 교부 신학 안에서 영혼 불멸성에 대한 표상의 결과로서 시작되었다. 육체의 죽음을 영혼이 몸으로부터 분리되는 것으로 보는 견해(참고. Platon, *Gorg.* 524b 3f., *Phaid.* 67d 3f., 88b 1f.)는 이미 테르툴리아누스(Tertullian, *De an.* 51,1, 비교. 52,1)와 클레멘스(Klemens von Alexandrien, *Strom.* VII,71,3)에게서 발견되는데, 클레멘스는 테르툴리아누스와 달리 이러한 육체적 죽음을 "자연적"이라고 설명했다(*Strom.* IV, 12,5, 비교. III, 64,2). 또한 그는 육체의 죽음을 영혼의 죽음과 대립시켰고, 영혼의 죽음은 죄 안에(III,64,1), 그리고 아버지의 "알지 못함"(V,63,8) 안에 존재하며 영혼을 진리로부터 분리시킨다고 말했다(II,34,2). 오리게네스도 비슷하게 생각했다.³¹⁴ 뒤따르는 시대에 표준이 되었던 중간 해결책은 아타나시오스에게서 발견된다(Athanasius, *De inc.* 4). 그에 따르면 사멸성은 인간의 본성에 속하지만, 죽음이 실제로 들어온 것은 그 본성에 속하지 않는다. 인간은 말하자면 로고스에 참여하고 있기에, 아담이 죄에 빠지지 않았더라면 그의 몸은 불멸에 참여하고 있었을 것이다. 그러므로 육체의 죽음은 인간 본성의 불멸성에도 불구하고 죄의 결과로부터 비롯된 사실성이다. 이러한 견해를 뒤따른 사람은 다른 누구보다도 니사의 그레고리오스(Gregor von Nyssa, *Große Katechese*, 8,1f.)였다.

서방 그리스도교 안에서 아우구스티누스의 견해는 지표가 되었으며, 아

---

313 이런 구분은 구(舊)개신교주의 교의학에서도 나타난다. 예를 들어 D. Hollaz, *Examen theol. acroam.* III sect. 2 c9 q2 (Stargard 1707 p. 373).

314 Origenes, Johanneskommentar, in: *Ges. Werke* hg. E. Lommatzsch Bd. 13,23,140. 참고. *De princ.* I,2,4. 그리고 이에 대해 H. Karpp, *Probleme altchristlicher Anthropologie*, 1950, 198f.

타나시오스와 니사의 그레고리오스의 것과도 넓게 부합한다. 아우구스티누스는 그리스 교부들과 마찬가지로 죄에 의한 영혼의 죽음을 육체의 죽음과 구분한다. 후자가 영혼과 몸의 분리에 근거하듯이, 전자는 영혼이 하나님으로부터 분리되는 것에 근거한다.[315] 하지만 육체의 죽음 그 자체가 단순히 자연적인 것은 아니고 죄의 결과로서 등장한 것이다(De civ. Dei XIII,6). 현재의 상태를 가리키는 죄에 의한 영혼의 죽음과 미래의 심판에서 유죄판결 받은 자들이 영원히 하나님으로부터 분리되는 "둘째" 죽음이 혼동되어서는 안 된다(XIII,2; 비교. XX,9,4와 XIV,1). 이미 아우구스티누스에게서 후대에 형성된 신학 교리에 도입된 세 가지 죽음의 형태들은 구분되었다.

교회의 신학은 근대의 문턱에 이르기까지 인간의 육체적 죽음이 죄의 결과라는 견해를 고수했다.[316] 그러나 18세기 이래로 개신교 신학 안에서 인간의 죽음은 다른 모든 생명체들의 죽음과 마찬가지로 인간 본성의 유한성에 속한다는 생각이 나타났다. 이러한 자연적 죽음은 오로지 죄인에게만 죄에 대한 하나님의 심판의 표현이 된다는 것이다. 죄의 결과로 이해된 것은 더 이상 죽음의 객관적 사실성이 아니라, 단지 그 경험의 주관적 형식이었다.

육체적 죽음의 자연성은 1722년에 파프(Christoph Matthäus Pfaff)에게서, 그리고 1743년에 슈베르트(Johannes E. Schubert)에게서 죽음의 근원을 아담의 죄의 결과에서 찾는 명제와 무리 없이 연결되었다.[317] 이에 대해 반세기 후에

---

315 Augustin, *De civ. Dei* XIII, 2. Mors igitur animae fit, cum eam deserit Deus, sicut corporis, cum id deserit anima. 이 구분은 529년의 오랑주 공의회의 두 번째 신조에서도 나타난다(DS 372).
316 트리엔트 공의회의 결정을 참고하라. DS 1511f. 또한 아우크스부르크 신조 2, §46f. (BSELK 156f.)에 대한 멜란히톤의 변증을 보라.
317 Chr. M. Pfaff, *Schediasma orthodoxum...de morte naturali*, Tübingen 1722,

브레트슈나이더(Karl Gottlieb Bretschneider)와 같은 교회신학자는 이전에 소키누스주의자와 아르미니우스주의자들이 제기했던 주장, 곧 육체의 죽음은 구약성서와 복음서뿐만 아니라 바울에게서도 "자연적인 것"으로 이해된다는 주장을 대변했다. 사도 바울은 고린도전서 15:35-38에서 우리가 부활에 이를 수 있기 위해 세상의 육체가 완전히 소멸해야 하는 필연성을 가르친다는 것이다. 그렇기에 로마서 5:12에서 사도 바울이 죽음을 죄의 결과로 말하는 것도 육체의 죽음으로 이해될 수 없다고 했다.[318] 슐라이어마허는 자신의 『신앙론』에서 상세한 논쟁 없이도 다음과 같이 확정할 수 있었다. "자연적인 악이 – 객관적으로 볼 때 – 죄로부터 생성되지 않는다." 왜냐하면 우리는 "죽음과 아픔을⋯죄가 없는 곳에서 찾기" 때문이다.[319] 오직 감각적인 삶이 압도하는 죄 때문에, 인간은 자신의 감각적인 삶을 제약하는 그러한 "회피할 수 없는 불완전성"을 악으로 느끼게 되며, 그 결과 그 불완전성은 주관적으로 죄에 대한 형벌이라고 묘사된다.[320] 알브레히트 리츨은 죄와 악의 개념이 "그 자체로는 서로 일치하지 않는다"[321]라는 사실을 더욱 힘차게 강조했다. 하지만 그는 그 밖에는 슐라이어마허가 제시한 방향을 따랐다. 그는 단지 슐라이어마허의 명제를 다음과 같이 상세히 규명했다. 죄에 대한 책임적인 죄 의식이 비로소 악이 하나님의 징벌이라는 견해를 이해할 수 있게 만든다는 것이다.[322]

36-40. J. E. Schubert, *Vernünftige und schriftmäßige Gedanken vom Tode*, Jena 1743, 32ff.36ff.
[318] K. G. Bretschneider, *Handbuch der Dogmatik der evangelisch-lutherischen Kirche* I (1814) 3.Aufl. 1828, 751, 창세기 3:19에 대해서는 비교. 747.
[319] F. Schleiermacher, *Der christliche Glaube* (1820) 2. Ausg. 1830, §76,2.
[320] F. Schleiermacher, 같은 곳. 또한 §75,3(그곳의 각주)을 보라.
[321] A. Ritschl, *Die christliche Lehre von der Rechtfertigung und Versöhnung* III, 2.Aufl. 1883, 330.
[322] A. Ritschl, 같은 곳, 336f., 339f.

전통적인 견해가 악과 특히 죽음을 이와 같이 자연적인 것으로 심리학화한 대가는 그것이 하나님과의 관계 속에 있는 인간에게 죽느냐 사느냐의 문제라는 사실이 의미를 상실하게 되었다는 것이다. 하나님과의 관계는 도덕적인 삶의 주제에 집중되었다.[323] 신학자들도 자연적인 악과 죽음을 죄의 결과로 보는 견해를 최소한 심리학적으로도 정당한 것으로 변호했다. 하지만 그 견해를 그것의 근저에 놓인 죄책감과 함께 신경증적인 것으로 간주하여 주변화시켜버리는 것이 실질적으로 더욱 적절한 것처럼 보였다. 만약 신앙인의 의식과는 무관하게 존재하는 죄와 죽음의 어떤 실제적인 관계가 부정되어야 한다면, 그때는 그러한 복합적인 표상들 전체가 어느 정도 병든 상상력의 생산물로서 제거되어야만 한다는 관점도 반드시 따라와야 했다. 나아가 심리학적 비판이 도덕적 규범들 자체의 타당성 요청에 대해 확장되어 적용될 수도 있었다. 도덕의 계통학이라는 니체의 설명이 그러한 사례를 제시한다.

죽음을 죄의 형벌로 이해하는 전통적 견해에 대한 신개신교주의적 해법의 부분적인 측면은 20세기에 많은 신학자들이 그렇게 했던 것처럼 자연적 죽음과 심판의 죽음을 구분하는 것에서 엿볼 수 있다. 파울 알트하우스, 에밀 브룬너, 칼 바르트, 에버하르트 윙엘의 경우에 죽음을 죄인에 대한 하나님의 심판으로 보는 것은 단순히 인간의 죄의식에 대한 성찰이 아니라, 죄인들에 대한 하나님의 진노의 표현으로 이해되었다.[324] 하지만 진노하시는 하나님을

---

[323] 이 사실은, 슐라이어마허가 종교적 주제의 고유한 특성을 강조했음에도 불구하고 그의 『신앙론』에서 그리스도교에 대해 서술한 부분에도 해당한다. 그는 그리스도교를 윤리적 특성을 지니고 "경건을 향한 목적론적인 방향에 속하는 신앙 방식"으로 규정했다 (§11). 이에 대한 근거는 하나님 나라 개념에 대한 그의 윤리적 해석이었다.

[324] P. Althaus, *Die letzten Dinge* (1922) 4.Aufl. 1933, 81ff.; E. Brunner, *Der Mensch im Widerspruch* (1937) 3.Aufl. 1941, 493f.; K. Barth, *KD* III/2, 1948, 721f., 728ff., 763f., E. Jüngel, *Tod*, 1971, 94ff.

인지하는 것은 오직 믿는 자들뿐이다. 오직 믿음의 의식에게만—그것이 죄의식을 포함하는 한—죽음은 죄에 대한 하나님의 심판으로 나타난다. 이것은 첫눈에 보기에도 그런 것처럼 슐라이어마허나 알브레히트 리츨의 입장과 그리 멀지 않다. 이 신학자들뿐만 아니라 다른 신학자들에게서도 인간의 죽음은 본질적으로 피조물인 인간의 유한성에 속한다고 간주되기 때문이다.[325] 인간은 오로지 믿음 안에서만 자신을 죄인으로 인식할 수 있는데, 바로 그 죄인에게, 다시 말해 믿음의 의식 속에서 비로소 죽음은 하나님의 심판의 표현이 된다.

죄와 그 죄의 결과로서의 죽음 사이에 단지 심리학적인 관계를 설정하는 것의 성서적인 정당성을 입증하기 위해, 사람들은 성서 본문에 등장하는 죽음에 대해 다른 가치들을 지시했다. 이를 위해 사람들은 족장들이 수명을 다하고 죽는 죽음에 대한 구약성서의 내용들을 제시했을 뿐만 아니라(창 25:8; 35:29; 비교. 46:30) 또한 신약성서를, 그것도 바로 바울의 진술을 증빙으로 인용했는데, 이것은 죽음을 보다 더 긍정적인 빛에서, 다시 말해 부활하신 주님과는 다소 거리가 있는 해방, 곧 소멸적인 삶으로부터의 "해방"으로 보는 진술들이었다.[326] 그와 같이 바울은 빌립보서 1:21에서

---

[325] P. Althaus, Art. Tod, in: *RGG* VI, 3.Aufl. 1962, 918, 또한 *Die christliche Wahrheit* (1947) 3.Aufl. 1952, 409ff. E. Brunner, Die christliche Lehre von Schöpfung und Erlösung (*Dogmatik* 2) 1950, 149ff. K. Barth, *KD* III/2, 725ff., 764ff., 특히 770. E. Jüngel, *Tod*, 1971, 93f., 117., 167f. 참고. P. Tillich, *Systematische Theologie* II (1957) dt. 1958, 77. 틸리히에 대한 상세한 내용은 나의 책을 참고하라. *Anthropologie in theologischer Perspektive*, 1983, 137ff. 중심 내용에 대한 것은 다음의 논문을 보라. Tod und Auferstehung in der Sicht christlicher Dogmatik (*Grundfragen systematischer Theologie* 2, 1980, 146-159, 151ff.).

[326] A. Ritschl, *Die christliche Lehre von der Rechtfertigung und Versöhnung* III, 2.Aufl. 1883, 333, 비교. 43. 또한, K. Barth, *KD* III/2, 777. 그리고 K. G. Bretschneider, *Handbuch der Dogmatik der evangelisch-lutherischen Kirche 1*

는 죽은 것 곧 그리스도와 함께 있는 것을 "유익"이라고 표현한다. 로마서 14:8에서는 이 세상의 삶과 죽음 사이의 대립이 예수 그리스도에 속한다는 것에 의해 상대화된다. 그렇기 때문에 알브레히트 리츨에 의하면 "죄와 악의 관계에 대한 객관적인 이해를 법칙으로 확정하는 것"은 허락되지 않는다. 그래서 그는 덧붙였다. "악이 선으로 바뀌는 것"은 "그리스도교적인 의미에서 거듭난 자들만이 아니라 진실하고 활동적인 성격을 지닌 사람이면 누구나 할 수 있는 일에 해당한다."[327] 하지만 리츨은 여기서 다음의 사실을 완전히 오해하고 있다. 바울의 진술들 안에서 죽음이 재평가되는 것은 어쨌든 바울에게는 "객관적인" 한 가지 사실에 토대를 두고 있으며, 이 사실은 인간과 창조의 현실성 전체를 완전히 새로운 빛 즉 예수의 부활이라는 사실성 속에 위치시키는 것이다. 이 때문에 그리스도인들에게 죽음이 부활 신앙 속에서 새로운 특성으로 평가되는 것은 로마서 5:12(혹은 6:23)이 죽음의 보편성을 죄의 결과로 이해하는 것과 전혀 모순되지 않는다.[328] 나아가 이 판단은 그리스도인들 자신의 이 세상 삶에도 해당한다(롬 7:1-6). 다만 이와 같은 죄와 죽음의 관계는 예수의 부활을 통해, 그리고 사망에서 승리하신 자의 죽음(롬 6:5ff.)과 그리스도인들 사이의 결합을 통해 다른 틀 안으로 옮겨지며, 변경된 다른 의미를 갖게 된다. 왜냐하면 사망은 더 이상 인간적 인격의 결정적인 종말이 아니기 때문이다(참고. 롬 7:6).

(1814) 3.Aufl. 1828, 751.
327 A. Ritschl, 같은 곳, 329f.
328 리츨은 바울이 "보편적 죽음의 운명을 아담의 죄로부터" 도출한 것이 어쨌든 신학적으로는 구속력이 없다고 보았다. A. Ritschl, 같은 곳, 335. 또한 니버도 "육체의 죽음이 죄의 결과"라는 바울의 생각을 비판적으로 판단했다. R. Niebuhr, *The Nature and Destiny of Man* I (1961) 1964, 176f. 반면에 브룬너는 로마서 6:23이 죄의 삯을 죽음이라고 말할 때, 그 죽음이 육체의 죽음은 아니라고 생각했다. E. Brunner, *Dogmatik* 2, 150.

더욱 중요한 것은 고린도전서 15:44-49에서 지시되는 내용이다. "아담의 인류는 처음부터 죽음에 굴복하도록 창조되었다"는 것이다.[329] 하지만 여기서 우리는 기억해야 한다. 바울은 아담의 범죄 이전의 근원적 상태에 대해서는 아무것도 알지 못했다. 바울에게 아담은 죄의 시작인 동시에 죽음의 시작이었다.

죄의 결과에 대한 전통적인 교리[330]에서 일찍부터 "형벌"(Strafe)이란 표현에 대해 이의가 제기되었다. 왜냐하면 이 표현은 행위자에 부과되는 처벌을 포함하기 때문이다. 형벌 개념은 행위와 행위의 결과들의 관계 곧 실제적인 내용의 본성에 놓인 그 관계에 대한 성서적인 직관[331]과 맞지 않다. 바울이 주장했던 것처럼 죄와 죽음의 관계 역시 그러한 종류의 특성을 갖는다. 즉 죄인이 하나님으로부터 분리된다는 것을 통해 죄는 이미 그 죄의 결과로서 나타나는 죽음을 내포한다. 죽음은 생명의 원천이신 하나님과의 관계가 단절된 결과이며, 다른 죄의 결과들과의 관계 속에서 보아야 한다.

---

329 R. Bultmann, in: *ThWBNT* III, 1938, 15.
330 이것은 19세기와 20세기 신학에서 잘 알려진 신학자들이 핵심으로 확정했던 내용을 가리킨다. 예를 들어 J. T. Beck, *Vorlesungen über Christliche Glaubenslehre*, hg. J. Lindenmeyer 2, 1887, 456ff. 인간에게서 개인과 종 사이의 관계 변화에 대한 깊은 통찰의 진술들에 대해서는 J. Müller, *Die christliche Lehre von der Sünde* 2, 3.Aufl. 1849, 388ff. 뮐러는 많은 부분에서 크라베(O. Krabbe, *Die Lehre von der Sünde und vom Tode in ihrer Beziehung zueinander und zu der Auferstehung Christi*, Hamburg 1836)에 동의하며 그를 인용한다(특히 7ff., 참고. 68-82와 187-327). 나아가 리츨에 대해 하나님의 진노를 특징적으로 강조한 것에 대해 I. A. Dorner, *System der christlichen Glaubenslehre* II/1, 2.Aufl. 1886, 218ff., 229ff. 또한 다음을 보라. M. Kähler, *Die Wissenschaft der christlichen Lehre* (1883) 2.Aufl. 1893, 280ff. (§326f.). 켈러는 나중에 죽음을 무관계성으로 설명한 윙엘(J. Jüngel, 같은 곳, 99f.)의 이해를 앞서 발전시켰다.
331 이에 대해 다음을 보라. K. Koch, Gibt es ein Vergeltungsdogma im Alten Testament?, *ZThK* 52, 1955, 1-42.

여기서 죄의 결과들은 인간이 창조자와의 대립을 통해 또한 이웃 피조물들, 땅, 동물들, 그리고 다른 인간들과 대립하게 된다는 사실에 놓여 있다 (참고. 창 3:14-19). 여기서 중요한 것은 외적으로 부과된 형벌, 곧 죄의 본질과는 무관한 형벌이 아니다. 오히려 하나님과의 관계 단절이라는 죄의 본질적 특성으로부터 죄인과 하나님의 창조 사이 그리고 죄인과 함께 살아가는 이웃 인간들 사이의 갈등만이 아니라, 나아가 죄인의 자기 자신과의 갈등이 뒤따라온다. 이 모든 갈등 안에는 내적인 무모순성이 존재한다. 그래서 죄로부터 죽음으로 이어지는 자연법칙적인 순서는 하나님의 특별한 개입 없이도 진행된다. 낙원 이야기에서 죽음이 뒤따를 것이라는 통고(창 2:17)는 범죄와 연관된 결과에 대한 경고로 이해될 수 있을 것이다. 낙원 이야기 안에서 사건이 진행되는 과정에 하나님이 개입하신 것은 죄로부터 시작된 재앙의 결과들을 제한시키는 기능을 가진다(참고. 창 3:19; 2:17).

죽음을 죄의 결과로 이해해야 한다는 설명은 그에 대한 혼신의 힘을 실은 중대한 이의제기와 마주친다. 그것은 죽음이 인간의 죄가 아니라 유한성의 불가피한 결과처럼 보인다는 사실이다. 다세포의 모든 생명은 죽을 수밖에 없다. 여기서 유기체의 노화와 관계단절만이 아니라, 개체의 죽음이 없다면 새로운 세대들이 가능하지 않을 것이라는 사실이 생각되어야 한다. 생명의 진화는 개체들의 죽음 없이는 생각될 수 없다. 이것은 인류의 역사에도 해당한다. 개인들의 죽음은 계속해서 새롭게 갱신되는 다양한 생명 현상들을 위한 조건들 가운데 하나인 것이다.

유한성과 죽음의 관계는 칼 바르트에게도 죽음이 인간의 본성에 속한다는 명제를 위한 중요한 논증이었다. "유한성은 곧 **사멸성**(Sterblichkeit)이다"(*KD* III/2, 761). 죽음이 인간에 대한 하나님의 심판일 뿐 아니라, 인간의 유한성이 그의 피조적 본성에 속한다는 사실에 대한 바르트의 그리스도론적인 근거(같은 곳, 765-770)가 비판의 대상이 되었던 것은 정당했다.[332] 하지만 다른 곳에서와 마찬가지로 바르트의 인간론에서도 사태의 중심에 대한 그의 통찰은 그리스도론적인 근거 없이도 자체의 무게를 보유한다. 그것은 시간 안에 놓인 인간의 유한성은 그의 피조적 본성에 속한다는 사실이다.(770).

그러나 인간 생명의 유한성 때문에 죽음의 자연성을 주장하는 것에 반대되는 확실한 신학 논쟁이 있다. 그리스도교의 미래 희망은 죽음이 없는 생명을 고대한다는 사실이다(고전 15:52ff.). 하나님과의 연합 안에서 살아가는 이 생명은 피조적 현존재가 하나님 안에 완전히 흡수되어 사라지는 것을 의미하지 않으며, 오히려 그 생명이 새로워지고 최종적으로 확정되는 것을 의미한다. 피조적 생명에 속하는 유한성은 하나님의 영원한 생명에 참여할 때 제거되지 않는다. 다만 이로부터 유한성이 항상 사멸성을 포함하는 것은 아니라는 사실이 드러난다. 그리스도인들의 종말론적 희망은 피조적 현존재의 죽음이 없는 유한성을 알고 있다. 그렇기에 죽음은 필연적으로 피조적 현존의 유한성에 속하는 것이 아니다.[333] 다만 생명의 유한성과 사멸성이 짝을 이뤄 존재하는 것은 오직 시간 안에 있는 현존재에 대

---

[332] 이미 포겔이 바르트가 죄인인 인간이 심판에 빠져 있는 상태와 구분되어야 하는 인간의 피조적인 유한성을 예수의 십자가 죽음의 대리적 의미(*KD* III/2, 765ff.)로부터 도출하는 것에 반대했다. 대리는 하나님이 예수 그리스도 안에서 하나님의 심판에 빠져 있는 인간의 상황을 유보 없이 완전하게 하나님 자신의 것으로 만드셨다는 사실에 놓여 있기에, 그와 구분되는 어떤 유한성이 인간 존재에 대해 요구될 수 없다는 것이었다. H. Vogel, Ecce Homo. Die Anthropologie Karl Barths, in: *Verkündigung und Forschung* 1949/1950, 102-128, 특히 124. 슈토크는 포겔의 비판을 충분한 근거가 없는 것으로 보고 거부했다. K. Stock, *Anthropologie der Verheißung. Karl Barths Lehre vom Menschen als dogmatisches Problem*, 1980, 228f. 그러나 그도 바르트가 인간의 유한성을 그리스도론으로부터 도출한 것은 성공적이지 않은 것으로 보았다(233). 만약 예수의 대리적 죽음으로서의 성육신을 통해 그렇게 주장하는 대신에, 로고스의 아버지로부터의 자기구분을 인간의 (모든 피조적인) 유한성의 근거로 삼았더라면, 그 도출의 결과는 더욱 설득력을 가졌을 것이다.

[333] 이에 대해 나의 책에 언급된 내용을 보라. *Grundfragen systematischer Theologie* 2, 1980, 153f.

해서만 가능하다. 이것은 어떻게 이해될 수 있을까?

그리스도인의 미래 희망 속에서 기대되는 죽음이 없는 현존재는 하나님과의 연합을 통해서만이 아니라, 하나님의 영원성에 대한 참여로부터 흘러넘치는 전체성을 통해서도 표현된다. 피조물의 생명이 영원하신 하나님의 눈앞에서 시간적으로 확장된 자신의 존재의 전체성으로서 서 있듯이, 구원받은 자들은 그들의 현존재의 전체성으로서 하나님 앞에 서게 될 것이며, 생명의 창조자이신 그분께 영광을 돌려드릴 것이다.

이와 같은 현존재의 전체성은 시간의 과정에 예속되어 있는 피조물들에게는 도달될 수 없다. 이 사실은 어쨌든 인간에게는 해당한다. 왜냐하면 인간은 자신의 현재─그와 함께 다른 각각의 피조적 현존재의 현재적 상태─가 미래 및 과거와 구분되는 것을 알기 때문이다. 미래와 과거에 대한 앎 속에서 인간은 현재 순간의 짧음과 덧없음을 넘어서기는 한다. 다른 측면에서 우리는 그러한 앎을 통해 아직 존재하지 않는 것이나 더 이상 존재하지 않는 것으로부터 다른 모든 존재보다 더욱 깊이 구분되어 있다. 우리의 현재가 하나님의 미래뿐만 아니라 우리 자신의 삶의 미래로부터도 구분되어 있다는 것은, 우리의 유한한 현존재의 전체성이 최종적으로 우리 안에 내면화되는 것─이것이 하나님의 미래 안에 은폐되어 있는 한─을 우리에게 허락하지 않는다. 우리는 그 전체성을 예기할 수는 있으며, 바로 그렇게 해서 우리의 현존재의 지속성과 정체성은 시간의 과정 안에서 도달될 수 있다. 하지만 예기할 때 우리는 각각의 현재의 관점에 묶여 있으며, 그 현재는 열린 미래로 향하는 시간의 과정 속에서 끊임없이 새로운 관점들에 의해 추월된다.

피조적 현존재의 시간성은 미래에 도달해야 하는 그것의 독립성을 위한 조건이다(위의 185f.를 보라). 시간 안에서 일어나는 되어감의 결과로서 유한한 현존재는 하나님 앞에서 독립적으로 현존할 수 있는데, 이때 그것은 영원하신 하나님과의 결합이라는 조건 아래, 그리고 그 자신의 전체성 즉 그의 시간적 확장의 전체성 안에 있게 된다. 하지만 시간성을 통과하여 지나면서 각각의 피조물은 아직 다가오지 않은 자신의 삶의 유한한 미래, 곧 자신의 종말을 자기 존재 밖에 두게 될 것이다. 우리의 현존재의 종말은 그의 지속에 대해 외적으로 설정된 한계로서의 죽음이다. 여기서 죽음은 인간의 현존재에 대해 단지 외적인 것으로 머물지 않는다.

아직 미래에 놓인 종말은 자신의 그림자를 앞으로 던지며, 우리의 삶의 길 전체를 죽음을 향한 존재로 규정한다. 이것은 삶의 종말이 현존재 안으로 통합되는 방식이 아니라, 오히려 살아 있는 자기긍정의 모든 현재적인 순간들을 무를 통해 위협하는 방식으로 일어난다. 그래서 우리는 우리의 시간적 생명을 죽음의 그림자 안에서 영위한다(눅 1:79; 비교. 마 4:16). 반대로 현재의 각 순간 속에서 일어나는 생명의 자기긍정은 죽음의 종말과 대립한다는 점에서 특징적으로 표현된다. 죽음은 모든 살아 있는 것의 최후의 원수다(고전 15:26). 죽음의 위협은 생명 속으로 깊이 침투해서 한편으로는 인간으로 하여금 자신의 유한성을 경시하며 무제한적으로 자기긍정을 하도록 부추기며, 다른 한편으로는 생명을 받아들일 수 있는 힘을 빼앗아 버린다. 이런 두 가지 경우에 죄와 죽음의 관계가 나타난다. 이 관계는 죄에 뿌리를 두고 있으며, 자신의 고유한 유한성을 받아들이지 않는 것이, 아직 도래하지 않았지만 결코 피할 수 없는 유한한 현존재의 종말로 하여금 무를 통해 바로 그 현존재를 위협하는 죽음의 권세로서 나타나게 만든다는 점에서 그렇다. 거꾸로 죽음의 위협은 죄 속으로 더욱 깊이 들어간다. 자신의 고유한 유한성을 받아들이는 것이 스스로를 살아 있는 것으로 알고 긍정하는 존재에게 너무도 어려운 것은 시간의 구조와 관계되어 있는데, 그 구조 속에서 그 현존재의 종말은 (또한 그의 전체성도) 아직은 미래에 놓여 있는 사실일 뿐이다. 시간 안에서 유한한 현존재의 종말과 전체성이 "아직 미래에 놓여 있음"(Ausständigkeit)은 죄가 실제로 일으켜지는 상황을 묘사한다. 그것은 인간이 무제한적으로 자기 자신을 긍정하려는 상황이며, 하나님을 외면한 결과로서 죽음을 자신의 현존재의 종말로 포괄하고 있다.

피조적 생명, 죄, 죽음 사이의 관계를 보다 깊이 이해하려는 금세기의 신학적 노력 가운데 칼 라너의 『죽음의 신학』(Theologie des Todes)이 단연 돋보인다. 이것은 "죽음"이라는 주제를 인간적 현존재의 전체성에 대한 질문과 관련지어 이끌어냈다. 이에 대한 계기는 하이데거의 『존재와 시간』(Sein und Zeit) 안의 현존재 분석이 제공했는데, 그것은 "전체로서 존재할 수 있는 현존재의 가능성"(Ganzseinkönnen)을 본래적 죽음에 대한 예지를 통해 설명했다.[334] 라너는 하이데거의 사상을 다음과 같이 변형시켰다. 현존재가 전체로서 존재할 수 있는 가능성은 하나님과의 관계와 연관되어 있으며, 그 관계는 하나님께 대한 개방성 혹은 하나님께 저항하는 폐쇄성의 방식을 취한다.[335] 물론 라너는 여기서 하이데거로부터 죽음이 현존재를 전체성으로 완성시킨다는 전제를 수용했고, 그와 동시에 죽음을 인간 자신의 행위 곧 자신의 삶을 내면으로부터 완성시키는 행위로 이해했다.[336] 두 가지 견해는 비판을 요청한다. 첫째, 피조적 현존재를 그것의 전체성으로 완성시킬 수 있는 것은 그 존재를 만들고 근거를 마련하신 하나님이지 죽음이 아니라는 점이다. 라너가 생명의 전체성의 질문을 하나님과의 관계와 연관시킨 점은 올바른 것이었다. 왜냐하면 오로지 하나님으로부터만 인간의 생명은 그것의 유한성에도 불구하고 "구원"을 받을 수 있기 때문이다. 다시 말해 인간은 자신의 전체성에 참여할 수 있게 된다. 이 주제는 **유한한** 현존재의 구원과 관련되는 한 죽음의 문제와 결합되어 있지만, 그 현존재의 해체로서의 죽음과는 부정적으로 관련된다. 구원에 도달한다는 것은 죽음의 극복을 의미한다. 둘째, 인간 자신의 전체성은 인간의 행위를 통해서는 – 죽음에 직면한다고 해도 – 생성될 수

---

[334] M. Heidegger, *Sein und Zeit*, 1927, 235-252, 258-267.
[335] K. Rahner, *Zur Theologie des Todes*, 1958, 36ff., 특히 41.
[336] K. Rahner, 같은 곳, 36ff., 비교. 29f., 65, 76f. 이어지는 내용에 대해 나의 책을 참고하라. *Grundfragen systematischer Theologie* 1, 1967, 145f., 같은 책 2권, 1980, 154f.

없다. 죽음 자체는 인간의 행위가 아니며 인간은 단지 그 고통을 겪을 수밖에 없는 것이다.[337]

피조적 현존재의 유한성과 구분되는 죽음은 오직 죄와 결합되어 하나님의 창조의 요소가 된다. 솔로몬의 지혜서도 거리낌 없이 말한다. "하나님은 죽음을 창조하지 않으셨다"(1:13). 물론 신학은 인간의 죽음과 유사한 사태, 곧 생명의 모든 영역에서 살아 있는 것들이 허무의 짐 아래서 신음하는 사태(롬 8:20-22)를 인정해야만 했다. 인간의 죄와 마찬가지로 죄와 죽음의 관계도 인간 이전의 생명 진화 안에서 일어난 전(前)역사를 갖는다. 이미 거기서 악마적 역동성이 터를 닦은 것으로 보인다. 그 힘은 인간의 죄 안에서, 그리고 인류에 대한 죄와 죽음의 지배 속에서 정점에 도달한다.[338]

앞에서 가볍게 언급했던 사실이 이 자리에서 한층 더 중요해진다. 그것은 죽음이 죄의 본질적 결과이지, 하나님이 자의적으로 결정해서 숙명이 되어버린 형벌이 아니라는 사실이다. 하나님께서 피조물의 역사 안에 개입하실 때 일어나는 특징은 그분이 죄와 악의 결과들을 끊임없이 제한하신다는 사실이다. 나아가 그렇게 하시는 것은 그 행위를 통해 주어지는 제한적 조건 아래서 그분의 피조물들에게 삶을 가능케 해주시기 위함이다.

여기서 중요한 것은 단순히 죄인들을 참으시는 하나님의 인내가 아니라, 악으로부터 끊임없이 선이 생기도록 하는 세계 통치의 맥락 안에 있

---

337 윙엘은 죽음을 "인간에게 **일어나는 종결**, 즉 인간학적 수동태"라고 바르게 말했다. E. Jüngel, Der Tod als Geheimnis des Lebens, in: *Entsprechungen, Gott-Wahrheit-Mensch. Theologischer Erörterungen*, 1980, 327-352, 344. 비교. 동일저자, *Tod*, 1971, 116f. 하지만 그 진술은 죽음의 **과정**에 대해서는 단지 제한적으로만 타당할 것이다. 품위를 갖고 자기 죽음을 견뎌야 하는 경우는 많다. 오로지 자살의 경우에만 죽음은 인간의 행위일 수 있다.

338 7장, 188f., 208., 311ff.를 보라.

는 그분의 지속적인 창조 활동이다. 이 사실에 대해 타락한 인류의 상황을 바라보는 전통적인 그리스도교 교의학은 거의 주의를 기울이지 않았다. 죄와 죄의 영향력이 침입하는 조건 아래 놓인 인간의 삶은 종종 너무나 일면적·부정적 특성으로 묘사되었다. 창조 속으로 침입한 악과 죄의 힘에 대항하시는 창조자 하나님의 반작용들이 거기서 소홀히 취급되었다. 그 교의학은 기껏해야 아담의 타락 이후에 인간에게 남았다는 선(혹은 자유의지)의 능력에 대해 질문했을 뿐이었다. 하지만 이 맥락에서 일차적으로 말해져야 하는 것은 인간의 어떤 능력이 아니라, 오히려 창조자 하나님의 선하심이나 그분의 섭리의 계속되는 활동이다. 그 점에서 중요한 것은 하나님의 영의 계속되는 창조 활동이 피조물들로 하여금 불안과 욕망으로 얽혀 있는 자기중심성을 끊임없이 넘어서도록 한다는 사실이다. 그렇기에 죄와 죄의 영향력에도 불구하고 끊임없이 계속해서 근원적인 삶의 기쁨이 존재한다. 창조의 풍요로움, 광대함, 아름다움에 대한 기쁨, 새로운 날들에 대한 기쁨, 영적인 삶의 각성에 대한 기쁨이 존재하며, 공동체적 세계의 질서 속에서 행할 능력, 이웃 인간들에 대한 관심, 그리고 그들의 기쁨과 고통에 참여하는 기쁨도 존재하는 것이다. 루터의 두 왕국 교리와 비교되는 방식으로 사람들은 사회적 질서와 정의에 대한 책임 속에서만이 아니라 또한 개인적인 삶의 합리적 형태의 관점에서도, 죄와 죄의 영향력을 제한시키는 하나님의 세계통치의 활동에 참여하게 된다. 죄의 지배로부터 벗어나 오히려 죄를 다스리라는 요구는 성서의 이야기에서 바로 가인에게 주어졌다(창 4:7). 그러므로 그것은 그리스도인에게만이 아니라 아직 구원받지 못한 세계에 주어진 것이다. 가인이 이 요구에 따르지 않았다는 사실은 물론 죄가 파괴적 악으로서 침입할 수 있는 지속적 위협의 예시다. 죄의 영향력은 누적될 수 있으며, 때로는 민족들 전체를 속박할 수도 있다. 죄의 영향력은 이성과 법을 통해서도 억제될 수 있다. 인간들은 역사 속에서 죄의 무의식적이고 개방된 영향력에도 불구하고, 즉 끊임없이 다시 등장하는 파괴적 악의 돌발에도 불구하고 놀라운 일들을 수행했고, 고도의 문화적 번영의 시대를 경험했다. 하지만 그 모든 것은 최고의 시대에서도 삶이 어두운 세력들에 의해 끌려 다녔으며 그 세력이 불안과 탐욕을 통해 결국 죽음과 파괴를 불러일으켰다는 사실을 바꾸지는 못한다. 그런 어두운 세력들로부터의 해방은 인간을 억압하는 자가 외부로부터 인간들을 얽어매어 놓은 사슬을 끊는 것으로는 성취되지 않는다. 물론 이것이 삶의 짐을 일시적으로 어느 정도 가볍게 할 수는 있다고 해도 그렇다. 죄와 죽음의 지배로부터의 해방은 오로지 하나님의 영의 사역을 통해 인류의 삶 속에서 아들의 형상이 취해지는 그곳에서 도달될 수 있다.

제9장　인간론과 그리스도론

Anthropologie und die Christologie

그리스도론의 주제는 하나님의 메시아로서 나사렛 예수가 갖는 인격과 역사에 대한 원시 그리스도교의 해석과 함께 주어졌다.[1] 메시아 칭호는 예수의 형태에 관한 초기 그리스도교의 이해 속에서 하나님의 아들 되심의 사상을 포함한다. 이 사상은 선재하시는 하나님의 아들이 인간 예수 안에서 땅 위에 나타나셨다는 의미로 이해되었다. 이와 같은 사건은 오직 하나님 자신으로부터만, 즉 아들을 세상 안으로 보내신 것(갈 4:4; 롬 8:3)[2]으로부터만 설명될 수 있다. 다른 한편으로 그 사건은 인간적·피조적 현실성의 지평 위에서 발생했기에, 실제로 일어난 것으로 인식될 수 있다.

이로써 우선 그리스도론의 방법론 문제가 제기된다. 그리스도론의 근거를 설정하는 과정은 하나님으로부터, 즉 아들의 파송이라는 하나님의 우선성으로부터 시작해야 하는가, 아니면 그 파송이 실제로 일어났다고 가정할 때 그 사건의 사실성이 제시될 수 있는 인간적 현실성의 지평 위에서 움직여야 하는가? 이와 함께 두 번째로 다른 모든 인간적 현실성과 구분되지만 그러나 또한 그 현실성과의 관계 속에 있는 하나님의 아들의 특수한 인간성에 대한 질문이 제기된다. 방법론적 질문, 그리고 인간 일반의 본성 및 규정과 관련된 하나님의 아들의 특수한 종류의 인간성에 대한 질문 사이의 관계가 이곳 제9장에서 그리스도론의 도입 부분으로 전개될 것

---

1   이 주제를 다룬 나의 책은 *Grundzüge der Christologie*, 1964, (15)다. 카스퍼도 그리스도론의 과제를 비슷하게 규정했다. W. Kasper, *Jesus der Christus*, 1974, 43. 달페르트는 성육신-그리스도론에 대한 최근 영국에서의 비판을 다룬 중요한 논문 속에서 카스퍼에 동의하며 그를 인용한다. I. U. Dalferth, Der Mythos vom inkarnierten Gott und das Thema der Christologie, *ZThK* 84, 1987, 320-344, 329. 몰트만의 이해도 중심 내용에서는 비슷하다. J. Moltmann, *Der Weg Jesu Christi. Christologie in messianischen Dimensionen*, 1989, 17ff., 55.
2   이에 대해 아래의 632ff.를 보라.

이다. 이어지는 제10장은 예수의 인간적 특수성을 그리스도의 신성에 대한 진술들의 토대로서 다룰 것이며, 제11장은 결론적으로 나사렛 예수의 특수한 역사를 다룰 것인데, 그 역사 안에서 일어난 행동 곧 세상의 화해를 위한 하나님의 행동이라는 관점 아래서 예수의 특수한 역사를 재차 인간론 및 창조론의 보편적 지평과 연관시킬 것이다.

1. 그리스도론의 방법론

나사렛 예수를 하나님의 아들로 말하는 사도들의 선포는 예수의 지상에서의 등장, 지상 여정의 마지막에서 일어났던 그의 운명, 그리고 죽은 자들로부터의 부활을 통해 그에게 행하신 하나님의 행동으로부터 시작되었다. 그러나 2세기 이후 교회의 그리스도론은 주로 선재하시는 하나님의 아들과 하나님 자신 사이의 관계, 그 아들의 아버지로부터의 출생, 창조에 대한 그의 관계, 그리고 그의 성육신에 대한 토론들로부터 발전했다. 이렇게 변화된 이유는 예수 그리스도의 하나님 아들 되심과 그의 신성에 대한 그리스도교의 고백이 유일신 신앙과 일치한다는 사실에 놓여 있다. 유일신 신앙은 한 분 하나님께 대한 그리스도인과 유대인 공통의 신앙이었고, 교회의 이방 선교에서 일어난 다신론적인 민속 신앙과의 논쟁에서 근본적인 역할을 담당했다(참고. 예를 들어 살전 1:9f.). 그 결과 그리스도론적인 고백과 유일신 신앙은 초기 그리스도교 사상의 중심 문제와 주제를 형성할 수밖에 없었던 것이다.[3] 3세기에 로고스-그리스도론[4]이 확산되면서 신약성

---

3 이에 대해 그릴마이어가 그리스도론의 형성을 위한 변증론적 로고스론의 의미에 대해 논평한 것을 보라. A. Grillmeier, *Jesus der Christus im Glauben der Kirche* 1, 1979, 225ff., 유스티누스에 대해서는 207.
4 이에 대해 치러야 했던 대가는 아들 개념이 예수 그리스도의 역사적 인격과의 근원적

서적인 그리스도 증언들 전체에 대한 해석은 철두철미 선재하시는 하나님의 아들을 세상으로 파송한다는 관점 아래서 결정되었다. 그것은 후에 사람들이 "위로부터의 그리스도론"이라고 불렀던 유형의 그리스도론적 진술의 근거를 의미했다. 이를 통해 한 가지 틀이 주어졌으며, 그 틀 안에서 고대 교회와 라틴적 중세 시대에 이어졌던 모든 그리스도론적 논쟁들이 실행되었다.

그리스도론적 진술들의 근거를 설정하기 위한 다른 길이 요청되었던 것은 종교개혁 시대의 반(反)삼위일체주의자들과 특히 소키누스주의자들이 그리스도의 신성의 고백에 대한 삼위일체 신학 해석과 특별히 선재 사상을 의문시했던 이후부터였다.[5] 그런 비판은 엄격하게 이해된 성서원리에 기초해서 주장되었기에, 그 비판과의 논쟁 역시 성서 해석의 지평 위에서 시도되어야 했다. 여기서 예수의 메시아성(Messianität)이 신약성서적 증언의 핵심이자 그의 인격에 대한 교의학적 진술들의 토대로서 점차 전면에 나서게 되었다.

그렇게 된 원인 가운데 한 가지를 제공한 것은 "그리스도에 관한"(De Christo) 내지는 "그리스도의 인격에 관한"(De persona Christi) 교리의 전통적인 표현들 속에서 사용된 그리스도 칭호였다. 홀라츠는 여전히 그리스도의 칭호를 예수 그리스도라는 이름의 부속요소로 보는 도입부의 설명으로 만족했다.[6]

인 결합으로부터 분리되는 것이었다. 이와 관련해서 "아들 개념과 로고스 개념의 결합"을 다루는 로프스의 비판적 평가를 보라. F. Loofs, "Christologie, Kirchenlehre" in der *Realencyklopädie für prot. Theologie und Kirche* 3.Aufl. Bd. 4, 1898, 35. 하지만 로프스는 로고스 개념이 원시 그리스도교의 이른 시기에 이미 등장했던 아들의 선재 사상과 연속선상에 놓여 있다는 사실을 과소평가했다.

5   다음의 개요와 문헌을 참고하라. G. A. Benrath, Art. Antitrinitarier, in: *TRE* 3, 1978 168-174.
6   D. Hollaz, *Examen theologicum acroamaticum*, Stargard 1707, p. III, 113f.

부데우스는 그리스도론보다 앞선 자리에 예정론이 아닌 은혜 계약론을 위치시키고, 예수 그리스도가 그 은혜 계약을 중재하는 자로서 그리스도론의 대상이 된다고 설명했으며, 그리스도라는 단어를 직무의 표현으로 보는 명목상 의미를 강조했다.[7] 그리스도를 중재자 개념과 동일시함으로써 부데우스는 그리스도의 인격을 신적 및 인간적 본성의 합일로 보는 전통적인 노선으로 즉각 되돌아갔다. 이에 대해 제믈러는 1777년에 그리스도의 인격에 관한 교의 부분을 "그리스도의 역사에 관한" 장으로 대체했는데, 이 장은 예수의 메시아성을 그에 관한 교의의 본래적 대상과 동일시했다.[8] 예수를 하나님 그리고 인간으로 보는 교회의 교리들은 제믈러에 의해 그런 근본적 사태에 대한 해석으로 언급되었지만, 그것은 이미 매우 비판적인 설명이었다. 예를 들어 라인하르트와 같은 18세기 말엽의 다른 신학자들은 그리스도론의 교의학적 진술들을 예수의 메시아성에 대한 적절한 해석으로 표현하기 위해 그와 동일한 절차를 이용했다.[9] 라인하르트의 제자였던 브레트슈나이더는 그런 시도를 강하게 비판했고, 교의학적 그리스도론을 메시아 예수에 대한 성서적 진술들에 제한하는 것을 옹호했는데, 브레트슈나이더에 의하면 예수의 신성과 선재하시는 하나님의 아들의 성육신에 대한 고백은 성서적 진술들에 속한다.[10] 본질적으로 그와 동일한 이해가 1829년에 니취에게서도 발견

---

7   J. F. Buddeus, Compendium Institutionum Theologiae Dogmaticae, 1724, 521ff.
8   J. S. Semler, *Versuch einer freiem theologischen Lehrart*, 1777, 384-433, 특히 387ff., 참고. 440ff. 여기서 제믈러는 그의 스승인 바움가르텐(S. J. Baumgarten)을 결정적으로 넘어섰다고 할 수 있다. 그가 발행한 바움가르텐의 "개신교 신앙론"은, 그리스도의 인격론을 성육신 사건과 함께 시작한다는 점을 제외한다면, 전적으로 전통적인 그리스도론의 구도를 뒤따랐다고 할 수 있다(Bd. II, 2.Aufl. 1765, 6-23).
9   F. V. Reinhard, *Vorlesungen über die Dogmatik*, hg. J. G. I. Berger 1801, 332ff.336ff.
10   K. G. Bretschneider, *Handbuch der Dogmatik der ev.-luth. Kirche* 2 (1823) 3. Aufl. 1828, 162-187, 특히 163ff., 183f. 브레트슈나이더는 그리스도 안에서 두 본성이 합일하는 특성과 방법에 대해서는 더 이상 논의하지 않으려 했다(186f.).

된다.[11]

여기서의 핵심은 그리스도론적인 진술의 근거를 설정하는 방법인데, 이것은 리츨(Albrecht Ritschl)의 신학 논쟁 이래로 "아래로부터 위로"[12]의 그리스도론이라고 말해졌던 방법이다. 왜냐하면 여기서 역사적인 예수 그리스도가 그의 인격에 대한 모든 그리스도론적 진술들의 출발점이자 기준인 반면에, 그리스도론의 명제들은 그의 역사적 현실성에 대한 해석의 표현으로 평가되기 때문이다. "왜냐하면 영원한 규정에 따른 그리스도의 존재, 그리고 하나님으로 높여지신 이후에 우리에게 미치는 영향은, 그것들이 또한 그의 시간적·역사적 현존재 속에서 작용했던 것이 아니라면, 우리에게 전혀 인식될 수 없을 것이기 때문이다."[13] 이와 대립해서 19세기 초의 그리스도론은 예수에 대한 복음서의 증언들과 특히 요한적 전승 속의 예수의 말씀들을 증거로 제시할 수 있다고 단순하게 생각했다. 하지만 역사비평학 해석의 지속적인 발전을 통해 그런 증언들 대신에 예수의 등장과 그의 역사의 전체적인 특성을 소급해서 관찰하고, 그 사실로부터 예수의 신성에 대한 고백의 기초를 찾는 작업이 필요하게 되었다.

알브레히트 리츨의 경우 이런 방법은 당시의 실제적인 논쟁의 정점을 이루

11　C. I. Nitzsch, *System der christlichen Lehre* (1920) 3.Aufl. 1837, 224ff.
12　F. H. R. Frank, *Zur Theologie A. Ritschl's* (1888) 3.Aufl. 1891. 프랑크는 리츨과 함께 긍정했던 근본명제를 다음과 같이 표현했다(27). "우리의 그리스도 인식은 하나님 인식과 마찬가지로 아래로부터 위로 향한다." 이에 상응하여 리츨은 역시 멜란히톤의 다음의 문장을 즐겨 인용했다(26). "그리스도의 인식은 그분이 주신 은총을 인식하는 것이다"(Hoc est Christum cognoscere, beneficia eius cognoscere, CR 21, 85). 참고. A. Ritschl, *Die christliche Lehre von der Rechtfertigung und Versöhnung* III, 3. Aufl. 1888, 374.
13　A. Ritschl, *Die christliche Lehre von der Rechtfertigung und Versöhnung* III, 3. Aufl. 1888, 383, 참고. 407f.

었는데, 그것은 헤겔과 셸링에게서 시작된 사변적 그리스도론[14]과 에어랑엔 교의학자들의 케노시스(Kenosis, 비움) 교리에 반대하는 것이었다. 여기서 리츨은 예수의 역사적 인격을 그에 대한 모든 그리스도론적 진술들의 출발점으로 삼고, 예수의 신성에 대한 인식은 오로지 그에 대한 신앙으로만 가능하다는 명제와 그 출발점을 결합시켰다.[15] 그 결과 리츨은 그리스도론에 대한 슐라이어마허의 설명과 매우 가까운 위치에 있게 되었다.[16] 하지만 고전적인 로고스-그리스도론과 근대의 사변적 그리스도론을 반대한다는 점을 제외한다면, 둘 사이의 실제적인 공통점은 거의 없다. 슐라이어마허는 구원자 개념과 공동체의 구원의식으로부터 생겨나와 그에게 덧붙여지는 속성들을 공동체적 현존재의 전제로서 구성했다.[17] 리츨은 예수의 역사적인 특성이 그에 대한 공동체적 신앙의 원천으로서 훨씬 더 강한 타당성을 갖도록 만들었다. 그 과정에서 그는 한편으로 하나님 나라의 선포와 관계된 예수의 역사적 사역과 믿는 자들이 경험한 고양된 그리스도의 사역 사이를 구분했고, 그 결과 현재 경험될 수 있는 그리스도의 사역에 대한 모든 진술이 그의 현세적·역사적 사역의 연속으로 입증된다고 보았으며, 그렇기에 그 진술은 교회에

---

14 베버가 이 사실을 강조했다. 이 문제와 관련해서 "위로부터" 혹은 "아래로부터" 시작하는 그리스도론의 방법에 대한 그의 설명은 아직도 여전히 읽을 가치가 있다. O. Weber, *Grundlagen der Dogmatik* II, 1962, 20-36, 특히 25.

15 A. Ritschl, 같은 곳, 371f. 참고. E. Günther, *Die Entwicklung der Lehre von der Person Christi im XIX. Jahrhundert*, 1911, 296f.

16 이에 대해 특히 J. Kaftan, *Dogmatik* (1897) 3.Aufl. 1901, 411ff., 또한 동일저자, *Zur Dogmatik*, 1904, 247ff.

17 F. Schleiermacher, *Der christliche Glaube*, 2.Ausg. 1830, §87f. 이처럼 슐라이어마허는 그리스도교적인 구원 의식으로부터 시작해서 "어떻게 이 의식에 힘입어 구원자가 규정되는가"를 질문한다(§91,2). 그다음에 그 질문은 구원자를 통해 근거된 공동체 전체의 삶과 관련된 구원자의 원형 개념으로 이어진다(§93). 이 원형은 "그의 하나님 의식의 지속적인 능력"으로 묘사되며 "그 능력은 그의 의식 속에 있는 하나님의 본래적 존재다"(§94).

대한 각 개인의 관계를 통해 중재되어야 한다고 보았다.[18] 여기서 교회는 자신의 기원을 예수에게 두고 있다. 이러한 설명은 슐라이어마허보다는 라인하르트, 브레트슈나이더, 초기 니취의 그리스도론적 근거 방법과 공통점이 더 많다. 하지만 이들은 유감스럽게도 슐라이어마허 이전 혹은 동시대에 있었던 그리스도론의 단초들을 연구사의 서술에서 소홀히 했다.[19] 그래서 슐라이어마허가 옛 그리스도론이 합리주의에 의해 해체된 것에 맞서 예수 그리스도에 대한 믿음의 속박을 갱신했다는 잘못된 그림이 만들어졌다. 슐라이어마허의 그리스도론의 고유한 특성에 속하는 것은 바로 신앙 의식으로부터 그리스도론을 구성하기 위해 역사적인 근거를 억제하는 것이다. 이 점에서 슐라이어마허와 가까운 것은 헤르만(Wilhelm Herrmann), 특히 그의 후기 그리스도론[20]이고 리츨의 그리스도론이 아니다. 리츨의 방법과 슐라이어마허의 방법 사이의 차이를 지워버렸을 때, 리츨 학파 안에서 발전된 "아래로부터"의 그리스도론의 형태가 인간중심적으로 투사된 것이라는 혐의를 제기하는 것이 가능해졌고, 그에 따라 예수의 인격은 신적 로고스의 인격으로서 오로지 "위로부터" 즉 하나님으로부터만 이해될 수 있다는 생각이 확정되도록 만들었다.[21] 그와 함께 예수 그리스도에 대한 모든 그리스도론적인 진술은

---

18 A. Ritschl, 같은 곳, 393f.391.423ff.437f., 참고. 3f.
19 예를 들어 각주 15에서 언급한 귄터(E. Günther)의 영향력 있는 작품은 슐라이어마허를 고려하면서 그보다 우선했던 그리스도론의 해석학적·역사적 근거설정의 노력들을 단순하게라도 언급하지 않는다. 이러한 특징은 다음의 서술에서도 발견된다. A.B. Nitzsch/H. Stephan, *Lehrbuch der evangelischen Dogmatik*, 3. Aufl. 1912, 527ff. 이 책은 슐라이어마허를 합리주의에 맞서 그리스도론을 개혁한 사람으로 표현한다.
20 헤르만의 그리스도론의 발전에 대해 W. Greive, *Der Grund des Glaubens. Die Christologie Wilhelm Herrmanns*, 1976을 보라.
21 바르트(K. Barth, Die dogmatische Prinzipienlehre bei Wilhelm Herrmann, in: *Die Theologie und die Kirche*. Gesammelte Vorträge 2, 1928, 240-284, 275f.)는 이러한 맥락에서 다음과 같은 결론에 도달했다. "위로부터 아래로 가는 길 외에는 여기서 다른 어떤 길도 없다"(276). 바르트는 이 명제를 『교회교의학』의 그리스도론에 이

역사적 현실성이라는 척도에 따라 바르게 평가되어야 하고 그 현실성에 대한 해석으로서 근거되어야 한다는 정당한 요청은 건너뛴 셈이 되었다. 이 요청은 예수의 인격이 신적 로고스의 인격이라는 바로 그 주장에도 해당된다. 하나님 자신은 우리에게, "아래에서" 즉 나사렛 예수의 인간적 역사 속에서 발생했던 것을 통해 인식될 수 있는 것과 다르게 인식되지 않으신다.[22] 그래서 알트하우스(Paul Althaus)는 그리스도론이 "우선 아래로부터 위로 향해야 한다"는 요청을 바르게 확정했다. 그리스도론은 신약성서와 마찬가지로 인간 예수와 그의 역사로부터 시작하며, 자신의 인간성과 역사를 통해 그가 우리에게 그 자신에 대한 믿음을 요구하고 얻게 하는 것에 대해 숙고한다. 그리스도론은 삼위일체론적-연역적으로 그리스도의 영원한 신성으로부터 시작할 수 없다. 선재와 삼위일체의 인식은 인간 예수에 대한 종교적 인식보다 우선할 수 없으며, 오히려 전자는 후자의 인식에 근거한다.[23] 그러한 논증은 물론 여기 "아래서" 발생한 예수의 역사가 "위" 즉 하나님의 현실성을 향해 "열려" 있다는 사실을 전제하며, 그와 함께 이 사실이 예수의 역사에만 해당하는지 아니면 인간의 역사 전반에 해당하는지의 질문과 불가피하게 연관된다.[24] 후자가 맞다면, 어째서 다른 인간들의 하나님 관계에서 예수를 통한 중재가 불가결한 것인지에 대한 질문이 추가된다. 다른 경우에서 어떻게 예수의 인간적 현실성으로부터 그분 안에 계신 하나님의 현재의 인식에 도달할 수 있

르기까지 고수했다. 반면에 헤르만은 "위로부터 시작하려 하지 않았고 그것을 구원의 근거와 열매로 만들려고" 하지도 않았다. W. Herrmann, *Der Verkehr des Christen mit Gott*, 5. Aufl. 1908, 64.

22 이 요점은 베버에 따르면 "고전적 그리스도론" 안에서는 거의 숙고되지 않았다. O. Weber, 같은 곳, 24, 비교. 33. 고전적 그리스도론은 인간에게 다가갈 때 "그가 존재하는 바로 그곳, 즉 전혀 축소되지 않은 인간의 바로 그 '아래'에 도달하지는 못했다." 이러한 결함은 베버가 주장하는 것처럼(33, 각주 1) 바르트에게서 정말로 제거된 것일까?

23 P. Althaus, *Die christliche Wahrheit* (1947) 3.Aufl. 1952, 424.
24 O. Weber, 같은 곳, 27.

는지의 질문이 제기될 수도 있다. 알트하우스는 그 인식이 예수의 자기증언과 그의 부활의 소식 속에 근거하는 믿음의 모험을 통해 발생한다고 말한다.[25] 하지만 그 믿음의 대상은 그런 모험을 통해 입증되지 않을 것이다. 만일 그렇게 입증된다면 결국 예수 그리스도 안에 계신 하나님에 관한 진술의 출발점은 예수의 역사 그 자체가 아니라 신앙이라는 셈이 된다.

예수에 대한 그리스도론적 진술들을 검증하고 바르게 평가하기 위해 그리스도론은 원시 그리스도교의 전승에서 사용된 신앙고백들과 그리스도 칭호의 "배후로 돌아가 근거에 도달해야 한다. 그것은 그리스도론이 뒤돌아 가리키는 근거이자 예수 신앙을 담지하고 있는 근거인데, 바로 예수의 역사다. 그리스도론은 어떤 한도에서 이 역사가 예수에 대한 신앙의 근거가 되는가 하는 것을 질문하고 제시해야 한다." 이것은 그리스도론이 "신약성서 안에서 전개된 그리스도론의 실제적·내적 필연성을" 질문함으로써 수행된다.[26] 하지만 이를 넘어 고대 교회의 그리스도론의 역사 속에서 그러한 실제적 논리가 계속된 것에 대해 질문함으로써 수행되기도 한다. 이로써 "그리스도론의 전통에 관한 이론"의 과제가 지시되었다.[27] 그 과제는 그리스도론이 예수 그리스도의 신성에 대한 고백으로 발전하는 과

---

25 P. Althaus, 같은 곳. 425, 426ff. 여기서 알트하우스에게는 신앙의 근거를 예수의 역사에 기초시키려는 그의 의도와 달리 오히려 거꾸로 그 역사의 신학적 의미가 신앙의 행위에 의존하게 되는 불확실성이 나타나는데, 이것은 예수의 부활이 "역사적으로 증명될 수 없는 사실"이라는 알트하우스의 판단에 의해 최종적으로 제한된다(426). 이러한 불확실성은 알트하우스의 다른 글에서도 등장한다. P. Althaus, *Das sogenannte Kerygma und der historische Jesus*, 1958. 이에 대한 논쟁이 알트하우스의 비판에 대한 나의 대답의 핵심이다. Einsicht und Glaube. Antwort an Paul Althaus, in: *Grundfragen systematischer Theologie* 1, 1967, 223-236. 참고. 나의 책, *Grundzüge der Christologie*, 1964, 23.
26 P. Althaus, *Die christliche Wahrheit*, 3.Aufl. 1952, 424.
27 나의 책, *Grundzüge der Christologie*, 1964, 11.

정 속에서 내적·체계적 일관성을 찾아내야 한다. 또한 그리스도론이 그 신성 고백의 진술의 해명으로, 나아가 그 고백과 예수의 인간 현실성 사이의 관계의 해명으로 발전하는 과정 속에서도 그러한 내적·체계적 일관성을 대상으로 삼아 추적해야 한다. 이 점에서 그리스도론은 그 발전 과정에서 일어난 탈선과 오류들을 판단할 수 있는 기준을 가지게 되는 것이다. 그리스도론적인 전통에 관한 그런 이론[28]은 역사적인 서술인 동시에 체계적 성격을 가질 수 있다. "아래로부터"의 그리스도론에 대한 서술은 오로지 예수의 역사로부터 시작하는 그리스도론적 진술들의 기초적 맥락의 체계적인 핵심에만 목표를 두고 이 핵심을 순수한 체계적 관점들 아래서 논증하는데,[29] 이 서술은 최소한 그리스도론적인 전통의 그런 이론적 가능성을 항상 전제한다. 그런 종류의 이론을 전개할 때 결정적인 것은 원시 그리스도교의 그리스도론적인 고백들이 본질적인 내용에서 예수의 등장과 역사에 내포된 고유한 의미 내용에 대한 해명으로 이해될 수 있다는 전제일 것이다.[30] 이와 같이 예수의 역사에 내포된 의미와 이후에 신앙고백으로 드러난 외적인 내용 사이의 관계는 그리스도에 관한 사도들의 메시지 그리

---

28 이러한 특성을 가진 서술은 그 외에는 오늘날까지도 존재하지 않는다. 그릴마이어의 훌륭한 저서는 451년까지의 그리스도론의 역사가 칼케돈 공의회의 교의에 대한 전역사로 서술된다는 점에서 역사적인 서술과 체계적인 의도를 결합시킨다고 할 수 있다. A. Grillmeier, *Jesus der Christus im Glauben der Kirche* (I, 1979). 하지만 그는 예수의 역사에 내포된 고유한 의미와 내용들을 그리스도교 교리 전체가 발전하고 형성되는 과정에 대한 판단 기준으로 삼지는 않는다.

29 다음의 나의 책도 이에 속한다. *Grundzüge der Christologie*, 1964. 이 책은 아래로부터의 그리스도론이 가진 과제를 다룬다(28ff.).

30 이러한 관점은 1929년에 불트만이 처음으로 제시했다. 그것은 자신이 선포한 하나님의 통치에 대해 결단을 요청하는 예수의 외침 속에 "'그리스도론'이 암묵적으로 내포되어 있다"는 확언을 뜻한다. R. Bultmann, *Glauben und Verstehen* 1, 1933, 174. 물론 불트만은 여기서 아직은 부활 이후 공동체의 그리스도론적 신앙고백을 생각하지는 않았으며, 그는 그 고백들을 부활신앙의 표현으로 바르게 파악했다.

고 그 이전의 예수 자신 및 그의 선포 사이의 내적인 관계를 전제하는 것에 필수불가결한 것으로 간주되는 견해, 즉 그리스도에 대한 공동체의 고백이 명확하게 공표된 예수 자신의 메시아 의식에 상응한다는 견해를 부차적으로 질문하게 만들었다. 예수의 선포 및 역사 그리고 사도적인 그리스도 메시지 사이의 관계를 재구성하는 것은 그 선포와 역사 안에 함축된 의미를 밖으로 드러내어 설명하는 것을 뜻한다. 그것은 물론 예수의 부활에 대한 원시 그리스도교의 증언을 예수가 하나님과 연합되는 형태로 높여졌다는 의미로 포함할 때만 실행될 수 있다. 이 연합은 그와 동시에 부활 이전의 예수의 사역도 나중에 추가로 확증한다.[31] 죽은 자들로부터 부활을 통해 십자가에 달린 자는 주님(*Kyrios*)의 존엄에 이르며(빌 2:9-11), "[권능 안에 계신] 하나님의 아들"로 선포되셨다(롬 1:4). 부활의 빛에서 비로소 그는 또한 선재하시는 하나님의 아들이며, 오직 부활하신 자로서 그의 공동체의 살아 계신 주님이시다.[32]

---

31 역사적인 문제가 있다고 판단해서 (앞의 각주에서 인용된) 불트만의 논평을 수용하여 발전된 불트만 학파의 노력, 즉 예수의 메시지와 그의 공동체의 그리스도-케리그마 사이의 관계를 규명하려는 노력으로부터 부활의 메시지를 배제한 것은 이른바 불트만 학파 안에서 생긴 "역사적 예수에 대한 새로운 질문"이라는 약점을 남겼다. 이에 대해 다음을 참고하라. J. M. Robinson, *Kerygma und historischer Jesus*, 1960.

32 슬렌츠카는 예수 그리스도의 인격적 존재가 신약성서의 증언의 의미에서 그의 지상의 역사에 제한되어서는 안 된다고 강하게 강조했다. R. Slenczka, *Geschichtlichkeit und Personsein Jesu Christi. Studien zur christologischen Problematik der historischen Jesusfrage*, 1967, 294ff. 이것은 켈러와 헤르만의 논쟁에 관한 내용이다. 또한 316ff., 333f.를 보라. 몰트만도 같은 의견이다. J. Moltmann, *Der Weg Jesu Christi*, 1989, 58f. 달페르트는 예수의 역사에서 부활 사건을 배제시킴으로써 그리스도론의 토대가 축소되는 것에 바르게 이의를 제기했다. I. U. Dalferth, Der Mythos vom inkarnierten Gott und das Thema der Christologie, *ZThK* 84, 1987, 339ff. 이것은 성육신 교리에 대한 영국의 비판가들, 특히 힉(J. Hick, *Incarnation and Mythology, God and the Universe of Faiths*, 1973, 165-179)과 그가 발행한 책(*The Mythos of God Incarnate*, 1977) 안에 수록된 그의 논문들에 대한 것이다.

예수의 부활이 "아래로부터의 그리스도론"의 역사적 토대에 속한다는 것은 쉽게 이해되지 않는다. 이 문제는 이미 알브레히트 리츨과 그 학파의 그리스도론에 대한 논의에서 격렬한 논점이 되었다. 리츨은 자신의 그리스도론을 배타적으로 예수가 지상에서 하나님 나라를 **선포**한 것 그리고 사람들 가운데서 (그가 주장하는 것처럼) 그 나라를 **수립**한 것에 바탕을 두고 구성했다. 하나님 나라의 선포와 수립에 내포되어 있는 예수와 하나님의 의지적 일치로부터 그는 (예수의 부활을 고려할 필요 없이) 직접 예수의 신성을 추론했다.[33] 이에 대해 켈러(Martin Kähler)는 이렇게 강조했다. 예수 그리스도를 주님으로 고백하는 확신이 생성되고 작용하는 과정에서 그 확신은 "**그가 살아 계신 자, 곧 십자가에 달린 자 그리고 부활하신 자라는 다른 확신과 결합되어 있었다.**"[34] 헤르만은 신앙의 근거로서의 역사적 예수에 관한 그의 유명한 논문에서 리츨의 견해를 변호했다. 리츨이 "신약성서가 우리에게 제공하는 예수의 내적인 삶의 상"을 "예수의 인격적 삶 혹은 역사적인 그리스도"로 이해할 수 있게 해주었다는 것이다. 다시 말해 그 상은 "어떻게 우리가 지금 예수 그리스도를, 모든 곤경과 죄로부터 우리를 이끌어내시는 한 분 하나님이 존재하신다는 신앙의 근거로 삼을 수 있는가"라는 질문에 대한 대답으로 이해되었다.[35] 여기서 헤르만은 예수의 부활을 명시적인 신앙의 근거로 고려하지

---

[33] A. Ritschl, *Die christliche Lehre von der Rechtfertigung und Versöhnung* III, 3.Aufl. 1888, §48 (417-426), 특히 423ff. 그래서 리츨은 예수의 (하나님 나라의 선포와 근거를 위한) 윤리적인 "소명"에 대한 평가가 하나님의 아들로서의 그의 인격에 대한 종교적 판단으로 인도한다고 말할 수 있었다(참고. §50, 444).

[34] M. Kähler, *Der sogenannte historische Jesus und der geschichtliche, biblische Christus* (1892), neu hg. von E. Wolf 1953, 40 (1892, 20). 물론 켈러는 부활하신 주님을 "사도적 설교의 대상이자 신약성서 전체가 증언하는 그리스도"와 곧바로 일치시켰다(41). 이것은 원시 그리스도교 안에서 그리스도론이 발전할 수 있는 과정에, 그리고 이 과정의 내적 구조에 대한 질문에 여지를 허락하지 않는 것이다. 이런 점에서 리츨과 그 학파가 제기하는 질문은 켈러의 논증을 능가한다.

[35] W. Herrmann, Der geschichtliche Christus der Grund unseres Glaubens, *ZThK* 2,

않았고, 오히려 그 근거로부터 발전된 사상 즉 예수를 믿는 공동체의 신앙적 사상으로 생각했다.[36] 이 논증은 라이슐레(Max Reischle)에게 수용되면서 더욱 단호하고 확고해졌다.[37] 하지만 크레머는 그에 대해 분명한 근거를 가지고 비판했다. 사도들은 "예수의 내적인 삶이 아니라, 십자가에 달리신 자를 선포했다"는 것이었다. "그는 우리의 죄를 위해 죽으셨고 성경대로 제3일에 부활하셨으며, 하나님 우편으로 높여지셨고 그들이 보고 들은 모든 것을 부어주셨다. 그는 부활하셔서 살아 계신 그리스도이시며, 하나님과 성령의 현재 속에서 우리 앞에 서 계시며…그 안에서 하나님은 우리를 붙드신다."[38] 예수의 부활을 신앙의 근거를 이루는 개념으로부터 배제하는 것에 반대해서 리츨 학파의 내부에서도 이의가 제기되었다. 해링에 의하면 예수의 부활 없이는 예수 안에서 나타난 하나님의 계시에 대해 말할 수 없으며, 그렇기에 부활 사건은 신앙의 근거로 생각되어야 한다.[39] 라이슐레와 해링은 신앙의 근거를 이루는 개별적 요소들이 단계적으로 구성된 전체를 형성한다는 점에 대해 의견이 일치했다. 그 전체로부터 "죽음을 제압하는 예수의 권능에 대한

1892, 232-273, 인용은 256, 261 (비교. 263, 272), 233.

[36] 부활하고 높여지신 그리스도가 "우리 신앙의 최종적 보루이자 근거"라는 켈러의 이해에 반대하여 헤르만은 이렇게 말했다. "그렇지 않다!"(같은 곳, 250). 왜냐하면 그리스도의 부활과 높여지심은 물론 "신앙의 내용이기는 하지만, 그것의 최종 근거는 아니기" 때문이다(251, 근거와 내용의 구분에 대해서는 247f.와 263을 참고하라). 이 논문에서 신앙의 "내용"이 의미하는 것을 헤르만은 "신앙적 사상"(Glaubensgedanken)으로 표현했다. 예를 들어 *Der Verkehr des Christen mit Gott* (1886) 5.Aufl. 1908, 31ff.

[37] M. Reischle, Der Streit über die Begründung des Glaubens auf den "geschichtliche" Jesus Christus, *ZThK* 7, 1897, 171-264, 특히 202f.

[38] H. Cremer, *Glaube, Schrift und heilige Geschichte*, 1898, 44f., 이에 대해 M. Reischle, 같은 곳, 195. 크레머는 예수의 "내적 삶"이 일으킨 감동이 신앙을 발생시켰다는 주장을 "그리스도의 진정한 형상 곧 모든 오해와 왜곡을 벗어난 참된 형상을 획득하려 한다면, 가장 강제적이고 비판적인 수술이 필요한 가설"이라고 보았다(89).

[39] Th. Häring, Gehört die Auferstehung Jesu zum Glaubensgrund? *ZThK* 7, 1897, 331-351, 특히 341.

증거를 빼놓을 수 없다"는 것이다.[40]

예수의 부활이 신앙의 근거에 속하는가 하는 질문은 부활 사건의 사실성 즉 역사성에 대한 질문으로부터 분리될 수 없다.[41] 그렇기에 그 질문이 지금까지 언급한 논쟁들을 통해 진정되지 않는다는 사실은 분명하다. 불트만이 가정했던 것처럼, 예수의 부활이 역사적인 사건이 아니지만 그럼에도 불구하고 원시 그리스도교의 그리스도 선포의 결정적인 출발점이라는 식으로 말한다면, 우리는 예수에 관한 역사적인 지식이 그리스도에 대한 고백의 기초가 될 수 있다는 어떤 의미도 인정할 수 없게 된다. 그와 반대로 케리그마를 그것이 단지 신화일 뿐이라는 의혹으로부터 보호하기 위해 역사적 예수로 되돌아가는 것이 불가피하다는 입장을 취한다면,[42] 그때 우리는 (예수의 부활을 비역사적인 것으로 간주하며) 부활의 주제를 배제한 채 원시 그리스도교의 케리그마와 예수의 메시지 사이의 일치점에 대해 질문할 수밖에 없다. 하지만 이때 그리스도론적 전통의 형성 과정은 역사적 과정으로서는 이해할 수 없게 된다. 반면에 부활 사건의 실제성이 보다 더 정확하게 서술될 수 있는 의미에서 전제될 수 있다면, 교회의 그리스도론적 및 삼위일체론적 교리의 형성에까지 이르는 그리스도 고백의 역사를 부활 사건의 빛에서 예수의 역사에 고유한 의미를 해명한 것으로 기술하는 것이 가능해진다.[43]

---

40 Th. Häring und M. Reischle, Glaubensgrund und Auferstehung, *ZThK* 8, 1898, 129-133, 132. 논쟁 전체와 다음의 책을 비교하라. W. Greive, *Der Grund des Glaubens. Die Christologie Wilhelm Herrmanns*, 1976, 106-111.
41 이 주제는 다음 장(제10장)에서 더 자세히 논의될 것이다.
42 케제만의 견해다. E. Käsemann, Das Problem des historischen Jesus, *ZThK* 51, 1954, 125-153, 141.
43 이것은 나의 책 *Grundzügen der Christologie*(1964)의 근저에 놓인 이해다. 이것과 원칙적으로 비교될 수 있는 연속선상에 있는 것은 모울(Moule)이 제시한 주제다. C. F. D. Moule, *The Origin of Christology*, 1977, 특히 135-141. 반면에 그의 다른 글(*The Myth of God Incarnate*, ed. J. Hick, 1977)에서는, 예수의 인격에 단지 피상적으로만 관련되었던 표상들 곧 다른 문화적 원천에서 나온 일련의 표상들 대신에, 처

물론 "아래로부터의 그리스도론"에도 다양한 형태들이 있다. 이것들은 많은 차이에도 불구하고 고전적인 로고스 그리스도론과 달리 역사적 예수로부터 시작한다는 공통점을 갖는다. 이렇게 시작하는 것은 예수의 선포와 역사 속에 놓여 있는 공동체의 그리스도 고백의 근거를 제시하기 위한 것이다.⁴⁴ 많은 "아래로부터의" 그리스도론들은 예수의 선포에, 특히 이

음에 암묵적으로 주어졌던 내용을 점차 명시적으로 설명한다는 의미에서 그러한 연속성이 도대체 존재할 수 있는지의 질문이 제기되었다. 모울(Moule)은 자신의 주제를 다음의 책의 저자들과 대화하는 가운데 반복했다. Three Points of Conflict in the Christological Debate, in: M. Goulder, ed., *Incarnation and Myth. The Debate Continued*, 1979, 131-141, 특히 137f. 이에 대한 대답은 그 논쟁을 이끌었던 바질 미첼(Basil Mitschell)의 결론적인 발언(같은 곳, 236), 즉 여기서의 질문은 열려 있는 질문임을 확정하는 발언을 간과한다면, 더 이상 가능하지 않다. 굴더의 머리말을 참고하라. M. Goulder, 같은 곳, X.

44 참고. R. Slenczka, *Geschichtlichkeit und Personsein Jesu Christi*, 1967, 310ff. 슬렌츠카는 "아래로부터의 그리스도론"이라는 명칭이 갖는 다의성을 바르게 지시하면서(309), 그것들의 서로 다른 다양한 입장들의 중요한 공통점을 열거한다(311). 근대 가톨릭 신학이 수행한 "아래로부터의 그리스도론"에 대해 W. Kasper, Christologie von unten?, in: L. Scheffcyzk, Hg, *Grundfragen der Christologie heute*, 1975, 141-170을 보라. 실제로 카스퍼의 책(*Jesus der Christus*, 1974)의 논증의 기초는 아래로부터의 그리스도론 가운데 하나라고 말할 수 있다. 비록 다음 각주에서 언급될 것처럼 카스퍼 자신은 이 개념을 비판했다고 해도 그렇다. 카스퍼는 그 서술에서 성령론적으로 각인된 해석의 언어를 덧붙였는데, 이것은 몰트만의 경우보다 강했다. J. Moltmann, *Der Weg Jesu Christi*, 1989, 특히 92ff. 그러나 몰트만의 설명 역시 논증적 기초와 관련해서는 "위로부터" 시작하는 서술과 대립되는 "아래로부터의" 그리스도론이라고 할 수 있다. 하지만 그는 88f.에서 그런 방법론적인 차이는 "피상적이고 잘못 인도할 수 있다"고 비판한다(88). 몰트만이나 다른 신학자들이 원하는 것처럼, 이런 방법론적인 대안이 신학적으로 **근거가 있는** 진술 속에서 쉽게 회피할 수 있는 것이라면, 그것들이 신학사 속에 그렇게도 깊은 자취를 남겼다는 사실은 매우 놀라운 일이 될 것이다. 이 문제는 위에서 서술되었고, 몰트만 자신의 서술들(67ff., 74ff.)에서도 엿볼 수 있다. 바로 몰트만이 발전시킨 예수의 메시아성의 출발점은 근대 신학사 속에서 — 예를 들어 브레트슈나이더에게서 그러했던 것과 같이 — 그리스도론이 아래로부터의 그리스도론으로 전환한 전형이었다(비교. 위의 각주 10).

와 연관된 전권 요구에 배타적으로 의존하지만, 거기서 예수의 등장에 반작용으로서 나타났던 그에 대한 다양한 분노의 내적인 이유를 자주 간과한다. "아래로부터의" 다른 그리스도론들은 예수가 선포했던 하나님의 사랑의 표현으로서 십자가로 향하는 예수의 길에 집중하지만, 그러나 부활 사건 없이 예수의 처형을 해석하는 것은 불합리하고 또한 성서의 증언에 따르면 그 처형은 오로지 부활의 빛에서만 바르게 표현될 수 있다는 정황을 적절하게 평가하지 못한다. 드물지 않게 예수의 선포에 대한 신앙적 대답은 제자들의 부활 신앙이 그러한 신앙적 대답의 특별한 표현 형태인 것으로 보인다는 의미에서 그리스도 고백의 근원과 토대로 이해되었다. 반면에 신약성서의 증언들은 부활 사건을 철저하게 제자들의 신앙의 **근거**로 설명한다. 개인적 신앙이든 교회의 신앙이든 관계없이, 신앙을 통해 역사적 예수와의 관계를 보충하는 것은 "아래로부터의" 그리스도론의 가장 흔한 형식이다. 사람들은 이렇게 말한다. 신앙만이 예수의 인간적·역사적 등장의 상(Bild)을 보충하는데, 이것은 믿는 자가 예수 안에서 단순한 한 인간 그 이상을 보기 때문이다. 이것이 예수의 고유한 등장 속에 암묵적으로 포함된 전권 요구에 대한 대답으로 생각될 수 있다면, 신앙의 그런 산출력에 대한 언급은 "아래로부터의" 그리스도론을 통한 그리스도론적 고백의 근거를 특수한 방식으로 손상시키는 것을 의미한다. 이러한 근거 설정은 최종적으로는 권위의 원칙에 호소하게 되며, 그 결과 모든 근거에 대해 절망하게 만들 뿐이다. 그 외에도 그런 과정에서 전제되는 것은 결단을 내리라는 예수의 외침이 단지 그 당시의 유대인 청중들만이 아니라, 모든 시대의 모든 사람에게 해당된다는 사실이다. 이것은 부활의 소식의 지평에서 비로소 정당화되었고 바로 그 토대에서만 실현될 수 있었던 확장이다.

많은 그리스도인들은 현대인으로서 예수 그리스도를 믿는 자신들의 믿음을 위한 논증에서 죽은 자의 부활의 사실성이라는 세계관적으로 논란이 되는 가정으로 부담을 갖는 것은 어렵다고 생각한다. 이것은 틀림없는 분명한 사실이다. 하지만 역사적으로 또 실제적으로 그리스도교의 고백과 그리스도론적인 진술들의 근원은 그와 다르게 이해될 수 없다.[45] 이것은 그리스도교의 발생사 속에서 주어진 맥락, 곧 그리스도교 고백의 그리스도론적 진술들의 근거를 설정하는 맥락이다.[46] 이 맥락은 교의학적 그리스도론 속에서 재구성되기는 했지만, 다른 것으로 대체될 수는 없었다. 개인적인 신앙이 그런 근거를 형성할 수 없다는 것은 분명하다. 사람들은 근거 없이도 곧잘 믿고, 그것은 어쨌든 신학일 수는 없다. 신학에서는 논증들만이 유효하다. 신학은 예수 그리스도에 대한 신앙의 근거를 설정할 때 그 신앙과 그리스도론적 고백의 진술들이 생성되도록 이끌었던 근본적인 맥락을 지나칠 수 없다. 신학에서 중요한 것은 그리스도교 교리의 진리성의 문제다. 이 문제를 돕는 것은 교회의 그리스도론적 고백에 대해 실제로 근

---

[45] 이상하게도 카스퍼는 (위에서 인용한 논문에서) 나의 책(*Grundzüge der Christologie*)에 대해 내가 나의 전통사적인 "개념"을 위해 "부활을 (특정한 해석학적인 전제들 아래서) 역사적으로 증명될 수 있는 사건으로 취급하기를 강요했다"라고 썼다(같은 곳, 150). 강요했다고? 18세기까지 그리스도교 전통 전체는 예수의 부활을 인류의 역사 속에서 실제적으로 일어난 (즉 "역사적인") 사건으로 이해했다. 그리스도교와 그리스도 신앙이 생성된 역사를 오늘날 재구성하는 작업도 그 점을 지나치지 않는다. 그 외에도 카스퍼는 자신의 논문에서 나의 책(*Grundzüge der Christologie*)의 논점을 정확하게 묘사하지 못했다. 나의 책은 예수의 부활이 "빈 무덤 그 자체의 다의적인 사실성으로부터 해명될 수 있다"고 주장하지 않았으며(오히려 부활의 현현들은 근본적인 것으로 말해진다), 예수의 전권 위임과의 관계 속에서 단지 그것을 "증명만 하는 기능"을 부활에 귀속시키지도 않았다(같은 곳). 하지만 자신의 책(*Jesus der Christus*, 1974, 159ff.)에서 카스퍼는 매우 조심스럽게 표현하기는 했다.

[46] 신앙의 진술들이 근거하고 있는 맥락이 역사적 원천으로부터 분리될 수 없다는 사실은 그리스도 신앙의 역사성에 속한다. 그렇기에 역사적 원천으로부터 그리스도의 신성에 대한 고백으로 인도되는 과정에서 중요한 것은 부활 교리에 대한 객관적인 "발견의 맥락"(Entdeckungszusammenhang)만이 아니다. 이에 대해 근거 설정의 객관적 맥락과 구분되는 주관적인 "발견의 맥락"은 몇몇 신학자들이 주장했던 개종과 교리형성의 역사 속에 존재한다. 이러한 학문이론적인 구분에 대해 다음을 참고하라. W. Pannenberg/G. Sauter/S. M. Daecke/H. N. Janowski, *Grundlagen der Theologie—ein Diskurs*, 1974, 86-97.

거가 되었던 맥락을 드러내어 보이고 재구성하는 것이다. 여기서 신학 논쟁이 신앙과 성령을 불필요하다고 여기지 않는 것은 다른 곳에서와 마찬가지다. 하지만 거꾸로 신앙과 영을 증빙으로 끌어들이는 것이 그 자체로는 아직 논증이 아니라는 점이 인정되어야 한다.

발터 카스퍼(Walter Kasper)는 "아래로부터의 그리스도론"의 방법론적 요청과 논쟁하는 가운데 특별히 나와 칼 라너[47]가 제시한 그리스도론의 형태(Version), 곧 예수의 메시지와 역사를 그의 죽은 자들로부터의 부활과 결합시키는 형태에 "위험"이 있다고 말했다. 그것은 "예수 그리스도가 영 안에서 계속해서 현재하는 사태를…과소평가하는 **위험**"을 의미했다.[48] 그리스도론의 근거가 되는 맥락을 전통사로 재구성하는 작업에 대해 카스퍼는 이렇게 강조했다. "사도들의 선포는 그리스도 사건 자체를 구성하는 본질적 요소다."[49] 다시 말해 예수 그리스도의 역사를 보충하며 등장하는 영의 증언의 의미에서 명백하게도 본질적이라는 것이다. 이에 따라 카스퍼는 "성령론적으로 규정되는 그리스도론"을 요청했고, 그것이 "'위로부터의' 그리스도론과 '아래로부터의' 그리스도론에서 양자택일하는 가능성을 능가"하게 될 것을 기대했다.[50] 우리는 사도들의 복음이 그리스도 사건과 매우 긴밀히 연관되어

---

47 K. Rahner/W. Thüsing, *Christologie—systematisch und exegetisch* 1972, 47. 여기서 라너는 자신의 "상승 그리스도론"(Aszendenzchristologie)의 단서를 "예수의 (역사적으로 파악될 수 있는) 말씀의 요청과 그의 부활에 대한 경험의 일치"로부터 발전시켰다. 이 점에서 라너의 후기 저술에서 나타나는 새로운 관점들과 나의 책(*Grundzügen der Christologie*) 사이에는 내용적인 유사성이 있다. 물론 라너의 초월적·인간론적 기초는 다른 방향을 제시하지만(아래에서 명확하게 서술될 것이다), 여기서 제시된 숙고들과의 유사성이 발견된다. 라너에 대해 또한 W. Kasper, 같은 곳, 153ff.를 참고하라.

48 W. Kasper, Christologie von unten?, 같은 곳(위의 각주 44), 151.

49 W. Kasper, 같은 곳, 150.

50 W. Kasper, 같은 곳, 169. 마찬가지로 J. Moltmann, *Der Weg Jesu Christi*, 1989 (위

있다는 점에 대해서는 카스퍼에게 동의할 수 있다. 이러한 맥락은 제11장에서 자세히 논의될 것이다. 하지만 사도들의 선포가 그리스도 사건을 구성하는 **본질적** 기능을 갖는다는 주장은 사도들의 증언 자체와 맞지 않는다. 부활의 소식은 그 사건의 **결과로서**(konsekutiv) 부활 사건에 속하는 것이지, 부활 사건 자체를 구성(konstituieren)하는 것이 아니다. 오히려 부활의 소식은 그 사건을 통해, 그리고 부활하신 자의 증언을 통해 구성되었다(갈 1:16; 비교. 마 28:19). 요한은 영의 증언에 대해 이렇게 말한다. 그는 스스로 말하는 것이 아니라, 오로지 예수의 것만을 취하여 그것을 선포할 것이다(요1 6:13f.).

그럼에도 불구하고 우리는 인정해야 한다. 그리스도론 논증의 근거가 되는 맥락은 그리스도론적인 고백들과 특히 예수의 신성에 대한 고백들의 실제적 근거의 전통사적인 재구성을 통해서도 아직 완전히 전개되지 않았다. "아래로부터의 그리스도론"이 그리스도의 신성에 대한 신앙고백의 내용적인 대안을 발전시키지 못하고, 오히려 그 고백과 성육신 사상을 예수의 등장과 역사 안에 함축된 의미의 적절한 표현으로 입증한다면, 이것은 나사렛 예수의 인간적·역사적 현실성이 오로지 하나님으로부터 유래하는 그의 근원의 관점 아래서만 바르게 이해될 수 있음을 의미한다.[51] 이로써 한 가지 과제가 제시된다. 예수의 역사를 이제 하나님의 행동으로 이해해야 하며, 그 결과 그 역사가 하나님으로부터 마련되는 근거 위에 있다고 생각해야 하는 과제. 그렇다면 "아래로부터" 시작하는 그리스도론이 고전적인 성육신 그리스도론을 완전히 배제한다고 생각해서는 안 된다.[52]

의 각주 44를 보라).
51 나의 책 *Grundzüge der Christologie*에 대한 자우터의 논평을 참고하라. G. Sauter, Fragestellungen der Christologie, in: *Verkündigung und Forschung* 11, 1966, 37-68, 61. 또한 그 책 제5판의 후기를 보라(1976, 421f.).
52 알트하우스는 이렇게 말했다. 만약 교의학이 예수 그리스도를 믿는 믿음의 근거에 대해 숙고해야 하는 과제를 "마쳤다면, 그다음에 교의학은 그 믿음을 예수의 본질에 대

"아래로부터의" 그리스도론은 단지 계시 역사의 기초를 재구성하게 되는데, 이 기초는 고전적 그리스도론이 스스로 드러내어 설명하지는 않았다고 해도 실제로는 항상 전제하고 있었던 것이다. "아래로부터의" 논증이 우선권을 갖는 것은 오직 방법론적인 관점에서다.[53] 다시 말해 그런 방법론적인 절차가 다음의 결론, 즉 성육신 사상이 예수의 등장과 역사에 함축된 본래적인 의미의 위조가 아니고 오히려 적절한 전개라는 결론으로 인도한다는 전제 아래서다. 그렇다면 다음의 사실도 타당하다. 나사렛 예수 안에서 성육신을 통해 인간이 되신 영원한 아들이 사태 자체에서 우선성을 갖는다.

이와 같이 볼 때 "위로부터"와 "아래로부터"의 논증 방향은, 바르게 이해된다면, 서로 보완적인 관계에 있는 것으로 파악된다. 물론 그리스도론의 전승사를 그것의 근원으로부터 체계적으로 재구성하는 것은 그리스도론에 관련된 교의들의 본질적인 내용을 이차적 특징들과 왜곡들로부터 비판적으로 구분하도록 허락해준다. 이 구분은, 이미 고전적 그리스도론에서도 그랬듯이, 성서적 증언의 빛 안에서 교의의 해석이 계속해서 발전되고 있음을 뜻한다.

예수의 등장과 역사를 하나님으로부터, 곧 하나님의 행위로 해석하는 과제는 그리스도교 교리를 서술하는 전체의 틀 안에서 그리스도론을 서술할 때, 전면에 위치해야 한다. 우리가 그리스도론을 서술하는 큰 맥락은 교회의 신앙고백들에 따라 다소간에 명시적인 삼위일체론적인 구조 — 세

한 인식으로 이끄는 것이 무엇인지를 고려할 수 있게 되며, 그래서 '위로부터 아래로' 향한 길을 갈 수 있고 마땅히 그렇게 해야 한다. '위로부터'의 길은 신약성서적 그리스도론이 선재하는 자의 성육신을 가리키며 걸어갔던 길을 뜻한다." P. Althaus, *Die christliche Wahrheit*, 3.Aufl. 1952, 425. 참고. K. Rahner, *Grundkurs des Glaubens*, 1976, 179, 292f.

53 K. Rahner, *Grundkurs des Glaubens*, 1976, 179. 고전적인 하강 그리스도론(Deszendenzchristologie)에 대한 비판적인 진술들에 대해서는 283f.를 참고하라.

계의 창조, 화해, 완성 속에서 하나님께서 행동하시는 경륜이라는 의미에서 - 를 가지고 있기에, 그리스도론에는 나사렛 예수의 등장과 역사를 인류의 구원을 위한 삼위일체 하나님의 행위로 설명해야 하는 과제가 주어진다. 그러나 이 과제에 대해서는 앞의 삼위일체론에서 그랬던 것처럼 "아래로부터의 그리스도론"의 결과가 사실상 항상 전제되는 것이 아닐까? 거꾸로 "아래로부터"의 그리스도론의 근거를 설정하는 절차가 적절하다고 여기는 서술, 곧 그리스도론의 단선적인 서술 속에서는 하나님 개념이 전제되어야 하지 않을까?[54] 후자는 불가피하다. 왜냐하면 신론의 주제들에 대한 논의는 그리스도론의 특수한 과제의 영역을 훨씬 넘어서기 때문이다. 반면에 그리스도교 교리에 대한 전체 서술은 "아래로부터의 그리스도론"을 그와 연관된 보다 더 포괄적인 주제들의 맥락 안으로, 즉 신론의 맥락과 세계 안에서 세계와 더불어 행동하시는 하나님의 경륜에 대한 교리의 맥락 안으로 통합시키려고 시도해야 한다. 이와 같은 그리스도교 교리에 대한 전체 서술은 그리스도론적 고백들의 근거가 되는 전통사적 맥락을 그 서술 자체에 대해 단지 외부적 전제의 상태에 머물도록 버려둘 수 없다. 전체 서술은 그 전제를 최소한 개괄적으로라도 자신의 고유한 묘사 과정 안에서 다루어야 하는데, 이것은 그 전제가 하나님의 행동의 경륜적 맥락 속에 자리를 차지하도록 허락함으로써 이루어진다.

여기서 신학은 예수의 인간적인 역사 속에서 나타난 하나님의 계시를 통해 각인되지 않은 어떤 다른 신 개념으로부터 출발해서는 안 된다. 그리스도교 신앙에서는 예수를 통해 비로소 하나님이 누구신지 그리고 어떤 존재이신지가 명백히 드러난다. 이러한 근본규정을 하필이면 성육신 사건을 묘사할 때 어기는 것은 언제나 고전적인 "위로부터의" 그리스도론에 대한 유혹이었다. 이 위반은 "위로부터"의 그리스도론이 그리스도교적으로

---

[54] 나의 책, *Grundzüge der Christologie*, 1964, 29f.를 보라.

각인되지 않은 어떤 일반적인 하나님 표상을 근거로 삼고, 그 표상으로부터 성육신에 대해 진술하려고 했을 때 발생했다. 이에 상응하는 것이 인간 개념에도 해당한다. 하나님의 성육신에 대해 말하는 자는 이미 "하나님"과 "인간"이라는 단어의 사용에서 자신의 앞선 이해를 전제할 수밖에 없다. "아래로부터의 그리스도론"도 마찬가지로 이 문제 앞에 서 있다. 그 그리스도론 또한 예수의 메시지와 역사를 설명하기 위해 다른 어떤 곳에서 주어진 신 개념과 인간 개념을 전제하게 된다. 특별히 그 그리스도론은 "그리스도 계시"의 하나님으로부터 기초되지 않은 어떤 일반적 인간론을 예수의 등장(그리고 그의 특별한 역사)에 대한 해석의 토대로 삼는 위험에 노출되어 있다.[55] 이것은 예수 그리스도 안에서 만물과 인간의 창조자로서 자신을 계시하신 하나님께 대한 믿음에 저촉되는 것이다. 나사렛 예수의 역사적 현실성은 창조자와의 관계를 추상화하는 어떤 인간론(혹은 역사 이해)의 기초 위에서는 필연적으로 잘못 묘사된다. "내 아버지께서 모든 것을 내게 주셨으니 아버지 외에는 아들이 누구인지 아는 자가 없고, 아들과 또 아들의 소원대로 계시를 받는 자 외에는 아버지가 누구인지 아는 자가 없나이다"(눅 10:22).

그렇다면 신학과 인간학의 관계는 순환적으로 서로를 제약하는가? 사실상 우리의 하나님 개념 그리고 인간의 본성 및 규정에 대한 우리의 이해 사이에서 서로를 제약하는 조건에 유의하는 것은 그리스도론의 체계적·포괄적 서술을 적절하게 실행하게 해주는 방법론적 전제다. 여기에 존재하는 순환(이 사태가 그렇게 명명되어야 한다면)은 증명되어야 하는 것을 미리 전제하는 논리적 결함을 지닌 "논증의 **악순환**"(*circulus vitiosus*)과 혼동되어서는 안 된다. 오히려 여기서의 관건은 하나님 표상과 인간의 자기이

---

55 이 문제에 대한 상세한 내용을 나의 책에서 보라. Christologie und Theologie, in: *Grundfragen systematischer Theologie* 2, 1980, 129-145, 특히 131ff. 그리고 135ff.

해 사이의 현실적인 상호 제약의 관계다.[56] 이 관계는 그리스도론의 특수한 문제에 제한되지 않으며, 성서적으로는 하나님의 형상으로 창조된 인간의 규정을 통해 설명된다. 성서적인 하나님의 신성을 전제한다면, 그 상호관계는 그리스도인만이 아니라 모든 인간(또한 무신론자와 불가지론자 그리고 그들의 모든 세계관)이 언제나 이미 이 세상 안에서, 즉 성서의 하나님께서 창조하셨고 바로 지금 여기의 인간이 속해 있는 이 세상 안에서 움직이고 있음을 의미한다. 이 주장의 검증은 곧 인간과 세계에 대한 모든 비종교적인 이해들이 환원(Reduktion)에 근거한다는 사실의 입증을 뜻한다. 환원은 인간 현실성에 대한 본질적 조건과 특성을 억압하고, 스스로를 환원으로 입증하며, 마침내 논증을 통해 해소되는 것이다.[57] 따라서 인간 현실에 대한 세속적인 관점으로부터, 그와 연관된 억압들의 단계적인 지양을 통해, 그러나 순환 논증의 모순은 없이, 신학과 인간론의 저 사실적 상호관계의 의식에 도달하는 것은 가능하며, 여기서 이 상호관계는 항상 인간의 자기이해의 실제 상황을 특징적으로 표현한다.[58] 의식이 이 단계에 이르렀을 때 비로소 어떤 것이 하나님의 현실성의 참된 형태인지의 질문이 절실해진다. 이 질문은 그 현실성에 대해 고유한 계시의 빛을 비추는 힘을 통해서만 대답될 수 있다. 그러나 그리스도교적인 하나님 이해로부터 나오는 빛을 밝히는 힘은 나사렛 예수와 그가 선포했던 아버지 사이의 특별한 관계가 인류와 세계 전체를 포괄하며, 이를 통해 개방되는 지평 안에서 다시 한번 특별한 주제를 이루게 된다는 사실이다. 그렇기에 그리스도교 교리의 전개 과정에서도 예수의 신성에 대한 질문이 제기된다. 이 질문은 물

---

56 이에 대해 나의 책을 참고하라. *Grundfragen systematischer Theologie* 1, 1967, 8; 2, 1980, 10. 또한 *Grundzüge der Christologie*, 1964, 208f.
57 나의 책 *Anthropologie in theologischer Perspektive*, 1983 안의 인간론적인 서술과 증빙 분석들은 이 증명을 목표로 한다.
58 이에 대해 제I권, 제2장 2절(132ff.), 또한 제3장 2절(232ff.)을 보라.

론 이미 삼위일체론적인 하나님 개념의 표명을 위한 출발점이었으며, 다시 그리스도론의 주제로서 다른 방식으로 제기된다. "다른 방식으로"는 창조로서의 세계 이해 곧 삼위일체론적인 하나님 개념으로부터 발전된 세계 이해라는 틀 속에서 질문된다는 것을 뜻한다.

모든 피조물 가운데 인간은 자신의 현존재가 특별한 방식으로 하나님과 관계되어 있다는 점에서 특별하다. 하나님께서 다른 피조물들의 통치를 위해 인간을 부르시고 권능을 주신 것도 그 점에 근거한다. 물론 모든 피조물이 자신의 창조자이신 하나님과 관계되어 있다. 그것들의 현존재를 그분께 빚지고 있고 현존재의 보존과 전개를 위해 지속적으로 하나님께 의존한다는 점에서 그렇다. 그렇기에 피조물들의 세계는 이미 자신들의 단순한 현존재만으로도 창조자를 찬양하고 있다. 하지만 인간들에 이르러 하나님과의 관계는 명시적인 주제가 된다. 인간들은 하나님을 자신의 현존재로부터, 나아가 모든 유한성으로부터 구분할 수 있다. 그렇게 해서 인간에게도 하나님께 대한 감사와 찬양은 자신의 고유한 삶을 실현하는 주제가 된다. 인간은 본질적 본성에 따라 종교적이다. 이것은 종교 없이 살아가는 인간도 있다는 사실로는 반박되지 않는다. 물론 무신론자들도 인간이다. 하지만 그리스도교 신앙의 관점에서는 그렇게 말할 수밖에 없다. 그들의 삶 속에서 인간의 본질적 본성은 완전히 전개되지 못했다. 인간 존재에 관한 한, 종교 없이는 인간성 자체를 완전히 꿰뚫어볼 수 없다.

인간의 인간적 존재에 관련된 종교적 주제의 본질적 의미는 인간이 의식과 자의식을 지닌 존재라는 사실과 매우 깊이 연결되어 있다. 인간들은 이 세계 안의 사물들을 그 자체로서 구분하고 그것들 사이를 구분하지만, 또한 자기 자신을 자신들이 관계되어 있는 것으로 인지하는 다른 사물들 및 존재들로부터 구분한다. 이러한 구분을 실행하는 가운데 인간은 사물들과 존재들을 유한한 것으로, 즉 다른 것들과의 구분을 통해 규정되는 것으로 이해한다. 유한의 사상에는 최소한 암묵적으로는 언제나 무한의 사상이 관련되어 있다. 그렇기에 인간의 의식은 본질적으로 자신의 대상들의 유한성을 넘어서는 초월적 의식이다. 유한한 대상들을 그것들의 특수성 속에서 파악할 때, 무한은 이미 그것들의 인식과 현존의 조건으로 함께 알려진다. 이와 같이 인간은 자신의 현존재의 상태에서 이미 의식적인 존재로서, 그리고 또한 종교적인 존재로서 규정되어 있다.

의식적 삶의 이러한 상태 속에서 로고스는 특별한 방식으로 현재한다. 로고스는 차별화(Besonderung)를 통한 산출 원리로서 모든 피조물의 고유한 현존재의 근거가 되며, 그것들을 다스린다. 다른 의식적 존재와의 관계 속에서 자기 자신으로서 존재하는 인간에게는 다른 모든 것과의 타자성 속에서 각각의 사물과 존재로부터 구별된다는 사실이 의식의 대상이 되는 반면에, 그 구별된 존재는 그 밖의 다른 모든 피조적 현존재를 사실상 규정한다. 이 점에서 자신의 의식적 삶 속에 있는 인간은 창조 전체를 다스리는 로고스 안에 특수한 방식으로 내재한다.

이것은 그리스적인 로고스 철학의 전통에 속한 주제인데, 특별히 헤라클레이토스(Heraklit)의 사상이나 스토아 사상에서 발전된 것이다. 또한 요한복음 1:4b와 1:9에서도 로고스는 인간의 "빛"이며, 인간들은 특별한 방식으로 로고스에 참여한다. 요한복음 1:3에 따르면 만물은 자신의 현존(생명)을 로고스에게 빚지고 있다. 아타나시오스는 창조와 함께 인간에게 부여된 로고스에의 참여를 올바르게도 자신의 로고스 성육신 신학의 출발점으로 삼았다.[59] 이러한 전제가 없다면 로고스의 성육신은 인간의 본성에 어느 정도 낯선 것일지도 모른다. 그렇다면 로고스의 성육신에 대해 이렇게 말하기는 어려웠을 것이다. "[그가] 자기 땅에 오매…"(요 1:11). 물론 이어서 곧바로 "자기 백성(die Seinen)이 그를 받아들이지 않았다고 말해진다. 하지만 이 사태에서 전혀 들어본 적이 없는 놀라운 점은 창조의 때부터 인간들은 로고스에 속하며 "그의 소유"(die Seinen)라는 사실이다. 인간들이

---

59 참고. Athanasius, *De inc.* 3과 7f.

특별한 방식으로 로고스에 참여하고 있다는 것을, 우선 구분하고 그 결과 구분된 것을 자신과 결합시키는 인간 의식의 행위로 이해하는 것은 삼위일체론을 서술하는 맥락에서 이미 말했던 것, 곧 예수의 아들로서의 지위에 본질적인 "아버지로부터의 자기구분"을 신학적으로 전제한다. 이미 창조론 안에서 "아버지로부터의 자기구분"은 창조의 중재자인 로고스의 우주론적인 기능을 이해하기 위한 열쇠로서 요청되었다. 이 사태의 근본적인 의미는 그리스도론에서 검토되고 확인될 것이며, 여러 측면으로 전개될 것이다.

이와 같이 인간이 로고스의 특성을 지닌다(Logoshaftigkeit)는 관점 아래서 예수 그리스도의 현현을 인간의 창조의 완성으로 이해할 수 있다. 이 사실에 대해 20세기 신학에서 어느 누구도 칼 라너(Karl Rahner)만큼 깊이 있게 이해하고 인상 깊게 설명하지 못했다. 라너에 의하면 성육신은 "인간" 일반이 의미하는 것의 "(자유롭고 무죄하며 유일회적인 동시에) 절대적인 최고의 성취"로 이해될 수 있다. 여기서 라너는 이렇게 덧붙인다. 이와 함께 "기적적·신화적인 것이라는 거짓된 가상은 보다 더 간단하고 분명하게 거부된다." 그렇지 않으면 그런 신화적인 것은 성육신 사상 속에 쉽게 끼어들 것이다.[60] 이 견해는 최근 영국에서 제기된 성육신 사상에 대한 비판, 그리고 그와 연계된 논쟁 속에서 의미하는 바가 크다.[61] 신화적인 것의 개념은 여기서는 매우 막연한 의미, 즉 인지적 중요성과 대립되는 은유적 중대성을 요청하는 용어로서 사용되었다.[62] 하지만 성육신 개념은 언어 구조로

---

60 K. Rahner, Art. Jesus Christus III B, *LThK* 5, 2.Aufl. 1960, 956(새로운 표기법).

61 J. Hick (ed.), *The Myth of God Incarnate*, 1977. A. Goulder (ed.), *Incarnation and Myth. The Debate Continued*, 1979. 이 논쟁에 관련된 그 밖의 문헌들에 대해 다음을 보라. I. U. Dalferth, Der Mythos vom inkarnierten Gott und das Thema der Christologie, ZThK 84, 1977, 320-344, 320f. 각주 4.

62 J. Hick, Incarnation and Mythology (*God and the Universe of Faiths*, 1973, 165-179). 이와 비슷하지만 조금 덜 자세한 것으로서 신화 개념과 관련해서 슈트라

볼 때 은유(Metapher)가 아니다. 그럼에도 불구하고 그 개념이 신화적인 것이라는 가상과 결합되는 것은 그것이 그에 상응하는 그리스 혹은 동방 기원의 신화적·문학적 표상들과 비교되면서 하나님의 아들의 기적적인 출생이라는 표상과 동일시되기 때문이며, 나아가 그 개념의 도입을 사상적으로 입증하려 하지 않기 때문이다. 다음과 같은 라너의 명제는 후자의 요청을 적어도 부분적으로는 (말하자면 예수의 인격과 역사의 고유한 특성이 이루는 근거를 필요로 하는 일반적인 형태로서) 만족시킬 것이다. "하나님의 성육신은… 인간적 현실성의 본질적 실현과 관련하여 유일회적인 **최고의** 사건이다."[63] 그래서 라너에 따르면 인간론은 "불완전한 그리스도론"이다.[64] 인간론 그 자체가 인간의 하나님과의 하나 됨을 그분과의 구분 속에서 주제화하지

우스(D. F. Strauß)에 의존하는 와일즈(M. Wiles, *Myth in Theology*)의 설명이 있다. *The Myth of God Incarnate*, 1977, 148-166, 특히 150f.153f.163f. 이에 대해 비교. I. U. Dalferth, 같은 곳, 336ff. 불트만은 성육신 사상을 다른 의미에서 (비세계적인 것에 대한 세계적인 표상으로서) 신화적이라고 말했다. R. Bultmann, *Das Evangelium des Johannes*, 12.Aufl. 1952, 38f. 신화개념을 종교사적인 사태와 종교학적 언어사용에 적합하게 신학 안에서 특수한 방법으로 사용하는 것에 대해 나의 책(Die weltgründende Funktion des Mythos und der christlichen Offenbarungsglaube, H. H. Schmid, Hg., *Mythos und Rationalität*, 1987, 108-123)은 1971년에 발행된 그리스도교와 신화에 대한 연구(지금은 *Grundfragen systematischer Theologie* 2, 1980, 13-65, 특히 28ff.)에 기초해서 옹호한다. 성육신 표상과 신화론의 관계에 대해 위의 책, 59ff.를 보라.

63 K. Rahner, Zur Theologie der Menschwerdung, in: *Schriften zur Theologie* 4, 1960, 142. 이것에 이어지는 명제―이 최고의 사건의 핵심은 "그가 스스로를 버림으로써 인간으로서 존재한다는 사실이라는 명제"―는 그리스도론에서 설명될 것이다.

64 K. Rahner, Probleme der Christologie heute, in: *Schriften zur Theologie* 1, 1955, 184 각주 1. 몰트만이 이미 추정했던 것처럼(J. Moltmann, *Der Weg Jesu Christi*, 1989, 70 각주 23), 여기서 인간의 일반적인 인격성이, 성육신 사건은 예외로 하고서, "자아중심성의 죄로 표현되어야 한다"는 사실이 직접 도출되는 것은 아니다(70). 자신의 불완전성 속에 스스로 자립했다고 여기는 인간, 스스로를 절대적이라고 여기는 인간만이 죄인이다.

않는다는 점에서 그렇다.

라너는 인간론과 그리스도론의 관계에 대한 이와 같은 진술들을 "초월적" 인간론과 그리스도론이라고 표현했다.[65] 하지만 여기서 "초월" 개념은 잘못된 곳으로 인도할 수 있다. 왜냐하면 그 개념은 경험의 형식들을 선험적으로 결정하는 사상과 결합되어 있기 때문이다.[66] 라너는 이러한 개념을 통해 인간론, 신학, 그리스도론 사이의 구조적 관계, 즉 역사적인 개별 사안들을 넘어서는 구조적 관계의 구성을 시도했고, 그 관계의 기초를 인간론 안에서 찾으려 했다. 라너는 후기의 진술에 이와 같은 구조적인 사태가 역사적으로 중재된다는 것을 인정했다.[67] 하지만 이 인정을 매우 중요한 것으로 받아들인다면, "초월"이라는 용어는 더 이상 적절한 것일 수 없게 된다.

라너와 다른 방식으로 존 캅은 로고스 개념을 통한 인간론과 그리스도론의 일치를 화이트헤드(Alfred North Whitehead)의 과정철학의 지평에서 표현했다. 여기서 캅은 로고스를 부르심, 곧 하나님께서 선사해주신 자기실현의 가능성이라는 의미에서 피조물의 현존재를 새롭게 형성하라는(creative

---

65 참고. K. Rahner, *Schriften zur Theologie* 1, 206ff.; *Grundkurs des Glaubens*, 1976, 206-211.

66 초월적 구조와 우연적 역사성 사이의 긴장에 대해 카스퍼의 비판적 설명을 참고하라. W. Kasper, Christologie von unten? (*Grundfragen der Christologie heute*, hg. L. Scheffczyk 1975, 141-170) 156f. 또한 라너의 "초월" 개념의 사용에 대한 문제를 일반적으로 다룬 것으로는 다음을 보라. F. Greiner, *Die Menschlichkeit der Offenbarung. Die transzendentale Grundlegung der Theologie bei Karl Rahner*, 1978 (특히 250ff.의 그리스도론). 그럼에도 불구하고 라너의 그리스도론을 인간학적인 그리스도론의 유형으로 (슐라이어마허와 함께) 배열하는 것(J. Moltmann, *Der Weg Jesu Christi*, 1989, 80ff.)은 문제가 있다. 왜냐하면 라너는 항상 하나님의 현실성으로부터 구성된 인간 존재를 말하기 때문이다. 이 점에서 라너는 슐라이어마허와는 달리 예수의 하나님 의식만이 아니라, 삼위일체론의 의미에서 예수 안에 성육신하신 로고스의 참된 신성에 대해 말할 수 있었다.

67 K. Rahner, *Grundkurs des Glaubens*, 1976, 207f.

transformation) 각 피조물을 향한 하나님의 부르심으로 해석한다.[68] 캅에 의하면 예수는 다음과 같은 점에서 로고스와 하나다. 그는 하나님께서 선사하신 현존재의 가능성에 대해 무제한으로 열려 있으며,[69] 이를 통해 하나님과의 관계 속에 존재하는 인간적 실존이 그 안에서 모범적으로 실현된다는 것이다. 라너와 달리 존 캅은 이러한 논증 과정에서 화이트헤드의 신관이 가진 비삼위일체적 성격 때문에 예수 그리스도의 신성, 곧 그것을 통해 예수가 단순한 모범적 인간 이상일 수 있다는 신성의 진술에는 도달하지 않는다. 그래서 그는 성육신 사상의 완전한 의미에 도달하지 못했다고 말할 수 있다.[70]

로고스 그리스도론과 인간론 사이의 유사성은 매우 커서 한 가지 질문이 제기된다. 나사렛 예수의 개인적 특수성이란 실제로는 로고스에 참여하는 존재로서의 일반적인 인간 개념을 명확히 실현하는 것이 아닌지의 질문이다. 어떻든 요한복음 서문에 따르면 인간들의 죄 곧 로고스로부터의 소외는 로고스의 성육신을 통해 극복되어야 한다. 인간들이 그를 받아들이지 않는 것은 성육신하신 로고스에 대한 어둠의 저항의 표현이다(요 1:11). 저항하는 것은 그들이 하나님의 영을 통해 새롭게 태어나지 않았기 때문이다(요 1:13; 참고. 3:5f.).

그러므로 창조 질서에 따른 인간 규정이 나사렛 예수 안에서 일어난 신적 로고스의 성육신에 대해 갖는 관계는 내적 성향의 외적 실현이라는 직선적인 상응 관계가 아니다. 성향에서 실현으로 가는 길은 죄로 인해 깨졌다. 인간들은 로고스로부터 소외되었기에, 예수를 통해서만 로고스를 알

---

68 J. Cobb, *Christ in a Pluralistic Age*, 1975, 62-81.
69 J. Cobb, 같은 곳, 140f.
70 이에 대해 나의 논문을 보라. A. Liberal Logos Christology. The Christology of John Cobb, in: D. R. Griffin/Th. J. J. Altizer eds., *John Cobb's Theology in Process*, 1977, 133-149, 특히 141ff.

게 된다. 로고스는 언제나 이미 그들의 생명의 근원이며 그들의 의식의 빛이다. 이것은, 인간들이 예수와의 만남 이전에는 인간의 본성과 규정에 대해, 하나님에 대해, 세계질서의 총괄개념으로서의 로고스에 대해, 그리고 하나님에 대한 그들의 관계에 대해 그 어떤 일반적 개념도 알지 못했다는 뜻은 아니다. 하지만 그런 일반적인 개념들은 예수를 통해 비로소 참된 내용을 획득한다. 개별인 인격으로서의 예수와 그의 특별한 역사는 바로 그 점에서 보편적 타당성을 갖는다. 이러한 보편적 타당성 그 자체가 예수의 역사적 인격의 특수성에 속한다.

이러한 사태는 다음과 같은 형태로 표현될 수 있다. 인간의 개념에 대해 인간의 새로운 형상의 근원이신 예수 그리스도의 특수성이 절대적으로 대립하고 있다. 고린도전서 15:45ff.와 로마서 5:12-19에서 바울은 그리스도와 아담의 대립적 표상을 제시했다. 여기서도 인간적 현실의 통일성은 죄를 통해 파괴되어 있다. 죄 때문에 창세기의 아담은 첫째 아담이 되며, 두 번째 아담이 예수 그리스도를 통해 그와 대립하는데, 둘째 아담은 인간 현실성의 궁극적 형태이며, 그를 통해 죄와 죽음은 극복되었다.

로마서에서 바울은 그리스도와 죄인 사이의 대립을 매우 강조했고, 그 결과 예수 그리스도의 인격 및 역사와 인간에 대한 하나님의 창조 의도 사이의 관계는 완전히 뒤로 물러나게 된다.[71] "한 사람 예수 그리스도"(롬 5:15)는 순종의 행위를 통해 아담 곧 첫째 인간과 날카롭게 대립한다.[72] 그리스도와 아담 사이의 긍정적 관계에 대해서는, 아담으로부터 죄와 죽음에 빠진 인간들

---

[71] 이것은 고린도전서 15:45-49에서 제시되는 그리스도와 아담의 대립과는 다르다. 그 본문은 육의 몸(인간)이 영의 몸(인간)의 등장보다 우선한다(15:46)는 사실을 필연적인 것으로 주장한다. 수확보다 파종이 우선해야 한다는 것이다(15:42ff.).

[72] E. Brandenburger, *Adam und Christus. Exegetisch-religionsgeschichtliche Untersuchung zu Röm. 5,12-21 (1.Kor. 15)*, 1962, 158-247, 특히 219ff., 231.

을 하나님과 화해시키기 위한 그리스도의 죽음을 말하는 바울의 앞선 진술들(롬 5:8-10)에서 조금 엿보려 하지 않는다면, 그 어떤 언급도 없다고 할 수 있다.[73] 하지만 그 관계는 인간의 피조적 본성과 규정 속이 아니라 그리스도의 죽음의 종말론적 사건 속에 근거하는 관계다. 죄의 지배 아래서 타락한 자들에게 베푸시는 하나님의 자애로운 사랑이 그 관계의 토대를 구성한다. 물론 그 외에도 적어도 암묵적으로는 그리스도의 순종의 행위(롬 5:19)와 아담의 죄의 대립적인 관계도 있다. 첫 번째 인간은 하나님의 계명에 순종함으로써 자신의 존재를 입증했어야 했다. 그러나 그는 그렇게 하는 대신 위법을 통해 인류에 대한 죽음의 통치를 허락하게 되었다(롬 5:17). 그러므로 아들의 순종 행위는 첫째 인간이 반드시 행해야만 했으나 잘못 행한 것을 바르게 행한 것이다.

아들의 순종 행위는 어떤 점에 놓여 있는가? 본문의 맥락에 따르면 순종은 아들이 죄인들을 위해 죽음을 짊어지셨다는 사실에 있다(롬 5:6ff.). 아담이 거부했던 순종의 행위와의 내용적인 상응은 여기서는 직접 인식되지 않는다. 왜냐하면 아담의 순종은 그가 죽어야 한다는 데 있지 않았기 때문이다. 오히려 그와 반대로 죽음은 하나님의 계명을 위반한 결과로서 그를 위협하게 되었다(창 2:17). 하지만 바울의 다른 본문에는 그리스도의 죽음의 순종과 아담의 죄의 관계를 암시하는 곳이 있다. 예를 들어 빌립보서의 그리스도

---

[73] 이 점에서 브란덴부르거(E. Brandenburger, 같은 곳, 267-278)는 바르트(K. Barth, Christus und Adam nach Röm. 5. Ein Beitrag zur Frage nach dem Menschen und der Menschheit, 1952)의 해석에 대해 이의를 제기했다. 이것은 특히 아담을 "그리스도의 모형이자 비유"로 보는 명제(Barth, 55)와 아담과 그리스도의 관계를 단계적 연속으로 보는 관점(Barth, 31)을 향했다. 브란덴부르거에 의하면 로마서 5장에서 바울이 관심을 가졌던 대상은 인간의 본성 그 자체가 아니라(273), 아담의 행위와 그리스도의 순종의 행위 사이의 대립이다(271, 비교. 269). 바르트의 설명들은 로마서 5:12ff.(위의 각주를 보라)보다는 이레나이우스(Brandenburger, 272) 그리고 고린도전서 15:45-49의 관점에 더 가깝다.

찬가의 구절이다(빌 2:6-11). 거기서 예수 그리스도에 대해 "하나님과 동등됨을 취할 것으로 여기지 아니하시고"(2:6) "자기를 낮추시고 죽기까지 복종하셨으니 곧 십자가에 죽으심이라"(2:8)라고 말할 때, 그 안에 에덴동산의 뱀이 하와를 유혹했던 그 유혹의 암시가 놓여 있다고 할 수 있다. 아담 역시 하와를 통해 그 유혹에 넘어졌다. 그것은 "너희가 하나님과 같이 될 것이다"(창 3:5)라는 유혹이었다. 예수 그리스도의 아들로서의 순종(빌 2:8)은 그가 첫째 인간처럼 하나님과 같아지려는 유혹에 빠지지 않았다는 점에서 아담의 행위와 (반대 방향으로 움직이는) 관계 속에 있다. 어쨌든 그는 아담과는 달리 실제로는 "하나님의 형상으로서" 선재하셨음에도 불구하고(빌 2:6), 그렇다. 예수 그리스도께서 행하신 순종은 과거 한때 아담에게 요구되었던 순종과는 다른 내용을 갖지만, 그럼에도 불구하고 그의 순종의 행위는 아담의 행위에 대해 반명제로서 대응한다. 순종이 그리스도의 마음으로부터 온다는 점에서 그렇게 된다. 그 마음은 하나님과 동등하게 되려 하지 않고 하나님께 대한 순종 속에서 스스로를 하나님으로부터 구분하는 마음이다. 이와 같이 또한 로마서 5장에서도 그리스도로부터 아담의 근원적 상태를 향해 빛이 비춰진다. 하나님과의 관계 속에 있는 인간의 본성과 규정 위로 빛이 비치는 것이다.

예수 그리스도 안에서 출현한 새로운 인간과 첫째 인간인 아담을 대립시키는 바울의 관점은 교부 신학에 광범위한 영향을 미쳤고, 인류 전체에 대한 관계에서 예수 그리스도의 특수성을 논의하기 위한 준거가 되었다. 여기서 관건은 그렇게 전개되는 과정의 독특한 특성과 한계들을 분명히 인식해야 한다는 것이다. 오로지 그렇게 할 때 우리는 그와 다른 방법론을 취하는 근대 그리스도론을 바르게 평가할 수 있다. 근대 그리스도론은 예수의 공적 사역의 역사적인 특수성으로부터 출발해서, 그것으로부터 인류에 대한 보편적 의미와 그의 신성의 고백을 위한 토대를 제시하려고 했다. 이와 같은 두 가지 노력은 동일한 과제, 곧 예수 그리스도의 인격과 역사의 특성을 인간적 본성과 규정과의 관계 속에서 뚜렷이 표현해야 하는 과제를 갖는다. 그 관계의 예시는—바울에서 그리고 신적 로고스가 인간 예수 안에서 성육신했다는 요한의 교리에서와 같이—예수와 그 인격의 특수한 역사가 갖는 보편적·인간학적인 연관성, 나아가 (요한의 로고스론의 경우) 우주론적 연관성을 입증하는 데 도움을 준다.

2. 예수 그리스도의 인격과 역사 속에 있는 "새로운 인간"

a) "하늘로부터" 오는 새로운 인간

바울은 예수 그리스도를 인간의 종말론적 형태, 곧 하나님께 대한 순종과 소멸성의 극복을 통해 지금까지의 아담적인 인류와 정반대되는 형태로 서술했다. 이 서술은 예수를 로고스의 성육신으로 보는 요한적인 이해와 마찬가지로, 예수의 인격과 역사가 유대교 신앙의 영역을 넘어 도달하는 보편적·인간적 연관성의 요청을 표현했다.[74] 이와 같은 기능은 특별히 바울의 로마서에서 예수 그리스도 안에서 나타난 종말론적 인간이 첫째 아담과 대립하는 방식으로 표현되었는데, 이것은 또한 창세기의 낙원 이야기가 첫째 아담을 묘사하는 방식이기도 하다. 2세기의 교회는 이원론적인 영지주의와 논쟁을 벌이는 가운데 바울과 달리 예수 그리스도 안에서 나타난 "하늘로부터" 온 새로운 인간(고전 15:47)과 처음에 창조된 땅의 인간 사이의 관계를 강조해야 했다. 이와 함께 교회는 상황에 제약된 요인을 넘어서 그리스도론의 발전을 위해 근본적으로 중요한 한 가지 결정을 내려야 했다. 그것은 하나님의 존재와 행위의 일치에 대한 성서 전체의 증언과 조화를 이루는 결정이었다. 예수 그리스도 안에서 계시되는 구원의 하나님이 세계와 인간의 창조자와 동일하신 분이라면, 그분의 구원 행위는 창

---

[74] 이 점에 대해서는 브란덴부르거(E. Brandenburger, 같은 곳, 237ff.)의 로마서 5:12ff. 의 주석도 강조했다.

조에서 행하신 것들을 굳게 지키시려는 표현으로 이해되어야 하고, 그에 따라 새로운 종말론적 인간의 파송은 태초에 있었던 인간 창조의 맥락에 비추어보아야 한다. 예수 그리스도 안에서 인간이 완성되는 것을 목표로 하는 구원사의 구상이 그 사실에 상응한다. 이 구상은 멜리토 폰 사르데스(Melito von Sardes)와 순교자 유스티누스(Justin)의 생각 속에 떠올랐던 것이었고,[75] 아마도 안디옥의 이그나티우스(Ignatius von Antiochien)도 생각했던 것이다. 이그나티우스는 에베소 사람들에게 자신이 "예수 그리스도라는 새로운 인간을 향한 하나님의 구원계획"(oikonomia)을 설명하고 있다고 말했다(Ign. *Eph* 20,1). 하지만 리옹의 이레나이우스(Irenäus von Lyon)가 그 설명을 이미 고전적 방식으로 행한 적이 있었다.

이레나이우스에 의하면 아들의 성육신을 통해 "인간과 관련된 구원의 질서(oikonomia) 전체가 성취되었다"(adv. *haer*. III,17,4; 비교. 16:6). 구원사는 인간의 창조와 함께 시작되었고, 예수 그리스도 안에서 타락한 인간들이 "총괄적으로 회복"(Rekapitulation)됨으로써 완성되었다.[76] 이레나이우스는 또한 왜 인간이 처음부터 완전성에 도달하지 못했는지에 대한 이유를 제시했다. 인간은 유한한 존재로서 하나님과의 완전한 연합을 직접 수용하거나 스스로 실현할 능력이 없었고, 그는 아직 어린아이와 같았다는 것이다(IV, 18,1f.).[77] 그래서 그에게는 성장의 시간이 필요했다(IV,38,3f.). 인간은 초기에 연약했기

---

75 멜리토 폰 사르데스와 유스티누스에 대해 다음을 참고하라. A. Grillmeier, *Jesus der Christus im Glauben der Kirche* 1, 1979, 202ff., 207ff.

76 하나님 자신 안에 놓여 있는 이 사건의 근거에 대해서는 Irenäus, *adv. haer*. V,14,2; 비교. III,18,1, 또한 III,22,3., 전체 구상에 대해서는 J. T. Nielsen, *Adam and Christ in the Theology of Irenaeus of Lyons*, 1968을 보라.

77 참고. Theophilus von Antiochien, *ad Autol*. 2,25. 또한 아담이 하나님의 교육을 받을 필요가 있다는 그의 강조에 대해 같은 곳, 2,26을 보라. 이에 대해 또한 Nielsen, 같은 곳, 88f.를 비교하라.

에, 하나님께서 예측하셨던 것처럼, 죄에 빠지고 그 결과 죽음에 이르게 되었다(ib. 4). 하지만 창조자는 인간을 죽음에 버려두실 수 없었으며(III,23,1), 그래서 인간에게 로고스를 보내셨다. 인간은 처음에는 로고스의 형상대로 창조되었다(V, 16,2; 비교. 12,6과 15,4). 이와 같이 창조자는 인간을 죽음의 지배로부터 구하셨고, 창조자 자신의 형상과 같아지도록 함으로써 인간을 완성시키셨다(V,9,3, 비교. 36,3). 이런 맥락에서 볼 때 하나님과의 완전한 연합으로 나아가는 인간의 길에는 단계가 있다(IV,9,3). 그것은 육체적인 것을 넘어 영적인 것으로 나아가는 길이다(IV,14,3). 후자는 하나의 표어(Motto)인데, 이 표어 아래서 이레나이우스는 이스라엘과 함께하는 하나님의 계약사를 자신이 구상한 구속사로서의 인류 역사 안으로 편입시켰다. 그에 앞서 다른 초기 그리스도교 신학자들도 바울의 고린도후서 3장의 안내에 따라 그렇게 했다.

인간이 발전하는 역사에 대한 주도적이고 체계적인 사상은 앞에서 논의한 바 있는 하나님의 형상에 대한 플라톤적 해석을 통해 형성되었다.[78] 원형(Urbild)과 모사(Abbild)의 구분을 통해, 그리고 모사를 원형을 향해 배열함으로써, 이레나이우스는 아담의 창조에 관한 구약성서적 진술들을 최종적·궁극적 아담으로의 예수 그리스도에 대한 바울의 진술들과 연결했다. 이를 위해 그는 로마서 5:12ff.도 인용했지만, 고린도전서 15:45-49(그리고 15:22)에 더 큰 근거를 두었다. 왜냐하면 고린도전서에서 바울은 로마서에서와 같이 둘째 아담인 그리스도를 첫째 인간과 그렇게 직접적으로 대립시키지 않았기 때문이다. 오히려 거기서는 순서가 말해졌다.[79] 먼저 (창 2:7의 의미에서) 생

---

78 위의 제8장, 367ff.를 보라. 이레나이우스(특히 V,6,1과 16,1)를 참고하라.
79 이 순서는 대부분의 주석가들의 판단에 따르면 반명제, 곧 필론(Philo von Alexandrien) 그리고 "영지주의적" 문헌들에서 증명될 수 있고 다른 방식으로는 고린도전후서에서 알려진 역순에 대한 반명제를 뜻한다. 이 역순에 따르면 창세기 1:26f.의 의미에서 하늘의 인간의 창조가 선행하고 창세기 2:7이 말하는 땅의 인간 곧 죄에 빠진 아담의 창조가 뒤따른다. 고린도전서 15:46에 대해서는 E. Brandenburger, 같은 곳, 71ff., 특히 74f., 영지주의적 평행구절에 대해서는 77ff., 필론에 대해서는 177ff.를

기가 불어넣어진 인간이, 그다음에 영적인 인간(고전 15:46)이 순서대로 창조된다. 이레나이우스는 이러한 사상을 받아들였고, 고린도전서 15:49과 53절을 연결했다. "우선 본성이 나타나야 했고, 그다음에 사멸적인 것이 불사에 의해 극복되고 삼켜져야 했으며, 썩을 것이 썩지 않을 것에 의해 극복되어 인간은 하나님의 형상과 모양이 되는데, 이것은 그가 선과 악의 앎에 도달한 이후다"(IV,38,4; 비교. V,9,3과 II,2). 이러한 순서의 의미에서 고린도전서 15:22이 인용된다. "[영혼의] 아담 안에서 모든 사람이 죽은 것 같이 [영적인 아담] 안에서 모든 사람이 삶을 얻으리라"(V,1,3). 여기서 이레나이우스는 바울의 진술들 이상으로 나아갔다. 그는 첫째 아담과 둘째 아담이 등장하는 순서를 인류의 단일한 역사 속에 놓인 단계들이라는 의미로 이해했다. 인류는 예수 그리스도를 통해 하나님과의 완전한 연합으로 나아가게 된다. 아담의 죄는 그 결과로서 — 바울(롬 5:18f.)과는 달리 — 돌발사건(Zwischenfall)이 된다.[80] 이 사건은 하나님께서 예견하셨고 인간의 완성이라는 계획 속에서 이미 고려하셨던 것으로서 구속사의 방향을 바꿀 수 없다. 인간의 하나님 형상에 대한 해석을 통해 가능하게 된 그러한 통찰과 함께 이레나이우스는 인간의 본성을 역사로 묘사했는데, 이것은 실제로 그 결과로부터만, 즉 예수 그리스도로부터만 규정될 수 있는 역사를 뜻했다. 아니면 이렇게 말할 수 있을까? 그가 설명하는 역사의 종말은 사실상 시초에 이미 주어졌던 유사성 즉 신적 원형인

보라. 스크로프는 창세기 2:7의 랍비적 해석과 바울 사상이 매우 유사하다는 점을 수용하면서, 그것으로부터 첫째 아담과 둘째 아담 사이의 대립을 설명하려고 시도한다. R. Scropp, *The Last Adam. A Study in Pauline Anthropology*, 1966.

[80] J. T. Nielsen, 같은 곳, 75f. 닐슨은 첫째 아담과 둘째 아담의 연대성이 이레나이우스에게서 반영지주의적으로 육체를 하나님의 구원의지 속으로 편입시키는 것을 목표로 하고 있다고 바르게 강조했다(76). 하지만 그가 이레나이우스가 고린도전서 15:49ff.로부터 추정했던 내용이 바울과 대립된다고 본 것은 잘못이다(롬 8:10). 이레나이우스는 그 구절에서 사멸적인 것은 그 자체로서가 아니라 오로지 변형을 통해 죽은 자들의 부활이라는 구원에 참여한다고 바르게 추정했다.

로고스와 인간 사이의 본질적인 유사성을 통해 규정되는 것일까? 어쨌든—이것은 고린도전서 15:45ff.의 바울의 진술과 이레나이우스의 묘사 사이의 두 번째 차이인데—인간의 완성은 예수의 부활 안에서 (그리고 로마서 5장이 말하는 아들의 복종 안에서) 종말론적인 생명이 등장함으로써 비로소 발생하는 것이 아니라, 신적 로고스의 성육신 안에서 이미 근거되어 있다(V,15,4). 여기서 이레나이우스는 바울의 요소들과 요한의 요소들을 서로 결합시키고 있으며, 양자는 그의 형상 사상을 통해 다시 연관된다(참고. V,16,2).

이레나이우스에게서 시작된 아담유형론과 로고스 그리스도론의 결합은 4세기에 로고스의 성육신에 대한 아타나시오스의 저술 속에서 갱신되었고, 그 사이에 알렉산드리아 학파가 매우 다르게 발전시킨 로고스론에 중요한 강조점을 두게 되었다.[81] 인간론과 로고스론을 결합하는 기능은 이제는 더 이상 영지주의와의 대립을 통해서가 아니라 변증론적으로 규정되었다.[82] 로고스를 통한 하나님의 성육신은 그분의 신성에 대해 가치가 없는 것이 아니다. 왜냐하면 이 사건에서 중요한 것은 다름이 아니라 인간 본성과 근원적으로 연결되어 있어 불멸을 보증하는 로고스에의 참여가 다시 재건되고 완성되는 것이기 때문이다. 그 참여는 예전에 아담의 죄와 그것의 결과를 통해 상실되었다.[83] 그 재건과 완성에서 한편으로 인류와 로

---

81 노리스는 이레나이우스가 하나님으로부터 발생했다고 말해지는 영지주의의 교리들에 반대하면서 로고스론에 대해 유보적 입장을 보였던 점을 강조한다. R. A. Norris, *God and World in Early Christian Theology. A Study in Justin Martyr, Irenaeus, Tertullian and Origen*, 1965, 70ff. 변증론적인 두 저술(*Contra Graecos*와 *De incarnatione*)에서 아타나시오스가 우주론과 인간론 안에서 행사되는 로고스의 역할을 설명한 것에 대해 다음을 보라. J. Roldanus, *Le Christ et l'homme dans la théologie d'Athanase d'Alexandrie*, 1968, 43-59.
82 그리스도교 변증론의 역사 속에서 아타나시오스의 작품이 차지하는 위치에 대해 J. Roldanus, 같은 곳, 11-22, 특히 16ff.를 보라.
83 Athanasius, *De inc*. 7. 아타나시오스는 로고스가 지닌 하나님 형상에 대한 인간의 참

고스가 연대하는 동기가 표현되며(참고. *De inc.* 8), 다른 한편으로 다른 모든 인간과 그리스도 사이의 차이가 표현된다. 예수 그리스도는 "하늘로부터" 오는 새로운 인간이며, 죽음을 극복했다. 그가 새로운 인간인 것은 죽음에 사로잡힐 수 없는 로고스가 그 안에서 하늘로부터 육체 안으로 들어왔기 때문이다.[84] 그러므로 그를 다른 모든 인간과 구분하고 죽음을 이긴 자로 만드는 것은 신적 로고스와의 합일이다.

아폴리나리스(Apollinaris von Laodicaea)[85]처럼 키릴로스(Kyrill von Alexandrien)도 예수 그리스도의 특수성을 계속해서 그와 같이 새로운 아담으로 해석해나갔다. 키릴로스에 의하면 예수의 특수성은 그가 "단순한 인간"이 아니라 하나님의 아들 즉 로고스라는 사실에 있다. 키릴로스는 우선 예수의 형상에 대한 유대적 해석들과의 논쟁에서 그렇게 주장했는데, 이때 그는 안디옥 학파의 추종자들에게서, 특히 네스토리우스(Nestorius)에게서 발견되는 그와 비슷하게 "유대화된" 이해들에 반대해야 한다고 생각했다. 그것은 무엇보다도 네스토리우스가 예수의 어머니를 신을 잉태한 자(theotokos)로 표현하기를 거절했기 때문이었다.[86] 네스토리우스의 형

여가 상실되었다고 말할 수 있었다. 왜냐하면 그 참여는 인간의 (소멸적이고 죽을 수밖에 없는) 본성에 속하는 것이 아니라, 오로지 하나님의 은혜의 선물로서 그 본성과 결합되어 있기 때문이었다(*De inc.* 4). 그러나 아타나시오스는 인간의 이성적 능력 – 이것 안에서 로고스에 대한 참여가 나타난다 – 의 상실이 죄의 결과라고 주장하지는 않았다. 이러한 복잡한 사태에 대해 J. Roldanus, 같은 곳, 74-98을 보라.

[84] Athanasius, *c. Arianos* I,44. 이에 대해 다음을 보라. R. L. Wilken, *Judaism and the Early Christian Mind. A Study of Cyril of Alexandria's Exegesis and Theology*, 1971, 103f.

[85] 이에 대한 상세한 내용은 다음을 보라. A. Grillmeier, *Jesus der Christus im Glauben der Kirche* 1, 1979, 483ff. 참고. E. Mühlenberg, *Apollinaris von Laodicaea*, 1969, 143f.146f.208.

[86] 이에 대해 R. L. Wilken, 같은 곳, 106ff., 119-127를 보라. 또한 유대교와의 논쟁이 키릴에게 준 의미에 대해서는 138ff., 160f., 173ff., 네스토리우스와의 논쟁에 대해서는 201-221을 보라.

태 안에서 키릴로스에 반대하며 등장했던 안디옥 신학은 실제로는 동일한 근본 사상 곧 다른 모든 인간과 예수의 구별은 신적 로고스와 그의 합일에 근거한다는 사상에 의해 규정되었다. 다만 안디옥의 입장이 따로 강조했던 것은 — 테오도로스(Theodor von Mopsuestia)를 통해 표현된 것처럼 — 로고스와의 합일이 예수가 인간적 삶을 살아가는 가운데 십자가의 죽음에 이르기까지 하나님께 복종할 수 있는 능력을 그에게 주었다는 사실이다.[87] 반면에 알렉산드리아 학파는 예수의 죽음을 직접 그 안에서 나타난 로고스의 행위로 이해했다.

안디옥의 그리스도론도 아마도 예수의 순수한 인간적 특수성 — 고난의 순종에서 인식될 수 있거나 그 순종에 이미 근거되어 있는 특수성 — 으로부터 출발하지 않았고, 그다음에 근대의 "아래로부터의 그리스도론"이라는 의미에서 그 특수성을 예수의 신성에 대한 진술의 토대로 삼았던 것도 아니었다. 예수의 역사 속에서 그의 신성이 이미 결정되어 있어서 그 결과 그 신성이 이미 전제된 신적 본성으로서 그의 부활과 승천에 이르는 행위들 안에서 현현했다는 의미에서는 더욱 그렇게 말할 수 없다. 오히려 알렉산드리아 신학과 마찬가지로 안디옥 신학에서도 예수의 신성은 이미 그의 탄생으로부터 그 이후의 인간적인 길의 전제로서 확정되어 있었다. 이러한 전제들 아래서는, 예수의 신성에 대한 진술들의 근거로 삼기 위해 예수와 그의 역사의 인간적 특수성을 그 자체로 주제화해야 할 필연성은 없다. 그러한 관찰방식은 5세기에는 아마도 사모사타의 바울(Paul von Samosata)의 그리스도론에 — 물론 이 그리스도론은 예수의 완전한 신성을

---

87 노리스는 테오도로스의 그리스도론적 "이원론"의 뿌리가 그리스도가 인간으로서 행한 고난의 순종에 대한 그의 관심에 놓여 있다고 강조한다. R. A. Norris, *Manhood and Christ. A Study in the Christology of Theodore of Mopsuestia*, 1963, 191ff., 207f. 이에 대한 큰 틀은 아담-그리스도-유형론에 상응하는 두 시대의 교리 즉 현 시대와 미래적·종말론적 시대의 교리가 제공한다(160-172). 참고. G. Koch, *Die Heilsverwirklichung bei Theodor von Mopsuestia*, 1965, 75-89.

주장하지 않았다고 해도 – 가깝다는 혐의를 받았을 것이다. 예수의 역사적 인간성의 고려와 관련해서 비교적 소박한 요구만 했던 안디옥 신학은 그러한 혐의와 마주칠 수밖에 없었을 것이다.

나사렛 예수의 인간적·역사적 특수성을 신적 로고스가 계시되는 수단으로 보는 신학적 평가의 출발점 – 이것은 바울의 아담 유형론에서 인식되며 그로부터 계속 발전될 수 있었다 – 은 고대 교회의 그리스도론의 역사 속에서 로고스의 성육신을 예수의 탄생과 동일시하는 것을 통해 차단되었다. 하지만 이러한 동일시는 요한복음 1:14에서 읽는 성육신론의 출발점에 부합하지 않는다.[88] 성육신의 진술은 이 본문에서도, 또한 요한1서 4:2에서도 특별히 예수의 출생과 관련되지 않는다. 그 진술은 오히려 그의 지상에서의 현존 및 사역 전체와 관련되며, 그 현존과 사역은 아버지이신 하나님의 "은혜와 신실하심"을 반영한다(요 1:14). 마찬가지로 요한복음

---

[88] 요한복음의 주석에서 이 질문은 매우 드물게 논의되었다. 다음에서도 이 질문은 누락되어 있다. L. Morris, *The Gospel according to John*, 1971, 102ff., 또한 R. Schnackenburg, *Das Johannesevangelium* I. Teil (1972) 5. Aufl. 1981, 241-249. 앞선 13절이 하나님으로부터의 출생을 말한다는 점에서 이 사태는 그만큼 더 뚜렷이 눈에 띄지만, 이것은 예수와 관련된 것이 아니라 복수형으로서 그(로고스)를 영접했던 자들에 대한 것이었다. 복수형은 이미 변형된 고대 본문 가운데 여러 곳에서 단수형으로 대체되었는데, 이 진술을 예수의 출생과 관련시키기 위해서였다. 이에 대해 Morris, 100ff., Schnackenburg, 240f.을 보라. 아마도 원문이 이와 같이 수정된 것은 요한복음 1:14에서 예수의 탄생에 대한 언급이 누락되어 있다는 것의 표현일 것이다. 더욱 눈여겨보아야 할 부분은 요한의 본문이 예수의 하나님으로부터의 놀라운 출생에 대한 진술이 기대되는 곳에서 그것을 말하는 대신에, 복수형을 사용해서 믿는 자들이 땅으로부터 출생한 것이 아니라 하나님으로부터 영적으로 출생했다고 말한다는 사실이다. 요한복음 1:14이 예수의 **출생**에 관해 말하는가에 대한 질문을 다루었던 소수의 주석들 가운데 하나로서 R. Bultmann, *Das Evangelium des Johannes*, 12. Aufl. 1952, 40, 각주 2를 들 수 있다. 불트만은 그것이 출생(ἐγένετο)의 "어떻게"를 묻는 모든 질문은 부적절한 것이라고 보고 거부했다. 이 문장은 다만 계시자가 육체(sarx)의 영역에서 현현하셨다는 사실만을 말한다는 것이다(40).

에서 아들을 세상으로 파송하는 구절(요 3:16)도 예수의 고난 및 죽음과 관련되지만(비교. 요일 4:9), 그의 인간적 출생과는 무관하다. 출생은 요한복음 이야기의 특별한 대상이 아니었다. 이에 상응하는 것이 바울 이전의 구절이자 바울이 여러 번 사용했던 구절, 즉 선재하시는 하나님의 아들을 세상 안으로 보내신다는 구절에도 해당한다. 로마서 8:3에서 바울은 아들을 죄의 육체 속으로 보낸다고 말하는데,[89] 이것은 죄로부터 우리를 해방시키기 위함이다. 오직 갈라디아서 4:4에서만이 파송의 문구를 분명하게 예수의 인간적 출생과 연관시키지만, 여기서도 배타적으로 예수의 길의 시작과 연관되는 것은 아니다. 그 문구는 하나님의 아들이 지상의 실존적 영역 안으로 (실존적 조건들과 관계들 속으로) 들어오셨다는 사실만을 표현한다. 이 사실은 예수 그리스도의 지상에서의 길 전체에 해당하며, 그 때문에 갈라디아서 4:4은 예수의 인간적 출생에 대한 언급과 함께 그의 지상에서의 길이 모세의 토라 아래 놓여 있음("율법 아래서 행해지도록")을 말한다.[90] 이러한 자료들과 관련해서 성육신 사건에 대한 고대 교회의 해석 안에서 분명한 강조점의 이동이 일어났음을 말해야 한다. 이 이동에서 성육신 사건은 우선적으로 – 배타적이지는 않지만 – 예수의 출생과 관련되었으며, 반면에 그의 지상에서의 사역과 죽은 자들로부터의 부활에서 나타난 신적 영광과 권능의 예시들은 그 출생의 결과로 묘사되었다. 이러한 설명은 신약성서 안에서 예수의 수태와 출생에 대한 누가의 이야기를 통해 보전된다. 왜냐하면 천사는 마리아에게 통고하는 메시지에서 예수가 하나님의 아들

---

89 이에 대해 U. Wilckens, *Der Brief an die Römer* 2, 1980, 124f.를 보라. 그 파송이 특별히 육체적인 죄의 유사성(*homoioma sarkos hamartias*)이라는 표현과 관련된 것은 죄의 권세 아래서 살아가는 인간들의 현존재의 조건들과 같다는 의미였고, 그와 반대로 "그 존재들과 단순히 유사하다"는 뜻이 아니었다(125).

90 참고. W. Kramer, *Christos Kyrios Gottessohn. Untersuchungen zu Gebrauch und Bedeutung der christologischen Bezeichnungen bei Paulus und den vorpaulinischen Gemeinden*, 1963, 108ff., 특히 110f.

인 것을 사실상 하나님의 영의 능력으로 인한 그의 출생에 근거시키기 때문이다(눅 1:35). 하지만 신학은 이러한 전승을 평가할 때 신약성서가 말하는 성육신과 파송에 관한 그 밖의 진술들과 이루는 긴장들 속에서 살펴야 한다. 성육신의 해석을 출생의 역사에만 근거시켜서는 안 된다는 것이다. 누가가 말하는 탄생 이야기는 예수가 처음부터 하나님의 아들이었고 나중에(그의 세례나 죽은 자들로부터의 부활에 이르러서야) 그렇게 된 것이 아니라는 사실에 대한 증언으로서 주의 깊게 이해되어야 한다. 하지만 이것도 성육신 사건이 그 자체로 고립되어 보이는 예수의 출생 사건과 동일시되어야 한다고 말하는 것은 아니다. 오히려 그의 출생의 의미는 그가 지상에서 가야만 했던 길의 역사에 의존하고 있다. 그 길이 끝나는 지점으로부터 회고할 때 비로소 그것이 누구의 출생이었는지가, 다시 말해 그것이 바로 하나님의 아들의 출생이었음이 말해질 수 있는 것이다. 물론 이것은 단순히 처음부터 확정되어 있는 사실을 후대에 인식하게 되는 가능성을 묻는 것이 아니다. 어떤 인간에게도 출생 때부터 인격적 정체성이 확정되어 있지는 않다. 오히려 그가 누구인지 혹은 누구였는지는 삶의 역사가 진행되는 과정에서, 그리고 종말로부터 회고할 때 비로소 드러나고 결정되며, 그의 출생에 대해서도 사람들은 그 이후에 기억하게 된다. 그때 그러한 인간이 처음부터 바로 그와 같이 대단히 특별한 인격이었다는 사실이 말해질 수 있다고 해도, 그 진술의 진리 여부는 그 인격이 남긴 후대의 역사적 사건들과 연관되어 있는 것이다.[91] 이와 같이 예수의 경우에도 그의 인격의 특별한 정체성은 그의 역사적인 길, 특별히 그의 수난과 부활 사건이라는 그 길의 마지막과 연관되어 있다. 오직 예수의 역사의 종말이 비추는 빛 안에서만, 마리아에게서 태어난 아이 예수가 메시아였고 하나님의 아들이었다고 말할 수 있다.[92] 이와 함께 말해지는 것은 그의 지상 사역의 역사,

---

91 나의 책을 참고하라. *Anthropologie in theologischer Perspektive*, 1983, 495ff.
92 여기서 중요한 것은 내가 나의 책(*Grundzüge der Christologie*, 1964)에서 서술했던

그리고 그를 부활 사건의 빛 속에서 하나님의 아들로 입증하는 수난의 역사가 인격으로서의 그의 정체성과의 관계에서 볼 때 어떤 우발적인 것이 아니었다는 사실이다.

고대 교회의 그리스도론은 다른 인간들에 대한 예수의 특수성이 하나님의 아들 됨에 있다고 바르게 보았다. 하지만 그 그리스도론은 하나님의 아들 됨과 복음서의 전승으로부터 주어지는 예수의 공적 등장의 인간적·역사적 특성과의 관계를 적절하게 묘사하지는 못했다. 왜냐하면 고대 교회의 그리스도론은 예수의 지상에서의 길 전체를 처음부터 **그의 출생**에 놓인 신적 로고스의 성육신이라는 표징 아래 위치시켰기 때문이다. 그래서 바울의 아담 유형론에 대한 초기 그리스도론의 해석은 다음의 사실을 깊이 고려하지 못했다. 즉 종말론적인 둘째 아담의 출현이 고린도전서 15:45ff.에서는 부활하신 자의 새로운 생명과 관계되고, 로마서 5:12ff.에서는 십자가의 길로 가는 예수 그리스도의 아들로서의 순종과 관계되지

사태, 곧 소급작용에 의한 의미구성 혹은 단순히 소급이라고 표현되는 사태다(134ff., 140, 332f. 등). 나는 거기서 소급작용에 의한 의미변화(그리고 본질의 변화)를 주장하기 위한 토대가 역사적 경험에 대한 해석에 놓여 있다는 것을 아마도 충분히 분명하게 말하지 못했던 것 같다. 그래서 거기서 주장된 소급작용에 의한 본질구성에 대해 반응했던 많은 사람들은 내가 사상적으로 명확하지 않은 가설을 추정하고 있다고 말했다. 예를 들어 몰트만(J. Moltmann, *Der Weg Jesu Christi*, 1989, 95f.)에게 중요했던 사실은 "강제적 가정"인데(96), 이것은 어쨌든 1972년의 그에게는 여전히 "도움이 되는 사상"으로 보였다(*Der gekreuzigte Gott*, 168f.). 하지만 내게 중요했던 것은 역사 경험에 대한 딜타이(Dilthey)의 해석학적 의미에서 철저하게 묘사되고 예시될 수 있는 사태 곧 존재론적 함축을 갖는 사태였다. 왜냐하면 나중에 가서야 인식될 수 있는 어떤 사건의 의미(여기서 중요한 것은 "사물의 본래적 실체"[*ti en einai*] 이다)는 그 사건의 맥락 곧 그것의 종결로부터 그 사건을 되돌아보게 되는 맥락과 무관할 수 없기 때문이다. 소급작용에 의한 의미구성 혹은 본질구성의 주장은 (또한 몰트만도 받아들였던 것처럼) 삶의 실천 속에서 일어나는 예기의 본질적 의미와도 일치한다. 이에 대해 그리고 운동에 대한 아리스토텔레스적 분석과 이 진술의 관계에 대해 나의 책의 설명을 참고하라. *Metaphysik und Gottesgedanke*, 1988, 75ff.

만, 두 본문 어디서도 그의 출생과 연관되지는 않았다는 사실이다. 안디옥의 성서 해석은 가장 먼저 예수의 역사적 인간성을 풍부하게 고려하려고 시도했다. 하지만 이 해석은 이미 예수의 여정의 시초에, 그의 출생 안에서, 하나님의 아들의 성육신이 발생했다는 사실을 전제하고서 행해졌기에, 역사적 인간의 삶의 특성들을 보존하려는 노력은 "분리 그리스도론" 혹은 성육신하신 자의 인격적 단일성에 대한 의문으로 보일 수 있는 복선으로 인도했다. 중세기와 구(舊)개신교주의의 그리스도론 작업도 예수의 사역과 운명 속에 존재하는 그의 인간적 특성에 대한 질문을 드러내어 놓고 제기할 수는 없었다. 왜냐하면 그들도 역시 예수 그리스도의 발현과 출생을 로고스의 성육신과 동일시하는 것이 자명하다고 여겼기 때문이다. 이런 그림에 대해 소키누스주의자들이 성서적 근거에서 비판한 것, 그리고 앞 단락(§9,1)에서 언급했던 징조 곧 18세기 후반과 19세기의 그리스도론 안에서 나타난 새로운 징조들이 예수의 특성에 대한 질문과 관련해서 저 전제들의 부담에서 벗어난 접근을 가능하게 해주었다. 바울의 아담 유형론은 이미 이 방향으로 향하는 길을 제시했는지도 모른다.

b) 새로운 인류의 창시자

예수 그리스도를 종말론적이고 궁극적인 둘째 아담으로 보는 바울의 이해는 인간 공동체를 목표로 하는 사회적 관계를 포함한다. 이것은 "우리" 모두가 하늘의 새로운 인간의 형상을 "지니게 되고"(고전 15:49), 그 형상으로 "변화"되어야 한다는 사실을 뜻한다(고후 3:18). 마지막 아담(eschatos Adam)으로서 예수 그리스도는 인류의 원형, 곧 그의 형상에 따라, 다시 말해 그의 순종, 죽음, 부활에 참여함으로써 새로워져야 하는 인류의 원형이다. 이러한 사상은 바울에게서 아담 그리스도론의 구원론적인 동인을 이루었으며, 그 동인은 또한 교부 신학에도 영향을 미쳤다.

형상 혹은 원형의 사상은 — 그 자체로만 보면 — 다중적인 의미를 지닌다. 이 사상은 유개념(類槪念, Gattungsbegriff)에 상응하는 것으로서 그것의 하위에 해당하는 모든 개체들을 동등하고 직접적(비중재적)인 것으로 타당하게 받아들인다. 그러나 바울은 이와 반대로 일자가 다자를 중재하는 것에 무게를 두었다. 아담의 경우에 그것은 아담이 행했듯이 모든 개인이 죄를 짓고 그 결과 죽음에 처하게 된 사실을 통해 일어난다(롬 5:12). 하지만 다수가 종말론적 인간의 형상에 참여하는 것은 그들이 그 형상으로 변형됨으로써 성취된다(고후 3:18; 또한 롬 8:29). 이 사실은 교회를 생각하게 한다. 교회는 자신의 영역을 전 인류에게 선교적으로 확장함으로써 많은 이들에게 세례와 신앙을 통해 새 사람으로의 변형을 일으키는 곳이다. 그러나 바울은 이와 같은 교회론적인 관련성을 아담 유형론의 맥락에서 명확하게 전개하지는 않았다. 물론 그는 선택된 자들이 아들의 형상과 동일한 형태로 규정되어 있다고 말하는 본문(롬 8:29)에서 그 점을 암시하기는 했다. 이레나이우스도 하늘로부터 오는 인간의 형상에 참여하는 것을 믿는 자 개인의 세례 및 도덕적 갱신과 관련시켰지만,[93] 공동체로서의 교회와 분명하게 연결시킨 것은 아니었다. 메토디오스(Methodios von Olympos)가 비로소 예수 그리스도를 새로운 아담으로 파악하는 유형론적 이해에 상응하여 마리아를 새로운 하와로 보는 해석 — 이것은 이레나이우스가 발전시켰던 것이다[94] — 을 교회론적으로 확장했고,[95] 그 결과 교회는 새로운 하와로서, 새로워진 인류의 어머니로서 등장하게 되었다. 아타나시오스의 아담 그리스도론은 다른 방식 즉 그리스도 안에서 발생하는 인간의 "새 창조"(고후 5:17)의 사상을 통해 교회론과 연결되었다.[96] 하지만 거기서 아타나

---

[93] Irenäus, *adv. haer.* V,II,2와 9,3.
[94] Irenäus, *adv. haer.* III,22,4.
[95] 이에 대해 R. L. Wilken, *Judaism and the Early Christian Mind. A Study of Cyril of Alexandria's Exegesis and Theology,* 1971, 100f.
[96] 아타나시오스가 아담 그리스도론과 고린도후서 5:17을 연결시킨 것에 대해 J. Roldanus, *Le Christ et l'homme dans la théologie d'Athanase d'Alexandrie,* 1968, 138ff., 또한 210을 보라. 그와 함께 주어진 그리스도론과 교회론의 결합에 대해

시오스는 이레나이우스가 이미 주장했던 세례와의 관계성을 거의 넘어서지 않았고, 무엇보다도 예수의 지상의 역사가 지닌 특수성과 교회의 생성 사이의 관계를 질문하지도 않았다. 이 질문은 새 아담으로서의 그리스도의 원형이 가진 기능적 표상을 통해 방해를 받았던 것으로 보인다.

그러나 로마서의 한 구절에 담긴 바울의 논증은 우리를 더 먼 곳으로 인도한다. 한 사람 아담의 죄로부터 전체 인류("다수")에 대한 심판이 시작되고, 그리스도의 순종으로부터 모든 인류를 위한 칭의가 시작된다고 말할 때(롬 5:18f.), 후자와 관련된 은혜의 수여는 다수의 죄를 이미 전제하고 그들을 의롭게 하기 위해 그 죄와 관련된다는 차이가 존재한다(롬 5:16).[97] 이를 통해 예수 그리스도의 나타나심과 아담의 행위의 결과와의 역사적 관계가 주어질 뿐만 아니라, 또한 죄와 죽음의 굴레 아래서 살아가는 많은 사람들의 구원과 그의 역사와의 목적관계가 주어진다. 예수의 역사의 목적관계는 고대 교회의 그리스도론이 무엇보다도 로고스의 성육신과 관련해서, 그리고 예수의 성육신과 출생이 일치하기에 예수의 출생과 관련해서 매우 강조했던 것이다. 그러나 바울에게 중요했던 것은 예수의 고난의 순종이다. 그 순종이 많은 이들 그리고 그들의 구원과 맺는 관계는 아들을 내어주시는 아버지의 의도일 뿐만 아니라, 바울에 따르면 철저히 아들의 의지와 사역이기도 하다(롬 5:6; 비교. 갈 2:20).

신학은 많은 사람의 구원을 위해 고난을 수용했던 예수의 순종의 의도를 신약성서의 전체의 증언을 고려하면서 반드시 그의 지상에서의 메시지와 사역의 틀 안에서 평가해야 한다. 그 메시지와 사역은 그를 십자가로 인도했고, 이것은 그의 파송의 결과였다. 이로써 예수의 인간적인 특수성

다음을 보라. L. Malevez, L'église dans le Christ. Étude de théologie historique et théorique, in: *Recherches de science religieuse* 25, 1935, 257-291 그리고 418-440.

97 E. Brandenburger, *Adam und Christus*, 1962, 226.

의 질문이 다시 한번 제기된다. 이 특수성은 신적 로고스 혹은 아들이 예수 안에서 현현했다는 고백의 진술들에 상응한다. 여기서 중요한 것은 예수 혼자만을 특징짓는 어떤 독특성이 아니라, 그의 지상에서의 역사를 인류("많은 이들")와 관련시키는 특성이다. 그렇기에 이 자리에서 고대 교회의 그리스도론 안에서 주도적이었던 논쟁 유형으로부터 다시 한번 벗어나는 것이 필요하다.

비록 "하늘로부터" 오는 인간이라는 예수의 여러 가지 특성들을 우선적으로 그의 신성에서 찾았음에도 불구하고, 고대 교회의 그리스도론은 또한 로고스 및 다른 모든 인간들과의 구분 속에서 드러나는 예수의 인간적 본성 그 자체의 특성도 알고 있었고 또 강조했다. 그것은 예수의 무죄성이다. 우선 히브리서 4:15에서 읽을 수 있듯이 예수의 인간적 본성은 다음 사실에서 다른 모든 인간의 본성과 구분된다. 그는 "우리와 똑같이 시험을 받으신 이로되 죄는 없으시니라." 이 구절은 이레나이우스와 테르툴리아누스 이래로[98] 끊임없이 예수의 특수한 인간성을 가리켰고, 451년 칼케돈 공의회의 그리스도론적 문구에서도 강조되었다. 즉 하나님의 아들은 성육신을 통해 우리와 같아졌으나 죄는 없으셨다(DS 301). 예수의 무죄성 주장에 대한 실제적인 근거는 어디에 있는 것일까? 고대 교회의 신학은 그것을 예수의 도덕적 완전성 곧 그의 영혼이 하나님과의 불변하는 결합 속에 있다는 점에서 찾았다.[99] 그 결과 예수의 특수한 인간 존재를 표현하는 유일무이한 특성은 그의 개인적으로 고립된 존재(Fürsichsein)에 속하게 되었고, 그러한 사상은 예수의 무죄한 거룩성에 대한 근대 신학의 표상에도

---

98 Irenäus, *adv. haer.* V,14,3; Tertullian, *De carne Christi* 16 (MPL 2,780). 더 많은 성서 구절들과 교부들의 진술들에 대해 나의 책을 보라. *Grundzüge der Christologie*, 1964, 368ff.

99 Origenes, *De princ.* II,6,4f.

계속해서 영향을 주었다.[100] 다른 사람들에 대한 관계는 이 표상으로 미루어본다면 예수의 특수한 인간 존재에 본질적이지 않다는 셈이 된다. 물론 로고스의 성육신이 죄와 죽음의 권세로부터 인류를 이끌어 올리는 것을 목표로 한다고 해도 그렇다.

근대 신학에서 사태는 달라졌다. 여기서 메시아 혹은 구원자이신 예수 그리스도의 인격은 처음부터 그를 통해 수립될 은혜의 계약과 관련되며,[101] 결국 구원받은 자들로 이루어진 새 계약의 민족과 관련된다. 새 계약의 민족은 교회 공동체 속에서 역사적으로 현현한다. 여기서 구원자의 인격은 인간적 인격성으로 이해되며, 그 결과 사람들 사이에서 하나님 나라가 시작하도록 하는 그의 사역은 그의 인간적 특수성의 표현으로 묘사될 수 있었다.

슐라이어마허에게 구원자 개념은 그가 구원받은 자들의 공동체와 맺는 관계를 통해 규정되며, 그 공동체의 설립자는 그다(*Der christliche Glaube*, §88,4). 공동체 "전체의 삶" 안으로 편입되는 것이 개인의 구원에 필수적이다. 왜냐하면 개인은 —홀로 그 자체로만 본다면— 죄성으로 얽힌 사회적 삶의 맥락으로부터 자유로울 수 없기 때문이다(§87). 개인들이 사회적으로 타자들에게 의존하기에, 그의 자유는 새로운 사회적 관계(Gesellschaft)의 수립을 요

---

100 이것은 특별히 슐라이어마허에게 해당한다. F. Schleiermacher, *Der christliche Glaube*, 2.Ausg. 1830, §98. 이와 함께 큰 영향력을 행사했던 울만의 저서도 생각될 수 있다. C. Ullmann, *Die Sündlosigkeit Jesu. Eine apologetische Betrachtung* (1828) 7.Aufl. 1863. 이 책은 예수의 유일무이한 특성이 그의 무죄성에 근거할 뿐만 아니라, 또한 그의 신성에 대한 고백도 그것에 근거한다고 말한다(178ff.). 비교. 나의 책, *Grundzüge der Christologie*, 1964, 373ff., 특히 헤르만(W. Herrmann)이 울만에 의존한 것에 대해서는 374f.를 보라.

101 J. F. Buddeus, *Compendium Institutionum theologiae dogmaticae*, 1724, 513f. (IV c 1, 318). 이 견해는 개혁주의의 계약신학 안에, 나아가 이미 칼뱅 안에 전(前)역사를 가지고 있다. J. Calvin, *Inst. chr. rel.* 1559,II,9-11.

청한다. 루소에서 칸트를 지나 마르크스에 이르기까지 발전된 이러한 구상 개념의 역사 속에서 슐라이어마허는 칸트의 종교철학과 함께, 그리고 자신의 후계자들을 통해 종교적·그리스도교적인 변주 형태를 대변했다. 새로운 사회는 루소에서와 같이 국가의 형태를 가질 수 없고 국가의 외적인 법질서와 구별되는 도덕적 신념의 공동체(Gemeinschaft, 칸트) 혹은 경건의 공동체(슐라이어마허)여야 한다. 이것은 칸트나 슐라이어마허가 "하나님 나라"라고 표현했던 공동체다.[102] 여기서 교회의 종교적인 "공동체적 삶"(Gesamtleben)은 칸트나 슐라이어마허에게서 그것의 역사적인 특수성을 넘어 인류의 이념과 관계되었다.[103] 그래서 슐라이어마허는 이렇게 쓸 수 있었다. 구원자가 근거를 놓은 새로운 공동체적 삶, 곧 세상 속의 대상들과 여건들에 대한 모든 관계를 다스리는 하나님 의식을 통해 특성화되는 "공동체적 삶"이 인류의 새로운 "발전단계"이며(§88,4), 나아가 "인간 본성의 이제 막 처음으로 완성된 창조로 보인다"(§89, 명제). "인간의 영역에 존재하는 모든 것을 그리스도교가 새 창조라고 말한다면, 이때 그리스도 자신은 둘째 아담이고, 더욱 완전해진 인간적 삶의 시작과 근원 혹은 인간 창조의 완성이다…"(§89,1). 슐라이어마허 역시 고대 교회의 알렉산드리아 그리스도론과의 주목할 만한 유비 속에서[104] 바울이 믿는 자들의 실존을 그리스도 안에 있는 "새 창조"로 묘사한 것

---

[102] F. Schleiermacher, *Der christliche Glaube*, 2.Ausg. 1830, §87,3, 비교. §117의 시작명제. 다음을 보라. I. Kant, *Die Religion innerhalb der Grenzen der bloßen Vernunft* (1793) 2.Aufl. 1794, 3. Stück (127ff.). 국가와의 차이에 대해서는 130. 하나님의 도덕적 민족이라는 이념은 이미 칸트에게서도 "다름이 아니라 교회의 형태로서 실행된다"(140). 교회와 국가의 차이는 칸트에게서 철학적으로 적법성과 도덕성의 차이에 근거되었으며(137f.), 이 구분과 함께 칸트는 — 이후에 슐라이어마허도 — 루소나 그의 후계자들과는 달리 루터의 두 왕국론의 전통에 서게 된다.

[103] 그래서 칸트는 이렇게 말한다. "윤리적인 공동 존재의 개념은 항상 모든 인간의 전체성이라는 이상(Ideal)과 연관되며, 그 점에서 정치적 이상과는 구분된다"(같은 곳, 133).

[104] 아타나시오스에 대해 J. Roldanus, 같은 곳(각주 96), 131ff., 특히 139ff., 키릴로스 그리고 그의 아타나시오스와의 관계에 대해서는 R. L. Wilken, *Judaism and the Early*

(고후 5:17)을 그리스도를 새로운 인류의 창시자이자 둘째 아담으로 묘사한 것과 관계시켰다(§89,1). 그는 아타나시오스 혹은 키릴로스처럼 그 묘사 안에 함축된 예수 그리스도의 특수성을 우선 그의 독립된 개인적 존재의 표현으로 설명했다. 왜냐하면 그는 구원받은 자들의 공동체의 근거를 설명할 때, 구원자 자신을 우선적으로 개별자로 특징짓는 "무죄함의 완전성"의 중재라는 인과적 도식 속에서 그 구원자의 사회적 기능을 생각했기 때문이다(§88 명제). 구원자의 상태가 믿는 자들에게 전가된다는 구원의 표상은 물론 슐라이어마허가 그리스도의 신성의 교리가 위치한 자리에 하나님 의식의 원형적 완전성의 명제를 설정했기에 가능했다(§93,2). 고대 교회의 그리스도론이 예수의 신성 안에서 그를 다른 모든 인간과 구분하는 특수성을 발견했던 반면에, 슐라이어마허는 그 구분을 순수한 인간적 특수성으로 이해했다. 비록 그가 "하나님 의식의 지속적인 능력"을 "예수 안에 나타난 하나님의 본래적인 존재"로 이해했다고 해도(§94 명제) 그렇다. 그 밖의 다른 인간들 가운데서 드러나는 구원자의 특수성에 대한 표상이 인간화된 것은 슐라이어마허가 예수의 신성에 대한 고대 교회의 고백의 수준을 낮추었기 때문이라고 할 수 있다. 이 변화만 도외시한다면 슐라이어마허의 구원자 이해는 알렉산드리아의 그리스도론과 놀라운 유사성을 보여주면서, 특별히 신성의 자리에 들어서는 하나님 의식의 완전한 능력을 그리스도의 무죄성과 결합하는 것에서 제시된다(§98). 슐라이어마허와 알렉산드리아의 그리스도론과의 유사성 가운데 하나는 예수의 역사의 개별적 사안이 구원자의 인격 개념에 대해 의미를 상실했다는 점이다(§99). 슐라이어마허가 그리스도의 신성에 대한 고대 교회의 고백을 약화시키지 않은 채 확정했더라면, 구원자의 인격에 대한 교리는 그 구조에 따라 단성론이라고 부를 수 있을지도 모른다. 왜냐하면 그는 예수의 특수한 인간 존재를 그의 신성 속에서 **직접** 보았기 때문이다. 슐라이어마

Christian Mind. A Study of Cyril of Alexandria's Exegesis and Theology, 1971, 104ff.를 보라.

허에게 중요한 것은 구원자의 인간적인 하나님 의식 속에 있는 "하나님의 존재"뿐이었다.

슐라이어마허는 하나님 나라 안에 죄의 지배로부터 해방된 새로운 인간 공동체를 수립하시는 구원자의 활동을 서술한다. 하지만 그 서술은 예수의 역사적 현실성을 특징짓는 그의 선포, 사역, 역사의 특성들을 지나쳤다. 왜냐하면 그 서술은 구원자의 개념이 매우 일반적으로 요구하는 (하나님 의식과) 무죄함의 완전성이라는 특징에 집중함으로써, 예수의 지상에서의 사역 그리고 십자가와 부활 이후에 그 사역으로부터 시작된 결과적 작용들 사이의 차이를 간과했기 때문이다. 예수 역사의 이러한 두 국면 사이의 차이는 신학적 전통 안에서 빌립보서 2:6-11과 연관된 낮아지심과 높여지심의 개념을 통해 규정되었다.[105] 그 과정에서 예수의 지상에서의 선포와 활동은 십자가로 향하는 길에서 일어난 고난의 순종으로서 낮아지심의 국면에 속하게 되었다.[106] 슐라이어마허가 이 구분을 다루지 않았다는 사실은 그가 그리스도의 선재 사상을 거부했던 것에 근거한다. 선재 사상과 비교하면 예수의 지상의 역사는 낮아지신 지위로 보인다는 것이다.[107] 하지만 다른 한편으로 슐라이어마허에게는 예수의 고난의 길의 낮아지심과 부활을 통한 높여지심 사이의 차이가 여전히 고려되지 않고

---

[105] 이 규정은 특히 그리스도의 지위에 대한 구(舊)루터교 교리에 해당한다. 이에 대해, 그리고 19세기와 20세기에 이르러 케노시스 이론이 잠시 새롭게 등장한 것에 대해 나의 책 *Grundzüge der Christologie*, 1964, 317-333을 보라. 하나님의 아들의 낮아지심에 대한 진술은 이미 교부 신학에서 성육신과 결합되었지만, 이를 통해 어떤 신적 속성들이 포기되었다는 의미는 없었다.

[106] 구(舊)개신교주의 교의학의 논의에서는 그리스도의 지위의 구분과 그의 삼직분론 교리와의 연결이 중요했다. 이 직무는 낮아지신 지위에서만이 아니라 또한 높여지신 지위에서도 수행된다.

[107] F. Schleiermacher, *Der christliche Glaube*, 2. Ausg. 1830, §105 부록.

남아 있었고, 그에 따라 예수의 지상 역사의 특성도 전혀 고려되지 못했다. 예수의 활동이 그의 지상 역사의 틀 안에서 설명될 수 있다면, 그것은 또한 그와 마찬가지로 하나님 나라 안에서 수립되는 인간들의 새로운 공동체와도 관련된다. 하지만 한편으로 예수의 지상에서의 선포의 상황을, 다른 한편으로 사도들이 전하는 그리스도 메시지의 상황을 바라보는 각각의 관점에서 그 공동체에 대한 세분화된 규정이 필요하다.

알브레히트 리츨은 그리스도의 인격에 대한 슐라이어마허의 새로운 이해에 반대했다. 예수에게서 시작되는 구원 사상과 하나님 나라의 "윤리적" 목적이 슐라이어마허에게는 분명히 구분되지 않고, 상호 귀속되지도 않는다는 것이었다.[108] 리츨 자신은 죄의 용서를 통한 죄로부터의 구원을 단지 사람들 사이에서 하나님 나라의 "최종 목적"을 이루기 위한 수단으로 보았다. 그것은 하나님의 최종 목적인 동시에 예수의 활동의 최종 목적이라는 것이다. 하지만 슐라이어마허는 구원을 그런 식으로 이해할 수 없었다. 왜냐하면 그는 구원이 단순히 죄 용서의 의식 속에 있는 것이 아니라, 오히려 긍정적으로 하나님 의식의 새로워진 능력과 지배에 있다고 생각했기 때문이다. 여기서 하나님 의식은 예수 안에 거하시는 것과 마찬가지로 우리 안에도 계시는 하나님의 존재를 뜻하는데, 이것은 단순히 다른 어떤 것을 위한 수단으로 생각될 수 없다. 하지만 리츨은 슐라이어마허에게 사실상 현존하는 긴장을 확인했다. 그것은 하나님 의식의 능력이란 말로 표현되는 "중립적인 종교 개념"과 슐라이어마허 자신이 강조하는 이해, 곧 그리스도교가 도덕 종교로 이해될 수 있고 그 자체로 하나님 나라를 향해 "목적론적으로" 정향되어 있다는 이해 사이에 놓인 긴장이다.[109] 리츨은 이러한 후자의 관점이 슐라이어마허의 작업

---

108 A. Ritschl, *Die christliche Lehre von der Rechtfertigung und Versöhnung* III, 2.Aufl. 1883, 9f.

109 참고. F. Schleiermacher, *Der christliche Glaube*, 2.Ausg. 1830, §11과 §9,2.

에서, 특히 그의 그리스도론에서 간과되었다고 보았다. 그래서 리츨은 그 관점을 예수의 활동에 대한 서술에서, 그리고 그 활동을 통해 특징지어지는 그의 인격의 묘사에서 전면에 내세웠다. 리츨에 의하면 예수는 하나님 나라가 가까이 임박해 있다고 선포했을 뿐만 아니라 또한 자신의 인격과 행위 안에서 이미 현재한다고 선언했으며, 그 점에서 예수는 기대되었던 메시아로서 공동체를 설립했고 그 공동체는 그를 "하나님의 아들 그리고 하나님의 통치권을 지닌 자로서 인정할 것이며", 그 결과 하나님의 통치가 그 공동체 안에서 실현된다는 것이다.[110] 리츨은 예수의 메시아성과 공동체의 건립을 통한 "하나님 나라의 수립"이 서로 매우 긴밀하게 연관된 것으로 보았다.[111] 이때 공동체 안에서는 "공의의 실행을 통해…하나님 나라가 이루어져가며, 이것은 식물이 자라는 것, 그리고 밀가루 반죽이 효모의 침투를 통해 부풀어 오르는 것과 비슷하다."[112]

1892년에 요한네스 바이스(Johannes Weiß)는 예수가 선포했던 하나님 나라의 도래가 오로지 하나님으로부터 유래하는 종말론적 미래로 이해되어야 하고,[113] 인간적인 행위의 결과 혹은 윤리적 목적으로 이해되어서는 안 된다는 사실을 증명했다. 이 증명 이후에 리츨의 그리스도론을 신약성서 주석의 관점에서 비판하는 것은 쉬워졌다. 또한 다음의 사실도 바이스의 증명에 속한다. 예수의 성장 비유들의 핵심은 제자 집단이 하나님 나라를 향해 점차 성장하는 것이 아니다. 오히려 그 핵심은 하나님의 미래의 초래해 보이

---

110 A. Ritschl, *Die christliche Lehre von der Rechtfertigung und Versöhnung* II, 2.Aufl. 1882, 31f.
111 A. Ritschl, 같은 곳, 35ff., 39f. "하나님 나라의 수립"이란 용어는 36쪽 등에서 발견된다.
112 A. Ritschl, 같은 곳, 40.
113 J. Weiß, *Die Predigt Jesu vom Reiche Gottes*, 1892, 2.Aufl. 1900, neu hg. von F. Hahn 1964, 74ff., 비교. 105f.

는 현재와 실제의 압도적인 크기 사이의 대비에 놓여 있다는 것이다.[114] 무엇보다도 그 비유는 예수께서 하나님 나라의 토대를 마련했다거나 혹은 설립하셨다고는 전혀 말하지 않으며, 이미 그를 통해 설립된 그리스도교 공동체와도 관계가 없다.[115] 그리스도교 교회의 탄생은 부활하신 자의 현현 그리고 그분의 영이 전달된 결과다. 비록 교회가 예수와 제자들의 공동체 속에 뿌리를 두고 있다고 해도 그렇다. 또한 알브레히트 리츨도 예수의 이 세상으로의 파송과 그의 부활로부터 시작된 작용들 사이를 너무 적게 구분했다. 그는 교회의 근거를 예수의 지상 사역으로 소급시키고 그 근거를 예수가 선포한 하나님 나라와 동일시함으로써, 부활하신 자 곧 높여지신 자의 행위를 세례와 십자가 사이에서 이루어진 예수의 지상 활동과 아무런 단절 없이 연속된 것으로 이해했다.

하지만 슐라이어마허의 그리스도론에 대한 리츨의 비판은 다음과 같은 점에서는 정당성을 갖는다. 리츨은 슐라이어마허에게서 예수의 선포와 지상의 역사 전체에 대한 중심 주제, 곧 가까이 다가왔다고 통고된 하나님의 통치에 대한 그의 선포와 역사의 관계가 적절히 고려되지 않았다고 보았다. 슐라이어마허는 이 주제를 너무 성급하게 "하나님 의식의 지속적인 능력"[116]으로 소급시키며, 예수의 등장과 하나님의 통치의 미래 사이에 놓인 차이를 간과했다는 것이다. 계속해서 리츨은 다음의 사실에서도 정당성을 갖는다. 그는 슐라이어마허에 반대해서 예수의 메시지와 구약성서에 근거하는 하나님의 통치에 대한 기대 사이의 관계를 강조했다.[117] 리츨이 바르게 주장한 관계, 곧 예수의 파송과 공동체 사이의 관계도 그러한 맥락에서 이해될 수 있다. 구

---

114 J. Weiß, 같은 곳, 82ff.
115 J. Weiß, 같은 곳 105. 비교. 1.Aufl. 24f.
116 F. Schleiermacher, *Der christliche Glaube*, 2.Ausg. 1830, §4 (시작명제).
117 리츨은 슐라이어마허가 "구약성서의 종교를 과소평가했다"고 말한다. A. Ritschl, *Die christliche Lehre von der Rechtfertigung und Versöhnung* III, 2.Aufl. 1883, 9f. 참고. F. Schleiermacher, *Der christliche Glaube*, 2.Ausg. 1830, §132.

약성서의 계약사에서, 그리고 예언자들의 메시지에서 하나님께 속하는 것과 그분의 왕국에 대한 희망은 계약의 백성의 삶 속에서 하나님 나라가 실현되는 것과 관련된다. 이 점에서 볼 때 가까이 다가온 하나님 나라에 대한 예수의 종말론적 메시지도 그 나라의 빛에서 실현될 새로운 하나님의 의에 대한 해석과 관련되었다. 그러므로 예수의 역사적 활동에서 중요한 것은 이스라엘 백성과 구별되는 공동체로서의 교회의 근거가 아니었다. 예수는 오히려 "이스라엘 집의 잃어버린 양들"에게로 보내심을 받았다는 것을 알고 있었다(마 15:24; 비교. 10:6). 그 시대에 있었던 다른 유대교 운동들과는 달리 예수는 참된 의인으로 구성된 남은 자들의 공동체를 의도했던 것이 아니라, 그 자신과 제자 집단을 백성에게 개방했고 그의 메시지는 바로 그 백성을 향했다. 이러한 사실은 슐라이어마허는 물론 리츨도 바르게 이해하지 못했다. 왜냐하면 두 사람은 — 슐라이어마허가 표현하는 것처럼 — "그리스도에 대한 믿음 속에 본질적으로 전 인류에 대한 그것의 관계가 설정되어 있다"는 표상에 의해 인도되었기 때문이다.[118] 그들은 그 관계가 그리스도교 공동체의 생성 속에서 구체화되었다고 보았다. 두 사람 가운데 리츨만이 그 관계를 예수의 지상으로의 파송의 대상으로 주제화하고 그 관계 안에서 예수의 신성에 대한 고백의 기초를 입증하려고 했다.[119] 그러나 실제로는 메시아 칭호 — 이것이 예수의 인격과 결합되는지는 아직까지도 논쟁 중이다 — 만이 유대 민족의 재건에 대한 희망의 표현이었던 것이 아니라, 또한 임박한 하나님의 통치에 대한 예수의 메시지도 이스라엘의 믿음의 전통으로부터 자라나서 그 민족을 향해 있었고, 그 메시지는 또한 그 민족을 넘어 보편적인 맥락을 포함했을 것

---

118 F. Schleiermacher, 같은 곳, §94,2.
119 리츨은 예수가 하나님 나라의 토대를 세우는 것이 그의 도덕적 소명이라고 보았고(A. Ritschl, 같은 곳, III, §48, 410ff., 특히 413ff.), 이 사실을 "예수의 윤리적 판단이 하나님 나라를 수립하라는 그의 독특한 소명에 따라…종교적인 자기판단으로 나아간다"는 명제와 결합시켰다(418). 참고. 384ff. (§45).

이다. 루돌프 불트만은 예수의 등장을 유대 종교의 맥락 안에 바르게 위치시켰다. "예수는 '그리스도인'이 아니고 유대인이었다. 그의 설교는 유대적 관점의 영역과 개념 세계 속에서 움직였다. 이것은 그 설교가 전통적인 유대교와 대립하는 곳에서도 그러했다."[120] 부활 사건 이후의 공동체만이 부활하신 주님의 소식을 아주 깊은 내적 논쟁들을 향해 유대 민족의 경계선 너머로 전했다.

예수는 임박한 하나님 나라를 선포하면서, 그리고 그 나라가 자신의 사역 안에서 돌입하고 있다고 선언하면서 이스라엘 안에서 등장했다. 이것은 계약의 백성을 하나님께로 돌이키게 만들려는 것이었다.[121] 이런 배경에서 예수의 메시지와 인격에 대한 소식은 오늘날까지도 유대교의 자기 이해에 대해 열려 있는 질문과 결합된다. 예수 그리고 그의 메시지는 그와 연관된 도전들과 함께 우선적으로 그리스도인들의 일이 아니다. 그것들

---

120 R. Bultmann, *Das Urchristentum im Rahmen der antiken Religionen*, 1949, 78. 불트만은 이러한 통찰로부터 예수의 선포가 신약성서 신학에 대한 전제에 속하며, 그 신학에 속한 하나의 부분으로 다루어서는 안 된다는 결론을 내렸다(*Theologie des Neuen Testaments*, 1953, 1f.). 이러한 판단은 유대교 신앙의식의 전통 속으로 예수를 "귀가"시키려는 노력을 정당하게 해준다. 그러한 노력이 성공적일 수 있었던 것은 예수의 메시지, 행동, 역사가 그 시대의 유대 백성들에게 던졌던 도전들을 제시할 수 있었기 때문이다(아래를 보라).

121 돌이킴이라는 예언자적인 주제는 예수의 메시지 안에서는 세례 요한에서와는 달리(마 1:4와 평행구절들) 전면에 놓이지 않았다. 마가의 맥락(막 1:15)에서 그 주제가 어느 정도 강조되고 있다고 해도 그렇다(참고. E. P. Sanders, *Jesus and Judaism*, 1985, 108ff.). 그럼에도 불구하고 다른 모든 관심사를 하나님 나라를 추구하는 노력보다 하위에 두라는 외침(마 6:33)과 같은 구절들은 물론 하나님을 향한 전적이고 결정적인 돌이킴을 내포하고 있다. 이 주제가 예수에게서 독립적으로 강조되지 않은 것은 회심이 예수에게는 세례 요한에서와 같이 미래의 하나님 나라에 참여하는 조건으로 선포되지 않았다는 사실과 관계가 있을 것이다. 왜냐하면 예수의 메시지의 중심에는 임박한 하나님 나라와 믿는 자들을 위한 구원의 현재가 놓여 있었기 때문이다.

은 일차적으로 유대 민족을 공격한다. 예수 그리고 그의 메시지는 유대교적 자기이해에 대해 이런 질문을 던진다. 급진적인 유대교 신앙은 제1계명의 요구를 다른 모든 관심사와 관련해서, 그리고 또한 자신의 백성의 종교적 전승과 관련해서 어떻게 받아들이고 있는가? 도대체 이 두 가지가 어떻게 구분될 수 있는지에 대해서는 나중에 논의할 것이다. 이 질문은 예수의 메시지를 통해 제기되었지만, 오늘날까지도 열려 있다. 왜냐하면 예수는 자신의 메시지와 관련해서 자신을 따랐던 소수를 제외한 대다수 백성들에 의해 거부되었기 때문이다.

거부의 이유들, 그리고 그 거부와 예수의 십자가 죽음으로 끝났던 재판과의 관계는 이 주제의 논쟁적 성격에 직면해서 더욱 자세한 논의를 필요로 한다. 우선 여기서 강조해야 할 것은 예수가 백성들이 예수 자신의 파송을 거부한 결과로서 그리고 자신의 고난과 십자가를 통과해서, 비로소 백성의 구원자가 되었다는 사실이다. 십자가에 못 박히신 자 그리고 부활하신 자로서 그는 비로소 종말론적·궁극적 새 인간이다. 이 점에서 그 구원자는 하나님의 세계 통치 곧 악으로부터 선이 드러나게 하시는 (창 50:20) 통치의 가장 탁월한 사례다. 바로 그런 고난의 역사를 통해 그의 형태는 유대인과 비유대인의 국가적·종교적 차이를 넘어 성장했다(엡 2:14). 바로 자신의 백성이 거부한 결과로서 "구원이 이방인에게" 이르렀다(롬 11:11). 바울은 여기서 하나님의 역사 계획에 속한 한 가지 암시를 발견했다(mysterion, 롬11:25). 그 계획은 하나님 자신의 선택에 대한 하나님의 신실하심 때문에 최종적으로는 이스라엘도 하나님의 구원의 통치에 참여하게 된다는 것이다. 이 참여는 이스라엘이 십자가에 못 박히신 자 안에서 자신에게 약속되었던 메시아를 인식할 때 가능해질 것이다.

메시아 칭호가 예수의 형태와 결정적으로 결합된 것은 그에게 메시아를 참칭하는 자라는 유죄판결을 내렸을 때였다. 그 이전에 예수는 자신이 메시아가 아닌가 하고 기대를 걸었던 사람들을 오히려 물리쳤다. 그럼에도 불구하고 그는 메시아를 참칭한 자로서 로마인들에게 넘겨져야 했다.

그것이 로마인들이 그에게 유죄판결을 내린 이유였고, 무엇보다도 십자가의 비문(막 15:26과 평행구절들)에 그렇게 쓰였다. 죽은 자들 가운데서의 부활에 비추어 예수는 하나님으로부터 오는 메시아로 규정되었고, 부활 이전에도 이미 그러한 위엄 안에 있었다(롬 1:3f.)고 믿어졌다.[122] 그 결과 그의 메시아 됨에 대한 고백은 곧바로 예수의 이름과 융합되고 그 이름의 구성요소가 되었으며, 그다음에 그의 지상에서의 역사에 대한 서술도 각인시켰다. 이미 말한 대로 예수 자신은 부활 이전의 사역에서는 메시아의 칭호를 거부하며 자신에 대해 그렇게 기대하는 것을 명확하게 물리쳤다(막 8:29-31).[123] 그 호칭의 의미는 십자가에 못 박히신 자와의 결합을 통해 변형되어야 했다.[124] 이것은 정치적 해방자 곧 메시아적인 왕에 대한 기대로부터 고난당하는 메시아 상으로 변형된 것을 뜻한다. 이러한 상이 예수를 묘사하는 데 유용했고, 그의 이름과 지속적으로 결합될 수 있었다.

위르겐 몰트만은 최근에 오토 베츠(Otto Betz)를 수용하면서, 그러나 신약성서 주석에서 널리 퍼진 이해에는 반대하면서 다음과 같은 주제를 제시했다. 예수가 스가랴 9:9에서 표현된 예루살렘 입성을 통해(막 11:1-11), 그리고 "성전 정화"라는 상징적 행위를 통해(막 11:15-17) 스스로를 메시아로 인식시켰으며, 가야바(막 14:61f.)와 빌라도(막 15:2)의 공판에서 스스로 메시아임

---

[122] 로마서 1:3f.에 대해 M. Hengel, *Der Sohn Gottes, Die Entstebung der Christologie und die jüdisch-hellenistische Religionsgeschichte*, 1975, 93-104.
[123] F. Hahn, *Christologische Hoheitstitel. Ihre Geschichte im frühen Christentum*, 1963, 174f., 226-230.
[124] 내용의 중심에서는 몰트만도 그렇게 생각했다. J. Moltmann, *Der Weg Jesu Christi. Christologie in messianischen Dimensionen*, 1989, 160. 그래서 몰트만이 예수를 "메시아적 인격이 되어가는 중"이라고 표현했던 것도 이해할 수 있다(157ff.). 물론 이 표현은 복음서 저자들이 후에 뒤돌아보면서 예수가 처음부터 메시아였던 것으로 보았다는 사실과 완전히 일치하지는 않는다.

을 고백했다는 것이다.[125] 이것은 분명 마가복음 저자의 생각이었지만, 역사적 사실과 부합하는지는 의심스럽다.[126] 예루살렘 입성은 스가랴 9:9에 따른 하나님의 통치의 도래를 표현하는 예언자적 상징 행위로 이해될 수 있을 것이다. 이것은 정치적·전투적 권력의 표현과 대립되는 것이다. 이것이 예수의 메시아성의 표현으로 이해되었다면, 로마인들이 예수를 곧바로 폭도로서 체포하지 않았다는 것은 의문으로 남는다.[127] 성전 앞뜰에서 환전상들의 상을 뒤엎은 것도 비슷한 예언자적 상징 행위로 이해될 수 있는데, 그것은 예수가 선포한 성전 파괴의 상징적 표현인 것이지(막 13:2), 성전 정화에 대한 것이 아니다.[128] 그 행위를 수행하기 위해 메시아적 전권이 필요했던 것은 아

---

[125] J. Moltmann, 같은 곳, 182ff. 이 주제는 바로 앞의 각주 124에서 인용된 진술, 즉 메시아 칭호에 대한 그리스도교적인 의미와 그것이 예수의 이름과 결합된 것이 십자가로부터 규정되었다는 진술과 두말할 필요도 없이 일치하는 것처럼 보이지는 않는다. 어쨌든 그렇다면 예수 자신이 예루살렘 입성 이전에 이미 그 칭호의 사용을 미리 앞서 변형시켰다거나 혹은 그 칭호를 새롭게 해석했을 가능성이 고려되어야만 할 것이다.

[126] F. Hahn, 같은 곳, 170ff., 또한 E. P. Sanders, *Jesus and Judaism*, 1985, 296-308. 특히 가야바의 공판을 묘사하는 공관복음서의 보고와 관련된 난제들에 대해서는 297ff.를 보라.

[127] F. Hahn, 같은 곳, 173. E. P. Sanders, 같은 곳, 306. 샌더스는 예수가 스가랴 9:9에 따른 입성을 통해 자신을 왕으로 묘사했다는 주장을, 비록 그것이 정치적인 의미는 아니었다고 해도, 받아들였다(307). 하지만 그것은 의심스럽다. 예수의 메시지로 미루어 볼 때 스가랴 9:9은 **하나님** 나라가 오고 있다는 현실에 대한 비유로서 연출되었다는 것에 더 가깝다.

[128] E. P. Sanders, 같은 곳, 61-76. 물론 샌더스(301ff.)가 추측하는 것과 같이 성전에 대한 예수의 말씀과 그에 상응하는 성전 뜰에서의 상징적 행위가 (메시아를 참칭한 자로서) 폭도로 기소되어 로마인들에게 인도된 결정적 근거일 수 있는지는 의심스럽다. 왜냐하면 이러한 추측은 마가나 마태가 강조하는 내용, 즉 가야바의 심문에서 성전에 대한 예수의 말이 중요한 역할을 했고 그 심문의 계기이기는 했지만 판결의 근거가 되지는 못했다(막 14:55-60)는 내용과 반대되기 때문이다. 샌더스 자신도 297에서 그렇게 말한다. 복음서 저자들이 묘사하는 심문 과정의 역사성에는 의심할 만한 이유가 있기는 해도, 그들이 예수가 성전을 위협한 것이 그를 고발하는 데 일정 부분의 역할을 담당했다는 사실을 바르게 알려준 것은 거부할 수 없다. 혹은 그들은 이 요점의 중요성을

니다. 그 행위는 오히려 예언자적 전통 안에 있었다(참고. 렘 7:11ff.). 마가복음 14:62이 서술하는 대제사장의 질문에 대한 예수의 대답, 그리고 마태복음 26:64와 누가복음 22:67ff.가 그 대답을 표현하는 양식은 예수의 메시아성에 대한 질문이 사람의 아들의 도래에 관한 말씀으로 대답된다는 점에서 불확실하다.[129] 비록 그 대답이 질문에 대한 긍정으로 파악될 수 있다고 해도, 왜 가야바가 그것을 신성모독으로 봐야 했는지는 분명치 않다. 왜냐하면 메시아로 자칭하는 다른 사람들의 역사가 보여주는 것처럼 메시아의 등장 그 자체는 결코 신성모독으로 간주되지 않았기 때문이다.[130] 몰트만 역시 예수의 메시아 주장이 대제사장에게 신성모독으로 보였던 것은 그가 예수의 말을 거짓으로 간주해서 그것이 불경스런 참칭의 표현이라고 생각했기 때문이라고 말했다.[131] 하지만 어떻게 해서 가야바는 그렇게 생각하게 되었을까?[132] 확실한 것은 예수가 로마인들에게 자칭 메시아 곧 폭도로서 유죄판결을 위해 넘겨졌다는 것뿐이다. 그러나 그것은 예수를 재판에 넘기기 위한 하나의 구실에 불과했고, 그 배후에는 유대 당국이 견딜 수 없는 것으로 여겼던 다른 이유들이 있었다는 사실도 마찬가지로 분명하다. 다만 그 이유들은 예수의

의도적으로 낮추거나 배제하려고 했던 것은 아닐까? 하지만 그럴 만한 어떤 이유가 복음서 저자들에게 정말로 있었을까? 그것도 70년 이후에?

[129] E. P. Sanders, 297. 여기서 다음의 내용이 다뤄진다. D. R. Catchpole, The Answer of Jesus to Caiaphas (Matt, xxvi 64), *New Testament Studies* 17, 1971, 213-226.

[130] E. P. Sanders, 같은 곳, 298과 55.

[131] J. Moltmann, 같은 곳, 183f. 물론 그 주장이 "전능하신 하나님 자신과 메시아를 동일시"한다는 의미는 아니었을 것이다(183). 왜냐하면 메시아성은 그런 동일화를 내용으로 포함하고 있지 않기 때문이다. 요한복음 10:33에서 하나님과 자신을 동등시한다는 비난이 예수에게 제기되지만, 그것은 메시아의 문제와는 관계가 없다. 그러므로 몰트만이 이 구절을 마가복음 14:61f.와 결합시킨 것에는 뚜렷한 근거가 없다.

[132] 이 질문은 몰트만에 의하면(J. Moltmann, 같은 곳, 183) "대답되기 어렵다." 베츠(O. Betz)도 같은 의견이다.

재판 과정에서 명확하게 드러나지는 않았다.¹³³

초기 그리스도교가 예수를 메시아로 고백한 것은, 예수의 파송에서 우선적으로 중요한 것이 하나님의 옛 계약의 백성이었다는 사실에 근거해서, 예수의 부활 이전의 사역과 상응한다. 예수의 파송의 고유한 특성은 이스라엘 백성과의 관계로부터 분리될 수 없다. 예수는 바로 그 백성에게 임박한 하나님 나라와 그 나라의 공의에 대한 메시지를 전달해야 했다. 그의 파송이 가진 메시아적 특성은 하나님과 이스라엘의 결합관계를 새롭게 하고 심화하는 것이다. 그것은 정치적 독립의 새로운 근거 혹은 열방 가운데 패권을 실현하려는 것으로 이해되어서는 안 된다. 그 때문에 메시아 참칭의 명예훼손의 죄로 예수를 로마인들에게 넘긴 것은 그 이유와 관계가 있다. 메시아로 자칭한 것에 대해 유죄판결이 내려짐에 따라 예수에게 메시아 칭호가 따라 다니게 되었기 때문에, 그리고 하나님 자신이 예수를 이 땅으로 보내셨다는 사실이 그의 죽은 자들로부터의 부활을 통해 확증된 이후에 다른 어떤 메시아도 그의 곁에 허용될 수 없었기 때문에, 예수의 제자들의 의식 속에서 이스라엘의 메시아에 대한 희망은 고난당하고 십자가에 못 박히신 하나님의 아들의 형상과 융합되었다.¹³⁴ 이것은 이스라엘이 이제는 예수 외에 다른 어떤 메시아를 가지지 못한다는 것을 의미한다. 정치권력이나 백성에 대한 메시아적 통치의 표징으로서가 아니라 십자가에 못 박히신 자에 대한 신앙을 통해 백성들은 — 예수 그리스도에 관한 복

---

133 몰트만도 이전에는 그와 같은 논증을 펼쳤다. 그의 설명(*Der gekreuzigte Gott. Das Kreuz Christi als Grund und Kritik christlicher Theologie*, 1972, 121ff.)에 따르면 유대 당국이 취한 태도의 실제적 이유는 예수의 율법 비판과 그 안에 내포된 전권 요구에서 찾아져야 한다(참고. 특히 125).

134 크라머는 그리스도 칭호가 예수의 십자가와 부활에 귀속된 것을 상세히 연구했다. W. Kramer, *Christos Kyrios Gottessohn*, 1963, 15-60. 이 귀속은 이미 바울 이전에 일어났지만, 또한 바울의 언어사용도 각인시켰다.

음이 선포되고 받아들여짐에 따라 — 이스라엘의 하나님을 유일하고 참된 하나님으로 경배하게 되었다.

이스라엘이 자신의 역사 속에서 이사야 53장의 고난당하는 종의 역할을 끊임없이 수행해야 했을 때, 그렇게 해서 자신의 하나님 신앙을 열방 가운데서 증언해야 했을 때, 왜 자기 자신을 십자가에 못 박히신 메시아의 형상 안에서 재인식하지 못했을까? 이 물음에 대한 한 가지 대답은 아마도 유대인들이 기대했던 메시아 상으로부터 얻어질 수 있을 것이다. 그들의 메시아 희망은 바로 그 고난의 경험의 극복을 향해 있었던 것이다. 그 희망은 말하자면 예수 시대에 열심당원들이 추구했던 정치적 갱신과 독립의 시대와 연관되어 있었다. 다른 한편으로 그리스도인들은 소수민족을 박해했던 오랜 역사를 통해 유대인들의 고통을 증가시켰고, 유대 민족으로 하여금 그리스도인들이 경외하는 예수 안에서 자신들의 메시아를 인식하기 어렵게 만들었다. 그 결과 하나님의 하나의 백성은 갈라진 두 편이 되었고, 승리주의의 유혹이 십자가에 못 박히신 자의 표징 안에서 서로 화해하는 길을 막는 걸림돌이 되었다.

사도 바울은 부활 사건의 빛 속에서 예수의 인격과 역사가 이스라엘 민족을 넘어서 인류 전체에 도달하는 의미를 표현하기 위해 그것을 종말론적인 새 아담, 즉 인간의 궁극적 형태로 묘사했다. 바울이 그 의미를 메시아 사상을 통해 표현한 것은 아니었다. 메시아의 형태는 유대교 전통 안에서 유대 민족의 특별하고 배타적인 희망들, 특히 정치적 기대들과 긴밀히 결합되었다. 그래서 그 형태는 쉽게 전체 인류와 관련되고 열방을 하나로 묶는 희망의 상징으로 보일 수 없었다. 이것은 바울이 예수의 십자가와 부활에 기초해 있는 것으로 알았던 희망과는 달랐다. 바울은 예수의 이름을 그리스도 칭호와 확고히 결합시켰다(롬 5:17; 참고. 5:15). 십자가에 못 박히신 자 그리고 부활하신 자와의 결합은 그 칭호의 의미 자체를 바꾸었고, 이를 통해 비로소 그 칭호는 슐라이어마허가 그것에 귀속시켰던 "인류 전체에 대한…관계성"을 획득했다.[135] 정치적 권세를 통해서가 아니라 인간의 죄를 대신하는 고난을 통해 자신의 통치를 수행한 메시아로서 예수는 자신의 제자들의 의식 속에서 유대교적 희망을 변경시켰고, 열방들이 이스라엘 및 그의 하나님과 화해할 수 있는 희망을 열어주었다.

c) 아들의 나타나심과 인간들의 공동체

나사렛 예수는 십자가에 못 박히신 자 그리고 부활하신 자이시다. 그는 자신의 제자들에게 하나님의 그리스도로서 나타나셨다. 그는 이스라엘의 구원의 희망을 자신의 운명을 통해 깊이 변화시키고 확장시켰으며, 그렇게 해서 그 희망을 성취했다. 그래서 그는 이스라엘의 메시아인 동시에 또한 종말론적인 새 인간이며, 하나님의 뜻에 맞는 인간 현실성의 궁극적 형태다. 이 형태 안의 현실은 창조로부터 하나님께서 하나님 자신과의 관계로 향하도록 만드신 것이다. 고린도전서 15:22와 45ff.에 따르면 예수 그리스도는 죽은 자들로부터 부활하신 자로서 바로 그러한 궁극적 인간이며, 영을 통해 하나님의 불멸의 생명으로 채워지고 변형되었다. 로마서 5:12ff.에 따르면 예수는 고난과 죽음 가운데 하나님께 순종하신 새로운 인간이다(5:19). 이 두 가지는 서로 일치한다. 이 사실의 통일성은 바울이 예수를 아들로 지칭하는 것으로 표현되었다. 예수는 하나님의 아들로 입증되었고, 죽은 자들로부터의 부활을 통해 공적으로 인정을 받았다(롬 1:4). 하지만 그는 하나님과 인간의 화해를 위해 죽음에 넘겨진 자로서도(롬 5:10; 8:32), 다시 말해 이 땅 위에서 아버지께 순종하는 길을 갈 때도 이미 하나님의 아들이었다(롬 5:19). 이 사실은 히브리서에서 더욱 명확하게 말해진다. "그가 아들이시면서도 받으신 고난으로 순종함을 배워서 온전하게 되셨은즉, 자기에게 순종하는 모든 자에게 영원한 구원의 근원이 되시

---

[135] F. Schleiermacher, *Der christliche Glaube*, 2.Ausg. 1830, §94,2.

고…"(히 5:8f.) 이 구절의 시작 부분은 아버지께 대한 아들의 친밀함과 아버지께 대한 순종 사이의 대립을 암시하는 것으로 이해되어서는 안 된다. 오히려 이 구절은 시간 안에서 순종을 배우는 것과 시간 이전에 선재했던 아들의 존재 사이의 긴장을 나타낸다. 어쨌든 아들의 지위와 아버지께 대한 순종은 서로 일치한다. 아버지께 순종하는 종속적 지위가 예수를 아들로서 특징적으로 표현한다. 바울이 쓴 것처럼 그는 하나님의 영을 통해 인도된다(롬 8:14). 그렇기에 그의 순종은 낯선 힘에 결정되는 노예의 복종이 아니라, 아버지와의 자유로운 화합의 표현이다. 영을 통해 그는 영원한 생명을 지닌다. 이 생명은 그를 죽은 자들로부터의 부활 속에서 영원히 살아있는 자로 입증한다.

이미 강조했던 것처럼(위의 341f.를 보라) 아들의 파송에 대한 진술들은 요한은 물론 바울에게서도 예수의 역사 전체와 관련되며, 단순히 그의 출생 사건에만 관련되는 것이 아니다. 왜냐하면 예수의 역사 전체가 아들의 파송의 표현이며, 그래서 그의 출생 역시 그 진술들 안으로 편입되는 것이다(갈 4:4f.; 비교. 롬8:3). 그렇다면 아들의 파송 즉 성육신 사건은 이와 같은 포괄적 의미에서 어떻게 더 상세히 설명될 수 있을까?

후에 더 자세히 논의하겠지만(10.2) 아들의 파송이라는 표상은 그의 선재를 전제한다. 하나님의 영원성 안에 있는 아들의 존재는 아버지의 영원성과 일치한다. 그래서 이렇게 말할 수 있다. 아들의 그러한 영원한 존재가 예수 그리스도의 역사 속에서 현현했다.[136] 아들과 아버지 사이의 영원한 관계가 그 역사 속에서 인간의 형태를 취하는 것이다. 이것은 다른 많은 근본적 관계들에 속한 한 가지가 아니다. 오히려 바로 그 역사 속에서 그 근본 관계들이 실현되었기에 그 결과로서, 인간적 삶을 실현하는 다른

---

[136] 여기서 사용된 현현(나타나심) 개념에 대한 더 자세한 설명을 나의 논문에서 보라. Erscheinung als Ankunft des Zukünftigen (*Theologie und Reich Gottes*, 1971, 79-91, 특히 83ff.).

사례들 속에서도 그 유일한 근본 관계는 인식될 수 있게 된다. 비록 많은 관점에서 깨어지고 왜곡된 채로 인식된다고 해도 그렇다. 사태가 이와 같지 않다면, 아버지께 대한 예수의 아들 관계는 하나님과 연합하는 공동체를 향한 인간적 규정의 근본 형태를 표현할 수 없을 것이다. 하지만 예수의 인격과 역사 속에서 하나님과 연합하는 공동체를 향한 인간 규정이 분명히 계시된다면, 예수 그리스도는 — 그가 바로 아들이기 때문에 — 또한 새로운 종말론적 인간이라고 불릴 수 있다.

예수 그리스도 안에서 일어난 하나님의 아들의 성육신에 대한 이미 드리워진 희미한 윤곽으로서, 아들 지위의 근본 관계가 이스라엘의 역사 안에서 통고되었다. 그 관계는 다윗에게 준 나단의 약속 안에서 유대인의 왕을 하나님의 아들로 지칭하는 가운데(삼하 7:14; 참고. 시 89:27f.), 시편 2:7의 왕권 부여 내지 대관식 문구에서, 무엇보다도 계약의 민족 전체에 대한 그 지칭의 확장 속에서, 특별히 출애굽 전통의 표상적 맥락에서 통고된다(호 11:1; 렘 31:9.20; 참고. 3:19; 또한 출 4:22). 그래서 백성의 모든 지체들은 하나님의 자녀 곧 아들들과 딸들이라고 말해질 수 있었고(신 14:1; 사 43:6; 45:11), 심지어 변절자들도 그렇게 불릴 수 있었다(신 32:5와 19f.). 그러므로 바울이 그리스도인들을 하나님의 자녀라고 부른 것(롬 8:16; 갈 4:5f.)은 전승된 이스라엘 신앙과의 관계 속에서 완전히 새로운 것은 아니다.[137] 새로운 것은 오로지 비유대인들을 하나님의 자녀로 편입시킨 것, 그리고 그들을 영의 선물(롬 8:14)과 연결시키고 유일한 하나님의 아들이신 예수 그리스도의 공동체에 편입시킨 것이다. 예수를 통해 그를 믿는 자들은 아들의 영을 받게 된다(롬 8:15; 갈 4:6). 예수 그리스도 안에서 비로소 인간적 규정의 목표인 아들 됨의 근본관계가 완전히 그리고 최종적으로 현현했다. 그 안에서 영원하신 하나님의 아들이 육체를 입으셨다.

---

[137] 포로기 이후 유대교에서 사용된 아들의 표상에 대한 설명들을 다음에서 보라. M. Hengel, *Der Sohn Gottes*, 1975, 68ff.

성서적 증언에 따르면 영원하신 아들이 예수의 인격 안에서 형태를 취하신 것은 항상 영을 통해 중재된다. 이것은 믿는 자들이 영을 통해, 혹은 영의 중재를 통해 예수 그리스도의 아들 됨에 참여(갈 4:6)하는 것과 마찬가지다. 영을 통해 예수 그리스도는 죽은 자들로부터의 부활과 함께 권능 있는 아들의 자리에 취임하게 되었다(롬 1:4). 예수께서 요한에게 세례를 받았을 때, 그에게 영이 임하는 사건은 그가 하나님의 아들이라는 선언과 결합되어 있다(막 1:10f.와 평행구절들). 영의 능력 안에서 그는 이미 태어날 때부터 하나님의 아들인 것이다.

누구보다도 예수 그리스도의 영적 출생에 대해 분명히 말하려 하는 것은 누가복음이다(눅 1:32와 35f.).[138] 예수의 어머니 마리아의 이야기는 누가의 그리스도론의 핵심을 향해 나아간다. 예수 그리스도가 인격 안에서, 그리고 바로 그 이유로 이미 태어날 때부터 하나님의 아들이기에, 마리아는 응당 "하나님의 어머니"로 경외된다. 그래서 또한 431년의 에베소 공의회도 이런 의미에 따라 바른 판결을 내렸다(DS 251). 마리아에 대해 유일하게 교회일치적인 구속력을 갖는 그 교리 안에서 (1854년과 1950년 로마 가톨릭교회의 마리아 교리들과는 달리) 관심은 마리아의 인격 자체에 있었던 것이 아니라, 하나님의 아들의 성육신에 대한 믿음을 확증하는 것에 있었다. "하나님의 어머니"(*theotokos*)라는 마리아의 지위는 예수의 유년기 역사에 대한 역사학적 연구들 및 그 결과들을 통해, 특히 누가와 마태의 탄생 이야기에서 나타나는 전설적 특성의 주장을 통해 전혀 영향을 받지 않는다.[139] 특히 누가에서 제시

---

138 이어지는 보충설명에 대해, 특히 동정녀 탄생의 주제에 대한 고대 교회와 근대 신학의 논의에 대해 나의 책을 참고하라. *Grundzüge der Christologie*, 1964, 140-150. 또한 "그리스도의 영적 출생"에 대한 몰트만의 설명을 참고하라. J. Moltmann, *Der Weg Jesu Christi*, 1989, 97-107.

139 이 내용을 근본적으로 확증해주는 문헌은 다음과 같다. M. Dibelius, *Jungfrauensohn und Krippenkind, Untersuchungen zur Geburtsgeschichte Jesu im*

되는 보다 더 오랜 전승의 표현양식 안에서 그 전설적인 이야기를 형성했던 계기는 다음의 사실을 통해 인식될 수 있다. 즉 누가복음 1:35의 천사의 말에 따르면 마리아에게 선포된 아들은 (인간의 관여 없이) 신적인 영의 능력으로부터 출생되었기에 하나님의 아들이라 불릴 것이다. "하나님의 아들"의 칭호 그리고 그것이 예수의 인격과 결합된 것은 여기서 이미 전제되어 있고, 그의 수태와 탄생의 이야기는 왜 예수가 하나님의 아들이라 불려야 하는지를 해명해준다. 비록 그리스도교의 적대자들이 자신들의 입장에서 선동했던 소문 곧 예수의 혈통과 탄생의 이상한 정황들에 대한 말들이 이 이야기를 형성하는 계기로서 일정한 역할을 했다고 해도,[140] 이 전승의 특성에 대한 증빙들은 예수의 수태와 탄생 이후에 마리아가 여전히 동정녀였다는 것을 역사적 사실로 주장하는 것을 허락하지 않으며, 어쨌든 그것들은 의학적 의미의 증빙자료는 전혀 아니다. 만약 마리아를 통한 예수 탄생 이야기의 본래적인 대상을 동정녀(참고. 사 7:14 LXX)로 삼았다면, 이 이야기의 의미와 목적은 날조되었어야 했을 것이다. 왜냐하면 본문에서 중요한 것은 "산부인과적 질문이 아니라 그리스도교적 성령론의 주제"이기 때문이다.[141] 이야기가 대체

Lukasevangelium, 1932. 최근의 R. E. Brown, *The Birth of the Messiah. A commentary on the infancy narratives in Matthew and Luke*, 1977, 특히 298-309, 또한 517-533. 브라운은 원칙적으로 디벨리우스가 전개했던 (307-309) 문학적 해석을 따랐으나 다음과 같이 요청한다. "하나님의 아들 됨에 대한 그리스도론이 예수의 탄생과 관련되었을 때, 왜 그것을 하필이면 동정녀 잉태라는 용어로 표현하게 되었는지를 우리는 반드시 설명해야 한다"(308 n.36). 브라운은 계속해서 이렇게 설명했다. 몇몇 사람들은 예수의 조산에 대해 알고 있었는데, 이것이 그리스도교 공동체에 대해 적대적이었던 유대교인들로 하여금 예수가 사생아였다고 비난하도록 만들었다는 것이다. 그렇다면 그리스도교적인 이야기는 그런 의혹에 대해 대답하려 했던 것이다(526f.).

140 R. E. Brown, 같은 곳, 534-543, 특히 530.
141 J. Moltmann, 같은 곳, 97. 슈티르니만도 같은 판단을 내린다. H. Stirnimann, *Marjam. Marienrede an einer Wende*, 1989, 210-260, 특히 211ff. 슈티르니만에 따르면 야고보 원복음서 18-20의 이른바 산파 이야기는 예수의 어머니의 동정녀성에

로 전설적이기에, 이야기 안의 개별 진술들은 그리스도론의 의미와 목적으로부터 해석되어야 하며, 그 맥락으로부터 고립된 사실로 주장되어서는 안 된다. 어쨌든 이 이야기 자체에 대한 해석의 틀 안에서는 그렇게 주장되어서는 안 되는 것이다. 고린도전서 15:3ff.가 보고하는 예수의 부활에 대한 진술과 같이 의도적으로 (역사적) 실제성을 말하려고 했다면, 사태는 완전히 달라졌을 것이다. 예수의 동정녀 탄생의 역사적 사실성에 대한 비판적 판단의 근거는 그런 종류의 사건이 정말로 가능하다고 받아들이는 세계관의 어려움이 아니라, 오히려 그 이야기가 지닌 입증 가능한 전설적 특성이다. 이 이야기는 그 어려움을 통해 무의미해지지 않는다. 다만 그 이야기는 다른 관점들 아래서 평가되어야 한다. 그 배경에는 이사야서 본문(7:14)의 그리스어 번역에서 부정확하게 표현된 유형론적 관계가 놓여 있다. 이사야서 본문은 일반적인 "젊은 여자"를 말하는 반면에, "동정녀"라는 단어는 그것의 유형론적인 번역으로부터 유래했을 수 있다. 그 이야기 자체에서 마리아의 동정녀성은 천사와의 만남 안에서 하나님의 현실성이 인간의 삶 속으로 들어오는 것과 관련해서 인간이 그것을 겸허하게 받아들이는 적절한 태도를 묘사하려고 할 때 사용되는 시적 수단으로 이해될 수 있고, 또한 한 분 하나님께 배타적으로 집중한다는 표현으로 이해될 수도 있다. 이와 같은 의미에서 누가가 선포하는 이야기 속의 마리아는 무수히 많은 감동적인 형상들로 묘사되었고, 루터는 그녀를 신앙의 전형으로 칭찬했다.[142] 그 결과 마리아는 하늘 아버지에 대한 자기 아들의 순종을 선취하며, 이런 의미에서 다음과 같이 말해질 수 있다. 천사가 전하는 소식에 대한 마리아의 반응 속에서 아들은 이미 (말하자면 그의 하늘 아버지께 대한 관계 속에서) 인간의 형태를 취한 것이다. 물론 이러

대한 신체적 증명에 관심을 갖는 것을 막아주는 기능을 갖는다(231ff.).

[142] M. Luther, WA 7, 544-604 (Das Magnificat Vorteutschet und außgelegt, 1521). 레이제넨에 따르면 마리아는 이미 누가에게서 "일종의 **그리스도인들의 전형**"이다. H. Räisänen, *Die Mutter Jesu im Neuen Testament*, 1969, 154, 참고. 93, 149ff.

한 영적인 사태는 본질상 사내아이 예수의 수태가 남성의 개입으로 이루어진 것인지 아닌지의 문제에 예속되지 않는다. 이 이야기는 단지 모든 그리스도인들이 예수의 어머니 곧 "하나님의 어머니"(*theotokos*)에 대해 사랑스럽고 존경하는 추억을 간직하게 만든다면, 그것으로 충분하다. 모든 그리스도인은 각자 자신의 삶 속에서, 마리아가 자신의 삶 속에서 예수의 형상을 이룬 것 같이, 그의 형상을 이루어야 할 것이다(갈 4:19).

예수의 형상 속에서 일어난 아들의 성육신이 갖는 의미는 그 인간이 자신의 인격 안에서 하나님의 아들이며, 그가 나아갔던 삶의 여정 전체에 걸쳐서 하나님의 아들로서 존재했다는 사실이다. 매우 일반적인 의미에서도 인간의 인격과 삶의 역사는 분리될 수 없다. 왜냐하면 인격적 정체성(Identität)은 각 사람의 인생의 역사 속에서 형성될 수 있고, 그 정체성은 삶의 역사가 이야기해주는 바로 그 인격의 특수성을 그의 현존재가 완전히 지속되고 펼쳐진 이후에야 비로소 특징적으로 표현할 수 있기 때문이다.[143] 이것은 하나님의 아들로서의 예수의 인격에도 해당한다. 인격으로서의 예수의 정체성이 그가 하나님의 아들이라는 사실에 놓여 있다는 것은 최종적으로는 부활 사건을 통해 결정되었다. 하지만 부활의 빛 속에서 예수는 이미 그의 지상의 삶의 시작으로부터, 나아가 이미 영원으로부터, 하나님의 아들이었다(위의 527f.를 보라).

영원한 아들의 입장에서 본다면 예수의 인격과의 동일성(Identität)은 성육신의 형태를 취한다. 여기서 인간이 된다는 것은 아들의 영원한 존재에 대해 외적이고 우연적인 사건으로 생각되어서는 안 된다. 오히려 아들

---

[143] 이후의 사건의 빛에서 이전의 앞선 사건이 갖는 의미를 "회고적으로" 구성하는 것은 인격적 정체성에도 해당한다. 몰트만은 부활 사건이 인격으로서의 예수의 정체성에 대해 갖는 의미를 서술한 나의 논문에서 유감스럽게도 이 핵심을 잡아내지 못했다. J. Moltmann, *Der gekreuzigte Gott*, 1972, 169.

의 성육신은 아들이 자신을 아버지로부터 삼위일체적으로 구분한 자기구분의 결과다. 아버지와 아들의 영원한 연합은 이러한 자유로운 자기구분을 통해 중재된다. 아들의 아버지로부터의 자유로운 자기구분이 하나님과 구분되는 모든 피조 현실성의 가능성의 근거를 형성하듯이, 그 자기구분은 또한 나사렛 예수 안에서 일어나는 아들의 성육신의 근원이기도 하다. 성육신 사건 속에서 일어난 영원한 아들의 자기포기와 낮아지심의 전향(빌 2:7f.)은 오로지 그런 의미에서 이해되어야 한다. 여기서 만약 우리가 하나님의 아들이 부분적으로 혹은 전적으로 자신의 신적 본질을 포기했다는 사실의 표현을 발견하려 한다면, 그때 그런 표상은 하나님의 영원한 자기동일성만을 해체하는 것이 아니라, 성육신 사건 자체를 파괴하게 된다. 그러나 성육신 사건이 말하는 것은 영원하신 하나님 자신이 소멸적인 인간 생명의 형태 안으로 개입하셨다는 사실이다.[144] 아들의 영원한 신성과 비교할 때 그의 성육신과 관련된 자기포기와 낮아짐은 어떤 제약으로 이해되어서는 안 되며, 오히려 아들의 영원한 신성에 대한 확증으로 이해되어야 한다. 이런 이해는 아들의 포기와 낮아짐이 영원한 자기구분의 맥락에서 피조적 현존재 전체의 가능성과 현실성의 근거로 생각될 때, 가능해진다. 아버지로부터의 영원한 자기구분은 이미 자기포기의 요소를 갖고

---

144 19세기 루터교 신학의 케노시스(비움) 교리에 대한 도르너의 아직도 여전히 유익한 비판을 참고하라. I. A. Dorner, Über die richtige Fassung des dogmatischen Begriffs der Unveränderlichkeit Gottes, in: *Gesammelte Schriften aus dem Gebiet der systematischen Theologie, Exegese und Geschichte*, 1883, 188-377, 특히 208-241. 도르너는 이러한 교리 형성의 근거에 놓인 이해를 "공탁의 교리"(Depotenzierungslehre)라고 특징지었다(213, 참고. 233ff.). 1842/43년에 있었던 그리스도의 인격의 구성에 대한 마르텐젠(H. L. Martensen)과 도르너 사이의 편지 교환으로부터 유래한 이 비판의 기원에 대해 다음을 보라. Chr. Axt-Piscalar, *Der Grund des Glaubens. Eine theologiegeschichtliche Untersuchung zum Verhältnis von Glaube und Trinität in der Theologie Isaak August Dorners*, 1990, 244 각주 78과 225ff.

있으며, 바로 이 포기를 통해 아들은 하나님으로부터 구분되는 피조적 현존재의 타자성이 생성되는 근원이 되었다. 그러나 하나님께 대한 피조물들의 단순한 타자성 속에서 아들의 아버지로부터의 자기구분은 단지 일면적 형태로만 표현된다. 그것은 다르다는 의미일 뿐이고 하나님과의 연합의 매개는 아니다. 오직 인간과 같이 자신의 타자성을 통해 하나님과 관계되어 있음을 아는 피조물 속에서 아들의 아버지로부터의 자기구분과 결합된 자기포기가 완전히 표현될 수 있으며, 그 결과 아들의 아버지로부터의 자기구분은 피조적 현존의 형태 안에서 실현된다. 이와 같은 의미에서 성육신과 결합된 영원한 아들의 자기포기와 낮아지심은 아들의 영원한 존재가 아버지로부터의 자기구분 속에서 이루는 자유로운 자기실현의 계기로 이해될 수 있다. 아들의 존재의 그러한 자기실현의 과정을 통해 하나님과의 연합 안에서 성립되는 참된 독립성을 향한 피조물의 규정이 동시에 성취된다. 이때 인간은 하나님께 대한 자칭 독립성이라는 오류로부터 벗어나고, 그로 인해 발생한 소멸성과 죽음의 권세에 대한 굴복으로부터 해방된다.

이와 같은 맥락에서 볼 때, 한 인간 예수 안에서 일어나는 성육신을 향해 아들이 파송된 것은 이미 그 밖의 다른 인간들과도 관계되어 있다. 하나님이 아들을 세상에 보내신 것은 세상을 구원하시려 함이었다(요 3:17; 비교. 6:38f.). 아들의 파송은 다른 인간들 사이에서 자신의 규정된 목적에 도달한다. 요한에 따르면 그 목적은 예수의 선포 속에서 성취되며, 바울(롬 8:3; 갈 4:4f.)에 의하면 그 목적은 특별히 예수의 죽음과 관련된다. 이 죽음을 통해 믿는 자들이 죄, 율법, 죽음의 지배로부터 자유롭게 된다. 이와 같이 아들의 현현은 세상과 인간의 화해를 목표로 하며, 이를 통해 창조 전체가 하나님과 화해되도록 한다. 예수의 역사 속에서 이 두 가지가 이미 일어났다는 그리스도교 선포의 주장은 더 견고하고 정확한 설명과 확증을 필요로 한다. 이것은 이어지는 두 장(제10장과 제11장)의 과제다. 여기서는 다만 잠시 인간의 구원을 위한 아들의 파송, 그리고 하나님의 백성의 공동체성과 갱신을 위한 메시아의 기능 사이의 관계에 주목하고자 한다. 이 두 가지는 로마서 5:12ff.에 따르면 둘째 아담의 순종이 많은 이를 위해 일으킨 구원의 효력 안에서 한 쌍을 이룬다. 이 관계는 그리스도와 하나님의 아들 그리고 그리스도와 새 아담 사이의 동일성만 가리키는 것이 아니라, 어떤 점에서 이스라엘의 예정의 역사와 유대교 신앙의 전통이 예수 그리스도를 통해 보편적·인간적 의미를 획득했는지도 인식하게 해준다.

예수의 하나님의 아들 되심에 관한 바울의 사상은 예수의 메시아성에 대한 원시 그리스도교의 고백을, 그를 인류의 종말론적 형상으로 보는 구절들과 연결시킨다. 이 점은 앞에서 이미 언급했다. 이 형상은 유대교 신앙의 전통적인 범위를 넘어 예수의 역사가 지닌 보편적·인간적 효력의 요청을 표현한다. 이에 대해 결정적인 것은 메시아의 표상이 십자가에 못 박히신 자의 인격과 결합됨으로써 유대교적인 메시아의 기대가 변형되었다는 것이다. 이를 통해 (시 2:7의 의미에서) 하나님의 통치권을 이 땅에서 실행하는 하나님의 "아들"로서의 메시아에 대한 유대교적인 희망을 가두었던 국소적·국가주의적 한계가 돌파되었고, 메시아에 대한 기대는 경계를 넘어 확장되었다.

이에 따라 하나님의 의에 대한 유대교 전승의 보편적·인간적 의미도, 역사적으로 우연적인 특성 곧 단지 유대 민족에게만 역사적 정체성의 요소로 효력이 있는 모세 율법의 특성과의 결합으로부터 벗어나게 되었다. 왜냐하면 바울뿐만 아니라—예루살렘 공동체가 처음에는 주저했지만 그 이후부터는—원시 그리스도교 전체가 예수 그리스도의 십자가를 모세 율법의 종말 곧 최소한 유대인과 이방인들을 구분하는 기능의 종말로 이해했기 때문이다. 물론 이를 통해 율법이 증언하는 하나님의 의로우신 의지의 구속력이 제거된 것은 아니다. 이러한 과정은 메시아 표상이 협소한 제한을 벗어난 것과 깊이 관련되어 있다. 왜냐하면 메시아의 기대는 그것의 근원으로부터 하나님의 의와 일치하기 때문이다. 특히 그 기대를 율법 공동체에 대한 메시아적 왕의 기능과 관련시킬 때 그러하다. 특별히 이사야 전통 안에서 왕권의 이해가 하나님의 의의 수립을 위한 기능과 결합되었다. 이사야 11:2ff.에서 메시아적 희망은 이 과제를 실제로 수행할 미래의 왕을 기대한다. 그 왕은 의와 평화를 실현할 것이며, 이사야 2:2-4의 의미에서 시온을 열방의 중심지로 만들 것이다(비교. 슥 9:9f.).

메시아 기대와 하나님의 의(Recht)가 결합되면서 후자는 이스라엘의 믿음에 중심적인 주제가 되었다. 메시아의 희망은 하나님의 의의 실현에 봉사하는 것이다. 그러나 하나님의 의 그 자체와 그것의 실현은 이스라엘의 선택과 매우 긴밀하게 결합되어 있다. 이것은 신명기가 날카롭게 표현하는 것과 같이 이스라엘의 선택이 하나님의 의로운 법을 지켜야 하는 의무의 근거라는 의미(신 4:37-40; 참고. 7:11)에서, 그리고 이스라엘을 선택한 목적이 열방들 가운데서 하나님의 의로운 의지를 증언하는 것이라는 제2이사야의 웅장한 전망(사 42:1f.; 참고. 42:6) 안에서 그렇다. 이스라엘의 선택은 제2이사야의 의미에 따르면 자기목적이 아니며, 오히려 인류 전체를 위한 하나님의 의지에 봉사하는 것이다. 그 선택은 세상 안에서 이루어져가는 하나님 나라에 봉사하는 것이다. 왜냐하면 이스라엘의 믿음이 고대하는 하나님의 통치는 이사야와 미가가 미래에 대한 환상 가운데 보았던 것처럼 의와 공의의 통치이기 때문이다. 환상 안에서 이방 민족들은 시온으로 모여 드는데, 이것은 이스라엘의 하나님이 그들에게 의로운 법을 말씀하셔서 그들의 다툼을 그치게 하려 하심이다(미 4:2f.; 사 2:3f.).

이에 따라 훨씬 더 중요해지는 것은 하나님의 의로운 법(Recht)이 이스라엘의 율법 전승 속에서 보존되고 유대교적인 삶의 실천 속에서 실행되었던 것처럼, 또한 그 법은 이스라엘을 다른 민족들로부터 구분하여 따로 떼어놓는 표징이 되었다는 사실이다. 이 과정이 세부적으로 어떻게 이해될 수 있을지는 이후의 맥락에서 논의하기로 한다. 어쨌든 그 법이 주어진 결과는 제2이사야가 선포했던 소명, 곧 열방 가운데서 하나님의 의로우신 뜻을 증언하라는 이스라엘의 소명과는 반대된다. 하나님의 의로우신 뜻의 내용이 보편적 인류에게 구속력을 갖는 것이고 단순히 전승의 권위를 통해 성화된 유대교의 특수성으로 인식될 수 없다는 사실은 그 증언에 필수적인 것이 아닐까? 그런 정황에서 메시아를 통해 하나님의 의로운 법을 수립하는 것은 그 법의 내용을 전통적인 협소성으로부터 해방시키고 모든 인간에 대해 효력을 갖는 핵심을 드러내는 것으로부터 시작되지 않을까? 다음 장(제10장)은 바로 이 시작이 예수의 율법 해석에서 발생했음을 보여줄 것이다.

전승된 하나님의 법에 대한 예수의 해석은 이스라엘의 믿음 안에서 나타난 하나님의 의로우신 뜻의 구속력과 모순되지 않았다. 왜냐하면 예수는 전승된 하나님의 법을 모든 인간의 창조자이신 하나님의 미래의 빛에서 해석했기 때문이다. 한 분 하나님께 대한 인간 예수의 관계 속에 모든 인간들 사이의 바른 관계들이 구속력의 기초를 갖는다. 그렇기에 모든 개인이 한 분 하나님과의 연합으로 규정된 것은 서로에 대한 인간들의 연합을 보호하고 지원하는 것과 일치한다. 인간들끼리의 연합은 서로에 대한 올바른 법률관계를 통해 지속적인 공동체의 형태를 이루게 된다. 하나님과 연합하는 인간 규정이 단순하고 고립된 개인적인 하나님 관계 속에서 실현될 수는 없으며, 마찬가지로 공동체와 평화 속에서 서로 함께 살아가야 하는 인간 규정도 하나님 없이 실현될 수 없다. 종종 그런 시도가 있었지만, 결과는 항상 인간이 인간을 지배하는 형태를 통해 공동체성이 파괴되는 것뿐이었다. 하나님과의 연합(Gemeinschaft)이 인간들 사이의 공동체성(Gemeinschaft)과 일치한다는 것은 이방 민족들 가운데서 이스라엘이 행하는 증언의 중심 내용을 이루며, 모든 인간에게 관련되는 이스라엘의 믿음의 전통이 지닌 중요한 의미의 근거가 된다. 이와 같이 모든 인간에게 효력이 있는 유대교적 신앙 전승의 내용은 그것들의 생성과 해석의 역사 안에서 부착된 껍데기들 속에 숨겨져 있다. 예수의 율법 해석은 이런 껍데기를 벗겨버렸다. 이 사실이 메시아의 특성을 나타낸다. 비록 예수의 등장이 그 특성 외에 백성들이 가졌던 메시아에 대한 희망과 표상들에, 특별히 그들의 정치적인 기대에 상응하지는 못했다고 해도 그렇다.

예수는 전통에 대한 비판적 태도로 인해, 그리고 자신을 백성이 기대했던 정치적 해방자로 입증하지 못함으로써 여러 가지 저항에 부딪혔고, 결국 체포와 처형에 이르렀다. 이 내용은 다음 장에서 상세히 설명될 것이다. 예수가 지상에서 나아갔던 길의 종말은 이스라엘의 메시아적 희망이 갇혀 있었던 경계를 지웠고, 이것은 예수가 이 땅에서 행한 사역과 관련된 율법 해석에 대해서도 특징을 부여했다. 이것은 제11장에서 예수의 죽음을 통한 세상의 화해라는 내용으로 제시될 것이다. 메시아 표상이 예수의 십자가와 결합됨으로써 하나님의 의로운 법에 대한 해석과 메시아에 대한 유대교적인 기대가 이전의 경계를 넘어 확장되었기에, 부활하신 자는 유대인들의 메시아로서만이 아니라 인류 전체의 메시아로서 등장하게 되었다. 그분은 하나님의 아들이시며, 모든 인간을 새로운 종말론적 인간의 형상에 따라 그분 자신과, 그리고 그분 자신을 통해 하나님과 하나로 결합시키기를 원하신다. 그것은 바로 그분 자신 안에서 현현한 형상이다.

제10장 예수 그리스도의 신성

Die Gottheit Jesu Christi

예수 그리스도의 신성에 대한 질문에서 관건은 **인간** 예수의 신성이다. 다시 말해 그 질문은 그 자체로 고립되어 있다고 볼 수 있는 "신적 본성"에만 관계되는 것이 아니다. 오히려 예수의 인간적 현실성 속에서 그의 하나님의 아들 되심의 윤곽들을 발견하는 것이 중요하다. 이때 하나님의 아들 되심은 영원한 아들의 존재로서 그의 이 세상적·역사적 현존재보다 앞서며, 나아가 그의 인간적 현존재의 창조 근거로 생각되어야 한다. 예수의 인간적 역사가 그의 영원한 아들 되심의 계시라면, 후자는 반드시 그의 인간적인 삶의 현실성 속에서 인식될 수 있어야 한다. 여기서 예수의 신성은 그의 인간적 삶의 현실성에 추가되는 어떤 것이 아니라, 아버지 하나님께 대한 예수의 인간적 관계로부터 예수 자신의 현존재 위로 내려와 겹치는, 그래서 또한 하나님의 영원한 존재와도 겹치는 그런 성찰이다. 거꾸로 영원한 아들을 통해 예수의 인간적 현존재를 가정하는 것은 그의 신성에 본질적으로 낯선 어떤 본성을 더하는 것이 아니라, 그 자신이 만들어낸 매개수단 곧 아버지로부터의 자유로운 자기구분의 결과 속에서 극단적인 자기실현을 이루기 위한 매개수단(Medium)으로 생각되어야 한다. 이 수단은 영원한 아들의 존재를 실현하는 형태를 뜻한다. 왜냐하면 영원한 아들은 바로 그 형태 안에서 신성의 영역을 벗어나 밖으로 나왔고, 이것은 피조적 현존재의 매개수단 속에서 한 분 하나님이신 아버지로부터의 자기구분을 통해 바로 그 하나님과 결합되기 위함이며, 그와 동시에 그 결과로서 피조물인 인간의 규정을 완성하고 죄의 잘못된 길로부터 그를 건져내어 구하려는 것이다.

1. 하나님과 예수가 하나임을 주장하기 위한 근거

예수의 신성에 대한 질문 즉 예수의 인간적 삶의 현실성과 영원한 하나님과의 결합에 대한 질문은, 만약 이 결합이 배타적 혹은 우선적으로 영원한 아들과 예수의 인간적 본성과의 연합으로만 이해될 때, 잘못된 질문이 된다. 인간 예수에 대해 하나님께서는 하늘에 계신 아버지의 인격 속에서만 현존하셨지만, 예수는 자신의 현존재 전체가 아버지와 관계되어 있음을 알았으며, 그분의 영을 통해 인도하심을 받았다. 오로지 예수가 아버지와 관계를 맺어가는 길 위에서만 어떤 의미에서 예수 자신이 신성에 참여한 것인지, 다시 말해 아버지의 아들로 이해될 수 있는지의 물음이 결정될 수 있다.

a) 공적 사역 속에서 결합되는 아버지와 예수의 관계

그 밖의 다른 인간들에 대한 예수의 특수성은 첫 번째 접근방법에서는 다음의 사실로부터 읽어낼 수 있다. 즉 하나님께 대한 인간의 관계 — 더 낫게 표현하자면 인간의 삶 속에서 일어나는 하나님의 통치 — 가 예수의 삶을 지배하는 주제였다는 사실, 그리고 어떻게 그럴 수 있었는가 하는 것이다. 이 사실은 우선 예수가 세례 요한이 체포된 이후에 비로소 행했던 것으로 보이는 공적 선포로부터 효력을 나타낸다.[1] 그 선포의 중심 사상은 하나님의 통치가 가까이 다가왔다는 것이다.

예수는 백성들이 소유한 전승과 함께 하나님의 통치에 대한 기대를 공유했다. 헬레니즘 시대 이래로 하나님께서 열방에 대해 왕으로서의 통치권을 보편적으로 수립하실 것이라는 기대(시 96:10ff.; 참고. 사 52:7)는 종말론

---

[1] 마가복음 1:14에 대해 다음을 참고하라. J. Becker, *Johannes der Täufer und Jesus von Nazareth*, 1972, 14f.

적인 특성을 띠게 되었다(시 97:11ff.).[2] 세계 통치를 위해 하나님 자신이 도래하시는 것은 다니엘서(2:44ff.)에서 인간 세상의 연속되는 왕국들을 끝내는 것으로 예언되었고, 모세의 승천에 관한 묵시문학에서는 하나님의 왕권 통치가 창조 전체에 대한 최후의 심판과 연결되었다(모세 승천기 10:1ff.). 그러나 그 밖의 묵시문학에서 하나님의 통치 사상은 비교적 드물게 나온다. 전면에 서 있는 것은 새로운 시대(Äon)의 도래, 세상에 대한 심판, 심판을 위한 사람의 아들의 도래 등의 표상이다. 이에 대해 예수는 열여덟 가지 청원기도(11번째 청원) 혹은 회당 예배에서 베푸는 설교의 마지막에 행하는 카디쉬(Qaddisch) 기도와 같은 유대교의 기도 안에서 표현된 하나님의 왕권 통치에 대한 희망을 가까이 다가온 종말론적 사건의 표징으로 보는 것을 선호했다.[3]

이 점에서 예수의 선포는 세례 요한의 심판의 메시지와도 차이가 있다. 예수는 요한의 메시지로부터 출발했고, 하나님의 미래가 돌입했다는 신념 속에서 자신의 메시지를 과거에 일어난 구원 사건들에 대한 신뢰와 계속해서 결부시켰다. 세례 요한의 사역은 예수의 것과 마찬가지로 전적으로 하나님의 미래에 집중했지만, 그는 다만 그 내용을 임박한 심판 속에서 찾았다. 하지만 예수의 경우에 하나님의 미래는 그분의 통치가 도래한다는 것이 주된 내용이었다.[4] 그래서 예수의 메시지는 세례 요한의 메시지와 달

---

[2] J. Jeremias, *Das Königstum Gottes in den Psalmen*, 1987, 136ff., 시편 96편에 대해 비교. 121ff. 이어지는 인용들에 대해서는 다음을 보라. H. Merklein, *Jesu Botschaft von der Gottesherrschaft. Eine Skizze*, 1983, 24f., 또한 39ff.

[3] H. Leroy, *Jesus. Überlieferung und Deutung*, 1978, 71. 예수가 말한 하나님의 통치의 "도래"(Kommen)와 하나님께서 그 통치를 "수립"하신다는 통상적인 표상과의 대립에 대해 N. Perrin, *Was lehrte Jesus wirklich? Rekonstruktion und Deutung* (1967) dt. 1972, 52ff.를 보라.

[4] J. Becker, 같은 곳, 74f. 마태(3:2)가 묘사하는 세례 요한에게도 가까이 다가온 하나님의 통치의 통고는 회개하라는 그의 외침의 근거다. 그러나 우리는 이러한 특수한 주장을 통해 "예수와 세례 요한 사이의 본질적 구분이 평준화된다"는 비판에 동의해야

리, 그리고 이스라엘의 과거와의 단절에도 불구하고, 본질적으로 구원의 메시지다. 이 사실은 예수께서 요한이 가르쳤던 요단강변의 광야로부터 비옥한 갈릴리 지역으로 돌아왔다는 점에서 상징적으로 표현되었다.

하나님의 왕권 통치에 대한 이스라엘의 희망은 역사 속에서 계약의 백성을 위한 통치권의 수립이 모든 낯선 권세들로부터의 해방은 물론이고, 더 나아가 구원과 평화를 의미할 것이라는 기대와 함께 추진되었다(사 52:7만 보아도 충분하다). 물론 예수 시대에 세례 요한뿐만 아니라 쿰란 공동체의 선생들도 선포했던 예언자적인 심판, 즉 백성이 심판에 빠져 있고 그 결과 이전에 행해졌던 하나님의 모든 구원 사건이 이스라엘 안에서 능력을 상실했다는 심판을 사람들이 받아들였다면, 하나님의 통치의 도래가 다른 민족들과 대립하는 이스라엘만의 구원을 의미한다는 것은 더 이상 자명한 사실로 통용될 수 없었다.[5] 또한 예수는 하나님의 통치의 도래를 (하나님과의 계약 관계에 근거하여) 계약의 백성 전체를 위한 구원이 아니라, 오히려 자신의 희망을 온전히 임박한 하나님의 미래에 두는 소수를 위한 구원으로 선포했다. 이 소수는 예수의 메시지 선포에 응답했을 수도 있고, 혹은 — 예수께서 복이 있다고 칭찬하신 자들과 같이 — 다른 사람들이 전한 소식을 듣고 결단했을 수도 있다. 그들에게 하나님의 통치로 말미암는 구원은 현재적으로 이미 확실하며 효력이 있다. 이러한 복잡한 사태에 대한 보다 더 자세한 이해가 우리를 예수의 메시지의 중심으로 인도할 것이다.

우리가 예수의 메시지에 대한 바른 이해를 그르치게 되는 것은 다음의 경우, 곧 자주 일어나는 것처럼 이 지점에서 하나님의 통치의 미래적 구원에 예수를 통해 현재 참여할 수 있게 되는 길이 열린 것이 예수의 의식

할 것이다(13). 세례 요한의 "과거와의 단절"에 대해서는 같은 곳, 16ff., 예수의 경우는 71f.를 보라. 예수와 세례 요한 사이의 대립되는 입장에 대해서는 J. Jeremias, *Die Verkündigung Jesu* (Neutestamentliche Theologie I) 1971, 2.Aufl. 56를 보라.

5 참고. H. Merklein, *Jesu Botschaft von der Gottesherrschaft*, 1983, 43f.

을 가득 채웠던 특별한 전권 의식(Vollmacht)의 표현이라는 단언으로 만족해버리는 경우다. 그러한 전권 의식의 사실성은 물론 확실하여 논란이 될 수 없고, 그와 관련된 문제는 그에 대해 상세히 재론할 계기를 던져줄 것이다. 하지만 그러한 전권 의식이 예수가 선포했던 내용의 근거를 이루었던 것이 아니고, 반대로 그 선포의 결과 혹은 동반현상이었다는 사실은 예수의 이해 및 그리스도론 전체의 이해에 대해 매우 중요한 의미를 갖는다. 왜 그런지는 아래에서 더 자세히 밝혀질 것이다. 우선 최소한 구원에 현재적으로 참여하는 약속과 사건을 예수의 선포와 사역의 맥락 속에 있는 그의 메시지의 내용으로부터, 다시 말해 하나님의 통치에 대한 통고가 갖는 의미로부터 이해하려는 시도가 있어야 한다. 그런 이해로 접근하는 길은 매우 논란이 되는 질문, 곧 예수의 선포 안에서 드러나는 하나님의 통치의 미래와 현재의 관계에 대한 질문과 관련되어 있다.

의심할 바 없이 예수는 하나님의 통치가 다가오고 있으며, 그래서 미래적이라고 말했다. 이 사실은 무엇보다도 주기도문의 두 번째 간구(눅 11:2; 마 6:10)에서 확인되며, 이 간구는 유대교의 매일 기도문과 유사하다. 하나님의 통치에 도달하는 것 혹은 그 통치 안으로 들어가는 것과 관련해 자주 언급되는 표현들(마 5:20; 7:21; 막 9:33과 평행구절; 10:23f.와 평행구절)은 요한네스 바이스(Johannes Weiß)가 이미 강조했던 것처럼 다가올 구원 공동체에 참여한다는 의미에서 미래형의 의미를 갖는다.[6] 하나님 나라에서 있게 될 미래의 식탁 공동체에 대한 관계(마 9:11; 눅 13:29f.)는 예수의 식탁 만찬을 암묵적으로 규정하는 근거로서 작용했을 것이다. 식탁 만찬이 하나님 나라 안에 있는 (미래적) 공동체를 묘사하고 공동체의 구원에 대한 참여를 미리 앞서 보증한다는 점에서 그렇다. 마가복음 14:25에서 하나님의 통치 안에서 벌어질 미

---

[6] J. Weiß, *Die Predigt Jesu vom Reiche Gottes* (1892), Neuausg. der 2.Aufl. hg. F. Hahn 1964, 72f.

래의 만찬에 대한 관계가 다시 한번 분명히 제시된다. 하나님의 통치의 미래에 대해 분명히 말하지 않는 다른 많은 본문에서도 미래와의 관계들은 제시되며, 이것들은 실제로는 하나님의 통치의 미래 안에 자신의 자리를 갖는 것들이다. 마태복음 25:23에 나오는 사람의 아들에 대한 진술을 예로 들 수 있는데, 여기서 사람의 아들은 또한 "왕"으로 묘사된다. 그렇기에 "양적으로나 내용적으로나 미래형의 말들이 전면에" 서 있다는 요한네스 바이스의 확증은 오늘날에도 변함없이 유효하다.[7] 다만 문제가 되는 것은 몇 개 되지는 않지만 바실레이아(*Basileia*, 통치, 나라)의 현재를 주장하는 구절들이 바로 그 미래형과 어떤 관계에 있는가 하는 것이다. 하나님의 통치가 이미 현재한다는 명확한 주장은 누가복음 11:20과 평행본문, 그리고 누가복음 17:20에서만 나타난다. 물론 누가복음 10:23f.도 실제 내용에서는 17:20과 같은 것을 말한다. 이와 일치하는 것이 또한 세례 요한이 감옥에서 예수께 물었던 질문에 대한 예수 자신의 답변에도 해당되며(눅 7:22와 평행본문), 마가복음 2:19에도 어느 정도 해당한다. 이 모든 내용은 루돌프 불트만이 주저하며 서술했던 그 내용을 가리키는 듯이 보인다. "이 모든 것은 하나님의 통치가 이미 현재한다는 사실을 의미하지 않는다. 그것은 다만 그 통치가 이미 시작되었다는 것만을 말한다."[8] 케제만(Ernst Käsemann)은 불트만을 넘어섰다. 왜냐하면 그는 마태복음 11:12f.로부터 이미 세례 요한을 통해 새로운 시대의 전환이 시작되었고 "하나님의 통치가 돌입했으나, 아직은 방해받고 있다"는 사실을 읽어야 한다고 주장했기 때문이다.[9] 케제만은 이 통찰을 통해 많은 동의를 얻어냈다.[10] 하지만 몇 개 되지도 않고 악명 높게도 어둡고 불분명한 구

---

7 J. Weiß, 같은 곳, 71. 샌더스의 비슷한 주장을 참고하라. E. P. Sanders, *Jesus und Judaism*, 1985, 152.
8 R. Bultmann, *Theologie des Neuen Testaments*, 1953, 6.
9 E. Käsemann, Das Problem des historischen Jesus, *ZThK* 51, 1954, 125-153, 149.
10 많은 이들 가운데 다음 두 사람을 보라. N. Perrin, *Was lehrte Jesus wirklich? Rekonstruktion und Deutung* (1967) dt. 1972, 78ff., 특히 80, 또한 J. Jeremias,

절들 위에 명제를 설정해서, 그 결과 하나님의 통치의 미래성에 대한 명백한 구절들을 경시하는 것은 곤란한 일이다.[11] 그렇기에 결정적인 시대적 전환이 이미 시작되었다는 듯이 바실레이아(통치)의 현재성을 일방적으로 강조하는 것은 올바르게도 비판의 대상이 되었다.[12] 하나님의 통치가 현재한다는 진술은 그 통치가 오고 있다는 표상에 대한 대안으로 파악되어서는 안 된다. 오히려 여기서 중요한 것은 하나님의 미래가 돌입한다는 사실이다. 그 미래는 그 자체로서 현재화되는 역동적 근거로 이해될 수 있다.[13]

Die Verkündigung Jesu (Neutestamentliche Theologie I) 1971, 54f.

11 이에 대한 유익한 내용은 주기도문의 두 번째 간구에 대한 페린의 설명이다. N. Perrin, 같은 곳, 168f. 여기서 하나님의 통치가 "올" 것에 대해 간구하는 것은 제자들이 "지금 이미 경험한 것이 지속되게 해달라는" 간구가 된다. 참고. 159f.

12 E. P. Sanders, 같은 곳, 129-156, 특히 150ff. 샌더스는 누가복음 11:20에 대한 설명에서 현재적 측면을 너무 지나치게 문제시하는 경향이 있고(133ff.), 결국 그 측면은 단지 "가능한" 것일 뿐이고 누가복음 11:20에서 표현된 사상은 "상상할 수 있는" 것에 그친다고 약하게 평가했다(140). 샌더스가 강조하는 어려움 즉 *ephtasen*과 하나님의 통치가 "가까이 오고 있다"는 의미로 사용되는 *engiken* 사이를 명확하게 구분하는 어려움은 바이스가 이미 지적한 것이다(J. Weiß, 같은 곳, 70). 하지만 바이스는 이 어려움을, 하나님의 통치의 미래적인 도래와 현재적인 시작을 서로 대립하는 것으로 다루지 말아야 한다는 증빙으로만 사용한다(69f.). 하나님의 통치가 시작되는 현재적 측면에 대해, 그리고 이와 비슷하지만 보다 더 제의적으로 규정된 쿰란 공동체의 표상들에 대한 현재적 측면의 관계에 대해 다음을 보라. H.-W. Kuhn, *Enderwartung und gegenwärtiges Heil. Untersuchungen zu den Gemeindeliedem von Qumran mit einem Anhang über Eschatologie und Gegenwart in der Verkündigung Jesu*, 1966, 189-204.

13 이와 관련된 역전, 즉 통상적으로 미래를 현재의 여건들이 불러일으킨 것으로 이해할 때 나타나는 시간 방향의 역전은 이 사태를 정확하게 표현하는 어려움을 이해할 수 있게 해준다. 이 어려움은 메르클라인에게서도 관찰된다. H. Merklein, 같은 곳, 65, 참고. 68 등. "발생사건"(Geschehensereignis)이라는 독일어 단어의 조합은 이 문제에 도움이 안 되는 표현이다. 왜냐하면 "발생"(Geschehen)이라는 단어는 "사건"(Ereignis)의 의미 그 이상을 (혹은 그 이하를) 말하지 않고, 그래서 이 두 단어의 조합은 추가적인 정보를 더해주지 못하기 때문이다.

하나님의 미래가 현재 속으로 돌입하는 사건을 이해하기 위한 출발점은 바로 그 미래 자체여야 한다. 예수의 사역 안에서 하나님의 미래가 진입하여 청중들에게 현재했다고 우리가 이해할 수 있는 어떤 근거가 있는가? 이를 위해 누가복음 11:20이 언급될 수 있을 것인데, 이 구절에서는 특별히 예수의 귀신 축출 행위가 결정적으로 중요하다. 하지만 이와 대립해서 예수가 단순히 귀신을 내쫓는 사람으로 활동하지 않았다는 사실도 말해져야 한다.[14] 그 외에도 누가복음 17:20과 같은 다른 연관된 본문들은 예수의 등장과 활동 전체를 매우 일반적으로 묘사한다. 또한 예수의 사역 자체도 모든 측면에서 가까이 다가왔다고 통고되는 하나님의 통치에 전적으로 관여하라는 외침으로 규정되어 있다. "그런즉 너희는 먼저 그의 나라와 그의 의를 구하라. 그리하면 이 모든 것을 너희에게 더하시리라"(마 6:33; 비교. 눅 12:31). 예수의 많은 말씀들 안에서 인간의 다른 모든 의무들이나 본래적인 관심사에 앞서 가까이 다가온 하나님의 통치의 절대적 우선성이 강조된다(참고. 눅 9:62). 그 우선성이 장사하는 사람과 진주의 비유, 그리고 밭에 감춰진 보화의 비유의 핵심이다(마 13:44-46). 이 우선성은 어디에 근거하고 있는가?

그 우선성은 제1계명(출 20:3) 및 그것으로 공표되는 야웨의 유일무이성과 깊이 관련되어 있다. 아마도 고대 이스라엘에서 야웨의 왕권 통치의 사상은 제1계명 및 이와 관련된 이스라엘의 하나님의 거룩한 질투를 통해[15] 동기를 부여받으며 발전했다고 평가되어야 할 것이다.[16] 이 내용은 특별

---

14 E. P. Sanders, 같은 곳, 135.
15 출애굽기 20:5; 34:14; 신명기 6:14f. 또한 G. v. Rad, *Theologie des Alten Testaments* I, 1957, 203ff.을 보라.
16 이에 대해 슈미트가 변호한다. W. H. Schmidt, Die Frage nach der Einheit des Alten Testaments — im Spannungsfeld von Religionsgeschichte und Theologie, *Jahrb. f. Bibl. Theologie* 2, 1987, 33-57, 특히 52. 슈미트의 번역 뒤에는 스가랴의 구절이 제시되는데, 우리는 그 구절을 본문의 바로 다음 문장에서 인용한다.

히 스가랴가 이미 표현했던 것과 같은 그 사상의 종말론적 전환에도 해당한다. "여호와께서 천하의 왕이 되시리니, 그날에는 여호와께서 홀로 한 분이실 것이요, 그의 이름이 홀로 하나이실 것이라"(슥 14:9). 여기서 하나님의 유일무이성은 신명기 말씀이 명령하는 것처럼 인간에게 온전한 집중을 요청한다. "이스라엘아 들으라! 우리 하나님 여호와는 오직 유일한 여호와이시니, 너는 마음을 다하고 뜻을 다하고 힘을 다하여 네 하나님 여호와를 사랑하라"(신 6:4f.). 서기관이 첫째이자 가장 큰 계명을 질문했을 때, 예수께서 출애굽기 20:3이 아니라 신명기 6:4f.를 언급하신 것은 아마도 깊은 의미를 담고 있을 것이다.[17] 신명기는 이 본문에서 백성들의 출애굽 사건을 근본적 구원 행위이자 백성에 대한 하나님의 요청의 근거로서 언급하지 않고, 오히려 야웨의 유일무이성만 언급한다. 그 결과 그 구절은 하나님을 향한 인간의 온전한 집중의 명확한 요청과 결합된다. 예수의 근본적 요청은 이렇다. "너희는 먼저 그의 나라(통치)를 구하라"(마 6:33). 이 요청은 직접적으로 하나님의 통치로부터 유래하는 그분의 유일무이성이 이와 경쟁할 만한 모든 가능성을 배제한다는 사실로부터 주어진다. 이 사실로부터 이어지는 결론은 이 외침을 향해 자신을 개방시키는 사람들에게는 하나님이 그분의 통치와 함께 오셔서 이미 현재하신다는 사실이다.[18] 그러므로 예수의 바실레이아(통치, 나라) 선포에 내재하는 독특한 역동성에 의해 하나님의

---

17 마가복음 12:29f.; 마태복음 22:37f.(눅 10:26에서는 서기관이 직접 그 대답을 말한다). 쉐마(들으라!)의 인용과 출애굽기 20:3의 예시의 차이가 주는 의미의 통찰을 나는 1989년 여름에 하인츠-볼프강 쿤(Heinz-Wolfgang Kuhn)과 진행했던 공동 세미나로부터 얻었다.

18 참고. H. Merklein, Die Einzigkeit Gottes als die sachliche Grundlage der Botschaft Jesu, *Jahrb. f. bibl. Theologie* 2, 1987, 13-32, 특히 24. 메르클라인은 "종말론적 현재에 대한 예수의 진술에 관련된 **신학적 가능성의 질문**이 거의 제기되지 않는 것"은 놀랍다고 바르게 지적했다(같은 곳). 이 질문은 그 본문을 마치 자명한 것처럼 예수의 전권 의식과 관계시키려는 시도에 의해 가로막혔다는 것이다.

통치는 직접 임박해 있는 동시에 바로 그 미래성으로부터 다가와 이미 현재하기 시작했다고 말할 수 있다. 이 역동성은 바로 그 미래의 내용인 하나님의 유일무이성에 근거하고 있으며, 그 미래성으로부터 출발해서 피조물의 현재적 삶에 대해 그분의 요청이 작용하도록 하는 것으로 이해될 수 있다.

이러한 사태가 예수의 메시지의 이해에 대해 갖는 의의는 아무리 높게 평가해도 지나치지 않는다. 이로써 예수의 바실레이아 선포의 현재적인 그리고 미래적인 진술들이 서로 대립된다고 추정하는 수수께끼 놀이는 단순히 근거 없는 것이 될 뿐만 아니라, 오히려 그것을 넘어서 하나님의 미래성에 현재성이 반드시 요청된다는 사실을 이해하기 위해 이른바 다른 데서 유도될 수 없다는 예수의 전권 의식을 끌어들일 필요가 없다는 것도 입증된다. 미래로부터 현재로 이행하는 것은 사태 자체적으로 일어난다. 다시 말해 예수의 선포의 내용으로부터, 곧 하나님의 유일무이성에서 시작되어 청중들의 현재에 도달하려는 사태 자체의 요구로부터 발생한다.

신명기 6:4f.의 의미에서 믿는 자들이란 하나님의 통치의 도래에 자신을 개방하고 그것의 요구에 지금 이미 굴복하는 사람들이다. 이 사람들 사이에서 이루어지는 하나님의 통치의 현재로부터 **두 번째**로 뒤따르는 결과는 믿는 자들이 그 통치와 더불어 또한 종말론적인 구원에 이미 참여한다는 사실이다. 왜냐하면 하나님의 통치에 참여하는 것, 곧 그 나라 안으로 "들어가는 것"은 종말론적 구원의 총괄개념이기 때문이다. 비록 세례 요한이나 예수 자신의 심판에 따르면 이스라엘 민족은 "재앙의 집단"이 되어버려서[19] 하나님의 구원의 통치에 참여하는 것도 더 이상 명확하지 않고(마 8:11f.) 오히려 심판의 위협 아래 놓였지만, 다른 한편으로 임박한 하나님의 통치에 자신을 개방시켜서 지금 이미 그 통치의 빛 안에서 살아가는 사람

---

19 H. Merklein, *Jesu Botschaft von der Gottesherrschaft*, 1983, 35f., 참고. 30.

들에게는 그 통치와 함께 종말론적인 구원도 이미 현재적이다. 이 가까움이 예수의 메시지를 통해 중재되기에, 그가 제자들 곁에 머물렀던 현재적 시간은 종말론적 기쁨의 시간인 것이다(막 2:19와 평행구절들). 만찬 공동체는 그분의 참여를 통해 하나님 나라에서 있게 될 종말론적인 기쁨의 만찬을 선취한다.[20]

예수 자신은 **세 번째**로, 하나님의 심판의 위협 아래 서 있는 세상 한가운데서 임박한 하나님의 통치를 전하는 소식을 통해 각 개인들이 종말론적 구원에 참여할 수 있는 길이 열린다는 사실에서, 잃어버린 것을 찾으시는 하나님의 사랑이 입증되는 것을 보았다. 이 사랑은 햇빛을 선인과 악인 모두에게 비추시는 창조자의 선하심에 상응한다(마 5:45). 창조자의 이와 같은 선하심은 임박한 하나님의 통치의 **선포**를 위한 예수의 파송 안에서 **구원하는** 사랑이 된다. 이 사실은 잃어버린 양을 찾는 목자의 비유에서 제시된다(눅 15:4-7).[21] 이 비유의 핵심은 잃어버린 동전의 비유(눅 15:8f.)나 잃어버린 아들의 비유(눅 15:11-32)와 마찬가지로 잃어버린 것의 구원에 대한 하나님의 기쁨("하늘의 기쁨": 눅 15:7)이다.[22] 이 기쁨 속에서 자체의 목적에 도달한 사랑 곧 용서의 사랑이 표현된다.

누가복음 15:1-3의 도입부에 따르면 예수의 이러한 세 가지 비유들

---

20 이에 대해 예를 들어 페린의 개략적인 설명을 참고하라. N. Perrin, *Was lehrte Jesus wirklich? Rekonstruktion und Deutung* (1967) dt. 1972, 112-119, 특히 118f.
21 목자의 형태가 한편으로는 하나님 자신을, 다른 한편으로는 예수를 가리킨다는 사실에 대해 다음을 보라. H. Weder, *Die Gleichnisse Jesu als Metapher, Traditions- und redaktionsgeschichtliche Analysen und Interpretationen* (1978) 3.Aufl. 1984, 168f., 특히 174f. 페린(N. Perrin, 같은 곳, 111f.)은 단호하게 목자의 형태를 예수에게만 관계시키고, 하나님 자신에 대한 관계는 말하자면 배제했다.
22 이 비유들의 해석에서 구원은 **회심**으로 표현된다(눅 15:7과 10). 예수는 회심 없이 구원에 참여할 수 있다고 가르치지 않았다. 하지만 그의 메시지는 회심의 요구가 아니라 임박한 하나님의 통치로서 시작한다. 이 통치를 전제할 때, 회심을 포함하는 구원이 현재적이다.

은 종교적으로 (그렇기에 또한 사회적으로) 멸시당하는 자, "세리들과 죄인들"을 향한 관심, 그리고 이들이 종말론적 구원에 참여하는 것을 보증해주는 식탁 공동체로 초대된 것을 설명한다(막 2:15와 평행구절들; 비교. 마 11:19). "세리들과 죄인들"에 대한 호의를 통해 사실상 구원에 참여하는 것의 본질이 표현되었다. 구원은 임박한 하나님의 통치에 관한 예수의 메시지가 그 소식을 받아들인 사람들에게 일으킨 효력의 결과다. 그 구원에 참여하는 것은 하나님 자신에게로 소급되며, 모든 경우에 잃어버린 자가 건져내어지는 것을 의미한다. 통고된 하나님의 통치에 관여하는 자는 더 이상 배척된 자가 아니고, 오히려 하나님의 구원에 참여한 자다. 예수와 그의 메시지를 받아들임으로써, 하나님과 분리된 모든 것이 침몰한다. 반대로 하나님으로부터 분리시키는 제약을 제거하는 것은 구원의 현재와 결합된다. 그래서 예수에게 모든 신뢰를 두었던 중풍병자에게 죄의 용서와 함께 구원이 선언될 수 있었다(막 2:5ff.). 복음서 안에 흩어져 있는 진술들에서 예수께서 개별 인간들에게 죄의 용서를 선언하신 것(참고. 눅 7:47)이 예수의 역사적 활동으로 소급될 수 있는지에 대해서는 연구자들 사이에서 논란이 되고 있다.[23] 하나님의 통치의 현재와 그 구원에 대한 참여가 완전히 보편적인 죄의 용서, 즉 하나님으로부터 인간을 분리시키는 모든 것의 극복을 포함한다는 사실에는 의심의 여지가 없다.[24] "세리들과 죄인들"을 향한 예수의 관심에서 간과할 수 없이 명확한 사실은 다음과 같다. "식탁 공동체에서 실현된 일, 곧 죄인들을 구원의 공동체 안으로 받아들인 일은 하나님의

---

[23] 이에 대해 H. Leroy, in: *EWNT* 1, 1980, 436-441을 보라. 마가복음 2:5와 누가복음 7:48의 사실성에 대한 불트만의 문제제기(R. Bultmann, *Geschichte der synoptischen Tradition* 4. Aufl. 1958, 12-14)는 대체로 동의를 얻었다. 마가복음 2:5에 대한 부정적 판단과 관련해서 다음을 보라. P. Fiedler, *Jesus und die Sünder*, 1976, 110f.

[24] 예레미아스가 그렇게 바르게 말했다. J. Jeremias, *Die Verkündigung Jesu* (Neutestamentliche Theologie I) 1971, 115ff.

구원하시는 사랑에 관한 소식 가운데서 가장 두드러지게 눈에 띠는 표현이다."[25]

가까이 다가온 하나님의 통치 안에서 구원의 현재로서 — 바로 그 구원을 중재하는 예수의 사역을 통해 — 표명되는 하나님의 사랑은 **네 번째**로 전승된 하나님의 법에 대한 예수의 해석을 이해하는 길, 더 정확하게 말하자면 그의 종말론적 메시지의 토대 위에 수립된 하나님의 법의 새로운 근거를 이해하는 길을 열어준다. 이에 대한 근본 사상은 다음과 같다. 하나님의 통치 안으로 부르는 외침에 대해 마음을 열어 그 가까움을 느끼고 그 안에 현재하는 구원을 받아들이는 자는 반드시 하나님의 사랑의 운동 안으로 직접 들어가야만 한다. 이 사랑은 각각의 개별적인 수용자를 넘어 세상을 향한다. 우리가 하나님 그리고 그분의 통치와 연합할 수 있게 되는 것은 오직 그분의 사랑의 운동에 참여할 때다.

예수는 이러한 맥락을 다른 비유 안에서도 재차 표현했다. 그의 비유들은 임박한 하나님의 통치의 소식이 갖는 다양한 측면들을 설명해준다.[26]

---

25 J. Jeremias, 같은 곳, 117.
26 페린(N. Perrin, 같은 곳, 87f.)은 윙엘(E. Jüngel, *Paulus und Jesus*, 3.Aufl. 1967, 135-174)이 제시한 견해, 즉 비유들이란 다가오는 하나님의 통치가 듣는 자들의 현재 안으로 진입하는 형식이라는 견해에 반대한다. 그 사이에 윙엘의 그와 같은 견해는 누구보다도 베더에 의해 계속 전개되었다. H. Weder, *Die Gleichnisse Jesu als Metaphern. Traditions- und redaktionsgeschichtliche Analysen und Interpretationen*, 1978. 윌리허(A. Jülicher)와 예레미아스(J. Jeremias)에 반대하여 베더는 이렇게 말했다. 비유들 안에서 "언어로 표현되는 진리는 **그림(Bild)으로 말해질 수 있을 뿐이고 그와 다르게 말해질 수 없다**"(3.Aufl. 1984, 64). 하지만 이 주장은 다음의 사실과 반대된다. 그것은 예수가 하나님의 통치의 도래에 대해 비유의 형식과는 다른 형식으로도 공공연히 말했고, 비유들은 하나님의 통치를 통고하는 그와 같은 다른 형식들을 이미 전제하고 있다는 사실이다. 비록 예수의 모든 비유들이 임박한 하나님의 통치에 대한 소식을 비판자들로부터 변호하려는 근원적 목적을 가진 것은 아니라고 해도, 그럼에도 불구하고 그 비유들은 그 소식의 여러 측면들 가운데 다른 방식으로 규정된 측면들을 설명할 수 있다. 그런 측면에는 그 통치의 가까움과 결합된

이 경우에 악한 종의 비유가 중요하다(마 18:22-35). 죄의 용서를 받는다는 것은 용서받은 자가 자신의 편에서 다른 이를 용서할 준비가 되어 있어야 한다는 사실과 관련되어 있다. 주기도문의 다섯 번째 간구도 이와 동일한 사상을 말한다(눅 11:4; 비교. 마 6:14). 이 사상의 더욱 일반적인 형태는 원수 사랑의 근거가 되는 창조자의 부성적 사랑에서도 볼 수 있다(마 5:45f.; 비교. 눅 5:35f.). 신명기 6:4f.가 명하는 하나님의 사랑 안에서 하나님과 연합한다는 것은 세상에 대한 하나님의 사랑의 운동에 개인적으로 참여할 때만 가능하다. 그래서 예수는 이웃 사랑의 계명(레 19:18)을 최고 계명인 하나님 사랑의 계명과 직접 연결할 수 있었다(마 12:31과 평행본문).

유대교적인 하나님의 법을 그 두 계명으로 요약하는 것은 랍비들의 증언과 예수 시대의 다른 유대교 본문들에서도 만날 수 있다.[27] 하나님의 뜻에 대한 예수의 해석은 내용상으로는 그것들과 구분되지 않는다. 이것은 마가복음 12:32ff.에서 서기관과 나눈 짧은 대화에서 증명된다. 그러나 예수의 해석은 근거에서는 그것들과 구분된다. 왜냐하면 예수께서는 이웃 인간에 대한 사랑의 요구가 전통의 권위로부터 오는 것이 아니라, 창조자의 선하심 그리고 통치의 도래 속에서 계시되는 하나님의 사랑에 근거하기 때문이다. 사람이 그 사랑에 참여하게 되는 것은 오직 그 사랑에 상응하여 그것을 계속 전할 준비가 되어 있을 때뿐이다. 사랑의 이중 계명은 더 이상 전승된 하나님의 법의 주요 내용을 요약하는 표식, 곧 전통적 권위 전체와 각 개별 계명들 속에 이미 전제되어 있는 표식에 그치지 않는다. 오히려 이중 계명은 비판 원리로서 전통과 독자적으로 맞선다. 그래서 예수

기쁨(마 13:44-46에 대해 N. Perrin, 같은 곳, 88), 하나님을 신뢰하는 것(눅 11:5ff.; 18:1ff.), 하나님을 선택하는 것(눅 14:15-24; 16:1-13), 하나님의 미래를 인내심을 가지고 기다리는 것(마 13)의 필연성, 그리고 하나님의 부르심에 대한 올바른 대답(눅 10:30-37; 마 18:23ff.; 눅 14:28f.와 31f.) 등이 있다.

27 이에 대한 증빙은 E. Lohmeyer, *Das Evangelium des Markus*, 11.Aufl. 1951, 259ff.

는 전승되어온 것 곧 희생제물의 규정에 대해 다른 가치 기준을 제시했던 서기관(막 12:33)에게 이렇게 말씀하실 수 있었다. "네가 하나님의 나라에서 멀지 않도다"(막 12:34). 그 기준은 본래 예언자적 전통 안에 이미 근거되어 있었던 것이다(삼상 15:22; 호 6:6). 또한 예수는 다른 한편으로 모세 율법의 구문에 대해 "그러나 나는 너희에게 이렇게 말한다[나는 너희에게 이르노니]"라고 말씀하실 수 있었다(마 5:22, 28, 32, 34, 39, 44). 여기서 그 반명제들이 내용적으로 얼마나 율법 자체에 대립하는지, 그리고 어느 정도까지 단지 해석의 전통과만 대립하는지는 부차적인 의미를 갖는다. 또한 이에 상응하는 것은 전통의 권위가 더 이상 기준으로서의 기능을 갖지 못한다는 사실이다. 왜냐하면 예수는 자신의 종말론적 메시지 안에서 하나님의 통치가 시작됨으로써 계시되는 하나님의 사랑을 통해 하나님의 법을 해석하는 새로운 기초를 발견했기 때문이다.

이상의 내용으로 미루어볼 때 예수는 사실상 자신의 인격에 대해 전대미문의 전권을 요청했다. 비록 예수의 태도가―여기서 제시하려고 했던 것처럼―단지 그의 종말론적 메시지의 내용으로부터만 이해될 수 있다고 해도 그렇다. 예수는 다가오는 하나님의 통치가 자신의 사역 속에서 이미 현재하며, 그 통치는 자신이 전하는 소식을 받아들이는 사람들에게 구원이 될 것이라고 주장했다. 그와 함께 예수는 자신의 삶이 하나님의 뜻과 일치하고 있다는 것뿐만 아니라, 자신이 하나님의 통치의 시작과 그분의 용서하시는 사랑의 중재자임을 알고 있었다. 예수는 이러한 의식 속에서 하나님께서 모세에게 계시하신 거룩한 전통과도 자유롭게 맞서는 것을 주저하지 않았다. 이때 예수는 그렇게 맞서는 것이 하나님의 뜻과 일치하는 행동이라고 믿었다. 그렇기에 예수가 경건한 유대인들의 실족을 야기하고, 그의 인격은 추종자들과 대적하는 자들 사이에서 격렬한 논쟁의 대상이 되었다는 사실은 놀라운 일이 아니다.

b) 예수와 아버지의 하나 됨과 예수의 역사에 관한 쟁점

비록 예수의 등장과 하나님의 통치에 대한 그의 통고가 예수 자신의 고유한 인격에 대한 특별한 전권의 요구를 전제하지는 않는다고 해도, 그의 등장과 통고는 그의 메시지가 담고 있는 내용이 그 자신을 밝혔던 빛 때문에 전권 요구를 이미 내포하고 있었다고 생각되어야 한다. 예수는 전권 요구와 관련해서 스스로 자기 자신에 대해 말한다거나 자신의 인격을 유대교의 종말론적 기대의 표상들과 연결시킬 필요가 없었다. 추종자들이 그렇게 했던 반면에, 예수 자신은 그런 식의 정체성 확인에 대해 오히려 소극적이었다. 그렇게 주저한 것에는, 앞으로 제시될 것이지만, 몇 가지 이유가 있다.

예수는 자기 자신을 메시아의 어떤 형태와 거의 동일시하지 않았다.[28] 그것은 아마도 그 형태와 결부되어 함축된 정치적 의미 때문이었을 것인데, 그런 동일시는 그의 파송과 메시지를 필연적으로 오해하게 만들었을 것이다. 이미 세례 요한이 그렇게 했던 것처럼 예수는 사람의 아들을 미래의 천상의 재판관으로서 자신의 등장과 구분했던 것으로 보인다. 물론 누가복음 12:9과 평행구절들이 사람의 아들의 미래 심판 그리고 예수의 인격과 소식에 대한 사람들의 현재의 태도 사이의 일치를 주장한다고 해도 그렇다.[29] 예수가 자신을 제2이사야가 말하는 하나님의 종으로 이해했다

---

28 마가복음 8:27ff.에 대해 O. Cullmann, *Die Christologie des Neuen Testaments*, 1957, 122ff.를 보라. 딩클러는 예수가 자신을 메시아와 동일시하는 것을 거부했던 이유를 더욱 상세히 설명했다. E. Dinkler, Petrusbekenntnis und Satanswort, in: ders., *Signum Crucis. Aufsätze zum Neuen Testament und zur Christlichen Archäologie*, 1967, 283-312, 특히 286ff. 예레미아스는 예수가 정치적 메시아의 기대를 거절했던 것을 강조하면서 그것을 예수의 광야에서의 유혹 전승과 관련시킨다(76f.). J. Jeremias, *Die Verkündigung Jesu* (Neutestamentliche Theologie I) 1971, 2.Aufl. 261f. 본문에서 표현된 이해는 메르클라인의 견해와 가깝다. H. Merklein, *Jesu Botschaft von der Gottesherrschaft. Eine Skizze*, 1983, 146f.

29 이에 대해 나의 책을 보라. *Grundzüge der Christologie*, 1964, 53ff. 또한 H.

는 것도 있을 법하지 않다.³⁰ 그러나 임박한 하나님의 통치에 대한 예수의 메시지는, 그가 의도했든 하지 않았든 간에, 그 자신의 인격과 강제적으로 관련되었다. 이 사실은 무엇보다도 하나님의 통치의 종말론적인 구원이 예수의 메시지를 받아들였던 사람들에게 현재하며 이미 시작되고 있다는 주장에서 입증된다. 여기서 예수는 자신을 하나님의 통치가 선사하는 구원의 중재자로 이해했던 것이다. 이로써 예수의 형태는 불가피하게 미심쩍은 모호성 안으로 빠져든다. 한 인간이 자기 스스로를 하나님이 현재하시는 장소로 주장할 수 있을까? 그런 주장은 이스라엘의 하나님께 대해 보여야 할 모든 겸허를 빠뜨린 것이 아닐까? 예수의 등장은 그 자신이 권위와 전권을 감히 취했다고 사람들이 의심할 수밖에 없도록 만들었다. 하지만 그 전권은 실제로는 그의 하나님 선포를 반사하는 빛으로서 그를 비추었을 뿐이다.

예수의 선포를 이해하려고 할 때, 얼마나 많은 것이 소위 "전권 요구"로부터가 아니라 그의 메시지의 내용으로부터 시작한다는 사실에 의존하는지가 이제 제시되어야 한다. 예수의 전권 의식을 그의 등장과 메시지 전달의 본래적 근원으로 간주하는 사람은 근본적으로는 적대자들이 예수를 거절하도록 만들었던 견해를 공유하고 있다. 예수의 형태에 대한 논쟁 속에서 예수는 자신의 인격이 아니라 하나님, 그분의 통치의 가까움, 그리고

Merklein, 같은 곳, 152ff.158ff. 세례 요한이 통고한 종말의 심판자(눅 3:16f.)와 사람의 아들의 형태 사이의 관계에 대해 J. Becker, *Johannes der Täufer und Jesus von Nazareth*, 1972, 35ff.를 보라.

30 예레미아스가 그렇게 말한다. J. Jeremias, *Die Verkündigung Jesu*, 2.Aufl. 1973, 62와 272ff. 예레미아스는 예수가 자신을 제2이사야의 하나님의 종이라는 칭호와 동일시했다고 주장하지 않았다. 오히려 그는 예수가 사람의 아들을 3인칭으로 말했음에도 불구하고(253ff.), 자기 자신을 미래의 사람의 아들로 알고 있었다는 사실을 받아들였다. 왜냐하면 그의 "성취의 요청"은 "자신 이외에 다른 어떤 자가 온다는 것"을 배제하기 때문이다(263). 결과적으로는 쿨만도 이미 비슷하게 말했다. O. Cullmann, 같은 곳, 162ff.

그분의 아버지로서의 사랑을 중심으로 놓았다는 사실이 결정적으로 중요하다. 예수의 메시지의 내용으로부터 불가피하게 전개된 것은 예수 자신의 인격이 구원자로서 나타나고 종말론적인 결단의 동기가 되었다는 사실이다. 예수는 이것을 감수하지 않을 수 없었다. 하지만 예수 자신이 스스로 그 모호함을 의식하고 있었다는 징후가 있다. 그것은 그가 자신의 인격에 대해 유대교 신앙이 신성모독으로 느낄 수도 있었던 지위를 부여하려 했다는 사실과 관련이 있다. 예수는 이러한 모호함과 맞서 그것을 해소하려고 시도했던 것으로 보인다. 즉 자신이 이스라엘의 종말론적 희망의 형태, 특별히 메시아의 형태와 동일시되는 것을 회피했던 것이다. 그러나 임박한 하나님의 통치, 곧 그것을 받아들이는 자들에게는 이미 현재적으로 시작된 통치에 대한 메시지를 포기하지 않고서는 그 모호함을 피할 길이 없었다.

예수의 등장을 둘러싼 모호성은 그가 마주쳐야 했던 거부, 즉 그의 인격에 대한 "분개심"(Ärgernis)을 이해할 수 있게 만든다. 마가복음의 묘사에 따르면 이 문제는 특히 예수가 "세리들과 죄인들"과 함께하는 식탁 공동체(막 2:16)에서, 나아가 죄의 용서에 대한 확약(막 2:5ff.)에서 하나님의 통치로부터 오는 구원의 현재를 표현했을 때 촉발되었다. 이 두 가지 경우에 그와 함께 그리고 그를 통해 하나님의 통치의 미래가 이미 현재한다는 사실이 함축되어 있는데, 바로 이 사실이 하나님과 동등하다는 참칭에 대한 신성모독의 비난(막 2:7)을 명확하게 이해할 수 있게 해준다. 이와 같이 자신의 사역에 동반되는 모호성 때문에 예수는 — 어록에 따르면 — 자신으로 인해 실족하지 않는 자들에게 복이 있다고 칭찬했다(마 11:6=눅 7:23). 실족의 위험은 어디서나 너무도 가까이 있었다. 마가복음에서 예수가 자신이 행한 것들의 소문이 확산되는 것과 자신의 인격에 대한 찬양을 금지했다는 사실도 그 위험과 관계가 있을 것이다(막 1:43f.; 3:11f.; 5:43; 7:36; 8:27ff.). 브레데(William Wrede) 이래로 사람들은 이런 내용들을 복음서 저자들이 서술한 것으로 여겼고, 메시아 비밀의 이론이 표현된 것으로 판단했다. 이 이론은 부활 이후의 공동체가 알고 있었던 예수의 높으심에 대한 지식을 아직 메시아적으로 각인되지 않은 그의 지상에서의 등장에 관한 전승들에 소급시켜 적용했다.[31] 하지만 마가는 예수의 사역이 센세이션을 불러일으킨 사건들을 보고한다. 그것은 예수의 하나님의 아들 되심에 대한 부활 이후의 지식이 다시 인식될 수 있게 했던 사건들이다. 아마도 복음서 저자의 서술은 예수가 자신의 메시지로 인해 빠져들 수밖에 없었던 그 모호성을 의식하고 있었고, 그것을 저지하려고 시도했다고 알려진 전승의 흔적을 포함했을 것이다.

특별히 요한복음에서 이 주제는 매우 중요한 역할을 담당한다. 요한복음 저자의 묘사에 따르면 예수는 자신을 하나님과 동등시한다는 비난을 언제나 또다시 막아내야만 했다. 요한복음 5:17f.에 따르면 그런 비난은 예수가 하나님을 친밀하게 자신의 아버지로 말한다는 것에도 주어졌다. 요한복음 8:52f.는 예수가 자신의 종말론적 메시지를 통해 자기 자신을 이스라엘의 조상들의 권위보다 더 높이려고 한다는 데서 오는 분개심을 반영한다. "너는 너를 누구라 하느냐?"(요 8:53) 이것은 예수께 대적했던 자가 외친 질문이었고, 그 배후에는 예수가 "무리를 미혹하는 자"일 수 있다는 의혹이 놓여 있었다(요 7:12). 요한복음 저자의 표현에 따르면 예수는 자신의 가르침이 자기 자신으로부터 취한 것이 아니며(7:16), 자신의 영광이 아니라 하나님의 영광을 구한다는 사실(7:18)로서 그에게 응수했다. 이것은 공관복음의 전승에서 귀결되는 내용에 완전히 상응한다. 그럼에도 불구하고 요한복음 8:13에서 예수에 대해 그가 자기 스스로 증언할 뿐이고 그의 증언이 참이 아니라는 비난이 제기되었다는 사실은, 공관복음서 저자들이 인식했던 임박한 하나님의 통치에 대한 예수의 선포의 상황에 다시 한 번 상응한다. 왜냐하면 그의 등장과 함께 시작된 하나님의 통치의 현재가

---

[31] W. Wrede, *Das Messiasgeheimnis in den Evangelien*, 1910, 3.Aufl. 1963, 62ff., 224ff.

그를 그 통치로부터 오는 구원의 현재의 중재자로 만들었기 때문이다. 그래서 요한복음의 설명에 따르면 예수는 그러한 비난을 단순히 물리치기만 한 것이 아니었다. 오히려 예수는 자신이 증언할 때 홀로 행하는 것이 아니며, 다른 이, 즉 예수 자신을 위해 증언해주시는 아버지께서 함께하신다는 사실에 호소했다(요 8:16ff.; 참고. 8:50; 또한 5:32; 14:42).

예수의 등장은 그것을 통해 촉발된 논쟁에 직면해서 하나님의 확증을 필요로 하는 요청을 포함하고 있었다. 임박한 하나님의 통치의 시작을 통고하는 예수의 메시지의 근본 주제는 예고된 사건들이 정말로 적중하는가에 대한 확증에 달려 있었다. 이 점에서 예수의 메시지는 하나님의 이름으로 등장했던 모든 예언자들의 진술과 동일한 상황에 놓여 있었다(신 8:21f.; 참고. 렘 28:9). 예수가 전하는 소식을 받아들임으로써 미래적인 하나님의 통치가 믿는 자들에게 이미 현재적으로 시작되었다는 주장을 통해, 하나님의 확증의 필요성은 더욱 급박해졌다. 이 사실은 다가오는 사람의 아들의 심판에 대한 예수의 말씀 속에서 이미 표현되었다. 그 심판은 예수를 고백하는 자들을 의롭다고 판단할 것이며, 그렇게 해서 그의 메시지를 확증할 것이다(눅 12:8f.와 평행구절들).[32] 이와 비슷하게 예수는 예루살렘의 유대교 재판관들 앞에서 미래에 오실 사람의 아들과 그의 심판을 인용했다(눅 22:69).[33] 오직 하나님 자신께만 귀속될 수 있는 전권을 불손하게 요구한다

---

[32] 다가올 사람의 아들의 심판을 3인칭으로 말하는 예수의 말씀의 역사적 사실성에 **대해** 나의 책, *Grundzüge der Christologie*, 1964, 53ff.를 보라.

[33] 누가에 따르면 예수는 그가 메시아인지 묻는 대제사장의 질문에 대답하지 않았다. 마가복음(14:62)에서만 이 질문에 대해 명시적인 고백("나는 그다")으로 대답되며, 또한 이어지는 사람의 심판에 대한 언급은 마가복음 기자의 의미에서는 예수를 사람의 아들과 동일시하는 것으로 이해할 수 있을 것이다. 이와 달리 누가복음 12:8의 의미에서 사람의 아들의 심판과 관계되는 누가의 견해는 그 심판이 예수의 등장을 확증하지만 바로 그 이유에서 예수 자신과는 구분되는 법정을 가리킨다. 이상하게도 주석적 문헌들에서 사람의 아들의 심판에 대한 이와 같은 지시는 흔히 간단하게 예수와 사람의 아들의 동일성을 의미한다고 이해되었다. 예를 들어 B.A. Strobel, *Die Stunde der*

는 비난에 대해 예수는 최종적으로 사람의 아들의 도래에, 혹은 요한복음에서 묘사된 것처럼 자신을 위한 아버지의 증언에 호소할 수 있었다. 부활사건으로부터 유래하는 공동체는 예수의 부활을 십자가에 못 박히신 자의 파송에 대한 하나님의 확증으로 이해했다. 하지만 예수의 지상 사역의 여정에서 그 확증은 아직 멀리 머물러 있었다. 그 확증은 이미 통고된 종말의 사건들이 실제로 등장할 때만 주어질 수 있을 것 같았다. 그의 메시지에 동반되는 권능의 행동들에 대한 지시(마 11:5f.; 눅 11:20)도 그 확증을 명확하게 제시할 수 없었다. 그렇기에 그에게 실족하지 않는 자에게 복이 있다(마 11:6).[34] "아버지와 나는 하나"라는 확증은, 요한복음에서 명시적으로 등장하여 암묵적으로는 하나님의 통치가 그 소식을 믿는 자들 사이에서 현재적으로 시작되었다는 주장 속에 이미 포함되어 있는 것처럼, 마가복음 2:7과 거의 같은 요한복음 저자의 증언에 따르면 다만 신성모독이라는 비난으로 답변되었다(요 10:3; 비교. 19:7).

예수의 메시지에 내포된 전권 요구에 대해 확증이 필요하다는 관점은

Wahrheit, 1980, 75f. O. Cullmann, *Die Christologie des Neuen Testaments*, 1956, 118ff. 참고. E.P. Sanders, *Jesus and Judaism*, 1985, 297. 마가복음 14:63f.가 보고하는 대제사장의 반응은 예수의 말씀에 대한 그런 이해를 암시할 수도 있다. 그러나 그 반응은 예수의 예언자적인 위협의 말씀이 그에 대한 이 땅에서의 재판관들에 대한 하늘의 심판을 통고함으로써, 신명기 17:12의 의미에서처럼 유대교의 법정을 멸시하는 행위로서 작용했다는 사실에 근거했을 수도 있다. 어쨌든 그러한 반응이 – 사람의 아들에 관한 말씀의 역사적 신빙성을 전제한다면 – 예수의 의도를 올바르게 해석한 것으로 이해될 필요는 없다.

34 이에 관한 상세한 내용을 나의 책에서 보라. *Grundzüge der Christologie*, 1964, 58ff. 또한 마가복음 8:12과 평행구절들에서 예수의 대적자들이 표징을 요구하는 것에 대해서는 59f.를 보라. 임박한 하나님의 통치를 통고하는 것과 결합된 결단의 요청을 회피하기 위해 표징을 요구했을 때, 예수께서 그것을 거부한 것에 대해 『조직신학 I』, 325f.를 참고하라.

1964년에 그 당시에 지배적이었던 주장과 대립했을 때, 많은 오해들에 부딪쳤다. 그것은 예수의 전권 요구는 자기입증적이어서 그 정당성에 대한 어떤 질문도 허락하지 않는다는 주장이었다.[35] 특별히 이상했던 점은 예수의 십자가가 아니라 부활이 그의 전권 요구에 대한 하나님의 확증으로 보인다는 이유로, 예수의 십자가가 그의 인격과 역사의 그리스도교적인 이해에 대해 갖는 중심적인 의미를 경시하고 있지 않은가 하는 의혹이었다.[36] 첫째, 예수의 부활은 그의 죽음을 이미 전제하고 있다. 부활은 십자가에 못 박히신 자의 부활인 것이다. 그러나 둘째, 예수의 메시지와 결부되어 그 내용으로부터 비롯되는 그의 인격의 전권 요구는 우선적으로 그 요구의 확증으로 인도한 것이 아니라, 오히려 예수로 하여금 무리를 미혹하는 자로 취급되어 거부당하게 하고 그 결과 마침내 그를 십자가의 길로 내몰았다.[37] 예수 자신의 고유한 인격에 대한 전대미문의 전권 요구 - 이것은 그의 등장과 사역을 포함한다 - 를 어떻게 확증할 수 있는가에 대한 열린 질문은 그리스도론에서 중요하다. 왜냐하면 그 요구와 관련된 모호성은 예수가 마주쳐야 했던 자신에 대한 거부와 십자가에 이르는 고난의 길을 그의 파송에 단지 우연적이 아니라 본질적으로 결합되어 있는 운명으로 입증하기 때문이다. 그 운명을 통해 십자가 신학은 임박한 하나님의 통치의 선포를 향한 예수의 지상으로의 파송과 결합된다. 이것은 알브레히트 리츨의 공헌이다. 그는 이와 같은 사태를 통찰하여 예수의 수난을 그가 "부르심에 충실했던 것"(Berufstreue)으로 해석하는

---

35 *Grundzüge der Christologie*, 1964, 47-61.

36 B. Klappert, *Die Auferweckung des Gekreuzigten. Der Ansatz der Christologie Karl Barths im Zusammenhang der Christologie der Gegenwart*, 1971, 54ff., 특히 56f. 그 당시에 또한 몰트만도 이와 비슷하게 말했다. J. Moltmann, *Der gekreuzigte Gott*, 1972, 163. 나는 나의 책 *Grundzüge der Christologie* 1976, 제5판의 후기에서 그러한 비판과 상세히 논쟁했다(419f.).

37 참고. *Grunzüge der Christologie*, 1964, 257ff.

길을 예비했다.[38] 그 해석에 따르면 예수는 하나님 나라의 선포를 위한 자신의 파송에 상응하여 고난을 스스로 받아들였다. 이 해석을 통해 십자가 신학(theologia crucis)에게는 보다 더 넓은 역사적·주석학적 토대가 마련되었다. 이것은 특별히 충족설의 영향 아래서 널리 퍼져 있었던 이해, 곧 예수의 십자가 죽음을 고립시켜 관찰하는 이해와는 다른 것이다. 여기서 리츨은 예수의 등장으로 인해 생긴 실족의 사건 그리고 예수 자신의 인격에 대한 전권 요구의 모호성 사이의 내적인 관계를 아직은 상세히 전개하지 않았다. 그러나 바로 그 내적 관계를 이해할 때만 예수의 고난의 길은 우연성의 가상을 벗을 수 있으며, 그 길은 그의 신적 파송의 본질적 구성요소로 인식될 수 있다.[39] 이 점은 제11장에서 다룰 내용이며, 예수의 죽음이 갖는 구원의 의미를 묻는 질문의 출발점이다.

예수는 하나님의 통치의 구원하는 미래가 현재 이미 시작되고 있다고 선언했고, 그 통치가 임박하였기 때문에 그에 대한 믿음의 응답이 필요하다고 통고했다. 이 내용을 고려하지 않고 그렇게 요청하는 인간만을 바라보았던 사람은 명백하게도 전례 없는 월권이라는 인상을 쉽게 얻었을 것이다. 이 사실은 청중들의 일부가 예수를 거절했던 것을 설명해줄 뿐만 아니라, 예루살렘의 유대 관청이 그를 체포하여 정치적 폭도로 유죄판결을 내리도록 로마인들에게 넘겨준 사건의 배경도 해명한다. 우리는 이와 같은 예루살렘 사건들의 배경과 예수를 심문했던 소송 절차의 직접적

---

38   A. Ritschl, *Rechtfertigung und Versöhnung* III, 3.Aufl. 1889, 417-426 (§48), 특히 422ff. 이 방향을 지시하는 첫 논문은 이미 슐라이어마허에게서 발견된다. F. Schleiermacher, *Der christliche Glaube*, 2.Ausg. 1830, §101,4. 리츨에 대해서는 다음을 비교하라. G. Wenz, *Geschichte der Versöhnungslehre in der evangelischen Theologie der Neuzeit* 2, 1986, 101ff.

39   이에 대해 나의 논문을 참고하라. A Theology of the Cross, in: *Word and World. Theology for Christian Ministry* 8, 1988, 162-172.

계기를 반드시 구분해야 한다. 후자 즉 유대 관청이 예수를 체포했던 직접적인 이유로서 많은 것들이 말해질 수 있는데, 아마도 예수께서 성전 파괴의 통고와 함께 예레미야 7:11-14 및 26:6과 연관지어 전하신 예언자적인 위협의 말씀들(막 13:2; 참고. 14:58; 요 2:19), 그리고 이에 상응하여 성전에서 베푸신 표징 행위들[40]을 들 수 있다.[41]

예수를 처형으로 이끌었던 사건들에 로마인만이 아니라 유대인의 법정도 관여되었다는 복음서 저자들의 서술은 근본적으로 의심스런 것이 아니며, 복음서 저자들의 비역사적인 구성물로서 거부된 적도 없다. 물론 산헤드린 앞에서 일어난 예수의 재판 과정과 심문 절차에 대한 저자들의 보고는 일치하지는 않는다. 리츠만(Hans Lietzmann)의 1931년의 학술 강연은 많은 주목을 받았다. 거기서 그는 마가복음 14장에 집중했는데, 이 본문이 그 사건의 "유일한 우선적 원천"이라고 생각했다.[42] 그 결과 그는 산헤드린의 야간 회의에 관한 마가복음의 서술(막 14:55-65)에 대해서는 의심을 표명했다. 그의 관찰은 다음과 같은 결론으로 나아갔다. 오직 마가복음 15:1에서만 언급되는 회의, 곧 예수의 체포 이후 이른 아침에 개최된 산헤드린의 짧은 회의는 공식적인 재판 과정이 아니었으며, 그 회의 다음에 예수는 정식 재판관에게 넘겨졌다는 것이다.[43] 리츠만은 마가의 보고를 비판했고, 무엇보다도 본문에

---

40 요한복음 2:13-22은 그 근원적인 맥락을 공관복음서 저자들보다 더 잘 보존했다고 할 수 있다. 공관복음서 저자들은 소위 성전정화(막 11:15-18과 평행구절들)를 성전 파괴의 예언(막 13:2과 평행구절들)으로부터 구분했기 때문이다.

41 다음의 상세한 설명을 보라. E. P. Sanders, *Jesus and Judaism*, 1985, 61-90과 301-305, 334f. 샌더스는 성전 앞뜰에서 환전상의 탁자들을 뒤엎은 것을 성전 파괴를 통고하는 표징의 행위로 해석한다(특히 69ff.). 비교. W. H. Kelber, *The Passion in Mark*, 1976, 168ff.

42 H. Lietzmann, Der Prozeß Jesu, in: ders., *Kleine Schriften II. Studien zum Neuen Testament* hg. K. Aland 1958, 251-263, 인용은 251.

43 H. Lietzmann, 같은 곳, 260, 비교. 254ff.

서 확정될 수 있는 것 곧 유대교 재판 규정으로부터 이탈했다는 점을 의심했고, 또한 메시아의 지위를 요구했다는 이유로 예수에게 공식적인 유죄 판결을 내렸다는 것(막 14:61f.)이 믿을 수 없다는 점을 지적했다. 예수의 재판에 대한 후대의 많은 연구들은 리츠만의 비판을 뒤따랐으며, 그 가운데 영향력이 있었던 것으로는 윈터의 책(Paul Winter, *On the Trial of Jesus*, 1961)이 있다. 하지만 윈터는 이미 다음과 같이 추정하면서 리츠만의 비판을 넘어섰다. 예수는 그의 가르침 때문이 아니라 그를 통해 백성들 사이에 야기된 혼란 때문에 로마인들에게 넘겨졌다는 것이다(같은 곳, 135, 비교. 146). 윈터는 유대교 지도자들이 백성 전체에 대한 점령군의 보복조치를 두려워했다고 보았다(같은 곳, 41, 참고. 요 11:50). 요한복음 18:3, 12에 근거를 두는 추정은 이보다 훨씬 더 멀리 나아간다. 즉 예수의 체포에 대한 주도적 동기는 유대인들이 아니라 로마인들에게 있었다는 것이다.[44] 로마 재판관이 예수를 심문했던 재판 과정의 단서들도 빌라도 앞에서 진행된 예수의 재판에 대한 요한복음의 묘사와 거의 일치하지 않는다.[45] 예수의 체포에 로마인들이 관여했다는 진술은 역사적인 판단에 대해 매우 중요하다. 하지만 예수의 체포가 로마인들의 주도적 동기에 따른 것이라면, 유대인들의 성전 군인들이 추가로 투입되었던 것은 거의 이해되지 않는다. 그래서 그와 반대의 경우가 오히려 더 큰 개연성을 갖는다. 성전의 군인들은 로마 군병이 처음부터 지원했을 때 일어날 수도 있는 거센 저항을 미리 예방했던 것이다.

거의 의심할 바 없는 신뢰성을 갖춘 전승인 베드로의 부인에 대해서는 대제사장의 궁전에서 있었던 예수의 야간 심문의 소식이 확증해준다.[46]

---

44 리츠만이 인용하는 콘첼만(H. Conzelmann)에 대해 다음을 보라. P. Lapide, *Wer war schuld an Jesu Tod?*, 1987, 53f.
45 R. E. Brown, *The Gospel According to John XIII–XXI*, 1970, 815f.
46 이에 대해 다음을 보라. A. Strobel, *Die Stunde der Wahrheit. Untersuchungen*

이와 달리 대제사장의 궁전에서 밤 사이에 이미 산헤드린의 공식 공판이 있었다는 마가의 주장(막 14:55)은 역사적으로 적절한 것으로 견지될 수 없다.[47] 마가의 그런 주장은 다음날 아침에 산헤드린의 공식 재판이 있었다는 보고와 다르다. 이 사실은 마가복음 15:1만이 아니라 누가복음 22:66도 증언한다.[48] 여기서 마가복음 14:64이 주장하는 것처럼 산헤드린의 재판이 예수에게 공식적인 유죄 판결을 내렸는지, 아니면 예수가 직접 임박한 사람의 아들의 심판을 통해(눅 22:69와 평행구절들) 자신의 재판관을 위협한 후에 - 이 위협은 예수가 자신을 사람의 아들과 동일시하는 것으로 이해되었다[49] - 공식적인 유죄 판결이 없이, 그러나 충분한 혐의를 받으면서 로마 당국에 넘겨졌는지는 더 이상 확정할 수 없다.[50] 후자의 경우

---

zum Strafverfahren gegen Jesus, 1980, 7ff.

47 리츠만(H. Lietzmann, 같은 곳, 254ff.)은 이 주장과 관련해서 슈트로벨(A. Strobel)에게 동의한다(같은 곳, 16f., 또한 12). 누가복음 22:66에 대해서는 다음을 참고하라. D. Catchpole, *The Trial of Jesus. A Study in the Gospels and Jewish Historiography from 1770 to the Present Day*, 1971, 186-192. 다른 주장으로는 다음을 보라. B. R. Pesch, *Das Markusevangelium* 2, 2.Aufl. 1980, 416ff.

48 물론 요한은 오직 그 자신만이 보고하는 안나스의 심문을 묘사하며(요 18:19-24), 산헤드린 회의를 분명히 표현하지는 않는다. 그럼에도 불구하고 요한은 예수가 빌라도에게 넘겨지기 전에 계속해서 결박된 채로 가야바에게 끌려갔던 것(요 18:24)을 짧게 언급한다(18:28). 이러한 진술은 공관복음서 저자들이 일치하여 보고하는 아침에 열린 산헤드린의 회의를 배제하지 않는다. 그 회의를 요한이 침묵한다는 이유만으로 거부하는 것은 정당화되기 어려울 것이다. 이와 관련된 라피데(P. Lapide)의 설명 또한 옳다고 할 수 없다. 그에 의하면 요한뿐만 아니라 누가도 ("둘 다") "사전심문"만 알고 있었고, "유대교적인 정식 재판에 대해서는 아무것도" 알지 못했다고 한다(같은 곳, 61f.). 이러한 그의 견해는 누가복음 22:66과 대립된다.

49 예수 자신이 이러한 의미로 진술했다는 견해와 반대되는 내용에 대해 위의 582f.를 보라. 또한 누가복음 22:70도 단지 다른 사람들이 예수가 하나님의 아들이라고 말했다는 사실만 확정한다.

50 이 내용은 슈트로벨의 견해와 다르다. A. Strobel, 같은 곳, 76ff. 슈트로벨은 마가의 보고를 - 밤 사이에 개최되었다는 산헤드린의 첫째 회의의 진술은 제외하고 - 역사적으

는 누가의 보고(눅 22:71)에서 암시된다. 사람들이 예수의 말로부터 알아채려고 하는 메시아로서의 자기 고백이 유대교 법정의 공식적인 판결 없이도 정치적인 폭동 주동자라는 혐의 아래서 예수를 빌라도에게 넘겨주도록 했다는 사실은 산헤드린 재판이 중단되었다는 관점을 옹호한다. 반면에 예수가 자신을 사람의 아들과 동일시하지 않고서도 사람의 아들의 미래 심판을 통해 재판관을 위협했고(눅 22:69) 그 결과 심판의 법정을 모욕했다는 것은 신명기 17:12에 따라 유대교적인 사형 판결을 내리기에는 충분하지만,[51] 그러나 로마인들이 그것을 사형시켜야 할 범죄로 여기기는 어려웠

로 믿을 만한 가치가 있다고 변호했고, 이에 반대하여 제시된 주장들 즉 (예수의 유죄판결의 경우에 기준이 되는) 산헤드린의 피의 심판 가능성(18ff.) 또는 유대교적인 재판법과 마가의 묘사가 불일치한다는 주장(46ff.)을 상세한 논평을 통해 무력화시켰다. 슈트로벨의 논점은 계속 뒤따를 수 있는 것이고, 이와 함께 블린츨러(J. Blinzler, *Der Prozeß Jesu*, 4.Aufl. 1969)의 관점에는 반대해도 좋다. 블린츨러는 예수에 대한 재판의 근저에는 사두개인들 특유의 형법과 재판법이 놓여 있었다고 보았다(같은 곳, 48ff.). 슈트로벨에 의하면 재판 과정에서 종교적으로 "특별한 불법"으로 인해 벌어지는 그런 차이는 사소한 것이다. 신명기 13:5f.의 의미에서 "무리를 미혹하는 자"의 문제도 마찬가지다(같은 곳, 55ff., 61, 81ff.). 사람들이 백성들을 전승된 하나님의 계시로부터 멀어지게 만드는 "무리를 미혹하는 자"의 혐의를 예수에게 두었다는 사실을 나는 요한복음 7:12의 관점에서 있을 수 있었던 사실로 간주한다. 그럼에도 불구하고 나는 마가의 보고에서 산헤드린이 공식적인 유죄선고를 내렸다는 주제(참고. Strobel, 71ff.)는 뒤따를 수 없다. 왜냐하면 누가의 설명(22:71)은 판결을 내리지 않은 채 공판이 중단된 상황을 암시하기 때문이다. 참고. H.-W. Kuhn, Art. Kreuz II, *TRE* 19, 1990, 713-725, 특히 719.

51 참고. R. Pesch, *Das Markusevangelium* 2, 1977, 437f. 슈트로벨(Strobel, 같은 곳, 92f.)은 사람의 아들의 심판의 위협을 통해 재판관을 모욕한 것과 예수가 자신을 사람의 아들과 동일시하는지에 대한 질문 사이를 구분하지 않는다. 보우커(J. Bowker, *Jesus and the Pharisees*, 1973, 46ff.)에 따르면 신명기 17:12이 예수의 유죄판결의 근거가 되었을 것이다(반면에 블린츨러는 출애굽기 22:28의 신성모독 금지령을 그 판결에 적용된 법률 규정으로 받아들였다. *LThK* 4, 1960, 1118). 스킬레벡스는 보우커의 견해를 따른다. E. Schillebeeckx, *Jesus. Die Geschichte von einem Lebenden*, 1975, 277ff. 그러나 스킬레벡스는 예수에 대한 산헤드린 재판이 공식적인 유죄판결을

을 것이다.

어쨌든 성전 파괴의 진술로 위협한 것은, 그 위협을 상징하면서 성전 안에서 베푼 표징의 행위와 함께, 예수의 체포를 유발시킨 요소이기는 해도 그에게 내려진 유죄판결의 근거는 아닌 것으로 보인다(참고. 막 14:55-61). 예언자적인 위협에 대한 진술은 최종적으로는 아직은 성전에 대항한 행위로 간주되지 않았다. 마가복음의 보고에 따르면 그것은 "거짓 증인들"이 예수의 말이라고 덮어씌운 것이다(막 14:58; 비교. 15:28). 로마인들은 그것만으로는 예수에게 유죄판결을 내릴 수 없었다. 이에 더하여 메시아적 야망으로 해석될 수 있는 예수의 진술이 필요했다. 사람들은 그 진술을 아마도 사람의 아들의 임박한 심판이라는 위협의 말(막 14:62와 평행구절들)에서 들었다고 생각했을 것이다. 그 위협의 말은 아마도 이중적인 의미에서 예수의 재판 결과에 대해 중요한 역할을 했을 것으로 보인다. 먼저 그것은 유대의 재판관들에게는 참기 어려운 불경의 표현으로 판단되었다. 예수는 분명 그런 말을 외친 적이 있었고, 그 말은 사람의 아들의 천상의 심판을 통해 그 민족의 최고 법정을 위협하는 진술로 여겨졌다. 이와 동시에 그 위협의 말은 유죄판결을 얻어내기 위해 예수를 빌라도에게 넘겨줌으로써 죽음 — 유대법이 아닌 로마법에 따른 죽음 — 에 처하게 만든 구실이 되었다는 점에서 중요하다.

이와 같은 맥락에 대한 신학적인 관심은 어떤 점에서 그 당시 유대 민족의 공적 대표자들에게 예수의 죽음에 대한 개인적인 책임을 물어야 하는지, 그리고 어느 정도까지 물어야 하는지의 물음과는 무관하다. 개인적인 책임을 묻는 것은 오직 그들이 예수를 싫어해서 사법적 살인에 동조한 경우에만 가능하다. 그러나 그들이 예수를 "무리를 미혹하는 자"(요 7:12)로, 즉 신명기 13:5f.의미에서 백성들을 이스라엘의 하나님으로부터 멀

내리지 않고 종결되었다는 견해를 수용한다(279ff.).

어지도록 미혹하는 자로 보고 어쨌든 자신들의 선한 믿음 속에서 행동했을 가능성은 충분하다.[52] 마태복음 27:25에도 불구하고 예수의 죽음에 대한 유대 민족 전체의 책임을 물을 수 있는 가능성은 그보다 더욱 적다. 만일 백성의 무리가 바로 그 유죄판결을 받은 자의 석방에 관해 논쟁할 때 이 두려운 자기저주가 크게 표명되었다면, 거기서 하나님께서는 그 무리뿐만 아니라 백성 전체에게 책임을 지우신 것일까? 예수는 분명 성전 파괴를 선포했을 뿐만 아니라, 누가복음 19:41-44에 따르면(이것이 실제로 예수의 말이라면) 예루살렘이 포위되고 파괴되는 것을 자신의 민족에 대한 하나님의 심판으로 선언했다(참고. 눅 13:34f.). 초기 그리스도교는 70년에 일어난 대참사 속에서, 즉 티투스의 예루살렘 점령과 파괴 속에서, 이 예언이 성취된 것을 눈으로 보았다. 하지만 이러한 심판의 위협이 주어졌던 이유는 예수가 외쳤던 회개 곧 하나님께로 돌이키는 회개를 이스라엘이 거부했기 때문이며, 그것이 예수에게 개인적으로 임했던 죽음의 운명인 것은 아니었다. 아무리 그 운명이 그의 메시지를 거부한 것과 관련될 수밖에 없다고 해도 그렇다. 요한복음은 "유대인들"이 예수를 죽이려고 했던 것(요 8:40)은 그의 말씀이 그들 속에 도무지 자리를 잡을 수 없었기 때문(8:37)이라고 말한다. 그렇다면 여기서 한 가지 사태가 중요해진다. 그것은 열방의 세계, 특히 세속화된 그리스도교를 포함한 현대의 세속화된 인류에게 널리 해당되는 사태다. 왜냐하면 요한복음 8:34ff.에 따르면 인간에 대한 하나님의 요구를 전하는 예수의 메시지를 거부하는 것은 자신의 본성적인 자유에 대한 인간의 자만심에 기초하기 때문이다. 이런 자만심은 자연법적인 자유 이해를 특징으로 하는 현대인들을 자유롭게 태어난 아브라함

---

52 슈트로벨(A. Strobel, 같은 곳, 81-92)의 논의는 이 점을 향한다. 그가 제시한 이유들이 중요해지는 것은 그와 같은 비난이 산헤드린이 예수에게 내린 공식적인 유죄판결의 근거가 되지 못하는 때다. 예수에게 제기된 이러한 결정적인 혐의에 대한 지식은 유스티누스(Justin 69,7과 108,1)에 의해 보존되었다.

의 후손이라는 의식을 가졌던 예수 시대의 유대인들보다 훨씬 더 깊이 하나님으로부터 소외시켰다. 교회는 이스라엘에 대한 하나님의 심판의 행위에 직면했던 70년 이후에는 예수와 함께 예루살렘을 향해 울지 않았다. 교회는 유대 민족과 함께 자신을 위협하는 하나님의 심판에 굴복하기를 소홀히 했고, 그 대신에 유대 민족이 거짓된 자기칭의로서 예수를 죽였기 때문에 하나님의 심판에 빠져들었다고 판단했다. 그 과정에서 교회는 예수 자신이 심판을 통한 이스라엘의 종말론적 재건을 희망했다는 사실을 잊었으며,[53] 또한 바울도 이스라엘의 하나님은 비록 그 민족이 예수를 거절했음에도 불구하고 그 민족의 선택을 확고히 유지하신다고 말한 것을 기억하지 못했다(롬 11:1; 참고. 11). 바울은 이스라엘 전체가 최종적으로는 하나님께서 예수의 파송을 통해 이스라엘 자신에게 행하신 것을 인식하게 될 것이라고 기대했다(참고. 롬 4:26). 이스라엘의 하나님이 예수를 죽음에서 깨우신 것은 무리를 미혹하는 자라는 예수의 혐의를 무효로 만든다. 부활은 또한 하나님께서 자기 민족의 선택을 계속 유지하신다는 표현이기도 하다. 바울에 따르면 또한 예수의 십자가는 율법의 마침이지(롬 10:4; 참고. 갈 3:13), 이스라엘 선택의 종말은 아니었다.[54] 예를 들어 마태복음 27:28과

---

53 이러한 기대의 맥락 속에 샌더스는 성전을 공격했던 예수의 말씀과 상징적 행위를 위치시킨다. E. P. Sanders, *Jesus and Judaism*, 1985, 61-119, 335ff.

54 이 구분은 내가 1964년에 예수 그리스도를 율법의 마침으로 보는 바울의 가르침에 집중했던 나 자신의 판단, 곧 예수의 십자가가 그리스도인들에게는 종교로서의 유대교의 종말을 의미한다는 판단을 수정하는 계기가 되었다. *Grundzüge der Christologie*, 1964, 261. 이에 대해 5판의 420쪽의 후기를 비교하라. 또한 *Das Glaubensbekenntnis—ausgelegt und verantwortet vor den Fragen der Gegenwart*, 1972, 92를 보라. 나는 1964년에 너무 경솔하게 유대 종교의 개념을 율법의 종교로 이해하고 이 율법은 바울에 따르면 예수의 십자가에서 끝이 났다고 생각했다. 그때 나는 유대 신앙의 본질을 예수 자신의 선포의 의미에서 이스라엘의 하나님께 대한 신앙으로 – 경우에 따라서는 율법의 전통과 대립되는 것으로 – 이해했어야 했다.

같은 본문에 기초해서 유대 민족이 하나님을 살해한 것이 하나님께서 그 민족을 영원히 버리신 것을 인증했다고 그리스도교가 비난하는 것은 결코 있어서는 안 되는 일이었으며, 오늘의 그리스도교 교회들은 마땅히 그런 생각과는 거리를 두었다.[55] 이것은 그런 잘못된 비난을 통해 심하게 오염된 그리스도인들과 유대 민족 사이의 길고 고통스럽고 수치스런 역사에 대한 올바른 표현이지만, 유감스럽게도 너무 늦은 것이다.

예수의 등장을 통해 그 민족의 많은 백성들이 겪어야 했던 실족 그리고 예수의 유죄판결과 십자가형을 초래했던 사건들 사이의 관계에 대한 신학적 관심은 다른 지평에 놓여 있다. 중요한 것은 예수의 죽음에 대한 유대인들의 책임을 확정하는 것이 아니라, 예수의 고난의 길에서 일어난 하나님의 행동이다. 여기서 다음의 사실이 본질적이다. 예수의 메시지와 행위로 인한 실족은 우연한 일이 아니라, 예수의 인격의 모호성으로부터 온 것인데, 그 인격은 자신의 메시지 때문에 모호성에 빠져들 수밖에 없었다. 예수의 십자가 죽음과 그런 실족의 결과들 사이의 관계는 그리스도교 신앙이 십자가의 구원론적인 의미를 진술할 수 있는 기초가 된다. 만일 예수의 십자가 죽음이 예수 자신에게 단지 외적인 것, 그의 메시지 및 사역과는 아무 관계도 없이 일어난 사건이라면, 그 죽음은 신학적으로 무의미하며 예수를 정치적 폭도로 간주했던 로마인들의 입장에서 일어난 심히 유감스런 오해의 결과에 불과할 것이다. 하지만 예수의 메시지에 근거한 관계 즉 그의 인격에서 오는 모호성 그리고 그로부터 비롯되는 거부, 체포, 폭도의 판결을 위해 빌라도에게 넘겨진 것 등 사이에 상관관계가 존재

---

55 이러한 거리를 처음 표명한 것으로서 1965년 제2차 바티칸 공의회의 선언인 "우리 시대"(Nostra Aetate) 4를 들 수 있다. 다음의 모음집을 보라. *Die Kirchen und das Judentum. Dokumente von 1945-1985*, hg. R. Rendtorff und H. Henrix, 1988. 렌토르프의 보고를 참고하라. R. Rendtorff, *Hat denn Gott sein Volk verstoßen? Die evangelische Kirche und das Judentum seit 1945. Ein Kommentar*, 1989.

한다면, 그 모든 결과는 예수의 신적 파송으로, 그와 함께 최종적으로는 하나님 자신에게로 소급된다. 실족과 십자가가 자신의 인격과 결부된 예수의 메시지를 포함하는 하나님의 요구의 (잠정적인) 결과들이라면, 그를 십자가로 내몰고 하나님으로부터 버림받는 상황으로 이끈 것은 (순수한 인간으로서의) 예수 안에서 일어났던 하나님의 현재인 것이다. 이 사실은, 자신의 사역 속에 하나님이 현재하신다고 알았던 예수의 지식이 단순한 착각이 아니었다고 한다면, 그만큼 더 확실하다. 하지만 이와 관련된 모호성은 십자가에 못 박히신 자의 부활을 통해 비로소 제거될 수 있었다.

c) 아버지께서 죽은 자들로부터의 부활에서 드러내신 예수의 칭의

예수는 죽은 자들로부터 부활하셨고, 부활하신 자의 현현은 제자들 그리고 또한 그들을 핍박했던 사울로 하여금 확신을 갖게 만들었다. 부활은 그리스도에 대한 사도들의 선포의 근원을 형성하며, 이와 함께 원시 그리스도교의 그리스도론적인 출발점도 되었다. 예수의 부활이 없었다면 사도들의 선교 메시지도, 예수의 인격과 결부된 그리스도론도 존재하지 않았을 것이다. 부활 사건이 없다면, 바울이 고린도교회에 쓴 편지처럼, 그리스도인들의 믿음이란 허무할 것이다(고전 15:17). 하지만 이것은 믿음이 오로지 예수의 부활의 메시지에 근거한다고 말하는 것은 아니다. 이 사건에서 중요한 것은 새롭고 영원한 생명의 현현만이 아니다. 그리스도교 신앙에서 죽은 자들로부터 부활하신 자가 누구였는지, 다시 말해 십자가에 못 박히신 자가 누구였는지는 아무래도 좋은 문제가 아니다(막 16:6; 참고. 행 4:10; 2:36; 또한 고전 1:13). 또한 중요한 것은 십자가 처형을 당한 어떤 한 사람이 아니라, 바로 십자가에 못 박히신 나사렛 예수다. 이와 함께 그리스도교의 부활 신앙은 모든 시대에 걸쳐 나사렛 예수의 지상의 역사와 결부되었다. 그는 자신의 백성들에게 임박한 하나님의 통치를 선포했고 적대자들에게 무리들을 미혹하는 자로서 배척받았으며 처형을 위해 로마인들에게 넘겨졌으나, 하나님께서 그를 깨워 부활시키셨고 그와 동시에 메시아의 지위에 앉히셨다(행 2:23f., 36; 비교. 롬 1:4). 예수의 부활은 그리스도교 신앙의 근거이지만, 그것은 그 자체로 고립된 사건이 아니며 예수의 지상으로의 파송과 십자가 죽음으로 소급되는 관계 속에 있다.[56]

이렇게 소급되는 관계는 예수의 부활 사건에 나중에 덧붙여지는 것이 아니다. 그 관계는 부활 사건과 분리될 수 없다. 왜냐하면 부활은 바로 십자가에 못 박히신 예수에게 일어난 사건이기 때문이다. 나아가 이 사건이 (이스라엘의 하나님을 믿는 믿음을 전제하고서) 하나님으로부터 발생한 것으로 이해될 수밖에 없다면, 그것은 백성의 대표자들이 행한 예수와 그의 메시지의 배척이 직접적으로 지양되는 것을 의미하며, 그를 로마인들에게 넘겨 십자가의 죽음을 맞도록 했던 혐의와 고발에 대한 전적인 반박을 뜻한다. 예수께서 부활하셨다는 사실과 이와 같은 그 내용의 의미는 서로 분리될 수 없다.[57] 부활 사건은 직접적으로 다음의 사실을 의미한다. 유죄판결을 받고 처형되신 예수는 하나님 자신에 의해, 다시 말해 죽은 자들로부터 그를 능력으로 깨우신 영을 통해 의롭게 된다는 사실이다(딤전 3:16; 비교. 롬 1:4; 4:25).

---

56 이에 대해 나의 책 제5판의 후기를 참고하라. *Grundzüge der Christologie*, 1976, 417f. 예수의 부활이 그리스도 신앙에 대해 갖는 본질적 의미를 적절하게 진술하는 것은 1964년의 교의학적 그리스도론에서는 아마도 매우 생소해서, 많은 독자들은 부활에 대한 강조를 이미 예수의 지상에서의 사역에 근거한 믿음에 대한 **대안**으로 간주했다.

57 이 문제는 우선 일반적인 규칙의 경우에 해당한다. 즉 구체적·역사적 사건 및 경험의 맥락에서 사건과 의미는 서로 일치하며, 후자는 그 사건에 단지 피상적·임의적으로 주어진 것이 아니라는 사실이다. 하지만 이러한 일반적인 사태의 특수한 경우도 중요하다. 사건들의 의미가 항상 그 사건들과 명확하게 결합되지는 않는 것이다. 그리스도교의 부활 전승의 영역에서도 예를 들어 예수의 빈 무덤은 다층적인 의미를 지니고 있었다(참고. 요 20:13ff.; 마 28:13). 제자들에게 주어졌던 현현들도 최소한 부분적으로는 여러 가지 의미를 가진 것으로 느껴질 수 있었다(눅 24:39). 그들에게 일어났던 그 사태를 예수의 부활과 동일시할 때, 본문이 주장하는 명확성은 비로소 드러날 수 있다.

예수의 사역에 암묵적으로 포함된 것만이 아니라 또한 분명하게 표현되기도 했던 주장, 즉 그가 통고했던 임박한 하나님의 통치가 그의 사역 속에서 그리고 그 메시지를 받아들인 사람들 사이에서 이미 시작되었다는 주장이 이로써 하나님 자신에 의해 확증되었다. 초기 그리스도인들은 그 사건을 그렇게 이해했다.[58] 그리고 그 소식이 생성될 때 배경이 되었던 유대교적인 맥락에서 그 사건은 그와 다르게는 절대로 이해될 수 없었다. 그래서 예수의 부활의 소식을 받아들이는 것 혹은 거부하는 것은 근원적으로 그의 인격에 대한 신앙 혹은 불신앙의 결단과 동일시되었다.[59]

확증이란 이전에 이미 십자가의 죽음에 이르는 길 위에서 나타났던 예수의 인격과 역사에 상응하는 의미를 단순히 밝히는 것 그 이상을 말한다. 그런 의미는 부활 사건이 없다고 해도―비록 숨겨져 있지만―이미 예수께 귀속되어 있다는 셈이 된다. 이때도 물론 예수의 죽음 및 지상의 사역과 함께 또한 그의 인격도 부활 사건으로부터 사실상 새로운 빛 속에서 나타나기는 한다. 하지만 이것은 그 빛 속에서 나타나는 그것들의 존재가 예수의 부활 사건 없이도 가능하다는 것을 의미하지 않는다. 부활 사건이 단지 예수의 십자가 죽음과 지상의 역사가 이미 가지고 있었던 의미만을 밝히고 계시한다고 이해될 때, 부활 사건 자체는 사라지고 만다.[60] 오히려 부

---

58 예레미아스가 요약하여 정리해준다. "예수의 부활은 원시 교회에서는 그의 파송에 대한 하나님의 확증으로 간주되었다." J. Jeremias, *Die Verkündigung Jesu. Neutestamentliche Theologie* I, 1971, 283. 비교. U. Wilckens, *Auferstehung. Das biblische Auferstehungszeugnis historisch untersucht und erklärt*, 1970, 160ff.
59 이것은 왜 예수 부활의 사건이 믿는 자들에 의해서만 전승되었는지를 설명해주는 이유다. 물론 부활하신 자와의 만남에 믿음이 전제된 것은 아니었다. 바울의 사례만으로도 그렇지 않았다는 사실은 충분히 설명될 수 있다. 하지만 이 사건의 의미는 유대교적인 경험의 맥락에서 너무 분명해서, 부활하신 자의 현현과 마주쳤던 사람 가운데 그 누구도 그 사건을 인정하는 동시에 불신앙에 머물 수는 없었다.
60 이것은 불트만이 제시한 유명한 명제, 곧 예수의 부활은 "**십자가의 의미의 표현**"이라는 명제의 의미다. R. Bultmann, Neues Testament und Mythologie, in: H. W.

활 사건을 통해 부활 이전의 예수의 역사가 지닌 의미 그리고 하나님과의 관계 속에 존재하는 그의 인격의 특성이 명백하게 결정되었다. 이를 위해 부활 사건은 우선 자체에 고유한 중요성과 내용을 가진 사건이어야만 한다. 다시 말해 예수의 죽은 자들로부터의 부활은 하나님과 함께하는 새로운 삶을 위한 것이어야 한다. 이를 통해 지금까지 예수의 인격과 부활에 놓였던 모호성이 해소되고 제거되며, 더 이상 숨겨져 있기만 하는 것이 아니라 예수의 부활 사건과는 독립적으로 현존하는 그 자체의 의미가 밝혀진다.

그리스도교의 부활의 소식을 내용으로 하는 근본적 사태가 이와 같이 잠정적으로 서술된 이후에, 그와 관련해서 보다 더 정확한 해명을 필요로 하는 문제가 표현될 수 있다. 우선 중요한 것은 죽은 자들로부터의 예수의 "깨움"(Auferweckung) 내지는 "부활"(Auferstehung)이라는 언어 형식 또는 그와 관련된 표상의 내용이다. 그다음에 비로소 그 사건의 사실성의 질문이 의미 깊게 제기될 수 있다. 부활이 실제로 발생하지 않았다면, 그 의미에 관한 모든 숙고는 물론 쓸모없는 것이 된다. 그러나 다른 측면에서 볼 때, 부활의 사실성의 질문이 해명되기 위해서는 도대체 우리가 어떤 종류의

Bartsch, Hg., *Kerygma und Mythos. Ein theologisches Gespräch*, 1948, 15-53, 인용은 47f. 칼 바르트도 1922년의 『로마서』 제2판에서 비슷하게 말했다. "예수의 부활은 그의 삶과 죽음에 연관된 다른 사건들 **곁에 있는** 역사적으로 연장된 또 하나의 사건이 아니라, 그의 역사적 삶 **전체를** 하나님 안에 있는 그의 기원으로 소급시키는 비역사적 관계를 뜻한다"(175). 이에 대해 나의 논문을 참고하라. Dialektische Theologie, in: *RGG* 2, 1958, 168-174, 참고. 170f. 물론 바르트는 자신의 『교회교의학』에서 — 불트만에 반대하여 — 예수의 부활이 그의 십자가와 부활 이후에 일어난 그 자체로 고유하고 특별한 사건이라고 주장했다(*KD* III/2, 531ff. 특히 537, 참고. IV/1, 335ff.). 하지만 여기서도 그 사건의 내용은 "인간 예수의 **삶**과 **죽음**의 선행적 시간 속에 주어진 비밀이 계시된 것"이라고 주장했다(III/2, 546, 참고. IV/2, 131ff., 특히 148ff.). 바르트에 의하면 이전에 일회적으로 발생한 사건이 예수의 부활 사건을 통해 **"영원히 유일회적인**(ein für allemal) 사건"이 된다(IV/1, 345).

사건을 다루고 있는가 하는 것을 반드시 먼저 알아야 한다.[61]

1. 예수의 부활에 대해 말하는 언어 형식은 은유(Metapher)의 형식이다. 왜냐하면 "깨운다"(Auferwecken)는 단어는 잠에서 깨어나는 모습을 연상시키기 때문이다. 부활(Auferstehen)이라는 단어도 마찬가지다. 사람이 잠에서 깨어나 일어나듯이, 부활은 죽은 자들 사이에서 그렇게 발생한다. 여기서 이 두 단어들의 은유적인 사용에는 이미 다른 은유가 토대를 이루고 있다. 그것은 그리스 사상이나 유대교 사상 안에서 죽음을 잠으로 이해하는 은유다.[62] 이 은유는 유대교의 영역에서는 우선 묵시문학적인 문서들(단 12:2; 에티오피아 에녹서 49:3; 100:5 등, 시리아의 바룩서 11:4; 21:24 등)에 나오지만, 또한 산발적으로는 예레미야서(51:39), 시편(13:4), 욥기(3:13; 14:12)에서도 볼 수 있다. 이 표현들에 이어 죽음의 잠으로부터 깨어 일어난다는 표상이 등장한다(에녹서 91:10; 92:3; 시리아의 바룩서 30:1). 은유적인 표현방식에도 불구하고 이러한 표현들은 철저히 현실적인 사건을 가리키는데, 이것은 예수의 부활의 경우도 마찬가지다. 다만 부활 사건은 일상의 경험에서 만날 수는 없기에, 일상의 친숙한 사건에 따른 은유로 표현되었다. 여기서 "깨운다"(auferwecken)라는 타동사의 표현이 "부활하다"(auferstehen)라는 자동사 단어의 대안적 표상으로 이해되어서는 안 된다. 오히려 양자는 일치한다. 깨워진 자는 일어난다. 이것은 예수의 깨움과 부활에도 해당한다. 부활이라는 표현은 이미 죽은 자가 자신의 힘으로 죽음을 극복할 수 있어서 깨어나기 위한 어떤 도움도 필요로 하지 않는다는 것을 말하지 않는다. 오히려 아버지와 영을 통한 깨움은 예수의 "부활"이 말해지는 곳이면 그 어

---

61 이어지는 내용들은 주제의 복잡성에도 불구하고 주어진 사태에 가장 근접하게 표현하려고 애쓴 문장들이다. 독자들은 보다 더 자세한 설명은 나의 책에서 참고할 수 있다. *Grundzüge der Christologie*, 1964, 61-112. 하지만 거기서 제시되는 논쟁 속에 포함된 어떤 오해들과 맞서려고 시도해야 할 것이다.

62 참고. H. Balz, in: *ThWBNT* 8, 1969, 545-556, 특히 547f., 550f. 또한 C. F. Evans, *Resurrection and the New Testament*, 1970, 22ff.

디서나 전제되어 있다(예를 들어 살전 4:14).[63]

죽음으로부터 깨어남 혹은 부활을 말하는 언어 형식에는 최종적으로 그 형식이 가리키는 사건의 목적이 속해 있다. 그것은 새로운 생명 — 이 세상의 생명이 다시 되돌아온다는 의미(눅 8:54; 막 5:41; 요 11:11)든지 아니면 다른 종류의 생명으로 건너간다는 의미든지 관계없이 — 을 가리킨다. 여기서 주목해야 하는 중요한 점은 생명 개념은 전자에서도 혹은 후자에서도 은유로 이해될 수 없다는 사실이다. 다만 죽음으로부터 생명으로 건너간다는 것에 대해서는 생명 개념에 대한 일상의 경험에서 벗어난 사건으로서 은유적으로 지칭될 수밖에 없다. 새로운 종말론적인 생명(고후 4:10; 5:4; 롬 5:10), "영원한" 생명(갈 6:8; 롬 2:7; 5:21; 6:22f.)은 완전한 의미에서의 생명(참고. 요 1:4; 5:26; 14:6 등; 또한 3:15.36; 4:14 등; 6:53f.)이며, 이와 비교할 때 이 세상의 생명은 단지 제한적으로만 "생명"이라고 부를 수 있다. 성서적인 생명 개념은 모든 생명의 근원인 하나님의 영으로부터 생각되기에, 완전한 의미에서의 생명은 그것의 신적 근원과 결합된 생명 곧 영이 침투되어 있는 불멸의 생명을 가리킨다(고전 15:44; σῶμα πνευματικόν, 영의 몸). 이것이 바로 종말론적 희망의 "새로운" 생명(롬 6:4)이다. 이러한 새롭고 불멸적인 생명이 예수의 깨움을 통해 그에게 이미 나타났다.

2. 죽음으로부터 새롭고 영원한 생명을 향해 부활한다는 표상은 유대

---

[63] 이와 관련된 카스퍼의 적절한 설명을 참고하라. W. Kasper, *Jesus der Christus*, 1974, 168ff. "깨움"과 "부활"이라는 두 가지 표현 사이의 실제적인 차이에 대해 몰트만(J. Moltmann, 같은 곳, 247)은 쉘클레의 견해를 수용하면서 설명한다. H. Schelkle, Auferstehung Jesu. Geschichte und Deutung, in: *Kirche und Bibel* (FS E. Schick), 1979, 389-408, 391. 그러나 또한 푀그틀레(A. Vögtle)가 페쉬(R. Pesch)와 함께 공동으로 출판한 책도 참고하라. *Wie kam es zum Osterglauben?*, 1975, 15ff. 예수의 부활을 하나님의 아들의 고유한 행위로 묘사하는 곳(요 2:19 혹은 10:17f.)에서도 부활은 언제나 아버지께 대한 순종 안에서 일어난 사건이며, 독립적인 권능의 표현으로 다루어지지 않는다(참고. C. F. Evans, 같은 곳, 21f.).

교의 종말론적 희망에 뿌리를 두고 있다. 이 표상의 기원은 바빌론 포로기 시대에 하나님께 대한 관계가 개인화된 것과 관련이 있을 것이다. 개인들은 더 이상 단순히 조상들의 공과가 작용하는 민족적 삶의 맥락에 속한 지체로 여겨지지 않았다. 오히려 각각의 개인의 삶 속에서 선행과 보답 또는 죄악과 파멸의 관계가 완성되어야 한다(겔 18:2ff., 20; 참고. 렘 31:29). 하지만 이러한 상응관계는 인간의 삶의 경험 속에서 나타나지 않았다. 세상의 흐름 속에서는 의로운 사람들이 고통을 받고 무신론자들이 잘 지내는 것처럼 보인다. 하나님의 공의에 대한 이스라엘의 신앙은 그 흐름을 견딜 수 없었다. 그래서 이 세상의 삶에서 적절한 보응이 이루어지지 않은 선하거나 악한 행위들에 대해 저 건너편의 삶에서 균형을 이룰 것이라는 표상이 생겼다. 그러나 이 표상이 성립하려면 죽은 자들이 다시 사는 것이 요청되었다. 이것은 구약성서에서 유일하게 다니엘서에서 다음과 같이 분명히 표현된다. "땅의 티끌 가운데에서 자는 자 중에서 많은 사람이 깨어나 영생을 받는 자도 있겠고 수치를 당하여서 영원히 부끄러움을 당할 자도 있을 것이며…"(단 12:2). 그러므로 죽은 자들의 부활이라는 유대적 표상은 신정론의 질문으로부터 비롯된 것이다. 그것은 하나님의 공의와 그것이 각 개인의 삶 속에서 입증되는 것에 대한 질문이다.[64]

죽은 자들의 부활과 영원한 생명의 관계를 묻는 질문과 관련해서 유대

---

64 이에 대한 상세한 내용을 나의 논문에서 보라. Tod und Auferstehung in der Sicht christlicher Dogmatik, in: *Grundfragen systematischer Theologie* 2, 1980, 146-159, 특히 147ff. 또한 빌켄스를 참고하라. U. Wilckens, *Auferstehung. Das biblische Auferstehungszeugnis historisch untersucht und erklärt*, 1970, 115. 몰트만이 하나님의 공의와 신정론 주제 사이의 관계를 바르게 강조했다. J. Moltmann, *Der Weg Jesu Christi. Christologie in messianischen Dimensionen*, 1989, 246, 또한 그의 앞선 논문을 보라. Gott und Auferstehung. Auferstehungsglaube im Forum der Theodizeefrage, in: *Perspektiven der Theologie. Gesammelte Aufsätze*, 1968, 36-56.

교 문서들 안에는 다채로운 그림들이 제시된다. 한편으로는 다니엘서에서와 같이 불의한 자들과 의로운 자들 모두가 부활한다는 표상이 있다. 여기서 부활은 심판을 위한 전제에 그친다. 다른 한편으로 의로운 자들 내지는 순교자들이 부활한 표상이 있는데, 이것은 그들이 이미 영원한 생명으로 건너갔다는 것을 의미한다. 이 표상은 우선 이사야 26:19에 등장한다. 그러나 여기서 중요한 것은 에스겔 37:1-14에서와 같이 민족의 거듭남에 대한 그림이고, 개개인의 부활의 표상이 아니다.[65] 에녹서 92:3은 의로운 자들만 생명으로 부활한다고 말하며,[66] 마카베오하 7:14는 순교자들이 생명으로 부활하는 것을 보고한다. 이와 비슷하게 예수께서 사두개인들과 논쟁하시는 마가복음 12:18-27의 말씀에서 부활은 조상들의 사례처럼 이미 생명에 참여하고 있음을 의미한다(12:26f.). 이런 의미에서 원시 그리스도교는 예수의 부활에 대해 말했으며, 바울에 의하면 그에 상응하는 부활이 믿는 자들에게도 기대될 수 있다(고전 15:42ff.).[67] 그러므로 예수의 부활은

---

[65] 많은 증빙 가운데 U. Wilckens, 같은 곳, 116f., 다른 견해로는 O. Plöger, *Theokratie und Eschatologie*, 1959, 85를 보라.

[66] 빌켄스는 이것이 종말에 있을 죽은 자들의 부활에 관한 대부분의 진술, 특별히 에녹서 51:1(참고. 46:6)에 해당한다고 본다. U. Wilckens, 같은 곳, 122ff. 하지만 제4에스라 7:32ff.와 시리아의 바룩서 50f.는 그 에녹서 구절과는 구분된다. 또한 다음을 보라. G. Sternberger, *Der Leib der Auferstehung, Studien zur Anthropologie und Eschatologie des plaästinischen Judentums im neutestamentlichen Zeitalter*, 1972. 또한 특별히 크레머(J. Kremer)가 그레스하케(G. Greschake)와 공동으로 출판한 책을 참고하라. *Resurrectio Mortuorum. Zum theologischen Verständnis der leiblichen Auferstehung*, 1986.

[67] 바울의 데살로니가전서 4:15ff.에 나오는 그리스도인들의 부활에 대한 기대가 바울 자신이 그리스도교적인 부활의 메시지로부터 처음으로 발전시킨 것이라는 주장은 호프만(P. Hoffmann, *TRE* 4, 1979, 452f.)의 견해처럼 신빙성이 없는 것으로 간주된다. 왜냐하면 의로운 자들이 생명으로 부활할 것이라는 기대는 이미 부활절 메시지의 전제에 속하기 때문이다. 바울은 데살로니가전서 4:13ff.에서 이 기대를 오로지 그리스도인들의 상황에만 적용한다. 그리스도인들에게 생명으로 부활한다는 기대는 부활하시고

이 세상에서의 삶으로 되돌아가는 것이 아니었고 새로운 종말론적 삶으로 건너가는 것을 의미했다. 그는 "잠자는 자들의 첫 열매"이고(고전 15:20) "많은 형제들 중에서 맏아들"이며(롬 8:29), "죽은 자들 가운데 먼저 나신 이"(골 1:18; 계1:5) 곧 "생명의 주"(행 3:15)이시다.

3. 생명으로 부활한다는 종말론적 기대는 그리스도교의 부활 메시지에 언어적 표현과 사상적 틀을 제공했다.[68] 종말론적인 기대가 예수의 제자들로 하여금 그들이 마주쳤던 현현, 곧 십자가에 못 박히신 주님의 현현을 식별할 수 있게 해주었다. 그들이 만났던 것은 죽은 자의 영(눅 24:37)이 아니었고 이 세상의 삶의 현실로 되돌아온 자도 아니었으며(요 20:17), 새로운 종말론적 생명으로 부활하신 주님이었다. 제자들로 하여금 현현의 사건 속에서 자신들이 신뢰했던 예수를 재인식할 수 있게 해준 경험의 맥락은 의심할 바 없이 그분의 예루살렘에서의 등장과 그곳에서 체포된 날에 이르기까지 그분의 삶과 활동에 참여했던 시간을 통해 주어졌다.[69] 복음서

다시 오실 주님과 지속적으로 새롭게 연합하는 것을 의미하며(3:17), 여기서 그분의 부활은 그들이 생명으로의 부활에 참여하는 것을 보증해준다(3:14). 이 점에서 의로운 자들의 부활에 대한 유대교적인 기대는 여기서 매우 특정한 방식으로 그리스도교적으로 변형되고 구체화되었다.

68 나의 책을 참고하라. *Grundzüge der Christologie*, 1964, 77f. 다른 견해로는 다음을 보라. K. Berger, *Die Auferstehung des Propheten und die Erhöhung des Menschensohnes. Traditionsgeschichtliche Untersuchungen zur Deutung des Geschickes Jesu in frühchristlichen Texten*, 1976, 15f. 그러나 한(F. Hahn)과 빌켄스(U. Wilckens)에 대한 베르거의 논증(248ff.)은 설득력을 갖는다고 보기 어렵다. 베르거는 고린도전서 15:20("잠자는 자들의 첫 열매")에서 주어지는 예수의 부활과 보편적인 부활 사이의 관계를 논박하려 했으나, 성공하지 못했다(250f.). 그의 주장과는 반대로 예수의 부활이 종말론적 부활의 표현으로 이해될 수 있다면, 종말이 시작되기 직전에 엘리야나 에녹과 같은 예언자들이 귀환할 것이라고 말하는 유대교적 그리고 초기 그리스도교적 표상과 예수의 부활을 결합시키기 위한 비교의 토대는 허물어진다.

69 몰트만(J. Moltmann, *Der Weg Jesu Christi*, 1989, 243)에 따르면 이 맥락은 제자들에게 "직접적·인격적 해석의 지평"이었다. 이 사실에 쉽게 반대할 수는 없다. 다만 거

저자들의 보고에 의하면 십자가에 못 박히신 자의 상흔은 예수의 현현들의 식별에 대한 마지막 의심까지도 제거했다(눅 24:40; 요 20:20, 25ff.). 하지만 바로 여기서의 관건인 죽은 자들의 부활의 새로운 생명의 현실성 — 예수께서는 제자들에게 바로 이것을 알려주셨다 — 은 이스라엘의 종말론적 희망의 언어 없이는 표현될 수 없었을 것이다.[70]

4. 생명으로 깨어나는 종말론적인 부활에 대한 유대교적 표상의 체계는 부활의 현현 속에서 마주쳤던 예수의 현실성과 결합됨으로써 깊이 변경되었다.

a) 영원한 생명으로의 부활은 십자가에 못 박히신 예수와의 관계 속에서 그의 지상으로의 신적인 파송과 인격에 대한 직접적인 칭의인 동시에 확증이다(위를 보라). 이 확증은 특별히 예수의 메시지와 사역에 함축되어 있는 그의 인격적 전권과도 관계된다. 여기서 이미 하나님의 세계 통치에 참여하는 "높여지심"[71](Erhöhung)의 사상이 이어진다. 이 사상은 원시 그리

기서 아직 설명되지 않은 것은 어떻게 제자들이 자신들이 마주쳤던 예수의 현현을 그분의 "부활"의 징조로 식별할 수 있는가 하는 점이다. 이 식별을 위해서는 "생명으로의 부활"이라는 종말론적 기대가 불가결하다. 이 점에서 몰트만이 "그 당시 유대교의 예언자적·묵시적 전승의 해석학적 지평"을 부가적으로 말한 것에는 오해의 소지가 있다. 제자들 "역시" 그런 전승의 지평 속에서 살았음에도 불구하고, 몰트만은 그들이 그들 자신들이 마주쳤던 현현의 현실성의 고유한 특성을 바로 그 해석의 지평과 무관하게 이해했다고 생각했다.

70 푀그틀레(A. Vögtle)는 (의로운 자들 그리고 또한 불의한 자들의) **보편적** 부활의 기대가 과연 부활의 현현들에 대한 "충분한 해석학적 지평"으로 생각될 수 있는지를 바르게 의심했다(같은 곳, 107ff., 110). 그 기대는 의로운 자들의 생명으로의 부활에만 해당한다는 것이다(112ff.).
71 원시 그리스도교에서 부활과 높여지심의 진술 사이의 긴밀한 관계에 대한 상세한 설명이 다음의 책에 간략한 개관과 함께 정리되어 있다. W. Kasper, *Jesus der Christus*, 1974, 170ff., 특히 172f. 또한 다음을 보라. A. Vögtle, 같은 곳, 24ff., 58, 62ff., 90. 몰트만에 의하면 높여지심의 표상은 죽은 자들의 부활이나 하나님께로 이끌려 올라가는 것 등과 같이 부활 현현의 해석을 위한 한 가지 대안적 "도식"으로 이해되어서는 안

스도교 안에서 예수의 형상을 종말론적 기대의 형상들과 결합시킴으로써 표현되었다. 예수는 (십자가에 적힌 죄목과 같이) 메시아 그리고 사람의 아들의 지위로 높여졌고, 예수가 선포한 사람의 아들의 미래는 메시아의 현현과 마찬가지로 일어나게 될 부활하신 예수의 재림으로 기대되었다. 유대교 전통은 인간이 하나님과의 연합으로 고양된다는 비교될 만한 표상들을 알고 있었다. 특히 엘리야 그리고 에녹의 전설적인 형태와 관련해서 그렇다. 하지만 그 표상들이 죽은 자의 부활과 연관된 것은 아니었다.[72]

b) 종말론적인 부활—심판이든 혹은 영원한 생명이든—에 대한 유대교의 기대는 이 세대(Äon)의 종말 이전에 어떤 한 사람이 부활한다는 것을 고려하지 않았다. 하지만 원시 그리스도교는 (예수의 현현들을 죽은 자들의 종말론적인 부활과 동일시한 것과의 긴밀한 관계 속에서) 예수 부활의 사건을 종말의 사건들의 시작으로 이해했던 것처럼 보인다. 처음에는 급박하게 임박했다고 기대되었던 메시아 그리고 사람의 아들로서의 예수의 재림이 지연됨에 따라, 그리스도교는 아직 끝나지 않은 이 세상 역사의 한복판에서 한 개인이 종말론적으로 부활했다는 사상에 익숙해지게 되었다.

c) 그럼에도 불구하고 이미 일어난 예수의 부활 사건에 대한 믿음은 의

된다. J. Moltmann, *Der Weg Jesu Christi*, 1989 242f. 부활의 깨어남의 표상에 대한 대안으로는 오직 죽은 자의 영이 나타나는 것이나 이 세상의 삶으로 되돌아오는 것만이 제시될 수 있다(위를 보라). 높여짐의 사상은 물론 유대교 전승에서는 독립적인 표상이었으나, 그리스도교적인 부활의 전승 속에서는 단지 예수의 부활에 대한 함축적 의미로만 나타나며, 항상 부활을 전제하고 있다. 그와 똑같은 것이 또한 부활한 자가 하나님께로 이끌려 올라간다는 사상에도 해당한다. 그는 언젠가 메시아로서 하나님께로 되돌아간다는 것이다(행 3:20f.). 몰트만도 깨어남(Auferweckung)과 부활(Auferstehung)이 "그리스도의 현현을 해석하는 근원적인 범주"였다는 점에 대해서는 논쟁하지 않는다(243). 하지만 그의 진술들은 깨어남과 부활 대신에 저 다른 표상들도 얼마든지 선택될 수 있었던 상황에서 정황상 깨어남과 부활만이 예수 부활의 메시지에 대한 함축적 표현으로 고려되었다는 인상을 준다.

72 이에 대한 자세한 내용은 U. Wilckens, 같은 곳, 134ff.

로운 자들의 부활(눅 14:14) 내지는 믿음으로 예수와 결합된 자들의 부활 (살전 4:14f.; 참고. 롬 6:5 등)에 대한 기대와 관련되어 있다. 또한 그리스도교의 영역에서도 모든 죽은 자들의 부활에 대한 보다 더 보편적인 표상이 그리스도가 재림하실 때 받게 될 심판에 대한 전제로 갱신되었다(행 24:15; 요 5:29; 참고. 계 20:12ff.). 이와 같은 그리스도교적인 종말의 기대의 세부적인 측면들은 이후에 마지막 종말론 장(제15장)에서 철저히 논의될 것이다. 여기서는 우선 중요한 점은 예수의 부활에 대한 주장에 담긴 사상적 내용이 죽은 자들의 종말론적인 부활에 대한 보편적인 기대로부터 분리될 수 없다는 사실이다. 그 이유는 부활의 현현 속에서 스스로 표명되는 예수의 생명의 현실성의 양식(Wirklichkeitsmodus)은 단순한 환각이나 죽은 자의 영에 대한 상상 등과는 달리 오로지 죽은 자들의 부활에 대한 기대의 맥락 속에서만 말해질 수 있기 때문이다. 이 사실로부터 다음의 결과가 뒤따른다.

 d) 예수의 부활에 대한 그리스도교의 메시지는 죽은 자들의 종말론적인 부활 사건이 궁극적 사실이라는 증명을 필요로 한다. 그러한 종말론적 사건의 등장은 유일한 것은 아니라고 해도 예수의 부활을 주장하기 위한 진리조건들 가운데 하나다. 이 주장은 인간적 삶과 세계 사건의 아직 일어나지 않은 완성의 선취에 근거한 현실성 이해를 함축한다. 이미 이 이유만으로도 그리스도교의 부활 메시지는 앞으로 오랫동안 논란이 될 것이다. 예수의 재림과 관련된 죽은 자들의 보편적인 부활이 아직 일어나지 않았기 때문이다. 다른 한편으로 그리스도교의 부활 메시지가 가진 예기적 구조에 대한 통찰은 그 메시지가 사태 자체에 적합하다는 의식을 강화시킬 수 있다. 예기적 구조는 종말론적 구원의 선취 사건으로서 예수의 부활 사건에 상응하는데, 이것은 예수의 선포와 이 세상에서의 사역 안에서 오고 있는 하나님의 통치가 선취되는 사건에 대해 의미 깊은 유비 속에 있기 때문이다. 예수의 역사가 갖는 예기라는 근본 특성에 그리스도교의 부활 메시지가 상응한다. 부활의 메시지는 과거 역사에서 일어난 특별한 사건의

선포로서 인간과 세계의 현실성이 미래에 맞게 될 보편적인 변화와 완성을 언제나 전제하기 때문이다.[73]

5. 예수의 부활을 인류 구원의 희망으로 선포하는 것은 유대교 전통의 경계를 넘어서 다음의 사실, 곧 죽은 자들의 종말론적 부활에 대한 유대교적인 기대가 최소한 근본적 특성에서는 충분한 설득력과 함께 보편타당성을 갖는다고 주장될 수 있다는 사실을 전제한다. 초기 그리스도교의 선교적 역사는 언뜻 보기에는 이 명제를 지지하지 않는 것처럼 보인다. 예수의 부활에 대한 소식은 처음 2세기 동안에는 매우 흔쾌히 죽은 자들의 종말론적인 부활의 교리로 받아들여졌다.[74] 예수의 부활의 소식이 갖는 타당성은 어느 정도까지는 고대 후기의 신비적 문화권 안에서 죽고 다시 살아나는 신들에 대한 신화적 표상들을 통해 이미 주어져 있었다. 여기서 죽은 자들이 몸으로 부활한다는 것, 무엇보다도 "육체"의 부활에 대한 유대교의 기대는 큰 어려움을 야기했다. 하지만 한 편은 다른 편과 분리될 수 없다. 초기 그리스도교는 예수의 부활을, 죽은 자들의 미래적 부활에 대한 기대를 타당하게 만드는 근거로 주장할 수 있었다(*1 Klem.* 23:1; *Barn.* 5:6). 하지만 여기서도 예수 부활의 사실성은 이미 전제되었다. 이미 바울은 예수의 부활과 모든 죽은 자들의 부활 사이의 관계가 역방향으로도 작용한다고 주장했다. "만일 죽은 자의 부활이 없으면, 그리스도도 다시 살아나지 못하셨으리라"(고전 15:13). 그래서 죽은 자들의 미래적 부활을 기대하는 것의 타당성에 대한 더욱 보편적인 논의가 요청된다.

---

[73] 이 점에서 몰트만의 다음과 같은 서술은 올바르다고 할 수 있다. 부활의 증인들에게 부활은 "고정되고 완료된 과거의 사건이 아니었고…오히려 모호한 역사적 사건 속에서 이미 세계의 보편적인 변화에 대한 희망의 근거가 되는 미래적 사건"이었다. J. Moltmann, Gott und Auferstehung, in: *Perspektiven der Theologie. Gesammelte Aufsätze*, 1968, 36-56, 인용은 44.

[74] R. Staats, Auferstehung Jesu Christi II/2, in: *TRE* 4, 1979, 513-529, 특히 523.

사도 바울이 미래의 죽은 자들의 부활에 대해 고린도 사람들과 논쟁했을 때와 마찬가지로, 바울이 아테네 사람들에게 예수의 부활을 선포했을 때 그들의 반응을 묘사하는 사도행전의 보고(17:32) 역시 부활이라는 주제가 그리스도교 초기의 이방 선교에 얼마나 곤란한 것이었는지를 보여준다. 제1클레멘스 서신은 그리스도교의 미래의 기대에 대한 논쟁을 상세히 다루려고 애썼고, 그 과정에서 단지 미래에 있을 죽은 자들의 부활의 시작이 예수의 사건 안에서 이미 발생했다는 언급에 그치지 않았다. 클레멘스에 따르면 매일 새로운 날이 일종의 부활이다(1 Klem. 24:3). 그것은 보이지 않는 조그만 씨앗으로부터 식물이 생겨나는 것과 같다(같은 곳, 24:4f.; 참고. 고전 15:35-38). 심지어 불사조의 신화도 부활에 대한 기대의 증거로 제시된다(25:1ff.). 2세기에는 영지주의가 부활을 영성적으로 곡해하는 것에 맞서 그리스도인들의 몸의 부활을 변호하는 것이 그리스도교 신학의 중심 주제가 되었다. 이 주제에 일련의 문서들이 기여했다. 그 가운데 탁월한 하나는 알렉산드리아의 교리문답 학파의 첫 번째 지도자였던 아테나고라스(Athenagoras)의 죽은 자들의 부활에 대한 논문이다. 아테나고라스는 이미 하나님의 전능의 인용(참고. 2 Klem. 27:5) 혹은 죽은 자들의 부활을 최후의 심판의 전제로 보는 관점[75]을 넘어서서 넓게 구상된 인간학적인 논증을 필연적으로 발전시켜야 한다고 생각했는데, 그 논증은 인간의 영육 일치의 관점으로부터 인간의 구원과 완성이 영혼 외에 몸까지 포함해야 한다는 사실을 보여주려고 시도했다. 여기서 몸의 포함은 오로지 몸의 부활을 통해서만 보증될 수 있다.[76]

---

75 이에 대해 G. Kretschmar, Auferstehung des Fleisches. Zur Frühgeschichte einer theologischen Lehrformel, in: *Leben angesichts des Todes. Beiträge zum theologischen Problem des Todes. H. Thielicke zum 60. Geburtstag*, 1968, 101-137, 특히 101f.를 보라.

76 L. W. Barnard, *Athenagoras. A Study in second century Christian apologetic*, 1972, 122ff.126ff. 참고. 동일저자, Art. Apologetik I, in: *TRE* 3, 1978, 371ff., 특히 386-389.

현대의 상황은 달라졌다. 죽고 다시 사는 신들에 대한 신화적 진술의 신빙성은 이미 오래 전에 사라졌다. 다른 한편으로 예수의 몸의 부활에 대한 주장은 죽은 자들의 부활에 대한 그리스도교적인 미래 희망과 함께 그런 세계관을 근원적으로 불신하는 풍토 속에서 스스로를 보호해야만 했다. 이런 상황에서 죽음을 넘어서는 어떤 희망에 대한 논증, 그리고 인간의 육체성을 그 희망 안으로 편입시키는 것의 적절성에 대한 인간론적인 논증은 중요한 의미를 갖게 되었으며, 이것은 그리스도교적인 부활의 소식에도 해당한다.[77] 이 주제에 대한 정확한 논의는 종말론의 전체 영역의 틀에 속하기에, 나중에 전개될 것이다. 여기서는 그런 논의의 가능성이 잠정적으로 전제되어야 한다.[78]

6. 그리스도교 소식이 주장하는 예수 부활의 실제성에 대한 신뢰성에 결정적인 것은 **부활하신 자가 자신의 제자들 앞에 현현하신 것에 대한 원시 그리스도교의 증언들이며, 이 증언들은 예루살렘에서 예수의 빈 무덤이 발견된 것과 관련되어 있다.** 물론 이 증언들은 아무런 검토도 없이 단순히 권위를 지닌 것으로 받아들여질 수는 없다. 오히려 그것들은 다른 전승된 사실 주장들 사이에서 어떻게 통상적인 것으로서 보존되고 믿을 만한 것이 되었는지 검증되어야 한다.[79]

그리스도교의 부활 전승은 두 가지 매우 다른 층위의 사실이 결합된 것이다. 두 가지는 아마도 처음에는 각각 독립적으로 전승되다가, 나중에서야 이차적으로 서로 결합되었을 것이다. 그것은 제자들 앞에서 **부활하**

---

77 나의 책의 설명과 함께 카스퍼가 인용한 문헌들을 참고하라. *Grundzüge der Christologie*, 1964, 79-85. W. Kasper, *Jesus der Christus*, 1979, 161f.

78 나의 논문을 미리 참고하라. Constructive and Critical Functions of Christian Eschatology, in: *Harvard Theological Review* 77, 1984, 119-139.

79 이어지는 내용들에 대해 나의 책의 내용을 참고하라. *Grundzüge der Christologie*, 1964, 85-103. 또한 브라운의 탁월한 개관을 보라. R. E. Brown, *The Virginal Conception and Bodily Resurrection of Jesus*, 1973, 69-129.

신 자가 현현하신 것 그리고 **예수의 빈 무덤의 발견**이다. 여기서 부활하신 자의 현현에 대한 보고들이 그리스도교의 부활 증언의 토대가 된다. 반면에 빈 무덤의 사실은 그 자체로 볼 때 다양한 해석을 허용한다(요 20:13f.; 참고. 마 28:13). 그래서 후자는 부활하신 자의 현현과 관련되었을 때만 비로소 전체 주제에 대한 중요성을 얻는다.[80]

현현 전승의 가장 오래된 형태는 바울에게서 나타난다(고전 15:3-7). 거기서 열거된 현현들의 이른 연대,[81] 그리고 이 내용들이 한 사람 곧 자신이 말하는 증인들 혹은 최소한 그들 중 대부분을 개인적으로 알고 있었고 그 자신이 경험했던 현현을 일련의 현현 사건들 가운데 마지막 것으로 덧붙일 수 있었던(고전 15:8) 한 사람으로부터 직접 비롯되었다는 정황은 의심할 수 없는 것이다. 비록 상이한 여러 진술들이 바울 자신에 의해 이런 목록으로 총괄 편집되었다고 해도,[82] 나아가 자신의 편지에서 주장하려는 논지에 기여하기 위해 그렇게 했다고 해도, 사정은 달라지지 않는다.

현현들의 특성에 대한 질문에 대답하기란 무척 어렵고, 그와 관련해서 바울 자신이 경험했던 현현과 복음서 저자들이 보고하는 서로 구분되는

---

80 이러한 관점은 1964년에 내가 이미 제시한 것이다. *Grundzüge der Christologie*, 97. 그 당시에 나는 예수의 부활의 역사성에 대한 질문을, 말하자면 부활하신 자의 현현에 근거해서 논의했다(95). 그것은 내가 빈 무덤에 대한 질문에 관여하기 이전이었다. 그렇기에 어째서 나의 책이 "빈 무덤의 사실성에 대해 아마도 신약성서 안에서는 주어지지도 않은 의미를 부여하는가?"(W. Kasper, *Jesus der Christus*, 1974, 160)라는 질문은 이해할 수 없는 것이다.

81 구약성서 안에서 조상들에게(창 12:7; 26:24; 참고. 17:1; 18:1 등)나 모세에게(출 3:2) 하나님이 현현하신 것과 유비를 이루는 ὤφθη(나타나심, 고전 15:5ff.; 눅 24:34 등)의 이해에 대해 A. Vögtle, 같은 곳, 26-43을 참고하라.

82 세부적인 내용에 대해 다음을 보라. C. F. Evans, *Resurrection and the New Testament*, 1970, 44ff. R. E. Brown, 같은 곳, 92ff. 나의 책, *Grundzüge der Christologie*, 86f. 나의 책의 87에서 인용한 고린도전서 15:3ff.의 분석은 빌켄스의 책 제3판을 참고한 것이다. U. Wilckens, *Die Missionsreden der Apostelgeschichte*, 1974, 228.

다양한 현현들 사이의 관계에 대한 질문은 더욱 답변하기 어렵다.[83] 후자의 경우에 우리는 그 전통이 상당히 늦은 시기에 형성되었다는 점, 그리고 세부적인 특성들에서 전설적인 혹은 부분적으로는 의도적인(눅 24:39ff.) 형태화가 이루어졌다는 점을 고려해야만 할 것이다. 물론 복음서들의 보고에 오랜 핵심내용이 여전히 근저에 놓여 있다고 해도 마찬가지다.[84] 모든 현현의 경우에 그 형태와 관련해서 환영을 보는(visionär) 시각적 경험이 중요했다는 점은 널리 알려져 있다. 하지만 이로써 현현의 현실적 내용에 대해서는 아직 아무것도 결정되지 않았다. 세부적인 경우에는 (마약 남용이나 몽상가의 특수한 질병과 같이) 환각이 나타나는 일반적인 경험의 정황으로 증명될 수도 있을 것이다. 환영 경험들이란 모든 경우에 대상과의 관계가 없는 심리적 투사(投射)로 판단되어야 한다는 잘못된 가정은 충분한 근거가 없는 세계관적 가설로서 거부되어야 한다.

핍박자 사울이 마주쳤던 부활하신 주님의 현현에 대한 성서의 기초적 진술로부터 출발한다면, 부활 현현에 고유한 특성에 대한 보다 더 구체적인 추정들에 도달할 수 있다. 사도행전의 보고에 따르면 일종의 (듣는 것과 관련된?) 빛의 현상이 중요했다(행 9:3). 다시 말해 그것은 하늘로부터 오는

---

[83] 앨섭(J. E. Alsup, *The Post-Resurrection Appearances of the Gospel Tradition*, 1975)의 연구는 나로 하여금 복음서 저자들의 다양한 현현 보고들의 연대와 역사적 가치를 묻는 질문에서, 나의 책 *Grundzüge der Christologie* 88f.에서 서술했던 것보다 더욱 세분화하여 판단하도록 만들었다. 하지만 나는 크레이그(W. L. Craig, On Doubts About the Resurrection, *Modern Theology* 6, 1989, 53-75, 특히 61ff.)처럼 복음서 저자들의 현현 보고들 전체를 싸잡아 "근본적으로 믿을 만한 역사"(61)로 볼 수는 없었다. 자신의 주제를 옹호하기 위한 크레이그의 결정적인 주장, 곧 현현 사건들과 복음서 저자들의 보고 사이의 시간적 간격이 전설적인 상을 발전시키기에는 충분히 길지 않았다는 주장(62)은 공관복음서 기록의 이른 시점에 근거를 두고 있는데(70년도 이전), 크레이그(74, 각주 21)와 특히 로빈슨(J. A. T. Robinson, *Redating the New Testament*, 1976)이 그 가설을 따른다.

[84] 이에 대해 J. E. Alsup, 같은 곳, 269f., 특히 272ff., 참고. 211ff.

높여지신 그리스도의 계시다(참고. 갈 1:16).⁸⁵ 이것은 (아직) 지상에 머무시는 (물론 닫힌 문들을 통과하여 나아가기도 하시는) 그리스도를 생각하게 하는 후대의 복음서의 현현 보고들과는 다르다. 바울에게 일어났던 현현의 체험 형식을 사도행전 9장에 따라 재구성할 경우, 그것을 그 밖의 다른 현현 보고들의 근원적 형태로 제시할 수 있게 하는 두 가지 이유가 있다.⁸⁶ **첫째**, 신약성서에서 가장 오래된 증언들이 예수의 부활과 하늘로 이끌려 올라가신 것(Entrückung)을 유일무이한 사건으로 묘사한다는 사실이다.⁸⁷ 이것은 빌립보서 2:9과 사도행전 2:36, 5:30f.에서 묘사되는 것과 같다. 그렇다면 부활하신 자의 자기현시는 틀림없이 은폐된 하늘로부터 일어났다는 결론이

---

85 참고. R. H. Fuller, *The Formation of the Resurrection Narratives*, 1971, 47f. 갈라디아서 1:6은 사도 바울의 회심에 대한 암시로 이해되어야 한다. 많은 사람 가운데서 H. Schlier, *Der Brief an die Galater*, 11.Aufl. 1951, 26f., 참고. G. Bornkamm, *Paulus*, 1969, 40f.를 보라. 에반스(C. F. Evans, *Resurrection and the New Testament*, 1970)가 그 구절에 대해 숙고했던 해석 곧 "나를 통해 그의 아들을 이방인에게 계시하신다"(46)는 가능하지 않다. 왜냐하면 16b에 따르면 이방 선교는 바울에게 주어진 계시의 목적이자 결과로 묘사되고 있으며, 그 점에서 계시와 구분되기 때문이다. 사도행전(특히 9:3)의 의미에서 현현을 빛의 나타남으로 이해하는 것은 부활하신 자의 육체성을 **신령한 몸**으로 표현하는 사도 바울의 진술(고전 15:44)과 어쨌든 대립되지 않는다(참고. 하늘에 속한 "몸들"로부터 빛나는 "광선들"; 40절). 또한 Evans, 66을 보라. 바울에게 일어났던 그 사건의 반영이 고린도후서 4:6에서 나타난다고 볼 수 있다(R. H. Fuller, 같은 곳, 47). 그러므로 사도행전의 보고와 바울 서신과의 근접성은 Evans, 55f.와 66이 용인하는 것보다 더 크다(참고. 182). 그렇다면 에반스가 보았던 결론적 추론, 곧 바울이 다른 사도들에게 주어졌던 현현들을 자신의 것과 같은 것으로 이해했을 것이라는 추론은 사실에 가깝다. 사도행전 저자와 바울의 차이는 무엇보다도 누가가 예수의 제자들에게 일어났던 현현들을 예수의 지상적-인간적 나타나심의 상에 대한 보다 더 강한 유비 속에서 보았다는 사실에 놓여 있다.
86 이에 대해 다음을 보라. E. Schillebeeckx, *Die Auferstehung Jesu als Grund der Erlösung*, 1979, 90. 또한 나의 책, *Grundzüge der Christologie*, 1964, 89.
87 C. F. Evans, 같은 곳, 136ff. 에반스에 의하면 높여지심의 표상이 보다 더 근원적인 것이며, 부활의 표상을 자체 안에 내포한다(136).

도출된다. 이에 더하여 **둘째**, 예루살렘에 있는 예수의 제자들이 바울이 부여받은 사도로서의 직분을 승인했던 것으로 보인다는 사실이다(갈 2:9). 바울은 높여지신 주님 자신으로부터 온 자신의 직분을 결정적인 증거로 내세웠고(갈 1:1, 12), 그것은 부활하신 자의 현현을 전제했다. 그 승인은 바울에게 일어난 주님의 현현 사건이 부활하신 자가 원래 사도들과 만나신 사건과 충분한 정도로 동일한 것으로 인정되었음을 의미한다.[88] 물론 이와 대립되는 견해는 누가가 바울이 경험했던 현현을 부활하신 자가 승천 이전에 제자들과 만나셨던 사건과 똑같은 수준으로 인정하지 않았던 것으로 보인다는 사실이다. 하지만 누가가 예수의 승천 **이전(vor)**과 **이후(nach)**의 시간을 분명히 구분한 것은 부활과 높여지심이 일치한다고 보는 보다 더 원천적이고 명확한 이해로부터 벗어난 것인데, 이것은 누가 자신에게만 독특한 점이다.

사도행전 9장을 준거 틀로 삼으면서 스킬레벡스(Edward Schillebeeckx)[89]는 부활의 현현들을 유대교 전승들 속에 흔히 나타나는 회심의 환상들(Visionen)로 이해했다.[90] 그럼에도 불구하고 그 역시 부활의 현현들을 오로지 제자들의 회심의 경험들이 **표현**된 것으로만 이해하지는 않는다.[91] 실제로 신약성서에서 예수의 부활은 대체로 제자들의 회심의 표현이 아니라, 그것의 출발점과 근거다.[92] 하지만 스킬레벡스는 이러한 출발점이 부활하신 자

---

88 푀그틀레는 이것이 어쨌든 바울의 요구였다는 사실을 강조한다. A. Vögtle, 같은 곳, 60.
89 E. Schillebeeckx, *Jesus. Die Geschichte von einem Lebenden*, 1975, 326. 참고, 622, 각주 93.
90 E. Schillebeeckx, *Die Auferstehung Jesu als Grund der Erlösung*, 1979, 92f.
91 E. Schillebeeckx, 같은 곳, 93f. 참고, 동일저자, *Jesusbuch*, 346ff., 572.
92 "현현이 제자들의 믿음으로부터 설명되는 것이 아니라, 그들의 믿음이 현현으로부터 설명되어야 한다." J. Moltmann, *Der Weg Jesu Christi*, 1989, 239. K. H. Schelkle,

의 **현현**들에 놓여 있지 않다고 생각한다. 오히려 예수는 그의 죽음 이후에 우선적으로 종말론적 예언자와 동일시되었고, 그 예언자가 마지막 때에 다시 올 것으로 기대되었다는 것이다.[93] 그는 이런 내용의 "재림의 케리그마"가 Q의 신학에서도 인식될 수 있다고 말한다.[94] 그와 관련된 확신 즉 예수가 살아 있다는 확신은 그다음에 단지 이차적으로 부활의 현현들 속에서 표현되었다는 것이다. 비록 스킬레벡스가 부활과 현현들 사이의 밀접한 관계를 강조하기는 해도,[95] 그가 재구성한 구도는 바울의 묘사는 물론 복음서 저자들이 묘사하는 부활하신 자의 현현들의 근본적 의미를 바르게 파악하지 못하고 있다. 그의 주제는 아마도 누가와 마태로부터 재구성될 수 있는 어록에 기초하며, 그 어록 안에 부활의 현현들에 관한 언급이 없다는 사실로부터 그는 부활의 전승들이 본래는 그런 종류의 현현들을 알지 못했다고 추론했다. 이러한 **침묵으로부터의 논증**(argumentum e silentio)은 부활 신앙의 생성에 관한 복음서 문헌들 및 바울의 진술에 대해 그와 같이 근본적으로 대립되는 설명의 매우 취약한 토대만을 형성할 뿐이다. 그렇기에 우리는 계속해서 부활의 현현들이 십자가에 못 박히신 자의 부활에 대한 케리그마의 출발점을 형성했다는 사실로부터 출발해야 한다.

마가복음의 보다 근원적인 본문형태(16:1-8) 속에 포함된 **예수의 무덤의 발견**에 대한 보고는 후대의 연구에서 자주 후기 헬레니즘의 전설로 판

같은 곳, 395에서 인용됨.
[93] E. Schillebeeckx, *Die Auferstehung Jesu als Grund der Erlösung*, 1979, 85.
[94] E. Schillebeeckx, 같은 곳, 50ff., 특히 52.
[95] E. Schillebeeckx, 같은 곳, 88f.

단되었다.[96] 그러나 그런 판단에 대해 합리적인 의심이 제기되었으며,[97] 그 결과 무덤 이야기의 점점 더 이른 연대가 평가되었고, 사람들은 그 이야기를 예루살렘의 지역 전승이자 수난사의 근원적인 구성요소로 여기게 되었다.[98] 다른 한편으로 무덤 이야기의 본문은 그 진술의 내용을 순수한 역사적 보고로서 이해할 수 있을지를 의심하게 되는 단서를 제공한다.[99] 그럼에도 불구하고 오늘날 남아 있는 그 이야기의 형태는 또한 역사적으로도 중요한 몇 가지 기억들을 보존하고 있다. 빈 무덤의 발견에서 여성들이 특별한 역할을 했다는 점과, 부활하신 자의 첫 현현이 무덤이 아니라 갈릴

---

[96] 불트만이 그렇게 말한다. R. Bultmann, *Geschichte der synoptischen Tradition*, 4. Aufl. 1958, 308f., 비교. H. Graß, *Ostergeschehen und Osterberichte*, 1956, 20ff., 173-186.

[97] 이에 대한 중심적인 내용을 H. v. Campenhausen, *Der Ablauf der Ostereignisse und das leere Grab*, 1952, 2.Aufl. 1958에서 보라. 참고. R. E. Brown, 같은 곳, 117ff.. 또한 R. H. Füller, 같은 곳, 69f.

[98] 다음을 보라. R. Pesch, *Das Markusevangelium* 2, 1977, 2.Aufl. 1980, 519f. 비교. 18, 20ff.

[99] 이 의심과 관련해서 여자들이 향품을 안식일 이후에 준비했다는 늦은 시간(막 16:1)이 생각될 수 있는데, 누가의 설명(23:56)에서 그것은 안식일 이전에 준비되기에 계속해서 논란이 된다(참고. H. v. Campenhausen, 같은 곳, 24, 각주 84). "여자들이 돌을 옮겨 무덤으로 들어가기 위해서는 도움이 반드시 필요하다는 점을 그곳으로 가는 도중에서야 비로소 깨달았다는 것"은 전혀 믿을 만하지 않다(ebd. 24). 천사의 말씀(16:7)은 16:8b와 마찬가지로 현현 전승의 초기 단계와 조화를 이루기 위해 후대에 추가된 것일 수 있다(참고. *Grundzüge der Christologie*, 1964, 99f.). 전체적으로 볼 때 이 이야기는 "어느 정도까지는 의심할 바 없이 전설적인 특성"을 지니고 있다(H. v. Campenhausen, 같은 곳, 40). 스킬레벡스는 1975년에 무스너(F. Mussner, *Die Auferstehung Jesu*, 1969)와 함께 이 이야기를 예수의 무덤에서 매년 벌어졌던 축제의 제의적 전승으로 이해했다(마 28:15에 대해서는 *Jesus. Die Geschichte von einem Lebenden*, 1975, 298). 참고. L. Schenke, *Auferstehungsverkündigung und leeres Grab*, 1968. 1979년에 스킬레벡스는 이 논지로부터 다시 거리를 두었지만(*Die Auferstehung Jesu als Grund der Erlösung*, 103ff.), 빈 무덤의 역사성은 계속해서 고수했다(104f.).

리에서 발생했다는 기억 등을 들 수 있다.

예수의 빈 무덤의 역사성에 대한 최근의 비판가들 가운데서 루돌프 페쉬(Rudolf Pesch)가 두드러진다. 무덤 전승의 연대에 대한 그의 회의적인 판단은 특별히 주목할 만한 가치가 있다.[100] 페쉬에 따르면 빈 무덤의 이야기는 "제3일"의 예수의 부활에 대한 믿음을 전제하는데, 이 믿음은 거꾸로 "예수의 시신이 무덤 안에 여전히 남아 있었을 것이라는 표상을 배제한다."[101] 그렇기에 이 이야기는 미리 주어진 진리의 각본을 "연출"하려는 목적으로 "구성된 이야기"라는 것이다.[102] 영어권 문헌 가운데 이와 비슷한 무덤 이야기의 해석들에 대해서는 옥스퍼드의 유명한 논리학자 마이클 두메트(Michael Dummett)가 이목을 끄는 논문으로 반대했다.[103] 그는 후버트 리처즈(Hubert Richards)와 퍼거스 커(Fergus Kerr)의 의견을 비판했으며, 이 둘에 따르면 사도들의 부활 메시지는 무덤이 비어 있었다는 사실을 전혀 포함하지 않았다고 한다. 빈 무덤의 내용은 그리스도인들과 유대인들 사이에서 벌어진 논쟁 속에서 일반적으로 인정되었다는 것이다. "논점은 무덤이 비어 **있었는지 아닌지**가 아니고, **왜** 비어 있었는가 하는 것이다. 이유는 둘 중 하나다. 사도들이 주장하는 것과 같이 예수가 실제로 죽은 자들로부터 부활했기 때문이거나, 아니면 그들이 혐의를 받고 있는 것과 같이 사람들을 속이기 위해 예수의 시체를 훔쳤기 때문이다."[104] 이 문제와 관련해서 신약성서의 본문들이 말하

---

100 R. Pesch, *Das Markusevangelium* 2, 1977, 2.Aufl. 1980, 522-540. 또한 동일저자, Das "leere Grab" und der Glaube an Jesu Auferstehung, in: *Internationale katholische Zeitschrift Communio* 11, 1982, 6-20, 특히 19.
101 R. Pesch, Das "leere Grab," 17 외 여러 곳.
102 R. Pesch, 같은 곳, 14. 비교. *Das Markusevangelium* 2, 2.Aufl. 1980, 521.
103 M. Dummett, Biblische Exegese und Auferstehung, in: *Internationale katholische Zeitschrift Communio* 13, 1984, 271-283.
104 M. Dummett, 같은 곳, 278. 나의 책의 설명을 비교하라. *Grundzüge der*

려는 의미는 충분히 분명하다. 그러므로 본문이 말했어야만 했던 것으로 보이는 그것을 실제로는 말하려고 하지 않았다는 어떤 문학적인 관례를 그 본문에 적용하는 것은 설득력이 없다.[105]

역사적 판단을 내리기 위해서는 마가복음 16:1-8의 분석과 함께 다른 한편으로 바로 예수의 사형지와 매장지인 예루살렘에서 원시 그리스도교가 부활을 선포했다는 상황을 고려해야 한다. 그 당시 유대교의 이해처럼 죽은 자의 부활에 대한 소식이 빈 무덤의 사실을 포함했다는 것이 사실이라면,[106] 예수의 빈 무덤과 관련된 전제가 확고한 것이라고 생각하지 않고서는 예수의 부활에 대한 그리스도교의 메시지가 하필이면 예루살렘에서 시작되어 퍼져나갈 수 있었다는 것은 거의 생각될 수가 없다.[107] 바로

Christologie, 1964, 98f.

[105] M. Dummett, 같은 곳, 281. 여기서 두메트는 양식사 방법의 오용을 비판하고 있다(비교. 271).

[106] 그렇게 주장하는 많은 이들 가운데 A. Vögtle, 같은 곳, 97.109.130을 보라. 이것은 페쉬(R. Pesch)의 구상의 전제이기도 하다. 그에 따르면 빈 무덤 이야기는 부활 신앙의 산물이었다.

[107] 이미 알트하우스가 그렇게 말했다. P. Althaus, *Die Wahrheit des kirchlichen Osterglaubens*, 1940, 25. 이 내용은 *Grundzüge der Christologie*, 1964, 97f.에서 인용됨. 몰트만도 비슷하게 말한다. J. Moltmann, *Der Weg Jesu Christi*, 1989, 244. "예루살렘으로 돌아온 제자들이 전한 부활의 소식은, 만약 예수의 시신이 아직 무덤에 있다는 것이 입증되었더라면, 그 도시에서 한 시간도 유지될 수 없었을 것이다." 참고. W. L. Craig, On Doubts about the Resurrection, *Modern Theology* 6, 1989, 53-75, 특히 59f. 그와 달리 페쉬(R. Pesch)는 그의 주석에서 그러한 논증을 매우 개괄적으로 "증명될 수 없고 그래서 반박되어야 하는 가설"로 묘사했다. *Das Markusevangelium* 2, 2.Aufl. 1980, 538. 그는 자신의 판단을 다음의 논문에서 상세하게 논증했다. Zur Entstehung des Glaubens an die Auferstehung Jesu. Ein Vorschlag zur Diskussion, *ThQ* 153, 1973, 201-228, 특히 206-208. 무덤 전승에 대해 그가 거기서 제기한 의심은 그 자신의 주석에서 인정한 연대와 일치하지 않으며, 특히 그 전승이 무덤을 발견했던 여자들에게 부여하는 역할과 일치하지 않는다. 첫눈에 인상 깊게

이 사실이 일반적으로 알려졌고 그리스도교적인 부활 소식의 옹호자와 적대자 모두에 의해 전제되었다는 것에 대한 확증은 그리스도인들과 유대교 적대자들 사이에서 벌어진 그 주제에 대한 논쟁으로부터 오는데, 이 논쟁은 복음서들에서 읽을 수 있다(마 28:13-15; 요 20:2, 12ff.).[108] 예수의 시체가

다가오는 것은, 마가복음 6:14, 16에서 만나는 헤롯의 견해 즉 예수는 참수된 세례 요한이 다시 소생한 것이라는 견해가 빈 무덤 없는 부활의 표상을 입증한다는 주장이다 (208, 비교. K. Berger, *Die Auferstehung des Propheten und die Erhöhung des Menschensohnes*, 1976, 15ff.). 하지만 죽은 사람이 **다른 사람 안에서** 육체를 입고 소생했다는 표상은 종말론적 부활의 표상 혹은 이 땅의 현존재의 형태 안으로 들어가 전혀 다른 생명으로 변화하는 것과 완전히 구분된다. 푀그틀레도 이런 명제를 거부했다. A. Vögtle, 같은 곳, 80ff. 비교. W. Kasper, Der Glaube an die Auferstehung Jesu vor dem Forum historischer Kritik, *ThQ* 153, 1973, 229-241, 특히 236. "분명한 것은, 십자가의 단절 이후에 신약성서가 부활을 옛 삶으로의 회귀가 아니라 새로운 시대 안에 있는 질적으로 다른 새로운 생명의 시작으로, 그리고 예수께서 '영 안에서' 현재하시는 질적으로 새로운 방식으로 이해했다는 사실이다. 그러므로 예수의 부활은 구약성서적·유대적 표상에 따라 죽지 않았던 엘리야가 다시 온 것으로 이해되지도 않았고, 또한 그 당시의 대중적인 방식에 따라 지상의 예수 안에서 세례 요한이 다시 환생했다는 방식으로 이해되지도 않았다."

[108] 참고. H. v. Campenhausen, *Der Ablauf der Osterereignisse und das leere Grab*, 2.Aufl. 1959, 31ff. 왜 "오래된 전승 안에서", 예를 들어 마태복음 28:13-15에서, 예수의 빈 무덤에 대해 유대교가 시도했던 설명들과의 논쟁이 등장하지 않는가라는 푀그틀레의 질문(A. Vögtle, 같은 곳, 87ff.)은 다음과 같은 경우에만 예수의 빈 무덤을 초기에 알고 있었다는 가정에 대한 이의제기가 될 수 있을 것이다. 그것은 마가복음과 누가복음의 설명들이 이미 그러한 논쟁들을 — 그것들이 실제로 일어났다고 가정했을 경우에 — 반드시 언급했어야만 했다는 경우다. 하지만 이 경우는 마가와 누가의 설명들의 특성 그리고 추정되는 수취인들을 생각할 때 전혀 있을 법하지 않다. 그 외에도 무덤의 문이 열려 있었고 비어 있는 것으로 발견되었다면, 제자들의 검증과 확증이 반드시 보고되었어야 한다는 푀그틀레의 계속되는 이의제기(92ff.)도 타당성이 떨어진다. 왜냐하면 지배적인 의견(또한 Vögtle, 115)에 따르면 마가복음 16:1-8의 보고대로 무덤의 문이 열리고 빈 것으로 발견되었던 그때, 제자들은 갈릴리에 있었기 때문이다. 그러므로 예수의 무덤이 비어 있었다는 것을 이른 시기에 이미 알고 있었다는 가정에 반대해서 푀그틀레가 제시하는 근거들은 설득력이 없다(Vögtle, 같은 곳, 97f.에 반대하는 주

무덤 안에 여전히 있다는 이유로 그리스도인들이 비난을 받았다는 흔적은 그 어디서도 발견되지 않는다. 이 사실의 중요성은 예수의 빈 무덤의 발견 전승에 관한 토론에서 자주 과소평가되었다. 또한 그 죽으신 자의 육체성과 부활의 관계가 갖는 타당한 의미도 마찬가지다. 특히 예수가 얼마 전에 죽으셨다는 사실과 관련해서, 그리고 예수의 부활이 바로 예루살렘에서 선포되고 믿어졌다는 정황의 관점에서 볼 때, 과소평가된 것이다.

예수의 빈 무덤의 사실성에 대해 논쟁하려는 사람은 부활 신앙에 대한 그 당시 유대교의 증언들 가운데 죽은 자의 부활이 무덤 안에 놓인 시신과 아무런 관계를 가질 필요가 없다는 견해가 있었다는 것을 증명해야만 한다.[109] 나아가 그러한 (지금까지 입증되지 않은) 견해가 팔레스타인에서 충분히 널리 퍼져 있었다는 사실도 받아들여져야만 한다. 그렇지 않은 경우 예수의 시체가 손대지 않은 채로 무덤에 남아 있다고 전제하면서 원시 그리스도교가 예루살렘에서 예수의 부활을 성공적으로 선포할 수는 없었을 것이기 때문이다. 그다음에 계속해서 다음의 사실도 설명되어야 한다. 복음서들의 진술에 따르면 무엇 때문에 그리스도인들과 그 적대자들이 예수의 시체가 남아 있는지에 대해 논쟁을 벌였는가 하는 사실이다. 이와 같은 여

장임). 그리스도교의 부활 선포가 빈 무덤의 존재를 고려하기는 하지만, 예루살렘 사람들은 예수의 무덤에 전혀 관심을 두지 않았고 유대교의 적대자들에게도 그런 관심을 가질 계기가 주어지지 않았다는 그의 주장은 내적으로 믿기 힘든 것이다.

109 부활한 자들의 육체성에 대한 표상은 확실히 매우 다양했다. 이에 대해 크레머 (J. Kremer)를 다루는 다음 글을 참고하라. G. Greshake/J. Kremer, *Resurrectio Mortuorum. Zum theologischen Verständnis der leiblichen Auferstehung*, 1986, 68ff. 나아가 영혼불멸이라는 그리스적 표상에 대한 대립도 항상 분명하지는 않았다(71ff.). 부활의 기대가 종말론적인 미래와 결합되었기에, 무덤 안에 놓인 시체와의 관계를 묻는 질문이 거의 논의되지 않았다는 것은 놀랄 만한 일이 아니다. G. Stemberger, *Der Leib der Auferstehung*, 1972, 115f. 하지만 근본적인 표상은 인간의 현존재는 오로지 육체적일 뿐이라는 사실, 즉 "언제나 단지 육체성 안에서만 구현될 수 있을 뿐"이라는 사실이었다(116).

러 사실들이 증명되고 설명되지 않는 한, 우리는 예수의 무덤이 실제로 비어 있었다는 사실을 받아들여야만 한다.

바울이 예수의 무덤에 대해 언급한 것(고전 15:4)이 예수의 빈 무덤 발견을 그 사도가 알고 있었다는 논증으로 평가될 수는 없을 것이다. 하지만 바울이 빈 무덤을 분명하게 언급하지 않았다는 사실로부터[110] 그가 그것을 몰랐을 것이라고 추론해서도 안 되며, 다만 빈 무덤의 사실성을 강조하는 것이 바울이 서면으로 표현하는 논쟁의 맥락 속에서 바울 자신에게 신학적으로 중요한 것이 아니었다는 점만을 추론할 수 있다. 이것은 놀랍지 않다. 거기서 바울에게 중요한 것은 자명하게도 예수의 부활이라는 말이 지닌 함축적인 의미이기 때문이다. 바울에게 부활 사건에 대한 증거는 부활하신 자의 현현들이고 빈 무덤이 아니었다. 이것은 빈 무덤의 사실성에 대한 다양한 해석의 가능성의 관점에서 볼 때 분명하다. 빈 무덤의 사실성은 예루살렘에서는 자명한 실재로서 틀림없이 중요했겠지만, 에베소나 고린도에서는 그렇지 않았다. 그 외에도 빈 무덤의 사실에는, 죽음에서 깨움이나 부활의 주장 속에 무덤이 비어 있다는 것이 이미 함축되어 있는 경우에는, 어떤 독자적인 의미가 부여되지 않는다. 다른 한편으로 빈 무덤의 사실성이 홀로 부활의 주장을 지지할 수도 없다.

예수의 부활의 사실에 대한 원시 그리스도교의 확신은 빈 무덤의 발

---

110 크레이그(W. L. Craig, 위의 각주 83을 보라)에 의하면 예수가 장사 지내졌다는 사실의 강조 그 자체는 무덤이 비어 있었다는 사실을 함축하고 있지 않지만, 그러나 고린도전서 15:3ff.에서 "죽으시고…장사 지낸 바 되셨다가…다시 살아나사"라고 연속되는 진술은 그 사실을 함축하고 있다(*Modern Theology* 6, 1989, 57). 나는 이것이 매우 중요한 논증이라고 생각한다. 바울이 죽음 외에 예수께서 장사 지내진 것을 언급한 것은 죽음의 실재성을 강조하기 위한 언어적·상투적 표현에 그치는 것이 아니라, 오히려 사실성의 주장으로 이해되어야 한다(J. Broer, *Die Urgemeinde und das Grab Jesu. Eine Analyse der Grablegungsgeschichte im Neuen Testament*, 1972, 273ff.에 반대하는 주장임).

견이 아니라, 부활하신 자의 현현들에 근거한다. 그렇지만 부활 사건의 증언 전체에 대해 빈 무덤 전승이 무의미한 것은 아니다. 빈 무덤 전승은 부활하신 자의 현현이 단순히 환각이었을 것이라는 추측을 어렵게 만든다. 다른 한편으로 빈 무덤 전승은 부활 메시지가 단지 영성적으로만 해석되는 오류를 막는다. 그런 해석이 예수의 지상에서의 육체성이 새로운 생명의 종말론적 현실성으로 변화했다는 사상을 가능하게 한다고 해도 마찬가지다. 예수의 빈 무덤의 발견은 부활 신앙의 산물로 설명될 수 없고, 오히려 그 현현의 사건들과는 독립적으로 일어났을 것이다. 비록 빈 무덤 전승이 부활 신앙의 빛 속에서 발생했다고 해도, 부활의 소식에 대해서는 현현의 사건들 속에서 마주친 예수의 현실성을 식별하여 죽은 자들로부터의 부활과 동일시할 수 있게 했던 확증의 기능이 반드시 인정되어야 한다.

7. 예수께서 "부활하셨다"는 주장 곧 죽은 나사렛 예수가 새로운 생명에 도달했다는 주장은 이미 역사성(Historizität)**의 요청을 함축하고 있다.** 이 요청은 여기서의 주장과 마찬가지로 시공간 안에서 발생한 사건들에 대한 모든 주장에도 해당한다. 그 주장이 비판적 검증을 견딜 수 있을 것이라는 신뢰, 그런 검증의 결과로 주장되는 사태가 무효로 입증되지 않을 것이라는 신뢰를 얻으려면 그렇다. 만일 예수의 부활에 대한 그리스도교의 주장이 시간과 공간 안에서 펼쳐지는 인간의 역사를 전적으로 초월한 어떤 사태의 주장이라면, 사정은 완전히 달라질 것이다. 하지만 부활은 그런 경우가 아니다. 그리스도교의 부활의 소식은 예수의 부활이 이 세상으로부터 하나님 곁에 있는 불멸의 새로운 생명으로 건너가는 사건이라고 주장하지만, 그러나 그와 함께 부활의 사건 자체가 이 세상 속에서 성취되었음을 말한다. 다시 말해 부활은 예루살렘에 있는 예수의 무덤 속에서, 그의 죽음 직후의 일요일 아침에 그곳을 찾았던 여자들 앞에서, 일어난 것이다.

"제3일에"(사흘만에, 고전 15:4)라는 시간의 언급을 바울은 (막 8:31; 9:31; 10:34 및 평행구절들과는 달리) 명확하게 "성경의" 성취라고 말했다(비교. 눅 24:27). 이 부분에서 호세아 6:2("여호와께서 이틀 후에 우리를 살리시며 셋째 날에 우리를 일으키시리니")을 생각할 수 있는지[111]의 질문은 열려 있다. 마가복음 16:2에서 말해지는 시간("안식 후 첫날 매우 일찍이 해 돋을 때")은 호세아의 구절로부터는 거의 도출될 수 없고, 오히려 마가의 그러한 표현을 통해 주어지는 3일이란 형식 — 이것은 예수의 죽음과의 시간 간격과 딱 맞아떨어지지는 않는다 — 이 나오게 된 기원으로 고려되어야 한다.[112]

어떤 사건이 과거에 실제로 일어났다고 단정하는 주장은 역사성의 요구를 내포하고 있고, 그렇기에 역사적 검증에 노출되어 있다. 이에 상응하는 것이 나사렛 예수가 죽음 이후 "제3일"에 "부활했다"는 그리스도교의 주장에도 필연적으로 적용된다. 하지만 이 주제의 바른 이해를 위해 다음의 사실들이 고려되어야 한다.

a) "역사성"(Historizität)은 역사적 사실로 주장되는 사건이 그 밖에 알려진 다른 사건들과 비슷하거나 동질적이라는 것을 반드시 의미할 필요는 없다.[113] 역사성의 **요구**는 발생한 사건의 사실성(Tatsächlichkeit)의 주장으

---

111 참고. G. Delling, in: *ThWBNT* II, 1935, 951ff., 또한 C. F. Evans, 같은 곳, 47ff., 그리고 K. Lehmann, *Auferweckt am dritten Tag nach der Schrift*, 1968, 221-230.
112 E. L. Bode, *The First Easter Morning*, 1970, 161. 이 내용을 크레이그가 인용한다. W. L. Craig, 같은 곳, 58. 여기서 크레이그는 브라운(R. E. Brown, *The Gospel according to John* II, 1970, 980)이 추정한 내용을 참고한다. 빈 무덤의 발견 시점에 대한 언어표현이 모든 복음서에서 일치한다는 것은 다음의 사실에 대한 지시로 받아들여질 수 있다는 것이다. "무덤이 발견된 시간에 대한 기본적인 제시는 3일로 헤아리는 가능한 상징주의가 인지되기 이전에 이미 그리스도교적인 기억 속에 고정되었다." 이 견해는 에반스(C. F. Evans, 같은 곳, 75f.)와는 반대된다. "셋째 날에" 예수께서 부활하셨다는 표상의 유대교적 뿌리에 대해 다음을 보라. K. Lehmann, *Auferweckt am dritten Tag nach der Schrift*, 1968, 262-290.
113 이에 대해 트뢸치와 나의 논쟁을 보라. E. Troeltsch, Heilsgeschehen und Geschichte, *KuD*, 1959), 지금은 in: *Grundfragen systematischer Theologie* 1, 1967, 46ff., 특히 49ff. 몰트만도 비슷하게 말한다. J. Moltmann, *Der Weg Jesu*

로부터 분리될 수 없기는 하지만, 바로 그 사실성(특정한 시점에 발생한 어떤 사건의 사실성) 이상의 것을 포함하지는 않는다. 다른 사건과의 동질성에 대한 질문은 역사성 주장의 정당성을 비판적으로 판단하는 데 중요한 역할을 행사할 수는 있겠지만, 그 주장과 결부된 진리요청 자체의 조건은 아닌 것이다.

b) 그러므로 소멸적인 세계의 현실성과 대비되는 부활 생명의 종말론적 현실성의 **이질성**에 대한 지시는 역사성의 요구, 즉 특정한 시간에 발생한 사건의 사실성의 주장과 함께 주어지는 요구와 맞닿을 수 없다.[114] 예수의 부활의 역사성을 주장할 때 나타나는 신학적인 관심은 성육신의 진술과 유비를 이루면서, 종말론적인 새로운 생명이 죽음을 극복하는 일이 우리의 지금 이곳의 세계와 역사 속에서 실제로 일어났다는 사실에 있다.

c) 어떤 사건의 역사성을 주장하는 것은 주장된 사건이 그것의 사실성에 대해 사람들이 전혀 다툴 수 없을 만큼 확실하다는 것을 의미하지는 않는다.[115] 역사적 사실이라고 주장되는 많은 것들은 실제로는 논란거리가

Christi, 1989, 266ff. 하지만 몰트만은 예수의 부활을 사실사로(historisch) 보는 것을 거부한다(다음 각주를 참고하라). 이에 더하여 비교. D. P. Fuller, The Resurrection of Jesus and the Historical Method, *The Journal of Bible and Religion* 34, 1966, 18-24.

114 많은 사람 가운데 특히 몰트만(J. Moltmann, *Der Weg Jesu Christi*, 1989, 236)이 그 사실에 대해 오해했다. 그는 이렇게 말한다. "그리스도의 부활을 그의 십자가의 죽음과 마찬가지로 '역사적'이라고 말하는 사람은 부활과 함께 시작한 새 창조를 간과했으며, 종말론적 희망을 놓치고 있다." 십자가 사건과의 차이는 부활 사건의 질적 특성에 있는 것이지 그것의 발생의 성격에 있는 것이 아니다.

115 널리 알려져 있으나 그럼에도 불구하고 부적절한 이와 같은 생각이 예수의 부활에 대한 그리스도교의 주장에서 "역사적"이라는 표현에 주어지는 회의에 대해 일차적인 책임을 져야 할 것이다. 이 문제에 대해 카스퍼는 다음과 같이 말한다. 나는 "예수의 부활이 역사적이라고 주장될 수 없다면, 그것이 현실 사건이라고 주장할 수 있는" 정당한 근거가 없어진다는 점을 주장하며, 이에 따라 "역사적 연구에 대해 강력한 입증책임을 지운다." W. Kasper, *Jesus der Christus*, 1974, 160. 여기서 카스퍼가 간과한 것

되며, 그런 주장은 원칙적으로 의심의 대상이 된다. 예수 부활의 경우 모든 그리스도인은 그 사건의 사실성이 세상의 종말론적 완성에 이르기까지 계속 논란이 될 것임을 알아야 한다. 왜냐하면 그 사건의 본래적인 특성이 소멸적인 이 세상에 집중된 현실성 이해에 강력하게 도전하고 있을 뿐만 아니라, 또한 예수의 부활 속에서 시작된 새로운 현실성이 아직은 보편적 · 결정적으로 발생한 것이 아니기 때문이다.[116] 그럼에도 불구하고 그리스도교의 믿음은 죽은 자들의 부활의 종말론적인 생명이 십자가에 못 박히신 예수에게서 이미 발생했다고 주장하며, 과거 사건에 대한 사실성의 주장으로서 그 진술은 불가피하게 역사성의 요구를 내포한다. 이 요구를 부

은 그가 적절하게 다시 제시한 주제에서 우선적으로 중요한 것이 과거 사건의 사실성 주장과 관련된 **논리적 맥락**이고, 그 주장의 근거가 되는 권리를 어느 정도까지 인정할 수 있는가 하는 것은 그 주장과는 구분되어야 할 별개의 질문이라는 사실이다. 그래서 그는 또한 이렇게도 말한다. 나는 "사실상 역사적 방법을 과도하게 요구했다"(같은 곳). 하지만 "역사적"이라는 말은 "역사적으로 증명될 수 있음"을 뜻하는 것이 아니라 (J. Moltmann, *Der Weg Jesu Christi*, 1987, 237), 다만 "실제로 일어났다"는 것을 말한다. 도대체 무엇이 모든 종류의 의심을 넘어설 수 있다는 식으로 역사적일 수 있을까? 어떤 사실에 대해 역사성을 주장한다는 것은 다만 그 주장의 내용이 역사적 검증의 대상이 될 수 있다는 기대만을 포함하는 것이며, 그 검증의 결과에 따른 다양하고 논쟁적인 판단을 내리는 것과는 별개의 문제다.

116 이런 의미에서 나는 몰트만이 주장하는 취지에 동의한다. J. Moltmann, *Der Weg Jesu Christi*, 1987, 235, 263ff. 몰트만은 그리스도교의 부활의 믿음에 대해 이렇게 쓴다. "모든 죽은 자들의 종말론적 부활을 통해 검증될 때까지 그 믿음은 희망으로 남는다." 또한 부활 신앙의 언어는 "약속의 언어이자 근거를 지닌 희망의 언어이지만, 아직 완성된 사실의 언어는 아니다"(245). 하지만 이런 서술 속에서 바울이 강조하는 예수의 부활의 **완료형**(perfectum, 고전 15:12ff.)은 희미해지고 있다. 그러므로 다음과 같이 말하는 것이 더 올바를 것이다. 예수의 부활에서 시작된 새로운 생명의 현실성은 아직 완성된 것은 아니고 그래서 부활 사건은 여전히 논란의 소지를 갖지만, 그럼에도 불구하고 그 사건은 이미 발생한 것으로 주장되며, 그리고 이미 등장한 것으로서 그리스도교적인 희망을 "확증된 희망"으로 만든다. 어쨌든 몰트만도 예수에 대해 "그는 다른 모든 죽은 자들보다 먼저 죽음으로부터 깨워졌다"고 말한다(245). 여기서 그는 이후의 긴 설명보다 더욱 많은 것을 말했다.

정하면서 사실성의 주장을 계속 유지하려 한다면, 혼란이 초래될 수밖에 없다.

d) 예수 부활의 역사성과 관련해서 각 사람이 어떤 판단을 내리는가 하는 것은 개별적 증빙자료들의 검토를 넘어서서(그리고 이와 연관된 사건과정의 재구성이라는 과제와 밀접하게 결합되면서), 판단하는 사람이 어떤 현실성 이해의 안내를 받고 있는지, 그리고 그에 따라 그가 무엇이 근본적으로 가능하다고 간주하는지 혹은 개별적인 증빙자료에 대한 모든 숙고 이전에 이미 무엇을 결정적으로 배제해야 하는 것으로 간주하는지에 달려 있다. 여기서 바울 이전의 사울과 마찬가지로 죽은 자들이 어떤 상황에서도 절대로 부활하지 못한다는 가정으로부터 출발하는 사람은 예수의 부활을 사실로 받아들일 수 없을 것이며(고전 15:13), 부활을 지지하는 중요한 증거들이 아무리 많다고 해도 그럴 것이다.[117] 하지만 그러한 종류의 판단은 독단적인 선행하는 결정에 기초하고 있으며, (선입견으로부터 자유로운 역사적인 검증을 거쳐 전승된 문헌들이라는 의미에서) 비판적이라고 부를 수 없는 것이다. 물론 역사적인 재구성은 대체로 일반 상식적인 현실성 이해에 초점이 맞춰져 있다. 이런 이해는 철저히 유동적인 운동 중에 있으며, 예를 들어 새로운 학문적 성과들을 충분한 범주로 수용하자마자 그것은 그 새로운 학문이 전망하는 관점을 취한다.[118] 중세 시대에는 현실에 대한 성서적 관점이 또한 그런 일반적인 현실성 이해의 구성요소에 속했다. 그러나 그리스도교 전승의 초기 시대에도 그랬던 것처럼, 오늘의 근대적 세속화의 문화 속에서 하나님이 행동하시는 영역이라는 성서적 관점의 현실성 이해는 — 종말

---

117 이에 대한 고전적 사례는 흄의 유명한 저작 가운데 **"기적에 대하여"**(Of Miracles, ch. X)라는 장에 등장한다. David Hume, *An Inquiry Concerning Human Understanding* (1758), ed. Ch. W. Hendel 1955, 117-141, 특히 137f.

118 이에 대해 탁월한 명확성과 균형을 갖춘 다음의 설명을 보라. H. Burhenn, Pannenberg's Argument for the Historicity of the Resurrection, *Journal of the American Adademy of Religion* 40, 1972, 368-379.

론적인 완성의 이해를 포함해서 – 매우 도전적이다. 세속적인 역사학자가 이 도전에 제대로 대응하는 것은 어려울 것이다. 하지만 그리스도교의 메시지를 비판적으로 판단하려 한다면, 그는 다음 두 가지 질문을 구분할 수 있어야 한다. 그 판단은 어느 정도까지 개별적인 증빙자료들을 통해 그리고 대안적인 서술들의 보다 더 큰 정합성을 통해[119] 필연적인 것인가라는 질문과, 어느 정도까지 그 판단은 원칙적인 선입견의 결과에 불과한가라는 질문이다. 그 판단이 후자의 경우에 해당하는 한, 그리스도교 신학은 세속적인 역사와의 관계 안에서 예수 부활의 역사성을 주장할 때 주어지는 그런 판단의 도전을 피해 물러서야 할 이유를 갖지 않는다.

2. 예수와 하나님의 하나 됨의 그리스도론적인 전개

a) 예수의 하나님의 아들 되심과 하나님의 영원성 안에 있는 그 지위의 근원

부활 사건은 사도적 선포와 교회적 그리스도론의 역사적인 출발점이다. 이 두 가지는 부활 이전의 예수의 역사로 향하는 소급관계 속에서 부활 사건의 본래적인 의미 위에 기초하게 된다. 소급관계는 임박한 하나님의 통치를 전하는 메신저로서의 그의 사역에 대한 관계이며, 또한 그의 인격과 결합되었던 메시아 칭호에 대한 관계를 뜻한다. 메시아 칭호는 로마인들의 유죄 판결과 사형 집행으로 이끌었던 고소 안에서 주어졌던 것이다. 이와 같은 소급관계는 내용적으로 유대인들과 로마인들이 그를 거부하고 유죄 판결을 내린 것과 관련해서 하나님께서 부활 이전의 예수의 사역과 인격을 확증하시고 의롭다고 칭하신 것이라는 특성을 갖는다(딤

---

[119] 후자의 관점이 갖는 의미에 대해 다음 저서를 보라. A. Dunkel, *Christlicher Glaube und historische Vernunft. Eine interdisziplinäre Untersuchung über die Notwendigkeit eines theologischen Geschichtsverständnisses*, 1989, 288f.

전 3:16). 이 확증 및 칭의 사건에 함축된 의미가 이제 자세히 논의되어야 한다.

예수의 부활 사건이 인간적 심판자가 그에게 내린 유죄 판결과 정반대되는 하나님의 확증과 칭의로 이해된다면, 그때 우선 그에 대해 제기된 고소는 기각된 것으로 보아야 한다. 다시 말해 예수는 자신을 하나님과 동등시하지 않았고, 자신을 하나님의 아들로 선언한 것은 더욱 아니다(막 14:61). 오히려 그는 자신을 하나님으로부터 구분했고 자신을 아버지께 굴복시켰으며, 자신의 모든 행위와 사역을 통해 다만 아버지의 통치에 봉사했다. 그는 아버지께 영광을 올려드렸는데, 이 영광은 모든 피조물이 한 분 하나님이신 그분께 빚지고 있는 것이다. 오직 아버지의 왕권 통치에 복종함으로써 이루어지는 "아버지로부터의 자기구분" 안에서, 그리고 그 통치를 위해 봉사하는 가운데, 그는 아들이다. 이것은 대제사장의 질문에 대한 예수의 대답에 담긴 모호한 이중성을 설명해준다. 공관복음서의 전승에 따르면 대제사장은 예수를 고소하는 유대교 재판의 정점에서 이렇게 물었다. "네가 찬송 받을 이의 아들 그리스도냐?"(막 14:61) 예수의 모호한 대답은 복음서 저자들의 서로 다른 표현 속에 잘 반영되어 있다. 마가(14:62)는 "예"(내가 그니라)라고 말하고, 다른 한편으로 누가(22:64)와 마태(26:67f.)에서는 부정하는 것은 아니지만 분명히 주저하는 반응을 보고한다. 하나님의 아들 되심을 고백한다면 – 누가는 이렇게 이해될 수 있다 – 자신을 하나님 자신의 인격과 동등하게 여기는 인간적 월권으로 이해될 것이기에, 아무도 그것을 믿지 않을 것이다. 그 고백은 한 분 아버지 하나님께 순종한다는 의미로 이해되지 않을 것이다. 이 사실은 계속되는 서술 안에서 확증된다. 왜냐하면 사람의 아들의 심판을 통한 예수의 위협은 그렇게 추정된 자기월권의 표현으로 이해되었던 것처럼 보이기 때문이다(마 26:65; 참고. 눅 22:70f.). 하지만 예수가 아버지의 "아들"인 것은 오로지 그가 그분의 왕권의 통치에 전적으로 순종하고 그 통치를 위해 봉사하기 때문이다. 인간적 심판자들의 판결과 반대되는 예수의 신적 칭의는 우선 다음의 사실을 말한다. 예수는 바로 자신을 하나님과 동등시하지 않음으로써 하나님 앞에서 아버지의 "아들"로서 인정을 받았다. 이것은 그의 부활을 통해 온 세상에 알려진다. 부활을 통해 아들로 "인정"(선포)되는 것(롬 1:4)은, 비록 이 구절에서는 그렇게 분명히 말해지지 않는다고 해도(비교. 빌 2:8f.), 하나님께서 자신이 파송한 예수의 권위를 확증해주시는 표현으로 이해되어야 한다.

예수를 "아들"로 부르는 것은 예수가 부활 이전의 사역 가운데서 하나님을 "아버지"라고 말했던 것과 같은 방식의 근거를 갖는다. 물론 예수가 자신의 입으로 스스로를 "아들"로 지칭했는지(마 11:27; 눅 6:22)는 역사적 의미에서 확증적이라고 보기는 어렵다. 하지만 이러한 자기표명의 역사성을 묻는 질문은 어쨌든 이차적인 의미만을 갖는다. 왜냐하면 그의 메시지가 선포하는 "아버지"로서의 하나님과 자신을 관계시키는 예수 특유의 방식은 그 아버지와의 관계 속에 있는 아들 됨의 내용을 이미 포함하기 때문이다. 부활의 빛에서 이 사실을 바라볼 때, 하나님 자신이 죽은 자들로부터 깨우심으로써 의롭게 된 자를 "아들"로 부르게 된 것이 분명해진다. 특히 "하나님의 아들"이란 칭호가 다른 관계성 즉 메시아 되심에 관한 질문과 연계되어 예수의 재판에서 중요한 역할을 했기에 더욱 그렇다. 왕이신 메시아에게는 "하나님의 아들"이라는 칭호가 부여되는데, 왜냐하면 시편 2:7과 사무엘하 7:14에 따르면 다윗의 후손인 왕은 하나님의 아들이라고 불렸기 때문이다.[120] 그러므로 "아들"이란 표현은 예수가 직접 요구하지 않은 것이다. 다만 그 표현은 예수의 유죄

---

[120] 이로 미루어볼 때 다윗의 후손이라는 것은 로마서 1:3f.에서 아들의 지위로 인정받기 위한 전단계로 보인다. 이것은 시편 2:7에서 실제로 왕으로서의 통치자로 취임하는 것과 관계가 있었다. 예수의 다윗의 혈통에 대해 다음을 보라. F. Hahn, *Christologische Hoheitstitel. Ihre Geschichte im frühen Christentum*, 1963, 242-279, 특히 244. 또한 O. Cullmann, *Die Christologie des Neuen Testaments* (1957) 2.Aufl. 1958, 128ff. Chr. Burger, *Jesus als Davidsson*, 1970.

판결과 처형의 근거로서, 그의 인격과 결합된 메시아 칭호를 예수에게 특징적인 아버지 하나님께 대한 관계와 연결시킨다.

하나님께서 십자가에 못 박히신 자를 죽은 자들로부터 깨우심으로써 그를 의롭게 하신 칭의는 로마인들이 그를 자칭 메시아로 유죄판결하고 처형한 것과 관련해서도 이해될 수 있다. 예수에 대한 로마의 판결과는 반대로 죽은 자들로부터의 부활을 통한 하나님의 칭의는 다음과 같이 말한다. 예수는 정치권력의 의미에서 메시아인 것이 아니며, 로마의 통치에 저항한 폭도로서 고소하는 그런 의미의 메시아도 아니다. 그럼에도 불구하고 메시아 칭호가 계속 유지되는 것은 그것이 아들의 칭호와 결합되어 있기 때문이다. 나아가 그 칭호는 예수라는 이름의 구성요소이지만, 여기서는 십자가에 못 박히신 자의 수난의 순종이라는 의미로 변형되어 있다. 이와 함께 예수는 자신이 선포한 하나님의 왕권 통치의 전권을 지닌 대리자로서 확증된다. 이것은 예수가 메시아의 지위로 높여지신 것을 의미하며, 죽은 자들로부터 그를 깨우신 하나님의 영의 능력 안에서 하나님의 아들로 인정되어 그 권능을 완전하게 행사할 수 있게 되었음을 뜻한다(롬 1:4). 여기서 그의 높여지심은 죽은 자들로부터의 부활을 통해 예수에게 주어진 칭의의 표현이다. 높여지심은 그에 대한 고소, 유죄 판결, 십자가의 죽음과 여전히 관계되어 있다. 그렇기에 높여지신 자의 메시아적 통치에서 중요한 것은 단순히 예수의 수난사에 이어지며 그것을 해체해서 뒤로 넘겨버리는 그의 길의 새로운 국면이 아니다. 오히려 중요한 것은 십자가에 못 박히신 자 바로 그분의 메시아성이다. 그래서 요한복음은 메시아성을 역설적으로 수난의 길과 연관시켜서 십자가의 운명 그 자체를 이미 "높여지심"(Erhöhung)으로 해석할 수 있었다(요 3:14; 8:28; 12:32f.). 그러므로 요한복음의 의미에서 예수의 십자가 죽음에 대해 말한다는 것은 오로지 그의 부활과 아버지께로 돌아가는 귀환의 빛 안에서 가능하다.

하나님께서 부활 사건을 통해 보이신 예수에 대한 확증은 세 번째로 예수의 지상 사역에 이르기까지, 다시 말해 그 사역의 근거가 되는 하나님의 통치의 선포 그리고 그 자신의 등장과 함께 실현된 그 통치의 시작에 이르기까지 확장된다. 그 확증에 포함된 예수 자신의 인격의 요구, 즉 예수 자신 안에서 그리고 그를 통해 하나님의 미래가 이미 현재한다는 사실을 인정하라는 요구는 부활 사건의 빛에서 볼 때 더 이상 인간의 월권으로 보이지 않는다. 오히려 예수의 부활을 통해 그가 이미 지상 사역에서 아버지의 권위를 행사했다는 사실, 그래서 아버지의 왕권 통치가 그 사역 안에서 이미 현재적이었다는 사실이 이제는 확증된다. 예수는 땅 위에 등장했을 때 이미 아버지의 아들이었다. 부활을 통해 비로소 아들의 권능의 자리에 앉았다고 해도 그렇다(롬 1:4). 죽은 자들로부터의 부활을 통해 아들로 인정된 것은 예수가 부활의 때에 이르러 비로소 아버지의 아들이 되었다는 뜻이 아니다.[121] 그런 견해는 예수의 부활이 갖는 증거능력을 오해하게 만들 것이다. 부활 사건은 확증을 발생시키는 사건으로서 소급 적용의 능력을 갖는다.[122] 그래서 부활 사건의 빛에서 볼 때 예수의 하나님의 아들 되심은 이미 요한의 세례 때, 즉 그의 공적 사역의 시작점과 연관된다(막 1:11과 평행구절들).[123] 하지만 예수의 부활이 그의 메시지와 활동만을 확증하는 것은 아니다. 그것과 관련된 그 자신의 인격의 내용이 그 확증과 분리될 수 있는 것이 아니다. 오히려 예수의 부활은 그 자신 즉 자신의 메시지 때문에 불분명한 상황에 빠져든 그의 인격 자체를 확증한다. 그렇기에 아버지께 대한 아들의 관계의 근거는 올바르게도 그의 지상에서의 현존의 시작, 즉

---

121 이것은 로마서 1:3f.에서 인용한 문구에 대한 바울의 해석이다. 참고. U. Wilckens, *Der Brief an die Römer* 1, 1978, 59.
122 위의 527f.의 각주 92를 보라.
123 더 자세한 내용은 나의 책 *Grunzüge der Christologie*, 1964, 136ff.를 보라. 예레미아스에 의하면 요한이 예수께 베푼 세례는 어쨌든 역사적으로 볼 때 예수가 자신을 아들로서 인식하는 시작이었다. J. Jeremias, *Die Verkündigung Jesu* (Neutestamentliche Theologie I) 1971, 2.Aufl. 56ff.61ff.

그의 수태와 탄생에 이르기까지 소급될 수 있었다(눅 1:32.35).[124] 이 사태의 적절한 이해를 위해 다음의 사실에 주의해야 한다. 예수의 하나님의 아들 되심과 그의 세례를 결합시키는 것 그리고 그의 지상적 현존재의 근원을 하나님의 아들의 탄생으로 묘사하는 것은 오직 부활 사건의 빛 안에서, 그리고 그 사건에 대한 확증 기능의 표현으로서만 적절하게 정당화될 수 있다는 사실이다. 오직 위의 관점에서 평가한다면, 예수의 하나님의 아들 되심이 한편으로 그의 세례에 근거한다는 표상과 다른 한편으로 그의 탄생에 근거한다는 표상은 서로 모순되지 않으며, 죽은 자들로부터의 부활을 통해서 아들의 지위에 앉으셨다는 오랜 진술에 이를 수 있게 된다. 그 표상들만 따로 떼어 관찰하면, 그것들은 예수의 하나님의 아들 되심의 기원에 관하여 서로 경쟁하고 대립하며 서로를 부정하는 세 가지 보고들로서 설명된다.[125]

---

[124] 누가복음(1:26-38)이 제시하는 것과 같은 예수의 동정녀 수태의 전설은 약속된 아이에 대한 "하나님의 아들"의 칭호(1:32)를 이미 전제하고 있다. 특히 1:35b에서 알 수 있는 것은 그 이야기가 예수의 하나님 아들 되심의 원인론적(Ätiologie)인 특성을 가지고 있다는 사실이다. 이 사실은 예수가 하나님의 아들이라는 것이 다른 방식으로 이미 알려져 있는 사태에 대한 이유도 제공한다. 위의 552f. 각주 139에서 언급된 브라운의 탄생 이야기 연구를 참고하라. R. E. Brown, 313과 517-531.

[125] "신약성서 안에서 아들 개념이 다양하게 사용되는 것은…교의학적인 사유에게" 각자 자신의 고유의 길을 갈 수 있는 자유를 주며, 그래서 각각의 사용과 관련된 "내용"을 수용할 필요가 없다는 주장이 있다. 예를 들어 그라스가 그렇게 생각했다. H. Graß, *Christliche Galubenslehre* I, 1973, 112.117. 하지만 이런 주장은 그리스도교 교리가 성서의 증언에 구속되어 결합되어야 한다는 사실을 이상하게 곡해하고 있다. 사용된 다양한 형태가 그런 구속력 있는 결합으로부터 자유롭게 해주는 것은 아니며, 오히려 교의학으로 하여금 그 다양성보다 앞서 위치하는 사태 자체의 통일성에 대해, 그리고 그 사태에 근거한 동기 곧 다양한 증언의 형태들이 생겨나오게 된 동기들에 대해 질문하게 한다. 이 과제에 대한 통찰이 나의 책을 저술하는 과정의 바탕에 놓여 있었다. *Grundzüge der Christologie*, 1964, 131-151.

부활 사건은 다른 관점에서도 예수의 메시지를 확증해주는 것으로 이해될 수 있다. 그 사건이 직접 임박한 하나님의 미래적 통치가 시작되었다는 예수의 선포에 대한 최소한 부분적인 성취로서 이해될 수 있다는 점에서 그렇다. 그 당시의 세대가 다 지나가기 전에 실제로 종말은 오지 않았다(막 9:11; 13:30; 비교. 마 10:23). 하지만 예수에게 하나님의 통치의 종말론적인 구원은 자신의 죽은 자들로부터의 부활을 통해 이미 현실이 되었다. 그렇기에 "재림의 지연"은 원시 그리스도교에게 믿음의 근본을 뒤흔드는 실망일 필요가 없었다. 물론 바울을 포함해서(살전 4:15-17) 첫 세대의 그리스도인들은 재림이 가깝다는 전망을 여전히 갖고 있기는 했다(고전 15:51; 롬 13:11). 그러나 부활하신 주님과 그의 영을 통해 종말론적 구원은 믿는 자들에게 이미 현재적으로 확실했기에, 종말의 완성까지 아직 남아 있는 시간적 거리는 단지 부차적인 것이 되었다. 물론 이것이 종말론적 완성의 미래가 예수 그리스도를 믿는 믿음에 본질적이라는 사실을 조금이라도 변경시킨 것은 아니다. 하지만 강조점이 옮겨졌다. 구원에 참여하는 근거는 부활 사건의 결과 그리고 예수의 부활에 대한 믿음과 결부된 영의 수용의 결과로 이해되었는데, 여기서 강조점은 종말론적 미래에 대한 지향으로부터 자신의 영을 통해 현재하시는 주님과 연합된 공동체로 이동했다. 예수가 메시지를 전하는 상황 속에서 임박한 하나님의 종말론적 미래의 직접성이 그것으로 향하도록 외치는 긴급한 부르심의 동기를 이루었던 반면에, 부활절 이후에 그 동기의 자리에는 예수의 죽음과 부활 속에서 일어난 화해와 구원의 메시지가 위치했다. 이어지는 시대에 구원의 근거는 더욱 뒤로 물러나서 이제는 구원자의 성육신과 결합되었다. 이런 발전은 이미 예수의 메시지와 사역의 특징이었던 예기적 현재, 곧 구원의 미래의 예기적 현재와 동일선상에서 평가되어야 한다. 그때 그 발전은 인위적인 것이 아니라, 예수 자신에 기초한 계기들이 적절하게 전개된 것으로 이해될 것이다. 예수의 부활이 그러한 그의 지상 사역의 특성을 확증하는 것은 부활이 예수의 신적 전권을 공고해주었다는 사실을 통해서, 그리고 부활 안에서 구원의 미래를 예기하는 시작의 형식이 반복되었다는 사실을 통해서다. 하지만 하나님의 통치의 구원 즉 하나님과의 연합 안에 있는 새로운 불멸의 생명은 예수에게는 등장했지만 모든 믿는 자에게 보편적으로 주어졌던 것은 아니었다. 두 가지 동기들은 또한 성육신의 사상 속에서 일치한다. 그것은 아직 완성되지 않은 세계사의 한가운데서 드러나는 구원의 예기적 계시이며, 또한 부활 사건의 빛 속에서 인지될 수 있는 현현 곧 예수의 지상의 역사 안에서 나타나신 하나님의 영원한 아들의 현현의 표현이다.

하나님의 아들 되심의 사상 안에서 영원하신 하나님께 속하는 예수의 귀속성이 표현된다. 이것은 그의 부활을 통해 확증되는 그의 인격과 파송의 내용이다. 이 귀속성은 예수가 지상에서 현존했던 시간대에 한정되지 않는다. 예수를 생명으로 깨우신 하나님께서 그의 메시지를 확증하신다는 것은 예수가 신적 전권 속에서 사역했다는 것만이 아니라 또한 바로 하나님께서 영원 전부터 예수가 선포했던 바로 그분이신 것을 말해준다. 예수의 메시지와 역사는 아버지의 계시, 그리고 창조에 대한 그분의 사랑과 호의의 종말론적·궁극적 계시를 포함하고 있다. "아들과 또 아들의 소원대로 계시를 받는 자 외에는 아버지를 아는 자가 없느니라"(마 11:27과 평행구절). 아버지께서 영원 안에서 아들이신 예수와의 관계 속에 계시고 그를 통해 역사적으로 계시되시는 분이라면, 반대로 아들도 역시 영원 전부터 아버지께 속하며, 그래서 아버지는 아들 없이 생각될 수 없다. 이것은 한편으로 부활하신 자가 아버지와의 영원한 연합으로 높여지셨음을 의미한다. 아들이신 예수가 영원하신 하나님께 귀속된다는 사실은 다른 한편으로 예수의 지상에서의 현존이 시작하기 이전에 이미 아들이 아버지와 결합되어 있었음을 의미하고, 이에 따라 아버지께 대한 예수의 고유한 귀속성은 그의 지상에서의 탄생 이전의 시기로 소급된다.[126] 나사렛 예수의 역사적 인

---

[126] 쿠셸(K.-J. Kuschel, *Geboren vor aller Zeit? Der Streit um Christi Ursprung*, 1990)은 "우리는 하나님의 신성을 더 이상 예수와 무관하게 생각할 수 없다"는 나의

격에 대한 관계가 영원 안에서는 아버지 하나님의 신적 정체성(Identität)의 특성을 이룬다면, 거꾸로 탄생 이전의 아들의 선재 — 이 아들이 나사렛 예수 안에 역사적으로 계시될 것이다 — 도 말해져야만 한다. 이에 따라 예수의 역사적 현존재는 선재하는 아들의 성육신 사건으로 생각되어야 한다. 이때 선재하는 아들은 결코 아버지께 대한 아들 예수의 역사적인 관계와 무관하게 생각되어서는 안 된다. 그의 선재에 관한 진술은 오로지 그 관계에 근거되어 있기 때문이다. 그러므로 아들과 아버지의 영원한 관계는 신학적으로 예수의 역사적 현존재와 사역으로 이루어진 그의 성육신으로부터 분리될 수 없다.[127] 그럼에도 불구하고 우리는 아버지와 아들의 그 영원

주장에 동의한다(528, 나의 책의 인용은 *Das Glaubensbekenntnis, ausgelegt und verantwortet vor den Fragen der Gegenwart*, 1972, 75). 이 진술에 이어 말해지고 있듯이, 예수가 믿는 자들의 믿음 안에서 "영원하신 하나님의 신성에 분리될 수 없이" 귀속되어 있다는 사실은 "신약성서적으로 무조건적으로 확증될 수 있다." 하지만 쿠셸은 그 사실로부터 "그 진술이 하나님과 예수의 동일본질"도 포함하고 있다는 결론을 이끌어낼 수 있는지를 묻는다. 그가 인용했던 나의 문장에서 내가 확증하는 것과 같이 과연 예수가 "인간이 되기 이전에, 즉 인간적인 출생 이전에" "하나님과의 합일이라는 측면에 따라 이미 아들로서 존재했다"고 말할 수 있는지를 묻는 것이다. 그것은 말하자면 "비록 인간으로서 영원하지 않고 우리 모두와 같이 시간 안에서 태어났음에도 불구하고, 그 인간은 또한 하나님의 영원성에 참여하는가"라는 물음이다(같은 곳). 물론 그렇게 질문할 수도 있을 것이다. 하지만 쿠셸은 그 자신도 긍정했던 귀속성 곧 인격으로서의 예수가 영원 안에 계신 하나님께 분리될 수 없이 속해 있다는 귀속성을 진지하게 다루고자 한다면, 그러한 결론을 어떻게 회피할 수 있을지에 대한 논증은 제시하지 않았다.

[127] 선재 사상과 예수 그리스도 안에서 일어난 하나님의 역사적 계시의 결합은 칼 바르트가 『교회교의학』 I/1에서 이미 말했던 내용이다(*KD* I/1, 1932, 448). 아들의 영원한 신성을 인간 예수의 역사적 현존재와 연결시키는 작업은 바르트에게서 예정론을 통해 다음과 같이 실행되었다. 예정의 첫 번째 "대상"은 "사람의 아들로의 규정 속에 계신… 하나님의 아들, 즉 선재하는 신인(神人) 예수 그리스도시다. 그가 하나님의 모든 예정의 영원한 근거인 것이다"(*KD* II/2, 1942, 118; 비교. III/1, 1946, 54). 여기서 바르트는 선재 사상을 독특하게 이중적으로 이해했다. 선재 사상은 *KD* I/1, 448에서는 영원한 아들이신 예수 그리스도의 신성과 관련되었고, *KD* II/2, 118 이후부터는 그 밖에도

한 관계가 예수의 지상에서의 탄생 이전에도 이미 존재했다는 사실이 아버지의 영원한 정체성에 속하는 것으로 이해해야 한다. 그 결과 우리는 예수의 지상에서의 탄생 이전의 선재, 곧 그의 역사 속에서 계시된 하나님의 아들의 선재 상태에 관해서도 말할 수 있게 된다. 마찬가지로, 그리고 동일한 근거에서 십자가에 못 박히신 자 곧 부활하신 자의 아버지와의 지속적인 결합에 대해서도 말할 수 있는데, 이 결합은 아버지와의 연합으로, 그리고 그의 통치에 대한 참여로 예수께서 높여지신 결과인 것이다.

선재 사상의 종교사적인 기원은 비유대교적이고 헬레니즘적인 표상들 속에서가 아니라 오히려 유대교의 지혜문학(잠 8:22f.; 집회서 24:3ff.)에 놓여 있다고 추정된다. 그 기원에 대한 질문[128]이 예수 전승에서 찾을 수 있는 이유 곧 그 사상이 예수의 형태와 결합된 이유에 대한 보다 더 근본적인 질문을 밀어내서는 안 된다.[129] 선재의 진술들은 예수의 높여지심에 대한 고백과 마찬가지로 죽은 자들로부터의 부활을 통한 예수의 신적 전권의 확증으로부터 주어졌다. 여기서 믿는 자들의 역사적인 우선성 혹은 우선적인 관심은 틀림없

또한 예수의 인간적 현실성과도 관련되었다. 하지만 선재의 표상의 이중화 그리고 예정 사상을 통한 양 측면들의 결합을 통해 바르트는 영원한 아들의 선재를, 아들 예수의 아버지께 대한 역사적 관계의 맥락을 사상적으로 규정하는 데까지 전개하지는 못했다. 왜냐하면 예정의 행위는 하나님의 세계관계의 자유에 속하기 때문이며, 그렇기에 그 행위의 내용은 하나님의 신적 본질의 영원한 정체성에 대해 본질적인 것이 아니기 때문이다. 그렇지 않으면 세계 자체가 신적 본질과 짝을 이루는 상관관계의 대상이 되어 버릴 것이다. 그러므로 성육신의 맥락은 아버지께 대한 아들의 영원한 관계로부터 근거되어야 하는 것이지, 예정론으로 우회해서 근거되어서는 안 된다.

128 이에 대해 다음을 보라. G. Schimanowski, *Weisheit und Messias. Die jüdischen Voraussetzungen der urchristlichen Präexistenzchristologie*, 1985, 13-308. 또한 H.v. Lips, *Weisheitliche Traditionen im Neuen Testament*, 1990, 150ff.

129 이 결합은 누가복음 13:34f. 및 평행구절과 같은 어록집(Q)에서 나타나고 있음에도 불구하고, 쉬모노브스키 등은 예수 이후의 시기에 관련시킨다. 참고. G. Schimonowski, 같은 곳, 313f. 또한 개괄적으로는 H. v. Lips, 같은 곳, 254ff.

이 높여지심의 진술에 있지만, 아들의 선재는 그 진술과 깊이 관련되어 있으며,[130] 높여지심과 마찬가지로 부활하신 자의 영원한 하나님께 대한 귀속성에 근거를 두고 있다. 이것은 선재의 진술들이 원시 그리스도교의 문헌들 속에서 일찍부터 등장한 사실을 설명해준다. 바울의 경우 선재의 진술들은 빌립보서 2:6ff.에서 바울 이전의 찬송가로부터 인용한 것으로 나타날 뿐만 아니라[131] 또한 선재 사상은 예수 그리스도께서 창조의 중재자라는 주장에서도 나타난다. 예를 들어 "만물이 그로 말미암고"(고전 8:6)에서, 그리고 이스라엘의 구속사 안에서 그리스도가 활동했다는 주장(고전 10:4)에서 나타난다.[132] 세상으로 아들을 "파송"하는 것에 대한 진술들도 바울에게서(갈 4:4; 롬 8:3) 파송의 출발점으로서의 선재 상태를 전제한다.[133] 이것은 요한복음에서 논란

---

[130] 하버만은 그리스도의 높여지심이 그의 선재에 대한 진술의 출발점이라고 말한다. J. Habermann, *Präexistenzaussagen im Neuen Testament*, 1990, 421f., 429f.

[131] 이에 대한 자세한 내용은 J. Habermann, 같은 곳, 91-157.

[132] J. Habermann, 같은 곳, 178ff., 또한 215ff., 221ff. 참고. G. Schimanowski, 같은 곳, 317ff.와 320-327.

[133] W. Kramer, *Christos Kyrios Gottessohn. Untersuchungen zum Gebrauch und Bedeutung der christologischen Bezeichnungen bei Paulus und den vorpaulinischen Gemeinden*, 1963, 110ff. 또한 F. Hahn, *Christologische Hoheitstitel. Ihre Geschichte im frühen Christentum*, 1963, 315f. 한(Hahn)은 파송의 진술 그 자체는 예언자들의 파송(예를 들어 마 12:1-9)의 의미에서, 다시 말해 선재를 전제하지 않고서도, 이해될 수 있을 것이라고 말했다. 하지만 갈라디아서 4:4에서와 같이 파송이 "출생 곧 이 세상의 실존"과 관계되거나 "이 땅의 여건들과 관계성들 안으로 진입한다"는 사실과 관련되는 곳에서 사태는 한의 주장과 다르다(Kramer, 110, 참고. Hahn, 316). 그렇다면 파송 사상에 대해 선재의 표상은 이미 전제되어 있는 것이다. 이러한 논증은 갈라디아서 4:4과 로마서 8:3의 파송에 관한 진술들을 아들의 선재하는 지위의 전제와 관련시키는 것을 부정적으로 보는 비판가들에 의해서도 무력해지지 않았다. 블랑크(J. Blank, *Paulus und Jesus*, 1968, 267)와 슈나이더(G. Schneider, Präexistenz Christi, in: J. Gnilka, Hg., *Neues Testament und Kirche. Festschrift R. Schnakkenburg*, 1974, 399-412, 408, 각주 43)는 마가복음 12:4-6에 나오는 예언자들의 파송의 유비를 수용했지만, 이 유비의 적용가능성에 대한 한

의 여지없이 확실하다(요 3:18; 참고. 요일 4:10). 어쨌든 예수 안에서 현현하신 하나님의 아들의 선재에 대한 표상을 단순히 주변적 현상으로 취급하는 것은 원시 그리스도교의 전승 내용에 부합하지 않는다. 그런 취급은 선재의 표상이 "오로지" 골로새서 1:15-17과 히브리서 1:2의 찬송, 그리고 요한복음에서만 나온다는 주장을 가리킨다.[134] 하지만 선재의 표상은 실제로는 죽음에

(F. Hahn)의 비판을 고려하지는 않았다. 비슷하게 던(J. D. G. Dunn, *Christology in the Making. A New Testament Inquiry into the Origins of the Doctrine of the Incarnation*, 1980, 38-46)도 역시 갈라디아서 4:4에 대한 가장 가까운 평행구분으로 마가복음 12:6을 제시했다(40). 던은 "여자에게서 나게 하시고"라는 어법이 반드시 출생 사건을 가리킬 필요는 없다고 바르게 생각했으나, 이것과 구분되어야 하는 사실 즉 바울의 문장이 전체적으로 여자로부터의 출생이나 법에 굴복하는 것과 함께 (유대인으로서의) 이 세상적인 실존 조건을 언급하고 있고, 이와 함께 아들이 파송된 목적지인 세상의 상태에 대해서도 상세히 서술한다는 사실을 다루지는 않았다. 이에 상응하는 내용이 다른 방식으로 또한 로마서 8:3에도 해당한다.

[134] K.-J. Kuschel, *Geboren vor aller Zeit? Der Streit um Christi Ursprung*, 1990, 526f. 쿠셸은 여기서 그 자신이 빌립보서의 그리스도 찬양시에 대해 지혜문학적인 선재의 표상을 인정했으며(329) "낮아지심과 높여지심에 대한 진술의 기능"으로서의 인격적인 선재의 진술에 대해 이미 말했다는 사실을 잊고 있다(336). 바울에게 후자가 중심이라는 점은 그러한 기능을 지닌 선재의 진술 역시 중요하다는 사실을 폐기하지 않는다. 여기서 중요한 것이 선재의 "독립적인" 진술이 아니라는 점은 분명하다(335). 하지만 이것이 바울이 선재의 표상을 부정했다는 것을 의미하지는 않는다. 쿠셸에게서 볼 수 있는 경향, 곧 본문들의 각각의 맥락 안에서 선재의 진술들과 구분되는 신학적 강조점을 주장해서 선재의 진술들의 의미를 상대화하고 그다음에는 그것을 경시하며 마침내 소멸시키는 경향(참고. 고전 10:4에 대해서는 362ff., 고전 8:6에 대해서는 365ff., 특히 317ff.)은 사태 자체에 대한 주석의 수준을 편견 없이 객관적으로 고양시키는 인상을 주지는 않는다. 만약 쿠셸이 후대 교회들의 교의학적인 진술들과 위에서 언급한 신약성서 본문들의 함축적 의미와의 실제적 관계에 대한 질문에 반대하는 비판, 곧 "해석학적으로 일관성이 없는 방법"(528)으로 아버지와 아들 사이에 언제나 이미 전제되는 "형이상학적인" 결합에 도달하기 위해 예수의 역사가 "도약의 발판"으로 오용되고 있다(528, 참고. 526f.)는 비판을 제기하고 있다면, 우리가 그런 논쟁적 탈선으로부터 읽어낼 수 있는 것은 단지 처음부터 무의미한 것은 아니었던 그 관계들에 대한 질문이 명백하게도 저자인 쿠셸이 공감했던 질문이 아니었다는 사실뿐이다. 왜 그

서 깨워져 하나님께로 높여지신 주님에 대한 사도적 선포와 깊이 관련되어 있고, 이 관련성은 신약성서 본문들 안에서 충분히 명확하게 표현되어 있다. 여기서 우리는 본문들로부터 선재의 주제에 대한 그 어떤 체계적이고 교훈적인 성찰도 기대하지 말아야 한다는 사실을 분명히 해야 한다. 그런 성찰은 잘 알려져 있는 것과 같이 다른 주제들의 경우에도, 예를 들어 높여지심의 표상과 관련해서도 찾기 어렵다.

아버지께 대한 예수의 관계 속에서 역사적으로 현현했던 하나님의 아들의 선재 사상은, 만약 예수와 영원하신 하나님과의 연합을 주장해야 할 뿐만 아니라 또한 예수가 선포한 아버지 하나님의 영원한 정체성을 아들인 예수와의 관계에 확고히 연결시키려고 한다면, 불가피하다. 그렇지 않은 경우에 사람들은 영원하신 하나님과의 연합을 하나님의 예정에 따라 수용하려고 할 것이며, 반드시 선재를 자신들과 관련시킬 필요가 없게 될 것이다. 하지만 한 인간에 대한 관계가 하나님의 영원한 정체성(Identität)의 본질에 대해 구성적이라면, 이 관계의 대상은 상관존재(Korrelat)로서 영원해야 하며, 이로부터 아들의 선재성이 귀결된다. 다른 한편으로 선재의 표상이 어디서나 항상 하나님의 영원한 본질과 하나라는 결합의 표현일 필요는 없다. 그렇다면 하나님의 창조 사상이 역사적으로 실현되기 이전에

리스도의 메시지의 실제적인 맥락과 그에 따른 그리스도교 교리에 대해 신약성서적 진술들의 함축적 의미에 대한 체계적 성찰의 과정이 희화화되어야 하는가? 이런 일이 일어나는 이유는 단지 쿠셀 자신이 아마도 예수의 상을 삼위일체론으로 이끄는 모든 요소들로부터 정화시키려고 애쓰기 때문이 아닐까?(참고. 505ff., 666ff.) 분명 삼위일체론의 배경이 되는 맥락은 이미 바울에게서도 단지 선재 사상의 등장에만 의존하지 않는다. 오히려 결정적인 것은 영원한 아버지에 대한 아들로서의 예수의 귀속성이 그의 영원한 아들 되심의 가정을 내포하고 있다는 사실이다(위의 632f.의 각주 126을 보라). 이러한 내용으로부터 다음의 사실이 추정될 수 있다. 이 사태는 원시 그리스도교 안에서 그리스도론적인 표상들이 형성되는 전승사적 과정을 통해서도 드러나 있다.

있었던 그 사상의 순수한 "관념적 선재"[135]를 말할 수 있게 된다. 하나님의 의도 속에 존재하는 그러한 선재는 모든 피조적 현실성과 마찬가지로 하나님의 창조적 자유의 조건 아래 있으며, 하나님의 본질의 영원한 정체성을 구성하는 요소는 아니다.[136] 선재 사상 그 자체는 아직 신적 본질에 대한 귀속성을 표현하지 않기에, 그리스도교 신학 안에서는 예수 그리스도와 관련된 선재의 표상이 이른 시기에 등장했음에도 불구하고 오랜 기간 동안 신학적 논쟁이 필요했고, 4세기에 이르러서야 선재하는 아들의 완전한 신성을 최종적으로 해명하게 되었다. 이 해명을 오랫동안 방해했던 것은 아들이 아버지 밖으로 나오는 것을, 영원하신 하나님이 창조와 구속의 경륜의 행위로 건너가시는 것과 관련해서 논의해야 하는 정황이었다. 여기서 아들이 아버지 밖으로 나간다는 것은 창조 행위의 시작으로 여겨졌고, 그 결과 아버지의 영원한 신성과 같은 단계에 설 수 없었다. 오리게네스는 아버지에 의한 아들의 영원한 출생의 명제[137]를 통해 그러한 관찰방식의 압력으로부터 벗어날 수 있는 출구를 마련했지만, 다른 한편으로 그 압력에 여전히 붙들려 있었다. 오리게네스를 통해 예비된 아타나시오스의 논증, 즉 아버지가 아들 없는 아버지가 아니시기에 아버지는 아들 없이 존재하신 적이 없다는 논증[138]이 비로소 예수 그리스도 안에서 현현하신 하나님의 아들의 선재에 대한 그리스도교적인 고백을 그의 완전한 신성의 의미로 해명하는 것을 가능하게 했다.

예수의 하나님의 아들 되심의 근원은 오로지 하나님의 신성 자체 안에

---

135 관념적 선재와 실재적 선재 사이의 차이에 대한 강조를 다음에서 보라. R. G. Hamerton-Kelly, *Pre-existence, Wisdom and the Son of Man*, 1973.

136 하나님의 결의(Ratschluß) 속에 있는 예수 그리스도의 선재에 대한 칼 바르트의 서술을 각주 127에서 보라(특히 *KD* III/1, 54).

137 오리게네스(Origenes, *De princ*. I,2,4)에 대해 『조직신학 I』, 443을 보라.

138 Athanasius, *c. Arian*. I,29 등. 비교. Origenes, *De princ*. I,2,10. 또한 『조직신학 I』, 440ff.의 설명들을 보라.

놓여 있다. 이것은, 비록 많은 경우에 신약성서가 진술하는 선재의 의미가 불확실하게 파악되기는 해도, 본질적으로 중요한 의미다. 다른 진술들에 나오는 예수의 하나님의 아들 되심을 부활 사건, 세례, 혹은 그의 출생으로 소급시키는 것은 그 의미에 반대되지 않는다. 그 진술들의 이해에서 그것들이 근거한 특별한 맥락과 그 진술들 각각의 핵심에 주의하고 그것을 예수의 하나님의 아들 되심의 궁극적 근거를 묻는 질문에 대한 대답으로 읽으려 하지만 않는다면 말이다. 선재의 진술이 바로 그 결정적인 대답으로 우리를 인도했다. 그러나 그 내용은 오랜 기간의 해명을 필요로 했다. 다른 한편으로 선재의 진술들은 죽은 자들로부터의 부활, 예수의 세례, 그의 탄생의 맥락에서 예수의 하나님의 아들 되심에 대한 진술들과 일치한다. 왜냐하면 이러한 모든 진술은 죽은 자들로부터의 예수의 부활의 빛 속에서, 그리고 거기서 사건으로 발생한 확증 곧 예수의 지상 사역을 확증하는 빛 속에서 가능해졌기 때문이다. 하지만 이 문제는 아버지의 영원한 본질에 예수가 아들로서 속한다는 귀속성의 내적 근거와는 어떻게 관계되는가? 아버지께 대한 예수의 역사적인 관계 속에 놓이는 그런 내적 근거가 없다면, 부활 사건의 빛 속에서 형성된 진술들 즉 아들의 지위에 대한 사도적 케리그마의 진술들은 예수의 역사적 현실성에 대해 단지 피상적인 것으로 머물렀을 것이다. 비록 아들 예수가 아버지께 대해 갖는 관계의 고유한 특성이 그의 죽은 자들로부터의 부활의 빛 속에서만 명시적으로 주제화될 수 있다고 해도, 그럼에도 그 특성은 예수가 지상에서 아버지께 대해 갖는 관계 안에서 입증될 수 있어야 한다. 예수의 영원한 아들 되심에 대한 신학적 진술들이 그 관계 안에서 본래적인 대상을 가져야 하기 때문이다.

b) 하나님의 아들 되심의 내적 근거인 "아들의 아버지로부터의 자기구분"

예수의 메시지의 핵심은 아버지 그리고 다가오는 그분의 나라이지, 예수가 자신의 인격에 대해 요구한다는 지위 곧 자신을 "하나님과 동등시하는" 지위의 요구가 아니다(요 5:18). 예수는 자신을 단순한 한 인간으로서

한 분 하나님이신 아버지로부터 구분했고 다가오는 하나님의 통치의 요청에 순종했으며, 그 순종을 그의 청중에게도 요구했다. 그래서 그는 "선한 선생"이라는 공손한 호칭을 거부했으며, 하나님만이 홀로 선하신 분이라고 말했다(막 10:18과 평행구절들). 그럼에도 불구하고 예수에게 이미 하나님과의 관계 속에 존재하는 아들-의식이 있었다고 말하려면,[139] 그가 하나님을 아버지라고 불렀다는 것에 대한 성찰이 중요하다. 아들은 아버지와의 관계 속에서 아버지의 존재에 상응하는 존재다. "아들이 아버지께서 하시는 일을 보지 않고는 아무것도 스스로 할 수 없나니…"(요 5:19) 요한복음의 이 구절은 아들 관계의 의미를 적절하게 설명해준다. 이것은 또한 공관복음의 본문들에서도 나타나는데, 다만 다른 사람들과 두드러지게 구분되는 예수의 특별한 지위를 부차적으로 의도하지는 않는다. 어록집에 따르면 예수는 이와 같이 청중들에게 그들 자신을 하늘에 계신 그들(!)의 아버지의 자녀들로서 입증해야 한다고 보편적으로 요구했다. 그것은 하나님께서 태양을 선인과 악인 모두에게 비춰주시듯이, 그들도 각자의 원수들을 사랑해야 한다는 요청(눅 6:35; 마 5:45)을 뜻한다. 마찬가지로 어록집에 속하는 구절인 마태복음 11:27(눅 10:22)도 원래는 예수의 인격에 대한 명시적인 요구를 포함할 필요가 없었고, 오히려 비유의 말씀이었다고 생각될 수 있다. 이 비유는 아들 관계의 그림 속에서 아버지께 대한 복종을 참된 하나님 인식의 조건으로 설명한다고 이해된다. 오늘의 맥락에서 본다면 이 말씀은 물론 예수의 특별한 지위를 표현한다. 악한 포도밭 주인의 비유에서도 아들의 모습(막 12:6과 평행구절들)은 명확하게 종들로부터 구분된다. 이 비유가 예수 자신에게 적용된다면, 그는 아들의 모습 속에서 예언자들의 파송과 구분되는 자신의 파송을 묘사한다. 여기서 아버지께 대한 적절

---

[139] J. D. G. Dunn, *Christology in the Making. A New Testament Inquiry into the Origins of the Doctrine of the Incarnation*, 1980, 22-33 (Jesus' Sense of Sonship), 특히 26ff.

한 관계를 표현하는 "아들"이라는 단어에는 모호한 의미가 포함되어 있다. 이 의미는 아들이라는 보편적인 특성과 아버지께 대한 관계라는 예수 자신에게만 귀속되는 독특한 관계적 특성 사이에서 아른거린다. 이것이 바로 예수의 재판에서 그의 하나님의 아들 되심이 질문될 때, 그리고 그에 대해 예수께서 대답을 하실 때(눅 22:70) 배경이 되었던 모호한 이중성일 것이다. 그에 대한 복음서들의 진술이 역사적인 정보에 기초하고 있다면 그렇다.

예수를 "아들"로 부를 때, 아버지께 대한 예수의 관계의 유일무이성 그리고 그와 다른 모든 인간들 사이의 거리는 제자들의 이해 안에서 비로소 전면에 드러나기 시작했을 것이다. 그들의 전망으로부터, 그리고 바로 부활 사건의 빛 속에서 비로소 이 사태는 그와 같이 묘사되어야 했다. 하지만 이 점에 관하여 너무 쉽게 망각하는 사실은 예수의 그러한 유일무이성이 바로 그가 선포했던 아버지의 통치에 대한 그의 인격의 무조건적 굴복에 근거하고 있다는 사실이다. 만일 예수가 다른 모든 사람들로부터 구분되는 아들의 지위를 하나님과의 관계 속에서 스스로 요구했다고 하면, 마가복음 14:64에서와 같이 자신을 하나님과 동등시하는 신성모독의 유죄판결이 정당했을 것이다.

이와 같은 의미에서 볼 때 그리스도교 신앙에 대해 다음의 사실이 매우 중요하다. 예수는 자신을 하나님과 동등시하기를 회피했으며, 오히려 하나님의 피조물로서 그 자신이 선포한 임박한 하나님의 통치에 무조건적으로 복종했다는 사실이다. 그의 메시지는 이 복종을 다른 사람들에게도 요구했다. 그가 아들인 것은 한 분 하나님의 통치에 복종하기 때문이며, 오로지 그 이유뿐이다. 그는 피조물에 대한 하나님의 통치에 봉사하기 위해 자신의 인간적 생명을 버렸다는 점에서, 그리고 하나님의 통치를 인정하기 위한 길을 예비했다는 점에서, 그러한 한 인간으로서 영원한 아버지의 아들인 것이다. 하나님 앞에서 피조물로서의 수준을 넘어서는 모든 지위를 포기하는 것은 예수의 아들 되심의 조건으로 입증된다. 이 포기는 낮아

지심(빌 2:9)을 통해 중재되며, 낮아지심은 하나님의 아들과 예수의 간접적인 동일성을 형성한다.[140]

예수가 지상 사역을 행하시는 상황에서 이러한 사태는 명확하게 인식될 수 없었다. 왜냐하면 예수는 임박한 하나님의 통치의 선포 속에서 권위를 요구했는데, 그것은 다름이 아니라 바로 하나님 자신의 권위였기 때문이다. 물론 그는 그 권위를 자기 자신의 인격에 대해서가 아니라, 자신이 통고했던 하나님의 미래에 대해 요구했다. 하지만 이 사실은 그러한 요구를 담고 있는 메시지가 **바로 그 자신이** 선포하는 메시지라는 사실을 조금도 변경시키지 못했다. 그 자신의 사역을 통해 하나님의 통치가 믿는 자들 사이에서 이미 현재적으로 시작된다는 선언을 통해 저 권위적 요구의 이중적인 모호성은 극단적인 정점에 도달했다. 예수 자신이 <u>스스로를</u> 하나님과 동등시하고 있지 않다고 확증하는 것만으로는 그러한 모호함의 결과를 피할 수 없었다. 그가 자신의 메시지와 사역을 던져버리기 전에는 대적자들이 그런 확증을 믿으려 하지 않을 것이기 때문이었다. 거꾸로 예수가 자신의 파송을 굳게 확신했다는 것은 그러한 모호성의 예측할 수 있는 결과를 받아들여야만 했음을 의미했다.

그 모호성의 결과는 예수가 하나님과 자신을 동등시한다는 월권의 이유로 죽음에 넘겨지는 것이었다. 사람들이 그를 죽임으로써, 그는 자칭 하

---

140 이에 대한 상세한 설명은 나의 책에서 보라. *Grundzüge der Christologie*, 1964, 345ff. 이 책의 제5판의 후기(1976)는 다음의 사실을 제시했다(423f.). 예수 그리스도의 신성에 대한 교리는 아들 예수의 신성이 하늘 아버지에 대한 그의 인간으로서의 관계를 통해 중재되었다는 마지막 진술들과 더불어 종결된 것이지, 그 책의 첫 번째 장인 "예수의 신성의 인식"을 서술한 부분에서 종결된 것이 아니다. 이것은 그 사이에 놓인 두 번째 장(195-299, Jesus, der Mensch vor Gott)도 예수 그리스도의 신성에 대한 교리의 한 부분으로 이해될 수 있음을 의미한다. 왜냐하면 아버지와 구분되는 동시에 또한 그분과의 관계 안에 있는 예수의 인간존재가 바로 그의 신성의 계시이기 때문이다.

나님과의 동등성과 정반대되는 자신의 유한성 안으로 넘겨졌다(마 27:40-43과 평행구절들). 이와 같이 죽음은 죄인에 대한 형벌이자 하나님처럼 되려는 그의 망상에 대한 징벌이다. 죽음은 죄인을 그 자신의 유한성 안으로 몰아넣는다. 그러나 예수는, 부활의 빛에서 드러난 것과 같이, 죄인의 죽음에 대해 책임을 져야 했던 것은 아니었다. 이것은 그가 진실로 우리 죄인들의 자리에 서서 그 죽음을 당했음을 의미한다. 부활 사건의 빛에서 볼 때, 예수의 메시지와 사역을 거부했고 그를 죽음으로 내몰았던 자들이 범법자로서 거기 서 있다. 그때 예수가 재판관들에게 신성모독자로 보였다면, 이제는 거꾸로 그들이 죄가 있는 자들로서 예시된다. 그들은 예수의 메시지를 거부함으로써 하나님 자신을 모독했을 뿐만 아니라, 그의 생명을 능욕했던 것이다. 하지만 그는 죄인의 죽음을 죽으심으로써, 자신과 무관한 운명을 고통과 함께 받아들였다. 이 운명은 그들의 책임이었으며, 그들과 함께 예수가 선포했던 하나님의 요구 곧 생명을 취하라는 요구를 거절했던 모든 자들이 책임져야 했던 것이었다.[141]

물론 이와 같은 의미로 이해되는 예수의 대리적인 죽음이 이미 다른 이들—그들의 자리에서 그가 대신 고통을 당하셨다—에 대해 곧바로 구원의 효력을 갖는다고 이해될 수는 없다. 오히려 예수의 죽음은 우선 죄에 대한 하나님의 심판의 표식이다. 예수의 죽음이 구원의 효력을 갖는 대상은 단지 그 무엇도 그와 분리시킬 수 없다는 그의 약속을 믿는 믿음을 통해 그의 운명과 결합된 사람들뿐이다. 예수 그리스도를 믿는 믿음을 통해 죽음 속에서도 예수의 죽음과 연합되는 사람은 생명, 곧 새 생명의 희망 속에서 죽는다. 새 생명은 죽은 자들로부터의 부활을 통해 예수에게서 이미 나타났다. 믿음 속에서 그와 결합된 자들을 위해 예수께서는 하나님 그리고 그분의 영원한 생

---

[141] 참고. *Grundzüge der Christologie*, 1964, 265ff.

명으로부터 사람들을 분리시키는 사망의 권세를 자신의 죽음을 통해 이기셨다.[142]

예수의 파송이 부활을 통해 확증되었다는 것은 그에게 제기된 비난의 정반대의 내용도 말해준다. 즉 예수가 하나님의 통치의 선포를 위한 자신의 파송을 포기하는 대가로 자신의 생명을 보호했더라면, 그것은 그가 하나님께 대해 스스로를 독립시켜서 그 결과 자신을 하나님과 동등하게 만들었다는 것을 의미할 것이다. "누구든지 자기 목숨을 구원하고자 하면 잃을 것이요, 누구든지 나와 복음을 위하여 자기 목숨을 잃으면 구원하리라"(막 8:35과 평행구절들). 이것은 예수 자신에게도 해당하는 내용이었다. 자신의 유한한 현존재를 무제한 보존하려 할 때 그는 하나님의 아들일 수 없다. 그 어떤 유한한 존재도 자신의 존속 가운데서 하나님의 무한한 현실성과 하나가 될 수 없다. 예수는 다만 자신의 유한한 현존재를 자신의 파송에 대한 봉사로 소진시킴으로써, 피조물로서 하나님과 하나일 수 있었다. 예수는 자신의 삶을 붙들려 하지 않았고 오히려 자신의 파송의 결과로서 자신의 인격에 주어지는 모호성을 그 모든 결과들과 함께 받아들였다. 그렇게 해서 예수는 — 부활 사건의 빛에서 판단한다면 — 자신의 파송의 사명에 순종하는 자로서 스스로를 입증했다(롬 5:19; 히 5:8). 바로 이 순종이 그를 하나님과 그분의 불멸성으로부터 극단적으로 분리된 상황으로, 즉 십자가에 못 박힌 자가 되어 하나님으로부터 버림받는 상황으로 인도했다. 예수의 십자가에서 표현되는 하나님과 멀어진 거리는 그의 아버지로부터의 자기구분의 극단적 정점이었다. 그 점에서 예수의 십자가의 죽음은 "그의 이 세상적인 실존의 총합(Integral)"이라고 바르게 말해

---

[142] 이에 대해 나의 논문을 보라. Tod und Auferstehung in der Sicht christlicher Dogmatik (1974). 지금은 *Grundfragen systematischer Theologie* 2, 1980, 146-159. 또한 참고. 이 책의 제11장.

졌다.[143]

예수의 아버지로부터의 자기구분은, 하나님의 통치의 선포를 위해 아버지께서 보내신 파송에 예수가 인간으로서 순종하는 가운데 영원한 아들이 현현하기 위한 조건이다. 이 자기구분은 원시 그리스도교의 찬양(빌 2:6-11)의 의미에서는 자기단념과 자기비하로도 표현될 수 있다. 이것이 예수를 "새로운 인간"으로 특징짓는 본질적 특성이다. 그는 하나님처럼 되려 하고 그렇게 해서 이미 자신의 존재 규정이었던 하나님과의 연합을 잃어버린 아담의 죄와 반대되는 인간, 곧 하나님께 순종하는 새로운 인간이었다.

빌립보서 2:6-11의 찬가는 역사 속의 예수 그리스도를 노래하는 것일까, 아니면 어떤 선재하는 존재가 이 세상의 현존재 형태로 내려가는 길을 노래하는 것일까? 아니면 이 물음 자체가 잘못된 양자택일인 것일까? 예수의 수난의 순종 속에서 일어난 자기비하에 대한 진술(2:8)은 그보다 앞서 말해지는 자기비움의 진술(2:7)과 어떻게 관계되는가? 종교개혁 직후의 신학이 이미 이 논쟁에 몰두했으며, 오늘에 이르기까지도 해석학적으로 논란이 되고 있다. 자기비하가 명백히 예수 그리스도를 십자가로 이끌었던 그의 이 세상에서의 "순종"의 길과 관계되는 반면에, 자기비움은 그 출발점을 선재하는 하나님의 아들의 하나님과의 동등성 안에 두고 있는 것으로 보인다. 하나님의 아들은 바로 그 동등성을 포기하고, 인간적 현존재의 조건인 "종의 형체" 안으로 들어갔다는 것이다. 그럼에도 불구하고 자기비움과 자기비하의 표상을 표현하는 두 가지 구절은 하나의 동일한 사건을 묘사한다. 그것은 수난으로, 십자가의 죽음으로 가는 예수 그리스도의 길이다. 다음의 사실이 그 내용

---

143 E. Jüngel, Das Sein Jesu Christi als Ereignis der Versöhnung Gottes mit einer gottlosen Welt. Die Hingabe des Gekreuzigten, in: ders., *Entsprechungen, Gott-Wahrheit-Mensch. Theologische Erörterungen*, 1980, 283.

을 지지해준다. 자기비움의 표상(2:7)은 이미 이사야 53:12의 공명을 포함하는 듯이 보이며, 하나님과 동등한 생명을 죽음으로 내어주는 것을 의미한다는 사실이다.[144] 이것은 최소한 부분적으로 예수의 수난의 순종 속에서 일어나는 자기비하의 결과와 일치한다(2:8).[145] 사람들은 이 찬양의 진술들을 예수의 이 세상에서의 순종의 길에 제한시키려고 했고, 선재 속에 있는 그의 출발점(2:7)에 대한 모든 관계를 문제 삼았다. 이에 대해 기준이 되었던 것은 이 찬양의 진술들이 대체로 창세기 3장의 아담의 타락 사건에 대한 반명제로서 그 사건과 상응한다는 관찰이었다.[146] 새로운 아담이신 예수 그리스도는 첫 번째 아담과 달리 자신의 하나님의 형상을 – 자신을 위해 하나님과의 동등성을 요구함으로써(참고. 창 3:5) – "노략물처럼" 훔친 것이 아닐 것이고, 오히려 하나님께 순종하여(비교. 롬 5:19; 히 5:8) 십자가의 죽음에 이르기까지 자신을 낮춤으로써 그 형상을 취했을 것이라고 한다. 이렇게 본다면 이 찬양의 근본 사상은 하나님께 대한 순종을 통해 특징지어지는 두 번째 아담과, 불순종했던 첫 번째 아담을 대비시키는 바울의 입장에 상응하는 셈이 된다(롬 5:12ff.). 하지만 이를 통해 선재 사상이 이 찬양의 진술들을 방해하거나 혹은

---

[144] 참고. R. P. Martin, *Carmen Christi: Philippians 11,5-11 in Recent Interpretation and in the Setting of Early Christian Worship*, 1967, 182-185.

[145] 호피우스(O. Hofius, *Der Christushymnus Philipper 2,6-11*, 1976)에 따르면 2:7c-8c에서는 "이전에 말해진 것 곧 선재하시는 자가 어떤 점에서 – 자신의 부요함을 포기하고 – 자유로운 의지로 가난하게 되었고 무력함과 굴욕의 현존재를 선택했는가 하는 것이 더욱 상세하게 설명되고 논증된다"(63).

[146] 이 주장은 쿨만에 따른 것이다. O. Cullmann, *Die Christologie des Neuen Testaments*, 2.Aufl. 1958, 178ff. 최근에는 던이 그렇게 주장한다. J. D. G. Dunn, *Christology in the Making. A New Testament Inquiry into the Origins of the Doctrine of the Incarnation*, 1980, 114-121. 그러나 쿨만(Cullmann, 같은 곳, 182f.)과 달리 던은 아담의 역사와의 비교로부터 다음과 같이 추론했다. 어떤 선재 사상도 내포되어 있을 필요가 없는데(119f.), 왜냐하면 예수 그리스도가 비웠던 "신적 본질의 형태"에 관한 언급은 아담이 창조될 때 주어졌던 하나님의 형상과 일치하기 때문이다(116).

불필요한 것으로 입증되는가? 결코 그렇지 않다. 새로운 인간의 순종의 길을 바라보는 관점은 로마서 5장의 서술과 비교할 때 단지 확장되어 있을 뿐이고, 그것은 여전히 선재 안에 놓인 출발점을 포함하고 있다(참고. 롬 8:3). 새로운 인간은 단순한 한 인간이 아니다. 왜냐하면 그의 길 안에서 영원한 하나님의 아들이 현현하기 때문이다. 이를 통해 창세기 3장과의 비교는 깨진다. 찬가의 본문은 이런 결론을 강요한다. 왜냐하면 "자기를 비워 종의 형체를 가지사, 사람들과 같이 되셨고"라는 2:7b의 진술에서 중요한 것은 갈라디아서 4:4에서와 같이 단지 인간적 현존재의 양식 안으로 들어왔다는 사실뿐일 수 있기 때문이다.[147] 이런 맥락에서 우리는 오스카 쿨만(Oscar Cullmann)과 함께, 하나의 동일한 사태 곧 십자가로 향하는 예수의 길이 빌립보서 2:7f.에서는 두 가지 측면으로 묘사되어 있다고 판단해야 한다. 한 측면은 인간 예수의 순종의 행동이고, 다른 한 측면은 그와 동시에 예수 안에서 현현하는 선재하시는 자의 행동이다. 두 측면의 상호내재적인 관계(Ineinander)는 빌립보서 2:7f.에서는 더 이상 설명되지 않는다. 두 측면은 마치 고난의 순종을 향한 낮아짐이 선재하시는 자의 자기비움에 뒤따라 이어지는 국면인 것처럼 이야기로서 순서대로(Nacheinander) 말해진다. 두 측면의 상호내재적인 관계는 사실상 찬가의 끝으로부터 열린다. 십자가에 못 박히신 자는 순종하심으로써 하나님에 의해 높여지며(2:9) 주님(Kyrios)의 이름을 받게 되고(비교. 2:11), 이를 통해 그는 자신이 영원 전부터 아버지 곁에 있으면서 선재하는 자임을 입증한다. 사태가 이렇지 않다면 선재하시는 자의 지위는 그의 신성에도 불구

---

147 쿨만도 그렇게 말한다. O. Cullmann, 같은 곳, 182. 던(J. D. G. Dunn, 같은 곳, 311, 각주 76)이 genomenos라는 단어에 "출생의 언급이 반드시 함축되어 있다고 볼 필요는 없다"라고 말했을 때, 그것은 그 동사 자체에 해당되는 것이고 빌립보서 2:7에서 그 단어가 사용되는 구체적 맥락에 대한 것은 아닐 것이다. 왜냐하면 그 맥락 속에서 표현되는 과정의 최종 목적지는 인간적 생명의 현존재의 조건들 안으로 들어오는 것이기 때문이다. 이 점에서 빌립보서의 찬가는 창세기의 낙원 이야기와 전혀 부합하지 않는다.

하고 조금 낮은 가치에 처할 수밖에 없었을 것이다. 다시 말해 십자가에 못 박히신 자가 높여진 주님의 지위보다는 조금 낮게 평가되었을 것이다. 하지만 이런 생각의 근거는 찬가 안의 그 어디서도 찾을 수 없다. 왜냐하면 선재의 상태는 어떤 제약도 없는 완전한 신성으로 묘사되기 때문이다. 그래서 남은 가능성은 십자가에 못 박히신 자의 높여지심을 통해 다음의 사실이 동시에 계시된다는 것뿐이다. 이미 그의 지상에서의 길이 예로부터 하나님과 결합되신 자의 길이었고, 바로 이 길 위에서 그분은 하나님께 순종하는 자였다. 예수 그리스도의 길이 선재 안에서 시작되었다는 사실은 주님으로 높여지신 것에 대한 "양자론"의 이단적 이해를 배제하는 기능을 갖는다. 이와 같이 찬가 전체는 예수의 지상에서의 길을 선재하시는 하나님의 아들의 길로 노래하고 있다.

예수의 삶의 형태, 곧 하나님께 대한 그의 순종의 길 위에서 영원하신 아들이 인간의 형상으로 현현했다. 아버지에 대한 아들의 관계는 영원 안에서 일어난 아버지께 대한 복종, 즉 아버지의 존엄성으로부터의 아들의 자기구분이라는 특징을 갖는데, 이 구분이 하나님께 대한 예수의 인간적 관계 속에서 역사적으로 나타났다. 영원한 아들의 아버지로부터의 자기구분은 모든 피조적 현존재가 하나님께 대한 타자성 속에서 존재할 수 있는 근거로, 또한 예수의 인간적 실존의 근거로 이해될 수 있다. 이 실존은 자체에 고유한 삶의 운동 속에서 아들의 자기비움을 아버지의 통치에 대한 봉사로서 적절하게 구체화한다. 로고스의 성육신이 아버지로부터의 자기구분 속에서 일어나는 영원한 아들의 자기비움의 결과이듯이, 거꾸로 아버지의 파송에 순종하는 예수의 자기비하는 그의 지상의 역사적인 삶의 길에서 아들이 현현하도록 하는 매개다.

여기서 다음의 사실이 전제된다. 선재하시는 자의 자기비움은 그의 신적 존재에 대한 포기로 이해될 수 없고, 오히려 아버지와 동등해지려는 것의 포기로 이해되어야 한다. 물론 아들은 **한 분 하나님**이신 아버지를 자신과 구분하며, 신성의 합일로부터 벗어나 밖으로 나와 인간이 된다. 하지만 이를 통해 아들은 자신의 아들로서의 신적 본질을 입증한다. 선재하시는 자의 자기비움은 아들로서의 신성에 대한 포기나 부인이 아니라, 오히려 확증이다.[148] 그래서 아버지께 순종하는 그의 지상의 길의 마지막에서 그의 신성이 계시된다.

구(舊)개신교주의 그리스도론은 신적 로고스가 성육신에서 자기를 비운 것에 대한 루터교적인 이해에서 그 자기비움을, 신적 존엄성의 속성을 사용하거나 혹은 최소한 공적으로 표명하는 것에 대한 부분적·잠정적인 포기로 이해했다. 그 신적 존엄성은 루터교적인 이해에 따르면 속성교류(Idiomenkommunikation)를 통해 그 자체로서 또한 성육신한 로고스의 인간적 본성에게도 귀속되었다.[149] 19세기 케노시스주의자들(Kenotiker)은 성육신에서 일어나는 하나님의 아들의 자기제한의 사상을 신성의 세계관계를 표현하는 "관계적" 속성들인 전능, 편재, 전지의 소유를 포기한 것으로 이해했다. 반면에 이런 표상에 대한 비판가들 중에 특히 도르너(Isaak August Dorner)는 여기서 올바르게도 신성 자체가 포기되었다고 보았다.[150] 하지만 이를 통해 성육신 사상 자체가 무력해질 수 있다. "하나님이 참으로 완전하게 그리스도 안에 계시지 않다면, 그 안에서 일어난 하나님과 세계의 화해에 대해 말하는 것이 무슨 의미이겠는가?"[151] 그럼에도 불구하고 근대 교의학의 그리스도론 안에서는 계속해서 케노시스주의적 어법들이 발견되는데, 이것들은 대체로 성육신에서 신적 본질의 속성들이 포기되었다거나 혹은 다만

---

148 참고. K. Barth, *KD* IV/1, 1953, 146f.196f.199ff.
149 나의 책을 참고하라. *Grundzüge der Christologie*, 1964, 318ff. 고대 교회가 그 주제를 다룬 것에 대해, 특히 케노시스(Kenosis)에 대해 F. Loofs, in: *PRE* 3.Aufl. 10, 1901, 246-263을 보라.
150 자세한 내용을 나의 책에서 보라. *Grundzüge der Christologie*, 1964, 320ff.
151 K. Barth, *KD* IV/1, 1953, 200.

그 사용이라도 포기되었다는 모든 생각에 거리를 두며 분명히 반대했다.[152] 그러나 성육신과의 관계 속에서 하나님의 아들의 비움(Kenose)에 대해 말하려면, 어떻게 그 자기비움이 신적 속성들의 소유나 사용에 대한 포기 없이 생각될 수 있는지가 설명되어야 한다. 왜냐하면 여기서 어쨌든 신적인 영역으로부터 피조적인 현존재 형태의 제약성 안으로 건너가는 것이 말해지기 때문이다. 이 맥락은 바르트의 화해론 안에서도 불명료하게 남아 있다. 그는 "낯선 곳으로 향하는 하나님의 아들의 길"(*KD* IV/1, §59.1, 171-231)을 예정론의 관점에서 서술했다(186ff.). 이 내용에 따르면 하나님의 아들은 선택된 자일 뿐만 아니라 또한 하나님에 의해 버림받은 자이다(참고. *KD* II/2, 176ff.). 그렇기에 그는 소멸하는 인간의 자리에 서신다(IV/1, 191). 물론 바르트는 초월성과 높으심 속에 계신 하나님이 "높으신 형상 안에서와 마찬가지로 또한 낮은 형상 안에서도 하나님으로서 존재하고 행동하실 수 있다"는 것이 하나님의 신성에 속한다고 설명했다(204). 하지만 피조물들 사이에서, 또한 비천함 속에서 행동하고 현재하신다는 것은 그 자신이 피조적 현존재의 한계들을 수용하여 그것들을 실제로 자신의 고유한 존재적 한계로 삼는 것과 같다고 할 수는 없다. 하나님이 하나님이시기를 중단하지 않고서야 어떻게 그런 일이 가능할 것인가? 하나님이 자신의 예정의 결의 속에서 그렇게 결정하셨다는 것, 그리고 아들은 아버지께 순종하며 그 길을 간다는 것은, 아들의 순종(210-229) 그리고 그것이 하나님의 삼위일체적 삶 속에서 뿌리를 두고 있다는 것(222)에 대한 바르트의 훌륭한 설명에도 불구하고 아직 그 질문에 대한 대답이 될 수 없다.[153] 이 대답은 아들의 순종이 "아들의 아버지로부터의 자유로운 자기구분"의 표현으로 이해될 때, 가능하다. 바로 이 자기구분을 통해 아들은 아버지를 한 분 하나님이 되시도록 하며, 자기구분을 통해 그는 하나

---

152 그 사례들을 나의 책에서 보라. *Grundzüge der Christologie*, 1964, 322ff.
153 이 질문에 대한 해명은 "성육신 사건"에 대한 바르트의 상세한 설명 속에서는 발견되지 않는다(*KD* IV/2, 42-79). 참고. *Grundzüge der Christologie*, 1964, 324f.

님이 아닌 다른 모든 것의 근원이 되었다. 바로 그 **이유**에서 그는 피조적 타자성의 형태 속에서 — 하나님과 구분되는 형상 곧 피조적 현존재의 유한한 형상 속에서 — 아버지의 아들로 계시될 수 있었다.[154]

예수 그리스도의 역사 속에서 완전하게 표현된 아들의 자기비움과 자기비하는 우선적으로 인간들을 향한 이타적인 헌신 — 물론 이런 측면도 포함하지만 — 으로 이해되어서는 안 된다. 우선적으로 그것들은 아버지께 대한 아들의 헌신의 표현이며, 그 헌신은 자기 자신을 위해서는 아무것도 욕망하지 않고 온전히 하나님의 영광과 그의 통치의 도래에 봉사하는 "순종" 속에서 표현되었다. 바로 이 사실을 통해 아들의 길은 또한 인간에 대한 하나님의 사랑의 표현이기도 하다. 왜냐하면 "아들의 아버지로부터의 자기구분"을 통해 하나님께서는 인간에게 가까이 다가오시기 때문이다. 아들의 비움은 아버지께서 가까이 오시는 것에 봉사하며, 그렇기에 그것은 신적 사랑의 표현이다. 하나님의 가까우심과 그의 생명에 참여하는 것을 통해 인간은 자신의 구원에 도달한다.

c) 한 인격 안의 두 본성?

예수의 등장과 사역이 예수 자신의 인격에 대해 갖는 함축적 의미는 죽은 자들로부터의 부활을 통한 하나님의 확증과 칭의의 빛 속에서 더

---

[154] *Grundzüge der Christologie*, 1964에서 나는 케노시스(비움) 사상을 아버지와의 관계 안에 있는 아들의 영원한 특성 그 자체와 체계적으로 연결시키는 이와 같은 가능성을 아직 생각하지 못했다. 물론 그 연결을 위한 단서가 예수와 하나님의 아들의 간접적 동일성에 관한 세 번째 장의 서술에서 주어지기는 했다(345-349). 그 결과 나는 빌립보서 2:7f.가 제시하는 비움 사상을 통해 성육신을 해석하는 것을 비판적으로 평가했다. 그때 나는 비움 사상의 모든 존재론적 이해는 불가피하게 로고스의 신성이 제한된다는 생각이나 혹은 적어도 신성으로 받아들여진 인간의 그 신성에 대한 참여가 제한된다는 생각으로 나아갈 수밖에 없다고 가정했다.

욱 확고한 윤곽을 취했고, 이것은 신앙고백의 진술과 찬양문 속에서 나타난 그리스도론적인 칭호들로 표현될 수 있게 되었다. 이를 통해 원시 그리스도교 안에서 일어난 그리스도론의 발전을, 부활 사건의 빛에서 인식될 수 있는 예수의 인격과 역사의 의미로 전개하고 재구성하는 것이 가능해진다. 원시 그리스도교 안에서 그리스도론이 발전해온 역사를 위한 표준적 사실들은 전승사적 연구, 특히 그리스도의 칭호들의 연구를 통해 포괄적으로 해명되었다. 이 맥락의 체계적인 핵심 내용은 이 책의 제9장 1단락에서 제시된 방법론적인 요구에 따라 제10장의 이곳에 이르기까지 계속해서 전개되었는데, 그 내용은 주로 예수의 하나님의 아들 되심의 주제에 집중했다. 이제 다음의 사실이 명확해졌다. 원시 그리스도교 안에서 그리스도론이 생성된 역사는 예수의 인격에 나중에 덧붙여진 이질적 표상들을 아무런 연관성도 없이 연속시켜 구성한 것이 아니다. 그런 표상들이 실제로는 그리스도의 역사적 형태와는 아무 관계도 없었다거나, 자신들의 주님의 상을 점점 더 이 세상 너머의 것으로 높여가기 위해 모든 것을 행하려 했던―이것은 모두가 쉽게 받아들일 수 있다―그리스도의 추종자들의 신앙적 열정의 표현에 불과했던 것이 아니다. 만약 사태가 그와 같았다면, 그리스도에 대한 고백의 진술들과 그리스도론적인 교리의 형성은 단순히 원시 교회의 신앙 의식의 생산품에 지나지 않을 것이다. 그때 그것들은 예수 자신의 역사적 현실성 속에 토대를 두지 않은 문학적으로 창작된 환상의 진리를 말한 셈이 되었을 것이다. 그때 예수의 인격과 역사 속에서 우선 그에 대한 믿음이 일어나고 그 믿음의 근거로서 하나님으로부터 일으켜진 구원 사건에 대한 교회의 교리는 그것의 본질을 빼앗긴 셈이 되었을 것이다. 그러나 한편으로 예수의 사역과 역사 속에 함축된 의미들, 그리고 다른 한편으로 그의 인격에 대한 그리스도론적인 칭호들과 진술들―이것들은 원시 교회 안에서 부활절 이후에 형성되었다―사이에 입증될 수 있는 실제적인 관계가 존재한다는 사실을 직시할 때, 그러한 칭호들과 진술들을 그것들의 역사에 고유한 종말론적 의미 속에서 예수의 인격을 직접 가리키는 명시적인 지칭으로 보아야 하는 타당한 이유들이 있다.

이에 상응하는 내용이 교회의 교리사 속에서 계속된 그리스도론의 발전에도 적용된다고 말할 수 있을까? 교리사 속에서도 예수의 지상에서의 사역, 즉 십자가와 부활이 예수의 역사적 형태에 부여하는 고유한 의미를 계속해서 밝히고 해명하는 과정은 중요했을까?

이에 대해 우선 주의해야 할 것은 그리스도론적인 교리의 형성은 2세기 이래로 예수의 하나님의 아들 되심의 주제에 집중해왔다는 점이다. 이것은 원시 그리스도교 안에서 사람의 아들, 메시아(그리스도), 주님, 구원자, 하나님의 종, 예언자, 하나님의 아들 등과 같은 다양한 칭호들이 나타났던 것과 다르다. 원시 그리스도교 안에서 나타난 칭호들의 다양성은 압도적으로[155] 구약성서에 근거한 유대교의 종말론적인 기대의 빛 속에서 예수의 형태를 해석한 결과로 설명된다. 바로 그 종말론적 기대들의 맥락에서 예수 자신의 지상에서의 사역은 실행되었고, 그 기대의 내용들은 그가 죽은 자들로부터 부활한 이후에 그에게 관계되었으며, 나아가 그와 관련되면서 구약성서를 예언으로 보는 원시 그리스도교의 해석으로부터 예수 안에 시작된 성취와의 관계 안으로 옮겨졌다.[156] 그 기대의 내용들이 바로 그 유일하고 동일한 인격에 관계되었기에, 그것들의 다양한 형태들은 용해되어 단일화될 수 있었다. 그 결과 원래 칭호로서 사용되었던 몇 가지 표현들이 예수의 이름의 구성요소가 되었다. 이것은 우선 그리스도라는 칭호에 해당하며, 어느 정도까지는 예수의 이름을 대리할 수 있는 주님이라는 칭호도 이에 속한다. 물론 주님의 칭호는 언제나 부활하신 자의 지위,

---

[155] 한 가지 예외는 헬레니즘 사상에도 뿌리를 둔 표현, 곧 예수를 "구원자"(soter)로 부르는 표현이다. 구약성서에서 특별히 이사야 45:15, 21; 스가랴 9:9을 참고하라.
[156] 여기서 다시 논증할 필요는 없지만, 예수의 지상에서의 등장과 유대교적인 기대의 다양한 칭호들 사이에는 여러 가지 관계들이 존재한다.

곧 모든 권능과 힘들을 다스리시는 주님으로 높여지신 자의 지위 혹은 최소한 자신의 공동체의 주님("우리의 주님")으로서의 지위를 의미하기는 한다. 다른 호칭들도 이러저러한 방식으로 예수의 하나님의 아들 되심에 귀속되었다. 이에 대한 특별히 유익한 사례는 사람의 아들이라는 칭호에 대한 새로운 해석이다. 이 칭호는 이미 이그나티우스(*Eph* 20,2)에게서 하나님의 아들과 짝을 이루는 상대개념이 되었으며, 성육신하신 하나님의 아들의 인간성의 표현으로 이해되었다.[157] 이후의 시대에 중요했던 것은 무엇보다도 선재 사상을 통해 매개된 동일성, 곧 하나님의 아들과 선재하는 로고스 내지는 세계 창조에 관여했던 하나님의 지혜와의 동일성이었다. 이 동일성은 요한복음에서 분명히 표현되었지만, 이미 바울과 바울 이후에 나타난 선재의 진술들의 배경이 되었을 것이다. 어쨌든 예수의 하나님의 아들 되심과 그것의 더 정확한 이해를 위한 논쟁은 2세기 이래로 그리스도론적인 교리를 형성해가는 중심 주제가 되었다.[158] 이와 같은 발전의 결과는 교회의 세례 고백들이 그 신조의 두 번째 조항에서 점점 하나님의 (유일하신, "독생하신") 아들로서의 예수 그리스도를 고백하게 되었고, 그에게 주님의 칭호[159]와 그 밖의 모든 그리스도론적 진술들을 귀속시킨 것에서 표현된다.

    예수의 하나님의 아들 되심에 대한 그런 집중이 신약성서의 증언들에 비추어봤을 때도 적절한 것으로 인정될 수 있을까? 우리는 이 질문에 긍정적으로 대답해도 될 것이다. 이는 원시 그리스도교에서 그리스도론이 시작된 이래로 "하나님의 아들"이라는 칭호가 중심적인 기능을 가졌기 때문

---

157 참고. Justin, *dial*. 100, 3f. 이레나이우스, 히폴리투스, 테르툴리아누스 등에 대해서는 A. Grillmeier, *Jesus der Christus im Glauben der Kirche* I, 1979, 49ff.를 보라.
158 A. Grillmeier, 같은 곳, 72f.
159 이에 대해 덴칭어(Denzinger, DS 3ff.)가 편찬한 초기 그리스도교 신앙고백들의 문헌들을 보라. 퀴리오스(주님) 칭호는 예수 그리스도라는 이름에 앞서 말해지거나, 혹은 종종 구원자(*soter*) 칭호와 결합되어 예수의 하나님의 아들 되심에 대한 고백에 덧붙여졌다.

(참고. 롬 1:4)만이 아니며, 예수가 하나님을 피조물들의 아버지로 선포한 것과 이 칭호의 관계 때문만도 아니다. 오히려 무엇보다도 예수의 인격에 대한, 즉 그의 하나님과의 관계에 대한 논쟁의 대상이, 그렇기에 또한 그의 신적 칭의와 확증의 대상이 바로 이 칭호 속에서 가장 명료하게 표현되었기 때문이다.

더 나아가 원시 그리스도교의 선재에 관한 진술들이 아들의 칭호를 통해 묘사되는 연합, 곧 예수의 아버지와의 연합뿐만 아니라 거꾸로 영원하신 하나님 아버지의 아들 예수와의 연합을 사태에 적절하게 전개한 것으로 평가할 수 있다면, 이로써 성육신하신 하나님의 아들로서의 예수 그리스도의 형상 속에 있는 신적인 것과 인간적인 것 사이의 관계를 계속해서 해명해야 할 필요성이 이미 긍정된 셈이다.

그 해명을 위한 한 가지 단서는 예수에 대한 이중적 평가, 즉 "육체에 따른" 그리고 "영에 따른" 판단이라는 원시 그리스도교의 도식에서 제공된다. 이 도식은 아마도 바울 이전의 문구인 로마서 1:3f.에 근거되어 있고,[160] 그 외에 디모데전서 3:16과 베드로전서 3:18에서도 나온다.[161] 사도

---

160 U. Wilckens, *Der Brief an die Römer* 1, 1979, 57f. 하지만 바울이 그 밖에 *kata sarka*(육체에 따라)를 사용한 어법과 관련해서, 특히 갈라디아서 4:21ff.과 관련해서 이것이 바울의 문구일 가능성도 함께 고려되어야 한다(58). 슈나켄부르크(R. Schnackenburg)는 다음의 사실을 바르게 지적했다. 로마서 1:3f.의 대조되는 문구는, 또한 디모데전서 3:16과 베드로전서 3:18에서와 마찬가지로, 서로 보충하는 의미를 가지며, 바울 외의 다른 곳에서 나타나는 반명제적인 대립의 의미를 갖지 않는다는 것이다. Schnackenburg, Christologie des Neuen Testamentes, in: J. Feiner/M. Löhrer, Hgg, *Mysterium Salutis* III/1, 1970, 227-388, 264ff. 특히 266.

161 로프스에 의하면 "역사적 예수에 대한 이러한 이중적 판단 내지 관찰은…우리가 아는 **가장 오랜 그리스도론적 도식**이자 이후의 모든 그리스도론적인 발전의 근본적인 자료였다." Fr. Loofs, *Leitfaden zum Studium der Dogmengeschichte*, 1889, 5.Aufl. hg. K. Aland 1950, 70. 켈리는 이 판단에 강하게 동조했다. J. N. D. Kelly, *Early Christian Doctrines*, 1958, 138. 이상하게도 그릴마이어(A. Grillmeier)는 각주 157에서 언급한 자신의 저서에서 이 현상을 전혀 다루지 않았다. 다음을 보라. A.

적 교부들의 경우에는 헤르마스의 목자[162] 외에 특히 안디옥의 이그나티우스(*Eph* 7:2; 참고. 18:2와 20:2)와 클레멘스 제2서신에서 발견된다(*2 Klem.* 9:5). 이와 관련해서 우리는 초기의 영-그리스도론을 말할 수 있다. 이것은 예수 안에 있는 신적인 것과 인간적인 것을 손쉬운 구분 없이 나란히 놓을 수 있었고 다양하게 변화시킨 표현으로 등장시킬 수 있었다.[163] 이후에 예수에 대한 그러한 이중적 관찰방식의 증인들로는 멜리토(Melito von Sardes)와 테르툴리아누스가 있었다. 멜리토는 한 분 그리스도의 두 가지 본질(*ousias*)을 말했던 첫 번째 사람이었다. 하지만 그것은 중심 내용에서 이미 전통이 되었던 이중적 관찰방식을 표현했을 뿐이다.[164] 동일한 표현 방식이 테르툴리아누스에게서도 발견된다. 그는 영과 육을 두 개의 "실체들"(Substanzen)로 말하고, 이것들이 예수의 인격 안에서 합일되어 있다고 했다.[165] 이를 통해 후대 교회의 그리스도론이 전개했던 양성론이 준비되었다. 양성론은 결국 "육체로는"과 "성결의 영으로는"이라는 예수에 대한 "이중적 평가"의 도식으로부터 생겨난 것이다.[166] 물론 예수 안에 현재하게

Grillmeier, Die theologische und sprachliche Vorbereitung der christologischen Formel von Chalkedon, in: A. Grillmeier/H. Bacht, Hgg, *Das Konzil von Chalkedon, Geschichte und Gegenwart* I, 1951, 5-202, 특히 31.

162 Fr. Loofs, 같은 곳, 70f.

163 J. N. D. Kelly, 같은 곳, 142ff. 나의 책을 참고하라. *Grundzüge der Christologie*, 1964, 114-219.

164 Melito von Sardes fg. 6(그리스도의 육화에 대한 본문으로부터), 이 본문은 E.J. Goodspeed, *Die ältesten Apologeten*, 1914, 310에 있다. 로프스는 하르나크(A. v. Harnack, *Lehrbuch der Dogmengeschichte* I, 5. Aufl. 1931, 600, 각주 1)에 반대하여 이 표현이 "단지 형식적으로만 새로운 것"을 제공한다고 바르게 말했다. Fr. Loofs, *Leitfaden zum Studium der Dogmengeschichte* 5.Aufl. I, 115, 각주 7.

165 Tertullian, *adv. Praxeam* 27. 여기서 흥미로운 점은 요한복음 3:6을 그리스도론 주제에 적용했다는 것이다. 참고. *De carne Christi* 18. 또한 J. N. D. Kelly, 같은 곳, 150ff.

166 비교. W. Kasper, *Jesus der Christus*, 1974, 42. 비교. 172ff.

된 신성을 단지 역동적인 의미에서 영으로 지칭하는 오해 때문에[167] 2세기 말부터 로고스 개념은 예수 안에 현재하는 신성의 표현으로 더 자주 사용되었고, 이런 맥락에서 점점 더 영에 대한 진술의 자리를 대신 차지하게 되었다. 이러한 로고스 개념은 이미 이레나이우스에게서 이중적 판단의 도식을 전적으로 따르는 지칭, 곧 한 분 그리스도를 "참 사람 그리고 참 하나님"으로 지칭하는 배경이 된다.[168] 이것은 멜리토와 테르툴리아누스가 하나의 인격 안에 결합된 두 개의 실체를 말한 것과 일치한다. 여기서 멜리토와 테르툴리아누스가 이 맥락 안에서 아직 "본성"의 표현을 사용하지 않고 단지 "실체"만을 말했다는 사실은 의미 없는 일이 아니다.[169] 테르툴리아누스에 따르면 인간 역시 두 "실체들" 즉 육체와 영혼으로부터 구성되어 있기에, 신적인 것과 인간적인 것이 하나의 인격 안에 결합되어 있는 것은 용어상 완전한 역설로 간주될 필요가 없었고, 아직은 후에 오리게네스가 "두 본성들"에 대해 말함으로써 비로소 불가피하게 제기된 문제로 생각될 필요도 없었다.[170]

양성론으로 가는 도상에서 "육체로는"과 "성결의 영으로는"이라는 예수 그리스도의 인격에 대한 이중적 판단의 도식은 깊은 의미변화를 겪었다. 원래 이러한 이중적 판단은 예수의 역사 안의 두 가지 연속된 "단계들"과 관계되었다. 하나는 십자가에 이르는 그의 지상에서의 길의 단계이며, 다른 하나는 그 길에 이어진 죽은 자들로부터 부활을 통한 높여지심의

---

167 W. Kasper, 같은 곳, 273.
168 Irenäus, *adv. haer.* IV,6,7, 비교. III,16,5. 두 본문은 물론 로고스 개념의 사용 없이 직접 "아들"과 관련된다.
169 하르나크는 실체 개념과 본성 개념을 같은 의미로 간주했고, 그 결과 멜리토를 "두 본성에 대해 말했던" 첫 번째 교회사가라고 부정확하게 명명했다(각주 164에 인용된 본문).
170 Origenes in *Ioann.* 10,6,24; 32,12,192와 c.Cels.3,28과 2,23. 참고. J. N. D. Kelly, 같은 곳, 153f.

단계다.[171] 이미 이그나티우스에게서 이러한 순서관계(Nacheinander)는 나란히 놓인 병렬관계(Nebeneinander)로 변했고, 그다음에는 곧바로 하나의 동일한 인격 안에서 하나님의 아들과 마리아에게서 태어난 한 인간이 결합된 것으로 묘사되었다. 이러한 변화는 신약성서의 증언들 속에 표현된 사태와 단순히 반대되는 것이 아니라, 오히려 그 증언들의 근거에 놓인 경향에 따른 것이다. 이것은 예수의 부활을 확증하는 의미가 이미 원시 그리스도교 안에서 예수의 하나님의 아들 되심을 그의 지상의 길 전체와 관계시켜 소급되도록 이끌었다는 점에서 그렇다. 그때 그 결과는 사실상 예수가 언제나 이미, 다시 말해 그의 지상 역사의 시작점으로부터 인간인 동시에 하나님의 아들이었다는 것이다. 이 사실에 본질적인 것은 부활의 사건과 그 안에 근거한 전망이다. 이 때문에 중대한 결과를 초래할 변화가 나타나며, 최소한 중심 이동이 일어난다. 예수 안에서 일어난 신성과 인성의 결합에 본질적인 사건은 더 이상 부활 사건이 아니라ー이미 이그나티우스(Eph 18,2)에게서와 같이ー예수의 탄생 사건으로 이해된다. 분명 부활 사건의 전망 속에서 이미 예수의 수태와 탄생은 영원하신 하나님의 아들이 바로 그 인간의 삶과 결합하는 사건으로 등장했다고 생각되어야 한다(갈 4:4). 그렇기에 그것은 예수의 탄생과 함께 이미 종결된 사건이 아니며, 오히려 로고스가 예수의 인간적 삶과 결합하는 것은 예수의 지상 역사 전체 속에서 계속해서 진행된다. 이 진행은 아버지께 대한 예수의 관계를 통해 영원한 하나님의 아들이 예수 안에서 형상을 취하는 가운데 일어난다. 이 사태는 마치 신적인 것과 인간적인 것이 분리되어 있다가 예수의 역사가 진행되는 가운데 점차 유착되는 것처럼 이해되어서는 안 된다. 하지만

---

[171] 신약성서의 인용문에서 참으로 중요한 것은 "연속되는 예수 그리스도의 두 가지 존재양식"인데, 이 존재양식이 "서로에 대한 관계 속에 놓여 있다"라는 사실은 슈나켄부르크(R. Schnackenburg, *Mysterium Salutis*, 위의 각주 160을 보라)에 의해 후대의 양성론과 구분되는 차이로서 바르게 제시되었다(260).

예수의 인간적인 삶이 전개됨에 따라 아버지께 대한 그의 관계가 형성되었고, 이와 함께 예수의 하나님의 아들 되심(Gottessohnschaft)도 점점 깊어지는 방식으로 형성되었다. 후자를 주장할 수 있는 것은 아버지께 대한 예수의 아들로서의 관계가 십자가에 이르는 그의 고난의 길에 대한 순종 속에서 비로소 완성되었기 때문이다. 이제 다음의 사실이 부활로부터 명확해진다. 예수는 언제나 이미 아버지의 아들이었지만, 그의 아들 되심의 존재는 오로지 그 자신의 고난을 통해 완성되었다(히 5:9; 비교. 2:10). 오로지 자신의 길 전체에서 그는 아들이다. 그렇기에 성육신의 진술은 그 길의 시작인 예수의 수태와 탄생에 제한되어서는 안 된다. 만일 그가 후에 자신의 인간적인 발전에 따라 다른 길을 가며 요한의 세례를 받지 않고 하나님의 통치의 선포자가 되지 않았다면, 그는 고난의 길의 수용을 통한 자신의 파송의 결과를 성취하지 못했을 것이며, 그때 그는 하나님의 아들이 아닐 것이다. 이제 그는 오로지 부활의 아침의 빛 속에서만 아들이시다. 이 빛 속에서 비로소 그의 길은 인간적 월권의 길이 아니라 순종의 길로 명확하게 규정되기 때문이다.

성육신의 이해가 예수의 출생과 탄생으로 좁게 제한된다면, 영원한 아들의 그 인간적 삶과의 결합은 아버지께 대한 예수의 관계를 통해 중재되는 것으로 생각될 수 없다. 그렇게 된다면 고전적인 그리스도론 논쟁들 속에서 모든 측면에 걸쳐 일어났던 것처럼 성육신이란 로고스가 직접 인간 본성을 수용한 행위로 생각될 것이다. 하지만 그런 생각으로부터는 딜레마가 생긴다. 이 딜레마는 그리스도론의 역사에서 5세기의 그리스도론 논쟁에서 시작되었지만 해결되지 못했다. 한편으로 "로고스는 성육신 안에서 한 사람의 완전한 인간을 수용했다. 이때 완전한 인간 존재는 이미 독립적 존재로서 전제된다. 안디옥의 신학자들이 이와 같이 생각했다." 다른 한편으로 로고스는 "성육신에서 단지 일반적인 인간 본성만을 발견했고" 이후에 그 본성이 "성육신 자체를 통해 한 사람의 개별 인간의 형태를 갖추게 되었다." "하지만 이때 예수는 자신만의 특별한 인간적 개성을 소유하지 못하고" 독립성과 피조적 자유도 갖지 못한다는 셈이 된다. 이 것은 알렉산드리아 학파의 사고에 내재된 문제였다.[172] 이런 딜레마는 성육신 사건이 예수의 탄생과 함께 종결되었다고 생각하는 한, 극복되지 못한다.[173] 이와 달리 영원한 아들이 나사렛 예수 안에서 성육신하셨다는 진술은 그의 지상에서의 역사 전체와 관계되며, 단순히 그 역사의 시작에만 관계되는 것이 아니다.[174] 이 관점에서 합일 그리스도론과 분리 그리스도론 사이의 딜레마가 극복될 수 있을까?

극복을 위한 전제는 예수 그리스도 안에 있는 신적인 것과 인간적인 것이 두 "본성들"로 생각되지 말아야 한다는 것이다. 이 본성들은 존재적

---

172 *Grundzüge der Christologie*, 1964, 299f.
173 1964년에는 나 자신도 성육신을 배타적으로 예수의 지상의 길의 시작과 관계시켰다. 물론 그 시작은 예수의 개인적인 삶의 역사에 근본적인 것이기는 했다. 거기서 나는 그 리스도론은 성육신 사상으로 시작되어서는 안 되며 "거꾸로 성육신의 진술 속에서 그리스도론의 명제는 종결되면서 정점에 이르러야" 한다는 결론을 내렸다(*Grundzüge der Christologie*, 1964, 300). 이 결론은 전승사적인 사태에 부합하기는 한다. 선재 사상과 성육신 사상은 십자가에 못 박히신 자의 부활에 대한 케리그마를 통해 중재되며 그 안에 근거되어 있는 것이다. 그러나 성육신의 진술이 어떤 방식으로 획득되든지 간에, 그것의 고유한 논리는 영원한 아들을 예수의 지상에서의 현존재의 근거로 생각하도록 요구한다. 바로 이 과제를 "*Grundzüge der Christologie*"는 대처하지 못했다. 그 대신에 그 책의 그리스도론은 예수와 영원한 로고스의 동일성을 아버지께 대한 그의 순종적 관계에 근거시켰다(345ff.). 이것은 우리가 앞에서 서술했던 내용이기도 하다. 하지만 영원한 아들이 예수의 역사 속에서 현현하는 것 그 자체가 아들의 성육신의 표현으로 이해되어야 한다. 성육신이 예수의 인간적 현존재에 본질적이라고 생각한다면, 그렇다. 하지만 그 현현이 예수의 지상 역사 속에서 그의 피조적 독립성을 해치지 않고 발생할 수 있으려면, 그 역사는 그것의 시작점에 위치한 성육신 사건에 의해 처음부터 미리 결정되어 있지 않아야 한다. 예수의 인간적인 역사의 피조적 독립성은 바로 성육신의 매개로 생각되어야 하지만, 그러나 예수의 인격 구조가 그 역사 전체의 과정 속에서 성취된다는 점이 고려되어야 한다. 그렇지 않다면 예수는 우선 단순한 한 인간이었는데, 나중에 그의 인간적 인격이 하나님의 아들과 합일함으로써 하나님의 아들이 되었다는 식으로 잘못 생각될 것이다.
174 제9장 2a와 c를 보라(519ff., 549ff.).

으로 동일한 지반에 있고 신인(神人)의 인격 안에서 결합된 것 외에는 서로 아무 관계도 없다고 생각된다. 이러한 양성론의 견해는 후에 큰 영향력을 행사한 슐라이어마허의 비판의 대상이 되었다.[175] 또한 그 견해는 이미 4세기에 토론되었고 아폴리나리스(Apollinaris von Laodicaea)가 수용했던 논증과도 대립된다. 즉 완전한 (그래서 독립적으로 존재하는) 두 본질은 하나가 될 수 없다.[176] 하지만 성서적 창조 신앙의 토대에서 생각되는 하나님께 대한 인간적 "본성"의 관계는 그런 식으로는 생각되기 어렵다. 피조물인 인간은 "본성"에 따라 창조자 하나님께 의존해 있다. 이것은 또한 신적 로고스에 대한 관계에도 해당한다. 그렇기에 영원한 아들 혹은 로고스는 인간의 본성에 낯선 것이 아니다. 오히려 인간적 본성은 "그의 소유"다(요 1:11). 모든 피조물은 "아들의 아버지로부터의 자기구분"의 결과로서 각각의 독립적인 현존재를 아들의 창조적 행위에 의존하고 있고, 로고스는 타자성의 생산 원리로서 그것들의 피조적 독립성의 근거가 된다. 그렇기에 모든 피조물 안에서 로고스의 "본성"은 어느 정도까지는 표현되고 있는 것이다. 인간은 다른 피조물들과 달리 더 높은 수준으로 표현되는 경우다. 왜냐하면 인간은 하나님을 자신으로부터, 그리고 자신을 하나님으로부터 구분할 수 있는 능력이 있고 또 그렇게 하도록 규정되어 있기 때문이다. 그 구분 안에서 "아들의 아버지로부터의 자기구분"이 형태를 취한다. 그러므로 인간의 본성 그 자체는 그 안에서 영원한 아들이 성육신하는 방향으로 규정되어 있다.[177] 그렇기에 성육신 사건은 인간적 본성에 낯선 것이 아니다.

---

175 F. Schleiermacher, *Der christliche Glaube* (1821) 2.Ausg. 1830, §96,1. 이에 대한 상세한 설명들을 나의 책에서 보라. *Grundzüge der Christologie*, 1964, 293. 카스퍼의 견해는 나와 본질적으로는 일치한다. W. Kasper, *Jesus der Christus*, 1974, 279.
176 다음에서 인용됨. Ps.-Athanasius, *Contra Apollinarem* I,2 (PG 26,1096 B). 이에 대해 A. Grillmeier, *Jesus der Christus im Glauben der Kirche* 1, 1974, 484ff.를 보라.
177 이에 대해 위의 513쪽의 각주 63에서 인용된 칼 라너의 글과 카스퍼의 다음의 설명을

아무리 그 사건이 하나님으로부터 소외된 낯선 존재인 죄인과 접촉하고, 그 자체는 인간을 무한히 넘어서는 신성, 즉 그 사건 속에서 스스로를 인간과 결합시키는 신성이라고 해도 그렇다. 인간의 그와 같은 규정이 인간 자신의 유한한 능력으로부터 성취될 수 없다는 것은 분명하다. 오직 인간을 유한성 너머로 고양시키시는 하나님의 영을 통해 그는 자신의 그러한 유한성을 받아들일 수 있게 되고, 아버지께 대한 아들의 관계는 그 인간 안에서 형태를 취할 수 있게 된다. 이 과정에서 피조적 독립성이 침해되지 않고 제거되는 일도 없다는 사실은 피조물의 하나님으로부터의 구분이 바로 아들의 아버지로부터의 자기구분 속에 존재하는 영원한 아들의 산물이라는 사실에 기초한다. 아들이 오로지 그러한 자기구분을 통해서만 아버지와 결합되듯이, 피조물도 하나님으로부터의 구분 속에서, 그리고 그렇게 구분된 존재를 겸허와 순종으로 수용함으로써, 하나님과의 연합을 이룰 수 있다. 이 일이 일어날 수 있는 것은 하나님 앞에서 고유한 피조성을 수용하는 가운데 영원하신 아들이 인간 안에서 형태를 취한다는 사실을 통해서다. 바로 이 일이 예수의 역사에서 발생했다. 탄생으로부터 부활과 높여지심에 이르기까지 그의 길의 전체 역사 속에서 일어났다.

그러므로 창조의 근원인 로고스가 인간적 본성과 맺는 특별한 관계는 성육신의 가능성에 대한 조건이다. 여기서 성육신은 아들이 한 개인의 삶과 하나가 되는 것이다. 하나 됨은 아버지 하나님께 대한 그 인간의 관계를 통해 매개되며, 그렇게 해서 그 관계가 전개되고 확장되는 삶의 역사의 형태를 갖는다. 이와 같은 역사 과정이 예수의 인간적 현실성의 구체적 형태다. 오로지 그 형태 안에서 그는 자신의 인격존재의 정체성을 갖는다.[178]

참고하라. W. Kasper, *Jesus der Christus*, 1974, 251ff. 카스퍼는 "인간의 본성을 닫힌 것으로 이해한 것"(251)이 "아폴리나리스의 근본적 실수"라고 바르게 지적했다.

[178] 이와 관련해서 역사를 정체성의 형성과정으로 설명하는 내용을 나의 책에서 보라. *Anthropologie in theologischer Perspektive*, 1983, 495ff. 인격성의 정체성에 대해

이 정체성의 실현 속에서 그는 아버지의 아들이다. 그래서 한 분 동일하신 예수 그리스도에 대해 두 가지를 말할 수 있다. 그는 (오로지 십자가의 죽음으로부터 부활하신 자 그리고 높여지신 자로서) 참 인간 그리고 참 하나님이었고 지금도 그러하시다. 오로지 이런 의미에서 바로 그 하나의 인격 안에 있는 두 본성에 대한 말들은 흔히 일어나는 오해와 오류를 넘어서서 진리가 된다.

한 인격 안에서 두 본성이 하나가 된다는 그리스도론적 교리의 결과는 무엇보다 속성 교류의 논쟁, 즉 두 본성과 그리스도의 인격 사이에서 속성들이 전달되는 것에 대한 논쟁 속에서 나타나기 시작했다.[179] 이미 5세기에 사람들은 어쨌든 그리스도의 인격과 관련해서 두 본성의 속성들이 말해져야 한다는 것에 대해서는 의견이 일치했다. 이러한 속성 교류의 형태는 종교개혁 이후 신학에서 "본성 영역에서의 속성 교류"(genus idiomaticum)라고 표현되었다. 5세기의 안디옥 신학의 학파는 속성들의 교류가, 인격의 통일성을 위해 예수 그리스도 안에서 결합되어 있는 두 본성 사이의 관계에 제한된다고 생각했다. 종교개혁 시대의 개혁주의 신학은 안디옥의 견해를 뒤따랐다. 거기서 그 신학은 두 본성에 각각 독특한 행위들을 포함시켰는데, 이 행위들도 행위 주체인 인격에 관계되었다(genus apotelesmaticum, 행위 영역에서의 속성 교류).[180] 이와 달리 논란이 되었던 것은 구(舊)루터교 교의학

서는 217-235, 이에 대한 근거로서 자아(Ich)와 자기(Selbst)의 관계에 대한 단락을 보라(194-217).

[179] 상세한 내용을 나의 책에서 보라. *Grunzüge der Christologie*, 1964, 305-317. 후기 교부들이 이 주제를 다룰 때 다음의 문헌이 기본이 되었다. Johannes Damaszenus, *De fide orth*. III,3과 4(MPG 94, 993-1000). 중세 스콜라 철학이 이 주제를 다룬 것 가운데 한 가지 사례는 Thomas von Aquin, *S. theol*. III,16,1-12이다. 이후에 계속된 발전에 대해서는 각주 181에서 언급된 슈바르츠(R. Schwarz)의 논문을 참고하라.

[180] J. Calvin, *Inst. chr. rel*. 1559,II,14,3. neque de divina natura, neque de humana

이 주장했던 그리스도의 인간적 본성의 신적 참여에 관한 교리였다. 이 교리는 나지안주스의 그레고리오스(Gregor von Nazianz)가 이미 가르쳤던 상호 내주(Perichorese) 곧 인격의 통일성 안에서 두 본성이 함께 거한다는 개념에 기초하고 있었다. 이에 따라 그리스도의 인간적 본성은 전능, 편재, 전지와 같은 신적 속성들에 참여하는데, 이것이 "존엄성의 영역에서의 속성 교류"(genus maiestaticum)다.[181] 이에 대해 우선 다음과 같이 말할 수 있다. 하나님의 아들이 예수의 인간적 현실성 속에 내주하는 것 없이는, 혹은 거꾸로 인간 예수가 하나님의 아들의 신적 속성들에 참여하는 것 없이는, 양자의 인격적인 합일은 생각될 수 없다. 다른 한편으로 여기서 다음의 사실이 강조되어야 한다. "본성들"의 상호내주는 아버지께 대한 예수의 관계, 즉 그의 아버지로부터의 자기구분을 통해 중재된다고 생각되어야 한다. 그의 자기구분은 그 자신 안에서 아들이 현현하기 위한 조건이다. 이로부터 두 가지 결론이 나온다. **첫째**, 오로지 아버지의 신성으로부터의 구분 속에서만 그에 대한 참여가 말해질 수 있다. **둘째**, 인간 예수가 로고스의 신성에 참여하는 것이 아버지께 대한 예수의 관계를 통해 중재된다는 것은 다음의 결과를 초래한다. 한편으로 예수의 인간적 삶의 실현 속에 아들이 내주하고 다른 한편으로 아들의 신성 안에 예수의 인간성과 비천함이 내주한다는 상호내주는 예수의 역사의 진행과정 속에서 실현된다. 다시 말해 상호내주는 구(舊)루터교 신학

---

simpliciter dici quae ad mediatoris officium spectant (CR 30,355, 중보자의 직무에 대해 말해지는 일들은 신적 본성에 대한 것만도 아니고, 단순히 인간적 본성에만 해당하는 것도 아니다).

181 이에 대한 기초는 루터교 교회일치 신앙고백문이다. Konkordienformel 1580, SD VIII,48-96, BSELK 1032-1053. 참고. Th. Mahlmann, *Das neue Dogma der lutherischen Christologie*, 1969. 본성들의 공동성과 그리스도의 인격의 통일성에 대한 루터 자신의 견해에 대해 다음을 보라. R. Schwarz, Gott ist Mensch. Zur Lehre von der Person Christi bei den Ockhamisten und bei Luther, in: *ZThK* 63, 1966, 289-351.

이 주장했던 것처럼 예수의 길의 시작점에서, 즉 그의 출생 시에 이미 완전하게 출현했다고 생각될 수 없다. 높여지신 자 곧 아버지의 우편에 앉으신 자는 하나님의 왕권 통치에 참여하는데, 이것은 하나님의 통치에 대한 인간적 선포자로서 그 통치가 현재하는 장소가 되었던 지상의 예수가 참여했던 방법과는 다르다. 예수의 영원하신 아들과의 동일성 즉 신성과 신적 속성들에 대한 참여가 그의 지상의 역사적인 길 위에서 그의 아버지로부터의 자기구분을 통해 중재되었다면, 예수가 지상 사역 기간 동안 그 속성들의 사용을 포기했다고 주장해야 할 동기는 배제된다. 왜냐하면 그런 주장은 예수가 그의 지상 역사의 시작점에서 이미 신적 속성들을 무제한으로 소유했다고 전제하기 때문이다. 이 전제는 예수의 역사가 진행되는 과정 안에서 그의 아버지로부터의 자기구분이 형성되어갔다는 사실을 추상화한다. 그러나 높여지신 자에게도 아버지 그리고 그의 신성으로부터의 예수의 자기구분은 여전히 지속되며, 나아가 그것은 피조물로서의 자기구분과 아버지의 아들로서의 자기구분이라는 이중적 의미에서 예수의 하나님의 아들 되심의 조건으로 머문다. 그렇기에 신적 속성들이 높여지신 자의 인간적 본성 안으로 동일한 상태로 전가된다고는 전혀 말할 수 없는 것이다.[182] 그러한 전가는 그리스도께서 성만찬에 현재하시는 것에 대해서도 필수적이지 않다. 이 문제는 후에 더 논의될 것이다. 루터교는 이미 이 자리에서 루터와 함께 편재(Ubiquität)에 대해 말하는 대신에, 멜란히톤과 연계하여 "의지에 따른 현재"(*praesentia voluntaria*)를 말했다.[183] 예수 그리스도의 인간 본성이 로고스의 신성에 참여하는 것은

---

[182] 이것은 교회일치 신앙고백문도 시인하는 내용이다. SD VIII,72 (BSELK 1041, 참고. Negativa II,3, 1048). 비록 이 고백문은 인간 예수가 신적인 전능과 전지에 참여하기 위해 필수적으로 요청되는 결과들(참고. 막13:32와 평행구절)에 대해서는 언급하지 않는다고 해도 그렇다(VIII, 72; 1042).

[183] 멜란히톤에게서 유래하는 이 사상의 기원에 대해 Th. Mahlmann, 같은 곳, 25, 이 사상이 켐니츠(M. Chemnitz)에게 준 의미에 대해서는 218ff.를 보라. 이 사태를 편재(Multivolipräsenz)로 표현하는 것은 말만(Mahlmann, 222f. 각주 71)에 의하면 개혁

오로지 그의 하나님으로부터의 자기구분의 중재를 통해서만 가능하다. 다른 한편으로 영원하신 하나님의 아들은 예수의 역사의 진행과정 속에서 그의 인간적 현존 형태와 관련된 피조적 한계, 욕구, 고난에 참여한다. 이 운동은 어떤 강제성도 없이 영원한 아들의 한 분 아버지 하나님으로부터의 자기구분으로부터 나온 것이며, 아들의 성육신과 예수의 고난의 순종 속에서 가장 극단적인 깊이에 도달한다. 신학적 전통은 아들의 성육신 안에서 신성과 인성의 그러한 상호교류(Perichorese)라는 결과 앞에 놀라서 물러섰다.[184] 루터의 십자가 신학이 처음으로 그 결과에 맞섰고, 예수의 십자가에서 하나님 자신이 죽는다는 헤겔의 명제 속에서 후계자를 발견했다.[185] 이 측면에서 다음의 사실이 타당하다. 즉 하나의 "본성"이 다른 본성에게 동일한 상태로 전가된다는 진술은 있을 수 없으며, 따라서 인간의 비천함의 술어들을 아들의 신성 안으로 동일한 상태로 전가할 수 없다. 물론 십자가에서는 하나님의 아들이 받아들인 인간성만이 아니라 하나님의 아들 자신이 죽었다. 그럼에도 불구하고 아들이 죽음의 고통을 당한 것은 그의 신성과 관련해서가 아니라 그의 인간적 현실성 안에서다.[186] 아들의 신성은 예수의 죽음 속에서 자신의 아

주의적인 기원을 갖는다. 또한 참고. SD VIII, Negativa IV (BSELK 1048).

184 이것은 심지어 교회일치 신앙고백문에도 해당한다. 하나님의 불변성 때문에 성육신을 통해서는 "그 무엇도" 그의 신성으로부터 "벗어나거나 그것에 더해지지 않는다"는 것이다(SD VIII,49, BSELK 1032).

185 루터에 대해서는 각주 181에서 인용된 슈바르츠의 논문을 참고하라. R. Schwarz, 305., 311ff. 헤겔과 그의 루터 이해에 대해서는 E. Jüngel, *Gott als Geheimnis der Welt*, 1977, 83-132, 특히 102ff.를 보라.

186 교회일치 신앙고백문(SD VIII,41f., BSELK 1029f.)은 루터의 문헌(*Vom Abendmahl Christi, Bekenntnis*, 1528)으로부터 다음의 문구를 인용한다. "…신성과 인성이 그리스도 안에서 하나의 인격이기에, 성서는 그러한 인격적 통일성을 위해 인성에게 속한 모든 것을 신성에게 귀속시키며, 그리고 그 반대도 마찬가지다. 이것이 진리라면 우리는 이렇게 말할 수밖에 없다. (그리스도를 나타내는) 인격이 고난을 당한다. 그 인격은 참 하나님이시다. 그래서 '하나님의 아들이 고난을 당하신다'라고 말하는 것은 올바르다. 비록 신성으로서의 어떤 한 부분이 (이렇게 말할 수 있다면) 고난을 당

버지로부터의 자기구분의 극단적인 정점에 도달했다. 이 자기구분을 통해 영원한 아들은 동시에 아버지와 결합되었고, 그 결과 그의 인간성도 죽음 안에 머물러 있을 수 없었다.

예수 그리스도의 인격은 영원하신 아들과 동일하다. 이것은 인간적 현실성 속에 있는 예수에게 그 인격성이 결여되어 있다는 것을 뜻하지 않는다. 오히려 예수는 바로 자신의 인간적 역사 속에서도 동일한 자신의 인격을 갖는데, 이것은 하늘 아버지의 아들과의 동일성이다. 이 점에서 그의 지상의 현존재의 모든 개별적 특성들은 하나로 통합된다. 인간 예수는 이와 다른 동일성을 갖지 않았으며, 그가 처음부터 이 동일성을 반드시 의식하고 있었을 필요는 없다.[187] 그의 인간적인 삶이 하늘 아버지이신 하나님께로 완전히 향해 있었고, 그가 오로지 그 하나님으로부터 살아갔다는 사실만으로 충분하다. 예수의 역사는 그의 인격을 이끌어 아버지의 아들과의 동일성 안으로 점점 더 깊이 들어가게 했다. 이와 같이 그의 인간적인 현존재는 그의 인격적 동일성(정체성)을 결코 그 자신 안에 갖지 않았고, 오히려 아버지께 대한 관계 속에서, 다시 말해 그러하신 아버지의 아들로서 존재한다는 사실 속에서 가졌다.[188] 바로 이 점에서 그는 참 인간 그리고

하지 않았다고 해도, 하나님이신 그의 인격은 인성이라는 다른 부분에서는 고난을 당하시는 것이다"(WA 26,321). 헤겔은 루터가 주목했던 속성 교류(*communicatio idiomatum*)의 규칙을 무시하고 이렇게 썼다. "죽은 것은 바로 그 인간이 아니라, **신성**이다. 이를 통해 그 신성은 비로소 인간이 된다"(*Jenaer Realphilosophie* 1805/06, PhB 67, 268, 각주 3. 참고, E. Jüngel, 같은 곳, 102f.). 나는 그런 표현들과 관련해서 하나님의 죽음에 대한 헤겔의 교리 속에는 거꾸로 된 그리스도 단성론이 있다고 말했다(『조직신학 I』, 507).

[187] 양성론의 의미에서 예수의 인간적 자의식을 서술하려는 근대 가톨릭 신학의 시도들에 대해 다음을 보라. *Grundzüge der Christologie*, 1964, 336-345. 또한 W. Kasper, *Jesus der Christus*, 1974, 288ff.

[188] 이런 의미에서 나의 책(*Grundzüge der Christologie*, 1964, 349-357)은 비잔틴의

참 하나님이시다.

3. 세계 안에서 발생하는 하나님의 자기실현인 아들의 성육신

아들의 성육신은 삼위일체 하나님의 신성에 대하여 사소한 일이 아니다. 하나님은 바로 성육신을 통해 세계에 계시되셨기 때문이다. 아들의 성육신은 아버지 그리고 아들의 성령을 통한 영원한 연합에 대해서도 중요하다. 성육신은 창조를 삼위일체의 연합 안으로 편입시킨다. 물론 세계의 창조는 신적 본질의 내적 필연성 곧 하나님을 강제해서 피조물을 어쩔 수 없이 만들 수밖에 없도록 했다는 식의 필연성에 근거하지 않는다. 창조는 하나님의 자유로운 행위이며, 이것은 아버지의 측면이나 아들의 측면에서나 마찬가지다. 하지만 세계의 창조에는 아들의 성육신이 뒤따라온다. 왜냐하면 성육신은 아버지의 왕권 통치를 세계 속에서 실현하기 위한 수단이기 때문이다. 창조에 대한 통치가 없다면, 하나님은 하나님이 아니실 것이다. 물론 창조 행위는 하나님의 자유로부터 온다. 그러나 창조세계가 한번 현존재 안으로 들어선 이후에, 그에 대한 하나님의 통치는 신성의 조건이자 증거인 것이다. 창조자가 세계의 현존재의 창시자에 그치고 창조에 대한 통치권이 그에게 속하지 않는다면, 그때 그런 하나님은 참 하나님이 아닐 것이며, 완전한 의미에서 세계의 창조자로 불릴 수 없을 것이다.

아버지의 왕권은 이미 삼위일체의 영원한 연합 안에서 실현되어 있다. 그 실현을 위해 세계의 현존재가 필요하지는 않다. 아들은 영원 속에서 영

레온티오스(Leontios von Byzanz)에게로 소급되는 사상, 즉 로고스 안에 있는 예수의 인간적 본성의 "단일 실체론"(Enhypostasie) 사상을 수용하며 적절하게 변형시켰다.

을 통해 아버지의 왕권 통치에 대한 영광을 올려드린다.[189] 이 점에서 아버지의 왕권 통치는 영원히 존속되는데, 물론 아들과 영 없이가 아니라 그들을 통해서 그렇게 된다. 또한 이 사실은 창조에 대해서도 적용된다. 창조 안에서도 아버지의 왕권 통치는 아들과 영을 통해 수립되며 인정받기에 이르는 것이다.

피조 현실은 이미 그것의 현존재와 본질에서 하나님의 창조력의 표현이며, 자신을 통해 하나님의 왕권을 증언한다. 그러나 다른 한편으로 피조물의 독립성 곧 그것들 자신과 피조세계의 관찰자를 위한 독립성이 하나님의 통치에 대한 인식을 방해한다. 피조물들의 독립성은 본래는 창조자의 의지에 전적으로 상응하는 것이다. 그것은 창조 행위의 내적 목적을 형성한다. 그럼에도 불구하고 피조세계 안에서 일어나는 자연 활동의 맥락은 그 진행과정에서 너무도 자율적이라서 자연세계를 이해하기 위한 하나님 개념은 불필요하다는 잘못된 생각이 야기될 수 있다.[190] 이것은 특히 피조적 현존재의 독립성을 최고 단계로 구현하는 인간에게 해당한다. 그러나 완전히 자립했을 때, 유한한 존재인 그는 불가피하게 죽음에 처하게 된다.

죽음의 운명에 넘겨진 죄인은 아들의 성육신을 통해 구원을 받고 화해되며, 하나님의 삼위일체적 연합 곧 영원한 생명의 연합에 참여하게 된다. 이것은 다음 장(제11장)에서 상세히 서술할 것이다. 여기서 우선 중요한 것은 아들의 성육신 사건을 통해 아버지의 왕적 통치가 창조 안에서 실현되었다는 사실 혹은 최소한 시작되었다는 사실이다. 다시 말해 그 통치는 한 인간 안에 현재하는 현실이 되었다. 바로 그 한 인간, 곧 그 안에서 아들이 인간적 형상을 받아들인 그 인간을 통해 하나님의 왕권 통치는 다른 사람들에게도 현재하며, 그들의 삶을 규정하는 동시에 새롭고 영원한 내용으

---

189 『조직신학 I』, 524ff.를 보라.
190 이에 대해 위의 제7장, 107ff.를 비교하라.

로 채우는 능력이 되었다. 하나님의 왕권 통치가 아들의 성육신을 통해 세상 안에서 실현되었다는 것, 그리고 그 아들을 통해 세상이 화해되었다는 것은 하나의 동일한 사태의 두 측면이다. 하나님의 왕권 통치의 수용 없이는 하나님과의 화해에 도달할 수 없다. 그 반대도 마찬가지다. 세상의 화해를 통해 하나님 나라가 창조 안에 수립되는 것이다.

이것은 아들의 사명이며, 그의 파송의 목표다. 아들을 통해 하나님의 미래가 세상 안에서 이미 현재한다. 이를 통해 아들은 인간들에게 구원으로 가는 길, 즉 하나님의 미래에 참여하는 길을 열어준다. 아버지가 아들을 보냄으로써 아들에게 세계 안에 수립되는 하나님의 왕권의 일이 위탁되었고, 이와 함께 또한 하나님 자신의 권능이 전달되었다. 특히 아들은 심판과 죽은 자들의 부활에 대한 전권을 위임받는다(요 5:22; 참고. 5:19ff.). 요한복음은 마태복음 28:18에서 높여지신 자에게 주어지는 권능이 이미 지상의 예수에게 귀속된다고 보았다(비교. 마 11:27). 아버지의 왕권 통치가 예수 안에서 그리고 그를 통해 현재가 되었고 영원한 아들이 그 안에서 형태를 취했기에, 예수에게는 또한 아버지의 권능이 주어진 것이다.

예수 안에서 현현하신 아들에게 자신의 권능을 부여하심으로써, 아버지는 자신의 신성이 아들의 파송의 성공에 의존하도록 만드셨다. 다른 어떤 것도 아닌 바로 이런 이유에서 아버지는 아들의 고통 속에서 함께 고통을 당하신다.[191] 아들에게 닥친 거절은 아버지의 왕권도 의문에 빠뜨린다. 하나님 나라는 아들이 아버지를 영화롭게 하심으로써(요 17:4), 다시 말해 아버지의 신성을 땅 위에 계시하심으로써, 아들을 통해 실현된다.

아버지는 아들을 보내심으로써, 자기 자신을 세계 안에 부재한 자로 규정한다. 아버지는 아들을 통해서만 세계 안에 현재하시는 것이다. 어떤 의미에서 이에 상응하는 것이 이미 창조 행위에 대해서도 말해질 수 있다.

---

[191] 이에 대한 견해들(『조직신학 I』, 507f., 비교. 530)을 여기서 반복할 필요는 없을 것이다. 특히 거기서 인용된 윙엘(E. Jüngel)과 몰트만(J. Moltmann)의 설명을 보라.

창조 행위를 통해 창조자는 피조물들이 각기 자신의 현존재를 갖도록 해주셨다. 이에 따라 피조물의 현존재 속에서 창조자의 사랑이 공표된다. 창조자는 피조물에게 현존재를 부여하셨고, 피조물의 보존을 위해 신적·부성적 돌봄을 선사하신다. 그럼에도 불구하고 하늘 아버지이신 하나님께서는 독립성을 향해 성장하는 피조물에게 부재하신 자시다. 세속 문화의 삶이 하나님이 그렇게 부재한다고 느끼는 것은 우연이 아니다.[192] 자신의 고유한 독립성을 확신하고 신뢰하는 피조물은 하나님의 힘을 먼 경계선에서만, 즉 도달할 수 없는 자신의 근원과 최종적 미래 속에서만 경험한다. 하지만 피조물이 하나님으로부터 해방되어 그 자신의 유한한 능력에만 전적으로 의존한다면, 하나님의 부재 곧 은폐는 실제로는 피조물에게 피할 수 없이 닥쳐오는 심판을 통고하게 된다. 심판에서도 하나님께서는 자신을 외면한 피조물의 주님으로 머무신다. 하지만 죄인이 스스로 벗어날 수 없는 심판은 또한 창조자의 무력함의 표현이기도 하다. 창조자 하나님께서는 죄인의 죽음을 원하시는 것이 아니라(겔 18:23) 자신의 피조물이 현존하고 살아 있기를 바라신다. 이와 같은 의미에서 아버지의 신성은 아들의 파송에 의존한다. 아들은 영과 함께 이미 창조의 때부터 모든 피조물에게 현재하고 있으나, 이제는 스스로 피조적 형태를 취하여 자신의 메시지를 통해 세계 안에 하나님의 미래가 현재하게 했다. 물론 그 미래는 심판이 아니라 구원을 이루려는 것이다. 이를 통해 아들은 아버지를 세계 안에서 영화롭게 하며, 창조의 사역을 완성한다.

세상 안에서의 하나님의 부재는 아들이 십자가에서 하나님으로부터 버림받았을 때, 극단적인 강도에 도달했다. 거기서 아들은 죄인의 운명의 고통을 겪는다. (구원자이신) 하나님의 부재는 피조물들이 자신들의 행위의 결과에 내맡겨졌음을 의미한다. 죄인들은 하나님을 외면한 열매로서 죽음

---

192 이에 대해 내가 편집한 책을 보라. *Die Erfahrung der Abwesenheit Gottes in der modernen Kultur*, 1984.

에 넘겨졌다. 그래서 예수는 십자가에서 죄인의 죽음을 죽으셨고, 그것은 그의 역사적 등장에 본래적으로 속하는 모호성의 결과였다. 거기서 그는 아들로서 하나님으로부터 버림받는 고통을 다른 누구보다 더욱 깊이 겪어야 했다. 하지만 예수의 십자가 죽음에서 내려진 하나님의 심판은 부활의 빛 안에서는 세상 곧 아들 안에서 아버지 자신을 버린 세상에 대한 하나님의 심판의 표징으로 입증되었다. 하지만 십자가에서 아들에게 내려진 심판은 세상에 대해 그와 동시에 구원에 이르는 입구가 되었다. 각 사람이 예수의 죽음 안에서 자신의 죽음을 자신의 유한한 생명을 하나님께 대항하여 자립시킨 대가로 인식할 수 있듯이, 마찬가지로 또한 그는 예수의 약속을 믿는 믿음 속에서 그의 죽음으로 이룬 그와의 연합을 통해 새로운 생명에 대한 희망을 얻을 수 있다. 이 생명은 그의 죽은 자들로부터의 부활을 통해 밝게 드러났다. 그렇기에 십자가에서 — 오직 여기에서 — 아들이 하나님으로부터 버림받는 가운데 암시되는 아버지의 부재는 그 자체로 하나님이 아들을 통해 세계를 위해 현재하시는 계기가 되었다. 아버지께서는 죄인들을 그들의 행위의 결과에 따라 내어주어 파멸에 이르게 하시는 것처럼, 아들을 내어주셨다(롬 8:32; 비교. 4:25). 그 멸망의 씨앗은 이미 그들의 행위 안에 숨어 있었다(롬 1:24, 26, 28). 하지만 아들을 죽음에 내어준 것은 세상을 위해 구원의 길을 열어주려는 것이었다.

아들의 파송과 죽음을 통해 하나님께서 세상의 구원을 위해 현재하시고 그러한 부성적 사랑과 함께 계시되심으로써, 아들은 아버지의 신성을 세계 가운데 실현했고, 아버지의 이름과 그의 왕권 통치를 세상 안에서 영화롭게 했다. 그렇게 영화롭게 했다는 것은 아버지의 이름과 왕권 통치가 이미 하나님의 영원 속에 있었다는 것을 전제하지만, 세상 안에서 그것의 실현은 오로지 아들과 영을 통해서만 이루어진다. 인간이 되신 자는 자신의 파송에 대한 순종을 통해 아버지의 이름을 인간들 사이에서 영화롭게 했고, 영은 그 점에서 그를 자신의 파송에 순종한 아들로 인식하는 법을 가르치신다. 하나님의 신성이 그분의 왕권 통치로부터 분리될 수 없기에, 결국 하나님이 통치하시는 미래의 시작은 아들의 사역 속에서 하나님의 현실성을 철저히 세상 안에 있는, 그리고 세상을 위한 내용으로 삼는다. 아들과 영의 파송은 아버지로부터 출발한다. 그렇기에 아들의 순종과 영의 사역을 통한 그 파송의 성취는 세상 안에서 일어나는 삼위일체 하나님의 자기실현이라고 말할 수 있다.

물론 하나님의 계시 사건 속에서 일어나는 하나님의 자기실현에 대한 진술은 삼위일체 하나님께서 그 이전에 자신 안에 현실성을 소유하지 않았다는 뜻이 아니다. 글자 그대로 본다면 그 표현은 오히려 이중적 의미에서 정반대의 사실을 의미한다. 왜냐하면 그 표현은 자기실현에서 "자기"(Selbst)를 그 실현의 주체인 동시에 객체로 명명하기 때문이다. 거기에 이미 포함된 사실은 그 "자기"가 자신의 고유한 자기실현의 성취보다 우선한다는 점이다. 이것이 자기실현이라는 표상이 지닌 역설이다. 실현되어야 하는 "자기" 곧 자기실현의 결과가 되어야 할 "자기"는 그와 동시에 또한 그 행위의 주체로 생각되어야 하며, 그렇기에 필연적으로 이미 처음부터 실현된 현실로 생각되어야 하는 것이다. 이러한 역설은 물론 이 단어의 통상적인 사용에는 익숙하지 않다. 그러나 바로 이 역설을 통해 자기실현의 표상은 신학적으로 사용하기에는 적당해지고, 반면에 인간적 행위에 대한 표현으로서는 쓸모없는 것이 된다. 행위 주체와 그 행위의 결과와의 동일성은, 이것이 자기실현의 사고에 요청되는 것처럼, 인간에게는 결코 일어나지 않는다. 왜냐하면 인간은 항상 되어가는 중에, 다시 말해 그 자신을 향한 도상에 놓여 있고, 바로 그의 행위를 통해 그 길을 계속해서 나아가기를 원하기 때문이다. 그러므로 인간의 자기실현의 표상은 모든 유한한 존재와 마찬가지로 인간의 수준 자체를 넘어선다. 이 표상의 역사적 기원이 특히 "자기원인"(causa sui, 자신의 존재 원인을 자신의 밖에서 갖지 않음)이라는 철학적 신 개념에 속하는 것은 우연한 일이 아니다.[193] 그러나 신의 명칭으로서의 자기실현의 개념도 삼위일체적 삶의 통일성 속에서 존재하는 하나님의 영원한 본질을 표현하기에는 적합하지 않다.¹⁹⁴ 그와 달리 내재적 삼위일체와 경륜적 삼위일체의 관계, 즉 내재적 삼위일체의 삶이 하나님의 구원의 경륜의 행위에 대해 갖는 관계는, 이 행동이 하나님의 신성에 피상적인 것이 아니라 오히려 세계 속에서의 그의 현재를 표현한다는 점에서, 하나님의 자기실현이라고 부르는 것이 적절한 것이다. 여기서 자기실현의 개념이 사고하도록 요청하는 주체와 결과의 동일성은 주어져 있다. 그 개념은 칼 바르트가 이 사태에 대해 적용했던 "하나님의 반복"¹⁹⁵이라는 표현보다 더 낫다. 왜냐하면 후자가 암시적으로 연상시키는 모사(摹寫, Abbild) 관계가 회피될 수 있고, 그 대신에 내재적 삼위일체와 경륜적 삼위일체의 **일치**가 풍부한 의미로 표현되기 때문이다. 삼위일체의 영원한 연합 안에서, 그리고 삼위일체의 세계 속에서의 경륜적 행위를 통해 실현되는 것은 하나의 동일한 신적 현실성이다. 여기서 자기실현의 사고는 물론 단순한 주체가 아니라 아버지, 아들, 영이라는 삼중적인 주체성이 그 실현 사건의 근원이자 결과로 생각되어야 한다는 점에서 수정된다. 한 분 하나님은 삼위일체의 인격들을 통해서만 행동하시며, 바로 이 사실을 통해 자기실현의 사고가 갖는 역설은 해결된다. 삼위일체의 인격들 각각에게 다음의 사실이 특별히 해당한다. 한편으로 세 인격은 이미 창조세계 안에서 일어난 하나님의 자기실현의 계시적 역사 과정 "이전에" 존재하며, 다른 한편으로 삼위일체의 신성은 그 과정의 결과이기도 하다는 사실이다. 하지만 삼위일체 인격들의 행위는 직접 자기 자신에게 향하는 것이 아니라, 오히려 다른 인격들을 향한다. 이에 상응하는 것이 구원의 경륜 안에서 아버지를 통한 아들의

---

193 이에 대해『조직신학 I』, 630f.를 보라.
194 참고.『조직신학 I』, 632f. 나는 거기서 쉘(H. Schell)이 *causa sui* 사상을 내재적 삼위일체의 관계들에 적용한 것을 인용했는데, 칼 바르트도 이것을 긍정적으로 평가했다 (*KD* II/1,343f.).
195 K. Barth *KD* I/1, 315. 이 내용을 윙엘의 사고와 비교하라. E. Jüngel, *Gottes Sein ist im Werden. Verantwortliche Rede vom Sein Gottes bei Karl Barth. Eine Paraphrase* (1965) 3.Aufl. 1976, 28ff., 또한 117ff.

파송, 아버지께 대한 아들의 순종, 그리고 영을 통해 아버지와 아들이 영화롭게 되는 것에도 해당한다. 그러므로 한 분 하나님의 자기실현은 인격들의 서로에 대한 관계 속에 존재하는 호혜성(互惠性, Gegenseitigkeit)을 통해, 즉 서로에 대한 상호희생의 결과로서 실현된다.

이미 이스라엘의 시편들의 증언에서도 하나님의 왕국은 한편으로는 영원으로부터("예로부터" 시 93:2) 존재하지만, 다른 한편으로는 후대의 제왕시들이 점점 더 강조했던 것과 같이 열방 한가운데서 진행되는 역사 과정 안에서 실현된다.[196] 이스라엘의 선택과 그 민족에게 땅이 수여된 것(시 47:5)은 이방 민족들에 대한 이스라엘의 하나님의 왕권 통치의 시작으로 찬양되었고(시 47:6ff.),[197] 바빌론 포로들의 귀환과 고레스(Kyros)가 통치하는 페르시아 왕국이 등장한 것은 그 왕권의 회복으로 노래되었다.[198] 하지만 하나님의 왕권 통치가 땅 위에서 궁극적으로 등장하는 것은 이스라엘의 역사적 경험에 대해서는 계속 반복해서 미래로 미루어졌고, 결국 종말론적 희망의 대상이 되었다.[199] 예수의 메시지 안에서 하나님의 왕권 통치의 그와 같은 종말론적 미래는 각 개인이 일상의 삶에서 행해야 할 바에 대한 요청으로 해석되었고, 그 결과 그 미래는 그것을 깊이 신뢰하며 관여하는 자들에게 이미 현재하며 시작되었다. 종말론적인 미래는 아들의 순종 가운데 있는 그의 공동체에 계속해서 현재하고 있다. 예수는 그 순종을 십자가의 죽음에 이르는 길에서 입증했다. 창조 안에서 행해지는 하나님

---

[196] J. Jeremias, *Das Königtum Gottes in den Psalmen. Israels Begegnung mit dem kanaanäischen Mythos in den Jahwe-König-Psalmen*, 1987, 20ff.27.
[197] J. Jeremias, 같은 곳, 50ff. "여기서 노래된 야웨의 왕국은 1) 태초로부터 설정된 보편적 왕국이며, 또한 동시에 2) 역사 속에서 실현되고 3) 현재의 제의 속에서 새롭게 실재로서 경험되는 왕국이다"(53).
[198] 이사야 52:7; 시편 96, 시편 98에 대해서는 J. Jeremias, 같은 곳, 121-136을 참고하라.
[199] 스가랴 9:9f.; 시 97:6에 대해 J. Jeremias, 같은 곳, 136ff., 특히 141f.를 보라.

의 통치는 하나님께서 선택하신 자가 이방 민족들을 다스리는 정치적 주권을 수립하고 자기 민족의 정치적 해방을 주도한다는 식으로 시작되는 것이 아니다. 오히려 하나님의 통치는 정치적 주권과 이를 통해 억눌린 자들의 저항 사이의 대립을 상대화하며, 여기서 이 저항을 새로운 주권과 억압의 출발점으로 만들지 않는다. 아들을 세상 안으로 파송하는 것과 그의 죽음을 통해 그 파송을 완성하는 것은 세계 속에서 하나님의 통치가 실현되는 방식이다. 그 통치 안에는 억압이 없으며, 오히려 하나님 자신을 통해 피조물들의 독립성이 존중된다.

하나님의 통치가 아들을 통해 사람들 사이에서 확장되기 위해서는 아들을 영화롭게 하는 영이 필요하다(요 16:14). 아버지로부터 발현하는 "진리의 영"은 예수에 관하여 증언할 것이다(요 15:26). 영은 제자들에게 예수가 말했던 모든 것을 가르치고 기억나게 할 것이다(14:26). 그렇게 해서 영은 제자들을 온전한 진리 곧 아들을 통해 계시된 하나님의 진리 안으로 인도할 것이다(16:13).[200] 이를 통해 영은 예수 안에서 아들을 영화롭게 할 것인데, 이것은 예수가 아버지를 "이 세상에서 영화롭게" 했던 것과 마찬가지다(17:4). 요한복음의 그리스도가 아버지께 아들인 자신을 영화롭게 해달라고 간구했을 때(17:1,5), 16:14이 말하는 것과 같이 영을 통해 영화롭게 되는 것을 의미한다. 왜냐하면 영은 아버지로부터 발현하기 때문이다(15:26). 영이 아들에게 속한 것을 취해서 그것을 선포할 것이라고 말할 때, 그것은 단순히 예수의 역사와 말씀만을 생각하는 것이 아니다. 창조 전체가 아들을 영화롭게 하기 위한 소재로 사용되어야 한다. 왜냐하면 "아버지께 있는 것은 다 내 것"이기 때문이다(16:15). 여기서 영이 아들을 영화롭게 하는 것은 최종적으로 재차 아버지를 영화롭게 하는 것에 봉사한다. 아버지는 아들 안에서 영화롭게 되신다. 그 때문에 요한복음의 그리스도는 자

---

200 비교. 고린도전서 2:10; 영은 "모든 것 곧 하나님의 깊은 것까지도 통달하시느니라."

신의 파송을 완성하는 가운데 영을 보내실 아버지께서 자신을 영화롭게 하시기를 간구하는데 이것은 "아들로 아버지를 영화롭게" 하기 위함이다 (17:2). 아들의 활동과 영의 사역 속에 있는 모든 것은 결국 아버지를 영화롭게 하는 것, 즉 세상 안에서 그의 왕국이 시작되도록 하는 것에 봉사한다.

영을 통해 아들이 영화롭게 되는 일에 근본적인 것은 부활 사건이다. 왜냐하면 영은 단순히 예수가 이스라엘의 메시아이고 영원하신 아버지의 아들이라는 인식을 불러일으키는 데 그치지 않고, 오히려 영을 통해 매개되는 인식은 그가 생명을 창조한다는 사실에 근거하기 때문이다. 이 사실은 요한복음(6:63)뿐만 아니라 바울에게도 적용된다(롬 8:2). 생명을 창조하는 영의 활동은 이러한 맥락에서 우선적으로 예수 자신과 관계된다. 왜냐하면 예수는 영을 통해 죽은 자들로부터 부활했고(롬 8:11; 참고. 1:4; 또는 벧전 3:18), 바로 그 동일한 영이 믿는 자들에게 새로운 생명의 희망을 보증하기 때문이다(롬 8:11). 죽은 자들의 부활로부터 오는 새로운 생명의 창조자로서 영은 부활 이전의 사역에 대한 하나님의 확증과 칭의의 빛 속에서 예수 그리스도의 아들 되심의 인식으로 인도한다(딤전 3:16). 이것은 요한복음이 말하는 것처럼 믿는 자들 사이에서 예수가 영화롭게 되는 것을 뜻한다. 이와 같이 영을 통해 예수가 영화롭게 되는 것은 사도적 메시지를 통해 전달된다. 이 메시지 자체는 (그것의 내용 때문에) 성령의 능력 안에서 선포되고(살전 1:5; 참고. 벧전 1:12), 그것을 믿는 자들은 그 능력을 통해 또한 영의 은사를 받게 될 것이다(갈 3:2). 영은 그들에게 십자가에 못 박히셨지만 하나님에 의해 부활하신 자와의 연합 안에서 죽음을 극복하는 새로운 생명에 대한 희망을 확증해줄 것이다. 여기서 영은 단지 믿는 자들 속에 아들의 신적인 지위의 인식을 재차 창조할 뿐만 아니라, 또한 그 인식과 함께 영 안에 있는 새로운 생명을 창조한다. 이 생명은 아들의 영 안에, 곧 아버지께 대한 예수 그리스도의 아들관계 안으로 이끄는 연합 안에 있다. 믿는 자들 사이에서 아버지 그리고 아들을 영화롭게 하는 것은 영의 사역이다. 이 사역은 최종적으로 하나님과 세상의 화해를 향한다. 화해는 죽음에 빠진 세상의 운명을 극복하는 것, 그리고 영원한 생명에 참여함으로써 세계가 완성되는 것과 관계가 있다. 영원한 생명은 영을 통해 아들을 아버지와 결합시키며, 죽은 자들로부터의 아들의 부활 속에서 창조의 미래로서 이미 시작되었다.

제11장 예수 그리스도를 통한 세상의 화해

Die Versöhnung der Welt
durch Jesus Christus

1. 구원과 화해

아버지께서 아들을 보내시는 파송 그리고 아들의 성육신은 세상의 구원을 목적으로 한다(요 3:17). 지상에서의 사역과 역사 속에서 나타나는 예수의 독특한 인간적 특성은 바로 그 사실에 상응한다. 예수께서 사람들 사이에 하나님의 통치가 시작되도록 공간을 마련하시는 동시에, 그의 사역은 인간들의 공동체성을 회복하는 쪽으로 향했기 때문이다. 십자가와 부활의 빛 속에서 묘사되는 것처럼, 그의 사역의 메시아적 특성은 이스라엘의 메시아적 희망의 경계를 제거하여 인류의 희망으로 확장한다. 바울과 요한은 이러한 경계의 제거를 아들의 칭호를 통해 표현했다. 창조자이시고 모든 인류의 아버지이신 하늘 아버지의 아들이 예수의 인격 안에서 세상의 구원을 위해 현현하셨다. 이 사건의 보편성은 바울이 예수를 절대적·종말론적 인간, 즉 두 번째 아담으로 표현하는 가운데 강조되었다.

다른 인간들 사이에서 드러나는 예수의 특수성은 그의 사역과 역사, 그리고 그의 인격의 구원론적인 기능으로부터 분리될 수 없다. 이 사실은 이미 그의 지상에서의 선포와 사역에 해당하며, 복음서들이 보고하는 예수의 구원의 행위에서 명확하게 나타났다. 메시아로서의 지위와 구원론적인 기능의 동일한 관계가 사도적인 그리스도 메시지의 특징이다. 그러나 구원론적인 기능이 항상 예수의 형태의 독특한 특성에 속한다는 사실은 사람들의 매우 다양한 구원의 관심사들과 기대들이 그대로 그의 인격에 투사된 결과 예수가 단지 그런 기대들의 대표자 및 담지자로 나타났을 것이라고 말하지는 않는다. 예수가 하나님의 아들로서 인간이 희망하는 모든 구원의 성취이며, 모든 다양한 구원의 희망을 자신에게 관계시킨다는 사실은 맞다. 하지만 이와 같은 희망들은 — 유대교의 메시아 기대와 마찬가지로 — 인간적인 모든 구원의 희망의 완성자이신 예수의 인격과 결합되려면, 변형되고 새로운 특성을 가져야 한다. 무엇이 정말로 인간의 구원에 도움이 되는지, 어떤 의미에서 그가 보편적 구원자이자 인간의 구원자인지는 오로지 예수의 활동과 역사 안에서 비로소 계시된다. 이런 의미에서 구원론은 그리스도론의 기능으로서 서술되어야 한다. 거꾸로 그리스도론이, 다른 어떤 방식으로 제시되고 역사적으로 변화되는 구원의 기대들에 의존하는 것으로 다루어져서는 안 된다.[1]

예수를 통해 중재된 구원은 그의 메시지에 따르면 하나님과의 연합, 그리고 그 안에 있는 생명에 근거한다. 이 생명은 인간들의 서로에 대한 연합(공동체)의 회복을 포함한다. 그렇기에 하나님의 통치에 참여한다는 것(마 5:3과 평행구절, 5:10; 19:14; 눅 6:20), 그리고 그리로 들어가는 입구를 발견하는 것(막 9:47; 10:14f., 23ff.; 참고. 마 25:10; 요3:3)이 구원의 총괄개념이다. 사도적 메시지의 구원 이해도 그 개념에 상응한다. 사도들의 메시지 안에서는 예수 그리스도와 이루는 공동체(연합)가 중심이 되는데, 이 공동체가 이미 예수 자신의 역사적 등장의 맥락에서 다가오는 하나님의 통치에 대한 참여

---

1   이에 대해 "그리스도론과 구원론"에 관한 나의 책의 설명을 보라. *Grundzüge der Christologie*, 1964, 32-44. 이와 달리 올리히(K.-H. Ohlig, *Fundamentalchristologie. Im Spannungsfeld von Christum und Kultur*, 1986)처럼 그리스도론이 "**구원론의 기능**"(27)이라고 말하는 사람은 그런 표현구문이 그리스도론의 중심 내용들을 다양하게 변화하는 인간적 구원의 기대들의 투사(Projektionen)로 만들었다는 사실을 알아채지 못하고 있다. 하지만 올리히에게서도 실제로는 예수의 역사적 인격의 비판적 기능은 인간 구원의 이해를 위한 특징적인 요소다. 이것은 구원이 전적으로 "역사를 통해 중재된다"(같은 곳)라고 보인다는 사실, 나아가 구원이 그리스도론적으로, 즉 메시아를 통해, 특별히 그리스도이신 예수를 통해 중재된다는 사실(28f.)에서 그렇다. 이를 통해 예수 그리스도는 구원의 이해의 내용적 규정을 위한 기준으로 선언되었다고 할 수 있으며, 또한―바로 그가 비판했던―그리스도론을 구원론 앞에 배치해야 하는 의미다 (28, 각주 6). 여기서 제시된 그리스도론의 의미에서 말한다면, 아버지께 대한 예수의 아들 관계는 다른 어떤 방식으로 근거되는 인간적 희망의 기대가 투사된 것의 표현이 아니라, 오히려 제1계명의 요구에 근거하고 있다. 그렇다면 여기에 예수의 아들 됨이 갖는 보편적·구원론적 의미도 그 관계에 근거하는 것이다.

를 보증해주었다(눅 12:8과 평행구절들). 이것은 예수가 행한 식탁 공동체에서 눈으로 볼 수 있게 표현되었다. 사도들의 메시지에 따르면 십자가에 못 박히신 자와의 공동체(연합)는 그의 부활 속에 나타난 새로운 생명에 참여하는 기대의 근거가 된다. 또한 예수에게도 이미 죽은 자들의 부활은 다가오는 하나님의 통치의 구원론적 요소였을 것이다(막 12:27). 부활 이후에 죽은 자들의 부활의 새로운 생명을 통한 죽음의 극복은 미래에 도래할 구원의 총괄개념이 되었다. 이것은 예수의 메시지에서 하나님 나라에 참여하는 것이 그러했던 것과 마찬가지다. 실제로 양자 사이에는 어떤 대립도 존재하지 않는다. 왜냐하면 죽은 자들의 부활로부터 비롯되는 새 생명은 영을 통한 하나님과의 연합(공동체) 안에 있는 생명이기 때문이다. 특별히 이와 같은 구원의 내용의 두 가지 규정은 종말론적 미래라는 특성을 공통으로 갖는다. 이 미래는 믿는 자들 가운데서 이미 현재적으로 시작되었다. 이러한 종말론적인 관련성은 *soteria*(구원)라는 신약성서적 개념의 특성이며, 신약성서에서 그 밖의 구원론적인 특성의 표상들에 대한 근거가 된다. 바울의 경우에 그리스도를 통해 일어난 칭의, 구원, 화해, 그리고 믿는 자들에게 주어질 해방 등에 대한 진술들의 근거를 이루고 있다.

"구원"(Heil)이라는 독일어 단어는 생명의 온전한 보전(Unversehrtheit)을 의미한다. 즉 삶의 역사의 길 위에서 성취해간다는 의미, 그리고 전체가 되어간다는 의미에서 무결한 완전성을 내용으로 하면서 생명의 전체성과 무결성을 뜻하는 그리스어 단어인 *soteria*(구원)와 관련되었다(참고. 오직 막 8:35과 평행구절들). *soteria* 개념은 구원의 과정을 말할 뿐만 아니라, 구원 받은 이후의 결과와 새롭게 얻은 생명도 표현한다. 후자의 관점에서 이 개념은 샬롬(*shalom*, 평화)이라는 구약성서적 표상의 포괄적 의미에 가깝다.[2]

---

2   카스파리(W. Caspari, *Vorstellung und Wort "Friede" im Alten Testament*, 1910)와 피더슨(J. Pedersen, *Israel, Its Life and Culture* 2, 1926, 311-335)에 이어 폰 라트 등도 샬롬(Shalom)을 공동체 안에 있는 삶의 통전성(Unversehrtheit)과 전체성

하지만 "구원"이라는 단어가 표현하는 생명의 전체성은 시간의 과정 안에서 아직 완성된 것이 아니며, 오히려 부재하는 것으로 경험된다. 적어도 그것은 역사의 과정 속에서 언제나 위협을 받고 있으며 궁극적으로 보장되어 있지 않다. 그러므로 인간 삶 전체의 구원은 미래에 놓여 있다. 예수의 종말론적 구원의 메시지는 이러한 사태를 인간의 하나님 관계라는 주제로 표현했다. 하나님의 미래 그리고 하나님의 통치에 대한 관계가 인간 삶의 최종적인 구원 혹은 재앙을 결정한다. 여기서 다음의 사실이 역설적으로 강조된다. 이 세상에서 하나님의 미래를 고려하지 않고 자신의 생명을 보전하려는 자들은 그것을 잃어버릴 것이고, 자신의 생명을 하나님 나라의 미래를 위해 사용하고 그 미래를 위해 이 세상에서 생명을 잃어버리는 사람들은 마지막에는 그것을 얻게 될 것이라는 사실이다(막 8:35와 평행구절들). 구원의 주제를 하나님의 종말론적 미래에 집중시키는 것은 인간 생명을 세계 내적으로 실현하려는 모든 시도와 비판적으로 대립한다.[3] 왜냐하

(Ganzheit)으로 이해했다(G. v. Rad, *Theologie des Alten Testaments* I, 1957, 136). 폰 라트는 평화 개념에 대한 논문에서(*ThWBNT* 2, 1935, 400-405) 평화라는 단어를 "구원"으로 바르게 번역했다(특히 시 85에 대해 402을 보라). 로스트(L. Rost)도 젭슨 (A. Jepsen, 1971, 41-44)을 위한 기념논문집에서 그와 비슷하게 해석했다. 폰 라트는 1935년에 샬롬(Schalom)이라는 단어가 개인의 행복한 상태 역시 표현한다고 설명했다(400). 다시 말해 공동체적인 관계에 제한되지 않는다는 것이다. 폰 라트가 자신의 책 『구약성서 신학』에서 "구원"의 의미를 명확하게 강조하지 않았다는 것은 구원, 구원의 선물, 구원 행위, 구원의 역사 등의 개념들이 그의 책에서 중요한 역할을 하고 있기에 더욱 주목을 끈다. 이 내용에 대해 다음을 참고하라. J. I. Durham, Salom and the Presence of God (*Proclamation and Presence, Festschrift für G.H. Davies*, 1970, 272-293).

3 이 대립에 그리스도교의 *soteria*(구원)와 로마의 *salus*(안녕) 사이의 긴장이 근거한다. 이에 대해 다음을 보라. C. Andresen, Art. Erlösung, in: *RAC* 6, 1966, 54-219, 특히 163ff. 또한 참고. N. Brox, Σωτηία und Salus. Heilsvorstellungen in der Alten Kirche, *EvTheol* 33, 1973, 273-279. 세계 내적으로만 향하는 구원의 기대들과 대비되는 개념, 곧 종말론적으로 강조되는 구원 개념의 실제적인 의미에 대해 다

면 인간들이 세계 내에서 자기실현을 추구하는 것은 거꾸로 하나님과 그의 미래에 대해 자신을 폐쇄시키는 것이기 때문이다. 이것은 왜 구원이 인간에게 단지 죄와 죽음의 권세에 사로잡힌 그의 상실된 삶으로부터 구출되는 것으로서 주어져야 하는가 하는 이유다.

구원이 하나님의 미래에 대한 인간들의 관계와 일치한다면, 그리고 현존재의 현재 상태로부터 건져내는 것으로 이해된다면, 그때 그것은 유대교적인 미래의 기대와 전망을 암시한다. 그 기대는 구원을 임박한 세상의 심판으로부터 건져내는 것으로 이해하며, 그 심판을 통해 하나님의 미래가 이 세상의 시간을 끝낼 것으로 본다. 이와 마찬가지로 바울도 *soteria*를 사실상 압도적으로 미래의 심판으로부터 건져내는 것으로 표현한다(롬 5:9; 참고. 살전 1:10; 5:9f. 등등). 다른 한편으로 미래의 구원은 믿는 사람들에게는 예수 그리스도를 통해 이미 확실히 현재한다. 이와 함께 바울 신학은 예수의 메시지에서 나타나는 하나님의 통치의 미래와 현재의 관계에 상응한다. 예수 안에서, 그리고 예수를 통해 미래의 구원은 믿는 자들에게 열려 있고 현재 이미 들어갈 수 있다.[4] 물론 바울은 구원의 현재를 하나님의 미래의 작용으로 이해하지는 않았다. 하나님의 미래는 근본적으로 인간의 구원으로 나타난 것이 아니다. 오히려 구원은 미래의 심판에서 내려질 무죄방면과 관련되어 있고, 그 무죄방면은 과거에 발생한 예수 그리스도의 죽음과 부활의 구원사건을 통해 중재된다. 구원의 현재는 일반적으

음을 보라. G. Ebeling, Das Verständnis von Heil in säkularisierter Zeit (1967), in: ders., *Wort und Glaube* III, 1975, 349-361. 또한 B. Welte, *Heilsverständnis. Philosophische Untersuchungen einiger Voraussetzungen zum Verständnis des Christentums*, 1966.

4 종말론적 구원이 현재한다는 사상 속에서 욍엘은 바울의 칭의론을 모든 차이점을 뛰어넘어 예수의 선포와 바르게 결합시켰다. E. Jüngel, *Paulus und Jesus. Eine Untersuchung zur Präzisierung der Frage nach dem Ursprung der Christologie* (1962), 3.Aufl. 1967, 266f.

로 *soteria*로 말해지지 않고, 오히려 **칭의의** 상태(롬 5:9; 참고. 8:3f. 등) 혹은 하나님과 이루는 평화로 표현된다. *soteria*의 내용을 구성하는 새로운 생명의 영광은 바울에게는 아직은 희망의 문제다. 이 희망은 바울에게서 다가올 심판에서의 무죄방면 판결이 십자가에 못 박히고 부활하신 그리스도를 믿는 자들에게 지금 이미 내려졌다는 사실에 근거하고 있다. 하나님과 이루는 평화의 상태, 곧 다가올 심판에서 구원을 얻을 것이라는 희망을 정당화해주는 상태는 아들의 죽음을 통해 하나님과 화해하는 사건에 근거한다(롬 5:10; 참고. 5:18). 여기서 화해, 칭의, 그리고 다가올 심판에서의 구원은 바울에게 풀 수 없는 전체를 이룬다.[5] 그 결과 서로에 대한 구분은 때때로 융합되며, 칭의는 그리스도의 순종의 결과(롬 5:18)만이 아니라 다가올 심판에서 기대되는 무죄방면이라는 희망의 선물로서 나타나며(갈 5:5), 거꾸로 믿는 자는 지금 이미 구원을 받은 것으로 표현된다(롬 8:24). 물론 이것은 희망을 향해 나아가고 있는 구원이다. 구원은 복음의 능력을 통해 일어나며(고전 15:2; 비교. 고후 6:2), 복음은 또한 화해의 말씀으로 표현된다(고후 5:19).

믿는 자들에게 현재하는 구원에 대해 바울과 예수 자신이 말하는 방식의 깊은 차이가 숨겨져서는 안 된다. 이 차이는 다음의 사실을 통해 제약된다고 이해되어야 한다. 즉 하나님의 구원의 통치가 믿는 사람들에게 이미 현재한다고 선언했던 예수께서 지상에 등장하신 것과 바울의 공적인 활동을 구분하는 것은 예수의 십자가와 부활의 사건이다. 십자가와 부활 사건은 바울의 눈에는 화해의 사건이었으며, 다가올 심판에서 내려질 무죄방면과 구원에 대한 그리스도교적인 희망은 그 사건에 근거한다고 생각

---

5   이에 대해 다음을 보라. W. G. Kümmel, *Die Theologie des Neuen Testaments nach seinen Hauptzeugen* (NTD Erg.3), 1969, 165-183. 또한 로마서 5:9f.에 대해서는 C. Breytenbach, *Versöhnung. Eine Studie zur paulinischen Soteriologie*, 1989, 170ff.

되었다.

신학이 바울의 관찰 방식을 예수의 메시지와 사역 속에서 이미 시작되었던 하나님의 구원의 통치와 연결시킬 수 있는 것은 구원 개념이 배타적인 미래로 파악되지 않는다는 조건 아래서다. 바울의 언어사용에서 구원은 보통 임박한 심판의 기대와 결합되어 있기 때문에 배타적인 미래로 파악되지 않는다. 하지만 무엇보다도 예수의 죽음에 근거한 바울의 구원 이해를 예수 자신의 메시지와 연결시키는 것은 양자 사이의 관계를 전제한다. 이것은 예수의 죽음이 자신의 메시지와 지상 사역의 결과였다고 생각할 때 해당되는 경우다. 앞에서 이미 제시했던 것과 같이 예수의 선포와 사역 속에서 사건으로 발생한 하나님의 통치의 시작이 그의 등장의 모호성을 야기했고, 이것은 결국 그를 죽음으로 이끌었다. 또한 메시아 표상이 십자가에 못 박히신 자에게 적용됨으로써 변형되고 제한에서 벗어난 것(위의 543ff., 558), 그리고 아버지로부터의 자기구분 속에서 계시되는 아들 됨의 가장 극단적인 결과로서 이해되는 예수의 고난의 순종(위의 644)에 대해 설명했다. 이러한 설명은 예수의 십자가의 죽음을 하나님의 사랑의 표현(롬 5:8; 비교. 8:32)으로 이해하는 바울적 해석의 근본적인 맥락을 아버지의 사랑이라는 계시의 토대 위에서 재구성하기 위한 시작점이 될 수 있다. 이 계시는 부활 이전에 예수 자신의 사역에서 이미 발생했다. 하나님 나라의 미래가 예수의 메시지를 받아들였던 사람들에게 구원의 현재가 되었다는 점에서 그렇다. 어느 정도까지 그런 연결이 논증적으로 입증될 수 있을지가 제시되어야 한다.

Soteria(구원)를 임박한 심판으로부터 건져내는 사건과 결합시킴에도 불구하고, 바울 자신은 때때로 그 구원이 믿는 자들에게 복음을 통해 현재적으로 주어져 있었다는 것을 말했다(위를 보라). 에베소서에서 이 강조는 더욱 부각되었고(엡 2:5와 8), 디도서에서는 믿는 자들이 구원을 이미 세례를 통해 받았다고까지 말해진다(딛 3:4f.). 이러한 언어사용에서 종말론적인 구원에 참여한다는 표상이 현재로 이동하는 것이 인식될 수 있는데, 이

현재가 여전히 미래의 완성과 관련되어 있다는 것은 신학적으로 좋은 의미를 갖는다. 왜냐하면 그 현재는 바울의 언어사용에서보다는 예수 자신의 메시지 속에서 하나님의 통치의 종말론적인 구원의 미래가 현재한다는 관점에 보다 더 가깝기 때문이다. 미래의 구원이 예수의 중재를 통해 현재하기에, 이에 상응하는 것이 *soteria* 개념을 예수의 사역으로 확장하는 데에도 해당한다. 이 확장은 요한복음 3:17과 4:22에서 표현되며,[6] 무엇보다도 *soteria*가 예수 자신의 선포 속에서 시작되었다는 히브리서(2:3)의 진술에서 볼 수 있다. 이 진술은 예수의 메시지와 사역 안에서 하나님의 구원하시는 통치가 예기적으로(proleptisch) 현재한다는 주제에 대한 오늘날의 주석적 통찰과 놀랍도록 유사하다. 예수 그리스도를 "구원의 창시자"(히 2:10)라고 부르는 것도 이런 의미에서 이해될 수 있을 것이다.

물론 하나님의 통치의 현재는 구원의 미래적 완성에 대한 관계를 철저히 포함한다. 하지만 강조점을 예수의 역사 안에 놓인 구원의 근원으로, 그리고 복음과 세례를 통한 그 구원의 전달로 옮긴 것은 바울과는 다르게 (그러나 어쨌든 *soteria* 용어의) 구원을 이해하는 내용적 변화를 가져왔다. 이제 우선적으로 중요한 것은 더 이상 미래의 심판에서 믿는 자들이 구원을 얻는 것이 아니라, 오히려 이미 역사적 사건으로 발생한 구원 즉 영의 능력으로 죄의 삶으로부터 건져냄을 받아 새로운 삶으로 옮겨가는 것이다(딛 3:4ff.). 이미 바울에게서 다가올 심판으로부터 건져냄을 받는 표상과 결합된 *soteria*의 내용적 규정[7] 곧 그리스도 안에서 이미 나타난 새로운 생명의 영광에 참여함(빌 3:20f.; 비교. 롬 5:10과 8:30)으로써 이뤄지는 규정은 결국

---

6   불트만은 "구원은 유대인으로부터 온다"는 문장을 편집자의 주석으로 본다. R. Bultmann, *Das Evangelium des Johannes*, 12. Aufl. 1952, 139, 각주 6. 이와 다른 브라운과 슈나켄부르크의 논평을 보라. R. E. Brown, *The Gospel according to John* I, 1966, 172. R. Schnackenburg, *Das Johannesevangelium* I, 5.Aufl. 1981, 470f.

7   참고. W. Foerster im *ThWBNT* 7, 1964, 981-1012, 특히 993.

심판의 미래 시점으로부터 분리되었다. 이와 함께 바울의 칭의론적인 용어들은 믿는 자들이 지금 현재 구원에 참여한다는 후기 바울의 맥락 속으로 퇴각했다. 예수 그리스도 안에 있는 새로운 생명에 참여하는 것은 우선적으로 더 이상 미래의 심판으로부터 구원받는 것과의 관계에 의해 규정되지 않으며, 그래서 또한 구원의 현재가 갖는 의미도 도달될 수 있는 삶과는 구분되는 특성을 지닌 미래의 심판에서 무죄방면을 선취하는 것으로 규정되지 않고, 오히려 예수 그리스도를 통해 이 세상 안으로 들어온 새로운 생명이 시작되는 현실성으로서 규정되었다.

비록 화해, 칭의, 그리고 미래 심판에서 건져냄으로서의 구원 사이에 놓인 바울의 날카로운 구분들이 신약성서 전체의 증언을 곧바로 대변한다고 말할 수는 없고, 나아가 바울 자신에 대해서도 세부적으로는 불명확하지만, 신학적인 판단은 두 가지로 나뉘어 확정되어야 한다. 한편으로 하나님의 미래와 구원과의 관계는 아직 완성되지 않은 채 이 세상 안에서 이미 예수 그리스도를 통해 현재하게 되었다는 것이며, 다른 한편으로 예수의 역사와 특별히 그의 십자가의 죽음을 통해 구원에 대한 참여가 중재되었다는 것이다. 후자의 측면은 예수 그리스도의 죽음이 그리스도인들의 현재적인 구원의 확신에 대해 갖는 근본적 의미로서 바울에게서 특별히 화해 개념과 결합되었다. 그리스도교적인 구원의 참여의 현재적 형태는 그리스도의 십자가 죽음을 통한 하나님과의 화해에 근거해 있으며, 바울은 그것을 하나님 앞에서의 칭의와 평화로 묘사했다.[8] 이러한 근거의 맥락

---

8   비록 바울의 화해의 진술은 칭의 사상과 비슷하게 믿음 안에 있는 삶의 현재 상태 즉 하나님과 함께 하는 평화의 상태(롬 5:1)를 목적으로 하지만, 그것은 예수의 죽음에 대한 관계를 근거로 하는 기능 곧 칭의를 위한 근본적 기능을 가지고 있다(고후 5:21). 오직 그 점에서 다음의 사실이 이해될 수 있다. 브라이텐바흐가 강조한 것과 같이 하나님의 사랑의 표현인 화해가 믿음보다 우선하는 반면에, 칭의는 항상 믿음과 결합되어 있다. C. Breytenbach, *Versöhnung. Eine Studie zur paulinischen Soteriologie*, 1989, 223.

을 표현하기 위해 화해 개념과 이 개념이 예수의 죽음에 대해 갖는 관계는 그리스도교 교리사 속에서도 정당하게도 표준적인 역할을 담당했다. 하지만 여기서 "화해"의 의미는 변천 과정을 겪었다. 그 의미의 폭은 좁아졌고, 예수의 죽음에 속하는 귀속성은 다른 의미를 갖게 되었다. 바울이 생각했던 본래적인 구도와 넓이에서 화해 개념은 예수의 죽음의 실제 사태에 대한 적절하고 체계적인 해석에서, 그리고 이를 넘어 구원이 중재되는 과정 전체의 해석에서 해결책이 될 수 있는 잠재력을 갖고 있다.

2. 화해 개념과 화해론

바울이 "화해"라는 표제어를 그리스도의 죽음과 결합시킨 것(롬 5:10)으로부터 다음의 사실이 이해될 수 있다. 그리스도교 신학 안에서 한편으로 예수의 죽음이 화해의 표상으로부터 해석되었고, 거꾸로 화해의 표상은 예수 그리스도의 죽음에 대한 이해들 곧 다른 방식으로 근거된 이해들의 빛 속에서 해석되었다. 여기서 하나님이 화해 사건의 주체(고후 5:19)라고 보았던 바울의 언어사용과는 반대로 하나님께서 — 앞서 아담의 죄를 통해 모욕을 당하신 이후에 — 아들의 순종 혹은 십자가에서 행하신 그의 생명의 희생을 통해 인류와 화해하셔야만 했다는 표상이 생겼다.

화해 개념에 대한 이와 같은 해석의 시작은 이레나이우스의 총괄갱신설(Rekapitulationstheorie)로 소급될 수 있다. 이레나이우스는 골로새서 1:21f.에 근거하여 아담이 그리스도를 통해 "회복"(Rekapitulation)되었다고 서술했다. 즉 "태초에 아담에게서 상실되었던 것"(*adv. baer.* V,14,1)이 다시 복구되고 건져냄을 받았다는 것이다. 그것은 또한 하나님으로부터 소외되었던 인간이 예수 그리스도를 통해, 다시 말해 죽음에 넘겨진 그의 육체를 통해 화해된 것을 의미한다(*adv. baer.* V,14,2f.). 첫째 인간이 낙원의 금지된 "나무"에 대해 행한 불순종은 둘째 아담이 십자가의 "나무"에서 행한 순종을 통해 치유되었다. 이와 같이 우리는 첫째 아담에게 모욕을 당하셨던 하나님과 둘째 아담을 통해 다시 화해되었다(V,16,3). "우리를 위해 그는 우리가 죄를 범한 대상인 자신의 아버지와 화해했고, 우리의 불순종을 자신의 순종을 통해 다시 선하게 만들었다"(V,17,1). 여기서 이레나이우스의 생각은 로마서 5:19의 개념에 가깝다. 화해는 그리스도의 순종을 통해 발생한다. 이것은 그리스도의 죽음이라는 속죄제물로서 진노하신 아버지를 진정시킨다는 뜻이 아니다. 이레나이우스가 바울 사상으로부터 벗어난 것은 오직 한 가지뿐이다. 그것은 그가 아버지를 그리스도의 화해하는 순종의 대상으로만 생각했고, 고린도후서 5:19처럼 화해 사건의 주체로 생각하지는 않았다는 사실이다. 이레나이우스에 의하면 둘째 아담의 순종은 아담의 죄로 모욕을 당하셨던 하나님과 다시 화해하게 하는 효력을 일으키는데, 이것은 바울에게서는 읽을 수 없는 내용이다. 화해 개념에 대한 이레나이우스의 이런 해석의 경향은 바울이 제시한 상응(Parallele, 相應) 곧 첫째 아담에 대한 둘째 아담의 반명제적 상응의 형태에 근거한다. 여기서 전자와 후자 모두에게서 하나님께 대한 인간의 대면이 강조되었다. 그 결과 아담과 그리스도를 상응시킬 때 나타나는 한계들—로마서 5:12-21의 바울의 난해한 본문이 서술하는 것과 같은[9] 한계들—이 소홀히 다루어졌다. 이레나이우스에게서 인식될 수 있는 경향은 인류를 위해 아버지께 바쳐진 속죄제물이라는 예수의 죽음의 해석을 통해 즉시 강화되었다.[10] 이 표상은 키프리아누스(Cyprian) 이래로 라틴 교회에서 특

---

9 이에 대해 다음을 보라. G. Bornkamm, Paulinische Anakoluthe im Römerbrief, in: ders., *Das Ende des Gesetzes. Paulusstudien*, 1952, 76-92, 특히 80ff,88ff.

10 이러한 해석은 이미 테르툴리아누스가 준비했다. 참고. H. Kessler, *Die theologische Bedeutung des Todes Jesu. Eine traditionsgeschichtliche Untersuchung*, 1970, 72ff. 오리게네스가 그 사상을 명확하게 표현했으며(Kessler 77ff.), 나아가 예수의 죽음을 마귀의 권세로부터 인류를 구해내기 위한 몸값으로 이해하기도 했다. Kessler 75f. 참고. A. v. Harnack, *Lehrbuch der Dogmengeschichte* I, 5.Aufl. 1931, 682f.

별한 중요성을 획득했다.[11] 또한 아우구스티누스도 이렇게 썼다. 원죄로 인해 하나님의 진노 아래서 살아가는 인류는 하나님께 유일무이한 희생제물을 바침으로써 그 진노를 누그러뜨릴 수 있는 중재자와 화해자를 필요로 했다.[12] 여기서 아우구스티누스는 안셀무스(Anselm von Canterbury)가 라틴 스콜라 철학의 시작점에서 자신의 충족설을 통해 다른 용어로 말했던 근본 사상을 앞서 제시하고 있다.[13]

예수의 죽음으로 하나님께 바쳐진 속죄제물을 통해 아담의 죄에 대한 하나님의 진노가 누그러뜨려진다는 의미에서 바울의 화해의 해석을 체계적으로 확고하게 만드는 과정에 기여한 것은 하나님과 인류 사이의 중재

각주 3.

11 A. v. Harnack, *Lehrbuch der Dogmengeschichte* II, 5.Aufl. 1931, 180ff.

12 Augustin, *Enchiridion ad Laur.* X,33. in hacira cum essent homines per originale peccatum...necessarius erat mediator, hoc est reconciliator, qui hanciram sacrificii singularis...oblatione placaret (CCL 46,68). 아우구스티누스는 이 진술을 위해 로마서 5:10을 인용하지만, 그 구절은 중재자의 개념도, 희생자의 개념도 제시하지 않는다. 하지만 위의 진술의 빛에서 볼 때, 아우구스티누스에 의하면 "하나님의 어떤 화해는 일어나지 않은 것"이라는 셸의 주장은 우리를 놀라게 한다. 셸은 아우구스티누스가 하나님의 진노에 대해 아무것도 알지 않으려 한다"고 말했다. O. Scheel, *Die Anschauung Augustins über Christi Person und Werk*, 1901, 332.

13 안셀무스(*Cur Deus Homo*)에 대해 H. Kessler, 같은 곳, 83-165를 보라. 참고. 셸(O. Scheel)은 "안셀무스의 사상의 길은 아우구스티누스와는 멀다"라고 판단했고(같은 곳, 336), 안셀무스는 아우구스티누스가 그랬던 것과는 달리 "대리설을 전혀 말하지 않았다"(337)는 주장으로 아우구스티누스와 안셀무스 사이의 거리를 과장해서 표현했다. 양자의 일치점은 중재자의 직무를 그리스도의 인간적 본성에 집중시키는 것이다. 이것은 아래에서 다룰 것이다. 여기서 우리는 대리 개념의 한 가지 형태를 확실히 인식하게 된다. 그리스도의 중재에 대한 안셀무스의 이러한 이해의 체계적인 의의와 관련해서 중요한 점은 단순히 아우구스티누스의 문장이 "때때로 삽입되었다"는 것 이상이다. 안셀무스는 "아우구스티누스 신학의 완전한 역동성과 깊이"에 도달하지 못했다는 주장이 있다고 해도 그렇다(Kessler, 128).

자로서의 그리스도의 기능과 화해 개념의 결합이다. 서구 그리스도론은 중재자로서의 그리스도의 표상에서 인간적 본성의 역할을 강조했다. 예수 그리스도는 자신의 고난의 순종 속에서, 바로 그 본성을 통해 하나님 앞에서 인류를 대리했다는 것이다. 이러한 이해는 아우구스티누스에게서 확증되었고, 라틴 스콜라 철학에서 표준적 권위를 갖게 되었다.[14]

아담의 죄로 모욕을 당하신 아버지와 화해한다는 표상을 그리스도의 중재자 직무와 결합시키는 것은 이미 이레나이우스에게서 발견된다. 이레나이우스는 디모데전서 2:5에 근거해서 아버지의 화해 속에서 중재자의 사역을 보았다(adv. baer. V,17,1). 디모데전서 2:5과 관련된 이러한 사상을 아우구스티누스는 이미 초기에 받아들였다(MPL 34,1070과 35,2122, 참고. 34,1245). 『고백록』에서 그는 중재자에 관한 생각을 더욱 자세히 논의했으며, 그리스도가 로고스로서 아버지와 동등하기에 자신의 신성에 따라서가 아니라 인성에 따라 중재자일 수 있다는 결론을 얻었다(In quantum enim homo, intantum mediator, Conf.X,68). 『신국론』에서도 아우구스티누스는 같은 생각을 말한다 (De civ. Dei IX,15,2).[15] 아우구스티누스의 이러한 사상은 라틴 스콜라 철학에 깊은 영향을 주었다. 그는 중심 내용에서는 이미 안셀무스의 충족설에 대한 전제가 되고 있다. 물론 안셀무스는 그 논의에서 중재 개념을 사용하지는

---

14 이 질문에 대한 초기 스콜라 철학의 논쟁들에 대해 다음을 보라. A. M. Landgraf, *Dogmengeschichte der Frühscholastik* II/2, 1954, 288-328 (Die Mittlerschaft Christi).

15 더 많은 증빙들은 O. Schell, 같은 곳, 319f., 124f.에 있다. 셸은 아우구스티누스의 주장을 바르게 언급했다. 아우구스티누스는 그리스도의 신인성이 하나님과 인류 사이의 중재자 개념에 근본적이라고 주장했다는 것이다(325f.). 여기서 단순히 아우구스티누스의 생각이 불균형을 이룬다고 말할 수는 없다. 왜냐하면 아우구스티누스에 의하면 신인성의 전제 아래서 그리스도의 인간적 본성은 중재자로서의 존재적 성취에 결정적이기 때문이다. 이 주제에 대한 아우구스티누스의 진술 속에서 나타나는 이 관점의 중요성은 셸도 역시 확증했다(327).

않았다.[16] 12세기에 이 질문은 드러난 논쟁이 되었다. 그 당시에도 사람들은 물론 **하나님**께서 그리스도 안에 계셔서 세상을 자신과 화목케 하셨다(고후 5:19)는 바울의 구절을 읽었다. 그래서 페트루스 롬바르두스는 아버지 혹은 삼위일체 전체가 화해의 주체라고 말했다.[17] 그럼에도 불구하고 화해를 하나님의 진노를 누그러뜨리는 것으로 이해하는 관점은 – 롬바르두스가 아우구스티누스의 권위의 압력 아래서 그리스도의 인간적 본성과 관계시켰던 중재자 개념[18]과 결합되면서 – 다음의 진술로 나아갔다. 즉 권능의 측면에서는 삼위일체 전체가 화해의 주체이지만, 아들이 홀로 중재자인 것은 그의 인간적 본성에 따른 순종(*impletione oboedientiae*)을 통해서다.[19] 그리스도의 화해 행위와 중재 행위를 하나로 보는 것은 13세기의 주도적 신학자들을 자극하여 양자를 모두 그리스도의 인간적 본성에 귀속시키도록 만들었다. 바로 보나벤투라[20]와 토마스 아퀴나스가 그렇게 했다. 그리스도는 유일하고 참된 중재자로서 자신의 희생을 통해 우리를 하나님과 화해시키시며, 자신의 인간적 본성에 힘입어 그것을 실현하신다.[21]

---

16 Anselm von Canterbury, *Cur Deus Homo* II,18 (deus, cui secundum hominem se obtulit). 비교. Anselm, Meditatio XI, De redemptione humana (MPL 158, 762-769).

17 Petrus Lombardus, *Sententiae* t.II (lib.III et IV), Rom 1981, 123 (III d 19 c 6 De mediatore). 그리스도의 중재자의 특성과 화해 사이의 관계에 대한 해석에서 롬바르두스가 흔들린 점에 대해 A. M. Landgraf, 같은 곳, 300ff.를 보라.

18 Petrus Lombardus, 같은 곳. Christus ergo dicitur mediator eo quod medius inter Deum et homines, ipsos reconciliat Deo. Reconciliat autem dum offendicula hominum tollit ab oculis Dei…

19 Petrus Lombardus, 같은 곳, c.7 (p.123). Unde et mediator dicitur secundum humanitatem, non secundum divinitatem. 이와 관련해서 롬바르두스는 갈라디아서 3:20과 아우구스티누스를 인용했다. 그 이전에(c.6, p.123) 그는 고린도후서 5:19과 관련된 사상을 제시했다. 위 본문에서 그것은 독일어로 인용되었다.

20 Bonaventura, *Sent*. III, 19,2 q 2 (Opera Omnia III, 1887, 410).

21 Thomas von Aquin, *S. theol*. III,26,2: …verissime dicitur mediator secundum

종교개혁 신학은 그리스도의 중재자 직무가 그의 인간적 본성에 귀속한다는 것을 수용하지 않았다. 왜냐하면 그 신학은 신인적 인격이 그 직무의 담지자라고 생각했기 때문이다.[22] 그럼에도 불구하고 종교개혁자들도 그리스도의 중재자 직무의 스콜라적 이해와 관련된 해석, 즉 화해적 죽음을 죄인에 대한 하나님의 진노를 화해시키는 속죄제물로 보는 해석을 유지했다. 물론 루터의 경우에 이런 표상은 그리스도의 대리적 형벌이라는 의미로 변형되었다.[23] 이에 대해 멜란히톤은 온전히 안셀무스의 충족설의 의미에서 그리스도의 십자가 죽음을 죄인들에 대한 하나님의 진노를 화해시키기 위해 바쳐진 희생제물로 보았다.[24] 칼뱅도 비슷하게 말했지만, 다른

---

quod homo. 또한 III,48,3: ...idem ipse unus verusque mediator per sacrificium pacis reconcilians nos Deo. 비교. III,49,4.

22 Konkordienformel SD VIII, 46f. (BSELK 1031). 실제 내용에서는 멜란히톤이 아우크스부르크 신조 21에 대한 자신의 변증에서 이미 비슷하게 말했다(BSELK 320, 7ff.). 물론 독일어 본문에서만 "중재자 혹은 화해자"라고 말해질 뿐이며(라틴어 본문에서는 *propitiator*, 조정자), 양성론의 용어는 사용되지 않는다. 칼뱅은 이러한 사태를 특별히 분명하게 표현했다. neque de natura divina, neque de humana simpliciter dici, quae ad mediatoris officium spectant (Inst. chr. rel. 1559 II,14,3, CR 30, 355). 중재자 직무의 수행자는 그리스도의 인격이며, 한쪽 혹은 다른 쪽의 본성이 아니다(같은 곳, n.4). 이 질문의 논쟁적·신학적 의미에 대해 다음을 보라. J. Bauer, Lutherische Christologie im Streit um die neue Bestimmung von Gott und Mensch, *Ev Theol*. 41, 1981, 423-439, 특히 433ff. 중재자 직무가 그리스도의 신인적 인격에 귀속된다는 사실에서 중요한 것은 종교개혁의 갱신이 아니라, 초기 스콜라 철학에서 여러 번 주장되었고 또한 로베르트(Robert von Melun)에게서도 등장하는 견해다. 참고. A. M. Landgraf, 같은 곳, 296f.

23 그리스도의 죽음을 형벌로 본 루터의 해석에 대해 O. Tiililä, *Das Strafleiden Christi*, 1941을 보라. 간결한 형태는 *Grundzüge der Christologie*, 1964, 286ff.에 있다. 그러나 루터는 형벌 사상을 그리스도의 죽음을 통해 실행된 충족의 표상과 대립시키지 않았으며, 오히려 충족 사상을 형벌 사상과 연결시켰다. 참고. P. Althaus, *Die Theologie Martin Luthers*, 1962, 178ff.

24 Ph. Melanchthon, *Loci praecipui theologici* (1559) CR 21, 871f. 거기서 희생제물이라고 말해진 것은 opus reconcilians Deum et placans iram Dei pro aliis et

한편으로 그는 우리의 화해에 대한 하나님의 주도권을 강조했고, 그 결과 예수의 죽음을 아버지의 위탁에 따라 우리를 대리하면서 짊어진 형벌의 고난으로 보는 견해에 가까워졌다.²⁵ 구(舊)개신교주의 교의학은 안셀무스로 소급되는 충족 사상의 근본 구조를 다시 강하게 강조했는데, 그리스도가 수행한 충족의 수용자로서 아버지를 점점 더 중심으로 놓고 볼수록 그러했다. 이것에 기여한 것은 다름이 아니라 소키누스주의자들의 비판이다. 그들은 특별히 아담과 그 후손들의 죄에 대한 보상의 필연성을 주장했던 전통적 표상, 그리고 그리스도의 공로가 다른 이들에게 전가되어 그것을 수용한다는 것에 대해 비판했다.²⁶

소키누스주의자들의 합리적인 비판을 통해 충족설이 해체된 이후에, 그리고 계몽주의적 개신교 신학이 그 해체를 받아들인 이후에,²⁷ 신약성

---

satisfactorium pro culpa et poena aeterna(871)이다. 비교. 아우크스부르크 신조 3. 그리스도는 우리를 아버지와 화해시키기 위해…그리고 모든 죄의…희생제물이 되기 위해…죽으셨다.

25 J. Calvin, *Inst. chr. rel.* (1559) II,16,6. Christum patri fuisse in morte pro victima satisfactoria immolatum, ut peracta per eius sacrificium litatione, iram Dei iam horrere desinamus (CR 30, 373). 우리의 화해(*reconciliationem*)를 목적으로 하는 아버지의 사랑에 대해 특별히 II,16,3 (370)을 참고하라. 이 내용으로부터 보면 충족 사상의 강조점은 그리스도께서 우리의 자리에서 견뎌내신 형벌의 의미로 변형된다 (II,16,2). hic Christum deprecatorem intercessisse, poenam in se recepisse…(같은 곳, 369).

26 G. Wenz, *Geschichte der Versöhnungslehre in der evangelischen Theologie der Neuzeit* 1, 1984, 75f., 79f. 소키누스주의자들이 죄의 대리적 충족에 대한 표상을 비판한 것에 대해서는 119-127, 그로티우스(H. Grotius)가 형벌론을 갱신한 것에 대해서는 129-136을 보라.

27 비교. G. Wenz, 같은 곳, 170-216, 특히 퇼너(J. G. Töllner)에 대한 해설을 179ff.에서 보라. 켈러(M. Kähler)는 이러한 발전의 결과를 다음과 같이 바르게 특징지었다. "소키누스주의자들의 교리는 게르하르트(Jo. Gerhard)로부터 그로티우스(Grotius)에 이르는 헛된 투쟁 이후에 루터교 신학자들의 공적인 견해가 되었다." Das Wort "Versöhnung" im Sprachgebrauch der kirchlichen Lehre, in: ders., *Zur Lehre*

서적·바울적 화해 사상과 그 이후에 사용된 신학적 언어 사이의 차이점이 비로소 널리 관심을 불러일으켰다. 하나님이 화해되셔야 했던 것이 아니라, 오히려 세상이 하나님을 통해 그리스도 안에서 화해되어야만 했다(고후 5:19). 충족설의 비판적인 파멸 이후에 근대 개신교주의 신학이 바울의 화해의 진술들을 세상 곧 화해되어야 하는 인간들에게 타당한 방향으로 다시 맞춘 것은 그 신학의 공헌으로 평가되어야 할 것이다. 그리스도를 통한 세상의 화해는 결국 하나님께 적대적인 인간의 모든 저항에도 불구하고 실현되는 하나님의 사랑, 곧 예수 그리스도를 통해 작용하는 사랑이 불러일으키는 효력으로 생각되었다. 그러나 여기서도 그리스도의 죽음이 하나님에 의한 세상의 화해라는 바울 사상(롬 5:10; 고후 5:21; 비교. 5:14)에 대해 갖는 근본적 의미는 충분히 고려되지 못했다.

디펠(Johann Conrad Dippel)은 1729년에 이미 다음의 사실을 지적했다. 신약성서에 따르면 하나님이 세상과 화해하신 것이 아니라, 세상이 그리스도를 통해 하나님과 화해되었다는 것이다.[28] 하지만 이 통찰은 화해와 그리스도의 속죄제물을 결합시키는 일반적인 견해와 부합하지 않았다. 그래서 그것은 19세기로 향하는 전환점에서 되딜라인(Johann Christoph Döderlein)과 멘켄(Gottfried Menken)에 의해 갱신되었다.[29] 이 갱신과는 무관하게 교의학의 영역 안에서 하이델베르크의 초자연주의자인 슈바르츠(Friedrich Heinrich

---

von der Versöhnung, 1898, 2.Aufl. 1937, 1-38, 24.

28 J. C. Dippel, *Vera Demonstratio Evangelica* II, 1729, 676. 이것은 G. Wenz, 같은 곳, 1, 165에서 인용되었다.

29 G. Menken, *Versuch einer Anleitung zu eignem Unterricht in den Wahrheiten der heiligen Schrift*, 1805. M. Kähler, 같은 곳, 25에서 재인용함. 켈러에 의하면 멘켄은 바울이 사용한 화해 개념과 교회가 사용하는 언어 사이의 대립을 설명한 첫 번째 사람이었다. 되딜라인(J. C. Döderlein)에 대해 다음을 비교하라. *Institutio Theologi Christiani* II, 2.Aufl. 1783, 331f. (§262).

Schwarz)³⁰와 슐라이어마허가 전승된 화해 개념을 충족설로부터 분리시켜 새로운 체계적 전망 안으로 발전시키려고 시도했다.

슐라이어마허는 『신앙론』에서 화해 개념을 구원 개념과 병행되는 것으로 구상했다. 구원과 화해는 함께 "그리스도의 일"을 구성한다는 것이다.³¹ 그 결과는 다음과 같다. 화해에서 중요한 것은 하나님의 진노를 누그러뜨리기 위해 그리스도가 하나님께 영향을 미치는 것이 더 이상 아니고, 오히려 구원의 경우에서와 마찬가지로 그리스도의 하나님 의식으로부터 시작되어 인간에게 미치는 효력이다. 이 효력은 단순히 수용자에게만이 아니라 구원자 자신의 활동으로서 주제화된다. 슐라이어마허에 의하면 여기서 구원의 활동이 앞선다. 이것은 구원자가 인간들을 구원자 자신의 하나님 의식의 "강력함" 속으로 받아들인다는 것을 뜻한다. "화해의 활동성"은 구원자의 행위와 전혀 다른 것이 아니고, 오히려 구원의 "총체적 활동성" 안에 있는 특별한 "계기" 혹은 "요소"다(§101,2). 다시 말해 그것은 그리스도와 이루는 생명의 연합의 수용에 동반되는 "옛 사람이 소멸"되는 작용인 것이다. 이 소멸과 함께 "처벌을 당해야 한다는 의식"이 사라지는 현상이 동반된다. 결국 그리스도의 화해의 활동은 죄 용서의 의식을 불러일으킨다.

이로써 슐라이어마허는 그리스도를 통해 실현되는 화해에 대한 해석을 제시했다. 이 해석 안에서 "마술적"이라고 말해지는 충족설, 그리고 그리스도가 겪으신 형벌의 공로가 하나님에 의해 우리에게 전가되었다는 사상과의

---

30 켈러(M. Kähler, 같은 곳, 25)는 슈바르츠(F. H. C. Schwarz, *Grundriß der Kirchlichen protestantischen Dogmatik*, 1816)가 하나님께서 그리스도 안에서 세상과 화해하셨다는 바울의 진술들의 의미에서 화해 개념을 교의학적으로 새롭게 규정하려고 시도한 첫 번째 사람이라고 말했다. 하지만 켈러는 전통적인 화해론을 명시적으로 비판하지는 않았다.

31 F. Schleiermacher, *Der christliche Glaube* (1821) 2.Ausg. 1830, §§100f. 본문에서 이어지는 인용들은 이 저서를 가리킨다. 슐라이어마허의 "그리스도의 일"의 교리에 관한 개별 주제들에 대해서는 G. Wenz, 같은 곳, 1, 366-382을 보라.

관계는 끊어졌다(§101,3). 나아가 그 해석은 하나님으로부터 출발해서 그리스도의 중재를 통해 세상을 목적으로 향하는 화해 사건이라는 바울의 사상과 가까워졌다. 여기서 화해 사건에 대한 슐라이어마허의 이해는 12세기에 페트루스 아벨라르두스(Petrus Abaelard)가 안셀무스에 반대하여 전개했던 이해와 유사하다.[32] 하지만 아벨라르두스의 적대자인 베르나르두스(Bernhard von Clairvaux)가 아벨라르두스의 이해 안에는 그리스도의 죽음이라는 특유의 속죄 기능에 대한 평가가 없다고 아쉬워했던 것처럼,[33] 또한 그리스도의 화해의 활동에 대한 슐라이어마허의 설명에서도 그리스도의 죽음의 본질적

---

[32] 아벨라르두스는 로마서에 대한 논평에서 "믿음을 통해"(*per fidem*, 롬 3:25)를 다음과 같이 해석했다. 예수가 단지 이미 믿는 자들에게만 화해자(*reconciliator*)가 되었다는 것이다(eos solos haec reconciliatio contingit qui eam crediderunt et expectaverunt, Opera Omnia ed. E. M. Buytaert, vol.I, 1969, 112, 91f.). 하나님은 자신의 공의를 증명하기 위해(*ad ostensionem iustitiae suae*) 자신의 아들을 피를 통한 화해자로 규정하셨다는 사실을 아벨라르두스는 우리를 의롭게 하시는 하나님의 사랑으로 해석했다(같은 곳, 112.92f.). 그래서 그는 그리스도의 죽음을 통해 마귀에게 인질의 몸값을 지불했다는 명제를 거부했을 뿐만 아니라, 또한 그리스도의 죽음을 통해 하나님의 진노로부터 구속되었다는 진술도 피했다. 그는 로마서 5:10에 다음과 같이 썼다. Et si tantum mors eius potuit, ut nos scilicet iustificaret vel reconciliaret, multo magis vita ipsius nos potent et salvare ab ira sua(같은 곳, 156.99ff.). 여기서 말하고자 하는 것은 부활하신 자의 생명이다(같은 곳, 156.102f.). 아벨라르두스에 대해 다음을 보라. J. Turmel, *Histoire des Dogmes* I, 1931, 427-433.

[33] 아벨라르두스의 삼위일체론에 대해 불평하며 교황(Innozenz)에게 쓴 편지에서, 베르나르두스는 자신도 또한 그리스도의 죽음을 우리의 죄에 대한 속량으로 보는 사상을 거절한다고 말했다(ep. 190, 11ff., Bernardi Opera VIII ed. J. Leclercq und H. Rochais, 1977, 26ff.). 그는 이 견해에 대한 아벨라르두스의 논박을 그리스도를 통한 구원 전체의 거절로 이해했다(참고. ep. 190, 21f.; VIII,35ff.). 베르나르두스 자신의 이해는 그의 아가서 설교들 안에 표현되어 있다. 거기서 그는 그리스도에 대해 이렇게 말한다. in mortis susceptione satisfecit Patri (20,3; Opera I, 1957, 116,1). 이어서 ut Patri nos reconciliet, mortem fortiter subit et subigit, fundens pretium nostrae redemptionis sanguinem suum(116, 10f.). 이와 같이 그리스도는 고난의 인내를 통해 아버지를 진정시켰다(placaret offensum Deum Patrem, 116, 13f.).

의미에 대한 관계가 빠져 있다. 바울에 의하면(롬 5:10) 우리는 그 죽음을 통해 하나님과 화해되었다. 슐라이어마허 자신은 그리스도의 "화해의 활동"에 대한 해석에서 "그리스도의 고난이 전혀 표현되지 않는다"는 항의에 대처하려고 노력했다(§101,4). 또한 그의 화해 개념은 그리스도의 고난에 대한 해석을 상당히 많이 포함하고 있다. 말하자면 구원자의 사역과 맞서는 죄의 저항의 관점에서, 특히 사람들 사이에 하나님 나라를 수립하려는 그리스도의 활동이 "어떠한 저항도 회피하지 않았고, 심지어 자신의 인격을 파멸시킬 수 있는 자도 피하지 않았다는" 사실의 관점에서 그렇게 말할 수 있다(같은 곳). 이로써 아들의 "순종"과 화해의 바울적인 결합(롬 5:19)은 그리스도의 신실하심의 의미에서 구원자라는 "의무적 직무"에 비추어 고려되었지만(§104,4), 그러나 우리가 "그의 아들의 죽음을 통해 하나님과 화해되었다"(롬 5:10)는 바울의 진술은 고려되지 않았다. 슐라이어마허 자신도 그리스도의 고난이 화해 이해의 "본원적(primitiv) 요소"가 아니라는 점(§101,4)을 인정했다. 그래서 그의 서술 안에서 구원자의 활동의 화해시키는 효력은 단지 부차적인 방식으로만 그리스도의 고난 및 죽음과 연결된다.

슐라이어마허와 가까운 신학자들 가운데 니취(Carl Immanuel Nitzsch)는 슐라이어마허의 화해 개념이 그리스도의 죽음에서 실현된 속죄 사상을 통해 반드시 보충되어야 한다고 여겼다. 성서의 증언에 충실하려면 그렇게 해야 한다는 것이다. 하지만 거기서도 그리스도의 소명에 따른 고난의 사상을 넘어서는 실제 관계, 곧 속량과 화해의 관계는 인식될 수 없었다.[34] 또한 호프만(Johann Christian Konrad v. Hofmann)의 화해론도 삼위일체론에서 출발함에도 불구하고 슐라이어마허의 근본 사상에 놀랍도록 가까웠다. 예수 그리스도는 "죽음이라는 결과에 이르기까지 모든 저항을 물리치며 (하나님의 소명에

---

[34] C. I. Nitzsch, *System der christlichen Lehre* (1829), 3.Aufl. 1837, 238-246 (§§ 133-135), 특히 133f., 245.

대해) 신의를 지켰다"[35]는 것이다. 여기서 호프만은 자신이 예수의 죽음의 대속적인 특성을 수용할 수 있음을 보여준 것이지, 그것을 대리적 속량 개념으로 파악한 것은 아니었다.[36]

대적자들이 그의 주관주의를 비난했음에도 불구하고 호프만 자신은 그리스도의 화해 행위에서 화해의 객관적 성격을 확고히 했다. 반면에 리츨은 화해 사상을 완전히 주관적인 것으로 파악했다. 그는 하나님과의 화해를 믿는 자 안에서 일어나는 칭의 의식의 작용으로 이해하거나, 그 의식과 동일한 것으로 보았다.[37] 물론 그는 화해 개념이 그보다 더 큰 넓이를 가지고 있다고 생각했다. 그가 "칭의 혹은 용서가 의도하는 각각의 효력을 화해의 실제적 성과"로 표현했다는 점에서 그렇다. 다시 말해 "용서받은 사람은 회복된 관계 속으로 들어가게 된다."[38] 하나님과의 화해는, 리츨에 의하면, 예수의 죽음의 사건에 부착되어 있는 그 사건의 고유한 의미가 아니며, 그 사건으로부터 출발하는 작용력도 아니다. 그렇다면 화해는 더 이상 슐라이어마허가 생각했던 것처럼 구원자의 "화해하는 활동"이 아니며, 오히려 믿는 사람의 의식 혹은 믿음의 공동체 의식 속에서만 배타적으로 실현된다. 리츨은 자신의

---

35 J. C. K. v. Hofmann, *Der Schriftbeweis* I (1852) 2.Aufl. 1857, 46, 비교. II, 193ff 호프만에 대해서는 G. Wenz, 같은 곳, 2, 1986, 32-46를 보라.
36 토마지우스(G. Thomasius)도 호프만의 화해론에 대한 평가에서 그렇게 말했다. 이에 대해 G. Wenz, 같은 곳, 2, 55를 보라.
37 A. Ritschl, *Die christliche Lehre von der Rechtfertigung und Versöhnung* III 2.Aufl. 1883, §15 (68-76). 그렇게 동일시하기 위해 리츨은 멜란히톤을 인용했는데(68f.), 켈러(M. Kähler)가 그것을 바르게 비판했다(참고. 위의 각주 27에서 인용된 켈러의 글 "Zur Lehre von der Versöhnung" 13). 리츨의 화해론에 대해서는 G. Wenz, 같은 곳, 2, 63-131.
38 A. Ritschl, 같은 곳, 74. §16의 마지막에서 이렇게 말해진다. "칭의가 성공적이라고 생각될 때, 그것은 반드시 화해로 생각되어야 한다. 이것은 하나님께 대한 불신의 자리에 하나님과 그의 구원 목적에 긍정적으로 동의하는 의지가 들어서는 방식으로 일어난다"(같은 곳, 81).

바울 주석에서 이 주제에 관한 신학적 전통을 급진적으로 개정하는 것이 정당하다고 보았다. 고린도후서 5:19의 화해의 말씀이 하나님은 죄의 책임을 인간들에게 묻지 않으신다는 사실과 연결되기 때문에, 리츨은 이렇게 결론을 내린다. "화해는 그리스도의 죽음의 희생적 가치와 직접 연결되는 것이 아니라, 바울이 선호했던 희생의 결과적 작용이라는 개념 곧 죄의 용서를 통해 연결되어 있다."[39] 그리스도의 죽음의 희생적 가치는 리츨에 의하면 "적대자들과의 숙명적 관계에 빠져드는 것이 하나님께서 정하신 섭리이고 자신의 사명에 대한 신실함을 최고로 검증하는 것이라고 보았던 예수의 동의"에 근거한다.[40] 그러므로 리츨에게서 하나님 나라를 위해 인간들 사이에서 행하는 그의 사역 속에서 드러나는 예수의 "사명에 대한 신실함"은 예수의 죽음의 이해를 위해 결정적인 것으로 생각되었다. 이것은 실제로 매우 깊고 중요한 사상이다. 왜냐하면 리츨은 여기서 예수의 지상으로의 파송과 그의 죽음 사이의 관계를 시야에 두고 있기 때문이다. 하지만 리츨은 슐라이어마허나 호프만과 마찬가지로 파송을 통해 예수의 인격이 빠져들 수밖에 없었던 모호성을 주제로 다루지는 않았다. 그래서 그는 고린도후서 5:21에 포함된 대리 개념 그리고 화해를 말하는 앞선 두 구절에 대한 그것의 관계와 관련해서는 아무것도 전개할 수 없었다.[41] 예수의 죽음에서 표현되는 "사명에 신실함"의 사상은 아직은 어떻게 해서 – 켈러의 말과 같이 – 예수의 십자가 죽음을 통해 하나님과 인간 사이의 관계 안에 "새로운 국면"이 창조되었는가를 설명해

---

39 A. Ritschl, *Die christliche Lehre von der Rechtfertigung und Versöhnung* II, 1882, 230, 참고, 233.
40 A. Ritschl, 같은 곳, III, 442.
41 고린도후서 5:21에 대한 리츨의 주석(같은 곳, II, 173f.)은 다음의 사상만을 말한다. "폭력에 희생되는 죽음 속에서 예수는 죄인의 모습으로 나타나셔서 우리로 하여금 하나님의 의를 얻게 하셨다"(174). 그러므로 예수는 "죄의 고유한 결과"인 죽음의 사실성 속에서 죄의 모습을 스스로 취해야만 했다(리츨은 갈 3:13과 이 내용을 연관시키는 것에 반대했다).

주지는 않는다. 그러나 이 새로운 국면은 바울의 다음과 같은 진술 속에 이미 내포되어 있는 것이다. "곧 우리가 원수 되었을 때에 그의 아들의 죽으심으로 말미암아 하나님과 화목하게 되었은즉…"(롬 5:10)

켈러(Martin Kähler)는 바울의 "화해"가 하나님과 인간들 사이의 연합 관계의 회복을 포함한다는 사실에서는 리츨에 동의한다. 하지만 켈러는 바울의 경우에 이 회복 사건은 "과거 사건" 즉 그리스도의 죽음에 근거한다고 주장했다.[42] 이러한 "역사적 사실성"은 바울이 그렇게 했던 것처럼 "하나님이 행하신 것"으로, 그리고 그 결과 화해 사건 전체는 "하나님의 역사적 행동을 통해…중재"되는 것으로 이해되어야 한다[43]는 것이다. 여기서 켈러는 (우선 리츨에 반대하면서) 다음과 같은 "본래적 질문"을 바르게 제기했다. "그리스도는 변경될 수 없는 사태 곧 하나님의 사랑에 대한 잘못된 견해들을 단순히 고치기만" 했는가(리츨의 의견에 따르면 죄인은 자신의 죄책감 때문에 더 이상 감히 믿으려 할 수 없는 하나님의 사랑), 아니면 그리스도 자신이 "변경된 사태의 근거를 놓으신 자"인가?[44] 만일 후자가 맞다면, 예수 그리스도의 죽음은 인류의 비참한 상태의 현실적 극복으로 이해되어야 한다. 비참은 인류가 타락 속에서 죄와 죽음에, 또한 그에 따른 하나님으로부터의 소외에 빠져 있음을 뜻한다. 오직 그렇게 이해할 때, 예수 그리스도의 죽음은 역사적 사건으로서 세상의 하나님과의 화해를 의미할 수 있다.

예수 그리스도의 죽음을 인류의 죄에 대한 "대속"으로 말할 때, 위의 내

---

42 M. Kähler, *Zur Lehre von der Versöhnung* (1898) 2.Aufl. 1937, 267ff., 인용은 268.

43 M. Kähler, *Die Wissenschaft der christliche Lehre von dem evangelischen Grundartikel aus im Abrisse dargestellt* (1883), 2.Aufl. 1893, 305(§353), 311(§360). 주요 내용에서는 앞의 각주에서 인용된 바울에 대한 설명과 비슷하다.

44 M. Kähler, *Zur Lehre von der Versöhnung*, 2.Aufl. 1937, 337.

용이 중요하다.[45] 대속은 범죄행위를 그것에 대한 죄의 책임 및 결과들과 함께 지양한다. 이러한 의미에서 바울은 그리스도의 죽음을 대속(Sühne)으로 특징지었다(롬 3:25).[46]

대속 사상은 형벌이라는 옛 개념과 마찬가지로 행위와 그것의 결과 사이에 자연법칙과 같은 관계가 놓여 있다는 표상과 연관된다.[47] 형벌의 경우에 행위의 결과들이 행위자에게 소급되고 그래서 그 결과들은 행위자가 속해 있는 사회 공동체에 대해 치명적인 작용을 일으키지 않게 되는 반면에, 대속에서는 행위자 자신이 자신의 행위의 파멸적 결과로부터 자유롭게 된다. 이 해방은 구약성서의 속죄제물의 경우처럼(참고. 레 4:3) 죄의 책임을 희생되는 동물, 곧 희생적 죽음을 통해 죄과가 제거되는 그 동물에게 전가됨으로써 발생

---

45 M. Kähler, *Die Wissenschaft der christlichen Lehre* etc., 2.Aufl. 1893, 341 (§411), 351ff. (§§428-431), 357f. (§436).
46 더 정확히 말하자면 하나님께서는 예수 그리스도를 공적으로 그의 피 안에서 "대속의 장소"(*hilasterion*)로 삼으셨다. 바울은 여기에 "믿음을 통해"를 추가했다. 왜냐하면 믿음을 통해서만 이 사건의 대속의 효력에 참여할 수 있기 때문이다. 참고. U. Wilckens, *Der Brief an die Römer* I, 1978, 190ff. 빌켄스에 의하면 *hilasterion*은 법궤 위에 놓이는 속죄소(출 25:17-22) 곧 "죄의 속량을 허용하시는 하나님의 현재의 장소"를 가리킨다(192). *hiasterion*을 "속죄소"로 번역한 것에 대해 브라이텐바흐 등이 동의한다. C. Breytenbach, *Versöhnung. Eine Studie zur paulinischen Soteriologie*, 1989, 167. 물론 그는 빌켄스(Wilckens, 같은 곳, 196)와 달리 예수의 대속의 죽음을 **제의적 대속** 곧 죄에 대한 희생물로 보는 견해는 받아들이지 않는다(Breytenbach, 160ff.). 왜냐하면 그리스도의 대속적 죽음은 오히려 성전 제의에 대한 대안으로, 나아가 그것의 해체로 이해되었기 때문이다(168, 비교. 170).
47 행위와 그 결과 사이의 관계에 대한 구약성서적 사고 안에서 "운명적으로 작용하는 행위 영역"이라는 표상의 의미는 코흐(K. Koch)에 의해 근본적으로 서술되었다. Gibt es ein Vergeltungsdogma im Alten Testament?, *ZThK* 52, 1955, 1-42. 죄와 대속의 주제에 대해서는 G. v. Rad, *Theologie des Alten Testaments* I, 1957, 261-271, 결과에 대한 책임과 형벌에 대해서는 264ff.를 보라.

한다.⁴⁸ 그 해방의 과정은 특별히 레위기 16:21f.의 화해의 큰날에 행하는 예식에서 볼 수 있다. 악행의 파멸적 결과들은 결국 형벌이나 참회와 마찬가지로 속죄를 통해 세상으로부터 제거된다.⁴⁹ 그러나 속죄는 특정한 경우에만 가능하며, 행위자에 대한 하나님의 특별한 허락을 전제한다. 이것은 은혜로 행위자의 죄를 사해준다는 허락이다. 속죄 사상을 그리스도의 죽음에 적용할 때, 죄와 죽음 사이의 내적 관계의 개념이 근거가 된다(참고. 롬 6:23; 6:7). 그리스도의 죽음을 인류의 죄를 위한 대속으로 이해하는 것은 다음의 사실을 전제한다. 하나님의 지시에 따라 속죄제물을 바칠 때 일어나는 일 곧 죄와 그것의 파멸적 결과들이 희생되는 동물에게 전가되는 것과 마찬가지로, 하나님 자신이 예수 그리스도의 십자가의 죽음에서 인류의 죄들을 하나님 자신에게 전가시켰다. 그럼에도 불구하고 예수의 죽음을 반드시 속죄제물로 해석할 필요는 없다. 예수의 죽음은 또한 (비교. 다시 한번 각주 46) 하나님 자신이 예수에게 그리고 예수를 통해 행하신 행동으로 마련된 대속(또는 대속의 가능성)으로 이해될 수 있다. 이 이해는 그 죽음을 제의적 희생제물로 이해하

---

48 참고. R. Rendtorff, *Studien zur Geschichte des Opfers im Alten Israel*, 1967, 199-234. 게제는 제의적 속죄에서 "실존의 대리"가 실현된다는 자신의 명제를 통해, 죄책의 인격적 변제와 실제적 변제가 서로 대립된다고 주장했다. 그러나 그런 대립이 구약성서적인 속죄의 표상에 부합하는지는 불분명하게 남아 있다. H. Gese, Die Sühne, in: ders., *Zur biblischen Theologie*, 1977, 85-106.

49 형벌과 속죄의 차이에 대해 다음을 보라. C. H. Ratschow, Vom Sinn der Strafe, in H. Dombois, Hg., *Die weltliche Strafe in der evangelischen Theologie*, 1959, 98-116, 비교. 108ff. 두 가지 표상에 공통된 근거 때문에 이미 유대교 전통에서는 형벌이 파멸을 면하는 속죄로 표현되었고, 하나님의 심판의 종말론적 미래와 마주하는 행위자에 의해 수용될 수 있었다. 참고. J. Gnilka, Wie urteilte Jesus über seinen Tod?, in: K. Kertelge, Hg., *Der Tod Jesu. Deutungen im Neuen Testament*, 1976, 13-50, 41f. 근대의 법률적 사고 안에서 형벌은 행위자가 수용하고 긍정할 경우에 대속의 기능을 가질 수 있다. 그 기능은 죽음 이후의 최후의 심판과는 관계없이 사회와 화해한다는 의미를 갖는다. 참고. Hübner, Sühne und Versöhnung. Anmerkung zu einem umstrittenen Kapitel Biblischer Theologie, *KuD* 29, 1983, 284-305, 특히 286f.

는 것과 **경합**할 수 있고, 나아가 그 이해를 폐기할 수도 있다.

하나님께서 이와 같은 대속의 사건에서 행동하는 주체이시다. 왜냐하면 예수의 십자가 죽음이 대속의 능력을 갖는 것은 — 다음 단락(11.3)에서 자세히 설명될 것처럼 — 오로지 하나님께서 예수를 깨우신 부활의 빛에서 가능하다. 부활을 통해 하나님께서는 자신을 세상과의 화해를 위해 죄와 죽음을 이기신 승리자로[50] 입증하신다. 화해를 하나님의 행위로 말하기 위한 전제는 예수 그리스도의 죽음이라는 역사적으로 유일회적인 사건과의 관계다. 왜냐하면 이 사건을 통해 화해 사건은 하나님의 행위로서 믿는 자들의 주관성 속에서만 발생하는 과정 곧 하나님과의 화해를 외적으로 조정해가는 과정과 구분되기 때문이다. 그리스도의 죽음은 신학사에서 오랫동안 그와 다르게, 다시 말해 죄에 대한 하나님의 진노를 누그러뜨리기 위해 인간 예수가 대속을 수행한 것으로 이해되어왔다. 이에 대해 세상의 화해에서 무엇보다도 우선 하나님의 행위가 중요하다는 이해는 화해 사건의 방향을 바꾸고 있다. 하지만 변함없이 중요한 것은 예수의 **죽음**의 의미다. 세상의 화해를 위한 하나님의 행위로서 그 죽음의 사건은 인간

---

50 구스타프 아울렌(Gustaf Aulen)은 화해 사상에 대한 자신의 책(*Christus Victor*라는 제목으로 스웨덴어는 1930, 영어는 1931년에 출판됨)에서 죄, 죽음, 마귀에 대한 하나님의 승리의 표상을 그리스 교부들에게 특징적인 화해론의 세 번째 "유형"으로 제시하면서, 첫 번째 유형은 안셀무스의 충족설, 두 번째는 아벨라르두스와 그의 근대적 추종자들의 "주관적" 화해론이라고 언급했다. 이것은 화해 개념에 대한 리츨과 켈러의 논쟁에도 기여했다고 말할 수 있다. 아울렌의 주제에 담긴 의도는 그가 루터의 묘사를 수정했음에도 불구하고 틸리래(O. Tiililä, *Das Strafleiden Christi*, 1941)를 통해 계속해서 지속되고 있다. 왜냐하면 루터의 형벌론에서도 하나님은 그리스도의 죽음 속에서 세상의 화해를 위해 행동하는 행위자이시기 때문이다. 아울렌에 관하여 비교. Die drei Haupttypen des christlichen Versöhnungsgedankens, *Zeitschrift für syst. Theologie* 8, 1930, 501-538. 하임도 아울렌의 사고를 포괄적으로 이어받는다. K. Heim, Die Haupttypen der Versöhnungslehre, *ZThK* 19, 1938, 304-319.

들이 하나님께서 열어주신 화해 안으로 입장한다는 사실로 이어진다. 사도 바울은 그리스도를 대신하여 이렇게 청한다. "너희는 하나님과 화해[화목]하라"(고후 5:20). 그가 그리스도를 대신하여 청하는 것은, 그의 청원이 그리스도의 십자가 죽음의 고유한 의미, 즉 세상의 화해를 위한 그 죽음의 내적 목적을 실현하는 것이기 때문이다. 예수의 십자가 안에서 세상의 화해가 이미 일어났다는 것은 오로지 예기의 형식 속에서만 말할 수 있다. 십자가 사건을 선포하는 역사 속에서 바로 그 예기를 확증하는 것이 중요하다. 이 점에서 화해에 대한 바울의 사도적 직무는 화해 자체의 사건을 불러일으킨다. 하지만 바울의 직무와 교회의 선포를 통해 일으켜지는 작용은 예수의 십자가에서 유일회적으로 영원히 발생한 화해다. 바울의 사도적 직무를 통해 화해 사건은 계속되지만, 그 사건의 근원과 중심은 예수 그리스도의 죽음에 놓여 있다. 그래서 바울은 이렇게 말할 수 있었다. 하나님께서 유대 민족을 (일시적으로) 버리신 것은 하나님의 창조 이전의 결의에 따라 온 우주의 화해를 위한 수단이 되었다(롬 11:15). 왜냐하면 그 결과로서 바울의 선교적 선포는 이방인에게로 향했기 때문이다. 그러므로 화해 사건은 그리스도의 십자가로부터 시작되어 바울의 사도적 직무를 통해 중재되는 과정, 즉 죄로 깨어진 하나님과 인간 사이의 연합을 회복시키는 과정 전체를 포괄한다.[51]

근대의 신학자들 가운데 어느 누구도 칼 바르트만큼 화해 사건에서 하나님

---

51 이 과정의 완성 단계는 화해 사상을 넘어서게 된다. 우리가 그리스도의 죽음을 통해 화해된 것처럼, 또한 우리는 그의 생명을 통해 구원을 얻게 될 것이다(롬 5:10). 종말론적 구원은 화해 그 이상이다. 그 구원은 하나님 자신의 영원한 생명에 참여하는 것이 될 것이다. 그 생명이 예수 그리스도의 죽은 자들로부터의 부활을 통해 나타났다. 화해와 구원의 대립에 대한 이와 비슷한 내용을 로마서 11:15이 제공한다. 이스라엘의 일시적인 버림이 세계의 화해를 가져왔다면, 하나님이 그를 다시 받아들이시는 것은 그보다 훨씬 더 큰 것을 의미할 것이다. 그것은 죽음으로부터의 생명이다.

의 주권성을 강조한 사람은 없었다. 화해는 하나님의 유일무이한 행동이고 하나님 자신만의 고유한 행동이며, 바로 그 행동이 예수 그리스도의 십자가 죽음의 사건으로 일어났다는 것이다.[52] 하지만 바르트에 의하면 이 사건은 "종결된 사건"이며, "어떤 먼 목적을 향해 진행되고 보존되어야 하는 과정"이 아니다(KD IV/1, 81). 그래서 바르트는 고린도후서 5:18ff.가 말하는 바울의 화해의 직무를 "화해 자체"와 날카롭게 구분했다. 바울 사도의 화해의 직무는 말하자면 "종결된 것이 아니고 오히려 그 자체로 종결되고 완성된 저 사건으로부터 시작"된다. 하지만 바르트에 의하면 그것은 "화해의 연장(延長)"이 아니다. 오히려 그것은 바로 "유일회적 역사로서 — 하나님이 그리스도 안에서 그 역사의 주체시기에 — 모든 시간을 완전히 채우는 가운데 현재이며, 모든 시간에 이웃한 미래인 동시에 최종적으로는 모든 시간을 종결시킬 미래"다(같은 곳). 이와 같은 맥락에서 바르트는 어쨌든 바울(위를 보라)과 같이 화해를 넘어서는 종말론적 완성에 대해서는 말하지 않았다.[53] 그는 로마서 11:15을 추가적으로 언급하지만(같은 곳, 79), 그러나 그 구절이 하나님의 화해의 행동과 관련해서 적어도 직접적으로는 예수 그리스도의 십자가 사건을 말하고 있지 않다는 사실은 다루지 않았다. 바르트가 화해를 십자가 사건에 제한시킨 것은 바르트 주석의 보증인인 뷔히젤(Friedrich Büchsel)의 설명과 반대된다.[54] 뷔히젤은 고린도후서 5:19f.에 대해 이렇게 썼다. 사도 바울의 화해의 직무가 아직 종결되지 않았기에 "화해도 아직 종결되지 않은 것으로 생각되어야 한다." 믿는 자들에게는 화해가 이미 종결되었지만(롬 5:9ff.), 그러나 세상에 대해서는 그렇지 않다. 여기서 화해는 로마서 11:15에 따르면 "유

---

52 K. Barth, KD IV/1, 1953, 79 등. 화해는 "하나님의 주권적 행위"다(85).
53 로마서 11:15에 대해서는 다음을 참고하라. U. Wilckens, *Der Brief an die Römer* II, 1980, 245.
54 바르트(K. Barth, 같은 곳, 78)는 명시적으로 뷔히젤의 논문(F. Büchsel, in: *ThWBNT* I, 254f.)을 인용한다.

대인들의 ἀποβολή(배척)과 마찬가지로 종결된 것이 전혀 아니다. 두 가지는 모두 그리스도의 십자가에서 시작되었고 여전히 지속되고 있다"는 것이다.[55]

켈러는 바르트와 달리 그리스도의 죽음 안에서 일어난 하나님의 화해 행동의 유일회성[56]을 높여지신 그리스도의 왕권 통치를 통해 인도되는 역사적 진행 안에서 화해를 "수여"(Zueignung)하는 과정[57]과 결합시키려고 했다. 화해가 한편으로 역사적 사실의 형태로서 하나님의 행동이라면, 다른 한편으로 그것은 "인류의 개별 지체들에게 – 그들 안에서 그리고 그들을 통해 – 주어질 수 있기 위해 역사적으로 계속되고 실현될 것"을 요청한다.[58] 그래서 켈러는 그리스도 안에서 수립된 화해를 "인류와 함께하시는 하나님의 길의 중심"(§393)으로 보았다. 칼 바르트와 달리 그는 그리스도의 죽음 속에서 일어난 하나님의 화해의 행동이 과거와 미래의 모든 시간에 대해 직접 현재하고, 동시적이라고는 생각하지 않았다. 왜냐하면 그것은 시간과 역사를 가로지르며 서 있기 때문이다. 오히려 켈러는 화해의 행동이 작용할 때 역사의 과정을 통해 중재된다고 생각했다. 이로써 켈러는 바울의 화해적 진술들뿐만 아니라, 화해와 완성의 차이도 더 낫게 평가한 셈이 되었다. 그 밖에도 그의 설

---

55 F. Büchsel, 같은 곳, 257. 오히려 호피우스가 바르트의 의미에서 하나님의 화해의 행위와 바울의 화해의 말씀 사이를 구분했다. O. Hofius, Erwägungen zur Gestalt und Herkunft des paulinischen Versöhnungsgedankens, ZThK 77, 1989, 186-199. 화해되어야 하는 인간을 향하는 화해 사건의 단일성이 적절하게 표현될 수 있는 것은 오로지 그리스도 자신의 죽음 안에서 일어난 하나님의 화해의 행위가 화해의 말씀 그리고 그 말씀을 믿음 안에서 받아들이는 것에 대해 열려 있다고 생각되는 때뿐이다. 로마서 11:15에 대해 C. Breytenbach, Versöhnung. Eine Studie zur paulinischen Soteriologie, 1989, 176f.를 참고하라. 브라이텐바흐는 아들의 죽음을 하나님께 대한 새로운 관계를 "가능하게 하는 근거"라고 말하는데, 이 관계는 화해 개념을 통해 표현된다(159, 비교. 181f.).

56 M. Kähler, Die Wissenschaft der christlichen Lehre etc., 2.Aufl. 1893, §353과 §360.

57 M. Kähler, 같은 곳, §432, 비교. §441. 본문에서 이어지는 인용들은 이 책을 가리킨다.

58 M. Kähler, 같은 곳, §360, 비교. §439f.

명은 바르트와 달리 그리스도의 죽음의 인간적인 역사성에 상응하는데, 이 역사성과 분리될 수 없는 것은 개별 사건이 자신에 선행하거나 이어지는 역사 과정과 관련되어 있다는 사실이다. 그리스도의 죽음 안에서 일어난 하나님의 화해 행동을, 그 화해의 효력을 받아들이는 인간적 수용자에게 "수여"[59]하는 역사적 과정과 결합시킬 때 근본이 되는 신학적 요소는 켈러에 의하면 그리스도의 대속의 죽음을 대리적(stellvertretend) 의미로 해석하는 것이다. 켈러는 말하자면 그리스도의 대리하는 형벌의 고통(§425)을 "보증적 대리"로 해석했다. 이것은 화해의 미래적 수용으로 연결되고, 대리되는 사람들에게 하나님께 대한 자기의지의 순종을 불필요하게 하는 것이 아니라, 오히려 그 순종이 가능하도록 만든다(§428). 그 보증은 "화해가 하나님께 대한 인류의 관계를 시간의 모든 지속에 걸쳐 포괄함"(§429)을 뜻한다. 인류 가운데 믿지 않는 사람들에 대한 보증도 높여지신 그리스도의 왕권 통치를 통해 완수되고(§439) "그리스도 안에 근거한 화해의 완성"은 영의 활동을 통해 믿는 자들에게 도달한다(§442). 이와 같이 인류의 화해를 위한 하나님의 행동은 켈러에게서 구원사적·삼위일체적 사건의 맥락으로 묘사된다.

세상의 화해라는 사건이 점점 더 결정적으로 하나님 자신의 행동으로 생각될수록, 그러한 화해 사건의 수용자 곧 그러한 화해 개념 안에서 화해가 주어진다고 생각되는 인간에게 어떤 역할이 주어지는가 하는 질문이 그만큼 더 긴급해진다. 화해는 인간이 개입되지 않고서는 실현될 수 없다. 그렇다면 하나님의 화해의 행동 곁에서 인간이 그 행동을 수용하는 것도

---

[59] "수여"라는 표현은, 그렇게 표현되는 과정에서 화해가 먼저 인간적 수용자의 측면에서 받아들여지고 그 수용을 통해 비로소 실현된다는 인상을 준다는 점에서 적절치 않은 것으로 보인다. 켈러는 다른 곳에서는 화해 자체를 제공(Angebot, §440a)이나 제시(Anbieten, §432)로 말했는데, 하나님이 그리스도의 죽음 안에서 화해를 "수립"하셨다는 사실로 보면(§393) 그것은 지나치게 약한 표현이다.

또한 화해 사건에 본질적인 것으로 생각되어야 하지 않을까? 켈러만이 아니라 바르트도 이 질문을 제기했고, 바르트는 켈러와 마찬가지로 대리 개념에서 해법을 찾았다. 하나님의 화해의 행동의 수용자인 인간들은 대리됨으로써 그 행동에 참여한다.[60] 이 인간들은 인간이 되신 하나님의 아들을 통해 대리된다. 하지만 하나님의 화해의 행동의 수용자인 – 또한 죄인이자 하나님의 원수인 – 인간들이 실제로 하나님의 아들을 통해 대리될 수 있으며, 그래서 그 아들은 그들의 자리에서 화해를 실제로 제공하는가? 이 질문은 바르트에게서도, 켈러의 화해론에서도 적절한 대답을 발견하지 못한다.[61] 인간 곧 화해되어야 하는 죄인으로서의 그 수용자의 상황을 전반적으로 고려하는 대답 말이다. 다음의 질문이 이와 깊이 연관된다. 대리 개념은 대리된 자들에게 인간적이고 피조적인 자립성을 위한 공간을 조금이라도 제공하는가? 그래서 그들은 하나님 자신과 그들을 살리려는 하나님의 요구에 대해 더 이상 적대적으로 맞서서는 안 되고, 오히려 자신들의

---

60 K. Barth, *KD* IV/1, 79f. 하나님께서는 "세상이 하나님 자신에게로 완전히 돌이키는 것"(79)을 실현시키신다. "**교환**의 형태 안에서, 즉 하나님께서 그리스도의 인격 안에 현재하고 행동하시면서 하나님 자신과 세상 사이에 작정하셨던 자리바꿈을 통해서" 그렇게 하신다(80). 바르트는 교환이라는 사상이 이미 katallassein(화해됨)이라는 단어의 근본 의미 속에 표현되어 있다고 보았다(같은 곳). 이것은 대리 개념이 이미 화해 개념의 문자적 의미에 포함되어 있다는 사실을 뜻한다. 예수 그리스도는 "우리 곧 **죄인**들의 자리에 서셨다"(같은 곳, 259)는 것이다. 이것은 바르트에 따르면 "그가 하나님의 진노와 심판 아래 서셨고, 하나님과 부딪쳐 좌절하고 파멸한다"는 뜻이다(191). 그러나 바르트에게 "인간으로서 스스로 **우리의** 자리에 서시고, 우리에게 내려졌던 **심판이 자기 자신에게 선고되도록 하셨던**" 이는 언제나 하나님의 아들이시다(244). 벤츠(G. Wenz)는 다음의 사실을 바르게 강조했다. 바르트는 "그 어디서도 예수 그리스도의 신성과 무죄함이 그의 고난의 순종으로 표현되는 자기희생을 통해 중재된다"고 말하지 않았다(같은 곳, 2, 245).

61 벤츠의 상세한 설명은 다음과 같은 결론에 도달한다. 바르트(Wenz 2, 214-278, 특히 242ff.)에게서만이 아니라 예수의 십자가 죽음에 대한 켈러의 설명(132-166, 특히 154ff.)에서도 "그리스도의 신성의 일방적인 우세"(155)가 확정되었다.

편에서 스스로의 힘으로 그 요구와 화해해야 하는가? 이것이 맞다면, 다시 말해 하나님이 인간들과 화해해야 하는 것이 아니라 인간들이 하나님과 화해해야 한다면, 인간들의 측면에서 인간들이 하나님께 대한 자신의 적대성의 근거를 탈락시켜야 한다. 그래야 하나님과의 화해에 도달할 수 있다. 하지만 대리 개념이 이 일을 수행할 수 있을까? 이 질문에 대답하기 위해서는 대리 개념을 보다 더 정확히 해명할 필요가 있다. 그 개념의 다양한 변형들, 그리고 하나님과의 관계 속에서 발생하는 인간의 자기이해를 위한 그것들의 함축적 의미들이 설명되어야 한다.

3. 구원 사건의 형식으로서의 대리

a) 예수의 죽음에 대한 원시 그리스도교의 해석과 대리의 사실성

예수의 죽음이 원시 그리스도교 전승의 모든 층위에서 구원 사건으로 이해되었던 것은 아니다. 십자가에 못 박히시고 부활하신 자에 대한 메시지는 그의 죽음에 대한 신학적 해석과 결합되지 않고서도 선포될 수 있었던 것으로 생각된다.[62] 어록집은 예수의 죽음을 이미 구약성서를 통해 잘 알려져 있었던(눅 13:34와 평행구절; 비교. 11:49ff.)[63] 예언자의 운명으로 이해했던 것처럼 보인다. 수난사의 초기 전승은 단지 예수의 무죄한 고난과 죽

---

[62] 참고. G. Friedrich, *Die Verkündigung des Todes Jesu im Neuen Testament*, 1982, 14-21.

[63] 이 전승에 대해 다음을 보라. O. H. Steck, *Israel und das gewaltsame Geschick der Propheten. Untersuchungen zur Überlieferung des deuteronomistischen Geschichtsbildes im Alten Testament, Spätjudentum und Urchristentum*, 1967, 누가복음 13:34f.에 대해서는 53-58, 222-239. 아마도 원천이었을 유대교의 어록이 Q 안으로 수용된 것은 그리스도론적인 동기에서 비롯되었을 것이다. 이에 대해 G. Friedrich, 같은 곳, 14f.를 보라.

음의 신적 필연성만을 성서의 예언자적 증언들의 성취로 알고 있었던 것 같다.[64] 이와 동일한 관점이 누가복음 24:25f.와 마가복음 8:31 및 평행구절들에서 표현된다. 예수의 죽음에 관하여 원시 그리스도교가 발전시켰던 다양한 신학적 해석들 가운데서[65] 그 죽음을 대속의 죽음으로 이해하면서도 우선적으로 **속죄제물**로는 생각하지 않는 것에 의심할 바 없이 특별히 중요한 의미가 주어진다.[66]

물론 이러한 해석은 예수 자신의 것으로 소급될 수는 없다. 예수는 아마도 자신에게 임박한 폭력적 죽음의 가능성을 고려했을 것이다.[67] 하지만 그 자신이 이미 자신의 그러한 죽음을 많은 사람들을 위한 대속물(막 10:45)[68] 혹은 속죄의 죽음으로 통고했다는 것은 있을 법하지 않다. 복음서

---

64 참고. H. Kessler, *Die theologische Bedeutung des Todes Jesu. Eine traditionsgeschichtliche Untersuchung*, 1970, 241-252, 특히 243f.

65 예수의 죽음에 대한 해석의 이러한 다양성은 나의 책에서 강조되었다. *Grundzüge der Christologie*, 1964, 252-257. 이 다양성은 비교적 통일되어 있는 부활의 소식의 증빙들과는 구분된다. 참고. K. Lehmann, "Er wurde für uns gekreuzigt." Eine Skizze zur Neubesinnung in der Soteriologie, *ThQ* 162, 1982, 298-317, 특히 300ff. 서로 구별되는 해석들에 대한 탁월한 개관은 위의 각주 62에서 인용한 프리드리히(G. Friedrich)의 책에서 볼 수 있다.

66 참고. H. Kessler, 같은 곳, 265-296. 프리드리히(G. Friedrich)도 대속 사상의 중심적인 의미에 대해서는 논쟁하지 않았다. 하지만 그는 예수의 죽음을 속죄**제물**로 이해하는 것에 대해서는 비판적이었다(같은 곳, 68-71). 특히 로마서 3:23-26(57-67)에 대한 프리드리히의 설명을 참고하라. 그는 예수의 죽음을 대속으로 보는 원시 그리스도교의 이해의 출발점을 많은 다른 해석들과 함께 성만찬 전승 속에서 찾았다(같은 곳, 35).

67 G. Friedrich, 같은 곳, 25f. 또한 H. Kessler, 같은 곳, 232ff. 케슬러는 다음과 같이 바르게 덧붙인다. 이것이 "그가 그 폭력적인 죽음을 직접 원했다거나 유발했다는 것을 의미하지는 않는다"(233).

68 이에 대해 프리드리히(G. Friedrich, 같은 곳, 11ff.)는 이 말씀의 역사적 확실성에 대해 찬성하거나 반대하는 주석가들을 분류했다. 그 말씀의 역사성을 받아들일 때 나타나는 문제들에 대해 다음을 보라. J. Gnilka, Wie urteilte Jesus über seinen Tod?, in:

들 안에서 예수의 말씀으로 전승된 진술들 가운데 그의 죽음의 대속적 기능을 주장하는 것은 역사적 확실성과 관련해서 논란의 여지가 많다. 물론 예수 자신이 이미 자신의 죽음을 그와 같이 이해했을 수도 있다는 사실을 원칙적으로 배제해서는 안 된다. 하지만 예수께서 실제로 그렇게 이해했고 말했다는 견해는 마가복음 10:45의 대속물과 관련해서, 또한 성만찬 제정의 말씀들과 관련해서(아래를 보라) 큰 어려움에 부딪칠 것이다. 예수 자신이 정말로 그렇게 말했다면, 그의 죽음의 의미에 대한 질문과 대답은 원시 그리스도교에서 처음부터 분명하고 권위적으로 결정되었을 것이라고 기대될 수 있다. 그렇다면 예를 들어 누가복음에서 어떻게 제자들이 "왜 메시아가 이 모든 고난을 견뎌야 했는가?"에 대한 답을 성서의 예언자적 증언으로부터 비로소 얻을 수 있는지가 이해하기 어렵게 된다(눅 24:2b). 그러므로 예수의 죽음의 의미, 그리고 그것의 대속적 기능을 말한 원시 그리스도교 진술들의 근거를 질문하는 경우에, 교의학은 예수 자신이 자신의 죽음을 이미 그런 의미로 해석하지는 않았다고 전제할 때 더욱 확실하게 앞으로 나아갈 수 있다. 예수가 그렇게 해석하지 않았다는 것이 맞다고 해도, 그럼에도 불구하고 원시 그리스도교 전승 안에서 광범위하게 만날 수 있는 예수의 죽음의 대속적인 능력에 대한 진술들은 여전히 그 사건의 본래적 의미에 대한 적절한 해석으로 입증될 수 있다.

물론 우리는 예수 그리스도가 "우리를 위해" 죽으셨다고 말하는 모든 진술[69]이 곧바로 그의 죽음의 대속 기능의 사상을 표현한다고 생각하지는 말아야 한다. 성만찬 제정에 대한 마가복음의 보고에서 "많은 사람을 위하여"라는 잔과 관련된 표현은 대속의 희생제물이 아니라 계약(언약)을 위

K. Kertelge, Hg., *Der Tod Jesu. Deutungen im Neuen Testament* (QD 74) 1976, 13-50, 특히 41ff.

[69] 참고. G. Friedrich, 같은 곳, 72-76. 또한 H. Riesenfeld, in: *ThWBNT* VIII, 1969, 510-518.

한 희생제물과 연관된다.[70] 비록 속죄 기능이 계약의 희생제물과 관련되어 있었다고 해도, 속죄 기능에 주된 강조점이 놓여 있지는 않았다. 그러므로 우리는 그리스도의 죽음의 "우리를 위해"를 이해할 때, 더 자세한 설명이 덧붙여지지 않는 한 그것을 매우 자명한 것처럼 손쉽게 대속 사상의 의미로 받아들이지 않도록 주의해야 한다. "우리를 위해"라는 어법은 매우 일반적으로 생각한다면 "우리의 유익을 위해" 혹은 "우리에게 유리하도록"을 의미한다.[71] 또한 바울이 편집한 성만찬 제정에서 빵에 관련된 말씀(고전 11:24)도 일차적으로는 예수 자신이 빵을 받는 자들을 "위해" 거기서 그들과 함께 현재하신다는 사실만을 의미한다. 성만찬 전통과 성만찬 축제 속에서 예수의 죽음이 갖는 대속적 의미의 기원을 찾을 수 있다는 생각은,

---

[70] 마가복음 14:24에 대해 다음을 보라. F. Hahn, Zum Stand der Erforschung des urchristlichen Herrenmahls, *Ev. Theol.* 35, 1975, 553-563, 559f. 또한 같은 해에 출판된 더욱 상세한 설명으로 F. Lang, *Abendmahl und Bundesgedenke im Neuen Testament* (524-538, 532ff.). 랑(F. Lang)은 계약 사상이 이미 성만찬의 초기 전승의 구성요소였다(528)고 판단한다. 하지만 그것은 처음부터 "죄의 제거라는 동기"와 결합되어 있었다(535). 반면에 한(Hahn)은 계약 사상과 대속의 동기 사이의 근원적 차이를 더욱 강하게 강조한다. 하지만 그도 마가복음 14:24에 대해서는 두 가지 동기가 결합되어 있음을 고려한다(560). 왜냐하면 고린도전서 11:25과 다르게 그 구절에는 "많은 사람들을 위한 피흘림"이 추가되어 있기 때문이다.

[71] 이것이 이 표현의 근본적인 의미라는 사실은 일반적으로 인정된다. 참고. 예를 들어 H. Riesenfeld, 같은 곳, 511ff., 또한 K. Kertelge, Das Verständnis des Todes Jesu bei Paulus, in: ders., Hg., *Der Tod Jesu. Deutungen im Neuen Testament*, 1976, 114-136, 특히 116ff. 이 의미와 대속 사상이 이미 결합되어 있다는 것은 바울에 대해서는 거의 말해질 수 없는 것이다. 참고. G. Friedrich, 같은 곳, 73. 그렇다면 그 결합은 특별한 이유를 제시하지 않는 한, "우리를 위한" 예수의 죽음에 대한 단순한 진술들에, 그리고 또한 고린도전서 11:24에도 적용될 수 없다. G. Bornkamm, Herrenmahl und Kirche bei Paulus, in: ders., *Studien zu Antike und Urchristentum*, 1959, 138-176, 162.

비록 많은 사람이 받아들이고 있기는 해도,[72] 회의적이다.[73]

대속의 동기는 물론 그리스도의 죽음의 "우리를 위해"와, 그리고 또한 초기에는 성만찬을 예고하는 말씀들과 매우 쉽게 결합될 수 있었다. 빵과 잔의 나눔이 그리스도께서 흘리신 피의 상징으로서 그의 죽음과 관계된다는 점에서 그랬다. 대속의 동기는 "우리를 위한" 예수의 죽음이 "우리의 죄"와 관련되는 곳에서 뚜렷이 나타난다. 바울이 전승된 문구로 계속 전달하는 고린도전서 15:3의 표현처럼 그리스도께서 "우리 죄를 위해 죽으셨다"고 한다면, 이것은 의심할 바 없이 "우리의 죄를 위한 대속"을 뜻한다는 것이다. 마찬가지로 형식화된 로마서 4:25의 문구도 그와 똑같은 것을 말하며, 베드로전서(2:24)는 그 진술을 그리스도께서 "너희를 위해 고난을 받으셨다"(2:21)라고 해석했다. 동일한 표상이 다른 어법으로도 표현된다. 즉 아들을 죽음으로 "내어줌"(롬 8:32; 비교. 4:25)으로, 혹은 우리의 유익을 위해 그가 자기 스스로를 "내어준다"(갈 2:20)로 표현된다. 물론 여기서 "우리의 죄"와의 관련성은 그러한 표현의 구성요소로서 분명히 나타나지는 않고, 다만 그 맥락으로부터 드러날 뿐이다(비교. 엡 5:25). 그러한 표현들과 대속물이라는 내적으로 가까운 상(像)도 연관될 수 있었다(딤전 2:6; 딛 2:14). 대속물은 예수 그리스도께서 자신의 죽음으로 우리를 위해 지불했던 대가를 뜻한다(참고. 막 10:45와 평행구절들).

바울은 몇몇 구절들에서 그것을 넘어서는 것을 말한다. 그리스도께서 자신의 죽음 안에서 죄인인 우리의 자리를 차지하셨다는 것이다. 하나님은 "죄를 알지도 못하신 이를 우리를 대신하여 죄로 삼으"셨다(고후 5:21).

---

72 H. Riesenfeld, 같은 곳, 513. 참고. J. Gnilka, 같은 곳, 31ff., 50.
73 어쨌든 대속 사상은 예수 자신에게로 소급되는 성만찬 전통의 구성요소에 속하지는 않는다. 참고. F. Hahn, 같은 곳, 558ff. 또한 동일저자, Das Verständnis des Opfers im Neuen Testament, in: K. Lehmann/E. Schlink, Hgg, *Das Opfer Jesu Christi und seine Gegenwart in der Kirche* (Dialog der Kirchen 3), 1983, 51-91, 68f.

여기서 아들이 자리를 바꾼다는 교환사상이 분명히 말해진다. 그는 죄인인 우리의 자리에 들어와 서셨다는 것이다. 이것은 예수께서 우리를 위해 자신의 생명을 내어주셨다는 것(롬 5:6f. 등) 이상을 말하고 있다. 그리스도께서 우리를 위해 자신의 생명을 내어주었다는 것은 그가 죄인의 자리에서 바로 그 죄인이 감당해야 할 죽음을 대신 당하셨다는 사상을 아직 반드시 내포하지는 않는다. 물론 "우리를 위해, 우리의 유익을 위해"라는 말의 의미는 매우 쉽게 "우리의 자리에서"라는 의미로 건너갈 수 있다. 특히 누군가에게 갚아야 하는 채무가 다른 사람을 통해 "그를 위해" 지불된다는 대속의 표상과 관계될 때 그렇다. 그럼에도 불구하고 여기에는, 다른 사람을 대리해서 어떤 일을 행하는 자가 거기서 그 목적을 위해 그 일의 수행을 필요로 하는 사람의 **실존적 조건들** 속으로 들어간다는 사고가 놓여있지는 않다. 바로 이것을 바울은 고린도후서 5:21에서 말하려 했다. 로마서에서 그는 이런 의미를 지닌 대리 개념을 아들의 파송 전체의 목적으로 설명했다. 하나님은 "자기 아들을 (죄의 속죄를 위해) 죄 있는 육신의 모양으로 보내어 (그의) 육신에 죄를 정하사…"(롬 8:3)[74] 이 진술은 갈라디아서 3:13과 매우 가깝다. 이 구절은 십자가에 못 박히신 자가 "우리를 위해" 율법의 저주를 견디셨고 이를 통해 대가를 지불해서 우리를 그 저주와 율법 전체로부터 풀려나게 하셨다고 말한다.[75] 로마서 8:3에 따르면 그리스도의 육신 안에서 죄를 심판하신 것("죄를 정하사")은 십자가에 못 박히신 자에게 내려지는 유죄판결이며, 여기서 중요한 것은 그것이 죄에 마땅히 해당하는 사형판결이라는 사실이다(참고. 고후 5:21).

---

74 다음을 보라. U. Wilckens, *Der Brief an die Römer* 2, 1980, 124ff., *peri hamartias*(죄에 대해) 에 관련해서는 126f. 프리드리히(G. Friedrich, 같은 곳, 68ff.)는 그 용어를 제의적 기술로 해석하는 것을 회의적으로 본다.

75 갈라디아서 3:13에 대해 다음을 보라. K. Kertelge, 같은 곳, 128ff. 또한 H.-W. Kuhn, Jesus als Gekreuzigter in der frühchristlichen Verkündigung bis zur Mitte des 2.Jahrhunderts, *ZThK* 72, 1975, 1-46, 특히 35.

대리 개념에서 다양한 단계들이 고려되어야 하는 것은 분명하다. 어떤 사람이 다른 사람을 위해 그가 마땅히 져야 할 죄 값을 지불한다면, 그 사람은 호의를 받는 자를 대신하여 — 이런 의미에서 그를 "위해" — 그가 원래는 스스로 감당해야 하는 것을 대신 행하게 된다. 그러나 이를 위해 호의를 베푸는 사람이 호의를 받는 사람의 삶의 조건들 속으로 들어갈 필요는 없다. 오히려 정반대다. 사실 그는 더 이상 스스로 빠져나올 힘이 없는 그 빈곤한 자가 처해 있는 상황의 한계들 속으로는 들어갈 수 없기 때문에, 호의를 베푸는 자일 수 있는 것이다.

여기서 중요한 것은 이웃 인간들 사이의 연대다. 연대 속에서 한 사람은 다른 사람을 옹호하며, 보다 넓은 의미로 이해되는 대리관계가 각각의 사회적 결합 속에 존재한다. 그 결합 속에서 각각의 구성원은 특별한 기능을 실현한다. 그 기능은 각 구성원의 특수성, 그리고 공동체 전체 및 여타 구성원들에 대한 각각의 기여를 나타낸다(참고. 고전 12:12ff.). 분업 사회에서 각 구성원은 다른 이들을 위한 특별한 과제를 서로 함께 실현한다. 이 점에서 모든 구성원은 서로에게 의존하고 있다. 그렇기에 그들은 서로를 돕고 옹호하며, 그런 의미의 연대감 속에서 행동한다. 왜냐하면 "한 지체가 고통을 받으면 모든 지체가 함께 고통을 받기" 때문이다(고전 12:26). 그렇기에 한 개인의 행위로부터 생기는 축복과 각 개별 구성원들의 위법으로부터 비롯되는 재앙은 공동체 전체에 영향을 미치게 된다.[76]

다른 사람들이나 공동체의 구원을 위해 어떤 개인이 자신의 생명을 던

---

76 이에 대해 참고. G. Friedrich, 같은 곳, 41f. 또한 나의 책, *Grundzüge der Christologie*, 1964, 271-277(대리 개념의 일반적 지평). 여기서는 카스퍼(W. Kasper, *Jesus der Christus*, 1974, 263ff.)와 마찬가지로 다음의 사실이 강조되었다. 사회적 존재인 인간에게 근본적으로 속하는 연대성 곧 "행복과 불행 속에서 서로 함께하는 연대성"은 개인들의 점증하는 고립과 더불어 근대에 이르러서야 비로소 낯선 것이 되었고, 그 결과 대리 개념은 소키누스주의자들이 교회의 구원론을 비판한 이래로 근대의 개신교주의에게도 낯선 것이 되었다.

진다는 것은 매우 예외적인 경우다. 여기서 다양한 사회적 지위의 전제 아래서 대리적으로 수행되는 직무는 더 이상 중요하지 않다. 자신의 생명을 희생하는 사람은 그와 함께 자신의 실존 전체를 내어준 것이다. 이러한 희생이 없다면, 다른 사람이 생명을 잃게 될 수도 있다. 그러나 이것으로도 속죄 기능과 필연적으로 연결되는 것은 아니다. 다른 사람들을 위한 자기 생명의 희생은 일반적으로 그들의 생명의 구원에 봉사한다. 이것이 "우리를 위한" 혹은 "우리의 죄를 위한" 예수의 죽음에도 해당될까? 그렇지 않을 것이다. 왜냐하면 예수께서 그들을 위해 죽으시기는 했어도, 어쨌든 그들도 죽어야만 하기 때문이다. 그러므로 "우리를 위한" 예수의 죽음은 첫눈에 보이는 것보다 더 복잡하다. 예수의 죽음을 "우리의 죄를 위한" 대속적 죽음으로 해석하는 것이 그 어려움으로부터 벗어나는 출구를 열어주는 것처럼 보인다. 물론 그리스도의 대속적 죽음이 그가 죽음으로 도움을 주고자 했던 사람들의 현세의 생명을 보존해주지는 않지만, 그것은 하나님의 심판 속에서 그들을 보호하여 영원한 생명에 이르게 한다. 이것은 그리스도의 죽음 때문에 다른 사람들의 죽음이 죄의 심판의 결과이기를 중단한다는 것을 의미하지는 않는다. 바울에 의하면 믿는 자들이 죄로부터 해방되는 것은 오로지 한 가지 이유 때문이다. 그 이유는 그들의 미래의 죽음이 세례를 통해 이미 선취되어 예수의 죽음과 결합되는 것이다(롬 7:1-4; 비교. 6:3f.). 이 지점에서 다른 사람들을 **대신하는** 죽음의 배타적 의미가 포괄의 사고로 건너간다. 세례를 통해 수세자의 (미래적) 죽음이 예수의 죽음과 결합되며, 오직 그렇게 해서 그리스도인은 부활하신 예수에게서 이미 현현했던 생명에 참여하게 될 희망을 얻게 된다(롬 6:5).

 "우리를 위한" 예수의 죽음이 갖는 이와 같은 독특하고 복잡하고 포괄적인 의미를 바울은 고린도후서에서 다음과 같이 표현했다. "한 사람이 모든 사람을 대신하여 죽었은즉, 모든 사람이 죽은 것이라"(고후 5:14). 이런 표현의 구조는 예수 그리스도를 새로운 아담으로 보는 로마서 5:17ff.를 기억나게 한다. 새 아담은 순종을 통해 "많은 이"를 대표하며, 단순히 대표하기만 하는 것이 아니라 그들을 "은혜의 압도하는 영향력"을 통해(5:17) 자신의 의에 참여하게 한다. 세례와 믿음을 통해 그리스도의 고난의 순종과 죽음에 참여하는 것은 고린도후서(5:17)에서 믿는 자들을 그리스도를 통해 하나님과 "화해"시키는 매개다(5:18). 이 사실로부터 이러한 사상적 전개를 종결하는 다음의 진술이 이해될 수 있다. 하나님이 "죄를 알지도 못하신 이를 우리를 대신하여 죄로 삼으신 것은 우리로 하여금 그 안에서 하나님의 의가 되게 하려 하심이라"(5:21). 그 자체로만 본다면 이 구절은 단순한 자리 교환의 표상을 깨우고 있는 것이 틀림없다. 하지만 앞선 논쟁의 맥락에서 본다면 이 표상은 예수 그리스도의 죽음의 포괄적 의미와 작용에 대한 사고 안으로 통합된다.

로마서 8:3의 대리 개념은 다른 색조도 띠고 있다. 고린도후서 5:21에 따르면 하나님은 죄가 없으신 그리스도를 죄인의 자리에 세우셨고, 그는 그 자리에서 죄에 대한 심판을 견뎌야만 했다(참고. 갈 3:13). 반면에 로마서 8:3에서는 선재하는 **하나님의 아들**에 대해 말하며, 그가 죄가 있는 현존재 형태 안으로 보내졌고 그와 같은 이 세상의 현존재 안에서 죄에 대한 심판이 실행되었다고 말한다. 여기서 예수 그리스도의 대리하는 대속의 죽음이 하나님의 파송 전체의 목적으로 설명될 뿐만 아니라, 또한 선재하신 자가 죄로 규정된 인간적 삶의 이 세상적 현존재의 조건들 안으로 들어간다는 것 자체가 이미 최소한 암묵적으로 그가 죄인들의 자리에 들어서고 그들의 숙명을 참고 견뎌야 한다는 의미를 획득한다. 그렇다면 이미 성육신이 대리의 행위가 되는 셈이다. 이 행위는 하나님께서 단순히 창세 이전의 영원한 결의에 따라 죄가 없으신 예수를 죄인들의 자리에서 죽음, 즉 죄에 대한 심판을 감당하도록 하시는 것으로 끝나지 않는다. 이제 그것은 하나님 자신에 대해 말하게 된다. 다시 말해 하나님 자신이 (아들 안에서) 죄인들의 자리에 서시며, 죄에 대한 심판을 스스로 담당하시는 것이다.

b) 대리적 형벌로서의 속죄

예수의 죽음에 대한 원시 그리스도교의 다양한 해석들은 그 다양성이 그 사건 자체의 특수성보다는 서로 다른 인간적 이해의 전제들과 관련되어 있다는 인상을 준다. 이와 연결해서 우리는 다음과 같이 생각할 수 있다. 인간적 이해의 전제들은 2천년이 지나면서 깊이 변형되었고, 희생양, 속죄, 대리와 같은 제의적 표상들은 오늘날 인류의 사고에 대한 전제에 더 이상 속하지 않는다. 그래서 오늘날에는 예수의 죽음의 의미에 대해 완전히 다르게 말해야 한다는 결론이 나오는 것처럼 보인다.[77] 그렇다면 예수의 죽음에 대한 신약성서의 해석들과 관련해서 기껏해야 예수 그리스도를 구원의 출발점이나 "창시자"(히 2:10) 혹은 생명의 "주"(행 3:15)로 보는 표상만이 오늘의 인간들에게 가능할 것 같다.[78]

그러나 이런 관찰방식은 예수의 죽음에 대한 특정한 해석의 선택이 상당히 자의적이라는 사실을 가정하고 있다. 이에 대해 해석되어야 하는 사건 그 자체의 특성으로부터 오는 어떤 근거나 기준이 존재하지 않을까?[79] 적당한 해석의 형태들 가운데서 하나를 선택하는 것이 해석되어야 하는

---

77 이것은 각주 62에서 인용된 프리드리히(G. Friedrich)의 저서의 근본적인 생각이었다. 비교. 그의 책, 143ff., 특히 145f.
78 G. Friedrich, 같은 곳, 156ff., 176.
79 프리드리히도 이 가능성을 전적으로 거부하지는 않았다. 다만 그는 다양한 모든 해석들이 "그리스도를 통해 창조된 현실을 파악하기에는 충분하지 않은 것으로 입증된다"고 생각했다(G. Friedrich, 같은 곳, 144). 그는 대속물이라는 그림의 한계, 그리고 신비적 종교들의 표상들과 구분되는 예수의 죽음의 유일회성을 바르게 지적했다. 그러므로 주변 세계로부터 수용된 표상들은 변형되어야 한다는 것이다(144f.). 그러나 프리드리히는 어떤 특정한 해석의 형태가 – 최소한 완전히 적응된 다음에는 – 그 사건의 고유한 특성에 대해 다른 것들보다 더 큰 이해력을 가질 수도 있다는 가능성은 고려하지 않았다. 예수의 죽음에 대한 원시 그리스도교의 진술들 가운데 속죄와 대리의 표상이 갖는 주도적 역할은 십자가 사건에 대한 해석사 안에서 그 사건 자체에 고유한 특성이 스스로 타당한 선택원리로서 작용했다는 사실의 결과일 수 있다.

사건의 특수성에 의해 제한되고 또 해석의 내용이 그 사건에 의해 새롭게 각인된다면, 바로 그 해석 과정의 결과들은 결코 다른 해석들을 통해 자의적으로 대체될 수 없다. 그 결과들이 그렇게 대체될 수 있는 경우는 오로지 전통적인 언어로 이미 설명된 그 사건의 의미요소들이 지금까지 고려되지 않은 그 사건의 측면들과 함께 새로운 해석의 모델 안으로 받아들여질 때뿐이다. 예수의 죽음과 관련해서 속죄와 대리의 표상을 통해 등장한 의미요소들에 대해서는, 그것들이 오늘의 이해에 자칫 보다 더 합당하다는 다른 어떤 해석들을 통해 완전히 수용된 결과 저 앞선 표상들을 쓸데없는 것으로 만든다는 주장은 거의 개연성이 없다. 그런 경우가 있다고 가정해도, 최선의 경우에 새로운 해석수단들이 보충적 기능을 갖는 것에 그칠 것이다. 이것은 예수 그리스도를 (새로운) 생명과 영원한 구원의 출발점 혹은 창시자로 보는 성서적인 상에도 해당한다. 전통적 표상들이 후대에는 직접적으로 도달되고 이해되지 않는다는 점이 그 표상들을 다른 것으로 대체해야 한다는 충분한 이유가 되는 것은 아니다. 오히려 그 점은 전통적 언어가 해석을 통해 후손들에게 이해될 수 있도록 열려야 하며, 그것의 생동하는 의미가 보존되어야 한다는 요청과 필요성의 근거가 된다. 속죄 혹은 대리의 표상에 대해 오늘의 세속화된 현재를 살아가는 인간들이 갖는 어려움은 전통적 언어의 불충분한 진술능력에 근거한다기보다는, 오늘의 해석자들이 그 내용이 효과적으로 이해될 수 있도록 충분히 설명하지 못했다는 사실에 근거하는 것이다.

대리 개념이 오늘의 사회적 삶의 세계 안에서 주어지는 경험들에 대해, 사람들이 주장하는 것만큼[80] 그렇게 낯선 것이 아니라는 사실은 앞에서 이미 말했다(위의 각주 76). 같은 내용이 또한 대리하는 속죄의 주제에도 해당된다는

---

80 G. Friedrich, 같은 곳, 150f.

사실은 인류의 문화사에서 희생양의 동기가 갖는 의미를 다룬 르네 지라르(René Girard)의 작품들에서 제시된다.[81] 지라르는 예수의 수난에 문화사적인 전환의 의미가 부여되어 있다고 본다. 왜냐하면 예수는 스스로 대리적인 고통을 감당함으로써, 다른 사람들에게 향해져 있고 희생양에 집중되는 폭력적 권세를 극복했기 때문이다. 여기서 그리스도의 수난은 물론 주로 윤리적으로 해석된다.[82] 하지만 반드시 필요한 비판과는 무관하게 지라르의 작품과 이를 통해 야기된 세간의 주목은 대리적 속죄라는 주제의 현대적 실제성을 보여준다.

위의 진술은 다음의 사실을 내포한다. 예수의 죽음에 대한 해석에서 그 사건의 특성에 근거한 주장이 그 해석을 위한 수단들의 판단, 선택, 사용에 대해 표준이 되어야 한다는 사실이다. 이것은 전통이 형성되는 과정 자체에서 이미 그러했을 것이다. 예수의 죽음에 대한 신약성서적 해석이 다양하다는 것은 이 주제를 이해하는 것에 처음부터 특별한 어려움이 있었다는 사실을 증언해주는 상황증거다. 하지만 그러한 경우에도 다양한 해석들의 표현력은 해석되어야 하는 사건 자체에 근거한 주장을 통해, 그리고 그것에 따라 평가되어야 한다. 오직 그렇게 할 때, 여러 가지 해석의 다양한 실제적 정당성에 대해 근거 있는 판단을 내릴 수 있다. 그 해석들의 진리는 그것이 원시 그리스도교 안에서 등장했다는 사실성을 통해 보증되지는 않으며, 또한 그것은 단순히 그것들이 얼마나 오랜 것인가의 문제도 아

---

81 특히 R. Girard, *La Violence et le Sacré*, 1972. 또한 동일저자, Generative Scapegoating, in: R. G. Hamerton-Kelly, *Violent Origins. Ritual Killing and Cultural Formation*, 1987, 43-145.

82 지라르의 주제에 대한 비판에 대해 1991년 *Kerygma und Dogma*에서 발행된 피어초크(Fierzog)의 논문을 보라. M. Fierzog, Religionstheorie und Theologie René Girards. 지라르에 대해 또한 다음을 보라. *Des choses cachées depuis la fondation du monde*, 1978, 165ff.

니다. 가장 오래된 해석(아마도 예수의 죽음을 예언자의 운명으로 보았던 해석)이 반드시 가장 근본적이고 적절한 해석인 것은 아니다. 또한 특정한 표상들의 구약성서적인 기원도 아직은 고린도전서 15:3의 의미에서 그 표상들이 예수 그리스도의 죽음에 적용되는 것의 적합성을 설명해주지는 못한다. 오히려 구약성서의 표상이나 진술은 원시 그리스도교가 행한 성서적 증명의 의미에서 예수의 죽음의 신적 의미를 지시하는 것으로서 수용되기 위해, 그 사건에 "맞추어져야" 한다. 물론 이사야 53:4f.는 "많은 사람을 위한" 예수의 죽음을 대리적 속죄의 의미로 보는 원시 그리스도교의 직관에 광범위한 영향을 주었을 것이다. 하지만 아무리 그렇다고 해도 그 해석의 실질적인 근거는 그 사건 자체의 고유한 정황 속에서 찾아져야 한다. 물론 그런 특성의 실질적인 상응을 제시하는 것도 그 자체로서는 예수의 죽음의 속죄적이고 대리적인 의미를 주장하는 것이 참인지의 질문에 대답할 수 없다. 특별히 예수의 죽음을 인류 전체를 위한 보편적인 속죄로 주장하는 해석은 죄 및 죽음과의 관계 속에 놓인 인간의 인간론적인 근본상황 아래 위치될 때만 바르게 논의되고 검토될 수 있다.

그리스도의 죽음의 속죄 기능에 대한 원시 그리스도교의 진술들이 일차적으로 전제하는 것은 예수의 십자가의 죽음이 그 자신의 죄에 대한 형벌로 이해될 수 없다는 사실이다. 이 전제는 예수의 부활의 빛에서 성취되었다(위의 594ff., 625ff.를 보라). 하나님은 예수를 깨우심으로써, 그를 처형으로 이끌었던 기소들에 맞서 스스로 그를 의롭게 하였다. 예수는 정치적 폭도도 아니었고, 인간으로서 스스로 신적 권위를 참칭하지도 않았다. 그러므로 그는 자신의 죄 때문에 죽은 것이 아니다. 부활 사건을 통해 – 오로지 이 빛 속에서 – 그의 "무죄"는 입증되었다.[83] 그렇다면 왜 하나님께서는 그

---

83   예수의 무죄성에 대한 논의를 나의 책에서 보라. *Grundzüge der Christologie*, 1964, 368-378. 이에 대한 다음의 평가를 보라. M. Hengel, *The Atonement. The Origins of the Doctrine in the New Testament*, 1981, 65f.

의 죽음을 허락하셨는가? 왜 신적인 "당위성"이 — 초기 그리스도교가 구약성서로부터 읽어낸 예언자적인 암시의 빛 속에서 — 죽음으로 가야만 했던 그의 길 위에 놓여야만 했을까? 그 자신의 죄 때문이 아니라면, 예수는 다른 사람을 위해 죽은 것이다. 이것은 아마도 최우선적으로 그와 같은 운명에 처했던 한 인간의 죽음에 대한 질문에서 유일한 가능성으로 열려 있는 대안으로 이해되어야 할 것이다. 그의 운명은, 죽은 자들로부터의 부활을 통해 하나님께서 그의 파송을 확증하셨다는 빛에서 볼 때, 단순히 우연적인 것이 아니라 오로지 하나님께서 그렇게 의도하신 것으로 이해될 수밖에 없다. 그러므로 대속적 죽음의 사고는 유대교적 전제들로부터 그리 낯설지 않은 것이었음이 틀림없다.[84] 그의 죽음을 대속적 기능으로 보는 견해는 그것을 넘어 예수 자신이 하나님의 긍휼과 구원하시는 사랑의 표현으로서 등장하실 때, 그 등장에서 알려지는 하나님의 사랑에 대한 메시지와 상응하는 관계에 있다(위 572f.를 보라). 이 상응은 "우리를 위한" 예수의 죽음이 단순히 예수의 지상에서의 등장을 특징짓는 연대성, 곧 다른 사람들과 함께하는 연대성의 한 가지 특수한 경우로만 이해하는 것이 정당하지 않음을 말해준다.[85] 그런 평가는 "우리를 위한" 그의 죽음이 갖는 특수한 의미를 평범한 것으로 만들어버릴 것이다. 그의 죽음을 대속으로 해석하는 관점에서만 예수의 길 전체가 바로 그 죽음으로 향하는 길이었음이 드러날 수 있다(빌 2:6-8; 비교. 고후 8:9). 부활 이전의 예수의 사역에서 나타나는 그의 태도를 포괄적으로 보아 단지 그가 "타자들을 위한 인간" 그리고 "철저한 이웃 인간"이었다는 사실로만 특징짓는다면, 그것은 불완전할

---

[84] E. Lohse, *Märtyrer und Gottesknecht. Untersuchungen zur urchristlicher Verkündigung vom Sühnetod Jesu Christi* (1955), 2.Aufl. 1963, 특히 29ff.66f.78ff.

[85] W. Kasper, *Jesus der Christus* (1974), 2.Aufl. 1975, 254ff. (Jesus Christus der Mensch für die andern und die Solidarität im Heil), 특히 257f. 레만의 비판적인 논평을 참고하라. K. Lehmann, 같은 곳 (*Theol. Quartalschrift* 162, 1982), 306ff.

뿐만 아니라 심지어 오류로 이끄는 평가가 될 것이다.[86] 예수는 자신을 드러내신 전체 과정에서 가장 우선적으로는 하나님을 위한 인간이었다. 그가 또한 다른 사람들을 위한 인간이었던 것은 오로지 그가 다가오는 하나님의 통치의 증언을 위해 사람들에게 보내어졌다는 점에서만, 그리고 그들에게 자신의 통치 안에서 하나님의 통치가 시작됨으로써 모든 피조물과 길을 잃었던 개별자들에 대한 하나님의 사랑을 사람들에게 보여주었다는 점에서만 그렇다. 십자가의 죽음에 이르는 하나님의 파송에 순종했다는 것은 그와 동시에 세상을 위해 그의 생명을 희생했다는 것을 의미하기에, 그 이후에는 그의 지상에서의 길 전체가 그런 의미로 이해될 수 있었다. 하지만 이 이해는 그의 죽음을 세상 죄를 위한 대속으로 해석했을 때, 비로소 가능했다.

비록 예수 자신에게는 죄가 전혀 없다고 해도, 그의 죽음에 속한 대속의 기능이 인류 전체에게 확장된다는 것은 쉽게 이해되는 일이 아니다. 의인들, 특히 믿음의 순교자들이 겪은 고난과 죽음의 대속의 능력에 관한 유대교적인 관점들로부터 유대 백성들을 위한 예수의 고난과 죽음의 대속적 효력을 생각하는 것은 어느 정도 수긍이 간다.[87] 그런 이해의 흔적은 실제로 요한복음에 남아 있다(요 11:50f.). 물론 원시 그리스도교의 전승이 그렸던 전체적인 상에서 이러한 사고는 "많은 이를 위한"이라는 표현의 보편적 해석의 배후로 물러난다. 이것은 무엇보다 성만찬 전통에서 나타났다(막 14:24와 평행구절들; 비교. 막 10:45). 그 표현은 어쨌든 포괄적인 의미를 가지고 있기는 하지만, 아직 여전히 모호하다. 왜냐하면 그것이 일으키는 대속의

---

86 카스퍼(W. Kasper, 같은 곳, 256)는 본회퍼(D. Bonhoeffer, *Widerstand und Ergebung*, 1951, 259f.)를 인용한다. 그런 잘못된 표현들은 세속적 휴머니즘과 혼동될 수 있다. 세속적 휴머니즘과 예수의 길은 그의 동기 전체로부터 볼 때, 그리고 그의 길의 구조에서 볼 때도 공통점이 거의 없다.

87 이에 대해 대리적 속죄에 대한 설명들을 보라. E. Lohse, 같은 곳, 94ff., 특히 101.

효력은 — 이사야 53:12과 비슷하게 — 유대 민족 전체를 가리킬 수도 있고, 아니면 그것을 넘어 인류 전체에게 베풀어질 수도 있기 때문이다. 바울의 경우는 의심할 바 없이 후자에 해당한다(고후 5:14f.; 비교. 롬 5:14). 다만 예수의 죽음의 대속적인 효력을 보편적으로 확장하는 것은 반드시 유대 민족에 대한 우선적 관계를 확대한 것으로 생각되어야 하며, 그 역은 성립되지 않는다.

유대 민족에 대한 예수의 죽음의 대속적 효력은 의인들과 마카비의 순교자들이 겪은 고난의 속죄적 기능에 대한 유대교적 관점과 직접 비교해서 생각할 수 없다. 왜냐하면 예수는 자신의 민족에 의해 축출된 자로서 죽었기 때문이다. 그럼에도 불구하고 그의 죽음을 그 민족에 대한 대속으로 이해하려는 것은 유대교 전승에서 본다면 오직 이사야 53:3ff.에서만 지지를 받을 수 있다.[88] 예수의 죽음의 정황은 다음과 같은 점에서 이 예언자의 말로 소급될 수 있다. 즉 예수는 실제로 자신의 민족에 의해 멸시당하고 버림받았지만(사 53:5), 그럼에도 불구하고 하나님께서 부활을 통해 그를 의롭게 하셨다. 유대 관청은 예수께서 하나님과의 동등성을 참칭했다는 이유로 그를 로마인들에게 사형당하도록 넘겼지만, 그를 심판했던 이 땅의 심판관들은 하나님이 보내신 자만이 아니라 더 나아가 하나님 자신에게 잘못된 판결을 내리고 처형당하도록 했다는 사실이 부활의 빛 속에서 제시되었다. 그래서 그들에게는 예수 자신이 직접 예고했던 (눅 22:69와 평행구절들) 사람의 아들의 임박한 심판이 위협으로 다가오게 되었다. 그들 자신은 보내심을 받은 자의 인격 안에 계신 하나님께 맞서 신적 권위를 참칭하여 불의를 행한 것이었다. 그래서 실상 그들이 예수께 내렸던 사형 판결은 그들 자신에게 내려진 셈이 되었다. 예수를 십자가의 죽음으로 이끌었던 사건들이 부활 사건을 통해 의미 변화를 겪게 된 것은

---

88 고린도전서 15:3에 대해 E. Lohse, 같은 곳, 114을 보라.

예수께서 문자 그대로 바로 예수 자신을 판결했던 자들의 자리에서 죽으셨다는 사실을 보여준다.[89] 그의 죽음이 속죄로 이해되었기에, 이러한 해석은 대리의 실제성과 관련될 수 있었다. 대리는 예수께서 자신의 심판자들, 그리고 이들이 대변하는 백성들 전체의 자리에서 죽으셨다는 사실을 뜻한다. 이러한 맥락이 갈라디아서 3:13, 고린도후서 5:21, 로마서 8:3과 같은 바울의 진술들의 배후에 놓여 있다고 추정되어야 한다. 왜냐하면 예수를 죄인으로 만들고 사실상 율법의 저주 아래 서게 했던 유죄판결과 처형의 상황에 대한 관계를 떠나서는 그러한 바울의 진술들이 이해될 수 없기 때문이다. 물론 바울에 의하면 하나님 자신이 — 인간인 심판자들의 행위를 통해 — 예수를 "죄로 삼으셨을" 뿐만 아니라, 나아가 예수를 (유대교 재판관들이나 유대 백성의 자리에서만이 아니라) "우리의" 자리에서 형벌을 당하도록 하셨다. 그 형벌은 죄에 철저히 속하는데, 왜냐하면 하나님으로부터 분리된 결과로서의 죽음의 형벌은 죄의 내적 본질에 따라오는 것이기 때문이다.

예수의 죽음에 속한 대속의 효력이 하나님의 심판 내지는 사람의 아들의 다가올 심판과 관련되어 있다는 사실은 예수의 종말론적 선포에 상응하며, 또한 특별히 누가복음 22:69 및 평행구절들이 말하는 사람의 아들의 다가오는 심판에 대한 진술과도 부합한다. 유대교 신앙에 따르면 의인의 대속적 죽음은 민족의 미래적 생명에, 그리고 그 민족이 하나님과 맺은 계약이 지속되는 것에 도움이 되며, 물론 개인들이 미래의 부활의 생명에 참여하는 것에도 공헌한다.[90] 이에 대해 예수의 죽음의 사실은 그가 전한 종말론적 메시지 그리고 이에 대한 논쟁과 너무 깊이 관련되어 있어서, 부

---

89 위의 417을 보라. 또한 나의 책, *Grundzüge der Christologie*, 1964, 265ff.를 비교하라.
90 E. Lohse, 같은 곳, 102f.107, 비교. 89f.

활의 빛 속에서 그의 죽음에 귀속되는 죄를 소멸시키는 능력[91] 역시 살아 있는 자와 죽은 자에 대한 하나님의 종말론적 심판과 관계될 수밖에 없다. 같은 근거에서 우리는 예수의 죽음의 대속적 효력이 그 민족이 적어도 나중에라도 그의 종말론적 메시지가 전하려는 것 곧 하나님께로 돌이키는 것과 관련되어 있을 뿐만 아니라, 누가복음 12:8 및 평행구절들이 말하는 예수 자신에 대한 고백과도 연관되어 있는 것으로 이해해야 할 것이다. 예수의 죽음 안에서 발생한 하나님의 백성의 대속은 다음의 사실을 의미한다. 예수의 십자가의 죽음에 협력했던 세력들과 다른 모든 죄에도 불구하고 종말론적 구원으로 들어가는 길은 그 백성에게 열려 있다. 하지만 그 입장은 예수의 종말론적 메시지를 받아들이고 그에 대한 믿음을 고백할 것을 전제로 한다.

로마인들이 예수를 처형으로 이끈 사건들에 참여했다는 사실은 아마도 대속이라는 예수의 죽음의 의미를 로마가 지배했던 이방 민족들의 세계로 확장시킬 계기를 제공했을지도 모른다.[92] 그렇다면 신성 모독자로서 사형을 언도받고 폭도로서 처형되었던 자는 모든 인간, 곧 죄인으로서 하나님과 같아지려고 하며 하나님께 실제로 대항하며 살아가고 그 결과 죽음을 자신에게로 끌어들이는 모든 인간의 자리에서 바로 그들을 위해 죽음을 당하신 것이다.[93] 하나님의 아들이 죄인으로서의 유죄 판결을 대리적으로 자신의 육신을 통해 감당하셨을 때(롬 8:3), 그는 그것을 모두를 위해 겪으셨고(고후 5:14) 모두를 위해 극복하셨다. 하나님께서 예수의 유죄

---

91 로제(E. Lohse, 같은 곳, 115)가 강조했던 것처럼 고린도전서 15:17에 의하면 예수의 죽음이 갖는 속죄의 능력은 그의 부활의 사실과 관련되어 있다.
92 *Grundzüge der Christologie*, 1964, 267f.
93 레만(K. Lehmann, 같은 곳, 313f.)은 다음의 사실을 바르게 지적했다. 현대인이 대속 사상을 이해하지 못하는 것은 "죄를 통해 자신의 삶이 파괴된다"는 사실에 대한 그 사상의 전제를 점차 이해하지 못하게 되었기 때문이다(313). 이 주제에 대해 위의 467-484에서 설명된 죄와 죽음의 관계를 참고하라.

판결과 사형 속에서 "죄를 알지도 못하신 이를 우리를 대신하여 죄로 삼으신 것은 우리로 하여금 그 안에서 하나님의 의가 되게 하려 하심이라"(고후 5:21). 예수의 유죄판결과 처형의 상황 속에서 이후에 하나님께서 부활을 통해 무죄로 입증해주신 자는 죽음을 우리의 죄의 결과로서 짊어지셨는데, 여기서 대리는 죄가 없는 자와 죄가 있는 자 사이의 자리 교환이라는 구체적 의미에서 실현되었다. 그 무죄하신 자는 죽음의 형벌을 겪었고, 이 죽음은 그가 그 자리를 대신했던 자들의 죄가 초래하는 파멸적 결과로서의 운명이었다. 이러한 대리적 형벌은 죄에 대한 하나님의 진노를 대리하여 겪는 것으로 바르게 표시되었으며, 나아가 그 형벌은 예수 그리스도를 토대로 삼아 죄인인 모든 인간 및 이들의 운명과 함께하는 공동체의 기초를 형성한다. 이것은 예수의 죽음이 대속으로서 그들에게 유익이 되기 위한 바탕을 이루는 결합이다.[94] 대리와 속죄는 여기서 범법자들로 하여금 그들 자신의 죽음을 모면케 해주지는 않는다. 그것들은 오히려 예수 그리스도를 통해 범법자들에게 기회를 열어준다. 그것은 그들 자신의 죽음 속에서 예수의 죽음과의 결합을 통해 예수에게 이미 나타났던 죽은 자들로부터의 부활의 새 생명에 참여할 희망을 획득하는 기회다(롬 6:5). 그러므로 중요한 것은 하나님의 종말론적 심판 앞에서 일어나는 대리와 속죄다. 그리스도의 죽음의 대속적 효력을 받아들인 사람들에게는 자신의 죽음으로 하나님과 그 생명으로부터 더 이상 결정적으로 배제되지 않을 것이라는 확신이 주어지며, 이 확신은 이미 이 세상의 삶 속에서 의로운 행위를

---

94 그렇기에 레만(K. Lehmann)이 예수의 죽음의 대속적 성격을 확정하기를 원하여(같은 곳, 311ff.) 구원을 위한 "자리의 교환 및 운명의 교환"의 불가결성을 강조하면서도 (314), 예수의 죽음에 대한 대리적 형벌의 해석을 부차적으로만 언급하고 그 해석이 복잡한 성서 증빙들을 협소화했다고 판단한 것(299)은 이해하기 어렵다. 대리적 형벌 없이는 예수의 죽음의 대속적 기능은 이해되지 않는다. 예수의 죽음을 안셀무스의 충족설의 의미에서 하나님께 바쳐진 보상의 행위로 이해한다고 해도 마찬가지다. 이 이해에 대해서는 사실상 아무런 성서적 근거가 없다.

통해 표현된다(롬 6:13). 죽은 자들로부터의 부활로부터 오는 새로운 생명에 대한 희망을 통해 죄인들에게는, 피조물들이 살아 있기를 원하시는 하나님의 계약(언약)의 공의가 효력을 미친다(고후 5:21). 이 점에서 무죄하지만 죄인으로서 처형되신 예수와 범법자들 사이에 자리 교환이 일어난다. 이들은 하나님 앞에서 죄인들이지만 예수께서 대리해주셔서 하나님의 공의가 나타난 자들이다. 이러한 자리 교환이 일어날 수 있게 되는 것은 오직 죄인들이 ─ 예수께서 이들을 위해 죽으셨다 ─ 자신들의 자리에서 죽음에 처해 있는 그들의 삶을 예수의 죽음과 결합시킬 때뿐이다(빌 3:10f.). 이 결합은 세례에서 일어난다(롬 6:3f.; 골 2:12). 그때야 비로소 예수 그리스도의 죽음을 통해 가능하게 된 대속이 각 개인들에 대해 실제로 효력을 나타낸다. 바울은 이 사실을 로마서 3:25에서 *hilasterion*(화목제물)이라는 개념을 통해 특징적으로 표현했다. 물론 다른 곳에서 이 단어는 그리스도의 죽음을 하나님께서 마련하신 대속을 실현하는 **장소**로 표현하기도 한다. 예수의 죽음의 대속의 효력이 개별 죄인에게 효력을 나타내게 되는 것은 그 개인이 자기 편에서 자신의 죽음을 그리스도의 죽음과 결합시키는 것에 의해서다. 그리스도는 죽은 자들의 부활로부터 새로운 생명으로 건너가신 분이다.

이와 함께 대리하는 대속과 화해 사이의 관계에 대한 질문이 다시 제기된다. 물론 이 두 가지 표상의 차이에 대해서는 많이 언급되었다. 이미 화해의 경우에서 언어적 배경과 함축된 의미들은 대속과는 완전히 다르다. 화해의 표상은 제의적인 배경을 전혀 갖지 않으며, 오히려 적대자들과 평화조약을 체결하는 외교적 절차와 관련되어 있다.[95] 이와 같이 바울 역시 고린도후서 5:20에서 하나님으로부터 평화협정을 체결하라는 직무를 가지고 파송된 자의 역할을 맡은 것처럼 보인다. 그러나 화해가 성사

---

95 다음의 증빙들을 참고하라. C. Breytenbach, 같은 곳, 45-83.

되기 위해서는 상대편도 동의해야 한다. 여기서 방금 언급된 예수의 죽음의 대속적 효력이 갖는 특수한 문제와 주목할 만하게 상응하는 점이 나타난다.

바울의 화해의 소식은 그리스도의 대속적 죽음으로부터 출발한다.[96] 아들의 죽음 안에서 내려진 죄에 대한 심판이 화해를 "가능하게 하는 근거"를 형성한다.[97] 그러나 그리스도의 죽음의 대속적인 작용이 그럼에도 불구하고 단순히 그것의 객체성 속에서 종결된 사건이 아니라, 개별 인간들이 자신의 죽음을 그리스도의 죽음과 결합시킴으로써 비로소 그 개인에게 효력이 있게 된다는 결과가 주어져 있다면, 화해 사건 안에서 서로 상응하는 상호성의 요소는 분명해진다. 그래서 이렇게 주장될 수 있다. 화해의 사고는 예수의 죽음에 근거하는 대속의 수여 및 수용의 필연성을 분명하게 설명하고 명확하게 제시한다. 화해가 성립되기 위해서는 한편의 화해 제안을 다른 편이 동의해야 하듯이, 그리스도의 대리적 죽음에 근거하는 대속도 역시 각각의 고백, 세례, 믿음을 통한 개인적인 수용을 필요로 한다. 다른 한편으로 대리적 대속뿐만 아니라 화해도 그리스도의 죽음 속에서 종결된 사건으로 묘사될 수 없다(롬 5:10). 두 가지 모두 포괄적 진술로 해석되어야 한다. 다만 대리의 포괄적 의미는 예기적 기능을 갖는다. 그 의미는 바울의 선포를 통해 복음이 확산되고 그 결과 믿음, 고백, 세례와 함께 그 선포가 수용되는 과정 안에서 찾아져야 한다.

c) 대리와 해방

어떤 사람이 다른 사람이 저지른 죄 값을 그 사람의 자리에서 대신 행하거나 혹은 그를 대신해서 그가 받아야 할 고통을 겪는다면, 이때 대리는

---

[96] 이에 대해 다음을 보라. C. Breytenbach, 같은 곳, 154ff.
[97] C. Breytenbach, 같은 곳, 165.215, 참고. 220ff. 브라이텐바흐는 속죄제물의 표상을 이와 관련시켜서는 안 된다고 강조한다(참고. 204ff.).

배타적 의미를 갖는다. 다시 말해 관련된 급부는 위법자로부터 배타적으로 변제되고, 그 위법자는 더 이상 그것을 지불할 필요가 없게 된다. 안셀무스는 이러한 사고를 그리스도의 화해의 죽음을 해석하는 데 적용했다. 하나님에게 빚졌으나 갚을 능력이 없는 인간의 죄에 대한 배상은, 그 인간이 자신의 능력 안에 있는 모든 것을 하나님께 빚지고 있기에, 그 자신의 자리에 서신 신인(神人)의 자유로운 죽음을 통해 하나님께 드려지게 된다.[98] 이러한 충족이론에 대해 소키누스주의자들이 비판했다. 도덕적 주체로서의 각 개인의 인격을 대체한다는 것은 불가능하다는 것이었다. "금전적인 부채는 채무자 자신 혹은 다른 사람이 지불할 경우에, 갚아진 것으로 간주된다. 그러나 도덕적인 죄과는, 당사자가 그것을 참회하지 않는다면, 전혀 변상되지 않은 것이다."[99]

배타적 대리의 그러한 표상은 신약성서의 증언에도 부합하지 않는다. 그리스도의 화해의 죽음은 다른 인간들을 대리해서 하나님께 지불된 벌금이 아니고, 다른 인간들에게서 그들 자신의 죽음을 면제시켜주는 것도 아니다. 오히려 그 죽음은 하나님 앞에서 모든 인간의 죽음을 대변한다. "한 사람이 모든 사람을 대신하여 죽었은즉, 모든 사람이 죽은 것이라"(고후 5:14). 마르하이네케(Philipp Konrad Marheineke)는 이러한 사고를 대리 개념에 대한 자신의 새로운 이해의 기초로 삼았다. 그는 그리스도를 이렇게 이해했다. "그가 인류의 대리자인 것은 그가 인류 밖에 있는 존재가 아니라 인류 그 자체이기 때문이며, 또한 모든 개인에게 공통적인 것을 그 자신 안에서 통일된 것으로 표현하기 때문이다."[100] 여기에 제시되는 포

---

98 Anselm von Canterbury, *Cur Deus Homo* II,6, 참고. 1,24f.
99 슈트라우스는 소키누스(Fausto Sozzini)의 중심적인 논점을 다시 재현한다. D. F. Strauß, *Die christliche Glaubenslehre in ihrer geschichtlichen Entwicklung und im Kampfe mit der modernen Wissenschaft* II, 1841, 294.
100 Ph. Marheineke, *Die Grundlehren der christlichen Dogmatik als Wissenschaft*, 1827, §398. 참고. G. Wenz, *Geschichte der Versöhnungslehre in der*

괄적 대리 개념은 예수를 인류 전체의 대표자로 이해한다. 이것은 바울이 그리스도를 둘째 아담으로 묘사한 것에 상응한다. 그가 대리하는 인류의 모든 구성원들 안에서 반복되어야 하는 것이 그를 통해 **모범적으로**(paradigmatisch) 발생한다. 물론 바울에 의하면 그리스도의 죽음은 우리의 죽음을 포함하고 있어서, 그 관계를 통해 우리의 죽음의 특성이 변화한다. 우리의 죽음이 세례의 행위 속에서 그리스도의 죽음과 결합됨으로써, 우리의 죽음은 우리 스스로의 힘으로는 가질 수 없는 새로운 의미를 획득한다. 말하자면 그것은 희망 속에 있는 죽음이 된다. 모든 인간에 대해 말해져야 하는 것이 예수에게서 단지 표현되기만 하는 것이 아니다. 그래서 예수의 죽음 안에서 성취된 것이 다른 모든 사람에게 자동적으로 유효하게 되는 것이 아니다. 오히려 그렇게 되기 위해서는 그와 함께하는 공동체가 분명하게 세워져야 한다. 그 점에서 우리의 죽음이 갖는 의미를 변화시키는 예수의 죽음은 배타적으로 그것에게만 속하는 한 가지 계기를 보유

---

evangelischen Theologie der Neuzeit 1, 1984, 317f. 포괄적 대리의 근본사상은 이미 헤겔에게서 나타난다. "어떤 낯선 희생양이 바쳐지는 것이 아니라 다른 이가 징벌을 받는데, 그 결과 형벌이 실행되고 생명이 부정되며 타자성은 지양된다. 물론 각 개인은 자기 자신을 위해 죽으며, 각자는 자기 자신을 위해 자신의 고유한 주체성과 죄과로부터 그 자신에게 마땅한 바의 존재로서 존재하고 행해야 한다. 그는 그리스도의 공로를 붙든다. 다시 말해 그는 그러한 회심을 내면적으로 수행하고, 자연적 의지와 흥미를 포기하며, 무한한 사랑 속에서 존재한다면, 이것은 즉자-대자(即自-對自, an und für sich)의 사태인 것이다"(G. W. F. Hegel, *Vorlesungen über die Philosophie der Religion* hg. G. Lasson, PhB 63, 160). 그 사상은 자일러(G. F. Seiler, *Über den Versöhnungstod Jesu Christi*, 2 Bde 1778/79)에게 소급될 수도 있는데, 그도 "대리"라는 표현을 도입했던 것으로 보인다(참고. K.-H. Menke, *Stellvertretung. Schlüsselbegriff christlichen Lebens und theologische Grundkategorie*, masch. Habilitationsschrift Freiburg 1990, 88ff.). 충족이론이 대리를 배타적으로 이해했던 것과 반대로 "포괄적"으로 이해하는 분명한 표현은 리츨(A. Ritschl, *Die christliche Lehre von der Rechtfertigung und Versöhnung* III, 3.Aufl. 1888, 515)에게서 비로소 나타났다(Menke 154f.).

한다. 그것은 하나님께서 부활로 깨우시고 의롭게 하신 자의 죽음이 세상의 화해가 된다는 사실이다.

대리적 충족(satisfactio vicaria)이 말하는 배타적 대리와는 달리 포괄적 대리의 개념은 예수의 **죽음**의 해석에 제한되지 않는다. 그 개념의 적용 영역은 예수 그리스도의 삶의 길 전체로 확장된다. 이것은 바울이 그리스도를 새로운 아담으로 이해하고, 우리 모두가 그 "형상"을 지니게 될 것이라고 말한 것과 일치한다. 예수 그리스도는 하나님의 형상으로서, 그리고 하나님의 아들로서 — 바울에 의하면 그를 통해 우리도 아들의 지위를 얻게 된다(갈 4:5; 롬 8:15; 비교. 엡 1:5) — 철저하게 하나님과의 관계 속에서 존재하는 인간의 모범(Paradigma)이며,[101] 새로운 아담으로서의 예수 그리스도는 지금까지 존재해온 인간의 대표자가 아니라, 미래에 되어가야 할 인간의 대표자이시다. 이와 대조적으로 예수 그리스도 안에서 일어난 아들의 성육신은 아담의 후손으로서 인간적 현존재의 한계성을 갖는다(롬 8:3). 성육신은 우리의 자리에서 죄의 심판을 당하시는 분의 육체 안에서 죄를 극복하는 것을 목표로 한다. 이 진술도 고린도후서 5:14의 빛에서 읽는다면, 포괄적 의미를 갖는다. 물론 다른 한편으로 배타적 요소도 포함한다. 즉 그리스도의 죽음 안에서 옛 아담은 죽으며, 그 죽음을 통해 새로운 아담으로 변형된다(고전 15:49; 비교. 42ff.).

예수 그리스도 안에서 일어난 아들의 성육신과 관계된 포괄적 대리의 사고는 그리스도교 구원론의 역사 전체를 규정했다. 이 사고의 고전적인 실행은 고대 교회가 그리스도를 하늘로부터 온 새로운 인간으로 해석한 것에서 볼 수 있다(위의 538ff.를 보라). 또한 그 사상은 안셀무스의 충족설의 전제이기도

---

101 여기서 물론 다음의 사실에 주의해야 한다. 예수 그리스도 안에서는 선재하시는 하나님의 아들이 육체가 되셨던 반면에, 믿는 자들은 단지 그를 통해 아버지께 대한 아들 됨의 관계 안으로 받아들여진 것이다.

하다. 왜냐하면 아들의 성육신을 통해 아들과 인류 사이의 공통된 속성이 만들어지며, 그 공통성이 아들의 공로를 다른 인간들에게 전가할 수 있는 전제가 되기 때문이다(참고. *Cur Deus Homo* II,19). 하지만 안셀무스의 경우에 이러한 관점은 부차적인 역할만 담당한다. 왜냐하면 그는 구원의 근거를 아버지께 대한 신인(神人)의 수행 속에서 구했기 때문이다. 반면에 바울은 그리스도께서 죄의 형벌로서의 죽음을 대리적 고난으로 수용하심으로써, 다른 모든 인간과 연결되었다고 보았다.

포괄적 대리의 사고는 대리된 인간들이 지니는 인격적 독립성을 손상시킨다고 생각될 수도 있다. 이 일이 충족설의 배타적 대리론 안에서 도덕적 인격인 인간의 대체 가능성을 가정함으로써 일어났다면, 포괄적 대리 개념은 다음과 같은 예수 그리스도의 표상으로 이끌 수 있다. 즉 하나님 앞에서 예수 그리스도만이 유일무이한 인간이고 그는 우리의 자리에 서서 우리를 위해 고난을 받고 행동했으며, 그래서 다른 인간들인 우리는 그분에게 아무것도 추가할 필요가 없다는 것이다. 그렇다면 이 사실의 의미는 하나님의 아들이 다른 인간들의 자리에 서셨고, 이 인간들은 그를 통해 대체되고 배척되어버린다는 것이다.

포괄적 대리 개념에서 일어날 수 있는 이런 경향의 문제점이 칼 바르트를 격정하게 만들었던 것 같지는 않다. 그렇지 않으면 어떻게 그는 하나님이 예수 그리스도 안에서 단순히 죄만이 아니라 "그 뿌리를, 말하자면 범죄한 인간 자체를 제거하신다"고 쓸 수 있었겠는가(*KD* IV/1, 82)? 그리스도교 신학은 예수 그리스도께서 자신의 죽음의 사건 속에서 "**죄인들인 우리를, 그리고 그와 더불어[!] 죄 자체를 그 자신의 인격 안에서 끝장냈다**"(같은 곳, 279)라고 말할 수 있는 것일까? 바울에 의하면 죄는 틀림없이 죄인의 죽음과 함께 비로소 끝이 나며, 그 죽음은 믿는 자들에게는 그들의 죽음이 그리스도의 운명과 결합되었기에 이미 등장한 것으로 여겨진다(롬 7:4). 하지만 바르트는 바울이 여기서 세례의 효력으로 묘사했던 것이 이미 그리스도의 죽음의 사건 안에서 일어났다고 보고 그것을 그 사건에 귀속시켰다. 그 결과 바르트는 "독립된 인간 존재가 최종적으로 사라져버리는 것은 아닌지"를 질문하도록 만들었다.[102] 여기서 바르트의 화해 개념이 예수 그리스도의 죽음에 집중되는 것은 그 죽음을 과거에 종결된 사건으로 보게 하는 숙명적인 작용을 일으킨다(위의 각주 52를 보라). 화해 사건이 그것의 수용에 이르는 과정을 향해 열려 있는 것으로 생각되지 않았기에, 다음과 같은 숙명적 결과가 도출된다. 즉 그리스도의 죽음 속에서 내려진 죄에 대한 심판이 포괄적·최종적인 것으로 이해될 수 있는 것은, 오직 하나님께서 이 사건 안에서 "죄인들인 우리와 죄를 함께 파멸로 넘기고 폐기하고 부정하고 소멸시키셨을 때" 뿐이다(Barth, 같은 곳, 279).

대리되는 자들 전부를 대체하는 것으로 이해하는 대리의 "전체주의적" 해석에 맞서는 주장은, 진정한 대리자는 다만 일시적으로 타자의 자리에 들어서서 단지 대리적 방식으로만 차지한 그 자리를 그에게 개방시킨다는 것이다.[103] 영구히 타자의 자리에 들어선다면, 그는 대리자(Stellvertreter)

---

102 G. Wenz, *Geschichte der Versöhnungslehre in der evangelischen Theologie der Neuzeit* 2, 1986, 247. 바르트의 화해론에 대한 이러한 비판의 핵심은 1965년에 먼저 죌레가 표명했다. D. Sölle, *Stellvertretung. Ein Kapitel Theologie nach dem "Tode Gottes"*, 1965, 116ff. 여기서 죌레는 예수 그리스도의 궁극성에 대한 바르트의 이해를 "객관주의적"이라고 표현했고, 그것이 그리스도교의 반유대주의적 역사가 보여주는 것처럼 "필연적·전체주의적"이라고 비판했다(145). 비슷한 의미에서 바그너는 1975년에 바르트의 그리스도론을 "신학적 획일화"라고 특징지었다. F. Wagner, Theologische Gleichschaltung. Zur Christologie bei Karl Barth, in: T. Rendtorff, Hg., *Die Realisierung der Freiheit. Beiträge zur Kritik der Theologie Karl Barths*, 1975, 10-43.
103 D. Sölle, *Stellvertretung*, 1965, 59ff. 대리 개념에 대한 사례로서 교사와 학생 사이의 교육학적 관계를 들 수 있다. "교사는 현재 미성숙하거나 무능력한 학생들에 대해 책임

가 아니라 대역(代役, Ersatzmann)이 된다.[104] 그러나 이 논증은 배타적 대리의 표상이 그리는 지평 위에서 움직이고 있다. 그렇게 해서도 원시 그리스도교의 대리 사상의 구체적 내용, 즉 우리를 위한 예수의 죽음의 대속 기능에는 거의 도달하지 못한다. 다시 말해 일시적인 대리의 표상은 대리되는 자의 현존재가 계속해서 지속된다는 것을 전제한다. 그와 달리 예수의 죽음의 대속 능력에 대한 바울의 해석에 따르면 대리되는 자는 오로지 자신의 죽음을 통해서만 대속의 효력에 참여할 수 있다. 그것을 위해서는 무엇보다도 신앙고백과 세례를 통해 자신의 죽음을 예수의 죽음과 결합시킬 필요가 있다.[105] 예수의 죽음의 구원사건 속에서 이와 같은 수용이 이미 의도적으로 예기되어 있다는 점에서, 그 죽음에는 포괄적 대리의 특성도 귀속된다. 하지만 이로써 일시적인 단순한 대리의 표상이 그리는 지평을 벗어나게 된다.

일시적 대리의 표상이 갖는 한계는 죌레에게서 특별히 예수의 하나님 관계에 그 표상을 적용할 때 나타난다. 죌레의 이해에 따르면 예수는 자신의 고난과 그 이전의 성육신을 통해 **인간**의 자리에 섰을 뿐 아니라, 자신의 메시지와 사역을 통해 또한 부재하시는 **하나님**의 대리자로서 우리 인간과 마주

이 있고, 그는 대리되는 자들의 기회와 관심을 옹호한다"(155). 그러나 그는 학생들이 성장하고 성숙했을 때, 불필요하게 될 것이다.
104 D. Sölle, 같은 곳, 60f. 바르트에게서 그리스도가 대리되는 인간에 고유한 그의 현존재를 허락하지 않는 대역이 되어버린다는 사실(118)은 죌레의 판단에 따르면 특별히 다음의 사실을 통해 제시된다. 바르트에 의하면 그리스도를 통한 인간의 대리는 "대리된 자들이 그것을 함께 실행한다거나(Mitvollzug) 혹은 뒤따라 실행하는 것(Nachvollzug)과는 무관하다"(117). 이로써 죌레는 바르트의 화해 개념에서 가장 까다로운 점을 바르게 지적했다.
105 이것은 대리되는 자들이 자신들의 편에서 함께 실행하는 것 그리고 뒤따라 실행하는 것이다. 죌레는 바르트에게 이것이 없다고 지적했다.

하신다.[106] 하지만 복음서는 그와 다르게 증언한다. 증언에 따르면 예수께서는 부재하시는 하나님의 **대리자**로서 등장한 것이 **아니다**. 오히려 그의 메시지와 사역 속에서 다가오는 아버지의 나라가 이미 현재하며, 현재를 규정하는 권능이 되었다. 예수는 아버지의 대리자가 아니라 그의 현재의 중재자이시다. 이에 대해 중요한 것은 "그의 아버지로부터의 자기구분"이다. 그 구분을 통해 예수는 자신을 ― 또한 죽음으로 나아가는 그의 길 위에서도 ― "아들"로서 입증했다.

하늘 아버지의 아들로서 예수는 동시에 아들 지위의 본래적 형상이다. 다른 모든 사람은 그를 통해 그 형상을 수용해야 하고, 그때 하나님께서는 그에게와 마찬가지로 그들에게도 아버지로서 직접 다가가실 수 있게 된다(롬 8:15). 이와 같이 예수는 아들로서 새로운 아담이고, 그 안에서 하나님의 형상을 향한 인간의 규정을 실현하셨다. 새로운 아담으로서 ― 그의 아들로서의 순종을 통해 하나님은 아버지로서 계시되신다 ― 예수는 그 밖의 다른 인간들을 단지 일시적으로 대리하는 것만이 아니라, 그리스도교 메시지의 권위적 주장에 따르면 아들의 성육신으로서 인간 규정의 궁극적 실현이시다. 그럼에도 불구하고 예수의 궁극적인 특성은 다른 개인들의 특수성에게 공간을 허락한다. 개인적 특수성은 억압되거나 획일화되지 않는다. 이것은 궁극적 특성에 대한 요구가 예수의 개인성과 직접 결합되어 있지 않았다는 사실에 달려 있다. 그런 결합은 그가 스스로 하나님의 지위와 권위를 참칭하는 경우일 것이다. 위에서(578ff.) 말했던 것처럼, 이것은 그의 등장과 인격에 대해 적대자들이 가졌던 큰 오해였고, 그들이 그를 신

---

106 D. Sölle, 같은 곳, 177. 그 사상의 이러한 표현은 그 책의 부제를 "'신의 죽음' 이후의 신학"과 관련해서 이해될 수 있게 해준다. 여기서 죌레는 하나님의 죽음으로 표현되는 근대 세속주의의 사태를 자신의 대리 개념에 상응하여 단순히 일시적인 것으로 이해했다. 이것은 미국의 알타이저(Thomas Altizer)의 견해와 비슷하다.

성 모독자와 백성을 미혹시키는 자로 보고 거부했던 이유였다. 예수의 지상에서의 등장에서 그 자신의 사역을 통해 하나님의 통치가 시작되었다는 주장은, "그의 아버지로부터의 자기구분"에도 불구하고, 그가 스스로를 하나님과 동등시했다는 부담스러운 외양을 불러일으켰다. 이 모호성의 결과는 예수에 대한 거절, 유죄판결, 처형이었다. 이를 통해 예수의 눈앞에 그 자신의 유한성이 강제로 제시되었는데, 적대자들은 그가 그 유한성으로부터 벗어나려고 애썼다고 생각했다. 죽음은 유한성을 확증하는 봉인이다. 그러나 예수는 자신의 죽음을 자신의 파송의 쓰라린 결과로 받아들였고, 그 결과 그의 죽음은 "그의 하나님으로부터의 자기구분"을 확증하는 봉인이 되었고, 그렇기에 또한 하늘 아버지의 아들인 그와 하나님과의 하나 됨을 확증했다. 오로지 인간으로서 개인적 현존재의 죽음을 통과해 나가는 과정을 통해 예수는 아들이시다. 궁극적 특성이 그의 개인적인 삶에도 귀속되는 것은 그 삶이 특수성의 상태 속에 있을 때가 아니라, 오히려 하나님을 위해, 그리고 다가오는 하나님 나라에 봉사하는 가운데 그 특수성을 희생할 때다. 그래서 바울은 고린도인들에게 이렇게 편지했다. 그는 누구도, 또한 예수도, 더 이상 "육체"를 따라 알거나 판단하지 않으며, 다시 말해 어떤 사람의 과거 혹은 현재의 그 자체로 고립적인 존재에 대해서는 알지 못한다(고후 5:16). 자신의 특수한 현존재의 죽음을 받아들임으로써, 예수는 다른 인간들에게 그들의 현존재를 위한 공간을 부여했다. 그러나 그와 동시에 그의 행위를 통해 다음의 사실이 계시되었다. 모든 인간의 개인적인 특수성은 오로지 예수의 죽음을 통해 - 그리고 하나님과 그의 나라를 위해 자신의 죽음을 받아들임으로써 - 아들 됨의 하나님 관계와 하나님 나라의 유산에 참여할 수 있다.

이를 통해 왜 우리 인간들이 바로 아들의 죽음을 통해서만 하나님과 화해되는가, 다시 말해 고난의 순종 속에서 자신을 궁극적으로 하나님의 아들로서 입증한 그 인간의 죽음을 통해서만 화해되는가 하는 사실이 분명해졌을 것이다. 하나님께 대한 인간의 적대성 곧 화해를 통해 극복되는 적대성(참고. 롬 5:10)은 그들이 죄인으로서 – 하나님과 같이 되려는 자들로서 – 하나님 곁에 어떠한 공간도 갖지 못하고 오히려 죽음에 빠져 있다는 사실로부터 생겨나와 자란다. 그럼에도 불구하고 하나님께서는 아들의 죽음을 통해 그들에게 자신 곁에 위치한 공간을 수여하신다. 그것은 죽음을 넘어선 곳이다. 아들이 인간적 현존재의 특수성 속에서 죽었기에, 그 밖의 다른 인간들은 자신들의 타자성 속에서 그 아들을 통해 배척되지 않는다. 마치 아들의 인간적 특수성이 만물의 척도가 되어 다른 모든 것을 그 자신으로부터 배제하는 것과 같이 되지 않는다. 그러나 예수의 적대자들은 그렇게 잘못 이해했고, 그래서 예수가 자신을 하나님이라고 주장한다는 월권의 죄를 뒤집어씌웠다. 하지만 어떤 인간도 그런 죄를 다른 인간에게서 감수할 수 없다. 왜냐하면 모든 인간은 하나님처럼 되려 하기 때문이다. 그 때문에 하나님처럼 되려 하는 월권은 다른 사람들이 쉽게 눈치를 채고, 그 때문에 인간들은 서로를 심판하며, 그 결과로 경우에 따라서는 서로에게 죽음을 가한다. 각자 자기 죄의 결과로 죽음에 떨어지는 것이다. 그러나 예수는 자신의 죽음을 – 다른 이들이 그에게 가한 죽음을 – 하나님의 통치를 증언하기 위해 보내심을 받은 결과로서 받아들였고, 이를 통해 자신이 선포했던 "하나님으로부터의 자기구분"을 확증했으며, 그래서 하나님께만이 아니라 다른 인간들에게도 자신 곁에 공간을 내어주었다. 이와 같이 예수는 자기 죄를 위해 죽은 것이 아니라, 다른 사람들의 죄를 위한 대속으로서 죽으셨다. 다른 인간들이 자신의 죽음을 예수의 죽음과 결합시키고 자신의 죽음을 넘어서서 하나님의 생명에 참여한다는 확신을 가지게 될 때, 즉시 하나님과 인간적 생명의 분리는 극복되며, 이를 통해 대속은 효력을 나타내게 된다. 그러므로 예수의 죽음은 다른 인간들이 더 이상 하나님과의 연합으로부터 배척되어 하나님의 원수로 이해되지 않게 하는 작용을 일으킨다. 예수의 죽음은 사람들에게 길을 열어준다. 그 길 위에서 사람들은 예수와 같이 자신의 고유한 유한성을 수용하고 그와 이루는 연합 안에서 하나님으로부터 오는 생명에 참여할 수 있게 되며, 이 세상의 생명이 갖는 죽음의 한계를 극복하는 영원한 하나님과의 연합을 확신하면서 살아갈 수 있게 된다.

헤겔의 사변적인 화해론도 "직접적 현존재의 자연적 유한성을 지양하는 것"을 화해 사건의 핵심으로 파악했다.[107] 자신의 고유한 유한성을 포기함으로써, 절대와의 대립은 극복된다(위의 각주 100을 보라). 그러나 다른 측면에서 그리스도의 죽음은 헤겔에 의하면 하나님 자신의 죽음이다(PhB 63, 157f.). 그러므로 "희생적 죽음의 표상은 하나님과 인간 사이, 곧 보편자와 특수자 사이에서 일어나는 서로에 대한 희생적 헌신의 의미로 이해되어야 한다. 이렇게 이해될 때 비로소 그리스도의 죽음 안에서 화해하는 자는 절대적 사랑의 존재로 직관된다."[108] 하지만 그리스도의 죽음 안에서 하나님 자신의 죽음이 발생했다는 사상은 신약성서에서는 낯선 것이다. 바울이 하나님의 **아들**의 죽음에 대해 반복적으로 말했다고 해도 마찬가지다(롬 5:10; 비교. 8:32). 교회의 교리는 그 말씀들을 올바르게도 그리스도의 인성과 관련시켰다. 하나님의 아들은 자신의 인성에 따라 십자가에서 죽으셨다는 것이다.[109] 그것이 예수의 죽음, 곧 하나님께서 깨우신 부활의 빛 속에서 아버지의 영원한 아들이신 자의 죽음이다. 이와 달리 헤겔은 그리스도의 인격의 통일성 속에서도 신성과 인성을 조심스럽게 구분하는 정통주의 그리스도론의 관점을 간과했다.

---

107 G. W. F. Hegel, *Vorlesungen über die Philosophie der Religion*, hg. G. Lasson Bd.II/2 (PhB 63), 158f. 그리스도의 죽음에 대한 헤겔적 해석의 체계적 맥락에 대해 G. Wenz, *Geschichte der Versöhnungslehre in der evangelischen Theologie der Neuzeit* 1, 1984, 310-316을 보라.
108 G. Wenz, 같은 곳, 1, 315.
109 이 내용은 루터교회에도 해당한다. 교회일치 신앙고백문(Konkordienformel, 1580)은 이렇게 강조했다. "하나님의 아들은 자신이 취하신 인성에 따라 진실로 고난을 당하고⋯정말로 죽으셨으나, 신성은 고난을 받거나 죽을 수는 없다"(SD VIII,20,BSELK 1023, 38-44, 참고. ebd. 40ff. BSELK 1029f.).

그래서 그는 그 구분 없이 그리스도의 죽음이 곧 하나님 자신의 죽음이라고 말했던 것이다. 다른 한편으로 그에게는 성육신 속에서 일어난 신성의 자기 비움의 지양을 의미하는 바로 그 죽음의 사건은 또한 신적 이념이 자신에게로 회귀하는 것, 즉 "영의 자기 자신과의 화해"였다.[110] 헤겔은 분명 그리스도의 죽음을 죄인들을 대신하는 무죄한 자의 대리적 형벌로 이해하지 않으려고 했다.[111] 그래서 그는 화해 사건에 대한 포괄적 이해, 곧 성육신 사상의 전망에 근거한 이해를 일방적으로 주장했고, 반면에 대리적 대속 사상에 포함된 배타적 요소는 무시했다. 그 결과 예수의 죽음의 역사적 특수성이나 그 죽음이 **개인으로서의** 다른 인간들을 해방시키는 효력은 그러한 헤겔적 해석 안에서는 정당하게 평가되지 못했다.[112]

예수의 죽음의 대속적 특성 속에서 그의 대리적 죽음의 배타적 요소가 표현된다. 그것은 죄인들을 대신하는 무죄한 자의 죽음을 뜻한다. 여기서

---

110 G. W. F. Hegel, 같은 곳, 159. 참고. 동일저자, Sämtliche Werke, hg. v. H. Glöckner 16, 304. 또한 Encyclopädie der philosophischen Wissenschaften im Grundrisse, hg. J. Hoffmeister (PhB 33) §566. 그러나 그러한 화해의 가능성은 헤겔에 의하면 **"신성과 인성의 즉자-존재적 일치"**에 근거하며, 이 일치는 화해의 사고 속에서 의식에 도달한다. G.W.F. Hegel, Religionsphilosophie Bd. I (Die Vorlesung von 1821), hg. K.-H. Ilting, 1978, 598ff. 598쪽에서의 인용은 1840년 인쇄본에서 왔다. 또한 참고. G.W.F. Hegel, Vorlesungen über die Philosophie der Weltgeschichte, hg. G. Lasson, PhB 171, 733f.
111 G.W.F. Hegel, Vorlesungen über die Philosophie der Religion, hg. G. Lasson, PhB 63, 160 (인용은 위의 각주 100). 헤겔에 의하면 그리스도의 죽음은 "신적 이념의 절대적 역사를 묘사한다는 점에서, 우리를 위해 충분한 것을 수행했다. 그것은 그 자체로서 발생했고 또 영원히 발생하는 것이다"(159).
112 헤겔은 세계사 철학의 강의에서 한 개인 안에서 하나님과 인간이 하나가 된 결과로서 일어나는 "개인의 해방"을 말하기는 한다(같은 곳, 738). 하지만 여기서 말하는 것은 "모든 인간 안에 실현되어 있는" 보편적 형식으로서 개인이며(같은 곳), 서로 구분되는 각각의 특수한 개인이 아니다.

하나님 — 바로 그 하나님을 위해 예수는 자신의 죽음을 받아들였다 — 께 대한 순종은 모든 인간에게 모범적(paradigmatisch)이다. 이 점에서 예수는 아들이고 새로운 아담이며, 다른 모든 사람은 그의 형상에 따라 새롭게 되어야 한다. 또한 하나님 앞에서 자신의 유한성을 받아들이는 것도 그 점에 속한다. 그 수용은 세례 안에서 자신의 미래의 죽음을 예수의 죽음과 결합시킴으로써 실행된다. 그러나 십자가의 죽음으로 인도했던 예수의 아들로서의 순종에 담긴 인류를 대리하는 포괄적 요소는 다른 인간들의 개인적 현존재의 특수성이 표준적 인간이 된 예수 옆에서 사소하게 된다거나 그에 의해 배척된다는 사실을 의미하지 않는다. 왜냐하면 예수는 오로지 자신의 죽음의 특수성을 통해서만 아들이기 때문이다. 그렇기에 예수가 다른 사람들의 자리에 섰다는 이유로 다른 개인들의 삶의 독립적인 의미가 그의 삶 곁에서 제거되는 것은 아니다. 오히려 바로 예수의 대리적 죽음의 배타적 의미를 통해 다른 사람들의 그러한 독립성이 그의 곁에서 가능하게 된다. 왜냐하면 각 인간은 예수의 죽음과 결합되어 자신의 고유한 삶을 살 수 있게 되며, 예수의 부활 속에서 죽음을 극복한 생명에 참여한다는 확신으로부터 각각 자신의 특수한 부르심을 따를 수 있기 때문이다.

예수의 대리적 죽음이 그와 결합된 사람들에게 부여하는 독립성의 특징은 죄와 죽음의 지배로부터 벗어나 인간들의 생명으로 건너가는 그리스도교적 자유다. 믿는 자들은 예수의 부활 안에서 나타난 생명 곧 하나님으로부터 오는 새로운 생명에 대한 희망 속에서 죽음의 지배와 두려움으로부터 자유롭게 된다. 또한 그들은 죄의 지배와 죄의 고삐를 붙들고 있는 율법으로부터도 자유롭다. 왜냐하면 죄는 죽음과 함께 종말을 맞게 될 것이며, 자신의 미래의 죽음을 그리스도의 죽음과 결합시킨 세례자들은 이미 예기적으로 종말에 도달했기 때문이다.[113]

---

113 이러한 방식으로 화해와 구원의 그리스도교 사상은 해방의 주제와 깊이 연관된다. 여기서 중요한 것은 우선 정치적 의미의 해방이 아니라, 그보다 훨씬 더 급진적으로 모

하나님과 그분의 영원한 생명과 연합됨으로써 각 개인은 그가 유한한 존재로서 체험하는 모든 의존적 관계들 속에서도 세상과 그 권세들에 대한 최종적 독립성을 얻는다.[114] 또한 그는 자기 자신에 대한 거리도 얻는데, 이 거리는 그로 하여금 하나님께 그리고 하나님의 사랑이 지향하고 있는 세계에 봉사하라는 특별한 부르심에 따라 살아갈 수 있는 능력을 준다. 이것은 하나님께 대한 새로운 직접성의 자유이고, 믿는 자들은 하나님의 자녀로서 그 능력을 갖게 된다(갈 4:4-6). 자유는 아들의 파송과 그의 대리적 죽음을 통해 중재된다. 하지만 자유가 실현되는 것은 믿는 자들 자신 안에 있는 아들의 영을 통해서다. 거기서 아들의 파송은 영을 통해 완성된다. 그래서 요한복음은 한편으로는 참된 자유가 아들을 통해서만 존재한다(요 8:36)고 말하지만, 다른 한편으로 요한의 그리스도는 제자들에게 영이 그들에게 오도록 하기 위해 자신이 그들로부터 떠나가는 것이 그들에게 좋다고 말씀하신다(요 16:7f.). 왜냐하면 영이 그들을 진리로 이끌고(16:13), 진리가 그들을 자유롭게 할 것이기 때문이다(요 8:32). 이 점에서 요한은 주의 영이 있는 곳에 자유가 있다(고후 3:17)라고 말하는 바울과 일치한다. 이와 같은 영의 자유가 있는 곳에서 인간들이 하나님과 화해하는 사건은 목적에 도달한다.

든 인간의 삶이 처해 있는 죄와 죽음의 예속으로부터 해방되는 것이다. 이러한 해방은 결코 개인들의 단순한 사적인 일이 아니다. 오히려 그 결과들은 정치적 지배질서의 근본에까지 도달한다(이어지는 각주를 참고하라). 핵심적 내용에 대해 다음을 보라. H. Kessler, *Erlösung als Befreiung*, 1972. 또한 Th. Pröpper, *Erlösungsglaube und Freiheitsgeschichte. Eine Skizze zur Soteriologie*, 2.Aufl. 1988, 38ff. 그리고 M. Seckler, Theosoterik und Autosoterik (*Theol. Quartalschrift* 162, 1982, 289-298).

114 헤겔의 세계사 철학 강연에 나오는 "무한한 내적 자유"에 대한 논평을 참고하라(같은 곳, 742). 이 자유를 통해 순교자들의 교회는 로마 국가와 맞섰다. 이 논평은 종교철학 강의에서 설명되는 그리스도의 십자가의 정치적 혁명의 의미에 상응한다(Lasson, *PhB* 63, 161ff.).

4. 세상의 화해자이신 삼위일체 하나님

이 장의 첫 번째 단락(11.1)은 바울의 화해 개념이 갖는 체계적 기능에 대해 설명했다. 그 내용의 중심은 인간들이 죄와 죽음을 통해 빠져들었던 하나님과의 대립을 극복하여 세상의 구원으로 향한 길로 나아가야 한다는 사실이었다. 그다음에 이 장의 두 번째 단락(11.2)이 제시한 것은 하나님이 세상과 화해하는 것이 아니라 세상이 하나님과 화해되어야 하며, 세상의 화해를 위한 하나님의 행위가 한편으로 그리스도의 수난 속에서 이미 실현되었지만, 다른 한편으로 화해 개념은 예수의 과거 역사를 넘어서서 사도적인 "화해의 직무" 속에서 계속 효력을 일으키는 현재를 포괄한다는 사실이었다. 세 번째 단락(11.3)의 결과는 그 사실에 상응한다. 그리스도의 죽음의 대리적 대속이라는 의미는 단순히 과거 사건으로서의 예수의 십자가 죽음 안에서 종결된 사태를 가리키는 것이 아니라, 오히려 그에 더하여 암묵적인 대리의 차원을 갖고 있다. 대리의 이 차원은 인간들 — "이들을 위해" 예수 그리스도께서 죽으셨다 — 의 실제적인 편입을 통해 실현된다. 여기서 중요한 것은 하나님과의 화해를 받아들이는 자로서 화해 사건 안으로 편입되는 인간들의 측면에서 예수의 죽음이 갖는 의미를 해석하고 수용하는 것이기에, 이러한 수용의 역사가 그리스도의 죽음 속에서 일어난 하나님 자신의 화해의 행동과 어떤 관계에 있는지의 질문이 제기된다. 수용의 과정에서, 그리스도의 죽음 속에서 일어난 하나님의 행위는 단순히 인간들의 해석과 수용의 대상이 될 뿐인가? 아니면 그리스도의 죽음을 세상과의 화해를 위한 하나님의 행동으로 선포할 때, 하나님 자신이 그 선포 안에서도 행동하시는 자로서 사역 중이신가? 그렇다고 한다면 화해되어야 하는 인간이 하나님과의 화해 사건에 자유롭게 개입할 수 있는 여지가 남아 있을까?

이 질문은, 화해 사건 속에서 일어난 하나님의 행동을 삼위일체 신학으로 묘사한다면, 대답될 수 있을 것이다. 우선 고린도후서 5:18이 그리스도의 죽음 안에서 일어난 아버지의 행동을 특별히 생각하도록 제안한다. 아들과 영이 거기에 관여되어 있음이 밝혀질 것이다. 하지만 화해 사건에 대한 그러한 묘사는 화해의 완성에 인간들도 참여한다는 사실을 보다 더 명확히 설명하는 것에, 그리고 그리스도의 화해적 죽음과 관련된 배타적 대리와 포괄적 대리 사이의 관계를 더욱 상세히 해명하는 것에 기여할 수 있을까?

a) 화해 사건에서 일어나는 아버지와 아들의 행동

고린도후서 5:18f.만이 아니라 로마서 5:10의 수동태 표현도 예수의 죽음 안에서 아버지 하나님께서 세상과의 화해를 위해 행동하셨다는 사실로 이해될 수 있다. 예수의 십자가 처형에서 율법 행위는 최종적으로 사형집행인들만의 책임이 아니었다. 관련된 모든 인간의 악의, 비겁함, 잔인함을 관통하여 아버지 하나님께서는 이 사건 안에서 역사 과정을 조정하는 섭리에 따라 행동하셨다. 그분은 아들을 "내어주었다"(롬 8:32; 비교. 롬 4:25).[115] 중심 내용에서 이 구절은 보다 폭넓은 진술인 로마서 8:3에 상응한다. 하나님은 아들의 육신 속에서 죄에 대해 유죄판결을 내리기 위해 아들을 죄로 규정된 우리 현존재의 육신 안으로[116] 보내셨다는 것이다. 이 내용에 의하면 아들의 지상에서의 모든 길은 하나님의 섭리에 따라 처음부터 예수의 십자가 죽음을 목표로 했다. 이 사실은 요한복음 3:16에서도 드러난다. 물론 요한복음에서는 하나님이 세상을 사랑하셔서 그의 독생자를 "주셨고," 이는 아들을 믿는 자들이 영원한 생명을 얻기 위함이라고만 말

---

115 이에 대해 "아들의 내어줌"에 대한 크라머의 글을 보라. W. Kramer, *Christos, Kyrios, Gottessohn. Untersuchungen zu Gebrauch und Bedeutung der christologischen Bezeichnungen bei Paulus und den vorpaulinischen Gemeinden*, 1963, 112ff.

116 빌켄스의 *sarx hamartias*(죄의 육신)의 번역을 보라. U. Wilckens, *Das Neue Testament übersetzt und kommentiert*, 1970, 525.

한다.[117]

아버지께서 예수를 보내신 파송 전체는 십자가의 대리적 대속의 죽음을 목적으로 한다. 예수 전승에 대한 근대의 역사적 주석의 연구에 의하면 이 진술은, 예수의 죽음이 그의 선포 즉 하나님의 통치가 가까이 다가왔고 예수 자신의 사역에서 그 통치가 시작되었다는 선포와 결과적으로 관계되는 한, 그대로 수용될 수 있다. 그럼에도 불구하고 더 큰 어려움이 있다. 그것은 아버지를 대신해서 아들 자신이 죽음에 이르는 사랑의 헌신의 주체로서 언급될 수 있다는 사실이다(갈 2:20). 에베소서에서 이 진술은 자신을 희생제물로 바친다는 사상을 통해 확장된다. 그리스도는 "우리를 위하여 자신을 버리사 향기로운 제물과 희생제물로 하나님께 드리셨느니라"(엡 5:2; 비교. 5:25). 이 진술들은 복음서의 수난예고들(막 8:31; 9:31; 10:33과 평행구절들)이 예수께서 수난을 미리 계획했다고는 말할 수 없어도 이미 알고는 있었다는 양식으로 표현된 것에 상응한다. 하지만 이 진술들은 예수 전승의 역사적 연구로부터 나온 다음의 가정과는 긴장관계에 있다. 그것은 예수가 폭력적 죽음의 가능성을 고려했고 결국 그것을 불가피한 것으로 보았지만, 그 죽음을 자신의 메시지와 사역의 목적으로 삼고 추구하지는 않았을 것이라는 가정이다(위의 713쪽을 보라). 그 밖에도 다음의 질문이 제기된다. 죽음에 이르는 아들의 자기헌신의 진술들은 아버지께서 아들을 내어주신다는 진술들과 어떤 관계에 있는가? 헌신의 주체는 누구인가? 두 가지 유형의 진술 사이에 어떤 모순도 없다고 전제한다면, 그것들이 동일한 한 가지 사태의 서로 다른 방식의 표현이라고 추정될 수 있다. 하지만

---

117 불트만은 *edoken*(주셨다)에서 "죽음으로 내어줌"이 공명을 이루고 있다는 점을 강조했다. R. Bultmann, *Das Evangelium des Johannes*, 12.Aufl. 1952, 110, 각주 5. 그 밖에도 그 진술은 분명 폭넓은 의미로 이해되며, 매우 일반적으로 세상을 향한 아들의 파송과 관련된다(참고. W. Kramer, 같은 곳, 27, 112f.). 요한1서 4:9(비교. 갈 4:4)도 비슷하지만 특별히 강조하며 하나님이 아들을 세상에 "선물하였다"고 말한다.

이것은 아들을 내어주는 아버지의 행위가 아들을 단순한 객체로만 삼지 않고 오히려 그의 능동적 협조의 사역을 내포하는 경우에만, 그리고 거꾸로 아들의 행위가 그 사건의 주도권은 아버지께 있다는 사실을 배제하지 않을 때만, 가능하다. 십자가로 향하는 길 위에서 일어나는 아버지와 아들의 그런 협력 작용은 이미 바울에게서 명확하게 주장되었다. 바울은 아버지와의 관계 속에 있는 예수 그리스도의 행위를 순종 개념을 통해 묘사했던 것이다(롬 5:19). 아들의 순종은 아버지의 내어주심에 상응한다.[118] 복음서가 예수의 겟세마네 기도를 보고하는 것(막 14:32ff.)과 비슷하게 히브리서 5:8은 아들이 "고난으로 순종함을 배워서"라고 말하는 반면에, 바울은 이미 십자가로 향하는 아들의 길에 대한 아버지의 의지와 아들의 의지가 미리 앞서 일치했다는 점을 강조한다.[119] 그렇다면 이러한 이해가 예수의 인격의 인간적 역사성과 어떻게 관련되는지의 질문이 더욱 긴급해진다.

예수가 자신의 폭력적인 죽음을 점점 더 많이 고려했고 제자들과의 마지막 만찬도 그러한 기대의 표징 속에 위치한다는 사실을 가정한다 해도, 아들이 신중히 준비된 계획에 따라 자신을 희생했다는 표상으로 도약하

---

[118] 아들의 순종은 빌립보서 2:8과 히브리서 5:8f.에서와 마찬가지로 로마서 5:19에서도 십자가의 죽음과 관계된다. 참고. U. Wilckens, *Der Brief an die Römer* I, 1978, 326f. 그럼에도 불구하고 순종은 둘째 아담의 길 전체의 특성을 표현한다. 그렇기에 그 순종은 신학적 전통의 의미에서 단순한 수동적 복종(*oboedientia passiva*)으로 이해되어서는 안 된다. 그런 이해는 하나님의 의지를 행동으로 성취하는 능동적 순종(*oboedientia activa*)과 대립된다.

[119] 빌립보서 2:8과 히브리서 5:8f.에서 표현되는 찬송의 전통과 달리 "바울은 십자가를 그리스도 안에서 행하신 하나님의 행동으로 생각한다(고후 5:19; 비교. 롬 3:25). 그래서 그리스도와 하나님은 십자가에서 하나라는 것이다. 십자가는 하나님의 사랑(5:8)과 동시에 또한 그리스도의 사랑과도 관계된다(갈 2:20; 고후 5:14). 하나님은 그를 내어주시고(4:25; 8:32), 그에 따라 그리스도는 자기 자신을 포기한다(갈 2:20; 비교. 1:4)… 여기서 완전히 동일한 하나의 사건이 말해지고 있다. 그 사건 안에서 하나님과 그리스도는 전적으로 함께 협력하신다. 그래서 그 사건의 결과는 하나님의 것으로, 그리고 동시에 그리스도의 것으로도 말할 수 있다"(U. Wilckens, 같은 곳, 326f.).

기에는 여전히 거리가 너무 멀다. 신약성서의 자기희생에 대한 진술을 이해하기 위해서는 다음의 사실을 기억하는 것이 좋다. "하나님의 아들"이라는 칭호가 예수의 인격과 결합되어 있다는 사실이다. 이 결합은 그의 죽은 자들로부터의 부활의 선포와 관련해서 비로소 발생했다. 부활은 하나님의 아들로서의 지위에 서는 것으로 이해되었다(롬 1:3f.).[120] 이로부터 부활 이전의 예수의 역사도 새로운 빛 속에서 드러났다. 예수의 부활로부터 그의 지상에서의 선포와 활동을 되돌아본 사람에게는 반드시 그의 역사 전체가 이미 은밀한 방식으로 영원한 하나님의 아들이셨던 분이 땅 위에서 걸어가신 길로서 나타날 수밖에 없었다. 복음서 전승은 예수가 인간적으로 등장하고 말하고 행동하는 역사 전체를 통해 어떻게 그의 신성의 흔적과 특성들이 점점 더 많이 인지되고 있었는지를 보여준다. 이 역사 안에서 일어난 사건들은 이제는 선재하신 자가 세상 안으로 파송되는 전망 안에서 새롭게 나타났고, 이 전망 안에서 십자가로 향하는 길의 **신적 필연성** — 원시 그리스도교가 구약성서의 예언자들의 암시로부터 확실시했던 그 필연성 — 도 선재하시는 하나님의 아들 자신의 행위로서 드러날 수 있었다. 예수는 그 필연성을 알고 있었고 그것을 스스로 긍정하며 성취해야 했다. 그러므로 예수가 자신의 임박한 죽음을 단순히 그의 대적자들만이 아니라 하나님 자신이 그에게 내린 운명으로 받아들였을 때, 더 깊은 의미에서 본다면, 그 안에 은폐된 채로 현재하신 하나님의 아들이 활동하신 것이다. 그는 하나님께 순종함으로써 세상의 구원을 위해 자신을 희생제물로 바쳤다(엡 5:2).

다시 한번 직접 눈앞에서 확인하기로 하자. 예수의 역사를 이와 같이 관찰하는 방식은 그의 부활과 높여지심을 아는 지식에 근거한다. 우리는 십자가로 이끌었던 역사 안에서 사건들이 진행되는 가운데 하나님의 아들

---

120 위의 625ff.를 보라.

로 높여지신 자가 그 역사의 참된 주체이심을 깨달아 알게 된다. 높여지신 자로서 예수는 자신의 죽음을 세상의 화해로 해석하고 알리는 선포의 역사의 주체이기도 하다. 바울은 하나님과의 연합을 이렇게 자랑한다. "이제 우리로 화목[화해]하게 하신 우리 주 예수 그리스도로 말미암아 하나님 안에서 또한 즐거워하느니라"(롬 5:11). 여기서 "이제"란 고린도후서 5:20의 사도적 선포의 때이며, 믿음으로 그 선포를 받아들이는 때를 가리킨다. 높여지신 주님이신 예수 그리스도 자신이 "지금(이제)"—바울의 직무 내지는 교회의 설교를 통해—우리에게 화해를 선사한다. 그것은 예수의 죽음에서 (예기로서) 단번에 영원히 성취된 화해다. 그래서 바울은 고린도후서 5:20에서 이렇게 말한다. "그리스도를 대신하여 간청하노니 너희는 하나님과 화목[화해]하라." 사도 바울은 그리스도를 대신해서 간청한다. 하지만 그가 부재하는 그리스도를 대신하는 것은 아니고, 높여지신 자 자신이 바울을 통해 "지금(이제)" 믿는 자들의 화해를 실행하시는 것이다(참고. 고전 1:10; 고후 10:1).

높여지신 그리스도의 그와 같은 사역 안에서 예수의 과거 역사는 바울의 선포를 통해 동시에 현재 사건이 된다. 그러므로 이 사건에서 세 가지 지평이 함께 드러난다. 이 지평들을 구분하고 이것들을 묶어 함께 바라보는 관점의 구조와 근거를 설명하는 것은 특별히 복음서 전승을 예수의 역사에 대한 해석으로 이해하는 데 중요하다. 여기서 먼저 예수의 사역과 운명의 인간적·역사적 지평이 존재하고, 그다음에 예수의 인격 안에서 인간이 되신 영원한 하나님의 아들이 행동하시는 수단과 무대가 되었던 동일한 역사의 지평이 존재하며, 마지막으로 사도적 선포를 통해 높여지신 자가 현재적으로 활동하는 수단이 되는 마찬가지로 동일한 역사의 지평이 존재한다. 세 번째 지평에서 사도적 선포는 모든 인간에게 관계되는 이 역사의 구원의 의미를 설명해준다. 이러한 세 가지 지평들의 상호 내포된 관계는 그리스도의 화해의 직무에 대한 교회적 교리가 적절하게 이해하고 판단하는 기초였다. 교회의 교리는 예수의 지상 역사를 예수 자신 안에 현재하시는 영원한 하나님의 아들의 현재적 현실성이라는 금빛 바탕 위에서 바라보며, 동시에 그 역사를 높여지신 자가 세상의 화해를 위해 실제적·현재적으로 활동하는 수단으로 묘사한다.

b) 그리스도의 화해 직무

예수 그리스도의 십자가의 죽음 안에서 발생한 화해 사건의 신적 주체가 누구인가의 질문은 우리를 다시 한번 그리스도론과 구원론의 관계로 인도한다(위의 681ff.를 보라). 앞에서 다음의 사실이 제시되었다. 예수를 죽음에 내어주시는 것 안에서 아버지가 행위자이실 뿐만 아니라, 그 내어줌을 통해 고난을 받는 자인 예수 자신도 바로 그 사건 안에서 능동적 행위자이다. 그러한 자로서 예수는 세상의 구원자시다(요일 4:14).

바울이 그리스도를 **구원자**(soter)라고 부른 곳은 빌립보서 3:20뿐이다. 그것은 우리의 소멸적 육체를 새 생명으로 변화시키기 위해 그리스도가 다시 오실 것이라는 기대의 표현이었다. 새 생명은 그리스도 안에서 이미 현실이 되었다. 이 내용은 바울이 soteria라는 미래 지향적 표현을 사용하는 것과 일치한다(위의 685ff.를 보라). 미래에 대한 관계는 십자가에 못 박히신 자가 하나님의 백성(참고. 눅 2:11)의 (미래적) **구원자**(행 5:31)로 높여지는 표상에서도 인식될 수 있다. 물론 미래적 구원은 바울에게서 이미 현재적으로 경험되는 화해와의 관계 속에 있으며, 나아가 화해에 – 그래서 예수 그리스도의 죽음에 – 근거되어 있다(롬 5:10). 원시 그리스도교의 후기 문헌들이 그리스도인들의 현재 상황을 이미 구원에 참여하고 있는 것으로 이해하는 경향에 상응하여 에베소서는 그리스도를 "그분의 몸의 구원자"라고 부르는데, 왜냐하면 그는 교회를 위해 자기 생명을 바치셨기 때문이다(5:23f.). 이그나티우스가 이미 그리스도의 대속의 죽음을 **구원자**라는 칭호와 관계시켰다(Ign, Smyrn. 7,1). 요한1서도 마찬가지로 그런 의미에서 예수를 **구원자**로 말한다(요일 4:14; 비교. 요 3:16f.). 요한의 진술들 안에서 아들의 구원 행위는 하나님의 백성을 넘어 온 세상과 관련되었고(참고. 요4:42), 아들을 세상 안으로 보내신 목적으로 설명되었다.

예수의 역사 안에서, 특별히 세상의 구원을 위한 그의 죽음 안에서 행해진 아들의 행위에 대한 진술들은 예수의 등장, 사역, 운명에 대해 직접 그려질 수 있는 인간적인 의미 지평을 넘어선다. 하지만 이것은 원칙적으로 이미 그리스도론적인 지위의 칭호들, 곧 하나님께서 깨우신 그의 부활의 빛 속에서 십자가에 못 박히신 자에게 귀속된 칭호들에 해당되는 경우다. 이미 메시아의 칭호 속에는 구원론적인 기능이 포함되어 있었다. 이 기능은 그 칭호들이 예수의 십자가 처형과 관계됨에 따라 특별히 그의 죽음을 대속의 죽음으로 해석하는 가운데 설명되었다. 그 사건 안에서 일어난 아들의 자기희생에 대한 진술에 새롭게 덧붙여진 것은 단지 다음의 사실 뿐이다. 즉 "그리스도"와 "하나님의 아들"이 단순히 지위를 나타내는 칭호로서 기능을 행사할 뿐만 아니라, 선재하고 세상 안으로 파송되신 하나님의 아들이 예수의 역사 속에서 행동하는 주체로 언급된다는 사실이다. 이 주체는, 예수 전승의 역사적 연구에서 드러나는 것과 같이, 예수의 인간적 현실성과 동일하지 않지만 그럼에도 불구하고 그의 인간적 역사 속에서 본래적으로 행동하는 행위라고 주장된다.

그리스도론은 이러한 주장들을 단순히 충분한 근거를 갖지 못한 신앙적 진술들로 평가해서는 안 되며, 오히려 그 주장들이 예수의 사역과 운명의 맥락 속에서 어떤 이유로 그의 역사적 특성의 표현으로 이해되고 정당화되는지, 그리고 정말로 그렇게 될 수 있는지를 질문해야 한다. 하지만 죽은 자들로부터의 부활의 빛 속에서 서술되는 것과 같이 하나님의 아들 됨의 진술이 예수의 아버지께 대한 관계의 적절한 설명으로 판단될 수 있다면, 그 결과 예수의 지상에서의 현존재가 세상 안으로 보내진 영원한 하나님의 아들의 현존재로 이해될 수 있다면, 그때 우리는 예수의 역사적 현존재 속에서 하나님의 아들이 행동하셨다고 바르게 말할 수 있어야 한다. 그렇다면 그러한 관점 아래서 또한 예수의 역사를 하나님의 아들의 **행위**로 보는 측면도 이해될 수 있다. 이 측면은 예수의 인간적 현실성의 관점 아래서 그의 행위에 의해 산출된 것이 아니라, 오히려 그에게 닥쳤던 고난의 경험으로 서술되어야 한다. 영원하신 하나님의 아들에게 어떤 예측할 수 없는 것과 의도하지 않은 일이 일어날 수는 없다. 단지 그의 인성의 측면에서만, 사역을 행하기 위한 등장과 운명으로 겪어야 했던 경험이 서로 구분될 수 있다. 세상의 구원이 예수가 자신의 사역의 역사적 인간성 속에서 스스로 설정한 목적이라고 생각하기는 어려운 반면에, 그의 죽음의 대속적 기능과 세상을 구원하려는 그 죽음의 의도는 하나님의 아들이 예수의 역사 속에서 행동하신 대상과 목적이었다고 어렵지 않게 말할 수 있다.

이러한 진술은 예기의 구조를 갖는다. 이 진술들이 예수의 특별한 인격과 역사에 부여하는 의미, 곧 인류 전체에 대한 의미는 인류의 역사적 종말을 예기한다. 달리 말해 그 진술들의 내용의 진리성은 예수를 사람들의 마음속에서 하나님의 아들로서 영화롭게 하시는 영의 활동에 달려 있다. 그리스도론적인 진술 자체가 원시 그리스도교의 신앙 공동체 안에서 일어난 영의 초기 사역을 표현하는 가운데 생성된 것이다. 이 사실은 이미 메시아, 퀴리오스, 하나님의 아들 등의 그리스도론적인 칭호에 해당한다. 이 칭호들은 각각 예수의 특수한 형태를 인류 전체와, 특별히 그들의 미래와 관계시킨다. 이 모든 칭호는 암묵적으로는 구원론적이다. 이것은 예수의 역사적 활동에 특징적인 요구, 곧 하나님의 궁극적 미래가 그를 통해 인간들의 구원을 위해 이미 현재적으로 시작되고 있다는 요구와 일치한다. 이에 상응하는 것이 예수의 부활에 대한 원시 그리스도교의 케리그마에 해당한다. 케리그마는 하나님으로부터 오는 새로운 생명과 구원의 궁극적 미래가 예수 안에서 이미 시작되었다고 말한다. 그러므로 예수의 역사 속에서 영원한 하나님의 아들이 행동하셨다는 진술들은 그 관점에서 바라볼 때 고립되어 현존하지 않는다. 하지만 그 진술 속에서 예수의 인격과 역사가 지닌 구원론적인 의미는 매우 특수한 방식으로만 명시적으로 주제화될 수 있다.

예수를 인류의 화해자와 구원자로 보는 진술은 그것과 짝을 이루는 상대개념, 곧 구원받아야 하고 화해되어야 하는 인류가 없다면 참일 수 없을 것이다. 오로지 인류에 대한 관계 속에서 예수는 실제로 보편적 화해자와 구원자이시다. 하지만 인류는 실제로 하나님과 화해되었고 죄와 죽음으로부터 구원을 받았는가? 오늘날까지 세계사의 겉모습과 시청각 자료들로 미루어본다면 이에 대해 찬성하기 어렵다. 그렇다면 이 사실에 근거해서 그리스도론적 칭호들 속에 암묵적으로 포함되어 있고 예수의 죽음과 부활의 구원론적 의미의 진술들이 명시적으로 표명하는 주장들을 반박할 수 있을까? 그 주장들의 진리는 어쨌든 아직 분명히 입증되지는 않는다. 그 주장들 속에서는 역사 과정 안에서 여전히 논란이 되는 것이 예기되고 있을 뿐이다. 예수 그리스도로부터 시작되는 세상의 화해는 공동체 안의 믿는 자들에게는 입증되었지만, 세계사의 종결된 결과로서는 아직 확정될 수 없다.

세상의 화해를 내용으로 갖는 그리스도의 구원 행위에 대한 진술들은 그리스도론의 예기적·구원론적 칭호들(예를 들어 아들, 둘째 아담, 하나님의 형상), 그리고 실제적이지만 아직 종결되지 않은 인류의 화해의 과정 사이에 위치한다. 여기서 특별히 중요한 것은 예수의 죽음의 구원론적 의미인데, **하나님**께서 세상의 화해를 위해 그리스도의 죽음 안에서 행동하셨다는 의미에서만이 아니라(고후 5:18), 그 죽음의 사건에서 **아들**이 자기 자신을 헌신했다는 의미(갈 2:20)에서 그렇다. 그리스도의 구원의 사역이 중요한 것은 — 히브리서의 말씀으로 표현하자면 — 그리스도가 백성들의 죄를 속하는 대제사장으로서 "스스로를 속죄제물로 바치셨기" 때문이다(히 7:27; 비교. 9:26ff.). 히브리서는 이러한 진술이 인류의 죄의 실제적인 제거 과정의 선취라는 사실을 분명히 이해할 수 있게 해준다. "이와 같이 그리스도도 많은 사람의 죄를 담당하시려고 단번에 드리신 바 되셨고, 구원에 이르게 하기 위하여 죄와 상관없이[죄가 제거되었을 때]¹²¹ 자기를 바라는 자들에게 두 번째 나타나시리라"(히 9:28). 바로 히브리서가 예수의 희생적 죽음의 유일회성과 종결성을 결정적으로 강조하는 동시에(9:26) 높여지신 자가 하나님 앞에서 계속 등장하는 것도 강조했고(9:24), 이로써 예수의 십자가 죽음이 갖는 유일회적 사건의 의미를 넘어서는 구원의 사역 내지는 화해의 직무에 대한 이해를 발전시키는 계기를 마련했다. 앞에서 언급한 파송의 진술들도 같은 방향의 영향력을 행사했다. 예를 들어 요한복음 3:16f.와 같이 하나님의 아들의 성육신으로부터 시작되는 예수의 역사 전체가 세상의 구원이라는 목적과 관련되었다.

라틴적 중세 신학에 이르러 비로소 그리스도의 인격에 대한 교리는 중재자로서의 그의 구원의 사역에 대한 특수한 교리로부터 구분되었다.¹²² 이 특수한 교리는 종교개혁 신학에서는 그리스도의 중보자 직무의 교리¹²³라는 형태를 취했고, 그리스도의 신인적 인격의 교리로부터 분리되

---

121 빌켄스의 *choris hamartias*(죄 없이)의 번역이다. U. Wilckens, *Das Neue Testament übersetzt und kommentiert* 1970, 795. 그 의미는 예수 자신이 죄가 없는 존재가 되신다는 것이 아니라, 처음 나타나심과 달리 그가 더 이상 죄와 관계하지 않으신다는 것이다.

122 이 구분은 이 주제를 다루었던 롬바르두스(Petrus Lombardus III. Sent. d. 19c,6f.)의 한 챕터를 수용하면서 행해졌다(위의 각주 17ff.를 보라). 그리스도의 인격의 통일성 속에서 두 본성이 하나가 되는 것에 대한 레오 1세(Leo I)의 해석을 참고하라(DS 293).

123 종교개혁 신학에서 그 주제를 체계적으로 다루는 데 표준이 되었던 것은 칼뱅의 *officium mediatoris*(중보자의 직무)에 대한 해석이었다. Calvin, *Inst. chr. rel.* 1559, II, 12ff. 여기서 칼뱅은 아우구스티누스 그리고 라틴 스콜라 철학과 마찬가지로 디모데전서 2:5의 중재자 개념을 사용하면서 시작했지만(위의 각주 15ff.를 보라), 신인적 인격이 중보자 직무의 담지자임을 강조했다(위의 각주 22를 보라). 중보자 직무(*officium*) 개념은 구(舊)개신교주의 신학에서 일반적으로 사용되었다. 직무(*officium*)와 함께 물론 직분(*munus*) 개념도 사용되었다. 이 표현은 교부학에서 때때로 그리스도의 왕의 직분과 제사장의 직분으로 사용된다. 예를 들어 아우구스티누

었다. 이것은 근대 신학에서 큰 비판의 대상이 되었는데, 왜냐하면 구원자의 인격과 그의 영향력은 분리될 수 없이 일치하기 때문이다.[124] 그 비판은 구원자의 인격과 사역이 사실상 구분될 수 없다는 점에서 정당했다. 이 사실은 그리스도, 퀴리오스(주님), 하나님의 아들이라는 칭호들에 함축된 구원론적인 의미에서 확증되며, 예수 그리스도를 하나님의 형상을 향한 인간 규정을 결정적으로 실현하신 새로운 아담으로 해석하는 것에 의해 확증되는 것은 말할 필요도 없다. 그럼에도 불구하고 그리스도의 인격에 대한 진술들과 그를 통해 실현된 구원의 사역 혹은 화해의 직무에 대한 진술들 사이에는 중요한 차이가 있다. 특히 예수의 역사적(historische) 형태와 그의 역사(Geschichte)에 대한 관계를 생각할 때 그렇다. 예수 그리스도의 인격에 대한 그리스도론적 진술들이 그의 역사의 빛에서, 특히 그의 십자가 처형과 죽은 자들로부터의 부활의 빛에서 역사적(historishe) 형태의 해석으로 재구성될 수 있는 반면에, 성육신하신 하나님의 아들의 구원의 사역 혹은 화해의 직무에 대한 그리스도론적인 진술들에서는 추가적인 문제가 발생한다. 즉 예수의 인간적 역사의 배후에 하나의 다른 역사가 나타나는데, 이 역사 안에서 한편으로 예수에게 일어난 사건으로 등장하는 것이 다른 한편으로 하나님의 아들의 행위로 묘사된다. 이 행위는 하나님의 백성을 향한 예수의 지상적 파송과 같이 더 이상 옛 계약이 아니라, 오히려 인류의 구원을 향하며, 나아가 그것은 높여지신 자의 행위 속에서 계속된다.

스는 제사장 직분과 왕의 직분을 모두 그리스도와 관련시켰는데, 두 가지에는 기름 부음이 요청되기 때문이다. In duabus personis praefigurabatur futurus unus rex et sacerdos, utroque munere unus Christus, et ideo Christus a chrismate (*Enn*. in Ps 26,II,2).

[124] F. Schleiermacher, *Der christliche Glaube*, 2.Ausg. 1830, §9 2,2. 그리스도의 인격과 사역이 일치한다는 명제는 이어지는 시대에 일반적인 동의를 얻었다. 이에 대해 나의 책을 참고하라. *Grundzüge der Christologie*, 1964, 214f.

성육신하신 하나님의 아들의 구원 사역 혹은 중보자의 직무에 대한 신학의 전통적인 진술에 대해 예수의 역사라는 직접적인 표준이 없다면, 우리는 대부분의 경우 부정적 결과에 도달하게 될 것이다. 땅 위의 예수는 아마도 십중팔구는 운명적으로 주어지는 사건을 겪은 것이고, 스스로 자기희생의 행위를 수행했던 것이 아니다. 그는 제사장이 아니었고, 지상의 현존재 안에서는 왕도 아니었다. 그의 인격을 예언자로 묘사하는 것은 그의 지상 사역을 가장 잘 평가한 것이지만, 그의 등장과 메시지가 지닌 특수성을 평준화해버린다. 아무리 그가 예언자적 전통을 잘 알고 있었다고 해도 그렇다. 예수에게 중요했던 것은 이러저러한 특성을 지닌 역사적 미래의 사건들을 통고하는 것이 아니었다. 그에게는 오로지 하나님과 그분의 미래만이 중요했고, 그것이 능가될 수 없는 권위적 요구와 함께 제시되었다. 그래서 예수는 예언자들의 대열에 속하지 않았다(참고. 눅 16:16과 평행구절). 역사적 예수는 제사장도 왕도 아니었고, 또한 본래적 의미에서 예언자도 아니었다.

이러한 사태에 직면해서 나는 1964년에 그리스도를 제사장, 왕, 예언자로 보는 삼중 직무의 종교개혁적 교리를 철저히 비판했다.[125] 이것은 단순히 오시안더(Andreas Osiander, 1530) 이래로 특히 칼뱅의 영향 아래서 등장했던 세 가지 기능, 곧 기름 부음의 요구를 통해 그리스도의 칭호와 연결되는 것처럼 보였던 세 가지 기능의 전체 구성에 대한 비판만이 아니었다. 오히려 나는 그 기능들을 통해 표현되는 이해, 즉 그리스도의 신인적 인격을 예수의 역사의 행위주체로 보는 이해를 비판했다.[126] 그 비판으로부터 그리스도의 직무에 대한 전통적 개념은 예수에게 닥친 **운명**(Geschick)과 구분되는 **파송**, 곧 자신

---

[125] *Grundzüge der Christologie*, 1964, 218-232.
[126] 같은 곳, 230. 어쨌든 높여지신 자의 왕권이라는 관점 아래서, 또한 지상의 등장으로부터 시작되는 활동들의 주체도 예수라고 언급된다(216, 비교. 386ff.).

의 메시지와 공적 활동 속에서 역사적 예수가 수행한 **파송**(Sendung)으로 소급되었다.[127] 여기서 예언자들의 파송과 비슷하게 생각되는 그 개념과 선재하는 아들을 세상으로 보내신다는 신약성서적 진술들 사이의 관계는 열려 있었다. 이미 알브레히트 리츨이 그리스도의 직무에 대한 전통적 교리를 예수의 역사적 현실성과 긴밀하게 연결시키려 했고, 그런 맥락에서 법적·제도적 함의를 지닌 "직무" 개념을 사람들 사이에서 하나님 나라의 도덕적 공동체를 설립하라는 예수의 "부르심"의 개념으로 대체하는 것을 지지했다.[128] 물론 리츨은 슐라이어마허와 비슷하게 그리스도의 직무 혹은 부르심의 개념을 그것이 믿는 자들의 실존적 공동체와의 관계 안에 있다는 관점에 기초해서 논의했다. 여기서 공동체는 예수 그리스도가 "자신의 말, 행동, 인내를 통해 설립하려고 했던 것이며, 그것을 지속적으로 실존하게 하는 근거는 그 자체의 본성에 놓여 있다."[129] 이에 대해 1964년의 나의 설명은 예수의 십자가와 부활의 사건으로 나타난 "단절" 곧 예수의 부활 이전의 활동들로부터의 단절이 강조되었고,[130] 파송 개념은 후자에 제한되었다. 물론 그 활동들의 의미는 바로 십자가에 못 박히신 자의 부활 때문에 자신을 넘어 창조에 이르기까지 지속적으로 확장된다. 위에서 제시된 숙고, 즉 부활로부터 소급해서 예수를 영원한 하나님의 아들로 설명하는 것은 결과적으로 성육신 사상뿐만 아니라 예수의 역사 속에서도 아들이 행동하셨다는 사상으로 이어진다는 숙고는 나로 하여금 1964년에 취했던 입장을 변경하도록 만들었다. 한 가지 남아 있는 핵심은 예수가 지상의 역사적 맥락 속에서 행한 인간적 행위와 그 역사

---

127 같은 곳, 227, 비교. 225 등. 예수의 직무(Amt) 개념은 "역사적 예수가 알았던 사명"에 제한되었다(217).
128 A. Ritschl, *Die christliche Lehre von der Rechtfertigung und Versöhnung* III, 3.Aufl. 1895, 409f. 이러한 논평은 그리스도의 삼중 직무론이 갖는 내적 곤란성들에 대한 리츨의 상세한 설명의 끝부분에 나온다.
129 A. Ritschl, 같은 곳, 407.
130 *Grundzüge der Christologie*, 1964, 230, 비교. 216.

속에서 일어난 하나님의 아들의 행위 사이를 명확하게 구분하는 동시에, 둘 사이의 관계를 반드시 해명해야 한다는 점이다. 물론 예수 안에서 성육신하신 하나님의 아들은 예수의 인간적 활동을 통해서도 줄곧 행동하신다. 하지만 하나님의 아들의 행동은 예수의 인간적 활동과 운명 사이의 차이를 덮어 포괄하기에, 예수의 지상의 활동들은 단순한 역사적 관찰을 통해 구성되는 것과는 다른 맥락 안에서 나타나게 된다.

성육신하신 하나님의 아들의 행동은 예수의 역사 속에서, 특별히 "우리를 위한" 대속적 죽음 속에서 반드시 말해져야 하지만, 이로써 왕, 제사장, 예언자라는 삼중 직무의 표상이 정당화되는 것은 아니다. 그 표상은 우선 유형론적인 의미를 갖는다. 그 표상이 예수의 역사 속에서 하나님의 백성의 가장 중요한 세 가지 직무를 그의 인격 안에 하나로 결합시킴으로써 그 인격을 성취되고 완성된 옛 계약으로 표현한다는 점에서 그렇다. 하지만 그 표상은 교의학적이라기보다는 시적인 가치를 더 많이 가지고 있다. 왜냐하면 그것은 예수의 역사에 담긴 의미와 내용의 필수적 표현으로는 거의 입증될 수 없기 때문이다. 기름 부음은 세 가지 직무 각각에 대해 필수적이며 그리스도라는 칭호 속에 요약되어 있지만, 예언자 직무와 관련해서는 역사적으로 의문시된다.[131] 그러므로 기름 부음을 가정해서[132] 삼중 직무의 표상이 역사적 예수 안에서 통합되어 있다고 설명하는 것은 충분한 논증이 될 수 없다.

---

[131] 이에 대해 — 특히 칼뱅이 이사야 61:1을 인용한 것에 대해 — 나의 책의 설명을 참고하라. *Grundzüge der Christologie*, 1964, 219f. 예언자의 기름 부음을 비유적으로 그려주는 것은 오로지 그것이 영의 전달을 가리킬 때뿐이다.

[132] 왕의 직무와 제사장의 직무와 관련해서는 아우구스티누스가 이미 그렇게 가정했다(위의 각주 123을 보라).

근대 신학사 안에서 그리스도의 삼중 직무론이 오랫동안 비판적으로 다루어졌던 것은 그것에 포함된 곤란한 점들을 명확하게 드러내주는 간접증거다. 이미 에르네스티(Johann August Ernesti)가 1773년에 그리스도의 중보자 직무의 개념을 대리적 희생의 죽음에 집중시키는 것을 지지했다.[133] 이것은 실제로는, "사역"이라는 표현의 자리에 "직무"가 대신 들어온 것만 도외시한다면, 그리스도의 구원의 사역의 교리에 대한 중세적 유형으로 되돌아간 것을 의미한다. 비록 다른 기능들을 그리스도의 중보자 직무의 이해 안으로 도입해서 이득을 얻는다고 해도,[134] 삼중 직무의 인격적 연합이라는 도식은 여전히 불확실하다. 이에 대한 가장 강한 비판은 프랑크(Franz Hermann Reinhold v. Frank)로부터 나왔다. 그리스도의 중보자 직무에 사실상 근본적인 것은 "구원을 가져오는 대속의 성취"이고, 대속 위에 예수의 "왕적 지위와 권능의 행사"가 근거하며, 이 권능은 "매우 본질적으로 그리스도의 말씀을 통해 실행된다."[135] 그러나 "세 가지 직무들을 나란히 병렬시키는 것"은 "그것들을 포괄

---

[133] J. A. Ernesti, De officio Christi triplici, in: ders., *Opuscula theologica*, 1773, 1792, 413-438. 리츨(A. Ritschl, *Die christliche Lehre von der Rechtfertigung und Versöhnung* I, 2.Aufl. 1882, 522ff.)은 슐라이어마허를 향해 다음과 같은 이의를 제기했는데, 이것은 근거 없는 것은 아니다. 슐라이어마허의 교리 개정 작업(*Der christliche Glaube*, 2. Ausg. 1830, §102ff.)에서 주석에 근거한 에르네스티의 비판을 올바로 평가하지 못했다는 것이다.

[134] 이러한 유익은 슐라이어마허(같은 곳, §102,3의 설명을 참고하라)나 도르너(I. A. Dorner, *System der christlichen Glaubenslehre* II/2, 2.Aufl. 1887, 489f. §109,4)와 같이 삼중 직무의 도식을 굳게 지켰던 신학자들의 가장 중요한 동기였다. 하지만 리츨은 "그리스도의 삼중 직무들을 직선적으로 나열하는 것"에 대해 다음과 같이 바르게 말했다. 그 나열은 단지 우리가 "그리스도의 의미를 *mediator salutis*(은혜의 중보자)로서 말할 때, 포괄할 수 있는 소재 전체를 확증해주는 가치"만을 갖는다는 것이다. A. Ritschl, *Die christliche Lehre von der Rechtfertigung und Versöhnung* III, 3.Aufl. 1888, 404.

[135] F. H. R. v. Frank, *System der christlichen Wahrheit* II, 1880, 196(§35). 이런 사태의 특징은 "그리스도의 종교 공동체를 세우고 보존한다"는 의미에서 그리스도의 왕적

하는 전체 곧 그리스도의 직무에 세 부분들이 마치 동등한 가치를 지니는 것으로서 속해 있는 것"과 같은 잘못된 외양을 불러일으키게 된다.[136]

세상의 화해를 위한 그리스도의 중보자 직무에 대한 종교개혁의 교리는 중보자의 구원 사역에 대한 중세기 교리의 서술 형태보다 우월한 장점을 갖는다. 직무 개념이 아버지께서 보내신 아들의 파송 사상을 수용한다는 점이 첫째 장점이다. 아들은 세상의 화해와 구원을 향해 파송된 자신의 사명을 실행한다. 화해와 구원은 아버지께서 그를 보내신 목적이다. 직무 개념은 이 사실을, 중보자가 인간들을 대리함으로써 하나님을 만족시키는 작용을 일으킨다는 사상보다 더 적절하게 표현한다. 화해 사역의 담당자는 하나님의 아들이고, 그는 물론 예수의 인간적 현실성 속에서, 다시 말해 예수의 십자가 죽음을 통해 화해를 일으킨다.[137] 그리스도의 삼중 직무의 교리가 갖는 두 번째 장점은 옛 계약이 화해자의 사역 속에서 성취된다는 사상에 놓여 있다. 마지막으로 세 번째 장점은 구원자의 화해하는 활동이 예수의 희생적 죽음으로 좁혀지지 않으며, 오히려 하나님의 통치의 도래와 현재를 증언하는 예수의 지상의 길과 함께 또한 높여지신 자의 사역도 포괄하는 것으로부터, 더 나아가 특별히 그의 십자가의 희생적 죽음을

활동을 전면에 내세웠던 리츨의 경향에 비해 우위에 있다(같은 곳, 405). 왜냐하면 한편으로 리츨은 메시아 칭호를 예수의 인격과 결합시키는 것이 로마인들의 기소를 통해 야기되기는 했지만 그럼에도 불구하고 오로지 그의 높여지심에만 근거한다는 사실을 간과하기 때문이며, 다른 한편으로 중보자 직무의 교리가 신학사 안에서 우연을 넘어 예수의 대속적 죽음의 해석과의 관계 안에서 형성되었기 때문이다. 바로 여기서 신약성서의 증언들도 예수의 역사 속에서 행하는 하나님의 아들의 행동에 대해 가장 분명하게 말한다.

136 F. H. R. v. Frank, 같은 곳, 194. 프랑크는 삼중 직무의 도식을 "논리적으로 분열되어 있고 진실로 비논리적이며, 상호 내포되고 유기적으로 결합된 요소들을 나란히 병렬시킨 것"이라고 표현하며, 이것이 "옛 교의학"의 "주된 결함"이라고 말한다(197).
137 이것은 중보자의 활동이 그의 인성을 통해 실행된다는 이해에 담긴 진리의 계기다.

통해 높여지신 자가 믿는 자들에게 나타나시는 것(히 7:25)을 포괄한다는 점에 놓여 있다. 어쨌든 높여지신 자의 제사장, 왕, 예언자로서의 활동은 영의 증언으로 묘사되는 예수의 지상 역사의 내용과 일치하는 것으로 토의지 않았고, 오히려 그 활동은 단순히 지상 역사에 객관적으로 뒤따르는 그리스도의 중재자 직무의 국면이라는 관점 아래서 묘사되었다. 왜냐하면 높여지신 자의 사역과 영의 사역 사이의 상호작용의 관계가 구(舊)개신교주의의 교리에서는 깊이 숙고되지 않았기 때문이다. 이를 통해 그리스도론에 일면적으로 정향되었던 구(舊)개신교주의의 객관주의 곧 그리스도의 화해 직무에 대한 교리의 객관주의는 제한되었다. 그 결과, 그 교리는 일찍이 원시 그리스도교가 그리스도의 구원행위에 대해 세 가지로 구분되지만 서로 내포되는 관계의 의미지평으로 표현했던 진술들을 올바르게 판단할 수 없었다.

예수의 역사의 인간적·역사적 지평이 그 속에 숨겨진 성육신하신 하나님의 아들의 현재를—십자가에 못 박히신 자의 높여지심의 빛 안에서—투명하게 보여주는 것이라면, 그에 따라 왕의 직무로 고려될 수 있는 예수 그리스도의 메시아적 지위는 이미 그의 지상의 등장 속에 은폐된 채 현재하는 것으로 인지될 수 있을 뿐만 아니라, 또한 예수에게 닥쳐온 처형의 운명도 그 역사 속에서 성육신하신 하나님의 아들이 세상의 화해를 위해 행하신 자기희생의 행위로 묘사된다. 바로 이것이 높여지신 자의 활동의 내용이다. 그는 복음서의 말씀을 통해, 그리고 영의 능력 안에서 세상에 대한 자신의 주권을 행사하신다. 동시에 그는 복음을 믿는 믿음을 창조하고, 그에 대한 모든 저항을 수치스럽게 만드시며, 믿는 자들을 불러 모아 세상 속에 아버지의 나라를 수립하기 위한 길을 내신다. 이것은 그가 이미 지상 사역 속에서 다가오는 하나님의 통치를 믿는 자들 사이에 현재하게 하셨던 것과 같다. 우리는 지상에 계셨던 그분의 사역에서와 마찬가지로 높여지신 그리스도의 사역 안에서 하나님의 미래가 선취되는 것[138]을, 모든 앞선 예언들과 구분되는 예수의 종말론적 선포의 특수성이 고려되어야 한다는 전제 아래서, 예수 그리스도의 예언이라고 부를 수 있다.[139] 예수의 예언의 내용은 오로지 가까이 계신 하나님이었다. 그래서 그 예언의 성취는 그 소식의 선포에 믿음으로 응답하는 이들에게 이미 현재한다. 이런 의미에서 예수 그리스도에 대한 복음의 선포 안에서 예수께서는 마치 하나님이 현재하시는 것처럼 현재적으로 활동하신다. 그에 따라 교회의 선포는 높여지신 그리스도 자신의 행동으로, 그리고 선포의 말씀은 그 자신의 말씀일 뿐만 아니라 또한 하나님의 말씀으로 이해된다(참고. 살전 2:13).[140]

---

138 켈러(Martin Kähler)는 여기서 하나님의 미래의 선취로 표현되는 사태를, 높여지신 자가 새로운 아담으로서 인류의 생명의 "전면적인 갱신"을 **보증**하신다는 사상을 통해 표현했다. M. Kähler, *Die Wissenschaft der christlichen Lehre von dem evangelischen Grundartikel aus im Abrisse dargestellt* (1883) 2.Aufl. 1893, 360, §439. 참고. 위의 709f. 켈러는 여기서 솅켈(Daniel Schenkel)이 헤겔의 **지양** 개념에 대해 벌인 논쟁으로부터 도입한 용어를 수용했다. D. Schenkel, *Die christliche Dogmatik vom Standpunkte des Gewissens aus dargestellt*, II/2, 1859, 857. 참고. H. Menke, 같은 곳, 148f. 솅켈은 여기서 이미 그리스도의 화해의 죽음 안에 있는 예기적인 계기를 강조했다(같은 곳, 861f., 인용은 Menke 149). 그와 달리 켈러는 영과 구분되는 그리스도의 인격에 지나치게 일면적인 강조점을 둔다. "인류를 포괄하는 둘째 아담이 인류의 대리를 보증하는 것은 인류 그 자체를 하나님이 영을 통해 내주하실 수 있는 존재로 만든다. 나아가 신적 영성을 완성하신 신인은 성령 하나님을 통해 인류의 개인적인 삶에 영향을 미친다"(363, §443). 본문에서 내가 제시한 화해 개념의 해석은 많은 점에서 켈러와 가깝지만, 이처럼 특별히 중요한 의미에서 구분된다. 그 사태가 예기의 개념을 통해 묘사되는 한, 아들이 영의 고유한 사역에 의존한다는 해석의 여지가 아직 남아 있다.
139 이 주제에 대한 칼 바르트의 자세한 설명을 참고하라. K. Barth, *KD* VI/3, 52ff. 켈러도 그리스도의 "화해 사역의 예언"에 대해 말했다. M. Kähler, 같은 곳, 360, §440, 비교. 357, §435.
140 이 지점에서 나의 *Grundzüge der Christologie*, 1964, 225에서의 설명은 수정되어야 한다. 분명 교회의 복음 선포가 그리스도의 "예언자적 직무에 속한 한 부분으로" 다루어질 때, 마치 그것이 그리스도의 예언자적 직무와 "구분 없이 하나가 되는 것"처럼 이해되어서는 안 된다. 오히려 복음 선포는 높여지신 그리스도의 통치에 봉사한다. 선포가 복음과 일치하는 한, 높여지신 그리스도 그 자신이 그 선포 안에서, 그리고 그 선

그 이해를 위한 기준은 물론 예수의 역사다. 이 역사 안에서, 그리고 이 역사를 통해 하나님의 그러한 현재와 그분의 통치는 인간들 사이에서 발생한다. 이러한 일이 일어날 때, 그것은 교회와 그의 선포의 권위 때문이 아니라 영의 능력으로부터 일어난다. 영은 복음에 담긴 하나님의 진리를 인간의 마음속에 증언하며, 그와 함께 높여지신 그리스도의 영광과 통치도 증언하신다.

c) 영 안에서 완성되는 화해

세상이 하나님과 화해되는 역사적 과정에서 중요한 것은 인간들이 창조자 곧 자신들의 생명의 원천이신 창조자와의 연합을 실현하는 것이다. 그 연합은 죄로 인해 깨어져 있다. 그 과정에서 인간들의 피조적 독립성은 제거되는 것이 아니라, 오히려 새롭게 된다. 독립성은 죄의 노예가 됨으로써, 그 결과 죽음을 통해 제거된다. 아무리 죄가 인간들을 기만하여, 마치 완전한 생명을 소유한 가운데 죄를 통해 자율성을 획득할 수 있는 것처럼 착각하게 만든다고 해도 그렇게 된다. 그러나 인간이 하나님과 화해할 때, 화해는 현존재의 독립성 속에서 그 인간을 새롭게 만들고 참된 독립성을 향해 처음으로 자유로울 수 있게 한다. 하지만 화해는 단순히 파송, 곧 아버지로부터 시작되어 세상으로 보내진 아들의 파송을 통해 완전히 성취되는 것이 아니다. 화해는 또한 인간의 측면에서도 성취되어야 한다.

인간적 측면에서의 성취는 나사렛 예수라는 한 인간 안에서 모범적으로 발생했다. 그는 아버지로부터의 자기구분을 통해 아들로서 아버지와 하나가 됨으로써, 자신의 인격 안에서 인간과 모든 피조물의 독립성을 대리하여 하나님과의 화해를 이루었다. 이렇게 해서 그는 하나님과 인간들 사이의 중재자이며(딤전 2:5), 특별히 그의 죽음을 통해 그렇다. 왜냐하면

포를 통해 활동하신다.

한편으로 죽음을 받아들이는 것이 "아들의 아버지로부터의 자기구분"의 가장 극단적 결과였기 때문이며, 다른 한편으로 그 죽음을 통해 하나님이 영광을 받으셨을 뿐만 아니라 다른 인간들에게도 예수 곁에 현존할 수 있는 공간이 부여되었기 때문이다.

그런데 다른 인간들은, 예수 그리스도 안에서 아들의 성육신 그리고 그의 죽음을 통해 모범적으로 성취된 화해에 어떻게 참여할 수 있을까? 이것은 오로지 그들이 예수 그리스도 안에서 인간이 되신 아들의 아버지와의 연합 안으로 받아들여질 때만 가능하다(참고. 갈 3:26f.; 4:5; 롬 8:14f.). 이것은 단순히 그들에게 외부로부터 사건이 발생하여 주어진다는 의미가 아니라, 오히려 - 비록 그들 자신의 힘에 의한 것은 아니지만 - 그들 자신의 고유한 정체성을 향해 해방된다는 것을 뜻한다. 이것은 영을 통해 발생한다. 하나님과의 화해는 단지 외부로부터 인간들에게 주어지는 것에 그치지 않고, 영을 통해 그들 자신 속으로 진입하기 때문이다.

세상의 화해를 위한 아들의 자기헌신과 아버지께서 그를 내어주시는 것이 하나의 동일한 사건과 진행과정을 형성하듯이, 높여지신 그리스도의 사역과 인간들 안에서 일어나는 영의 사역도 세상의 화해를 위한 하나님의 하나의 행동에 속한 서로 구분되는 요소로 이해될 수 있다.

이것은 우선 성서 주석에서 제시된다. 영의 사역과 높여지신 주님의 사역은 바울에게는 - 그러나 또한 요한복음의 서술에서도 - 광범위하게 병행되며, 나아가 그 내용은 호환될 수 있는 것으로 보인다.[141] 그래서 바울은 영 안

---

141 이에 대해 다음을 보라. I. Hermann, *Kyrios und Pneuma*, 1961. 또한 E. Schweizer, in: *ThWBNT* VI, 1959, 394-449. 슈바이처의 논문의 441쪽은 요한복음에 대해 이렇게 말한다. "예수에 대해서(14:20)와 마찬가지로 그(즉 영)에 대해서도 그는 제자들 가운데 계신다고 말해진다(14:17). 제자들은 알지만, 세상(κόσμος)은 예수와 마찬가지로 (16:3) 영을 알지 못한다(14:17). 양자는 모두 아버지가 보내셨고(14:24.26) 아버지로부터 나오며(16:27; 15:26), 가르치고(7:14; 14:26) 증언하고(8:14; 15:26) 세상에 대

에서 살아가라고 – 또는 주 그리스도를 옷 입으라고 – 외칠 수 있었다. 실제로 양자는 같은 내용이다. 하나님의 영이 믿는 자들 안에 내주하신다는 것(롬 8:9)은 그다음 문장에서는 그리스도의 영을 소유한 것으로 표현되며, 이와 곧바로 연결해서 이렇게 말해진다. "또 그리스도께서 너희 안에 계시면…"(롬 8:10) 여기서 전제되는 그리스도와 영의 동일성은 고린도후서 3:17에서 분명히 말해진다. "주는 영이시니…" 그리고 이 문장은, 사도적 선포의 직무를 영의 직분(3:8)으로 보고 글자 그대로 구약성서적인 직무와 대비시키는 그 장의 끝에 있다. 바울은 자신의 선포 전체가 영의 활동으로 가득 차 있다고 이해할 수 있었고, 이것은 다름 아니라 그리스도 자신이 사도 바울을 통해 말씀하신다는 진술과 다르지 않다(고후 5:20; 비교. 고후 2:17; 12:19; 13:3). 영은 그리스도에 대한 메시지를 믿는 믿음을 일으킴으로써, 우리 안에서 의를 일으킨다. 고린도전서 6:11에서 이 두 가지는 나란히 등장한다. 우리는 "주 예수 그리스도의 이름과 우리 하나님의 성령 안에서" 의롭게 되었다. 믿음의 의는 영으로 소급되는데, 이것은 다른 곳에서는 그리스도의 피로 소급된다(롬 5:9). 영을 통해 그리스도 자신이 우리에게 현재하신다는 것, 나아가 높여지신 자와 함께 그의 지상에서의 운명이 또한 우리에게 현재한다는 것은 놀라운 일이 아니다. 그래서 바울은 성만찬의 잔을 마시는 것을 영을 마시는 것으로 묘사할 수 있었다(고전 12:13; 모든 이가 **하나**의 영을 마셨다). 예수 그리스도의 십자가의 죽음 안에서 하나님에 의해 일으켜진 화해는 영을 통해 그것을 수용하는 자들, 즉 화해되어야 하는 인간들에게서 실현된다. 이에 따라 바울은 이렇게 말한다. 우리가 우리 주 예수 그리스도를 통하여 "지금(이제)" 화해를 수용한다(롬 5:11). 그것은 하나님께서 아들의 죽음 안에서 완성하신 화해다. 여기서 중요한 것은 단순히 예수의 죽음 안에서 유일회적으로 일어난 화해 사건의 **열매**를 나중에 습득하는 것이 아니라, 오히려 믿는 자들이 세례

해 죄를 입증하지만(3:18-20; 16:8-11), 그 과정에서 자기 자신에 대해서는 말하지 않는다(14:10; 16:13)."

를 통해 그리스도의 죽음 자체와 합하여 그 안에 놓이는 것이다(롬 6:3).[142] 이 것은 영을 통해 일어난다. 왜냐하면 "다 한 성령으로 세례를 받아 한 몸이 되었"기 때문이다(고전 12:13). 그리고 곧바로 이어서 말해진다. "또 다 한 성령을 마시게 하셨느니라." 영의 능력을 통해 그리스도인들은 그리스도의 몸 안으로 편입된다(참고. 고전 6:17). 그 몸은 그리스도의 부활을 통해 영적 실재로서 존재하며(고전 15:45), 그렇기에 그리스도인들은 그 몸 안에서 그리스도의 죽음으로 일으켜진 화해의 수용자가 된다.

영은 인간들을 그들 자신의 유한성 너머로 이끌며, 그들이 믿음 안에서 그들 자신의 외부에 계신 자의 존재에 참여할 수 있게 하신다. 이것은 예수 그리스도 그리고 그의 죽음 안에서 하나님께서 성취하신 화해 사건에 대한 참여를 뜻한다. 믿는 자는 그리스도 곁에 있음으로써, 중심을 자기 밖에 두고(ekstatisch) 존재하게 된다(롬 6:6.11). 이를 통해—오직 그렇게 해서만—거꾸로 그리스도 역시 그 사람 안에 계시는 것이다(롬 8:10).[143] 이와 같은 탈아(Ekstase)는 자연질서를 벗어나는 것이 아니다. 왜냐하면 인간의 영적 삶은 그 근본 상태에 따라 탈아적이고, 이 점에서 살아 있는 자 전체에 고유한 특성을 특별한 방식으로 실현하기 때문이다(위의 346ff.를 보라). 인간 의식은 타자 곁에서 자기 자신으로 존재할 수 있는 능력을 완전히 실행할 때, 점점 더 탈아적인 구조를 갖게 되며, 바로 그렇게 해서 의식은 영의 생동력에 붙들리게 되는 것이다. 인간 의식은 자의식으로서 타자 곁에서 자신의 존재를 알며, 그렇기에 본질적으로 타자 안에서 자기 자신으로

---

[142] 그렇기에 바울에게서 화해와 칭의는 가장 긴밀하게 일치한다. 로마서 5:9f.에 대해 위의 685f.와 그곳의 각주 5에서 인용된 브라이텐바흐(C. Breytenbach)의 논문을 보라. 또한 퀴멜의 설명을 참고하라. W.G. Kümmel, *Die Theologie des Neuen Testaments nach seinen Hauptzeugen*, 1969, 181ff.

[143] 믿음이 갖는 이런 구조와 그것의 칭의론에 대한 의미는 제III권 13장에서 상세히 설명될 것이다.

서 존재한다. 왜냐하면 타자 곁에 있는 그 존재가 의식의 본질을 규정하기 때문이다. 물론 모든 "자기-밖에-존재하기"(Außersichsein)가 인간으로 하여금 자신의 특수성을 극복하게 하여 더 높은 의미의 수준에 존재하는 자기 자신에게로 나아가게 하는 것은 아니다. 오히려 인간은 그 과정에서 자기 자신으로부터 소외될 수도 있다. 이것은 자아망각을 일으키는 극단적인 환각상태나 혹은 용기와 광기를 통해 탈자아 상태에 빠지는 곳에서뿐만 아니라, 아우구스티누스가 구조적으로 묘사했던 현상들, 곧 죄의 성향의 근본 형식으로 소급되는 예속이나 타락의 현상들 속에서도 일어날 수 있다. 다른 측면에서 자아망각은 고도의 자기실현을 의미할 수도 있다. 이것은 자아를 망각한 자가 바로 그 점에서 인간과 인격으로서 규정된 내용에 자신을 완전히 헌신한 경우에 해당된다. 예수 그리스도를 믿는 믿음의 경우는 바로 그와 같은 경우와 관련된다. 예수 그리스도 곁에 머무는 탈아적 존재 속에서 믿는 자는 다른 어떤 자에게 예속되지 않는다. 왜냐하면 예수는 아버지의 아들로서 온전히 하나님이시며, 또한 다른 인간들에게 자신을 헌신한 인간이기 때문이다. 믿는 자는 영을 통해 예수 곁에 존재함으로써, 아버지께 대한 예수의 아들 관계에, 아버지의 창조자로서의 선하심으로부터 시작되는 세상의 긍정에, 그리고 세상에 대한 그분의 사랑에 참여한다. 그렇기에 예수를 믿는 자는 자기 자신으로부터 소외되지 않는다. 왜냐하면 그는 혹은 그녀는 예수와 함께 하나님 곁에, 곧 모든 피조물의 본래 유한한 현존재와 그것들의 특수한 규정의 원천이신 하나님 곁에 존재하기 때문이다. 그래서 예수 그리스도에 대한 믿음 안에서 영을 통해 자기-밖에-존재하는 것은 해방을 의미하는데, 단순히 고유한 유한성 너머로 고양된다는 의미에서만이 아니라, 오히려 고유한 유한성 너머로의 고양을 통해 피조물의 본래적 현존재가 새롭게 획득되고, 그의 창조자에 의해 긍정되고 화해되며, 세상, 죄, 죽음의 예속으로부터 해방되어 영의 힘을 통해 세상 안에서 이미 생명으로 나아간다는 의미에서 그렇다.

믿는 자들이 영을 통해 탈아적으로 자기 자신을 넘어선 곳, 즉 믿음을 통해 "그리스도 안"에 존재하는 곳으로 고양될 때, 이것은 그들이 그리스도와 합일을 이루는 신비를 의미하지 않으며, 혹은 그리스도를 통해 하나님과 융합됨으로써 자신을 더 이상 그리스도와 하나님으로부터 구분할 수 없게 된다는 것을 의미하지도 않는다. 오히려 믿는 자는, 비록 믿음을 통해 그와 하나가 되었다고 해도, 자신의 고유한 현존재가 자신이 믿는 예수 그리스도와 명확하게 구분된다는 것을 알고 있다. 믿음 안에서 그리스도와 하나가 된다는 것은 자신의 현존재가 "머리"이신 그분과 구분된다는 지식을 필수적으로 포함한다. 이것은 "그리스도 안"에서 아버지께 대한 예수의 아들 관계에 참여하는 믿는 자들이 바로 그 점에서 예수와 함께 자신을 하나님으로부터 구분하게 된다는 것을 의미한다. 자신을 그렇게 하나님으로부터 구분하는 것은, 제10장에서 설명했던 것과 같이,[144] 예수 자신이 아버지와 이루는 연합의 조건이며 그의 고유한 하나님의 아들 되심의 근거다. 예수가 첫째 아담과 반대되는 것은 바로 그 점에 있다. 첫째 아담은 하나님처럼 되려 했고, 그 결과 모든 피조물보다 무한히 높으신 하나님뿐만 아니라 자신의 본래적·피조적 생명마저 상실했다. 믿는 자는 아버지께 대한 예수의 아들 관계에 참여하며, 그래서 또한 그의 신성으로부터의 자기구분에도 참여한다. 이 자기구분은 아들의 성육신 속에서 결정적으로 실현되었다. 예수의 아들 됨에 참여하는 것은 다음의 지식을 포함한다. 믿는 자들이 예수를 단순히 다른 한 인간으로서 자신으로부터 구분하는 것이 아니라, 오히려 예수를 그의 인격 안에서 홀로 아버지의 아들이신 자로서 자신과 구분할 줄 아는 지식이다. 바로 그렇게 구분할 줄 아는 지식 속에서, 그리고 자신의 고유한 피조성의 수용을 통해 믿는 자들은 "그리스도 안에서" 아버지께 대한 그의 아들 됨의 관계에 참여한다. 달리 말하면 다음과 같다. 아버지께 대한 예수의 아들 관계에 참여하는 것은 믿는 자들을 해방

---

144 위의 639ff.를 보라.

시켜서 아버지 하나님과의 직접적인 관계 속에 존재하도록 하며, 하나님께 대한 직접성은 각각의 고유한 인간적 삶이 특수하게 실현되는 가운데 구체적인 체험이 되고자 한다.

믿는 자들이 자신의 인격 안에서 자신을 아버지의 영원한 아들이신 예수로부터 그렇게 구분하는 능력은 영으로부터 온다. 왜냐하면 영은 자기 자신이 아니라 아버지의 아들인 예수를, 그리고 아들 속에 계신 아버지를 계시하여 아버지께 영광을 돌림으로써, 자신을 아들로부터 구분하기 때문이다.[145] 그 자신이 하나님이신 영은 하나님과의 연합을 산출하는데, 이것은 오로지 영이 자신을 — 그리고 영을 통해 마음이 채워지고 하나님께로 고양되는 모든 사람을 — 아버지 그리고 아들로부터 구분함으로써 가능하다. 또한 영의 탈아적 활동도 하나님으로부터의 자기구분이 하나님과의 모든 연합의 조건이라는 사실을 넘어서지 않는다. 자기구분은 그 구분 속에서 우리가 하나님과 함께 평화의 기쁨을 누리도록 만든다.

영의 아들로부터의 구분 및 자기구분은 — 물론 바울의 의미에서도 그리스도와 영이 절대적으로 동일한 것은 아니라고 해도 — 요한복음에서 비로소 명백하게 말해졌다.[146] 요한복음의 예수는 영의 오심을 보혜사($\pi\alpha\rho\acute{\alpha}\kappa\lambda\eta\tau\sigma\varsigma$)로서 통고하신다(14:26). 영은 예수가 제자들로부터 떠난 이후에야 오실 것이다(7:39; 16:4). 예수는 잠시 동안만 그들과 함께 머물렀고 종말의 완성 때 재림할 것(13:33; 14:3; 16:4; 17:24)인 반면에, 영은 그들과 항상 함께 머물 것이다(14:16). 무엇보다도 영은 제자들에게 예수의 참된 의미를 드러냄으로써(14:26; 16:13), 자신을 예수와 구분하신다. 그는 예수가 말했던 모든 것을 기

---

[145] 이에 대해 『조직신학 I』, 507ff.를 보라.
[146] 슈바이처(E. Schweizer)는 고린도후서 3:17에서 중요한 것은 "두 인격들의 동일성"이 아니라(같은 곳, 416), "주님($\kappa\acute{\upsilon}\rho\iota\sigma\varsigma$)이 자신의 공동체에 현재하는 방식"(432), 그리고 다른 한편으로 그분 자신의 "존재방식"이라고(416) 강조했다.

억나게 함으로써(14:26), 그를 "영화롭게" 할 것이다(16:14).[147]

비록 예수 자신이 하나님의 영으로 충만했음에도 불구하고, 제자들은 예수가 떠난 이후에야 비로소 영을 지속적으로 머무는 은사로서 수용한다. 예수가 떠나고 없었을 때, 그들은 예수의 길을 자신들을 위한 모범으로 수용함으로써 순종과 겸허 속에 있는 그분의 영광을 **스스로** 인식할 수 있게 되었으며, 이를 통해 그들 자신의 삶 속에서 하나님과 화해할 수 있게 되었다. 그래서 요한의 그리스도는 자신이 그들로부터 떠나가는 것이 그들에게 유익이라고 말씀하신다(요 16:7). 왜냐하면 그렇게 하여 그들은 그리스도의 고난과 죽음 속에 있는 아들의 영광을 인식하게 되며, 그 결과 아버지께 대한 자신들의 독립적이고 고유한 관계에 이르기 때문이다. 그렇다면 유한성의 고통이 그들을 더 이상 하나님으로부터 분리시킬 수 없다. 하나님은 세상 죄를 대속하기 위해 아들을 십자가에서 죽게 하셨고, 아들의 죽음 속에서 끝까지 그를 인정하셨던 분이다. 이와 같이 영은 예수 그리스도를 믿는 믿음을 통해 인간들이 자신의 유한한 현존재를 하나님 앞에서 받아들일 수 있게 해주신다. 그 결과 인간들과 하나님 사이의 화해가 영을 통해 완성된다.

5. 복음

영은 자기 자신 안에서가 아니라 자신에 대한 타자 안에서, 자기 자신으로서 존재한다.[148] 그리스도인은 하나님과 화해되었다는 의식을 자기 자

---

147 참고. W.G. Kümmel, *Die Theologie des Neuen Testaments nach seinen Hauptzeugen*, 1969, 278ff.
148 이 문장은 헤겔을 연상시키고 헤겔 없이는 생각될 수 없지만, 그러나 헤겔과는 다

신으로부터가 아니라, 예수 그리스도에 대한 믿음을 통해 발견한다. 영이 그를 가르쳐서 예수 안에서 하늘 아버지의 아들을 인식하도록 만들고, 그 결과 그는 화해를 의식하게 된다. 예수의 아들 지위에 참여하는 것은 믿는 자의 존재 규정이며 그의 자유의 원천이다. 그러한 인식은 믿는 자의 주관성이 예수의 역사적 현실성에 외적으로 부착하는 해석학적인 추가물이 아니다. 그 인식은 예수의 역사 그 자체에 내재된 의미, 곧 세상의 화해가 이미 그리스도의 죽음 속에서 일어났다(고후 5:19)는 의미를 전개할 뿐이다. 물론 화해는 믿는 자들 안에서 영을 통해 완성된다. 화해는 전 인류와 관련되어 있고, 이 관계는 예수의 역사가 지닌 의미 속에서 예기된다. 하지만 이 의미는 확장될 필요가 있으며, 모든 인간과 실제로 접촉해야 한다. 이 일이 사도들과 교회의 선교적 메시지를 통해 일어난다. 여기서 사도 바울은 그리스도의 죽음 안에서 이미 발생한 화해를 선포하는 것에 그치지 않는다. 오히려 그 선포는 화해의 실행에 속한다. 왜냐하면 "그리스도를 대신해서" 바울은 이렇게 청원하기 때문이다. "너희는 하나님과 화해(화목)하라"(고후 5:20).

바울의 "화해의 직분"(고후 5:18)은 복음을 선포하는 것이다. 왜냐하면 복음은 그리스도에 대한 소식이며, 그 속에서 그리스도 자신이 말씀하시기 때문이다(고후 2:12; 9:13; 10:14). 나아가 그리스도 안에서 하나님이 행하시기에, 바울은 자신이 선포하는 복음을 "하나님의 복음"이라고 말할 수 있었다(살전 2:2.8; 고후 11:7; 롬 1:1 등). 복음 곧 기쁜 소식의 내용은 "화해의 말씀"(고후 5:19)이다.[149] 로마서 1:15-17의 잘 계획된 순서의 진술 속에서

른 의미를 갖는다. 왜냐하면 헤겔의 영은 타자를 소유하지 않기 때문이다. 나의 논문을 참고하라. Der Geist und sein Anderes, in: D. Heinrich und R.-P. Horstmann, Hg., *Hegels Logik der Philosophie. Religion und Philosophie in der Theorie des absoluten Geistes*, 1984, 151-159.

149 바울이 복음을 화해와 결합시켜 가장 명확하게 하나의 공식 문구로 만든 것은 다른 어떤 것보다도 "그리스도의 복음"이라는 표현이다. 하지만 고린도후서 5:19의 "화해

복음은 믿는 자들을 구원하기 위한 "하나님의 능력" 곧 하나님의 계약의 의를 계시하는 능력으로 묘사된다. 그 진술에는 고린도후서 5:20f.가 상응하는데, 이 본문에 따르면 하나님의 의는 우리가 예수 그리스도의 대리적 대속의 죽음을 통해 하나님과 화해됨으로써 성취된다.

바울에게 "복음"이라는 단어가 십자가에 못 박히고 부활하신 자이신 예수 그리스도, 곧 자신의 죽음을 통해 하나님께서 세상과 화해하게 하신 자에 대한 바울 자신의 선교적 메시지를 가리키는 반면에, 신약성서에서는 첫눈에는 전혀 다른 복음의 개념이 사용되는 듯이 보인다. 마가복음에서는 "하나님의 복음"이 예수의 메시지 자체를 가리키며(막 1:14), 그와 함께 "복음"이란 명칭 자체도 예수 전승의 포괄적인 서술로 소급된다.[150]

이전에 사람들은 이렇게 추측했다. "복음"이라는 표현은 원시 그리스도교 안에서 바울로부터 시작되었고, 바울의 용어사용으로부터 예수의 메시지와 또한 그의 역사(막 14:9)까지 가리키게 되었다는 것이다.[151] 그러나 이

(화목)의 말씀"도 또한 의심할 바 없이 복음과 동일시된다. 로마서 1:1에 따르면 바울은 그 복음을 선포하라는 위탁을 받았는데, "십자가에 대한 말씀"(고전 1:18)도 이와 마찬가지다. 고린도후서 5:18-21에서 바울의 화해의 직분에 관한 문장들은 말하자면 2:14에서 시작되는 사도적 선포의 직분(die diakonia tou pneumatos, 3:8)에 대한 서술의 정점을 형성한다. 이 직분은 2:12에 해당하는 표제어인 **그리스도의 복음**(euaggelion tou Christou)으로부터 시작된다.

150 마가복음은 다음의 문장으로 시작한다. "(이것은) 예수 그리스도의 복음의 시작이라"(막 1:1). 이것은 다음과 같이 번역될 수 있다. "예수 그리스도에 **관한**(von) 복음의 시작이라." 이렇게 이해된다면 마가복음 1:1은 하나의 문학적 유형 즉 복음서라는 장르를 표현하는 출발점이 된다. 하지만 소유격의 표현은 또한 예수 자신이 선포한 복음과 관계되는 것으로 이해되어야 한다. 예를 들어 J. Schniewind, *Das Evangelium nach Markus*, 1933, 6.Aufl. 1952, 43을 보라. 이것은 이미 1:14에서 입증된다. 그렇다면 마가복음 1:1은 예수의 선포가 세례 요한의 사역으로부터 시작했다는 것을 말한다. 그 사역은 곧바로 이어서 말해진다(1:4ff.).

151 E. Lohmeyer, *Das Evangelium des Markus*, 11.Aufl. 1951, 29, 각주 4. 다른 견해로는 Th. Zahn, *Einleitung in das Neue Testament* II (1900), 3.Aufl. 1924, 169f.

단어의 기원은 구약성서의 예언 곧 종말론적인 평화를 전하는 자의 형태 안에 놓여 있다. "볼지어다, 아름다운 소식을 알리고 화평을 전하는 자의 발이 산 위에 있도다"(나훔 1:15). "좋은 소식을 전하며 평화를 공포하며 복된 좋은 소식을 가져오며 구원을 공포하며, 시온을 향하여 이르기를 '네 하나님이 통치하신다' 하는 자의 산을 넘는 발이 어찌 그리 아름다운가!"(사 52:7).[152] 제2이사야에서 평화를 전하는 자의 중심 내용은 하나님의 왕권 통치의 시작을 통고하는 것이다. 이것은 하나님 자신이 이미 그 통치 가운데 등장하셨음을 뜻한다. 이 내용과 예수의 메시지의 중심 주제는 놀랍게 유사하다. 마가복음 1:15은 그것이 예수가 선포한 복음의 내용이라고 말한다. 물론 예수에게서 하나님의 통치는 미래로부터 도래하여 지금 이미 시작되고 있다. 하나님의 통치의 시작이 구원을 의미한다는 것은 이사야 61:1f.에서도 표현된다. 이 표현은 누가복음 4:18f.에 따르면 나사렛에서 예수의 공적 선포의 시작을 알리는 설교의 토대가 되었다. "주의 성령이 내게 임하셨으니 이는 가난한 자에게 복음을 전하게 하시려고 내게 기름을 부으시고, 나를 보내사 포로 된 자에게 자유를 눈 먼 자에게 다시 보게 함을 전파하며 눌린 자를 자유롭게 하고, 주의 은혜의 해를 전파하게 하려 하심이라"(비교. 마 11:5). 종말론적인 평화를 전하는 자의 형태는 또한 예수 시대의 유대적 삶에서도 중요했기에,[153] 예수가 제2이사야의 평화를 전하는 자의 메시지에 따라 자신의 메시지를 이해했을 것이라는 사실은 배제될 수 없다.[154] 비록 예수가 하나님 나라를 가까이 다가온 미래로 선포했다

---

[152] 이에 대해 P. Stuhlmacher, *Das paulinische Evangelium I. Vorgeschichte*, 1968, 116ff.를 보라.

[153] 슈툴마허는 특별히 쿰란 공동체에 대해 이 사실을 입증했다. P. Stuhlmacher, 같은 곳, 142ff. 이사야 61:1을 의의 교사들에게 적용한 것에 대해 1 QH 18,14를 보라.

[154] 슈툴마허는 예수 자신이 "그에 상응하는 자신만의 표현방식을 사용했는지" 여부는 "역사적으로 확실히 증명될 수 없다"라는 소극적인 판단을 내렸다(같은 곳, 243). 이에 대해 빌켄스는 "예수가 자기 자신을 제2이사야의 평화를 전하는 자로 이해했다"

고 해도, 그 나라는 예수 자신의 사역 속에서, 그리고 그 메시지를 받아들이는 사람들 가운데서 이미 시작되는 것으로 선포되었으며, 그 시작은 이사야 61:1f.에서 나타나는 구원의 효력들을 동반했다.

그렇다면 바울적인 복음 개념은 예수 자신으로부터, 그리고 이와 직접 이어지는 원시 그리스도교의 언어 사용으로부터 시작된 "의미-발전"의 결과로 이해될 수 있다. 부활 이후의 공동체에게 예수는 복음의 내용이 되었는데, 왜냐하면 예수 안에서 하나님의 통치가 현재하고 공동체는 그를 통해 구원에 도달하기 때문이었다. 이렇게 해서 예수가 전한 복음은 예수 그리스도에 대한 복음이 되었다. 하지만 바울은 여전히 아마도 예수 자신과 같이 "하나님의 복음"이라고 말했다. 어쨌든 하나님의 통치의 시작이 복음의 근원적 내용이고 기쁨의 계기다. 그래서 그 메시지를 "좋은 소식"이라고 부른다. 예수 자신이 십자가에 못 박히고 부활하신 자로서 그 소식의 내용이 되었다. 예수 안에서 하나님 나라의 구원이 이미 현재하기 때문이다.

그 소식이 믿는 자들에게 하나님의 구원의 능력이라는 사실은 바울의 로마서 1:16에서 다음과 같이 설명된다. 그 소식을 통해 하나님의 "의"가 계시된다. 하나님의 의는 창조자의 계약의 의로서 이미 "하나님의 새 창조의 돌입"이다. 비록 "온 세상 앞에서 하나님이 종말론적으로 현현하시는 것"은 바울에게 아직 미래에 있었다고 해도 그렇다.[155] 이 점에서 사도 바울이 하나님의 의가 복음을 통해 계시된다고 말하는 것은 중심 내용에서는 하나님의 통치와 그 구원의 시작에 대한 예수의 말씀과 매우 비슷하다. 다만 하나님의 의는 고린도후서 5:21에 따르면 "우리" 즉 믿는 자들에게 계시된다. 왜냐하면 우리는 복음이 선포했던 예수 그리스도의 화해의 죽

는 사실은 반드시 고려되어야 한다고 주장한다. U. Wilckens, Exkurs zum Begriff "Evangelium" in: *Der Brief an die Römer* I, 1978, 75.

155 P. Stuhlmacher, *Gerechtigkeit Gottes bei Paulus*, 1965, 74ff., 특히 75.81.

음을 통해 하나님과 화해되었기 때문이다. 화해에 도달한 믿는 자들에게는 화해 사건을 통해 하나님의 계약의 의가 계시된다. 이것은 자신의 피조물을 파멸에 넘겨주지 않으시려는 창조자의 부성적 선함이다. 이러한 의미에서 바울의 복음 개념, 즉 예수 그리스도의 죽음을 통한 세상과 하나님의 화해에 대한 구원의 메시지는 예수의 인격 및 역사와의 관계 속에서 그 개념의 근원적 의미에 대한 바르고 적합한 해석 곧 종말론적인 하나님의 통치의 구원론적인 현재라는 해석으로 이해될 수 있다.

최근의 교의학적 작업 가운데 누구보다도 에벨링(Gerhard Ebeling)이 복음 개념과 제2이사야의 평화를 전하는 자(특히 사 52:7) 사이의 관계에 주목했고, 다가오는 하나님의 통치와 자신의 사역 속에서 그 통치가 시작되고 있다는 예수의 메시지가 제2이사야와 상응한다는 점을 강조했다.[156] 그 이전에 이미 칼 바르트는 예수의 나사렛에서의 처음 설교(눅 4:17f.)를 이사야 61:1f. 와 관련시켜 설명했다(KD IV/2, 218f.). 하지만 바르트는 이사야서에서 통고된 구원이 예수의 인격 안에서 성취되었다는 의미로만 설명했다.[157] 에벨링

---

[156] G. Ebeling, *Dogmatik des christlichen Glaubens* II, 1979, 93f. 물론 제2이사야와 비교할 때 "종말론적 사건의 중점이 미래로부터 현재완료형 안으로 옮겨졌다"는 사실(95)은 바울의 언어사용에 비추어 분명해지는 것이지, 예수 자신의 메시지에서 직접 이해되는 것은 아니다. 예수의 메시지에서는 오히려 하나님의 통치의 미래가 그 출발점을 형성하고 있다. 완료형의 강조는 여기서는 이사야 52:7에서보다는 덜 말해졌다.
[157] 예수의 메시지가 제2이사야의 평화를 전하는 자의 메시지와 상응하는 것은 그 메시지가 그것을 전하는 자의 인격과 구분되는 하나님의 왕권 통치의 시작을 내용으로 가진다는 점을 통해서다. 이 사실은 바르트에게는 중요하지 않았다(사 52:7은 인용되지 않는다). 오히려 바르트는 하나님의 통치와 예수의 인격 사이에 어떤 구분이 존재하지 않는다(KD IV/2, 219)고 명확하게 말한다. 이것은 특정한 의미에서(말하자면 아버지께 대한 영원한 아들의 관계라는 관점에서) 그리스도론적으로 정당화될 수는 있겠지만, 예수의 선포에는 해당하지 않는다. 바르트는 "예수의 아버지로부터의 자기구분"을 간과한다. 하지만 이 자기구분은 그의 신성 및 그의 아버지의 나라와의 동일성에 필수불가결한 조건을 형성한다.

은 다음의 사실을 바르게 강조했다. 사도 바울의 그리스도의 메시지와 예수 자신의 메시지 사이의 관계는 바로 복음의 개념 안에서 표현된다는 것이다. 여기서 에벨링은 예수의 기쁜 소식과 바울의 기쁜 소식의 서로 구분되는 내용 규정을 간과했고, 단지 예수의 인격과 연관된 기쁜 소식을 양자에 공통된 특성으로 규정했다.158 복음이 "예수와의 관계 때문에" 기쁜 소식이라는 사실은 바울에 대해 주장될 수 있지만, 예수 자신의 메시지에 대해서는 그와 동일한 의미로는 결코 말해질 수 없다. 왜냐하면 예수의 사역 속에 하나님의 구원의 통치가 현재한다는 것은 그가 통고하는 하나님의 미래에 대한 집중을 통해 중재되기 때문이다. 반면에 바울의 복음에서 그리스도에 대한 메시지가 갖는 구원의 의미는 예수의 죽음 속에서 성취된 세상과 하나님 간의 화해에 근거한다. 이러한 내용적인 차이를 간과하면, 그때 남는 것은 "예수가 베풀어 주었고 그와 관계된 말씀 사건"에 대한 추상적 표상뿐이다. 그렇지만 에벨링은 복음의 사건적 성격만큼은 바르게 강조했다. 마찬가지로 슐링크(Edmund Schlink)도 바울에 따라 하나님의 복음의 약속이 "생명을 버리는 사역"과 결합되어 있음을 강조했다.159 사실상 바울은 복음이 "하나님을 믿는 모든 사람을 위한 구원의 능력"이라고 말했고(롬 1:16), 이미 데살로니가 사람들에게 쓴 첫 편지에서 복음은 그들에게 "단지 말씀 안에서만이 아니라 능력과 성령 안에서, 그리고 큰 확신 안에서" 왔다고 썼다(살전 1:5). 그래서 슐링크는 다음과 같이 바르게 판단했다. 복음은 예수 그리스도 안에서 유일회적으로 영원히 완성된 구원 행위를 공표하는 것만이 아니라, 또한 그것을 선포하는 행위도 그 자체로서 하나님의 행동이다. 그래서 그는 복음의 개념을 선포 사건에 뒤따르는 구원 행위로 소급시켜 축소하는 것을 거부했고, 마찬가지로 그가 후기 바르트에게서 인지된다고 생각했던 경향 즉 "복음의 실제 활동적인 이

---

158 G. Ebeling, 같은 곳, 93, 비교. 또한 III, 1979, 290.

159 E. Schlink, *Ökumenische Dogmatik. Grundzüge*, 1983, 421ff., 특히 424f., 인용은 425.

해로부터 인식론적인 이해로 물러서려는" 반대 방향의 경향도 거부했다.[160] 그러나 다음의 질문이 남는다. 복음의 개념에서 실제 활동의 요소와 인식론적 요소의 일치는 무엇에 근거하는가? 그 일치의 근거는 오로지 복음의 내용으로부터 온다. 바울의 경우 그것은 화해 사건의 특성에 근거했다. 화해 사건은 한편으로는 그리스도의 죽음 속에서 이미 사건으로 발생했지만, 그럼에도 불구하고 사도 바울의 화해의 직무를 통해 그것을 받아들여야 하는 사람들에게는 여전히 목적으로 남아 있는 것이다.

복음의 말씀의 내용에 근거한 특수한 역동성이 이미 다가오는 하나님의 통치에 대한 예수의 메시지의 특성을 나타낸다. 왜냐하면 그 메시지를 선포하는 말씀을 통해 하나님의 통치 자체가 그것과 관련되는 사람들에게는 이미 현재가 되기 때문이다. 그 말씀과 사도 바울의 복음은 후자가 이미 등장한 사건에 대해 말한다는 점에서 구분된다. 사도의 복음에서는 예수의 경우와 같이 하나님 나라의 미래가 아니라 예수의 역사 안의 과거 사건, 특히 그의 죽음의 사건이 현재의 효력을 나타낸다. 물론 이것이 가능한 것은 오로지 그 과거 사건이 하나님의 종말론적 미래의 시작을 내포하고 있기 때문이다. 그렇기에 십자가에 못 박히신 자의 부활의 소식은 부활하신 자의 영적 현실성으로 채워진다. 그렇기에 바울의 복음의 경우에 그의 선포에 생기를 불어넣고 그로부터 시작되는 능력은 최종적으로 다음의 사실, 즉 하나님의 종말론적인 미래가 그 소식의 내용의 중재를 통해 듣는 자들을 사로잡게 된다는 사실에 근거하는 것이다. 십자가에 못 박히신 자 그리고 부활하신 자이신 예수의 역사 속에서, 또한 그 역사의 선포를 통해 구원의 미래는 예수의 죽음을 넘어 영의 능력을 통해 현재적인 효력을 나타낸다. 영은 십자가에 못 박히신 자를 부활로 깨우고 그를 복음의 소식을

---

160 E. Schlink, 같은 곳, 426f.

통해 영화롭게 하시는 분이다(참고. 고후 3:7ff.; 4:4-6). 이와 같은 의미에서 예수 그리스도 자신이 높여지신 주님으로서 복음의 말씀을 통해 직접 말씀하고 행동하시는 것이다.[161]

복음을 성취하는 능력이 예수의 등장 속에 현재하는 하나님의 미래와 연관되고, 또한 종말론적 구원의 현재가 영을 통해 전달된다는 사실과도 연관된다면 — 여기서 영은 예수의 인간적 역사 속에서 복음을 통해 아들의 인식으로 이끈다 — 그때 우리는 그 능력을 하나님의 말씀에 대한 일반적인 개념 곧 구약성서에 집중된 하나님의 말씀의 이해로 소급시킬 수 없다.[162] 바울은 고린도후서 3:6ff.에서 복음을 바로 영의 능력과 관련시키면서, 구약성서적인 율법의 직무로부터 뚜렷이 구분했다. 여기서 영의 능력은 복음을 예수 그리스도 안에서 시작된 하나님의 구원의 미래에 대한 종말론적인 소식으로 실현시키며, 고린도후서 4:4에 따르면 복음의 내용으로부터 빛을 발산한다. 여기서 복음은 율법 개념과 짝을 이루는 상관개념이 아니며, 오로지 "율법과의 관계 속에서만 언어로 표현되는 것"이 아니다.[163] 바울이 갈라디아서에서 제시하는 대립, 곧 복음과 율법 말씀과의 대립은 역사적으로 제약되어 있다. 종말론적 구원의 소식이 등장함에 따라 율법의 시대가 끝났다는 점에서 그렇게 말할 수 있다(갈 3:23-25; 비교.

---

161 로마서 1:17에 대해 다음을 참고하라. U. Wilckens, *Der Brief an die Römer* 2, 1980, 229. "복음은 높여지신 그리스도의 말씀이며, 그는 하늘로부터 모든 민족에게 말씀하신다. 그를 전하는 인간적인 소식 전달자들은 말하자면 종말론적 현실성을 단순히 뒤따라 성취할 뿐이다"(230).

162 G. Ebeling, *Dogmatik des christlichen Glaubens* III, 1979, 251-295, 특히 254f. 에벨링이 복음의 말씀과 관련시키기 위해 자세히 다루었던 율법의 말씀은 이미 구약성서적인 표상의 틀 안에서 권능에 찬 작용을 일으키는 하나님의 말씀의 표상과는 구조적으로 구분된다(시 33:9; 비교. 사 55:11; 렘 23:29). 후자의 표상은 예언자적인 말씀의 이해와 비슷하다. 하나님의 말씀에 대한 다양한 성서적 이해에 대해 『조직신학 I』, 391과 406ff.를 참고하라.

163 G. Ebeling, 같은 곳, 290.

롬 10:4).¹⁶⁴ 복음은 그 자체의 내용에 따라 율법의 효력으로부터 독립적이지 않다면, 구속사의 새로운 시대, 곧 구속사를 종말론적으로 완성하는 시대의 근거가 될 수 없을 것이다. 이것은 다음의 사실을 배제하지 않는다. 율법이 증언하는 하나님의 의지는 구속력을 가지며, 그래서 옛 계약의 율법도 복음의 기대 안에서 자신의 기능을 성취해야 하는데, 물론 그것은 상당히 변형된 기능이다.¹⁶⁵ 그러나 복음을 하나님의 통치의 시작에 대한 소식으로, 그리고 바울의 의미에서 예수 그리스도에 대한 사도적 선교 메시지의 총괄개념으로 이해하는 것에서 율법과의 관계가 본질적이지는 않다. 이 점이 오인된다면, 신약성서의 복음이 하나님의 통치의 구원론적 현재에 대한 소식으로서 갖는 특성이 시야에서 사라질 뿐만 아니라, 또한 복음의 의미와 내용이 위축되기 쉽다. 그것이 율법과 비교되는 의미(*nova lex*, 새 율법)이든지, 아니면 고소하고 죽이는 율법적 기능에 대한 상관개념이든지 관계없이 그렇게 된다. 그때 복음의 개념은 죄 용서에 대한 약속에 지나지 않게 된다.

이 자리에서 종교개혁의 핵심개념에 속한 한 가지에 대한 비판적 개정이 요청된다. 이 개정은 ― 전통의 모든 형태를 성서의 권위에 종속시킨다고 말하는 ― 개신교 신학이 완전히 회피하려 한다고 말할 수는 없다고 해도 다만 마지못해 받아들이려고 하는 과제다.

---

164 G. Ebeling, 같은 곳, 291f. 에벨링은 그럼에도 불구하고 율법과 복음 사이에서 지속되는 관계를 주장한다. 왜냐하면 율법은 "매우 특성화된 의미에서 인간을 처음으로 죄인으로 만들며, 그래서 인간으로 하여금 자신의 무가치성과 은총에 의존해 있음을 의식하도록 하기" 때문이다(292). 바울은 율법의 구속사적 기능을 비슷하게 묘사했지만, 그러나 영속적이고 구원의 소식의 시대에도 여전히 타당한 기능, 곧 복음을 예비하는 기능을 율법에게 귀속시키지는 않았다. 에벨링이 이 사태를 그와 같이 묘사하는 것은 율법과 복음의 관계들에 대한 후대의 개혁주의적 견해에 상응하지만, 바울적 진술의 역사적 의미에는 부합하지 않는다.

165 이 주제는 『조직신학 III』 12장에서 자세히 논의될 것이다.

1516/17년에 있었던 갈라디아서 강연에서 루터는 1:11에 대해 이렇게 말했다. 복음은 죄의 용서 그리고 그리스도를 통해 이미 실현된 율법의 성취를 설교한다. "그렇기에 율법은 말한다. '네가 진 빚을 갚아라.' 그러나 복음은 선포한다. '너의 죄가 사해졌다.'"[166] 복음의 내용을 그렇게 규정하기 위해 루터는 1년 전의 로마서 강연에서 평화를 전하는 자에 대한 제2이사야의 말씀(사 52:7)을 제시했는데, 이것은 바울이 로마서 10:15에서 인용한 것이었다. 즉 구원의 소식이 사랑스럽고 바람직한(*amabilis et desiderabilis*) 것은 그것이 율법을 두려워하는 자들에게 죄의 용서를 약속한다는 사실 때문이다.[167] 하지만 이 사실에 대해서는 바울도, 이사야 52:7도 말하지 않는다. 로마서 10:14f.에서 바울에게 중요했던 것은 구원의 소식을 선포하기 위한 파송의 필연성이었다. 선포는 그 소식의 내용인 주님을 믿는 믿음을 가능케 하는 것이다. 그 소식이 구원의 소식인 이유는 거기서 직접 언급되지는 않지만, 이미 전제되어 있다. "누구든지 주의 이름을 부르는 자는 구원을 받으리라"(롬 10:13). 바로 이러한 사고가 종말론적인 구원(*soteria*)에 관한 바울의 복잡한 표상들 전체와 연관되어 있다. 그러나 제2이사야에 의하면 기쁨의 근거는 하나님의 왕권 통치의 시작에 있다. 그러므로 그 소식의 내용이 죄의 용서의 약속으로 축소된다면, 그것은 매우 영성적인 해석이 될 것이다. 여기서 복음의 의미는 중세 서방 교회에서 실행되었던 것과 같은, 고해성사를 통한 죄의 사면에 집중된다. 하지만 여기서 망각되고 있는 것은 복음에서 중요한 것은 구원을 가져다주는 하나님의 왕권 통치의 시작이라는 사실이다. 죄의 용서는 하나님과 인간 사이의 분리를 지양한다. 하지만 그것에 대해 근본적인 사실은 하나님의 통치가 예수의 사역 안에서 현재가 된다는 사실이다. 하나님의 통치의 구원이 도래하는 곳에서 하나님으로부터의 모든 분리가 극복

---

166 M. Luther, WA 57,60. Ideo voxlegis est haec. redde quod debes. evangelii autem heac. remittuntur tibi peccata tua.

167 M. Luther, WA 56,424, 8ff.

된다. 그렇기에 믿는 자들에게는 하나님의 통치에 참여하는 것에서 시작해서 죄의 용서와 새로운 사랑의 계명이 이어진다. 하지만 하나님 나라의 구원을, 예수의 성만찬에서 묘사되는 것과 같이, 죄의 용서에 국한시키는 것은 예수의 메시지에 적절하지 않고 중세적인 참회의 경건이라는 관점에서 이해될 수 있을 뿐이다. 바울적인 복음의 내용을 형성하는 화해 사건도 단순히 죄의 용서의 약속을 뜻하는 것만이 아니라, 오히려 생명과 죽음의 문제라고 할 수 있다.

칼 바르트는 율법을 복음의 형식으로 보는 자신의 학설에 반대하는 루터교 비판가들과 논쟁을 벌이는 가운데, 복음의 이해를 "죄 용서의 선언"에 한정시키는 것에 대해 바르게도 이의를 제기했다(KD IV/3, 427). 어떻든 바르트가 무엇보다 중요하게 생각했던 것은 복음에는 하나님께서 인간에게 요구하시는 것 곧 "믿음의 법"(롬 3:27)이 속한다는 사실이었다(참고. KD IV/1, 433-439). 그렇다면 바르트의 이해도 결국 그에 대한 루터교 비판자들의 견해와 마찬가지로 율법과 복음의 관계에 대한 질문의 틀 안에서 움직이고 있다. 다만 그는 복음을 율법의 근원으로 해석했을 뿐이다. 이 과정에서 바르트는 구원사적인 차이를 간과하고 있다. 이 차이는 율법은 옛 계약에 속하고 복음은 새 계약의 근거이며, 율법은 종말론적인 구원의 소식이 선포되는 곳에서 끝났다는 사실에 놓여 있다. 이 점에 유의한다면, 율법을 복음의 "형식"(KD II/2, 564, §36)으로 표현할 수 없을 것이다(비교. 567). 그러나 바르트는 다음의 사실만큼은 바르게 보았다. 루터가 복음의 이해를 죄의 용서에 대한 약속으로 축소시킨 것은 복음의 폭넓은 신약성서적 개념에 상응하지 않는다는 사실이다. 나아가 화해의 소식으로서의 바울의 복음이 영의 새로운 현실성을 통해 인간 자신을 요청한다는 사실도 올바르다. 다만 이것은 더 이상 율법이라는 단어가 갖는 본래적인 의미로 볼 수 없다. 로마서 8:2의 "성령의 법"은 모세의 토라와는 다르다. 바울에 의하면 토라의 효력은 구속사 안에서 복음을 통해 교체되었다. 여기서 바르트는 루터파 종교개혁으로 하여금 복음의 개념을 새로운 율법(nova lex)으로 보는 전통적 해석과 달리 용서의 약속에 제한시키도록 만들었던 바로 그 요소를 간과했다. 바울이 명확하게 제시했던 복음의 개념 곧 율법과 대립되는 개념은 그 과정에서 적절하게 제시되었다. 그러나 복음은 율법과 구분되는 가운데 매우 포괄적으로, 다시 말해 하나님의 왕권 통치라는 주제로부터 생각되어야 한다. 그때 복음은 예수의 등장 속에서 시작된 구원의 현재에 대한 소식을, 그다음에는 십자가에 못 박히신 자의 부활에 대한 사도적 선교의 소식을 의미하게 된다. 바로 부활의 내용이 그분 안에서, 그리고 그분을 통해 도래하는 종말론적 구원의 현재다. 죄 용서도 그 내용에서 하나의 본질적인 요소이지만, 그러나 한 가지 요소에 그친다. 죄 용서는 예수 그리스도 안에 있는 하나님의 구원의 현재를 통해 근거되고 포괄된다. 이러한 맥락에서 루터의 소교리문답의 명제는 거꾸로 말해도 타당한 것이다. "죄 용서가 있는 곳에, 생명과 지복이 있다"(BSELK 520,29f.).

사도적 복음은 하나님께서 부활로 깨우신 예수의 죽음 속에서 성취된 화해, 세상의 하나님과의 화해에 관한 소식이다. 이 소식에는 선교 활동이 속한다. 선교 활동은 공동체의 설립과 교회의 건립을 목표로 한다. 바울은 자신의 공동체들에게 다음의 사실을 상기시켰다. 공동체는 자신이 그들에게 선포한 복음으로부터 생겼으며(고전 4:15; 참고. 살전 2:2ff.), 그 가운데 "굳게 서 있다"(고전 15:1). 복음과 공동체의 근거 사이의 내적 관계는 복음을 개인들의 죄의 용서에 대한 약속으로 축소시킬 때, 불명확해진다.[168] 그러

---

[168] 복음의 기능에 대한 다음과 같은 설명은 켈러의 공헌이다. 그는 교회의 건립을 위한 복음의 기능(Martin Kähler, 같은 곳, 373 §457)을 예수 그리스도 안에서 인류 전체를 위해 일어난 화해 사건의 의미가 표현되고 실현되는 것(참고. 363 §443)이라고 설명했다(365f. §445). 물론 여기서 그는 복음의 좁은 의미의 규정의 핵심을 고수하고 있다(367 §448). 비록 그가 복음 개념의 의미를 부활의 소식과 관련시키면서, 그리고 "역사적 계시 전체를 통해" 주어지는 맥락과 관련시키면서 확대한다고 해도 그렇게 말할 수 있다. 켈러의 설명은, 복음이 아우크스부르크 신조 7과 같이 참된 교회의 경계에 대한 기준이자 교회의 통일성의 조건이라는 점에서, 루터교 전통에 부합한다. 하지만 루

나 그 내적 관계는 하나님의 통치 그리고 예수 그리스도 안에서 일어난 그 통치의 시작이 복음의 내용을 형성한다는 사실로부터 출발할 때는 저절로 밝혀진다. 그때 복음의 규정도 그리스도의 죽음 안에서 일어난 세상의 화해에 관한 소식으로 이해될 수 있다. 그리스도의 죽음을 통해 세상은 하나님 그리고 그분의 통치와 만족스럽게 화해된다. 왜냐하면 하나님의 통치는 그리스도의 죽음을 통해 인간들을 구원하는 사랑으로 입증되기 때문이다. 한 분 하나님의 보편성 그리고 세계의 창조자로서의 그분의 통치에 다음의 사실, 곧 복음의 수신자가 제2이사야에서는 "시온"이자 구약성서의 언약 백성(사 52:7)이라는 사실이 상응한다. 하지만 이제 복음은 온 "세상"을 향한 선교의 메시지가 된다. 세상은 그리스도의 죽음을 통해 하나님과 화해되었고 그 화해에 참여하게 될(고후 5:18ff.) 장소다. 여기서 사람들 사이에 이루어지는 하나님 나라가 중요하다. 하나님 나라의 구체적 형태는 인간들의 하나님과의 연합, 그리고 인간들 사이의 연합(공동체) 안에서 이루어진다. 그렇기에 복음은 하나님과의 화해에 관한 소식으로서 모든 장소에서 반드시 교회 공동체(Gemeinde)의 설립으로 이어져야 한다. 이것들은 서로 연대하는 공동체 관계(Gemeinschaft)를 형성하는데, 그 안에서 화해 사건이 목표로 하는 공동체 곧 세상을 포괄하는 하나님 나라의 공동체가 잠정적·표징적 형태로 표현된다. 연합된 교회 공동체는 복음에 근거하며, 하나님 나라 안에서 화해된 인류의 표징이자 잠정적 표현 형태다. 예수 그리스도의 대리적 대속의 죽음 속에서 일어난 화해 사건은 바로 그 형태를 목표로 한다.

여기서 복음은 교회보다 우선하며, 교회에 대해 교회의 머리이자 주님이신 예수 그리스도의 권위를 대변한다.

복음이 교회 안에서 그리고 교회의 직무를 맡은 자들을 통해 선포된다

터교 전통도, 또한 켈러도 죄 용서의 약속이라는 복음 개념에 대한 좁은 규정을 복음과 교회의 관계라는 큰 맥락으로부터 해명하지는 못했다.

고 해도, 여전히 복음은 교회의 생산품이 아니고 오히려 교회의 현존재의 원천이다. 이것은 단순히 교회가 예수 그리스도의 십자가와 부활에 대한 사도적 복음에 근거하고 있다는 사실로부터만이 아니라, 오히려 더 분명히 말하자면 사도적 복음 자체가 하나님의 통치의 구원이 가까이 왔고 시작되었다는 예수의 기쁜 소식 속에 원천을 두고 있다는 사실로부터 입증된다. 그렇기에 복음의 선포는 교회의 삶 속에서 복음과 다른 어떤 방식으로 일어나는 것이 아니다. 오히려 복음은 교회가 살아가게 하는 근거다. 그래서 교회는 말씀의 창조물(creatura verbi)이다.

성서가 교회 안에서, 그리고 교회와 마주 대하며 갖는 권위도 바로 그 사실에 근거한다. 성서는 교회에 대해 복음 안에, 즉 예수 그리스도 자신 안에 있는 교회의 근원을 대변한다. 이에 따라 성서의 권위는 복음의 권위 안에 있으며, 예수 그리스도의 인격과 역사 안에서 복음의 내용을 이루는 하나님의 구원의 현재에 근거한다. 바로 그 내용을 증언한다는 점에서, 성서의 말씀과 문장들은 교회 안에서 권위를 갖는다. 그렇기에 정경의 범위에 대한 질문은 이차적인 질문이다. 왜냐하면 교회의 정경 결정은 단지 어떤 성서들 안에서 교회가 복음의 근원적·사도적 증언을 실제로 인식했는지만을 표현하기 때문이다. 성서의 권위는 그것들이 어떻게 스스로를 그 내용에 대한 증언으로 입증하는가에 달려 있다. 구약성서의 문서들은 예수 그리스도 안에서 나타난 이스라엘의 하나님의 계시를 향한 준비와 예언으로 읽힐 수 있다는 점에서 그 권위에 참여하며, 신약성서는 계시 사건과 그것의 의미 및 내용을 직접 증언한다는 점에서 그 권위에 참여한다. 어느 정도까지 그러한 예언과 증언이 사실인지는 개별적 문서들과 관련해서만이 아니라, 그것들 각각의 개별적 진술들에 비추어서도 검토되어야 한다. 그러므로 교회와의 관계 안에서 성서가 갖는 권위가 문서들의 개별적인 진술들의 진리를 보증해주는 것은 아니다. 그 권위가 성경에 귀속되는 것은 오로지 복음 때문이며, 그 권위가 복음에 귀속되는 것은 예수 그리스도의 죽음 속에서 일어난 세상과 하나님 간의 화해 때문이다. 하나님께서는 그를 죽은 자들로부터의 부활을 통해 새로운 인류의 주님과 메시아로 세우셨다.

세상에 대한 하나님의 화해 행동 속에 존재하는 복음의 기능이라는 관점에서, 그리고 복음의 사도적 선포, 즉 "교회를 설립하는 사도적 설교"의 기록과 자료인 신약성서의 기능이라는 관점에서[169] 사도적 선포뿐만 아니라 성서에 대해서도 말할 수 있는 것은 그것이 하나님의 영으로부터 오는 영감을 받았다는 사실이다. 그러나 성서 영감에 대한 이러한 진술도 성서 본문들의 개별적 진술의 진리를 보증하지는 못한다. 오히려 그와 반대로 성서 영감의 주장은 예수의 인격과 역사 속에 있는 하나님의 계시의 진리에 대한 확신이 이미 다른 방식으로 근거되고 있음을 전제한다. 그렇게 전제된 확신은 예수의 신성에 대한 확신이며, 그리고 예수 그리스도의 죽음이라는 화해 사건 안에서, 죽은 자들로부터의 그의 부활 안에서, 화해의 사도적 직무 안에서 삼위일체 하나님이 행동하셨다는 확신이다.[170] 그렇기에 성서의 신적 영감과 교회 안에서 통용되는 그 권위에 대한 진술은 단지 화해론의 끝부분에 속한다. 그것은 교의학의 프로레고메나에 속하지 않고,[171] 또한 교회론에 속하는 것도 아니다.[172]

이와 같이 서술된 복음과 교회의 관계, 그리고 성서와 교회의 관계는 화해의 완성을 위해 중요하다. 화해는 죽은 자들로부터 깨어나신 메시아의 대속적 죽음 속에 근거하고 있고, 복음의 선포는 그 근거에 봉사한다.

---

[169] M. Kähler, 같은 곳, 369 §452.
[170] 슐라이어마허의 한 문장을 약간 변형하여 인용하자면 다음과 같다. "거룩한 성서의 권위는 그리스도교에 대한 신앙의 근거가 될 수 없다. 오히려 이 신앙은 성서에 특별한 권위를 부여하기 위해 미리 전제되어 있어야 한다." F. Schleiermacher, Der christliche Glaube, 2.Ausg. 1830, §128 시작명제.
[171] 이에 대해 『조직신학 I』, 64-76, 특히 69ff.를 보라.
[172] 슐라이어마허는 성서론을 "교회의 본질적이고 불변하는 근본 특성"에 대한 서술의 시작점에 배치했다. F. Schleiermacher, Der christliche Glaube, 2.Ausg. 1830, §128ff.

즉 복음과 성서가 교회보다 우선한다는 사실은 모든 인간적 권위에 앞서서, 그리고 교회와 교회의 책임자들보다 앞서서 믿음의 자유와 하나님께 대한 직접적 관계에 봉사한다. 교회와 교회 기관들의 봉사를 통한 복음의 중재가 아무리 중요하다고 해도, 복음의 진리와 권위는 교회의 권위에 근거하지 않는다. 오히려 교회의 권위가 복음의 권위에 의존한다. 복음은 예수 그리스도의 전통 및 역사와 직접 결합되어 있다. 이러한 내용을 기준으로 삼아 복음 선포의 형태는 계속해서 검증되어야 한다. 복음의 형태는 복음의 내용에 따라 검증될 수 있다. 비록 그 내용에 대한 접근이 단지 복음의 선포를 통해서만, 그리고 사도적 진술의 근본형태인 성서적 기록을 통해서만 가능하다고 해도 그렇다. 이것은 또한 성서의 증언에도 해당한다. 성서의 진술들도 자신이 증언하는 복음의 내용에 따라 검증되어야 한다. 복음의 내용은 성서를 통해 접근될 수 있으나, 성서와 구분될 수도 있다. 그렇기에 교회와의 관계 안에서 성서가 갖는 권위를 옹호하는 진술은 결코 성서적 증언의 내용과 진리성에 대한 고유한 판단의 자유를 제한하지 못하며, 오히려 반대로 그 판단을 자유롭게 허락한다. 왜냐하면 오로지 예수의 역사 속에서 나타난 하나님의 진리를 진정으로 자유롭게 인식하고 인정할 수 있을 때만, 그 안에 근거한 하나님과 세상의 화해가 목적에 도달할 수 있기 때문이다.

인명 색인

ㄱ

가노치 (Ganoczy, A.) 31n.4, 231nn.321, 322
가다머 (Gadamer, H.-G.) 271n.392, 366n.104, 409n.192
가리조-구엠베 (Garijo-Guembe) 174n.288
가린 (Garin, E.) 385n.144
가브리엘 (Gabriel, L.) 72n.75
가블러 (Gabler, J. Ph.) 380
가상디 (Gassendi, P.) 170
가이어 (Geyer, B.) 341n.51
가첸마이어 (Gatzenmeier, M.) 240n.347
갈렌 (Galen) 50
갈릴레이 (Galilei, G.) 109
강디야크 (Gandillac, M. de) 342n.54
개르트너 (Gaertner, H. J.) 352n.69
게르하르트 (Gerhard, Joh.) 32n.10, 121n.142, 374n. 117, 375n.122, 381n.139, 696n.27
게르하르트 (Gerhardt, G. J.) 102n.108, 171n.221
게르하르트 (Gerhardt, Paul) 117, 118
게스트리히 (Gestrich, Chr.) 419nn.212, 213, 420n.214, 435nn.238,239, 440n.248, 442nn.251-254, 445n.258, 451n.270, 460n.296, 462n.300
게제 (Gese, H.) 705n.48
겔렌 (Gehlen, A.) 358n.85
고가르텐 (Gogarten, Fr.) 128n.151, 353n.72, 362n.93
고스초니 (Gosztonyi, A.) 230n.317
고어 (Gore, Ch.) 229
골트슈타인 (Goldstein, V. S.) 430n.233
괴르게만스 (Görgemanns, H.) 68n.64
굴더 (Goulder, M.) 500n.43
굿스피드 (Goodspeed, E. J.) 656n.164
궁켈 (Gunkel, H.) 223n.302, 366n.103
귄터 (Günther, A.) 122n.144, 227, 276n.409
귄터 (Günther, E.) 492n.15, 493n.19
그닐카 (Gnilka, J.) 635n.133, 705n.49, 713n.68, 716n.72
그라스 (Graß, H.) 630
그라이너 (Greiner, F.) 514n.66
그라이베 (Greive, W.) 493n.20, 500n.40
그레고리오스, 나지안주스의 (Gregor v. Nazianz) 30n.3, 424n.220, 664
그레고리오스, 니사의 (Gregor v. Nyssa) 30n.3, 303, 305nn.466,467, 317, 337n.43, 365, 392, 470, 471
그레고리우스 1세, 교황 (Gregor d. Gr.) 86, 317n.2
그레샤케 (Greshake, G.) 451n.271, 618n.109
그로스 (Groß, J.) 428n.227, 429n.229, 447n.262
그로에 (Grawe, Ch.) 399n.171
그로티우스 (Grotius, H.) 696nn.26,27
그뢰칭어 (Grözinger, K. E.) 203n.268

그륀바움 (Grünbaum, A.) 184n.242
그리핀 (Griffin, D. R.) 53n.47, 148n.175, 182n.239, 190n.252, 251n.369, 515n.70
그릴마이어 (Grillmeier, A.) 488n.3, 496n.28, 520n.75, 524n.85, 654nn.157,158, 655n.161, 661n.176
기젤린 (Ghiselin, M.) 245n.359
기치 (Geach, P.) 311n.474
길키 (Gilkey, L.) 52n.46, 58n.58

ㄴ

나겔 (Nagel, Th.) 345n.64
넘버스 (Numbers, R. L.) 110n.123, 230n.316
네메시우스 (Nemesius v. Emesa) 424n.220
네모 (Nemo, Ph.) 353n.72
네빌 (Neville, R. C.) 52n.46
네스토리우스 (Nestorius) 524
노리스 (Norris, R. A.) 523n.81, 525n.87
뉴턴 (Newton, I.) 102, 110, 112, 160, 161, 165, 170, 171, 174, 279, 280, 284n.432
니버 (Niebuhr, K.) 430n.233, 475n.328
니체 (Nietzsche, F.) 411, 416, 418, 473
니취 (Nitzsch, C. L) 395, 396n.166, 403, 405n.183, 490, 700
니취 (Nitzsch, F. A. B.) 94n.95, 493
니콜린 (Nicolin, F.) 277n.414, 436n.241
닐센 (Nielsen, J. T.) 520nn.76,77, 522n.80

ㄷ

다윈 (Darwin, Ch.) 227, 228, 231, 242
달페르트 (Dalferth, I. U.) 487n.1, 497n.32, 512nn.61,62
대케 (Daecke, S. M.) 228n.312, 230n.317, 256nn.374,376, 503n.46
더럼 (Durham, J. I.) 683n.2
던 (Dunn, J. D. G.) 635n.133, 640n.139, 646n.146, 647n.147
던피 (Dunfee, S. N.) 430n.233
데 베테 (De Wette) 414
데모크리토스 (Demokrit) 233, 234
데이비스 (Davies, G. H.) 683n.2
데이비스 (Davies, P.) 130n.152, 189n.251
데카르트 (Descartes, R.) 70, 93, 109, 110, 112, 115, 160, 177, 185, 278n.416, 279, 280, 281n. 425, 288, 325n.13, 326n.15
데틀로프 (Dettloff, W.) 135n.155
델링 (Delling, G.) 621n.111
도르너 (Dorner, I. A.) 105n.113, 395, 396, 404, 459n.293, 556n.144, 649, 761n.134
도브찬스키 (Dobchansky, Th.) 232n.324
도스토예프스키 (Dostojewski, F.M.) 297n.451
돔보아 (Dombois, Fl.) 705n.49
되덜라인 (Döderlein, J. C.) 105, 697
되링 (Döring, W.) 136
두메트 (Dummet, M.) 282n.428, 615, 616n.105
둔스 스코투스 (Duns Scotus, J.) 69n.68, 135n.155, 138n.161, 263n.381, 275,

276n.411, 355n.78
둥켈 (Dunkel, A.) 625n.119
뒤르 (Dürr, H.-P.) 144n.172, 193, 194, 196, 197
드레베만 (Drewermann, E.) 443n.256
디기스 (Digges, Th.) 278n.416
디디무스 (Didymus der Blinde) 30n.3, 424n.220
디벨리우스 (Dibelius, M.) 552n.139
디슨 (Deason, G. B.) 110n.123
디캄프 (Diekamp, F.) 428n.227
디케 (Dicke, R. H.) 152
디펠 (Dippel, J. C.) 697
딜레 (Dihle, A.) 50n.45
딜타이 (Dilthey, W.) 528n.92
딩클러 (Dinkler, E.) 578n.28

ㄹ

라너 (Rahner, K.) 63n.59, 64n.60, 231n.321, 330nn.24,25, 406n.188, 454, 481, 504, 505n.52, 506n.53, 512, 513, 514, 515, 661n.177
라벤 (Raven, Ch.) 229
라손 (Lasson, G.) 57n.56, 277n.414, 437n.242, 733n.100, 742n.107, 743nn.110,111, 745n.114
라우레트 (Lauret, B.) 411n.195, 416n.208
라우트 (Lauth, R.) 342n.56
라이슐레 (Reischle, M.) 499, 500n.40
라이프니츠 (Leibniz) 70, 71n.73, 102, 162, 165, 170, 171nn.221,222, 173, 174, 298, 302n.459, 307-310
라이헨바흐 (Reichenbach, H.) 184n.242

라인하르트 (Reinhard, F. V.) 115n.133, 379, 413n.200, 414n.201, 490
라일 (Ryle, G.) 325n.13
라쵸브 (Ratschow, C. H.) 33n.13, 94n.95, 108n.118, 117n.136, 705n.49
라칭어 (Ratzinger, J.) 231, 232n.323, 268n.388, 393n.155
라트, 폰 (Rad, Gerh. v.) 45, 141n.165, 142n.167, 223n.303, 339n.46, 377n.128, 380n.137, 422n.215, 570n.15, 683n.2, 704n.47
라피데 (Lapide, P.) 587n.44, 588n.48
락탄티우스 (Laktanz) 329
란트그라프 (Landgraf, A. M.) 693n.14, 694n.17, 695n.22
랑 (Lang, F.) 715n.70
러셀 (Russell, B.) 138nn.160,161, 282n.428
러셀 (Russell, R. J.) 54n.48, 111n.124, 144n.171, 145n.173, 182n.239, 190n.253, 191n.255, 193n.257, 194n.259, 195n.260, 237nn.333-335, 280n.421, 284n.432, 286n.436, 291n.444, 293n.446
러스트 (Rust, E. C.) 232n.324
레드만 (Redmann, H.-G.) 71n.74
레만 (Lehmann, K.) 426n.222, 621nn.111, 112, 713n.65, 716n.73, 725n.85, 729n.93, 730n.94
레비나스 (Levinas, E.) 353n.72
레오 1세, 교황 (Leo I.) 756n.122
레온티오스 (Leontios v. Byzanz) 354n.75, 667n.188
레이제넨 (Räisänen, H.) 554n.142

렌토르프 (Rendtorff, R.) 46nn.29,30, 243n.355, 422n.216, 593n.55, 705n.48
렘 (Rehm, W.) 297n.451
로렌츠 (Lorenz, R.) 340n.49
로마이어 (Lohmeyer, E.) 576n.27, 774n.151
로베르트 (Robert v. Melun) 695n.22
로빈슨 (Robinson, J. A. T.) 610n.83
로빈슨 (Robinson, J. M.) 497n.31
로스트 (Rost, L.) 683n.2
로제 (Lohse, E.) 268n.387, 725n.84, 726n.87, 727n.88, 728n.90, 729n.91
로카이스 (Rochais, H.) 699n.33
로테 (Rothe, R.) 91n.91, 97, 98n.99, 99n.101, 415n.205, 432n.236
로프스 (Loofs, F.) 488n.4, 649n.149, 655n.161, 656n.164
롤다누스 (Roldanus, J.) 370n.108, 523nn.81-83, 531n.96, 535n.104
롤스 (Rohls, J.) 119n.138, 174n.228, 253n.370, 352n.70
롬바르두스 (Petrus Lombardus) 31n.4, 72n.75, 388n.149, 432n.236, 694, 756n.122
뢰러 (Löhrer, M.) 454n.279, 655n.160
뢰비트 (Löwith, K.) 141n.163
뢰프그렌 (Löfgren, D.) 91n.91
뢰프자크 (Löbsack, Th.) 100n.102
루소 (Rousseau, J.-J.) 535
루이스 (Lewis, C. S.) 300n.457, 311n.474
루터 (Luther, M.) 91n.91, 107n.117, 127, 174n.228, 330n.23, 338, 373n.115, 375, 425, 439, 444n.257, 445n.259, 483, 535n.102, 554, 664n.181, 665, 666, 695, 706n.50, 782-784
뤼거트 (Lütgert, W.) 118n.137
뤼셔 (Lüscher, E.) 215n.288
뤼쉬 (Rüsch, Th.) 164n.211
르클레어 (Leclercq, J.) 699n.33
리로이 (Leroy, H.) 565n.3, 574n.23
리만 (Riemann, B.) 174, 177n.230, 283n.429
리샤르, 성 빅토르의 (Richard v. St. Victor) 30, 31, 355n.79
리젠펠트 (Riesenfeld, H.) 714n.69, 715n.71, 716n.72
리처즈 (Richards, H.) 615
리츠만 (Lietzmann, H.) 586, 587, 588n.47
리츨 (Ritschl, A.) 373n.114, 374n.119, 376n.125, 415, 453, 454, 472, 474, 475, 476n.330, 491-493, 498, 499, 538-541, 540n.117, 541n.119, 584, 585, 701-703, 706n.50, 733n.100, 759, 761nn.133-135
리쾨르 (Ricoeur, P.) 423n.218
린덴마이어 (Lindenmeyer, I.) 395n.163, 476n.330
린트베르크 (Lindberg, D. C.) 110n.123
립스 (Lips, H. v.) 634nn.128,129
링레벤 (Ringleben, J.) 119n.138, 436n.240, 438n.243, 445

ㅁ

마르크바르트 (Marquard, O.) 354n.76
마르크스 (Marx, K.) 322, 535
마르키온 (Markion) 49

마르텐젠 (Martensen, H. L.) 99, 404, 405n.182, 556n.144
마르틴 (Martin, R. P.) 646n.144
마르하이네케 (Marheineke, Ph. K.) 733
마스칼 (Mascall, E. L.) 300n.457
마이 (May, G.) 49nn.40-43, 50n.44
마이모니데스 (Maimonides, M.) 274nn.403,405
마이어 (Maier, A.) 278n.416
마이어 (Mayr, E.) 227n.310
마이어 (Meier, J.) 335n.35
마이어 (Meyer, R. W.) 162n.206
마이엔도르프 (Meyendorff, J.) 57n.54
마인하르트 (Meinhardt, H.) 68n.63
마키 (Mackie, J. L.) 301n.458
마흐 (Mach, E.) 111, 161
막시무스 고백자 (Maximus Confessor) 68, 135n.155
만츠케 (Manzke, K. H.) 180n.234, 185n.244
말레베츠 (Malevez, L.) 531n.96
말만 (Mahlmann, Th.) 664n.181, 665n.183
맥멀린 (McMullin, E.) 110, 111, 153n.180, 154n.183, 160n.199, 161n.201
맥태거트 (McTaggart, J. E.) 184n.242
메르클라인 (Merklein, H.) 569n.13, 571n.18, 578n.28
메를로-퐁티 (Merleau-Ponty, M.) 326n.16
메쉬코프스키 (Meschkowski) 281n.426
메츠 (Metz, J. B.) 329n.21, 330n.24, 331n.26
메토디오스 (Methodios) 424n.220, 531
멘케 (Menke, K.-H.) 733n.100, 764n.138

멘켄 (Menken, G.) 697
멜란히톤 (Melanchthon, Ph.) 374n.117, 425n.221, 471n.316, 491n.12, 665, 695, 701n.37
멜리토, 사르데스의 (Melito v. Sardes) 520, 656, 657
모건 (Morgan, C. L.) 232n.324
모노 (Monod, J.) 156n.186, 232, 233n.325
모레 (More, H.) 170, 280
모리스 (Morris, H. M.) 229
모리스 (Morris, L.) 526n.88
모울 (Moule, C. F. D.) 500n.43
모이조 (Moiso, F.) 162n.206
모저 (Moser, T.) 416n.208
모하우프트 (Mohaupt, L.) 165n.213, 238n.343
몬덴 (Monden, L.) 103n.109
몰트만 (Moltmann J.) 51, 52n.46, 60, 61, 176n.229, 207, 208, 338n.45, 357n.82, 363n.95, 487n.1, 497n.32, 501n.44, 513n.64, 528n.92, 544, 546, 547n.133, 552n.138, 555n.143, 584n.36, 599n.63, 600n.64, 602n.69, 603n.71, 606n.73, 616n.107, 621n.113, 621n.113, 623n.116, 670n.191
묄러 (Möhler, A.) 215n.288, 232n.324,
무스너 (Mussner, F.) 614n.99,
무제우스 (Musäus, Johann) 32, 34
뮐러 (Müller, A. M. K.) 181n.238, 184n.242, 193,
뮐러 (Müller, Jul.) 57n.56, 97, 379n.134, 414, 432n.236, 450, 455-457, 476
뮐렌 (Mühlen, H.) 355n.78
뮐렌베르크 (Mühlenberg, E.) 524n.85

미쉘 (Mitchell, B.) 301n.458
미테러 (Mitterer, K.) 262n.378
미하엘리스 (Michaelis, J. D.) 413n.200

ㅂ

바그너 (Wagner, F.) 737n.102
바덴호이어 (Bardenhewer)
바르취 (Bartsch, H. W.) 596n.60
바르트 (Barth, K.) 50, 51, 60, 61, 64, 75, 76, 90, 92, 95, 106n.115, 107n.117, 115n.132, 116nn.134,135, 117n.136, 118, 128n.150, 143n.169, 200-202, 203n.268, 206n.275, 265, 266, 297n.450, 298, 299n.455, 305n.467, 309, 340n.48, 344n.63, 357n.82, 363, 364, 380n.137, 397n.169, 400-402, 444n.257, 445n.258, 450n.268, 456nn.290,291, 477, 478n.332, 493n.21, 494n.22, 517n.73, 596n.60, 633n.127, 638n.136, 650, 674, 707-711, 736, 737, 738nn.104,105, 764n.139, 777, 778, 783
바버 (Barbour, I. G.) 128n.150, 148n.175, 232n.323
바실리오스 (Basilius v. Caesarea) 88, 261, 272n.396
바우만 (Baumann, P.) 342n.56
바우어 (Bauer, F. C.) 396n.166
바우어 (Bauer, J.) 695n.22
바울, 사모사타의 (Paul v. Samosata) 525
바움가르텐 (Baumgarten, S. J.) 105, 366n.104, 490n.8
바이스 (Weiß, J.) 539, 540nn.114,115 567, 568, 569n.12
바이스 (Weiß, K.) 72n.75
바이어 (Baier, J. W.) 32,
바이어발테스 (Beierwaltes, W.) 56n.52, 57n.54, 183n.240, 186n.247, 212n.281, 271n.393
바이체커 (Weizsäcker, C. Fr. v.) 131n.153, 138n.159, 160n.197, 184n.242, 190n.252, 213, 214n.286, 217n.292, 282n.428
바이체커 (Weizsäcker, E. v.) 144n.172, 145n.173, 181n.238, 207n.277, 213n.285, 215n.287
바인베르크 (Weinberg, St.) 216n.289, 237n.336, 283n.430, 285n.435, 287n.437
바흐트 (Bacht, H.) 655n.161
반나흐 (Bannach, K.) 69n.68, 70n.71, 93n.92, 101n.105, 263n.381, 264n.382
발렌티누스 (Valentin) 77
발츠 (Balz, H.) 598n.62
배로우 (Barrow, J. D.) 148n.175, 152nn.178,179, 153, 154n.184, 290
버나드 (Barnard, L. W.) 607n.76
버드 (Bird, Ph. A.) 363n.95, 364nn.96,97
버클리 (Buckley, N.J.) 280n.421
베더 (Weder, H.) 573n.21, 575n.26
베르거 (Berger, J. G. I.) 413n.200
베르거 (Berger, K.) 602n.68, 616n.107
베르게제 (Verghese, P.) 257n.377
베르그송 (Bergson, H.) 81, 216n.290, 235, 326n.16
베르나르두스 (Bernhard v. Clairvaux)

인명 색인 | 795

699,
베르크손 (Berkson, W.) 161n.203, 162nn.204,205, 163nn.207-209, 165n.214
베르탈란피 (Bertalanffy, L. v.) 156n.186
베르트 (Werth, H.) 190n.252, 207n.277
베스터만 (Westermann, C.) 158n.193, 223nn.300,303, 244n.356, 464n.302
베어비크 (Werbick, J.) 411n.194
베츠 (Betz, O.) 544, 546n.132
베커 (Becker, J.) 564n.1, 565n.4, 578n.29
베크 (Beck, J. T.) 395, 476n.330
베트 (Beth, K.) 229
벤라트 (Benrath, G. A.) 141n.163, 489n.5
벤츠 (Benz, E.) 228n.312
벤츠 (Wenz, G.) 119n.138, 253n.370, 352n.70, 414n.205, 426n.222, 456n.288, 585n.38, 696nn.26,27, 697n.28, 698n.31, 701nn.35-37, 711nn.60,61, 733n.100, 737n.102, 742nn.107,108
벨 (Bell, J. S.) 237n.334
벨러 (Behler, E.) 272n.394, 274n.403, 276n.409
벨처 (Welzer, H.) 318n.4
벨커 (Welker, M.) 206n.275, 234n.326
벨테 (Welte, B.) 684n.3
보나벤투라 (Bonaventura) 268n.388, 317n.2, 393, 694
보른캄 (Bornkamm, G.) 467n.308, 611n.85, 691n.9, 715n.71
보스하르트 (Bosshard, S. N.) 231n.321, 233n.325, 242n.352
보어 (Bohr, N.) 293n.446

보에티우스 (Boethius) 185, 354
보우커 (Bowker, J.) 589n.51
본회퍼 (Bonhoeffer, D.) 363, 726n.86
볼차노 (Bolzano, B.) 281
볼프 (Wolf, E.) 498n.34
볼프 (Wolff, H. W.) 332n.28, 334nn.29,30, 338n.45, 339n.47, 360n.87, 361n.90
뵈메 (Böhme, W.) 300n.456
뵈클레 (Böckle, F.) 462n.299
뵈펠 (Wölfel, E.) 51
뵈허 (Böcher, O.) 200n.265, 201n.266, 203n.268
부데우스 (Buddeus, J. F.) 94n.95, 95n.97, 101n.106, 109, 149n.176, 161n.203, 365n.102, 490, 534n.101
부르거 (Burger, Chr.) 627n.120
부르헨 (Burhenn, H.) 628n.118
부이태르트 (Buytaert, E. M.) 699n.32
불트만 (Bultmann, R.) 84n.79, 334n.33, 469n.311, 476n.329, 496n.30, 497n.31, 500, 512n.62, 526n.88, 542, 568, 574n.23, 596n.60, 614n.96, 688n.6, 748n.117
뷔히젤 (Büchsel, F.) 708, 709n.55
브라운 (Braun, O.) 103n.111
브라운 (Brown, R. E.) 553n.139, 608n.79, 621n.112, 630n.124, 688n.6
브라이텐바흐 (Breytenbach, C.) 686n.5, 689n.8, 704n.46, 709n.55, 731n.95, 732nn.96,97, 768n.142
브라텐 (Braaten, C. E.) 55, 128n.151
브란덴부르거 (Brandenburger, E.) 468n.309, 516n.72, 517n.73, 519n.74, 521n.79, 532n.97

브레데 (Wrede, W.) 580, 581n.31
브레트슈나이더 (Bretschneider, K. G.) 208n.118, 116n.134, 374n.118, 377n.128, 378n.131, 394n.158, 395, 414, 472, 474n.326, 490n.10
브레히트 (Brecht, M.) 375n.121
브로어 (Broer, J.) 619n.110
브로이어 (Breuer, R.) 152nn.177,179
브록스 (Brox, N.) 684n.3
브론 (Bron, B.) 100n.102
브루노 (Bruno, G.) 278n.416, 279n.419
브룬너 (Brunner, E.) 144n.170, 397, 473, 474n.325, 475n.328
블랭크 (Blank, J.) 635n.133
블로흐 (Bloch, E.) 192n.256
블루멘베르크 (Blumenberg, H.) 59, 101n.105, 112, 279n.417, 303n.461
블루멘탈 (Blumenthal, O.) 178n.233
블린처 (Blinzler, J.) 588n.50
비더 (Bieder, W.) 336nn.36,37
비에리 (Bieri, P.) 184n.242, 190n.252
비일 (Wiehl, R.) 234n.326
비처 (Bizer, E.) 106n.115, 121n.142, 149n.176
빌라도 (Pilatus) 544, 587, 588n.48, 589, 590, 593
빌란트 (Wieland, W.) 271n.392
빌켄 (Wilken, R. L.) 524nn.84,86, 531n.95, 535n.104
빌켄스 (Wilckens, U.) 49n.39, 189n.250, 255n.372, 256n.373, 269n.389, 369n.105, 377n.129, 382n.140, 418n.211, 424n.219, 467n.308, 527n.89, 596n.58, 600n.64, 601nn.65,66, 602n.68, 604n.72, 609n.82, 629n.121, 655n.160, 704n.46, 708n.53, 717n.74, 747n.116, 749nn.118,119, 756n.121, 775n.154, 780n.161

ㅅ

사르트르 (Sartre, J.-P.) 399n.171
샌더스 (Sanders, E. P.) 542n.121, 545nn.126-128, 546nn.129,130, 569n.12, 570n.14, 582n.33, 586n.41, 592n.53
샤논 (Shannon, C. E.) 213n.285
샤르댕 (Teilhard de Chardin) 81, 153n.182, 216n.290, 230, 257
솅케 (Schenke, L.) 614n.99
쉘 (Scheel, O.) 692nn.12,13, 693n.15
셸러 (Scheler, M.) 326n.16
셸링 (Schelling, F. W. J.) 162n.206, 492
셸클레 (Schelkle, H.) 612n.92
솅켈 (Schenkel, D.) 764n.138
소크라테스 (Sokrates) 164, 440n.247
소키누스 (Faustus Sozinus) 361n.90, 412n.196, 733n.99
쇼넨베르크 (Schoonenberg, P.) 453, 454, 454nn.279,282
쇼틀랜더 (Schottlaender, R.) 302n.460
쉐에벤 (Scheeben, M. J.) 122nn.144,145
쉐프치크 (Scheffczyk, L.) 48n.34, 72n.75, 85n.81, 231, 232n.323, 263n.380, 424n.220, 428n.225, 501n.44, 514n.66
쉬마노프스키 (Schimanowski, G.)

634n.128, 635n.132
쉬츠 (Schütz, J. J.) 99n.100
쉬크 (Schick, E.) 599n.63
쉴프 (Shilpp, P. A.) 166n.215
슈나이더 (Schneider, G.) 635n.133
슈나이더-플루메 (Schneider-Flume, G.) 417n.209, 418n.210, 440n.246
슈나켄부르크 (Schnackenburg, R.) 526n.88, 655n.160, 658n.171, 688n.6
슈넬레 (Schnelle, H.) 212n.280
슈니빈트 (Schniewind, J.) 774n.150
슈뢰딩거 (Schrödinger, E.) 137, 137n.158
슈마우스 (Schmaus, M.) 122n.145
슈미트 (Schmid, H. H.) 42n.20, 82n.78, 142n.167, 513n.62
슈미트 (Schmidt, W. H.) 43nn.21,22, 45nn.24,25, 47n.31, 48nn.35,38, 223nn.300,301,303, 224n.304, 225n.307, 295n.447, 296n.449, 360, 360nn.86,88,89, 361n.91, 364nn.96,97, 380n.137, 570n.16
슈미트 (Schmitt, F. S.) 449n.265
슈바르츠 (Schwarz, F. H. C.) 697, 698n.30
슈바르츠 (Schwarz, G.) 178n.233, 183n.241
슈바르츠 (Schwarz, R.) 375n.121, 663n.179, 664n.181, 666n.185
슈바르테 (Schwarte, K. -H.) 268n.388
슈바이처 (Schweizer, E.) 334n.33, 766n.141, 771n.146
슈반츠 (Schwanz, P.) 370n.107, 372nn.111-113, 382n.140
슈베르트 (Schubert, J. E.) 471, 472n.317
슈타우덴마이어 (Staudenmaier, F. A.) 396n.166
슈타이너 (Steiner, H. G.) 282n.427
슈타츠 (Staats, R.) 606n.74
슈테크 (Steck, O. H.) 47n.32, 158n.192, 159n.195, 225nn.307,308, 244n.357, 245n.258, 246n.361, 247nn.362,363, 248n.364, 265n.383, 295n.448, 360n.88, 361n.91, 362n.94, 364n.97, 376nn.126,127, 712n.63
슈테크뮐러 (Stegmüller, W.) 154n.184, 217n.294, 237nn.332,335,337, 238nn.338,339, 241n.350, 283nn.429,431
슈테판 (Stephan, H.) 94n.95, 493n.19
슈템베르거 (Stemberger, G.) 618n.109
슈토크 (Stock, K.) 478n.332
슈톨츠 (Stolz, Fr.) 43n.21
슈톨페 (Stolpe, H.) 386n.146, 395n.160
슈툴마허 (Stuhlmacher, P.) 775nn.152, 153, 776n.155
슈트라우스 (Strauß, D. F.) 205, 205n.274, 513n.62, 733n.99
슈트라우스 (Strauß, L.) 102n.107
슈트로벨 (Strobel, A.) 582n.33, 587-591
슈트루커 (Struker, A.) 370n.109, 378n.130
슈티르니만 (Stirnimann, H.) 553n.141
슈티를레 (Stierle, K.) 354n.76
슈팔딩 (Spalding, J.) 394n.158
슐라이어마허 (Schleiermacher, Fr.) 96, 97, 103, 104, 107, 116n.134, 128n.151, 304n.463, 343n.58, 376, 379n.132, 414, 415n.207, 452, 453, 466, 472-474, 492, 493, 514n.66, 534-541, 548, 585n.38, 661, 698-702, 759,

761nn.133,134, 787nn.170,172
슐레겔 (Schlegel, F.) 276n.409
슐리어 (Schlier, H.) 611n.85
슐링크 (Schlink, E.) 128n.150, 222n.299, 224, 225n.306, 404n.178, 716n.73, 778, 779n.160
슐츠 (Schultz, H.J.) 231n.320
스마트 (Smart, N.) 301n.458
스멘트 (Smend, R.) 318n.4
스외베르크 (Sjöberg, E.) 334n.31
스크로프 (Scropp, R.) 521n.79
스키너 (Skinner, B. F.) 325n.13
스키아마 (Sciama, D. W.) 283n.431
스킬레벡스 (Schillebeeckx, E.) 589n.51, 611-614
스피노자 (Spinoza, B.) 57, 102, 111-113, 166n.215, 170n.219, 176, 280
슬렌츠카 (Slenczka, R.) 497n.32, 501n.44
심슨 (Simpson, G. G.) 249n.367

ㅇ

아낙시메네스 (Anaximenes) 158n.194, 164
아리스토텔레스 (Aristoteles) 105, 107, 119, 144n.171, 164, 165, 170, 183, 212, 213, 271, 272, 274, 276, 281, 330-332, 341, 371, 528n.92
아리스티데스 (Aristides) 172n.224
아만두스 폴라누스 (Amandus Polanus) 32
아메리 (Amery, C) 248n.365, 361n.92
아베로에스 (Averroes) 274n.403
아벨라르두스 (Abaelard, P.) 699, 706n.50
아시모프 (Asimov) 221n.297

아우구스티누스 (Augustin) 30-36, 63n.59, 68, 70, 85, 86, 88-92, 100, 103, 104, 126n.149, 173, 179, 181n.238, 186, 261-263, 266, 273, 279n.419, 287n.437, 303-305, 320, 321, 326n.15, 330, 337, 338, 340, 342, 356n.81, 365, 366, 370, 373-375, 381, 382, 388n.149, 392, 425, 427-438, 441-443, 446-451, 456, 457, 465, 466, 470, 471, 692-694, 756n.132, 769
아울렌 (Aulén, G.) 706n.50
아이 (Ey, H.) 326n.16
아이겐 (Eigen, M.) 232n.324, 241nn.348-350
아이샴 (Isham, C. I.) 285n.436
아이켄 (Aiken, H.D.) 300n.456
아이히호른 (Eichhorn, J.G.) 380
아이힝거 (Eichinger, W.) 451n.270
아인슈타인 (Einstein, A.) 111, 163, 165, 166, 174, 178n.233, 183n.241, 213
아퀴나스 (Thomas v. Aquin) 31n.5, 32, 40n.18, 69, 70, 86, 87nn.86, 88, 92, 100, 105n.112, 107n.117, 116nn.134,135, 120, 161n.202, 200, 212-214, 262n.378, 274-276, 307n.470, 317n.2, 326n.15, 330, 332, 341, 365n.101, 371n.110, 384n.142, 387, 406n.188, 426n.223, 432n.236, 663n.179, 694
아타나시오스 (Athanasius) 30, 172n.224, 370, 424n.220, 456n.287, 470, 511, 523, 524, 531, 535n.104, 536, 638, 661n.176

아테나고라스 (Athenagoras) 49, 328, 607
아폴리나리스 (Apollinaris v. Laodicaea) 524, 661
악스트-피스칼라 (Axt-Piscalar, Chr.) 26
안셀무스 (Anselm v. Canterbury) 280n.422, 449, 692-695, 696, 699, 706n.50, 730n.94, 733n.98, 735, 736
안셀무스, 라온의 (Anselms v. Laon) 388n.149
안트바일러 (Antweiler, A.) 280n.422
알 가잘리 (Al-Gazali) 274n.403
알란트 (Aland, K.) 586n.42, 655n.161
알베르투스 마그누스 (Albertus Magnus) 212n.281, 214, 341
알섭 (Alsup, J. E.) 610nn.83,84
알스제이 (Alszeghy, Z.) 230n.318
알타이저 (Altizer, Th. J. J.) 515n.70, 739n.106
알트너 (Altner, G.) 144n.172, 181n.238, 190n.252, 193n.258, 207n.277, 227, 228, 248n.365, 256n.376, 361n.92
알트하우스 (Althaus, P.) 143n.169, 146n.174, 204, 396, 397, 404, 426n.221, 444n.257, 473, 474n.325, 494, 495, 505n.52, 616n.107, 695n.23
암브로시우스 (Ambrosius) 30, 36, 261, 272n.396, 273, 317n.2, 365n.100
야노프스키 (Janowski, H. N.) 503n.46
야머 (Jammer, M.) 161nn.200,203, 163n.208, 164, 170nn.218-220, 171nn.221,223, 174n.227, 176n.229, 177n.230, 193n.257, 213nn.283,284
야키 (Jaki, S.L.) 284n.433
에네스트룀 (Eneström, G.) 281n.426

에르네스티 (Ernesti, J. A.) 761
에릭슨 (Erikson, E. H.) 417n.209, 440n.246
에반스 (Evans, C.F.) 598n.62, 599n.63, 609n.82, 611nn.85,87, 621nn.111,112
에발트 (Ewald, G.) 100n.102
에버렛 (Everett, H.) 195n.260, 293n.446
에벨링 (Ebeling, G.) 128n.151, 133n.154, 204, 330n.23, 338n.44, 375n.123, 379n.135, 425n.221, 444n.257, 445n.259, 684n.3, 777, 778, 780nn.162,163, 781n.164
에벨링 (Ebeling, H.) 81n.76, 112n.127, 113n.128
에크하르트 (Eckhart, Meister) 72n.75
에프도키모프 (Evdokimov) 31n.4
엘리스 (Ellis, B.) 287n.437
엘제 (Elze, M.) 68n.65, 327n.17, 378n.130
엠페도클레스 (Empedokles) 158n.194
엥겔스 (Engels, E.-M.) 156n.187
예레미아스 (Jeremias, Jörg) 45nn.26,27, 46n.28, 48nn.33,34, 565nn.2,4, 675nn.196-199
예레미아스 (Jeremias, Joachim) 568n.10, 574n.24, 575nn.25,26, 578n.28, 579n.30, 596n.58, 629n.123
예루살렘 (Jerusalem, J. F. W.) 413n.198,
예르펠 (Jervell, J.) 365n.98, 381n.138, 382n.140, 389n.150
예프센 (Jepsen, A.) 683n.2
오리게네스 (Origenes) 30, 67, 68, 77, 84, 85, 161n.202, 164, 189, 271, 272, 302, 303, 329, 337, 365, 368, 370, 373n.116, 391n.153, 470, 533n.99,

638, 691n.10
오버맨 (Overman, R. H.) 228n.312, 229n.314
오스틴 (Austin, W. H.) 128n.150, 177n.232
오시안더 (Osiander, A.) 365n.102, 758
오컴 (Ockham, W.) 70, 86, 93, 101, 264n.382
오토 (Otto, St.) 354n.75, 544
올리히 (Ohlig, K.-H.) 682n.1
와이즈 (Wise, J.) 318n.4
와일즈 (Wiles, M.) 512n.62
왓슨 (Watson, J. B.) 325n.13
요한 바오로 2세, 교황 (Johannes Paul II) 284n.432
요한, 세례 (Johannes d. Täufer) 564, 578n.29
요한네스 (Johannes Damaszenus) 85, 373, 424, 663n.179
위드로우 (Withrow, G. J.) 184n.242
위-디오니시우스 (Ps.-Dionysios Areopagita) 57, 202
위켄 (Wicken, J. S.) 196, 197, 207n.277, 213n.285, 215n.288, 217nn.291,292, 227n.310, 238-243, 245n.359, 246n.360, 251n.368
윈터 (Winter, P.) 587
윌리허 (Jülicher, A.) 575n.26
윙엘 (Jüngel, E.) 191n.254, 366, 409n.192, 473, 474n.325, 476n.330, 482n.337, 575n.26, 645n.143, 666n.185, 666n.186, 670n.191, 674n.195, 685n.4
유스티누스 (Justin) 49, 328, 370n.109, 378n.130, 391n.153, 488n.3, 520, 591n.52, 654n.157
유스티니아누스 (Justinian) 77
융 (Jung, C. G.) 443n.256
이그나티우스 (Ignatios v. Antiochien) 520, 654, 658, 752
이레나이우스 (Irenäus v. Lyon) 50, 164n.211, 172n.224, 190n.253, 210, 268n.388, 304n.463, 327, 329, 367-374, 376, 378, 383-385, 391, 392, 456n.289, 517n.73, 520-523, 531-533, 654n.157, 657, 690, 691, 693
이클스 (Eccles, J. C.) 251n.369, 345n.65
일팅 (Ilting, H.) 743n.110

ㅈ

자우터 (Sauter, G.) 503n.46, 505n.51
자이퍼트 (Seifert, J.) 325n.14, 326n.15
자일러 (Seiler, G. F.) 733n.100
제믈러 (Semler, J. S.) 105n.112, 366n.104, 490
제베르크 (Seeberg, R.) 396
제이콥슨 (Jacobsen, Th.) 253n.371
제임스 (James, W.) 326n.16, 344n.59, 346n.66, 457n.292
제클러 (Seckler, M.) 744n.113
제터스 (Seters, J. van) 44n.23
죌레 (Sölle, D.) 737-739
주판 (Suphan, B.) 366n.104, 386n.146
쥐스만 (Süßmann, G.) 165n.213, 238n.343, 300n.456
지라르 (Girard, R.) 723
지버니히 (Sievernich, M.) 451n.270

지지울라스 (Zizioulas, J.) 352n.71
질송 (Gilson, E.) 70n.72, 262n.378

ㅊ

차일즈 (Childs, B. S.) 158nn.192,193
찬 (Zahn, Th.) 774n.151
채드윅 (Chadwick, H.) 49n.43
츠빙글리 (Zwingli, H.) 174n.228

ㅋ

카니트샤이더 (Kanitscheider, B.) 283n.431, 285nn.435,436, 287n.437, 293n.446
카르프 (Karpp, H.) 68n.64, 329n.22, 330n.23, 337n.41, 470n.314
카뮈 (Camus, A.) 297n.451
카스파리 (Caspari, W.) 683n.2
카스퍼 (Kasper, W.) 487n.1, 501n.44, 503n.45, 504, 505, 514n.66, 599n.63, 603n.71, 608n.77, 609n.80, 616n.107, 622n.115, 656n.166, 657n.167, 661n.175, 661n.177, 667n.187, 718n.76, 725n.85, 726n.86
카시러 (Cassirer, E.) 385n.145
카터 (Carter, B.) 152
카프탄 (Kaftan, J.) 492n.16
칸토르 (Cantor, G.) 281n.426
칸트 (Kant, I.) 71, 162n.206, 171n.222, 175, 177, 178, 184-186, 239, 240, 276-281, 284, 287, 288, 318, 348, 352n.68, 394, 395n.161, 397-399, 413, 434-436, 452, 453, 535

칼로프 (Calov, A.) 34, 40n.18, 86n.85, 87, 105n.114, 114n.131, 120n.140, 121n.142, 374n.117, 375n.122, 379n.133, 381n.139, 393n.157
칼리클레스 (Kallikles) 440n.247
칼뱅 (Calvin, J.) 361n.90, 365n.102, 374n.117, 444n.257, 534n.101, 663n.180, 695, 696n.25, 756n.123, 758, 760n.131
캄파넬라 (Campanella, Th.) 170
캄펜하우젠 (Campenhausen, H. v.) 614nn.97,99, 617n.108
캅 (Cobb, J. B) 52n.46, 53n.47, 514, 515
캐치폴 (Catchpole, D. R.) 546n.129, 588n.47
커 (Kerr, F.) 615
케르쉔슈타이너 (Kerschensteiner, J.) 158n.194
케르텔게 (Kertelge, K.) 705n.49, 713n.68, 715n.71, 717n.75
케른 (Kern, W.) 96n.98, 122n.145
케슬러 (Kessler, H.) 713n.67, 691n.10, 692n.13, 713nn.64,66,67, 744n.113
케제만 (Käsemann, E.) 500n.42, 568
케플러 (Kepler) 278n.416
켈러 (Kähler, M.) 404, 445n.258, 476n.330, 497-499, 696-698, 701-703, 706n.50, 709-711, 764nn.138,139, 784n.168, 787n.169
켈리 (Kelly, J. N. D.) 655n.161, 656nn.163,165, 657n.170
켈버 (Kelber, W. H.) 586n.41
켈수스 (Kelsus) 50
켐니츠 (Chemnitz, M.) 665n.183

코어스 (Courth, F.) 31n.4
코이레 (Koyré, A.) 110, 161n.201,
    278n.416, 279n.419, 280nn.420,423
코잉 (Coyng, Rev. G. V.) 284n.432
코페르니쿠스 (Kopernikus) 152n.179, 278
코흐 (Koch, G.) 525n.87
코흐 (Koch, H.) 85n.80
코흐 (Koch, J.) 72n.75
코흐 (Koch, K.) 141n.164, 157n.189,
    158n.192, 256n.373, 267nn.385,386,
    476n.331, 704n.47
콘드라우 (Condrau, G.) 462n.299
콘첼만 (Conzelmann, H.) 587n.44
콜린스 (Collins) 153n.180
쾨스터 (Köster, H.M.) 411n.193,
    432n.236, 449n.266
쾨스틀린 (Köstlin, J.) 105n.114
쾰러 (Köhler J.) 366n.103, 422n.215,
    423n.217, 464n.302
쿠셸 (Kuschel, K.-J.) 632n.126, 636n.134
쿠자누스 (Nikolaus von Kues) 72n.75,
    278n.416, 341, 342n.54, 385n.145
쿤 (Kuhn, H.) 242n.351
쿤 (Kuhn, H.-W.) 569n.12, 571n.17,
    588n.50, 717n.75
쿤츠 (Kunz, H.) 342n.55
쿨만 (Cullmann, O.) 578n.28, 579n.30,
    582n.33, 627n.120, 646n.146, 647
퀴벨 (Kübel, P.) 77, 329n.20
큄멜 (Kümmel, W. G.) 686n.5, 768n.142,
    772n.147
크누센 (Knudsen, Chr.) 69n.68
크니어림 (Knierim, R. P.) 42n.20
크라머 (Kramer, W.) 527n.90, 547n.134,
    635n.133, 747n.115, 748n.117
크라베 (Krabbe, O.) 476n.330
크레머 (Cremer, H.) 499
크레머 (Krämer, H. J.) 68n.63
크레머 (Kremer, J.) 601n.66, 618n.109
크레머 (Kremer, K.) 56n.51
크레스카스 (Crescas, H.) 171n.223
크레이그 (Craig, W. L) 610n.83, 616n.107,
    619n.110, 621n.112
크레취마르 (Kretschmar, G.) 607n.75
크로스 (Cross, F. M.) 43n.21, 44n.23
크뢰트케 (Krötke, W.) 456n.290
크리스트 (Christ, K.) 72n.75
크리시포스 (Chrysipp) 55, 302
크링스 (Krings, H.) 162n.206
크벤슈테트 (Quenstedt, J. A.) 33, 37,
    93, 94n.93, 105n.114, 107n.117,
    120n.140, 125n.148, 149n.176,
    449n.267
크벨 (Quell, G.) 423n.217
크세노폰 (Xenophon) 49n.40
클라크 (Clarke, S.) 102, 170, 171,
    173n.225, 175
클라퍼트 (Klappert, B.) 100n.102,
    584n.36
클레멘스 (Klemens v. Alex.) 68n.63, 84,
    85, 88, 126n.149, 268, 272n.395, 299,
    304n.463, 329, 337, 356n.81, 365,
    367, 373n.116, 391n.153, 465n.303,
    466, 470, 607, 656
키릴로스, 알렉산드리아의 (Kyrill v.
    Alexandr.) 524, 525, 535n.104, 536
키에르케고르 (Kierkegaard, S.) 181n.237,
    414, 430n.233, 437-439, 441, 445,

457
키케로 (Cicero) 212n.280, 316-318, 356n.81
키프리아누스 (Cyprian) 691

ㅌ

타티아노스 (Tatian) 49, 68n.65, 327, 378n.130, 391n.153
테르툴리아누스 (Tertullian) 31n.4, 327, 329, 337, 356n.81, 370n.109, 391n.153, 448, 470, 533n.98, 654n.157, 656, 657, 691n.10
테오도로스 (Theodor v. Mopsuestia) 525
테오필로스 (Theophilus v. Antiochien) 50, 84, 164n.211, 172n.224, 317n.2, 370n.109, 520n.77
템펠 (Temple, W.) 52n.46, 229, 256nn.374,375
토랜스 (Torrance, T.F.) 144n.171, 165n.212, 169nn.216,217, 172n.224, 174-176
토마지우스 (Thomasius, G.) 701n.36
툍너 (Töllner, J. G.) 412-414, 696n.27
투르멜 (Turmel, J.) 699
툰베르크 (Thunberg, L.) 68n.66, 135n.155
튀싱 (Thüsing, W.) 504n.47
트레필 (Trefil, J.S.) 283n.430
트뢸치 (Troeltsch, E.) 621n.113
트리블 (Trible, Ph.) 363n.95
트릴하스 (Trillhaas, W.) 298n.453, 312
트링카우스 (Trinkaus, J.) 385n.145
티플러 (Tipler, F. J.) 148n.175, 152nn.178,179, 153, 154n.184,

207n.277, 285n.436, 290-293
틸리래 (Tiililä, O.) 695n.23, 706n.50
틸리케 (Thielicke, H.) 361n.90, 401n.175, 607n.75
틸리히 (Tillich, P.) 81n.77, 204, 322, 474n.325

ㅍ

파울리 (Pauli, W.) 148n.175, 148n.175
파이너 (Feiner, J.) 454n.279, 655n.160
파트리치 (Patrizzi, R.) 170
파프 (Pfaff, Chr.M.) 471
패러데이 (Faraday, M.) 162, 163, 165, 166, 197
페더센 (Pedersen, J.) 683n.2
페린 (Perrin, N.) 565n.3, 568n.10, 569n.11, 573nn.20,21, 575n.26
페쉬 (Pesch, O. H.) 324n.10, 444n.257
페쉬 (Pesch, R.) 369n.105, 588n.47, 589n.51, 599n.63, 614n.98, 615, 616nn.106,107
페일리 (Paley, W.) 228
페터스 (Peters, A.) 380n.137
펜로즈 (Penrose, R.) 289n.441
펠라기우스 (Pelagius) 404, 446, 448, 451, 453, 454
포겔 (Vogel, H.) 478n.332
포글러 (Vogler) 366n.104, 409n.192
포드 (Ford, L.S.) 53n.47
포퍼 (Popper, K. R.) 345n.65
폴 (Pohl, K.) 190n.252
폴라누스 (Polanus, A.) 32, 121n.142
폴라르 (Pollard, W. G.) 146n.174,

233n.325
폴렌츠 (Pohlenz, M.) 56nn.49,50, 164n.210, 344n.59
폴크 (Volk, H.) 230, 231n.319
푀그틀레 (Vögtle, A.) 369n.105, 599n.63, 603n.70, 609n.81, 612n.88, 616nn.106,107, 617n.108
푀르스터 (Foerster, W.) 688n.7
푀펠 (Pöppel, E.) 180nn.235,236
푸어만 (Fuhrmann, M.) 354n.76
푸체티 (Pucetti, R.) 154n.183
푸코네트 (Fauconnet, P.) 461n.298
푸펜도르프 (Pufendorf, S.) 318
풀러 (Fuller, D.P.) 621n.113
프라이 (Frey, Chr.) 358n.85
프라이슬 (Preisl, A.) 215n.288, 232n.324
프랭크 (Frank, F. H. R. v.) 491n.12, 761, 762n.136
프렌터 (Prenter, R.) 270
프로샤머 (Frohschammer, J.) 276n.409
프로이트 (Freud, S.) 416
프로인트 (Freund, G.) 418n.211
프로클로스 (Proklos) 56, 57, 212n.281, 271
프뢰퍼 (Pröpper, Th.) 457n.292, 744n.113
프리고진 (Prigogine, I.) 144n.172, 182n.239, 190n.253, 193n.258, 217n.292, 239n.344
프리드리히 (Friedrich, G.) 276n.409, 411, 416, 712-715, 717n.74, 718n.76, 721nn.77-79
프리드만 (Friedmann, A.) 283n.430
프리스 (Fries, H.) 100n.102, 103n.109
프리스킬리아누스 (Priscillian) 333

프리차드 (Pritchard, J. B.) 43n.21, 48n.36, 253n.371
프리체 (Fritzsche, H.-G.) 204
플라카이우스 (Flacius Illyricus, M.) 375
플라톤 (Plato) 50-52, 56, 67, 68n.63, 77, 132, 172n.224, 186, 212n.281, 271, 272, 274, 305, 307, 326-330, 333, 337n.41, 341, 367, 372n.112, 391, 392, 430, 435, 521
플란팅가 (Plantinga) 301n.458, 308n.473
플레스너 (Plessner, H.) 406n.187
플로티노스 (Plotin) 56, 77, 182n.239, 183-186, 198n.263, 212n.281, 271, 326n.15
플뢰거 (Plöger, O.) 120n.141, 601n.65
플뢰겔러 (Pöggeler, O.) 277n.414
피들러 (Fiedler, P.) 574n.23
피오렌자 (Fiorenza, F. P.) 329n.21, 330n.24, 331n.26, 393n.155
피우스 (Pius XII.) 284
피코 델라 미란돌라 (Pico della Mirandola) 385
피코크 (Peacocke, A.R.) 111n.125, 128n.150, 130n.152, 136n.156, 144n.171, 153n.180, 217nn.291,293, 218nn.295,296, 227n.310, 229, 233n.325, 242n.352, 249n.367, 256nn.374,375
피히테 (Fichte, I. H.) 185, 342n.56, 347
피히테 (Fichte, J. G.) 342n.56, 394n.159
피히트 (Picht, G.) 178, 181n.238, 184n.242, 185n.244, 188n.249, 191n.254, 193
필로포노스 (Philoponos, J.) 272n.394

필론 (Philo) 49n.41, 67, 68nn.63,65, 88, 142n.168, 335n.34, 336, 337, 365, 383, 521n.79

ㅎ

하도트 (Hadot, P.) 365n.100
하르나크 (Harnack, A. v.) 656n.164, 657n.169, 691n.10, 692n.11
하르퉁 (Hartung, F.) 317n.3
하르트만 (Hartmann, M.) 156n.186
하버만 (Habermann, J.) 635nn.130-132
하아그 (Haag, H.) 464n.302
하우스차일드 (Hauschild, W.-D.) 335nn.34, 35, 336n.37, 337nn.38,39,42
하우프스트 (Haubst, R.) 385n.145
하이데거 (Heidegger, M.) 186, 481
하이만 (Heimann, H.) 352n.69
하이젠베르크 (Heisenberg, W.) 178n.233
하인리히 (Henrich, D.) 81n.76, 113nn.128,129, 161, 185n.246, 253n.370, 352n.70
하인리히 폰 겐트 (Heinrich v. Gent) 69n.68
하인텔 (Heintel, E.) 342n.52
하임 (Heim, K) 169n.217, 174n.228, 177n.232, 289n.440, 706n.50
하지슨 (Hodgson, L.) 300n.457
한 (Hahn, F.) 539n.113, 544n.123, 545nn.126,127, 567n.6, 602n.68, 627n.120, 635n.133, 715n.70, 716n.73
할베르크 (Hallberg, F.W.) 153n.182
해링 (Häring, H.) 427n.224, 446n.260, 447n.261, 464n.302
해링 (Haering, Th.) 499, 500n.40
해머턴-켈리 (Hamerton-Kelly, R. G.) 638n.135, 723n.81
해켈 (Haeckel, E.) 227
허블 (Hubble, E.) 283
헤거만 (Hegermann, H.) 66n.62
헤겔 (Hegel, G. W. Fr.) 57, 71-73, 77, 78, 277, 278, 322, 347, 436-438, 445, 492, 666, 733n.100, 742, 743, 745n.114, 764n.138, 772n.148
헤라클레이토스 (Heraklit) 511
헤르더 (Herder, J. G.) 358n.85, 366n.104, 385-387, 395, 405
헤르만 (Hermann, I.) 766n.141
헤르만 (Herrmann, W.) 357n.83, 493, 497-499, 534n.100
헤르메스 (Hermes, G.) 122n.144
헤르초크 (Herzog, M.) 26
헤르츠 (Hertz, H.) 161
헤세 (Hesse, M.B.) 161n.203, 293n.446
헤이워드 (Hayward, A.) 227n.310, 230n.316
헤크만 (Heckmann, R.) 162n.206
헤페 (Heppe, H.) 106n.115, 121n.142, 149n.176
헤프너 (Hefner, Ph.) 55
헨델 (Hendel, Ch.W.) 624n.117
헨릭스 (Henrix, W.) 593n.55
헬름홀츠 (Helmholtz, H. V.) 213
헹엘 (Hengel, M.) 544n.122, 551n.137, 724n.83
호르스트만 (Horstmann, R.-P.) 772n.148
호이겐스 (Huygens) 174n.227

호킹 (Hawking, St.) 153n.180, 195n.260, 237n.337, 283n.430, 284n.433, 285nn.434,436, 289nn.441,442
호프마이스터 (Hoffmeister, J.) 436n.241, 437n.242, 743n.110
호프만 (Hoffmann, P.) 601n.67
호프만 (Hofmann, J. C. K. v.) 700, 701
호피우스 (Hofius, O) 646n.145, 709n.55
홀라츠 (Hollaz, D.) 32, 69n.70, 86n.85, 94, 114n.131, 121n.143, 365n.102, 371n.110, 374nn.117,118, 375nn.120, 122, 379n.133, 383n.141, 393n.157, 470n.313, 489
홀츠헤이 (Holtzhey, H.) 240n.347
홀테 (Holte, R.) 431n.235
화이트 (White, L.) 248n.365, 361n.92
화이트헤드 (Whitehead, A. N.) 51-54, 234-236, 282n.428, 514, 515
회링 (Hoering, W.) 138n.161
후터 (Hutter, L.) 149n.176
휘브너 (Hübner, H.) 705n.49
휘브너 (Hübner, J.) 228n.312
휘트로우 (Whitrow, G. J.) 287n.437
휘트콤 (Witcomb, J. C.) 229
휠러 (Wheeler, J. A.) 293n.446
흄 (Hume, D.) 101n.106, 300n.456, 624n.117
히르쉬 (Hirsch, E.) 181n.237, 414n.205, 439n.244, 441n.249, 445n.258
히폴리투스 (Hippolyt) 268n.388, 654n.157
힉 (Hick, J.) 300nn.456,457, 301n.458, 304nn.463-465, 305n.467, 306n.468, 308n.473, 497n.32, 500n.43, 512nn.61,62
힌쇼 (Hinshaw, V. G.) 166n.215
힐버트 (Hilbert, D.) 282n.428

판넨베르크 조직신학 II

Copyright ⓒ 새물결플러스 2018

1쇄 발행 2018년 5월 25일
2쇄 발행 2021년 4월 20일

지은이 볼프하르트 판넨베르크
옮긴이 신준호·안희철
펴낸이 김요한
펴낸곳 새물결플러스

편 집 왕희광 정인철 노재현 한바울 정혜인
이형일 나유영 노동래 최호연
디자인 윤민주 황진주 박인미 이지윤
마케팅 박성민 이원혁
총 무 김명화 이성순
영 상 최정호 곽상원
아카데미 차상희

홈페이지 www.holywaveplus.com
이메일 hwpbooks@hwpbooks.com
출판등록 2008년 8월 21일 제2008-24호
주 소 (우) 04118 서울시 마포구 마포대로19길 33
전 화 02) 2652-3161
팩 스 02) 2652-3191

ISBN 979-11-6129-062-1 94230
　　　979-11-86409-90-9 94230 (세트)

책값은 뒤표지에 있습니다.